沈从文年谱长编

上册

（1902—1955）

李　扬／编著

SPM 南方传媒 | 广东人民出版社

·广州·

图书在版编目（CIP）数据

沈从文年谱长编 / 李扬编著. —广州：广东人民出版社，2024.10
ISBN 978-7-218-16376-5

Ⅰ. ①沈… Ⅱ. ①李… Ⅲ. ①沈从文（1902-1988）—年谱 Ⅳ. ①K825.6

中国版本图书馆CIP数据核字（2022）第253164号

SHEN CONGWEN NIANPU CHANGBIAN
沈从文年谱长编

李　扬　编著

出 版 人：肖风华

责任编辑：李力夫
责任技编：吴彦斌
装帧设计：乐　沅

出版发行：广东人民出版社
地　　址：广东省广州市越秀区大沙头四马路10号（邮政编码：510199）
电　　话：（020）85716809（总编室）
传　　真：（020）83289585
网　　址：http://www.gdpph.com
印　　刷：廊坊市旭日源印务有限公司
开　　本：710mm×1000mm　1/16
印　　张：78.25　　**字　　数**：1188千
版　　次：2024年10月第1版
印　　次：2024年10月第1次印刷
定　　价：398.00元（上、下册）

如发现印装质量问题，影响阅读，请与出版社（020-85716849）联系调换。
售书热线：（020）87716172

本书得到教育部人文社会科学研究项目“沈从文年谱长编”（13YJA751021）、国家社科基金重大项目“中国文艺副刊文献的整理、研究及数据库建设”（20 & ZD285）的资助，谨此致谢！

编写说明

一、本谱分为谱前、正谱、谱后、附录四个部分，谱前主要叙述谱主的家世渊源，正谱记录谱主的生平事迹，谱后择要记录谱主逝世后与谱主密切相关的重要事件，附录列举本书引用的主要参考文献。

二、本谱除关注谱主的生平事迹、日常行止、朋友交游、社会活动、文学创作、学术研究之外，对能反映谱主的思想发展、精神状况和心理动态的材料也择要采撷，以便更加深入地理解谱主生活的世界。

三、本谱之编，主要依据谱主的已刊、未刊之著述，所有来自公开发表于报刊的文献，均核查其原始出处；凡多次发表的作品，均标明发表次数，以厘定其版本源流。谱主撰写的文学作品、书信、档案文献等，凡未收入北岳文艺出版社《沈从文全集》者，为反映谱主生活、思想、精神全貌，凡属书信、诗歌、杂论等篇幅较短的文字，均原文照引；篇幅较长的小说、论文类散佚文献，则加以考订后，注明出处。

四、为保持年谱的客观性，本谱撰述过程中仅陈述事实、征引文献，不作主观阐发和议论。偶有按语，只是对相关问题的分析、对比。

五、本谱按年月日排定次序，谱中纪年，清代以年号居首、公元纪年居次；民国时期以民国纪年居首、公元纪年居次；1949 年后，以公元纪年。本谱所记事件，凡具体日期不可考、年月可考者，系于该年当月之末；仅年可考者，系于该年之末；年月日均不可考、但事件的发生年代大体可循者，系于该年代之末；余者置于正谱最后。当天发生的和谱主有关联的事件，在“本日”项下记载。

六、为了方便读者总体了解谱主生活的时代氛围，在每年起始处，择要列举该年度发生的重大事件。

七、本谱所引谱主作品，凡出自北岳文艺出版社 2009 年版《沈从文全集》者，仅标注文献名称。除此之外的引用文字，均注明出处。

八、本谱引述文字，悉遵文献原貌，不作任何改动。文献中的删节号、重点号等特殊记号，亦原样照录。凡属原文献字迹模糊、不可辨认或有所缺损者，均以“□”代之。

九、谱主年龄循传统习惯以虚岁计算。

一〇、 为行文方便起见，除引述文字外，本谱中提及的所有先贤均未加敬称。

目录

上册（1902—1955）

下册（1956—1988）

谱　前

沈岳焕，乳名茂林。后改名沈从文。从事写作以后，使用过的笔名有：休芸芸、上官碧、懋林、为琳、岳林、璇若、焕乎、炯之、甲辰、凤哥、沈着、王玖、远桂、何选驹、小兵、菌、王寿、张琳、疑斌、红黑旧人、刘季、季蕤、罗俊、茹、茹椒、朱张、四四、李綦周、自宽、巴鲁爵士、雍羽、巴库、翰墨、章翥等。

沈从文祖籍贵州铜仁。清朝末年，沈岐山一脉迁居镇筸南门坨。

据现存的三种《沈氏家谱》（“三善堂谱”【道光元年，1821年】、“饮仙堂谱”【续修于光绪二十二年，1896年】、“谷坳谱”【续修于民国十四年，1925年】）记载，“祖先原是周文王的儿子，封地于沈，以国为姓。历经若干代后，繁衍至沈彪，然后再代代繁衍至沈思远时，来铜仁做官，之后再繁衍至沈文科（其墓葬在铜仁市滑石乡老麻塘村上寨村民组）后，其一子沈岐山迁居镇筸南门坨，再繁衍至沈从文这一代。”①

关于家乡的环境，沈从文在《无从毕业的学校·我生长的地方》有如下介绍：

> 我生长的地方，是中国历史《后汉书》记载“五溪蛮”居住的地方。至今还是苗族、土家族和汉族混合居住一个自治州附近。照历史叙述，当时著名军事家马援，为征伐五溪蛮，就被围困饿死于壶头

---

① 刘新华：《沈从文家世探谜》（上），《铜仁学院学报》2007年第1期。

山。壶头山在沅水中下游，离我生长的凤凰厅，还远在五百里外。照过去路程计算，还得翻山越岭走两个星期——深入山区，方能到达的。因此直到十九世纪，我生长地方还始终被认为蛮荒地区。尽管公元前四世纪，楚国伟大诗人屈原被放逐出国门后，就乘过小船，由洞庭湖转入沅水中上游，写出他的名著《九歌》等作品。作品中还一再提及他本人曾到达沅陵，和出产著名中国兰科植物的沅州。更早千年的商代，从出土遗物中，知道已经开始大量应用朱砂作彩绘工艺品和宗教祭事上，朱砂产生地，就在我生长小山城附近。

关于家乡，《从文自传·我所生长的地方》有过非常富有诗意的描述：

凡有机会追随了屈原溯江而行那条长年澄清的沅水，向上游去的旅客和商人，若打量由陆路入黔入川，不经古夜郎国，不经永顺龙山，都应当明白“镇筸”是个可以安顿他的行李最可靠也最舒服的地方。那里土匪的名称不习惯于一般人的耳朵。兵卒纯善如平民，与人无侮无扰。农民勇敢而安分，且莫不敬神守法。商人各负担了花纱同货物，洒脱单独向深山中村庄走去，与平民作有无交易，谋取什一之利。地方统治者分数种：最上为天神，其次为官，又其次才为村长同执行巫术的神的侍奉者。人人洁身信神，守法爱官。每家俱有兵役，可按月各自到营上领取一点银子，一份米粮，且可从官家领取二百年前被政府所没收的公田耕耨播种。城中人每年各按照家中有无，到天王庙去杀猪，宰羊，磔狗，献鸡，献鱼，求神保佑五谷的繁殖，六畜的兴旺，儿女的长成，以及作疾病婚丧的禳解。人人皆很高兴担负官府所分派的捐款，又自动的捐钱与庙祝或单独执行巫术者。一切事保持一种淳朴习惯，遵从古礼；春秋二季农事起始与结束时，照例有年老人向各处人家敛钱，给社稷神唱木傀儡戏。旱暵祈雨，便有小孩子共同抬了活狗，带上柳条，或扎成草龙，各处走去。春天常有春官，穿黄衣各处念农事歌词。岁暮年末居民便装饰红衣傩神于家中正屋，捶大鼓如雷鸣，苗巫穿鲜红如血衣服，吹镂银牛角，拿铜刀，踊跃歌舞娱神。城中的住民，多当时派遣移来的戍卒屯丁，此外则有江西人在此卖布，福建人在此卖烟，广东人在此卖药。地方由少数读书人与多数军官，在政治上与婚姻上两面的结合，产生一个上层阶级，这阶级一方面用一种保守稳健的政策，长时期管理政治，一方面支配了大部分属于私有的土地；而这阶级的来源，却又仍然出于当年的戍卒屯丁。地方城外山坡上产桐树杉树，矿坑中有朱砂水银，松林里生菌子，山洞中多硝。城乡全不缺少勇敢忠诚适于理想的兵士，与温柔耐劳适于家庭的妇人。在军校阶级厨房中，出异常可口的菜饭，在伐树砍柴人口中，出热情优美的歌声。

这地方又名凤凰厅，到民国后便改成了县治，名凤凰县。辛亥革命后，湘西镇守使与辰沅道皆驻节在此地。地方居民不过五六千，驻防各处的正规兵士却有七千。由于环境的不同，直到现在其地绿营兵役制度尚保存不废，为中国绿营军制唯一残留之物。

与沈从文密切相关的家族世系[①]列表如下：

	姓 名	生活朝代	字、号、主要生活区域及所任官职
一世祖	沈 彪	宋朝	字见义，号冰洁，曾任侍郎，宋末由浙入闽。
二世	沈永钦		字承尧，原任邵武县尹，后迁襄阳县尹，后迁连城。
三世	沈启齐		字遇桓，号友宗，任职朝奉。
四世	沈寿宁		字本固，号介石，启齐次子，官至宣尉。
五世	沈吉辅		因避仇不仕。
六世	沈德章		字均玉，官封中宪大夫，授江西吉安府知府。
七世	沈彦和		字友贤，官居尤溪县知县，封中宪大夫，后授江西吉安府知府。
八世	沈仲继		字承之，号南庵，官授中宪大夫。
九世	沈思远	明朝	字春山，江西瑞州府高安县知县，于明永乐丙午年（1426）改迁铜仁。自此，沈氏中的一脉开始定居铜仁。
十世	沈祖述	明朝	字慕尧，思远公次子，明朝拔贡，授松江教谕。
十一世	沈天纵	明朝	字将圣，号多能，祖述公次子，明朝拔贡。
十二世	沈 渊	明朝	号常清。
十三世	沈绍儒	明朝	号崇学，县学廪生。

① 本世系表主要参考了刘新华的《沈从文家世探谜》（上、下）（《铜仁学院学报》2007年第1期、第2期）及刘红庆的《沈从文家事》（新星出版社2012年版）的相关章节。

续表

十四世	沈 贞	明朝	号际昌，县文庠。
十五世	沈廷仁	明末清初	号济泉，国学生。
十六世	沈从先	清朝	号用之，康熙庚子科文举。
十七世	沈 慧	清朝	号国珍，国学生，从先公次子。
十八世	沈文科	清朝	号元章，学名魁榜。
十九世	沈岐山	清朝	居镇筸南门坨。育有二子沈宏富、沈宏芳。

沈文科与张氏所生的第四子沈岐山迁居镇筸南门坨，沈氏一脉自此开始了在凤凰的繁衍。

沈岐山育有二子：沈宏富、沈宏芳。据族谱记载，沈宏富曾任贵州提督；沈宏芳曾任候补知州。沈宏富是曾国藩领导的湘军中的筸军的一员，在清末平息太平天国农民起义的战斗中屡立战功。

民国时期编纂的《贵州志·宦迹志》中有沈宏富一传：

沈宏富，湖南人，以副将随田兴恕入黔，后升总兵，署贵州提督。咸丰十年（公元 1860 年）三月，兴恕命以二千人援印江，率参将周学桂、游击全祖凯前进，贼方逼城，军至杨家坪（距县城三十里），学桂等阵殪贼首安太然，贼望风走，乘胜北破轿子顶，西破大罗坝（印江北三十里），斩贼首冉大方、袁长喜等，余贼趋卷子坪（思南北百一十里）。闰三月，率军进攻卷子坪，贼拒战，都司毛良贵阵殁。诸军夺隘齐进，斩贼首张宗学等。时省城戒严。兴恕飞檄宏富出石阡赴援。卷子坪仍为贼据。四月，石阡玉华山一带贼势颇张，兴恕饬宏富、田兴奇、刘吉三等分由瓮安取玉华山，由开州取湄潭，俱辏省城。军至瓮溪司，贼据六井山、冉家棚、朝天马拒军，宏富悉破之，斩贼首胡黑玉等，贼望风溃，瓮安松坪及戴家坝贼自瓮溪来援，宏富复败之梳杆坳。五月，宏富进军猴场营于哨溪，约杨岩保进剿鸭子头贼（湄潭东北百五十里，龙泉西百四十五里）。八月击破龙溪贼，随田兴恕进军余庆县。十月收复瓮安县城，再破贼黄金屯。十月兴恕入省，命宏富以三千八百人驻牛场剿办余匪。十一月，瓮安、平越一带上大平、天鹅屯百余里间贼势未衰，宏富遣何显仕等攻天鹅不下，自督军破之，殪贼首赵德胜等。十二月，团首卢廷等招贼首马文品赴宏富营降。宏富令营板步河，余叛团多反正，复请招江外诸贼，苗贼复合玉华山上大平贼，出掠黄黎坪蓝家关等处。宏富遣防之。都司鲁纪纯退水洞，上大平王卡贼又攻何显仕营于太平山，宏富援至，始却。宏富自克天鹅屯后即屯军瓮安，至十一年（公元 1861 年）五月始以副将全祖凯、姚华胜等进剿花山，参将刘祖成等济袁家渡剿大山口，而自率副将田连考等进白岩（瓮安西北七十里），破毛坪贼营。祖凯至簸箕坪，贼围之。六月，宏富率田连考等扬言援花山，夜袭破深溪，以姚华胜驻守。始自出花山解祖凯围，进逼白岩，以刘祖成攻稿冲坡贼，击斩贼首赵绾等。罗灿奎、卢培义复以团众合破大山口，余贼走玉华山。大山口为遵瓮间悍道，至是始通。七月，由大山口连破鱼溪老鸦山贼，并移刘祖成军至白岩（玉华山西十里）。老窪坡菊坪贼中阻，复破走之。八月，宏富以刘祖成扼菊坪，遏玉华山贼援，自率军攻白岩。贼发枪击杀副将左三发等。宏富引退。夜复潜军劫之。贼以官军失利，不虞复至，仓皇夺路走，毁其营。同治元年（公元 1862 年）所遣副将向宗汉等助防遵义虾子场，宗汉屡败退，南乡皆惊。八月，宏富还取玉华山，遣全祖凯由袁家渡进，自率军至猪场，击走桐子坡、香炉山贼，乘夜合祖凯袭取竹统河。河在玉华山麓，贼尖险遂夺据之，自玉华山至遵义南乡猪场四百余里略清。贼悉集高台、窑上、偏刀水。遣参将何显仕、都司商肇淮等会吴元彪、张师敬击败之。于钟岳复会宏富所遣军出九皇渡、度上关、三度关，数败贼。十二月，伪秦王朱明月窜据桐梓鼎山寨，宏富遣姚华胜援，至，贼方薄城，华胜败之，贼退据鼎山。二年（公元 1863 年）正月，桐梓内奸启贼入，守者溃，华胜力击出之。时新任巡抚张亮基由四川入黔，遵义大道螺丝堰、懒板凳皆贼踪，亮基严饬勒限剿办。宏富始亲督军，连战皆胜，大道始通。三月，遣张开友、全祖凯击走尚溪场

> 贼。贼多窜黔西。乃遣何显仕防西乡。会粤贼续由仁怀窜遵义北乡海龙坝，复回援，而以祖凯专剿鼎山贼。四月，钦差云贵总督劳崇光赴贵州查办教案，道出旺草，粤贼方为宏富击败遮于道，崇光檄宏富飞援，击走之，率亲兵卫崇光晋省，始回剿鼎山贼。五月，全祖凯等与鼎山贼相持不下，别股贼复来助之。各营先后溃，副将李明万等均没，祖凯被伤入桐梓。贼逼城，宏富时营板桥，急击败之。六月，进军红花园，遣间入贼内应。朱明月遁，乘夜遂克鼎山，桐梓略清，回军遵义。适黔西贼败回遵境，宏富率祖凯等合团练大剿之，歼贼几尽。七月，何德胜率苗贼大股走开州，宏富所遣全祖凯救援不及，各营皆陷，死亡略尽，军械悉委贼。八月，宏富副将何显仕三板桥营为贼攻陷，显仕战死。九月，何得胜陷开州，宏富诸军悉溃退扎佐，仅遗亲兵百余人，自请参处，谓身经百战未有如此次之一败涂地者。旋檄令回省。①

另据《清实录》暨台北故宫博物院档案文件所载，沈宏富曾因战功屡获封赏：

咸丰初年，任贵州上江协副将；

咸丰十年，被封巴图鲁；

咸丰十年，任云南昭通镇总兵；

同治初年，授提督衔；

同治二年，任贵州提督。

沈宏富娶妻周氏，因沈宏富常年征战在外，加之因伤去世过早，没有留下子嗣。由沈宏富妻子周氏作主，将沈宏芳之子沈宗嗣过继到沈宏富名下。沈宏芳娶妻刘氏、张氏，张氏为苗族，生二子，过继到沈宏富名下的为张氏生的第二个男孩沈宗嗣。

对此，沈从文在《从文自传》中有如下记述：“咸同之季，中国近代史极

① 《贵州通志·宦迹志》，贵州文史研究馆点校，第446－447页，贵州人民出版社2004年版。

可注意之一页，曾左胡彭所领带的湘军部队中，筸军有个相当的位置。统率筸军转战各处的是一群青年将校，原多卖马草为生，最著名的为田兴恕。当时同伴数人，年在二十左右，同时得到满清提督衔的共有四位，其中有一沈洪富，便是我的祖父。这青年军官二十二岁左右时，便曾作过一度云南昭通镇守使。同治二年，二十六岁又作过贵州总督，到后因创伤回到家中，终于在家中死掉了。这青年军官死去时，所留下的一份光荣与一份产业，使他后嗣在本地方占了个较优越的地位。祖父本无子息，祖母为住乡下的叔祖父沈洪芳娶了个苗族姑娘，生了两个儿子，把老二过房作儿子。照当地习惯，和苗族所生儿女无社会地位，不能参与文武科举，因此这个苗女人被远远嫁去，乡下虽埋了个坟，却是假的。我照血统说，有一部分应属于苗族。我四五岁时，还曾到黄罗寨乡下去那个坟前磕过头。”①

沈宗嗣，字少先，娶黄素英为妻。黄素英是凤凰唯一拔贡黄河清的女儿。婚后育有5子4女，两个男孩、两个女孩早殇，长大成人的有三子二女：沈岳麓、沈岳焕、沈岳荃；沈岳鑫、沈岳萌。

关于家世渊源，沈从文在《从文自传·我的家庭》有如下记载：

> 就由于存在本地军人口中那一分光荣，引起了后人对军人家世的骄傲，我的父亲生下地时，祖母所期望的事，是家中再来一个将军。家中所期望的并不曾失望，自体魄与气度两方面说来，我爸爸生来就不缺少一个将军的风仪。硕大，结实，豪放，爽直，一个将军所必需的种种本色，爸爸无不兼备，爸爸十岁左右时，家中就为他请了武术教师同老塾师，学习作将军所不可少的技术与学识。但爸爸还不曾成名以前，我的祖母却死去了。那时正是庚子联军入京的第三年。当庚子年大沽失守，镇守大沽的罗提督自尽殉职时，我的爸爸便正在那里作他身边一员裨将。那次战争据说毁去了我家中产业的一大半。由于爸爸的爱好，家中一些较值钱的宝货常放在他身边，这一来便完全失

① 引自《无从驯服的斑马》，第4页，中国青年出版社2004年版。这段引文与《全集》版的《从文自传》有较大差异。

掉了。战事既已不可收拾，北京失陷后，爸爸回到了家乡。第三年祖母死去。祖母死时我刚活到这世界上四个月。那时我头上已经有两个姐姐，一个哥哥。没有庚子的拳乱，我爸爸不会回来，我也不会存在。关于祖母的死，我仿佛还依稀记得我被谁抱着在一个白色人堆里转动，随后还被搁到一个桌子上去。我家中自从祖母死后十余年内不曾死去一人，若不是我在两岁以后做梦，这点影子便应当是那时唯一的记忆。

我的兄弟姊妹共九个，我排行第四，除去幼年殇去的姊妹，现在生存的还有五个，计兄弟姊妹各一，我应当在第三。

我的母亲姓黄，年纪极小时就随同我一个舅父在军营中生活，所见事情很多，所读的书也似乎较爸爸读的稍多。我等兄弟姊妹的初步教育，便全是这个瘦小，机警，富于胆气与常识的母亲担负的。我的教育得于母亲的不少，她告我认字，告我认识药名，告我决断；做男子极不可少的决断。我的气度得于父亲影响的较少，得于妈妈的也较多。

光绪二十八年　1902 年　1 岁

1 月 7 日　两宫回銮。

1 月 10 日　京师大学堂恢复办学，清廷任命张百熙为京师大学堂管学大臣。

2 月 8 日《新民丛报》在日本横滨创刊。

4 月 27 日　中国教育会在上海成立，该会以编订教科书、改良教育、恢复国权为目的。

6 月 9 日　实授袁世凯直隶总督兼北洋大臣。

6 月 17 日《大公报》在天津创刊。

本年　清廷废除八股文。

---

12 月 28 日（旧历十一月廿九日）生于湖南省凤凰厅一个军人家庭，起名沈岳焕，乳名茂林。在男孩中排行第二，因此相熟的人们称他为沈二哥。

光绪二十九年　1903 年　2 岁

1 月 15 日　任命袁世凯为电务督办大臣。

11 月　黄兴在长沙酝酿成立“华兴会”。

本年　恢复经济特科。

约四月　祖母周氏去世。

关于祖母的去世,《从文自传 · 我的家庭》有如下描述:

“祖母死时我刚活到这世界上四个月。那时我头上已经有两个姐姐，一个哥哥。没有庚子的拳乱，我爸爸不会回来，我也不会存在。关于祖母的死，我仿佛还依稀记得我被谁抱着在一个白色人堆里转动，随后还被搁到一个桌子上去。我家中自从祖母死后十余年内不曾死去一人，若不是我在两岁以后做梦，这点影子便应当是那时唯一的记忆。”

光绪三十二年　1906年　5岁

2月23日　留日学生为反抗日本政府的歧视，在上海创办中国公学。

9月1日　清廷宣布预备立宪。

本年　依袁世凯、张之洞奏请，自本年起，废除科举制度。

本年　开始在母亲的教育下识字。

光绪三十三年　1907 年　6 岁

7 月 6 日　光复会革命党人徐锡麟在安庆组织起义，刺杀安徽巡抚恩铭，事败。

9 月 4 日　任命张之洞、袁世凯为军机大臣。

10 月 17 日　“政闻社”在东京召开成立大会，倡导君主立宪。

本年　六弟沈岳荃出生。因母亲需要照顾刚出生的弟弟，沈从文便跟随两个姐姐到一个女先生家读书。

约本年　为治疗疳疾，拜滕回生堂掌柜的为寄父。据《滕回生堂的今昔》记载：“我六岁左右时害了疳疾，一张脸黄姜姜的，一出门身背后就有人喊‘猴子猴子’。回过头去搜寻时，人家就咧着白牙齿向我发笑。扑拢去打吧，人多得很，装作不曾听见吧，那与本地人的品德不相称。我很羞愧，很生气。家中外祖母听从庸妇，挑水人，卖炭人，与隔邻轿行老妇人出主意，于是轮流要我吃热灰里焙过的‘偷油婆’，‘使君子’，吞雷打枣子木的炭粉，黄纸符烧纸的灰渣，诸如此类。另外还逼我诱我吃了许多古怪东西。我虽然把这些很希奇的丹方试了又试，蛔虫成绞成团的排出，病还是不得好，人还是不能够发胖。照习惯说来，凡为一切药物治不好的病，便同‘命运’有关。家中有人想起了我的命运。关心我命运的父亲，特别请了一个卖卜算命人，来为我推算流年，想法禳解命根上的灾星。这算命人把我生辰支干排定后，就向我父亲建议：‘大人，把少爷拜给一个吃四方饭的人作干儿子，每天要他吃习皮草蒸鸡肝，有半年包你病好。病不好，把我回生堂牌子甩了丢到长河潭里去！’父亲既是个军人，毫不迟疑的回答说：‘好，就照你说的办。不用找别人，今天日子好，你留在这里喝酒，我们打了干亲家吧。’两个爽快单纯的人既同在一处，我的‘命运’便被他们派定了。”

光绪三十四年　1908年　7岁

6月23日　美国国会通过退还庚子赔款案。

8月13日　清廷发布上谕，封禁政闻社。

11月14日　光绪帝崩。醇亲王载沣之子溥仪入承大统。

11月15日　慈禧太后崩。

11月18日　定建元年号为“宣统”。

12月2日　宣统皇帝溥仪登基。

六月　“到六岁时我的弟弟方两岁，两人同时出了疹子，时正六月，日夜皆在吓人高热中受苦，又不能躺下睡觉，一躺下就咳嗽发喘，又不要人抱，抱时全身难受，我还记得我同我那弟弟两人当时皆用竹簟卷好，同春卷一样，竖立在屋中阴凉处。家中人当时业已为我们预备了两具小小棺木；搁在院中廊下，但十分幸运，两人到后居然全好了。我的弟弟病后雇请了一个壮实高大的苗妇人照料，照料得法，他便壮大异常。我因此一病，却完全改了样子，从此不再与肥胖为缘了。”(《从文自传》)

本年　入私塾读书。

宣统元年　1909 年　8 岁

1 月 2 日　清廷宣布诏谕，命袁世凯开缺回籍养疴。

2 月 17 日　清廷命各省本年内成立咨议局。

9 月 25 日　京张铁路全线建成通车。

本年　转入另一处要求更为严格的私塾读书。

对于这段求学经历，沈从文在《从文自传·我读一本小书同时又读一本大书》中有如下追忆："第二年后换了一个私塾，在这私塾中我跟从了几个较大的学生学会了顽劣孩子抵抗顽固塾师的方法，逃避那些书本去同一切自然相亲近。这一年的生活形成了我一生性格与感情的基础。我间或逃学，且一再说谎，掩饰我逃学应受的处罚。我的爸爸因这件事十分愤怒，有一次竟说若再逃学说谎，便当砍去我一个手指。我仍然不为这话所恐吓，机会一来时总不把逃学的机会轻轻放过。当我学会了用自己眼睛看世界一切，到不同社会中去生活时，学校对于我便已毫无兴味可言了。"

宣统三年　1911 年　10 岁

4 月 27 日　孙中山、黄兴发动广州起义，失败。

10 月 10 日　武昌革命军发动起义。

11 月 1 日　任命袁世凯为内阁总理大臣。

12 月 6 日　摄政王载沣退位。

---

12 月 17 日　父亲沈宗嗣响应武昌起义，参与组织了家乡的起义。起义失败。

据《从文自传·辛亥革命的一课》记载："我不明白行将发生什么事情，但却知道有一件很重要的新事快要发生。我满屋各处走去，又傍近爸爸听他们说话，他们每个人脸色都不同往常安详，每人说话皆结结巴巴。几个人一面检察枪支，一面又常常互相来一个莫名其妙的微笑，我也就跟着他们微笑。我看到他们在日光下做事，又看到他们在灯光下商量，那长身叔父一会儿跑出门去，一会儿又跑回来悄悄的说一阵，我装作不注意的神气，算计到他出门的次数。这一天他一共出门九次，到最后一次出门时，我跟他身后走出到屋廊下，我说：'四叔，怎么的，你们是不是预备杀仗？''咄，你这小东西，还不去睡，回头要猫儿吃你。'于是我便被一个丫头拖到上边屋里去，把头伏到母亲腿上，一会儿就睡了。"

当他醒来时，问及父亲，父亲告诉他："夜来我们杀败了！全军人马覆灭，死了几千人。"

民国元年　1912 年　11 岁

1 月 1 日　中华民国临时政府在南京成立。

2 月 12 日　宣统皇帝溥仪宣布退位。

3 月 10 日　袁世凯在北京宣誓就任临时大总统。

5 月 24 日　京师大学堂更名为北京大学，严复任校长。

8 月 25 日　同盟会联合统一共和党、国民共进会、共和实进会、国民公党等政团，合并成立国民党。

三月　《从文自传·辛亥革命的一课》记载："第二年三月本地革命成功了，各处悬上白旗，写个'汉'字，算是对革命军投了降，革命反正的兵士结队成排在街上巡游，镇守使，道尹，知县，已表示愿意走路，地方一切皆由绅士出面来维持，我爸爸便即刻成为当地要人了。""革命后地方不同了一点，绿营制度没有改变多少，屯田制度也没有改变多少。地方有军役的，依然各因等级不同，按月由本人或家中人到营上去领取食粮与碎银，守兵当值的，到时照常上衙门听候差遣。衙门前钟鼓楼每到晚上仍有三五个吹鼓手奏乐。但防军组织分配稍微不同了，军队所用器械不同了，地方官长不同了。县知事换了本地人，镇守使也换了本地人。当兵的每个家中大门边钉了一小牌，载明一切，且各因兵役不同，木牌种类也完全不同。"

本年　九妹沈岳萌出生。

民国三年　1914 年　13 岁

1 月 10 日　袁世凯宣布停止参、众两院议员职务。

5 月 1 日《中华民国约法》公布。

7 月 8 日　中华革命党在日本东京成立。

7 月　第一次世界大战爆发。

本年　沈宗嗣竞选长沙的会议代表失败，愤而出走北京。“爸爸与一个姓吴的竞选过长沙的会议代表失败，心中十分不平，赌气出门往北京去了。爸爸这一去，直到十二年后当我从湘边下行时，在辰州地方又见过他一面，从此以后便再也见不着了。”（《从文自传·辛亥革命的一课》）

民国四年　1915 年　14 岁

1 月 18 日　日本向中国提出“二十一条”要求。

5 月 9 日　袁世凯政府接受日本提出的除第五条外的其余要求。

8 月 23 日　杨度等在北京成立筹安会，推动袁世凯称帝。

9 月 15 日《青年杂志》在上海创刊。

12 月 12 日　袁世凯宣布称帝，改国号为“中华帝国”，次年为“洪宪元年”。

12 月 25 日　蔡锷等宣布云南独立，反对袁世凯称帝。

年初　入新式小学学习。“我改进了新式小学后，学校不背诵经书，不随便打人，同时也不必成天坐上桌边，每天不只可以在小院子中玩，互相扭打，先生见及，也不加以约束，七天照例又还有一天放假，因此我不必再逃学了。可是在那学校照例也就什么都不曾学到。每天上课时照例上上，下课时就遵照大的学生指挥，找寻大小相等的人，到操坪中去打架。一出门就是城墙，我们便想法爬上城去，看城外对河的景致。上学散学时，便如同往常一样，常常绕了多远的路，去看看那些木工手艺人新雕的佛像，贴了多少金。看看那些铸钢犁的人，一共出了多少新货。或者什么人家孵了小鸡，也常常不管远近必跑去看看。一到星期日，我在家中写了十六个大字后，就一溜出门，一直到晚，方回家中。”(《从文自传》)

下半年　转入凤凰模范国民学校（今文昌阁小学）读书。

本年　父亲沈宗嗣在北京和同乡阙祝明等组织铁血团谋刺袁世凯，事败后逃至热河，改名换姓在赤峰、建平等县谋生。

民国五年 1916年 15岁

1月1日 云南都督府成立，护国军总司令部组成，护国战争开始。

3月22日 袁世凯宣布取消帝制，恢复总统制。

6月6日 袁世凯病亡。

6月7日 黎元洪就任中华民国大总统。

本年 升入高小，南社诗人田名瑜担任沈从文的国文教师，对他产生了较为重要的影响。

“田名瑜，字个石，湖南凤凰人，1887年元月27日诞生在一个油漆匠家里。十六岁时，拜本地诗人田兴奎（字星六，号辛庐）为师，读古书，学诗词，后转入凤乾永晃四厅中学就读，1910年考入长沙湖南高等学堂，1911年加入同盟会，1913年在常德办《沅湘日报》，任总经理兼编辑。1914年至1915年任凤乾永晃四厅中学教员，1916年回凤凰教书。”①

沈从文在1933年11月18日致沈云麓信中谈及这位老师时说：“个石先生若见及盼为问安，十年不见，心殊念之。犹忆其在高小授课时着一白夏布长衫，又似月白竹布，道貌可敬，且复亲人，迩来若见及，必有不少话可谭也。”

秋天 入预备兵技术班受训，时间约为八个月。

在预备兵技术班的经历，沈从文在接受凌宇访谈时有过详细描述：因小时候练摔跤，头受过伤。“摔了多次，爬树摔过，翻杠子也摔过，最重的还是在预备兵技术班的那一次。我攀上杠子，两臂向后反挂，准备做一次背车。不知怎么不小心，旋转时从杠子上猛地掼到砂地上，喉咙一下子跌哑了，想说话，却无论如何用力，也不出声。幸亏班长梁凤生赶紧将我扶起，架着我在操场上乱跑。跑了好一阵，才慢慢说得出话来。”

---

① 田光孚 张文炳：《沈从文和他的老师田名瑜》，《沈从文研究》第1辑，第173页，湖南大学出版社1988年版。

“凤凰开设军事学校那年，我上了高小。本地人都觉得学军事较有出息，一个与军官团陈姓教官作邻居的，要求这教官饭后课余也教教孩子，于是就办起了预备兵技术班。开张不过半个月，就招集了一百多人。我看见那些受过训练的同学，精神显得比别人强悍。他们告诉我，参加技术班的人，两个月考选一次，考取了可以补上名额当兵，问我愿不愿参加。我决定去问问母亲，看她是不是允许。……这时，父亲谋刺袁世凯的事，风声也不那么紧了。辗转从熟人处得到消息，知道他在东北。哥哥受家里嘱托，已经一路给人画像，北上千里寻父。家里只有母亲操持，而我又不受管束，母亲正拿我没有办法。既然有机会考一份口粮，技术班里规矩又极严，觉得与其让我在外面撒野，不如让我进去受训练。因此听我一说，就立刻答应了。还特别为我缝制了一套灰布军服。”

“操练时姿势稍稍不合要求，教官当胸就是一拳；服装风纪略有疏忽，先就得吃一巴掌，还得罚立正半小时。跳木马时，一下子掼到地上，哼也不许哼一声；野外演习，喊一声卧倒，不管是水是泥，就得立即扑下去。这对于我们这些大不过十七，小的才十二岁的孩子，实在不大合适。……我们学跑步，一跑就是一点钟；练正步、齐步，一练就是老半天，十分单调。还学打靶、白刃战，最后是射击学、筑城学，得听种种艰深道理和不顺耳的陌生名词。我们的学习是枯燥呆板的，生命凝固而不流动，被另一处嘲笑为‘洋办法’。”

“亏得技术班的训练，使我体质结实了好多，同时也磨炼了性格的坚韧。后来凡事不关心成败得失，始终能坚持下去，就得力于这种训练。我还先后参加过三次守兵缺额补充的考试，考试的内容是将学习的各种技术演习一次。单杠上挂腿翻上接十字背车，蹿一次木马，走一回天桥，拿一个大顶；指挥一个十人小队，下正步、跑步、跪下、卧倒种种口令。虽有许多军官在场，临事心里不免有点慌张，但动作还没有失误。三次缺额考试我都没有得到。……我虽未考中，家里仍然十分高兴。一是进技术班后，我每天去军官团上操，衣服穿得整整齐齐，又懂了许多军中礼节；二是第一次考试还得过军部奖语，家里以为我已经上了正路。”①

① 参见凌宇：《沈从文传》，《凌宇文集》第二卷，第81—85页，湖南文艺出版社2016年版。同时参见《从文自传·预备兵的技术班》。

民国六年　1917年　16岁

1月1日　胡适的《文学改良刍议》发表于《新青年》第2卷第5号，新文学运动由此而兴。

1月4日　蔡元培就任北京大学校长，倡导思想自由、兼容并包。

3月14日　中国政府宣布与德国绝交。

7月1日　张勋以调停府院之争为名，带兵进入北京，拥立溥仪复辟。

8月14日　中国政府对德、奥宣战。

9月10日　孙中山就任中华民国军政府大元帅。

四月　结束预备兵技术班的学习，又过起了一边上学一边逃学的生活。

上半年　据沈从文回忆："记得十五岁那年，我在这个班读书。那时我很贪玩，尤其喜欢看戏。不管是汉戏、阳戏、傩愿戏，还是木脑壳戏，我都爱看。有一天，道门口扎台唱木脑壳戏，我吃过早饭就迫不及待地把书包往土地堂的炉堂一塞，便钻到戏台前，饱饱地看了一天。由于那天唱的是：'孙悟空过火焰山'，使我看入了迷，直到歇台才离开。那晓得当我回家去取书包时，发觉书包不见了。我猜想一定是那位同学发现，拿去向老师告密去了。这时，我真有点着急：如果家长盘问，还可以蒙混过去，但要瞒过老师这一关，那真是'孙悟空一个筋斗翻不过如来佛的手板心'的。继而转念一想：这有什么可怕呢！好汉作事好汉当嘛！第二天，我还是硬着头皮上学去。刚走到这里，就碰到级任教师毛先生（那时这里称老师叫先生），他一见到我，就脸色严肃地叫我跪在这株楠木树下，并严厉地问：'沈岳焕，昨天你为什么逃学！？'我知道老师已经知道了，便毫不包瞒地回答：'看戏去了。'老师斥责地说：'勤有功，戏无益，为什么你不吸取教训？'我带着一股犟劲回答：'我喜欢看。'老师开导地说：'楠木树喜欢向上长高，你却喜欢在它下面变矮是吗？'这时，旁观的一些同学相互讥笑着说：'高人不做，做矮人，真奇怪！'这使我当时感到非常难堪。大约跪了半点钟，老师喊我起来，问我：‘你今天可能恨我，对吗？’我毫不掩饰地说：‘我恨你不应该当着许多同学羞辱我。’老师慢条斯理地说：‘你既然知道不能忍受别人的羞辱，那你为什么不尊重自己。大家都用功读书，你却偷偷地去看戏。这样，别人能尊重你吗？这就叫做人必自侮，而后人侮之’。自轻必然自贱，自尊才能自贵。要别人尊重你，必须先自己尊重自己。毛先生的这一席话，给了我深刻的教育，我便处处注意自己的言行，从而发奋读书。在以后的生活道路上，我始终记住：‘自尊’而后‘人尊’这条教训。在我写作的实践中，能严格恪守创作的规范，与我这次所获得的教益是分不开的。”①

秋天　小学毕业后，报名上初中，“学校就在我家附近的道门口。班上已经分配了座位，可还没等到上课，我就跟军队下辰州了”。②

9月1日　和母亲一起，去杨明臣家拜访，商量入伍的事，但沈从文对此并不知情，“好一会，母亲才告诉我，她与杨家表叔商量让我出去当兵，明天一早就要动身。……回到家里，我在灯下痴痴地弄着从莲姑家带回的莲蓬。九妹也比平时乖，不来和我争要那莲蓬。接着，我又拨弄了一回我养的蛐蛐，见它那龇牙咧嘴有趣样子，我决心带它出门，便又拿灯找了一个竹筒，准备明天一早把它装到竹筒里去。回到屋里，见母亲一边清理我出门要用的东西，一边伤心垂泪，我心里也酸酸的，上床睡觉时也哭了一回。其实我那时并不怎么难过。因为姓杨的军官当面说好，我这次是当护兵，可以背盒子炮。想像着背盒子炮的神气威风，身上有了按捺不住的亢奋”。③

9月2日　入杨明臣（再春）的部队。（1961年6月4日复沈云麓函）

1984年，沈从文对此场景有如下回忆：早上，“大姐摇醒了我。洗过脸，外婆将我拖到一边，幽幽地说：‘乖，你要走了，我还不晓得能不能再见到你。

---

① 滕浩：《严于律己 谦诚待人》，《凤凰文史资料》第二辑，第147－148页。

② 参见凌宇：《沈从文传》，《凌宇文集》第二卷，第86页，湖南文艺出版社2016年版。

③ 凌宇：《沈从文传》，《凌宇文集》第二卷，第89页，湖南文艺出版社2016年版。

到你娘面前磕两个头，你是太让她操心了。你这次出门，她的心也是在你身上！’向母亲磕过头，母亲一遍又一遍地嘱咐：‘出外不要淘气闯祸，犯了军纪……这一去也不要你做官发财，只盼你能好好作人。家里已到了这种地步，连这一栋房子也只能保住三年五年。三五年后，你在外面做事好，能接济到我和你九妹，那自然是好。……出门不比家里，要自己担心冷热。……’终于到了动身的时候，全家送我到大门口”。[①]

“七月十六日那天早上，我就背了小小包袱，离开了本县学校，开始混进一个更广泛的学校了。”（《从文自传·一个老战兵》）

“振先和另一个名叫郑大孝（子参）的，和我同在保靖陈的参谋处作司书，人沉着，有头脑。我在大病中几几乎死去，全得他照料。”（1961年6月23日复沈云麓函）

本年 年长沈从文两岁的二姐去世。

对于二姐的去世，沈从文有如下回忆：“真是祸不单行。1917年家里又死了我的二姐。二姐比我大两岁，人生得聪明、美丽，性子倔强，凡事不落人之后。得的是‘女儿痨’。得了病，仍改不了那份要强好胜脾气。她的死也就死在那份倔强性格上。二姐死的时候，母亲哭得晕死过去两回。母亲也是个要强的人，自我出生以来，我还是第一次见母亲伤心落泪。我也很伤心，记得埋葬二姐时，我还悄悄带了一株山桃，插在坟前土坎上。十七年后我第一次返回故乡时，那株山桃已长有两丈多高了。”[②]

① 凌宇：《沈从文传》，《凌宇文集》第二卷，第89页，湖南文艺出版社2016年版。

② 同上注，第87页。

民国七年 1918 年 17 岁

3 月 4 日 《时事新报·学灯》创刊。

4 月 14 日 毛泽东在湖南长沙组织成立“新民学会”。

5 月 15 日 鲁迅的《狂人日记》发表于《新青年》第 4 卷第 5 号。

10 月 10 日 徐世昌就任大总统。

11 月 11 日 第一次世界大战结束。

秋天 随部队移防芷江的榆树湾。

“大约是在驻防榆树湾时，沈岳焕和他的堂兄沈万林分到了一起。沈万林大沈岳焕七岁，在军队里任弁目，属少尉级。他之于沈岳焕，半是堂兄半是妈。沈岳焕的睡眠、饮食和其他一些琐事，均得到他的照料。每天早晨 5 点，他都照例去摇醒沈岳焕：‘弟弟，点名了，快快，你听号音！’由于闲暇时间太多，沈岳焕有时也拿笔学写楷书，他便指导沈岳焕练字。他临过黄山谷的字帖，从他那里，沈岳焕知道了陆润庠、黄自元以外许多书法家的名字。”①

① 凌宇：《沈从文传》，《凌宇文集》第二卷，第 100 页，湖南文艺出版社 2016 年版。

民国八年　1919 年　18 岁

1 月 18 日　巴黎和会在凡尔赛宫召开，陆征祥等代表中国政府参加会议。

5 月 4 日　五四运动爆发。

6 月 28 日　中国代表拒绝在巴黎和约上签字。

7 月 1 日　少年中国学会在北京成立。

本年　移防怀化镇，任上士司书。

据《从文自传·怀化镇》记载："这地方给我的印象，影响我的感情极其深切。这地方一切，在我《从文子集》里一篇题作《我的教育》的记载里，说得还算详细。我到了这个地方，因为勉强可以写几个字，那时填造枪械表正需要一些写字的人，有机会把生活改变了一个方式，因此在那领饷清册上，我便成为上士司书了。我在那地方约一年零四个月，大致眼看杀过七百人。一些人在什么情形下被拷打，在什么状态下被把头砍下，我皆懂透了。又看到许多所谓人类做出的蠢事，简直无从说起。这一分经验在我心上有了一个分量，使我活下来永远不能同城市中人爱憎感觉一致了。从那里以及其他一些地方，我看了些平常人不看过的蠢事，听了些平常人不听过的喊声，且嗅了些平常人不嗅过的气味；使我对于城市中人在狭窄庸懦的生活里产生的作人善恶观念，不能引起多少兴味，一到城市中来生活，弄得忧郁强悍不像一个'人'的感情了。"

本年　军法长萧选卿为沈岳焕改名"沈从文"，并指导他练习写作旧体诗。"我还记得五十年前在怀化杨家祠堂楼上学写旧诗，你那时也在那里。埋头学了几个月即搁下了，尽管萧选卿夸奖说'有老杜味'，还是一搁五十年，谁也不知道我还会写旧诗。"（1968 年 10 月致沈云麓）

本年　在军中遇到司令部的秘书官文颐真，沈从文在《从文自传·姓文的秘书》中有过这样的回忆："这人当时只能说他很有趣，现在想起他那个风格，也作过我全生活一颗钉子，一个齿轮，对于他有可感谢处了。”“因为他见我对于他这一本宝书（指《辞源》——引者）爱不释手，就问我看过报没有。我说：‘老子从不看报，老子不想看什么报。’他却从他那《辞源》上翻出《老子》一条来，我方知道老子就是太上老君，太上老君竟是真有的人物。我不再称自己做太上老君，我们却来讨论报纸了。于是同另一个老书记约好，三人各出四毛钱，订一份《申报》来看，报钱买成邮花寄往上海后，报还不曾寄来，我就仿佛看了报，且相信他的话，报纸是了不得的东西，我且俨然就从报纸上学会许多事情了。这报纸一共定了两个月，我似乎从那上面认识了好些生字。这秘书虽把我当个朋友看待，可是我每天想翻翻他那本宝书可不成。他把书好好放在箱子里，他对这书显然也不轻视的。既不能成天翻那本书，我还是只能看看《秋水轩尺牍》，或从副官长处一本一本的把《西游记》借来看看。办完公事不即离开白木桌边时，从窗口望去正对着戏台，我就用公文纸头描画戏台前面的浮雕。我的一部分时间，跟这人谈话，听他说下江各样东西，大部分时间，还是到外边无限制的玩。但我梦里却常常偷翻他那宝书，事实上也间或有机会翻翻那宝书。氢气是什么，《淮南子》是什么，参议院是什么，就多半从那本书上知道的。”

本年 沈云麓把父亲从赤峰接回家。

民国九年　1920 年　19 岁

1 月 12 日　教育部宣布小学教科书停止使用文言文，采用国语。

3 月 31 日　李大钊在北京组织“马克思主义学说研究会”。

5 月 1 日　中国首次大规模地开展纪念“五一”国际劳动节活动。

6 月 29 日　中国加入国际联盟。

10 月　北京共产主义小组宣告成立。

年初　随部队到达辰州。部队以“援川”名义从辰州开往川东时，因沈从文年纪太小，“就命令我同一个老年副官长，一个跛脚副官，一个吃大烟的书记官，连同二十名老弱兵士，留在后方的留守部。军队开走后，我除了每三天誊写一分报告，以及在月底造一留守处领饷清册呈报外，别的便无事可作”。（《从文自传 · 姓文的秘书》）

秋天　开往四川的部队遭到袭击，几乎全军覆没。部队留守处也宣告解散。

约九月　回到家乡。

民国十年　1921 年　20 岁

1 月 4 日　文学研究会在北京成立。

5 月 5 日　孙中山就任非常大总统。

7 月 23 日　中国共产党第一次全国代表在上海举行。

7 月　创造社在日本东京成立。

一月　离开家乡前往芷江投亲，住在堂舅黄巨川家中。

据《从文自传·女难》记载："不久舅父作了警察所长，我就作了那小小警察所的办事员。办事处在旧县衙门，我的职务只是每天抄写违警处罚的条子。隔壁是个典狱署，每夜皆可听到监狱里犯人受狱中老犯拷掠的呼喊。警察署也常常捉来些偷鸡摸狗的小窃，一时不即发落，便寄存到牢狱里去，因此每天黄昏将近牢狱里应当收封点名时，照例我也得同一个巡官，拿一本点名册，跟着进牢狱里去，点我们这边寄押人犯的名。点完名后，看着他们那方面的人把重要犯人一一加上手镣，必需套枷的还戴好方枷，必需固定的还把他们系在横梁铁环上，几个人方走出牢狱。警察署不久从地方财产保管处接收了本地的屠宰税，我这办事员因此每天又多了一分职务。每只猪抽收六百四十文的税捐，我便每天填写税单。另外派了人去查验，恐怕那查验的舞弊不实，我自己也得常常出来到全城每个屠案桌边看看。这分职务有趣味处倒不是查出多少漏税的行为，却是我可以因此见识许多事情。我每天得把全城跑到，还得过一个长约一里在湘西方面说来十分著名的长桥，往对河地方去看看。各个店铺里的人俱认识我，同时我也认识他们。成衣铺，银匠铺，南纸店，丝烟店，不拘走到什么地方，便有人向我打招呼，我随处也照例谈谈玩玩。这些商店主人照例就是本地绅士，常常同我舅父喝酒，也知道许多事情皆得警察所帮忙，因此款待我很不坏。另外还有个亲戚，在本地又是一个大拇指人物，有钱，有势，从知事起任何人物任何军队皆对他十分尊敬，从不敢稍稍得罪他。这个亲戚对于我的能力，也异常称赞。那时我的薪水每月只有十二千文，一切事倒做得有条不紊。……那亲戚家中有两大箱商务印行的《说部丛书》，这些书便轮流作了我最好的朋友。我记得迭更司的《冰雪因缘》《滑稽外史》《贼史》这三部书，反复约占去了我两个月时间。我欢喜这种书，因为它告给我的正是我所要明白的。”

三月 为警备队长段治贤墓碑篆额、书丹。段治贤为黔阳人，民国初年被熊希龄推荐到芷江（沅州）县任警备队长，民国八年正月二十五日，在率队清剿土匪时牺牲。“整块碑文共 641 字，正文 591 字，标题为‘芷江县警备队队长段君治贤墓志铭’。石碑落款处刻着‘潭阳邓其鉴撰文；渭阳沈从文书丹；渭阳沈岳焕篆额’。立碑时间‘民国十年（1921）岁次，辛酉二月谷旦。’”[①]

夏天 好友陆弢在酉水溺水而亡，沈从文葬之于河边。五年后据此作《记陆弢》。“一九二一年夏天，这位好友在保靖地方酉水淹毙。时雨后新晴，因和一朋友争气，拟泅过宽约半里的新涨河水中，为岸边漩涡卷沉。第三天后为人发现，由我为埋葬于河边。”（沈从文：《记陆弢》后记）

九月末 母亲卖掉家中房屋来沅州居住，将卖房款让沈从文保管，结果都被一个“脸儿白白的身材高的女孩”姐（马泽蕙）弟（马泽淮）骗去。“那白脸孩子的谎话使我只知道有一件事情，就是我已经被一个女孩子十分关切，我行将成为他的亲戚。我为他姊姊无日无夜作旧诗，把诗作成他一来时便为我捎去。我以为我这些诗必成为不朽作品，他说过，他姊姊便最欢喜看我的诗。我家中那点余款本来归我保管存放的。直到如今，我还不明白为什么那白脸孩子今天向我把钱借去，明天即刻还我，后天再借去，大后天又还给我，结果算去算来却有一千块钱左右的数目，任何方法也算不出用它到什么方面去。这钱居然无着落了。但还有更坏的事。到这时节一切全变了，他再不来为我把每天送他姊姊的情诗捎去了，那件事情不消说也到了结束时节了。我有点明白，我这乡下人吃了亏。我为那一笔巨大数目着了骇，每天不拘作任何事都无心情。每天想

① 蒋国经：《沈从文为警备队长书丹揭秘》，邱云桂主编《名人与芷江》，第 168 页，中国文联出版社 2003 年版。

办法处置，却想不出比逃走更好的办法。因此有一天，我就离开那一本账簿，同那两个白脸姊弟，四个一见我就问我‘诗作得怎么样’的理想岳丈，四双眼睛漆黑身长苗条发辫极大的女孩印象，以及我那个可怜的母亲同姊妹走了。”（《从文自传·女难》）

按：《从文自传·常德》中曾叙述了马泽蕙的结局：“那白脸孩子的姊姊，下行读书，在船上却被土匪抢入山中做押寨夫人去了。得到这消息后，我便在那小客店的墙壁上写下两句别人的诗，抒写自己的感慨：‘佳人已属沙吒利，义士今无古押衙。’义士虽无古押衙，其实过不久这女孩就从土匪中花了一笔很可观的数目赎了出来，随即同一个黔军团长结了婚。但团长不久又被枪毙，这女人便进到沅州本地的天主堂作洋尼姑去了。”

约 10 月至 11 月间　与黄玉书一起，到桃源找工作，见到贺龙。

“上游九十里的桃源县，有一个清乡指挥部，属于我本地军队，这军队也就是当年的靖国联军第一军的一部分。那指挥官节制了三个支队，本人虽是个贵州人，所有高级官佐却大半是我的同乡。朋友介绍我到那边去，以为做事当然很容易。那时节何键正作骑兵团长，归省政府直辖，贺龙作支队司令，归清乡指挥统辖，部队全驻防桃源县。我得到了介绍信之后，就拿了去会贺龙，又去晋谒熟人，向清乡指挥部谋差事。可是两处虽有熟人却毫无结果。书记差遣一类事情既不能作，我愿意当兵，大家又总以为我不能当兵。不过事情虽无结果，熟人在桃源的既很多，我却可以常常坐小轮船过桃源来玩了。那时有个表弟正从上面委派下来作译电，我一到桃源时，就住在他那里。两人一出外还仍然是到河边看来往船只。”（《从文自传·常德》）“贺龙原本是在陈玉鍪处作营长，驻防桃源时，我正在常德赋闲，由向膺生介绍我和黄永玉父亲黄玉书去找工作见他，贺对我们表示欢迎，黄玉书充参谋，月薪十三元，我任差遣，月薪九元，记得他还说了几句趣话，以为‘码头小不能泊大船，有伙食吃大锅饭总还过得去’。后来不久我即上了保靖，闲了半年，才入陈部作司书，不久就随同陈部张子青援川，到达川东龙潭驻防。”（1981 年冬复张盛裕）

“冬天，从保靖回到高枧，住在满姑爷家中，同样是十分寒冷，初到也是将近黄昏，和他们一家人围在一个大火盆边，在热灰中煨板栗吃。晚上睡在新垫厚稻草床铺上。第二天即大雪，振先父亲和个年青人一样，十分活泼健康，又亲热人，入冬还自己下冬水田耕田，因为听到屋后斑鸠叫，即洒了大把绿豆在雪上，并用绿豆当沙子灌在鸟枪内，一会儿即打了四支肥肥的斑鸠，作中饭菜送上桌子。这一家人都很正直，热情，且有头脑，虽比较穷，却穷得正派。杨子锐和我们一道回家，即住在满家村子对过不多远，同我一道吃饭。”（1961 年 12 月 6 日致沈云麓）

民国十一年 1922年 21岁

4月28日 第一次直奉大战爆发。

5月1日 第一次全国劳动大会在广州举行。

5月5日 中国社会主义青年团第一次全国代表大会在广州召开。

9月14日 江西安源工人举行大罢工。

1月11日 和表弟聂清一起随曾芹轩离开常德，搭乘运送军服的船前往保靖。“桃源方面差事既没有结果，那么，不想个办法，我难道就作旅馆的伙计吗？恰好那时有一只押运军服的帆船，正预备上行，押运人就是我哥哥一个老朋友，我也同他在一堆吃过喝过。一个作小学教员的亲戚，答应替我向店中办个交涉，欠账暂时不说，将来发财再看。在桃源的那个表弟，恰好也正想回返本队，因此三人就一同坐了这小船上驶。我的行李既只是一个用面粉口袋改作的小小包袱，所以上船时实在洒脱方便。”（《从文自传·船上》）按：此处的出发日期是推算而来的：“常德到辰州四百四十里，我们一行便走了十八天，抵岸那天恰恰是正月一日。”

1月28日 到达辰州。“船傍城下时已黄昏，三人空手上岸，走到市街去看了一阵春联。”

1月29日 早上，离开辰州，继续乘船上行。

2月11日 军船过险滩时遇险，最后搁浅在一处浅滩。和同行诸人一起在河滩上过元宵节。

二月中旬 到达保靖。

对到达保靖的生活，《从文自传·保靖》有过简约的叙述：“我记得那时我只希望有谁替我说一句话，到那个军人身边去作一个护兵。且想即或不能作这人的护兵，就作别的官佐护兵也成。因此常常从这个老朋友处借来一件干净军服，从另一个朋友又借了条皮带，从第三个又借了双鞋子，大家且替我装扮起来，把我打扮得像一个有教育懂规矩的兵士后，方由我那表弟带我往军法处，参谋处，秘书处，以及其他地方，拜会那些高级办事员，先在门边站着，让表弟进去呈报。到后听说要我进去了，一走进去时就霍的立一个正，作着各样询问的答复，再在一张纸上写几个字。只记着‘等等看，我们想法’，就出来了。可是当时竟毫无结果，都说可以想法，但谁也不给一个切实的办法。照我想来其所以失败的原因，大体还是一则作护兵的多用小苗人和乡下人，做事吃重点，用亲戚属中子侄，做事可靠点。二则他们都认识我爸爸，不好意思让我来为他们当差。我既无办法可想，又不能去亲自见见那位统领官，一坐下来便将近半年。”

约年中 因机缘巧合，在湘西巡防军统领部谋到司书职位，月薪四块钱。

“我作了司书，每天必到参谋处写字，事作完时就回到表弟处吃饭睡觉。事业一有了着落，我很迅速的便在司书中成为一个特出的书记了。我比他们字写得实在好些。抄写文件时上面有了错误处，我能纠正那点笔误。款式不合有可斟酌处，我也看得出，说得出。我的几个字使我得到了较优越的地位，因此更努力写字。机会既只许可我这个人在这方面费去大部分时间同精力，我也并不放下这点机会。我得临帖，我那时也就觉得世界上最使人敬仰的是王羲之。我常常看报，原只注意有正书局的广告，把一点点薪水聚集下来，谨谨慎慎藏到袜统里，或鞋底里，汗衣也不作兴有两件，但五个月内我却居然买了十七块钱的字帖。”（《从文自传·保靖》）

初夏 随部队移防四川，担任文件收发员，月薪9元。部队到达四川后，司令部设在龙潭。“我的职务并不多，只是从外来的文件递到时，照例在簿籍上照款式写着某年某月某日某时收到某处来文，所说某事。发去的也同样记上一笔。文件中既分平常次要急要三种，我便应当保管七本册子，一本作为来往总账，六本作分别记录。这些册子到晚上九点钟，必把它送给参谋长房里去，好转呈司令官检察一次，画一个阅字再退回来。我的职务虽比司书稍高，薪饷却并不比一个弁目为高。可是我也有了些好处，一到了这里，不必再出伙食，虽名为自办伙食，所有费用统归副官处报账。……差弁房中墙上挂满了大枪小枪，我房间中却贴满了自写的字。每个视线所及的角隅，我还贴了小小字条，上面这样写着：‘胜过钟王，压倒曾李’，因为那时节我知道写字出名的，死了的有钟王两人，活着却有曾农髯和李梅庵。我以为只要赶过了他们，一定就可独霸一世了。”（《从文自传·一个大王》）

冬季 回到湖南保靖，在陈渠珍手下担任书记。在此期间，与军中朋友满振先、陆弢、田杰、郑子参交好。保靖的这段生活对沈从文后来从事物质文化史研究产生了重要影响。

“我在那个治军有方，名誉极佳的统领官身边作书记了。薪饷仍然每月九元，却住在一个山上高处单独新房子里。那地方是本军的会议室，有什么会议需要纪录时，机要秘书不在场，间或便应归我担任。这分生活实在是我一个转机，使我对于全个历史各时代各方面的光辉，得了一个从容机会去认识，去接近。原来这房中放了四五个大楠木橱柜，大橱里约有百来轴自宋及明清的旧画，与几十件铜器及古瓷，还有十来箱书籍，一大批碑帖，不久且来了一部《四部丛刊》。这统领官既是个以王守仁曾国藩自许的军人，每个日子治学的时间，似乎便同治事时间相等，每遇取书或抄录书中某一段时，必令我去替他作好。那些书籍既各得安置在一个固定地方，书籍外边又必需作一识别，故书籍的秩序，书籍的表面，全由我去安排。旧画与古董登记时，我又得知道这一幅画的人名时代同他当时的地位，或器物名称同它的用处。全由于应用，我同时就学会了许多知识。又由于习染，我成天翻来翻去，把那些旧书大部分也慢慢的看懂了。……无事可作时，把那些旧画一轴一轴的取出，挂到壁间独自来鉴赏，或翻开《西清古鉴》《薛氏彝器钟鼎款识》这一类书，努力去从文字与形体上认识房中铜器的名称和价值，再去乱翻那些书籍。一部书若不知道作者是什么时代的人时，便去翻《四库提要》。这就是说，我从这方面对于这个民族在一段长长的年份中，用一片颜色，一把线，一块青铜或一堆泥土，以及一组文字，加上自己生命作成的种种艺术，皆得了一个初步普遍的认识。由于这点初步知识，使一个以鉴赏人类生活与自然现象为生的乡下人，进而对于人类智慧光辉的领会，发生了极宽泛而深切的兴味。”（《从文自传·学历史的地方》）

民国十二年　1923 年　22 岁

1 月 1 日　孙中山发表《中国国民党宣言》，强调三民主义为立国之本。

2 月 7 日　吴佩孚镇压京汉铁路工人的罢工，“二七惨案”发生。

10 月 5 日　曹锟贿选总统。

10 月 28 日　国民党中央临时执行委员会成立。

12 月 25 日　中共中央发出《通告十三号》，要求共产党员全体加入国民党。

年初　与老朋友满振先、杨子锐到高枧作客。按：作客时间一作 1918 年，沈从文在《题〈阿黑小史〉单行本》说：“本书用乡村‘牧歌’体裁，用离城四十里的高枧满家油房作背景写成。约民七前后，曾住此村子里约卅天。另写有《雪晴》六章，叙述较好。十七年已刊过的散失。住叔远家，约十天。院中有一大胡桃树。”据沈虎雏编《沈从文年表简编》定为 1923 年。

上半年　陈渠珍新办了报馆，沈从文被派到报馆做校对，部队中有文件需要抄写时，就回部队。在报馆中，和印刷工人赵奎武相熟，在他那里读到许多新文学书刊，“我从他那儿知道了些新的，正在另一片土地同一日头所照及的地方的人，如何去用他们的脑子，对于目前社会作一度检讨与批判，又如何幻想一个未来社会的标准与轮廓。他们那么热心在人类行为上找寻错误处，发现合理处，我初初注意到时，真发生不少反感！可是，为时不久，我便被这些大小书本征服了。我对于新书投了降，不再看《花间集》，不再写《曹娥碑》，却欢喜看《新潮》《改造》了。”（《从文自传・一个转机》）从此产生了到北京读书的念头。

八月　向陈渠珍提出去北京读书的愿望，陈渠珍答应他预支三个月的薪水，同时告诉他：“‘你到那儿去看看，能进什么学校，一年两年可以毕业，这里给你寄钱来，情形不合，你想回来，这里仍然有你吃饭的地方。’我于是就拿了他写给我的一个手谕，向军需处取了二十七块钱，连同他给我的一分勇气，离开了我那个学校，从湖南到汉口，从汉口到郑州，从郑州转徐州，从徐州又转天津，十九天后，提了一卷行李，出了北京前门的车站，呆头呆脑在车站前面广坪中站了一会。走来一个拉排车的，高个子，一看情形知道我是乡巴老，就告给我可以坐他的排车到我所要到的地方去。我相信了他的建议，把自己那点简单行李，同一个瘦小的身体，搁到那排车上去，很可笑的让这运货排车把我拖进了北京西河沿一家小客店，在旅客簿上写下——沈从文年二十岁学生湖南凤凰县人。便开始进到一个使我永远无从毕业的学校，来学那课永远学不尽的人生了。”（《从文自传·一个转机》）

关于此次北上的计划，《从文自传·一个转机》有如下描述：

> 我想我得进一个学校，去学些我不明白的问题，得向些新地方，去看些听些使我耳目一新的世界。我闷闷沉沉的躺在床上，在水边，在山头，在大厨房同马房，我痴呆想了整四天，谁也不商量，自己很秘密的想了四天。到后得到一个结论了，那么打量着：“好坏我总有一天得死去，多见几个新鲜日头，多过几个新鲜的桥，在一些危险中使尽最后一点气力，咽下最后一口气，比较在这儿病死或无意中为流弹打死，似乎应当有意思些。”到后我便这样决定了：“尽管向更远处走去，向一个生疏世界走去，把自己生命押上去，赌一注看看，看看我自己来支配一下自己，比让命运来处置得更合理一点呢还是更糟糕一点？若好，一切有办法，一切今天不能解决的明天可望解决，那我赢了；若不好，向一个陌生地方跑去，我终于有一时节肚子瘪瘪的倒在人家空房下阴沟边，那我输了。”
>
> 我准备过北京读书，读书不成便作一个警察，作警察也不成那就认了输，不再作别的好打算了。

八月下旬　经过19天的旅途奔波，与朋友满叔远一起到达北京，住在杨梅斜街的酉西会馆，开始了他闯荡文坛的生涯。

初到北京时，常到表弟黄村生处混饭吃，后通过黄的介绍，结识了一批农业大学的朋友。谈及这段时期的生活，沈从文曾有如下回忆：“当时住北大附近公寓的相熟同学间，几乎过着一种原始共产主义生活，相互接济是常事。陈炜谟、赵其文、陈翔鹤对我很关心，我常和他们一起在沙滩附近小饭馆里同座共食；燕京大学也有熟人。董景天（即董秋斯）是我在那里最先认识的朋友。他是姐夫田真一中学时的同学，后来成为共产党员，解放后当过周恩来总理的外交秘书。由于他的介绍，我先后认识了张采真、司徒乔、刘庭蔚、顾千里、韦丛芜、于成泽、焦菊隐、刘潜初、樊海珊等人。当时，董景天是燕京大学学生会主席，按惯例兼任校长室秘书。我去燕大时，晚上就睡在他独住的小楼地板上。他曾当掉自己的西装，特地为我买了一双新鞋；在北京农业大学，因表弟黄村生关系，认识了三十来个湖南同乡。表弟住处，两个房间共十六个床位，只住八人，他们联合自办伙食。每人每月可得二十五元公费，农场自己栽种的蔬菜瓜果，收获时每人可分到一份。那里的大白菜种得极好，每人每年可得二百斤。到手后，齐埋在宿舍前沙地里。千八百斤卷心菜，可供几个人三四个月消费。农场里的鸡蛋，凡属园艺系的学生，每月按人分配一定数额，可以市场一半价格购买。每到无可奈何的时候，我便成了他们的'不速之客'，在那里留宿三五天是常事。"[①]

二十世纪七十年代，沈从文曾这样忆及初到北京学习写作时的情形："当我初学用笔时，四十五六年了，正是书店里《新诗作法》《小说作法》等等大大流行时。大学里还有许多名教授翻译、讲授《文学概论》，苏联的，英美的，以至于希腊的，中国古代的。我什么都不看，只低头写。不到六七年，就把大群谈文学搞创作的全赶过了。"（1971 年 5 月 27 日致张梅溪信）

十二月初　在北京求学的希望破灭，一同来京的满叔远返乡。

① 凌宇：《沈从文传》，第 137 页，东方出版社 2009 年版。

民国十三年　1924 年　23 岁

1 月 20 日　中国国民党第一次全国代表大会在广州召开。

6 月 16 日　中国国民党陆军军官学校（黄埔军校）举行开学典礼。

9 月 18 日　第二次直奉战争爆发。

9 月 18 日　孙中山发表《中国国民党北伐宣言》。

10 月 23 日　冯玉祥发动北京政变，囚禁总统曹锟。

11 月 4 日　冯玉祥宣布修改清室优待条例，清皇室立即迁出紫禁城。

11 月 24 日　段祺瑞就任中华民国临时政府临时执政。

二月　为过春节，向卖煤油的老人借了 200 铜钱。沈从文回忆："照清廷规矩，举子入京会试，没有钱，可以赊账。到民国初年，虽然科举制度已经废除，其遗风犹存。凡住北大附近公寓的穷学生，在公寓和小饭馆吃饭，照例可以欠账。汉园公寓附近，有一个卖煤油的老人，为人善良，极富同情心。我们不仅可以向他赊煤油，还时常跑去对他说：'我们是学生，没有钱，能不能借给我们一点？'老人手头方便时，也总借我们一块两块。……到 30 年代，我从上海返回北京，到沙滩附近走走时，还看见我们当时常去的那个小饭馆的欠账牌上，写着'沈从文欠 ×× 元'。"①

11 月 13 日　郁达夫到庆华公寓看望沈从文。

沈从文后来向郁风追忆了这一场景："第一次见面，沈先生就激动而沉静地对郁风回忆起一九二三年冬，郁达夫冒雪到北京西城一个小公寓去看他，这个青年沈从文，那时住在冰冷的小屋子里，没有人知道，也没有钱，没有生炉子，没有棉衣，正把一件旧棉被包围着脚和腿部，还用一双冻僵肿红了的手在写点什么。郁达夫一进门看见这光景，就先解下围在自己脖子上的围巾给他围

---

① 凌宇：《沈从文传》，第 137 页，东方出版社 2009 年版。

上。然后同他一起去吃一顿饭，并把吃饭剩下的几块钱全都给了沈从文。不多久，就发表了那篇《给一个青年的公开状》。这件事沈先生是经常充满了感情回忆起来的。”[①]

11 月 16 日　郁达夫写给沈从文的《给一个文学青年的公开状》发表于《晨报副刊》1924 年第 274 号。

作《公寓中》。

11 月 17 日　续作《公寓中》。

11 月 20 日　续作《公寓中》。

11 月 26 日　续作《公寓中》。

11 月 28 日　续作《公寓中》。

11 月 29 日　续作《公寓中》。

12 月 1 日　续作《公寓中》。

12 月 2 日　续作《公寓中》。

12 月 10 日　续作《公寓中》。

12 月 17 日　续作《公寓中》。

12 月 20 日　创作完成杂文《“我恨他的是……”》，篇末注明完成于“西城之西绿稻庄”。

12 月 22 日　散文《一封未曾付邮的信》发表于《晨报副镌》1924 年第 306 号，署名休芸芸。这是沈从文公开发表的第一篇文学作品。收入《全集》第 11 卷《遥夜集》。

12 月 25 日　创作完成小说《公寓中》。

12 月 26 日　创作完成散文《遥夜（一及二）》。

12 月 28 日　《“我恨他的是……”》发表于《晨报副镌》1924 年第 302 号，署名休芸芸。按：当期刊物编号有误，当为 1924 年 311 号。收入《全集》第 14

---

① 黄苗子：《生命之火常明》，见《文坛老将》，第 128 页，花城出版社 1981 年版。

卷《甲辰杂谈》集。

本 年

投考北大等国立大学失败。投考中法大学被录取，因交不起28元膳宿费，未能入学。

民国十四年　1925 年　24 岁

3 月 12 日　中国国民党总理孙中山病逝于北京。

5 月 30 日　五卅运动爆发。

7 月 1 日　中华民国国民政府在广州成立，汪精卫担任国民政府主席。

11 月 23 日　邹鲁等国民党右派在西山碧云寺召开会议，“西山会议派”形成。

---

1 月 19 日　散文《遥夜（一及二）》发表于《晨报副镌》1925 年第 13 号，署名芸。后收入《鸭子》集（北新书局）。收入《全集》第 1 卷《鸭子》集。

1 月 23 日　创作完成散文《遥夜・三》。

1 月 30 日　创作完成散文《遥夜・四》。

小说《公寓中》发表于《晨报副镌》1925 年第 18 号，署名芸芸。按：该刊目录中作者署名休芸芸。收入《全集》第 1 卷《公寓中》集。

1 月 31 日　《晨报副镌》1925 年第 19 号续刊小说《公寓中》，署名芸芸。收入《全集》第 1 卷《公寓中》集。

2 月 3 日　《遥夜・三》发表于《晨报副镌》1925 年第 22 号，署名芸。按：该刊目录中作者名为休芸芸。收入《全集》第 11 卷《遥夜集》。

2 月 12 日　《遥夜・四》发表于《晨报副镌》1925 年第 30 号，署名芸芸。按：该刊目录作者署名为休芸芸。收入《全集》第 11 卷《遥夜集》。

2 月 14 日　创作散文《小草与浮萍》。

2 月 20 日　小说《三贝先生家训》发表于《晨报副镌》1925 年第 37 号，署名芸芸。按：该刊目录作者署名为休芸芸。收入《全集》第 5 卷《衣冠中人》集。

2 月 22 日　创作完成散文《遥夜・五》。

3 月 1 日　在庆华公寓中创作完成《狂人书简》之《与 X》《与苹儿》《与小栗》。

3 月 9 日　《遥夜・五》发表于《晨报副镌》1925 年第 52 号，署名芸芸。按：

该期目录作者署名为休芸芸。收入《全集》第11卷《遥夜集》。

3月10日　《狂人书简》之《与X》《与苹儿》《与小栗》发表于《京报·民众文艺周刊》第12号，署名休芸芸。收入《全集》第11卷《遥夜集》。

《民众文艺周刊》编者胡崇轩、项拙到庆华公寓看望沈从文。据沈从文回忆："因为有一次一个用'休芸芸'作为笔名的无名作者，那时在北京写下的文章，还不值得任何编辑的注意，也只成天做梦，梦想写出的文章有人阅读，但是各处试验皆失败了，就冒冒失失的寄了一点文章到他们那里去。这文章即刻登载出来了。就是那一天，北京西城一个名为庆华公寓的一间房子里，就来了两个不能入伍的海军学生晤及了一个还刚退伍不久的陆军步兵上士。于是他们谈了许多空话，吃了许多开水。那两个海军学生走后，那个步兵上士心想：这倒是古怪的事情，两个编辑也来到我的住处了。我有了朋友，我的生活，就快有日头的光照及了。……那时节，自然是我最无办法处置生活的时节，日头的光是不会照到头上的。"（《记胡也频》）

3月20日　创作完成散文《市集》。

3月21日　创作完成小说《夜渔》。

散文《流光》发表于《晨报副镌》1925年第63号，署名休芸芸。收入《全集》第11卷《遥夜集》。

4月10日　创作完成《狂人书简》之《给低着头的葵》《给你》《再给你》。

4月13日　晚上，创作《狂人书简》之《给师傅的信》。

4月15日　创作完成《狂人书简》之《给到X大学第一教室绞脑汁的可怜朋友》。

创作完成杂文《"你要知道"》。

4月16日　创作完成小说《屠桌边》。

4月18日　杂文《"你要知道"》发表于《京报副刊》第122号，署名茂林。在这篇文章中，作者为有"抄袭"嫌疑的欧阳兰辩护："纵或你发见了别人的整段抄录，（除非傻子肯整段抄）但古人'也有什么集句的老例'了。既然是'自古有之'，那末，抄袭者的罪过，最多也不过像我写这文时忘了把'借用'

的话用引号标出罢了！以后还是少搅事，莫专同‘奋勇的新进作家’捣乱吧。”收入《全集》第14卷《甲辰杂谈》集。

4月21日　散文《市集》发表于《京报·民众文艺》第18号，署名休芸芸。收入《全集》第11卷《遥夜集》。

4月26日　杂文《“我心里”也“常常想”》发表于《京报副刊》第130号，署名懋琳。文章继续就欧阳兰抄袭事件发表自己的意见：“我祝福一切大胆作家，各在他自己园地里，放一朵美丽奇葩。但是——但是自己实在莫有树枝呢？那你不妨踏到别个园里去，折一朵已开的花带回；（譬如原花粉红，你可加上点紫，使成大红，）讲恕道的仙人，也不会对着那朵花就烂起脸说是你贡献的没有血泪培植过，一翅膀飞向别处去！”收入《全集》第14卷《甲辰杂谈》集。

4月28日　《狂人书简》之《给低着头的葵》《给你》《再给你》发表于《京报·民众文艺》第19号，署名休芸芸。收入《全集》第11卷《遥夜集》。

4月30日

本日　鲁迅日记载：“得丁玲信”，鲁迅怀疑这是沈从文的化名来信，在致钱玄同信中说：“且夫‘孥孥阿文’，确尚无偷文如欧阳公之恶德，而文章亦较为能做做者也。然而敝座之所以恶之者，因其用一女人之名，以细如蚊虫之字，写信给我，被我察出为阿文手笔，则又有一人扮作该女人之弟来访，以证明确有其女人。然则亦大有数人‘狼狈而为其奸’之慨矣。总之此辈之于著作，大抵意在胡乱闹闹，无诚实之意，故我在《莽原》已张起电气网，与欧阳公归入一类耳矣。”[①] 沈从文在《记胡也频》中对此有如下回应：“有一次，丁玲女士给人的信，被另一个自命聪明的人看来，还以为是我的造作。”

四月　因在《京报·民众文艺周刊》发表文章，结识编者胡也频及其女友丁玲，三人从此定交。

5月2日　创作完成《狂人书简》之《给我将变老祥的大表哥》。

5月4日　唯刚（林宰平）在《晨报副刊》第99号发表《大学与学生》一

① 1925年7月20日鲁迅致钱玄同，《鲁迅全集》第11卷，第452页，人民文学出版社1981年版。

文，高度评价沈从文的《遥夜·五》："上面所抄的这一段文章，我是做不出来的，是我不认识的一个天才青年休芸芸君《遥夜》中的一节。芸芸君听说是个学生，这一种学生生活，经他很曲折的深刻的传写出来——《遥夜》全文俱佳——实在能够感动人。"这是报刊上公开发表的第一篇评论沈从文作品的文章。

5月4日　创作完成小说《更夫阿韩》。

5月5日　《狂人书简》之《给到X大学第一教室绞脑汁的可怜朋友》发表于《京报·民众文艺》第20号，署名休芸芸。收入《全集》第11卷《遥夜集》。

5月8日　为回应唯刚的《大学与学生》一文，作《致唯刚先生》。

5月9日　新诗《春月》刊载于《晨报副刊》第103号，署名休芸芸。收入作品集《鸭子》(北新书局)。收入《全集》第1卷《鸭子》集。本诗同时收入《全集》第15卷《忧郁的欣赏》集。

5月12日　《狂人书简》之《给师傅的信》发表于《京报·民众文艺》第21号，署名休芸芸。刊本末尾有"四月十三日夜里"，《全集》本无。收入《全集》第11卷《遥夜集》。

《通讯》发表于《京报·民众文艺》第21号，署名休芸芸。收入《全集》第14卷《北平通信》集。

《致唯刚先生》发表于《晨报副刊》第105号，署名休芸芸。收入《全集》第11卷《遥夜集》。

5月14日　诗歌《失路的小羔羊》发表于《晨报副刊》第107号，署名休芸芸。收入《全集》第15卷《忧郁的欣赏》集。

5月16日　小说《代狗》发表于《京报·文学周刊》第20期，署名休芸芸。后收入北新书局出版的《鸭子》集。收入《全集》第1卷《鸭子》集。

5月17日　作诗歌《痕迹》。

5月21日　小说《屠桌边》发表于《晨报副刊》第112号，署名休芸芸。收入作品集《入伍后》(北新书局)。收入《全集》第1卷《入伍后》集。

5月26日　《狂人书简》之《给我将变老祥的大表哥》发表于《京报·民众文艺》第22号，署名休芸芸。收入《全集》第11卷《遥夜集》。

五月　与北京大学教授林宰平相识，从此以师事之。

6 月 12 日　作《怯步者笔记——端阳》。

6 月 13 日　诗歌《痕迹》发表于《京报·文学周刊》第 24 期，署名休芸芸。收入《全集》第 15 卷《忧郁的欣赏》集。

6 月 14 日　作《怯步者笔记——鸡声》。

6 月 20 日　作《乡间的夏（镇筸土话）》。

6 月 27 日　梁启超受林宰平之托，写信给熊希龄，为沈从文介绍工作。

梁启超在复林宰平的信中写道："沈君事竟久忘却，愧甚，顷已致书秉三，并属其直接向公处打听沈君住所矣。"①

6 月 29 日　小说《福生》发表于《语丝》第 33 期，署名沈从文。收入《全集》第 2 卷《梓里集》。

六月下旬　为求职，去锦州找大哥沈云麓。

7 月 5 日　大端阳节。前往宁河。在宁河县传达处门房旁作诗歌《长河小桥》。

7 月 12 日　《乡间的夏（镇筸土话）》发表于《京报·国语周刊》第 5 期，署名沈从文。收入《全集》第 15 卷《筸人谣曲》集。

7 月 16 日　《怯步者笔记——端阳》发表于《晨报副刊》第 1226 号，署名沈从文。后作为《生之记录》的第四部分收入《全集》第 1 卷《鸭子》集。

7 月 18 日　作《到坟墓的路》。

7 月 22 日　诗歌《到坟墓的路》发表于《晨报副刊》第 1230 号，署名沈从文。收入《全集》第 15 卷《忧郁的欣赏》集。

7 月 23 日　创作完成小说《绝食以后》。

诗歌《到坟墓去》刊载于《晨报副刊》第 1231 号，署名沈从文。收入《全集》第 15 卷《忧郁的欣赏》集。

7 月 24 日　作诗歌《余烬》。

---

① 《梁启超全集》，第 6057 页，北京出版社 1999 年版。

7 月 25 日　《到坟墓的路》开始在《盛京时报》连载，署名沈从文，至本月 28 日刊毕。

7 月 31 日　诗歌《长河小桥》发表于《晨报副刊》第 1236 号，署名沈从文。收入《全集》第 15 卷《忧郁的欣赏》集。

8 月 4 日　小说《绝食以后》发表于《晨报副刊》第 1240 号，署名沈从文。收入《全集》第 1 卷《公寓中》集。

8 月 5 日　写作散文《到北海去》。

8 月 6 日　小说《绝食以后》（续）发表于《晨报副刊》第 1242 号，署名沈从文。

8 月 7 日　创作完成小说《莲蓬》。

8 月 12 日　《莲蓬》发表于《晨报副刊》第 1248 号，署名则迷。收入《全集》第 1 卷《公寓中》集。

8 月 14 日　凌晨，创作完成小说《用 A 字记录下来的事》。

8 月 15 日　诗歌《余烬》发表于《晨报副刊・文学旬刊》第 78 号，署名沈从文。收入《全集》第 15 卷《忧郁的欣赏》集。

8 月 16 日　在香山慈幼院创作完成小说《第二个狒狒》。

8 月 19 日　诗歌《余烬》于《盛京时报》第二次发表，署名沈从文。

8 月 21 日　诗歌《遥夜・九》发表于《晨报副刊》第 1254 号，署名休芸芸。收入《全集》第 15 卷《忧郁的欣赏》集。

8 月 22 日　创作完成小说《崖下诗人》。

《第二个狒狒》发表于《晨报副刊》第 1255 号，署名沈从文。收入《全集》第 1 卷《公寓中》集。

诗歌《其人其夜》发表于《京报・文学周刊》第 32 号，署名沈从文。收入《全集》第 15 卷《忧郁的欣赏》集。

8 月 25 日　在静宜园西大楼完成小说《画师家兄》。

散文《到北海去》发表于《晨报・文学旬刊》第 78 号，署名沈从文。收入《鸭子》（北新书局）。收入《全集》第 1 卷《鸭子》集。

8 月 27 日 小说《崖下诗人》发表于《晨报副刊》第 1259 号，至 29 日 1260 号刊载完毕，注明“沈从文录述”。收入《全集》第 5 卷《衣冠中人》集。

8 月 28 日 创作完成小说《白丁》。

8 月 29 日 《怯步者笔记——鸡声》发表于《现代评论》第 2 卷第 38 期，署名沈从文。后作为《生之记录》的第三部分收入作品集《鸭子》(北新书局)。收入《全集》第 1 卷《鸭子》集。

8 月 31 日 小说《画师家兄》发表于《晨报副刊》第 1261 号，署名沈从文。收入《全集》第 2 卷《梓里集》。

约七八月间 经由林宰平介绍，曾短期到京兆尹薛笃弼的秘书处任书记，这工作后因薛笃弼离任而终止。

八月 在梁启超介绍下，到熊希龄创办的香山慈幼院图书馆任管理员。

1980 年 6 月底，沈从文在与金介甫的对话中说过，“我还是梁启超介绍去的。我自己不会找他的。但他对我还很好。”“我到那做事以后，他每天晚上找我谈话。他就住在乾隆皇帝的一个行宫里，叫做双清。”[①]

9 月 1 日 创作散文《西山的月》及“附志”。

9 月 5 日 创作完成小说《棉鞋》。

《用 A 字记录下来的事》发表于《晨报副刊·文学旬刊》第 80 号，署名沈从文。收入《全集》第 1 卷《公寓中》集。

9 月 7 日 散文《西山的月》发表于《晨报副刊》第 1267 号，注明“沈从文录述”。收入《鸭子》(北新书局)时改题名为《月下》，同时删除了初刊本的“附志”部分：

这也是我游香山时找得的一篇文章，找得的地方是半山亭。似乎是什么人遗落忙(忘)记拿去的稿子。文章虽不及古文高雅，但半夜里能一个人跑上半山亭来望月，本身已就是个雅人了。

当我刚发见这稿子念过前几段时，心想不知是谁个女人来消受他

---

① 王亚蓉：《沈从文晚年口述》，第 163 页，陕西师范大学出版社 2003 年版。

这郁闷的热情！未免起了点妒羡心。到未了使我了然，因最后一行写的是“待人承领的爱”！这六个字令我失望，故把它圈掉了。为保存原文起见，乃在这里声明一句。

若有某个人能切实证明这招贴文章是寄她的，只要把地点告知，我也愿把原稿寄她；左右留在我身边也是无用东西。至于我，不经过别人许可，就在这里把别人文章发表了，不合理的地方，特在此致一声歉，不过想来既然是招贴类文章，擅自发表出来，也不算十分无道德心吧。

九月一日从文附志于静宜园

收入《全集》第1卷《鸭子》集。

9月12日　诗歌《旧约集句》发表于《晨报副刊》第1270号，署名沈从文。收入《全集》第15卷《忧郁的欣赏》集。

9月15日　《白丁》发表于《晨报副刊·文学旬刊》第81号，署名则迷。收入《全集》第1卷《公寓中》集。

9月20日　诗歌《镇筸的歌》《初恋》发表于《京报·国语周刊》第15期，署名沈从文。收入《全集》第15卷《筸人谣曲》集。

9月21日　创作完成小说《移防》。

《棉鞋》发表于《晨报副刊》第1276号，署名沈从文。收入《全集》第1卷《公寓中》集。

9月23日　在西山作诗歌《希望》。

9月27日　诗歌《希望》发表于《晨报副刊》第1281号，署名休芸芸。收入《全集》第15卷《忧郁的欣赏》集。

9月28日　创作完成小说《副官》。

九月　与徐志摩定交。

在《谈朗诵诗》一文中，沈从文这样描写他与徐志摩的见面：“我头一次见他时，是在北平松树胡同新月社院子里，他就很有兴致当着陌生客人面前读他的新作。那时节正是秋天，沿墙壁的爬墙虎叶子五色斑斓，鲜明照眼。他坐在墙边石条子上念诗。同听的还有一个王赓先生。环境好，声音清而轻，读来实在很成功（新诗用诵读方式来欣赏，在我记忆上只有这次成功）。”（沈从文曾多次修改此文，引文据《新的文学运动与新的文学观》本）“从一九二五年九月里，和他第一次见面；就听到他天真烂漫自得其乐，为我朗诵他在夜里写的两首新诗开始，就同一个多年熟人一样。第一次见到徐志摩先生，是我读过他不少散文，觉得给我崭新深刻动人印象，也正是我自己开始学习用笔时。就不知不觉受到一种鼓舞，以为文章必须这么写，不同当时流俗所赞美的桨声灯影的秦淮河一类作品，才给人眼目一新的印象。事实上我那时即乐意学习，也不会能收到丝毫效果的。那时新月社还未成立，无什么出版物。新月社同人集会，也近于散场冷落的情形时。他的住处似还在松树胡同七号一所小小洋式房子里，住处后有个小小院落，齐腰栏杆边放上几盆菊花和秋海棠。一面墙上挂满了绿叶泛黄的爬墙虎，应当是已到深秋还未大冷的时候。我这么一个打烂仗出身的人，照例见生人总充满一种羞涩心情，不大说话。记得一见他，只一开口就说：‘你那散文可真好！’他就明白，我是个不讲什么礼貌的乡下人，容易从不拘常套来解脱一切拘束，其时还刚起床不久，穿了件条子花纹的短睡衣，一面收拾床铺一面谈天，他的随便处，过不多久就把我在陌生人前的羞涩解除了。只问问我当前的生活和工作，且就从枕边取出他晚上写的两首诗，有腔有调天真烂漫自得其乐的念起来。”（《回忆徐志摩先生》）

徐志摩对沈从文的一生产生了重要影响，在《习作选集代序》中，沈从文写下了如下一段文字：“尤其是徐志摩先生，没有他，我这时节也许照《自传》上说的那两条路选了较方便的一条，不过北平市区里作巡警，就卧在什么人家的屋檐下瘪了，僵了，而且早已腐烂了。你们看完了这本书，如果能够从这些作品里得到一点力量，或一点喜悦，把书掩上时，盼望对那不幸早死的诗人表示敬意和感谢，从他那儿我接了一个火，你得到的温暖原是他的。”

10月1日

本日　徐志摩接办《晨报副刊》，徐志摩在当日刊出的《我为什么来办我想怎么办》一文中介绍自己的作者阵容时说：“新近的作者如沈从文、焦菊隐……诸先生也一定当有崭新的作品给我们欣赏。”徐志摩对沈从文才华的欣赏和肯定，由此可见一斑。

10月2日 晚上，胡也频、丁玲到香山访沈从文，不遇，遂留下地址后返归碧云寺住处。沈从文看到字条后，遂按字条上的地址回访，这是沈从文与丁玲、胡也频的第二次相见。对这次相见，沈从文在《记胡也频》中有如下回忆："这一天是中秋，这个中秋的黄昏，我们三个人就消磨到香山静宜园里俗名为'见心斋'的小池中。三人坐在一只无桨无舵的方头船上，用手划着水，沿池飘浮着，互说这半年来的一切天时人事，耳中听到学校方面，一群孤儿为了点缀这佳节，箫鼓竞奏的声音，头上是蒙蒙糊糊的一饼圆月。为了虚应故事起见，到后下山时，各人就各买了一片糖含在口里，我们也算并不辜负了这个中秋了。"

10月10日 创作散文《一天是这样过的》。

10月16日 创作完成小说《宋代表》。

10月17日 小说《副官》发表于《现代评论》第2卷第45期，署名沈从文。收入《全集》第5卷《衣冠中人》集。

10月19日 创作戏剧《卖糖复卖蔗》。

10月21日 散文《一天是这样过的》发表于《晨报副刊》第1293号，署名沈从文。收入《鸭子》（北新书局）时改题《一天》。收入《全集》第1卷《鸭子》集。

10月24日 杂文《扪虱》发表于《晨报副刊》第1295号，署名小兵。收入《全集》第14卷《甲辰杂谈》集时改题为《扪虱（一）》。

10月26日 小说《夜渔》发表于《晨报副刊》第1296号，署名休芸芸。收入北新书局出版的《鸭子》集。收入《全集》第1卷《鸭子》集。

10月27日 改作戏剧《赌徒》。

10月29日 戏剧《卖糖复卖蔗》作为"拟曲之五"发表于《晨报副刊》第1298号，署名沈从文。收入北新书局《鸭子》集时改作"拟曲之三"。收入《全集》第1卷《鸭子》集。

十月 创作完成小说《重君》。

十月 甘肃省省长薛笃弼拟聘沈从文为省府秘书，路费寄到熊希龄处。沈从文珍惜北京的文化环境，退还路费，谢绝了此次聘任。

11月6日　创作散文《水车》。

11月8日　创作杂文《扪虱》之二。

11月11日　散文《市集》发表于《晨报副刊》，署名沈从文。编者徐志摩特意在该文后写下了编后感言："这是多美丽，多生动的一幅乡村画。作者的笔真像是梦里的一支小艇，在波纹瘦鳒鳒的梦河里荡着，处处有着落，却又处处不留痕迹；这般作品不是写成的，是'想成'的。给这类的作者，批评是多余的，因为他自己的想象就是最不放松的不出声的批评者；奖励也是多余的：因为春草的发青，云雀的放歌，都是用不着人们的奖励的。"收入《全集》第11卷《遥夜集》。

11月12日　戏剧《赌徒》作为"拟曲之二"刊于《晨报副刊》第1306号，文后注明"十月二十七日北京新窄而霉斋改成"，署名沈从文。收入北新书局《鸭子》集时删去写作时期地点。

11月14日　散文《水车》发表于《晨报副刊》第1307号，署名休芸芸。后收入作品集《鸭子》（北新书局）。收入《全集》第1卷《鸭子》集。

11月15日　改作"拟曲之四"《野店》。

11月16日　小说《更夫阿韩》发表于《晨报副刊》第1308号，署名休芸芸。收入《全集》第2卷《梓里集》。

《关于〈市集〉的声明》发表于同期杂志，署名沈从文；刊物编者徐志摩在文后加了编者的附识。因《市集》因多种原因先后刊载于《燕大月刊》《京报·民众文艺》《晨报副刊》，导致一稿多发，为免生误解，沈从文起草了这篇《关于〈市集〉的声明》，徐志摩在附言中说，"从文，不碍事，算是我们副刊转载的，也就罢了。"收入《全集》第2卷《遥夜集》。

11月19日　小说《玫瑰与九妹》作为"故乡归梦之一"发表于《晨报副刊》第1400号，署名休芸芸。收入北新书局出版的《鸭子》集时删去"故乡归梦之一"的标注。收入《全集》第1卷《鸭子》集。

11月23日　杂文《扪虱》发表于《晨报副刊》第1402号，署名小兵。本文系沈从文读过王统照的小说《水夫阿三》（刊于《晨报副刊》1302号）以后有感而发："我希望所谓作家——凡是自己曾挂了个儿作家营业牌子的'斯文人'，从新生一点儿勇气（也可说是一种觉悟，因为顾令名的一个办法却是少做‘多骂人’。），在自己没有对某件事得一种深刻的印象而爬不著边际时，就莫慌到动手。（实在要应付别人，则照我办法，写那个题目与大名送去。）编辑先生呢，脊梁骨也要来得硬一点，角色不齐全时，绝对不找人充数，尽他缺。没有一篇比较上像样的东西时，这一期就莫出。实在说来，某一次印行时，后面空它一半，也不是什么顶糟糕的事。譬如把副刊后面剩下那页是白纸，我们还可以做许多用途。”这是作者第二篇以《扪虱》为题的文章，收入《全集》第14卷《甲辰杂谈》集时改题《扪虱（二）》。

11月26日　小说《瑞龙》发表于《晨报副刊》第1404号，署名沈从文。收入《全集》第2卷《梓里集》。

11月28日　《野店》作为“拟曲之四”刊发于《晨报副刊》1405号，署名沈从文。收入北新书局《鸭子》集时删“拟曲之四”和写作时间。收入《全集》第1卷《鸭子》集。

十一月　到北京大学图书馆进修，师从袁同礼学习目录学。袁同礼时任北京大学图书馆馆长兼目录学教授。

12月7日　小说《移防》发表于《晨报副刊》第1406号，署名沈从文。收入北新书局出版的《鸭子》集时改题名为《船上》，收入《全集》第1卷。

12月19日　诗歌《叛兵》发表于《晨报副刊》第1412号，署名沈从文。收入《全集》第15卷《忧郁的欣赏》集。

12月26日　创作完成小说《腊八粥》。

12月27日　创作完成小说《赌道》。

本年

经由丁西林介绍，到《现代评论》杂志社作发报员，月薪30元。在此期间，与陈源、杨振声、赵其文相识。

民国十五年　1926年　25岁

3月18日　段祺瑞执政府卫队开枪屠杀学生，酿成“三一八”惨案。

6月5日　蒋介石就任国民革命军总司令。

7月1日　国民政府颁布北伐动员令。

7月9日　北伐战争正式开始。

11月26日　国民党中央政治会议决定迁都武汉。

1月12日　作诗歌《“狒狒”的悲哀》。

1月23日　小说《赌道》分两次刊载于《晨报副刊》第1429号、第1430号，署名休芸芸。收入《全集》第2卷《梓里集》。

1月25日　小说《宋代表》发表于《东方杂志》第23卷第2号，署名沈从文。收入《全集》第5卷《衣冠中人》集。

一月　作《北京之文艺刊物及作者》。

2月6日　诗歌《“狒狒”的悲哀》发表于《现代评论》第3卷第61期，署名从文。收入《全集》第15卷《忧郁的欣赏》集。

2月13日　作新诗《残冬》。

2月22日　致江绍原信。

2月26日　在西山创作小说《堂兄》。

二月　创作新诗《我喜欢你》。

二月　《北京之文艺刊物及作者》发表于苏州《文社月刊》第1卷第5期，署名沈从文。收入《全集》第17卷《文学运动杂谈》集。

3月6日　致江绍原信以《通信》为题发表于《晨报副刊》第1449号，署名小兵。收入《全集》第11卷《遥夜集》。

3月7日　作新诗《爱》。

3 月 10 日　新诗《我喜欢你》发表于《晨报副刊》第 1451 号，署名小兵。收入作品集《鸭子》（北新书局）。本诗被选入《新月诗选》（新月书店 1931 年 9 月版）。收入《全集》第 1 卷《鸭子》集。同时收入《全集》第 15 卷《忧郁的欣赏》集。

独幕剧《母亲》发表于《晨报副刊》第 1451 号，署名懋琳。收入《全集》第 1 卷《公寓中》集。

3 月 11 日　小说《占领渭城》发表于《晨报副刊》第 1361 号，署名凤哥。收入北新书局出版的《鸭子》集时改题名为《占领》。收入《全集》第 1 卷。

3 月 13 日　作新诗《呈小莎》。

新诗《残冬》发表于《晨报副刊》第 1362 号，署名小兵。收入作品集《鸭子》（北新书局）时删掉了最后一节。收入《全集》第 1 卷《鸭子》集；未经删节的初刊本收入《全集》第 15 卷《忧郁的欣赏》集。

3 月 18 日　新诗《爱》发表于《晨报副刊》第 1365 号，署名茹。收入《全集》第 15 卷《忧郁的欣赏》集。

3 月 20 日　小说《堂兄》发表于《晨报副刊》第 1366 号，署名凤哥。收入《全集》第 2 卷《梓里集》。

3 月 24 日

本日　经沈从文修改过的李祁的诗歌《江边》在《晨报副刊》发表，署名寄，原诗中有“凝成冰吟”句，发表时改为“凝结成透底的坚冰”。李祁对沈从文的修改并不知情。诗刊发后，李祁给徐志摩写信，指出此诗与原稿不符，似有印刷错误。徐志摩于 3 月 25 日回信解释其中原委：“昨登诗不是印误，乃是一次沈从文来戏改的。‘凝成冰吟’似稍有语病，应如何改正？希示再订误。”①

3 月 27 日　散文《生之记录·一》发表于《晨报副刊》第 1370 号，署名沈从文。收入作品集《鸭子》（北新书局）。收入《全集》第 1 卷《鸭子》集。

3 月 28 日　被香山慈幼院正式聘为图书馆编辑。

作诗歌《还愿——拟楚辞之一》《梦》。

---

① 徐志摩：致李祁（一九二六年三月二十五日），见傅光明编《徐志摩书信集》，第 81 页，河南教育出版社 1994 年版。

3月29日　散文《生之记录·二》发表于《晨报副刊》第1371号，署名沈从文。收入作品集《鸭子》（北新书局）。收入《全集》第1卷《鸭子》集。

3月31日　独幕短剧《母亲（二）》发表于《晨报副刊》第1372号，署名懋琳。这是作者第二篇以《母亲》为题名的剧本。收入《十四夜间》（上海光华书局）集时改题名为《支吾》。收入《全集》第4卷《十四夜间及其他》集。

新诗《悔》发表于《晨报副刊》第1372号，署名茹。收入《全集》第15卷《忧郁的欣赏》集。

三月　创作完成小说《菌子》、独幕短剧《母亲（二）》。

三月　作新诗《悔》《无题》《月曲》。

三月　《北京之文艺刊物及作者（续）》发表于苏州《文社月刊》第1卷第6期，署名沈从文。收入《全集》第17卷《文学运动杂谈》集。

4月3日　诗歌《无题》发表于《现代评论》第3卷第69期，署名从文。收入《全集》第15卷《忧郁的欣赏》集。

4月5日　《母亲（二）》续刊于《晨报副刊》第1374号，署名懋琳。这是作者第二篇以《母亲》为题名的剧本。收入《十四夜间》（上海光华书局）集时改题名为《支吾》。收入《全集》第4卷《十四夜间及其他》集。

按：这篇作品很快被译成日文，发表于《北京周报》，这是沈从文的作品第一次被译成外文。

4月7日　《重君》发表于《晨报副刊》第1375号，署名芸。收入《全集》第1卷《公寓中》集。

4月8日　诗歌《梦》发表于《晨报副刊·诗镌》第2号，署名小兵。收入《全集》第15卷《忧郁的欣赏》集。

4月14日　独幕剧《盲人》在《晨报副刊》发表，署名懋琳，后收入北新书局出版的作品集《鸭子》。收入《全集》第1卷《鸭子》集。

诗歌《云曲》发表于《晨报副刊》第1378号，署名茹。收入《全集》第15卷《忧郁的欣赏》集。

4月17日　《呈小莎》发表于《晨报副刊》第1379号，署名茹。收入《全集》

第15卷《忧郁的欣赏》集。

同期《晨报副刊》续刊《盲人》。

4月19日　《晨报副刊》刊毕《盲人》。

4月24日　小说《在别一个国度里——关于八蛮山落草的大王娶讨太太与宋家来往的一束信件》开始在《现代评论》第3卷第72期发表，至5月15日第75期连载完毕，署名从文。收入小说集《男子须知》（红黑出版处）时改题名为《男子须知》。收入《全集》第4卷《男子须知》。

四月底　创作完成小说《槐化镇》。

四月　创作散文《绿的花瓶》。

5月3日　散文《绿的花瓶》发表于《晨报副刊》第1386号，署名懋琳。后作为《生之记录》第五部分收入作品集《鸭子》（北新书局）。收入《全集》第1卷《鸭子》集。

5月5日　小说《槐化镇》发表于《晨报副刊》第1387号。收入作品集《鸭子》（北新书局）。收入《全集》第1卷《鸭子》集。

5月6日　诗歌《还愿——拟楚辞之一》发表于《晨报副刊·诗镌》第6号，署名小兵。收入《全集》第15卷《筸人谣曲》集。

诗歌《月曲》发表于《晨报副刊·诗镌》第6号，署名茹。收入《全集》第15卷《忧郁的欣赏》集。

5月10日　作诗歌《X》。

5月13日　创作完成小说《雨》。

5月19日　诗歌《X》发表于《晨报副刊》第1393号，署名茹。收入《全集》第15卷《忧郁的欣赏》集。

5月22日　诗歌《囚人》发表于《现代评论》第3卷第76期，署名沈从文。收入《全集》第15卷《忧郁的欣赏》集。

5月25日　在西山作诗歌《寄柏弟》。

5月31日　诗歌《寄柏弟》发表于《晨报副刊》第1398号，署名茹。收入

《全集》第15卷《忧郁的欣赏》集。

6月1日　小说《腊八粥》发表于《晨报七周增刊》，署名休芸芸。该书目次页标明“民国十四年十二月一日”，后延至次年6月1日出版。收入《鸭子》集。收入《全集》第1卷《鸭子》集。

6月11日　创作小说《黎明》。

6月14日　小说《菌子》开始在《晨报副刊》第1404号刊载，至7月3日该刊第1412号连载完毕，署名沈从文。收入《全集》第5卷《衣冠中人》集。

6月20日　创作完成小说《哨兵》。

6月26日　小说《往昔之梦》发表于《现代评论》第4卷第81期，署名木铃。收入《全集》第2卷《梓里集》。

6月28日　创作完成戏剧《鸭子》。

新诗《薄暮》发表于《晨报副刊》第1410号，署名茹。收入作品集《鸭子》（北新书局）。本诗后被陈梦家选入《新月诗选》（新月书店1931年9月版）。收入《全集》第1卷《鸭子》集。同时收入《全集》第15卷《忧郁的欣赏》集。

小说《黎明》第一部分在同期刊物上发表，30日该刊第1411号刊登小说的第二部分，署名从文。收入《全集》第2卷《梓里集》。

六月　创作完成小说《炉边》《往昔之梦》。

六月　《北京之文艺刊物及作者（续）》发表于苏州《文社月刊》第1卷第7期，署名沈从文。收入《全集》第17卷《文学运动杂谈》集。

按：周作人在读过这篇文章后，写了《代表“骆驼”》，发表在《语丝》周刊第89期，对沈从文的文章作出回应。

7月15日　在北京“新窄而霉小斋”中作《〈第二个狒狒〉引》。

7月17日　《鸭子》刊发于《现代评论》第4卷第84期，署名懋琳。收入北新书局出版的《鸭子》集。收入《全集》第1卷《鸭子》集。

7月18日　创作戏剧《羊羔》。

7 月 20 日　创作完成《关于三兽窣堵波》。

7 月 24 日　小说《雨》刊发于《世界日报副刊》第 1 卷第 24 号，署名休芸芸。收入《鸭子》(北新书局)集。收入《全集》第 1 卷《鸭子》集。

7 月 26 日　小说《哨兵》第一部分发表于《晨报副刊》第 1422 号，该刊 28 日第 1423 号续完，署名从文。收入《全集》第 2 卷《梓里集》。

7 月 28 日　戏剧《霄神》发表于《世界日报副刊》第 28 号，署名懋琳。后收入北新书局出版的《鸭子》集。收入《全集》第 1 卷《鸭子》集。

7 月 29 日　戏剧《霄神》续刊于《世界日报副刊》第 29 号。

7 月 31 日　戏剧《三兽窣堵波》及创作谈《关于三兽窣堵波》发表于《晨报副刊》第 1424 号，署名懋琳。后收入北新书局出版的《鸭子》集。收入《全集》第 1 卷《鸭子》集。

8 月 1 日　《沈从文启事》发表于《世界日报副刊》第 2 卷第 1 号。收入《全集》第 14 卷《北平通信》集。

8 月 2 日　《〈第二个狒狒〉引》发表于《晨报副刊》第 1425 号，署名沈从文。《第二个狒狒》未见出版。收入《全集》第 16 卷《序跋集》。

8 月 4 日　在《晨报副刊》第 1426 号上刊登启事：“有朋友愿以去年八月份《晨报副刊》合订本见让者，欲得原价或其他书报为酬，均可照办，报寄太仆寺街七十号陈先生转沈从文收，后寄璧还。”该文原无标题，后以《征集启事》为题收入《全集》第 14 卷《北平通信》集。

同日，徐志摩在《晨报副刊》上留言：“从文：请你那一个早上便到我住□处一谈。摩。”

8 月 10 日　小说《炉边》发表于《小说月报》第 17 卷第 8 号，署名岳焕。这是沈从文的作品第一次在《小说月报》发表。收入作品集《入伍后》(北新书局)。收入《全集》第 1 卷《入伍后》集。

创作完成小说《我的小学教育》。

8 月 13 日　在西山完成戏剧《蟋蟀》。

8 月 14 日　戏剧《羊羔》发表于《现代评论》第 4 卷第 88 期，署名懋琳。收入北新书局出版的《鸭子》集。收入《全集》第1卷《鸭子》集。

8月18日　小说《我的小学教育》发表于《晨报副刊》第1432号，署名懋琳。收入《入伍后》(北新书局)。收入《全集》第1卷《入伍后》集。

8月20日　创作完成小说《一个晚会》。

8月21日　晚上，创作散文《Láomei,zuohen！》。

8月24日　《蟋蟀》刊于《世界日报副刊》第2卷第23号，署名懋琳。后收入北新书局出版的《鸭子》集。收入《全集》第1卷《鸭子》集。

8月25日　《世界日报副刊》第2卷第24号续刊《蟋蟀》。

8月27日　在西山创作完成《传事兵》。

8月30日　散文《120Mei Zouhen！》在《晨报副刊》1437号刊发，署名懋琳。文后有对题目的解释："苗语：'妹子，真美呀'！"发表时的题名令人难以理解，可能系因字迹潦草导致排印错误，收入《全集》第11卷《遥夜集》时改题《Láomei,zuohen！》。

9月11日　小说《传事兵》发表于《晨报副刊》第1442号，署名懋琳。收入作品集《入伍后》(北新书局)。收入《全集》第1卷《入伍后》集。

9月13日　《传事兵》(续)发表于《晨报副刊》第1443号。

9月16日　创作新诗《曙》，注明作于十五年中秋前五日。

9月20日　在朋友的鼓励下，报名参加燕京大学特别安排的入学考试，以口试方式考察历史、哲学、文学诸科目，因不适应学院式的考试方式，表现不佳，被判为0分。学校退还了2元报名费。

9月29日　《一个晚会》发表于《晨报副刊》第1449号，署名从文。收入《全集》第1卷《公寓中》集。

9月30日　《一个晚会》续刊于《晨报副刊》第1450号，署名从文。

九月　创作完成《记陆弢》。

九月　从香山慈幼院离职。从此开始了职业写作生涯。

10月2日　《一个晚会》在《晨报副刊》1451号连载完毕，署名从文。

10 月 3 日　参加徐志摩和陆小曼的婚礼。

10 月 11 日　创作散文《此后的我》。

10 月 15 日　《此后的我》在《世界日报》副刊《〈文学〉创刊前号》上发表，署名沈懋琳。收入《全集》第 11 卷《遥夜集》。

《世界日报》副刊《文学》周刊出版“创刊前号”，这也标志着文学社团“无须社”的成立，该社这样表达自己的宗旨：“我们既有着个人的梦，所以我们的色彩和调子不会一样，因为自己的表现，正是文艺的真理。我们以为自己学力不足，只有博览；不能自立一家之言，也只有译。这是研究学术、介绍学术的忠实态度。此外，对于批评，也要特别留意。批评不是标榜与攻击的武器，而是真正文学趣味的欣赏与表白。”（1926 年 10 月 15 日《世界日报》《〈文学〉创刊前号》）沈从文为该社成员，主要成员还有：于赓虞、许跻青、张采真、胡也频、焦菊隐、李健吾、徐霞村、赵荫棠等。①

关于无须社的成立，沈从文在《记丁玲》中有如下回忆：“几人眼看到他们重来，北方新起出版业的兴旺情形，皆觉得有尽力把自己加入这事业的必要，恰恰大家友谊又好了，于是便有人提议如何来办个刊物，成立个社，这社从‘未名社’得到暗示，便取名‘无须社’。社名含义既极幽默，加入份子也不从任何方式定下标准，故这社实在不成个什么东西。使这个社团成立的为丁玲女士，她因为无作品就始终不承认是社员。我虽有一本书拟定作无须社丛书之一，我就从不参加他们的讨论，也全不明白这个团体究竟有几个人，选定由谁负责接头，且预备做些什么事。”②

10 月 22 日　《记陆弢》发表于《世界日报·文学》第 1 号，署名休芸芸。收入作品集《入伍后》（北新书局）。收入《全集》第 1 卷《入伍后》集。

10 月 25 日　剧本《过年》发表于《晨报副刊》第 1463 号，署名懋琳。收入作品集《入伍后》（北新书局）。收入《全集》第 1 卷《入伍后》集。

10 月 29 日　诗歌《读梦苇的诗想起那个“爱”字》发表于《世界日报·文学》

---

① 参见姜涛：《“无须社”与 1920 年代北京的文学小社团》，《新文学史料》2011 年第 4 期。

② 沈从文：《记丁玲》，《沈从文全集》第 13 卷，第 100 页。

第2号，署名沈从文。收入《全集》第15卷《忧郁的欣赏》集。

11月3日

本日 胡也频写给沈从文的诗歌《给懋琳》发表于《晨报副刊》第1468号。11月6日《盛京时报》转载了这首诗。

11月7日 创作完成小说《入伍后》。

11月10日 创作完成小说《松子君》。

11月19日 诗歌《月光下》发表于《世界日报·文学》第5号，署名沈从文。收入《全集》第15卷《忧郁的欣赏》集。

11月22日 小说《松子君》发表于《晨报副刊》第1479号，署名沈从文。收入作品集《入伍后》（北新书局）。收入《全集》第1卷《入伍后》集。

11月24日 小说《松子君》（续）发表于《晨报副刊》第1480号，署名沈从文。

十一月 作品集《鸭子》作为无须社丛书之一由北新书局出版，收入《盲人》《野店》《霄神》《羊羔》《鸭子》《蟋蟀》《三兽窣堵波》《关于三兽窣波》《雨》《往事》《玫瑰与九妹》《夜渔》《代狗》《腊八粥》《船上》《占领》《槐化镇》《月下》《小草与浮萍》《到北海去》《遥夜》（一及二）、《水车》《一天》《生之记录》《残冬》《春月》《薄暮》《萤火》《我喜欢你》。收入《全集》第1卷。

十一月 作《篁人谣曲》。

12月11日 小说《岚生同岚生太太》发表于《现代评论》第5卷第105期，署名从文。收入作品集《入伍后》（北新书局）。收入《全集》第1卷《入伍后》集。

12月25日 《篁人谣曲·前文》发表于《晨报副刊》第1498号，署名懋琳。收入《全集》第15卷《篁人谣曲》集。

12月27日 《篁人谣曲》（续）发表于《晨报副刊》第1499号，署名懋琳。收入《全集》第15卷《篁人谣曲》集。

12月29日 《篁人谣曲》（续）发表于《晨报副刊》第1500号，署名懋琳。收入《全集》第 15 卷《筸人谣曲》集。

十二月初　创作完成第一个中篇小说《岚生同岚生太太》。

本 年

本年　1 月—3 月间，创作完成小说《占领渭城》。

本年　创作完成小说《在别一个国度里》。

民国十六年　1927 年　26 岁

1 月 1 日　国民政府正式迁都武汉，史称“武汉国民政府”。

3 月 5 日　毛泽东的《湖南农民运动考察报告》开始在《战士》刊发。

3 月 7 日　中央农民运动讲习所开始在武昌上课。

4 月 12 日　为达到清党分共的目的，蒋介石在上海发动“四一二政变”。

4 月 18 日　南京国民党中央政治会议发布《国民政府定都南京宣言》。

8 月 1 日　中国共产党发动南昌起义。

10 月 1 日　蔡元培就任大学院院长。

一月　《〈现代评论〉第二周年纪念增刊》出版发行，发表了沈从文三篇不同文体的作品：

小说：《入伍后》，署名沈从文。收入作品集《入伍后》（北新书局）。收入《全集》第 1 卷《入伍后》集。

新诗：《曙》，署名甲辰。收入《全集》第 15 卷《絮絮》集。

剧本：《蒙恩的孩子》，署名懋琳。收入作品集《入伍后》（北新书局）。收入《全集》第 1 卷《入伍后》集。

3 月 26 日　作诗歌《疯妇之歌》。

3 月 28 日　创作完成小说《草绳》。

三月　创作小说《晨》。

4 月 10 日　小说《十四夜间》发表于《小说月报》第 18 卷第 4 号，署名焕乎。收入作品集《十四夜间》（光华书局）。收入《全集》第 4 卷《十四夜间及其他》集。

4 月 16 日　诗歌《疯妇之歌》发表于《现代评论》第 5 卷第 123 期，署名甲辰。收入《全集》第 15 卷《絮絮》集。

四月 创作完成小说《猎野猪的人》。

5月7日 小说《晨》发表于《现代评论》第5卷第126期，署名从文。收入小说集《蜜柑》。收入《全集》第1卷《蜜柑》集。

5月10日 小说《刽子手》发表于《东方杂志》第24卷第9号，署名沈从文。收入作品集《十四夜间》(光华书局)。收入《全集》第4卷《十四夜间及其他》集。

5月21日 小说《看爱人去》发表于《现代评论》第5卷第128期，署名为琳。收入小说集《蜜柑》(新月书店)。收入《全集》第1卷《蜜柑》集。

5月28日 小说《蜜柑》发表于《现代评论》第5卷第129期，署名从文。收入小说集《蜜柑》(新月书店)。收入《全集》第1卷《蜜柑》集。

五月 创作小说《初八那日》。

五月 创作小说《乾生的爱》。

五月 创作小说《看爱人去》。

6月10日 作诗歌《春》。

6月17日 小说《早餐》开始在《晨报副刊》第1974号连载，至6月20日该刊第1977号刊载完毕，署名璇若。收入小说集《蜜柑》。收入《全集》第1卷《蜜柑》集。

6月18日 小说《初八那日》发表于《现代评论》第6卷第132期，署名为琳。收入小说集《蜜柑》(新月书店)。收入《全集》第1卷《蜜柑》集。

6月20日 创作完成小说《或人的家庭》。

6月21日 小说《草绳》分两次发表于《晨报副刊》第1978号、1979号，署名璇若。收入小说集《蜜柑》(新月书店)。收入《全集》第1卷《蜜柑》集。

6月23日 小说《乾生的爱》开始在《晨报副刊》第1980号连载，至6月25日该刊第1982号连载完毕，署名璇若。收入小说集《蜜柑》(新月书店)。收入《全集》第1卷《蜜柑》集。

6月24日 作《〈篁君日记〉璇若序》。

6 月 25 日　小说《猎野猪的人》发表于《现代评论》第 6 卷第 133 期，署名从文。收入小说集《蜜柑》（新月书店）时改题《猎野猪的故事》。收入《全集》第 1 卷《蜜柑》集。

6 月 27 日　小说《怯汉》发表于《晨报副刊》第 1984 号，至 28 日第 1985 号登载完毕。收入小说集《好管闲事的人》（新月书店）。收入《全集》第 2 卷《好爱闲事的人》集。

6 月 29 日　诗歌《春（一）》发表于《晨报副刊》第 1986 号，署名甲辰。收入《全集》第 15 卷《筸人谣曲》集。

6 月 30 日　诗歌《春（二）》发表于《晨报副刊》第 1987 号，署名甲辰。收入《全集》第 15 卷《筸人谣曲》集。

六月　创作完成小说《老魏的梦》。

7 月 1 日　小说《或人的家庭》发表于《晨报副刊》第 1988 号，署名璇若。收入作品集《十四夜间》（光华书局）。收入《全集》第 4 卷《十四夜间及其他》集。

7 月 13 日　小说《篁君日记》开始在《晨报副刊》第 1999 号连载，至 9 月 24 日该刊第 2071 号刊载完毕，署璇若抄校。后由北平文化学社出版单行本。收入《全集》第 2 卷《篁君日记》集。

7 月 16 日　中篇小说《山鬼》第一、二节发表于《现代评论》第 6 卷 136 期，7 月 23 日该刊第 137 期刊载第三部分，署名为琳。1928 年 10 月，光华书局出版单行本。收入《全集》第 3 卷《山鬼》集。

8 月 1 日　中篇小说《长夏》开始在《晨报副刊》第 2018 号连载，至 8 月 6 日该刊第 2023 号刊载第 6 节，署名何远驹。后作为“文艺小丛书”之一由上海光华书局出版。后收入《从文小说集》（上海光华书局）。收入《全集》第 3 卷《长夏》集。

8 月 6 日　诗歌《给璇若》发表于《现代评论》第 6 卷第 139 期，署名菌。收入《全集》第 15 卷《絮絮》集。

8 月 10 日　短篇小说《我的邻》刊发于《小说月报》第 18 卷第 8 号，署名懋琳。后收入作品集《老实人》（现代书局）。收入《全集》第 2 卷《老实人》集。

“叶圣陶觉得这个短篇写得满有特色，就约请他多为《小说月报》写稿。”①沈从文曾在《怀念郑西谛》一文中有过如下回忆：“记得约在一九二六前后，西谛在编《小说月报》时，我正在北京和胡也频一道学习写作。都曾投过一二十次稿，这些习作从未刊登过。直到他去英国后，由叶圣陶先生接手，我的小说《柏子》等作才在刊物上和读者见面。使我觉得他和圣陶先生，同样对于我的工作，都起过鼓励帮助作用。”按：这段回忆有误，此前沈从文已经在《小说月报》上发表过文章。

8月12日　作诗歌《秋》。

8月18日　小说《老魏的梦》在《晨报副刊》第2035号开始连载，至8月23日该刊第2040号连载完毕，署名疑斌。收入小说集《老实人》（现代书局）时改题名为《一个妇人的日记》。收入《全集》第2卷《老实人》集。

8月19日

本日　《世界日报》发表《〈文学〉休刊启事（一）》，宣布“这《文学》上的一伙朋友，大致都做了鸡飞狗走了，各随各性格之最近的倾向与信仰，另行搭起了种种不同的鸡窠狗窦。”这标志着作为无须社社刊的《世界日报·文学》终刊。②

8月20日　沈从文整理的《筸人谣曲选（一）》在《晨报副刊》第2037号发表，署远桂录述。收入《全集》第15卷《筸人谣曲》集。

8月22日　《筸人谣曲选（二）》在《晨报副刊》第2039号发表，署远桂录述。收入《全集》第15卷《筸人谣曲》集。

8月23日　《筸人谣曲选（三）》在《晨报副刊》第2040号发表，署远桂录述。收入《全集》第15卷《筸人谣曲》集。

8月24日　《筸人谣曲选（四）》在《晨报副刊》第2041号发表，署远桂录述。收入《全集》第15卷《筸人谣曲》集。

8月25日　《筸人谣曲选（五）》在《晨报副刊》第2042号发表，署远桂录述。收入《全集》第15卷《筸人谣曲》集。

8月26日　《筸人谣曲选（六）》在《晨报副刊》第2043号发表，署远桂录述。

---

① 商金林：《叶圣陶年谱长编》，第一卷，第382页，人民教育出版社2004年版。

② 姜涛：《“无须社”与1920年代北京的文学小社团》，《新文学史料》2011年第4期。

收入《全集》第15卷《篁人谣曲》集。

诗歌《秋》在《晨报副刊》第2043号发表，署名甲辰。收入《全集》第15卷《忧郁的欣赏》集。

八月 修改独幕剧《母亲（二）》，并将题名改为《支吾》。

9月2日 致信沈云麓，报告自己目前的生活、创作情况：“我的好多小说，被人译到汉口中央英文报上，是个姓施人译的，士隽又为我作了篇英文的略传，可以告给爹一笑。……一面为救救大家想改业的从文，一面□这些无补于生活的近乎宣传的好处，真难为情！”本信收入《全集》第18卷。

9月5日 小说《喽啰》（“回想之一”）开始在《晨报副刊》第2053号连载，至9月8日该刊第2056号连载完毕，署名璇若。收入小说集《好管闲事的人》（新月书店）时删去“回想之一”字样。收入《全集》第2卷《好管闲事的人》集。

9月22日 晚上，创作完成散文《游二闸》。

9月28日 《游二闸》开始在《晨报副刊》第2075号连载，至9月30日第2077号刊载完毕，署名沈从文。收入《全集》第11卷《遥夜集》。

九月 在北京沙滩作诗歌《觑——瞟》。

九月 小说集《蜜柑》由新月书店出版，收入《初八那日》《晨》《早餐》《蜜柑》《乾生的爱》《看爱人去》《草绳》《猎猪的故事》。收入《全集》第1卷。

10月8日 诗歌《觑——瞟》发表于《晨报副刊》第2085号，署名甲辰。收入《全集》第15卷《忧郁的欣赏》集。

10月9日 创作小说《连长》。

10月24日 《连长》在《晨报副刊》第2100号开始连载，至10月26日该刊2102号连载完毕，署名璇若。收入《老实人》（现代书局）集。收入《全集》第2卷《老实人》集。

10月26日 《〈到世界上〉自序（一）》发表于《晨报副刊》第2102号，署名沈从文。收入《全集》第16卷《序跋集》。

10月27日 《〈到世界上〉自序（二）》发表于《晨报副刊》第2103号，署名沈从文。收入《全集》第16卷《序跋集》。

小说《雪》开始在《晨报副刊》2103号连载，至10月31日该刊2107号连载完毕，署名沈从文。收入《老实人》（现代书局）集。收入《全集》第2卷《老实人》集。

11月4日　创作完成小说《这个男人和那个女人》。

11月20日　创作完成小说《好管闲事的人》。

11月21日　小说《这个男人和那个女人》开始在《晨报副刊》第2128号连载，至该刊第2133号连载完毕，署名王寿。收入《老实人》（现代书局）集时改题名为《一件心的罪孽》。收入《全集》第2卷《老实人》集。

十一月下旬　致信沈云麓，谈及湘西战事，颇为忧虑："陈玉鍪带兵下行到辰州，同戴师打，戴则退对河，但旋又占领辰州，陈则退乌宿。一窝人相打，不知为谁来？"收入《全集》第18卷。

十一月　创作完成小说《在私塾》。[①]

12月7日　小说《老实人》开始在《晨报副刊》第2144号连载，至12月17日该刊第2154号连载完毕，署名张琲。收入小说集《老实人》（现代书局）。收入《全集》第2卷《老实人》集。

12月12日　杂文《艺术杂谈》在《晨报副刊》第2149号上发表，署名自宽。收入《全集》第14卷《甲辰杂谈》集。

12月19日　小说《好管闲事的人》开始在《晨报副刊》第2156号连载，至12月24日该刊第2161号连载完毕，署名罗俊。收入小说集《好管闲事的人》（新月书店）。收入《全集》第2卷《好管闲事的人》集。

12月29日　小说《船上岸上》在《晨报副刊》第2165号开始连载，至12月31日该刊2167号连载完毕，署名休芸芸。收入《老实人》（现代书局）集。收入《全集》第2卷《老实人》集。

---

① 该小说收入《全集》第2卷时写作日期标注为"十二月于北京窄而霉斋"，与初刊本所标注的写作日期不同。据初刊本标注日期。

十二月中下旬间　从北京迁至上海居住。至于此次迁移的原因，沈从文曾在《记丁玲》中略有叙述："中国的南方革命已进展到了南京，出版物的盈虚消息已显然有由北而南的趋势，北京城的好天气同公寓中的好规矩，都不能使我们承认老呆在这个砖头垒就的大城中为得计。并且在上海一方面，则正是一些新书业发轫的时节，《小说月报》因为编辑部方面负责者换了一人，作品取舍的标准不同了一些，在北平汉园公寓写成的《柏子》等作，已经给了我一个登载的机会，另一登载我作品的《现代评论》，编辑部又已迁过上海，北新书局与新月书店皆为我印行了一本新书，我觉得我在上海即或不能生活得比北京从容些，至少在上海也当比在北方活得有意思些，故我不能尽在北京住作过日本留学的空想，就从海道把一点简单行李同一个不甚结实的身体，搬移过了上海，在法租界善钟路一个朋友代为租妥的亭子间住下，开始了我上海的新生活。"在汉园公寓的小主人黄伯飞的记忆中，"我和沈从文所住的房间只是一墙之隔。沈从文的房间是楼房后座二楼左角的一间。我的房间正对着围绕着天井的左边的走廊。沿着左边走廊的两个房间，一间是胡也频的，一间是丁玲的。这两个房间里边彼此相通，他们两个只用靠近楼梯的一个门口出入。这三个人我常看见的是沈从文。他每次从外面回来差不多总是挟着一些书籍和纸张，脚步迅捷地走到我的房间前边就向左一转走到他的房间去。胡也频总是一早就出去，很晚才回来。有时几天都看不见他。丁玲则多半的时间躲在她的房间里。"①

十二月　创作完成《〈老实人〉序》《船上岸上》《或人的太太》。

本 年

暮春时节　创作完成小说《怯汉》。

夏天　母亲和九妹沈岳萌为避战乱来京暂住，三人同住在汉园公寓。

冬天　创作完成小说《老实人》。

---

①　黄伯飞：《确是有缘》，《我所认识的沈从文》，第 213 页，岳麓书社 1986 年版。

民国十七年　1928 年　27 岁

4 月 7 日　蒋介石联合冯玉祥、阎锡山、李宗仁发动二次北伐，讨伐张作霖。

4 月 19 日　南京国民政府以“奉行总理遗教”为名，下令把“忠孝、仁爱、信义、和平”和“格物、致知、正心、诚意、修身、齐家、治国、平天下”作为道德准则。

4 月 24 日　朱德率领的南昌起义队伍和毛泽东率领的秋收起义队伍在井冈山会师。

6 月 4 日　日本关东军策划了皇姑屯事件，奉军统帅张作霖被炸身亡。

12 月 29 日　张学良通电全国，宣布“遵守三民主义，服从国民政府，改易旗帜。”

---

1 月 9 日　杂文《杂谈》在《晨报副刊》第 2172 号发表，署名自宽。收入《全集》第 14 卷《甲辰杂谈》集。

作致骑老、海老的信。该信后以《南行杂记》(一）为题发表于《晨报副刊》。

1 月 10 日　小说《在私塾》发表于《小说月报》第 19 卷第 1 号，署名沈从文。收入小说集《老实人》(现代书局）。收入《全集》第 2 卷《老实人》集。

作致大姐、二姐信。该信后在《南行杂记》(三）总题下发表于《晨报副刊》。

1 月 11 日　作致胡也频、蒋冰之信。该信后在《南行杂记》(三）总题下发表于《晨报副刊》第 2191 号。后收入谭正璧主编的《当代尺牍选注》(光明书局 1935 年 11 月版）。收入《全集》第 11 卷《遥夜集》。

作致霞村信。该信后在《南行杂记》(四）总题下发表于《晨报副刊》第 2192 号。收入《全集》第 11 卷《遥夜集》。

1 月 13 日　作致大哥信。该信后在《南行杂记》(四）总题下发表于《晨报副刊》第 2192 号。收入《全集》第 11 卷《遥夜集》。

2月1日 《南行杂记》开始在《晨报副刊》第2189号连载，至2月4日该刊第2192号刊载完毕，署名璇若。收入《全集》第11卷《遥夜集》。

2月4日 《〈老实人〉序》发表于《现代评论》第7卷第165期，署名沈从文。收入《老实人》集时改题名为《自序》。收入《全集》第2卷《老实人》集。

2月23日 小说《爹爹》开始在上海《中央日报·摩登》第13号连载，至3月1日该刊第17号刊载完毕，署名沈从文。收入小说集《好管闲事的人》（新月书店）。收入《全集》第2卷《好管闲事的人》集。

2月25日 小说《旧梦——到世界上之一》开始在《现代评论》第7卷第168期连载，共刊载28期，至第8卷第199期连载完毕，署名懋琳。收入《全集》第6卷《旧梦》集。

二月 作品集《入伍后》由北新书局出版。收入《入伍后》《我的小学教育》《岚生同岚生太太》《松子君》《屠桌边》《炉边》《记陆弢》《传事兵》《过年》《蒙恩的孩子》。收入《全集》第1卷《入伍后》集。

沈从文后来曾在此作品集扉页作有如下批注："内中多带点谐谑味，或许受二周译文影响相当多。这是从一九二二到北京，由标点符号学起，到一九二五开始'写作'第一个集子。到现在看来似乎还值得纪念的一个小册子。同时出集子二本：如新月书店出的《蜜柑》稍前，此书将是第三个集子。因为第二是《老实人》，也是北新在大革命以前先出的。"（《题〈入伍后〉扉页》）按：此处批注有多处记忆有误：1922年当为1923年；《入伍后》并不是作者的第一个集子；《老实人》也并非是作者的第二个集子。

3月10日 小说《或人的太太》发表于《小说月报》第19卷第3号，署名甲辰。收入小说集《好管闲事的人》（新月书店）。收入《全集》第2卷《好管闲事的人》集。

《阿丽思中国游记》之《后序》、第1—3章发表在《新月》创刊号，署名沈从文。《阿丽思中国游记》后由新月书店出版。收入《全集》第3卷《阿丽思中国游记》。

3月12日 小说《卒伍》分四部分发表于上海《中央日报·艺术运动》第4

号；3 月 20 日、22 日、24 日上海《中央日报·文艺思想特刊》第 1—3 号；署名沈岳焕。收入小说集《好管闲事的人》（新月书店）。收入《全集》第 2 卷《好管闲事的人》集。

3 月 22 日　杂文《杂谈·六》发表于《晨报副刊》第 2239 号，署名自宽。作者在文中旗帜鲜明地表达了自己的文学观："我初不反对人利用这文学目标去达到某一目的，只请他记着不要把艺术的真因为功利观念就忘掉到后脑。政治的目的，是救济社会制度的腐化与崩溃，文学却是一个民族的心灵活动，以及代表一个民族心灵真理的找寻。我们可以说佩服拿破仑，佩服成吉思汗，佩服……但最可爱的，却是如像托尔斯泰一类人。"收入《全集》第 14 卷《甲辰杂谈》集。

4 月 10 日　《阿丽思中国游记》之第 4—5 章刊载于《新月》第 1 卷第 2 期，署名沈从文。《阿丽思中国游记》后由新月书店出版单行本。收入《全集》第 3 卷《阿丽思中国游记》。

诗歌《想——乡下的雪前雪后》发表于《小说月报》第 19 卷第 4 号，署名甲辰。收入《全集》第 15 卷《忧郁的欣赏》集。

4 月 16 日

本日　天津《大公报·文学副刊》发表介绍《新月》创刊号的文章，文中说："沈从文君所撰之《阿丽思中国游记》极佳。文笔颇能追步 Jonathan Swift。"

4 月 30 日

本日　胡适在日记中提及沈从文的小说："我太腼腆，不配应付这个民族里的人。沈从文的小说（《旧梦》）里一个女人说：'你放痞一点，你就成功了。'我不能'痞'，也不想成功。"[①]

5 月 1 日　小说《新梦》开始在《晨报副刊》第 2279 号连载，5 月 10 日该刊第 2288 号连载完毕，署名王玖。收入小说集《好管闲事的人》（新月书店）时改

---

① 《胡适全集》第 31 卷，第 63 页，安徽教育出版社 2003 年版。

题《焕乎先生》。收入《全集》第2卷《好管闲事的人》集。

5月5日　晚上，作杂文《“紫禁城骑马”归来》。

5月10日　《阿丽思中国游记》之第6—7章刊载于《新月》第1卷第3期，署名沈从文。小说后由新月书店出版单行本。收入《全集》第3卷《阿丽思中国游记》。

5月18日　杂文《“紫禁城骑马”归来》发表于《晨报副刊》第2296号，署名自宽。收入《全集》第14卷《甲辰杂谈》集。

5月20日　作《阿丽思中国游记》之《第二卷的序》。

5月25日　创作完成小说《柏子》。

五月　《蜜柑》由新月书店再版，作者特意在再版本前加了一则小序：“此书作为献给为此书题字的那人。别人也许有能对于我的文字感到小小趣味的，但那人是能在我本身上头发现艺术的一个人。——从文在北京序。”收入《全集》第1卷《蜜柑》集。

6月10日　《阿丽思中国游记》之第8—10章刊载于《新月》第1卷第4期，署名沈从文。小说后由新月书店出版单行本。收入《全集》第3卷《阿丽思中国游记》。

六月　诗歌《絮絮》刊载于《〈现代评论〉第三周年纪念增刊》，署名甲辰。收入《全集》第15卷《絮絮》集。

7月1日　《不死日记》虽是小说，但其中的一段话，似乎就是沈从文自己此时的生活写照：“一个人，穷是吓不了我的。有钱就用，无钱饿也尽它。至于妈，以及老九，不是应当如此过生活的。老人家可怜之至。九是小孩子，也应当像别人家小女孩一样，至少在这样年纪内不适于知道挨饿一类事。但是让妈同妹来到这地方的我，有什么法子可以把生活弄好呢？出于自己意料以外的是各处寄来的钱数目的少且迟延。我不能怪人，我实在又并不寄过多少文字的稿件给我的主顾，他们是做生意人，岂能因对我慷慨来做赔本的事。”“试想自己当真已经死去，是怎样一种情形。……妈是活不了。妹是读不了书，无依无傍的呆在这地方。这一家完了。但因此，凡买过我一册书稿的，将因为赚钱原故，在广告中称我为天才，且深致其惠而不费的惋惜。其次是一些自以为明白我的人，来在一种流行杂志上写一些悼念我的文字，且也必不吝呼我为天才，或比之于欧洲某某。其次是当我在生时，与这些人论调不同的，便来否认，想在我头上赚钱的书铺广告或类乎广告的文字加以非难，于是在打倒天才之后他们得到了稿费以外还可以得一神清气爽机会。"

小说集《老实人》由上海现代书局出版。收入《自序》《船上岸上》《雪》《连长》《我的邻》《在私塾》《老实人》《一件心的罪孽》《一个妇人的日记》。收入《全集》第2卷。后来，沈从文曾在此集卷首作如下题识："文多发表于《晨副》《现代评论》等刊物。可作初期习作代表。只第一篇'记满叔远'可留在全集中。卅七年所写《雪晴》《巧秀》等连续短篇，即用彼昆仲家中事直叙本事。"（《题〈老实人〉卷首》，《全集》第14卷《艺文题识录》集）

7月10日　长篇小说《阿丽思中国游记》第二卷之《第二卷的序》、第1—4章刊载于《新月》第1卷第5号，署名沈从文。小说后由新月书店出版单行本。收入《全集》第3卷《阿丽思中国游记》（第二卷）。

7月16日　完成小说《诱拒》。《不死日记》："文章作完了，得当了衣去付邮。这一周是非到连当衣也无从的情形中受穷不可的。"

7月17日　《不死日记》中谈及《诱拒》："昨天，寄了一篇文章，名诱拒，通篇无一句对话，是两个哑子，然而这样写却仍然是可能的。不过，我就成天用心来写文章给人看，让一些不相识者在我听不到看不见地方糟蹋了时间同金钱，读我文章又同情或生气，这就算是生活么？除了放赖模样要人家在这文章上给我在一月以内寄三十块钱以外，我还可以要些什么东西？纵有意无意中要了人的眼泪，眼泪与称赞能使我精神充足多忍苦挨饿活五天六天么？"

7月18日

本日　程朱溪致信程万孚："我决任'人间'总经理，计划年内招足一万元，设发行所于四马路，编辑所于法（租）界，分头进行。现正印股票，一印好即行招募。与沈从文约好，他的《旧梦》能否由'人间'出版？一切从丰，抽版与卖稿均可。此事你接洽一下，还有别的能文的人亦望拉拉。”[①]

7月19日　开始协助胡也频编辑《中央日报》的《红与黑》副刊。

本日　《中央日报》副刊《红与黑》创刊。沈从文在《记胡也频》中对此有如下记载：“上海的《中央日报》总编辑浩徐[②]，是前《现代评论》的熟人，副刊需要一个人办理，这海军学生就作了这件事。我那时正从南方陪了母亲到北方去养病，又从北方回到南方来就食（计算日子大约是秋天），这副刊，由我们商量定名就叫《红与黑》。当时除了每晚他们两人或我们三人到望平街那个摇摇欲坠的楼上，去送编辑好的稿件，同看那最后清样外，他们最关心的恐怕还是房子。”

7月29日　离开北京到达天津，住在长发栈。

7月30日　下午一时天津丸号启航。据吴宓日记载：“晴。在天津丸舟中。下午一时启椗，出海，顿觉凉爽。海中景色至可乐，而风平浪静。晚与宰平至一等舱面，晤其同乡曾仰丰君。又与沈从文谈至十一时始寝。沈即作《阿丽思漫游中国记》之少年也。年二十六岁。湖南凤凰县人。”[③]

7月31日　所乘天津丸号半夜抵达青岛，在青岛口外停泊。

七月　创作完成小说《旧梦》。

七月　小说集《好管闲事的人》由新月书店出版，收入小说《好管闲事的人》《或人的太太》《焕乎先生》《喽啰》《怯汉》《卒伍》《爹爹》。

七月　长篇小说《阿丽思中国游记》由新月书店出版。收入《全集》第3卷。《全集》版本与初刊本、初版本略有差异，删除了小说的最后一段话：“因为在姑妈离开她房子以后不久，又听到隔房傩喜先生的打鼾，她以为是做梦见到姑妈，她就一个人在黑暗中笑了。”

8月1日　晨6时，天津丸号入青岛港内停泊。

---

① 1928年7月18日程万孚致程朱溪信。引自胡其伟《三十年代前后沈从文与程万孚程朱溪兄弟书信钩沉》，《新文学史料》2000年第1期。

② 彭学沛，字浩徐。

③ 吴宓：《吴宓日记，第4册，第98页，三联书店1998年版。

下午四时，天津丸号离开青岛。

8 月 2 日　晚 11 时，天津丸号抵达吴淞口。

8 月 3 日　“晨 6—7 舟入黄浦江，至杨树浦黄埔码头停泊。”[①]

8 月 10 日　创作完成小说《第一次作男人的那个人》。

小说《柏子》发表于《小说月报》第 19 卷第 8 号，署名甲辰。该小说先后收入小说集《雨后及其他》（春潮书店）、《八骏图》（文化生活出版社）、《从文小说习作选》（上海良友图书印刷公司）。收入《全集》第 9 卷《从文小说习作选》集。按：《雨后及其他》小说集出版后，沈从文曾在《柏子》文后作了题识：“这文章大家都说还好。在北平汉园公寓作成，时为民国十六年。写成后同《雨后》先后寄交上海《小说月报》，编者叶绍钧，即为用甲辰署名发表。两篇似乎皆为一下午写成，写时非常顺利。写成后拿到另一个房间里去，对到正吐过一口血，想把血用什么东西去遮掩的母亲行为，十分难受，就装成快乐的神气说：‘今天不坏，我做了一篇文章，他们至少应送我十块钱！’到后当真就得了十块钱。”（《题〈雨后及其他〉》），题识收入《全集》第 14 卷《艺文题识录》集。后在《八骏图》集《柏子》的文末作题识：“在汉园公寓三小时写成，时正流鼻血，捂着鼻子写，寄过圣陶编的《小说月报》，得稿费 13 元。母亲在吐血，买药一瓶。”（《题〈八骏图〉自存本》，收入《全集》第 14 卷）

《阿丽思中国游记》之第 5—6 章刊载于《新月》第 1 卷第 6 号，署名沈从文。小说后由新月书店出版单行本。收入《全集》第 3 卷《阿丽思中国游记》（第二卷）。

8 月 14 日　日记体小说《中年》中提及《第一次作男人的那个人》，涉及对未来写作的思考：“写了一篇名字取作第一次作男人的那个人。作小说，事实的写述太少，心情的辩解太多，成了几乎像是论文那类东西了。我是无法把小说作好的。虽然这是同过去许多作品一样，并不缺少力与真，但这为过多的问题上诡辩所影响，不是能使我满意的东西。我的工作方向似乎是应变更，另走一条路才对。不拘拘于背景所在，句子的组织，应当变成自己的句子，不缺少通

① 吴宓：《吴宓日记》第 4 卷，第 100 页，三联书店 1998 年版。

俗的明，特异处又能得到本乡人说话的真，或者在了解上容易得到效率。辩论，研究，解释，是都得应有自己的文法将调子加强加浓的。”

8月16日　往访程万孚，不遇。

8月17日　程万孚回访沈从文。“从文昨日来看我，未遇。我今日当去看他。”①

小说《上城里来的人》发表于《中央日报·红与黑》第10号，署名茄椒。收入《如蕤集》（生活书店）。收入《全集》第7卷《如蕤集》。

8月24日　小说《不死日记》开始在上海《中央日报·红与黑》第14期连载，至30日该刊第17期刊载完毕，署名甲辰。收入《不死日记》（人间书店）。收入《全集》第3卷《不死日记》。

8月26日　《中年》中叙及看到《不死日记》刊本的情形：“看到了在中央副刊发表的不死日记，就得哭。想不到是来了上海以后的我，心情却与在北京时一样的。我在此，是已不会把妈杀死了，也不听到别人骂我了，也不再来让一个房东女儿宰割我的心了，可是我不仍然是以前的我么？仿佛告化子的生活，纵厌倦，要放下，也不成。”

8月27日　据《善钟里的生活》记载：“一个人，坐在桌前作工，预备把阿丽丝游记第二卷继续写完，来了一个裁缝。裁缝是来拿工钱的。第一件衣刚缝好，工钱不曾送，就给六弟穿去了，为了免除到了别人家中怕我扒东西起见，所以缝第二件衣。衣缝就，又无送工钱的余钱了，告他过几天来拿。过几天，到如今真又已过四天了。这宁波人并不失约，是好人。那样子还这么和气，虽然是讨账也缺少讨账人的应有凶相蛮相，我不好说话了。……下午连同一张小当票送来的是四块盖有水印的现洋钱，把三块给他，我留下一块新中国的国币，留到晚，这一块钱又把来换了一罐牛肉同一些铜子了。晚上也平夫妇就在此吃晚饭，菜是那一罐牛肉，若不是他们来此，大致这一块钱还可以留到明天。”

按：此处的也平夫妇似是指胡也频、丁玲，《善钟里的生活》中的很多记载很难区分哪些是作家的真实记录，哪些是虚构，择其要者，录以备考。

---

① 程万孚致程朱溪信。引自胡其伟《三十年代前后沈从文与程万孚程朱溪兄弟书信钩沉》，《新文学史料》2000年第1期。

8 月 29 日 《善钟里的生活》记载："下午，想走动，看看钱，还有四十一个铜子，所以大胆走到华龙路新月书店编辑处去。到了见到孟侃以外，还见到叶公超、彭基相与潘先生。我对穿洋服的人，是常常怀着敬畏的。本来看到这用上等外国材料作成的衣服，又是白领子，又是起花的领带，相貌堂堂不由人不加以尊敬。仿佛羡慕这些人，又仿佛想劝自己去学裁缝；——学裁缝，当然是缝洋服了。这必定可以发财。四人正在喝酒，于是便成为座上客了，主人说喝一杯吧，也不拒绝。"

八月上半月 在上海创作完成小说《上城里来的人》。

9 月 10 日 《阿丽思中国游记》第二卷之第 7—8 章刊载于《新月》第 1 卷第 7 号，署名沈从文。小说后由新月书店出版单行本。收入《全集》第 3 卷《阿丽思中国游记》(第二卷)。

小说《雨后》发表于《小说月报》第 19 卷第 9 号，署名甲辰。收入小说集《雨后及其他》(上海春潮书局)、《八骏图》(文化生活出版社)。收入《全集》第 3 卷《雨后及其他》集。

按:《雨后及其他》出版后，沈从文曾在《雨后》文末加一题识："这文章好像是在一种时行风气下写成的。写成后很不高兴，因为本来并不想如此写。但直到后来(一年半以后)写成了《夫妇》(在《小说月报》发表)，我自己才明白为了某一种病的情感，写这类故事，在我手下较顺，但同时我一切文章，就毁到这个方向上了。"(《题〈雨后〉及其他》) 题识收入《全集》第 14 卷《艺文题识录》集。

9 月 12 日 小说《有学问的人》发表于上海《中央日报·红与黑》第 24 期，署名沈从文。收入小说集《雨后及其他》(春潮书局)、《八骏图》(文化生活出版社)。收入《全集》第 3 卷《雨后及其他》集。

按:《雨后及其他》小说集出版后，沈从文曾在《有学问的人》文后作了如下题识："这文章当时写来只花三点钟。在上海萨坡赛路二〇四号房子所写的。最先登载于《红黑》周刊。时间当为十七年或十八年三月左右。但也许是七月。这里也应感谢一个人，因为想起那么一个人，这文章才写好的。"(《题

〈雨后及其他〉》）题识收入《全集》第 14 卷《艺文题识录》集。

9 月 21 日 小说《屠夫》开始连载于上海《中央日报·红与黑》第 30 号，25、26 日该刊第 31 号、第 32 号连载完毕，署名巴库。收入《全集》第 2 卷《梓里集》。

9 月 28 日 小说《某夫妇》发表于上海《中央日报·红与黑》第 34 号，署名沈从文。收入小说集《雨后及其他》（春潮书局）、《八骏图》（文化生活出版社）。收入《全集》第 3 卷《雨后及其他》集。

按：小说集《雨后及其他》出版后，沈从文曾在《某夫妇》文后作了如下题识："在上海萨坡赛路写成，发表于《中央日报》之《红与黑》周刊，得七块钱稿费。这文章似乎是两点钟内写成的，大致正看了什么人论到契诃夫小说的文章，有说到就报纸一点点新闻而写作一故事的方便，就不知不觉也抓起报纸来看了一下，动手就写成此篇。这文章稿费得到后，我还记到是用来买得一个方形墨水瓶的。"（《题〈雨后及其他〉》）题识收入《全集》第 14 卷《艺文题识录》集。

9 月 29 日 小说《旧梦》在《现代评论》第 7 卷第 199 期连载完毕。

九月 中篇小说《篁君日记》由北平文化学社出版。其中"记五月三日晚上"以后部分未见初刊本。收入《全集》第 2 卷《篁君日记》集。

10 月 1 日 小说集《雨后及其他》由上海春潮书局出版，收入《雨后》《柏子》《第一次作男人的那个人》《有学问的人》《诱——拒》《某夫妇》等 6 篇小说。

小说集出版后，沈从文曾在书后作了题识："这书为春潮最先印出的一本书。"（《题〈雨后及其他〉》）收入《全集》第 3 卷《雨后及其他》集。

10 月 9 日 小说《采蕨》发表于《中央日报·红与黑》第 39 号，署名沈从文。篇末注明"阿黑小史第五"，但《阿黑小史》并未收入此篇。收入《全集》第 4 卷《采蕨》集。

10 月 10 日 小说《诱拒》发表于《小说月报》第 19 卷第 10 号，署名甲辰。收入小说集《雨后及其他》（春潮书局）时改题名为《诱——拒》。收入《全集》第 3 卷《雨后及其他》集。

按：小说集《雨后及其他》出版后，沈从文曾在《诱——拒》文后作了如下题识："在北京写成，在《小说月报》发表。这些莫须有的故事现在隔四年后看来是极以为可笑的。"（《题〈雨后及其他〉》）题识收入《全集》第 14 卷《艺文题识录》集。

《阿丽思中国游记》第二卷之第 9—10 章刊载于《新月》第 1 卷第 8 号，署名沈从文。编者在本期《编辑余话》中说："沈从文先生的《阿丽思中国游记》共分四卷，第二卷在本期上也继续披露完了。我们为避免稿件过于冗长，决定以后第三卷第四卷不再在本刊上披露；只等作者把稿件整理好了，就马上另刊单行本。但是沈先生的小说我们还有得读，因为他答应以后在本刊上每期都为写一篇短篇小说，这是我们可以预告的。"

该期杂志同时刊登了《阿丽思中国游记》第二卷的出版广告：

> 沈先生，写小说，短篇我们已读过很多了，如今却印了几个长篇。长篇中的阿丽思中国游记，当第一卷出版时，不到一月，第一版就所剩不多。第二卷则其中所描写的转入沈先生的故乡中去，平时有素朴风味的文体，写乡下比城市似乎更把他的长处显出了。在本卷中一切事情，诚如书中所说，不是哈卜君中国旅行指南上所写过，我们读这本书，正如自己在另一个国度中旅行，所得到是趣味与知识的补养。[①]

十月末 创作完成《〈阿黑小史〉序》。

十月 《山鬼》单行本作为"文艺小丛书"之一由上海光华书局出版。小说第 4—6 节未见初刊处。后改题《一个神秘的颠子》收入《从文小说集》（上海光华书局）。收入《全集》第 3 卷《山鬼》。

十月 《长夏》单行本作为"文艺小丛书"之一由上海光华书局出版。小说第 7—10 节未见初刊处。后收入《从文小说集》（上海光华书局）。收入《全集》第 3 卷《长夏》。

---

① 《新月》第 1 卷第 8 号。

11月10日　小说《第一次作男人的那个人》发表于《小说月报》第19卷第11号，署名甲辰。收入小说集《雨后及其他》(春潮书局)。收入《全集》第3卷《雨后及其他》集。

按:《雨后及其他》小说集出版后，沈从文曾在《第一次作男人的那个人》文后作了如下题识:“我自己倒很希奇为什么我会写出这种文章。显然的，为了同一最坏的情感，在我生活上煽动不止，某一时节我的想象是活动到这一切抽象境界中，过了一些日子的。还有更坏的，是那些可怜的批评者，将来会从我这些想象文字上，胡说八道，唠为我第一次同那么一个女人发生关系。”(《题〈雨后及其他〉》) 题识收入《全集》第14卷《艺文题识录》集。

小说《雨》发表于《新月》第1卷第9期，署名沈从文，文末注明“阿黑小史之某章”。收入《阿黑小史》(新时代书局)。收入《全集》第7卷《阿黑小史》集。

诗歌《颂》发表于《新月》第1卷第9期，署名甲辰。后收入陈梦家编选的《新月诗选》。收入《全集》第15卷《忧郁的欣赏》集。

11月27日

本日　《申报》本埠增刊第3版、第5版在“出版界消息栏”发布《人间月刊》《红黑周刊》出版预告:

> 人间书店之《人间月刊》人间书店为本埠印行新书最精、选择最严格之书店，业已出版新书十余种，近其总理特聘丁玲女士、沈从文君合编一《人间月刊》，内容丰富，撰稿者俱为当代知名之士，如叶绍钧、戴望舒、杜衡、张友松、孙伏园诸君。字数在五万言左右，定于一月十号出版云。
>
> 《红黑周刊》，红黑出版处，为胡也频、丁玲、沈从文等所组织。前在本埠《中央日报》出有《红黑》副刊，极得社会好评。自《中央日报》改组，该刊物即已停刊，近闻定于十八年一月一号，先单独出一周刊，由胡也频君编辑。内容偏重文艺创作、兼及批评、对目下文坛习气将尽全力痛加攻击，救济年青人用耳代目读书之危险，其《红

黑》创作及月刊，亦正在筹备中，丛书即已付印者，有四种不久即可出版，其新通讯处为萨坡赛路二百另四号。

十一月 施蛰存与陈慧华女士的婚礼在松江举行，沈从文前往庆贺。

据施蛰存回忆："第一次见到他的书法，是在1928年10月，许多朋友来松江参观我的婚礼，从文带来一幅已装裱的鹅黄洒金笺的横幅，文曰'多福多寿多男女'，分四行写，每行二大字，这幅字被毁灭在日本人侵战松江时。"①

又："1929年10月，我在松江结婚。冯雪峰、姚蓬子、丁玲、胡也频、沈从文、徐霞村、刘呐鸥、戴望舒等许多文艺界朋友都从上海来参加婚礼。从文带来了一幅裱好的贺词。这是一个鹅黄洒金笺的横幅，文云：'多福多寿多男女'，分四行写，每行二大字，下署'丁玲、胡也频、沈从文贺'。这是我第一次见到从文的毛笔书法，已是很有功夫的章草了。贺词原是一个成语，称为'华封三祝'，原句应当是'多男子'，从文改为'多男女'，表示反对封建家庭只重生男的陋俗。"②

按：施蛰存的结婚日期有多种说法：1928年10月、1928年11月、1929年10月，现据沈建中编撰的《施蛰存先生编年事录》确定为1928年11月，该日期据施蛰存提供给作者的书面材料确定。

12月1日 小说《阙名故事》发表于《熔炉》第1期，署名沈从文。收入小说集《龙朱》（晓星书店）。收入《全集》第5卷《龙朱》集。

12月4日 晚上，与丁玲、胡也频一起至惠中旅舍访问邱晴帆，遇叶圣陶、王伯祥，于是几人"围坐长叙"。③《王伯祥日记》当日记："饭后复返旅舍谈，冰之、也频、从文来访晴帆，又谈多时。及辞归，已十时矣。"

致信徐志摩。告知徐志摩自己已经迁居萨坡赛路204号，同时，因生活困顿，多方求告不得，请徐志摩方便时为自己想点办法。"最低限度我总得将我家中人在挨饿情形中救济一下。实在没有办法，在最近，从文只好想方设法改

① 施蛰存：《沈从文的书法》，《北山谈艺录续编》，284页，文汇出版社2001年版。
② 施蛰存：《滇云浦雨话从文》，《长河不尽流》，第63页，湖南文艺出版社2018年版。
③ 参见商金林：《叶圣陶年谱长编》第1卷，第403页，人民教育出版社2004年版。

业，文章赌咒不写了。左右写也写不好，因此一来恐怕也算是提高读者趣味向另一种文章注意的一个办法。……使我活下来的并不是名誉这样东西，这自觉，把我天真及其余美德毁灭完了。”收入《全集》第18卷。

12月5日　致信程朱溪。

12月6日　往访程万孚。

本日　程万孚致信程朱溪信，谈及沈从文、丁玲、胡也频：“从文今日在我处时，你信来，他也高兴知你的一切，说是昨夜他给了你信。此人真苦，真可怜！而也频与丁玲在一起，从文处处皆受指挥，不然，奶奶不悦，先生亦怒。他又毫无趣，且贫，他的遗嘱已写好，想死，非自杀，乃怕死。你可写信安慰他，但勿说起胡与蒋，因他们同住，免多事。他待我很亲、诚，我亦十分诚恳待他的。”①

12月15日　散文《看了司徒乔的画》发表于香港《伴侣》杂志第7期，署名甲辰。收入《全集》第14卷《甲辰杂谈》集。

12月17日

本日　程万孚致信程朱溪信中谈及沈从文：“从文可怜，生活干枯，加之生性不同，更苦。他说已找人为你画《天鹅集》封面。”②

12月22日　创作完成小说《参军》。

12月26日　晚上，创作完成小说《阿金》。

本日　《申报》在“出版界消息栏”发表《人间月刊》出版预告：

> 沈从文与丁玲主编之《人间月刊》定于十八年一月十日出版，订价每期二角，每年二元，邮费在内。发行处在上海闸北宝昌路人间书店编译处，在上海萨坡赛路二〇四号。第一期要目：《一个小学生的日记》（小说）、《一幕悲剧的写实》（小说）、《安南美人》（散文）、《莫心痛》（诗）、《两个好胜青年的悲剧》（小说）、《我愿我的心是一

---

① 1928年12月6日程万孚致程朱溪信。引自胡其伟《三十年代前后沈从文与程万孚程朱溪兄弟书信钩沉》，《新文学史料》2000年第1期。

② 1928年12月17日程万孚致程朱溪信。引自胡其伟《三十年代前后沈从文与程万孚程朱溪兄弟书信钩沉》，《新文学史料》2000年第1期。

条可爱的小径》(诗)、《我的朋友》《媚金·豹子·与那羊》。

按:《人间月刊》的出版时间当为1929年1月20日。

十二月 小说《不死日记》作为“二百零四号丛书之二”由人间书店出版。收入《献辞》《不死日记》《中年》《善钟里的生活》。收入《全集》第3卷《不死日记》集。

长篇小说《阿丽思中国游记》第二卷作为“二百零四号丛书之四”由新月书店出版。收入《全集》第3卷。

本 年

春季 接母亲和九妹沈岳萌到上海生活。

夏天 陪母亲到北平养病。

民国十八年 1929年 28岁

3月19日 国民党第三次全国代表大会追认通过《训政纲领》，实施训政。

4月10日 胡适的《人权与约法》发表于《新月》，要求"制定约法 保障人权"。

7月26日 国民政府颁布《大学组织法》。

11月15日 中共中央政治局会议决定：开除前总书记陈独秀的党籍。

1月5日

本日 《沈从文先生 丁玲女士主编的〈人间月刊〉出版预告》发表于《认识》周报第1卷第1期。广告拟稿人不详，兹照录如下：

发行一种刊物的理由，如果说得堂皇一点，有的是动人好听的词儿。但是我们发行这月刊，老实说，只是想使读者多有一份爱读的刊物，作者多一个说话的地方，出版的多一种练习工作的机会。多与读者相见，省得去登那费钱多而收效少的广告。说到赚钱，外行也许不知道，凡是办过月刊周刊的总该晓得办定期刊物是赔钱的机会来得多些。从文先生与丁玲女士，想来用不着我们来介绍，他们的作品流行在爱好读新文学的人们中间，是许多许多读者很熟悉的。特约做稿子的人都是国内知名之士，如徐志摩，叶绍钧，孙伏园，戴望舒，张友松，朱溪，杜衡诸先生。内容注重新的文艺创作，翻译，批评，介绍，以及学术，思想，妇女问题。现在规定十八年一月十日版，每期零售两角，订全年十二册二元，邮费在内。上海人间书店，闸北西宝昌路。

1月10日 在病中创作完成小说《旅店》。

小说《阿金》发表于《新月》第1卷第11号，署名沈从文。收入《旅店及其他》（中华书局）。选入《从文小说习作选》（上册）时作者曾有修改。据修改本收入《全集》第9卷《从文小说习作选》集。

小说《龙朱》发表于《红黑》第1期，署名沈从文。收入小说集《龙朱》

（晓星书店）、《沈从文子集》（新月书店）。收入《全集》第5卷《龙朱》集。

《红黑》第一期刊载沈从文小说集《男子须知》的出版广告："近来，广告气扑鼻的批评，一天一天多起来了，凡是稍稍留心各刊物的皆可以明白。这种批评的热闹，不外乎市侩的聪明，知道从另一种方法上把书的销路增加，且可以从这类事情上抑彼扬此，办法是很有功效的。欺骗盲目读者与侮辱诚实作者，是这类市侩豢养的批评家职责。一个读者他应当自己来认识一本书，所以我们把沈先生这本并无人批评过的另一体裁的故事，介绍给国内读者。照食肉的批评者对沈先生作品说来，是格调清新描写活跃，便在文章上常因为有懂不到的方言与奇异风格而蹙眉的。这本故事由本出版处印行，就是不让这类批评家有看不花钱书而有蹙眉机会，欢喜从文先生作品的可以用四角钱直接寄本出版处来买，看看到底是不是这一本书也如批评者所说的话。"

《红黑》第一期刊载"红黑丛书"书目预告，内中包含沈从文的三部小说，《革命者》《第一次的恋爱》《男子须知》。

本日　由沈从文与胡也频、丁玲共同编辑的《红黑》月刊创刊。他们在创刊号上的《释名》一文中这样解释刊物的名字："红黑两个字是可以象征光明与黑暗，或激烈与悲哀，或血与铁，现代那勃兴的民族就利用这两种颜色去表现他们的思想——这红和黑，的确是恰恰适当于动摇时代之中的人性的活动，并且也正合宜于文艺上的标题，量我们不敢窃用，更不敢掠美，因为我们自信并没有这样的魄力。正因为我们不图自夸，不敢狂妄，所以我们取用红黑为本刊的名称，只是根据于湖南湘西的一句土话。例如'红黑要吃饭的！'这一句土话中的红黑，便是'横直'的意思，'左右'的意思，'无论怎样都得'意思。这意义，是再显明没有了。因为对于这句为人'红黑都得吃饭的'土话感到切身之感，我们便把这'红黑'作为本刊的名称。"

沈从文在《记胡也频》中这样回忆："那时人间书店请我们编辑一个月刊，我们恰恰又借到了一笔钱，想自己办一个出版处，为了一切的方便，我们就合赁了萨坡赛路的二百零四号房子，搬了家，《人间月刊》由我们三人产生了，《红黑月刊》也由我们产生了，在名为'新房子'的住处，我们生活忽然完全就变了。"

1月11日

本日　《申报》在本埠增刊第1版发布《红黑》月刊出版消息：

《红黑》月刊出版　胡也频主编之《红黑》月刊，为本埠萨坡赛路二百零四号红黑出版处所发行，其第一期已出版。内中有叶绍钧、丁玲、沈从文诸人之小说、沉默之诗，形式为十六开，印刷极精，封面图红黑二字。闻本期定价为二角，定全年则仍只一元五角，月刊定全年者，在北平方面已有一百余人，本埠亦有四十八人，其余各省图书馆亦日有寄款订报者。又，在本月十日以前，红黑出版处所印行之《也频诗选》亦可出版，此集为丁玲所选，价只三角。

1月13日　创作完成小说"阿黑小史之七"《结婚以前》。

1月20日　中篇小说《呆官日记》作为"二百零四号丛书"之六由上海远东图书公司出版。收入《全集》第4卷。

小说《媚金·豹子·与那羊》发表于《人间月刊》创刊号，署名沈从文。收入小说集《龙朱》（晓星书店）。收入《全集》第5卷《龙朱》集。

沈从文主编之《人间月刊》创刊号出版。《卷首语》说：

此时的中国，要不要一些呆子来干，许不许可各人找寻自己的方向，是很容易明白的。说教者充满天下，指挥者比工作者多十倍千倍，适于专制制度下生存的民族，虽在政治表面上无从磕头作揖，口称奴仆，然性情所归，将趣味供某种主张驱使，则仍为必然的一事。想象所谓首领辈，对于接见年轻人时，年轻人或曾用笔作揖，或用口作揖，连说"崇拜"，首领则掀髯大笑，口称"准予入伙"情形，不禁嗒然若失。中国在文学上是已有正牌子首领了。同政治一样。于政治，则人人都应有信仰，否则"反革命"，杀。于文学禁律眼前虽尚不至于如此，然不表示投降，则多灾多难，亦一定。我们是在写文章以外还没有学到"载笔称臣"的本事，来日大难，可以预卜！

我最后可说的话，是先在此来为本刊悼。

《卷首语》为沈从文所作，未署名。收入《全集》第16卷《编者言》集。

据沈从文回忆："《人间月刊》出到四期就停顿了，《红黑》月刊出到八期也不能不结束了，来了一个意料中的失败。这刊物的夭折，有一些读者，是一定比我们自己还觉得可惜的。我们早知道在上海一切竞卖的情形下，这刊物不能赚什么钱。我们知道外埠书业的积习，对于用一点点钱来办一个刊物，是一种纯粹冒险的举动。我们原先只希望可以办十二期，满足到一年的数目，我们希望多有一些定户，同远地的定户直接交易，在一种毫无实利的情形下，维持这个刊物稍久一点。但一切希望都同事实不合，从各样打算上都不能维持这个刊物下去，当时最觉得生气的，就是这海军学生。”（《记胡也频》）

1月30日　复信程朱溪。“文章是写来也全无意思的，我似乎在做文章以外还应当作一点其他事情，但目下则除了这样写三块钱一千字的小说以外就是坐到家中发自己的脾气，或者世界上也应有这种人点缀，所以无法与命运争持了。”“有人在我《龙朱》一文上又称我为天才，可不知道这天才写完文章，倒到床上时是何等情形，若说写《雨后》时有灵感可以自豪，我倒将为我一面想到病倒在床的母亲一面写出《龙朱》与《雨后》那样文章为奇事了。”收入《全集》第18卷。

2月10日　小说《旅店》发表于《新月》第1卷第12号，署名沈从文。收入小说《旅店及其他》（中华书局）。收入《全集》第4卷《旅店及其他》集。

小说《参军》发表于《红黑》第2期，署名沈从文，篇末注有写作日期：“十七年冬至日”。收入《龙朱》（晓星书店）。收入《全集》第5卷《龙朱》集。

评论《钱杏村批评之批评》发表于同期《红黑》杂志，署名岳真。该文未收入《全集》。[1]

小说《说故事人的故事》发表于《小说月报》第20卷第2号，署名沈从文。收入小说集《龙朱》（晓星书店）。收入《全集》第5卷《龙朱》集。

2月20日　小说《十年以后》发表于《人间月刊》第2期，署名沈从文。收入《全集》第14卷时列入杂文卷《甲辰杂谈》集。

---

① 对该文的详细考证，参见仓重拓：《对沈从文佚文〈钱杏邨批评之批评〉的考证》，《中国现代文学研究丛刊》2013年第7期。

按：在同期《人间月刊》上，有沈从文作品集《不死日记》《龙朱及其他》的广告。同时在编者后记和《人间》第3期的目录中，列有沈从文的《两（二）个在马路上的作家》，该作品未见。

二月　小说集《男子须知》作为“红黑丛书”之二由红黑出版处出版，收入小说《男子须知》《除夕》。收入《全集》第3卷《男子须知》集。《全集》编者说明，1927年，该小说集曾以《押寨夫人》为题名由商务印书馆出版。该版本编者未检得，待考。

3月1日　创作完成小说《七个野人与最后一个迎春节》。

3月10日　小说“阿黑小史”之七《结婚以前》发表于《新月》第2卷第1号，署名沈从文。收入《旅店及其他》（中华书局）时改题《结婚之前》。收入《阿黑小史》时改题《婚前》。收入《全集》第7卷《阿黑小史》集。

小说《神巫故事之一》发表于《红黑》杂志第3期，署名沈从文。后改题《第二天晚上的事》收入《神巫之爱》（光华书局）。收入《从文小说习作选》（上海良友图书印刷公司）。收入《全集》第9卷《从文小说习作选》集。

三月　作品集《十四夜间》由光华书局出版。收入《或人的家庭》《刽子手》《十四夜间》《支吾》等作品。封面、扉页、页眉均作《十四夜间》，仅目录前的插页有“十四夜间及其他”字样。收入《全集》第4卷时改题名为《十四夜间及其他》。

4月10日　小说《日与夜》发表于《红黑》杂志第4期，署名沈从文。后改题《第三天的事》收入小说集《神巫之爱》（光华书局）。收入《从文小说习作选》（上海良友图书印刷公司）。收入《全集》第9卷《从文小说习作选》集。

四月　创作小说《逃的前一天》。

5月10日　小说《七个野人与最后一个迎春节》发表于《红黑》第5期，署名沈从文。收入《旅店及其他》（中华书局）。收入《全集》第4卷《旅店及其他》集。

小说《落伍》发表于《新月》第2卷第3号，署名沈从文。收入《全集》

第6卷《楼居》集。

6月10日　小说《元宵》发表于《东方杂志》第26卷第11号，署名沈从文。收入《旅店及其他》(中华书局)。收入《全集》第4卷《旅店及其他》集。

小说《道师与道场》发表于《红黑》杂志第6期，署名沈从文。收入《石子船》(中华书局)。收入《全集》第5卷《石子船》集。

小说《一个天才的通信》在《红黑》杂志第6期上发表，署名甲辰。单行本由光华书局出版。收入《全集》第4卷《一个天才的通信》。

6月25日　《元宵》在《东方杂志》第26卷第12号刊载完毕。

六月末　为小说《一个天才的通信》作《编者序》。

六月　为中国公学教职事致函胡适，在答应任职的同时，谈及有关教学的种种设想。收入《全集》第18卷。因本信关涉沈从文生平重要史实，特录全文如下：

适之先生；

昨为从文谋教书事，思之数日，果于学校方面不至于弄笑话，从文可试一学期。从文其所以不敢作此事，亦只为空虚无物，恐学生失望，先生亦难为情耳。从文意，在功课方面恐将来或只能给学生以趣味，不能给学生以多少知识，故范围较窄钱也不妨少点，且任何时学校方面感到从文无用时，不要从文也不甚要紧。可教的大致为改卷子与新兴文学各方面之考察，及个人对各作家之感想，关于各教学方法，若能得先生为示一二，实为幸事。事情在学校方面无问题以后，从文想即过吴淞租屋，因此间住于家母病人极不宜，且贵，眼前两月即感束手也。

专上敬颂教安。

沈从文　上

六月　写信给父亲沈宗嗣，报告自己近年来的写作情况及即将赴公立大学任职的消息，其中有一段谈及自己近来年的心情：“数年来心情殊恶，到近来则更觉于空空洞洞之虚名无所用，故目下作文章亦只为对付生活，求较精深，自属无望。书一卖去，即非已有，虽在北平方面，识与不识，皆有为之捧场叫好，然在男视之，则反以为无聊。因为一切皆感无聊，所编之《人间》月刊亦辞去矣。”收入《全集》第 18 卷。

7 月 10 日　《寄给某编辑先生》发表于《红黑》第 7 期，署名甲辰。后作为《一个天才的通信》的第二部分收入《一个天才的通信》（光华书局出版 1930 年版），收入《全集》第 4 卷《一个天才的通信》集。

小说《一个母亲》发表于《新月》第 2 卷第 5 号，署名沈从文。收入《全集》第 7 卷。

7 月 14 日　创作完成小说《夫妇》。

7 月 19 日

本日　《申报》在第十一版发布消息：《青大之组织》，介绍了青岛大学的筹备情况，在教职员人选中有讲师沈从文、赵景深等。沈从文并未就任。

7 月 20 日　在吴淞创作完成小说《腐烂》。《题〈八骏图〉自存本》曾有对该小说创作的说明：“当时是为学生习作举例写成的，说明不必要故事，不必用对白，不必有首尾和什么高潮，还是可完成一个短篇。只是当成眼前例子而写成的。是一种 [习] 题。只是习题。”（《全集》第 14 卷《艺文题识录》集）

7 月 23 日

本日　《新中华报》刊登《青岛大学组织概要》，在介绍教职员人选时，提及“讲师沈从文”。

七月　为徐志摩的小说集《轮盘》作序。

七月　小说集《神巫之爱》由光华书局出版，收入《第一天的事》《晚上的事》《第二天的事》《第二天晚上的事》《第三天的事》《第三天晚上的事》。

8 月 10 日　小说《一只船》发表于《红黑》第 8 期，署名沈从文。收入《全集》第 4 卷《采蕨》集。

小说《大城中的小事情》发表于《红黑》第 8 期，署名甲辰。收入《全集》第 5 卷《衣冠中人》集。

8 月 19 日　与程万孚谈。

8 月 20 日

本日　程万孚致程朱溪书信谈及沈从文："我四日来除了找子敦、从文之外，没有做过别的事……从文说的话，是他多年来自身体验之谈，昨日我与他长谈，聊了六点钟之久，受益不少。他说他有信给你。生活的担子，简直把温文笃实的他压死了。从文之母同哥哥都返湖南去了，妹妹同他一起住着，一个月内同去青岛，非去不可的。"①

八月　重新改写《腐烂》。

八月　沈云麓把母亲接回凤凰，妹妹沈岳萌继续留在沈从文身边读书。

八月　程万孚在致程朱溪信中谈及沈从文及人间书店事："我现在不能解决的是（人间）店事，发展既不能，即收闭也不能。成此僵局，系诸身上，真苦也！我如不走，当尽力发展亦未尝绝望，但既走，世南又不能干下去，难在此耳。明日见从文，看有无办法想再告。……你知新书业今年之大势消沉，稿子之多而无人要，文人之多改业，种种情形，你当知事之不易办。……人间书店情形如此，你的《天鹅集》在此重版无望。（人间未亏本，只是账收不来。别家书店亦收不来，新开的已关了三家）人间月刊第四期不出了。问从文事，明日去，也频也一样。《红黑》可叫从文给你一份。《小说月报》自第三期起由我寄你。要从文写字，明日去问，当无不可。"②

9 月 10 日　小说《牛》《我的教育》发表于《新月》第 2 卷第 6、7 号合刊，署名沈从文。收入《沈从文甲集》（神州国光社），《我的教育》初刊本共有 26 节，编入《沈从文甲集》时删去了第 24—26 节。收入《全集》第 5 卷《沈从文甲集》。

小说《会明》发表于《小说月报》第 20 卷第 9 号，署名沈从文。收入《沈

① 程万孚致程朱溪信，引自胡其伟《三十年代前后沈从文与程万孚程朱溪兄弟书信钩沉》，《新文学史料》2000 年第 1 期。

② 出处同上。

从文甲集》(神州国光社)、《从文小说习作选》(上海良友图书印刷公司)。收入《全集》第9卷《从文小说习作选》集。

9月12日 中国公学大学部正式开学上课。沈从文的大学教师生涯由此开始。

本学年，沈从文负责"新文艺试作"(4学分)、"现代文学研究"(4学分)、"国文三B"(预科三年级，5学分)等课程的教学工作。

按：谈及这一时期的教学、写作情况时，沈从文有如下回忆："我在学校教书可以说完全失败。因为不会说话，无口才，只能用另外一个方式求补救，就是写'习作举例'。自己用各种各样不同方法，来写不同故事，作为同学参考。我也通过这个工作，取得许多写作上的不同经验。所以当时什么都写，而且文字风格常有变化，就是受这个客观需要影响。有乡村回忆，有幻想，有社会现实穷富的对照，有恋爱小说。恋爱小说占分量似比较大，有的是写得极露骨的黄色小说，但写作态度还是比较严肃，和当时一般作品不怎么相同，却缺少一定中心思想。因为照本人思想情况说来，实尚停留在'试笔'阶段。"(《我到上海后的工作和生活》)

9月15日 致信王际真，告知以后来信寄往上海吴淞中国公学，在谈及自己的身体时说，"身体坏则毫无生趣可言，故虽教书亦恐不能长久，际真，若你能明白从文因体质影响及作人态度是如何深而且大，你当处处见到从文可怜。我这时是觉得生活在我只是一种苦事，若是事势许可，能够返到苗乡去住真是幸福，不可讳的是我真已近于落伍人，大都会生活使我感到厌倦；就是写文章，也只是回到乡下去好，因为要明白中国，也只有混在老国民去一处过日子才是事。""关于写的方面，你应当率直的指点我的不对处，因为我非常明白我的短处是所采用的体裁极窄，而我又无法知道许多好的方式。我愿意有人告诉我所宜走的一条路，怎样做便使我精力不至于白费，我没有不乐从的。"收入《全集》第18卷的是残信。全信收入《沈从文全集·补遗卷3》。

九月 关于在中国公学第一次讲课情形，沈从文自己曾有如下回忆：

"记得是民国十八年，徐志摩先生要我去一个私立大学讲'现代中国小说'，上堂时，但见百十个人头在下面转动，我知道许多'脑子'一定也在同样转动。我心想：'同这些来看我讲演的人物，我说甚么好'？所以就在黑板上写了一行字：‘请你们让我休息十分钟吧’。我意思倒是‘我们大家看看，比谁看得深’。我当真就在那里休息，实在说，就是给大家欣赏我自己那个乱蓬蓬的头，也将堂下那些人头一个一个欣赏。说话以前大家都好像特别客气，居然不声不响忍受下去。到末了我开口后，一说话就是两点钟。时间过了，在照例掌声中散了会，走到长廊子上时，就听到前面两个人说。‘他究竟说些什么’？这种讲演从一般习惯说来，自然算是失败了。当时只有一个人觉得不失败，就是做校长的胡适之先生。他以为‘请个人讲演，二十分钟说不出一句话来，照十八年左右社会风气，在台上的居然不被打倒閧走，在台下的又居然不藉故溜跑，当然不失败。’那次讲演‘看’的人很可能比‘听’得人多，看的人还容易保留个印象，听的人大致都早已忘掉了。忘不掉的只有我自己，因为算是用‘人’教育‘我’，真正上了一课。这一课使我明文字和语言，视和听，得来的印象情形虽若相同而不相同。我写的小说，正因为与一般作品不大相同，人读它时觉得新，也似乎还能集会。至于听到我说起小说写作问题，却又因为解释得与一般传统不同，与流行见解不合，弄得大家莫名其妙了。这对于个人，真是一种离奇的教育！”（沈从文：《新的文学运动与新的文学观·谈短篇小说》）

“第一堂就约有一点半钟不开口，上下相互在沉默中受窘。在勉强中说了约廿分钟空话，要同学不要做抄来抄去的‘八股论文’，旧的考博学鸿辞，学王褒《圣主得贤臣论赋》无用，《汉高祖斩丁公论》也无用。新的什么用处也不多。求不做文抄公，第一学叙事，末尾还是用会叙事，才能谈写作。学叙事，叙事是搞文学的基本功，不忘记它，以后将从事实得到证明……感谢这些对我充满好意和宽容的同学，居然不把我哄下讲台！”（1975年初《致阙名朋友》）

张兆和后来的回忆也印证了这一情形：“当初从文开始教书时很害羞，第一天上课就在讲台前呆做了半个钟头，面对着无数个女生，却一直说不出话来。最后从文就站起来，在黑板上写了几个大字：‘你们人多，我就没话了。’这个事件一时成为学校里的趣闻。”[①] “因为是作家，选课的学生很多，他来了在

① 孙康宜：《沈从文的礼物》，《亲历耶鲁》，第96页，凤凰出版社年2009年版。

黑板上写了准备讲的，却讲不出来。后来又擦了，又讲……还是讲不出来，大家不敢笑。最后在黑板上写：'我第一次上课，见你们人多，怕了。'回身就走了。"(《答瑞典友人问》)

10月10日　小说《菜园》发表于《小说月报》第20卷第10号，署名沈从文。后经作者修改，收入小说集《新与旧》(上海良友图书印刷公司)。收入《全集》第8卷《新与旧》集。

10月18日　晚上，赴中国公学开会，在本月19日复王际真的信中说："在昨天，晚上开系会，拍掌要我演说，她们笑，我却在回家车上哭，看出自己可怜。"

10月19日　复信王际真。收入《全集》第18卷。

10月30日　收到中国公学送来的大洋100元。

致信胡适，收入《全集》第18卷。

十月下旬　致信胡适。胡适有意让沈从文在中国公学讲中国古代小说课程，沈从文婉辞："昨承指示，觉旧小说还是不代为好，因为时间太促，要预备也来不及了。"收入《全集》第18卷。

11月2日　至极司斐尔路胡适寓所拜访，因胡适外出，未遇。

11月4日　为九妹岳萌读书事致信胡适，"从文有妹，想在中公不求学分、不图毕业、专心念一点书，作为旁听生，按照章程缴费上课，现已至校，惟目下无法缴费，拟请学校许可由从文此后月薪中扣除，若无此规矩，则请许可暂缓缴费——再不能，则只请许可仍然迁出宿舍矣，因人虽进宿舍，功课尚未选定，既无办法，从文固不能因私事而使本校规则破坏也。"收入《全集》第18卷。

11月7日　凌晨二时，复信王际真。谈及自己在中国公学的近况，"我在此每一礼拜只教四小时课，人无聊，也只有成天生自己的气一件事可做，教书于我是完全不相宜的，明年当想其他办法。近月来人瘦得像鬼，一切事皆不能发生兴味，乃不知如何重新来做人。"收入《全集》第18卷。

11月9日　陆侃如来访。

11月10日　致信胡适，谈请冯文炳来中国公学任教事。收入《全集》第18卷。

小说《夫妇》发表于《小说月报》第20卷第11号，署名沈从文。收入《从文小说习作选》(上海良友图书印刷公司)。收入《全集》第9卷《从文小说习作选》集。

11月15日

本日　《申报》本埠增刊在"出版界消息"栏中发布《白华》旬刊的出版消息：

> 白华文艺社宣称，本社系旅苏青年文学家汪锡鹏、王坟、亢德所发起，发行刊物《白华》旬刊，创刊号已于十一日出版，售价二角，本埠总代售处真美善书店。本期内容：有特约撰述、赵景深、曾虚白、崔万秋等小说散文，其他如苏雪林、章铁民、施蛰存、刘呐鸥、沈从文等均为本刊特约撰述云云。

十一月　谢冰季的小说《温柔》由光华书局出版，小说前附有沈从文写的《冰季同我》，署名沈从文。收入《全集》第16卷《序跋集》。但《全集》本与光华书局1929年版文字上有些差异，同时，文末注明了写作时间地点："在上海时十八年秋尽"。

12月10日　小说《同志的烟斗故事》发表于《小说月报》第20卷第12号，署名沈从文。后经作者修改，改题《烟斗》收入小说集《新与旧》(上海良友图书印刷公司)。收入《全集》第8卷《新与旧》集。

12月13日　致信王际真，谈到自己的创作时说，"目下仍然无聊，只无别的办法，还是写文章，写长篇，若写成当有十万字，但一面想成功一面动手写，文章不会好也是一定的事。中国一切事皆有聪明人不费力而收大效，做文章亦复如此，所以从文应当落伍，因为不同他们去谈什么运动一件事罢了。上海所谓新兴文豪，则无有不恃'无耻'而起，因为不愿意同这些人竞争，所以我前次来信说很想有机会改业，同九妹到外国学别的职业去。"收入《全集》第18卷。

十二月　创作完成小说《自杀的故事》。

十二月　作《〈沉〉的序》。

本 年

夏末　经由徐志摩介绍，认识王际真，从此两人成为朋友。

秋天　在上海写作《冰季同我》。

冬天　兼任暨南大学中国小说史课程教师。

本年　创作完成小说《萧萧》《会明》。

民国十九年　1930 年　29 岁

3 月 2 日　中国左翼作家联盟在上海成立。

5 月 1 日　蒋介石发表讨伐阎锡山、冯玉祥宣言，蒋冯阎中原大战爆发。

8 月 23 日　国民政府立法院秘密会议通过《处置共产党条例》。

9 月 9 日　北平国民政府成立，阎锡山为国民政府主席。

11 月　国民党军队对中央苏区发动第一次“围剿”。

---

1 月 1 日　“我们这里饭也不开出，是厨子同我兄妹作难。近来不生火，就每天把铺盖包到脚坐在桌边教九妹的书。我们不怕穷，那是小事情，自己还能看书，就得了。”（1 月 3 日复王际真信）

1 月 3 日　复信王际真。谈及自己的写作：“我的文章你不要看好了！因为每一本书差不多皆为一种‘吃呀喝呀’的机会写成，我到讲堂上也宣传同学莫买我的书看。不看我的书，会对我好点，这是我心里猜想的话。我不欢喜熟人看我的文章，也是想掩丑的意思，可怜极了，因为发表虽然比任何人勇敢，到谈到这个时，害羞红脸了。其实完全不会好的，只有我自己知道它坏的不可饶恕。”谈到自己未来的计划：“我暑假或者将同我妹返湘看看我的爸，我将学一点苗文，将来写文章一定还有趣味，因为好像只要把苗乡生活平铺直叙的写，秩序上不坏，就比写其他文章有味多了的。”信中称沈云麓为“最有人性的一个十九世纪人，我还想写他一本书，下个月就可成就”。本信曾以《在中国公学》为题编入《沈从文别集 · 友情集》（岳麓书社 1992 年）。收入《全集》第 18 卷。

1 月 10 日　小说《萧萧》发表于《小说月报》第 21 卷第 1 号，署名沈从文。后经作者修改重新发表于《文季月刊》第 1 卷第 2 期。据修改本收入《新与旧》（上海良友图书印刷公司）。收入《全集》第 8 卷《新与旧》集。

小说《建设》发表于中国公学大学部中国文学系系会编辑的《中国文学季刊》第 1 卷第 2 号，署名沈从文，收入《沈从文子集》时对小说结尾进行了增补。收入《全集》第 6 卷《沈从文子集》。

《〈沉〉的序》发表于同期刊物。收入《沫沫集》(大东书局 1934 年版)。收入《全集》第 16 卷《沫沫集》。

该期杂志还同时刊载了“中国文学系系会”会员名录及该会对捐赠人的“誌谢”，沈从文为该会会员，“捐洋 20 元”。

1 月 12 日　复信王际真，在谈及文坛现状时说，“中国目下年青作家，说故事好文字好的，似乎还有几个人，若是想选出说精致话做漂亮文章的可就难了。依我看，是郭沫若郁达夫都不行的，鲁迅则近来不写，冰心则永远写不出家庭亲子爱以外。”收入《全集》第 18 卷。

1 月 17 日　去四马路逛书店。“我是一见到人买书，以及见到我那些书排在架上，就心中怪不好受的，因为同时总想起那些老板可恶。我的书内容不一定是中国作家顶好的书，但书印得顶坏的恐怕就是我的书了。”(本月 18 日复王际真信)

1 月 18 日　复信王际真，谈及自己一篇小说的创作：“昨夜因为抖气，就写了一万七千字小说，这小说是今年第一篇，预计有一个礼拜写好，当有六万字左右。我今年当在大量生产下把我自己从困难中救出，不然明年恐怕转乡下也做不到。可惜的是生活总不许我在写文章时多凝想一下，写成后又缺少修改的暇裕，所以写纵是写，好是不容易的，这只有待一个机会去了。若果机会许可我从从容容写文章又从从容容改，我一定做得出点比目下还好的文章来。”收入《全集》第 18 卷。

1 月 20 日

本日　中国公学大学部放寒假。

1 月 22 日　致信王际真，对当下文坛现状有所议论：“好像有许多人在干，但其实仍然还是那些现人。创造社几个新分子，极活动，可只能介绍日本转贩东西，文学研究会无多发展，新月维持现状，作文章好像总无特别大脚色，或情形不适宜于产生好作品，也是一种寂寞原因吧。”而当谈及自己家乡的年俗时，作者的神情马上发生了巨大的变化：“苗乡里过年有‘跳年’，元宵有烧灯。烧灯夜人家把大油松树挖孔，筑硝磺炭与钢砂调和而成的药料，筑数千槌，再用黄泥封口，开小孔，从小孔中引火，即刻烟花上冲数十丈高，发大声如雷，五里外皆可见闻。苗人打野猪皮鼓吹牛角与铜角，呼啸如狂，此种壮观，年青时的我曾见到过，现在恐怕皆失去了，此时大概尚保留的只是我那地方遇元宵时，小孩十五六岁，皆赤膊不衣，尽花筒直喷，旁人打鼓相和。花筒较大力强，也可以把年轻人冲倒。不过被冲倒后，是照例随即就爬起的，蛮性的习俗是不缺少美的。”相较之下，“上海过年恐怕皆如阉鸡，守在家里毫无可作为，比北平也差多了。”残信收入《全集》第 18 卷。全稿收入《沈从文全集·补遗卷 3》。

1 月 27 日　致信王际真。“年末得当天赌咒，大量不节制的作文章，明年一定出廿本。多做无可骄人，惟证明不能爱女人，力量固非不足，惟不适于在现代作一情人罢了。因据朋友来信说在北平好读者尚不乏好女人，故下半年不返乡也决离开上海，重作‘北伐’。近日仿佛为抖气原因，只愿意同一又丑又性劣女人同住，但不消说这事并没有实行可能。许多女人认为我是好作者而不认为我是好丈夫，所以若非每到危险思想来时想到我九妹，我有十二个机会不活到这世界上了。我是已经好像不大愿意再活了的，人越活越可怜！”收入《全集》第 18 卷。

1 月 29 日　致信王际真，谈及自己在中国公学所教的课程及当下的翻译问题：“新的功课是使我最头痛不过的，因为得耐耐烦烦去看中国的新兴文学的全部，作一总检察，且得提出许多熟人，大约将来说全是‘好的’，不然就说全是坏的，因为通差不多。”“在上海，近来是无数靠译日本作品成伟人的。从前的周氏兄弟，郭沫若，现在的沈端先等，甚至于日本二流作品也转贩到中国来了，这原因一则是翻书人太多，其次则为译者对文学理解力，懂文学的不肯随便翻，翻的人多数是不大懂的脚色，所以现在译品杂而且滥，呈空前混乱。”收入《全集》第 18 卷。

一月下旬　致信胡适，告知自己近况："前正之稿已承一涵先生为售去，得洋三百三，过年可以平安无恙。知念及特敬闻。"信件未署具体日期，收入《全集》第18卷时，编者推断为1月25日左右。

一月　小说《自杀的故事》发表于《吴淞月刊》1930年第4期，署名沈从文。收入《沈从文甲集》(神州国光社)。收入《全集》第5卷《沈从文甲集》。

一月　作品集《旅店及其他》作为"新文艺丛书"之一种由中华书局出版，收入《结婚之前》《旅店》《阿金》《七个野人与最后一个迎春节》《记一大学生》《元宵》。该书扉页有1929年字样，但版权页作1930年1月印刷、发行。收入《全集》第4卷《旅店及其他》集。

2月6日　收到王际真寄来的270元钱。

2月7日　致信王际真。收入《全集》第18卷。

2月10日　小说《血》发表于《小说月报》第21卷第2号，署名沈从文。收入《全集》第5卷《衣冠中人》集。

2月16日　至上海观看足球比赛。

2月17日　致信王际真。收入《全集》第18卷。

2月21日

本日　中国公学新学期开始正式上课。

2月22日　致信王际真。谈及自己的心境："近来因为心里衰弱，遇事感到矛盾中苦痛，且心整个为一种情欲的遐想所支配，差不过见女人都感到难过。好像就为了一些女人能够很泰然坦然的活到世界上，我也愿意打死了自己，逃到另外一个世界去的。……昨天不知如何抖气，把一些自己的书烧了，放到炉子里去时，长白铁筒子变了颜色，火在炉子里啸，仿佛有所得叹了一声气。"收入《沈从文全集·补遗卷3》。

2月25日　致信胡适，请求胡适向学校有关部门打一个招呼，允许预支一个月薪水。收入《全集》第18卷。

本日　中国公学大学部开学。

2月27日　致信王际真。收入《沈从文全集·补遗卷3》。

二月《一个天才的通信》作为“新文艺丛书”之一由光华书局出版。收入《编者序》《一个天才的通信》。收入《全集》第4卷《一个天才的通信》集。

3月2日　写作《略传（从文自序）》。

本日　中国左翼作家联盟在上海成立。

在叙及和左联关系时，沈从文有如下回忆：“当左联成立，胡也频邀我参加时，即因和许多人彼此陌生存有戒心不曾加入。但是当时和以后，总还是觉得左翼要我帮忙乐意尽力，搞组织工作我实缺少对付人事的能力和机心。对文艺，当时的想法是上海文坛总是争吵得十分厉害，却不能明白谁是谁非，这方面很显然还待澄清。不如不声不响写点作品出来看看，比较实在。这也就是我写了些比较接近反映现实短篇的原因。说是当时即如何理解革命，鼓吹革命，还是不上纲。因为我和革命斗争现实太隔远了。大约因为写过几篇这种作品，胡也频懂得我性格思想也多一些，所以他被捕以前，还向我提到，有个从江西来养伤的湖南军官，想和我谈谈。当时没有说是谁，后来我猜想可能是陈赓，因为解放后不多久，忽然有一天有人用汽车接我到北京饭店去见过一个年青军官，要我看画，并说早就知道我，没有机会见面。还说他是我一个同乡姓曾的保送过黄埔军校的。他就是陈赓将军。可能一九三〇当时组织上对我还是在争取团结的，懂得我也比我自己懂得还多。我却缺少政治觉悟，始终只想作‘单干户’。这么发展下去，又继续十多年，工作和人民大众要求自然日益脱离。”(《我到上海后的工作和生活》)

3月3日　《〈沉〉的序》发表于天津《益世报·益世报副刊》第77期，署名沈从文。收入《沫沫集》(大东书局1934年4月)。收入《全集》第16卷《沫沫集》。

3月10日　小说《绅士的太太》发表于《新月》第3卷第1号(特大号)，署名沈从文。《新月》刊本文末注明“有续”，但此后未见续篇的发表。收入《沈从文子集》(新月书店)。收入《全集》第6卷《沈从文子集》集。

论文《郁达夫张资平及其影响》发表于同期杂志，署名甲辰。收入《全集》第 16 卷《沫沫集续编》集。

小说《楼居》发表于《小说月报》第21 卷第3 号，署名沈从文。收入《全集》第 6 卷《楼居》集。

3 月 16 日　“一个人逃到西湖去，以为那地方或者心可以空洞一些时候，可是只住一天又回来了。”（1930 年 3 月 18 日致王际真）

3 月 18 日　下午，致信王际真，倾诉自己内心的烦恼：“现在，就想我应当在什么事上重新来起码做人。因为生自己的气，仿佛不甘心与世界离开，又不愿与生活讲和，凡是一个‘男子’应做的事我总不做，仅仅关到房门摔家伙生气，到把所有一点好东西毁坏完事时，力气用尽，需要哭了。一个快到三十岁的人，成天就这样过日子，说起来也真是奇怪的事！”收入《全集》第 18 卷。

3 月 26 日　晚，读翻译小说《贵族之家》。

3 月 27 日　复信王际真，向他倾诉恋爱带来的痛苦：“到这里，本来好像也不会为这地方的女人难过，但居然就难过了，但又明知道不值得难过，但总忘不了这难过。好像吃亏了（根本是一个女人纵平时不缺少聪明，但她那聪明并不是为了解男子而预备的），受了羞辱，一点儿自尊心情毁了，这作先生的课也不愿意上，关到房门伤心，想到一些处置这未来的自己。明明白白的是把事情辞去，跑到上海，那么至少在逃遁的勇敢情形中，也可以使女人难过一阵。不过我是无用的，我糟糕得很，居然用‘到将来你会懂我’那种妥协，把自己从苦闷里拉出，仍然留到这里而且仍然上课了，这些事上我感到我无力振作的伤心。我就是尽这惰性在生活中滋长，常常而且永远把自己位置到最失败的地位上去。”信中称沈云麓是一个“可怜的人，见了他做的事使人生气又伤心。他那良善是我最愿意同朋友提到的，一个十足的东方民族，最地道的善人。”收入《全集》第 18 卷。

三月　以九妹沈岳萌的口吻作《我的二哥》。

三月　作小说《春天》。

4 月 3 日　晚，致信王际真。收入《全集》第 18 卷。

4 月 10 日　《论闻一多的〈死水〉》发表于《新月》月刊第 3 卷第 2 期，署名沈从文。收入《全集》第16卷《新文学研究》集。

按：闻一多读了这篇批评后，非常高兴，在写给朋友的信中写道："《新月》三卷二号中沈从文的《评死水》，看见没有？那篇批评给了我不少的兴奋。……再回到从文那篇批评，真叫我把眼泪都快喜出来了。那一句话不中肯？正因为他所说的我的短处都说中了，所以我相信他所提到的长处，也不是胡说。你们知道我不是那种追逐时髦，渔猎浮名的人。我并不为从文替我作了宣传而喜欢（当然论他的声价，他的文字，那文章的宣传的能力定是不小），实在他是那样没有偏见的说中了我的价值和限度。我是为得了一个'知音'而欢喜。假如从文不曾发表那篇文章，而仅止给我一个人看过，我对他的感谢，不会比目前少一分，少一毫。你们两人以及志摩实秋所给我的称许，我当然不能忘记，但我总有些害怕，害怕你们的识见是受了友谊的蒙蔽。至于一般青年的朋友，如梦家等，我又怕他们是盲从你们。如今从文并不犯任何嫌疑，而意见却与你们吻合，这怎能不叫我得意！"①

同期《新月》杂志刊登了《蜜柑》《好管闲事的人》《阿丽思中国游记》的出版广告。其中《蜜柑》的广告中写道："《蜜柑》里面有六七篇已经由时昭瀛先生等译成几国文字在西文报张杂志上发表过了，外国文艺界已经有人起了特别的注意了。这不但是《蜜柑》的作者沈从文先生个人的荣幸，也是我们大家共有的荣幸。"

本日 《新月》月刊第3卷第2号刊出《〈诗刊〉出版预告》，沈从文被列为接受邀请的作者朋友。预告中说："四年前我们在北京晨报出过十一期的《诗刊》。这四年内文学界起了不少的变化，尤其理论的方面。诗却比较的冷静。有人甚至怀疑新诗没有任何的前途。我们几个《诗刊》的旧友想多约几个对诗有兴味的新友再来一次集合的工作，出一个不定期的《诗刊》，创作当然最注重，理论方面的文章也收，看看新诗究竟还有没有前途。我们已约定的朋友有朱湘、闻一多、孙子潜（大西）、饶子离（孟侃）、胡适之、邵洵美、朱维基、方令孺、谢婉莹、方玮德、徐志摩、陈梦家、梁镇、沈从文、梁实秋诸位，盼

① 闻一多：致朱湘、饶孟侃（1930年12月10日），《闻一多全集》第12卷，第253—254页，湖北人民出版社2004年版。

望陆续更有多多相熟与不相熟的朋友们加入。”①

4 月 13 日　在吴淞创作完成小说《丈夫》。

4 月 19 日　参加赵景深与李小峰的妹妹李希同的婚礼，婚礼在上海四马路大中华饭店举行，鲁迅、叶圣陶 、郁达夫、王映霞等人参加。沈从文回忆：“上两年赵景深做新郎时，倒很有趣味，人胖胖的穿上什么铺子里租来的礼服，为了临时找寻一颗扣子或一根皮带，许多人乱乱的各处走去，新郎只是向裤带边一个口袋掏手巾，擦脸上的汗水，又尽只把头昂起扭到一边去，似乎很为那一条硬领子折磨到下巴。过一会儿，外面放起炮来了，打锣了，吹洋号打洋鼓了，可不知谁还逼到他去在大堂上像做诗一样赞美太太两句话，他也居然还记得从《荷花》集子上寻出几句很妙的话，且引了周作人几句话。到后，自然就轮到一面奏乐一面吃酒那一件事了。看了这么一回，到如今还觉得比他的小说生动有趣味。”（1932 年 5 月致朱雯信）

另据玉波的《鲁迅的孤僻》一文记载：“我瞧瞧礼堂的各处，却见这里一摊，那里一群的宾客，大家正谈得格外起劲。那漂亮的徐霞村，陪着瘦削的沈从文，把新进的女诗人虞女士包围在一起，混得怪有趣而快乐。我们滑稽的章老板，却和商务一部分同人如周予同、叶圣陶等，加上我们自己几个人，正在大谈其新郎的“江北空城计”的笑话。此外，还看见许多不相识的人也是各成一团，在谈着闲话。”②

4 月 24 日　作《生命的沫题记》。

4 月 25 日　给王际可寄书两册。

4 月 26 日　致信王际真，告诉他自己爱上了一个“黑脸”的女学生：“我在此爱上了一个并不体面的学生，好像是为了别人的聪明，我把一切做人的常态的秩序全毁了。在各方面去找那向自己解剖的机会，总似乎我能给这女人的幸福，是任何人所不能给的，我的牺牲可以说是一种奢侈，但所望，就只是这年

---

① 在本期《新月》杂志上，未检得该文章。转引自曾庆瑞：《新编徐志摩年谱》，《曾庆瑞赵遐秋文集》第 11 卷，第 417 页，中国传媒大学出版社 2007 年版。

② 玉波：《鲁迅的孤僻》，原载《时事新报》，1934 年 7 月 20 日。引自颜汀编《大先生鲁迅》，第 15 页，四川文艺出版社 1997 年版。

青聪明女人多懂我一点。可是凡到这些事情上时，我照例是窘倒了。我的文法，到女人面前是失去效力的。我不能把言语或文字，说明我的无害于人有利于己的欲望是怎样小。女人太年青了，一个年轻人照例是不会明白男子的，我于是除了给这女人奇怪惊讶以外毫无所得。在这件事上我感到非常难过，就因为自己这弱点，凡事只抓着那近身的东西，即或明白再前面一点，有比这更完全的物件在那里，也仍然从那最近一处着手。只是看近处的近处，因此一个黑脸不甚美观的身体，也使我苦恼，从摇荡中看出自己可怜。愿意把自己放到较方便一点的地位上去总做不到，现在还是陷到这由自己掘成的井里，不能自拔。”在这封信中，沈从文提及“城”与“乡”带给自己的矛盾：“我的世界总仍然是《龙朱》《夫妇》《参军》等等。我太熟习那些与都市相远的事情了，我知道另一个世界的事情太多，目下所处的世界，同我却离远了。我总觉得我是从农村培养出来的人，到这不相称的空气里不会过好日子，无一样性情适合于都市这一时代的规则，缺处总是不能满足，这不调和的冲突，使我苦恼到死为止，我这时，就仿佛看到我一部分的生命的腐烂。”沈从文对梅兰芳访美颇不以为然：“听说张禹九同张仲述都帮了这旦角的忙，特意跑到纽约来做生意，我觉得不拘这事如何得美国人快乐，这快乐在我们总是一种羞辱。”收入《全集》第 18 卷。

4 月 28 日　晚上，致信王际真。收入《全集》第 18 卷。

四月　创作完成小说《微波》。

四月　徐志摩小说集《轮盘》作为“新文艺丛书”由中华书局出版发行。沈从文为该小说集作序，题为《〈轮盘〉的序》。该序言表明了自己对徐志摩的评价和对“革命文学”论争的态度，对了解沈从文的思想颇为重要，摘录如下：“中国事情是很奇怪的。所谓文学运动，最近一个热闹时期，据说就是去年。怎么运动？骂。‘战士’与‘同志’，为‘正宗’‘旁门’‘有闲’‘革命’之争持，各人都毫不吝惜时间与精力，极天真烂熳在自己所有杂志上辱骂敌人。为方便起见，还有新时代文学运动的战士，专以提出属于个人私事来作嘲弄张本的战术。所骂越与本题相远，则人皆以体裁别致抚掌同情的越多。所谓‘扯破绅士体面的衣服’，所谓‘大无畏精神’，即为谥此辈天才而有的言语。骂来骂去，两方面好像都抓出不雅观的什么了，我以为或者不久利益均沾，则言归于好，携手赴席亦意中事。谁知到后天与其便，一方面刊物被禁止，文学运动便算告一结束，奏凯者从此就似乎更伟大了。这运动意义结果，虽听人说真是了不得的血肉在搏，但其实，没有的事，只指示出一条作‘战士’的路径，中国聪明人多，读杂志当消遣的学生们，自然以后也不必愁无杂感看。这集子，不是杂感而是创作，是因为本书作者与这运动无关，把作者摒除于十七年中国的所谓文学运动以外，虽是我的武断，想来是无关紧要的。作者在散文与诗方面，所成就的华丽局面，在国内还没有相似的另一人，在这集中却仍然保有了这独特的华丽，给我们的是另一风格的神往。但作者似乎缺少一种无赖天才，文字生动反而作成了罪过方便，在一切恶意攻击中从不作遮拦行为，又不善于穿凿，更多理由给人以‘绅士’的称谓。一九二八年的时代精神原是完全站在相反一点上的，作者在某一意义上，是应当把‘落伍’引到自嘲的一事上了。作者把这第一个创作集编成，也好像是聊以解嘲的神气，要他说是如他人著作怎样影响了年青人，恐怕也不想承认吧。写到这里，我想起在上海另外一些新海派作家们，与批评家们，抄译杂志家们，团聚一处喝茶谈闲天的潇洒情形，觉得无话可说了。因为这类人，据说也就已在中国文学运动史上积了不少劳勋，现在也还在做着这大事业，许多天真无知的年青人，为其影响是以数得出这些作家名字为幸福的。”收入《沫沫集》（大东书局 1934 年 4 月版）。收入《全集》第 16 卷《沫沫集》。

四月　小说《丈夫》发表于《小说月报》第 21 卷第 4 号，署名沈从文。收入小说集《沈从文子集》（新月书店）、《从文小说习作选》（上海良友图书印刷公司）。收入《全集》第 9 卷《从文小说习作选》集。按：《全集》注明“本篇发表于 1930 年 4 月 10 日《小说月报》第 21 卷第 4 号”，但作者在篇末已注明写于“四月十三吴淞”，故刊物当出版于 4 月 13 日之后。

四月　为中国公学聘任教师事拜访赵景深，因主人外出，未遇，遂留一简，说明情况。本信未收入《全集》，原文如下：

景深兄：

来访候约一小时，恐不能即归，乃走去。中公预二欲请一教授，一星期五小时，支配在两天内，每时二元，特托弟来恳我兄帮忙，教的是极易对付之国文，如我兄高兴，希望即回弟一信。在同学方面，极希望有我兄为引导，学校待遇虽薄，同学愿作柴霍甫译者之学生事实极幸福，故亟盼得一示，以便转告。

十七喜事，当来吃酒。

弟 从文 顿首[①]

5月6日 为祝贺新婚并借资料事，致函赵景深。收入孔令境编《现代作家书简》。以《致赵景深函一通》为题收入《全集》第17卷《新废邮存底续编》集。

5月10日 沈从文致燕京大学教师夏斧心的信以《海上通讯》为题发表于《燕大月刊》第6卷第2期，署名沈从文。编者按语说："这是沈从文君最近写给夏斧心君的信，其中并没有什么关系治乱与兴亡的话，但也颇有趣。"收入《全集》第11卷《遥夜集》。

5月13日 致信王际真："近来身体极坏，事情总作不好，我九妹也不好的很，陷到完全无办法中。心中不自在，就想死了也很好。我不明白为什么我总是想死。书是教厌了，也不走，也不摆脱，仍然到时上课，在课堂就觉得非常可怜，因为许多学生都在那里等候我讲书给他们听，等候我传法术。"收入《全集》第18卷。

5月17日 致信王际真。收入《全集》第18卷。

5月20日 论文《论郭沫若》、小说《春天》发表于《日出》月刊第1卷第1期，署名沈从文。该刊刊登了沈从文的照相。在同一期杂志上登载的还有署名岳萌女士的《沈从文——我的二哥》(正文后附高村编的沈从文《著作目录》)。编者盈昂在编后记中介绍："沈从文先生曾说以工作求完全，这里开始刊载了他的现代中国文学评论。从文先生是小说创作的人。眼光犀利，现在写批评，实在还全是创作。看见了道出了大家忽略的或者人所共见未能言的事情，自然这次论郭沫若先生是从作品一

① 赵景深辑注：《现代小说家书简》，《中国现代文艺资料丛刊》第6辑，第224页。"十七喜事"，当为沈从文误记。

方面的论断。可是中间仍不缺少大量的真见地。只要看的人能够耐心细读下去。作者以另一种风度的笔墨写下了这批评，皱眉的人也许有，不过这是有素养的人的享受。工作是求完全，作者以这个勉励了自己也同付了别人作希望，所以态度是客观的，性质是研究的。再看岳萌女士写作者传略，也就不难看到作者生活的背境，及其创作的边际了。”据沈从文回忆：“三月间，在武昌有一个朋友，办了一个《日出月刊》，要我们寄点文章去，我写了一篇论文，这海军学生，却把他的一个中篇送去发表。到这月刊印出时，武昌南京两方面同时就遭了扣留，后来还罚了一千块钱。这刊物仅出一期便无从继续的原因，据说就是这海军学生的那个中篇。这文章名字叫作《光明在我们的前面》，到后为光华书局印行，也仍然卖不出去。这刊物我们在帮忙的地位，编者便本不想到它能出多久，既然第一期就遭受打击，那么大家沉默，也就完事了。”（《记胡也频》）《论郭沫若》《沈从文——我的二哥》（据全集编者解释，该文“为作者拟自己九妹口吻所写的自己的传略”。沈从文在1982 年 2 月致紫平信中称：“《我的二哥……》，作者为沈芷嶙，是我最小的一妹所作，已于三年困难中饿死于家乡”。）收入《全集》第 16 卷《沫沫集》。《春天》收入《沈从文子集》（新月书店 1931 年 5 月版），收入《全集》第 6 卷《沈从文子集》。

5 月 23 日　创作完成散文《男女谈》。

5 月 24 日　在吴淞创作完成小说《灯》。

5 月 31 日　致信王际真。收入《全集》第 18 卷。

五月初　为罗尔纲求学、求职事，致信胡适，同时，将罗尔纲愿意做的工作写给胡适。[①] 收入《全集》第 18 卷。

---

① 罗尔纲的《师门五年记》如此记述自己进入胡门的经历：“1930 年初夏，我快要在上海中国公学毕业了。那时候，摆在我面前有两条路子：一条是学习创作，另一条是研究历史。我是喜欢创作的，也同样喜欢研究历史。究竟走哪条路呢，使我徘徊。后来经过再三考虑，看清楚我自己是个易于伤感的人，浪漫文学的时代已经过去，而且，我对人生的经历又很浅薄，要去创作，也是不适宜的。因此，我便坚决的选择了研究历史的路。路子决定了，我就把我的志愿写了一封信，去请求校长胡适之师帮助我。适之师得了我的信，复我一封短信说；‘此间并无历史研究院，中央研究院的历史语言研究所又远在北京。大图书馆此间亦甚少。’问我每月需要多少钱，期望多少，叫我告他一个大致，他当为我想法子。过了几天，适之师到学校，我去校长室见他。他见了我，就说：‘我知道你，你去年得到学校奖学金，你的文化史论文很好。我读了你的信，很明白你的情形。你毕业后，如果愿意到我家来，我是很欢迎你的。’”（罗尔纲：《师门五年记 胡适琐记》[增补本] 第 9—10 页，三联书店 1998 年版）

6月1日　散文《男女谈》发表于《旭日》创刊号，署名沈从文。《旭日》为上海吴淞中国公学大学部旭日社出版发行，该刊设有论著、文艺、杂俎三个专栏。该文未收入《全集》。后收入《全集·补遗卷1》《甲辰杂谈》集。该文对理解沈从文的性别观有重要作用，兹照录如下：

男女谈

沈从文

称赞男子的勇敢与女人的纯洁，是我们的义务，我这里将说明那些勇敢与纯洁，那基础，是建设在一些什么上面。

因为全是年轻，空气饮食都不缺少，又照例如中国任何地方中产阶级女人一样，在环境中把灵魂培养成胆小知分家畜类的柔驯，所以在大学校读书的女子们，虽然差不多全是平脸肥身材很平凡的样子，也仿佛总是很能使一些年青男子倾心的。同样是年青，男子们，从中学来到大学，已经能利用这名分，使家中不能吝啬这每年五百六百的接济，又知道一个大学生，在明白几何学同社会学各样课目的意义以外，还有在一件白色衬衫上配置一个美丽领结的知慧，再从美利坚那方面制成贩来中国的一些低级趣味的电影片上，又记清楚了男女如何认识的方法，又常常看报，花钱买了小说来，明白了白话文写情书的款式，于是大学生，在上课之外，一些平时有作为的，感到一点不平，不能够做书呆子，天气间或又常常捉弄人，于是要“恋爱”了。要恋爱，不能不尽自己在一些似乎狂性的行为下，做出一些不大聪明的事情，于是用书做参考，男子有了机会，写了一些不大聪明的事情，于是用书做参考，男子有了机会，写了向女人挑战的信。

这是情书！一定是说到心碎心伤，因为这些是书上常有的名词！把信写完，看一看，年青人，本来对这同学也还并不十分倾心，一到把信写成，自己看看，料想不到竟写得出这样动人的信，于是十分感动，就哭了。

是的，男子是常常容易为这些事而哭的，全很可笑，然而神圣！

因为年青，这单纯的天真的热情受了抑制，哭是一个最好的手段，他们就哭了。他自己本来就从没有想到会写得出这样美丽的信，他自己就从不会具体梦想到这些事情，如今是不单把信写好，而且信封也在一种微抖的手下，把女人名字也写上了。把这“创作”封好，一个黑影威胁到心上，“这样事，万一为人知道，怎么样？”于是软弱了，把信放下了。“日子不吉利，明天再看吧”，这样打算，一夜也就过去了。就到所谓“明天”。新的日子还是一些旧事，照例又上课，又同女子在一个课堂听说谎话的人学故事，让头脑填塞学问智慧，到这时，一定有机会去望望前排女子的背影的，一望这热情又陡增了。因为照例我们看什么，反面总是很好，于是仿佛下了决心，要做一些事情，这年青人若是读过英文的爱神故事，就会仿佛看到一个光身洁白小孩子，一箭射来，逃避不及，下了课，心想何不设法再去同她说说话，于是心跳着，极力模仿一个情人的样子，找女人谈了两句话，分了手，转到房中，觉得不承认这恋爱简直不行，再把所写的信来看，又感动得发抖，于是封好，在一个冒昧的行为下，把它交给送信人手上了。

男子的行为，真是……

可怜的年青人！心上为这希望所燃烧，口渴心跳，神态失常，在混乱中，还总免不了要在那幻影上造成了多少犯罪的梦！更可怜的是这些年青人，完是那么天真，那么不知世故，不知从什么新旧故事上记下多少奇怪的例子，以为这信一到女人手上，那些善于流泪的眼，就要为这事感动到如何肆无忌诞的流泪，那些善于抹擦胭脂的小红唇，又就要为这件事感到如何愿意推送过来接吻！那些奇怪的信仰，那些妄诞的希望，使年青人对另外一世界的憧憬，煎熬着那强健的心，日子过得非常慢，世界一切皆变了颜色。

第二天，应当有一个感谢的信寄回，谁知没有。仍然到课堂上去，仍然在那些甬道上，长廊上，遇到了自己要的女人，脸上发烧，心中剧跳，耳朵嗡的一声响，是女人毫无领会的走到别处去了。

在奋然而起的愚行上，年青人做了第二回蠢事，到后仍然毫无消息。

第三次又显然失败。

于是年青人就失恋了。从此看郁达夫的文章，多了解了许多，且间或在方便中，也到毛厕壁上随手写一点口号，纵不去写画，也无论如何是站在那阶级下，对女人感到一种愤怒了。这里有了一种方便，就是这些失恋人欢喜文学，同情诗人，不能勇敢的爱就更其勇敢的恨，以为女子都是无耻，势利，爱虚名，贪小利，凡是罪恶都可以安置到女子身上去，虽然这女子只要一同他说话，他必定又觉得要做一首白话诗来夸奖这罪恶集身的女子为天上的神仙，诗做不出时，也愿意在一种红脸情形下抄一首所心折的诗寄去。

他们除了心上有一个空洞的“恋爱”字样，以及附于这名称所有的一切行为，譬如接吻，睡觉，等等权利外，是毫没有准备这隐藏在恋爱下面一切义务的。他们以为是权利而不是义务，所以凡是对于他家中所不能有的一切慷慨，他都很容易的希望到一面不识的女人方面去。这些男子的不知羞处，有时比女子更大，就是那不讲事实的贪心。

女人呢？

女人全是纯洁的。这些女人虽并不体面，却毫无情欲的黑影遮掩到这些干净的心上。她们都觉得这是极其纯洁！她们在学校念书只想有钱时缝一两件称身的衣服，或者把工课好好听熟，把笔记本整理清爽，得到教师的一种称赞。她们都谨慎做人，和平静谧，温柔有礼。他们无事时就唱一点歌，作为娱乐。她们记忆力都不坏，都记得家中的爸爸和妈妈，爸爸和妈妈的言语颜色都保存到心上。因为爸爸妈妈舍得给她钱念书，回家去又预备得有好东西吃，她们都很感到满足。她们常常感谢家庭对她的好处，所以许多女人一想到母亲就流泪不止。她们是处女，所以她们也很为这个得意，因为常常看到谁个女子被弃，世人都不理她，男子也不要她，所以这些处女，就同男子一个意思，看某一个女人同人一度发生身体关系时，就对这女人发生一种卑下感想。她自己，也就不让这欲望发生，以为这欲望使灵魂卑污。她懂得到男子对于女人的兴味，就是贞操，所以对这件事小心一点，让男子爱得坚固，看准了男子可靠时，就让了步，把贞操输给这个男子了。

她们说：她们在学校读书时节是不想男子的！她们因为权利的注意，都向纯洁一个目标进行去了。因为他们有爸爸同妈妈，家庭不弃她，她就可以读书生活。她们有依靠，依靠家庭比什么还稳固，所以眼前并不需要男子了。有了男子，爸爸妈妈就生气，不再给钱读书了，男子又是胡乱的多，那么，一被弃，她们就得来社会做独立人了。独立是永远不适宜于女子的事情，因为生活的方便，她们贞节了，稳重了，干净了。因为生活的方便，她们不大要男子，所以二十四岁左右，她们还以缺少对于男子身体的要求，用作可称赞的纯洁。她们的父亲要处女，她自己也以为处女是可贵的东西，所以到了应当同男子接近的年龄，她们不懂得自动的去接近男子，也不觉得发育不全的可羞。

她们也有烦恼没有？是有的。工课太生，麻烦得很，就烦恼了。分数太低，使所依靠的爸爸妈妈不高兴，也烦恼了。聪明的女人，不一定完完全全在衣服像貌上同人竞争，但知慧的外表，凡是受人夸奖的一切，女人是都愿意努力进取的。她们需要也仍然是维持到受人奖赏的一种意识上。在一个完全家庭的中间作女儿的人，她特别端庄，就因为这样才能为家庭所爱。她们是不会为男子而烦恼的，因为恋爱是一种冒险，是把原有生活习惯破裂，尽其分解，再来重新拼合的事情，女子直到嫁人为人养出一个孩子以后，还不大懂，也就是她的福气。因为不懂到发于自己要求的去爱人，所以在爸爸妈妈方面才可以取得保护，在丈夫方面，又才取得坚固的信托。

这些女人是纯洁无疵的，因为男子们在发烧的情形中，写下来的信，她们通通非常天真的公开了。她们能够用透明的理知嘲笑热情，她们觉得这事情很好笑，因为料不到一个男子会胡胡涂涂莫明其妙写出这样多要求来。其实她们除了生活，什么都料不到！因为这些男子的愚蠢处，女子们更觉得聪明了，她们互相公开的把来信拿着来读，还当成一个开心的事情。她们只晓得爸爸妈妈，不晓得男女，她们就这样告给别人。她们保守自己，为自己详详细细的打算，都以为是莫同男子接近为有利益。即或她们感到信托男子了，她们也不愿意说出，宁可小心谨慎，安置自己到原有位置上，且延长一些日子再说。她们都不担心自己的老大，对自己这些总非常宽容，她们也不详细去估计自己的所值，只是因为知道女子终究是有人来爱的，就不愁将来无人爱她。她们都不知道爱人，只知道这人若是可靠了，就一切顺到这人意思去做。但是她们若是还能依靠家中，还能每个暑假回到家里去，她们永远无须要去理解男子理解社会了。

她们懂得自己是女人，她们懂得一些义务，因为义务而受人称赞，所以她们读书了，打球了，贞节了。她们并无须要懂男子，正如并不必懂爸爸母亲一样，她们只要人爱她，所以小时活泼如雀鸟，大时规矩如绵羊。父亲要的是依人小鸟，丈夫要得是和顺绵羊，女人按到自然，这样把自己创造成功了。

一个女子，若说是完全由于自己的性欲为出发，向男子有所要求，顽固的去爱男子，是将为那些干净洁白灵魂的女子所耻笑的，她们将笑她无耻。因为这些事她们承认只有男子才有权利去做，男子去做，所以男子总是糊涂，把权利滥用，男子也多痛苦，一切不合理的野心，男子皆不缺少，女子则“野心”这字样不大适宜于生活，还是莫提。女子不是要权利的东西。女子是不必有野心也不适宜于有野心的。有野心，她就不会再依恋到家庭，也不会再有男子来管束她，一个在温室中长大在温室中结子的女性，空气下她除了枯萎，没有别的可言了。

况且我们也已经承认到了那些写情书的少年男子，不单是缺少她们爸爸妈妈的好处，就是懂事，也像是还得学十年才够资格的，所以我们也得感谢那些知慧，在一些女子脑中滋长，另一时那些中年男子才有机会得到一个贤惠的妻。

让我们来考察一下这一群纯洁女人的将来罢。

就是这一群女子，读了书，很贞静值得尊敬，又天真毫无情欲的自觉，将来怎样离开爸爸妈妈？是明白了自己有处置自己与另一个男子合住的权利，去选择男子，还是仍然让男子看重了自己某一部分的好处，就尽男子来爱她，启发她，使她养一些孩子，慢慢的老去？

依我想，这些女人一定是始终纯洁的，她养了儿子，也还是不会懂到自己有权利去选择自己所要的东西的。她们每一个都知道把自己德容工打扮得整齐爱人，她们就尽一些机会让在她身边的男子，按照方便去得了她们。她们从不想自己去爱人是权利，也从不想尽人爱是不荣誉。应当知道这些人要得是依靠，是为你们男子在家中养育孩子照料家事的人！你们的争执，你们的改革，都是你们男子做的事，爱人，把你所要的攫到手上，把你所不欢喜的大声吼着赶走，也都是男子的事，男子对女人也一定不缺少原谅了。女子的野心是要一个好丈夫，可以爱她养育她，供给她做一个上等女人，溢出这范围的女人，她就受人家笑骂，到底还是赞美比笑骂为好，所纯洁的女人，都是缺乏性的意识的女人，缺乏性的选择意识，女人也就变成纯洁可爱了。

她们是用这个生理的克制，成为生理的缺乏，用为保护自己也用为自夸炫奇于世界，毫不感到羞耻的，我们男子，若是来代替她们感到羞辱，这似乎很不合理。

勇敢与纯洁我们是明白了，用偈作结：你们这些男子，天真到如此天真，你们不妨去多吃一点肥肉，就可以成为胖子。

你们永远是女子，要依一个人才能生存，感谢你的心灵纯洁，一事不知，给了男子许多方便。

五月廿三写

6月2日　致信王际真。收入《全集》第18卷。

6月10日　小说《微波》发表于《小说月报》第21卷第6号，署名沈从文。

收入《全集》第5卷《衣冠中人》集。

6月26日　致信王际真："我要离开这里，要改变生活，要重新来做人。决定不到这里教暑期学校了，因为血流得太糟，我只有承认我的失败，不再做教书先生。我想我应当来在一种新生活上苦两年，正如修行，用生活来鞭挞自己，一面可以使我坚硬，一面使我挫折。用生活来挫折我是目下最需要的事，或者这样一来，把我变成一个好人也未可知。"收入《全集》第18卷。

6月27日　为青年诗人胡不归写字并致信。该信以《沈从文先生的信》为题收入胡不归的诗集《牵牛花》（萍社1940年7月版），未收入《全集》，亦未见各种沈从文传记、年谱著录，当为作者佚信。兹照录如下：

不归兄：

字如命写来，极劣，腕弱无力，未能佳也。

《新月》上诗极美，不知有多少？如足一册，似可印一单行本，一时若无出版处，可交至我处，俟病体愈后，当为拿至上海一试其命运，或可卖去也。

近日大流血，下礼拜或可谈谈。

从文

十九年六月廿七日①

6月28日　致信王际真，同时寄去《沈从文甲集》一册。收入《全集》第18卷。

致信胡适："一年来在中公不致为人赶走，莫非先生原因，现在觉得教书又开始无自信了，所以决计在数日内仍迁上海，暑期也不敢教下去了。"同时想请胡适为自己的朋友找一份工作："在我隔壁房里有个靳先生，中公卒业，在图书馆做事，我同他熟了，这个人极肯用功读书，他想把自己放在一个比较有向上希望的工作上去苦几年。我想起北京之北海图书馆（他又不要多钱，又不怕事小，只想在工作中还许可他有一个读书的野心存在），所以请先生在莫太为难的情形下设个法，尽他到北平去。他把这个话同先生说及时一定说不完

① 刘福春：《与沈从文相关的几本诗集》，《新文学史料》2022年第4期。

全（因为他不大会说话），所以我来为他说说，若是这事情办得到，不知他要如何感谢先生了。”收入《全集》第18卷。

6月30日　到胡适家，告以自己要离开的事情，但当胡适知道沈从文因恋爱事离开中国公学后，“要我莫走，要我好好的来在这里。他以为若果是她家庭有困难，他会去解决。他将为我在这事上帮忙，做一切可做的事。”[①]

到张兆和的好友王华莲的宿舍，告诉她“不两天就要搬走了”。[②]

本日　中国公学大学部暑假开始。

六月　为《中国公学大学部预科庚午级毕业纪念册》捐款5元，并应邀担任该刊顾问。

六月　小说《灯》发表于《新月》第2卷第12号，署名沈从文。虽本期《新月》注明出版于民国十九年二月十日，版权页则标明1930年6月初版，两者相互矛盾。考虑到本期中多人的文章注明的写作日期为民国十九年六月五日（罗隆基:《我们要什么样的政治制度》)、十九年五月十七日（陈梦家:《五月》)、十九年四月之末（陈梦家:《露水的早晨》)，再加之沈从文文末注明的“五月廿四于吴淞”，因此，本期《新月》当出版于6月。收入小说集《沈从文子集》（新月书店)、《从文小说习作选》(上海良友图书印刷公司)、《春灯集》(开明书店)。收入《春灯集》时，文末注明：“选自从文子集，为一个梦写，十九年在新月发表”。收入《全集》第9卷《从文小说习作选》集。

按：“有一回，林斤澜对沈从文说起，自己年轻时读先生的小说《灯》着了迷。以为结构层层似剥笋，剥出一个老兵的最后的梦和一对年轻人新生的罗曼史。不料沈从文呵呵笑着，高高兴兴，高兴得快要叫起来：‘那是备课示范。表示小说还有这么种写法。那是写着好玩的。’先生当时的神情，好像回忆中学时代的调皮，快乐里闪着狡猾，乡下人的天真。林斤澜转身问张兆和这篇小说，她竟说：‘啰里啰嗦’。”[③]

---

① 张兆和:《兆和日记（1930年7月4日）》,《沈从文家书》(上)，第5页，江苏教育出版社2005年版。

② 张兆和:《兆和日记（1930年7月4日）》,《沈从文家书》(上)，第3页，江苏教育出版社2005年版。

③ 程绍国:《鸿雁存影——林斤澜和沈从文、老舍、茅盾》,《当代》，2005年第3期。

六月 小说集《沈从文甲集》由神州国光社出版，收入《冬的空间》《第四》《夜》《自杀的故事》《牛》《会明》《我的教育》。收入《全集》第5卷。按：本书出版后，正在狂热追求张兆和的沈从文将此书赠给张兆和，并在封里题写：

> 我认为不好的书送给我认为最好的人。
>
> 从文 甲辰

7月1日 中午再至王华莲的宿舍，“忽然又说不走了，是因胡先生留他在这儿的。”（1930年7月2日王华莲致张兆和信）

致信王华莲，表明自己喜欢张兆和，并想从王华莲处打听一些关于张兆和的事情。“我因为爱她，恐怕在此还反而使她难过，也不愿使她负何等义务，故我已决定走了。不过我愿意知道她的意见而走。我并不迫她要她爱我，但我想她处置这事稍好一点，是告我一点她的意见。”收入《全集》第18卷。

7月2日 携胡不归诗稿访徐志摩，托徐志摩为胡不归的诗集出版谋出路。下午五时，王华莲应邀来到沈从文的宿舍。据王华莲致张兆和信记载，“一进门S.（指沈从文）睡在床上，L女士和L五人都坐在他房，他们见我进去随即告退。S.问话就开始了，开头照例是几句应酬话，随后他就说：‘我有一事要问你，可是我说不出口，请你看这个’——他手按着一张纸，一方面叮嘱我不许告诉人，再说。我拿了纸，一面看，他一面问：‘你知道这事不？B.C.（指张兆和）告诉你什么没有？’我说待我看完了这个再说。”谈话过程中，沈从文为情所困，以致情绪难以控制，十分伤感。① 以下为张兆和日记中转抄的沈从文与王华莲的谈话记录，颇能反映热恋中的沈从文之一斑：

> S. 说：“我很信托你，我知道你是忠于朋友的，愿帮忙的，忠实待朋友。所以才把不肯告诉人的话来告诉你，向你说，与你商议。”……他问：
>
> “你晓得不晓得这事？”我点了点头，他又问：“是不是B.C.告诉你的？她说了什么？”我说不是，是我在她房里时刚刚遇着茶房送信

① 参见张兆和：《兆和日记（1930年7月4日）》，《沈从文家书》（上），第4页，江苏教育出版社2005年版。

去，我看见的。他问：

“是不是末了一信？”

“我不晓得。有一晚上，我在她房里，茶房说S．先生给B.C.小姐信，我才知道。”

“你看了没有？”

“我要看，所以B.C.看了，就递给我。”

“她看了说什么？你们对于这事谈了些什么？”

我说当晚时间很迟，已快熄灯了，来不及多谈。不过，我们遇着这种事，总要说几句事不干己的话，也就算了。因为遇见这类事件很多，照例地不去介意，所以也就没有多谈。

“以后她有没有说什么？”

“今年我们不同宿舍，课也不同上，她房里人和我房里的人都不容得我们密谈，所以这半年来我们没有深谈的机会，大家碰头时只有普通的谈笑罢了。”

“B.C.一下都没有谈到关于我的事或信件吗？”

“因为这种事对于B.C.尤其多，多了也就不感到如何出奇，所以照例地容易忘记。”

“在以前B.C.同你谈过……她谈过我吗？对我的感觉是怎样的？她对我谈过些什么？”

“在以前是师生关系，我们都随便地乱说，都说S．先生是值得称赞的先生，自从发生了信，也许她怕我们调笑，也许是没有谈到S．先生的机会，所以不大谈。近来她什么也不多谈。”

“她到底对我有没有爱？她将来会需要我的爱不会？假使她现在不需要，而将来需要，我可待她，待她五年。”

“这个我不晓得，不过就我所晓得的，你若认真地问她，她会用小孩子的理智来回答你，‘我不要’，因为问急了，她一时答不出来，也许就给你一个‘要“或‘不要’。讲到将来，将来总有些渺茫，也许是现在恨，而将来变为爱，也许是现在爱，而将来变为恨，那都是不可捉摸的，怎么能凭准呢？”

“她既不爱我，为什么又不把我的信还我呢？我已经说明了，要解决这个纠纷，最好的办法是把我的信还我。（说到这里竟大哭了。）她却总是沉默。这使我一直纠缠下去，彼此都不便，也许是不好的事。”

“不过我所知道的，以以往的为例，像这样的信，有时竟一连来几十封，她都置之不理，终于隐灭了。我最清楚知道的有一个国民政府派出留学日本的，因友人的介绍，B. C. 曾与他通过两三封信，及至那人提出希求，B.C. 又是照例地不理，一直纠缠了两年多，到去年，那人的最后一封沉痛决绝的信来了，又有他朋友同乡之来向 B.C. 设法，她也是给他一个不理，那件事到了去年暑假也就告了一个结束了。我想这回事大概她也以为沉默是较好的办法。”

“但是我明明说把信还我（又哭）或者是比沉默较好的方法，她都不做。我打算远走，胡先生硬要留我在此，叫我努力，把身体弄好，说到这里真叫我伤心（又哭）。这半年来为了她，我一点事也不能做。胡先生叫我尽人事，他要帮我的忙成功这样的事。我请他暂等一下，他叫我等到她毕了业再说，留在这里使她多了解我一点。所以我要从你得知她确实的态度，因为她最信任你了，当然什么话都要同你谈的。”

“也不见得，B.C. 是理智胜过感情的人，她从不为朋友一言所动，也不为朋友而牺牲己见。关于深切的事，她也不肯多谈，所以我不知道她到底如何。不过我要问一句，S. 先生现在需要的乃是她的一句话，还是什么？要是一句话，这句话的回答很容易，我以为。回答满意的当然没有话说了，一切也成功了。万一 B.C. 竟说出不满意的回答，那时对 S. 先生有无妨碍？我很知道她的个性很强，她在你极高兴时极以为得计时，给你一个‘我不’！她完全孩气未脱，若是有一事逼得她稍过一点，她明明干也要说不干了。她的回答是无足轻重的。”

“我也晓得她现在不感到生活的痛苦，也许将来她会要我，我愿等她，等她老了，到三十岁。”

“光阴有限，等到那时大家都老了。”

“她若果把信还我，我现在的生活一定不是这样子，一定有个改变，也许更努力做人，也许堕落，就人情所能做到的多是属于自堕一方面，因为没有心情来做人了。讲到这里，我愿大家都沉默过下去，也许好一点。但是像这样的沉默，使我心悬空的难过，倒不如告诉了我，使我掉下来，跌碎了也好。假使她说爱我，我能为她而努力做更伟大一些的事。”

“我也觉得S. 先生再努力一点的好。事业能成功，就是爱的成功，也就是一切的成功。”——说到这里，看他的神色，他却不大以为然，大概他以为他的小说算是成功了，不过就是伟大伟小上的问题而已，所以他说：

“B.C. 现在当然说不到生活问题。她现在还没有感到生活的需要。假使她需要我爱的话，我能使我自己更伟大一点。”

“好，我愿尽我的力量去得知B.C. 对你的态度来告诉你，不过写信一层，隔膜太大了，尤其是词不迭意的我，更说不清了。”

他说：“等到开学时顺便说说也好，免得写信麻烦。”——话算告一结束了。其中还有许许多多连恐吓带希望的言语，见面时再细为你述吧。[①]

7月4日　徐志摩收到沈从文带来的胡不归诗集后，致信作者，称“前日沈从文先生带来足下诗稿，顷诵读一过，至感音节之流畅。”[②]

7月6日

本日　张兆和收到沈从文给她的一封信。张兆和在当天日记中记到：“六号，又接到一封没有署名的S先生的来信。没头没脑的，真叫人难受！我决定八号

---

① 张兆和：《兆和日记》（1930年7月4日），《沈从文家书》上，第5—8页，江苏教育出版社2005年版。

② 刘福春：《与沈从文相关的几本诗集》，《新文学史料》2022年第4期。

到上海。”①

7月8日

本日 晚6时，为解决与沈从文的感情纠葛，张兆和到位于极司非而路的胡适寓所拜访。“他夸沈是天才，中国小说家中最有希望的什么，及至我把我态度表明了，他才知道我并不爱他。这下子他不再叨叨了，他确乎像是在替我想办法，他问我能否做沈一个朋友，我说这本来没甚关系，可是沈非其他人可比，做朋友仍然会一直误解下去的，误解不打紧，纠纷却不会完结了。这里，他又为沈吹了一气，说是社会上有了这样的天才，人人应该帮助他，使他有发展的机会！他说：‘他崇拜密斯张倒是真崇拜到极点。’谈话中这句话他说了许多次。可是我说这样人太多了，如果一一去应付，简直没有读书的机会了。于是他再沉默着。他说：‘你写信要他现在不要和你通信，或不要写那样感情的信。最好是自己写封信给他，再把态度表明一下。’我说怕他接信后会发生影响，‘不会吧，’他也不敢断定，‘不过你得写得婉转些。’我说我没有还信的错误。他说：‘你很可以对他说信是留着的了，你就明白的说，做一个纪念，一个经验。’他说他也愿意为我写信去劝劝他。临行时，他说：‘你们把这些事找到我，我很高兴，我总以为这是神圣的事，请放心，我绝不乱说的！’神圣？放心？乱说？我没有觉得已和一位有名的学者谈了一席话，就出来了！”②

7月9日 致信张兆和：“我尊重你的‘顽固’，此后再也不会做那使你‘负疚’的事了。”“因爱你，我并不去打算我生活，在这些上面学点经验，我或者能在将来做一个比较强硬一点的人也未可知。我愿意你的幸福跟在你偏见背后，你的顽固即是你的幸福。”收入《全集》第18卷。

在王华莲处看到张兆和的信后，沈从文为表明自己的态度，再次致信张兆和：“感谢你的知会，由王处见到了。我所说分内的东西，就是爱你的完全失败，明白了，毫没有什么奇怪的。目下虽不免在人情上难过，有所苦痛，我希望我能学做一个男子，爱你却不再来麻烦你，也不必把我当成‘他们’一群，

---

① 张兆和：《兆和日记》(1930年7月6日)，《沈从文家书》上，第10页，江苏教育出版社2005年版。

② 张兆和：《兆和日记（1930年7月8日）》，《沈从文家书》(上)，第12—13页，江苏教育出版社2005年版。

来浪费你的同情了。互相在顽固中生存，我总是爱你你总是不爱我，能够这样也仍然是很好的事。我若快乐一点便可以使你不负疚，以后总是极力去学做个快乐人的。”收入《全集》第 18 卷。

7 月 10 日　小说《逃的前一天》发表于《小说月报》第 21 卷第 7 号，署名沈从文。收入《全集》第 4 卷《采蕨》集。

本日　胡适在了解了张兆和对沈从文的态度后，致信沈从文，告诉他：“我的观察是，这个女子不能了解你，更不能了解你的爱，你错用情了。”“你千万要挣扎，不要让一个小女子夸口说她曾碎了沈从文的心。”“此人年太轻，生活经验太少，故把一切对她表示爱情的人都看作‘他们’一类，故能拒人自喜。你也不过是‘个个人’之一个而已。”谈及沈从文的工作：“暑期校事，你已允许凌先生，不要使他太为难，最好能把这六星期教完了。”[①]

7 月 12 日　在真正清楚了张兆和对自己的看法后，于本日前后致信张兆和，表明自己的心迹：“每次见到你，我心上就发生一种哀愁，在感觉上总不免有全部生命奉献而无所取偿的奴性自觉，人格完全失去，自尊也消失无余。明明白白从此中得到是一种痛苦，却也极珍视这痛苦来源。我所谓‘顽固’，也就是这无法解脱的宿命的黏恋。一个病人在窗边见到日光与虹，想保留它而不可能，却在窗上刻画一些记号，这愚笨而又可怜的行为，若能体会得出，则一个在你面前的人，写不出一封措辞恰当的信，也是自然的道理。我留到这里，在我眼中如虹如日的你，使我无从禁止自己倾心是当然的。我害怕我的不能节制的唠叨，以及别人的蜚语，会损害你的心境和平，所以我的离开这里，也仍然是我爱你，极力求这爱成为善意的设计。若果你觉得我这话是真实，我离开这里虽是痛苦，也学到要去快乐了”。接到此信后，张兆和虽依然并不爱沈从文，但她的心若有所动，在日记中写道：“自己到如此地步，还处上为人着想，我虽不觉得他可爱，但这一片心肠总是可怜可敬的了。”“从文是这样一个有热血心肠的人，他呈了全副的心去爱一个女子，这女子知道他是好人，知道他爱的热诚，知道他在失恋后将会怎样的苦闷，知道……”这或许是张兆和对沈从文

---

① 胡适致沈从文（1930 年 7 月 10 日），《沈从文全集》第 18 卷，第 88 页。

态度转变的开始。本信原件已不存，据张兆和7月15日日记摘抄件收入《全集》第18卷。

7月14日 张兆和在收到沈从文7月9日写给她的信后陷入矛盾之中："如果沈光只寄了九号写的那两封半讥讽半强硬的信来，即使以后也还常常写些鄙视我的信来，我也没什么说的，因为他这样的态度，适足以消去我的同情，适足以磨灭掉我因他之为我而苦恼消沉的内心负疚，我可以在这些上面多得一些人生经验，更能安心的读我的书了……谁知啊，这最后的一封六纸长函，是如何的影响到我！看了他这信，不管他的热情是真挚的，还是用文字装点的，我总像是我自己做错了一件什么事因而陷他人于不幸中的难过。我满想写一封信去安慰他，叫他不要因此忧伤，告诉他我虽不能爱他，但他这不顾一切的爱，却深深地感动了我，在我离开这世界以前，在我心灵有一天知觉的时候，我总会记着，记着这世上有一个人，他为了我把生活的均衡失去，他为了我，舍弃了安定的生活而去在伤心中刻苦自己。顽固的我说不爱他便不爱他了，但他究竟是个好心肠人，我是永远为他祝福着的。我想我这样写一封信给他，至少能叫他负伤的心，早一些痊愈起来。但再一想，自己是永久不会爱他的（自己也不知为什么），而他又说过永是爱着自己，这两个极端的固执，到头来终会演成一场悲剧，与其到那时再来叫他或自己受更大的罪，还是此刻硬着一点心，由他去悲苦，不写信去安慰他，不叫再扩大这不幸好些。这是我们女子的弱点，富于同情而不敢表示。"①

7月16日 《生命的沫题记》发表于《现代文学》创刊号，署名沈从文。在谈及自己的生活和写作理想时说："我总是糟蹋自己卑视自己，一切道德标准在我面前皆失去了拘束，一切尊敬皆完全无用，一切爱憎皆与人相反，所以从无一时满意过我的世界同我的文章。在我一切作品上，因为产生的动机与结果完全没有了自己，我总不让那机会给我自己作第二次阅读（看到它们不使我红脸就是使我生气），我愿意回返到《说故事的故事》那生活上去，我总是梦到坐一只小船，在船上打点小牌，骂骂野话，过着兵士的日子：我欢喜同《会明》

① 张兆和：《兆和日记》（1930年7月14日），《沈从文家书》上，第19页，江苏教育出版社2005年版。

那种人抬一箩米到溪里去淘，看见一个大奶肥臀妇人过桥时就唱歌。我羡慕《夫妇》们在好天气下上山做呆事情。我极其高兴把一支笔画出那乡村典型人物的脸同心，如像《道师与道场》那种据说猥亵缺少端倪的故事。我的朋友上司就是《参军》一流人物。我的故事就是《龙朱》同《菜园》，在那上面我解释到我生活的爱憎。我的世界完全不是文学的世界；我太与那些愚暗、粗野、新犁过的土地同冰冷的枪接近、熟习，我所懂的太与都会离远了。……把我的世界，介绍给都会中人，使一些日里吃肉晚上睡觉的人生出惊讶，从那惊讶里，我正如得到许多不相称的侮辱。用附属于绅士意义下养成的趣味，接受了我的作品的这件事，我是时时刻刻放在心上，不能忘记的。”收入《全集》第16卷《序跋集》。

按:《全集》编者注明该刊出版于4月1日，但从赵景深的《编辑后记》写于6月28日推断，该刊不可能于4月1日出刊，结合该刊第2期出版于8月16日、第3期出版于9月16日来看，创刊号当出版于7月16日。又，该刊目录误将钱歌川的《含泪的微笑》标在沈从文名下。《生命的沫》集未见出版。

本日 陈源在致胡适信中谈及沈从文到武汉大学任教事：“从文事我早已提过几次，他们总以为他是一个创作家，看的书太少，恐怕教书教不好。现在雪艇尚在上海（说是十七八回鄂），可否请你即刻与他会一面，或通一电话，从文的学问、见解及教书成绩详细的谈一谈？如此信到时、雪艇已走，可否再来一封比较详细的信？我极希望我们能聘从文，因为我们这里的中国文学的人，差不多个个都是考据家，个个都连语体文都不看的。这里的讲师月薪从二百元起，钟点约有七八时以上。这里的助教，月薪百二十元以上，担任些事务上的事，可以不教书，教书亦不过二三时。从文自己有信来，说不愿意再教书（因为在中公，‘教书失败，对不起胡适先生’）。所以我说请他来做助教亦好。现在他的话是一种冲动的话，似乎仍请他为讲师为是。”①

7月18日　致信王际真。收入《全集》第18卷。

7月21日　作《论冯文炳》。文末写作日期为“七月二十一日”，未署年份，据

① 耿云志主编:《胡适遗稿及秘藏书信》第35册，第85—88页，黄山书社1994年版。

文中提及“最近一个长篇中（《莫须有先生传》——《骆驼草》）”来推测，当写于1930年。本文发表刊物不详。后收入《沫沫集》。收入《全集》第16卷《沫沫集》。

7月23日　　复信杨南生，谈自己对作家、文坛、书店的看法。本信未收入《全集》，全文如下：

南生先生：得远道寄来诗并所示一纸，厚意可感。诗读过，仍将如其他处一般使先生失望，将诗退还，因《人间》早停，非从文负责矣。

关于诗，从文完全为外行，并不懂；文章则写来似乎甚多，但完全仿佛勉强压出，按日出货，去艺术实远甚，无聊之至，言之但增一红脸机会。在上海，以互相誉赞为事，终日携手赴席，大体皆天才不凡，从文固不敢望其项背也。

艺术未尝懂，故亦无意见为先生告。惟先生似未明听谓“文坛”情形，此则从文当可略一相告。以从文意思先生既有勇气作诗，亦当有勇气吝不发表为好。多作而少求发表，于自己益处实多。因一切刊物皆无聊，求艺术深诣者所作文章，与以吃饭为目的者所作文章，相去仍不远，无聊则一。善吹如革命文学家，仍然不外怨赚钱过活名人如鲁迅，其于不相识者之忽视，以及对捧场者之特表好感，皆有可笑之事实证明。不相识则文章照例不要，熟人则不妨胡说八道，自相赞美，先生大致总有机会见到书评一类文章，你若以为那真说得公正，才真糟！上海批评家，就只会吃点心，不必花钱，用点心也就可雇定。

至于编辑，他们无人不要捧场，你若用一天功夫写成一首诗，用同样时间再写一封信对于他所编杂志说如何精彩不凡，则文章保可留用，决不退回。

书店以提倡无名作家文学号召者，当亦不乏其人。他们同情无名作家，实际是要无名作家拿钱出来买其新书。他们店中莫不雇有一批评家，而这人又不消说是瞎子，譬如来信要稿，从文把文章寄去，署自己名，在彼等便觉至少可用，若署一不见经传之姓名，马上可就退回了。这原因在什么地方？就是真真做呆事，花钱要无名作家的东西，这样，小说月报也将停版。此事责任读者自然有一半，因为读者更多只看名字不读文章的习气。据张资平有数书，并不是其所作，但另一作者约得钱与之平分，用其名作一酒帘，此书就居然一版再版，大家发财。张资平近来固又已成为大文学家而兼革命者了，他们就做这些聪明事过日子。

派别不同，则互相轻视；同流合污，则人皆天才。因不欲同任何方滚在一处，故从文到今日，文章寄人被退回亦为常事。人熟了，因为自己却决不空口谈大话，文章送去应当得的钱非要不行，就成为文章被退唯一理由了。这时，若从文有一稿，一钱不要，则任何书店皆愿意马上出版，且不妨在广告上说从文真是了不得的天才。若说先拿钱，再送稿，再不然，钱货同时交休，则多数人皆烂脸走去，且另一时即借故说从文是职业作家，只要钱。

在上述情形中过日子，先生就可知文章专利的事业在中国如何了。现在存从文处，所谓“有名作家”稿也有十二部，因为要钱，就无法卖去，无人愿印。然而书店近来无名作家著作真似乎多了一点。为什么缘故？因为无名作家有书却不要钱买稿。赠书店印行，又因值得无名作家也可以号召，书店里因此无名作家（作）品也就多起来了。

但出版者不印诗，则因为诗是赔本事，凡是赔本书店决不干。商务印书馆买稿，标点空格皆不算数。有一书从文算定为五万，由他们一算则成四万。此一事，亦可以概其余了。

先生若觉得真对文学有兴味，以从文意，不妨写十年不求发表，这于自己并无损失。若欲从此中谋一出路，那除了先学会作家其所以为作家方法，没有可望了。因为不善于应付，像从文此时，还时时为难，无法生存。中国情形，当从此一事上，可以知道一点儿了。

此后，你高兴将新作抄来给从文，实极愿意见到。从文通讯处可写上海萨坡赛路二〇四号当不致失误。信上的不客气处，你或不致深责。专此复颂著安。

沈从文一九三〇　七月二十三日[①]

7 月 26 日　作《我们怎样去读新诗》。

七月上旬　致信王际真：“我暑期又教中国新诗，这次一定把讲义好好编过寄来给你。……近来为女人感到纠纷，十分可怜，在此候结果，可是每一天皆在昏瞀中度过，要振作也振作不来。想想在世界上各处一些对我特别好的朋友，便像猫的样子哭了。理智救不了感情的下降，看到自己陷落却无可攀援脱离烦恼，女人却脸儿为太阳晒得黑黑的，不作一声走了。我是自己也想象不出会在一个这样女人面前受苦的。或者这仍然是一种病，这病稍过一阵，就会告痊。我愿意为这些事死了好一点，因为有时抵抗不来非常苦恼。”收入《全集》第 18 卷。

七月　创作完成小说《平凡故事》。

8 月 1 日　致信胡适。收入《全集》第 18 卷。

8 月 14 日　复信王际真。

8 月 17 日　致信胡适，告知自己辞去中国公学教职、将赴青岛大学任教的意向。“理由是中公方面我总觉得没有东西可教，预备也不行，恐怕泼汤，至于青大，则初初开学，我胡涂也容易混得去，所以拿了他们的路费，预备在月底动身。我这意思志摩先生若能与先生谈及，当更好，因为他知道我无聊处与无可奈何处。青大是否可以开学，尚不可知，从文心里总还是打算将来只要有书店印书，还是写点文章，这时在此的只是我同一个妹，耗费当极有限。不过近来情形又好像是各书店皆不能再卖一篇小说时候，所以青大开不成学，就不知道走什么路好了！”收入《全集》第 18 卷。

8 月 20 日　在吴淞创作完成小说《知己朋友》。

致信王际真，向其介绍在中国公学图书馆任职的姓靳的朋友：“朋友是一

---

① 本信后以《通讯》为题发表于 1931 年 4 月出版的《朝曦》创刊号上，经蒙树宏先生整理发表于《昭通师专学报》1998 年 3—4 期。

切皆愿得际真指教的，际真在生气打人之余，若能与朋友通点信，在英文方面且可做个老师，是我的希望，也是朋友靳君的幸福。”收入《全集》第18卷。

8月24日　创作小说《三个男子和一个女人》。

八月　致信程朱溪。收入《全集》第18卷。

八月　改写小说《夜的空间》。

八月　被武汉大学聘任为助教，负责“新文学研究”课程，这是一门每周三小时的课程，按《中华民国十九年度国立武汉大学一览》的记载，“本学程系为十年来国语文学运动作一较详细之讲述。自五四运动起，至近日止，所有以新的文字从事写作之各作品及其作者，皆综合加以研究，使新文学进展各姿态，可以得一较有系统之认识。”

约七八月间　在中国公学讲授暑期课程，为讲授中国新诗，编写出新诗讲义初稿。

9月1日　小说《一个女人》发表于《妇女杂志》第16卷第9号，署名沈从文。收入《全集》第4卷《采蕨》集。

9月10日　小说《薄寒》发表于《小说月报》第21卷第9号，署名沈从文。收入小说集《新与旧》（上海良友图书印刷公司）时作者作了修改。收入《全集》第8卷《新与旧》集。

9月13日　致信王际真。收入《全集》第18卷。

离开上海，前往武昌武汉大学任教。

本日　武汉大学开学，按该校校历记载，9月11日至16日为学生注册入校时间。

9月15日　小说《平凡故事》发表于《文艺月刊》第1卷第2号，署名沈从文。收入《游目集》（大东书局）。收入《全集》第8卷《游目集》。

9月16日　抵达武昌。

9月18日　致信胡适，谈对武昌的印象：“初到此地印象特坏，想不到中国内地如此吓人，街上是臭的，人是有病样子，各处有脏物如死鼠大便之类，各处是兵（又黑又瘦又脏），学校则如一团防局，看来一切皆非常可怜。住处还是一同事让出，坏到比中公外边饭馆还不如，每天到学校去应当冒险经过一段有各样臭气的路，吃水在碗中少顷便成了黑色。到了这里，才知道中国是这样子可怕。”收入《全集》第18卷。

9月19日　致信王际真。收入《全集》第18卷。

9月28日　致信胡适。收入《全集》第18卷。

10月2日　复沈云麓信，谈及自己的作品时说，“我的文章是谁也打不倒的，在任何情形下，一定还可以望它价值提起来，将来若国内平定一点，我想我的生活，也一定要如意点，现在是简直算是受压迫与冤屈的，因为我应当有许多版税都被书店苛刻侵没了，将来是可以希望一本书拿五千版税的。”收入《全集》第18卷。

10月15日　小说《三个男子和一个女人》发表于《文艺月刊》第1卷第3号，署名沈从文。收入小说集《游目集》（大东书局）、《新与旧》（上海良友图书印刷公司）。收入《全集》第8卷《游目集》。

10月30日　《论焦菊隐的诗》发表于《中央日报·文艺周刊》第5号，署名沈从文。收入《沫沫集》（大东书局1934年版）改题《论焦菊隐的〈夜哭〉》。据《沫沫集》本收入《全集》第16卷《新文学研究》。

十月　论文《我们怎么样去读新诗》、小说《一个女剧员的生活》开始在《现代学生》第1卷第1期连载，均署名沈从文。小说共有9章，该刊第1卷第1、2、4、5期陆续刊登了该小说的《一　后台》《二　家》《三　一个配角》全部和《四　新的一幕》的一部分，未能连载完毕。第1卷第6期的《编后》对此有所说明：“在这里要附告读者：我们前几期不是有一篇沈从文先生作的《一个女剧员的生活》的吗。现在因这篇长篇小说将出单行本，所以不再继续……”收入《全集》第6卷《一个女剧员的生活》。《我们怎么样去读新诗》收入《全集》第16卷《术艺刍言》集。

十月　为李连萃的短篇小说集作《〈秋之沦落〉序》。李连萃的小说集后以《中学生小说（一名母亲）》为名出版，书前有沈从文写的这篇《序》。后改题《〈连萃创作一集〉序》收入《全集》第16卷《序跋集》。

11月1日　《论落华生》发表于《读书月刊》创刊号，署名沈从文。收入《沫沫集》（大东书局1934年版）。收入《全集》第16卷《沫沫集》。

11月5日　晚上，复王际真信。叙及在学校的际遇："我在中国，书又读不好，别人要我教书，也只是我的熟人的面子，同学生的要求，学生即或欢迎我，学校大人物是把新的什么都看不起的。我到什么地方总有受恩的样子，所以很容易生气，多疑，见任何人我都想骂他咬他。我自己也只想打自己，痛殴自己。"谈及失恋的感受："因为在上海我爱了一个女人，一个穿布衣，黑脸，平常的女人。但没有办好，我觉得生存没有味道。一面也还是自己根本就成为一种病态的心，所以即或不有这件事，我也仍然十分难过。现在还是很不快乐，找不出生趣。今年来，把文章也放下了。到任何地方总似乎不合式，总挤不进别人那种从容里面去，因此每个日子只增加一种悲痛。"谈及生活的困顿："我希望你不必寄钱来，因为你并不是有钱的人。我的脾气又有点不讲人情，一有了钱也还是要用，不管这钱我有不有权利支配。因我这脾气，欠了许多账，一辈子都似乎还不清楚。到这里来我只有十元房租，十元伙食的开支，一个月一百三十块钱还不够，到时伙食也不送，并且拿了陈通伯七十，其实自己又不曾买了十块钱东西。我大约只是胡闹，不然我应当够用了的。我总是算不清楚这些事，因此有时倒怕有人借给我钱。我来时，因际可同我说，要过上海读书。我急了，以为必需为他预备一点费用，到后还办不好，我却来武昌，际可也因家中情形出不了门。这事际可不知告你没有。你不要因为我没有钱就寄钱来，我是有钱也用得不大得当的。来钱我从不拒绝，但用过后我却又惭愧，所以我穷一点也是应当的事。""我除了把文章做好，要他们寄稿费给那些朋友外，就只能为他们卖卖稿子。我近来就成天为这些人转寄稿件，我的穷，在这事上也有点关系。"该信后以《在武汉大学》为题收入《沈从文别信·友情集》（岳麓书社1992年版）。收入《全集》第18卷。

朱东润曾在自传中描绘过沈从文在武汉大学的执教场景："值得记载的还有一位沈从文，青年作家，那时大约二十四五岁，小兵出身，但在写作上有些成就，武大请他担任写作教师。在写作技巧上，他是有锻炼的，但是上课的情况非常特别。第一天上课时，红涨了脸，话也说不出，只有在黑板上写上'请待我十分钟’。学生知道他是一位作家，也就照办了。十分钟时间过去了，可是沈从文还没有心定，因此又写‘请再待五分钟’。五分钟过去了，沈从文开讲了，但是始终对着黑板说话，为学校教师开了前所未有的先例。不久以后他离开武大，到过山东大学，抗战的时候，在西南联大教书，是有些声望的。”①

11月15日　论文《论汪静之的〈蕙的风〉》发表于《文艺月刊》第1卷第4号，署名沈从文。收入《全集》第16卷《新文学研究》。编者在《编辑杂记》中介绍这篇文章时说：“沈从文君近来于创作之外，常常发表批评一类的文章，本期就载了他一篇《论汪静之的〈蕙的风〉》。《蕙的风》近来似乎不大有人提及了；而且，就是作者本人，据说对于自己第一次的婴儿，也有不满意的表示。但是不论怎样被人忘记，或作者自己也不满意，《蕙的风》有一个时期，曾在‘文坛’上引起人极大的注意，那是无法否认的事实。（这引人注意的理由，在沈君的文中，是被详细的提及的）沈君是拿批评当创作写，而且关于这方面他知道的较多，所以比一班人写得似乎详细和正确点。我相信这类文章一定会产生很好的影响的。”

11月21日　致信胡适。收入《全集》第18卷。

十一月　父亲在湖南凤凰家乡病故。

十一月　《论施蛰存与罗黑芷》发表于《现代学生》第1卷第2期。收入《沫沫集》（大东书局1934年4月版）。收入《全集》第16卷《沫沫集》。

12月10日　小说《山道中》发表于《小说月报》第21卷第12号，署名沈从文。篇末有注：“小兵故事之一”。后经作者修改收入小说集《新与旧》（上海良友图书印刷公司）。收入《全集》第8卷《新与旧》集。

12月15日　《现代中国文学的小感想》发表于《文艺月刊》第1卷第5号，署名沈从文。收入《全集》第17卷《文学运动杂谈》集。

12月16日　小说《知己朋友》发表于《现代文学》第1卷第6期，署名沈从文。赵景深在《编辑后记》中介绍说：“沈从文，湖南人，关于他的生平和著

① 朱东润：《朱东润自传》，见《朱东润传记作品全集》第4卷，第171页，东方出版中心1999年版。

作，在《日出》上已有他自己的妹妹的介绍，不再赘述。他现在武汉大学任文学教授。”收入《全集》第6卷《楼居》集。

12月22日

本日　武汉大学放寒假。

十二月　小说《旧梦》由商务印书馆出版。收入《全集》第6卷《旧梦》。

本年

春季　开始连续给张兆和写信，因得不到回应，产生离开上海的想法。

夏天　致函朱雯，谈及对婚姻的看法，本信已佚。朱雯在《沈从文论结婚》一文中曾引用过这封信的片断：“我因为自己是个老人了，所以见年青人有太太，即或还无资格成婚，也劝这人冒险（还有笑话是我还做过三次媒人）。所以我劝你特别劳力写文章，也劝你冒点险去结婚。事业比起女人来事业是又算不了什么东西了。人是只有年轻才可以佩服，其他全是空的。不过自己年轻，却成天在自得自足中过日子，不知道好好地去生活，那年轻的人又好像是不足道了。爱女人，爱朋友，爱生活，好好地做罢，年纪大了一点，一切都完了。女人是只有年轻才值价的，让年轻女人在空气里老去，这是男人的罪过。”

下半年　《新文学研究》作为讲义由武汉大学印行。讲义印成线装书形式，前半部分是供学生参考阅读的新诗分类引例，包括：现代中国诗集目录、新诗之发展（参考材料一）、新诗发展（参考材料二）、新诗发展（参考材料三）、新诗发展（参考材料四）、新诗发展（参考材料五）、新诗发展（参考材料六）、新诗发展（参考材料七）以及6篇沈从文撰写的诗论《论汪静之的〈蕙的风〉》《论徐志摩的诗》《论闻一多的〈死水〉》《论焦菊隐的〈夜哭〉》《论刘半农〈扬鞭集〉》《论朱湘的诗》。收入《全集》第16卷。

年末　武汉大学放寒假期间，返回上海。

本年　与孙俍工合著的《中国小说史》由上海暨南大学出版社出版。全书包括绪论、第一讲：神话传说、第二讲：汉代的小说、第三讲：魏晋南北朝小说、第四讲：唐代的小说、第五讲：宋代的小说、第六讲：元代的小说、第七讲：明代的小说、第八讲：清代的小说。绪论、第一讲由沈从文撰写，收入《全集》第16卷。

1929—1930学年度 在中国公学大学部承担了“新文艺试作”“现代文学研究”“国文三B”（预）三门课程。

民国二十年 1931年 30岁

4月 国民党对江西苏区发动第二次军事围剿。

6月1日 国民政府发布《中华民国训政时期约法》。

9月18日 日本发动“九一八事变”。

11月7日 中华苏维埃第一次全国代表大会在江西瑞金召开。

1月2日 复王际真信。该信后以《寒假刚回上海》为题编入《沈从文别集·友情集》(岳麓书社1992年版)。收入《全集》第18卷。

1月6日 胡也频、丁玲来访。“沈从文从武汉大学来上海了。他看见也频穿得那样单薄，我们生活得那样窘，就把他一件新海虎绒袍子借给也频穿了。”[1]

1月7日 往访胡也频、丁玲。

1月8日 “八号又在大马路永安公司门前同她见到了×××的弟弟×，两人特别约好在这地方见面，一同过我住处谈话。”(《记丁玲 续集》)

1月9日 “海军学生同她在我住处吃面，丁玲便告给我明天是她家中小孩子出世满六十天的日子，预告已请了些客，若我高兴去吃饭，很欢迎我也去，同时或可见到几个人。这些人中有我们原先相熟的，也有并不相熟我想见他们或他们想见我的。然从海军学生的言语里，则我知道既然把客从各处请来，吃饭前后必有些时间‘谈话’。这种谈话我自然不很明白，听听固无妨于事，但假若我参加这种谈话，是不是还能发生兴味？所以去不去倒先让我自己决定较好。他要我决定这件事，我当时便认为这谈话决不能参加，也不宜旁听。恰好我另外又正有一个约会，故当时说明我不能去吃酒。”(《记丁玲 续集》)

1月12日 中午，出席在静安寺路雪园餐馆召开的国际笔会中国分会会议，会议由蔡元培主持，到会者有胡适、郑振铎、孙大雨、李青崖、张资平、傅东华、邵洵美等20余人。13日的《申报》在第十五版以《笔会昨午开常会 胡

---

① 丁玲:《一个真实人的一生——记胡也频》,《丁玲全集》第9卷，第73页，河北人民出版社2001年版。

适拟写自传》为题发布了本次会议消息：

笔会于昨午在静安寺路雪园开常会，到会员及来宾狄平子、杨哲子、杨亮功、谢六逸、沈从文、孙俍工、傅东华、陆侃如、张资平、李青崖、孙大雨、姚名远、郑振铎、张振宇君等及虞岫云、吴康如女士等二十余人。理事长蔡孑民氏主席。胡适之博士演说：中国缺乏传记的文学，已前多官书成历史，故予于四十生日，拟写自传，过渡时代之生活，虽不能为模范，至少可引起兴趣，与其用不亲近材料，何如反求诸已云。又报告北平笔会已在进行，不久可望成立。盛成氏演说，赞成胡氏主张，谓予已写成之我的母亲与我海外十年工读纪实，及未写成之东方与西方，即在发挥民族本性，叙述此次游历埃及、巴来斯廷、叙利亚、土耳其、希腊、米速不达米亚、印度之感想，以为中国为世界上唯一有家谱之国家，二千余年来系统不断，使东方重见光明，端在文艺复兴云云。次邵洵美氏读新诗《洵美的梦》，复次书记戈公振氏报告会务，乃尽欢而散。

1 月 16 日　“十六号在他们家中，我对于海军学生的生活，不贡献什么意见，丁玲女士却对我的生活有所考询，考询的结果，我仿佛从他们的脸色上，又看出点可怜悯神气。那神气用言语翻译出来，仍然是“从文真有点迂腐”。我当时不加分辩，不作抗议。我心想：‘一切人都在那里用自己一分观念决定自己的命运，既明白每人因生活不同，观念也难相同，或者就应当各人沉默守分，尽时间来说明各人的命运得失了。’于是我邀他们过卡尔登去看电影，看了一个英文名为《生命》的片子，说的是纽约某种闲人的生活，恰好合于上海某种闲人的情调，对于我们生命所有关系，就是糟蹋了我们两个钟头的时间。出院时，我们到了静安寺路向西走去，海军学生好像还为影片中的无聊情节十分生气。”（《记丁玲 续集》）

1 月 17 日　收到李青崖寄来的《艺林外史》。

中午，胡也频来找沈从文，“说他只想搬家，却到处借不到一个钱。现在什么办法也没有，房东的儿子又死了，既不能搬家，总得送一点礼。他说想送一副挽联，要我想好了，下午就到他那里去写。”（《记胡也频》）“那天有一个人约我在四马路吃饭，所以大约在十二点过三十分的时节，我们就一同出了我

的住处，一同从四川路向南走，走到惠罗公司前面，他说要到先施公司去买那个挽联白布，就匆匆的分手了。”（《记胡也频》）

下午，“从文来了，是来写挽联的。他告诉我也频12点钟才从他那里出来，说好买了布就回来吃饭，并且约好他下午来写挽联。从文没有写挽联，我们无声地坐在房里等着。……从文坐了一会儿走了。”①

晚上，去胡也频、丁玲住处，胡也频外出未归。

1月18日　晨，去胡也频、丁玲住处。见胡也频依然未回家，便对丁玲说：“别发生什么事情了！”（《记胡也频》）“丁玲女士既不适宜出门，故只好让我各处去看看。我从法租界跑到闸北，从闸北跑到静安寺，从静安寺再回到万宜坊，各处跑到了，皆无这个人什么消息。且到过熟人×××处，用电话为向公安局方面熟人询问。近日来是不是捉了些人，公安局方面也无什么线索可寻。但一到下午，我们就从××处得到了海军学生业已被捕的传说，回到住处去，把两天来一切哑谜全弄明白了。”（《记丁玲 续集》）

晚7时左右，当沈从文返回北京路清华同学会宿舍时，收到胡也频托人带来的纸条，告知自己已被捕，叮嘱沈从文“事不宜迟，赶快为我想法取保。信送到后，给来人五块钱。”（《记丁玲 续集》）旋返回丁玲住处，向她报告这个不幸的消息。

1月19日　郑振铎得知胡也频被捕后的消息后，托“沈从文带200元钱给丁玲，并带去他与陈望道署名写给国民党中央宣传部邵力子的一封信，设法营救胡也频。”②

1月20日　上午，与丁玲一起去龙华司令部探望胡也频。

为胡也频事访胡适，“沈从文来谈甚久。星期六与星期日两日，上海公安局会同公共租界捕房破获共党住所几处，拿下廿七人，昨日开讯，只有两女子保释了，余25人引渡，其中有人认为是文学家胡也频。从文很着急，为他奔走

---

① 丁玲：《一个真实人的一生——记胡也频》，《丁玲全集》第9卷，第73页，河北教育出版社2001年版。

② 陈福康：《丁玲与郑振铎》，见《新气象 新开拓——第十次丁玲国际学术研讨会文集》，第224页，同济大学出版社2009年版。

设法营救，但我无法援助。”①

1月25日 为营救胡也频，持胡适的信件到南京中央研究院总办事处拜访蔡元培，适值蔡元培外出，遂留一短简，以求相见。本信未收入《全集》，全文如下：

子民先生：

从文今日由申来进谒，适值先生外出。希望一二日内许一时间约谈数分钟，实为大幸。来此为朋友胡也频事，欲得先生略加以援手。今将胡君之过去另函呈览。余候面陈。

专颂

康安

沈从文敬上

二十五日②

后蔡元培与沈从文面谈，并致信给上海特别市长张群（岳军），请其开释胡也频。2月20日，蔡元培致信胡适曾谈及此事，“沈从文君到京，携有尊函，嘱营救胡也频君，弟曾为作两函，托张岳军设法，然至今尚未开释也。”③

1月30日 《论朱湘的诗》发表于《文艺月刊》第2卷第1期，署名沈从文。收入《全集》第16卷《新文学研究》集。

一月 小说集《石子船》作为“新文艺丛书”由中华书局出版，收入《石子船》《夜》《还乡》《渔》《道师与道场》《一日的故事》《后记》。该版扉页写有“1930”字样，版权页作1931年1月初版。收入《全集》第5卷《石子船》集。

2月6日 致信王际真，告知胡也频被捕事：“一个朋友被捉到牢里，这半月，我便把日子消磨在为他奔走找人找钱事情上去了。结果还是依然在牢里，不审，不判决，住处为军事机关，因此在不好情形下，仍然随时可以处决。这个

① 见《胡适全集》第32卷，第29页，安徽教育出版社2003年版。

② 《沈从文致蔡元培函》（1931年1月25日），《蔡元培全集》第14卷，413页，浙江教育出版社1998年版。

③ 见《胡适全集》第32卷，第62页，安徽教育出版社2003年版。

人是胡也频，这名字你一定不十分陌生。”谈到自己时说：“我在任何情形下又是不会找到女人的人，在任何情形下也不会发财的人，在任何情形下也不会学成绅士与人勾结作官分赃投降捧场的人，所以我不革命就是只有寂寞里老去死去一个办法。革命一定要一种强项气概，这气概是不会在我未来日子里发生的，所以我断定我还有一种机会，回到乡村农民里去，看透农民，彻底认识他们，接近他们，就因这种趣味，我的文章即或可以继续不断写下去，我的文章也将与中国整个趣味隔开，与中国读者离开，不能希望在中国时髦起来了。中国的文学兴味与主张，是一万元或一个市侩所支配，却不是一个作家支配的，读者永远相信书店中人的谎话，永远相信先生老师者流的谎话，我同这些有力量抬高我的人是完全合不来的，所以我看得出我未来的命运。”本信曾以《住到上海不动了》为题编入《沈从文别集·友情集》(岳麓书社 1992 年版)。收入《全集》第 18 卷。

2 月 7 日

本日　胡也频在上海龙华淞沪警备司令部被秘密杀害。

2 月 8 日　与丁玲一起前往南京，继续为营救胡也频事奔走，到南京后即住左恭处。《记丁玲 续集》载：“第二天我们也就搭了早车过南京。一到南京时便去找 ×，在 × 的家中，丁玲便见到了她从前在北京补习学校同一宿舍的曹、钱二女士，曹是 × 家主妇，钱则来到南京作党员留学考试，也正住在 × 家。三个人已多年不曾见面，各人的生活思想相去也益远了，两人眼见着海军学生如何把她从一伙中攫去，又遥遥的望到她成为世人所注意的女作家，如今又因海军学生事来同这两个老友在一个火炉边聚首，自然各人心中有无限感慨！”

2 月 9 日　上午，为营救胡也频事，与左恭一起去面见陈立夫。据《记丁玲 续集》：“就是这一天上午，我同朋友 × 两人，[为海军学生失踪的问题，] 在 ××× 的一个楼上小小房间里，见到了 ×××，我们大约谈了两点钟关于海军学生的事情。过这儿来本希望知道些关于这个人安全的消息，我们却在这两点钟内，约有四分之三的时间，皆在‘民族主义文学’一名词的说明上消磨掉了。我又从 ××× 明白了移种树木必把原来方向记清的知识，又从 ××× 明白了另外一些与种树相去不远的知识。这谈话印象倒古怪的留在我的心上，因

为 ××× 的诚实处，是很稀有的，同时对于这类谈话，又是娓娓动听的。但我们原不是为了这种谈话而来南京的！我并不忘记我过南京的原因，可是在那种谈话中，使我忘却了在我面前的 ×××，是处置了 ×××× 一案的一个重要人。朋友 × 坐在一旁也只有搓搓手，间或插一句把闲话。直到末了我方有机会说几句话，我老老实实说出我自己的立场，以及这次为海军学生过南京的意见：我认为政府假若皂白不分把作家

捉去当土匪治罪，恰恰和另外一时用三块钱千字的办法，带点儿慈善性质，办杂志收容作家算是文艺政策，同样极其不智。政府杀个把人并不算什么事，只是［××］党中有见识分子，应当明白对于一个知名文学作家让他永久失踪，也可以算作［××党］政府的不名誉。第一件事我希望 ××× 方面为把这个人找寻出来，第二件事我希望这人有了着落后若不缺少犯罪嫌疑，就把他交给法院，第三件事我希望从他口中知道海军学生究竟。在这问题上大约我陈说了十分钟，他也解释了十分钟，末了得到了一个也算是预约的消息后，朋友 × 向我作了一个手势，我们便告了辞，互相拉拉手点点头走了。”

按：对于面见陈立夫这件事，丁玲有以下意见：“沈从文是不懂政治的，他并不懂得陈立夫就是刽子手，他幻想国民党的宣传部长（那时是宣传部长）也许看他作家的面上，帮助另一个作家。我也太幼稚，也不懂得陈立夫在国民党内究居何等位置。沈从文回来告诉我，说陈立夫把这案情看得非常重大，但他说如果胡也频能答应他出来以后住在南京，或许可以想想办法。当时我虽不懂得这是假话、是圈套，但我从心里不爱听这句话，我说：‘这是办不到的。也频决不会同意。他宁肯坐牢。死，也不会在有条件底下得到自由。我也不愿意他这样。’我很后悔沈从文去见他，尤其是后来，对国民党更明白些后，觉得那时真愚昧，为什么在敌人的屠刀下，希望他的伸援！从文知道这事困难，也就不再说话。我呢，似乎倒更安定了，以一种更为镇静的态度催促从文回上海。”①

晚上 11 时，与丁玲一起乘车离开南京，返回上海。

---

① 丁玲：《一个真实人的一生——记胡也频》，《丁玲全集》第 9 卷，第 76 页，河北人民出版社 2001 年版。

2月10日　沈从文得知胡也频遇害的消息。

2月27日　致信王际真，告知胡也频的死讯。在沈从文看来，中国的“许多小党员无事可作，故想到在文学方面，清除异己的办法，杀戮的捉去杀戮，监狱中满满的关了年青人，勒令各书店不为印行新书，各书稍有不同意当局的各处加以没收，用官方势力迫书店为出版刊物书籍，极力提倡低级趣味，这些事情，都只无形中说明有权利的人非常愚蠢，使人愤慨，结果只是从各样情形上生出各样反感罢了。”本信曾以《朋友已死去》为篇名，收入《沈从文别集·友情集》（岳麓书社1992年版）。收入《全集》第18卷。

2月28日　《论刘半农〈扬鞭集〉》发表于《文艺月刊》第2卷第2号，署名沈从文。收入《全集》第16卷《新文学研究》集。

三月下旬　护送丁玲母子离开上海返回湖南常德。“到湖南送胡也频孤儿回家去，交给那个外祖母，还设了若干谎，证明人并无危险。路上我们走了二十天，经过杀烧过的长沙，街上全是兵，乡下全是匪，两不相妨，奇奇怪怪，走路的人还是很多，因为这些事好像同百姓还是无关，虽然两边都说为得是‘民众’，各尽量杀人，各尽量捐钱勒税。”（4月13日致王际真）

关于这次旅途的行程，《记丁玲 续集》有如下记载：

“我们从上海坐船四天方达汉口，由汉口搭小火轮，从干涸成一片平地的洞庭湖通过，又走了五天，方到达目的地。”

“在那老太太家中住了三天。”

“我们从常德坐了六点公共汽车到长沙，落店后，听说一切旅客都得需要一个保人，找寻熟人作保成为一个问题，于是即刻又把一点行李移到火车站去，搭了当夜快车直过武昌。二十五点钟后到武昌，因为下午船不很方便，留在武昌住了两天，在汉口江海关前面，看了一回采真临刑的地点，又过江到叔华夫妇住处去，同他们在后湖坐了三点钟的小船，买了些活鲫鱼，照了几张相片，还在他们家中吃了一夜饭。”

“四天后，我们又掺入了上海社会里，成为半殖民地的上海市民之一，预备来过日子了。”

4月10日　与丁玲一起回到上海。

因《石子船》样书事致函中华书局，请其将样书寄至上海四马路新月书店。该信手迹收入《中华书局收藏现代名人书信手迹》（中华书局1992年版）。收入《全集》第18卷。

4月12日　修改小说《还乡》。

4月13日　在中国公学创作诗歌《对话》。

复王际真信，谈及这次湖南常德之行。该信后以《又回到上海》为题编入《沈从文别集·友情集》（岳麓书社1992年版）。收入《全集》第18卷。

4月20日　撰写文论《〈群鸭集〉附记》、杂文《感想》。

4月24日　在上海创作完成小说《医生》。

4月27日　创作完成小说《道德与知慧》。

4月30日　《论中国创作小说》刊载于《文艺月刊》第2卷第4号，署名沈从文。分两期载完。收入《全集》第16卷《沫沫集续编》集。

5月1日　小说《夜渔》发表于《创作月刊》创刊号，署名沈从文。收入《石子船》（中华书局）时改题名为《渔》，有删改。收入《全集》第5卷《石子船》集。

文论《〈群鸭集〉附记》发表于同期杂志，署名沈从文。收入《全集》第16卷《序跋集》。

按：卞之琳的《群鸭集》因故未出，关于书的筹备出版过程，卞之琳有如下回忆："徐志摩先生回北大教我们书，一时高兴，抄了几首给他看，结果说是要选登《诗刊》，他把我没有喂火炉的二十几首都要去了带到上海。当时完全不相识的沈从文先生在上海见到了，就给写了一封不短的信，说是他和徐先生都认为可以印一个小册子。不久在《创作月刊》上意外的发见了从文的一篇《群鸦集附记》，看了才知道自己的小册子名字也有了。到夏天徐先生和新月书店说妥，决定印行。从夏天到秋天又写了一些，陆续寄去，附在后边，另成一辑。徐先生来信说愿意作序，书'迟至十一月总可出版'。可是接着就碰到九一八,十一月徐先生遇难了,《群鸭》不吉利，出版也无望了。”[①]

诗歌《对话》发表于同期杂志，署名四四。发表时注明写作时间地点：四月十三吴淞中公，其余版本未见此标注。后被陈梦家选入《新月诗选》。收入《全集》第 15 卷《忧郁的欣赏》集。按：由此可以推断，“四四”是沈从文曾经使用的笔名之一。

按：漫铎在本期的《编后》中这样介绍沈从文的创作：“以兵士，苗族，和两性关系的题材铸出特别风格立足于中国文坛上面的是沈从文，他的多产，他的技巧，在中国，是近年来任何有识者都熟悉的事。这里所写的一篇《夜渔》，是表现湖南南部的渔人生活，月光，河水，丘壑，渔船，都如电影般流动在目前，那故事和景物的吸人处，只有屠格涅夫《猎人日记》内的 meabow 一篇可以比拟了。”

5 月 10 日　创作完成散文《街》。

5 月 15 日　创作完成小说《虎雏》。

5 月 19 日　《论创作的态度——与转蓬》。

5 月 20 日　寄《旧梦》《沈从文子集》给王际真。

5 月 21 日　致信王际真，这封信自 4 月 16 日开始写起，断断续续写了一个多月。收入《全集》第 18 卷。

《连萃创作一集序》发表于《中央日报 · 文艺周刊》第 31 号，署名沈从文。该文后改题《序》收入李连萃的小说集《中学生小说（一名母亲）》（中学生书局 1932 年 4 月）。据《中央日报》刊本收入《全集》第 16 卷《序跋集》。

5 月 28 日　到达北平，住在燕京大学达园教师宿舍。

五月　小说集《沈从文子集》由新月书店出版。收入小说《龙朱》《丈夫》《灯》《建设》《春天》《绅士的太太》。收入《全集》第 6 卷。按：本书封面名为“从文子集”，扉页及内文皆为“沈从文子集”，作者在书信、自传中提及时经常称本书为“从文子集”。

---

① 卞之琳:《我的“印诗小记”》，见郑振铎、傅东华编《我与文学》，第 145 页，生活书店 1934 年版。

6月1日　杂文《感想》发表于《创作月刊》第1卷第2期，署名甲辰。这篇文章系针对侍桁的批评文章《一个空虚的作者——评沈从文先生及其作品》而发，在侍桁眼里，沈从文只是“一个享受着较大的声誉，在某一部分领有着多数的读者，其实是轻轻地以轻飘的文体遮蔽了好多人的鉴赏的眼，而最有力地诱引着读者们于低级的趣味的作者”。在沈从文看来，“这种以得之私人传闻而为根据的论调，正同有些小报式的刊物造谣一样，比这个再无赖的话也说得出。比这个再无根据的消息也做得出，同这种东西生气，那我上海就蹪不下去了。”“你若是在写创作，觉得那是好事情，同你性情相合，觉得那是一件可以举起你自己，扩大你自己的事，同时又相信那么努力把自己生命同自己的趣味嵌到作品里去，结果还能在另一地方另一时代揪着一些人的感情，能够这样便是你一点快乐，你谁也不必顾及，谁也不必注意，自己就做去好了。你若有你的毅力同信心，失败并不是永久的事。……用水作喻，有决堤陷城的气力，具向浩渺海洋里流去的雄心，对生活态度，对文学的态度，这种一致的单纯，于文学与生活解释，或者是一种迂见，然而从这方向中，我相信至少可以得到一种机会与诚实站在一块儿，经得起时代不变的风浪的颠播，始终还有一个他自己。”这是作者一贯的人生态度。收入《全集》第14卷《甲辰杂谈》集。

《谈诗》《论创作的态度——与转蓬》发表于同期刊物，署名沈从文。《谈诗》是沈从文写给一位叫“家良”的诗人的信，收入《废邮存底》集时，隐去了收信人的名字，以“××”代替，改题“二　给一个写诗的”。《论创作的态度——与转蓬》文末有写作日期“十九日”，收入《废邮存底》时，改题《三　给一个写小说的》，同时删掉了文末的“从文十九日”。收入《全集》第17卷《废邮存底》集。

6月8日　在北京创作完成《高植小说集序》。

6月10日　创作完成《甲辰闲话》《窄而霉斋闲话》。

6月12日　与徐志摩、罗隆基、凌叔华一起去香山看望病中的林徽因。徐志摩在致陆小曼信中说：“星五午刻，我和罗隆基同出城。先在燕京，叔华亦在，从文亦在。我们同去香山看徽音，她还是不见好，新近又发了十天烧，人颇疲乏。孩子倒极俊，可爱得很，眼珠是林家的，脸盘是梁家的。”[①]

6 月 19 日　分别致信徐志摩、刘廷蔚。

6 月 21 日　在北京西郊创作完成小说《中年》初稿。

6 月 23 日

本日　丁玲为《北斗》杂志事致信沈从文：“现在有个新的小书店，请我替他们编一个杂志，我颇想试试。不过稿费太少，元半千字，但他们答应销到五千时可以加到二元或二元半，因此起始非得几个老手撑台不可。我意思这杂志仍像《红黑》一样，专重创作，而且得几位女作家合作就更好。冰心，叔华，杨袁昌英，任陈衡哲，淦女士等，都请你转请，望他们都成为特约长期撰稿员。这杂志全由我一人负责，我不许它受任何方面牵制，但朋友的意见我当极力采纳。希望你好好的帮我的忙，具体的替我计划，替我写稿，拉稿，逼稿。我们自己来总要比别人的好一点方好，你说是不是！？我现在把我的计划告诉你，杂志为月刊，名还未定，（你替我想想看！）每期约八万字左右，专重创作和新书介绍，最好能常常有点有‘趣味’而无‘下流气味’的小文章。坐庄的人全靠我自己（我愿将全力放在这上面）和你。……八月若赶不及出创刊号，九月也好。第一期或出一特大号，这样一定要有几篇长的好的大创作。我自己愿来一篇，你顶好也来一篇，你再好好的做一篇批评；单论一部书或一个人；这书这人都要有影响的才好。第一期，一定希望冰心或其他一人有文章登载。你最好快点替我进行，过几天便可登一预告，说是：‘丁玲主编的杂志，已有了这些已成名的有地位的女作家来合作’。这真是动人的新闻。我希望能得到他们的同意。事情还刚刚开始，一切计划皆不落实，你可多多为我想一想。”（《记丁玲 续集》）

6 月 25 日

本日　徐志摩在致陆小曼信中谈及沈从文：“我这人大约一生就为朋友忙！来此两星期，说也惭愧，除了考试改卷算是天大正事，此外都是朋友，永远是朋友。杨振声忙了我不少时间，淑华，从文又忙了我不少时间，通伯、思成又

---

① 傅光明编：《徐志摩书信集》，第 207 页，河南教育出版社 1994 年版。

是，蔡先生、钱昌照（次长）来，又得忙配享，还有洋鬼子！”[①]

6月29日　致信王际真。收入《全集》第18卷。

6月30日　致张兆和的信以《废邮存底（一）》为题发表于《文艺月刊》第2卷第5—6期合刊，署名甲辰。信中表达了对张兆和的炽热感情：“我行过许多地方的桥，看过许多次数的云，喝过许多种类的酒，却只爱过一个正当最好年龄的人。”“我求你，以后许可我作我要作的事，凡是我要向你说什么时，你都能当我是一个比较愚蠢还并不讨厌的人，让我有一种机会，说出一些有奴性的卑屈的话，这点点是你容易办到的。你莫想，每一次我说到“我爱你”时你就觉得受窘，你也不用说“我偏不爱你”，作为抗拒别人对你的倾心。你那打算是小孩子的打算，到事实上却毫无用处的。有些人对天成日成夜说，‘我赞美你，上帝！’有些人又成日成夜对人世的王帝说，‘我赞美你，有权力的人！’你听到被称赞的‘天’同‘王帝’，以及常常被称赞的日头同月亮、好的花、精致的艺术，回答说‘我偏不赞美你’的话没有？一切可称赞的，使人倾心的，都像天生就这个世界的主人，他们管领一切，统治一切，都看得极其自然，毫不勉强。一个好人当然也就有权力使人倾倒，使人移易哀乐，变更性情，而自己却生存到一个高高的王座上，不必作任何声明。凡是能用自己各方面的美，攫住别的人灵魂的，他就有无限威权，处治这些东西，他可以永远沉默，日头，云，花，这些例不可胜举。……一个月亮不拘听到任何人赞美，不拘这赞美如何不得体，如何不恰当，它不拒绝这些从心中涌出的呼喊。××，你是我的月亮。你能听一个并不十分聪明的人，用各样声音，各样言语，向你说出各样的感想，而这感想却因为你的存在，如一个光明，照耀到我的生活里而起的，你不觉得这也是生存里一件有趣味的事吗？”收入《全集》第11卷《遥夜集》时改题《由达园给张兆和》。

文论《论中国创作小说（续）》发表于《文艺月刊》第2卷第5—6期合刊。署名沈从文。收入《全集》第16卷《沫沫集续编》集。

诗歌《给一个医生》发表于《文艺月刊》第2卷第5—6期合刊，署名四四。

---

① 傅光明编：《徐志摩书信集》，第210至211页，河南教育出版社1994年版。

本诗未收入《全集》。全文如下：

给一个医生

——对话——

你说，“你明白我，你明白我，
明白我为什么近来这样瘦？”
“我不明白，我不明白，
因为一夜雨，一夜风，
我们的庭院，就那么绿，就那么绿？”

你说“我想告你，我想告你，
我说话很痴很蠢可不是什么坏人。”
“你莫诉说，你莫诉说，
这个夜里太黑，没有月，
你那边不见有星，
我这边也不见有星！”

——对话二——

我说“我要走了，莫问我什么地方，
一千匹老鸹从你头上飞，
你从不问它打那儿飞。”
“你走罢，你飞罢，
人的脚同老鸹翅膊所及的地方，
我不听到过人说是比梦去得还远的地方。”

六月　为刘廷蔚的诗集作《〈山花集〉介绍》。

六月　经徐志摩介绍，与梁思成、林徽因相识，由此成为知心好友。

7月1日　《高植小说集序》《甲辰闲话》《一个体面的军人》发表于《创作月

刊》第 1 卷第 3 期，均署名沈从文。

《高植小说集序》在刊物目录中作《高植小说集〈酒后〉序》。收入《全集》第 16 卷《序跋集》。

《甲辰闲话》后以《甲辰闲话　一》为题收入《全集》第 14 卷《甲辰杂谈》集。

《一个体面的军人》为作者的未竟之作，小说的篇末注明“未完”。漫铎在《创作月刊》第 1 卷第 4 期的《编辑后记》中说：“《一个体面的军人》本应在本期续完，却以从文的生活不安，身体不舒适，出人意料的延下了。下期会对读者的希望有所补偿。”但未见后续作品刊出。收入《全集》第 4 卷《采蕨》集。

7 月 4 日　致信王际真。收入《全集》第 18 卷。

7 月 15 日　为纪念无须社时期的朋友张采真，创作完成小说《若墨医生》。张采真（1905—1930），原籍河北省霸县，1905 年 3 月 25 日生。1917 年考入天津南开中学读初中，1923 年入燕京大学文理学院，1926 年夏大学毕业，同年加入“无须社”。1928 年加入中国共产党，1930 年，任中共中央长江局秘书长，11 月 14 日由于叛徒出卖，被国民党逮捕，12 月 27 日被枪杀于武汉。关于他的死，沈从文曾在《三年前的十一月二十二日》一文中曾经提及：“我计算了一下，这一年还剩两个月，十个月内我死了四个最熟的朋友。生死虽说是大事，同时也就可以说是平常事。死了，倒下了，瘪了，烂了，便完事了。倘若这些人死去值得纪念，纪念的方法应当不是眼泪，不是仪式，不是言语。××是在武昌被人牵至欢迎劳苦功高的什么伟人彩牌楼下斩首的，振先是在那个永远使读书人神往倾心的‘桃源洞’前被捷克制自动步枪打死的，××是给人乱枪排了，和二十七个同伴一起躺到臭水沟里的，如今却轮到一个‘想飞’的人，给在云雾里烧毁了。一切痛苦的记忆综合到我的心上，起了中和作用。我总觉得他们并不当真死去。多力的，强健的，有生气的，守在一个理想勇猛精进的，全给早早的死去了。却留下多少早就应当死去了的阉鸡，懦夫，与狡猾狐鬼，愚人妄人，在白日下吃，喝，听戏，说谎，开会，著书，批评攻击与打闹！想起生者，方真正使人悲哀！”

《街》发表于《文艺月刊》第2卷第7期，署名沈从文，收入《全集》第11卷《遥夜集》。

致刘廷蔚信以《废邮存底（二）》、致徐志摩信以《废邮存底（三）》为题发表于同期杂志，署名甲辰。收入《全集》第11卷《遥夜集》时改题《由达园给刘廷蔚》《由达园给徐志摩》。按：《废邮存底（三）》有两封信，第二封信以《给一个女人》为题收入《全集》第14卷《北平通信》集。

《〈山花集〉介绍》发表于同期杂志，署名沈从文。本文系为刘廷蔚的诗集《山花》集写的书评，收入《全集》第16卷《沫沫集续编》。

约六七月间 为《北斗》刊物事曾与丁玲有多次书信往还，表达了沈从文对文学与社会的看法，现摘录如下：

> 若刊物只是要几个名人做幌子，第一期有了那么一些篇章也很够了。若你以为真实的应当用这刊物来逼迫督促，使一般女作家的写作风气活泼起来，你是不是觉得你作编辑有些不相宜处？
>
> ……
>
> 绅士玩弄文学，也似乎看得起文学；志士重视文学，不消说更看得起文学了。两者皆尊敬文学，同时把文学也俨然近于溺爱的来看待。文学“是什么”，虽各有解释，但文学究竟“能什么”，却糊涂了。我既不是绅士又不作志士，对于文学则惟只知在它的产生与产生技术，以及产生以后对于它在社会方面的得失而加以注意，我且注意到它的真实分量同价值，不许它把价钱开得太大，也就是不许人对它希望太大。一切基础皆固定在我知识上，而不在权威或时髦理论上。目前大家所争持的似乎同我毫无关系。他们既称为作家，我想想，假若我无法参加这一切理论的检讨时，是不是还宜于来接近文学事业，真成为问题了。
>
> 绅士骂不绅士，不绅士嘲笑绅士，这算是数年来文学论战者一种永不厌嫌的副题，我觉得真不必需！其实两者正差不多，就因为两者还是人，坏的一样的坏，懒的一样的懒，至于好的，也还是一样的好。造谣谩骂对于根本问题有什么益处？但若干人的成败，显然皆有

从此处下手的情形，我觉得对于这风气无法攀援，故预备不再让自己在这事业上鬼混。照理说来，使一个人阔大不凡，实不在乎如目前一般人所谓有无思想，却只看这人有无魄力。一些无用的人，即或从小到大吃长斋，生来既无补于佛教的兴衰，死后也不会成佛。有些人毫无一个君子的品德，他却可以做出一些有益于社会人类的事业来。有气魄的人的沉默，比小小东西呐喊动人多了。你不觉得吗？为了社会正需要小麻雀吱吱喳喳，正欢迎小丑，我想离开这份生活，过几年再看看一堆日子能不能帮我们把社会习气修正了一些。(《记丁玲续集》)

8月1日　杂文《甲辰闲话》发表于《创作月刊》第1卷第4期，署名沈从文。以《甲辰闲话　二》为题收入《全集》第14卷《甲辰杂谈》集。

8月5日　开始创作小说《三三》。

8月10日　小说《医生》发表于《小说月报》第22卷第8号，署名沈从文。收入《虎雏》(新中国书局)。收入《全集》第7卷《虎雏》集。

8月15日　《窄而霉斋闲话》发表于《文艺月刊》第2卷第8号，署名沈从文。收入《全集》第17卷《文学运动杂谈》集。

八月　国立青岛大学聘沈从文为讲师。

八月　在青岛写作《从文自传》。

八月　小说集《龙朱》由上海晓星书店出版，收入《龙朱》《参军》《媚金·豹子·与那羊》《阙名故事》《说故事人的故事》。收入《全集》第5卷《龙朱》集。

八月　长篇小说《一个女剧员的生活》由大东书局出版。收入《全集》第6卷《一个女剧员的生活》。

9月5日　为《记胡也频》撰写附志，表达了对胡也频的理想和事业的理解与尊重："一个人他生来若就并不觉得他是为一己而存在，他认真的生活过来，他的死也只是他本身的结束。一个理想的损失，在那方面失去了，还适宜于在另一方面重新生长，儿女的感情不应当存于友朋之间，因为记念死者并不是一点眼泪。我觉得，这个人假若是死了，他的精神雄强处，比目下许多据说活着的人，还更象一个活人。我们活在这个世界上的，使我们像一个活人，是些什么事，这是我们应当了解的。”收入《全集》第13卷《记胡也频》。

9月7日

本日 国立青岛大学开学。《国立青岛大学周刊》在第19期在校闻栏发表新闻稿《本校教授讲师已陆续到校》，并公布了本学年教员名单，其中有：“教授兼中国文学系主任及文学院院长闻一多”，“国文讲师游国恩、黄淬伯、方令孺、沈从文、王十瓒”。

沈从文后曾在《〈白玉兰花引〉跋》中忆及此间生活，颇为生动：“时初到青岛大学任散文习作教事，校中尚未开课。于迎新会后不久，即由杨［校］长发起组织游崂山队伍，分别日期长短不久作安排。有当天往返的去‘北九水’坐车，去上下清宫则乘船，有三四五六天的，则预先备办吃喝所需，且因人多山中庙小，使各组交错行止，避免一时集中半山庙小容纳不下。我因初来，且欢喜爬山，杨今甫先生任校长，闻一多任文学院［长］，又有教务某、系主任某均旧识，因加入延长入山六天一组。另有一女教师组，一女职员组，也多在五六天计划内。所以有机会一再相遇且有两次同住一庙中。第一回去上清宫，即三百年前蒲留仙《聊斋志异》提到的庙里偏院古玉兰大花树边，事出偶然，与一新由国外某天主教大学回国外文女教师某，各在大玉兰花下一侧默默看花约一小时之久。虽在迎新会上由校长照例介绍过一次，我照习惯总充满一种羞怯心情，从不主动向人招呼攀谈。印象中却对此修女式的沉静女人充满好感，且似乎有一种预感，以为可能或有某一熟人的有意安［排］到这学校里来，因为无一个熟人（事实上则当时最□近熟人，这事以后才明白的）。第二早天一亮，我们一组即上了山，第三四天到达山中深处‘棋盘石’住宿时，早知此地气候极冷，各把厚棉衣披上。趁大家烤火暖身时，我独自爬到庙前不远那块大及丈许活动不定的石上去，欣赏对面烟云变幻金碧明灭黄昏前崂顶主峰奇景。觉得一道幽香扑鼻，才发现二三丈岩石山正有一簇四朵百合花开放。找山路下去把花采回时，却有两个女人已到棋盘石。内中之一相熟的某女名演员，却把花夺去给了那个修女式的女教师，我却因之在另外一种不易形容中跑了。第三次是在白云洞‘三步紧’悬崖上看海云，到这来必从斜斜坡下穿过一道小松林，还得从一二石贴压的洞中翻而过才会到达。不巧又第三次和这修女式教师相遇，同看云海……于是在岁月交递中，各人在偶然与凑巧中，各自接受由内在性格［拘］束和外缘机会给与不同情形下，各自接受了各自的一份得失哀乐，在另一方难于设想情形下活下来。复在另一意料不到时事变动下由‘陌生’而转生（成？）熟人，又复在罡……”

又：20世纪80年代，沈从文居于崇文门闹市，“到此才明白四十六年前在青岛住下时‘安静’对于工作的意义。那两年正是一生中工作效率最高的时候，吴伯箫还记住我同时为三个短篇写了个开头，全放在书桌边，这个写不下去时就换别的题目继续。如今整理这些旧作，大多数都是卅年在抱冰堂住和卅一年去青岛住那三年，文字比较成熟完成的。”（1981年6月16日复杨克毅）

9月17日　在青岛创作完成小说《三三》。

9月18日

本日　《时报》第6版发表题为《〈两小说家之结合〉 沈从文先生近作 不日在时报披露》的消息：“沈从文先生小说作品，在文坛上久负声誉，本报现已请其常川担任撰述，以飨读者。第一篇为《两位小说家之结合》，写丁玲女士与胡也频之实事，约二万余字，多为外间所未知，不日即可发表。”

9月29日

本日　丁玲为沈从文撰写胡也频传记事，致信沈从文：“记也频能准我看一看吗？我也常常想为他一生做一长传，然而一想到效果，便觉得太费力了。我这人真是个不合理的人，讲实利讲到这样子！不过我想我总可以写一点出来，在我个人对于他的纪念。但这是以后的事。如今你能写，我非常高兴。”（《记丁玲 续集》）

9月30日　小说《三三》发表于《文艺月刊》第2卷第9期，署名沈从文。《全集》注明发表于9月15日出版之《文艺月刊》，而沈从文在小说篇末注明“起八月五日讫九月十七日”，不确。收入小说集《虎雏》（新中国书局）、收入《从文小说习作选》（上海良友图书印刷公司）、《黑凤集》（开明书店）。收入《全集》第9卷《从文小说习作选》集。后来，沈从文曾在《虎雏》集的《三三》文后作如下批注："在青岛山东大学时为学生示范叙平凡事而写，与《八骏图》相对照，见两种格式。刘西渭以为《边城》系放大此事而成，意见对。"（《题〈虎雏〉自存本》，收入《全集》第14卷《艺文题识录》集）又：沈从文曾在《从文小说习作选》自存本上对这篇小说做了修改，据林斤澜介绍：

> 小说《三三》，原本上用了许多个"到"字。"想到""提到""望到""回到""听到""说到""照到""看到""整理到""出到""蹲到""到后看到"……沈从文修改时多换了别的字。如"想起""望着""回转""说那""说了""看看""一听""对着""想明白""看见"……为什么这么修改呢？林斤澜说："我推测理由有三：沈老过后想想一来单调；二来有的用法特别，别的读者读来不顺，还会误会；三来有的'到'字跟在动词后边，不能辅助表现那个动作。"
>
> 有一句原文是这样："在东边偏院里看到城里来的那个客，正躺在藤椅上，望到天上飞的鸽子。"修改后前边两句照旧，后边一句是"望天上环飞的鸽子。"林斤澜揣摩："去掉'到'字。若改换这个字，应是普通话的'着'字。这个'到'字该去，光去不换也好。'飞'字上添了个'环'字。望着鸽子'环飞'，写出鸽子经常的成阵盘旋。有看头也没看头，带出了那个城里客人的似看非看的'闲看'。这个'环'字添得好。"①

九月　陈梦家编选的《新月诗选》由新月书店出版，收入沈从文创作的诗七首：《颂》《对话》《我喜欢你》《悔》《无题》《梦》《薄暮》，在《序言》中说："沈从文以各样别名散在各处的诗，极近于法兰西的风趣，朴质无华的词藻写出最动人的情调。我希望读者看过了格律谨严的诗以后，对此另具一风格近于散文句法的诗，细细赏玩它精巧的想像。所惜他许多写苗人的情歌，一时无法尽量搜寻，是我最大的遗憾。"

---

① 程绍国：《鸿雁存影——林斤澜和沈从文、老舍、茅盾》，《当代》，2005年第3期。

九月　沈从文的《论郭沫若》收入黄人影编选的《郭沫若论》(光华书局)。

10月1日　《〈秋之沦落〉序》发表于《新时代月刊》第1卷第3期，署名沈从文。本文系为李连萃（李辉英）的短篇小说集所作的序。李连萃（1911—1991），又名李辉英。1932年4月，李连萃的小说集改题《中学生小说》由中学生书局出版，收入了沈从文的这篇序言。按:《〈秋之沦落〉序》《连萃创作一集序》(《中央日报》1931年5月21日)、《中学生小说·序》(中学生书局1932年4月版)为同一篇文章。据《中央日报》刊本收入《全集》第16卷《序跋集》。

10月4日　《诗人和小说家》开始在上海《时报》连载，前11次由编者加有小标题，自第12次起取消了小标题，总题也改为《记胡也频》，署名沈从文。收入《全集》第13卷《记胡也频》。

10月10日　创作完成小说《黔小景》。

小说《虎雏》发表于《小说月报》第22卷第10号，署名沈从文。收入小说集《虎雏》(新中国书局)，收入《全集》第7卷《虎雏》集。

10月12日　《文学无用论》发表于国立青岛大学反日救国会宣传股编的《反日特刊》第1期，署名甲辰。本文未收入《全集》。文章有一个副题：为日寇入境事，从中国文学上所得的反省。在文章中，沈从文对中国文化中的中庸、怕事、懦弱进行了深切的反省，并认为我们应当想办法用“力”取回我们的权力:“道家的‘无为’，方士的‘神鬼’，儒家的‘辞让’，加以佛教的‘果报离世’，一切契合无间后，在中国文学中继续维持下去，中国人这愚蠢懦弱，中庸，怕事，种种不良的劣根性，也就成为真真支配到中国人生存在的民族性了。我们现在应当知道的，是中国人对一切现象追究真理的性格，民族间战争生存的本能，已经差不多被这个博大精思文化的沉淀淹没净尽。这无量典籍在我们民族间存在已由于权利而成为一种负担。因为那个分量，使我们民族已经衰弱到不能自救的时候了。我们受他的拘束，却不能依赖他们帮助我们如何存在下去。”“这时节，是我们民族应当先想一个办法，向一条可活的路上走去的时节。中国的过去一切文学，包括在一个谦退驯善的民族道德企图上，有使我们‘书本’存在民族消灭的趋势。如今在产生的，又规纳到‘唯美’的与‘至善’的两方面去：两种主张，一种有方士的神仙享乐气息，一种是儒家教统治的正宗。他们要自己，走向虚空，放下现成，逃避实在，颓废文学是一种病，至善文学仍是一种病。这种文学产生的观念如此，不能纠正我们民族的弱点，也就显而易见非常分明了。目下有多少人对于中国的存亡，以为是有命的，有多少人又以为仰赖别一个国家的同情，‘用人道主义为要求’，是一个最好的办法，作为民族吉凶合理的打算的。这个迷信，懦弱，无智，无耻的东方式精神，存在于人类行为思想中，差不多全由于一切文学所得的综合，中国这类文字存在已太多了，仅仅为了节制这个民族性弱点的扩张，是不是我们中国，还应当有许多人去学中国文学？真是值得考虑的一件事。中国文学所赋给我们的观念，以及他的效率，都不能使我们乐于相信，他积极对于改正这个夸大而无当于实际的，懦怯而不能振作的民族习气，能有何种帮助。另一面，我们也不敢相信，由于过去的文学，把我们陷到错误里的事实，新的文学业已正在努力纠正那个过去的方面上注意。我们现在活下来应有这样一种简简单单的认识：第一、应明白这个民族存在，不能靠过去的文化眩耀，更不应靠到另一个民族的扶持。第二、看清楚为什么现在被人欺侮，被人压迫，应想办法用力去取回我们一切权利，这是当然的事。第三、我们这民族近于一个害病的民族，要学习努力成为一个自立的民族，我们得注意修改一下这个民族的腐坏习气。”

按：国立青岛大学反日救国会于10月1日成立，到会者有“校长教职员及全体同学，空气十分紧张，结果选出李桂生等十五人为执行委员。大会散会后，即开临时执行委员会，筹画一切进行事宜并分配工作，计分三股：一、总务，二、宣传，三、军事。”《抗日特刊》即为该会宣传股编辑。

10月20日　在青岛作《〈刘宇诗选〉序》。

10月26日

本日　《文艺新闻》第33号在“新儒林茶话”栏内发表《生活经验允许他吗？——好一个多产的作家》，借史沫特列之口，表明作者对沈从文创作的态度：“诗哲徐志摩，拿了沈从文的著作多种，到女史史沫特列（Agnes Smedly）

那里去请她批评。女史说：我不识中国文字，也不能知其好坏。当时诗哲为介绍沈先生起见，即又说：‘他是中国著述界里的多产者，已出的书，不下六十种之多。’女史于是又说：‘沈君现在既然不过是二十多岁的人，他的社会观察和生活经验能允许他有这样多的著作吗？’”该文未署名。

10月30日　小说《燥》发表于《文艺月刊》第2卷第10号，署名甲辰。收入《全集》第6卷《楼居》集。

十月　在青岛完成对小说《中年》的校改。

11月13日　致信徐志摩。收入《全集》第18卷。这虽是一封残信，但却是一封非常重要的书信，可以看出沈从文对政治、文学、友情的看法，同时也包含了一些文坛掌故，摘录如下：

> 方令孺星期二离开此地，这时或已见及你。她这次恐怕不好意思再回青岛来，因为其中也有些女人照例的悲剧，她无从同你谈及，但我知道那前前后后，故很觉得她可怜。她应当在北平找点事作，能够为她援一手的只有你，你若有那种方便，为她介绍到一个什么大学去作女生指导员，比教书相宜。她人是很好的，很洒脱爽直的，也有点女人通同不可免的毛病，就是生活没有什么定见。还有使她吃亏处，就是有些只合年青妙龄女人所许可的幻想，她还不放下这个她不大相宜的一份。在此有些痛苦，就全是那么生活不合体裁得来的。为了使她心情同年龄相称，她倒是真真需要“教婆”教训一顿的人。
>
> 胡先生好像有到南京去做官的意思，那就真糟糕。他是应当来领导一个同国民党那种政策相反的主张，不能受人家的骗局的。许多对政府行为主张惑疑的人，在某一情形下，都可以成为他的小兵，若他作了什么财委会的事情，有许多人是很失望的。
>
> 我这里留到有一份礼物：“教婆”诗的原稿、丁玲对那诗的见解、你的一封信，以及我的一点□□记录。等到你五十岁时，好好的印成一本书，作为你五十大寿的礼仪。
>
> 近来我心里很灵活，手下很笨，所以写不出什么文章。预备两个

月写一个短篇，预备一年中写六个，照顾你的山友、通伯先生、浩文诗人几个熟人所鼓励的方向，写苗公苗婆恋爱、流泪、唱歌、杀人的故事。不久就有一个在上海杂志上出现，比《神巫之爱》好多了。

11月19日　致信王际真："近日来在研究一种无用东西，就是中国在儒、道二教以前，支配我们中国的观念与信仰的巫，如何存在，如何发展，从有史以至于今，关于他的源流、变化，同到在一切情形下的仪式，作一种系统的研究。"收入《全集》第18卷。

本日　11时35分，徐志摩所乘飞机在济南开山附近失事，遇难。

11月20日　小说《黔小景》发表于丁玲主编的《北斗》第1卷第3期，署名沈从文。收入小说集《虎雏》(新中国书局)。收入《全集》第7卷《虎雏》集。

11月21日　下午，接到徐志摩所乘飞机失事的电报。随即乘当晚火车赶往济南。"十一月二十一日下午，文学院几个比较相熟的朋友，正在校长杨振声先生家吃茶谈天，忽然接到北平一个急电。电中只说志摩在济南不幸遇难，北平、南京、上海亲友某某将于二十二日在济南齐鲁大学朱经农校长处会齐。电报来得过于突兀，人人无不感到惊愕。我当时表示，想搭夜车去济南看看，大家认为很好。"(《友情》)

11月22日　上午8时左右，到达济南，时梁思成、张嘉铸、郭有守、张奚若等人相继到达，协助处理徐志摩后事。三年后，沈从文对当天活动有如下回忆："八点左右火车已进了站，下了火车，坐上一辆洋车，尽那个看来十分忠厚的车夫，慢慢地拉我到齐鲁大学。在齐鲁大学见到了朱经农，一问才知道北平也来了三个人，南京也来了两个人。算算时间，北来车已差不多要到了。我就又匆匆忙忙坐了车赶到津浦车站去，同他们会面。在候车室里见着了梁思成、张慰慈同张奚若。再一同过中国银行，去找寻一位陈先生，这个陈先生便是照料志摩死后各事，前一天搁下了业务，带了人伕冒雨跑到飞机出事地点去，把志摩从飞机残烬中取出，加以洗涤、装殓，且伴同志摩遗体回到济南的。"(《三年前的十一月二十二日》)

晚上10时许，待一切安排妥当以后，沈从文乘火车返回青岛。

11月23日 晨，返回青岛。

致信王际真，报告徐志摩遇难详情。收入《全集》第18卷。

11月24日 致信胡适，探讨为徐志摩在上海、南京、济南、青岛、北平、武昌等地同时举行追悼会的可能性。收入《全集》第18卷。

徐志摩的遇难，对沈从文触动很大。约在此间，先后创作了新诗《死了一个坦白的人》《他》以纪念死者。这些诗沈从文生前没有发表。收入《全集》第15卷《浮雕》集。

11月28日

本日 《星期文艺》第20号刊发了周乐山的《耐人寻味的沈从文访问记》。

11月29日 《记胡也频》在上海《时报》连载完毕。

本日 丁玲为《记胡也频》事致信沈从文："《时报》上的文章我觉得你太主观了。尤其是关于'一幕悲剧的写实'那一段。当日也频写时原本全是臆造，我不愿小气，不同他计较。而你又忘却你自己，用这作材料，无乃冤枉丁玲之至。"(《记丁玲 续集》)

本月 作《废邮存底——辛·第廿九号》。

12月1日 致信冰森。后以《关于哀悼志摩的通讯》为题与梁实秋致世庄的信一起发表于《北晨学园哀悼志摩专号》，未收入《全集》。信件全文如下：

冰森我兄：

在济车站路上见赓虞一面，因未知彼特为志摩事来济者，故当时乃错过分手。十日来新习惯使人常若有所失，向各方远处熟人通信，告其一切过去，亦多有头无尾。六日纪念刊，恐赶不及安置弟之文章，因照此情形看来，欲用文字纪念志摩，寔不知如何着手，胡胡涂涂，亦大可怜也。

弟 从文十二月，一日[1]

12月5日 为收集徐志摩书信事致信王际真："朋友们在预备印行他的信札，

① 《北晨学园哀悼志摩专号》。

选出一些使活人看来不至于红脸的信札，印出一部分，一面是纪念他的死，一面或者对于此后生活毫无依归的小曼，稍有补助。志摩活时是一个欢喜写信的人，你处若还有些他的信件，可以找出来寄把我。”收入《全集》第18卷。

12月6日

本日 北平文化界举行徐志摩追悼会。

12月7日 《国立青岛大学周刊》第32期刊载《国立青岛大学教职员水灾捐款一览表》，沈从文每月薪津150元，九月、十月、十一月分别捐款7.5元。

12月12日 因青岛大学学生参加抗日救亡运动赴南京请愿，学校停课，青岛的徐志摩追悼会未能如期举行，为再定徐志摩追悼会日期事，与杨振声商讨。（参见同日致胡适信）

为处理徐志摩的“百宝箱”事致信胡适。“若事情还赶得及，我想告你一件事情，就是志摩留存的案件，把一部分抽出莫全交给徽音较好。因为好像有几种案件，不大适宜于送徽音看。八月间我离开北平以前，在你楼上我同他谈到他的故事很久，他当时说到最宜于保管他案件的人，是不善说话的叔华。他一定有他的苦心。因为当时还同我说到，等他老后，等我们都老一点后，预备用我老后的精力，写他年轻的故事，可以参考他百宝箱的一切，所以我到青岛后，他来信还说已经把百宝箱带来了，等将来到北京看。其中我似乎听到说过有小曼日记，更不适宜于给徽音看，使一个活人，从某一些死者文件上，发现一些不应当发现的东西，对于后人只多惆怅，所以我盼望我说这话时间还不过迟，若一切已全给了她，那羊已走去，补牢也不必了。”收入《全集》第18卷。

12月20日 致冰森信以《关于哀悼志摩的通讯》为题发表于《北晨学园哀悼志摩专号》。本信未收入《全集》。

12月26日 作《创作杂论》。

本 年

年初 为韦丛芜译书事致信梁实秋，请他便中给予指点。收入《全集》第18卷。

本年 小说《道德与知慧》发表于《新月》第3卷第8号，署名沈从文。收入《全集》第5卷《衣冠中人》集。按：当期《新月》注明出版日期为“民国十八年十一月十日”，有误。根据内文写作日期可知，该期刊物当出版于民国二十年，但出版月日待考。

本年 小说《中年》发表于《新月》第3卷第10号，署名沈从文。收入《虎雏》集时作者有修改。收入《全集》第7卷《虎雏》集。沈从文曾在《虎雏》集中的此文的文旁加入如下题注：“此文入开明待印之《衣冠中人》集，稿经重改重写，毁于柳州一火。”（《题〈虎雏〉自存本》，收入《全集》第14卷《艺文题识录》集）

民国二十一年　1932 年　31 岁

1 月 28 日　日本海军陆战队在上海发动一·二八事变。

3 月 9 日　伪满州国在长春建立，溥仪任执政。

3 月 16 日　蒋介石出任国民政府军事委员会委员长。

6 月 14 日　国立编译馆在南京成立。

11 月 1 日　国民政府参谋本部国防设计委员会成立。

12 月 17 日　中国民权保障同盟在上海成立。

---

1 月 18 日

本日　国立青岛大学放寒假。

1 月 25 日　创作完成小说《泥涂》。

1 月 28 日　晚上，日本军队突然袭击上海闸北的国民党第十九路军，蔡廷锴、蒋光鼐率部抵抗，史称一·二八事变。在此次事变中，沈从文在商务印书馆待印的三本书毁于战火。

一月　小说集《虎雏》由新中国书局出版。本集收入小说《中年》《三三》《虎雏》《医生》《黔小景》五篇。后除《三三》编入《全集》第 9 卷《从文小说习作选》集外，其余小说收入《全集》第 7 卷《虎雏》集。

据巴金回忆：“我和从文见面在 1932 年，那时我住在环龙路我舅父家中。南京《创作月刊》的主编汪曼铎来上海组稿，一天中午请我在一家俄国西菜社吃中饭，除了我还有一位客人，就是从青岛来的沈从文。我去法国之前读过他的小说，一九二八年下半年在巴黎我几次听见胡愈之称赞他的文章，他已经发表了不少的作品。我平日讲话不多，又不善于应酬，这次我们见面谈了些什么，我现在毫无印象，只记得谈得很融洽。他住在西藏路上的一品香旅社，我同他去那里坐了一会，他身边有一部短篇小说集的手稿，想找个出版的地方，也需要用它换点稿费。我陪他到闸北新中国书局，见到了我认识的那位出版家，稿子卖出去了，书局马上付了稿费，小说过四五个月印了出来，就是那本

《虎雏》。他当天晚上去南京，我同他在书局门口分手时，他要我到青岛去玩，说是可以住在学校的宿舍里。”（巴金：《怀念从文》）这是巴金与沈从文的定交之始。但巴金的回忆或许有误：如果小说交稿“四五个月”后才印出来，而《虎雏》出版于1932年1月，那么巴金、沈从文第一次见面的时间应更早一些。

沈从文编选的《刘宇诗选》由北新书局出版，书前有沈从文写的《序》。以《〈刘宇诗选〉序》为题收入《全集》第16卷《序跋集》。

2月4日

本日 国立青岛大学开学。

2月12日 致信胡适并寄送《虎雏》一册。收入《全集》第18卷。

2月28日 致信王际真并寄送《虎雏》一册，谈及“一·二八”战事时说，“中国人正在开始用血来证明民族的勇气。”谈及自己所受的恋爱之苦：“三年来因为一个女子，把我变到懒惰不可救药，什么事都做不好，什么事都不想做。人家要我等十年再回一句话，我就预备等十年。有什么办法，一个乡下人看这样事永远是看不清楚的！或者是我的错了，或者是她的错了，支持这日子明是一种可笑的错误，但乡下人气分的我，明知是错误，也仍然把日子打发走了。”收入《全集》第18卷。

小说《厨子》发表于《文艺月刊》第3卷第2期，署名沈从文。收入《都市一妇人》小说集（新中国书局）。收入《全集》第7卷《都市一妇人集》。沈从文后在《厨子》文前作题识：“应从厨子的口述中，看到听到的有分寸一一写下来。是一种新的控诉，方法上也可取。”（《题〈都市一妇人〉》）

3月14日 《国立青岛大学周刊》第46期发布为慰问上海各战士捐款数目表，沈从文捐款10元。

3月16日 小说《泥涂》开始在《时报》连载，至4月15日该报连载完毕，署名沈从文。收入《从文小说习作选》。收入《全集》第9卷《从文小说习作选》集。

3月27日 创作完成小说《贤贤》。

3 月 30 日　创作完成小说《静》。在小说的结尾，注明“萌妹述，为纪念姊姊亡儿北生而作”。

3 月 31 日　小说《贤贤》发表于《文艺月刊》第 3 卷第 3 期，署名红黑旧人。收入《都市一妇人》（新中国书局）、《黑凤集》（开明书店）。收入《全集》第 7 卷《都市一妇人》集。

4 月 28 日　致信沈荃。收入《全集》第 18 卷。

4 月 29 日　为无法如期交稿给《现代》事，致信施蛰存。

4 月 30 日　小说《凤子》开始在《文艺月刊》第 3 卷第 4 期连载，至 6 月 30 日该刊第 5、6 期合刊连载完毕，署名沈从文。收入《全集》第 7 卷《凤子》集。

诗歌《黄昏》发表于《文艺月刊》第 3 卷第 4 期，署名芸芸。收入《全集》第 15 卷《箪人谣曲》集。

按：这首诗经作者修改，曾插入小说《凤子 · 九日与夜》（《文艺月刊》第 3 卷第 5—6 期合刊）中，小说中这样解释：“这歌声只是一片无量无实滑动在月光中的东西，经过了堡上总爷的解释，城市中人才明白这是黄昏中男女分手时节对唱的歌，才明白那歌词的意义。”

四月　沈从文作序的李连萃短篇小说集《中学生小说（一名母亲）》作为“中学生丛书”之一由中学生书局出版。

5 月 1 日　小说《静》发表于《创化》第 1 卷第 1 号，署名沈从文。收入小说集《都市一妇人》（新中国书局）、《黑凤集》（开明书店）。沈从文后在《静》文前作题识：“十一年至平，大姐正生产，不久即返湘。北伐时，家中人与之同住常德，生活情况极劣，大小均期望过北方，未能成行，孩子因病逝去。九在青岛述及，因写成。”（《题〈都市一妇人〉》）收入《全集》第 7 卷《都市一妇人》集。

5 月 2 日　本日出版的《文艺新闻》第 53 期在“每日笔记”栏刊发沈从文致编

者的一封短简："生平还没有到任何地方演讲过，关于北平演讲事不确。"该信系回应4月4日出版的《文艺新闻》第49号"每日笔记"栏刊登的一则消息："沈从文被北平某学院院长邀请讲演。院长先介绍沈给大众，说：他老初见沈时还年轻，不想过几年这末大了！言下还不时伸手抚沈的头顶，沈低头而立。腼腆如子姪。"这是一则假消息。

5月9日　作家朱雯与罗洪于本日举行婚礼，沈从文写信致贺。

据朱雯回忆，"那天来参加我们婚礼的，除巴金外还有施蛰存，赵景深、穆时英、陶亢德等。沈从文去了青岛，没能参加，曾专程发来一封热情洋溢，诙谐风趣的贺信。"（朱雯：《重读巴金来信》）"吉日，得从文函，携以示洪，并相诵读；为述前信，相对嫣然。"（朱雯：《沈从文论结婚》）朱雯在《沈从文论结婚》（《申报·自由谈》，1933年1月8日）一文中首先全文引用了沈从文的这封信。后又以《给朱雯》为题收入谭正璧主编的《当代尺牍选注》（光明书局1935年11月版）。收入《全集》第18卷，编者在注释中说明本信写于1932年春。按：本信虽未署写作时间，但据朱雯与罗洪的结婚日期推断，当写于本年5月初。

5月28日　复程朱溪信。收入《全集》第18卷。

5月31日　修改小说《厨子》。

五月　创作完成小说《战争到某市以后》。

6月23日

本日　国立青岛大学放暑假。

6月30日　小说《晚晴》发表于《文艺月刊》第3卷第5、6期合刊，署名甲辰。收入《如蕤集》（生活书店）时改题《黄昏》。收入《全集》第7卷《如蕤集》。

小说《凤子》在本期《文艺月刊》刊毕，署名沈从文。收入《全集》第7卷《凤子》集。

本日　张兆和的小说《玲玲》发表于《文艺月刊》第3卷第5、6号合刊，署名黑君。后来，沈从文据此版本修改，改题《白日》收入《如蕤集》（生活书店），文后注明“改三三稿”。收入《黑凤集》（开明书店）。收入《全集》第7卷《如蕤集》。

六月《记胡也频》单行本由上海光华书局出版。收入《全集》第13卷《记胡也频》。

六月 创作完成小说《春》。

7月1日 小说《都市一妇人》发表于《创化》第1卷第3号，署名沈从文。收入小说集《都市一妇人》（新中国书局）。收入《全集》第7卷《都市一妇人》集。

小说《春》发表于《现代》第1卷第3期，署名沈从文。文末注明“（为海老而作）廿一年青岛”。收入小说集《都市一妇人》（新中国书局）。收入《从文小说习作选》（上海良友图书印刷公司）时注明“为樊海珊写”。收入《全集》第9卷《从文小说习作选》集。沈从文后曾在《都市一妇人》集中的《春》文后写有题识：“海珊时丧偶，在协和读书。廿七年由美回，三十二年返至开滦矿山工作，被盟军轰炸，与老母孩子同死去。”（《题〈都市一妇人〉》）收入《全集》第9卷《从文小说习作选》集。

7月8日 上午9时，中国教育电影协会在南京成贤街43号国民政府教育部大礼堂召开成立大会。沈从文为该会会员。“中国教育电影协会，为国内教育界艺术界名流所发起，其目的在研究利用电影，辅助教育，发扬文化，兼协助教育电影事业之发展。”（《教育电影协会成立》，1932年7月9日《中央日报》）

7月13日 作《一周间给五个人的信摘钞》中的“戊”部分。

7月22日 致信沈云麓。收入《全集》第18卷。

七月末 到上海，曾去看望丁玲。

七月 《泥涂》单行本由北平星云堂书局出版。

8月4日 小说《懦夫》开始在《时报》连载，至9月9日该报连载完毕，署名沈从文。收入《全集》第6卷《楼居》集。

8月8日 到苏州看望张兆和。“沈从文来苏州一趟，他算是得了一点胜利，三姐怕他不是很好看，我倒很愿意他们好。又有第六只癞蛤蟆，三姐说。四姐告诉我关于沈从文的事。真的，一个人都有些事真是要命，有些感情上的事连自己都不容易解决。”（《张宗和日记》第一卷）

按：关于沈从文第一次到张家去的情形，张允和有如下回忆：一天上午10时左右，沈从文从青岛来到苏州九如巷张家看望张兆和，因张兆和外出，张允和接待了沈从文，告诉他“三妹到公园图书馆看书去了，一会儿回来。请进来，屋里坐。”沈从文留下旅馆名称和房间号数后离开。同日，张兆和去旅馆邀沈从文到家里坐，沈从文对这一场景有如下回忆：“兆和站在门外，双手放在身背后。我请她进来，她却往后退了一步，涨红了脸，低低地说：‘我家有好多个小弟弟，很好玩，请到我家去’。”到家后，张兆和“让五个弟弟轮流陪伴沈先生。沈从文善于讲故事，孩子们听得入迷。听得最起劲的是最小最小的小五弟。故事一直讲到小主人们被叫去睡觉为止。”[①]

张充和在《三姐夫沈二哥》中有如下记载，兹录如下：

有一天，九如巷三号的大门堂中，站了个苍白脸戴眼镜羞涩的客人，说是由青岛来的，姓沈，来看张兆和的。家中并没有一人认识他，他来以前，亦未通知三姐。三姐当时在公园图书馆看书。他以为三姐有意不见他，正在进退无策之际，二姐允和出来了。问清了，原来是沈从文。他写了很多信给三姐，大家早都知道了。于是二姐便请他到家中坐，说：“三妹看书去了，不久就回来，你进来坐坐等着。”他怎么也不肯，坚持回到已定好房间的中央饭店去了。二姐从小见义勇为，更爱成人之美，至今仍然如此。等三姐回来，二姐便劝她去看沈二哥。三姐说：“没有的事！去旅馆看他？不去！”二姐又说：“你去就说，我家兄弟姐妹多，很好玩，请你来玩玩。”于是三姐到了旅馆，站在门外（据沈二哥的形容），一见到沈二哥便照二姐的吩咐，一字不改的如小学生背书似的：“沈先生，我家兄弟姐妹多，很好玩，你来玩！”背了以后，再也想不出第二句了。于是一同回到家中。

① 张允和：《半个字的电报》，《与二哥书》，第197页。

沈二哥带了一大包礼物送三姐，其中全是英译精装本的俄国小说。有托尔斯泰、妥斯陀也夫斯基、屠格涅夫等等著作。这些英译名著，是托巴金选购的。又有一对书夹，上面有两只有趣的长嘴鸟，看来是个贵重东西。后来知道，为了买这些礼品，他卖了一本书的版权。三姐觉得礼太重了，退了大部分书，只收下《父与子》与《猎人日记》。

来我们家中怎么玩呢？一个写故事的人，无非是听他讲故事。如何款待他，我不记得了。好像是五弟寰和，从他每月二元的零用钱中拿出钱来买瓶汽水，沈二哥大为感动，当下许五弟："我写些故事给你读。"后来写了《月下小景》，每篇都附有"给张小五"字样。[①]

八月　《论徐志摩的诗》发表于《现代学生》第2卷第2号，署名沈从文。

编者寿椿在《编后》中对这篇文章给予了很高的评价："最值得介绍的是沈从文先生《论徐志摩的诗》一篇东西。他不仅把志摩诗的特点，作风，说得恰到好处，而且把自有新诗运动以来的各个作家，都给以适当的批评。志摩的诗虽曾受过许多无聊的攻击，说他颓废或贵族化，然而像他那样丰富的思想，活泼的态度，和那样谐和自然的音调，在当今作者中，究有谁可与比肩呢？志摩死而有知，对从文先生这篇文章不能不认为是他的真正的知音了。"收入《全集》第16卷《新文学研究》集。

9月1日　小说《秋》发表于《新时代月刊》第3卷第1期，署名沈从文。收入《阿黑小史》（新时代书局）。收入《如蕤集》（生活书店）。收入《全集》第7卷《阿黑小史》集。

《一周间给五个人的信摘钞》发表于《现代》第1卷第5期，署名沈从文。收入《废邮存底》（文化生活出版社1937年版）时在标题前加了编号"一"。以《一　一周间给五个人的信摘录》为题收入《全集》第17卷《废邮存底》集。

① 张充和：《三姐夫沈二哥》，第335—336页，三联书店2016年版。

本日　《新时代月刊》第3卷第1期在“国内文坛消息”栏发布一则消息：《沈从文底新著》，全文如下：“名作家沈从文出版著作达五十余种，因有‘多产作家’之称。其作品另有一种作风耐人寻味；虽近年来摹仿他底作风的大有人在，然而有相当成功的却无几人。他底新著《阿黑小史》，及在《时代报》发表之《懦夫》皆为他近年来最得意之杰作，该二稿已售与新时代书局，编为‘新时代文艺丛书’，不久即可出版。”

9月10日　“上午三姐在看沈从文的信，看得心动，连我也有得看了，他的信写得像文章一样好。我以为爱是伟大的，无论如何我又以为爱的目的并不是为了结婚、为了养儿子，恋爱只是恋爱，恋爱把一个人的青春装饰得美一点，就是痛苦也是美的。三姐看了他的信，说他态度很好。是的，我也以为这样很对。他们定婚了没有，我也不知道。我想对于手续和仪式，将来总是要办的。”（《张宗和日记》第一卷）

9月12日　《国立青岛大学周刊》第61期发布消息《本校聘定各学系教授讲师助教》，沈从文被聘为中国文学系讲师。

9月22日　创作完成小说《月下小景》。

9月24日　创作完成小说《黑暗充满了空间的某夜》。

9月25日　张兆和收到沈从文寄的快信。“她先已经看过后，怕人说她再看，就装作看书，把信放在书里看。”（《张宗和日记》第一卷）

10月1日　小说《若墨医生》发表于《新月》第4卷第3号，署名沈从文。收入小说集《都市一妇人》（新中国书局）、《春灯集》（开明书店）。收入《从文小说习作选》（上海良友图书印刷公司）时加注：“为纪念采真而作”。收入《全集》第9卷《从文小说习作选》集。

　　小说《雨》再次发表于《新时代》第3卷第2期，署名沈从文。收入《阿黑小史》（新时代书局）。收入《全集》第7卷《阿黑小史》集。

10月13日　为《小说月刊》作《编后》。

10月15日　《发刊辞》发表于《小说月刊》第1卷第1期，无署名。沈从文在《发刊辞》中表明自己反对“宣传”的文学态度：“我们只会凭自己的一点呆力气握着笔写，不会用手执旗高呼，也不会叫口号，若是可能，只想用自己写出来的东西说话，把小说作为传单广告那全是聪明人的事情，我们是做不来的。我们没有任何方面的接济，不像那些有款的杂志，每月可以用钱来撑持杂志，办事人大家分点钱。我们也没有'立场'（这是最流行的口号），要有那便是'写写写'，站在客观的不加入任何打架团体作小丑的表演的立场上我们写一点而已，写坏了，自己负责。挂羊头卖猫肉是时新的，挂羊头卖鼠肉是更聪明会利用某种势力的人（或者说是守夜的）所为的，若使我们的羊肉不好，我们已说过，愿承认自己的力薄，不敢欺骗买主的。读者是买主，随近代经济势力的膨胀，已是无庸客气的了。某种阶级是'造福帮家'的，他们的'努力工作'的范围是自成系统的，他们对于文学，谢谢他们会讲人情，留了一点地方给我们试试，写文章是呆事，他们是不屑为的。什么东西到了中国来便要变。写文章也只有呆子们干了。"收入《全集》第16卷《编者言》集。

《编后》发表于《小说月刊》第1卷第一期，署名编者之丙。再次表明了自己的文学态度："我们的态度，发刊辞里可以约略的看出一点。我们不善于喊口号，也不想挂招牌竖旗帜。说是我们的本分，我们只用一种最最诚实一点也不花哨的属于乡下人的质朴心肠来从事这个。我们想拿这诚实去换得大多数读者的信任，我们也想拿一点努力的精神去得到一切爱好文艺者的同情。"收入《全集》第16卷《编者言》集。

本日 沈从文、林庚、高植、程一戎担任编辑的《小说月刊》创刊，杭州苍山书店发行。

十月 根据《智度论》创作小说《扇陀》、根据《大庄严论》创作小说《医生》。

11月1日 小说《病》发表于《新时代月刊》第3卷第3期，署名沈从文。收入《阿黑小史》(新时代书局)。收入《全集》第7卷《阿黑小史》集。

《现代》第2卷第1期影印发表了《沈从文之手札》，系沈从文4月29日致施蛰存信。收入《全集》第17卷《新废邮存底续编》集。

11月15日 小说《俛之先生传》发表于《小说月刊》第1卷第2期，署名沈从文。篇末注明"不完"。收入《全集》第6卷《楼居》集。

小说《黑暗占领了空间的某夜》发表于《申报月刊》第1卷第5期，署名沈从文。收入《如蕤集》时改题《黑夜》，并在文末加注：“纪念郑子参而作”。收入《从文小说习作选》(上海良友图书印刷公司)。收入《全集》第9卷《从文小说习作选》集。

11月16日　小说《节日》发表于《东方杂志》第29卷第6号，署名沈从文。收入小说集《如蕤集》。收入《全集》第7卷《如蕤集》。

十一月　小说集《老实人》改题名为《一个妇人的日记》由新中国书局再版。

十一月　小说集《都市一妇人》作为“新中国文艺丛书”之一由新中国书局出版，收入《都市一妇人》《贤贤》《厨子》《静》《春》《若墨医生》。收入《全集》第7卷。

按：沈从文后来陆续在自存校改本上做了一些题识：“书由巴金交书店付印。时在申住一品香饭店中，天极热，由武汉下行。”“这个值得重写，方可收入新集。”“西林至青（彼时尚未与袁太太结婚，袁先生尚生存），每日常在一处吃酒，曾因醉说了些空话。一多时任文学院长，实秋任外文系主任、兼图书馆长（蓝苹则在馆中任一书记）太侔任教务主任，今甫作校长，梦家作助教。”题识后以《题〈都市一妇人〉》为题收入《全集》第14卷《艺文题识录》集。

12月1日　小说《婚前》发表于《新时代》第3卷第4期，署名沈从文。该小说与发表于《新月》第2卷第1号上的小说《结婚以前》为同一篇小说。收入《阿黑小史》(新文艺书局)。收入《全集》第7卷《阿黑小史》集。

小说《医生》作为“新十日谈之一”发表于《新月》第4卷第5期，署名沈从文。收入小说集《月下小景》(现代书局)、《从文小说习作选》(上海良友图书印刷公司)。收入《全集》第9卷《从文小说习作选》集。

本日　《新时代》月刊第3卷第4期在“国内文坛消息”：“沈从文、高植、程一戎合编之《小说月刊》第一二期已出版。内容脱去一切‘有所为而为’的刊物的俗气与习惯。是一种好刊物。”

12月5日　致信某刊主编：“年来青年作家似有不少极有希望人材，能留出一部分篇幅注意安排其作品，在另一方面极有意义。流行习惯刊物多重‘清一色’，作家要‘自由’，无所属之无名作家与身居边远地域之作家，出路之不自由，诚非一般人想象所及。《×××》既重在一‘杂’字，能尽力为彼等设法处，盼不吝惜篇幅，积极的即无所主张，消极的至少或可为目前无法露面之作家帮忙不少。真的有希望的左翼作品，也许从这种解放中方可产生，不知尊意如何？”1949年2月，平衡编辑的《作家书简》（上海万象图书馆影印）收录了该信的手迹。收入《全集》第18卷。

小说《战争到某市以后》发表于《微音》月刊第2卷第7、8期合刊，署名甲辰。收入《全集》第5卷《衣冠中人》集。

12月8日　作《上海作家》。

12月15日　《卷头语》发表于《小说月刊》第1卷第3期，署名甲辰。收入《全集》第16卷《编者言》集。

杂文《甲辰闲话》发表于同期杂志，署名从文。以《甲辰闲话　三》为题收入《全集》第14卷《甲辰杂谈》集。

论文《上海作家》发表于同期杂志，署名岳林。收入《全集》17卷《文学运动杂谈》集。

《对于诗人的感想》发表于同期杂志，署名沈从文。本文并不是沈从文的新作，只是从《凤子》中摘录了两个片断，对个别字句做了增删，却也表明自己的态度。录以备考：

对于诗人的感想

沈从文

“时间使树木长大，江河更改，天地变色，少壮如狮子的人为尘为土，这个我们不能不承认。不过有多少事情，在其他方面极容易消失的，在我们记忆上，却永远年青。譬如一个女人，不尽只能在钟情于她的男子心中，永远年青，且留到诗歌上面以后，这女人在一组文字上，也永远有青春的光辉，如一朵花．如一片霞，照耀人的眼目。……”这是我请一个城里人替我说的。

“我不大明白诗人也不大尊敬诗人，因为我是一个在自然里生活的人。但照到你所说的诗人，我懂得你对于这种人的意思。在人类刑法中，有许多条款使人犯罪，很稀奇处作诗到现在还不算犯罪的一种。但毫无可疑，他们所作的事，却实在是多数的人同唯一的神都无从了解的。由于他们的冒失，用一点七拼八凑的文字，过分的大胆去赞美一切，说明一切，所以他们各得了他们应得的惩罚，就是永远孤独。但社会在另一方面又常常是尊重他们鼓励他们的，就因为他们用惯了那几千符号，还能保存一点历史的影子，以及为那些过分愚蠢的人，过分褊狭的人，（世界上这种人似乎又特别多，）告给一些自然的美同德性的美。这些事在一个乡下人可有可无，一个都市中人是十分需要的。一个好诗人像一个神的舌人，他能用贫乏的文字，翻出宇宙一角一点的光辉。……”这是我请一个乡下人替我说的。

——摘自《凤子》

12月25日　据《张宗和日记》：“回到三姐的公寓，接到沈从文的一封快信。上面有几句怕人的话，什么‘明天二十六号是我的生日，也就是我的……’不过我看了几遍，还看不出他一定要死，但是也说不定。三姐有点急腔，我说打个电报去要他来吧，她又不肯，要等明天再看看。他说的那封信包含着一篇惊人的故事，写了好久、好长的一封信。”

12月28日　沈从文到北平来看望张兆和，同时到清华大学看望在那里读书的张宗和、林庚、曹葆华等人，到燕京大学看望冰心。张宗和详细地记载了自己和这位未来的姐夫的这次见面：

三姐说的“大信”来了，果然是会说话会走路的，也许他已经到清华了。

林庚带了他们来，矮矮的一位，不用说，就知道他是那封‘大信’。

这位大作家值得我来说一说。他矮矮的不魁伟，但也并不孱弱，脸上还着一副红边的眼镜，眼也像很有神的样子，不像我想象的那样坏（因为我曾听三姐说他不好看）。脸色也还红红的，头发向后梳着，没有擦油，但还不乱。穿了一件蓝布皮袍子，有油迹子，皮革不亮，洋裤子也不挺，总之一切不是很讲究，也不糟糕。我对他的印象很好，因为我原先想象的他并没有这样漂亮，脸也不瘦，还有点肉。

进房间坐下来，我们就谈话了。大家因为原不相识，所以我没有话说，还是他问我到北京习惯不习惯，北京比苏州如何。我像小孩子一样，他问一句我答一句。后来谈到功课，我一会要去上课了，我说下课后去林庚房里找他们。我就去上课了，他们就走了。

下课后去找他们，有一位清华园内诗人曹葆华也在。尽谈学校里的事，清华怎样，他们青岛大学怎样，有时我也插几句。我想他们也许觉得我很“蹩脚”，什么也不行。为了他们高兴，我们课也不上了（我和林是小说也不用上了），陪他们到外面走走。他怕碰到熟悉的教授，不去图书馆。我们去气象台顶上看圆明园全景。从气象台下来，我们去合作社吃咖啡，四个人坐下来，他们大谈其文艺界的事情，什么徐志摩怎样，孙大雨怎样。我插不上嘴，因为他们许多人事我都不知道。

后来沈说星期六邀我一同去喝酒。曹问他能喝酒吗，他说能喝。还能喝很多。沈又说他明年将在北平住下来，把小房子收拾得干干净净的，特地多设几张床，准备他们进城去睡。林庚有朋友来，他得回去招待他们。我和曹送沈到大门口上车，他去燕京看冰心。

看样子他们和三姐的来信都很快乐，大概他们的事没有弄僵，而且弄得很好。①

12月31日　中午，沈从文到张兆和所住公寓看望张兆和、张宗和，一起用餐后再回张兆和住处。“我们说了很多，记得说了胡也频被捉去的情形，和丁玲把她的孩子送到胡也频母亲家去，他的母亲还不知道她的儿子已经死了。他很会说故事，有时候偶尔夹两句小说中的句子。谈谈，我忽然觉得我在当中不好。沈常常把三姐的手捉在他的手里，我想到他们能这样，一会儿一定也能那样了。如果那样起来，我在当中岂不是很不好吗。一直是我托词说要去看看北大的朋友，我就走了。我想沈一定想感激我。……吃完饭就回到三姐那儿，和

---

① 张宗和：《张宗和日记》第一卷，第263—264页，浙江大学出版社2018年版。

他们谈到十点钟。我回北大去睡，沈说要去住旅馆。我要他也去北大，他不干，他怕人对他说‘久仰久仰’。北京的夜晚静静的，路上没有什么人，我们一路走着，谈着。我好像他不是沈从文，不是大作家，倒像是我的一个朋友一样。”（《张宗和日记》第一卷）

本年

秋天　致信程朱溪。收入《全集》第 18 卷。

本年　Tchang Tien-ya 译的法文版《沈从文小说选》（*Choix de nouvelles de Chen Tsong-wen*）由北平政闻报出版社出版。

民国二十二年　1933 年　32 岁

1 月 1 日　日本军队进攻山海关。

5 月 31 日　中华民国政府与日本签订《塘沽协定》。

9 月　国民党对中央苏区发动第五次围剿。

11 月 20 日　中国人民临时代表大会在福州召开，福建事变爆发。

1月1日　上午，到张兆和住的公寓看望，遇张宗和。据《张宗和日记》第一卷："我到三姐公寓，沈已到了，在那儿写字了。沈大写其草字，把怀素的《自叙帖》写一遍，把三姐的写字纸都写完了。"

中午，赴杨振声约，客人中还有朱自清、梁思成、林徽因。据《朱自清日记》："赴今甫招，座有沈从文君，又有梁思成夫妇。今甫谈话甚佳，但不免有些做作耳。"

晚上，张兆和、张宗和请吃饭。

小说《扇陀》作为"新十日谈之一"发表于《现代》第 2 卷第 3 期，署名沈从文。编者在《社中日记》中说："检出沈从文先生的新作《扇陀》来看了一遍。这篇的故事本身是取材于《法苑珠林》的，文章也有意地羼杂着释佛经的语法，无疑地是从文的一种新的尝试。希望读者能够注意。"收入小说集《月下小景》(现代书局)、《从文小说习作选》(上海良友图书印刷公司)。收入《全集》第 9 卷《从文小说习作选》集。

小说《油坊》发表于《新时代》第 3 卷第 5、6 期合刊，署名沈从文。收入《阿黑小史》(新时代书局)。收入《全集》第 7 卷《阿黑小史》集。

1月2日　沈从文今日离京，张宗和送他到青年会坐车。"沈送了我一支钢笔，说此笔为三姐写了八十封信。到学校仔细一看，是 EVERSHAPP 的。"(《张宗和日记》第一卷)

1月8日　据《张宗和日记》第一卷："三姐在看沈从文来的信，我也看，还看了她自己做的小说《费家的小二》，是经过沈改过的。"

本日 朱雯在《申报》发表杂文《沈从文论结婚》，内中引用了多封沈从文致他的信，兹照录如下：

沈从文论结婚

朱雯

沈从文之小说，咸谓笔致老练，语句幽默，殊不知此君书信，犹多谐谑，颇足令人发笑。犹忆十九年盛夏，彼值逭暑吴淞，曾遗函于予，论及结婚有云：

"我因为自己是个老人了，所以见年青人有太太，即或还无资格成婚，也劝这人冒险。(还有笑话是我还做过三次媒人)。所以我劝你特别努力写文章，也劝你冒点险去结婚。事业比起女人来事业是又算不了什么东西了。人是只有年青才可佩服，其他全是空的。不过自己年青，却成天在自得自足中过日子，不知道好好的去生活，那年青的人又好像是不足道了。爱女人，爱朋友，爱生活，好好的去做罢，年纪大了一点，一切都完了。女人是只有年轻才值价的，让年轻女人在空气里老去，这是男人的罪过。"

去春，予与罗洪结婚于沪，从文适在青岛，未及莅止。吉日，得从文函，携以示洪，并相诵读；为述前信，相对嫣然。盖彼曾怂恿结婚，顷见予之喜柬也。函谓：

"贺喜你，新婚以后日子过得很好。你那喜柬若发去一份就预备了一分喜酒，我倒很希望我的那一份你为留下，等到我六月来上海看你的新家时再吃，办喜事的一天一定十分热闹，可惜得很，不能看看做新郎的神气。上两年赵景深做新郎时，倒很有趣味，人胖胖的穿上从什么铺子里租来的礼服，为了临时找寻一颗扣子或一根皮带，许多人乱乱的各处走去，新郎只是向裤带边一个口袋掏手巾，擦脸上的汗水，又尽只把头昂起扭到一边去，似乎很为那一条硬领子折磨到下巴。过一会儿，外面放起炮来了，打锣了，吹洋号打洋鼓了，可不知谁还逼到他去在大堂上像做诗一样赞美太太两句话，他也居然还记得从他荷花集子上寻出几句很旧的话，且引了周作人几句话，到后，自然就轮到一面奏乐一面吃酒那一件事了。看了这么一回，到如今还觉得比他的小说生动有趣味。从那个故事想到你们结婚，也一定是很使人快乐的。

将来预备住到上海还是仍然到苏州去？若果两个人不缺少那种方便，在这样满地是花的春天，到北京去一次，倒不是一个无意思的旅行。人家都说在青岛过蜜月，丈夫可以更温柔一点，太太也可以更快乐一点；你们是那么年青幸福的人，若来青岛恐怕会受天所妬嫉，成天给你一次雨，一堆雾，一阵风。青岛这地方，就正像是知道春天有许多年青人结婚，都不忘记青岛去各处很近，地方又静，一定有人要预备来玩玩的，所以长年气氛都极好，就只这个春天，一大堆日子，都差不多极坏极坏。这里夏天是可以来玩玩的，海同天不同形容的各种颜色，使人十分和平。

希望你替我为你那位太太请安。天保佑你们，此后尽是两张笑脸过日子。”

1月20日　根据《太子须大拿经》改写小说《慷慨的王子》。

1月29日　沈从文到苏州看望张兆和。

张充和对沈从文此次在苏州的经历有如下描述：“第二次来苏州，是同年寒假，穿件蓝布面子的破狐皮袍子。我们同他熟悉了些，便一刻不离的想听故事。晚饭后，大家围在炭火盆旁，他不慌不忙，随编随讲。讲怎样猎野猪，讲船只怎样在激流中下滩，形容旷野，形容树林。谈到鸟，便学各种不同的啼唤，学狼嗥，似乎更拿手。有时站起来转个圈子，手舞足蹈，像戏迷票友在台上不肯下台。可我们这群中小学生习惯是早睡觉的，我迷迷糊糊中忽然听一个男人叫：‘四妹，四妹！’因为我同胞中从没有一个哥哥，惊醒了一看，原来是才第二次来访的客人，心里老大地不高兴。‘你胆敢叫我四妹！还早呢！’这时三姐早已困极了。弟弟们亦都勉强打起精神，撑着眼听，不好意思走开。真有‘我醉欲眠君且去’的境界。”[1]

1月30日　和张兆和、张充和一起送张宗和至苏州火车站。

---

① 张充和：《三姐夫沈二哥》，《张充和诗文集》，第225—336页，三联书店2016年版。

2月1日　小说《月下小景》发表于《东方杂志》第30卷第3号，署名沈从文。先后收入小说集《月下小景》(现代书局)、《从文小说习作选》(上海良友图书印刷公司)。收入《全集》第9卷《从文小说习作选》集。

二月底　作诗。后以《阙题残诗》为题据手稿收入《全集·补遗卷1》《忧郁的欣赏》集。

3月1日　小说《阿黑小史》作为“新时代文艺丛书”之一由新时代书局出版。收入小说《油坊》《秋》《雨》《病》《婚前》。收入《全集》第7卷《阿黑小史》。后来，沈从文曾在此单行本封面、扉页写下题注：“后来《雪晴》第二，各篇章均从抒情为起点，将来宜两者合而为一。”“本书用乡村‘牧歌’体裁，用离城四十里的高岘满家油房作背景写成。约民七前后，曾住此村子里约卅天。另写有《雪晴》六章，叙述较好。十七年已刊过的散失。住叔远家，约十天。院中有一大胡桃树。叔远哥哥当家，后于病床上被仇家拖到院下砍碎，将肢体五脏挂于树上，呼啸散去。其子时二岁，改住城中，八岁时上坟，又复为仇家杀死。叔远则于十二年同至北京，因为恋家，回即结婚死去。”(《题〈阿黑小史〉单行本》,《全集》第14卷《艺文题识录》集)

根据《五分律》创作的小说《猎人故事》作为“新十日谈之一”发表于《新月》第4卷第6期，署名沈从文。收入《月下小景》(现代书局)、《从文小说习作选》(上海良友图书印刷公司)。收入《全集》第9卷《从文小说习作选》集。

3月7日　作诗歌《微倦》。

3月22日　在青岛创作完成小说《早上——一堆土一个兵》。

三月《慷慨的王子》列入“一角丛书”由上海良友图书印刷公司出版。

4月10日　根据佛经故事《生经》创作小说《一个农夫的故事》。

4月17日　创作完成小说《寻觅》，这篇小说系根据佛经故事《长阿含经》《树提伽经》《起世经》改写。

4月22日　根据佛经故事《杂比喻经》创作完成小说《女人》。

四月初　卞之琳从北京来访，“沈因《群鸦集》出版无期，不顾自己手头拮据，坚持交下三十元，嘱在北平自印新作诗集。《三秋草》即以此三十元印三百本，五月出版，由新月书店代售。”[①]《三秋草》于1933年5月5日出版，沈从文题写书名，并亲自做书的发行人。

四月 创作完成小说《来客》。

5月1日　小说《早上——一堆土一个兵》发表于《东方杂志》第30卷第9号，署名沈从文。收入《如蕤集》(生活书店)。收入《全集》第7卷《如蕤集》。

诗歌《微倦》发表于《西湖文苑》创刊号，署名季蕤。收入《全集》第15卷《忧郁的欣赏》集。

5月4日　致函胡适，告知胡适自己已经订婚：“人就是在中公读书那个张家女孩子，近来也在这边作点小事，两人每次谈到过去一些日子的事情时，总觉得应当感谢的是适之先生：‘若不是那么一个校长，怎么会请到一个那么蹩脚的先生？’”在谈及《阿丽思中国游记》时说：“这书印时校得太疏忽了些，有很多地方读不下去，若果书须寄过外国，我想最好还是把我这边两本校正过的寄去，似乎像样子些。虽篇章之间，涂得很乱，但既为作者亲自校正的，想来并不碍事。”收入《全集》第18卷。

5月5日

本日　由沈从文资助的卞之琳的诗集《三秋草》出版，沈从文是本书的发行人，总代售处是新月书店。卞之琳在《我的“印诗小记”》回忆了这本书的出版过程：“第一本印成的诗就算《三秋草》了。去年春假，卖掉了十首旧译的《恶之花》给《新月》(当时为叶公超先生主编)，路费有着，到青岛去找孙大雨、沈从文两先生玩，谈起印诗事，从文说他出钱给我印一本。虽然我曾见到他抽屉里有几张当票，他终于做了一本小书的老板了。回北平后，经当时清华周刊总编辑马玉铭兄介绍到某印刷局印我在二十一年秋天三个月内写成的十八首诗，即《三秋草》。印刷局里人不大瞧得起这个小册子，说起来总是‘那本小书，那本小书’，我却偏要麻烦，要穿钉，要不裁边又要齐整……最麻烦的

---

① 张曼仪编:《卞之琳》，第304页，人民文学出版社1990年版。

还是纸。当时（现在恐怕一样）在号称文化区的北平，印新式书最讲究的纸就只是重磅洋宣纸和道林纸了。罗大刚兄陪我走了许多家纸店，找到的也只是这两种。有趣的是：在前门外一家纸店，拿一本象牙色纸的书给伙计看，问他有没有那种纸，他说有，拿出来一看，还是洋宣纸，听我们说一黄一白，怎么会一样呢，他就带了一副瞧不起外行人的神气说‘那不过旧了点。比较中意的是在一家找到的毛道林，可是只有八十磅的，印这本小书怕薄的不成样子。多亏大刚异想天开，想出了一种纸，拿去一试，果然很合适，结果花钱不多，印出来的三百本小书却不十分寒伧。’”[①]

5 月 14 日　好友丁玲被捕。

5 月 23 日　在文化界 38 人为营救丁玲事联名致南京国民政府行政院、司法部的电文上签名，电报全文如下：

南京国民政府行政院汪院长司法行政部罗部长钧鉴，比闻著作家丁玲、潘梓年，突被上海市公安局逮捕，虽真相未明，然丁潘两人，在著作界素著声望，与我国文化事业，不无微劳，元培等谊切同文，敢为呼吁，尚恳揆法衡情，量予释放，或移交法院，从宽办理，亦国家怀远右文之德也。蔡元培，杨铨，陈彬龢，胡愈之，洪深，邹韬奋，林语堂，叶圣陶，郁达夫，陈望道，柳亚子，俞颂华，黄幼雄，傅东华，樊仲云，夏丏尊，黎烈文，江公怀，李公朴，胡秋原，沈从文，王鲁彦，赵家璧，蔡慕晖，彭芳草，马国亮，梁得所，叶灵凤，徐翔穆，杨邨人，沈起予，戴望舒，邵洵美，钱君匋，穆时英，顾钧正，杜衡，施蛰存等同叩。[②]

5 月 24 日　《申报》以《蔡元培等电京营救丁潘》为题发表了致行政院司法行政部的电报全文。

5 月 25 日　作《丁玲女士被捕》。

5 月 26 日　张宗和来青岛看望沈从文和张兆和。

晚上，沈从文把床让给张宗和，自己睡到地下。

---

① 卞之琳：《我的“印诗小记”》，见郑振铎、傅东华编《我与文学》，第 145—146 页，生活书店 1934 年版。

② 据 1933 年 5 月 24 日《申报》消息。

5月28日　端阳节。凌晨，与张宗和一起“起来看这儿的风俗，端阳的夜里，这里的人都要到山上采艾——‘爱’。今天有人请客逛崂山，是青大的教授陆逵，同去的有沈先生的朋友兼青大的教授兼诗人孙大雨、赵先生、三姐、沈先生、我、九妹，共六人。”(《张宗和日记》第一卷)

为丁玲被捕事致信蔡元培，请求蔡出手相救。信未收入《全集》，信件原文如下：

孑民老先生：

往岁因友人胡也频君事，多费长者之力，虽其人终因莫须有之狱，从此即无下落，然为年轻人主持公道，先生热心处，固不忘也。

今者，青年作家丁玲女士，据闻又被捕去，捕去以后，即无消息，不卜死生，难知吉凶。政府既非法逮捕于前，故捕去以后，亦复俨然若无其事于后，为时稍久，节外生枝，其结果则如往岁胡也频案，以失踪作为结论。

窃意政府此种态度，行于以党治国之今日，实为党治之羞。青年人思想稍激，不满现状，亦复事之常理，政府能善其处置，即可成为一促进社会之动力。今政府对于此种有希望之青年人，惟知秘密逮捕，秘密残杀，一、二青年之牺牲，固属小事，惟从此类政策中所造成之风气，对于国家前途，尚复何望？比年来政府亦尝有所谓文艺政策，惟于二、三庸鄙自喜之徒，则出钱收买之，于稍有希望之作家，则除横施摧残外，无他法，其为计也，宁非至短？

此时所赖，惟国民党中二、三硕德重望如老先生者，能为力张正义，所以救青年，即所以救国家也。老先生于中央方面能不吝一言，俾被捕者可至法庭审判，不致于又如往年胡君之案，造福于青年者多矣。肃此渎□，敬叩

健安

沈从文敬启　五月廿八日[①]

① 蔡元培：《复沈从文函（附：沈从文函）》，《蔡元培全集》第13卷，第192—193页，浙江教育出版社1998年版。

5月30日　据张宗和日记："三姐病了，沈先生办公，九妹也不在房里，只我在她房里陪着她。……三姐只这一点小病，就急坏了一个人，他忙死了，一会儿问这样，一会儿问那样。"（《张宗和日记》第一卷）

5月31日　晚上，请孙大雨、赵龟王、陆逵等人在味苑吃饭。

五月　小说《善钟里的生活》被选入贺玉波编的《日记文作法》（广益书局）。

6月1日　绘画《伏虎图》发表于《西湖文苑》月刊第1卷第2期，署名季蕤。作品未收入《全集》。后收入《全集·补遗卷1》《甲辰杂谈》集。

文论《〈三秋草〉》发表于《西湖文苑》第1卷第2期，署名沈从文。文章系为卞之琳的诗集《三秋草》写的评论，文章对卞诗的简朴大加称赏："我也爱朴素的诗。它不眩目。它不使人惊讶。它常常用最简单的线，为一个飘然而逝的微笑，画出一个轮廓。或又用同样的单纯的线，画出别一样人事。由于作者的手腕，所画出的一切，有时是异常鲜明美丽的。它显得不造作，不矜张。作者用字那么贫俭，有时真到使人吃惊地步。由于文字过简，失去一首诗外形所必需的华腴时，它不能使大多数人从讽读上得到音调铿锵的快乐。用某种体裁来作诗的型范时，它比起来又常不像诗。但它常有一个境界。这境界不依赖外表的华美来达到。（这分长处就够足抵补各种短处而有余了。）它所写的常常是一种作者的'心境'。作者用各样官能去接近这个世界时，他只是沉默。它不夸张。它常常仿佛十分温和，同时也十分安详。（世界上日月星宿的光，在作者眼睛中好像正确一些。）它仿佛同宇宙更接近许多。它教给我们的不是血压奋兴。它不给我们感情骚乱，却只使我们感情澄清透明。别的诗多在我们的口上熟习，这类诗却常常在我们心中十分熟习。卞之琳君的《三秋草》，就是我所说的一本简朴的诗。"本文未收入《全集》。

本日　蔡元培在接到沈从文请求蔡出面营救丁玲的信后，复信沈从文。信件原文如下：

从文先生大鉴：

手书敬悉。丁玲女士事，已为多方营救，尚不知下落。丁女士有

否家属？是否寓沪？先生如知之，希便中示及。专复，顺颂

台绥

蔡元培敬启　六月一日[①]

6月4日　作《丁玲女士失踪》。

为丁玲事致函胡适，感谢他“向各处说话”的同时，对国民党的政策提出强烈质疑：“国家既纷乱到毫无头绪，为了一个政策的推行，把几个反对这种政策的人弄死，并不算得什么稀奇事情。因为拥护自己的政策，牺牲一些人，在共产党看来也一定认为十分平常。不过在共产党中尚以为不合理的‘暗杀政策’，若国民党居然用来为目前对付作家的唯一手段，这手段对于个人牺牲不足道，对于各方面所得的‘印象’和‘影响’，真不大好！恶例一开，由于这种不聪明的政策所造成的局面，恐怕将比我们所想象到的坏处还坏。一面是凡用笔对政府表示不平的年青人皆有凭空失踪的可能，一面是另一方面同样手段的报复，中国还成个中国不？先生提倡人权有年，且因提倡人权，每当说过了些比较公平的话时，就吃过政府的小亏，在这件事情上还盼望能主持公道，说几句话，提醒一下政府。政府既尽作胡涂事于前，就不能禁止年青人作胡涂事于后，恐怕作家尽全力提倡被治者与被虐待者用暗杀来对于政府行为作报复时，政治上将更多一重纠纷，中国也更多一种坏习气。有了这种纠纷，已发生这种坏习气，以后要和平处置，也就不大容易处置了。年来政府对于左翼作家文艺政策看得太重，一捉到他们就杀（内地因此杀掉的很多），其实是用不着这样严厉的。另外一方面又似乎把文艺政策看得太轻，毫不知道用什么方法去把几个较有名较有力的作家好好去培养起来，从作品上输给年青人一个生活态度，一个结实自重耐劳勤学的为人态度，只知道用一些钱去办一批刊物，却不问刊物用处，两方面实在皆作得极其愚蠢。”收入《全集》第18卷。

《丁玲女士被捕》刊载于《独立评论》第52、53期合刊，署名沈从文。沈从文在文章中义正词严，抗议政府知识青年的罪行：“如今丁玲女士究竟押在何处，无人明白，所犯何罪，也不明白。且据传说，则其人又有业已为某方害

---

① 蔡元培：《复沈从文函》，《蔡元培全集》第13卷，第192页，浙江教育出版社1998年版。

死的消息。这传说我希望它不是事实，但政府也应当用别的方法证明这是个不实谣言，且应当即刻公开审讯。人若当真已死去，活埋也好，缢杀也好，仿照别一处处治盗匪方法套石灰袋也好，政府既只知道提倡对于本国有知识青年的残杀，所用方法，即如何新奇，我也绝不至于因其十分新奇，另外提出抗议。因每个国家使用对知识阶级的虐杀手段时，行为的后面，就包含得全个的愚蠢。这种愚蠢只是自促灭亡，毫无其他结果。”收入《全集》第13卷《记丁玲续集》。

同期《独立评论》载有胡适写的“编者附记”：“此文排成后，已校对上版了，今日我得着上海市长吴铁城先生来电，说‘报载丁玲女士被捕，并无其事。此间凡关于一切反动案件，不解中央，即送地方法院。万目睽睽，决不敢使人权受非法摧残。’此电使我们很放心。因版已排成，无法抽出此文，故附附记此最近消息于此，以代更正。”

6月5日　小说《寻觅》作为“新十日谈之一”发表于《青年界》第3卷第3期，署名沈从文。收入《月下小景》(现代书局)、《从文小说习作选》(上海良友图书印刷公司)。收入《全集》第9卷《从文小说习作选》集。

6月12日　晚上，与张宗和、九妹一起散步。

《丁玲女士失踪》刊载于《大公报·文学副刊》第284期，署名沈从文。文中说：“中国当前有两个危机，一面是国家那么穷，一面是国家那么乱。一切皆似乎毫无头绪可言。国民党为了自己政策的推行，弄死几个反对这种政策的人，并不算得什么稀奇事情。因为拥护自己的主张，牺牲一些人，在共产党看来也一定认为十分平常。不过在共产党看来尚以为极不合理的“暗杀政策”，若国民党居然用来作为对付目前一个平常作家的手段，这种政策实在同愚蠢只隔一间。这种手段对于个人牺牲固不足道，对于各方面所得的印象和影响，将成什么结果？照我个人看来，恶例一开，由于这种不聪明的政策所造成的局面，他的坏处恐怕将超乎我们所想象到的坏处以上。一面凡是用笔对政府表示抗议的青年人，皆有凭空失踪的可能，另一面是学会了用同样方法的报复。若必须到那时节再来清算过去错误，为时未免晚了一点。政府应当明白，尽把一些稍有生气的青年作家捉去秘密解决，是不成的。这种愚蠢事作了不止一次，实在不应当再作下去。”收入《全集》第13卷《记丁玲 续集》。

6月13日 下午，与张宗和、九妹岳萌一起去海边。“我们找了一艘小船，划了去‘小青岛’。今天天气好，没有风浪，站在大石头上看浪打上来，一个大浪打上来，打湿了我们的衣服。九妹怕，不敢站上来了。三个人并排躺在沙滩上，用绢子盖在脸上。沈先生躺下后就开始讲故事，我们闭着眼睛听，他说一句，九妹就‘唔’一声。后来他讲讲觉得没有兴趣了，我们就拍拍衣服回来了。”（《张宗和日记》第一卷）

6月14日 去杨振声家。

因沈从文不守时，张兆和颇为生气。张宗和日记中记载了他们“吵嘴”又“和好”的过程：

> 走进她的房间，一个躺在床上脸朝里，一个坐在椅子上，脸也板着。我看这情形就知道不对。我要三姐起来去吃饭，她一定不肯，说什么要上课啦，腿酸啦，嘴腻啦，总之，就是不吃饭。沈先生在边上接过来说，她今晚不吃饭，我明天中（早）上也不吃饭了。说了又笑，我真猜不透他们到底是真闹还是假闹。说真闹吧，有人在笑；说假闹吧，有人在哭。他们要我和九妹吃饭，鄙人没有法子，只得回来。我出来，忍不住大笑。
>
> 回来告诉九妹，怎么办呢，我们叫人把食物送了过去。我们两个人吃饭，一边吃一边议论，她就说她二哥脾气不好，说好的什么事常常失约，老是叫人等。我说三姐这么一点点小事也值得这样僵。她说三姐气得有道理的，是应当的，她站在那里等了大半天，怎能叫人不生气呢。吃完饭我们去看看，进门去，我们大笑，原来他们把送去的菜饭都吃完了。
>
> 沈先生就夸他自己怎样的威吓她，要她吃饭，又说她本来就想吃饭了，但又不得下台……三姐也不辩，我猜其中一定有假话。后来我问三姐，她说“他本事大么”。[①]

---

① 张宗和：《张宗和日记》第一卷，第319页，浙江大学出版社2018年版。

6月15日　与张兆和商量结婚的事。

6月16日　小说《一个农夫的故事》作为“新十日谈之一”发表于《东方杂志》第30卷第12号，署名沈从文。收入小说集《月下小景》（现代书局）、《从文小说习作选》（上海良友图书印刷公司）。收入《全集》第9卷《从文小说习作选》集。

6月17日　与张兆和、张宗和、沈岳萌一起到海边散步。

6月18日　与张兆和、张宗和、沈岳萌一起到沙滩散步。

6月19日　张宗和离开青岛回家。晚上，与张兆和、沈岳萌一起到火车站为张宗和送行。据《张宗和日记》：“他们不知在哪儿借了十五块钱，替妈妈买了一床山东绸的毯子，替爸爸买了一件古懂。一路又买了许多东西，直到回来一个钱也不剩了。”

6月22日　修改《一个农夫的故事》。

六月上旬　张宗和来青岛看望沈从文和张兆和，记下了1—11日间的一些趣事，摘录如下：

> 玩也玩了不少地方，常常去散步。我们还去湛山一趟，那时有许多小木头房子，是有钱人的别墅，现在都关着在，没有一个人住在里面。海滨的沙滩沙顶细，顶干净，沈先生就在沙滩上竖蜻蜓。我们去忠魂碑、德国教堂、总督府。那天晚上我们去教堂，没有月亮，我们坐在教堂的台阶上，听一声声的钟声缓缓的、轻轻的飘散在每一个人的心中。远远的灯火，使人疑心他［它］们是星星。

见过一次大场面。那一晚上，沈从文请客，请的全是青大的教授，如梁实秋、杨振声、赵太侔、赵少×、游国恩、吴××、张××，还我认得的陈逵、赵龟王，一共十四位客。他们这些教授，到了席上，教授的尊严像是会失了，闹酒划拳。……

沈先生来邀我到炮台玩。他还带了手电筒，从一个小洞里爬下去，转那个瞭望台，倒好玩。

> 到吃饭的时候，我们全等在那儿，但他的九妹老是不来。沈先生急了，便和三姐去找。我心里有点慌，假如人真的不见了，那才糟

呢。我陪两位客人吃饭，吃完饭他们还没有回来。我听到门外有轻轻地皮鞋声，我望窗子里望出去，正是他们急得要死所要找的人回来了。我跑去告诉她他们去找她去了，她说她去看电影去了，还说我为什么不拦住他们。我说："你听我怎样说才好，人家都急死了，分头去找你，我怎么能拦人家呢？"一会儿三姐他们回来了，我送客走回来看见她眼睛通红的。吃了饭，沈先生兄妹出去，我和三姐在。三姐告诉我说，早上沈先生不知为什么说了九妹几句，故九妹今晚老不回来，沈先生顶怕出什么事情。吃饭的时候，是沈先生先哭了，这样一来，九妹也哭了。她说是因为你们对我太好了。他们这两个人真好，因为多年在外共同受了生活的磨难，使他们变得更加的相爱，尤其是做哥哥的，几乎每一个时辰都关心到她的妹妹，吃饭穿衣，像母亲招呼孩子似的，总是招呼得很周到。这妹妹呢，却古怪，三姐说她有时懂事，说起话来像大人一样，但有时又像小孩子似的。……

三姐每天都在办公七小时，只有吃饭的时候才能看见她。三姐也变了，往常人一说她，她就脸红，现在俨然是主妇的样子，料理厨房，算一天要用多少钱。每天到他房里拉着手在她耳边说话，她也习以为常了。有一次他们又坐在一块，我开了房门要出去。他们笑着把我拉回来，说"现在不用了再装吃醉酒了"。我倒被他们说得有点难为情。①

六月 在青岛创作完成小说《三个女性》、散文《〈记丁玲女士〉跋》。

7月1日 小说《女人》作为"新十日谈之一"发表于《现代》第3卷第3期，署名从文。收入小说集《月下小景》(现代书局)、《从文小说习作选》(上海良友图书印刷公司)。收入《全集》第9卷《从文小说习作选》集。

1930年致丁玲信以《废邮存底》为题发表于《西湖文苑》第1卷第3期，署名甲辰。文后说明"这是我1930年在武昌时写给最近失踪的丁玲女士若干信

---

① 张宗和：《张宗和日记》第一卷，第316—318页，浙江大学出版社2018年版。

中的一封信　从文识”，由此可知这是写给丁玲的一封信。这是一封表明自己对女性问题看法的信，对研究沈从文的女性观至为重要。本信未收入《全集》，信件全文如下：

××：

你的信我见到了。你说一切问题都应由专门的研究者来解决和讨论，谈到妇女问题时，你自己便感到一种责任。你不是‘妇女问题研究者’，但你是一个‘妇女’，所以从责任或权利各方面着想，你都有资格说你对于这问题的一切意见。××，我同意你这个提议。你是个写小说的人，所以你打量在你的创作上容纳你整个的见解，不必问措辞能否得体，但我相信你一定可以说到一些男子疏忽了或误解了的地方，那是毫无可疑的。你自然能够使一些人对于你这个工作十分同意，你自然不会把你这个工作放到空虚意义上努力。现在关心这个问题的大有其人，另外还有更多的人，即或不怎样关心到这件事上，但你得相信，他们对这问题仍然感到“趣味”。不要小看这个“趣味”。懒惰的中国人，对于一件事情能够使他们从懒惰的积习里发生趣味，也就很不容易了！

××，你问我对这个问题有么意见，我很为难。我是一个男子，我的性格又不什么同你们女人谈得来，凡是你们欢喜的我常常觉得可笑，凡是另外男子注意的，我也觉得好笑。一个生活仿佛同人离得很远的人，他的见解自然也不会与人相近的。我想说，我没有什么好见解。我有的只是“偏见”。我对于女人措辞永远是不甚得体的。我将说：女子由我看来只是一样“东西”。我说这个时，凡是你们以为男子应给你们的“尊敬”处，我并不缺少，你们以为男子应给你们的“宽容”处，我也不因此失去。虽然有许多男子，他们却常常既不要人尊敬，也不要人宽容，还仍然能够老虎一样骄傲雄强的活到这世界上，我认为是人的女子，她就应当如此计算她过日子的方法。可是若女子以为这只是“属于男子的品德”，我也应承认这解释有些理由。

女子若有了这种“个性”，使自己单独无所依恃的活下来，既不要社会的特权，又不承认自然派给她的一分，她只要做一个“人”，那许多男子活到这世界上，一定感到生活没有趣味，另外还有一些男子，又一定感到十分威胁恐怖了。前一种男子是预备作好丈夫的人，后一种男子是正在作好丈夫的人，两种人生活观念常常有不同处，他们对于女人，这两种男子却有同一的见解，就是并不想到女子会从“女子”的身分上离开，来取到一个“人”的身分。轻视女子或尊重女子，同样却皆在无形中把女子看成“东西”，已不当作一个人了。

“人”是不应当有多少特权活下的。一切社会制度的恩惠，一个好男子，他决不会注意到它。一切社会制度的恩惠，只颁给那些俨然遵守秩序的公民。这世界，女子为了作母亲的原因，所得的社会地位，是全在一种恩惠意义下取到的。一个明事女子，她便知道她所得到的社会特权，常常超越了男子若干倍以上。若果她聪明一点，她还可以取到更多的权利。 若放弃了这些特权，有许多名为受过高等教育的女子，是即刻就得挨饿的。她们学了许多，学会的还是不外乎承认特权与享受特权。她们是“家庭”的，不是“社会”的。别在名辞上分辩以为家庭并不在社会以外。我懂那个意思。我说的是女子不适宜于到普遍社会里来同“一切生活”作战，她因此更不能同“习惯”作战。习惯不利于女子很多，性道德是其中之一种。关于这个偏见，我在给 ×× 的信的一段里稍稍提到一下，我没有在某一种女子的生活调查里，找寻到那些统计上的数目，作为我承认女子自觉的证明，我没有从什么作品里，看到一般人对这问题的正确意见。大体这个问题是为人所注意到却从无人愿说到的。一个男子若能考量一下他自己的家庭生活，他会发生可笑的结论，以为“太太”是一个“太太”，不十分像一个人。一个女子若能注意一下自己，她先得到的困难就可以使她倒下，无从重新爬起。

许多女人都以为自己是解放了，因为在一般事业里，我们都已见到女人的白脸同衣裙了。许多事业里都有了女子的地位，甚至于在世界上任何一国家还没有女子一分的军人事业，我们的国内，凡是稍稍明白二十年来政治的，就不敢否认女子在这方面进行调解或增加纠纷的能力。但这能力，不问是小小职业如女招待一类，或大……，是出于女子的“竞争”，还是出于女子的“呼吁”？既不竞争又不呼吁的女子，一点点所得，其实就多数只是在一种“赏赐”与“恩惠”意义下得到。名为最进步的一簇女作家，她们所得的一切，也还是由于俨然女子的特殊便宜，就不是平等的竞争的结果。她们不否认这个特权的独占，甚至于忘却了这其间有些不是自己应当得到的东西。她们不能努力做人，就不下于一个平常家庭中的少奶奶。所不同的是后一种人知道一切权力操之于男子手中，不敢多事，前一种人知道男子给了她一些权力，引起了她们的贪欲，更需要这种赏赐较多一点罢了。小小的做作，换取大量的阿谀，有些女作家是那么活着下来的。她们从不拒绝过任何优待，同时在这优遇情形中，女子就算是得到解放了。其实不行的。她们应当明白这是件可羞的事情，但无一个人愿意明白它。

××，原谅女子，别太苛责到她们，我知道，我们得原谅她们的。一个女子她不能同我们竞走，这是自然的。我们不适宜于用一个健康的男子的一切能力，期待一个女子。我们可以保留这个希望，等候一个长长的年份，帮助她们坚实长成。不过，说到了这些，我的偏见得到了一个结论，这结论，很可以作为你所关心的一种问题参考，我希望你别忘记女子还是一种“东西”的意见。在一切事业里，并不缺少那种以为“女子是人”的观念的人，可是我却不见到一个女子愿意忘掉了由于历史所给的（等于性的购买）所给的[①]优待，来同男子作一切生活竞争，具一切男子独立的观念，而活着打发日子。××，倘若你写创作，你要在作品中有一个理想女子，就写那么一个新的女子罢。这女子，别的什么技能都没有也不怎么重要，她至少应有“自己的见解”，这见解，却不是为男子方便的打算，

① 原文如此。疑第二个“所给的”为排印错误。

只为自己尊严而打算的。

应当写一个真能自私的女子。她不庸不懦，她自私可以使她伟大。她不必如菩萨以善心待人，她应作英雄同一切抗议。女子中要这样女子，在现在似乎不道德，然而因为有这种女子，另一时才能有另一种新的人的道德产生。

……………………………………

别以为我是骂了你们，我实在同你太熟了一点，才说到这些话。若是我这个信你觉得伤害了你们女子时，也别生气，因为一生气，就更见得你们无希望了。一个值得我们注意的男子，照例他是孤孤单单做他的事业，用不着世人的赞美作他的生活粮食的。他自己建筑 他的事业基础，自己选取材料，着手工作，作错了，自己重新修正，作成了，他还自己欣赏……一切都由于他自己的选择结果，他就疏忽了别人对这件事的评价。女子从事文学的有许多人，全不是她欢喜的，她常常因为无意中的一唱，为一群男子或一群朋友过分的奖励了一下，因此她就满意自己的行为，以为自己应这样作下去了。她是为一些掌声怂恿而工作的。你若也愿意作这样的女子，我什么话也不必说了。我希望你有你自己，既不是为多数的朋友而努力，也不是为多数的仇敌而努力。你的读者并不能使你伟大，你的敌人并不是那些比你有名一点的人。你若忘不了你的成功，你还是不必写那么重要的问题，你的朋友只要你写一个仿佛本身写照的浪漫故事，你就成功了，同时你还可用这个成功打倒别人的成功，这全是极方便的事情（其实你如今已可以说是成功了）但你不是还可以做些更艰难更伟大的工作吗？

……………………………………

我早告诉你过了，关于女人你要问到我的意见时，是只有这样遍（偏）见来说明的。同时我得说，女子只只是一样东西，许多男子还不配说是东西。因为我所见到不是东西的男子可太多了。……

不谈这件事，我的信一定就温柔了一些。我最尊敬崇拜你们女子，不过这尊敬崇拜不是像对于男子那种情形，因为你们与男子相差实在太远了。学做个男子，你以为怎么样？

让我们想到过去的友谊快乐一点。

×××

这是我一九三〇年在武昌时写给最近失踪的丁玲女士若干信中的一封信　从文识

本日　张兆和翻译的小说《水手舅舅》（兰姆）发表于同期杂志。

7月7日　《忠于生活》发表于《中央日报·中央公园》，署名沈从文。本文未收入《全集》。后收入《全集·补遗卷1》《甲辰杂谈》集。兹照录如下：

忠于生活

沈从文

我们常常有一种错误，就是在自己本份里的事做不好，却以为别的一件事都能做得非常好。因此，当念书的时候，不认真念书；当做事的时候，不好好地做事；这顶不应当。一只蚱蜢在它跃动时有它自己动作的尊严，一滴雨总是很有力地掷到地面，我们实在不应当过分疏忽“现在”。得把握“现在”，不是必须于现在生活里吃喝放荡过日子。要把握“现在”，不过是忠于现在的生活而已。所谓生命的意义，只是说一个人能在这地面活八十年，每个日子去了的皆永不再来，为了爱惜自己，不能让每个日子轻轻放过也很显然的事。用功，拼命地用功，就为得是因为这不痴处一切方有个结果，只有拼命用功，在另一时回想自己的过去时，才不觉得惭愧。

7月15日　小说《来客》发表于《申报月刊》第2卷第8期，署名从文。后经作者修改收入小说集《八骏图》（文化生活出版社）。收入《全集》第8卷《八骏图》集。

7月18日　根据佛经故事《法苑珠林》创作完成小说《爱欲》。

7月24日　《记丁玲女士》开始在《国闻周报》连载，分21次载完，前6次署名从文，自第7次署名沈从文。后以《记丁玲》（上海良友图书印刷公司1934年）、《记丁玲 续集》（上海良友复兴图书印刷公司1939年）为名出版单行本。收入《全集》第13卷《记丁玲》《记丁玲 续集》。

7月25日　为小说集《月下小景》创作《题记》。[①]

七月《凤子》由杭州苍山书店出版。

8月1日　小说《三个女性》开始在《新社会半月刊》第5卷第3号连载，至9月16日该刊第5卷第6号刊载完毕，署名沈从文。在该期《编辑余谈》中说："本期的文艺栏中，有沈从文先生的一篇《三个女性》，描写得很深刻而动人，想来是读者所欢迎的。这篇文艺作品，再连登三期可以登完。"收入《如蕤集》（生活书店）、《黑凤集》（开明书店）。收入《全集》第7卷《如蕤集》。

《废邮存底》发表于《西湖文苑》第1卷第4期，署名甲辰。本信收信人不明，未收入《全集》，后收入《全集·补遗卷1》《遥夜集》，照录如下：

废邮存底

辛、第廿九号、从一个海边寄到另一个海边。一个三十岁的女人，寄给一个十九岁的男子。她不是基督徒，却信仰了一次上帝。

××：寄来一点石头，放入一个小小碟子里用水泡湿，你就可以来想像它们在海边时躺到水中的情形。这边的海水永远透明，不像你那边昏浊，所以石子也非常干净。它们是晒了无数太阳，过了无数寂寞日子，如今在一种意想不到的命运里，又才休息到你的桌子上来的。中间有种放光的螺蛳，名字叫真珠螺，××妹一个人在海滩上寻找了多久日子才得到。有种黑水晶，不从海边得来，（它们是乡巴老，）它的生长地方，在有仙人来去的劳山。

这些东西分量徒重，价值很轻，同这个世界上有些人的爱情差不多。不讨厌它时，你不妨放到读书的桌子上，让它仿佛同你很接近，玩厌了时，就扔掉它得了。你想想，我们一天活着，在学校里，在别的地方，一面虽像是匆匆忙忙的在那里拾取知慧，一面不是把日子在一种无可奈何的情形中向身后扔去吗？我们每个日子的生命，差不多

① 作者后将该文写作时间标为民国"二十三年七月二十五青岛"，其中"二十三年"为作者后来追加，疑有误。当为1933年7月25日，《月下小景》1933年11月已经由现代书局出版，同时《现代出版界》1933年第19期刊发了该文，此时写作日期项只注月日，无年份。最终标注为"二十三年"，估计系作者记忆错误所致。

就常常是像很任性很随便扔去的,(虽然我们总不大容易忘记那些好的过去,但总不能使那些值得注意的现在不成过去,)我自然不敢希望这些石头或爱情,是你应当特别看重的东西。

丁玲女士你见到了没有?我希望你们成为一个朋友,你们值得互相尊敬。

这里天气忽然变了,近日来冷了许多,上帝意思,派各处树木的叶子全脱尽了,(好像这就可以使许多无衣可穿的人,从自然中看得他同另外一件东西平等一点,)可是另外有一种人却多穿了许多衣服。这里虽在冬天,若出太阳时,太阳是使人身上很暖和的;但能够使我心上暖和,却是你"随随便便"一个信。你是一个男子,你有理由注意到比向一个上了点年纪的女人来敷衍的行为还重要的事情可作。你是不是还高兴把你那个昂起的英雄的头向脚下看看,是不是还能从一种小小惠施中,给人以一点最大感谢的幸福?我自己很显然是无从帮助我自己,使我的信写得稍好一点,使我这爱你的心,表现得稍有条理、稍完美、稍值得你关心值得你顾盼一下。如今我只希望上帝帮助我的忍耐,使我不断的盼望到生活中有一个人事上的春天,事实上,却能始终在冬天的日子里支持。

我知道我老了,若是我聪明一点,就是我在这时能有一种决然的打算。我死了比我活下还好。我可并不想死。我将尽这件事成为一个传奇,一个悲剧,把我这种荒唐的热情,作为对这个新旧不接榫的时代,集揉凑成的文明,投给一种极深的讽刺。让我求你许可把这种信每次送到你身边的日子,由两个月改成一个月的期限。海潮每天来去两次,天上的月是四个礼拜圆一回的,我只求你间或昂头看天上的圆月,并不逼你时时俯首注意脚下的海水。

××

二十年、十一月[①]

---

① 据解志熙考证,这封信的收信人很可能是张兆和。参见解志熙:《遗文疑问待平章——新发现的沈从文佚文废邮考略》,《中国现代文学研究丛刊》2010年第3期。

本日　张兆和翻译的《苏拉脱的咖啡店》（托尔斯泰）发表于同期杂志。

8月9日　致信萧乾。本信未收入《全集》，兹照录如下：

秉乾弟：

见某日报上，载有燕大编级生一个你的名字，猜想你到了北平。我已从青岛跑来北平，目前住西城西斜街五十五号甲杨先生家里，想出城来找你，可一时不能出城。你看有事进了城，爱依然骑你那自行车到处跑，高兴跑到我住处来玩玩。我大多数总在家中，晚上不便回校可住在我住处。

很念你。

从文

八月九日[①]

8月10日

本日　中国文艺年鉴社编辑的《中国文艺年鉴1932》由现代书局出版发行，在"一九三二年中国文坛鸟瞰"部分对沈从文的小说有这样的评价："沈从文向来是一个惯从没有东西里写出东西来的能手，而一九三二前后，他多量的采取了一些偏僻的古事为题材，便更成为单为了故事而说故事的人。他的卓越的天才是足以使本来也许没有多大风味的事情成为美丽动人的图画。他的那种极广博的铺叙，多变换的句法，曾经招引了许多的模仿者，但实际上，从文也像前面所说过的张天翼，是不容许才力赶不上他的人们模仿的。"[②]年鉴同时收入了沈从文的短篇小说《若墨医生》。

8月12日　达子营39号房屋定金7元，由程朱溪代付。

8月14日　《国闻周报》编者王云五在《关于〈记丁玲女士〉》中摘引了沈从文的信。根据信的内容推断，此信当写于当年8月上旬。收入《全集》第17卷《新废邮存底续编》集。

8月24日　将结婚喜帖寄给沈云麓、巴金等人。在写给沈云麓的信中对请客

---

① 引自傅光明：《沈从文和萧乾：从师生到陌路》，《纵横》1999年第2期。

② 中国文艺年鉴社：《中国文艺年鉴1932》，第27页，现代书局1933年版。按：该年鉴封面、书名页、版权页名称略有差异，此处从封面所录书名。

问题做了说明："这边只预备请五十个客，在这数目内，请某人不请某人，真是一个费神研究的问题。本来还只想请客廿人，因为实在不便在这种数目请谁，不请谁，故只好我请了些。我们希望在这一天城中家里也有两桌客，一桌老亲，一桌朋友。"信中同时对自己的工作状况作了介绍："结婚以后兆和每日可过北大听课，我则每日当过杨家编书，这编书工作，报酬每月虽只一百五十元，较之此时去作任何事皆少，但所编之书，将来版权归私有，将来收入，必有可观。并且每日工作，时间不多，欲作文章，尚有余暇，故较之在青岛尚好。近来此后天津大公报即邀弟为编副刊，因条件不合，尚未谈妥。若将来弄得成功，人必忙些，也更有趣些。"收入《全集》第18卷。

结婚请柬是这样书写的：

民国二十二年九月九日二弟从文、三女兆和于北平本宅结婚恭治

菲酌敬请

阖第光临

岳林　张冀牖敬启

8月25日　小说《女人》开始在《申报·自由谈》连载，至本年9月10日分17次连载完毕，署名沈从文。收入小说集《如蕤集》(生活书店)时改题《如蕤》。编入《春灯集》(开明书店)时，作者进行了校改。收入《全集》第7卷《如蕤集》。

8月27日　蹇先艾、卞之琳、靳以、夏云来访。

8月31日　中午，与杨振声一起请客。朱自清日记："午今甫请便饭，商《大公报》文艺副刊事，沈太太谨慎，推三阻四，殊令人腻味。座有林徽音、郑振铎诸人。"

八月　辞去山东大学教职，应杨振声之邀到北平参加编辑中小学教科书编写工作。

9月1日　小说《爱欲》作为"新十日谈之一"发表于《现代》第3卷第5期，署名沈从文。收入小说集《月下小景》(现代书局)、《从文小说习作选》(上海良友图书印刷公司)。收入《全集》第9卷《从文小说习作选》集。

本日　为庆贺沈从文与张兆和结婚，西湖文苑社在《西湖文苑》第1卷第5期的扉页盖上一章，上写："本刊作者　沈从文先生、张兆和女士于本月九日在北平举行结婚典礼，谨此志贺，并至诚地为新伉俪祝福。"

9月3日　在北平创作完成小说《生》。

9月5日　与杨振声一起，拜访周作人。

9月9日　下午，沈从文与张兆和的结婚典礼在中央公园水榭举行。到场的友人有杨振声、朱自清等人。

张宗和当天的日记详细记载了当天的事情：

> 七点半钟开始吃饭了，一共是六桌，差不多刚刚好，少了一两个人。吃到中间，证婚人杨振声先生起来讲几句话。还有他们俩起来到各个桌子上敬酒，也没有什么结婚的仪式，简单极了。我说就这样也好，何必要那么麻烦呢！
>
> 有一位表姐夫多吃了一点酒，醉了，趁此时机，于是别的客人也一个一个的走了。后来连沈先生和三姐也走了（是梅先生叫他们走的），最后是我们一些人，大姐、四姐、九妹……走的。汽车走到达子营的时[候]，还很早，只有八点多钟的样子。我们回到家，三姐他们还没有回来，我猜他们一定还在公园里转圈子在。
>
> 一会儿他们大家在新房里说笑，我就和他的九妹在房里说话。一会儿，他们果然演娶新娘的戏了。我吹笛子，让他们拜堂，闹了好一会儿，但是并不夜深。一会儿我们就规规矩矩的让他们睡了，我们大家也都走了。[①]

张充和有如下回忆：

> 1933年9月9日，沈二哥和三姐在北平中央公园的水榭结婚，没有仪式，没有主婚人、证婚人。三姐穿件浅豆沙色普通绸旗袍，沈二哥穿件蓝毛葛的夹袍，是大姐在上海为他们缝制的，客人大都是北方几个大学和文艺界朋友。家中除大姐元和、大弟宗和与我外，还有

---

① 张宗和：《张宗和日记》第一卷，第347页，浙江大学出版社2018年版。

晴江三叔一家。沈家有沈二哥的表弟黄村生和他的九妹岳萌。

新居在西城达子营。小院落，有一枣一槐。正屋三间，有一厢，厢房便是沈二哥的书房兼客厅。记得他们结婚前，刚把几件东西搬进房那天夜晚，我发现有小偷在院中解网篮。便大声叫：“沈二哥，起来！有贼！”沈二哥亦叫“大司务！有贼！”大司务亦大声答话，虚张一阵声势。及至开门赶贼，早一阵脚步，爬树上屋走了。后来发现沈二哥手中紧紧拿了件武器——牙刷。

新房中并无什么陈设，四壁空空，不像后来到处塞满书籍与瓷器漆器。也无一般新婚气象。只是两张床上各罩一锦缎百子图罩单，有点办喜事的气氛，是梁思成、林徽因送的。[①]

结婚的时候，沈从文生活很拮据。据张兆和回忆：“我们开始时真是一无所有。本来，我要结婚，按理是可以从家里得到像样的嫁妆的。允和比我早几个月结婚，婚前大姐出面，向继母争取到两千元给允和做嫁妆。但轮到我时，沈从文写信给我父亲和继母，说我们一个钱也不要——虽然我们一无所有，仍旧什么也不需要。我父母当然如释重负。我们婚后没多久，和朋友杨振声同住的时候，沈从文送了条裤子去洗，给人发现口袋里有张当票，就告诉了杨振声。原来是沈从文把我姑母给我的一只玉戒指当掉了。后来，杨振声说：‘人家订婚，都送给小姐戒指，哪像沈从文，不单没送新娘戒指，还因为缺钱，把新娘的戒指都给当了’。”[②]

另据知堂《沈从文君结婚联》一文，周作人曾特为沈从文结婚撰一联：“中历重阳日，沈从文君在北平结婚，拟送一喜联而做不出，二姓典故亦记不起什么，只想到沈君曾写一部爱丽思漫游中国记，送以打油体作二句云：‘领取真奇境，会同爱丽思。’”[③]

9月10日　下午，举办茶会，商讨筹办《大公报·文艺副刊》事宜。据周作人日记：“四时往达子营三九，应沈君茶话之约，谈《大公报·文艺副刊》作文

① 张充和：《三姐夫沈二哥》，《张充和诗文集》，第338—339页，三联书店2016年版。

② 金安平：《合肥四姊妹》，凌云岚 杨早 译，第233页，三联书店2007年版。

③ 知堂：《沈从文君结婚联》，《艺风》第1卷第11期。

事，七时回家。”

小说《生》发表于《人民评论旬刊》第1卷第17号，署名沈从文。收入《如蕤集》（生活书店）。收入《全集》第7卷《如蕤集》。

《女人》（十七）在《申报·自由谈》刊载，至此该文在《申报》连载完毕。

9月13日　到清华大学北院十一号拜访叶公超，在叶家用餐。后与张宗和一起去燕京大学拜访冰心、郑振铎，未遇。

《朱自清日记》：“沈从文催稿，约第三期作一篇。”

9月14日　周作人来送文稿。

9月17日　致信沈云麓，介绍了自己的婚礼和工作情况：“这里婚事已告结束，请客约六十人，还算热闹。亲戚中村生自厦门来，真一自张家口来，玉姐夫妇自天津来，张家大姐自海门来，真所谓十分凑巧。新娘子仪表服饰使客人快乐，款待客人亦尚称周到。这次事情前后约用去钱一千二百元，我只有四百薪水，其余皆兆和带来并收礼所得。”“弟此后恐亦不能得多少闲暇日子念书，因编书事既已无暇多裕，新副刊且得各处催稿，不久或将此事辞去。”收入《全集》第18卷。

9月22日　下午，为《大公报》将众人名字登出事，与杨振声一起至朱自清处道歉，同时向朱自清约稿。

晚上，赴程朱溪饭局，客人中有巴金、卞之琳、靳以等人。

9月23日　中午，赴程朱溪饭局，客人中有巴金、陈访先、胡梦华。

《〈记丁玲女士〉跋》刊载于《大公报·文艺副刊》，署名沈从文。文中对胡也频、丁玲的遭遇深表同情，对国民党的作为非常愤慨：“我们皆不应当忘记，这两个作家，是在中华民国党治独裁的政体下，因个人政治思想与政府稍稍有些相左处，两年内先后突然宣告失踪的。他们虽生在有法律的国家中，却死于莫名其妙的境遇里。政府对于这种失踪，仿佛毫无责任可言，只推诿为并不明白有这件事，且绝不承认有这种事。对于这件事情既不是政府的责任，也不算国民党的责任，那么，应当归谁去负责？读者们，一个稍有生气的作家，在商人与政府两方面的摧残中，他们不是饿死便是杀死，这些现象在中国的今日是很平常自然的，你们先前不明白，如今想来也明白了。”收入《全集》第13卷《记丁玲 续集》。

沈从文与杨振声共同编辑的《大公报·文艺副刊》今日创刊，该刊逢周二、四出刊。在本月24日致沈云麓信中曾对自己编辑的这份刊物有所介绍：“《大公报》弟编之副刊已印出，此刊物每星期两次，皆知名之士及大教授执笔，故将来希望殊大，若能支持一年，此刊物或将大影响北方文学空气，亦意中事也。”季羡林本日日记中载：“看到沈从文主编的大公文艺副刊，今天是第一次出版，有周作人，卞之琳的文章，还不坏。”[①]

9月24日　致信沈云麓。收入《全集》第18卷。

9月29日　下午，巴金、张宗和来达子营沈宅。

九月　沈从文结婚后，巴金应邀来平作客。巴金在北平期间，他将书房让给巴金写作，自己在院中树荫下写作。据巴金回忆：“我坐人力车去府右街达子营，门牌号数记不起来了，总之，顺利地到了沈家。我只提了一个藤包，里面一件西装上衣、两三本书和一些小东西。从文带笑地紧紧握着我的手说：‘你来了。’就把我接进客厅。又介绍我认识他的新婚夫人，他的妹妹也在这里。客厅连接一间屋子，房内有一张书桌和一张床，显然是主人的书房。他把我安顿在这里。院子小，客厅小，书房也小，然而非常安静，我住得很舒适。正房只有小小的3间，中间那间又是饭厅，我每天去3次就餐，同桌还有别的客人，都让我坐上位，因此感到一点拘束。但是除了这个，我在这里完全自由活动，写文章看书，没有干扰，除非来了客人。我初来时从文的客人不算少，一部分是教授、学者，另一部分是作家和学生。他不在大学教书了。杨振声到北平主持一个编教科书的机构，从文就在这机构里工作，每天照常上、下班，我只知道朱自清同他在一起。这个时期，他还为天津《大公报》编辑《文艺》副刊，为了写稿和副刊的一些事情，经常有人来同他商谈。这些已经够他忙了。可是他还有一件重要的工作：天津《国闻周报》上的连载《记丁玲》。根据我当时的印象，不少人焦急地等待看每一周的《国闻周报》。这连载是受到欢迎、得

① 季羡林：《清华园日记》，第161页，辽宁美术出版社2002年版。

到重视的。一方面人们敬爱丁玲，另一方面从文的文章有独特的风格，作者用真挚的感情讲出读者心里的话。丁玲几个月前被捕，我从上海动身时《良友文学丛书》的编者赵家璧委托我向从文组稿，他愿意出高价得到这部'好书'，希望我帮忙，不让别人把稿子拿走。我办到了，可是出版界的形势越来越恶化，赵家璧拿到全稿，已无法编入丛书排印，过一两年，他花几百元买一位图书审查委员的书稿，算是行贿，《记丁玲》才有机会作为《良友文学丛书》见到天日。可是删削太多，尤其是后半部那么多的 ××！以后也没有能重版，更谈不上恢复原貌了。"①

九月 《略传（从文自序）》收入王哲甫著《中国新文学运动史》。收入《全集》第13卷《从现实学习》集。

九月 王哲甫的《中国新文学运动史》由北平杰成印书局出版。这是最早的一部新文学史著作，称"沈从文是一个年轻而多产的作家，创作的小说很丰富。他善以冲淡的笔，写青年的苦闷，军队中的生活，以及乡村的状况。……沈氏除在创作小说有很好的成绩外，近年来他也作些文艺批评文，他是以作家的眼光而发议论的，故能批评得公允切当。如《论中国创作小说》，《论汪静之的蕙的风》，《论朱湘的诗》，《论焦菊隐的诗》等文字在《文艺月刊》上发表，显示了他精审的观察与独到的见解，在现在文坛，算是稀有的作品。"②

10月1日 据周作人日记："午至金甫处聚餐，来者从文、佩弦、西谛、公超、林女士及《大公报》王君共八人，下午三时半返。"

小说《一个母亲》单行本由合成书局出版，收入《〈一个母亲〉序》《一个母亲》。收入《全集》第7卷。

10月2日 复沈云麓信。收入《全集》第18卷。

10月4日 致函沈云麓，谈及婚后生活时说："兆和人极识大体，故家中空气极好，妈若见及弟等情形，必常作大笑不止，因弟自近年来处处皆显得如十三四岁时活跳，家中连唱带做，无事不快乐异常，诚意料不到之情形也。张

① 巴金：《怀念从文》，《长河不尽流》，第15—16页，湖南文艺出版社2018年版。

② 王哲甫：《中国新文学运动史》，第319—320页，杰成印书局1933年版。

家亲戚皆甚好，惟岳丈因后母不甚与诸女相叶，致稍疏远，然兄弟姐妹则殊友好亲密也。其大姐来此已一月，照料家事，处处十分合理，故弟不管家中诸事，诸事皆可安排得极有秩序。弟惟作事作文，时间亦太从容矣。”收入《全集》第18卷。

10月5日　杂文《劝人读经》发表于《申报·自由谈》，署名沈从文。收入《全集》第14卷《甲辰杂谈》集。

10月6日　下午，林徽因、梁思成、盛氏夫妇、张宗和来达子营做客。

10月10日　与张宗和一起游故宫。据张宗和日记：“我们忽然发现，一个穿蓝布大褂的人，老是跟着我们走，我们走，他就走，我们停下，他也停下。我们出了故宫，到王府井沈从文的朋友朱溪家，他也叫车子跟了来。沈从文便前去问他为什么老跟着我们，他说他要找什么袁先生，总是说不清楚。朱溪出来，他们便一块儿上警察厅去了，等他们二位去打官司，不知道究竟为什么。我跑到警察厅进去找他们，朱溪说没有事了，那人已经押了起来，正在录口供，一会儿就出来了。”（《张宗和日记》第一卷）

本日　在郑振铎锡婚纪念晚餐会上，“容（希白）告我今甫拟改《谈抽烟》中‘爬’字为‘消逝’，从文为余辩护，‘消逝’二字似不如‘爬’字为好。”（《朱自清日记》）《谈抽烟》为朱自清应沈从文约稿而创作的散文，发表于1933年10月11日出版的《大公报·文艺副刊》第6期，署名佩弦。

10月13日　作文论《文学者的态度》。

10月14日　杂文《驴子故事》发表于天津《大公报·文艺副刊》第7期，署名沈从文。收入《全集》第14卷《甲辰杂谈》集。

10月16日　与张兆和、张充和、张宗和一起，送大姐张元和到火车站。

本日　钱玄同日记：“至某海，与劭决定董辞，则请沈从文教西洋文学或新文学，托劭函询郑西谛也。”[①] 钱玄同时任北平师范大学国文系主任。

10月18日　论文《文学者的态度》发表于天津《大公报·文艺副刊》第9期，署名沈从文。沈从文历数文坛怪现状，并提出了作家们的解决之道：“假若我

① 杨天石主编：《钱玄同日记》（中），第963页，北京大学出版社2014年版。

们对于中国文学还怀了一分希望。我觉得最需要的就是文学家态度的改变，那大司务处世作人的态度，就正是文学家最足模范的态度。他应明白得极多，故不拘束自己，却敢到各种生活里去认识生活；这是一件事。他应觉得他事业的尊严，故能从工作本身上得到快乐，不因一般毁誉得失而限定他自己的左右与进退，这又是一件事。他做人表面上处处依然还像一个平常人，极其诚实，不造谣说谎，知道羞耻，很能自重，且明白文学不是赌博；不适宜随便下注投机取巧，也明白文学不是补药，不适宜单靠宣传从事渔利，这又是一件事。……一个作家稍稍能够知道一些事情，提起笔来把它写出，却常常自以为希奇。既以为希奇，便常常夸大狂放，不只想与一般平常人不同，并且还与一般作家不同；平常人以生活节制产生生活的艺术，他们则以放荡不羁为洒脱，平常人以游手好闲为罪过．他们则以终日闲谈为高雅，平常作家在作品成绩上努力，他们则在作品宣传上努力。这类人在上海寄生于书店、报馆、官办的杂志，在北京则寄生于大学、中学，以及种种教育机关中。这类人虽附庸风雅，实际上却与平庸为缘。从这类人成绩上有所期待，教授们的埋怨，便也只好永远成为市声之一种，这一代的埋怨，留给后一代教授学习去了。已经成了名的文学者，或在北京教书，或在上海赋闲，教书的大约每月皆有三百至五百元的固定收入，赋闲的则每礼拜必有三五次谈话会之类列席，希望他们来学我家中大司务老景那么守定他的事业，尊重他的事业，大约已不是一件很容易的事情。现在可希望的，却是那些或为自己，或为社会，预备终身从事于文学，在文学方面有所憧憬与信仰，想从这份工作上结实硬朗弄出点成绩的人，能把俗人老景的生活态度作为一种参考。他想在他自己工作上显出纪念碑似的惊人成绩，那成绩的基础，得建筑在这种厚重、诚实、带点儿顽固而且也带点儿呆气的性格上。”沈从文的这番议论，在“京派”与“海派”论战中颇为引人注目。收入《全集》第17卷《文学运动杂谈》集。

10月22日　致信萧乾，谈及《蚕》发表事宜。收入《沈从文全集·补遗卷3》。

中午，与杨振声一起以《大公报》“文艺副刊”的名义在北海漪澜堂宴请部分在京的作家、学者，出席者有周作人、郑振铎、俞平伯、朱光潜、废名、余上沅等，下午三时始结束。

10 月 25 日　创作《知识阶级与进步》。

在天津《大公报·文艺副刊》第 10 期发表启事，未署名。收入《全集》第 16 卷《编者言》集。

10 月 26 日

本日　钱玄同日记："晚访启明。知沈不肯来教，彼上星期二（廿二）《大公报·文艺　刊》同人'雅'于北海，已知之。且知郑杨（振声）诸公均代劝驾，而此公甚腼腆，不愿教也。"①

10 月 27 日

本日　钱玄同日记中再次谈及沈从文来北平师范大学任教事进展："上午得劭电话，知郑复信已来，所云与昨宵启明所言相同。约劭在半亩园'雅'，而谈此事也。……因启明昨言愿代劝，故拟候其复音而定夺也。"②

10 月 28 日　杂文《知识阶级与进步》发表于天津《大公报·文艺副刊》第 11 期，署名沈从文。收入《全集》第 14 卷《甲辰杂谈》集。

沈从文起草的《本刊启事》发表于同日报纸。收入《全集》第 16 卷《编者言》集。

10 月 29 日

本日　钱玄同日记："得岂明寄来沈从文及代我劝驾之杨振声信，知沈氏决不肯就，此事尚须费心也。"③

10 月 31 日　下午，出席在清华同学会举行的李健吾、尤淑芬的结婚典礼，证婚人为周作人，出席者有郑振铎、朱自清、章靳以等。

11 月 1 日　杂文《打头文学》发表于《大公报·文艺副刊》第 12 期，署名从文。收入《全集》第 14 卷《甲辰杂谈》集。

11 月 3 日　致函萧乾并将其《蚕》的原稿寄还，信中对作者以后的创作提出建议："此后写，大致以写社会方面的较好，题材性质宽泛些，也容易发展自己

---

① 杨天石主编:《钱玄同日记》(中)，第 965 页，北京大学出版社 2014 年版。
② 杨天石主编:《钱玄同日记》(中)，第 965 页，北京大学出版社 2014 年版。
③ 杨天石主编:《钱玄同日记》(中)，第 967 页，北京大学出版社 2014 年版。

感情一些。”本信曾以《致萧乾的信（五封）》为总题刊于《新文学史料》1988年第4期，文前有萧乾写的说明文字。收入《全集》第18卷。

据萧乾《一个副刊编者的自白》透露：此后一段时期，每当萧乾写完作品后，“如果读完自己也还觉可喜，即使天已擦黑，也必跨上那辆破车，沿着海甸满是荒冢的小道，赶到达子营的沈家。”“沈先生送出门来总还半嘲弄地叮嘱我说：每月写不出什么可不许骑车进城啊！”“那时的《文艺副刊》虽是整版，但太长的文章对报纸究属不宜。编者抱怨我字数多，我一味嫌篇幅少，连爱伦坡那样‘标准短篇’也登不完。沈先生正色说：‘为什么不能！那是懒人说的话！’像这样充满了友爱的责备的信，几年来我存了不止一箱。”①

11月5日　为杨克毅书稿事致函胡适，因杨生活困难，请胡适便中施以援手。收入《全集》第18卷。

11月9日

本日　周作人收到沈从文信，原信已佚。

11月11日　下午，李健吾及新婚的夫人、姚蓬子、张宗和来访。

11月13日　复沈云麓信。收入《全集》第18卷。

11月15日　小说集《月下小景》作为“现代创作丛刊之十二”由上海现代书局出版，收入《题记》《月下小景》《寻觅》《女人》《扇陀》《爱欲》《猎人故事》《一个农夫的故事》《医生》《慷慨的王子》。收入《从文小说习作选》（上海良友图书印刷公司）。收入《全集》第9卷《从文小说习作选》集。

沈从文后来曾有如下回忆：“一九三〇年到武汉大学教习作，图书馆条件好，一般多在二书架间窗口看书，事后不附字条的书，到时馆中人自会把书归架。取书则随意就两架上取用。教书时间既不多，因此有四分之一时读书，有机会把碛砂藏内诸故事经卷大致看过一或二次。对写作得益，对中古小说发展史也有较多理解。当时试写成本书，甚得好评。七四年六月过苏州重买《法苑珠林》一部，作为纪念。四十年人事变迁极大，童心未失，和所读诸佛经有相

① 萧乾：《一个副刊编者的自白》，《萧乾全集》第五卷，第365页，湖北人民出版社2005年版。

当关系。”（《题〈月下小景〉》）

11 月 16 日　晚上，复信沈荃。因沈荃被解职，信中劝弟弟“为地方也应尽些义务，为玉公则应帮他些忙”，“遇事以忍让为主，好好的在本地服务数年，或可为本地军人成立一好风气。虽一时若有委屈，亦不计较。且总希望弟识大体，明利害，不怠不骄，一则为他人作一模范，一则亦所以自全之道也。今既仍有不谅于人处，尤应处之坦然，毫不在乎。”在谈到自己的读书生活时则说：“近正在编书，每日至图书馆一小室中翻书，按时作息，回家则同二嫂九妹三人谈点书上事情以及过去几人事情。”收入《全集》第 18 卷。

11 月 17 日　晚上 7 时 30 分，参加在北大二院会讲室举办的茶话会，杨振声等出席。

11 月 18 日　致函沈云麓，在谈及何键、王家烈之间的战事时说，“今日报载黔战又起，且似异常激烈，不知影响湘西者奚似，此时犹复内争不决，实民族之一种耻辱，能稍明国家局面，即不至如此矣。湘军能设法不参加此种可羞之战事，实极佳之事也。”收入《全集》第 18 卷。

本日　周作人收到沈从文信，沈从文原信已佚。

11 月 19 日　出席徐志摩先生逝世第二周年纪念会，到会者有胡适、金岳霖、杨振声、陈雪屏、梁思成、林徽音、盛成、袁同礼等人。[1]

11 月 20 日　张宗和来。

11 月 24 日

本日　周作人收到沈从文信，原信已佚。

11 月 25 日　下午，与萧乾一起，去参加林徽因家的聚谈会。据萧乾回忆：“几天后，接到沈先生的信（这信连同所有我心爱的一切，一直保存到一九六六年八月），大意是说，一位绝顶聪明的小姐看上了你那篇《蚕》，要请你去她家吃茶。星期六下午你可来我这里，咱们一道去。那几天我喜得真是有些坐立不安，老早就把我那件蓝布大褂洗得干干净净，把一双旧皮鞋擦了又擦。星期六吃过午饭我蹬上脚踏车，斜穿过大钟寺进城了。两小时后，我就羞怯怯地随着

---

① 耿云志主编：《胡适遗稿及秘藏书信》第 13 卷，第 354 页，黄山书社 1994 年版。

沈先生从达子营跨进了总布胡同那间有名的‘太太的客厅’。那是我第一次见到林徽因。如今回忆起自己那份窘促而又激动的心境和拘谨的神态，仍觉得十分可笑。然而那次茶会就像在刚起步的马驹子后腿上，亲切地抽了那么一鞭。在去之前，原听说这位小姐的肺病已经相当重了，而那时的肺病就像今天的癌症那么可怕。我以为她一定是穿了睡衣，半躺在床上接见我们呢！可那天她穿的却是一套骑马装，话讲得又多又快又兴奋。不但沈先生和我不大插嘴，就连在座的梁思成和金岳霖两位也只是坐在沙发上边吧嗒着烟斗，边点头赞赏。给我留下印象的是，她完全没提到一个‘病’字。她比一个健康人精力还旺盛，还健谈。”①

11月26日　中午，以《大公报·文艺副刊》的名义在丰泽园宴请在京的部分作家，出席者有周作人、杨振声、朱自清、俞平伯、郑振铎、巴金、李健吾、梁思成、林徽因等人。

11月27日　晨，为杨克毅译稿事再度致函胡适。收入《全集》第18卷。

11月30日

本日　《庸报》刊登晴天的《素描——北大国文学生茶话会上巴金、沈从文、杨振声剪影》，记载了本月17日国文会茶话会的情形，至12月9日分九次刊登完毕。关于沈从文的谈话部分简录如下，楷体为问，仿宋为沈从文的答。

“沈先生得到了丁玲的消息么？死了没有？”

“没得到，没得到，大概还没有死。”他的声调清脆，柔和。

“沈先生在《国闻周报》上记丁玲那篇文章还没有完么？”

“快完了，大概再有三四期就可完了。”

“沈先生写的东西很多，能指示给我们一个创作的方法吗？”

“在我写东西的经验中，我觉得创作是无所谓方法的。我起初有点感触，就想写点东西，后来是拿起笔来学写，现在还是学写，恐怕将来也是学写。”

---

① 萧乾：《一代才女林徽因》，《萧乾全集》第4卷，第339—340页，湖北人民出版社2005年版。

“沈先生的感触是怎样拿到作品中去？写东西时必须有事实为背景么？”

“当然要有事实的背景，不过凡是一个事实拿到作品中去，总要夹杂些作家自己的见解在内。”

坐在杨先生右边的沈先生张开嘴笑一笑，把身子摇了两摇说：

“作家所以都集中到上海的原因，因为那边容易生活，作品有出路。所谓作品有出路，可并不是作家的出路，而是书店老板们的出路。他们由上海可以发行到各地去谋利。”

“上海并不是好地方。作家们老是待在上海是不会有什么‘好’的作品出现的。上海的生活方式是畸形的，如什么跳舞场啦，爵士乐啦。一个作家应该到群众间去，应该有生活。”

“你们以为几个作家一到北平，就会把北平的文艺界弄得有生气来么？恐怕也未必。或者可以说，北平是作家的修养地方。他们可以在北平写东西，我想北平是写东西的合适地点。”

“沈先生，以我们的经验，以及我们所听说的，一个新作家的作品往往是到处碰壁，找不到发表的地方。这是怎么一回事？是不是文艺之门有这一些人或那一些人在把持？”

“在你们的脑子中，”沈先生笑笑，摇摇身子说，“一定有一个某作家是属于某一个团体的成见。这大概是由于听说或由小报上得来的消息。其实满不是那么一回事。如果你到上海住上几个月，你一定可以明白：作家只是几个人的关系，完全没有什么团体组织的。巴金你说不是么？”他看着正在沉思的，坐在他右边的巴金先生，似乎是在征求他的同意，但巴金没有言语。他又说下去：“大家的作品只要‘好’，我想一定有地方发表的。所以大家不要愁着无处发表的，只注意自己的作品是不是‘好’，就够了。”

“沈先生，刚才杨先生也提到了文学作品的好坏问题。作品只该问其‘好’与‘不好’。‘好’的看法因各种人不同。那么，究竟什么是‘好’，什么是‘不好’？”

“那么，”沈先生不再笑了，“你究竟有一个成见没有？”

“没有。”“所谓‘好’的标准当然是指一般的标准而言，一般批评为‘好’，就是‘好’。当然是比较着说。”

“所谓‘好’是光指形式，技巧呢，还是形式技巧与内容合而为一呢？以沈先生的意见好像一篇作品，只要有个‘好’的外形，就算是‘好’了。”

“我并没有这个意思，”沈先生郑重地说，“我的意思是内容固然要有，形式，技巧更要有。难道一篇有好的思想的内容的作品，没有好的外形就可以么？”

“那么，现在有两篇作品在这里，譬如说，一篇是形式，技巧‘好’而内容空虚，另一篇是内容‘好’，而形式技巧稍差，沈先生究竟挑哪一篇？以那一篇为‘好’呢？”

“当然是形式技巧较好的一个。”

“应是先有思想，不要看见一件事硬把什么思想填进去。而且光喊叫什么思想是不够的，要有真实的思想的表现。譬如说，上海《文学》杂志是比《现代》杂志的调子唱的高了，但实际上，《现代》的内容比《文学》左倾些。”

“沈先生作品内写兵士生活的很多，沈先生是不是亲自干过兵？”

“呵呵，”沈先生有些慌张了。“我最怕人家问我这个。在你们大学生的眼光内，好像当兵是很不那个的，其实在我的故乡湖南，在从前当兵是义务。”

“沈先生的作品内有关于苗民的生活东西，先生是不是亲自到过苗族中去？”

“不，我们的家乡离苗民很近，听说的很多。”

“沈先生，为什么现在的文坛上小说特别的多，而诗，剧却少些？”

“这个很容易了解的。小说，我们因为有过去文学上的底子，写来也方便，大家也爱看。诗因为是与中国过去的诗完全隔绝，所以不容易写到好上；至于戏剧则因为是没有出路的关系。”

“我们作文章，现在再去读古文，像什么韩愈的原道啦，解嘲啦，似乎没有什么用处了。”

“有用处！”沈先生绝断的说。

“这个问题又牵连到前几天上海争论的《庄子》与《文选》的问题了。施蛰存先生感到现在青年作的文章太拙直，字汇太少，他要青年在《庄子》内找点作文章的方法，在《文选》内找些活字汇。丰之余即鲁迅先生不大以为然，便争论起来，沈先生以为如何？”

“当然叫在《文选》内找些活字汇，我们不反对，在《庄子》内找些作文章的方法，我们也没理由反对。譬如说，鲁迅先生若没有古文学的修养便作不出那样好的文章。”

十一月下旬 林徽音致信沈从文，邀请萧乾周五或周六到家里一晤。

十一月 修改小说《夫妇》。

12月1日　《〈月下小景〉题记》刊发于《现代出版界》第19期，署名沈从文。编者在该文的按语中说：“沈从文先生近作‘新十日谈’，就佛经中取材，写出香艳凄婉的小说，在各杂志发表时，甚引起读者的注目。《月下小景》就是这些‘新十日谈’的辑集，兹录其付印的题记于下。”收入《全集》第9卷《月下小景》集。

12月2日

本日　据朱自清日记载：“访今甫，谈选稿事，似从文悬格太高也。”

12月3日　郑振铎、林庚、李长之、张宗和来访。

12月13日　《记丁玲女士》创作完成。

作《萧乾小说集题记》。

12月15日　张宗和、张充和来。据张宗和日记：“晚上，三姐、四姐和我坐着

谈话，沈从文也加进来说，说了一些教训我们的话。我和四姐大概都不大高兴听他像老辈那样的教训。”（《张宗和日记》第一卷）

复信施蛰存。收入孔令境编《现代作家书简》（生活书店）。在《致施蛰存函四通》总题下收入《全集》第17卷《新废邮存底续编》集。

12月16日　下午，杨振声来。

晚上，出席以《大公报·文艺副刊》名义在忠信堂举办的晚宴。“晚至忠信堂应大公文艺副刊部之招，来者金甫、从文、平伯、佩弦、振铎及《大公报》王君等七人，十时回家。”（《周作人日记》）

12月18日　《记丁玲女士》在《国闻周报》第10卷第50期连载完毕，署名沈从文。编者在本期的《编辑后记》中说：“《记丁玲女士》，本期登毕。”同时预告了下期新年号的内容：“在文艺方面，沈从文先生有一篇新创作，熊佛西先生有一个剧本，这都是靠得住的。”这预告中的新创作，就是《边城》。

12月30日　中午，与妹妹沈岳萌一起，出席燕京大学国文系郭绍虞、郑振铎及学生王锡昌等人主办的聚餐会，出席者有胡适、周作人、杨振声、巴金、沉樱、俞平伯、章靳以、冰心、顾颉刚等人，饭后全体合照照片，下午三时，至冰心家喝茶。

《创作杂论》发表于《大公报·文艺副刊》第29期，署名从文。后改题《七致〈文艺〉读者》收入《废邮存底》（文化生活出版社1937年）。收入《全集》第17卷《废邮存底》集。按：当期《文艺副刊》编号误为“28期”。

十二月　致信李长之，原信不存。据季羡林12月26日、27日日记载：“看了沈从文给长之的信，长之把我的《枸杞树》寄给沈，他信上说收到了。”“长之告诉我，沈从文很想认识我，我怎好去见他呢？——居然登出来了，万事皆了。”[①]

---

① 季羡林：《清华园日记》，第189页，辽宁美术出版社2002年版。

本 年

初春　沈从文请张允和为他提亲，并告诉她：如果爸爸妈妈同意，求三妹打电报通知他，让他“乡下人喝杯甜酒吧”。张兆和父母同意了这门亲事。[①] 订婚后，与张兆和同回青岛，介绍张兆和在山东大学图书馆做西文编目工作。

本年　创作完成小说《猎人故事》。

① 张允和：《半个字的电报》，《与二哥书》，第 198 页。

民国二十三年　1934 年　33 岁

2 月 19 日　蒋介石在南昌行营演讲《新生活运动要义》，开展新生活运动。

3 月 1 日　溥仪在长春称帝，改国号"满州国"为"满州帝国"，年号康德。

6 月 9 日　国民党中央宣传部颁布《图书杂志审查办法》。

10 月 10 日　第五次反围剿失败，中国工农红军开始长征。

---

1 月 1 日　作《元日试笔》。

小说《边城》开始在《国闻周报》第 11 卷第 1 期连载，该刊本卷第 2、4、10、11、12、13、14、15、16 期分 10 次刊载完毕，署名沈从文。1934 年 10 月由上海生活书店出版单行本。1943 年 9 月出版《边城》改定本。收入《全集》第 8 卷。

《新年试笔》发表于《文学》第 2 卷第 1 期，署名沈从文。在《新年试笔》的总题下，刊登了冰心、巴金、靳以、蒲牢、西谛、郁达夫、李健吾、丰子恺、鲁彦、既澄、傅东华、王伯祥、顾颉刚等作家的同题作品。改题《六　谈创作》收入《废邮存底》（文化生活出版社 1937 年）。收入《全集》第 17 卷《废邮存底》集。

1 月 3 日　《元日试笔》发表于天津《大公报・文艺副刊》第 30 期，署名沈从文。收入《废邮存底》（文化生活出版社 1937 年）时改题《八　元旦日致〈文艺〉读者》。收入《全集》第 17 卷《废邮存底》集。按：发表时文末有写作日期："二十三年元日"，"元日"当为"元旦"之误。

1 月 5 日　致函萧乾，并告以小说《小蒋》已经付排，同时鼓励他"总莫自弃，莫懒散，莫玩得太久，死死的扣着每个日子作下去，铁杵磨针不是难事情！"本信曾以《致萧乾的信（五封）》为总题刊于《新文学史料》1988 年第 4 期。收入《全集》第 18 卷。

1 月 6 日　中午，出席文学季刊社在撷英番菜馆举办的聚会，到会者有郑振铎、俞平伯、朱自清、朱光潜、巴金、靳以、台静农、季羡林等人，两点散会，每人赠一册《文学季刊》。季羡林日记这样记载这次聚餐："群英济济，三山五岳的英雄好汉群居一堂，约百余人。北平文艺界知名之士差不多都到了，有的像理发匠，有的像流氓，有的像政客，有的像罪囚，有的东招西呼，认识人，有的仰面朝天，一个也不理，三三两两一小组，热烈地谈着话。"①

本日 天津《益世报·别墅》刊登了铁笙写的通讯《燕京大学临湖轩上 宿雪初晴文人雅会》，文章在导语中写道："胡适之称赞美少年，老容庚想嫁沈从文，周作人写两句古诗，巴金靳以亦均被邀"。本文描写的是1933年12月30日在燕京大学的那次聚会的情景。

1月7日 因母亲生病，乘车离开北平返乡。行前与张兆和相约，每天写信报告沿途见闻。

作《论"海派"》。

1月8日

本日 《国闻周报》第11卷第3期出刊，编者在《编辑后记》中说明："《边城》续稿，亦以收到稍迟，待下周续登。"

1月10日 《论"海派"》发表于天津《大公报·文艺副刊》第32期，署名从文。沈从文眼中的"海派是："过去的'海派'与'礼拜六派'不能分开。那是一样东西的两种称呼。'名士才情'与'商业竞卖'相结合，便成立了吾人今日对于海派这个名词的概念。但这个概念在一般人却模模糊糊的。且试为引申之：是'投机取巧'，'见风转舵'。如旧礼拜六派一位某先生，到近来也谈哲学史，也自己说要左倾，这就是所谓海派。如邀集若干新斯文人，冒充风雅，名士相聚一堂，吟诗论文，或远谈希腊罗马，或近谈文士女人，行为与扶乩猜诗谜者相差一间，从官方拿到了点钱，则吃吃喝喝，办什么文艺会，招纳子弟，哄骗读者，思想浅薄可笑，伎俩下流难言，也就是所谓海派。感情主义的左倾，勇如狮子，一看情形不对时，即刻自首投降，且指认栽害友人，邀功侔牟利，也就是所谓海派。因渴慕出名，在作品以外去利用种种方法招摇，或与小刊物互通声气，自作有利于己的消息，或每书一出，各处请人批评，或偷

① 季羡林：《清华园日记》，第201页，辽宁美术出版社2002年版。

掠他人作品，作为自己文章，或借用小报，去制造旁人谣言，传述撮取不实不信消息，凡此种种，也就是所谓海派。”收入《全集》第17卷《文学运动杂谈》集。

1月12日 乘车抵达桃源，以15块钱租好前往沅陵的船。

下午，写信给张兆和：“我路上不带书，可是有一套彩色蜡笔，故可以作不少好画。照片预备留在家乡给熟人照相，给苗老咪照相，不能在路上糟蹋，故路上不照相。……我到这里还碰到一个老同学，这老同学还是我廿年前在一处读书的。”后以《在桃源》为题收入《沈从文别集·湘行集》（岳麓书社1992年版）。收入《全集》第11卷《湘行书简》集。

1月13日 在船上用带来的蜡笔绘桃源简家溪的吊脚楼，并题字：“这是桃源上面简家溪的楼子，全是吊脚楼！这里可惜写不出声音，多好听的声音！这时有摇橹唱歌声音，有水声，有吊脚楼人语声……还有我喊叫你的声音，你听不到，我的人！”

给张兆和连写两信。后以《小船上的信》《泊曾家河——三三专利读物》为题收入《沈从文别集·湘行集》（岳麓书社1992年版）。收入《全集》第11卷《湘行书简》集。

1月14日 乘船从曾家河出发。在船上给张兆和连写四信，谈及对河街的印象和对他创作的影响：“这种河街我见得太多了，它告我许多知识，我大部提到水上的文章，是从河街认识人物的。我爱这种地方、这些人物。他们生活的单纯，使我永远有点忧郁。我同他们那么‘熟’——一个中国人对他们发生特别兴味，我以为我可以算第一位！但同时我又与他们那么‘陌生’，永远无法同他们过日子，真古怪！我多爱他们，五四以来用他们作对象我还是唯一的一人！”（《河街印象》）谈及水手时则说：“这时节正是五点廿五分，先前摇橹唱歌的那只大船已泊近了我的船边，只听到许多人骂野话。许多篙子钉在浅水石头上的声音，且有人大嚷大骂。三三，你以为这是‘吵架’，是不是？你错了。别担心，他们不过是在那里‘说话’罢了。他们说话就永远得用个粗野字眼儿，遇要紧事情时，还得在每句话前后皆用野话相衬，事情方做得顺手。这种字眼儿的运用，父子中间也免不了。你不要以为这就是野人。他们骂野话，可不做野事。人正派得很！船上规矩严，忌讳多。在船上客人夫妇间若撒了野，还得买肉酬神。水手们若想上岸撒野，也得在拢岸后的。他们过得是节欲生活，真可以说是庄严得很！”（《忆麻阳船》）这些书信后以《水手们》《泊兴隆街》《河街想象》《忆麻阳船》为题收入《沈从文别集·湘行集》（岳麓书社1992年版）。收入《全集》第11卷《湘行书简》集。

1月15日　在船上给张兆和连写两信，谈及家中困顿情形，歉然：“我知道家中并无什么钱。上海那百块钱纵来了，家中这个月就处处要钱用。你一定又得为我借债，一定又得出面借债！想起这些事我很不安。我记起了你给我那两百块钱，钱被九九拿去做学费了，你却两手空空的在青岛同我蹲下去。结婚时又用了你那么多钱。我们两人本来不应当分什么了的。但想起用了那么多钱，三三到冬天来还得穿那件到人家吃茶时不敢脱下的大衣，你想，我怎么好过。三三，我这时还想起许多次得罪你的地方，我眼睛是湿的，模糊了的。我觉得很对不起你。”（《泊缆子湾》）后以《过柳林岔》《泊缆子湾》为题收入《沈从文别集·湘行集》（岳麓书社1992年版）。收入《全集》第11卷《湘行书简》集。

　　夜泊缆子湾。

1月16日　在小船上校读《月下小景》，在写给张兆和的信中说：“七点左右我就起来看自己的书，校正了些错字，且反复检察了一会。《月下小景》不坏，用字顶得体，发展也好，铺叙也好。尤其是对话。人那么聪明！二十多岁写的。这文章的写成，同《龙朱》一样，全因为有你！写《龙朱》时因为要爱一个人，却无机会来爱，那作品中的女人便是我理想中的爱人。写《月下小景》时，你却在我身边了。前一篇男子聪明点，后一篇女子聪明点。我有了你，我相信这一生还会写得出许多更好的文章！有了爱，有了幸福，分给别人些爱与幸福，便自然而然会写得出好文章的。对于这些文章我不觉得骄傲，因为等于全是你的。没有你，也就没有这些文章了。”（《今天只写两张》）当他看到吊脚楼时，有如下感慨：“我欢喜那些在半天上的楼房。这里木料不值钱，水涨落时距离又太大，故楼房无不离岸卅丈以上，从河边望去，使人神往之至。我还听到了唱小曲声音，我估计得出，那些声音同灯光所在处，不是木筏上的解头在取乐，就是有副爷们船主在喝酒。妇人手上必定还戴得有镀金戒子。多动人的画图！提到这些时我是很忧郁的，因为我认识他们的哀乐，看他们也依然在那里把每个日子打发下去，我不知道怎么样总有点忧郁。正同读一篇描写西伯利亚方面农人的作品一样，看到那些文章，使人引起无言的哀戚。我如今不止看到这些人生活的表面，还用过去一分经验接触这种人的灵魂。真是可哀的事！我想我写到这些人生活的作品，还应当更多一些！我这次旅行，所得的很不少。从这次旅行上，我一定还可以写出很多动人的文章！”（《夜泊鸭窠围》）

当日写给张兆和的信后以《今天只写两张》《第三张……》《过梢子铺长潭》《夜泊鸭窠围》《第八张……》《梦无凭据》为题收入《沈从文别集·湘行集》（岳麓书社1992年版）。收入《全集》第11卷《湘行书简》集。

1月17日　给张兆和写信，这些信后以《鸭窠围的梦》《鸭窠围的清晨》《歪了一下》《滩上挣扎》《泊杨家岨》《潭中夜渔》为题收入《沈从文别集·湘行集》（岳麓书社1992年版）。收入《全集》第11卷《湘行书简》集。

1月18日　在本日写给张兆和的第一封信中，流露出了对自己创作的作品的高度自信并首次提及刊印“选集”的设想：

> 我想印个选集了，因为我看了一下自己的文章，说句公平话，我实在是比某些时下所谓作家高一筹的，我的工作行将超越一切而上。我的作品会比这些人的作品更传得久，播得远。我没有方法拒绝。我不骄傲，可是我的选集的印行，却可以使些读者对于我作品取精摘尤[①]得到一个印象。你已为我抄了好些篇文章，我预备选的仅照我记忆到的，有下面几篇：
>
> 柏子、丈夫、夫妇、会明（全是以乡村平凡人物为主格的，写他们最人性的一面的作品。）
>
> 龙朱、月下小景（全是以异族青年恋爱为主格，写他们生活中的一片，全篇贯串以透明的智慧，交织了诗情与画意的作品。）
>
> 都市一妇人、虎雏（以一个性格强的人物为主格，有毒的放光的

① 原文如此，应为“取精摘优”。

人格描写。）

黑夜（写革命者的一片段生活。）

爱欲（写故事，用天方夜谭风格写成的作品。）

应当还有不少文章还可用的，但我却想至多只许选十五篇。也许我新写些，请你来选一次。我还打量作个《我为何创作》，写我如何看别人生活以及自己如何生活，如何看别人作品以及自己又如何写作品的经过。你若觉得这计划还好，就请你为我抄写《爱欲》那篇故事。这故事抄时仍然用那种绿格纸，同《柏子》差不多的。这书我估计应当有购者，同时有十万读者。（《横石和九溪》）

这是沈从文第一次提及刊印选集的计划，拟想中的篇目构成了《从文小说习作选》的雏形。信中有一段关于“人为什么活着”的感慨，透露着沈从文的“生命观”：“‘这人为什么而活下去？他想不想过为什么活下去这件事？’不止这人不想起，我这十天来所见到的人，似乎皆并不想起这种事情的。城市中读书人也似乎不大想到过。可是，一个人不想到这一点，还能好好生存下去，很希奇的。三三,一切生存皆为了生存，必有所爱方可生存下去。多数人爱点钱，爱吃点好东西，皆可以从从容容活下去的。这种多数人真是为生而生的。但少数人呢，却看得远一点，为民族为人类而生。这种少数人常常为一个民族的代表，生命放光，为得是他会凝聚精力使生命放光！我们皆应当莫自弃，也应当得把自己凝聚起来！”（《横石和九溪》）在本日写给张兆和的第二封信里，则把思考的视点指向了历史：

山头夕阳极感动我，水底各色圆石也极感动我，我心中似乎毫无什么渣滓，透明烛照，对河水，对夕阳，对拉船人同船，皆那么爱着，十分温暖的爱着！我们平时不是读历史吗？一本历史书除了告我们些另一时代最笨的人相斫相杀以外有些什么？但真的历史却是一条河。从那日夜长流千古不变的水里石头和砂子，腐了的草木，破烂的船板，使我触着平时我们所疏忽了若干年代若干人类的哀乐！我看到小小渔船，载了它的黑色鸬鹚向下流缓缓划去，看到石滩上拉船人的姿势，我皆异常感动且异常爱他们。我先前一时不还提到过这些人可怜的生，无所为的生吗？不，三三，我错了。这些人不需我们来可怜，我们应当来尊敬来爱。他们那么庄严忠实的生，却在自然上各担负自己那份命运，为自己，为儿女而活下去。不管怎么样活，却从不逃避为了活而应有的一切努力。他们在他们那份习惯生活里、命运里，也依然是哭、笑、吃、喝，对于寒暑的来临，更感觉到这四时交递的严重。三三，我不知为什么，我感动得很！我希望活得长一点，同时把生活完全发展到我自己这份工作上来。我会用我自己的力量，为所谓人生，解释得比任何人皆庄严些与透人些！三三，我看久了水，从水里的石头得到一点平时好象不能得到的东西，对于人生，对于爱憎，仿佛全然与人不同了。我觉得惆怅得很，我总像看得太深太远，对于我自己，便成为受难者了。这时节我软弱得很，因为我爱了世界，爱了人类。(《历史是一条河》)

下午四时半，小船抵达辰州，在新建的“芸庐”见到大哥沈云麓。晚上，给张兆和发电报。这几日写给张兆和的信则委托沈云麓寄发。

当天所写书信后以《横石和九溪》《历史是一条河》为题收入《沈从文别集·湘行集》(岳麓书社 1992 年版)。收入《全集》第 11 卷《湘行书简》集。

1 月 19 日　上午，小船离开辰州上行。本日写给张兆和的信后以《离辰州上行》《虎雏印象》《到泸溪》《泸溪黄昏》为题收入《沈从文别集·湘行集》(岳麓书社 1992 年版)。收入《全集》第 11 卷《湘行书简》集。

1 月 20 日　上午七时，小船离开泸溪，在船上写给张兆和的信后以《天明号音》为题收入《沈从文别集·湘行集》(岳麓书社 1992 年版)。收入《全集》第 11 卷《湘行书简》集。

1 月 21 日

本日　据《胡适日记》：“《文艺副刊》(《大公报》)邀午饭，有饶子离、巴金、闻一多、周岂明等。此《副刊》每星期三六出一次，替代了吴宓的《文学副刊》。《副刊》主编为杨金甫与沈从文，从文南归，故今天不在座。”

1 月 22 日　下午 3 时，抵达家乡，见到母亲及弟弟。

本日　《国闻周报》第 11 卷第 5 期出刊，编者在《编辑后记》中说明：“《边城》续稿，所存不多，暂停一期。”

1月23日 上午、晚上连写两信给张兆和，报告回乡后情况种种，“我已见过老上司，且同时见到了一些朋友。”“这里一切使我感慨之至。一切皆变了，一切皆不同了，真是使我这出门过久的人很难过的事！妈病得很坏，近来虽离去危险期，但人还是瘦得很。我一时真不想离开她，但又不能不离开这老人家。我只想多陪她坐坐，但客人一来一坐又总是很久很久。我心乱得很，我很悔见到熟人，却妨碍了我同妈谈话的机会。我现在想有个办法把自己同熟人拉开，可是又无这个办法。”“我离家太久，母亲又病得厉害，留我多住两天，把十二那天母亲的生日过去再走，希望杨先生原谅。”两信后以《到凤凰》《感慨之至》为题收入《沈从文别集·湘行集》（岳麓书社 1992 年版）。收入《全集》第 11 卷《湘行书简》集。

1月25日 下午，去寻访“滕回生堂”的旧迹。据《滕回生堂的今昔》记载：“民国二十二年旧历十二月十一，距我同那座大桥分别时将近十八年，我又回到了那个桥头了。这是我的故乡，我的学校，试想想，我当时心中怎样激动！离城二十里外我就见着了那条小河，傍着小河溯流而上，沿河绵亘数里的竹林，发蓝叠翠的山峰，白白阳光下造纸坊与制糖坊，水磨与水车，这些东西皆使我感动得真厉害！后来在一个石头碉堡下，我还看到一个穿号褂的团丁，送了个头裹孝布的青年妇人过身。那黑脸小嘴高鼻梁青年妇人，使我想起我写的《凤子》故事中角色。她没有开口唱歌，然而一看却知道这妇人的灵魂是用歌声喂养长大的。我已来到我故事中的空气里了，我有点儿痴。见大桥时约在下午两点左右，正是市面顶热闹时节。我从一群苗人一群乡下人中拥挤上了大桥，各处搜寻后没有发现‘滕回生堂’的牌号。回转家中我并不提起这件事。”

1月26日 上午，寻访滕回生堂，终于见到儿时旧伴松林，叙谈中了解了滕回生堂的处境。离开松林的店铺，“一出铺子到城边时，我就碰着烟帮过身，护送兵皆背了本地制最新半自动步枪，人马成一长长队伍，共约三百二十余担黑货，全是从贵州省来的。我原本预备第二天过河边为这长桥摄一个影，一看到桥墩，想起十七年前那缶奉罂粟花，且同时想起目前那十家烟馆三家烟具店，这桥头的今昔情形，把我照相的勇气同兴味全失去了。”

2月1日　清晨，乘小船离开辰州下行，踏上返回北平的旅程，大哥、三弟到码头送行。在船上写信给张兆和，后以《辰州下行》为题收入《沈从文别集·湘行集》（岳麓书社1992年版）。收入《全集》第11卷《湘行书简》集。

2月2日　在船上给张兆和连写三信，谈及沿岸美丽的景色和这次长途旅行给自己的心境带来的变化："河水已平，水流渐缓，两岸小山皆接连如佛珠，触目苍翠如江南的五月。竹子、松、杉，以及其他常绿树皆因一雨洗得异常干净。山谷中不知何处有鸡叫，有牛犊叫，河边有人家处，屋前后必有成畦的白菜，作浅绿色。小埠头停船处，且常有这种白菜堆积成A字形，或相间以红萝卜。三三，我纵有笔有照相器，这里的一切颜色，一切声音，以至于由于水面的静穆所显出的调子，如何能够一下子全部捉来让你望到这一切，听到这一切，且计算着一切，我叹息了。我感到生存或生命了。……毫无可疑，我对于这条河中的一切，经过这次旅行可以多认识了一些，此后写到它时也必更动人一些，在别人看来，我必可得到"更成功"的谀语，但在我自己，却成为一个永远不能用骄傲心情来作自己工作的补剂那么一个人了。我明白我们的能力，比自然如何渺小，我低首了。这种心境若能长久支配我，则这次旅行，将使我在人事上更好一些……这次在上面所见到的情形，除了风景以外，人事却使我增加无量智慧。这里的人同城市中人相去太远，城市中人同下面都市中人又相去太远了，这种人事上的距离，使我明白了些说不分明的东西，此后关于说到军人，说到劳动者，在文章上我的观念或与往日完全不同了。"（《过新田湾》）两信后以《再到柳林岔》《过新田湾》《重抵桃园》为题收入《沈从文别集·湘行集》（岳麓书社1992年版）。收入《全集》第11卷《湘行书简》集。

2月9日　回到北平。

2月10日　致函萧乾。收入《全集》第18卷。

本日　芦焚在天津《大公报》发表《"京派"与"海派"》一文，对沈从文的"京派""海派"观予以回应："苏汶先生因感于'海派'文人横遭卑视而鸣不平，引动沈从文先生写《论海派》，并且拈得'商业竞争，名士才情……'以为诠释。大约沈先生感到'海派'的卑劣和'官派'的压迫，所以文章是极端愤慨的。也许就因为愤慨至于极端，主观的成分很大。以沈先生的意思，'商业竞争，名士才情……’是‘海派’，那么‘书斋学者’应皆是‘京派’，如果我的推测不错的话。主观的看，未尝不可。按沈先生的观点，有多分左袒‘京派’；后来又看了曹聚仁等先生的文章，以为‘商业竞争’是‘海派’，‘名士才情’应该派诸‘京派’；而且更进一步，坦然的说‘到历史的某一时期，海派固在打倒之例，京派亦难幸免。’这话是较客观些，而且是对的。不过双方并无直接冲突的焦，一方贬‘海’而袒‘京’，一方很直率的对两者不偏不依。据历次的经验，这笔战开不了的，因为绝没人自居‘海派’。自称‘京派’的也许有人。”

2月13日　母亲黄素英在家乡湖南凤凰病逝。

2月14日

本日　胡适在日记中写道：“偶检北归路上所记纸片，有中公学生丘良任谈的中公学生近年常作文艺的人，有甘祠森（署名永柏，或雨纹），有何家槐、何德明、李辉英、何嘉、钟灵（番草）、孙佳讯、刘宇等。此风气皆是陆侃如、冯沅君、沈从文、白薇诸人所开。北大国文系偏重考古，我在南方见侃如夫妇皆不看重学生试作文艺，始觉此风气之偏。从文在中公最受学生爱戴，久而不衰。大学之中国文学系当兼顾到三方面：历史的；欣赏与批评的；创作的。”[①]

2月15日　农历正月初二，与常风一起游览白云观。据常风回忆：“1934年我到北平度假，有机会和沈先生同他的夫人张兆和会面。那时他们住在府右街北口后胡同。他约我阴历正月初二游逛白云观。在北平读了4年大学，我还没有逛过白云观，而正月初二逛白云观是北平人的一件大事。我们到了彰仪门外骑上毛驴在拥挤的人群和驴群中慢悠悠地到了这座驰名的道观。沈先生引着我一处一处都走到。他并不是初次逛白云观，可是他看得非常仔细认真，显然十分高兴。我只是跟着走走看看，听他津津有味热情给我讲说。我才悟识一位作家总是随时随地观察周围的一切，因而才能写出生动的作品。”[②]

2月17日　作《关于“海派”》。

2月19日　据胡适当天日记：“到大美菜馆吃午饭，与张季鸾、王芸生、杨金

---

① 曹伯言整理：《胡适日记全编》第6卷，第325页，安徽教育出版社2001年版。

② 常风：《留在我心中的记忆》，《长河不尽流》，第73—74页，湖南文艺出版社2018年版。

甫、沈从文谈。他们商议改良《国闻周报》。我劝他们参考 Manchester Guardian; London Times［曼彻斯特《卫报》，伦敦《泰晤士报》］的周刊。”

2月21日　《关于“海派”》发表于天津《大公报·文艺副刊》第43期，署名从文。收入《全集》第17卷《文学运动杂谈》集。

2月25日　中午，出席以《大公报·文艺副刊》名义在丰泽园举办的宴会，参加者有周作人、杨振声、郑振铎、俞平伯、叶公超、闻一多、陈登恪、巴金、卞之琳等人。

2月28日　作《禁书问题》。

3月5日　《禁书问题》发表于《国闻周报》第11卷第9期，署名沈从文。收入《全集》第17卷《文学运动杂谈》集。

按：该文发表后，《图书馆学季刊》第8卷第1期摘要转发了本文；《社会新闻》分别在3月21日、3月24日（第6卷第27期、28期）发表了长篇社论《驳沈从文的禁书问题》。

收到大哥沈云麓的来信，告知母亲病逝的消息。随即给大哥复信：“这次回南，本想使妈快乐一点，想不到结果反而使妈不快乐，见大大来信，觉得伤心。因再想同妈谈谈，也来不及了。”（《沈从文致沈云麓》），收入《沈从文别集·湘行集》（岳麓书社1992年版）。收入《全集》第11卷《湘行书简》集。

3月9日

本日　徐转蓬在《申报》发表《我的自白》，谈他与何家槐著作权纠纷，涉及沈从文为他改的一篇小说，文中说：“《瞎子与妇人》（原名《瞎子丈夫》，共五千字左右，内有二千多字为沈从文所加改，登《文艺月刊》）”。

3月13日

本日　胡适为何家槐被人指责“偷别人的作品”事致函沈从文，“如果你认为家槐是受了冤枉，我很盼望你为他说一句公道的话”。[①]

3月17日　参加大公报社在丰泽园的宴会，到者有周作人、杨振声、巴金、余

---

① 耿云志主编：《胡适遗稿及秘藏书信》第19册，第112页，黄山书社1994年版。

上沅、叶公超、郑振铎等人。[1]

3月18日

本日 天津《益世报》别墅副刊刊登消息《胡适之林徽音沈从文在平组织学文月刊社》:“中国文坛名人胡适之,叶公超,杨振声,林徽音,闻一多,余上沅,沈从文等,在平组织学文月刊社,定期发行《学文月刊》,专载文艺作品。创刊号闻于四月中旬可出版云。”署名汶。

3月24日 以编辑部名义分别致函章诚、大鹏。以《编者复信》为题收入《全集》第16卷《编者言》卷。

3月25日 据《朱自清日记》,“《文副》在谭篆卿家宴客,座有郭有守君。”此次宴会沈从文是否参与,待考。

三月初 致信李长之,原信不存。据季羡林本月6日日记载:“看到沈从文给长之的信,里面谈到我评《夜会》的文章,很不满意。这使我很难过,倘若别人这样写,我一定骂他。但沈从文则不然。我赶快给他一封长信,对我这篇文章的写成,有所辩解,我不希望我所崇敬的人对我有丝毫的误解。”[2]

三月初 致信季羡林,原信不存。据季羡林本月10日日记载:“今天接到沈从文的信,对我坦白诚恳的态度他很佩服。信很长,他又劝我写批评要往大处看,我很高兴。”[3]

三月 《图书馆学季刊》第8卷第1期在“时论撮要”栏摘发了沈从文的《禁书问题》。

4月1日 散文《湘行散记·鸭窠围的夜》发表于《文学》第2卷第4号,署名沈从文。鸭窠围的所见所闻引发了作者对生命世界的感慨:“什么人家吊脚楼下有匹小羊叫,固执而且柔和的声音,使人听来觉得忧郁,我心中想着,‘这一定是从别一处牵来的,另外一个地方,那小畜生的母亲,一定也那么固执的鸣着吧。’算算日子,再过十一天便过年了。‘小畜生明不明白只能在这个

---

① 陈福康:《郑振铎年谱》上册,第265页,三晋出版社2008年版。

② 季羡林:《清华园日记》,第224页,辽宁美术出版社2002年版。

③ 季羡林:《清华园日记》,第225页,辽宁美术出版社2002年版。

世界上活过十天八天？’明白也罢，不明白也罢，这小畜生是为了过年而赶来应在这个地方死去的。此后固执而又柔和的声音，将在我耳边永远不会消失。我觉得忧郁起来了。我仿佛触着了这世界上一点东西。看明白了这世界上一点东西，心里软和得很。”“我认识他们的哀乐，这一切我也有分。看他们在那里把每个日子打发下去，也是眼泪也是笑，离我虽那么远，同时又与我那么相近。这正同读一篇描写西伯利亚方面的农人生活动人作品一样，使人掩卷引起无言的哀戚。我如今只用想象去领味这些人生活的表面姿态，却用过去一分经验，接触着了这种人的灵魂。”后以《鸭窠围的夜》为题收入《湘行散记》（商务印书馆 1936 年 3 月初版）。收入《全集》第 11 卷《湘行散记》集。

4 月 5 日　《人间世》小品文半月刊创刊。该刊由林语堂主编，编辑为徐訏、陶亢德，良友图书印刷有限公司出版兼总发行，每月五日、二十日出刊。沈从文被该刊列为特约撰稿人。

4 月 18 日　散文《湘行散记——一个同我过桃源的朋友》发表于《大公报·文艺副刊》第 59 期，署名沈从文，人物原型为作者在军队时认识的朋友曾芹轩。后改题《一个戴水獭皮帽子的朋友》收入《湘行散记》（商务印书馆 1933 年 3 月）。收入《全集》第 11 卷《湘行散记》集。

4 月 19 日　小说《边城》最终创作完成。1948 年，作者回忆了《边城》的创作初衷，对理解作家创作颇为重要：“民十随部队入川，由茶峒过路，住宿二日，曾从有马粪城门口至城中二次，驻防一小庙中，至河街小船上玩数次。开拔日微雨，约四里始过渡，闻杜鹃极悲哀。是日翻上棉花坡，约高上二十五里，半路见路劫致死者数人。山顶堡砦已焚毁多日。民二十二至青岛崂山北九水路上，见村中有死者家人‘报庙’行列，一小女孩奉灵幡引路。因与兆和约，将写一故事引入所见。九月至平结婚，即在达子营住处小院中，用小方桌在树荫下写第一章。在《国闻周报》发表。入冬返湘看望母亲，来回四十天，在家乡三天，回到北平续写。二十三年母亲死去，书出版时心中充满悲伤。”（《新题记》）1977 年 1 月在致陈从周的信中回忆：“四十年前写的小故事《边城》，当时就是住在青岛，与兆和同志去崂山‘北九水’玩时，适值雨后新晴，快到北九水时，有山溪水泛滥到路上，凡人蹲下玩水时，听到半山上有个女孩子哭声，抬头看到女孩子手上正执了个小小白纸幡，知道必是家中死了人，照老规矩去附近向‘土地’告庙。我当时就告兆和，我可以写个很好的小说给你看看，她当然以为说过后就完事，不会相信。可是不多久，回到北京，就写成了《边城》。”（《全集》第 25 卷）

4 月 23 日 《边城》在《国闻周报》第 11 卷第 16 期连载完毕。收入《全集》第 8 卷《边城》集。

编者在该期《编辑后记》中写道：“沈从文先生的《边城》，至本期已告结束。据沈先生说，这篇文章原拟把翠翠摆在人群中更历些酸辛，但因为家中一读者不大赞成，所以让她用‘等下去’的一个办法打发日子去了。”

4 月 24 日 为小说《边城》写《题记》。

4 月 25 日 《边城题记》发表于《大公报 · 文艺副刊》第 61 期，署名沈从文。收入《边城》（生活书店 1934 年版）。以《十四 边城题记》收入《废邮存底》（上海文化生活出版社 1937 年版）。收入《新的文学运动与新的文学观》（云南省经济委员会印刷厂 1944 年版）。收入《全集》第 8 卷《边城》集。

4 月 29 日 中午，《大公报 · 文艺副刊》在丰泽园设宴招待作者。

四月 小说集《游目集》由大东书局出版，收入小说《腐烂》《除夕》《春天》《夜的空间》《三个男子和一个女人》《平凡故事》。收入《全集》第 8 卷《游目集》。

四月 文论集《沫沫集》由上海大东书局作为“新文学丛书之一”出版，共收入文章 12 篇：《论冯文炳》《论郭沫若》《论落花生》《鲁迅的战斗》《论施蛰存与罗黑芷》《〈轮盘〉的序》《〈沉〉的序》《〈阿黑小史〉序》《论朱湘的诗》《论焦菊隐的〈夜哭〉》《论刘半农〈扬鞭集〉》《我的二哥》。其中，《鲁迅的战斗》写作年月、原发刊物不详。除《〈阿黑小史〉序》《论朱湘的诗》《论焦菊隐的〈夜哭〉》《论刘半农〈扬鞭集〉》《我的二哥》外，均收入《全集》第 16 卷《沫沫集》。

5 月 27 日 参加《大公报 · 文艺副刊》在丰泽园招待作者的宴会，出席宴会的有周作人、杨振声、李健吾、余上沅、朱自清等人。

创作完成《〈凤子〉题记》。

5月30日 《〈凤子〉题记》发表于《大公报·文艺副刊》，署名沈从文。在这篇《题记》中，作者既表达了对文坛现状的一些看法，也表明了自己独特的文学追求："近年来一般新的文学理论，自从把文学作品的目的，解释成为'向社会即日兑现'的工具后，一个忠诚于自己信仰的作者，若还不缺少勇气，想把他的文字，来替他所见到的这个民族较高的智慧，完美的品德，以及其特殊社会组织，试作一种善意的记录，作品便常常不免成为一种罪恶的标志。……实在说来，这个民族如今就正似乎由于过去文化所拘束，故弄得那么懦弱无力的。这个民族种种的恶德，如自大，骄矜，以及懒惰，私心，浅见，无能，就似乎莫不因为保有了过去文化遗产过多所致。这里是一堆古人吃饭游乐的用具，那里又是一堆古人思索辩难的工具，因此我们多数活人，把'如何方可以活下去的方法'也就完全忘掉了。明白了那些古典的名贵的与庄严，救不了目前四万万人的活命，为了生存，为了作者感到了自己与自己身后在这块地面还得继续活下去的人，如何方能够活下去那一些欲望，使文学贴进一般人生，在一个俨然'俗气'的情形中发展；然而这俗气也就正是所谓生气，文学中有它，无论如何总比没有它好一些！……本书的写作与付印，可以说明作者本人缺少攀援这个时代的能力，而俨然还向罪恶进取，所走的路又是一条怎样孤僻的小路，故这本书在新的或旧的观点下来分析批判，皆不会得到如何好感。这个作品从一般读者说来，则文字太奢侈了一点。惟本人意思，却以为目前明白了把自己一点力量搁放在为大众苦闷而有所写作的作者，已有很多人，——我尊敬这些人。也应当还有些敢担当罪恶，为这个民族理智与德性而来有所写作的作者——我爱这些人！不吓怕罪恶为缘的读者，方是这一卷书最好的读者。"收入《凤子》(立达书局)。收入《全集》第7卷《凤子》集。

五月 小说集《如蕤集》由上海生活书店出版，收入《如蕤》《三个女性》《上城里来的人》《生》《早上——一堆土一个兵》《泥涂》《节日》《白日》《黄昏》《黑夜》《秋》。除《泥涂》《黑夜》《秋》外，其余各篇均收入《全集》第7卷《如蕤集》。

6月13日　散文《湘行散记——一九三四年一月十八》发表于《大公报·文艺副刊》第74期，署名沈从文。后改题《一九三四年一月十八》收入《湘行散记》（商务印书馆1936年版）。收入《全集》第11卷《湘行散记》集。

6月24日　中午，《大公报·文艺副刊》在会贤堂招待作者，“今日宴会，两桌，颇极一时之盛，宴后至司徒乔家看画并商办《艺术周刊》事。”（《朱自清日记》）

6月25日　致函来北平开文化基金会董事会的胡适，希望“先生特为提出，看看是不是可以提出那么一笔钱，来作文学奖金或有关于这方面的事业的使用”。“一个国家大得很，固然需要巴斯德，似乎也少不了雨果。”“在造就科学家以前，还必须如何先一点造就国民对于科学尊重的观念，以及国民坚忍结实的性格。且必需了解目前中国新文学的发展，在一个民族趋向健康的努力上，它负了多少责任，且能够尽多少责任。”收入《全集》第18卷。

7月1日　散文《湘行散记·辰河小船上的水手》发表于《文学》月刊第3卷第1号，署名沈从文。沿途所见，使作者对世事的变迁颇多感慨：“天既放晴后，小船快要到目的地时，坐在船舱中一角，瞻望澄碧无尽的长流，使我发生无限感慨。十五年以前，河岸两旁黛色庞大石头上，依然是在这样晴朗冬天里，有野莺与画眉鸟从山谷中竹篁里飞出来，在石头上晒太阳，悠然自得的啭唱悦耳的曲子，直到有船近身时，又方始一齐向竹林中飞去。十五年来竹林里的鸟雀，那分从容处，犹如往日一个样子，水面划船人愚蠢朴质勇敢耐劳处，也还相去不远。但这个民族，在这一堆长长日子里，为内战、毒物、饥馑、水灾，如何向堕落与灭亡大路走去。一切人生活习惯，又如何在巨大压力下失去了原来的型范！”后改题《辰河小船上的水手》收入《湘行散记》（商务印书馆1936年版）。收入《全集》第11卷《湘行散记》集。

用湘西镇筸土音翻译的《伐檀章今译》刊载于《文艺风景》第1卷第2期，署名沈从文。收入《全集》第15卷《镇筸谣曲》集。

7月5日　散文《孙大雨》刊载于《人间世》第7期“今人志”栏，署名从文。收入《全集》第12卷《友情集》。

7月7日　散文《湘行散记——一个多情水手与一个多情妇人》发表于天津《大公报·文艺副刊》第92期，署名沈从文。后改题《一个多情水手与一个多情妇人》收入《湘行散记》(商务印书馆1936年版)。收入《全集》第11卷《湘行散记》集。

7月21日　修改小说《丈夫》。

7月22日　在怀仁堂设宴，出席者有朱自清、傅西兴、陈同培等人。

7月23日　致函胡适，请他为文艺副刊写纪念刘半农的文章。收入《全集》第18卷。

散文《湘行散记——五个军官与一个煤矿工人》发表于《国闻周报》第11卷第29期，署名沈从文。后改题《五个军官与一个煤矿工人》收入《湘行散记》(商务印书馆1936年3月)。收入《全集》第11卷《湘行散记》集。

七月　《从文自传》由上海第一出版社出版。书中收录“沈从文先生近影”一帧，并在空白处对作者作了介绍：“沈先生是个天才而又多产的作家，多才多艺，远近闻名。且从苦出生，读书甚少，大都由刻苦自修中得来，先生出生蛮荒之邦，少年时当士兵，入军队工作，凡此种种，都是他与别的作者不同之点。”该书先后由良友图书印刷公司、开明书店、中央书局等社出版过多种版本。据作者改定后的开明书店本收入《全集》第13卷《从文自传》。

按：后来沈从文曾这样回忆是书写作过程：“那个《自传》还是为了赶付最小妹妹的学费，约十九天写成，只改稿一次即送交付排的。若能像当时写《月下小景》那么斟酌下笔，反复修改，内容必更有意思得多。那三个夏天都有亲友来，同事都觉得近于奇迹，同在一个大宿舍里住下，见我日夜都在和人爬山谈天，有时半夜才从山上或海边回来，尚继续谈下去，可是上海四五个文艺或综合性刊物，每月出版必有我的短篇刊载，此外北京的上海的日报，也经常有文章发表，即和我同住一房的外来客人，也不知道我是什么时候写成的。事实上构思经常即是在和他们爬山涉水或坐在海边什么大岩石上看白浪翻腾时，而在朋友小睡一会会，我就把大意写出，从另外一种空隙中就完成了。一生生命使用得最有意义，效率也最高，大致即数这几年，和卅四年返回北京到抗战后离开北京那几年，除了自己练笔写了许多，还同时为相熟或始终不熟的

投稿者看改了大分量小说散文诗歌稿子。”（1976年致王矜王亚蓉）

七月 为纪念《文学》创刊一周年，《文学》编者发起“我与文学”征文，最后由生活书店出版了《文学一周年纪念特辑·我与文学》一书，收入沈从文的《我的写作与水的关系》。在收入《废邮存底》（文化生活出版社1937年版）时，删去了文章前两段。收入《全集》第17卷《废邮存底》时，在编者注中将删去的两段作了说明。

8月1日 杂文《从“小说读经”到“大众语问题”的感想》发表于《大公报·文艺副刊》第89期，署名从文。本文针对当时的“读经”与“大众语问题”的讨论而展开。在沈从文看来：“希望这个民族进步，且希望这个民族摆脱当前堕落崩溃灭亡的厄运，虽可以说是国内一切负责者说话者共通的意识，然而地位不同，观点也就常常大有区别。但欲摆脱厄运而力求进步，先决条件就在认清‘事实’，必自己不迷信新旧符咒，同时也不把新旧符咒搬出使人迷信，方可以有些希望。若负责的说话的不是有点愚蠢就是有点油滑，则历史推衍，愚蠢者灭亡，自不待言，而油滑者幸而天假其便，亦不过如一似远实近的前例，困难当前，到头不知所措，所有作为，与下民遇天干时则念经抬狗求雨无异。国家与民族恶运，也不过在这些人统治交替中，多读一次经书，加深一层僵梦而已。”收入《全集》第14卷《甲辰杂谈》集。

8月7日 作《〈上海通信〉附记》。

8月11日 《〈上海通信〉附记》发表于天津《大公报·文艺副刊》第92期，署名从文。收入《全集》第17卷《文学运动杂谈》集。

8月16日 致信赵家璧。该信后收入孔令境编《现代作家书简》（生活书店）。在《致赵家璧函二通》总题下收入《全集》第17卷《新废邮存底续编》集。

8月18日 中午，在丰泽园偶遇郁达夫。据郁达夫《故都日记》载：“中午王余杞来，一同出去吃饭，更至丰泽园，遇邓叔存，陈通伯，叔华，沈从文，杨金甫等，谈到四时，去天坛。”[①]

① 郁达夫：《故都日记》，《郁达夫全集》第5卷，第364页，浙江大学出版社2007年。

8月22日　小说《过岭者》发表于天津《大公报·文艺副刊》第95期，署名从文。收入小说集《八骏图》（文化生活出版社）。收入《全集》第8卷《八骏图》集。

按：多年后，沈从文在《八骏图》集该小说文后写下以下题识："时读一报纸记事写下的。"（《题〈八骏图〉自存本》）

8月24日　访郁达夫。"沈从文明天约去吃夜饭，问我以此外更有何人可以约来谈谈，我以邓叔纯、凌叔华对。"[①]

8月25日　晚，请郁达夫来家里吃饭。[②]

8月29日　《编者覆信》发表于天津《大公报·文艺副刊》第97期，署名编者。本文系是沈从文在编发莲生的《从宇宙苍蝇到大众语》后，写给作者的信。收入《全集》第17卷《文学运动杂谈》集。

八月　创作完成小说《过岭者》。

八月　散文《湘行散记·老伴》发表于《学文》[③]第1卷第4期，署名沈从文。文中对"翠翠"的原型与一个绒线铺的女孩的关系作了说明："那女孩子名叫'翠翠'，我写《边城》故事时，弄渡船的外孙女，明慧温柔的品性，就从那绒线铺小女孩脱胎而来。我们各人对于这孩子，印象似乎皆极好，不过当时却只有他一个人，特别勇敢天真些，好意思把那一点胡涂希望说出口来。"当沈从文十七年后再度回到这个地方时，仿佛又回到了从前，"我被'时间'意识猛烈的掴了一巴掌，摩摩我的面颊，一句话不说，静静的站在那儿看两父女度量带子，验看点数我给他的钱。……他们那份安于现状的神气，使我觉得若用我身分惊动了他，就真是我的罪过。我拿了那个小小包儿出城时，天已断黑，在泥堤上乱走。天上有一粒极大星子，闪耀着柔和悦目的光明。我瞅定这一粒星子，目不旁瞬。'这星光从空间到地球据说就得三千年，阅历多些，它那么镇静有它的道理。我能那么镇静吗？……'我心中似乎极其骚动，我想我的骚动是不合理的。我的脚正踏到十七年前所躺卧的泥堤上，一颗心跳跃着，勉强按

---

① 郁达夫：《故都日记》，《郁达夫全集》第5卷，第367页，浙江大学出版社2007年。

② 同上注，第368页。

③ 《全集》误注为发表于"《文学》第1卷第4期"。

捺也不能约束自己。可是，过去的，有谁能拦住不让它过去，又有谁能制止不许它再来？时间使我的心在各种变动人事上感受了点分量不同的压力，我得沉默，得忍受。再过十七年，安知道我不再到这小城中来？为了这再来的春天，我有点忧郁，有点寂寞。黑暗河面起了快乐的橹歌。河中心一只商船正想靠码头停泊，歌声在黑暗中流动，从歌声里我俨然彻悟了什么。我明白'我不应当翻阅历史，温习历史。'在历史前面，谁人能够不感惘怅？"后以《老伴》为题收入《湘行散记》(商务印书馆 1936 年 3 月)。收入《全集》第 11 卷《湘行散记》集。

八月《学文》第 1 卷第 4 期刊登纯文艺月刊《虎雏》出版预告，由文华书局发行，准备于 1934 年 10 月 1 日出版，广告所列目录中有沈从文的小说《虎雏再遇记》。按：从广告所列刊物目录判断，该刊志即为本年 10 月出版的《水星》，出刊预告何以以《虎雏》命名，待考。

9 月 1 日　《记丁玲》单行本作为"良友文学丛书"由良友图书印刷公司出版发行。由于国民党图书审查的原因，该版本与《国闻周报》刊本相比，仅存 1–10 节，少了后 11 节。收入《全集》第 13 卷《记丁玲》集。按：该书出版时，书后附有"编者语"："沈从文先生所著《记丁玲》一稿，原文较本书所发表者多三万余字，叙至一九三二年为止，因特种原因，目前未克全部发表，特志数语，以告读者。"

9 月 6 日　作《本刊一百期》。

9 月 7 日　致函胡适并致送新出版的《记丁玲》一册。收入《全集》第 18 卷。

9 月 8 日　《本刊一百期》发表于天津《大公报 · 文艺副刊》第 100 期，署名编者。收入《全集》第 16 卷《编者言》集。

9 月 12 日　以编者名义为常风的《论老舍〈离婚〉》撰写的跋语发表于天津《大公报 · 文艺副刊》第 101 期。原无题，后以《论老舍〈离婚〉附记》为题收入《全集》第 16 卷《编者言》集。

据常风《留在我心中的记忆》回忆："我的第一篇评论创作的文章《论老舍的〈离婚〉》经我大学的老师叶公超先生介绍，很快就在《大公报 · 文艺副刊》上登出．编辑先生还在文章后面写了附记。对我加以鼓励。不久，我收到沈先生的一封信，要我经常多写些评论创作的文章，《文艺副刊》很需要这类文字。沈先生还把我的原稿寄回，我稿上有几个错别字都经他改正。后来我才知道所有排印了的稿件他都要寄回作者的。”[①] 按：该期署名编者的跋语共有两段，《全集》仅录其中一段，现将第一段照录如下：

年来治西洋文学的，对于古典文学渐有兴味注意，可谓一好现象。但因种种关系，对于这一方面的疏忽与错误也免不了。这种已成的疏忽与错误，必需忠实的商讨和批评方能救济。本期就登载罗睺先生与茅盾先生讨论一点问题，罗睺先生为新近从希腊研究考古学回国的青年学者，本文讨论的态度，尤极难得。若茅盾先生尚有何等不同的意见，编者希望能在本刊登载。

9月15日　本日出版的《社会月报》第1卷第四期在“大众语问题特辑”中以《沈从文先生的复信》为题刊登了沈从文的复信，表达了他对“大众语问题”的看法。该文与8月11日发表在《大公报·文艺副刊》上的《〈上海通信〉附记》属于同一篇文章，本次只是删去了《大公报》文中的第一段。

关于“大众语运动”，据曹聚仁回忆，“1934年夏天，一个下午，我们（包括陈望道、叶圣陶、陈子展、徐懋庸、乐嗣炳、夏丏尊和我）七个人，在上海福州路咖喱饭店，有一小小的讨论会。我们讨论的课题，针对着当时汪懋祖的‘读经运动’与许梦因的‘提倡文言’而来。……我们认为白话文运动还不够彻底，因为我们所写的白话文还只是士大夫阶层所能接受，和一般大众无关，也不是大众所能接受。同时，我们所写的，也和大众口语差了一大截；我们只是大众的代言人，并不是由大众自己来动手写的。因此，大家就提出了大众语的口号，并决定了几个要语，先由我们七个人轮流在《申报·自由谈》上发表意见”，由此，一个波及面颇广的“大众语运动”形成了（曹聚仁：《我与我的世界》）《申报·自由谈》《太白》《芒种》《社会月报》均登载了大量讨论文章。1934年7月25日，为讨论的充分展开，曹聚仁起草了一份征求意见的信，在寄送给学界名流的同时，刊登在《社会月报》第1卷第三期上。征求意

① 常风：《留在我心中的记忆》，《长河不尽流》，第73页，湖南文艺出版社2018年版。

见的信如下：

××先生：

关于大众语问题，尽是锣鼓闹台，不见袍笏登场，也不是事。其实这个问题，单靠热心是不够的，语言学上的专门知识，目前正是十分需要。我最近想到几个小问题，请 先生指示一点明确的意见，恳切地等候着！

大众语文的运动，当然继承着白话文运动国语运动而来的；究竟在现在，有没有划分新阶级，提倡大众语的必要？

白话文运动为什么会停滞下来？为什么新文人（五四运动以后的文人）隐隐都有复古的倾向？

白话文成为特殊阶级（知识分子）的独占工具，和一般民众并不发生关系，究竟如何方法使白话文成为大众的工具？

大众语文的建设，还是先定了标准的一元国语。逐渐推广，使方言渐渐消灭？还是先就各大区的方言，建设多元的大众语文，逐渐集中以造成一元的国语？

大众语文的作品，用什么方式去写成？民众所惯用的方式，我们如何弃取？

曹聚仁 上 七月廿五日

沈从文的复信即是针对曹聚仁的这封征求意见的信而写的。

9月22日　中午，出席《大公报·文艺副刊》在丰泽园举办的午宴，同席者有周作人、容希白、杨振声、郑振铎、朱自清、俞平伯、闻一多、余上沅、梁实秋等人。

9月28日　晚上，大雨。重校小说集《雨后及其他》中的《柏子》《有学问的人》《某夫妇》。（《题〈雨后及其他〉》）

10月7日　《〈艺术周刊〉的诞生》发表于天津《大公报·艺术周刊》创刊号，署名沈从文。收入《全集》第16卷《术艺刍言》集。

本日　《申报》本埠增刊发表周乐山撰写的《文学名人沈从文印象记》，回忆了他、查士元、傅彦长与沈从文的两次交往。

10月10日 散文《虎雏再遇记——湘行散记》发表于《水星》创刊号上，署名沈从文。收入《湘行散记》（商务印书馆1936年版）。收入《全集》第11卷《湘行散记》集。

本日 文学月刊《水星》创刊，沈从文与卞之琳、巴金、李健吾、靳以、郑振铎一起担任主编人，该刊编辑部设在北平三座门大街十四号，由北平文华书局发行，发行人为阎镇中。该刊原拟名为《虎雏》，曾在《学文》月刊第1卷第4期上刊发广告，“《虎雏》，纯文艺月刊创刊号，十月一日出版。”广告所载篇目与《水星》创刊号基本相合，当为同一个杂志。

10月13日 致函胡适。收入《全集》第18卷。

10月15日 新诗《旱的来临》发表于《西湖文苑》第2卷第6期，署名岳焕。

石砖苍颓的古城，
　　贴著几块干枯的苔，
包子岩的河坝上，
　　发闪着太阳的强光。

黄焦焦树巅的叶子，
　　根株蒸起如火的热；
小鸟们的音调哑嘶，
　　婉啭的歌喉就涩塞。

赭色的田土裂裂深口，
　　标出白线的禾苗萎瘦；
像这鸡也令渴死的天气，
　　准儿是今年又没了秋收！

本诗未收入《全集》。据解志熙考证，本诗为沈从文佚诗。收入《全集·补遗卷1》《忧郁的欣赏》集。

10月20日　中午，以《大公报》文艺副刊名义招待在京作家。据《周作人日记》："至同和居应大公文副之招。来者从文、金甫、健吾、上沅、实秋、一多及凌君共八人，下午三时返。"

10月22日

本日　胡适致函沈从文，向沈推荐申尚贤的一篇小说，因作者很穷，胡适希望沈从文能录用这篇稿子。(《胡适遗稿及秘藏书信》第19册)

10月24日　《新刊介绍》发表于天津《大公报·文艺副刊》第113期，署名柏子。收入《全集》第16卷《沫沫集续编》集。

10月27日　为萧乾翻译的勃克夫人的《创造精神在中国》所作《编者附记》发表于天津《大公报·文艺副刊》第114期，无署名。后以《〈创造精神在中国〉附记》为题收入《全集》第16卷《编者言》集。

十月　在北平删改完成小说《春》《若墨医生》。

十月　经作者修改后的《边城》作为傅东华主编的"创作文库"之九由生活书店出版。1936年，作者曾在该版本扉页写下题注："这书用《边城》或《山城》《小城》才能同军人有关系，同屯戍军相关照，正因为翠翠父亲是戍军，顺顺是军人，照料翠翠的是马兵。兵士同城池是不可分离的。"(《〈边城〉题识五种·题1936年校注初印本》) 1948年，沈从文曾在初印本封面上陆续写下如下题识："第一版留样本。全集付印时宜用开明印本，将此本新题记附入。""战时开明在江西、四川、桂林、上海各印有战时本。土纸印。本拟写十城记，应当回去完成另外九个。现在看来，这事恐得交给下一代人去了。上官碧"。"那首歌声音既极柔和，快乐中又微带忧郁，歌调末尾说：'福禄绵绵是恩神，和风和雨神好心……'新印本（指开明改订本——引者）有全诗，此为节下末尾几句。用这个好。"(《〈边城〉题识五种·题1948年所购初印本封面、扉页和卷内》)

十月　戴一鹤选辑的《名家短篇创作选》(上、下)由大众书局出版，该书下册收入署名从文的小说两篇《猎野猪的人》《信》。其中，《信》不是沈从文的作品，署名"从文"当是编者之误。

按：书信体小说《信》，文末注明"一九二八五九国耻日脱稿"。金介甫在

《沈从文著作年表》中称《信》即《一个舞女的通信》，曾出版单行本，但该小说刊本、单行本编者均未检得，不确。据凌孟华考证："《名家短篇创作选》中《信》其实是来自于《舞女的白肉》，其原作者是而今虽然少为人知的但当年却著述颇丰的赵林少。这样看来，《名家短篇创作选》目录中的'从文'二字，就应当是误植。"[①]1927年7月，赵林少的《舞女的白肉》作为"央社丛书之一"由民治书店印行。

11月10日　《情绪的体操》发表于《水星》第1卷第2期，署名沈从文。收入《废邮存底》（文化生活出版社1937年版）。收入《全集》第17卷《废邮存底》集。

11月14日　上午，周作人来送稿。

11月17日　致信胡适，约稿并邀请其参加晚宴。

下午6时，以《大公报・文艺副刊》编辑部名义在锡拉胡同东"雨花台"请客，商讨"若这刊物还拟办下去将怎么办"的问题，参加人员有：胡适、杨振声、朱自清、郑振铎、周作人、余上沅、孙大雨、秦宜甫等人，晚十时散。

11月20日　上午四时零五分，长子龙朱出生。

11月21日　《三年前的十一月二十二日》刊载于天津《大公报・文艺副刊》第121期，署名沈从文。本文为怀念徐志摩的一篇散文。收入《全集》第12卷《友情集》。

11月22日　为庆贺长子龙朱出生，送红蛋四十枚给周作人。

致函胡适。收入《全集》第18卷。

11月24日　为孙大雨译莎士比亚《黎琊王悲剧》作的附记发表于天津《大公报・文艺副刊》第122期，无题，文章末尾"编者附记"。后以《〈黎琊王悲剧〉附记》为题收入《全集》第16卷《编者言》集。

12月1日　诗歌《卞之琳浮雕》发表于天津《大公报・文艺副刊》第124期，

---

① 凌孟华：《〈信〉与沈从文的"瓜葛"及史料正误》，《中国社会科学报》，2015年8月31日。

署名上官碧。收入《全集》第15卷《浮雕》集。

12月10日　小说《知识》发表于《水星》第1卷第3期，署名沈从文。此后，作者对初刊本作了很大修改，收入《新与旧》（上海良友图书印刷公司）。收入《全集》第8卷《新与旧》集。

12月14日　为中学教科书编辑事访朱自清。据《朱自清日记》："沈从文先生来访，给我看杨的信。信中说当局已同意我协助编辑中学语文课本。但从信中的语气看，他目前似乎还不能摆脱那里的工作。他说他曾与冯友兰磋商，根据冯的意见，他们只能每月付我一百元，每周工作半天，张子高已有先例。我告诉沈我将于下周进城与冯商谈。"

12月15日　据周作人日记："上午遣人送衣料一方包袱一枚于从文，预贺其子弥月也。"

致信施蛰存。收入孔另境编《现代作家书简》（生活书店）。在《致施蛰存函四通》总题下收入《全集》第17卷《新废邮存底续编》集。

《萧乾小说集题记》发表于《大公报·文艺副刊》第128期，署名沈从文。在这篇题记中，沈从文表明了自己的生活态度："在都市住上十年，我还是个乡下人。第一件事，我就永远不习惯城里人所习惯的道德的愉快，伦理的愉快。我崇拜朝气，欢喜自由，赞美胆量大的，精力强的。一个人行为或精神上有朝气，不在小利小害上打算计较，不拘于物质攫取与人世毁誉；他能硬起脊梁，笔直走他要走的道路，他所学的或同我所学的完全是两样东西，他的政治思想或与我的极其相反，他的宗教信仰或与我的十分冲突，那不碍事，我仍然觉得这是个朋友，这是个人。我爱这种人也尊敬这种人。这种人也许野一点，粗一点，但一切伟大事业伟大作品就只这类人有份。他不能避免失败，他失败了能再干。他容易跌倒，但在跌倒以后仍然即刻可以爬起。至于怕事，偷懒，不结实，缺少相当主见，凡事投机取巧媚世悦俗的人呢，我不习惯同这种人要好，他们给我的'同情'，还不如另一种人给我'反对'有用。这种'城里人'仿佛细腻，其实庸俗。仿佛和平，其实阴险。仿佛清高，其实鬼祟。这世界若永远不变个样子，自然是他们的世界。右倾革命的也罢，革右倾的命的也罢，一切世俗热闹皆有他们的份。就由于应世技巧的圆熟，他们的工作常常容易见好，也极容易成功。这种人在‘作家’中就不少。老实说，我讨厌这种城里人。”据《大公报》刊本收入《全集》第16卷《序跋集》。

12月16日　《废邮存底》发表于《文学季刊》第2卷第4期，署名沈从文。这是写给好友巴金的一封信。收入《废邮存底》（文化生活出版社1937年）时改题《十二　给某作家》。收入《全集》第17卷《废邮存底》集。

12月17日　作《〈现代中国作家评论选〉题记》。

12月20日　为教科书编辑计划事征询朱自清的意见。据朱自清日记载：“我未作认真考虑之前，提不出什么意见。”

作《致一个作者的公开信》。

12月22日　《〈现代中国作家评论选〉题记》发表于天津《大公报·文艺副刊》第130期，署名沈从文。收入《全集》第16卷《序跋集》。

12月26日　《致一个作者的公开信》发表于天津《大公报·文艺副刊》第131期，署名编者。收入《全集》第17卷《新废邮存底续编》集。

12月29日　《大公报·文艺副刊》在玉华台招待作者，共设两席。

本年

本年　修改小说《会明》。

本年　小说《凤子》由北平立达书局再版，与苍山书店初版相比，新增《〈凤子〉题记》。

民国二十四年　1935 年　34 岁

1 月 15 日　中共中央政治局扩大会议在贵州遵义召开。

4 月 1 日　国防设计委员会正式易名资源委员会。

7 月 6 日　何应钦与梅津美治郎签订《何梅协定》。

8 月 1 日　中国共产党发表《为抗日救国告全体同胞书》，史称“八一宣言”。

10 月 19 日　中央红军到达陕北吴起镇，与陕北红军会师。

12 月 9 日　“一二·九运动”爆发。

---

1 月 1 日　作《致一个读书人的公开信》。

本日　儁闻（王林）的《幽僻的陈庄》由北平文心书业社出版，收入沈从文写的《题记》。以《〈幽僻的陈庄〉题记》为题收入《全集》第 16 卷《序跋集》。

1 月 5 日　为约稿事致函胡适。收入《全集》第 18 卷。

《人间世》第 19 期新年特大号在附录中特辟“1934 年我所爱读的书籍”专栏，刊登各位名家爱读的书，每人开列三本爱读的书籍，周作人、老舍都将沈从文的《从文自传》列入爱读书目，沈从文自己开列的爱读书目是：

> 一 神巫之爱
>
> 二 边城
>
> 三 ×××××
>
> 第一本书我爱它，因为这是我自己写的。文章写得还聪明。作品中有我个人的幻想。四年前写来十分从容，现在要写也写不出了。
>
> 第二本书我爱它，也因为这是我自己写的。文章写得还亲切。作品中有我个人的忧愁，就是为那个作品所提及的光景人物空气所浸透的忧愁。这作品是一九三三年写的。这一年很值得我纪念。我死了母亲，结了婚，写了这样一本书。
>
> 第三本书我爱它，因为这本书不是用文字写成的。文章写得又聪明又亲切。这作品使我灵魂轻举，人格放光。一部神的杰作。这作品

虽不是我写的，但很显然的，我却被写进书里面去了。天知道这是一本什么书！

该文未收入《全集》。后收入《全集·补遗卷1》《甲辰杂谈》集。

1月6日　《致一个读书人的公开信》发表于天津《大公报·文艺副刊》第133期，署名编者某甲。收入《全集》第17卷《新废邮存底续编》集。

《编者启事》发表于同期报纸，署名编者。以《〈大公报·文艺〉编者启事》为题收入《全集》第16卷《编者言》集。

本日　沈从文编辑的《大公报·文艺副刊》自本期起改为周刊，周日出版，篇幅略有增加。

1月7日　创作《论读经》。

散文《滕生回堂的今昔（湘行散记之一）》刊载于《国闻周报》第12卷第2期，署名沈从文。1936年3月，商务印书馆出版《湘行散记》时将该文遗失。收入《全集》第11卷《湘行散记》集。

1月9日　《题萧乾小说集》发表于《大同报·大同俱乐部》，署名沈从文。这是本文的第二次发表，只是题目略有不同。

1月10日　诗歌《北京》发表于《水星》第1卷第4期，署名沈甲辰。收入《全集》第15卷《忧郁的欣赏》集。

1月13日　《现在中国作家评论选题记》发表于《大同报·大同俱乐部》，署名沈从文。这是本文的第二次发表，只是题目略有不同。

1月19日

本日　王际可将沈从文写给王献唐的书信带到，并附《大公报·艺术周刊》，嘱王献唐为《艺术周刊》撰文。[①]

1月20日　下午三时，与张兆和一起出席在朱光潜寓所举行的读书会，出席者有梁思成、林徽因、朱自清、李健吾、林庚、废名等人。2月7日，《北洋画报》发表了无聊写的《朱光潜发起读书会》一文，对这次读书会进行了较为详尽的介绍："北大教授以作《给青年的十二封信》著名之朱光潜，最近

① 参见张书学　李勇慧：《王献唐年谱长编》，第506—507页，华东师范大学出版社2017年版。

发起在其寓所中举行读书会。集合现在旧都中之文人，各诵其所作品。其第一次会已于日前举行。是日到会者计有梁任公之子梁思成及其夫人林徽因，戏剧作家李健吾，小剧院女演员马静蕴，小说家废名，沈从文及其夫人，散文家朱佩弦，青年诗人林庚等。女性除上述各夫人外，尚有前本报编者吴秋尘之小姨徐芳，与朱光潜之小姨等，共二十余人。为最近北平文人罕有之盛会。”①

1月21日　杂文《论读经》发表于《国闻周报》第12卷第4期，署名沈从文。在这篇文章中，沈从文对“读经”问题再度表明自己的态度：“目前湘粤负责者假如真肯为他们青年人设想，与其勒迫他们读经，不如在最近的将来，呈请中央，把全国学龄儿童来一个五年计划，施以强迫教育，输入几个最基本的道德观念：一，吃大烟的极不道德，爱国家用国货的极道德。二，强健勇敢的极道德，懦弱懒惰的极不道德。三，作人正直，坚忍，结实的极道德，遇事悲观不振作的极不道德。四，迷信鬼神的极不道德，对科学有兴味的极道德。一面用全部社会生活来培养这些道德观念，一面还用严重法律来辅助教育所不及，务必使每个青年人具有一种新国民的性格，即当大难来临时，各自还有活下去的勇气与能力。”“提倡读经救不了中国。至于虐待小孩子，强迫他们读经，想把历史倒回去，玩这一套老把戏，更不是救中国的方法。——这是我对于本题所作的结论。”收入《全集》第14卷《甲辰杂谈》集。

1月30日　作论文《新文人与新文学》。

一月中旬　与司徒乔联名致信山东图书馆馆长王献唐，系为《大公报·艺术周刊》约稿。寄信人地址为：“北平府右街后胡同一号沈”。从王献唐1月20日收到该信看，本信当写于中旬。从书信手迹来看，此信当为沈从文所写。本信未收入全集，现据《王献唐师友书札》照录如下：

> 献唐先生：时托王际可先生便致一缄，拜尘清鉴。《艺周》深盼先生能赐一大著，以光篇幅。如于二月中此间即可得尊作，载一专刊，殊感幸也。此间所语艺术，范围极宽，就贵馆甕铜各器作一文

① 《北洋画报》第1202期，1935年2月7日。

章，亦复佳甚！专此并候

安吉。

司徒乔　沈从文　顿首[①]

2月1日

本日　巴金的散文《沉落》发表于《文学》第4卷第2号。这篇文章是对沈从文对巴金的小说《沉落》的批评的回应。小说《沉落》发表后，“从北平一个关心我的朋友那里来了劝告，他以为这文章可以不必写，写出来不是和剪影之类的东西差不多么？他的最重要的一句话：写文章难道是为着泄气？”在巴金看来，“我至今仍然觉得我没有错。《沉落》所攻击的是一种倾向，一种风气，而这风气，这倾向正是把这民族推到深渊里去的努力之一。这一点是那朋友没见到的罢。他的眼光也许比我更远一点，他似乎看漏了这民族当前的危机而迷信着将来。事实上这将来还得看我们这般年青人的努力。要是我们能够把这正在沉落途中挣扎的民族拉起来，那么将来才有黎明留给我们，否则一批教授和博士也救不了谁的。”

据巴金回忆，“我1935年在日本横滨编写的《点滴》里也有一篇散文《沉落》是写给他的。……1934年我从北平回上海，小住一个时期，动身去日本前为《文学》杂志写了一个短篇《沉落》。小说发表时我已到了横滨。从文读了《沉落》非常生气，写信来质问我：‘写文章难道是为着泄气？！’我也动了感情，马上写了回答。我承认‘我写文章没有一次不是为着泄气’。他为什么这样生气？因为我批评了周作人一类的知识分子。周作人当时是《文艺》副刊的一位主要撰稿人。从文常常用尊敬的口气谈起他。其实我也崇拜过这个人，我至今还喜欢读他的一部分文章，从前他思想开明，对我国新文学的发展有过大的贡献。可是当时我批判的、我担心的并不是他的著作，而是他的生活，他的行为。从文认为我不理解周，我看倒是从文不理解他。可能我们两人对周都不理解，但事实是：他终于做了为侵略者服务的汉奸。回国以后，我还和从文通

① 杜泽逊编校：《王献唐师友书札》，第1660—1661页，青岛出版社2009年版。同时参见张书学　李勇慧撰《王献唐年谱长编》（下），第507页。

过几封长信继续我们这次的辩论，因为我又发表过文章，针对另外一些熟人，譬如对朱光潜的批评，后来我也承认自己有偏见、有错误。从文着急起来，他劝我不要‘那么爱理会小处’‘莫把感情火气过分糟蹋在这上面’。他责备我：‘什么米大的小事如 ××× 之类的闲言小语也使你动火，把小东小西也当成了敌人’，还说：‘我觉得你感情的浪费真极可惜。’”①

2月3日　论文《新文人与新文学》发表于天津《大公报·文艺副刊》第137期，署名沈从文。沈从文文中所说的“新文人”是那种“活下来比任何一种人做人的权利皆特别多，做人的义务皆特别少”的类型，“他们既在那里‘玩’文学，认为文学只宜那么玩下去，又潇洒，又自由，还必需如此方不至于失去它的庄严。总仿佛国家社会皆不能缺少这种消闲文学同游荡分子，若稍稍苛刻他们，希望他们在生活态度上与作品上负上一点儿小责任时，就亵渎了文学，误解了文学，因此一来，文学就再不成其为文学，国家社会同时也就再不成其为国家社会了。”同时，寄希望于新的文学家：“至于我们这个社会真正所希望的文学家呢。无论如何应当与新文人是两种人。第一、他们先得承认现代文学不能同现代社会分离，文学家也是个‘人’，文学决不能抛开人的问题反而来谈天说鬼。第二、他们既得注意社会，当前社会组织不合理处，需重造的，需修改的，必极力在作品中表示他的意见同目的，爱憎毫不含糊。第三、他们既觉得文学作家也不过是一个人，就并无什么比别人了不起的地方，凡作人消极与积极的两种责任皆不逃避。他们从事文学，也与从事其他职业的人一样，贡献于社会的应当是一些作品，一点成绩，不能用其他东西代替。这种人也许是个乡巴老，凡属新文人的风雅皆与他无缘。生活也许平平常常，并无轶闻佳话足供广播流传。思想信仰也许同现社会制度习惯皆显得十分冲突，不能相合，但却有一种更合理更谨严的伦理道德标准控制他，支配他，而且在他那些作品中，便表示出他对于旧制度习惯的反抗，向未来社会伦理道德的努力。……中国目前新文人真不少了，最缺少的也最需要的，倒是能将文学当成一种宗教，自己存心作殉教者，不逃避当前社会作人的责任，把他的工作，搁在那个俗气

① 巴金：《怀念从文》，《长河不尽流》，第18—19页，湖南文艺出版社2018年版。

荒唐对未来世界有所憧憬，不怕一切很顽固单纯努力下去的人。这种人才算得是有志于‘文学’，不是预备作‘候补新文人’的。”收入《全集》第17卷《文学运动杂谈》集。

2月4日　农历正月初一。张充和、张宗和来。据《张宗和日记》：“沈从文病了，穿着棉袍子躺在床上，他们家的年过的也可想而知了。到他们家来，三姐要顾小孩子，又要照顾沈先生，哪有功夫来应酬我们。四姐睡觉，我在她房里写东西，沈从文也没有起来。”

2月9日　张宗和来。

2月12日　作诗歌《何其芳浮雕》。

2月15日　作论文《风雅与俗气》。

2月17日　诗歌《何其芳浮雕》发表于天津《大公报·文艺副刊》第139期，署名上官碧。收入《全集》第15卷《浮雕》集。

2月18日　为儁闻（王林、王相林）作《〈幽僻的陈庄〉题记》。

2月24日　为K.H翻译的《U·李白丁斯基——我怎么写〈一周间〉的》作附记，发表于天津《大公报·文艺副刊》第140期，无题目，署名编者。后以《U·李白丁斯基——我怎么写〈一周间〉的附记》为题收入《全集》第16卷《编者言》集。

3月1日

本日　江寄萍在《申报·自由谈》发表文章《读书会与沙龙》，文中介绍了朱光潜的“文艺客厅”：“最近北大教授朱光潜提倡了一种读书会，这种读书会的就是聚集许多研究文学的人在一起，择定一个日期，大家在一处会面，互相读自己的作品，以收切磋之功。最近曾在朱光潜的私宅开会一次，到会的人如沈从文、李健吾、朱自清等皆到场，清华学生林庚亦到，当场并读其近作之诗两首。这种读书会虽然规模甚小，然在中国总不能不算是创举。在法国这种读书会却是很盛的，他们管这叫文艺客厅，（Salons Literacies），普通都译作‘沙龙’。在这客厅里聚会的文人很多，有诗人，有小说家，有戏剧家，大家互相的读着作品。所以在文坛上，文人都能联合起来，互相研究着种种的问题，文坛的空气，也显着特别浓厚。”

3月3日　为罗睺《荷马史诗讨论的余波》一文所作《编者白》发表于天津《大公报·文艺副刊》第141期，署名发稿人某甲。收入《全集》第16卷《编者言》集。罗睺文作为附录收入该文之后。

3月10日　《风雅与俗气》发表于《水星》第1卷第6期，署名沈从文。在沈从文看来，“一个民族若不缺少有勇气，能疯狂，彻底顽固或十分冒失的人，方可希望有伟大作品产生。幽默刊物综合作成的效果，却将使作家与读者不拘老幼皆学成貌若十分世故，仿佛各人皆很聪明，很从容，对一切恶势力恶习气抱着袖手旁观的神气。在黑暗中他们或许也会向所谓敌人抓一把捏一把，且知道很敏捷的逃避躲开，不至吃亏。但人人都无个性，无热情，无胡涂希望与冒险企图，无气魄与傻劲。照这样混下去，这民族还能混个几年？纵能长此混下去，又有个什么希望可言？从这方面希望有些纪念碑似的作品产生，那是很不合理的。”收入《废邮存底》（文化生活出版社1937年）。收入《全集》第17卷《废邮存底》集。

《〈幽僻的陈庄〉题记》发表于《水星》第1卷第6期，署名沈从文。收入傧闻的《幽僻的陈庄》（北平文心书业社1935年版）。收入《全集》第16卷《序跋集》。

《“消息”》刊载于天津《大公报·文艺副刊》第142期，署名沈从文。本文系为丁玲辩诬之作。针对报上刊载的“丁玲办清自首手续”的消息，沈从文发出不平之声：“某种人胆小心虚，总以为一个作家稍有热情，就是受莫斯科的指挥，而且与江西方面军事活动不可分开，就使这个作家忽然‘失踪’。以后弄明白了这人无罪可言，又不能轻于释放，承认‘失踪’的责任，因此把人留下，将家中人接来同住一处，尽这个人在不生不死情形中过着日子，社会不能帮助他，法律不能帮助他，说起来是一件如何悲惨的事！如今舆论界居然还有人把这样一个失去自由了的作家，造作种种谣言，这类人眼见自己谣言登载于报纸时，不知究发生何等感想。消息若出现于××日报，以及某种宣传刊物，本不足为奇。因说谎者必有所利，或把这人秘密××，却不妨宣传说有人在日内瓦同他喝酒碰杯。或把这人变相监禁，再宣传说其人正在青岛避暑。一切宣传如别有意义，就不必再问真伪。本人既无从置辩，旁人自然也无法代辩。但这种消息，一个具有独立性质，或希望读者相信其为有独立价值的报纸，却不至于轻为刊载，来作散播摇言的第二手，减损其报纸价值的。……如今凡有编者可挨打的消息，如回教问题，应受处罚的问题，如强有力方面的行为，记者照例皆很知道小心谨慎。惟对于一个受迫害与虐待的作家，正因其为女子，在无望无助中所产生的悲剧，却常常有人努力设法使此悲剧角色小丑化，造作一些无聊故事，糟蹋其人，以博读者开心。事虽子虚乌有，因不必负任何责任，就任意发表，这种发稿人的心，真不知是用什么东西作成。”收入《全集》第13卷《记丁玲 续集》。

3月11日　到清华大学去看望张宗和。

3月12日　中午，到清华大学北院九号朱自清家吃饭。

3月17日　为《北平晨报》刊发的《天才多产的作家沈从文先生》（作者安开）一文致函胡适，“盼能作一文章，质之社会”。收入《全集》第18卷。

3月20日　作《一封公开信》。

3月21日　到清华大学，和张宗和一起在二院用餐。

3月24日　论文《一封公开信》发表于天津《大公报·文艺副刊》第144期，署名编者。收入《全集》第14卷《北平通信》集。

3月25日　散文《桃源与沅州——湘行散记之一》发表于《国闻周报》第12卷第11期，署名沈从文。文中对水手们的生活颇多感慨：“水手们的生活，比起风雅人来似乎洒脱多了。若说话不犯忌讳，无人疑心我袒护无产阶级，我还想说他们的行为，比起风雅人来也实在道德得多。”沈从文曾在多篇小说、散文中表达过同样的思想。后收入《湘行散记》（商务印书馆1936年3月初版），收入《全集》第11卷《湘行散记》集。

4月1日　朱自清来访。据朱自清日记：“访沈从文，请他收到薪金后退寄回执，他未慨然允诺，而以抱歉代替。他说杨先生写信催要他已编就之高小教科书。”

4月10日　作《一封信》。

散文《湘行散记·箱子岩》发表于《水星》2卷1期，署名沈从文。文中记述了十四年前的农历五月十五，在箱子岩脚下看赛龙舟的情形："多古怪的一切！两千年前那个楚国逐臣屈原，若本身不被放逐，疯疯癫癫来到这种充满了奇光异彩的地方，目击身经这些惊心动魄的景物，两千年来的读书人，或许就没有福分读《九歌》那类文章，中国文学史也就不会如现在的样子了。在这一段长长的岁月中，世界上多少民族皆堕落了，衰老了，灭亡了。即如号称东亚大国的一片土地，也已经有过多少次被沙漠中的蛮族，骑了膘壮的马匹，手持强弓硬弩，长枪大戟，到处践踏蹂躏！（辛亥革命前夕，在这苗蛮杂处的一个边镇上，向土民最后一次大规模施行杀戮的统治者，就是一个北方清朝的宗室！）然而这地方的一切，虽在历史中也照样发生不断的杀戮，争夺，以及一到改朝换代时，派人民担负种种不幸命运，死的因此死去，活的被逼迫留发，剪发，在生活上受新朝代种种限制与支配。然而细细一想，这些人根本上又似乎与历史毫无关系。从他们应付生存的方法与排泄感情的娱乐上看来，竟好像古今相同，不分彼此。这时节我所眼见的光景，或许就与两千年前屈原所见的完全一样。""提起这件事，使我重新感到人类文字语言的贫俭。那一派声音，那一种情调，真不是用文字语言可以形容的事情。向一个身在城市住下，以读读《楚辞》就神亡意移的人，来描绘那种月下竞舟的一切，更近于一种徒然的努力。我可以说的，只是自从我把这次水上所领略的印象保留到心上后，一切书本上的动人记载，皆看得平平常常，不至于发生惊讶了。这正像我另外一时，看过人类许多花样的杀戮，对于其余书上述到这件事，同样不能再给我如何感动。"收入《湘行散记》（商务印书馆 1936 年 3 月）。收入《全集》第 11 卷《湘行散记》集。

本日　李同愈发表论文《沈从文的短篇小说》，文中说："从甲辰的笔名开始，从北京寄到上海的《小说月报》发表了小说以后，沈从文的短篇小说才引起了大多数读者的注意。许多学习写作的年轻人也不知不觉地模仿起他的调子来，我就是其中一个。"（《新中华》第 3 卷第 7 期）

4 月 14 日　创作完成小说《大小阮》。

给一位姓李的作者复信。

4 月 19 日　下午，朱自清来访。朱自清在当日的日记中写道："下午进城，在沈的写字台上见一评论我的《欧游杂记》之手稿。作者署名常风，他非常喜欢我这本书，认为该书唯一缺点是与个人无关。”

4 月 26 日　创作完成小说《顾问官》。

4 月 29 日　杂文《尽责》发表于《国闻周报》第 12 卷第 16 期，署名沈从文。沈从文要求教育部对“读经”问题要表明自己的态度，尽自己的一份责任：“若不承认读经是大中小学课业内的事，那么，有些省分业已施行的办法，值得注意。若承认读经是必需的事，那么，所有课程标准得根本改变，决不宜那么含含混混下去，使作教员作学生的徘徊歧途，不知所从。”收入《全集》第 14 卷《甲辰杂谈》集。

“校改《雨后》《柏子》《有学问的人》《某夫妇》等四篇。”（《题〈雨后及其他〉》）此次校改后的文本收入 1935 年 12 月出版的《八骏图》集中。

5 月 4 日　作《介绍〈新文学大系〉》。

5 月 5 日　小说《张大相》发表于天津《大公报·文艺副刊》第 150 期，文末注明“五溪乡贤录”，署名沈从文。收入《全集》第 10 卷《乡村琐事》集。

《介绍〈新文学大系〉》发表于同期报纸，署名编者。收入《全集》第 16 卷《沫沫集续编》集。

5 月 10 日　《湘行散记·一个近视眼朋友》刊载于《水星》第 2 卷第 2 期，署名沈从文。1936 年，收入《湘行散记》（商务印书馆版）时，改题《一个爱惜鼻子的朋友》。收入《全集》第 11 卷《湘行散记》集。

《废邮存底》发表于《武汉日报》，署名沈从文。以《给李先生》为题收入《全集》第 17 卷《新废邮存底续编》集。

5 月 19 日　小说《新和旧》发表于《独立评论》第 151 期，署名沈从文。后经作者修改，改题《新与旧》收入上海良友图书印刷公司出版的同名小说集。收入《全集》第 8 卷《新与旧》集。

本日　《大同报》“文坛情报”栏刊发消息：“沈从文因某篇文章，与北平《晨报》冲突，为北平《晨报》击攻甚力，沈初拟请胡适等人出面主持公道，并发宣言，后未成事实。此事为北平《晨报》方面知悉，对沈益非难，沈近在《大公报》文艺副刊及《水星》等刊物上，因时有牢骚文章。”

6月1日 《一封信》发表于《中学生》杂志第56号（1935年6月号），署名沈从文。收入《废邮存底》（文化生活出版社1937年版）时改题《十三 给一个读者》。收入《全集》第17卷《废邮存底》集。

6月2日 杂文《北平的市民》发表于北平《实报》，署名沈从文。文章系有感于北平市民的生活趣味而作，沈从文将改变这种生活趣味的希望寄托在北平的报纸之上：“市民有的是闲暇，有的是从闲暇而生的对世事发生兴味的情形，他们又大多数认识字，能看报纸，还将一部分闲暇时间用报纸来消磨。假若办小型报纸的，认清这一点，能够想办法，来把报纸当作一个教育机关，在给他们趣味以外还同时输入一点有用知识，实在是一件好事情！就北平市民环境看来，他们不止需要近代国家的公民常识，还充分需要国难中国民意识，而且也相当能够承受一点学术知识。如何注意输入这些东西，当作别论。宜于注意他们，那是无可怀疑的！我理想中的北平小型报纸，是能够按日有各种专家，就政治，外交，法律，医药，历史，文学，写出通俗而切要的文章，占据报纸一角，成为市民恩物同药剂的。我希望一切小型报纸皆注意到这一点，且希望多数专家，皆乐于在小型报纸上写文章。”收入《全集》第14卷《甲辰杂谈》集。

6月10日 小说《失业》发表于《水星》第2卷第3期，署名沈着。收入小说集《新与旧》（上海良友图书印刷公司）时，作者在这篇作品后添加了一条附注：“这篇文章刊载于《水星》廿四年第二卷，是根据一个不相识的朋友作品改写成的，不敢掠美。”收入《全集》第8卷《新与旧》集。

杂文《中国人的病》发表于《水星》第2卷第3期，署名沈从文。文章为反省中国的文化传统与生活习惯之作，沈从文认为，“支配中国两千年来的儒家人生哲学，它的理论可以说是完全建立于‘不自私’上面。话皆说得美丽而典雅。主要意思却注重在人民‘尊帝王’‘信天命’，故历来为君临天下人主的法宝。末世帝王常利用它，新起帝王也利用它。然而这种哲学实在同‘人性’容易发生冲突。精神上它很高尚，实用上它有问题。它指明作人的许多‘义务'，却不大提及他们的'权利'"；"事实上国民毛病在旧观念不能应付新世界，因此一团糟。目前最需要的，还是应当从政治，经济，教育，文学，各方面共同努力，用一种新方法造成一种新国民所必需的新观念。使人人乐于为国家尽义务，且使每人皆可以有机会得到一个'人'的各种权利"；"真的爱国救国不是'盲目复古'，而是'善于学新'。目前所需要的国民，已不是搬大砖筑长城那种国民，却是知独立自尊，宜拼命学好也会拼命学好的国民。有这种国民，国家方能存在，缺少这种国民，国家决不能徼倖存在。"收入《全集》第14卷《甲辰杂谈》集。

6月14日　致信施蛰存。收入孔令境编《现代作家书简》(生活书店)。在《致施蛰存函四通》总题下收入《全集》第17卷《新废邮存底续编》集。

6月21日　给作者复信。该信6月23日以《废邮存底》为题刊发于天津《大公报·文艺副刊》。

6月23日　上午八点，张充和患病，到她住的公寓看望，十时离开。

《废邮存底》发表于天津《大公报·文艺副刊》第157期，署名沈从文。后以《"诚实的自白"与"精巧的说谎"》为题收入《全集》第17卷《新废邮存底续编》集。

6月24日　给一位作者复信。该信本年6月30日以《废邮存底》为题刊发于天津《大公报·文艺副刊》。

6月30日　《废邮存底》发表于天津《大公报·文艺副刊》第158期，署名沈从文。后以《谈话剧创作》收入《全集》第17卷《新废邮存底续编》集。

六月　《我年轻时读什么书》发表于《青年界》第8卷第1号，署名沈从文。该期杂志为"我在青年时代所爱读的书特辑"。收入《全集》第16卷《沫沫集续编》集。

六月　杨晋豪编辑的《1934中国文艺年鉴》由北新书局出版，在"本年度的中国文艺论战"部分大段摘引了沈从文在《大公报·文艺副刊》上发表的《论"海派"》一文，在综述了论战双方的主要观点后，作者总结说："其实这两派之争，只是因为南北生活环境的不同，而引起来的封建性的理论的倾轧。虽然他们的攻讦，确是针刺着现实，但他们对于阐明文艺理论的任务，那是谈不到的”；在“游记”部分收入了沈从文的《鸭窠围的夜》，在“传记”部分收入了沈从文的《孙大雨》。

7月1日　小说《顾问官》发表于《文学》第5卷第1号，署名沈从文。收入小说集《八骏图》（文化生活出版社）。收入《全集》第8卷《八骏图》集。

7月7日　杂文《一个读报者对报纸的希望》发表于北平《实报》，署名沈从文。文章呼吁办报者应负起应负的责任：“办报的对于教育国民，假若只能在道德上担负一点义务，并无如何法定责任。国家到这样子，如何来尽那点道德责任：消极方面想法使多数人不堕落，不消沉，积极方面如何唤起直接负责者的尽责，实在很重要，极需要。”收入《全集》第14卷《甲辰杂谈》集。

7月14日　《废邮存底》发表于天津《大公报·小公园》第1734号，署名沈从文。以《四　给一个大学生》为题收入《废邮存底》（文化生活出版社1937年版）。收入《全集》第17卷《废邮存底》集。

7月20日　作《废邮存底——关于“批评”一点讨论》。

7月21日　以编者名义给衡阳黄君的复信刊载于《大公报·文艺副刊》第161期。收入《全集》第14卷《北平通信》集。

7月28日　《废邮存底——关于“批评”一点讨论》发表于天津《大公报·小公园》第1748号，署名沈从文。收入《全集》第17卷《新废邮存底续编》集。

7月31日　与张兆和、张宗和等一起到北海划船。

8月1日　小说《八骏图》发表于《文学》第5卷第2号，署名沈从文。后经作者修改收入《八骏图》集（文化生活出版社）、《春灯集》（开明书店）。收入《春灯集》时，作者对小说又做了校改，文末注明：“在青岛福山路山大宿舍写，卅年一月十四校改，时在昆明。”收入《全集》第8卷《八骏图》集。

8月7日　作小说《自杀》。

8月16日　与沈岳萌一起去看望生病的张充和。

8月18日　《谈谈上海的刊物》发表于天津《大公报·小公园》1769号，署名炯之。收入《全集》第17卷《文学运动杂谈》集。

8月27日　作《论技巧》。

8月28日　致信施蛰存。收入孔令境编《现代作家书简》(生活书店)。在《致施蛰存函四通》总题下收入《全集》第17卷《新废邮存底续编》集。

致信赵家璧。收入孔令境编《现代作家书简》(生活书店)。在《致赵家璧函二通》总题下收入《全集》第17卷《新废邮存底续编》集。

复信李寒谷，讨论写作问题，谈及文学创作中的差不多现象。本信未收入《全集》，后在《文艺季刊》创刊号发表。发表时以《几封论写作的信》为总题，沈从文致李寒谷信为第一封。兹照录如下：

寒谷兄：

信收到了，谢谢！《阿翠》已拜读，《三月街》已在《国闻周报》发表，但《阿翠》冗长的地方极多，写文章如画一个圆圈，在圈圈里不能伸入几支乱脚来，若有乱脚伸入，不惜拿快刀斩断，这是文章剪裁问题，至于说到其余的技巧，只有多写多看，起码要写一百万言以上的文章，要读两三百本以上的翻译小说，才能有点谱气。并且写文章，要能写出人类的爱与憎，最重要的，是写出中国人的美德。因为近年来写文章的人太多了。这许多文章里，耍来耍去，还是程咬金的三板斧，题材总觉差不多，在这些差不多的文章里，不是写农村破产，就是写天灾人祸，俱差不多。所以我偏写中国人的美德，发扬中国人的美德，如我的《边城》，也有这个意义。写文章各人的手法不同，所得的结果也就差异，譬如：×××× 的文章写的极多，可是老是那样，甚至有些从前红极一时的作家，现在也没落了，总没有多大的成就，又如萧乾，才写的《篱下集》，就有那样好的成就，他现在还没有放开来写，假若一放开来，那就一泻千里，不得了了。你的文章，我同蹇先艾谈过，因为他也是写乡土小说的，你的题材极新鲜，只是技巧方面，还要多写，像果果里那样，每天都写几页，写得多，手法就会高，手法一高，技巧自然好了。写作生活不是闹着玩的，我们要终身忠实于写作，努力于写作。还有一层，经验要多，写作的经验极宝贵，它不能由任何人告诉你，它是教你由书本上或写作中训练出来的，街市上什么小说作法，文章作法，一类的书，都是骗人的东西，决不可相信。《八骏图》你说看不懂，现在看不懂，过几年就会懂了，北海叔华请客那天照片，送你保存一份！匆匆并颂

笔健

弟 从文 八月二十八日[①]

8月31日　《论技巧》发表于天津《大公报·小公园》第1782号，署名沈从文。收入《全集》第16卷《术艺刍言》集。

八月下旬　致信郁达夫，原信已佚。郁达夫在9月2日的日记中有如下记载："接沈从文……来信，沈信系来催稿子，为《大公报》文艺副刊《国闻周报》的。"[②] 郁达夫当时在杭州。

9月1日　小说《自杀》发表于天津《大公报·文艺》第1期，署名沈从文。收入小说集《新与旧》(上海良友图书印刷公司)。收入《全集》第8卷《新与旧》集。

《大公报·文艺副刊》改版。自本日起，杨振声、沈从文主持周日出版的《大公报·文艺》星期特刊，萧乾负责每周一、三、五出版的《大公报·文艺》。

9月9日　《论穆时英》发表于《大公报·文艺》第6期，署名沈从文。收入《全集》第16卷《沫沫集续编》集。

9月13日　作《给某教授》。

9月15日　杂文《悲观与乐观》发表于北平《实报》，署名沈从文。在这篇文章中，沈从文表达了对国家与民族事业的关心，"如今对于鬼神之力的迷信时代已过去了，如果能够把新的迷信，集中在一种新的人事方面，信政府，信科学，信知识与技术，信组织与秩序，并不是无意义的努力。我们对于'人的能

① 沈从文、王统照、孙席珍：《几封论写作的信》，《文艺季刊》创刊号。本信未署写信年份，根据信中提及的《三月街》发表于《国闻周报》第12卷第25期，1935年7月1日出版，可以确定本信应该写于1935年8月28日。

② 郁达夫：《秋霖日记》，《郁达夫全集》第五卷，第383页，浙江大学出版社2007年版。

力’如发生信仰，受其催眠，为之兴奋，从小处说社会就可以支持现状，不会恶化；从大处说社会就可以产生变革，得到进步。无迷信就少热情。一个民族缺少热情，悲观与乐观完全浮在表面上，活下去，也就是鬼混下去罢了。知识阶级能觉悟，不鬼混，中国有办法的。”收入《全集》第14卷《甲辰杂谈》集。

《废邮存底》发表于天津《大公报·文艺》第9期，署名沈从文。本文系写给吴宓的一封信。后改题《五　给某教授》收入《废邮存底》（文化生活出版社1937年版）。收入《全集》第17卷《废邮存底》集。

《沈从文先生的复信》发表于《社会月报》第1卷第4期“大众语论坛”专栏。本文与《〈上海通信〉附记》为同一篇文章，这是该文的第三次刊发。收入《全集》第17卷《文学运动杂谈》集。

10月6日　重阳节。与张兆和、张宗和、沈龙朱一起登高。

10月10日　给一位作者复信。该信后以《废邮存底》为题发表于13日《大公报》。

10月13日　《废邮存底》发表于天津《大公报·文艺》第24期，署名沈从文。文章讨论了文学创作与团体组织、伟大作品与功名利禄的关系：“一个作家若不能逃脱个人爱憎与社会流行毁誉，想伟大实无希望可言。我认为，个人若是从事文学创作，为的是对‘真理’或‘未来社会’有所倾心，鼓励他应当是他对生存的责任或兴趣，刺激他应该是全体人类全体幸福与快乐，批评他应当是现在未来的一切读者！正因为他看的大，看的远，他才有希望能把工作做好，做得坚实。如今许多作者把鼓励放在编辑与一二商人方面，把刺激派给编辑与商人，把批评也给附庸于编辑与商人的批评家同老作家。其所以如此，不外乎将‘出路’认为‘出名’，小看了自己的作品的成就，同时也小看了自己的能力。谦虚本来是人类极可称赞的美德，但过度谦虚一用到这件事情上来，便不免成为对于团体的依赖，把新起作家毁掉了。把一群年青作家放在一个团体里，受一二个人领导指挥，他的好处我们得承认，可是他的坏处或许会更多。目前从事文学创作独自埋头苦干的人真不少，这些人同流行的‘热闹’或不大发生关系；照俗话说就是‘不上文坛’，但也无妨。真的大作品，必然会从这种人努力慢慢完成的。至于那些出了名的，只顾捞钱，不出名的，只图出名，于是前者便马虎滥造，后者便想法出名，结果是已成功的站不住，只好倒下，不成功的虽勉强站住了，也依然倒下；多数人想明白中国为什么无伟大作品产生，这便是一个简单而真实的理由。就一部分人看，觉得很可悲观。就全体看，——把那些不预备上文坛却在努力作品写作的朋友全算在内，中国新文学的将来，应该乐观。就因为还有许多许多人，在各地方各种生活里努力锻炼，埋头搞自己那个工作。这一点我知道的比你清楚。这些人用不着在一处开会，用不着在一处办刊物，却同样在沉默里走上了一条应走的大路。异途同归，对于整个中国新文学运动，是各有不同贡献的。”后改题《谈作家集团组织》收入《全集》第17卷《新废邮存底续编》集。

10月20日　杂文《烦闷》发表于北平《实报》，署名沈从文。收入《全集》第14卷《甲辰杂谈》集。

10月22日　朱自清来访，叙及林徽因与梁宗岱的口角。

10月28日　杂文《时间》发表于《大公报·文艺》第33期，署名炯之。文章论及时间和生命的意义：“一切存在严格的说都需要‘时间’。时间证实一切，因为它改变一切。气候寒暑，草木荣枯，人从生到死，都不能缺少时间，都从时间上发生作用。”“‘前不见古人，后不见来者’，这是一个真正明白生命意义同价值的人所说的话。老先生说这话时心中很寂寞！能说这话的是个伟人，能理解这话的也不是个凡人。目前的活人，大家都记着这两句话，却只有那些从日光下牵入牢狱，或从牢狱中牵上刑场的倾心理想的人，最了解这两句话的意义。因为说这话的人生命的耗费，同懂这话的人的人生命的耗费，异途同归，完全是为事实皱眉，却胆敢对理想倾心。”这表明了沈从文对倾心理想的人的看重，以及他所秉持的民间立场。收入《全集》第14卷《甲辰杂谈》集。

10月29日　将《文学副刊》上刊载的游记目录交给朱自清。

十月末　修改曾刊载于《小说月报》第21卷第1号的小说《萧萧》。

11月3日　作论文《新诗的旧账——并介绍诗刊》。

11月10日　张宗和来。

论文《新诗的旧账——并介绍诗刊》发表于天津《大公报·文艺》第40期，署名上官碧。收入《全集》第17卷《文学运动杂谈》集。

11月16日 下午，去天津看望沈岳萌。

11月19日 为纪念徐志摩遇难四周年，编辑纪念专刊，并撰写了《附记》。

11月23日 巴金、夏云、张宗和、窦祖麟来。据张宗和日记：“三姐她们也要搬了，因为从文编辑部的事，不能不在政府之下成立。”

11月25日 校改小说《一个农夫的故事》。

11月26日 修改小说《寻觅》《爱欲》《猎人故事》。

11月27日 在北京补写《月下小景·题记》、修改小说《女人》。

11月29日 《读〈新文学大系〉》发表于天津《大公报·文艺》第51期，署名炯之。沈从文在评价了《新文学大系》小说、散文、戏剧各集的得失后，对以后同类书籍的编选策略提出建议，颇为中肯：

> 读过这几本书后，个人还有点感想，对目前几本书已近于亡羊补牢，无多大意义，却值得将来预备编十七年到二十六年这十年间的选家注意。
>
> 第一,一种书的编选不可免有“个人趣味”，不过倘若这种书是有清算整理意思的选本，编选者的自由就必需有个限制。个人趣味的极端，实损失了这书的真正价值。
>
> 第二，编选者既然担任了这种工作，不论它有无物质报酬，责任必尽。取舍之间应十分谨严，且最先就必需把相关材料找寻齐全，一一过目，再从中有所抉择，极客观的说明它的经过。
>
> 第三，编选者应注意作者作品——尤其是作品的影响、意义、价值，加以分析，不能尽从所属团体或搜索文章一二字句作为这个人全部作品的批评。
>
> 第四，总其大成的对分部编选人能否胜任，得在他名头以外注意一点事实。编选人名头能号召读者是一事，他是不是配选这本书又是一事，他肯不肯认真选这本书又是一事。花个三百五百块钱以外，还得给编选者种种方便，把相关材料供给，完成时间且不能太匆促，就

因为这种书不应当太草率从事（虽明知道无从十全十美，至少也得努力接近这个理想）。

第五，对原作者版权问题应解决。一般选本虽有选上完事作者从不过问的习惯，这种选本却不能那么马虎了事。例如散文二集选周作人十多万字的文章，是不是应给版税？倘若多的另有办法，少的是不是也应当有个办法？一家正当书店若想在读者与作者间取得信托，照例是应当把这种书的版税按比例分给作者的。不管多少，都必需那么作，新书业才可希望日趋健全，且可使不三不四选本日渐减少。

收入《全集》第16卷《沫沫集续编》集。

十一月　修改小说《扇陀》。

12月3日　张宗和来。

12月4日　收到王志之的信，对自己的稿子被《国闻周报》压住多有怨言，指责沈从文把持文坛、兴风作浪，“这封信，给你们那一帮人一个严重的警告，不要把持着几个地盘就得意忘形了！”读罢此信，沈从文感到非常气愤，随即复信给他。本信未收入全集，信件全文如下：

王志之先生：您那个信我已见到。您应当先写一个信给《国闻周报》负责者马季廉先生，问问您那文章的情形，他若告诉您文章全由我处置，再写信给我也不迟。他若告诉您他不认识我，从不见面，不通信，不发关系，你写给我的长信，说的一大片话，不觉得太卤莽了吗？一个人若非发疯醉酒，总愿意把事实弄清楚些，照您信上说的话看来，实在全不是问事实的糊涂话。一个刊物有一个刊物的态度，一个编辑有一个编辑的责任，您文章他们觉得好；用了，很平常。觉得不好，不用，也极自然。即或是我作周报编辑，从编辑立场说，前人用您的文章，我不用，您是个明白道理的人，也就不会用《打破饭碗》一类话写信给我。正因为照习惯一个编辑有他自己的意见和主张，他有权力处置他分内的一切，若存心把刊物办好，不当作慈善机关，他当然找寻能增加刊物信用的文章，去掉些不合用的文章。（假若人人全像您那么不讲道理，那卸任的编辑，无事可作，就会找现任编辑拼命了。）如今文章被另一个编辑搁下了，却听信一二类乎文坛消息的下流谣言，写信给我，表示您的愤慨，先生，这太没有道理了。

过去一时您拿着一年前×××的介绍信来找我，说道生活困难，文章需要发表，我自己是个写文章的人，明白这事甘苦，当时还很关心为您写了一封信去把一个人，问他是不是为您载出。在我意思总以为同是一个“人”，同活在这世界上，凡人用的着我帮忙时，我能尽力当然得尽力。正因我作这种事太多，也就觉得太平常，办到了不为恩，办不到更不应当结怨。想不到您还用这种理由，写得出信来对我埋怨。您的来信在您不明白事实以前，也许还不觉得如何无聊。看了这种信，老实说，我却替您难受。

我接到这种信很多了，接这种信的原因不外乎：第一，我是一个编辑，能够处置一点稿子，朋友又还相信我的为人，间或也托我转稿子要稿子。第二，我太爱朋友，自己过去得到朋友好处太多，因此对人不拘生熟，总很随便，要我出力，我出力。第三，正因为我有这种性格，找我的人太多，力量到底有限，大家又把我的能力估计得太大，因此稍稍失望，便生怨心。这种信且大多数在下面一个公式衍变。张三李四从文坛消息一类谣言上以为我能够这样那样，便来找我，同我相熟，于是把文章送来，要我设法。法虽设了，无如文章不好，或另一方面存稿太多，或又有别的原因，文章安排不下，于是就以为我压下了他的稿件，妨碍了他的文学事业，凭冲动写信来骂我。再过一阵，理性稍稍恢复了，多明白一点各方面的事实，多用脑子想想，间或还有机会多知道我一点，明白我正因为转稿，还稿，改稿，以及杂七夹八的事弄得个精疲力竭，精力，金钱，大部分已花到这些劳而无功的空事上，觉得写信骂我是可羞愧的事了，又来向我承认错误，表示一点歉意。先生，您想想，这又何苦来。难道所谓作家就全得那么同我发生关系？对这件事我实在有点厌烦了。今天又忽然接到您的信。您一时节或因负气或因护短不要《事实》，也就不会给我写什么自承错误的信。——我实在希望少来那么一次老戏法——可是你若还愿意作一个爱真理有理性的人，一切能放客观一点，想想你写了一个什么信给我，您应当觉得害羞！

贫者士之常，一个人在这个社会里生活困难原很自然，作家文章无出路，多得很，多得很！不论从那方面说起，似乎都不应当派给一个与您不相干的人来负责。您若只为的是“求心里舒畅”就不问事实胡乱写信给人，实在不是一个作家应有的态度。

沈从文十二月四日①

12 月 5 日　王志之收到沈从文的信后，又复一信，继续上次的谩骂。对于这种无理纠缠，沈从文未予回应。

12 月 6 日

本日　《大公报·文艺》第 55 期诗特刊发表陈世骧的《对于诗刊的意见》，谈及对朱光潜发起的读书会及《大公报》拟出的诗刊的意见和建议：“下次大家聚会的时候是否可以把以后诗刊中批评一栏规划得具体一点。凡是现代出过诗集对新诗有影响的诗人都分开讨论一下，以他们的作品为主，范围不怕狭，甚至只选一两首他的代表作来批判，从小地方推敲，把他们所用的工具检讨一下，用具体的例证判断他的情调，风格，成功与失败，总比空泛地讲些‘内容’，‘形式’，‘艺术与人生’好些罢。我不敢希望给新诗找到通衢大道，而希望诸位先生的努力，给它寻出些小的门径。”

12 月 8 日　张兆和要回苏州，与张宗和、梁宗岱、林庚等人一起到车站送行。后与窦祖麟一起去市场。

《附记》发表于天津《大公报·文艺》第 56 期，署名编者。后以《〈徐志摩纪念特刊〉附记》为题收入《全集》第 16 卷《编者言》卷。

12 月 10 日　为即将出版的小说集《八骏图》撰写《题记》。

① 《北调》月刊第 4 卷第 2 期。

12月16日　《废邮存底》发表于《文学季刊》第2卷第4期，署名沈从文，收入《废邮存底》（文化生活出版社1937年初版）时改题《给某作家》，收入《全集》第17卷《废邮存底》集。《全集》编者注明："本篇发表于1935年12月16日《文学月刊》第2卷第4期"，不确。本文中的"某作家"系指巴金，巴金在《怀念从文》一文中对此文有过详细回忆：

> 在从文和萧乾的书信集《废邮存底》中还保存着一封他给我的长信《给某作家》（一九三七）。我一九三五年在日本横滨编写的《点滴》里也有一篇散文《沉落》是写给他的。从这两封信就可以看出我们间的分歧在什么地方。
>
> 一九三四年我从北平回上海，小住一个时期，动身去日本前为《文学》杂志写了一个短篇《沉落》。小说发表时我已到了横滨，从文读了《沉落》非常生气，写信来质问我："写文章难道是为着泄气！？"我也动了感情，马上写了回答。我承认"我写文章没有一次不是为着泄气。"
>
> 他为什么这样生气？因为我批评了周作人一类的知识分子。周作人当时是《文艺》副刊的一位主要撰稿人，从文常常用尊敬的口气谈起他。其实我也崇拜过这个人，我至今还喜欢读他的一部分文章，从前他思想开明，对我国新文学的发展有过大的贡献。可是当时我批判的、我担心的并不是他的著作，而是他的生活，他的行为。从文认为我不理解周，我看倒是从文不理解他。

12月20日　《〈八骏图〉题记》发表于天津《大公报·文艺》，署名沈从文。收入《八骏图》（文化生活出版社）。收入《全集》第8卷《八骏图》集。

12月29日　杂文《青年运动》发表于北平《实报》，署名沈从文。文章论及青年运动写道："当前的青年运动，我们不妨把它看作一种"新的迷信"建设运动，一种求民族和个人的健康的运动。它目前也许没有什么好处，甚至于在某时某地反可以增加一点纠纷，引起一点麻烦。但我们应当明白它本身却实在无什么'罪过'。若把它当成罪过，一味加以摧残，这是另外一种因袭迷信作祟。若不把它当成罪过，好好的运用它，便成为一种国家新生的原动力。"收入《全集》第 14 集《甲辰杂谈》集。

十二月　小说集《八骏图》作为巴金主编的“文学丛书”之一由上海文化生活出版社出版。收入《题记》《八骏图》《有学问的人》《某夫妇》《来客》《顾问官》《柏子》《雨后》《过岭者》《腐烂》。收入《全集》第 8 卷《八骏图》集。1947 年左右，作者曾在《八骏图》自存本上作如下题识：“从这个集子所涉及的问题、社会、人事，以及其他方面看来，应当得到比《呐喊》成就高的评语。事实上也如此。这个小书必永生。可是在宣传中过日子的读者可不要这个的。毫无疑义。”(《题〈八骏图〉自存本》,《全集》第 14 卷《艺术题识录》)

本 年

杂文《大家快来救济水灾》发表于北平《实报》，署名沈从文，发表日期待考。收入《全集》第 14 卷《甲辰杂谈》集。

民国二十五年 1936年 35岁

5月5日 民国政府公布《中华民国宪法草案》。

5月31日 全国各界救国联合会成立大会在上海召开。

10月19日 鲁迅逝世。

11月23日 国民政府下令逮捕全国救国会七位领导人，史称“七君子事件”。

12月12日 张学良、杨虎城发动“西安事变”。

1月1日 《习作选集代序》发表于《国闻周报》第13卷第1期，署名沈从文。在这篇文章中，沈从文鲜明地表明了自己的文学态度：

> 你们所要的或者我竟完全没有。一个都市书评家称呼我为“空虚的作家”，代表了你们中一部人的意见，那称呼很有见识。活在这个大时代大社会里，个人实在太渺小了。我所知道的并不比任何人多。对于广泛人生的种种，我能用笔写到的更只是很窄很小一部分。我表示的人生态度，你们从另外一个立场上看来觉得不对，那是很自然的。倘若我作品不合你们目前的需要，事不足奇，原因是我的写作还只是给我自己终生工作一种初步的试验。你们欢喜什么，了解什么，切盼什么，我注意不到。我明白人虽应在人群中生存，吸收一切人的气息，贴近人生，方能扩大他的心灵同人格。至于临到执笔写作那一刻，可不同了。他除了用文字捕捉感觉与事象以外，他俨然同外界绝缘，不相粘附。他应当如此，必须如此。一切作品都需要个性，都必需浸透作者人格和感情，想达到这个目的，他写作时要独断，要彻底地独断！（文学在这时代虽不免被当作商品之一种，便是商品，也有精粗，且即在同一物品上，制作者还可匠心独运，不落窠臼，社会上流行的风格，流行的款式，尽可置之不问。）
>
> 这世界上或有想在沙基上或水面上建造崇楼杰阁的人，那可不是我。我只想造希腊小庙。选山地作基础，用坚硬石头堆砌它。精致，

结实，匀称，形体虽小而不纤巧，是我理想的建筑。这神庙供奉的是“人性”。作成了，你们也许嫌它式样太旧了，形体太小了，不妨事。我已说过，那原本不是特别为你们作的。它或许目前不值得注意，将来更无希望引入注意：或许比你们寿命长一点，受得住风雨寒暑，受得住冷落，幸而存在，后来人还需要它。这我全不管。我不过要那么作，存心那么做罢了。（据《国闻周报》刊本）

收入《从文小说习作选》（上海良友图书印刷公司）时，沈从文作了文字上的修改。收入云南省经济委员会印刷厂出版的《新的文学运动与新的文学观》，改题《习作选代序》，有修改。收入《全集》第9卷《从文小说习作选》集。

1月8日 《答辞·六 从艰难中去实验》发表于天津《大公报·文艺》第74期，署名沈从文。本文系写给作者王超的一封信。收入《全集》第17卷《新废邮存底续编》集。

1月15日 下午，以《大公报·文艺》名义举办茶话会，出席的有朱光潜、朱自清、梁宗岱、常凤瑑、闻一多、凌叔华、裘里安·贝尔等人。

《答辞·八》发表于天津《大公报·文艺》第78期，署名沈从文。收入《全集》第17卷《新废邮存底续编》集。

1月22日 《答辞·十 天才与耐性》发表于天津《大公报·文艺》第82期，署名沈从文。收入《全集》第17卷《新废邮存底续编》集。

2月3日

本日 天津《大公报》在“文艺新闻”栏内发表高植写的《〈边城〉的英译》，原文照录如下：“中山文化教育馆英文杂志《天下月刊》第二卷第一号（即1936年1月号）内开始登载了沈从文先生前在《国闻周报》连载后在生活出单行本的小说《边城》的英文翻译，译者是美国项美丽（Emile Hahn）小姐和辛墨农先生，译文前有一篇序言，对于沈从文先生文章美极备称赏，并且声明‘红鬃马’译成了英文的 Lady Preciong Stream Wang，故《边城》也可以译成英文 Green Jade and Green Jade，系书中女主角翠翠的名字。英文边城的名字就是这个，而不是按原文直译，这样说是可以不至于引英美读者把她误会成描写英美边城的故事。译文简洁有力，颇能传出作者的神气，而外人所不易明白的中国事也有一点译者加上的文内注解，因为沈从文先生也偶而在小说中夹一点解释，故为便利外国读者了解计便这么办了，好在这种地方不多。”

2月5日　《答辞·十三》发表于天津《大公报·文艺》第88期，署名沈从文。收入《全集》第17卷《新废邮存底续编》集。

2月6日　晚赴章雪村、夏丏尊、丁晓先、范洗人、徐调孚、王伯祥等人在聚丰园川菜馆举办的宴会，同席者有顾颉刚、王鲁彦、巴金、李健吾、郑振铎、周予同、孙祖基等十四人。

2月18日　与朱自清晤谈，叙及“左联”内部鲁迅与田汉等人的矛盾。

2月27日

本日　林徽因复信沈从文，排解沈从文的内心苦闷。此时，沈从文正陷入与高青子的情感纠葛中。对此，刘洪涛在《沈从文与张兆和》一文中有所讨论：“沈从文与高青子的关系在家庭中掀起了波澜。张兆和当时刚生了长子龙朱，正在医院里，这一消息给她以很大打击。1997年笔者访问张兆和先生时，她对此事仍耿耿于怀。她承认高青子长得很美，当时与沈从文关系密切。亲友们曾居中劝解，而且有人给高青子介绍对象，希望他们的关系就此了结。张兆和说，翻译家罗念生就是一个‘对象’的人选。沈从文性格不是刚烈、果断的那一种，并且他深爱张兆和。他情感上受高青子吸引，但理智把他坚定地留在张兆和身边。这种‘灵魂的出轨’没有导致家庭破裂，但给沈从文这一时期的创作打上了深深的烙印。”①

3月7日　朱自清来访。张宗和来。据张宗和日记：“我老想找从文，一直没有找到，今天一起吃饭，就去找他，他正和朱自清在吃饭。他这次回苏州，还到过上海。我们谈了些家里和上海的事儿，和朱先生也谈到了学校里的事。”（《张宗和日记》第一卷）

---

① 刘洪涛：《沈从文与张兆和》，《新文学史料》2003年第4期。

校读生活书店本《边城》的后半部分，并写下题识："无聊。我应当写得还好一些。"（《〈边城〉题识五种·题1936年校注初印本》）

3月14日　张宗和来。据张宗和日记："从文正在写信给三姐，长长的信，一定是劝三姐回北平来的信。我们坐下来，他们便大谈丁玲之事，谈得天花乱坠的。"

3月15日　校读生活书店本《边城》，并写下题识："早上看过一遍，心中很凄凉。给□□□写信二十张，□□□提到一个问题。（□形号中的字是作者写后又删去的）"[①]（《〈边城〉题识五种·题1936年校注初印本》）

3月16日　校读生活书店本《边城》，"改正六处"《〈边城〉题识五种·题1936年校注初印本》。

3月21日　生活书店本《边城》校读完毕，并写下题识："三月二十一看此书一遍。觉得很难受，真像自己在那里守灵。人事就是这样子，自己造囚笼，关着自己；自己也做上帝，自己来崇拜。生存真是一种可怜的事情。一个人记得事情太多真不幸。知道事情太多也不幸。体会到太多事情也不幸。"（《〈边城〉题识五种》）沈从文在此次校读本上作了很多注释，注释以《〈边城〉题识五种·题1936年校注初印本》为总题收入《全集》第14卷《艺文题识录》集。

按：据余时（姜德明）《写在〈边城〉的书边上》（香港《大公报》1983年6月10日）文，沈从文此次校注的当为1935年4月再版本。

3月27日　作《给志在写作者》。

3月28日　下午，朱自清、张宗和来。据张宗和日记："我们三点钟进城，我从西城下车，到沈从文处去。他又在写信，朱自清也在他家，朱自清要找他办事。他拉他到小房里，说了许多话，总之一句话，三姐不来他真不行了，叫三姐早早来才好。他还要我写封信去，我答应了他。到外间的办公室，我和朱先生一起谈了许多关于青年思想左倾的问题。五点钟我们都出来，我到三婶家

---

① 姜德明：《写在〈边城〉的书边上》，《文苑漫拾》，第181页，宁夏人民出版社1999年版。文章的这一版本经过作者增订，与《大公报》1983年6月10、6月11日刊本、《燕城杂记》（复旦大学出版社2012年版）均有不同。

去，沈从文说他要到林徽因家去。”[①]

3月29日 拜访胡适。

《给志在写作者》发表于天津《大公报·文艺》第118期，署名沈从文。收入《全集》第17卷《新废邮存底续编》集。

在同期《大公报·文艺》上，发布启事：

> 本刊从四月起由萧乾先生负责发稿。凡寄稿件，请交上海爱多亚路一八一号大公报文艺编辑部收。凡寄从文个人函件，请寄北平西斜街甲杨宅转。
>
> 沈从文敬启

该启事后以《〈大公报·文艺〉编者启事》为总题收入《全集》第16卷《编者言》集。

3月30日

本日 天津《大公报·文艺》第119期发布通告：“注意：本刊自下月起移沪编辑，通讯处改为：上海爱多亚一八一号大公报馆文艺编辑部。”

3月31日 为卞之琳、李健吾译书事致函胡适，希望他能够在文化基金会提供帮助，同时探讨设立“志摩奖金基金”之事。该信同时想请胡适为一高姓女士谋一份差事，“不知北大是不是要那么一个人服务。不能在北大作事，过别处她也愿意。”收入《全集》第18卷。

三月《湘行散记》作为“文学研究会创作丛书”之一由商务印书馆出版，本书原有12篇文章，因出版方将《滕回生堂的今昔》遗失，仅收入《一个戴獭皮帽子的朋友》《桃源与沅州》《鸭窠围的夜》《一九三四年一月十八》《一个多情水手与一个多情妇人》《辰河小船上的水手》《箱子岩》《五个军官与一个煤矿工人》《老伴》《虎雏再遇记》《一个爱惜鼻子的朋友》等文章十一篇。后收入《全集》第11卷《湘行散记》集。

三月 萧乾的小说集《篱下集》作为“文学研究会创作丛书”之一由商务印书

---

① 张宗和：《张宗和日记》第一卷，第504页，浙江大学出版社2018年版。

馆出版，沈从文为该书写了《题记》。

4月9日　为设立作家奖金事再度致函胡适。收入《全集》第18卷。

4月20日　下午，张宗和来。与张宗和一起游北海、中南海。

晚上，请张宗和吃饭。

4月21日　张宗和来。

4月25日　赴朱光潜家听顾颉刚讲吴歌，周作人、朱光潜、朱佩弦、林徽音、李素英、徐芳、梁宗岱、卞之琳、冯文炳、孙子书、贺昌群、夏云、吴世昌等20人。

4月29日　张宗和来。

5月2日　与张兆和一起外出，遇到张宗和，于是一起到小俄国菜馆用餐。“从文无钱，我请。”（《张宗和日记》）

5月3日　与张兆和一起外出，路遇张宗和。

5月6日

本日　上海《大公报·文艺》发表苏雪林的创作谈《我怎样写〈鸠那罗的眼睛〉》，谈及沈从文的创作对她的影响：“二十三年夏避暑青岛，读新出版的沈从文先生《月下小景》，其中各种取材于《法苑珠林》的故事，清丽悽惋，富有缥缈的诗情和神秘的异国情调，引起我很大的兴趣。《法苑珠林》本为我爱读的旧书之一，现在既看见它穿着现代装服出现于文坛，瞻仰其本来丰采之念更渴不可遏。”

5月14日　将新出版的特大本《从文小说习作选》送给张兆和，并在扉页上题写“兆和存此书”。

5月16日　出席风谣学会成立大会，出席大会的还有周作人、魏建功、顾颉刚、胡适、朱光潜、钱玄同、章廷谦、容肇祖、徐芳等20余人，大会推举顾颉刚为风谣学会主席。（张紫晨：《〈歌谣〉周刊始末》；顾颉刚日记3—474）

晚上，与张宗和一起去看电影《凤凰于飞》。

5月23日　张宗和来。

五月　《从文小说习作选》(上、下)由上海良友图书印刷公司出版。收入:《习作选集代序》;短篇选:《三三》《柏子》《丈夫》《夫妇》《阿金》《会明》《黑夜》《泥涂》《灯》《若墨医生》《春》《龙朱》《八骏图》《腐烂》;月下小景:《题记》《月下小景》《寻觅》《女人》《扇陀》《爱欲》《猎人故事》《一个农夫的故事》《医生》《慷慨的王子》;神巫之爱:《第一天的事》《晚上的事》《第二天晚上的事》《第三天的事》《第三天晚上的事》;《从文自传》。沈从文后曾在此小说集扉页作如下题识:"这是到京学习用笔,由标点符号的应用开始,十年后的一个结果。是从四十个左右单行本选出的。因为在试探中,曾采用不同方法处理问题,各方面在当时似都略有突破,得到各方面赞许,因此选它时,也就不同各部分各选一些,作为纪念。书已出版四十年,大部分都'过了时',成为过时而有毒的什么,只足供自己参考,最好不外借,免害人出事故。"(《题〈从文小说习作选〉扉页》,《全集》第14卷《艺术题识录》集)

五月　孔令境编的《现代作家书简》由上海生活书店出版。收入沈从文致施蛰存函四通(分别写于1933年12月15日、1934年12月15日、1935年6月14日、1935年8月28日)、致赵景深函二通(6日,年月不详)、致赵家璧函一通(分别作于1934年8月16日、1935年8月28日)。

6月14日

本日　《京报》第7版发表消息《传闻失踪之丁玲女士现已来平寓于沈从文处,平妇女团体将开会欢迎》,文中称:"据某方消息,知丁玲女士来平已四五日,事前极守秘密,仅其友谢冰心、李辉英等知晓,暂寓名小说家沈从文处,现因恐为记者包围,故行踪极秘密云。"按:《丁玲年谱长编》中的记载与此消息不同,丁玲后来未提及此次北平之行见过沈从文,但据张兆和、刘祖春回忆,丁玲此次来平,到过沈从文家。何者为确,待考。

6月25日　作素描《白□山徐志摩撞壁处》。收入《全集》27卷。

6月27日　朱自清日记:"下午进城,遇新自南方归来的沈从文,谓杨代表教育部与正中、商务、中华、世界签订合同,四书店五年内每年提供编辑费二万云云。”

本日　司徒乔主编的《大公报·艺术周刊》停刊，周刊共出版八十九期。沈从文对该刊多有支持，因此，司徒乔在发表于该期的《告别读者》一文中写道：“这一年多以来，蒙从文兄多所策励。”

7月1日　重新修改后的《萧萧》发表于《文季月刊》第1卷第2期，署名沈从文。后略加修改收入小说集《新与旧》（上海良友图书印刷公司）。收入《全集》第8卷《新与旧》集。

在天津、上海《大公报》上同时发布《沈从文启事》：“自本年四月起从文已辞去本刊编辑职务。乃近日尚有私人信件误寄报馆，或原系寄给本刊文稿误写交从文个人者；辗转之间既嫌烦累，又易遗失。今后各方文稿请直寄文艺编辑部收。凡属个人信件祈迳寄北平西斜街五十五号甲为感。　沈从文敬启”

7月2日　张宗和来。

给张兆和写信，夹在张宗和的信里，一起寄到苏州。

7月5日　林徽因、卞之琳、何其芳、张宗和来，一起用餐。“一点到三点，是听林徽因一个人说话，以前我觉得她太贫，今天看还好。”（《张宗和日记》第一卷）

7月7日　张宗和来。

7月11日　作诗歌《时和空》。

7月23日　作诗歌《忧郁的欣赏》。

7月28日　朱自清来访。

8月20日　《北调》月刊第4卷第2期以《废邮存底》为题刊出了王志之与沈从文之间的通信，署名含沙。含沙为王志之的笔名，该文模仿沈从文、萧乾在《大公报》上经常使用的“废邮存底”方式，刊发了他与沈从文、萧乾在1935年12月3日至5日间的三封通信，并附有说明和结语。在这篇文章中，王志之继续对沈从文进行无端的指责，有时甚至是流于谩骂。文章最后说，“我们看，所谓多产作家的沈从文及其领导下的那一帮人现在产些什么出来？他们的

'小组织''宗派性'的盾牌是否能够自动地放下来？不，他们仍然在那儿自吹自擂，互相标榜！在他们的刊物上找不出一篇目前需要的东西！我仍然对他们抱着一种希望，希望从今天起，改变方向来努力，现实一点！即使自己写不出来，只要抛掉了那种偏狭的宗派性，这样的东西是很多很多的！"该刊编辑在《编辑室》一文中表明了自己发表含沙文章的态度："废邮存底，是一篇如实地暴露所谓（作）家们底把持文坛的真像；也许有人以为在当前正用国防文学这一口号来号召作者群大团结起来的时候，像这种揭人之病的东西不该发表，但我以为愈是要团结，愈应该把文坛的黑幕揭开，使一些充分表示着bur性格的人们，知有所惧，而后团结才会坚固。"王志之与沈从文曾有过一面之缘，沈从文劝他给文艺副刊、小公园投稿，王在信中说："你应付面面周到，你替我体贴入微，你给我的鼓励，使我感激得几乎掉下泪来，立刻把我未见面前的印象改变了。"但王志之怀疑，自己的稿子之所以在《国闻周报》积压甚久得不到发表，全拜沈从文、萧乾所赐。对于这篇文章的指责，沈从文似乎未再予回应。

按：王志之（1905–1990），笔名含沙、思远、楚囚等，系中国共产党党员，参加过北伐战争、南昌起义，20世纪30年代参加北平左联，任北方左联常委，曾创作有《中国人》《爱的牺牲》《抗战》《鲁迅印象记》等，主持编辑过《北方文艺》《文学杂志》等刊物，1949年后，任东北师范大学中文系教授。

8月30日　诗歌《时和空》同时发表于天津、上海《大公报·文艺》第206期诗歌特刊，署名上官碧。收入《全集》第15卷《忧郁的欣赏》集。

八月　林徽因负责编选的《大公报文艺丛刊小说选》由大公报馆出版，上海大公部代办部负责发行。该集收入了沈从文的《箱子岩（湘行散记之一）》《一九三四年一月八日（湘行散记之一）》《一个戴水獭皮帽子的朋友（湘行散记之二）》《过岭者》等四篇作品。

9月2日

本日　上海《大公报》第二版刊登《本报复刊十周年纪念　举办科学及文艺奖启事》："敬启者，本报自前清光绪二十八年创刊，中间曾于民国十五年一月起停刊数月，至是年九月一日复刊迄，本年九月一日适为复刊满十周年之期。兹为纪念起见，特举办科学及文艺两种奖学金，定名为“大公报科学奖金”及“大公报文艺奖金”。由本报每年提存国币三千元，以二千元充科学奖金，一千元充文艺奖金，每年得奖人数，科学拟以一人至四人为限，文学以一人至三人为限。即自本学年开始至学年终了，为一年每年评选一次，定期三年，如有变更，至期满另行通告。并经聘定学术界先进孙鏞、严济慈、曾昭抡、杨钟健、秉志、胡先骕、胡焕庸、刘咸诸先生担任科学奖金审查委员，杨今甫、朱佩弦、朱孟实、叶圣陶、巴金、靳以、李健吾、林徽因、凌叔华、沈从文诸先生担任文艺奖金审查委员，关于文艺奖金详细办法，业经拟定，一俟科学奖金办法由各委员商妥后，当再同时登报公布。特先披露。敬希公鉴。大公报馆特启”

9 月 28 日　致信陈梦家，谈及戴望舒拟出诗刊事，商请闻一多、陈梦家、赵萝蕤、陆志韦赐稿。收入《沈从文全集·补遗卷 3》。

10 月 1 日　中午，顾颉刚在玉华台设宴，商讨通俗读物事宜，沈从文、凌叔华、朱光潜、蹇先艾等 20 余人参加。

10 月 3 日　上午，凌叔华、张秀亚来访。据张秀亚回忆：“那年我到北平的翌晨，叔华女士曾带我到西斜街，去看曾被蔡元培先生誉为风格家的沈从文先生夫妇，那天他们正在家里欣赏一些青花瓷器，生活中似充满了闲适意味，那时曾有人称沈先生为唯美派的作家，他的《从文自传》才出版，也不过三十来岁。记得那天他们几个人望着满脸稚气、身材矮小的我曾相视而笑，不约而同的说：‘陈蓝（我那时用的笔名）原来是个小孩嘛！’”[①]

10 月 8 日　作杂文《沉默》。

10 月 12 日　作为发起人在张荫麟起草、顾颉刚修改的《宣言》上签名，要求国民政府在中日关系紧张的形势下，体念国民的爱国热情，对日开展交涉，并提出八点要求。宣言全文如下：

---

① 张秀亚：《静夜回想——凌叔华与我》，《张秀亚散文精选》，第 173 页，台湾商务印书馆股份有限公司 2008 年版。

国民政府、行政院、军事委员会钧鉴，全国各报馆、各通讯社、各杂志社、各机关、各法团暨全国人民公鉴：

溯自沈阳之变，迄今五载，同人等托迹危城，含垢忍泪，不自知其运命之所届。去秋以来，情势更急，冀东叛变，津门倡乱，察北失陷，绥东危急，丰台撤兵，祸患连骈而至，未闻我政府抗议一辞，增援一卒，大惧全国领土，无在不可断送于日人一声威吓之中。近来对日进行交涉，我政府所受之威胁虽尚未宣布，然据外电本诸东报所传，谓日本对中国有以下诸条款之提出：（一）华北五省独立；（二）经济合作，减低对日关税，（三）完全消灭抗日运动；（四）开除与抗日有关之领袖；（五）中日合作防共。除抗日运动，激发之力属于彼方，非我所能主动之外，其他条款，姑勿论所传之虚实如何，任承其一，即足以陷我民族于万劫不复之深渊，堕“中国之自由平等”之追求于绝路，中山先生所遗托于吾人之重任，数十年先烈所縻躯洒血以殉者，亦将永绝成功之望。我全国人民，至于今日，深知非信仰政府不足以御外侮，精诚团结，正在此时，深不愿我政府轻弃其对国民“最后关头”之诺言，而自失其存在之领导地位。故为民族解放前途计，我政府固有根本拒绝此诸条款之责任，而为国家政权安定计，我政府亦当下根本拒绝此诸条款之决心。在昔绍兴之世，宋虽不竟，犹有顺昌之撄；端平之世，宋更陵夷，复有淮西之拒。我中华民族，数千年来，虽时或沦于不才不肖，从未有尽举祖宗所贻，国命所系。广土众民，甘作敝屣之弃者。此有史来所以未前闻之奇耻大辱，万不能创见于今日。是则同人等觇民意之趋向，本良心之促迫，所敢为我政府直言正告者也。同人等以国防前线国民之立场，在此中日交涉紧张之际，为愿政府明了华北之真正民意与树立救亡之目标起见，特提出下列数项要求，望政府体念其爱国赤诚，坚决进行，以孚民望而定国是，不胜企祷之至。

一、政府立即集中全国力量，在不丧国土不辱主权之原则下，对日交涉；

二、中日外交绝对公开，政府应将交涉情形随时公布；

三、反对日人干涉中国内政，及在华有非法军事行动与设置特务机关等情事；

四、反对在中国领土内以任何名义成立由外力策动之特殊行政组织；

五、根本反对日本在华北有任何所谓特殊地位；

六、反对以外力开发华北，侵夺国家处理资源之主权；

七、政府应立即以武力制止走私活动；

八、政府应立即出兵绥东，协助原驻军队，剿伐藉外力以作乱之土匪。①（发起人名单略）

10月17日　因《宣言》全文刊发遭拒，《申报·北平特讯》刊发《文化城中文化界之呼声》，介绍了《宣言》起草的基本过程及基本内容。这篇电讯将“杨振声、林徽音、沈从文等三人”作为“普通文艺界”的代表。

10月18日　诗歌《忧郁的欣赏》同时发表于天津、上海《大公报·文艺》第233期，署名上官碧。当期津版文艺副刊编号有误，230当为233之误。收入《全集》第15卷《忧郁的欣赏》集。

10月20日　鲁迅逝世后，北平各界商定悼念方式，沈从文为北平鲁迅追悼会的发起人。

北平《世界日报》以《教育界及文艺作家昨一致痛悼鲁迅——向记者分别谈述所感，均认系文坛最大不幸》为题刊登该报记者对蒋梦麟、梁实秋、沈尹默、沈从文、杨振声等关于鲁迅逝世的专访，沈从文的谈话如下：“余与鲁迅先生，仅在上海时晤得一面，当时系赴一宴会，余与其同桌，然彼此之间，并无一语相通。先生为文，冷峭深刻，为当代文人所不能及者，盖其幼时尖刻，又留心世故，故经验颇为宏富，嗣后所作之文，皆由当时经验得来，刻划入骨，《狂人日记》《阿Q正传》等作品，讽刺人生，冷袭社会亦为当时经验中，对人世黑暗之愤恨而成，即后日发表之作品，大半如是。盖其个性异常强硬，

① 中共北京市委党史研究室编：《北京地区抗日运动史料汇编》第3辑，第19—20页，中国文史出版社1996年版。按：本宣言有多个版本，签署人数、日期均有差别，但主体内容基本一致。

心机又灵，遇事不满，则始终不能忘记，即现时所发表之小品文字及杂感，亦由他人对于彼之文章之批评，而实行报复主义之反攻，最近先生自觉创作艰难，而从事翻译工作，不料竟永诀矣。至其参加此次之作家联合宣言，乃是海上左翼之内讧，因以此而重行复圆也。”

10月21日　天津《大公报》在第四版以《鲁迅定今午大殓 五千人瞻仰遗容 许多女生昨至殡仪馆结队行礼 文艺界名流纷纷往弔》为题报导鲁迅逝世后的各界纪念活动。在“北平通信”中，介绍了北平的纪念活动：“鲁迅前晨因肺病在沪逝世，平教育文化界友人莫不表示哀痛，昨纷分致电上海弔唁。此外并决定于最近期间联合举行追悼大会，闻已于昨日商定追悼办法如下：（一）追悼会之发起，由个人团体双方进行，个人方面有许寿裳、沈兼士、顾颉刚、朱自清、谢冰心、沈从文等，团体方面有作家协会、北方文艺社、世界语编译社等。（二）追悼地点决定在城内。”

10月25日　《作家间需要一种新运动》发表于天津《大公报·文艺》第237期，署名炯之。在沈从文看来：“唯一的希望是在作者本身。作者需要有一种觉悟，明白如果希望作品成为经典，就不宜将它媚悦流俗，一切伟大作品都有它的特点或个性，努力来创造这个特点或个性，是作者责任和权利。作者为了追求作品的壮大和深入，得自甘寂寞，略与流行观念离远，不亟亟于自见。作者得把作品‘差不多’看成一种羞辱，把作品‘差不多’看成一种失败。如此十年，一切或者会不同一点点！近几年来在作家间所进行的运动很不少，大众语运动，手头字运动，幽默文学，报告文学，集团创作，……每种运动都好像只是热闹一场完事。我却希望有些作家，来一个‘反差不多运动’。针对本身弱点，好好的各自反省一番，振作自己，改造自己，去庸俗，去虚伪，去人云亦云，去矫揉造作，更重要的是去‘差不多’！这样子来写出一些面目各异的作品。倘若一个文学作品还许可我们对它保留一点奢望，以为它会成为多数人的经典，可能成为多数新人的一种经典，似乎也只有经过这样子反省来从事写作的作家，可能够完成这种经典。这‘反差不多’的运动，在刊物上杂志上热闹是不必需的事，却应当在作家间成为一个创作的基本信条。”收入《全集》第17卷《文学运动杂谈》集。

按：编者似乎意识到此文的不同寻常，特地为此文加写了《编者按》："本文发表在文坛上正飘扬着大小各色旗帜的今日，我们觉得它昧于时下阵列风气，爽直道来，颇有些孤单老实。唯其如此，对读者它也许更有些真切的意义。这是对中国新文艺前途发了愁的人的一种呼吁。它代表一片焦灼，一股悲哀，一个模糊然而真诚的建议。我们期待着它掀起的反应。"果然，该文引起了强烈反响：甄奚在《清华周刊》在第45卷第6期发表了《表现在作品中的时代和艺术》；乔木在《希望》第1卷第1期发表了《作家间需要一种新运动——一个读者给作家们的一封信》；林珂在《通俗文化》第4卷第9期发表了《作家间需要一种什么新运动》；北鸥在《文化动向》第1卷第3期发表了《提高文学创作的水准——作家间需要一种新运动的具体方案》；《书人》在创刊号上转载沈从文这篇文章的同时，还将其看作是"中国文化界两个重要宣言"之一；《大公报》为此专门组织了"讨论：反差不多运动"专刊。

11月1日　杂文《沉默》发表于《文季月刊》第1卷第6期，署名沈从文。文中谈到自己近两年的"沉默"："两年来我似乎就在用某种癖好系住自己。我的癖好近于压制性灵的碇石，铰残理想的剪子。需要它，我才能够贴近地面，不至于转入虚无。我们平时见什么作家搁笔略久时，必以为'这人笔下枯窘，因为心头业已一无所有。'我这枝笔一搁下就是两年。我并不枯窘。泉水潜伏在地底流动，炉火闷在灰里燃烧，我不过不曾继续用它到那个固有工作上罢了。一个人想证明他的存在，有两个方法：其一从事功上由另一人承认而证明；其一从内省上由自己感觉而证明。我用的是第二种方法。我走了一条近于一般中年人生活内敛以后所走的僻路。寂寞一点，冷落一点，然而同别人一样是'生存'。或者这种生存从别人看来叫作'落后'，那无关系。""我始终不了解一个作者把'作品'与为'多数'连缀起来，努力使作品庸陋，雷同，无个性，无特性，却又希望它长久存在，以为它能够长久存在，这一个观念如何能够成立。溪面群飞的蜻蜓够多了，倘若有那么一匹小生物，倦于骚扰，独自休息在一个岩石上或一片芦叶上，这休息，且是准备着一种更有意义的振翅，这休息不十分坏。我想，沉默两年不是一段长久的时间，若果事情能照我愿意作的作去，我还必需把这分沉默延长。”“我觉得我应当努力来写一本圣经了，这经典的完成，不在增加多数人对于天国的迷信，却在说明人力的可信。使一些有志从事写作者，对于作品之生长，多有一分知识。希望个人作品成为推进历史的工具，这工具必需如何造作，方能结实牢靠，像一个理想的工具。”收入《全集》第14卷《甲辰杂谈》集。

小说集《新与旧》作为“良友文学丛书之卅二”由上海良友图书印刷公司出版，收入小说：《萧萧》《山道中》《三个男子和一个女人》《菜园》《新与旧》《烟斗》《失业》《知识》《薄寒》《自杀》。收入《全集》第8卷《新与旧》集。

11月16日 《文坛的“团结”与“联合”》发表于《国闻周报》第13卷第45期，署名沈从文。收入《全集》第17卷《文学运动杂谈》集。编者在当期《编辑后记》中写道：“沈从文先生是一位忠实热情的作者，他忠实创作，热爱国家，因此他异常关切中国文坛的动静。他热望中国文坛真诚团结，蔚成一种卫国的力量；他焦虑分化，互讧，吵架，紊乱自己的阵线。我们希望他这篇《文坛的团结与联合》，不致成为孤独的呼声。”

11月18日 作《对于这新刊诞生的颂辞》。

11月20日 《文学界联合战线所有的意义》发表于《大众知识》第1卷第3期，署名沈从文。收入《全集》第17卷《文学运动杂谈》集。

11月29日 写作《我对于书评的感想》。

12月1日 《对于这新刊诞生的颂辞》发表于《青年作家》第1卷第1期，署名沈从文。文章表明了自己对“十二九文艺社”的支持态度：“我可以在名分上作贵刊长期撰稿人，事实上按期写一点文章。假若这一来真对于大家有益，对刊物需要，我很高兴作这件事。我觉得北方实在需要一个好文学刊物，——对作者需要，对读者也需要——且觉得只要大家能合作努力，且可以把一个刊物办得像个样子。因为我们大家都明明白白，当前是住在一片被恶邻困辱也近于被家长所遗弃的土地上，这地方当前与将来的种种，是特别值得国人关心的。”收入《全集》第17卷《文学运动杂谈》集。

按：《青年作家》由燕京大学“十二九文艺社”编辑、发行，沈从文是该刊的特约撰述人，特约撰述人还有：曹靖华、郭绍虞、陆志韦、陆侃如、冯沅君、陈梦家、闻一多、林徽音、卞之琳、萧乾、金克木等。编者在杂志的《编后记》中说："沈从文先生的《对于一个新刊诞生的颂词》，对于从事文学创作的人，和企图办文学杂志的人，值得一读再读，他明白的指示了我们现在所处的境地和我们应该怎样做，这可以与他先后在《大公报》文艺副刊和《国闻周报》发表的，《论作家间需要一种新的运动》和《论文坛的"团结"与"联合"》二文共读。沈先生还答应下期和我们写一点"为什么许多人写创作失败"的原因，除我们感谢外，想亦为读者所乐闻的好音。"（文中引述沈从文的论文题目有误，原文如此——引者）

12月4日　作杂文《文学作家中的胖子》。

12月5日　中午，顾颉刚在淮阳春饭店请客，同席者有朱光潜、杨今甫、凌叔华等。

12月9日　致函沈云麓。收入《全集》第18卷。

12月10日　作剧评《伟大的收获》。

12月15日　作《一封信》。

12月20日　由赵家璧编辑的《二十人所选短篇佳作集·1937》由上海良友图书公司印行。沈从文为这一作品辑推选了三篇作品：刘祖春的《荤烟划子》、李欣的《归乡日记》、田涛的《荒》。同时，在本书所附的书籍广告中，有对沈从文《从文小说习作选》《新与旧》《记丁玲》的介绍："良友文学丛书特大本。作者从事创作生活以来，正好十个年头，作品印成书本的，不下五十多部。最近应良友之请把作者所认为最自满的文章编一选集，多六十万字，共计短篇二十篇，长篇神巫之爱，还有从文自传全部。作者在序文中说：'时间太快，想起来令人惆怅，我的第一个十年的工作已快要结束了。现在从一堆习作里，选了这样二十个短篇，附入几个性质不同的作品，编成这个集子，算是我这个乡下人到都市中十年的一点纪念。'全书布面精装，都七百四十页，作者说：'这样一本厚厚的书能够和你们见面是需要出版者的勇气的。'"（《从文小说习作选》）"良友文学丛书之十。丁玲女士的一生，可以说只有作者沈从文先生知道得最清楚。本书从丁玲的故乡和她的父母写起，作者特有的那枝生花妙笔，把一个冲破了旧家庭束缚到大都市里来追求光明的新女性，活现在读者的眼前。是中国新文艺运动以来第一部最完美的传记文学。”(《记丁玲》)

12月22日　致信陈蓝。本信未收入《全集》。兹照录如下：

陈蓝先生：得到来信并附件，知道您为田涛对你“好”了反而感到惶恐和麻烦。这事并不怎么奇怪，大约因为您十分聪明，所以他就十分倾心，这一来你不大习惯罢了。据我看□□这种事并不当真怎么麻烦您，有个好朋友处处关心，何尝不好？如真妨碍您最好的顾问倒是杨□先生，(她年纪长些)□会告给您如何就可以减少一点麻烦。田涛方面我不会去信提这件事，因为这是个人的私事，作新式家长的照例也不便过问的。凡涉及这类事，除非人请我证婚，此外纵想说话也无话可说。写小说的人在小说上有时很会说话，事实上他倒很像个哑子。专颂近安！

沈从文

十二月廿二

本　年

夏天　邵洵美来平洽谈办刊事宜。据常风回忆：“一九三六年夏，有一天沈先生请从上海来的邵洵美和他的美国女朋友项美丽在西四同和居吃饭，我也应邀做陪。出席的除了两位客人都是《文艺副刊》经常聚餐的几位老前辈。那天只是沈先生介绍客人和大家见见面。邵和每个人都寒暄了几句。邵是初次到北平游历，席间宾主都谈些北平的风物名胜。大约一周后邵洵美在同和居答席，席上还是那次参加的人。这时邵洵美才谈他来北平的目的是想和大家商量共同办个大型刊物。他的计划是请北平的作家负责编辑，由他在上海自己办的书店出版。他再三请求大家赞助和写文章。当时大家只随便谈谈。大约一个月后，有一天沈从文先生约我到慈慧殿三号朱光潜先生家讨论邵洵美提议的合办刊物的事。朱家有个很大的客厅。那天参加的有十几位。大家对于办杂志是赞成的，可是和邵洵美合作就很有意见。当时上海左翼作家对邵洵美经常批判。和他合作等于参加到上海文坛的斗争中。刊物既归邵洵美出版，很难保持它的独立性，很可能办成《论语》一类的东西。那天大家谈来谈去没有得到一致的意见，只是对和邵洵美合作显然是不赞成的。记得那天梁思成先生也出席了，他说在北平办刊物可叫作‘大都’，表明是在北平办的。”①

夏天 致信陈梦家，代戴望舒约稿。本信未收入《全集》，兹照录于下：

梦家：

戴望舒拟出诗刊，北平多熟人，大家似乎得为他帮帮忙，望您把您的诗同萝蕤的诗给他两首，并望问问陆先生，若有什么佳作也寄点给他。他住处是上海亨利路永利村卅号。

他因为在上海一种海派风气下，非常受人压迫，刊物也极难办，如多得北方朋友帮帮忙，会有生气些。一多读诗札记（《匡斋尺牍》？）若能给他一二则，对刊物尤有帮助。望一转一多说说，甚感。

专颂安好。

从文顿首

廿八②

本年 创作完成小说《主妇》。

① 常风：《留在我心中的记忆》，见《逝水集》，第12—13页，辽宁教育出版社1995年版。

② 据龚明德考证，该信当写于1936年夏天。参见龚明德：《沈从文函托陈梦家为戴望舒拉稿》，《南方都市报》，2012年5月20日。

民国二十六年　1937 年　36 岁

6 月 6 日　国民党确定中国国民党党歌为中华民国国歌。

7 月 7 日　日本进攻宛平城，卢沟桥事变爆发。

7 月 17 日　蒋介石发表庐山谈话。

8 月 13 日　日军进攻上海，淞沪会战开始。

8 月 25 日　中国共产党政治局扩大会议通过《中国共产党抗日救国十大纲领》。

12 月 13 日　日军占领南京后，制造了震惊中外的南京大屠杀。

1月1日　剧评《伟大的收获》同时刊载于天津、上海《大公报·文艺》第276期，署名沈从文。该期为《日出》的集体批评。收入《全集》第16卷《沫沫集续编》集。

杂文《文学作家中的胖子》发表于《宇宙风》第32期新年特大号，署名上官碧。收入《全集》第14卷《甲辰杂谈》集。

同期《宇宙风》杂志有“二十五年我的爱读书”专栏，沈从文爱读的书目是：（一）李健吾《福楼拜评传》（二）萧军《八月的乡村》。以《答〈宇宙风〉“二十五年我的爱读书”问》为题收入《全集》第16卷《沫沫集续编》。

本日　《文摘》第1卷第1期摘要转发了沈从文的《文学界联合战线所有的意义》和《文坛的“团结”与“联合”》。

1月7日　作《艺术教育》。

1月11日

本日　天津《大公报》发表社评《请青年科学家注意》，介绍文艺和科学奖金事宜：“去年9月1日是天津本报复刊届满10周年的一天。为了纪念起见，我们决定举办文艺和科学奖金。暂定办理三年，每年以一千元充文艺奖金，以二千元充科学奖金。”“在文艺界承杨今甫沈从文巴金章靳以叶圣陶李健吾朱孟实凌叔华林徽音朱佩弦十位先生慨允担任文学作品审定委员，必能以公诚恢宏的态度，发挥奖进文学创作的大理想，这是我们非常感谢的。”

1月15日

本日 《书人》创刊号转载了沈从文重新修订过的《作家间需要一种新运动——“反‘差不多’运动”》一文，编者注明：“本文转载，得到炯之先生同意，并且根据炯之先生专诚寄给我们的修正稿重排。”同时，该刊在《中国文化界两个重要的宣言》一文中重点推介了先生的这篇文章：

中国文化界最近两个重要的宣言

炯之：《作家间需要一种新运动》

——《大公报》文艺副刊第237号

蒋弗华：《青年思想独立宣言》

——本刊创刊号

这是中国文化界两个重要的宣言。

所以重要，因为觉悟，一种光彩的觉悟！

所以重要，因为反抗，一种勇敢的反抗！

觉悟：觉悟我们必需要从黑暗里走出来到光明去。

反抗：反抗所谓“站在时代的尖端”的恐吓。

* * *　　　　* * *

敢说，新文学运动以来，总共不过念年，如果粗粗分为四期（五年一期）的话，第四时期，就是最近五年，成绩最差，进步最少。怎样最差？怎样取少？熟悉中国现代文学的人，一定了然的吧？我们这里不能允许细说明，因为篇幅的关系。这个可怕可怜的现象，其谁之咎？我们想来：那些所谓“前进”的理论家，“时髦”的批评家…………至少要负一部分的责任吧？——过去已经是过去的了，愚蠢的武断，罪孽的恐吓，洁身的自受，乖巧的沉默，总而言之，历史是“永在的墨迹”，不许擦断，不许涂改，而且不容否认，我们除了轻轻的“算了”，淡淡的“算了”，还有什么话可说？还有什么话可说？“来者可追”！我们的《作家间需要一种新运动》！

——一个“反差不多运动”！

——一个“反”堕落的黑暗的“差不多运动”！

1月17日　论文《我对于书评的感想》同时发表于天津、上海《大公报·文艺》第285期，署名沈从文。收入《全集》第17卷《文学运动杂谈》集。

1月20日　作书评《读〈西班牙游记〉》。

1月22日　与杨振声、朱光潜一起至胡适处“谈办文学月报及文学丛书事。”[①]

1月24日　朱自清当日日记：“早访杨君家，为评文学奖金开委员会。林徽音与叶公超盛赞《画梦录》。公超称之为中国最早之散文，并称之为较《日出》一剧更为成功之佳作。又谓《日出》主题及片断皆好。失败处在于其中杂乱无关的东西颇多。”[②] 作为评委之一的沈从文应该参加此次会议，确否，待考。

1月25日　《艺术教育》发表于《国闻周报》第14卷第5期，署名炯之。沈从文批评当局“对艺术教育缺少认识”，应该赶快想办法来补救，并提出了自己的建议：“笔者深望最高教育当局，对此后中国艺术教育，应当重新有种认识，如年来对于体育教育之认识，而加以重视。政府如以为这种学校不必办，就干脆撤销，一年反可以省出一点钱作别的用途。如以为必需办，就总得把它办得像个学校。目前即或不能够添设高级艺术学校，至少也得就原有几个艺术学校，增加相当经常费用，力图整顿。更必需筹划一笔款项，作为学校应有建设与补充图书费用，此外对于由各种庚款成立的文化团体，每年派遣留学生出外就学事，且应当有一二名额，留作学艺术的学生与艺专教授出国参考的机会。更应当组织一专门委员会，对于某种既不入中学校教书，又不在大学校教书，锲而不舍从事研究，对社会特有贡献的艺术家，给以经济上的帮助和精神鼓励，且对他工作给以种种方便。兼作全国艺术教育的设计，改进中小学的艺术教育。换言之，也就是从消极的敷衍的不生不死的艺术教育，变成积极的有希望求进步的艺术教育。如此一来，虽去不掉当前一切的丑化，还可制止这种丑化的扩大，留下一点光明希望于未来。若再继续放任下去，那就真是教育当局的胡涂，把“堕落这个民族精神”当成一句白话，目前在筹备的全国艺展，也不过是一个应景凑趣玩意儿了。”收入《全集》第16卷《术艺刍言》集。

本日　天津《大公报·文艺》编辑部发表启事：“本刊正筹备出一《欣赏特

① 胡适：《胡适日记》第6册，第644页，安徽教育出版社2001年版。

② 朱自清：《日记 上》，《朱自清全集》第九卷，第452页，江苏教育出版社1997年版。

刊》，先后蒙林徽因，邓叔存，秦宣夫，凌叔华，沈从文诸先生答应执笔，一俟文章寄到，立即发刊，特先预告。”

一月 与萧乾合著的《废邮存底》作为“文学丛刊”之一由上海文化生活出版社出版。该书分为甲乙两辑，甲辑收入沈从文的“废邮存底”14篇，乙辑收入萧乾的“答辞”22篇，萧乾为全书写了“后记”。甲辑部分“废邮存底”的篇目为：一 一周间给五个人的信摘录、二 给一个写诗的、 三 给一个写小说的、四 给一个大学生、五 给某教授、六 谈创作、七 致《文艺》读者、八 元旦日致《文艺》读者、九 我的写作与水的关系、十 风雅与俗气、十一 情绪的体操、十二 给某作家、十三 给一个读者、十四 《边城》题记。沈从文写的部分收入《全集》第17卷《废邮存底》集。

2月15日

本日 《书人》杂志第1卷第2期转载了沈从文的《我对于书评的感想》。

2月21日 《一封信》同时发表于天津、上海《大公报·文艺》301期，署名炯之。沈从文的《作家间需要一种新运动》发表后，引发了强烈反响，编者为此特意在本期组织了“讨论：反差不多运动”专刊，《一封信》是沈从文对“反差不多”运动讨论文章的回应，表明自己的态度：“得到来信，知道前不久在‘文艺’上我那篇谈‘差不多’的文章，所提起的一点意见，已很有了些反响。对于一件事情，见仁见智，各有不同，原是很自然的。尊意拟把它汇集一下，刊载出来，作为一种讨论，询问我有什么意见补充，对于这种讨论我并无何等意见。尤其是照时下风气，在讨论文中常发现‘你是汉奸’‘你是混蛋’一类名词情形下，我是更无意见可言的。我写那篇文章只说明我个人对当前情况一点所见所信。我的希望，我的目的，在本文末尾就说得明明白白，并不如你所加按语要引起一种观念不同两不接头的讨论的。”收入《全集》第17卷《文学运动杂谈》集。

2月25日 农历上元节。与杨振声、林徽音、金岳霖、朱自清等一起逛厂甸。

2月26日 书评《读〈西班牙游记〉》发表于天津、上海《大公报·文艺》第303期，署名上官碧。收入《全集》第16卷《沫沫集续编》集。

3月6日 下午出席《大公报》文艺奖金审查委员会会议。据朱自清日记载："我们评定《日出》《画梦录》与《江上》得奖。"[①]

3月15日 小说《主妇》发表于《月报》第1卷第3期，署名沈从文，文后有注："十年续集"。收入《主妇集》(商务印书馆)、《黑凤集》(开明书店)。收入《全集》第8卷《主妇集》。

3月24日 晚，方纪生在聚宝成宴请沈从文、顾颉刚、徐霞村、梁实秋、蹇先艾、林庚等人。

3月27日 朱自清来访。据朱自清日记载，"与沈商谈，结果议定维持奖委原案。"[②]后萧军之《江上》因故未获该奖，改授芦焚之《谷》。另，巴金1979年2月2日在致萧乾信中曾经这样回忆："关于文艺奖金，最初决定给萧军的《羊》，你要我去问萧军是否愿意接受，萧军不愿，这才改为给芦焚的《谷》。"

三月初 写信给张宗和，介绍高植去看他。

三月 创作完成小说《贵生》。

4月4日 论文《谈写字》发表于天津、上海《大公报·文艺》第319期(艺术特刊)，署名上官碧。以《谈写字(一)》为题收入《龙凤艺术》(香港商务印书馆1986年)。据《大公报》刊本收入《全集》第31卷《龙凤艺术新编》集。

4月20日 杂文《信仰》发表于《北平晨报》"风雨谈"，署名炯之。本文未收入《全集》，后收入《全集·补遗卷1》《甲辰杂谈》集，兹照录如下：

信仰

大多数人若不是本能上需要一点什么东西控制，至少在习惯上已养成需要这个控制了。这种控制附于实际生活就是所谓"法律""道

---

① 《朱自清全集》第9卷，第456页，江苏教育出版社1998年版。关于此项奖金的评定，萧乾另有一说，"即最重要的小说奖，最初京、海、汉三地的评委都不同意给王长简(芦焚，即师陀)的《谷》，倒是主张给《八月的乡村》的作者，左翼萧军的。但遭萧军拒绝，不愿接受的意向是经巴金传达的。"参见吴福辉：《"大公报文艺奖金"有无流派性质》，《中国社会科学报》2010年2月4日。

② 《朱自清全集》第9卷，第459页，江苏教育出版社1998年版。

德”“卫生”“娱乐”“是”或“非”，一堆名词或事实。附于抽象人生就是“迷信”或“信仰”。平常我们对于迷信，多半指的是对自然力与不可知之某种事物的崇拜，在崇拜中且加上一分蒙恩的侥幸。是混和糊涂恐怖和希望而产生的一种心境。信仰就稍稍不同了一点。指导信仰的似乎感情和理性平分，且毫无可疑，理性成分或许比较多。尤其是如果我们把信仰的意义范围放窄一点时，把它从旧宗教的拘束里解放，以为它指的仅仅是对实现的“政治理想”表示一种态度时，信仰同迷信显然得分开的。迷信无选择，各以生活习惯为依据，空间差别多，时间差别反而少。信仰许可个人的选择，依据的是个人知识或常识，对当前生存制度的取舍，空间差别少，时间差别反而多。你那老祖宗怕鬼，你还是怕鬼，这是迷信。你那爸爸是保皇党，你却是共产党，这就叫作信仰。但迷信和信仰到某种意义上仍不免显得暧昧不分，共同点是承认生存受控制于“不可知”，控制于“过去”或“未来”。说真话，是逃避“现实”，更具体的说，是害怕“自由”。害怕那种不为当前生活一切名辞一切事实发生的意义所拘束，不为肉体精神空间时间所限制的“自由”。

所以信仰彻底说来纵算不得人的“糊涂”，也依然是人的“弱点”。一种想凭藉过去或未来而安慰当前的失败，忍受当前丑恶的弱点。一个有信仰的人好像就勇敢得多，强壮得多——到如今甚至于还骄傲得多。其实大多数人的信仰，恐怕还是应当称作“迷信”，才能名副其实。比较少数人的信仰，不过与奴性为邻用空虚遮掩现实的一种态度罢了。

对信仰惑疑或否认，且具有表现出这种惑疑或否认勇气的，有两种人，表现在生活里就成为疯子，表现在作品里就成为伟大作家。托益托夫斯基所谓伟大也就在此，许多作家伟大也就在此。

目前作家中自说“有信仰”的人多，作品中表现的自然也就充满了“信仰”。事实上我们需要的大作品，也许倒是那种真正“没有信仰”的人才能够写得出的。可惜这种人社会上并不多。有的又只是呆子，痴头傻脑十分低能的白痴，或有意装疯事实上还是委委琐琐的人物，不是真正能惑疑一切敢否认一切或轻视一切的家伙。①

5月1日 小说《贵生》发表于《文学杂志》创刊号，署名沈从文。编者在《编辑后记》中说："沈从文先生在《贵生》里仍在开发那个层出不穷的宝藏——湖南边境的人情风俗。他描写一个人或一个情境，看来很细微而实在很简要；他不用修词而文笔却很隽永；他所创造的世界是很真实的而同时也是很理想的。贵生是爱情方面'阶级斗争'的牺牲者。金凤的收场不难想像到。乡下小伙子和毛丫头逼死了一个两个，只是点滴落到厄运的大海，像莎翁所说的，The rest is Silence. 沈从文先生的作品常留下这么一点悲剧意识。"《月报》第1卷第7期转载了这篇小说。后经作者修改收入小说集《主妇集》（商务印书馆）、《黑凤集》（开明书店）。收入《全集》第8卷《主妇集》。

本日 《文学杂志》创刊，朱光潜主编，商务印书馆出版。《小说月报》因"一·二八"战争停刊后，一直未复刊，商务印书馆决定新办一种文学刊物，替代《小说月报》，定名《文学杂志》。沈从文长期担任该刊编委，"《文学杂志》，名义上虽由我主编，实际上他和沈从文、杨金甫、冯君培诸人撑持的力量最多。"（朱光潜：《敬悼朱佩弦先生》）"《文学杂志》包括主编共有10位编辑委员。除了上海李健吾和武汉的凌叔华两位，其他8位朱、杨、沈、叶公超、周作人、林徽音、朱自清、废名都在北平。杨先生和沈先生是主要成员，朱先生经常和他们两位商议。沈先生有多年编辑刊物的经验，对杂志的筹划十分积极热情，朱先生更可依赖他。他除了负责审阅小说稿件，其他稿件朱先生也都请他看。只有他们两位是看过全部稿件的。每月在朱宅开一次编辑委员会，讨论稿件取舍，决定每期登什么稿件时，沈先生发言最热烈。组织稿件他更是积极，他还一贯注意发掘有希望的文学青年，吸引他们写稿子。《文学杂志》上刊登的青年作家的作品都是沈先生组来的。《文学杂志》创刊后不到半年就因七七事变停刊。它受到读者一定的称赞和舆论界的嘉许，与沈先生为杂志付出

① 本文由赵国忠整理。参见赵国忠：《沈从文的四篇佚文》，《博览群书》2010年第12期。

的劳动分不开的。这是一般人不知道的。”①

5月4日　下午3时，在清华大学发表演讲。本日出版的《世界日报》以《沈从文今日在清华讲演》为题发表通讯：“该校文艺研究会，特请沈从文于今日下午三时在该校工字厅讲演《我的写小说的经验》。”

5月9日

本日　李健吾在天津《大公报》发表《假如我是》，文章对沈从文的批评观做出回应：“读到沈从文先生最近印行的《废邮存底》，一本发人深省的可爱的小书，我们会遇见这样的话：‘有时人会做得出动人的批评，把很好的文章说得极坏，把极坏的文章说得很好，但也不能称为懂创作的人。’这话是对的，犹如近代伟大的批评家Sainte-Beuve，几乎把所有同代第一流的大文豪说个玉石不分。然而，沈从文先生，在他创作之外，也写过一本《沫沫集》（绝版），批评同代的著述。每一个人都有批评的本能，正如沈从文先生所谓：‘他（一个创作家）不必会作批评文字，每一作品在他心中却有一个数目上。’这里所谓的‘数目’，饶恕我的直率，还只是一种批评的官能，或者官能再加上修养。”

5月13日　杂文《拿笔有感》发表于《北平晨报》“风雨谈”副刊，署名炯之。本文未收入《全集》。

5月15日　《月报》第5期转载了沈从文发表于《大公报》上的《谈写字》。

为纪念牺牲于战争中的表弟聂长荣，创作小说《生存》。

5月17日　小说《王谢子弟》发表于《国闻周报》第14卷第19期，署名沈从文。收入《主妇集》（商务印书馆）时小说主人公的名字由“五爷”改为“七爷”。收入《全集》第8卷《主妇集》。

5月23日　为黎昔非工作事致函胡适，同时邀请胡适为刚创刊的《文学杂志》写稿。收入《全集》第18卷。

5月29日　宴请朱自清等人。

5月30日　下午，出席在中海福禄居召开的风谣学会年会并在会上发言，顾颉刚任会议主席，出席会议的还有陶希圣、胡适、吴晓铃、容肇祖、罗常培、魏

---

① 常风：《留在我心中的记忆》，见《逝水集》，第13—14页，辽宁教育出版社1995年版。

建功、徐芳等。[1]

5月31日　次子虎雏出生。

五月 修改小说《主妇》《贵生》。

6月1日　小说《大小阮》发表于《文学杂志》第1卷第2期，署名沈从文。编者在《编辑后记》中说："沈从文先生在《大小阮》里描写'五四'前后青年中两种人物典型，一个伤人逃命，东奔西窜，神出鬼没煽动革命而终于丢掉脑袋的侄子，和一个讲究打香水，宿娼捧戏子，当小报编辑，成名了'作家'而回到母校当训育主任的叔父。每人都自信对人生有正确信仰而实在又同样地糊涂。世界成天在变。小阮成了'烈士'，大阮当了训育主任，而学校里当年提灯照他们爬墙的老更夫却依然在炖狗肉下烧酒。从题材，作风以及作者对于人物的态度看，《大小阮》在沈先生的作品中似显示转变的倾向。讽刺的成分似在逐渐侵入他素来所特有的广大的同情。正因为这层，他的观察比从前似更冷静深刻。"（《编辑后记》）收入小说集《主妇集》（商务印书馆）。收入《全集》第8卷《主妇集》。

6月5日　作《滥用名词的商榷》。

《名词》发表于《北平晨报》"风雨谈"副刊第36期，署名沈从文。本文未收入《全集》。后收入《全集·补遗卷1》《甲辰杂谈》集。

6月15日　小说《生存》发表于《文丛》第1卷第4号，署名沈从文，小说发表时，在题名下注明"给长荣"。收入《主妇集》（商务印书馆）。收入《全集》第8卷《主妇集》。

6月18日　写作通信《关于看不懂》，以回应絜如的《看不懂的新文艺》（《独立评论》第238期）一文。

6月19日　晚，出席张佛泉在东兴楼的宴会，同席者有胡政之、杨振声、张奚若、顾颉刚等人。

6月20日　《现象》月刊第21期在《中国戏剧学会在杭公演花絮》题目下，摘

---

① 张紫晨：《〈歌谣〉周刊始末》，《中国现代文艺资料丛刊》第8辑，上海文艺出版社1984年版。同时参见《顾颉刚年谱》，第311页，中华书局2011年版。

发了沈从文对曹禺《日出》的评论："《日出》是作者曹禺先生第二个四幕剧，写的是烂熟了的都市生活苦乐对照；花钱的在一种如何空虚无聊事情上花钱，写人物如时髦女子，富孀，男妓似的白相人，都凸出在纸上，呼之欲出，写特殊空气如第三幕这三四等妓院，声色交错，在舞台上是否能表现得轻重调合恰到好处，尚有待于导演的劳力，至少剧本上却可说是一篇有声有色的散文。"

6月30日　论文《滥用名词的商榷》同时发表于天津、上海版《大公报·文艺》第355期，署名上官碧。收入《全集》第17卷《文学运动杂谈》集。

7月1日　《神之再现——凤子之十》发表于《文学杂志》第1卷第3期，署名从文。收入《全集》第7卷《凤子》。

7月3日　致函沈云麓，告知虎雏近况并即将搬到"后门外国祥胡同十二号"的消息，约请大哥写一些凤凰民俗方面的文章。收入《全集》第18卷。

7月4日　《关于看不懂（二）》发表于《独立评论》第241期通信栏，署名沈从文。收入《全集》17卷时编入《文学运动杂谈》集。由于沈从文在文末有"我很盼望听听您对这问题的意见"的话，胡适在本期的《编辑后记》中对沈从文作了回应：

> △前一期（二三八号）我们登出一封讨论"看不懂的新文艺"的通信，引出了知堂先生和沈从文先生的两篇很有趣味的通信。他们都是最富于同情心的文人，他们对于这个问题的意见是值得我们平心考虑的。
>
> △从文先生表示很盼望听听我对这问题的意见。我对这问题，将来很想写一篇文字，现在只能简单表示一个意见。干脆说来，我十分同情于"有他自己表现的方法"的作家，更同情于"对文字过于注意"的努力。但我的同情有两个条件：第一，"有他自己"可不要忘了他人，文字的表现究竟是为自己以外的"他人"的事业，如果作者只顾"有他自己"而不顾读者，又何必笔之于书，公布于世呢？第二，世间自有"过于注意"而反不如"不过于注意"的。过犹不及，是一句老话；画蛇添足也是一个老寓言。知堂先生引的霭理斯的话：

“若从天才之职来说，那么表现失败的人便一无足取”，这句话是很公平的。如果我说的“表现能力太差，根本就没有叫人看得懂的本领”一句话使从文先生感觉不平，至少我可以说：有表现能力而终于做叫人看不懂的文字，这也未免是贤智之过罢？

△从文先生的通信里说起“嘲笑明白易懂为平凡”的风气，这正是我说的“贤智之过”。我的愚见总觉得“明白易懂”是文字表现的最基本的条件。作家必须先做到了这个“平凡”的基本条件，才配做“不平凡”的努力。今日“越来越难懂”的文学，似乎总不免受了“不甘平凡”一念的累罢？

△对于从文先生大学校应该注意中国现代文学的提议，我当然同情。从文先生大概还记得我是十年前就请他到一个私立大学去教中国现代文艺的。现代文学不须顾虑大学校不注意，只须顾虑本身有无做大学研究对象的价值。①

7月5日　小说《小砦》开始在《国闻周报》第14卷第26期连载，至该刊第26卷31期连载完毕，署名沈从文。收入《全集》第10卷《芸庐纪事》集。

沈从文后在《小砦》篇头写有如下题注：“本文是继《边城》而作的，只发表了一小部分，卢沟桥事变发生，即不再继续下去。”（《题〈小砦〉篇头》，收入《全集》第14卷《艺文题识录》集）

7月8日　杂文《读书人》发表于《北平晨报》“风雨谈”副刊第50期，署名沈从文。本文未收入《全集》。后收入《全集·补遗卷1》《甲辰杂谈》集。兹照录如下：

读书人

“民主政治”和“自由主义”好像已经成为一个可嘲笑的名词。它可嘲笑处因为全是“读书人”的玩意儿。读书人拈起这两个名词来作题目写文章时，一部分中国人看来，也以为只是聊以解嘲的行为，

① 适之：《编辑后记》，《独立评论》第241期。

算不了什么。再加上一句旧话，“误国多是读书人”，所以在好些场合中，读书人应得的尊重，没有得到。知识是不为人所重视的。尤其是青年人，自己虽在学校里读书，却很有些人以为读书人算不了什么，书本知识不足道，知识分子对国家问题是够隔膜的。民主政治或自由主义，都是过去了的古董，只有最无用处的读书人还放不下，事实上多数人都厌恶它，再不需要它了。

话可靠不可靠且待以后讨论。

或问：为什么有这种现象？

答曰：中国问题与国际问题不可分，由于世界上现在有个俄国，有个意大利国，并且还有个德国。这几个国家政体的组织特殊，且因这种组织特殊，在世界上发生了些影响。中国是个不知向何处走去的国家，自然无从拒绝这种外来的影响。朝野都有人以为“专制”在当前立国大有占便宜处。不觉油然生向往之心。易言之，就是在朝的有人看准专制便于统治，在野的又有人认定专制便于推翻某种统治局面重新建立另一种统治局面，因此法西斯和苏维埃便成为国人心目中一种幻景。十年来的内战——政治的或文学的糊涂战，也就正是拜受这两种噩梦之赐。真能代表所谓理性发达，常识丰富，热爱和平，又极关心国家出路的知识分子，以为民主政治便于解决中国问题的人，一时间却真像是个只能读书不知其它的人，在社会已“没落”了。青年人有“没落”之惧的，照例也就厌闻民主政治，羞说自由主义。为生活寻出路，就右倾，为情感寻出路，就左倾，为语言文字寻出路，开口拿笔就总离不了轻视嘲笑不左不右的读书人。

不过十年来的内忧外患，因应付这种种内忧外患所取的步骤方法得来的经验，却证明中国到底是中国，由于历史，地理，民族习惯，种种原因，极端的左走不通，极端的右也办不好，要国家渐渐成为一个现代式的国家，最合事实也宜于理想的政治制度，还是比较包涵得宽广（能集中各方面人材合作），富有弹性（可在变动中减少大规模流血），多数专家来分头负责的民主政治。成为民主政治的骨干，实现民主政治理想的，即或不能说完全是读书人，至少可说少不了读书人。

我所谓读书人，指的站在技术上和文化思想上一切的专家们。

专家抬头的机会，就目前情形说来，似乎还早一点，尚待国人的觉悟与努力。假定专家抬头是最近的将来可以实现，从人材数量言是不够用的，待大量补充的。

这就轮到青年人的来选择了。此后爱国作人方式的选择，是依然盲目的凭情感主义和机会主义，从左倾右倾纠纷中，争夺打杀创造自己成一个“名人”“要人”“死人”？还是低下头来努力学一点真正能够增加国家力量的专门技术知识，创造自己成为一个“对社会国家有用的人”？

这选择很自由的。不过从选择上我们却可以看出一点消息，野心家，空洞的英雄主义者，病人，照例走前面那一条路，一个身心健全的国民，却必然走后面一条路。①

7月15日　致信沈云麓，此时全家已经搬入“后门国祥胡同十二号丙”，谈及中日战事时说，“各路交通断绝，欲离开此大城者亦苦无法可走。市面萧条，人心沉郁。……我个人意思绝不与此大城离开，因百二十万市民与此城同存亡，个人生命殊太小也。”收入《全集》第18卷。

本日　《月报》第1卷第7期转载了沈从文的小说《贵生》、论文《滥用名词的商榷》两篇文章，同时转载的还有与沈从文相关的一些文章：凡容的《沈从文的小说〈贵生〉》、茅盾的《新文学前途有危机么》、李健吾的《读〈从滥用名词说起〉》、梁宗岱的《从〈滥用名词说起的〉余波》等文章。

7月19日　小说《小砦》（二）发表于《国闻周报》第14卷第28期，署名沈从文。

7月26日　小说《小砦》（三）发表于《国闻周报》第14卷第29期，署名沈

---

① 本文由赵国忠整理。参见赵国忠：《沈从文的四篇佚文》，《博览群书》2010年第12期。

从文。

7月28日　北平沦陷。

7月29日　上街探听战事的消息。1946年，沈从文在《忆北平》一文中回忆了这天的情形：

> 第二天，城外炮声全息了，人人都觉得希奇。我依然出门探消息，只觉得街上冷清清的：一切为巷战作准备的沙包和其他障碍物，不知夜里何时都已撤去，守工事的武装兵士也不知何处去了。走了半条街，只发现一顶旧军帽搁在路旁。将近鼓楼时，见街口电灯柱下，有个徒手老警官颠起脚在那里撕毁昨天学生贴的劳军用红绿标语。迨走近他身边，似乎已看出我的用意，嘴角抽缩了好一会，方轻轻的说出声来："先生，快回家去，不要再上街。我们打了败仗，免得轰炸平民，军队全退出北京城了。"皱纹重叠的眼角，含着两滴清泪。恰如为了职务上的尊严，勉强忍耐住，整整腰间皮带，大踏步走开了。

8月1日　论文《再谈差不多》发表于《文学杂志》第1卷第4期，署名炯之。收入《全集》第17卷《文学运动杂谈》集。

8月2日　小说《小砦》(四)发表于《国闻周报》第14卷第30期，署名沈从文。

8月9日　小说《小砦》(五)发表于《国闻周报》第14卷第31期，署名沈从文。

8月11日　接到教育部秘密通知，明日化装出城。

8月12日　与北大、清华教授杨振声、梅贻琦、朱光潜、叶公超等人一起搭乘火车前往天津。

8月13日　据沈从文《〈湘西散记〉序》回忆："第二天（指13日）在法租界一个住处，见早报才知道上海方面已发生战事。我们的终点原是南京，由海船去上海路线已断绝，只好等待机会。过了十来天，却探听出有条英国商船可直达烟台。准备先去烟台，到时再设法乘汽车到当时还通行的胶济路中段，再搭胶济车就可到南京。一切得看气运，我们无从作较多考虑，都冒险上了船。还记得同舱熟人中有美术学院赵太侔夫妇，清华大学谢文炳夫妇、北大朱光潜教授，及杨今甫先生等等。辗转十来天，居然到达了南京。那天半夜里，恰逢日本第一次用一百架飞机大轰炸北极阁。南京方面各机关都正准备大疏散，于是我又和不少北方熟人，于三天后，挤上了一条英国客船向武汉集中。我既买不到票，更挤不上船，亏得南开大学林同济先生，不顾一切，勉强推我上了跳板，随后向船长介绍，得到不必买票的优待，且在特等舱里住了四天才离开船的。北大、清华、南开三校准备在湖南组织临时大学，到武汉转车走后，我就和几个朋友暂留武汉借武大图书馆工作？”

9月13日

本日 杨振声致信沈从文，信中所叙与沈从文在武汉生活密切相关，兹录如下：

从文先生：

今天同日得到八日及十二日书，至谢。乾弟到武昌，自释一份忧念。拟请乾弟帮我们编教科书，若肯俯就，你暂时亦可多一同伴。惟报酬太薄，自本月起至十二月时，每月仅能报酬五十元。刘景农处拟暂予以维持费，不必请具来武昌。过此学期后，看战事情形如何再说。

之琳信看过，此时各处裁人，得事不易，惟当为留意耳。

孟实一信奉上，《文学杂志》诚如兄言，恐不易出版，但此事可取决于商务，若有勇气出版，当如孟实所说，由兄及乾弟暂负编辑责任。或更可容得之琳来也。但恐事实均不如此容易耳。

东湖小房子请即代为租下。兄一人居，必苦寂寞，得乾弟或之琳来则可耳。

此处事大难，总在许多人不能看得远些，态度太狭小。以三校人办一校，若各不肯牺牲，则牺牲者必为学校矣。

在此世界中抱负理想，真是苦事。不得已将就之能开学便罢。求得早日脱离，即来东湖从兄于隐耳。

战事殊不易乐观，应各为刻苦持久之计，不得北平消息，至念。

并请

叔藏

通伯 安好

乾弟

振声谨启

九月十三日[①]

9月15日 复沈云麓函，言及三弟职务之升迁时，爱国之情溢于言表："位高则责任亦重，处此严重关头，想知所以报国抗敌也。宁波目前似尚不至于更大规模袭击，惟上海战事，我军既已稍退，广东复有被炸事，将来延长时日，为国守土，牺牲自属当然之事。"收入《全集》第18卷。

致信杨振声。

9月16日 致信杨振声。

9月17日 致信张兆和。[②]

致信杨振声。

9月18日 致信张兆和。

9月19日 致信张兆和。

9月20日 致信张兆和。

9月21日

本日 杨振声复信沈从文，信中云："连接十五、十六、十七各信，至谢。卅六元之房子一切既是至好，请即租下。未知有无压租陋规，需钱多时或先从武汉朋友们借借。在不久时间内我可寄还。有此房子，暂时召纳流亡，是一办法，同时你也可有点事忙。《大公报》小形副刊，乾弟应得担任，在与报馆关系上不能办。暂时全尽义务亦义所当然。乾弟有信来，暂时肯帮我们忙，至好。一时有此房子住，其他费用皆可设法节省。月五十元，或可抗过挨饿关

① 见李培明：《从武昌到昆明——1937—1938年杨振声及萧乾佚信5封》，《新文学史料》2017年第3期。据信原校勘。

② 沈从文致张兆和信日期均据张兆和复信推断，原信已佚，下同，不再一一作注。

头也。极忙，我不另写信，请转达。你能把四小姐、之琳都找来，总算你有本领。以后也不怕少麻烦打。这看着找老婆易，找事难。我的老婆不能让大家吃风，你须负责使之琳明白此层简单道理也，好事的先生！前天由南京转来丽儿信，三小姐他们在北平都安，你那边有信不？……”[①]

9月22日　收到张兆和的来信，旋复平快信。

9月23日　复沈云麓函，告诉大哥：“房子若有人想租，还是租出好，不必为我等留下。六弟之衣若彼不必需，可将驼绒袍借我，写明寄交武昌珞珈山武汉大学住宅二区三八三号转我，我可收到。”收入《全集》第18卷。

9月24日　致信张兆和。

10月2日　偶遇朱自清。据朱自清日记记载：“拜访陈西滢，他居住处面对东湖之山上，安静幽美。陈之女七岁，颇可爱。沈先生亦在此，甚讶。沈与萧在山脚下合租一屋。”晚上，沈从文与朱自清、朱国华一起用餐。据朱国华回忆：

> 这家小店的名字已记不清了，只记得陈设极为简陋，但很整洁。我俩选了楼上临窗的座位，方桌上铺了洁净的台布，放着三付碗碟，几只汤匙都缺了口。刚坐下，只见一位又矮又瘦的青年正向我们走来，这便是从文先生了。大哥作了介绍，然后点了几个菜。席间谁也不客气，不让菜。大哥与从文先生不时轻声交换着对时局、文学的看法。大哥问从文有什么新作，从文微笑着说：我是沅水边的人，总离不开汤汤沅水；我是自由的人，只愿写得无拘无束。也许我的东西算不得文学，只能说是讲故事吧。自清摇着头，认真地说：“不是这样，写小说是很难的，我至今不敢动此念头。”接着，又意味深长地说道：“十年、二十年，时间会作出评价的。”两位挚友都明白对方艰难困窘的生活处境。我注视着自清清癯的面容，从文寒酸的衣着，心里很不是滋味。自清又问起从文先生在抗战时期的打算，从文说：“当然也要去后方。”最后，自清满怀信心地说：“个人艰苦一点没问题，抗战

① 转引自季培刚：《杨振声年谱》下，第444—445页，学苑出版社2015年版。

一定会胜利，那时候，一切都会好的。”他俩的语言都很简短，有时只讲一句半句，而后默默地点点头，好象非常默契。分别之前，我想到沈先生注重民风民俗，便大胆向他谈起汉口的风俗，我当时对汉口印象不太好，觉得商人囤积居奇，欺侮异乡人，又觉得抗战正殷，此地却仍然娼妓盛行，歌舞升平。我年轻气盛，言辞激烈，想与沈先生交换看法。但他只是仔细地听着，并不发表意见。我只感到他睿智深邃的双眼中含着一种忧虑和思考。[①]

据萧乾回忆：“当时，沪宁路已被炮火切断，只好搭船绕道去香港，再经广州去汉口。在那里，遇到适从沦陷了的北平逃出来的杨振声和沈从文两先生。感谢他们把我们收容下来。在珞珈山下滞留了几个月，然后经长沙转到沅陵，在沈云六大哥那幢半山腰上的杏黄色小楼里小住数月。”[②] 在另一篇回忆文章中，萧乾描述了珞珈山下租住的房子情况：“终于租到房子了，而且在武昌珞珈山下，是一所老房子。特别招我们喜欢的是它门前有一座用毛竹搭成的牌坊，横楣上用细竹编了五个‘福’字。因而我们马上替它起名为‘五福堂’。大二堂主当然是杨沈二位，然后是从北平和保定陆续逃来的杨先生的大二公子、女儿和儿媳，从苏州逃来的沈先生的五内弟，然后就是我与‘小树叶’，连上汪和宗整整十口子。这十口子本来包括父子、父女以及公媳两代人，然而五四运动中反封建的猛将杨先生却提议打破辈数。杨先生自任大哥，沈从文先生在老家本来就排行老二，我成为‘三哥’，杨先生的长子为‘四哥’。兆和的小弟寰和自然就排为‘小五哥’。”[③]

10月5日

本日 张兆和收到沈从文9月22日、24日寄出的信后，给沈从文回信，批评他的生活方式：“为什么这时候还租那么大的房子？年内还有四个月，你想不想过怎么支持下去？就算年内挨过，明年你们的事情还能继续么？我想着你那

① 朱国华：《和沈从文一次难忘的会晤》，《星斗其文　赤子其人》，第150—151页，岳麓书社1998年版。

② 萧乾口述　傅光明采访整理：《风雨平生》，第91—92页，北京大学出版社1999年版。

③ 萧乾：《五福堂》，傅光明编《我这两辈子》，第66页，人民日报出版社2007年第2版。关于“五福堂”的情况，可同时参见张寰和的《怀念沈二哥》（收入田伏隆主编《星斗其文　赤子其人》）。

性格便十分担忧，你是到赤手空拳的时候还是十分爱好要面子的，不到最后一个铜子花掉后不肯安心做事。希望你现在生活能从简，一切无谓虚縻应酬更可省略，你无妨告诉人家，你现在不名一文，为什么还要打肿脸充胖子？我这三四年来就为你装胖子装得够苦了。你的面子糊好了，我的面子丢掉了，面子丢掉不要紧，反正里外不讨好，大家都难过。”收入《全集》第18卷。

10月7日　致信张元和。收入《全集》第18卷。

10月25日

本日　张兆和复信沈从文，对两人的生活提出种种建议：“我不喜欢打肿了脸装胖子外面光辉，你有你的本色，不是绅士而冒充绅士总不免勉强，就我们情形能过怎样日子就过怎样日子。我情愿躬持井臼，自己操作不以为苦，只要我们能够适应自己的环境就好了。这一战以后，更不许可我们在不必要的上面有所奢求有所浪费，我们的精力，一面要节省，一面要对新中国尽量贡献，应一扫以前的习惯，切实从内里面做起，不在表面上讲求，不许你再逼我穿高跟鞋烫头发了，不许你用因怕我把一双手弄粗糙为理由而不叫我洗东西做事了，吃的东西无所谓好坏，穿的用的无所谓讲究不讲究，能够活下去已是造化，我们应该怎样来使用这生命而不使他归于无用才好。我希望我们能从这方面努力。一个写作的人，精神在那些琐琐外表的事情上浪费了实在可惜，你有你本来面目，干净的，纯朴的，罩任何种面具都不会合式。你本来是个好人，可惜的给各种不合式的花样给Spoil了……”收入《全集》第18卷。

10月28日　因事到长沙。与杨振声一起为教科书编辑计划事拜访朱自清。

致信沈云麓：“厦门已有敌上陆，浙江方面恐不可免，柴桥若一发生战事，牺牲不可免，六弟责任所在，想能好好作一军人为国捍患御侮也。”收入《全集》第18卷。

10月29日　为梁思成、林徽因事致信沈云麓，希望大哥能够在吃、住、行诸方面为他们提供种种便利。谈及正在前线厮杀的六弟，则认为“分属军人，牺牲所不能辞。就其布置看来，纵在炮火下牺牲，也必能予打击者以打击。子弟兵在历次内战中剿共自残中不消灭，却留下实力来在海边打日本鬼子，也是想不到的事。”收入《全集》第18卷。

11月1日　复沈云麓函。收入《全集》第18卷。

11月5日　给沈云麓汇款20元。

11月6日　为是否南来事复信张兆和。因在流离中连贯收到张兆和不愿南来又“教训”自己的信件，颇有怨气，心生嫌隙：“你即或是因为北平有个关心你，你也同情他的人，只因为这种事不来，故意留在北京，我也不妒忌，不生气。我这些地方顶明白道理，顶明白个人的分际。我近来因为读了些书，读了些关于生理学和人生哲学的书籍，反省自己，忽然产生了些谦卑情绪，对于我们的关系，增加了些义务感觉，减少了些权利感觉。这谦卑到极端时且流于自卑，好像觉得自己一切已过去了，只有责任在身。至于你，人既年轻，还有许多权利可得，虽作了两个孩子的母亲，不为得是报复，只为得是享受，有些人对于你的特殊友谊，能引起你的兴味时，还不妨去注意注意！我不是说笑话，不拘谁爱你或你爱谁，只要是使你得到幸福，我不滥用任何名分妨碍你的幸福。我觉得爱你，但不必需因此拘束你。正因为爱你，若不能够在共同生活上给你幸福，别的方面我的牺牲能成全你幸福时，我准备牺牲。有痛苦，我忍受痛苦。”收入《全集》第18卷。

　　复沈云麓函。收入《全集》第18卷。

11月15日　1935年8月28日致李寒谷信在《几封论写作的信》总题下发表于《文艺季刊》创刊号。本信未收入《全集》。

11月23日　致信张兆和。

11月26日　复沈云麓函，告知沈荃抗日战争中受伤，劝家人不用张皇。“万一有不幸，也不宜过度悲哀，因战事日子还长，死者尽责而死，生者也应尽责求生。国家事大，个人牺牲殊不足道。在前线为国牺牲于直接炮火下者无虑廿万人，间接辗转流离在无可奈何情形中濒于死亡者无虑千万人。得余职责所在，无可避免，亦自然之理也。”收入《全集》第18卷。

12月2日　致信沈云麓。

12月3日　复沈云麓函。收入《全集》第18卷。

12月7日　致信张兆和。

12 月 9 日　致信沈云麓："我们想努力完成所编的书，拿不到钱也编成它。守职即所以爱国，既不能去打仗，尽力作我们的事，也是一法。"收入《全集》第 18 卷。

本日　林徽因致信沈从文，告知已经抵达沅陵。"今天来到沅陵，风景愈来愈妙有时颇疑心有翠翠这种的人物在！沅陵城也极好玩我爱极了。你老兄的房子在小山上非常别致有雅趣，原来你一家子都是敏感的有精致爱好的。我同思成带了两个孩子来找他，意外还见到你的三弟，新从前线回来，他伤已愈可以拐杖走路，他们待我们太好（个个性情都有点像你处）。我们真欢喜极了，都又感到太打扰得他们有点不过意。虽然，有半天工夫在那楼上廊子上坐着谈天，可是我真感到有无限亲切。沅陵的风景，沅陵的城市，同沅陵的人物，在我们心里是一片很完整的记忆，我愿意再回到沅陵一次，无论什么时候，最好当然是打完仗！"[①]

12 月 10 日　致信张兆和。

12 月 11 日

本日　张兆和复信沈从文，对在抗日战争中英勇负伤的沈荃表示"无限敬意"，同时说明不能前去与他会合的难处，"你当时来信责备得我好凶，你完全凭着一时的冲动，殊不知我的不合作到后来反而是同你合作了。"收入《全集》第 18 卷。

12 月 12 日　致信张兆和。

12 月 14 日　致信张兆和。

本日　张兆和致信沈从文，告知苏州家屋毁于炮火的消息，"我们的东西，衣物瓷器不足惜，有两件东西毁了是叫我非常难过的。一是大大的相片，一是婚前你给我的信札，包括第一封你亲手交给我的到住在北京公寓为止的全部，即所谓的情书也者，那些信是我俩生活最有意义的记载，也是将来数百年后人家研究你最好的史料，多美丽，多精彩，多凄凉，多丰富的情感生活记录，一下子全完了，全沦为灰烬！多么无可挽救的损失啊！"收入《全集》第 18 卷。

---

① 林徽因致沈从文（1937 年 12 月 9 日），《林徽因文集 文学卷》，第 341 页，百花文艺出版社 1999 年版。

12 月 15 日　致信张兆和。

12 月 17 日

本日　张兆和致信沈从文，希望他能够体谅家乡兄弟及自己的难处，同时批评沈从文："我是同你在一起受你责难最多的一个人，我希望你凡看一件事情，也应替人想想，用一张口，开阖之间多容易啊，这是说你对日常事物而言，惟其你有这样缺点，你不适宜于写评论文章，想得细，但不周密，见到别人之短，却看不到一己之病，说得多，做得少，所以你写的短评杂论，就以我这不通之人看来，都觉不妥之处太多。以前你还听我的建议，略加修改，近一二年你写小文章简直不叫我看了，你觉得我是'不可与谈'的人，我还有什么可说！不过我觉得你的长处，不在这方面，你放弃了你可以美丽动人小说的精力，把来支离破碎，写这种一撅一撅不痛不痒讽世讥人的短文，未免太可惜。本来可以成功无缝天衣的材料，把来撕得一丝丝一缕缕，看了叫人心疼。"收入《全集》第 18 卷。

12 月 26 日　致信张兆和。

12 月 28 日　致信张兆和。

12 月 30 日　致信张兆和。

十二月中旬　复沈荃函。收入《全集》第 18 卷。

十二月下旬　因武汉大学停办，编辑教科书事暂停，前往长沙暂住。"12 月过长沙时，一个大雪天，就和曹禺等特意过当时八路军特派员办事处，拜访徐特立老先生，问问情形。徐老先生明白告诉我们，'能去的当然欢迎，若有固定工作或别的原因去不了的，就留下做点后方团结工作，也很重要。因为战事不象是三几年能结束，后方团结合作，还值得大大努力，才能得到安定，才能持久作战。'"(《〈散文选译〉序》)

本 年

上半年　为王西彦编定了《夜宿集》，并推荐给商务印书馆出版。同时，给即将毕业的王西彦介绍工作："大概就是给他送去《夜宿集》书稿那一次吧，他问我是不是暑假就要毕业了，接着又问道：‘找到饭碗了没有呢？’看我摇摇头，他就说：‘不要紧，到时候我给你想办法。你知道厦门海边有个集美学校吗？大华侨陈嘉庚出钱办的，很不错。要是你愿意，我介绍你去那里当国文教师，好吗？’看我点点头，他又笑着说：‘你大概没有在海边住过吧？一个人应该在海边住住，多看看海。要是你去集美学校，海就尽够你看的。看久了，你一定会写出一部描写海的小说。’当时我除了感激他的好心关怀，还特别欣赏他对海的爱好，心想这一定和他自已曾经在海边住过有关。”[①]

① 王西彦：《宽厚的人，并非孤寂的作家——关于沈从文的为人和作品》，《长河不尽流》，第107页，湖南文艺出版社2018年版。

民国二十七年　1938 年　37 岁

1 月 11 日　中共中央长江局机关报《新华日报》在汉口创刊。

3 月　23 日　台儿庄战役开始。

3 月 27 日　中华全国文艺界抗敌协会在武汉成立。

4 月 1 日　国民党临时全国代表大会通过《抗战建国纲领》。

5 月 26 日　毛泽东在延安抗日战争研究会上发表演讲《论持久战》。

---

1 月 4 日 《学生下乡》刊发于长沙《力报》，署名沈从文。本文未收入《全集》。兹照录如下：

学生下乡

战事向南发展、长沙地方某一时会成为一个军事区域。年假在即，上万青年学生集聚在这个大都市里，若不设法分散，受空袭之时，损失未免太大，不受空袭，住下来也不必需。因此当局有集中训练，预设经过短期训练后，就把这班青年学生打发乡下去，作救国保家运动。照原则来说，这种计划值得赞美，可是从办法稍加研究，似乎很可商量。

要学生回家容易，要学生把当局计划带到乡下去，一一实行，期望引起良好的作用，并不容易。倘若照一个朋友所说，这些青年朋友回去不特作抗敌宣传，这将充区长、乡长、副乡长、保安队长，结果恐怕不太好。这问题办地方行政的知道，办教育的知道，办党的尤其清清楚楚知道，大家虽明白，到举行这类集中训练时，还是照样作去。实由于大家都是徒有“理想”而不肯承认“事实”，例如教育学生，不注意受过城市教育的学生是什么情形，谈乡村改造，不肯就乡村能改造处着手改造，想获取群众、领导群众，结果且从不会用简单易行方式接近群众。即忽略事实、纵使有详细办法、到应用时当然不合用。更有些计划极抽象，侧重文字的漂亮，举办时不能有好结果，自在意中。

青年朋友把一切事情看得比较简单，这时节下乡运动大致可分作两派：有的勇气勃勃，以为一到家乡就可以放手做事。有的却在心中发生疑问，不知当局用意究竟是要他们“做点事”，还是要他们“回家”？因此有的乐观，有的悲观，乐观或悲观二而一。会去做事将不免到处碰头，劳而少功。这不是预言，不过个人对城市和乡村学生和农民两方面的认识、比较得来一个可能结论罢了！

著者是湘西人，即以湘西情形论，湘西地方除了几个和大水码头接近的县份，人民有点工业社会生活外，其余大多数地方，人民安顿在农村社会状态里，举行一种新政，合办一件事业，大而至于募集粮资、征丁，小而至于出份子办土地会、打波司，想推行得动，办得好，第一条件就是主持得人，主持人必得在那里先使人发生信仰，他信你个人，就能信你要做的事，还信仰大部分建立在个人道德、学问、经历上，并不全在劳动上，负责的想尽责，就必需先得人信仰，试想想，青年学生年幼的还只十四五岁，年长的不会过二十五岁，初初回到家乡去，按照他们平时在城市中所学、所知、所经验，加上一年半的特殊训练，能不能得到家中的老学绅、老农、掌柜老板的尊敬信服。若办不到，要他们去做区长乡长，想在其他方面引起良好作用，能不能走得通，走不通，勉强作去，冲突摩擦不可免，力量浪费到这上面的必多。扩大到将来，十年前旧事或许重演，爱青年朋友者反以害之。吾湘父老贤达，对于过去痛苦记忆，想来未必即已尽忘。

如此说来、青年朋友下乡运动岂不是全无意义。这不是我作这篇文章的意思，我认为下乡运动应该作，但办法得从小处作，平易处作。下乡目的是改造乡村，使乡村适合于当前的需要，在后方抽丁时不规避，在前线不为敌人作汉奸利用，明白国家之所以存在，有何意义，并明白抗战之利益，自卫之必需。要达到这个目的，得遵守一个原则。这原则如下：

下乡教育乡下人时，先得谨慎小心接受乡下另一种良好的教育，下乡作宣传时，所谓宣传不应侧重纯粹说教，宜作为社会服务。

能遵守这个原则，方可望得到好影响，不遵守这个原则，很容易变成官家抗敌的装潢，不特无益，实在有害，害处显而易见，除浪费国币还闹得乡下人鸡犬不宁。若青年朋友个人行为方面少约束，不自然，或急于事功，不择手段，且会引起反感，一切事都办不了。

所谓乡下人良好的教育是勤苦耐劳，诚实俭朴，肯早起，做事负责，无不良嗜好，知敬长尊贤。社会服务态度是遇事热心帮忙，用热枕（忱）取得他人友谊和信赖。这两点从表面看，都极平凡、极小，而且进行收效都比较慢。实际倒是乡下人做事的唯一法门。青年朋友下乡时若能努力做到使多数乡下人得一觉得由城里间来的先生们，不特得懂得城里许多事，而且还懂得乡下事，做人做事又可靠，可信，要办什么自然办得到好。若还一点不注意，只带着一堆油印、石印、铅印、标语口号、行动纲要，以及一种空洞的理想，无节制的热忱，回去作救国保乡运动，结果不是青年人失望，就是乡下人倒霉，到那时时节，再来作补救，恐怕敌寇早已深入，来不及了。

这问题近于技术问题，问题小，可是不特值得青年朋友们三思，还值得目前负责集中训练的当局注意，正因为下乡的需要真正在乡下工作，不如此，人下得了乡，理想计划实在无从下乡。①

1 月 6 日 《拥护领导》发表于《力报》（长沙），署名沈从文。本文未收入全集，当为佚文。兹照录于下：

拥护领袖

沈从文

新年出门，墙壁屋角到处可见各色各式标语，颜色鲜明，词语动人，行路人骈立伫足而观，若有所得，又复匆匆走去。大小商店，顾客进出不绝，其情形令人悲亦令人喜。喜者喜吾人尚能在此过一新年，市面繁荣，较之过去任何一年都好。悲者悲吾人欢迎此新年光景

① 唐东堰：《沈从文佚文三则》，《中国现代文学研究丛刊》2019 年第 3 期。

如此，热闹中实寓凄惨，来日方长，前路不可知，吾人应如何共同来支持此破碎局面？行路人与商店店员，未必能一一想到，纵想到亦未必有何办法！

标语中有“拥护领袖”一语，信仰领袖、服从领袖，可以说已成为多数人天经地义，无可怀疑。正因为目前是战争，对外必需拼全力以求生存，若无信仰、不服从，便毫无前途可言。一切希望既建筑在同心协力抗战上，拥护领袖实在是自然不过的事。可是拥护领袖名词包括得太宽泛，有的是态度，有的是行为。拥护之意相同，办法不必完全相同。商人和兵士，在拥护领袖的目的下，就是一个出钱，一个出力。青年人和老年人又有差别。不特人与人不同，时与地稍经变更，同一人方法也许不同。即以湖南说，前主席何健先生，系湖南人，本省人治本省事，一切情形既熟习，公私利弊十分清楚，有许多事他人都不必说，不便说（尤其是犯忌讳引嫌疑处决不能说），结果在一班正直同乡父老中，缄默便算是拥护领袖最好的表现。可是如今主席位置换了个张先生，人生地不熟，军事方面责任多而重，抽出很少时间来研究湖南、认识湖南，而图改造湖南。一班同乡父老，若依然抱的是缄默态度，地方事应当说的从不开口，就不大像是在拥护领袖，倒仿佛是“不合作”了。试想想，负地方重望，洞明兴革利弊的同乡父老，凡事不合作，作主席的纵存心为湖南办一点事，事将从何作起？若不详究事实，徒抱试它一试的企图，会不会有好影响？事作不好，张先生可用“人地生疏”解释。吾三湘正直父老，眼看着当局注意不到的一切如旧，注意到加以改革的又改革不好，清夜自思，是不是能够心安理得，无疚于心？所以我觉得拥护领袖这句话，在吾湘正直父老，意义应当是对于湖南问题由冷淡不合作转而为异常关心，一变从前缄默态度，坦白公正来一个知无不言，言无不尽，如此才能建造一个新湖南，才真是拥护领袖。

随手举个小例，证明过去由于客气或由于畏难，大家袖手缄口所得的恶果。朱经农先生以专家学者资格，来长湖南教育，办事热心，令人敬服。据一个朋友说道关于某种教费分配时六十余万款项，湘西沅水流域各县分配得四万，人口面积所占全省四分之一，所得数目不到六分之一。当时因为争的是钱，湘西同乡父老不便多说话。朱先生对于湖南地方的情形似乎又不甚熟习，结果就如此妈妈虎虎过去。现在谈湘西问题者，只说湘西地方多匪而教育不发达，那知道在受人视同化外情形下，有多少说不尽的痛心原因！

这，只是一个例。古人说，能自助者方能得人助、得天助。过去一笔旧账不用算、不能算，新来的正多，大家明白湖南之重要，一付担子不特压在作主席作委员的肩头，社会上一切负责者都有分，自会好好来帮一帮管家的忙。所谓真正帮忙，就是使湖南改造问题务必明朗化，一切事都不妨提出来公开讨论，着眼从大处看、永久处看，竭力排除偏见、私欲，和因为苟安畏难而养成的容忍态度，来找方法谋解决。这次抗战，湖南兵士在前线，为拥护领袖，勇敢牺牲得到光荣的成绩；身在后方的，必需有信心，不忘记自己应作的事，以及对事应有的态度，尤其是湘西高年硕德诸同乡，对于湘西将来问题，所负的责任重大。【原载 1938 年 1 月 6 日《力报》（长沙）】

1 月 11 日　致信张兆和。

1 月 20 日

本日　张兆和复信沈从文："来信说，不管我们离得多远，你将为我好好的做人，将为孩子做个好父亲，使他们将来以有你这样一个父亲为荣，听这个话，我心里熨帖极了，我希望你真能做到这样，我希望这不是一句空话，不是一时拿来安慰我的空话。我现在身体很好，精神有时振作，有时又十分萎靡。我不知道你现在置身何所，想到你有那样一个艰苦的旅途，想到你越走越远，我们不知要经过若干时日若干困难始能会面，心中自不免难过。孩子在我身边，身体不会坏（不乱吃东西），习惯不会坏，只是妈妈是个性情太收敛的人，只担心孩子们个性不发扬，怯弱，无能，如同妈妈一样。"收入《全集》第 18 卷。

1 月 31 日　张兆和收到沈从文本月 11 日信，旋即复信："我喜欢听你说到芸庐的种种，庐内主客的种种，以及庐外云山的种种。我又欣喜你有爱写信的习惯，在这种家书抵万金的时代，我应是全北京城最富有的人了。”张兆和信收入《全集》第18卷。

一月中旬　因长沙临时大学有向昆明转移计划，编教科书的办事机构也决定迁往昆明，沈从文带人到沅陵，在大哥新建成的芸庐住了3个月。

一月　请负伤后到长沙的沈荃给朋友们谈亲历的嘉善战事。

2月15日　给沅州失学青年子厚复信。

2月22日　致信张兆和。

2月23日　给子厚的信以《怎样从抗战中训练自己——给沅州一个失学的青年》为题发表于《抗战日报》(长沙)，署名沈从文。文中谈及抗战时期的种种现象，旗帜鲜明地表明了自己在民族危亡的紧要关头的态度：“这现象就证明中国大有希望，纵战败也不会屈服，纵再穷苦也还能进行拟定进行的种种计划，纵社会十分黑暗，也会慢慢转入光明。这光明种子，若说驻防沅陵的一二八师抗敌负伤归来的将士，伤未痊愈即再赴前线的情形说来，益发增加吾人信仰。所以我觉得目前的我们，按原则说不宜悲观，照事实看还必需乐观。我们应当相信，中国青年是能够重造中国的。我们若诚心想把国家弄好，敌人任何猛烈炮火，都压制不住这点民族前进的意志。若我们单看坏处，一味悲观，且以为国家业已如此如此，毫无办法，自己就那么拖拖混混的活下去。作事时则虚张声势，有利益则拼命争夺，每人都挂上十来个名义，究其实一事不干，那就像锅中煮粥，同归糜烂罢了。青年失学的多，这我知道，如今正值政府将教育与战事，学与军，合而为一的时节，失学的若不能再像先前那么读书，我以为应当考入各种军事学校去准备杀敌。如体力性能不适宜入军校，且应当自己教育自己，不拘在什么团体服务，都得要一股热忱，把自己训练得强悍、结实、沉着、而勇于求知服务，更紧要的是忍受打击，不失望，不因之转而堕落。社会要进步，一切进步都包含在这种努力条件中！”收入《全集》第14卷《怎样从抗战中训练自己》集。

2月24日　致信张兆和。

2月25日　致信张兆和。

3月1日　致信张兆和。

3月6日

本日　西南联合大学湘黔滇旅行团到达沅陵。

3月7日　在芸庐设宴招待长沙临时大学赴滇旅行团的闻一多、李继侗、黄钰生诸教授，因大雪，安排他们在芸庐住了5天。1986年4月23日，沈从文接受采访时回忆：“一多和旅行团到沅陵，天下起大雪，无法行进。我那时正回家，就设宴款待他们，老友相会在穷乡僻壤，自有一番热闹。我请一多吃狗肉，他高兴得了不得，直呼‘好吃！好吃！’一条毯子围在双腿，大家吃酒暖身。我哥哥刚刚起了新房，还没油漆，当地人叫它‘芸庐’，我安排一多他们在芸庐住了五天。”[①] 据李继侗回忆：“3月5日发生了‘湘西王’把国民党军校千余学生缴械的情况，大家都很紧张。6至11日，步行团滞留沅陵，经沈从文先生从中穿线沟通，李继侗出面与匪方交涉，留下了买路钱，保证全团安全出湘。”[②]

3月13日

本日　叶圣陶在致夏丏尊等人的信中说：“沈从文居沅陵，来信颇念调孚兄，已答以安然居孤岛。彼为弟致书四川大学朱孟实，劝朱延弟任教，盛意可感。”沈从文致叶圣陶、朱光潜信均已佚。

3月22日

本日　张兆和复沈从文信，信中称：“连日接上月廿二、廿四、廿五、廿九及三月一日各信”，按：信中所说的原信已经不存，但当年无2月29日，当属张兆和误记。又谈及沈从文的用字习惯：“‘其’字你常用错，如‘王树藏还好，萧乾每日逼其写字读英文’，这就错了，因为‘其’字一向作‘他的’解，如‘杨大少爷与其新妇’就对了。我怕你写信给别人也会写错，故而相告，你莫又讥笑我是文法大家啊！”收入《全集》第18卷。

---

① 闻黎明 侯菊坤：《闻一多年谱长编》上，第462页，上海交通大学出版社2014年版。

② 周文业等编著：《清华名师风采》（增补卷）上，第637页，中州古籍出版社2016年版。同时参见吴征镒：《“长征“日记”——由长沙到昆明》，《国立西南联合大学史料》第一册，第66–67页，云南教育出版社1998年版。

3月27日　中华全国文艺界抗敌协会在武汉成立。“老舍先生朗读大会宣言，盛成先生以法语朗读告全世界文艺家书，老向先生朗读向蒋委员长及抗敌将士致敬电，孙师毅先生朗读致日本被压迫作家书，均一致通过。”（《全国文艺界空前大团结》，《新华日报》1938年3月28日）在本次会议上，沈从文和老舍、郭沫若、茅盾、巴金、叶圣陶、曹禺等四十五人当选为“文协”理事。

4月3日　上午，复张兆和函。收入《全集》第18卷。

4月12日　连续发两信给张兆和，在告知自己即将前往昆明时说：“也许半路出了意外（这是乱世极平常的），你记着一件事，不必难受，好好的做个人为是。国家需要你这样，孩子需要你这样，尤其是二哥，盼望你这样。死者完事，生者好好的活。使孩子健康长大，受良好的教育，不堕落，有父亲之刻苦作事，厚道待人，有母亲之明大体，爱清洁，守秩序，这就是成功，也就是做人。忘了我的小毛病，数年来对你的许多麻烦，且忘了我的弱点。应当忘掉的都得忘掉，莫为徒然痛苦所压倒。”在谈及自己的创作时说：“一本《湘行散记》，一本《边城》，一本《新与旧》，一本《废邮存底》，象征卅年生命之沉淀。我预备写一本大书，到昆明必可着手。”两信收入《全集》第18卷。

4月13日　因准备早晨5点30分启程往昆明，晨4时即起床，并赶写致张兆和信一封，谈及沅陵的妓女时写道：“好几次在渡船上见到这种女子，默默的站在船中，不知想些什么，生活是不是在行为以外还有感想，有梦想。谁待得她最好？谁负了心？谁欺她骗她？过去是什么？未来是什么？唉，人生。每个女子就是一个大海，深广宽泛，无边无岸。这小地方据说就有五百正规女子，经营这种事业。这些人倘若能写，会有多少可写的！”收入《全集》第18卷。

4月30日　抵达昆明。后在多封书信中述及初到昆明情形：“半路太累，初到这里气候又太坏，因此一来就流鼻血，发烧到四十度，半个月后方好一点。空气一暖，不知为什么又流起鼻血来了，真是要命。……我们现在的住处名叫青云街，二一七号，离云南大学倒极近。萧乾夫妇，杨先生的少爷小姐，都同住一处。似乎总得想法搬一个家，一时可不容易搬。这地方找书看，似比贵阳还困难，大学图书馆也不多。”（1938年5月30日致蹇先艾）“初到昆明那天，约下午三四点钟，梁思成夫妇就用他的小汽车送我到北门街火药局附近高地，欣赏雨后昆明一碧如洗的远近景物，两人以为比西班牙美丽得多，和我一同认为应当是个发展文化艺术最理想的环境。（过了四十年，我还认为我们设想是合理的）”（1980 年 10 月 15 日复彭荆风）

1946 年，沈从文这样描述初到昆明时的住处：“初到昆明时，事有凑巧，住处即在五省联帅唐蓂赓住宅对面，湖南军人蔡松坡先生住过的一所小房子中。斑驳陆离的墙砖上，有宣统二年建造字样。老式的一楼一底，楼梯已霉腐不堪，走动时便轧轧作声，如打量向每个登楼者有所申诉。大大的砖拱曲尺形长廊，早已倾斜，房东刘先生便因陋就简，在拱廊下加上几个砖柱。院子是个小小土坪，点缀有三人方能合抱的尤加利树两株，二十丈高摇摇树身，细小叶片在微风中绿浪翻银，使人想起树下默不言功的将军冯异，和不忍剪伐的召伯甘棠。瓦檐梁柱和树枝高处，长日可看见松鼠三三五五追逐游戏，院中闲静萧条亦可想象。这房屋的简陋情况，和路东那座美轮美奂以花木亭园著名西南各省的唐公馆，恰作成一奇异的对比。”（《怀昆明》）

四月 在赴昆明的路上，在贵阳与老友蹇先艾相遇。沈从文回忆：“卅八年春赴昆明时，过贵阳，曾过访，彼此似均在壮年，上阳明洞，犹能脚步不停，一气到顶。”（《书赠蹇先艾条幅跋》）

5 月 1 日 在梁思成、林徽因陪同下游览昆明市容。

5 月 30 日 致信蹇先艾。

五月 为教科书办事处租下位于青云街 217 号的房子。

6 月 10 日 复沈云麓函，谈及对家乡的看法：“家乡事最要紧者还是年青的学好，一事不能疏忽，一时不能因循，必切实认真，拼命追上前去，凡好的、有益的、需要的，都极力去想办法，或跟着做，或学着做。同心戮力，帮玉公撑下去，必作到让外人觉得玉公这一伙班子，既能干，又可靠，且非他这伙底班负责不可，再进而求益，方不辜负政府委托，与地方期望。战争或有时会到湘西，组织不良，训练不严，将来恐不易支持，地方终不免为敌人蹂躏也。未来可忧虑者，大家能长在心胸中，则因循敷衍之事，或可一变。”收入《全集》第18卷。

6月14日　在昆明作《谈保守》。

六月　作《谈谈木刻》。

7月1日　《谈保守》刊载于《新动向》半月刊第1卷第2期，署名沈从文。在文章中，沈从文表达了对“信”与“疑”的思考和对中国现状的忧虑、对未来的期望：“大多数人对眼边事从不怀疑，少数人更不敢怀疑。‘疑’既不能在生命上成为一种动力，‘信’亦不能成为生命上一种动力。凡由疑与信两方面刺激人影响人的能力，在四十岁以上的人，似乎因种种相对力量在经验上活动，活动结果是相互抵消，因之产生一种主义，就是无可救药的个人主义。这种自私为己精神用积极方式出现，则表现于公务人员纳贿贪赃作为上，用消极方式出现，则表现于知识分子独善其身苟全乱世生活态度上。……人事既有新陈代谢，当前二十岁上下的青年，就是此后二十年社会负责者。一个文学作者若自觉为教育青年而写作，对于真理正义十分爱重，与其在作品上空作预言，有信仰即可走近天堂，取得其‘信’，不如注入较多理性，指明社会上此可怀疑，彼可怀疑，养成其‘疑’。用明智而产生的疑，来代替由愚昧而保有的信。因疑则问题齐来，因搜求问题分析问题即接近真理。文学理想若必需贴近人生，这样来使用它时，也许容易建设一较健康作风与良好影响。我们需要的真理无它，即全个民族，应当好好的活下去，去掉不可靠的原人迷信，充实以一切合理的知识与技术，支配自然，处置人事，力求进步，使这个民族在任何忧患艰难情形中，还能够站得住，不至于堕落灭亡罢了。认识这种真理需要理性比热情多，实现这种真理需要韧性比勇敢多。……社会需要这种人用韧性来支持他的意见，人类方能进步，有人敢对传统怀疑，且能引起多数人疑其所当疑，将保守与迷信分离（与自私和愚昧分离），这人即为明日之先知。”编者在《编辑后记》中说：“沈从文先生用不着介绍。他的《谈保守》，管保大家喜读。”收入《昆明冬景》（上海文化生活出版社1939年版）。收入《新的文学运动与新的文学观》（云南省经济委员会印刷厂出版1944年），并在《谈保守》文末注明写作和修改时间：廿九年八月作，卅一年九月卅日改。据文化生活社版本收入《全集》第 17 卷《昆明冬景》集。

7 月 3 日 《上海报》从本日起连载《绅士的太太》。署名沈从文。此时上海已经成沦陷区，沈从文也不在上海，此次连载是否征得作者同意，待考。

7 月 7 日 修改《谈保守》。

7 月 23 日 《绅士的太太》在《上海报》连载完毕。

7 月 27 日 朱自清来访。

7 月 28 日 致信张兆和，催促她及早来昆明，谈及正在创作的《长河》时说："我用的是辰河地方作故事背景，写橘园，以及附属于橘园生活的村民，如何活；如何活不下去，如何变；如何变成另外一种人。预备写六万字。"收入《全集》第 18 卷。

7 月 29 日 晚，写信给张兆和，未完。

7 月 30 日 早晨，继续昨天未完的书信，谈及彼此对工作、生活的态度时说："据我个人意思，不管又学什么，一天到晚都不会够，永远不离开工作，也不会倦。可是我倒反而成为病态了，正因为大家不觉得必须如此，我就成为反常行为。翟明德视为有神经病，你有时也觉得麻烦，尤其是在作事时不想吃饭，不想洗脸，不想换衣，这一类琐事真够麻烦。你可忘了生命若缺少这点东西，万千一律，有什么趣味可言。世界就是这种'发狂'的人造成的，一切最高的纪录，没有它都不会产生。你觉得这是在'忍受'，我需要的却是'了解'。…… 近来看一本《变态心理学》，明白凡笔下能在自己以外写出另一人另一社会种种，就必然得把神经系统效率重造重安排，作到适于那个人那个社会的反应，——自己呢，完全是'神经病'。是笑话也是真话，有时也应当为这种人为的神经病状态自悼，因为人不能永远写作，总还得有平常人与人往来生活等等，可是我把这一套必须方式也改变了。表面上我还不至于为人称为'怪物'，事实上我却从不能在泛泛往来上得到快乐。也不能在荣誉、衣物，或社会地位上得到快乐。"收入《全集》第 18 卷。

下午 7 时，致信张兆和，这是本日写的第二信。收入《全集》第 18 卷。

七月下旬 开始创作长篇小说《长河》。

8月2日　下午，复张兆和函，谈及自己的文物收藏："我们若当真在北方住上十年，我的收藏倒真可成一格，能印出书来必成为一本很有价值的书。现在已不可能了。我拟在无事时写一本忆盘录，顶新方法来写它，每个盘子成为一个故事。"收入《全集》第18卷。

8月4日　散文《谈进步》分三期刊载于《星岛日报·星座》第4、5、6期，署名沈从文。收入《全集》第16卷《术艺刍言》集。

8月5日　致信张兆和。张兆和的复信中说："得萧三哥转来你八月五日的信，知道文件已办好寄香港，你一定日日盼望我们来，在车站接我们，一定有许多信寄过香港了。可是我们还安然不动，要在下月底动身，为时尚有一月，我知道你得到这消息一定很生气，责怪我不要紧，希望你自己莫生气，我要你不生气。"沈从文原信佚失。张兆和复信作为附录收入《全集》第18卷。

8月7日　长篇小说《长河》开始在《星岛日报·星座》上连载，署名沈从文，至11月19日连载完毕。后经作者修改，交由昆明文聚社出版。后据文聚社版本收入《全集》第10卷。

8月13日　散文《湘西》开始在香港《大公报·文艺》第395期连载，至本年11月17日《大公报·文艺》第442期分四十三次连载完毕，署名沈从文。编者在文前按语中说："凡曾读过《边城》的，都知道湘西是沈从文先生的故乡，也是他大部分作品的背景。那里不但是天产丰富，人情淳朴，兼有大江南北的绮丽与雄壮，且为苗汉杂居的地方。当此 × 人步步深入的时候，湘西无疑将成为不容忽视的后方重镇了。若想深切地认识一个地方，一本最详细的地理也难避免肤浅与错误，惟有生育在那块土地上的人方能把握它的灵魂。我们鉴于湘西在抗战中的重要性日益增加，为使国人对这后方重镇取得一份亲切认识，特请沈先生为我们写一篇关于湘西各方面的介绍，逐日发表。作者早年随军队或税局，走过湘西各处，读过他《湘行散记》的人们，都禁不住诧异他对这地方那么熟稔，他记得清每一座山村的节气，摸过每一条小溪的□流。他的《自传》是一个详尽答案。作者去冬曾返故乡一行，看到了抗战时期的湘西。这里出现在他笔下的，不仅是诗意的湘西，富裕的湘西，而且还是生气勃勃的湘西。”收入《全集》第11卷《湘西》集。

8月14日　连写两信，一封致张兆和，一封致尚不能识字的沈龙朱，实际上也是给张兆和看的，为她不能决意南来而生气。二信均收入《全集》第18卷。

8月19日　致信张兆和，这封信对了解沈从文此时的情绪、生活观有重要作用：“你的迁延游移，对我这里所有的影响是什么事也不能作，纵作也不会好。这样下去自然受不了。所以我现在同你来商量，你想来，就上路；不愿意来，就说‘不来’（不必说什么理由，我明白理由）。”信中同时告诉张兆和：“我把住处已整理得很好了，窄而小，可是来个客坐下时很舒适。两个长篇已开始载出，一个八月十三日起始，一个八月七号起始。我想想，我这个人在生活上恐怕得永远失败了，弄不出什么好成绩了，对家人，朋友，都不容易令人如何满意（即或我对此十分努力也是徒然），我的唯一成就，或者还是一些篇幅不大的小册子。我的理想，我的友谊，我的热情，我的智慧，也只能用在这一堆小册子上。即如这些作品，所谓最好的读者，也不会对之有多少认识，不过见着它在社会上存在，俨然特殊的存在，就发生一点兴味罢了。真正说来倒是孑然孤立存在到这个世界上，倏然而来悠然而去，对这个流俗趣味支配一切的世界是不生多大影响的。想到这里，我毫无悲伤情绪。我正在学习古来所谓哲人，虽活在世界上，却如何将精神加以培养，爱憎与世俗分离，独立阅世处世的态度。学认识自己，控制自己，为的是便于观察人生，了解人生。自己作到不忧，不乐，不惧，不私地步，看一切就清楚许多。目前还不免常有所蔽，学养不到家，因此易为勃圄。在作品上能表现‘明察’，还不能表现‘伟大’，再经过一些试练——一些痛苦的教训，一种努力，会不同点，间或也不免为一些人事上的幻念所苦，似乎忍受不来，驾驭不住，可是一切慢慢的都会弄好的。譬如你即或要离我他去，我也会用理性管制自己，依然好好的作事做人，且继续我对孩子应负的责任。在任何情绪下我将学习‘不责人‘的生活观。不轻于责人，却严以律己，将自己生活情感合理化，如此活在这个社会中，对于个人虽很容易吃亏，对于人类说不足可望有一点不大不小的贡献。”收入《全集》第18卷。

8月20日

本日　《星岛日报》刊登启事："十八日《长河》篇内'四'字系误排，仍系第三章内文字。又十一日篇首，漏第二章之'二'字。合即声明，祈读者见谅。"

9月6日

本日　《星岛日报》星座副刊发布编者启事："《星座》连载长篇小说《长河》，因航邮中断，未能按时寄到，因而暂停。近数日连接读者来函三十余通见询，特再声明：一俟续稿寄到，即行继续刊载。"

9月7日　《谈进步》作为"特约论著"发表于《文艺季刊》第1卷第3期，署名沈从文。这是本文的第二次发表。收入《全集》第16卷《术艺刍言》集。

9月8日　作论文《谈朗诵诗》。

9月20日　拜访朱自清，谈及自己刚从延安回来的朋友事。关于此次拜访，朱自清日记中曾有如下记载："他的一位友人刚从红都归来。此君系一热情奔放的共产主义者，但他看到了中国共产党的弱点，他们没有专家，甚至连军火专家也没有。整个组织的核心较弱。最大的问题是缺乏知识，党外人士去而复回，因不论他们的名望和经历如何，都得受党内日常训练。"①

9月21日　下午，朱自清来访。与杨振声、朱自清一起商定教科书目录。

9月23日　朱自清来，并在这里写了《诗经概论》二段。

9月26日　散文《读书随笔》发表于《星岛日报·星座》，署名朱张。本文未收入沈从文任何作品集，未收入《全集》。文章虽短，对理解沈从文的读书和思考有重要作用。兹照录如下：

读书随笔

朱张

读佐拉小说*Madame Neigeon*，东亚病夫译《乃雄夫人》，写一"乡下老"青年，对巴黎社会毫无经验，心怀幻想，初初接近社交时，就碰着几个女人。对佩德与罗薏尤倾心。两女人视之为小雏儿，各利

① 朱自清：《日记 上》，《朱自清全集》第9卷，第552页，江苏教育出版社1997年版。

用其青年人对于女子情感上的弱点，代为丈夫运动议员。于是处处给以小便宜，奖励其向前，煽发其心中火焰。罗薏丈夫当选议员后，这乡下老不明轻重，对罗薏有所表示，却被所倾心之巴黎妇人，貌作庄重，加以拒绝。并好好教训一顿。正所谓“乡下老”与“老巴黎”对面，一场自然悲剧是也。

故事虽是法国人写给法国人看的，其实放在当前中国场所，倒有许多相合。贵妇人的荒淫无耻处，事情极多，难于记载。某种有教养的中产阶级女子，对于具有乡下老精神之男子，用“老巴黎”方式卖弄风情时，更多极相似地方。

具有乃雄夫人（罗薏）风格的女子既随处可见，乡下老吃亏之事，因此书不胜书。间或有一二人不肯吃亏，自然也有可恼及中国产的乃雄夫人。此即所谓“战争”。人世中无处无时无战争。可惜的是大多数人都注意到另外一种战争去了，这种战争极少注意。

读法郎士《红百合》，俨然看到一些法郎士所说的“开花似的微笑，燃烧似的眼光”女子。这些女子且真“洁净如同水壶”。这里那里，无处不存在。肉体的造形，艳丽同完整，精妙之处，不胜形容。然而这些肉体中的灵魂，却很少是有光辉的。大多数所有的是一百磅左右的一具肉体罢了。因为中国的社会，适宜于生产这种女子。

分量一百磅左右的一具肉体，此外，加上一件亵衣，一件衬衣，一件罩衣，一个钱筐，一双鞋子，一枚戒指，合拢来就是一个名媛。不拘属谁，从言笑中与呻吟中，灵魂终是黯然无光的。不拘有如何教养，表有多少不同，内容是一样的。

肉体也依然极可珍贵，造形的完整即可崇拜与赞赏。精美的肉体，犹如芳春及时的花，新从树枝上采摘的果。大多数时髦妇女，却什么都说不上。肉体照例是不完整的，有毛病的，歪的，扁的，不成形的。

这种妇人能够在社会中称为“名媛”，只为的是父亲或丈夫在社会上有钱或有权。《旧约》上《耶米利书》中，诅詈这种名媛的话语，

极有意思，

你虽穿上朱红衣服，佩带黄金装饰，用颜料修饰眼目，这样标致，是枉然的。

你还是有娼妓之脸，不顾羞耻。

并且你的衣襟上有无辜的穷人的血。你杀他们，并不是遇见他们挖窟窿，乃是因这一切事。

许多名媛若将上述诅咒相加，转而成为颂歌。因为这些名媛纵极端修饰，却并不标致。即属娼妇型，却伪作贞洁，如不可干犯。虽做过许多不顾羞耻之事，却并不认识情欲之美，如《红百合》一书中女主角海德司其人。①

9月28日　《谈保守》（上）发表于《星岛日报》星座第59期，署名沈从文。这是本文的第二次刊发。

9月29日　散文《梦和呓》发表于《大公报·文艺》第417期，署名朱张。本文后与发表于1940年8月17日《大公报·文艺》的《生命》合并，并调整段落次序，文字亦有增删，收入《烛虚》（上海文化生活出版社1941年版）。后来作者又将《长庚》《生命》《梦和呓》三文合并、修改，以总题《长庚》收入《新的文学运动与新的文学观》（云南省经济委员会印刷厂1944年版）。据文化生活社版收入《全集》第12卷《烛虚》集。

《谈保守》（下）续刊于《星岛日报》星座第60期，署名沈从文。

10月1日　《谈朗诵诗》开始在香港《星岛日报·星座》连载，署名沈从文。收入《昆明冬景》（上海文化生活出版社1939年版）。经作者修改，收入《新的文学运动与新的文学观》（云南省经济委员会印刷厂1944年版），并在《谈朗诵诗》文末注明：廿七年十月作，卅一年十月改。据文化生活出版社版本收入《沈从文全集》第17卷《昆明冬景》集。

10月13日　《知识阶级应反省》发表于《云南日报》，署名沈从文。本文未收入《全集》。

---

① 引自裴春芳：《沈从文小说诗歌拾遗》，《经典的诞生》，第131—133页，社会科学文献出版社2014年版。

本日 《吴宓日记》载："前闻昆明人士之惊慌，极不以为然。而颇赞同《云南日报》中沈从文《知识阶级应反省》一文，宓作《离蒙自赴昆明》诗，末二句，即言此意也。"[①] 吴宓《离蒙自赴昆明》全诗如下："半载安居又上车，青山绿水点红花。群飞漫道三迁苦，苟活终知百愿赊。坐看西南天地窄，心伤宇宙毒魔加。死生小已应由命，翻笑庸愚作计差。"

10 月 15 日 《谈朗诵诗》在香港《星岛日报·星座》连载完毕。

10 月 20 日 朱自清邀请沈从文、杨振声一起用餐，因事未成。

10 月 23 日 参加《云南日报》社组织的晚餐会，与朱自清谈及"广州陷落"的消息，"告芝生，彼不相信，引'一个北平人'的话，责备云南的知识分子没有信心。"[②]

10 月 25 日 下午赴林同济组织的茶点会，"谈西北事，6 时三刻出"，同会者有顾颉刚、王化成、丁佶等人。[③]

十月 张兆和携沈龙朱、沈虎雏与沈岳萌一起逃离北平，绕道香港前往昆明。

11 月 4 日 晚上，九妹岳萌、张兆和及龙朱、虎雏抵达昆明。

11 月 5 日 致信沈云麓，告知张兆和母子平安抵达昆明的消息，"住处因把办事地方移到外边楼上，他们住中院，大小两间房子，一个小小客厅，还对付得去。"收入《全集》第 18 卷。

11 月 9 日

本日 《云南民国日报》报道了西南联合大学音乐歌舞游艺大会的盛况，其中提及沈从文赠联大同学的一句话："平津学生爱国活动是常态，消沉是变态……愿年轻朋友用一个崭新的作风爱国和做人。"

11 月 15 日 从朱自清处借款 100 元。

杂文《给青年朋友》刊发于《新动向》第 1 卷第 10 期，署名沈从文。沈从文针对大学生军训中表现出来的问题，这样论及个人与国家的关系："个人

---

① 吴宓：《吴宓日记》第 6 卷，第 362 页，三联书店 1998 年版。

② 朱自清：《日记 上》，《朱自清全集》第 9 卷，第 556 页，江苏教育出版社 1997 年版。

③ 参见顾颉刚：《顾颉刚日记》第 4 卷，第 152—153 页，联经出版事业股份有限公司 2007 年版。

与国家的关系，个人对于国家应负的责任，是视需要随时变迁的。即如说‘战争’，过去军阀时代的争夺内讧，我们处于一个旁观者情形下，不合作，不过问，事办得到。现在如果有什么人，还想凭借武力来推翻当前政府，我们就不会坐视国家统一的破裂，甘心重新陷入割据混乱的局面，为维持安定和统一，对于内战我们必会极力想法避免。到无可避免时，也要想方设法直接间接来制止它，消灭它。至于战争若系完全对外，对方又是一个凶狠横蛮的民族，五十年来处心积虑，用尽各种鬼蜮伎俩，豪夺巧取，侵略我领土，削弱我民族生存能力，想慢慢毁灭我整个中国整个中华民族，我们因图自卫自存而战，这战争，当然人人有分！”而当前情况下，“一部分大学生，活下来实在不知为什么活。对生存竟像是毫无目的可言。行为是呆呆的，脑子是木木的。既少严肃，也不活泼。任何好书都不能扩大他的想象，淘深他的感情。任何严重事实也不能刺激他的神经，兴奋他的正义感。归究说来，这些人活下来传世诀，竟仅有一个混字，考学校时混及格，入学校后混毕业，出了学校到社会上讨生活，还是混。自发进取心毫无，对国家改造的雄心与大愿更极端缺乏。”面对这种现实，沈从文提出了自己对青年人的期望：“若人人都能律己自重，都具有“天下为己任”的仁爱雄强作人精神，都肯改造自己，在某种生活态度上简朴单纯，爱秩序，守纪律，完全如一个大兵，明日的一切情形会与现状不同许多。我盼望有这种青年朋友，且相信有这种青年朋友，从本身起始来努力，作一个人，作一个中国当前所需要的国民。先在生活态度上，建立一个标准，一种模范，由此出发，再说爱国，救国，建国。”收入《全集》第 14 卷《怎样从抗战中训练自己》集。

11 月 16 日　致信沈云麓，谈及负伤的沈荃时说，“我倒很希望他来，谈谈这一年战争，要兆和同九妹记下来，我一定能够写成一本极有意义的书。”收入《全集》第 18 卷。

11 月 17 日　散文《湘西》的最后一部分《苗民问题》在香港《大公报 · 文艺》第 442 期连载完毕，署名沈从文。至此，《湘西》共在《大公报》刊载四十三次。1939 年，由商务印书馆出版单行本。1944 年由开明书店出版时，有一副题：“沅水流域识小录”。据开明版收入《全集》第 11 卷《湘西》集。

12 月 10 日　顾颉刚来访，请沈从文为《边疆》书眉。

12 月 12 日　据朱自清日记：“赴沈的晚餐会，遇蔡元培先生的女婿柳先生。他的文化修养似不很高。”①

本日　国立西南联合大学师范学院正式成立。

12 月 13 日　借给朱自清 750 元。

12 月 26 日　晚，与张兆和一起出席陆侃如夫妇在厚德福举办的宴会，除主人夫妇外，同席者尚有徐炳昶、朱自清、杨振声、傅斯年、顾颉刚等人。

12 月 28 日　出席“文协”云南分会宴请茅盾的晚宴。据茅盾回忆，“二十八日晚上出席文协云南分会为我‘洗尘’的晚宴，又见到了朱自清、沈从文等朋友。”②

12 月 30 日　致信沈云麓。收入《全集》第 18 卷。

本 年

年末　全家从暂住的办事处青云街 217 号房屋迁出，搬入位于北门街的蔡锷将军旧居居住。

本年　松枝茂夫翻译的日译本《边城》由东京改造社出版。

---

① 朱自清：《日记 上》，《朱自清全集》第 9 卷，第 563 页，江苏教育出版社 1997 年版。

② 茅盾：《我走过的道路》下，第 84 页，人民文学出版社 1988 年版。

民国二十八年 1939 38岁

2月7日 国防最高委员会在重庆成立，蒋介石任委员长。

3月11日 国民政府设立精神总动员会，开展“国民精神总动员运动”。

4月5日 中共中央发布《中共中央关于精神总动员的指示》。

8月28日 汪精卫在上海召开伪中国国民党第六次全国代表大会。

9月14日 日军进攻长沙，第一次长沙会战开始。

12月30日 汪精卫与日本代表签订卖国的“日汪密约”。

1月1日 《今日评论》创刊，该刊为周刊，每逢周日出版。沈从文参加了该刊文艺稿件的编辑工作。

1月8日 散文《湘西题记》刊载于《今日评论》第1卷第2期，署名沈从文。后经作者修改，收入《湘西》（商务印书馆1939年版）单行本。据初刊本收入《新的文学运动与新的文学观》（云南省经济委员会印刷厂1944年版）。后收入《湘西》（开明书店1944年版）。据开明版收入《全集》第11卷《湘西》集。

本日 中华全国文艺界抗敌协会云南分会第4次会员大会在昆华民众教育馆桂香楼召开，改选第2届理事，“穆木天、朱自清、施蛰存、沈从文、冯素陶、楚图南、杨季生、顾颉刚、彭慧、陆晶清、徐炳昶等27人当选为理事，雷溅波、冯至、谢冰心等13人当选为候补理事。会议决定改名为中华全国文艺界抗敌协会昆明分会。”①

1月11日 看望刚到达昆明不久的冯至，并送去《今日评论》。（冯至：《昆明日记》）据冯姚平回忆，“1938年底，我们到达昆明，1月11日沈伯伯就来看父亲。那时父亲在同济大学任教授兼附设高级中学暨德语补习班主任。繁琐的行政，复杂的人事使他腻烦透了这个‘兼职’，一心想找个只教书不管行政的地方。他把这个心思告诉沈伯伯。沈伯伯回去马上告诉了同住的杨伯伯。杨伯

---

① 参见范泉主编的《中国现代文学社团流派辞典》“中华全国文艺界抗敌协会昆明分会”条，该书第111页，上海书店1993年版。

伯立即写信给乐山武汉大学的陈通伯和朱光潜，介绍父亲去教书。”[①]

1月13日　张宗和到达昆明，住在沈从文家。据张宗和致孙凤竹信：“青云街是从文四姐他们办公的地方，就是在离这儿不远的美国领事馆边上。我一进去他们都很奇怪，但是他们已经知道我要来的，因为耀平曾有封航空信给我。……三姐也和以前一样，小龙朱虎雏都很好玩，龙朱马上就熟了，一见面不知道那样多的话，也不知从哪里说起好，行李也没有去拿，一直讲到晚上9点多钟才回瑗街来睡觉。”[②]

1月18日　冯至来访。“晚至北门街四十五号从文处晤杨今甫见陈通伯及朱孟实来信决定赴武大。”（冯至：《昆明日记》）

1月21日　请朱自清赴宴，因朱另外有约，未成。

1月22日　《一般或特殊》发表于《今日评论》第1卷第4期，署名沈从文。沈从文在文章中请人们注意那些远离战争宣传的另外一些作家：“这些人好像很沉默，很冷静，远离了‘宣传’空气，远离了‘文化人’身分，同时也远离了那种战争的浪漫情绪，或用一个平常人资格，从炮火下去实实在在讨生活，或作社会服务性质，到战区前方后方，学习人生。或更抱负一种雄心与大愿，向历史和科学中追究分析这个民族的过去当前种种因果。这几种人的行为，从表面看来，都缺少对于战争的装点性，缺少英雄性。然而他们工作却相同，真正贴近着战争。目的只一个，对于中华民族的优劣，作更深的探讨，更亲切的体认，便于另一时用文字来说明它，保存它。他们不在当前的成功，因缘时会一变而为统治者或指导者，部长或参政员。只重在尽职，尽一个中国国民身当国家存亡忧患之际所能尽的本分。他们在沉默中所需要的坚忍毅力，和最前线的兵士品德，完全一致。这种人和‘文化人’比起来，在当前是个‘少数’。”后收入《昆明冬景》（文化生活出版社1939年版）。收入《新的文学运动与新的文学观》（云南省经济委员会印刷厂1944年版）时改题《谈宣传》，有修改，文末有：载于《今日评论》，卅一年九月改正。据文化生活社版本收入《全集》

---

① 冯姚平：《霁清轩之夏》，江丕栋等编《老北大宿舍纪事（1946—1952）：中老胡同三十二号》，第186页，北京大学出版社2011年版。

② 1939年1月14日张宗和致孙凤竹，《秋灯忆语》，第96页，人民文学出版社2013年版。

第 17 卷《昆明冬景》集。

1 月 29 日　中午，冯至在金碧咖啡座请客，沈从文出席，同席者有毛子水、陈铨、杨今甫。（冯至：《昆明日记》）

2 月 5 日　张宗和与孙凤竹举行婚礼，婚礼结束后到位于北门街 45 号沈从文家。

据张宗和《秋灯忆语》："晚上大家一同回到北门街 45 号，三姐他们的家里，因为旅馆里找不到房间，临时把四姐的房布置一下，就算我们的新房。又买了一盏大红纱灯罩，套在电灯上，桌上点着大大小小的红蜡烛，窗子上也是红玻璃纸，床上也是红被面，倒也像个新房。到房里来坐的客人，大多是会唱昆曲的，和爱好昆曲的师友。如朱自清，浦江青诸先生，陶兄等。我吹笛子，一直玩到十二点之后，客人才散去。"①

2 月 6 日　散文《昆明冬景》发表于香港《大公报 · 文艺》第 522 号，署名上官碧。收入《昆明冬景》（文化生活出版社 1939 年版）。收入《全集》第 17 卷《昆明冬景》集。

2 月 20 日　致信沈云麓，谈及对中国现状的理解："中国情形可悲者或不是战事胜败，当是内部永远无法一切合理化，有关于积习冲突矛盾者太多，无事不成为进步障碍，内部虽团结不分裂，但并无多大进步，人力难望发挥，正如湘西一区域问题之放大，困难不在敌人之来不来，实在凡可以增加效率诸事，总尚弄不到凡事恰如理想，恰可望照计划一步一步进行。"收入《全集》第 18 卷。

3 月 2 日　复沈云麓函。收入《全集》第 18 卷。

3 月 10 日　致信徐芳。收入《沈从文全集 · 补遗卷 3》。

3 月 20 日　沈从文发表于《今日评论》的《一般或特殊》被《时代文选》创刊号转载。

① 张宗和：《秋灯忆语》，第 29—30 页，人民文学出版社 2013 年版。

3 月 21 日　沈荃来信告知沈从文未能当选湖南省参议院议员，旋即复函沈荃："我参会无名，很好，因此事在初得云六来信通知当选时，即有信说，恐徒作挂名差事，公私无补，不如让贤，成就他人。至云湘西名额甚少，此或家乡中人'作风'所致，因历来只知军事，对政治不当行。湘西人才实不少，不知好好运用，一部分搁置，一部分反为人用，亦无可奈何之事也。我自始至终总觉得要有转机，必学广西，别无更好之路可走。玉公学李、白之苦干，容易办到，目前尚应学李、白如何改造下层，组织群众，为国家用，为地方用！旧习未除，基础不能在一坚固磐石上生根，以言剿匪，——岂不是枝枝节节，顾此失彼？最近听一麻阳老先生，并一外路人，比较明白家乡内情形者，言及许多事情，很觉痛苦。因一切理想计划，似乎一与实际对面，即归消灭，变成具文。大家虽认真做下去，事实上还近乎拖下去，将来事依然惟天知道，人力竟不能过问也。"收入《全集》第 18 卷。

3 月 22 日　复沈云麓函，谈及湘西政事，颇为忧虑："家乡督剿土匪，三月之期将届，闻依然此窜彼扰，未能肃清，长此下去，实令人忧心。因地方如至今犹未能安定，不特是家乡人责任，亦家乡人之羞耻也。过去为外来人负责，犹可说袖手旁观，不便有所主张，今则地方数十县，统归支配，将近一年，盗匪转多，虽云事多困难，恐亦有人力不尽处，目前能苟安，将来终非远计也。……见他人之努力为国，积学深思，想家乡中人，聪明能干处，用不得当，永远自甘闭关自守，自守不成，惟事拖混，对照之下，深觉难过。"收入《全集》第 18 卷。

参加长沙临时大学由长沙至昆明步行团的林蒲根据沿途见闻写作的《湘江上》本日发表于香港《大公报·文艺》第 559 期，萧乾还在文前加写了编者按语。沈从文看过报纸后，"便约我谈话。从那时起，我深深感到和沈先生谈话，真有如久旱的禾苗逢甘雨一般生机盎然。从此，我成了沈先生寓所的常客。在二楼上，沈先生有满满一橱他自己所写的作品。我如饥似渴地一本一本借来看，不仅如此，还把沈先生自己校正的错字及眉批抄存了一大册。大约自 1938 年到 1948 年 10 年间，我和沈先生有过无数次的面谈，到了贵阳花溪后，我与沈先生每周约有二三次书信交往，沈先生给我写了不少单条、对联。”[①]

3月30日 下午，邀请冯至、钱锺书、萧乾等人在家中茶叙，后吴宓偕林同济、梁宗岱来访。据吴宓日记载，“四点陪梁宗岱访林同济夫妇，旋同岱、济至青云街一六九宅访沈从文。适邀友茶叙，有萧乾、冯至、钱锺书、顾宪良、傅雷等。众肆谈至7：00始散。”[②]

三月 杨振声所领导的国文教科书编辑工作告一段落，所编教材呈送教育部。由梁实秋等另编适合战时需要的教材。

4月1日 下午，应冯至邀请至其家里喝咖啡，客人还有梁宗岱、滕固、萧乾、鲍尔、林同济。（冯至：《昆明日记》）

4月9日 晚上与杨振声一起宴请朱自清、吴有训等人。

4月10日 中华全国文艺界抗敌协会组织部撰写的《组织概况》发表于《抗战文艺》第4卷第1期，涉及沈从文所在的昆明抗敌分会：“昆明分会系由该地‘文艺工作者抗敌座谈会’的原有组织，自动向总会请求列入分会之一，经由总会理事会通过而成立。（因该项组织系先总会而成立。）自去年武汉疏散，总会因常务理事穆木天同志赴昆明之便，即委托随时参加指导，使昆明分会的组织，益臻于健全。从会员七十余人中，选出张克诚，刘惠之，杨季生等为常务理事，冯素陶，庸登岷，彭慧，李剑秋，宋昉等为理事，主持一切日常工作。总会并请在昆明的总会理事朱自清，沈从文，施蛰存等常常出席指导。《文化岗位半月刊》，为分会的定期刊，常有座谈会，研究会之召集，讨论关于抗战文艺的中心问题。”

4月16日 致信沈荃。收入《全集》第18卷。

4月18日 国民政府发布命令：沈从文当选湖南省临时参议会参议员。

4月20日 致信沈云麓。收入《全集》第18卷。

本日 《申报》第三版刊登了中央社重庆18日电讯，《临时参议会参议员湘粤

---

① 林蒲：《沈从文先生散忆》，北京大学校友联络处编《笳吹弦诵情弥切》，第112—113页，中国文史出版社1988年版。

② 吴宓：《吴宓日记》第7册，第14页，三联书店1998年版。

两省分别选定 国府明令公布名单》，沈从文为湖南省临时参议会参议员。同日的《申报》在第四版上刊登了《命令》全文。

4 月 29 日　致信沈荃，鼓励自己的弟弟："除非万不得已，总以大处着眼，不生小气，莫轻言离开。因地方事终需人负责任，耐劳苦，他日方有办法也。求进步之举，照例容易与二三浅见寡识者主旨多冲突，然为远大利益计，凡属家乡中自私自利打算，务必想法压下，更想法给彼等输入一国家高于一切观念，才是道理。放手不问，坐视地方糜烂，将来不受敌人蹂躏，亦为家乡不肖子弟破坏，就良心言，恐亦不能独善其身，无疚于心也。"收入《全集》第 18 卷。

四月下旬　复沈荃函，谈及家乡的老行伍时颇为忧虑："战争未到湘西，彼等已极端妨碍国家大计，战争若到湘西，万一为敌利用，为害之大，不言可知。……地方糜烂，犹复可说，若湘西无知妄人，唯利是视，将来为敌所用，背千载骂名，未免令人痛心！"收入《全集》第 18 卷。

5 月 1 日　作《五四节谈谈报纸副刊》。

5 月 4 日　在昆明《益世报》第 4 版"五四廿周年纪念特刊"发表《五四节谈谈报纸副刊》，署名沈从文。这篇文章是沈从文副刊理念的集中体现，未收入《全集》，兹将全文照录如下：

五四节谈谈报纸副刊

沈从文

说及五四时，很自然使人想起北平报纸上的副刊。何以故？因为五四运动的发展，和报纸副刊的发展似二而一，不可分开。五四运动主要的表现，是一群读书人或于国家情形严重，带一点政治运动性，参预□事，先用集群力量，取抗议方式，因二三负责当局，无所行动。其次靠文字力量，用攻击精神，对一切过去当前问题，表示意见。前者影响到此后中国政治方面作用大，后者影响到此后社会问题，男女关系，文学艺术作用大。就前者言，可说它有利有弊，二十年来国内的纠纷，流血十余省，直接死亡壮丁不下一百万，间接牺牲，目必更大，那一次内战，不用的是为"民"为"国"好名义！

"群众"作成了少数人的英雄事业与荣誉，促进了社会新陈代谢作用，同时也就弄得国家元气大丧！群众死于内战，白骨成土成灰，财富消耗于炮火中的，实在不能用数目计。且因内争，致外侮更在为因果。想运用群众名义，作政治争夺工具，妨碍国家进步，破坏国家统一，直到如今，还大有其人！（这自然仅仅从恶影响而言。）若从好处看来，国家得有今天这种局面，能总合有力各党各派于一个政府，一个主义，一个目的下，和东邻强敌抗战两年，尚不至于分裂崩溃。虽失地近十省，重要城市，商埠，大都陷落于敌人手中，全国民气尚如此健旺，如此团结。作战的武力不特不减少，且在质和量上都反而比战前大有进步，对敌人尚能取攻式，使敌人疲于奔命，无所措置手足。敌人虽想尽办法，在政治上利用伪组织出面，分化中国，还是劳而无功。在军事上利用伪军，依然失败，凡此一切，追本溯源，实无一不是五四运动立下的根基。至于五四对于后世的影响，对于社会革新，男女解放，文学艺术种种重要行进推动力量，生于这个新旧交替时代的人，自不能不承认它进步异常大、异常多、异常快。我们今天的一切乐观处，这乐观的基础，就建设在五四运动上面，尤其是五四运动文字的表现上面，当时在北方用文字活动的，主要刊物有《新潮》，《努力》，这两个定期刊物影响虽然大，可是不久都停顿了。真正作用的破坏和新的建设工作，且对于这工作维持一个较长时期的，实在应当数《晨报副刊》。这张报纸当时能风行国内，就全靠这个副刊。在北方出版的文学周刊一个榜样。由五四到民十四的重要作家，差不多都和这刊物有相当关系。就团体说，新潮社一群作家，文学研究会一部分作家，新月社一群作家，此外狂飚社，未名社，语丝社……无不发源于晨副。就个人说，梁任公，胡适之，陶孟和，陈衡哲，陈西滢，刘半农，张君劢，丁文江，张东荪，瞿秋白，周作人，鲁迅，徐志摩，王统照，落华生，余上沅，闻一多，赵太侔……无一不是把一部分重要作品在这个刊物上与读者见面。罗素，杜威，孟禄，爱罗先珂，山额尔夫人等等的思想作品，是由这个刊物的介绍的。论争如科学与玄学之战，有这么多文章是在这个刊物上发表的。著名作品如冰心的《寄小读者》，鲁迅的《阿Q正传》，徐志摩最精美的散文诗歌，周作人美妙散文，也都是这个刊物载出的。因为这个刊物受社会注意，读者关心，既比报纸正张所有一切记载还见得重要，当时随报纸发行时，就用单张印行，每到月底，还另外印合订本发售，在编排形式上，且成为后来《语丝》《莽原》《骆驼草》等等。这个时代，政治上可说是中国最失败的时代，军阀争夺地盘，年年互相火并，权力均分时，又复握手言欢，此分彼合，永不完事。但是在艺术文学运动上却可说是“副刊的黄金时代”。参预这个时代的副刊，在南方最重的，有《民国日报》的“觉悟”，《时事新报》的“学灯”，在北方就应当推《晨报副刊》和由晨副分化成的《京报副刊》作代表。当时新书业尚在萌芽期中，许多作品尚未结集印成单行本，青年学生嗜好新文学的，对于副刊既极重视，虽住居西南边远如云南贵州，西北如甘肃绥远，东北如辽宁吉林，无不有热心读者。这些读者且有一部分因之起写作兴趣，到后来就因为作家，对中国二十年来新文学，有很多重要贡献。一般社会对于副刊的□重，也到了空前地步，俨然一切新议论，新知识，新作品，都只有从副刊上可以读到，可是这个“黄金时代”，慢慢的就衰落了。他的地位由《语丝》《现代评论》几种周刊取而代之了。原因之一是副刊作者多已成了国内的知名作家，新文学作品已渐渐有商业上价值，印刷事业既相当进步，作家于是有自行经营独张一军之意。这种理想因《语丝》独立出版成功，到后来产生了新书业，奠定了新书业的基础。先是《语丝》近于副刊的衍化，到《语丝》在商业上成功后，作风反而影响到副刊的内容，就是说，副刊性质由学术化改而为杂文化，文章由“严重”而改成“活泼”，由论事说事而趋于轻微嘲讽（走到极端，便成为后来的论语派笔调）。《京报》因被军阀枪毙，报纸停刊。《晨报》因一再改组，副刊编者又不得其人，庄严活泼俱谈不上，副刊的光荣，便结束了。许多报纸到后来就只好放弃了副刊的理想，用一个有游戏性的什么版来代替它。副刊是名存实亡，毫无可观。惟新闻纸出有学术性文章攫取读者的方法，在北方依然有它的便利，所以到北伐成功后，情形又稍稍变了一点，天津的《大公报》，《益世报》，北平的《世界日报》，《晨报》，《华北日报》，副刊重新成为报纸一热门。就中以《大公报》本身态度得到成功，副刊配合报纸态度，从"规矩"入手，□年来持久如一，因之为副刊建设一个新希望，新理想，即大部分青年作家的初期作品，与读者对面时，由副刊介绍，这工作既十分便利、并可望得到最大成功。副刊成为作家的温室。为增加这种效果起见，二十六年《大公报》且有文学奖金设立。但大多数报纸，对于副刊看法，恐依然认为"可有可无"。一般读者，对副刊要求，也不甚么苛刻！所以从副刊过去和当前情形加以比较，自然会明白一件事情，即副刊的学术性，建设性，以及一般读者的反应，大有日见减低趋势。这问题似乎还值得相当注意，可以分作两方面来说：一是分门别类定期刊物多，篇幅大，推广性又强，容易吸收好文章，报纸副刊地位过小，容纳字数不多，且要求文章有时间性，有刺激性，更不能与流行趣味相违悖，报纸既这样不重视副刊，读者又只把副刊当消遣玩意儿，当然难望有特别好文章。副刊重要性日趋低落，也就十分自然。二是副刊编者对于副刊，不存奢望，并无理想，目的只在求其热闹，凡所以能够使副刊热闹活泼方法，都无妨试试。副刊精神由"领导"读者一变而为"侍奉"读者，这一来，副刊上谣言多，谎话多，空话多，嘲骂多，骂来打去变成一片支支节节的论战多。鲁迅先生数年前就在上海《申报》"自由谈"上同一群作家如此战斗了好一阵，到文章集印成书，分给内地"大众"时，好些文章一般读者都看不懂。原因何在？为的是缺少当时相对方面在小报上，杂志上，私人信件上，写的东西对照作注。鲁迅先生死后，"学习鲁迅先生的战斗精神"。这个口号常常被范围在"用杂文打天下"意识上，得到若干作者和读者的同感。其实这类文章虽发表于副刊上，供公众阅读，锋利深刻，牵引私事，寻章摘句，周密处也许仅仅只有一个被批评的对手看得懂，受中伤，有时这对手若不注□到，就只有作者自己在情绪上得到一种战胜敌人的快乐，其余读者，□□是莫名其妙了，副刊趋势有如上述所说种种情形，难办好似乎是必然的。可是一切是“人”的事情，凡事或者还可如老话所说，“事在人为”。我的意思是说：编者若过于取巧，贪图热闹，无一定主张，无较深见解，无远大理想，用的是一种逢场作戏态度，只求得风气之先，或创造风气，力量既不足，态度又欠佳，凑凑和和，将就对付，想用副刊作破坏或建设工作，当然谈不上有何成就。若编者的态度和能力都相当好，把眼光放远，肯从大处着手，又有办法能集合各方面优秀作家，来共同支持这个刊物，在一个稍长岁月中，给读者□生一个好印象，更于作家间提倡出一种良好风气，说来又好像并不十分困难！上面的话，大部分可说是我个人二十年来从北方报纸副刊观察所得的一点认识，以及一点意见，乘这个五四运动二十周年的纪念日，写它出来，或为给编副刊的朋友参考参考。我个人的意见对编排方法是：“率由旧章”易，“新开田地”难。对副刊作用是：出版一年半载，发现三五个有希望的作□，发表几篇有价值作品，不失其为“成功”，编辑三月两月，增多上千不相干读者，几百好事的订户，算来还是失败。凡□“伺候”方法以取悦读者为目的，虽暂时得到成功，过不久必为读者厌弃。当认真从建设入手，不特刊物得到各方□重视，还可在作家间提倡一种良好风气，对整个文运有好影响。

廿八年五月一日写

5月5日 在杂记本上写下若干感想，透露着作家此时的心境：“黄昏时闻湖边人家竹园里有画眉鸣啭，使我感觉悲哀。因为这些声音对于我实在极熟习，又似乎完全陌生。二十年前这种声音常常把我灵魂带向高楼大厦灯火辉煌的城市里，事实上那时节我却是个小流氓，正坐在沅水支流一条小河边大石头上，面对一派清波，做白日梦。如今居然已生活在二十年前的梦境里，而且感到厌倦了，我却明白了自己，始终还是个乡下人。但与乡村已离得很远很远了。”沈从文将此类杂记戏称为《三星在户》。本日所记摘入《烛虚》第五部分。

5月7日　参加高原文艺社在昆华农校东楼二层小教室举办的座谈会。许渊冲在《追忆逝水年华》一书中对此有如下回忆：“他说一口湘西土话，声音很低，仿佛自言自语，我只记得他的大意是说：文学青年要把人生当小说看，又要把小说当人生看。不要觉得别人平庸，其实，自己就该平庸一点。伟大的人并不脱离人生，而是贴近人生的。文学青年从书本中得到的经验太多，从实际生活中得到的经验却太少了。”①

5月10日　在杂记本上写下若干感想：“我发现在城市中活下来的我，生命俨然只淘剩一个空壳。”“生命已被‘时间’‘人事’剥蚀快尽了。天空中鸟也不再在这原野上飞过投个影子。生存俨然只是烦琐继续烦琐，什么都无意义。百年后也许会有一个好事者，从我这个记载加以检举，判案似的说道：‘这个人在××年已充分表示厌世精神’。要那么说，就尽管说好了，这于我是不相干的。事实上我并不厌世。人生实在是一本大书，内容复杂，分量沉重，值得翻到个人所能翻看到的最后一页，而且必须慢慢的翻。我只是翻得太快，看了些不许看的事迹。我得稍稍休息，缓一口气！”当日杂记后作为《烛虚》之五的一部分发表。

5月11日　因昆明屡遭日机轰炸，到呈贡乡下寻找合适的住处。“地方去城约五十里，数日后三姐即拟带孩子往一杨家去住，其家为当地首户，房子极好，只可惜余房不多，办公处与家中人难同时去，否则必一同迁去。小虎虎随母亲下乡，小龙住城中上学，学校甚近，入学校训练得法，习惯至好，故不下乡，到真正大轰炸时，或再要彼等一同下乡挤挤，亦可对付也。乡下风景人情均极优美。”（5月12日复沈荃函）“每礼拜天我可下乡看看，坐火车一小时，骑马一小时，即可到达。乡下在滇池边，平田万顷，处处见得安静。”（5月20日复沈荃函）

5月12日　复沈荃函，谈及自己的工作时说：“我各事仍照常。惟杂务多，既得为《大公报》发稿，又得为《今日评论》发稿，忙而少功，甚不经济，若能

① 许渊冲：《追忆逝水年华》，第61页，三联书店1996年版。同时参见许渊冲《西南联大求学日记》，第78页，中译出版社2021年1月版。

下乡，即可摆脱一些不必作之会晤，不必要之应酬，以及可作可不作之小文章矣。”收入《全集》第18卷。

5月15日 《真俗人和假道学》刊载于昆明《中央日报·平明》第1期，署名从文。后收入《昆明冬景》（文化生活出版社1939年版）。后经作者修改，改题《谈俗人和道学》收入《新的文学运动与新的文学观》（云南省经济委员会印刷厂出版1944年版）。据初版本收入《全集》第17卷《昆明冬景》集。

按：沈从文在《烛虚》一文中曾记下此文发表后的反响：“重阅《真俗人与假道学》。此文在《平明》第一期上发表时，熟人多以为被骂，不熟人更多以为被骂。读书人事，大抵如此。思想矜持，情感琐碎，规矩忌讳，多而又多。或有假时髦，恰如‘新式傻大姐’，或有新绅士，正与所说绅士情形相同，好事心虚，从一字一句间照见自己面目，自然小小不怿，但亦无可奈何。因如果就普遍社会现象立论，既说及人，总不免有贤慧庸鄙，初无关于二三子言行。然二三子或将文章割裂，不欣赏，只搜索，以为此影射谁，彼影射谁，不怕煞风景，无益费精神，殊令人深觉可悯。正如有乡下人，大清早担柴挑草进城，不明白城市中人起居行动忌讳，就眼睛看到的，心中感觉的，随便说说，或有人迎面走来，即闷倒在地，以为有意中伤。或有人正拥被睡晏觉，做好梦，猛被这种声音惊醒，事虽由乡下人引起，这乡下人实在亦无可奈何。”

昆明《中央日报·平明》副刊编者为程应镠，系经沈从文推荐担任此职。据程应镠回忆：“由于先生的推荐，三九年至四〇年，我负责昆明《中央日报》副刊《平明》的编辑工作。”[①]

致信沈云麓，谈及家乡时说，“家乡将来问题甚严重，能尽一分力处尽一分力，不宜争小气忘大谊！敌若进犯沿湖各县，湘西政治工作若相当好，将来必可予敌大打击也。”收入《全集》第18卷。

5月20日 复沈荃函。收入《全集》第18卷。

5月26日 致信沈荃。收入《全集》第18卷。

五月上旬 复沈云麓函。收入《全集》第18卷。

---

① 程应镠：《永恒的怀念》，《长河不尽流》，第128页，湖南文艺出版社2018年版。

五月 为躲避日机的轰炸，张兆和携虎雏搬到呈贡县龙街子居住，沈从文和沈龙朱、沈岳萌继续住在昆明城内。后来，沈龙朱曾对呈贡龙街子有过如下回忆：“我们家租住的房子是在整个龙街镇这个弧线最东南角的杨家大院，这里也算是除了龙翔寺以外全镇住户的最高位置了，坐南朝北，出了院门，不论向东或是向西都已经全是山坡旱田或是果木、树林、坟地，我们都把那叫做‘后山’。整个杨家大院依山坡而建，外轮廓是长方形，里面却由全部两层的楼房隔做两进三个院落。大门穿过作为仓房的前楼，进到通宽的前院，这里既是收获季节扬场晒谷的地方，也是房主逢年过节办喜事唱花灯的地方；当然更是我们游戏，爬上像小山一样的玉米秸，挖洞钻进暖烘烘大稻草堆的地方。经过左右两边约有十磴的台阶，可以上到第二排楼房的前廊，分别从两个过厅，又可以进入东西两个第二进天井。整个第二排楼的上下和后楼的一部分都租给了逃难来到云南的‘外省人’，房主的四爷五爷住在第二进天井东西厢房二楼，房主老奶奶和她的佛堂则在后楼上。我们的家就安在第二排楼的最东端，两间大房，空空荡荡，两张用煤油箱搭起来的床，是全家睡觉的地方，而冬天却往往是一家四口挤在一张床上。用两个煤油箱垫底和一块图版搭起的台子，既是全家的饭桌，也是爸爸的书桌，还是我们做功课的地方，又是我们围坐在幽暗小小菜油灯下听爸爸学故事的地方。”①

6月1日　遇顾颉刚。

在杂记本上写下若干感想：“白日既去，黄昏随来，夜已深静，我尚依然坐在桌边，不知何事必须如此有意挫折自己肉体，求得另外一种解脱。解脱不得，自然困缚转加。直到四点，闻鸡叫声，方把灯一扭熄，眼已润湿。”“目前我手中所有，不过一枝破笔，一堆附有各种历史上的霉斑与俗气意义文字而已。用这种文字写出来时，自然好像不免十分陈腐，相当颓废，有些不可解。”该杂记后作为《烛虚》之五的一部分发表。

6月2日　《谈谈木刻》发表于上海《大晚报·读书界》，署名沈从文。收入

① 沈龙朱：《难忘的龙街子》，《群言》，2001年第3期。

《全集》第 16 卷《术艺刍言》集。

6 月 5 日　复沈云麓函。收入《全集》第 18 卷。

6 月 6 日　杨振声向朱自清提议聘请沈从文为联大师范学院教师，朱自清感到此事甚难。

6 月 7 日　致信沈云麓："家乡人在此时节，亟应表现充分要好合作精神，团结一致，免为外人所乘，离间分化！权利分配，难得其平，亦当忍受，凡事总以义务为先，从大处看，因明日事固必须如此，才能支撑固有局面，更图努力发展也。"收入《全集》第 18 卷。

6 月 9 日　为朱自清新购入的山水画拟对联，对联内容不详。据朱自清日记，"从文为李先生所作的山水画配对联，甚有趣。但沈认为书法欠佳，不让我拿去裱。我乘他不注意时拿走了。"①

6 月 12 日

本日　朱自清为聘任沈从文为助教事与罗莘田商谈，结果令人满意。

6 月 16 日　据朱自清日记，沈从文同意出任国立西南联合大学师范学院讲师。

致信沈云麓，告知沈荃即将于近日到达昆明的消息。收入《全集》第 18 卷。

6 月 25 日　杂文《一种态度》刊发于《今日评论》第 2 卷第 1 期，署名沈从文。文章结合"国民精神总动员"运动所倡导的民族精神问题，对现实中出现的问题进行了反省："原来儒家的'刚勇有为'态度，墨家的'朴实热忱'态度，道家的'超脱潇洒'态度虽涵育于一般人中，影响于'读书人'却不怎么多。'读书人'是个通泛名词，我这里想借用它专指现在教书读书的一部分人。这些读书人知识虽异常丰富，常因近代教育制度或社会组织，知识仅仅变成一种'求食'的工具，并不能作为'做人'的张本。""我们若承认儒墨道哲学思想，刚勇、朴实、超脱，与这个民族光辉不可分，有一点值得注意，即当前读书人中正如何缺少这种优美德性。因缺这种优美德性，所产生的病态，实在相当严重。大家应当就见得到想得起的事情从小处努力，尽可能来谋改善。假若

---

① 朱自清：《日记 下》，《朱自清全集》第 10 卷，第 29 页，江苏教育出版社 1997 年版。

拿笔的朋友还相信文学艺术在社会上有一点力量，新的文学艺术便可从这方面下手，表现出一个综合的新的理想，新的生存态度。这种文学艺术，即或无关于当前抗战，然而大有助于明日‘建国’。”收入《全集》第14卷《怎样从抗战中训练自己》集。

6月27日　下午四时，西南联合大学常务委员会第111次会议召开，梅贻琦担任会议主席，章廷谦任会议记录，本次会议决定：“聘沈从文先生为本校师范学院国文系副教授，月薪贰百捌拾元，自下学年起聘”。[①]

6月30日　散文《记蔡威廉女士》刊载于《新动向》第2卷第10期，署名沈从文。蔡威廉为蔡元培长女，不幸早逝。蔡女士之死令沈从文对艺术家的生活颇多感慨：“朋友们同情或不平，很显然都毫无意义，既不能帮助这个朋友重生，也不容易使这个社会转好。惟生者何以为生？行将堕入这种困境或已经到了同样情形的朋友，是哺糟啜醨随波逐流以作伪售奸，是改业跳槽经营小生意以糊口？术艺界方面二十年来我们饱看了一切人与人的斗争，用尽一切技巧，使用各种法术，名分上为的是理想，事业，事实上不外‘饭碗’二字。真真在那里为艺术而致力，用勤苦与自己斗争，改正弱点，发现新天地，如蔡威廉那么为人，实在不多，末了却被穷病打倒，终于死去，想起来未免令人痛苦？”收入《全集》第12卷《友情集》。

六月下旬 与三弟沈荃在昆明相见。

7月14日　张宗和拍电报给沈从文。据张宗和日记：“杨振声说，从文都在昆明，到昆明或者会有办法，打了两个电报，一个给杨，一个给从文，但是没有收到回电。”

7月17日　张宗和来。

7月22日　“杨今甫、沈从文在蒋先生（梦麟）家宴客。”（冯至：《昆明日记》）

7月26日　在昆明补校《记丁玲 续集》。

① 北京大学等编：《国立西南联合大学史料》二，第96页，云南教育出版社1998年版。

8 月 3 日　在杂记本上写下若干感想，“我实需要‘静’，用它来培养‘知’，启发‘慧’，悟彻‘爱’和‘怨’等等文字相对的意义。到明白较多后，再用它来重新给‘人’好好作一度诠释，超越世俗爱憎哀乐的方式，探索‘人’的灵魂深处或意识边际，发现‘人’，说明‘爱’与‘死’可能具有若干新的形式。这工作必然可将那个‘我’扩大，占有更大的空间，或更长久的时间。可是目前问题呢，我仿佛正在从各种努力上将自己生命缩小，似乎必如此方能发现自己，得到自己，认识自己。‘吾丧我’，我恰如在找寻中。生命或灵魂，都已破破碎碎，得重新用一种带胶性观念把它粘合起来，或用别一种人格的光和热照耀烘炙，方能有一个新生的我。”本日杂记后作为《烛虚》之五的一部分发表。

8 月 24 日　据张宗和日记：“三姐来，带了沈三嫂、小龙、小虎和招弟一大批人马，是五弟去接来的，自然又大忙了一阵。……沈从文又嫌凤竹病会传染，又懊悔不该在城里住那样长，人走了，凤竹大哭，说从来没有这样给人嫌过。”

8 月 26 日　上午，与杨振声、朱自清一起定教科书第一本与第二本目录。

8 月 28 日　与张兆和一起看电影。

8 月 29 日　据张宗和日记：“想到青云街睡觉，从文说是不许，因为有客要来，很叫人生气。”

八月　散文集《湘西》作为“文史丛书之十九”由商务印书馆出版。

八月　就任西南联合大学师范学院教职。

9 月 1 日

本日　萧乾在香港《大公报·文艺》发表《一个副刊编者的自白——谨向本刊作者读者辞行》。文中回忆了沈从文对他走上创作道路的影响：“做了四年《文艺》作者或读者的您，或许想知道些我同这刊物究竟有怎样的因缘吧？首先我得供认，我是它几十几百个科班之一，它培养起来的一个不长进的孩子。远在一九三三，当杨振声沈从文二先生辞了大学教授到北平教小学，并主持本报《文艺副刊》时，我投过一篇叫做《蚕》的稿子，那是除了‘校刊’外，我一生第一次变铅字的小说。随后《小蒋》，随后《邮票》。直至我第六篇小说止，我始终没在另外刊物写过什么。那时我在北平西郊一个洋学堂上学。沈先生送出门来还半嘲弄地嘱咐我说：‘每月写不出什么可不许骑车进城呵。’于是，每个礼拜天，我便把自己幽禁在睿湖的石船上，望着湖上的水塔及花神庙的倒影发呆。直到我心上感到一阵温煖的炽烧时，才趁热跑回宿舍，放下蓝布窗帘，像扶乩般把那股热气誊写在稿纸上。如果读完自己也觉得可喜，即使天已擦黑，也必跨上那辆破车，沿着海甸多荒塚的小道，赶到达子营的沈家。那时的《文艺副刊》虽是整版，但太长的文章对报纸究属不宜。编者抱怨我字数多，我一味嫌篇幅少，连爱伦·坡那样‘标准短篇’也登不完。沈先生正色说：‘什么不能！那是懒人说的话！’像这样充满了友爱的责备的信，几年来我有了不止一箱。……杨沈二先生因另外工作太忙，对刊物屡想脱手，便向报馆建议，将刊物改名《文艺》，交我负责。那以后，每次遇到难题，还不断地麻烦杨沈二先生，而他们也永远很快乐而谦逊地接受这麻烦。‘你要我们做什么，尽管说。当你因有我们而感到困难时，抛掉我们。不可做隐士。要下海，然而要浮在海上，莫沉底。凡是好的，正当的，要挺身去做。一切为报馆，为文化着想，那才像个做事情的人。’这是我随报馆去沪前，他们郑重叮咛我的话。”

9月5日　下午，朱自清、李霖灿、李晨岚来访。

按：沈从文对李霖灿、李晨岚多有帮助，鼓励他们去玉龙雪山做艺术调查，据李霖灿回忆：“我向沈从文老师辞行的时候，他知道我是一无凭借、赤手空拳地去闯天下，便对我说：‘只管写稿子来，我负责一一推出，好给你做生活费用。’说到做到，不但文章在各处发表，就是我写给他的信，也用‘大雪山来鸿’的名义，一一刊登在昆明的杂志上。当然，我知道这里边也有不少沈老师润色的痕迹。”[①]

9月9日　冯至来访。

9月10日　晚上，沈从文及赵恩源、张佛泉代《国闻周报》同仁于金碧西餐馆宴请西南联合大学长于写文章的教师，请他们为《国闻周报》赐稿。（《郑天挺西南联大日记》）

9月26日　朱自清来访。

---

① 李霖灿：《沈从文老师和我》，《西湖雪山故人情——艺坛师友录》，第68页，浙江大学出版社2011年版。

9月30日　本日杂记："黄昏极美丽悦人。光景清寂，极静，独坐小蒲团上，望窗口微明，欧战从一日起始，至今天为止，已三十天。此三十天中波兰即已灭亡。一国家养兵至一百万，一月中即告灭亡，何况一人心中所信所守，能有几许力量，抵抗某种势力侵入？一九三九之九月，实一值得记忆的月份。人类用双手一头脑创造出一个惊心动魄文明世界，然此文明不旋踵立即由人手毁去。人之十指，所成所毁，亦已多矣。"[①] 这段文字后作为《潜渊》的第一节。

九月　《昆明冬景》作为"文学小丛刊第一集"由文化生活出版社出版。收入五篇作品：《真俗人和假道学》《谈朗诵诗》《谈保守》《一般或特殊》《昆明冬景》。收入《全集》第17卷《昆明冬景》集。

九月　搁置五年之后，《记丁玲续集》作为赵家璧编辑的"良友文学丛书"第十种由良友复兴图书印刷公司出版。收入《全集》第13卷《记丁玲 续集》。

10月2日　国立西南联合大学开学。

10月12日　朱自清来访。

10月14日　致信沈云麓，谈及至西南联大任教事："弟在此诸事照旧，已到联大上课，每星期三点钟，学校离家中近，且在郊外，走来走去极便利。"收入《全集》第18卷。

在以后的书信中，多次忆及在西南联合大学的教学、生活境况："三天中我上城里教习作，住处在云大门外牌楼前那个米线铺对过小楼上，每顿吃一毛三的牛肉粉，铺中掌柜当成笑话转述，以为最节省，可料想不到有时下乡无路费，经常还得去开明书店借一二元版税才能上车！生活过得不成样子，气候温和可救了我一家人。"（1980年10月16日复彭荆凤函）

10月16日　摘抄杂记若干段成《潜渊》文。

10月18日　散文《潜渊》发表于昆明《中央日报·平明》，署名上官碧。收入《烛虚》（文化生活出版社）、《新的文学运动与新的文学观》（云南省经济委员会印刷厂出版）。收入《全集》第12卷《烛虚》集。

---

① 此段文字写作时间为根据文中内容推定，文后记有"九月 ××"。

10 月 23 日

本日　朱自清日记记载：“罗（莘田）告以玉龙堆四号人物之生活。从文有恋爱故事。”

10 月 28 日　散文《时空》发表于昆明《中央日报·平明》，署名上官碧。本文后作为《烛虚》的第三部分收入《烛虚》(文化生活出版社)、《新的文学运动与新的文学观》(云南省经济委员会印刷厂出版)，有修改。收入《全集》第 12 卷《烛虚》集。

十月上旬 一段时期以来，作家情感颇多困忧，杂记中写：“我目前俨然因一切官能都十分疲劳，心智神经失去灵明与弹性，只想休息。或如有所规避，即逃脱彼噬心嚼知之‘抽象’。由无数造物空间时间综合而成之一种美的抽象。然生命与抽象固不可分，真欲逃避，唯有死亡。是的，我的休息，便是多数人说的死。”下署十月 ××。

十月　本月杂记中有阅读斯潘格来的《人与技术》、法郎士的《红百合》(据《潜渊》文）的相关记载。《生命》一文中有一段与此相关：“法郎士曾写一《红百合》故事，述爱欲在生命中所占地位，所有形式，以及其细微变化。我想写一《绿百合》，用形式表现意象。”

12 月 5 日

本日《云南民国日报》发表丁东的《西南联大壁报巡礼（之三）》，在介绍“群声壁报”时谈及沈从文：“自从沈从文先生在《中央日报》上发表两篇太消沉的文章，尤其是一些喜读先生作品者，更觉沈先生在抗战后的沉寂，对此表示不满，壁报中的‘给沈从文先生’，目的在于向沈先生表示热爱，希望沈先生不要轻视后方学习中的青年们，能和游击队员一同坐在黄河边看滔滔的河水，固是乐事，不过费尽心力领导热血的青年，也不是毫无安慰的苦事。沈先生如能想到这一点，该不再打起消沉的旗子了。”

12 月 9 日　诗歌《文字》发表于昆明《中央日报·平明》第 140 期“诗之页”，署名雍羽。

文 字

雍羽

人生脆弱如一支芦苇
在秋风中一阵摇就“完事”
也许比芦苇不大“像”
日月流注，芦苇年年“长”
相同的春天不易得
美在风光中难“静止”
生命虽这般脆弱这般娇
却能够做梦能够“想”
（万里长城由双手造成
百丈崇楼还靠同样两只手）
用力量堆积石头和钢铁
这事情平常又“平常”
一弯虹一簇星光“一个梦”
美丽的原来全在“虚空”
三五十个小小符号
几句随随便便的家常话
令你感到生死的“庄严”
刻骨铭心的爱和“怨”
你不相信试“想一想”
试另外来说个更美丽的“谎”。

本诗未收入《全集》。收入《全集·补遗卷 1》《忧郁的欣赏》集。

12 月 21 日 朱自清来访，与沈从文一起阅一年级试卷，“第二班三十多人不及格”，并留朱自清晚上在家里用餐。①

① 朱自清:《日记 下》,《朱自清全集》第 10 卷，第 69 页，江苏教育出版社 1997 年版。

12月29日 朱自清来访。沈从文转交给朱自清编写教科书的薪水70元。

十二月 小说集《主妇集》由商务印书馆出版，收入小说《主妇》《贵生》《大小阮》《王谢子弟》《生存》。收入《全集》第8卷。

十二月 致信叶圣陶，原件不存。据叶圣陶日记载，本月22日，收到沈从文信。

本 年

冬季 在长沙给某同乡写信。本信后以《莫错过这千载难逢的报国机会》为题收入花城版《文集》第12卷，《全集》失收。后收入《全集·补遗卷1》《怎样从抗战中训练自己》集。

1939—1940学年度 沈从文与朱自清合作承担了中国文学系的"国文 一（读本）""国文 二（读本）"两门课程，两门课程都是4学分。沈从文单独承担了中国文学系的"国文 二（作文）"、国文学系"各体文习作（白话文）"[①]课程，均为2学分。

---

① 对沈从文教授的"各体文习作"课程，诸有琼有如下回忆："沈先生讲话有湘西口音，讲课声音较小，有时甚至听不清，但是他教我们'各体文习作（二）'（写白话文）却有独到之处。他有时并不要求我们写成篇完整的文章，而是写文章的'构件'。比如有一次，沈先生出的题目是'寒、冷、冻、冰'，要求我们通过具体、形象的描述来表现这四个字反映的不同的气温。他说，这就像画人，要先学会画好人的眼睛、鼻子、嘴巴各个部分，然后再画人的面孔就容易多了。老师是在培养我们细致入微地观察和表现事物的本领，对学生帮助很大。他阅改学生的作文十分认真，对一篇作文往往写上几百字的评语。他耐心具体地指导学生，似乎希望他们也能成为他那样的作家。沈先生教课很少命题作文，多半是让我们自己出题目。有的作文他认为比较好就拿去发表。我写过一篇散文《松林》，描写我的老家屋旁的一片松林，他稍加润色就送报纸副刊发表了。到北京大学以后，我不学他的课了，但他仍很关心我的写作。有一次，他叫助教王年芳转告我，要我努力多写。他说，女孩子到25岁以后灵感就少了。"诸有琼：《梦萦师情》，见西南联大北京校友会编《我心中的西南联大》，第97页，清华大学出版社2008年版。

民国二十九年　1940 年　39 岁

3 月 30 日　伪中华民国国民政府在南京成立，汪精卫任代主席兼行政院长。

8 月　八路军在华北发动百团大战。

9 月 6 日　国民政府明定重庆为陪都。

11 月 1 日　军事委员会政治部第三厅改组为政治部文化工作委员会。

11 月 29 日　汪精卫在南京就任伪国民政府主席。

---

1 月 1 日　杂文《谈人》发表于香港《大公报·文艺》第 763 期，署名沈从文。收入《全集》第 14 卷《怎样从抗战中训练自己》集。

1 月 5 日　访朱自清并为之带去月薪。

1 月 20 日　《战时中学生》第 2 卷第 1 期在“当代名人日记选辑”栏目下选载了沈从文《不死日记》中的 8 月 11 日至 8 月 14 日部分，署名沈从文。该刊“编者按”说，“在中国，新文学风行以来，未进过中等学校，而以后竟成为国内一流作家的，可说只有沈从文一个人。”

1 月 21 日　校《一个爱惜鼻子的朋友》后二节。并在文末写下以下文字：“黄昏，天空淡白，山树如黛。微风摇尤加利树，如有所悟。”

1 月 23 日　朱自清阅卷时发现少了三份卷子，甚为着急。在其日记中写道：“昨夜失眠。一年级一班三名同学的卷子不见了，为此烦恼。沈马虎了事，给我造成困难，必须马上写信给他，要他找到那三份卷子。”

1 月 24 日　朱自清为试卷事致信沈从文。

1 月 25 日　朱自清来访。“找到了三名学生的卷子，交给他五十份试卷。沈夫人做酒酿鸡蛋，我感到很新鲜，味道也好。”(《朱自清日记》)

1 月 26 日　诗歌《一个人的自述》发表于香港《大公报·文艺》第 775 期，署名雍羽。收入《全集》第 15 卷《浮雕》集。

本日　西南联合大学寒假开始。

2月3日　作《给一个大学生》《给一个青年作家》。

2月16日

本日　西南联合大学开学。

2月17日　《潜渊》(第二节)刊载于昆明《中央日报·平明》，署名上官碧。作家生前未将本文编入任何作品集。后据刊本收入《全集》第12卷《烛虚》集。

2月20日

本日　香港《大公报》第三版发表萧乾的《伦敦日记(五)》，文中有一段涉及沈从文的作品："我问他看完书架上那本《爱丽思中国游记》(沈从文作)感想如何。他始终忘了说出他自己的感想只告我一个故事。庄士敦(那个亨利·溥仪的太傅，也是英国汉学权威之一)没死以前，他曾送过他一本。因为他由中国买到两本。那老头子没几天便把原书退了回来。信里只说'此书余不便收留'。后来才知道庄老头子以为那书里有个人物讽刺的是他。到死他再也没有理魏礼先生。"

2月26日　致信沈云麓，谈及办《战国策》杂志事："我杂事过多，近又同朋友办一杂志，每月必有一万字文章缴卷，一年要万多印刷费，经费不困难，只是邮运极不便利，分配刊物到各处，恐不大方便。"收入《全集》第18卷。

3月9日　原定回呈贡，因事未果。弟媳孙凤竹给张宗和的信中说："三姐今天又炖了红烧肉，又煮了鱼，又泡了黄木耳，把屋子收拾得干干净净的等沈从文(因为是礼拜六)。谁知下午接到信说不来了，她颇为扫兴，我倒反而喜欢，他不来，那些东西都是我们吃了。"①

3月16日　本日出版的《立言画刊》第77期开始连载署名沈从文、萧乾合著，陈醉蓼拾遗的《废邮存底补》，编者在按语中说："事变前，萧乾主编天津大公报《文艺》，当时有许多作家与读者以关于文艺上写作的问题相质，经沈

---

①　王道：《一生充和》，第134页，三联书店2017年版。

从文与萧乾分担答覆。后蒐集成书，曰《废邮存底》，由上海‘文化生活出版社’出版，编入《文学丛刊》中，定价四角五分。内容收入沈作十四篇，萧作二十二篇。书到北京，即告售罄，足见此书之价值！惟当时大公报上所发表者不只此数，读者咸认为憾事。且该报旧存经事变后，多拉杂焚烧，无法寻见。近在友人某君处得见底稿，认为珍贵异常！商之钞录，按期发表于本刊，幸蒙慨允，料读者定保存而珍惜之也。”

《野心应该逼视着成绩》发表于《立言画刊》第 77 期，署名沈从文。本文未收入《全集》。

3 月 22 日　校改小说《贵生》，并在文末注明：“时大风发木，猛雨打窗。两处‘癞子’都被校对人擅改作‘鸭毛’。”校改本收入《黑凤集》(开明书店)。

3 月 23 日　《关于“批评”一点讨论》作为陈醉蓼辑的“废邮存底补二”发表于《立言画刊》第 78 期，署名沈从文。本文与发表于《大公报 · 小公园》1935 年 7 月 28 日的《废邮存底——关于“批评”一点讨论》是一篇文章，辑录者删去了写作日期。

4 月 1 日　散文《烛虚》之一、之二刊载于《战国策》第 1 期，署名沈从文。收入《烛虚》(文化生活出版社) 集。收入《全集》第 12 卷《烛虚》集。

本日　《战国策》半月刊创刊，沈从文负责刊物的文学稿件。关于“战国策”派，沈从文后来有如下回忆：“广西方面刊物找对象骂人，总以为有个什么‘战国策’派，其实完全不相合。我不再写文章，问题也简单，即到我明白刊物有一点政团意味或官僚关系时，我搁笔了。”(《总结 · 传记部分》)“《战国策》由缪某出钱。起始时本说明反蒋独裁，自由用笔，个人负文责。后来一面知道经济来源有问题，一面受牵连责备而离开。”(《沈从文自传》)

4 月 2 日

本日　据孙凤竹致张宗和信：“我们这边四姐亦不让三姐知道，因为沈从文与冰心他们不和。我们这几天吃得很好，三姐待丈夫是太好了，今天街子，又买了许多新鲜菜回来，有时三姐觉得不过意，就多给我点吃，其实我倒没有什么，有好菜吃，又不要我做，乐得享受，不过有点不平均了，沈从文在，菜就太丰富了，就像招待客一样……”[①]

4月4日　儿童节。“沈从文特地派九小姐下乡送礼物给他孩子”。[②]

4月6日　《论技巧》作为陈醉蓼辑的“废邮存底补　四”发表于《立言画刊》第80期，署名沈从文。这是陈醉蓼钩沉的《废邮存底》中的一篇，系本文第二次发表。此次刊出的文章为书信体，与刊于1935年8月31日《大公报·小公园》上的文章在文字上略有不同。据《小公园》刊本收入《全集》第16卷《术艺刍言》集。

4月7日　作《给一个诗人》。按：“原写作日期为二月卅日”，因公历二月无30日，故疑为农历二月三十日。

4月15日　在昆明作《给一个中学教员》。

论文《白话文问题——过去当前和未来检视》刊载于《战国策》第2期，署名沈从文。文章指出了作家创作之弊，同时提出了作家应有的写作态度：“‘作家’对于写作观念上必须修正。作品受‘商品’或政策‘工具’的利诱威胁，对个人言有所得，对国家言必有所失。从商品与政策推挽中，伟大作品不易产生，写作的动力，还有待于作者从两者以外选一条新路，即由人类求生的庄严景象出发，因所见甚广，所知甚多，对人生具有深厚同情与悲悯，对个人生命与工作又看得异常庄严，来用宏愿与坚信，完成这种艰难工作，活一世，写一世，到应当死去时，倒下完事。工作的报酬，就是那工作本身；工作的意义，就是他如历史上一切伟大作者同样，用文字故事来给人生作一种说明，说明中表现人类向崇高光明的向往，以及在努力中必然遭遇的挫折。虽荆棘载途，横梗在生活中是庸众极端的愚蠢、迷信、小气、虚伪、懒散、自私……他却凭韧性与牺牲，慢慢接近那个幻想。到接近幻想时，他谅已精尽力竭，快要完了。他本身一生实应当如一篇宏大庄严然而同时又极精美的诗歌。我们的明日文学运动，在盼望作品以前，应当先盼望有这么一群作家。”收入《烛虚》（文化生活出版社）、《新的文学运动与新的文学观》（云南省经济委员会印刷厂出版），收入后者时经作者修改。收入《全集》第12卷《烛虚》集。

---

① 1940年4月2日孙凤竹致张宗和，《秋灯忆语》，第198页，人民文学出版社2013年版。

② 1940年4月6日孙凤竹致张宗和，《秋灯忆语》，第200页，人民文学出版社2013年版。

4 月 20 日　陈醉蓼辑的《废邮存底补　五　给志在写作者》刊载于《立言画刊》第 82 期，署名沈从文。该文原刊于天津《大公报 · 文艺》第 118 期，题为《给志在写作者》。

4 月 24 日

本日　据《吴宓日记》："原允为《战国策》撰稿，顷见其中沈从文诋毁文言及浙大之文，而恶之。遂止。"

4 月 27 日　陈醉蓼辑的《从艰难中去试验》作为"废邮存底补六"发表于《立言画刊》第 83 期，署名沈从文。这是本文的第二次发表。

四月末　作论文《"五四"二十年》。

5 月 1 日　作《文运的重建》。

《续废邮存底》发表于《战国策》第 3 期，署名沈从文。该文包括四封信，分别是"一　给一个大学生""二　给一个青年作家""三　给一个诗人""四　给一个中学教员"。经重新编排序号后，收入《云南看云集》（国民图书出版社 1943 年版）"第二组　新废邮存底 16 则"。收入《全集》第 17 卷《云南看云集》。

5 月 3 日　散文《长庚》刊载于《星岛日报 · 星座》第 576 期，署名沈从文。经作者修改，收入《烛虚》（文化生活出版社）。后来，作者又将《长庚》《生命》《梦和呓》三文合并、修改，以总题《长庚》收入《新的文学运动与新的文学观》（云南省经济委员会印刷厂 1944 年）。据经过作者校订的文化生活版收入《全集》第 12 卷《烛虚》。

5 月 4 日　《文运的重建》刊载于《中央日报 · 五四纪念特刊》第四版，署名沈从文。收入《烛虚》（文化生活出版社）。经校改，收入《新的文学运动与新的文学观》（云南省经济委员会印刷厂）时改题《纪念五四》，1948 年 5 月，作者据此版本再度修改后，复以《纪念五四》为题刊载于《益世报》（天津）。以《文运的重建》为题收入《全集》第 12 卷《烛虚》集。

杂文《"五四"二十年》刊载于香港《大公报 · 文艺》第 830 期，署名沈从文。本文与发表于《战国策》杂志上的文章《白话文问题》有很多段落相同。本文题目有误，1940年为五四运动二十一周年。收入《全集》第14卷《怎样从抗战训练自己》集时据昆明《中央日报》刊本改题《“五四”二十一年》。

陈醉蓼辑的《天才与耐性》作为“废邮存底补七”发表于《立言画刊》第84期，署名沈从文。这是本文的第二次发表。

本日 据《吴宓日记》“是日五四运动纪念，放假。上午精神动员会，庆祝五四。宓未往。读沈从文等之文，益增感痛矣。”

5月5日 杂文《“五四”二十一年》刊载于昆明《中央日报·五四青年节特刊》第四版，署名沈从文。本文系《大公报》文章《“五四”二十年》的再刊。收入《全集》第14卷《怎样从抗战中训练自己》集。

5月7日 致信沈云麓。收入《全集》第18卷。

5月8日 校正《一个爱惜鼻子的朋友》数处，并在文末注明：“脚甚肿痛，天闷热。”

5月12日 与邓译生一起到呈贡。

5月20日

本日 香港《大公报》在第6版发表《战国策》出版消息：“名作家沈从文等，近在昆明创办《战国策》半月刊，每逢月一日及十五日出版。第一期业已到港，各大书局及各报摊均有代售。为三十二开本之杂志，以白报纸印刷，为内地印刷品最精美者，每册定价二角。内容丰富，多为精彩之作……”

5月25日 《别怕难别偷懒》作为“废邮存底补九”发表于《立言画刊》第87期，署名沈从文。这是本文的第二次发表，原题《答辞·八》。

5月29日 小说《王嫂》发表于香港《大公报·文艺》第848期，署名从文。这是这篇小说的第一次刊发。收入《全集》第10卷《乡村琐事》集。

6月1日 《不用写恋爱诗》作为“废邮存底补十”发表于《立言画刊》第88期，署名沈从文。这是本文的第二次发表，原题《答辞·十三》。

杂文《读英雄崇拜》发表于《战国策》第5期，署名沈从文。本文为与陈铨的《论英雄崇拜》的论辩之作，沈从文认为，“国家要集权，真正的‘民治主义’与‘科学精神’还值得来好好的重新提倡，正因为要‘未来’必与‘过去’一样，对中国进步实重要的意义。”《战国策》发表这篇文章时，编者加了按语：“我们希望读者看了陈铨先生原文和沈从文先生这篇反辩之后，可以得到相当兴趣，参加讨论本题。”后经作者修改，改题《谈英雄崇拜》收入《新的文学运动与新的文学观》（云南省经济委员会印刷厂 1944 年版）。据刊本收入《全集》第 14 卷《怎样从抗战中训练自己》集。

《黔滇道上》发表于昆明《中央日报·平明》第 227 期，署名从文。收入《全集》第 16 卷《沫沫集续编》集。

6 月 2 日　到呈贡。

6 月 16 日　“习作举例”之一《从徐志摩作品学习“抒情”》发表于《国文月刊》创刊号，署名沈从文。编者在该期《编辑后记》中说：“沈先生的一篇是他担任的‘各体文习作’的语体组班上所用的讲稿，沈先生说有同样性质的讲稿十篇，将陆续在本刊上发表。”收入《全集》第 16 卷《沫沫集续编》集。

诗歌《一种境界》发表于《今日评论》第 3 卷第 24 期，署名雍羽。本诗未收入《全集》。收入《全集·补遗卷 1》《忧郁的欣赏》集。照录如下：

一种境界

雍羽

小瓶口剪春罗还是去年红，
这黄昏显得格外静，格外静。
黄昏中细数人事变迁，
见青草向池塘边沿延展。
我问你，“这应当惆怅，还应当欢欣”？
小窗间有夕阳薄媚微明。

青草铺敷如一片绿云，
绿云相接处是天涯。

诗人说“芳草碧如丝人远天涯近”；
这比拟你觉得“近情”？“不真”？
世界全变了！变了！是的，一切都得变，——
心上虹霓雨后还依然会出现。

溶解了人格和灵魂，叫做“爱”，
人格和灵魂需几回溶解？
爱是一个古怪的字眼儿，燃烧人的心。
正因为爱，天上方悬挂万千颗星（和长庚星）。
你在静中眼里有微笑轻漾，
你黑发同苍白的脸儿转成抽象。

本日 《国文月刊》创刊，本刊由国立西南联合大学师范学院国文月刊社编，开明书店发行，每月出版一期，沈从文担任撰稿人。

6月22日 开始校改小说《主妇》。

6月23日 西南联合大学开始放暑假。

6月24日 《主妇》校改完毕。

小说《乡城》发表于香港《大公报·文艺》，署名刘季。在小说文后，有一篇附记，表现了沈从文对“下乡宣传”的看法，兹录如下：“大家都说‘下乡宣传’，这件事自然很好。可是宣传并不止是靠‘热情’，需要知识似乎比热情多一些。想教育乡下人，或者还得先跟乡下人学学，多明白一点乡下是什么，与城里有多少不同地方。我眼看到一个私人服务团下乡，就中还有一个小亲戚，很热心的随同这个组织下乡，担任写信工作，写了上面那类信。并且向我说，那次下乡很有‘趣味’。我还看到县长，看到那老太太。心中实在很觉得悲哀。我们一切行为若背后推动的是热忱，希望的是效果，乡村有些什么，的确应当多知道些，值得多知道些。这里所写虽只是西南省分一小县中情形，说不定还可作许多下乡的朋友参考！”收入《全集》第10卷《乡村琐事》集。

六月 为节省开支，从北门街迁入文林街师范学院宿舍。

7月18日　创作完成小说《梦与现实》，文后注明写于四川峨眉山，原因何故，待考。

7月25日　散文《烛虚》刊载于《战国策》第8期，署名上官碧。本文后作为《烛虚》的第四部分收入《烛虚》（文化生活出版社），但删去了文前的小序。收入《新的文学运动与新的文学观》（云南省经济委员会印刷厂出版）时将文前小序收入。据文化生活出版社版收入《全集》第12卷《烛虚》集。

7月28日　下午，据《郑天挺日记》："遇从文，小谈"。

8月3日　在西南联合大学师范学院国文学会做了题为《小说作者和读者》的讲演。昆明《中央日报》"市闻简辑"栏载："联大师范学院国文学会第二次学术演讲，定于今晚（三日）七时半，敦请沈从文先生在文林街昆北南食堂讲演《小说的作者与读书者》。"

8月5日　论文《新的文学运动与新的文学观》刊载于《战国策》第9期，署名沈从文。收入《烛虚》（文化生活出版社）、《新的文学运动与新的文学观》（云南省经济委员会印刷厂出版），后者经过作者修改。据文化生活出版社版收入《全集》第12卷《烛虚》集。

8月15日　《小说作者和读者》刊载于《战国策》第10期，署名沈从文。收入《烛虚》（文化生活出版社）、《新的文学运动与新的文学观》（云南省经济委员会印刷厂出版）。收入《全集》第12卷《烛虚》集。

8月16日　下午，参加在昆中北院南食堂举行的国立西南联合大学民国二十八年度第三次教授会议。

8月17日　散文《生命》刊载于香港《大公报·文艺》，署名雍羽。文章表达了沈从文对"生命"的思考："抽象的爱，亦可使人超生。爱国也需要生命，生命力充溢者方能爱国。至如阉寺性的人，实无所爱，对国家，貌作热诚，对事，马马虎虎，对人，毫无情感，对理想，异常可怕。也娶妻生子，治学问教书，做官开会，然而精神状态上始终是个阉人。与阉人说此，当然无从了解。"收入1941年8月文化生活出版社出版的《烛虚》集时，有修改。后将其作为《长庚》的一部分收入《新的文学运动与新的文学观》（云南省经济委员会印刷厂 1944 年版），有修改。据文化生活出版社版本收入《全集》第 12 卷《烛虚》集。

8 月 19 日 散文《烛虚》第四部分刊载于香港《大公报 · 文艺》，署名上官碧。这是该文的第二次发表。

诗歌《莲花》发表于香港《大公报 · 文艺》第 907 期，署名雍羽。收入《全集》第 15 卷《忧郁的欣赏》集。

8 月 20 日 小说《梦与现实》开始在香港《大风》半月刊第 73 期连载，至本年 10 月 5 日该刊第 76 期刊载完毕，署名李綦周。编者曾在小说题名下有如下附识："李綦周先生，是国内一位素负盛名的作家笔名，读者们不难从他的笔调上，来推测他的真姓名。本篇文字有两万左右，分期发表，望读者不要忽略。"

按：这篇小说经作者复改，后以《新摘星录》之名，连载于 1942 年《当代评论》第 3 卷 2—6 期。后又以《摘星录》之名，重刊于《新文学》1944 年 1 月 1 日第 1 卷第 2 期。《大风》刊本与后两个版本有较大差异。据《新文学》刊本收入《全集》第 10 卷《虹桥集》。

8 月 28 日 致信张充和。收入《全集》第 18 卷。

9 月 1 日 据吴宓日记载："赴林同济、何永佶邀晚西餐，于其宅。客为滕固，沈从文先去，冀朝鼎继来。畅谈林语堂、王际真等。"

9 月 5 日 小说《梦与现实》（二）连载于《大风》半月刊第 74 期，署名李綦周。

9 月 14 日 散文《烛虚》刊载于香港《大公报 · 文艺》第 925 期，本文为作家平日杂记的摘抄，较多地透露出作者的心境，署名上官碧。后作为《烛虚》的第五部分收入《烛虚》（文化生活出版社）、《新的文学运动与新的文学观》（云南省经济委员会印刷厂出版）。据文化生活出版社版收入《全集》第 12 卷《烛虚》集。

9 月 16 日 散文《烛虚》发表于重庆《大公报 · 战线》第 637 号，署名上官碧。

"习作举例二"《从周作人鲁迅作品学习抒情》发表于《国文月刊》第 1 卷

第2期，署名沈从文。文中对周氏兄弟的风格进行了对比："一个近于静静的独白；一个近于恨恨的咒诅。一个充满人情温暖的爱，理性明莹虚廓，如秋天，如秋水，于事不隔；一个充满对于人事的厌憎，情感有所蔽塞，多愤激，易恼怒，语言转见出异常天真。然而有一点却相同，即作品的出发点，同是一个中年人对于人生的观照，表现感慨。这一点和徐志摩实截然不同。从作品上看徐志摩，人可年青多了。"收入《全集》第16卷《沫沫集续编》集。

9月25日　小说《梦与现实》(三)连载于《大风》半月刊第75期，署名李綦周。

10月1日　杂文《谈家庭》刊载于《战国策》第13期，署名从文。在讨论妇女问题时，沈从文认为不能泛泛而论，"假定男女实需要'合作'，不必'对立'，试作一种研究，所得结果也许可望比整个妇女部所作的活动还有意义，有价值。"在沈从文看来，从合作的角度看，"一个家如果像个窠，软和温暖之外，还相当清洁美丽，在关系上又不大复杂，(鸟类在这方面远比人聪明，多是小家庭制度！)为女性乐意，实在是件自然不过的事情。"在沈从文看来，"在政治上或男女关系上，目下似乎都流行一种风气，即用一个宦寺阴柔风格来活动，从阿谀、驯顺、虚伪、见技巧，为时髦人生观。玩政治的一部分小丑清客，尤多此种现象，生命力的融金铄石，与求真进取心，都成禁忌，被限制，有日趋萎缩情形。凡一问题超越习惯的心与眼，从一较新观点注意的意见，在清客式的论客看来，都无一不将成为笑话。"收入《全集》第14卷《怎样从抗战中训练自己》集。

在昆明重校《一个爱惜鼻子的朋友》，并在文末注明："时市区大轰炸，毁屋数百栋。"

10月4日　在昆明对小说《边城》再度进行了校改。

10月5日　小说《梦与现实》(四)于《大风》半月刊第76期连载完毕，署名李綦周。

10月6日　杂文《论统制》发表于《云南民国日报》"星期论文"专栏，署名沈从文。本文系对郭任远在国民党云南省党部第七次文化座谈会所做学术讲演

《学术统制问题》的回应。本文未收入《全集》，兹照录如下：

谈统制

沈从文

前不久看到郭任远先生的学术讲演词，大意以为“我们希望国家有办法，必须从一切统制着手。并世号称强有力的几个国家，都是极严格统制其国内人民行为思想，力量集中，方能称强图霸，学术思想，尤其需要统制”。个人是赞成这种统制思想的。不过中国如果当真需要如此力量集中，谈到统制时，问题千头万绪，似乎得针对事实，分个先后轻重。中国在目前是个党治国家，所以谈统制，第一就得从党员着手。使党员受严格训练还不济事，尚需要一种特殊教育，对于党的关系必需从寄食小公务员地位，变为宗教徒的素朴虔诚。勇于为国家社会服务，且知道如何为国家社会服务。郭先生是国内有数心理学家，主持民族心理学院，必承认从心理上想办法，使党员产生宗教的疯狂，应当成为国家目前重要设计之一种。这事作不到，别的事都无希望可言。其次是关于大小公务员的心理改造，在职务上，如何从混饭吃办公文习惯，转而为有效率能尽职，在升迁上，如何从亲亲主义，大同乡主义，小组小班子主义，转而为郭先生所言的民治主义中的法治。再其次是关于社会行业的法规运用，也必需有一个心理改造设计，方能面目一新。直到末了一直，恐怕才需要注意到学术思想的统制。这理由很简单明白，谈统治离不了“头脑”，不仅仅是“力量”！国家大，问题多，一切事都得专家用脑子思索处理，决不是表面上三五个人有权力即可以管辖得了。一个团长可以派兵占领管辖一个纱厂，可是决不能作工程师，使纱厂进行发展。在极权国家如德苏，国力能作战，能膨胀，最开头的事实，就是构成国家重要分子之一的党员，受有严格训练，知“作事”不仅“揽权”。另外重要分子之一的公务员廉洁守法，上下一致。另外重要分子之一的专家，不问是属于技术范围，还是理论知识，照例要在抽象信仰原则上不悖乎当前国家的政治口号，所作的事受限制特别少。专家在他专门问题上，讨论的自由永远不会丧失。专家若失去所学所知立场，过分敷衍政策，不免言不由衷，则效果毫无。就近例言，郭先生的讲演，反应于一般有头脑的读书人印象，即恰恰如此。在目前中国，言抗战，言建国，最能理解国策，在原则上一致无二的，当无过于教育圈中的知识分子，他其所以不必统制容易见功的原因也很简单，即这一群人生活在实际政治以外，无名，位，财，利害得失私心夹杂，所以就好好保存了对于国事从大处看远处看的清明头脑。除去少数欲因缘时会有以自见的分子，在言行上作投机打算，多数人的态度，都是无问题的。看着郭先生的讲演后，使我感觉到“统制”的问题，在党员公务员以外，似乎还得把宣传者列入应受特别训练严格统制之位。因为解释国家政策的人，如果就不大明白中国知识分子的地位和情绪，在向知识分子说话作用有时是相反的。若说学术思想必需统治，我赞成先从对运用统制者的头脑入手，这些人头脑需要冷静，明白，与他们专门知识相配称，方有意义，有好影响。若不然，种种宣传都应了俗话说的“帮倒忙”。帮倒忙的人一多，抗战持久建国必成，从何说起？

10月7日

本日 西南联合大学开学。

10月10日 校改小说《猎人故事》。

同日，开始校改《从文自传》。

10月13日 日机轰炸昆明，沈从文和卞之琳合住的师范学院宿舍受损严重，遂迁至昆明文林街20号楼上居住。

10月16日 “习作举例三”《由冰心到废名》发表于《国文月刊》第1卷第3期，署名沈从文。收入《全集》第16卷《沫沫集续编》集。

10月27日 杂文《男女平等》发表于昆明《中央日报·中央副刊》第9期，署名从文。在讨论男女平等问题时，沈从文依旧强调男女“合作”的重要性：“求‘男女平等’，或者还得另想办法。这办法应当将男女关系重新给予一种解释，在分工合作情形上各自产生一种尊严感，这尊严感中实包括了‘权利’和

‘义务’两种成分。义务不能相同，权利也容许有不尽同处。到那时女子‘得到一切’的幻想或者自然会承认事实，改为‘得到所能得到的’。且明白解决妇女问题，比别的问题还切迫需要从‘认识’入手，第一点即认识男女不宜从对立方式作无结果的战争，却必需在合作趋势上建设生活的理想，女性能明白一个家对于母性本能发展的重要性，如何大，如何重要。幻想始终有个生理限制，对少数可望超越，对多数还得服从自然。男性若明白有关男女问题殊不必对立争权，更不必在名词上纠纠缠缠，凭空说理，所努力的是如何来安排一个好好的家，在家的意义上，享乐感与责任感调和得恰到好处，使这个家恰如一个聪明鸟儿温暖的窠，适宜于发展母性鸟类孵卵育雏本能，而又不丧失现代女子所需要的自尊心，因此一来，妇女平等问题就简单多了。”收入《全集》第14卷《怎样从抗战中训练自己》集。

11月8日　据《郑天挺日记》：“至昌生园贺戴君亮女公子于归湘中张氏，送喜敬十元。证婚孟邻师暨罗钧任，介绍人章矛尘、沈从文。”

11月10日　校改《湘西》中的《沅陵的人》。

11月16日《妇女生活》第9卷第5期转发《男女平等》一文的同时，发表了读者来信《读了沈从文先生的〈男女平等〉以后的几点疑问》，对沈从文的观点提出商榷。

11月20日　下午6时，出席《战国策》编辑部为范长江举办的晚餐会，同席者有：林同济、何永佶、雷海宗、陈铨、洪思济等，云南《民国日报》社社长杨秀峰、《新蜀报》驻昆明特派员方刚作陪。在聚餐会上，沈从文声明，林同济、雷海宗关于人类历史和命运的看法，“只是他们个人的思想，不是《战国策》全体一致的立场。”范长江在通讯中说：“沈从文教授只表示他对《战国策》的看法只是一种‘政治的抒情’，始终不脱他文艺家的作风。”[1]

11月25日　与开明书店签订《沈从文著作集》出版合同，保证人为徐调孚，

---

① 长江：《昆明教授群中的一支“战国策派”之思想》，《云南文史资料选辑》第21辑，第197—202页，云南人民出版社1984年版。该文原载湖南《开明日报》1941年1月9日第3版。

约定版税为 15%。[①]

11 月 28 日　下午，吴宓来文林街 20 宿舍访沈从文，未遇，遂留一函而去。

本日　受田学曾委托，沈从文将吴宓致毛彦文的信转给吴宓，同时致信吴宓。沈从文信未检得。据吴宓日记载："下午 1—2 归舍，接沈从文转来沪函，盖彦托言迁居，命熊外甥田学曾将宓致彦之 No.24 函退回。已拆阅。并授意田作函复沈。托沈转告宓请绝，勿再来信。沈从文亦附一函致宓。劝宓止休，言颇委婉（田、沈两函并存，未录入日记）。"

12 月 12 日　散文《看云》发表于香港《大公报・文艺》第 987 期，署名上官碧。改题《一、云南看云》收入《云南看云集》（国民图书出版社 1943 年版）"第二组　新废邮存底 16 则"。收入《全集》第 17 卷《云南看云集》。

12 月 17 日　重新校改小说《寻觅》《爱欲》《猎人故事》，并在《爱欲》文后题写："摘抱春花一小束夹书内，记念此冬天的温暖。"（开明版《月下小景》）

12 月 30 日　《废邮存底——给一个广东朋友》发表于香港《大公报・文艺》第 1000 期，署名上官碧。改题《二、给一个广东朋友》收入《云南看云集》（国民图书出版社 1943 年版）"第二组　新废邮存底 16 则"。收入《全集》第 17 卷《云南看云集》。

本　年

本年　王西彦的《夜宿集》由商务印书馆出版发行。沈从文不但经常鼓励王西彦进行文学创作，而且对这本书有推荐之功。据王西彦回忆："有一天，我去看望他，谈话的内容照例是关于一些写作方面的事情。他忽然微笑着问道：'我看你发表了的作品不算少了，编得成一本书了吧？怎么样，编它一本好不好？'能够把写下来的习作编成书出版，对我当然是一个望外的喜讯，刹那间

① 邱雪松：《略谈"开明书店版税版权表"》，《新文学史料》2018 年第 2 期。

自然也顾不得习作的幼稚粗陋，忘记了对自己的严格要求，不仅立刻表示了同意，而且一回到住处就满怀兴奋地做起编选工作。当时还有种依赖思想。觉得反正还有一位前辈在那里把关，自己只要收集一下就行。过了几天，我就把一大包发表过的稿子送到从文先生家里去，请他再给我看一看，选一选。几天以后，我又性急地跑去找他，他依然微笑着告诉我道：'书已经给你编起来了，取了其中一篇的题目做书名，就叫做《夜宿集》，好不好？' 不待说，我也马上表示了热切的赞同。'那么，'他接着说，'我把它推荐给上海商务印书馆，他们正委托我编一套创作丛书，你这个集子就算作中间的一本，好不好？' 商务印书馆是一家全国最大的书店，如果不是有人推荐，一般很少接受象我这样初学写作者的稿子，可以想见我对他的感激。"①

1940–1941 学年度 沈从文与吴晓铃承担了中国文学系的"补大一国文（读本作文）"（4学分），单独承担了中国文学系和国文学系的"各体文习作（一）"（2学分）、"中国小说"（4学分）。

① 王西彦：《闪烁的灯光——〈乡土·岁月·追寻〉之六》，《新文学史料》，第1期。

民国三十年　1941 年　40 岁

1 月 6 日　国民党制造了皖南事变。

5 月 16 日　《解放日报》在延安创刊。

5 月 29 日　中国民主革命同盟在重庆成立。

6 月 22 日　希特勒发动闪电战，进攻苏联，苏德战争爆发。

12 月 7 日　日本偷袭珍珠港，太平洋战争爆发。

12 月 9 日　国民政府发布《对日宣战通告》《对德意宣战布告》。

---

1 月 1 日

本日　《战国策》第 15、16 期合刊发表署名沈粥煮的读者来信《提倡做人的新态度》，笔调风格与沈从文相似，作者是否是沈从文，待考。[①]

1 月 7 日　作《敌与我》。

《白河流域几个码头》《泸溪 · 浦市 · 箱子岩》《湘西》《从文自传》校改完成，并在《苗民问题》文末注明："三十（1941）年一月七日校毕，时在昆明郊外，天晴有风。"

校改小说《月下小景》《扇陀》，并在《月下小景》文后写下如下后记："三十年一月七日在昆明重校数字。是日焚去文稿一万五千字，但余一片火光一点灰烬在印象中。人生。"

1 月 11 日　校改小说《女人》《猎人故事》《一个农夫的故事》。

1 月 12 日　在昆明重新校改《月下小景 · 题记》《医生》《慷慨的王子》，并在《题记》文后写下如下文字："三十年一月十二日在昆明重校改毕，时天气清明，严冬中尚有报春花，在浅灰枯草中开放小小蓝色花朵。阳光清晨从门入，照在墙上一片黄。中午从屋顶瓦隙入，照在床铺上，作成酒盏大一饼一饼。黄昏从窗口入，照在书架上使人起'夕阳无限好只是黄昏'感。夜中用菜油灯作

---

① 参见李雪莲：《沈从文与〈战国策〉派的关系有多深？》，《现代中文学刊》2016 年第 5 期。

事，便于从薄黄微明灯光下，回忆阳光，并温习阳光下种种人生。唉，人生。从文题记。”在《慷慨的王子》文后题写：“三十年一月十二日昆明重校一过。天晴有风，心如云举。人生可悯。”（开明版《月下小景》）

1月14日　校改《八骏图》《如蕤》《三个女性》，校改后的小说收入开明书店出版的《春灯集》《黑凤集》。

1月21日　向晓晖来访。

1月22日　致信向晓晖，谈及为朋友介绍工作事：“本来胡宗南部一个范军长为人极好，介绍好几个朋友去都工作得甚好，近来介绍聂长荣去，即为汇五百块钱作路费。先想子英能去也好，到后恐他脾气不大能与人相处得来，又怕事小不干，事大则干不了，所以等将来再看。明后年也许我也得放下书本到那里去做点事，我志愿不如上得人尊敬是毫无可疑的。”收入《沈从文全集·补遗卷3》。

1月25日　《敌与我》发表于《民族思潮》第1卷第1期，署名沈从文。本文未收入《全集》。后收入《全集·补遗卷1》《怎样从抗战中训练自己》集，出刊日期标注有误。

一月　九妹沈岳萌入职西南联合大学图书馆书记（专任），填写的学历是吴淞中国公学毕业，薪金100元。

2月3日　复施蛰存函，署名上官碧。信中曾谈及办刊物事：“刊物纯文学办不了，曾与林同济办一《战国策》，已到十五期，还不十分坏，希望重建一观念。因纸张太贵（将近三百元一令），印得不甚多，不够分配，因此老友也不赠送。我意思倒想好好的重新来用这支笔十年，可是生活程度过高，不能不教书过日子。所谓理想，只好当成一种理想。”谈及文坛现状：“××作参政，实因走内线，与宋庆龄攀同学，宋拟利用她办文化。结果，如说与文坛有关，恐不是光彩，近于××。虽说办文化事业，末了恐不外与梁实秋、熊佛西诸老友办一杂志，装点装点而已。杂志中不外梁莎氏评论、文，苏雪林、王平陵小说，老舍长诗……你想想看，将有多大意义？”“新作家联大方面出了不少，很有几个好的。有个汪曾祺，将来必有大成就。萧乾太太王树藏，写小说或者也有前途。”收入《全集》第 18 卷。

2 月 18 日　《新废邮存底（十）——给一个作者》发表于昆明《中央日报·文艺》第 21 期，署名沈从文。收信人为邓骏。改题《给一个作者》收入《全集》第 17 卷《新废邮存底续编》集。

2 月 20 日

本日　西南联合大学放寒假。

3 月 3 日

本日　西南联合大学开学。

3 月 6 日　上午，路遇吴宓。

3 月 15 日　在香港《大公报·文艺》第 1051 期刊发《变变作风》，署名沈从文。沈从文对战时的现状颇为不满，因此发出“变变作风”呼吁：“我们应当承认，直到如今为止，后方有许多事都近于消极应付，不是积极进行的。即有关国防设计各重要事业，负责人肯作事的固然不少，怕作事，懒作事，不会作事因而误事的，也就到处可见。公务员之不讲效率，对生命无目的，无理想，更是一件显而易见的事。且因生活物价增高，一种可怕的‘实际主义’日益流行，腐蚀多数人做人的良心，做人的勇气。既缺少一种高尚感情，当然也就缺少用那个感情去追求一种人类庄严原则的勇气。”收入《全集》第 14 卷《怎样从抗战中训练自己》集。

3 月 16 日　在桂林《大公报·文艺》桂字第 1 期刊发《变变作风》，署名沈从文。这是本文的第二次刊发。

本日　《学习》第三卷第十二期在“学习播音”栏发表综合消息，述及沈从文的女性观问题：“半年前在大后方因沈从文的《烛虚》及端木露茜的《蔚蓝中的一点黯淡》等文而引起的关于妇女问题的论战至今仍余音袅袅。沈从文近仍为文坚持原见（《妇女生活》九卷五期中转载并予驳斥）。重庆出版《新评论》十七期中有《男人的偏见》一文主张男女‘分工’，‘古人因此归定主内外的区别，标举有家有室的大体。这在今日虽不是天经地义，但应当是天经地义’云云。”

3月28日 复施蛰存函并寄一条幅。收入《全集》第18卷。

3月31日 创作诗歌《看虹》。

在重庆《大公报·战线》第744期发表《变变作风》，署名沈从文。这是本文的第三次刊发。

4月9日 据吴宓日记载：“府前街早餐。遇沈从文兄妹。”

4月14日 在徐志摩、陆小曼的《爱眉小札》上作题识：“卅年四月十四夜，烧去文章约一万四千字。只觉人生可悯。桌上有小小蓝花一撮，象征此生命在表面上的静，和内部的燃烧。一切都将成为过去，生命亦复相同。即以志摩言，死去即已十年了。”（《题〈爱眉小札〉》，《全集》第14卷《艺术题识录》集）

4月21日

本日 香港《大公报·妇女周刊》刊发茜菲写的《春光里的桂林妇女》，描述了桂林《力报》转载了尹及、沈从文的谈妇女、家庭及男女平等的相关文章后，桂林妇女界对这一问题展开的讨论。

4月30日 致信沈云麓。收入《全集》第18卷。

5月6日 致信沈云麓。收入《全集》第18卷。

5月15日 早上五点起至黄昏时分，一直在创作小说《摘星录·绿的梦》，小说完成后，意犹未尽，为之撰写《后记》，记录了沈从文的创作本篇小说时的心境。对作者而言，这是颇值得纪念的一天。兹摘录“后记”如下：

> 这个作品的读者，应当是一个医生，一个性心理分析专科医生，因为这或许可以作为他要知道的一分报告。可哀的欲念，转成梦境，也正是生命一种型式，且即生命一部分。能严峻而诚实来处理它时，自然可望成为一个艺术品。然而人类更可哀的，却是道德的偏见使艺术品都得先在“道德”的筛孔中一筛，于是多数作品都是虚伪的混合物，多数人都生活在不可思议的平凡脏污关系里，认为十分自然，看到这个作品时，恐不免反要说一声“罪过”。好像生活本身的平常丑

陋，不是罪过，这个作品美而有毒，且将教坏了人。唉，人生，多可哀的人生。今天天气实在阴沉得很，房中闷闷的，我从早上五点起始，就守在这个桌边，到这时已经将近十一点钟，什么东西都不吃。买了一小束剪春罗红花，来纪念我这个工作，并纪念这一天。现在好了，我要写的已完成了。可是到抄毕时身心都如崩如毁，正同我所写的主人送走客人以后，情形差不多，一切似乎都无什么意义，心境空虚得很。只看到对窗口破尾瓦沟中有白了头的狗尾草在风中摇动，知道梦已成为过去了，也许再过五十年，在我笔下还保留一个活鲜的影子，年青读者还可从这个作品中，产生一个崇高优美然而疯狂的印象。但是作者呢，却在完成这个工作时，即俨然已死去了。唉，人生。时民国三十年五月十五日黄昏，李綦周记于云南。

5 月 23 日　作《给一个军人》。文章谈及自己和陈铨的论争："你看过《战国策》，怎么会把我和陈铨先生主张并提？怎么会以为我是和他同在赞美超人英雄？我只记得陈先生写了篇'英雄崇拜'，我写了篇文章驳他。把我和他并提，是一些莫名其妙的人在小刊物上写杂感时的技巧，与事实是完全不相符的，你若有机会翻《战国策》也就会明白，不至于同意杂感家胡扯了。"在沈从文看来，"读者如不能从我作品取得做人气概，至少还可望从我作品中取得一点做文章技巧。如果文学运动的意义，是要用作品燃烧起这个民族更年青一辈的情感，增加他在忧患中的抵抗力，增加活力，据我私意，若照当前一些文学掮客抢群众方法，是不会有何成就的。他得有好作品，方可望得到。要有好作品就要作家耐得住寂寞，用一个比较诚实素朴的态度来从事工作，三十年还只是个假定，事实上是应当终生努力，到死为止的。好的文学作品照例应当具有教育第一流政治家的能力，可是如今一部分作家，却只打量从第三流政客下讨生活。我的意见受许多人批评，以为不切实际，也是极自然了。"该文刊本不详。以《七　给一个军人》为题收入《云南看云集》（国民图书出版社 1943 年版）"第二组　新废邮存底"。收入《全集》第 17 卷《云南看云集》。

6 月 16 日　据吴宓日记载："遇林文铮与沈从文，共行且谈（令孺事）。"

6 月 20 日　小说《摘星录・绿的梦》（上）刊载于香港《大风》半月刊第 92 期，至 7 月 20 日第 94 期连载完毕，署名李綦周。这篇小说未收入《全集》，《全集》第 10 卷中的同题小说为沈从文的另外一篇小说。收入《沈从文全集・补遗卷 1》《虹桥集》。

6 月 30 日　跑警报时遇吴宓。

7 月 1 日　西南联合大学学期结束，暑假开始。

7 月 9 日　校改小说《主妇》，文末注明小说的创作过程："廿五年作于北平。廿六年五月改。廿九年三月重看一周。六月二十二、六月二十四重改。卅年七月九日整夜守在桌边。此文宜重写。"后据此版本收入《黑凤集》（开明书店）。

7 月 5 日　小说《摘星录・绿的梦》（中）载于香港《大风》半月刊第 93 期，署名李綦周。

7 月 20 日　小说《摘星录・绿的梦》（下）和作者写的《后记》载于香港《大风》半月刊第 94 期，署名李綦周。

七月 创作完成小说《看虹录》。

八月　散文集《烛虚》作为"文季丛书之十四"由文化生活出版社出版，收入《烛虚》《潜渊》《长庚》《生命》《新的文学运动与新的文学观》《白话文问题》《小说作者和读者》《文运的重建》等作品。收入《全集》第 11 卷《烛虚》集。沈从文曾在自存留样本后作题识："这部分多从日记摘出。三十三年因心脏病，计焚毁日记本七册，另稿十五件，多未发表故事。"题识后以《题〈烛虚〉留样本》收入《全集》第 14 卷《艺文题识录》集。

10 月 6 日

本日　西南联合大学新学期开始。

十月　致桂萼信以《谈到写作》为题刊于《警钟》第 5 期，署名沈从文。信末注明写于 8 月 16 日，写作年代不详。本信未收入《全集》，信件文如下：

桂萼先生：

在昆明张景阳同学谈灰先生主特一刊物，要我写一点文章，给边地朋友看，因为学校事忙，个人私事也多，且不明刊物需要，不知写什么好，所以始终不曾动笔。若说关于“写作”一方面经验，又恐说来反而使正在努力雄心勃勃的小朋友丧气，因个人虽拿笔将近十五年［本句《当代作家书简》本作“因我拿笔将近十五年”］，破烂习作印了一堆，可是从工作理想上来说，就还未脱离试验期间，换言之，就是“未毕业”，当真还需要三五年才望毕业，毕业后才打量好好的来写点什么，看看究竟能不能写出点东西！正因为个人私意，总觉得这工作相当重要，也就相当困难、五四初期文学运动作家成功太容易了，底子不厚，根基不深，结果影响大，成绩少，到后来文学运动又受了商业和政治牵连控制，作家用力于“活动”的多，用力写“作品”的少，把近十年成绩数数，还是不够令人满意，我是个保留一点乡巴老幻想的人，以为想使这个文学运动有点好成绩表现，一定还得一些人，来低头作各种试验，并将超越流行文学观而上，从各种方面产生些形式内容不同的作品，为二十世纪留下些好作品，为二十世纪上半世纪留下些好作品，使它在社会上起新陈代谢作用，代替那些旧货，事无可疑，这事是要人肯牺牲普通所谓“成功”好处，来在一种寂寞不过情形下努力苦干，方有结论的，可是这意见，是只适宜少数对于中国这一部门工作抱有宏愿和坚信的朋友说说，并不宜向多数表示，多数写作者的动机，似乎应当放在“出版”“成功”一类名词上受刺激，起反应，尤其是身在内地的朋友，更需要从“出路”得到鼓励，得到满足，若照我们的意见说来，未免扫兴！不过我从学校教这一行经验看来，又觉得如果年纪青的同学，如承受“永远学习”这个观点来从事写作，目的远，理想大，不因小小成功自满，也不因一时无出路灰心，结果总比较能持久，比较有成就，所以初步学习劝他们写杂记，写日记，总之大量的写，来学习控制这支笔，运用这支笔，在联大一年级国文班上还不许他们写理论文章，只许作抒情叙事文字，这种试验似乎对多数无什么用，对少数存心要写作的朋友还有些用处，这意见也许很旧，很俗气，不过倒合乎实用，不知尊意以为如何？事［《书简》本作“此”］颂安好。

沈从文顿 八月十六日①

11月5日 小说《看虹录》刊于香港《大风》半月刊第100期，署名李綦周。这是该篇小说的第一次发表。收入《全集》第10卷《虹桥集》。

诗歌《看虹》发表于香港《大公报·文艺》第1219期，署名雍羽。收入《全集》第15卷《忧郁的欣赏》集。

十一月 校改小说《三三》，并在文后注明创作过程：“起八月五日讫九月十七日（青岛），本文廿年青岛写成，卅年十一月在昆明重看。前后相去已十年，人生实可悲悯。”改后的小说收入《黑凤集》（开明书店）。

十二月 致信李豪。

本年

春天 开明书店准备出版沈从文作品的“改订本”，重新对作品集进行校订。

本年 与杨振声先生一起，担任西南联合大学中国文学系学生吴宏聪、姚殿芳的毕业论文指导教师，吴宏聪的毕业论文题目是《曹禺研究》；姚殿芳的毕业论文题目是《红楼梦中的描写举例》（《国立西南联合大学史料》第3卷，第108—109页）。

1941—1942学年度 沈从文与周定一合作讲授中国文学系的《国文壹G（读本）》（4学分）课程，独立承担了中国文学系和国文学系的《各体文习作（一）》（2学分）、《中国小说》（2学分）两门课程，中国文学系的《创作实习》（2学分）课程。

① 参见蒙树宏辑注：《郭沫若、沈从文佚简六封》，《昭通师专学报》1998年第3、4期。该信后曾以《来学习控制这支笔》为题收入卫明编《当代作家书简》，文字略有出入。

民国三十一年 1942年 41岁

1月1日 中美英苏等26国在华盛顿签订《对法西斯轴心国共同行动宣言》。

1月5日 蒋介石就任同盟国中国战区总司令。

2月1日 毛泽东在延安做《整顿党的作风》的报告，延安整风运动由此展开。

3月15日 国民政府发布修正后的《中华民国国民政府组织法》。

3月29日 国民政府发布《国家总动员法》。

5月2日 中国共产党在延安召开文艺工作座谈会，毛泽东在会上做了讲话。

6月2日 《中美抵抗侵略协定》在华盛顿签署。

1月26日 复信耕寒。该信后以《对作家和文运一点感想——新废邮存底七》为题发表于重庆《大公报·战国》第11期。

2月8日

本日 重庆《大公报》在《第一日：文艺动员》一文中介绍在昆明出版的《创作》杂志，该刊由张煌主编，“撰稿人有李广田，马耳，沈从文等。”

2月11日 论文《对作家和文运一点感想——新废邮存底七》在重庆《大公报·战国》第11期发表，署名沈从文。谈及中国现状及办《战国策》的初衷：“正因为中国读书人有个‘多数’，都生活在一种可怕的习惯中，尤以做‘大’事的常常眼光特别‘小’，多重在‘经验’，而一生经验的运用，又只重在能够‘对付目前’。这些人既少对国家明日的幻想，又少爱重真理的勇气，更少对崇高优美的抽象原则认识追究的兴趣。虽做统治者，其实只宜做个三等公务员；虽做设计者，或者天生倒是个小官僚；本来虽是专家，在官场习惯中已不知不觉渐渐变成办公事好手，结果一例只知在‘承认现状’下拖混，即明知拖混不是办法，然而也决不敢大胆去想想，这个国家如果如何如何，就可能如何如何；要如何如何，必如何如何。在位者以为大势如此，将当前明天，一同付之命运。不在其位者，尚有少许热忱，且明知在习惯中拖混不是了局的，自然便觉得事事痛苦，也令人恐怖。实在沉默不下时，就不免大声叫喊几声，想使多数中的少数知道侥幸的人生观绝对应付不了‘明天’。这个民族若不甘心灭亡，想要挣扎，得有勇气先从‘因循’习惯中挣扎出来，这国家方可望有个转机。这就是当时几个朋友办刊物的一点理想。只是理想与事实对面，失败了，这刊物出了十七期，就不能不停顿。”收入《全集》第17卷《新废邮存底续编》集。

2月16日　《新废邮存底》发表于《文聚》半月刊第1卷第1期，署名上官碧。后改题《新废邮存底·十　给一个在芒市服务的小学教员》收入《云南看云集》(国民图书出版社1943年版)。收入《全集》第17卷《云南看云集》。

2月19日

本日　西南联合大学学期结束，放寒假。

3月2日　西南联合大学开学。

4月11日　晚上，在冯至家中用餐，同席者还有李广田等人。

4月16日

本日　巴金致信沈从文，信中说：“我极希望你能把生活好好安排，多写几个长篇出来。我不相信一提笔就会叫人想疯。写小说不是一件再平常没有的事么？使自己的心和万人的心接触，把自己从这世界中感受到的一点温暖，见到的一点光明，分给那些需要它们的人。我们纵使不能点一盏灯给那些迷路人指点前途，却不妨在山道上放一缸水，一把瓢，让那班口渴的行路人歇歇脚，饮口凉水，再往前走。文学是团结人群的，是一件使人头脑清醒的工作，而且是需要着理性和智慧来完成的。你极聪明，又不是不明白，而且有大的才能，因此你是极适宜于做这种工作的。那么你为什么要长久搁笔呢？望你仔细想想。今天托和成银行汇上三百三十八元八角，请收下，除付你和三小姐版税外，并请付之琳42．88，毓棠44.10。”[①]这封信既表达了巴金自己的文学观，同时也饱含了巴金对老友的期许，感人至深。

---

① 巴金：致沈从文（一九四二年四月十六日），《巴金全集》第24卷，第93页，人民文学出版社1994年版。

4 月 20 日　小说《王嫂》经修改后发表于《文聚》月刊第 1 卷第 2 期，署名沈从文。这是这篇小说的第四次刊发。收入《全集》第 10 卷《乡村琐事》集。

4 月 21 日

本日　陈铨的《再论英雄崇拜》在重庆《大公报·战国》副刊第 21 期发表，回应了沈从文发表于《战国策》上的《读英雄崇拜》一文。陈铨在文中说："沈从文先生在《战国策》第五期载有《读英雄崇拜》一篇（长文），贺麟先生在《战国策》第十七期讨论'英雄崇拜与人格教育'。沈先生是反对英雄崇拜的，贺先生是英雄崇拜的。沈先生例举了许多当前零碎的事实，作些反驳，对于原文主要意思，哲学的根据，未予深刻的讨论。……沈先生和贺先生的态度，都是很诚恳的，无论他们赞成或反对，我都一样地欢迎，因为他们能够严重地把这一个问题当作一个问题，这在新时代演变中间，已经是最足令人吟味的事实。不过同时，细读他们文章以后，也不免令我私怀失望，因为他们都忽略了我原文最重要的意义。"

5 月 1 日　小说《秋收和社戏》发表于《自由中国》论丛第 2 卷第 1、2 期合刊，署名从文。收入文聚社《长河》单行本时改题《社戏》。收入《全集》第 10 卷《长河》。

5 月 2 日　在西南联合大学国文学会发表题为《短篇小说》的演讲。

5 月 10 日　校改小说《静》，后收入《黑凤集》（开明书店）

5 月 11 日　重新校改《三个女性》，文末注："廿二年六月青岛（登在新社会半月刊第 5 卷三号至六号）。卅年一月十四在昆明重校。卅一年五月十一在昆明重校。"后收入《黑凤集》（开明书店）。

5 月 20 日　校改在西南联合大学国文会的演讲《短篇小说》。

五月　致信沈云麓，谈及自己的写作计划："《长河》已成十三万字，不久可付印。今年我还打量把另外一个作品写成，名叫《小砦》，用王村作背景，有七万字八万字左右。《长河》有三十万字，用吕家坪作背景。写成十个时，我将取个总名，为《十城记》。沅陵也有一个，名《芸庐纪事》，已有二万字，我预备写十万字。把你当个主角，将来必有许多人读来发笑。凤凰也要写一个。

你看到我那个《湘西》没有？是商务出版的。写来太认真，也实在累人。最近在改《长河》，一连两个礼拜，身心都如崩溃，但一想想，这作品将与一百万或更多读者对面，就不敢不谨慎其事了。十五年来工作，似乎还对得起读者，惟社会待我似不大公平，因为直到如今，还不能让我不作事即可生活。”收入《全集》第18卷。

五月 校改小说《贤贤》，校改后的小说收入《黑凤集》（开明书店）。

五月 流金的《一年集》作为“烽火丛书之五”由重庆文化生活出版社出版。据作者回忆，这本书是由沈从文“介绍到那里出版的”。

6月3日 作《新废邮存底 廿》。

6月4日

本日 巴金致信沈从文，谈及作品出版事宜：“《湖畔》又在重庆印过一版三千册，《昆明冬景》纸型已带到成都，即在这里印三千。纸张比桂林本还要坏，这是无法的事，在四川看见的土纸书，都是模模糊糊的东西。印刷纸张的问题不能解决，也只好把标准降低了。《长河》不知你如何打算，倘使交给我印，我可设法在桂林印出。我很高兴为几个熟朋友印书，也希望因此逼几个熟朋友多写点东西。”①

6月9日 在呈贡重写《长河》第一章《人与地》，文末注明：“夜深静寂，后山有狼嗥，声音使人痛苦。”

6月10日 云南省教育厅与西南联大师范学院联合举办中学教员讲习班，沈从文被聘为讲师，同时被聘的讲师还有闻一多、杨振声、朱自清等人。②

小说《秋》发表于《文聚月刊》第1卷第3期，署名沈从文。后以《秋（动中有静）》为题收入《长河》（文聚社）。收入《全集》第10卷《长河》。

6月29日 《新废邮存底 廿》发表于桂林《大公报·文艺》桂字第173期，署名上官碧。后改题《八 学习写作》收入《云南看云集》（国民图书出版社1943年）。收入《全集》第17卷《云南看云集》。

---

① 《巴金全集》第24卷，第94页，人民文学出版社1994年版。

② 《中学教员暑讲班聘定名教授多人》，《云南日报》，1942年6月11日。

六月　在呈贡重改小说《摘橘子》。

7月1日　西南联合大学放暑假。

7月7日　论文《事业和职业——新废邮存底廿二·给一个改业入银行的年青作家》发表于重庆《大公报》第八版，署名沈从文。收入《云南看云集》（国民图书出版社1943年）时改题《职业与事业》。收入《全集》第17卷《云南看云集》。

7月26日

本日　《云南日报》发表《中学教员暑讲会下月一日开课》，在介绍师资时说："文史组讲师闻一多、张清常、罗庸、唐兰、彭仲铎、朱自清、杨振声、沈从文、余冠英、萧涤非、王力、罗常培、雷海宗、孙毓棠、郑天挺、吴晗、邵循正、孙印堂"等人。

8月9日　复沈云麓函。收入《全集》第18卷。

8月14日　致信沈云麓。收入《全集》第18卷。

8月18日　小说《吕家坪的女人》发表于《贵州日报·妇女工作》副刊，署名沈从文。本文系《长河》中的一节。编者在《编辑室》中说："沈从文先生正在从事著一本新书《长河》。《吕家坪的女人》便是由《长河》第一章里摘出来的一段，原文标题《人与地》，叙述的是一个小天地里人与地如何相互为缘，全文八千余字，将在《妇女工作》二三期合刊的文艺栏中发表。"

八月　修改《谈短篇小说》一文，修改本收入《新的文学运动与新的文学观》集。

9月1日　在昆明作《文学运动的重造》。

9月8日　致信沈云麓，谈及自己的创作境遇："若照目下的商业习惯与政治上的统治方式，则我吃他们亏也极自然，因无一个可靠出版者，肯为我书推销到应有销数。政治方面又因极讨厌那些吃官饭的文化人，不愿意与他们同流合污混成一气，所以还不可免要事事受他们压抑，书要受审查删节，书出后说不定尚要受有作用不公正批评。这一切也都无妨于事，只要人存在，据我想来，总有一天要战胜流俗，独自能用作品与广大读者对面的！过去十多年来，在那种不公平情形中，我还支持过去了，像目前情形，即再支持十五年也无所谓。我相信有一天社会会公道一点，对于我的工作成就能得到应得待遇的。并且我能作的事，也必然比目前已有成就远得多的！”“我总若预感到我这工作，在另外一时，是不会为历史所忽略遗忘的，我的作品，在百年内会对于中国文学运动有影响的，我的读者，会从我作品中取得一点教育的。……眼看到并世许多人都受不住这个困难试验，改了业，或把一支笔用到为三等政客捧场技术上，谋个一官半职，以为得计，惟有我尚能充满骄傲，心怀宏愿与坚信，来从学习上讨经验，死紧捏住这支笔，且预备用这支笔来与流行风气和历史上陈旧习惯、腐败势力作战，虽对面是全个社会，我在俨然孤立中还能平平静静来从事我的事业。我倒很为我自己这点强韧气概慰快满意！”谈及自己这些年经受的现实“教育”时则说：“惟性情上也似乎受了些书本以外教育，变得稳重得多，不再驳杂浮躁，很像孔子所说年近不惑，进入一个新的心情背景中，正可准备好好的来从新起始工作十年，证明这一生最重要的年龄尚能有计划的来好好使用它。”后以《给云麓大哥》为题收入《沈从文别集·长河集》(岳麓书社 1992 年版)。收入《全集》第 18 卷。

9 月 14 日　致信沈云麓。收入《全集》第 18 卷。

9 月 15 日　修改后的小说《大帮船拢码头时》发表于《文学创作》第 1 卷第 1 期，署名沈从文。收入《长河》(文聚社)。收入《全集》第 10 卷《长河》。

9 月 19 日　致信沈荃，托他便中给金岳霖、张奚若、张充和、巴金寄些茶叶。收入《全集》第 18 卷。

9 月 21 日

本日　西南联合大学新学期开学。

9 月 25 日　小说《枫木坳》发表于《文聚》月刊第 1 卷第 4 期，署名沈从文。收入《长河》(文聚社)。收入《全集》第 10 卷《长河》。

9 月 29 日　写作论文《小说与社会》。

《谈短篇小说》发表于《文化先锋》第 1 卷第 5 期，署名沈从文。该文据作者8月修改过的文本刊发，而刊载于《国文月刊》第18期的《短篇小说》系据作者5月20日修改本刊载。据此版本收入《新的文学运动与新的文学观》（云南省经济委员会印刷厂1944年版）。据《国文月刊》刊本收入《全集》第16卷《术艺刍言》集。

9月30日　修改《谈保守》。文后注明该文写作时间为“廿九年六月作”，有误。本文当写于1938年6月14日。修改本收入《新的文学运动与新的文学观》（云南省经济委员会印刷厂1944年出版）。

九月 校正《习作选集代序》，改题《习作选代序》；修改《一般或特殊》，改题《谈宣传》；修改后的文章均收入《新的文学运动与新的文学观》（云南省经济委员会印刷厂1944年出版）。该版本未收入《全集》。

九月　修改后的《长河》之一章《人与地》发表于《妇女工作》第4卷第2–3期合刊，署名沈从文。文前有编者写的按语，颇有识见：“本文为《长河》第一章，背景是沅水上游辰河中部一个水码头，地方名吕家坪，出橘子和船夫。本文起始说明这小地方人与地如何相互为缘，影响到活在这地面上的一切。一个小小故事，即孕育在这群人的生活习惯中和这片土地的出产上，在作者笔下，故事、人物、土地、如此或如彼安排，与其说就吕家坪一地取材，不如说就两百里一条辰河取材为真，因去作者家乡六十里，另一水码头名叫高村，两岸景物人事，更近于故事发生地。又文字上亦容或有写边城情形，美丽丑恶的取舍，与一般说故事者似不大相同，这取舍与从事爱憎无关。为的是作者用笔或心接触到这个小小世界时，一种不可言说的悲悯之心即油然而生。浸透了作者生命或感情，实为爱与不忍。林语堂曾用《吾国吾民》作为一本书的名目，在这里，只可说是作者在一片小小地方所认识的‘人与地’。然而这也就正是吾国与吾民一部分！”

10月15日　小说《芸庐纪事》开始在《人世间》（桂林版）1942年第1卷第1期连载，署名沈从文。这是这篇小说的第一次刊出。收入《全集》第10卷《芸庐纪事》集。

小说《摘橘子》发表于《创作月刊》第1卷第4、5期合刊，署名沈从文。

收入《长河》(文聚社)。收入《全集》第10卷《长河》。

《为什么写，有什么意义》发表于《文学创作》第1卷第2期，署名沈从文。文章由《为什么写，有什么意义——新废邮存底廿五(给一个作家)》《"新湖南精神"——新废邮存底廿六(给驻长沙一个炮队小军官)》两封信组成，"小军官"指一葵。收入《云南看云集》"第二组　新废邮存底"时改题《十一　给一个作家》《十二　给驻长沙一个炮队小军官》。收入《全集》第17卷《云南看云集》。

10月20日　与沈龙朱一起去看望张宗和，据张宗和日记："我请他们吃早饭，花了我三十五元。后到从文住处去取袜子，在文林街二十号，和他们到一个地方，见到刘世林(我们清华八级的同学)，似乎很高兴。"

10月25日　论文《小说与社会》发表于《世界学生》第1卷第10期，署名沈从文。编者在《编者小言》中写道："沈从文先生的名字，是用不着介绍的，但读者熟习他的创作更多于他的文艺理论。在这篇《小说与社会》里沈先生论及小说对于社会之影响，其重要往往超过其他文艺作品，实在值得我们的重视，并设法提高其本身价值与地位。"收入《云南看云集》(国民图书出版社1943年版)。经作者修订，收入《新的文学运动与新的文学观》(云南省经济委员会印刷厂1944年版)。收入《全集》第17卷《云南看云集》。

论文《文学运动的重造》发表于《文艺先锋》第1卷第2期，署名沈从文。文章批评了文学运动中的一些现象："文学运动既受商业与政治两种势力的分割与玷污，尤其是商业上关系不大正常，作家难于用收入维持生活，政治方面引诱性又太大，不十分费力即可名利双收，作家中缺少自尊心的，对工作无把握的，本性上就适于充小伙计串戏的，为趋时邀功，因之必然多'朝秦暮楚'现象与'东食西宿'现象。此外，凡自信心强，而又能用作品有以自见，尚保留一点农人沉静与固持性情的，便俨然与'文坛'热闹游离，不相粘附。到后来，有那么一种情形：真在努力写"作品"的，是一群人。装模作样用政术充"作家"的，又是一群人。拿笔的照例素朴而诚恳，生活相当艰苦，行为态度还保留些村汉气或书生气，除作品外社会上很少他们露面的机会。(有些人不善于活动，在抗战后并个人生活也不能维持。)至于作空头作家的，却活活跳跳，或如官僚，或如丑角，又或兼有两种人风格而为一，在都市中十分活动。这种情形到民二十左右，即已见出端倪，二十三年后，对照更加分明，二十六年抗战一起，就简直像是‘必然如此’了。”批评的锋芒由此可见一斑。编者显然对此文心存疑虑，因此特在沈从文的文章后面写下了如下按语：“在本刊第一期《敬致作家与读者》一文中，曾提到我们的愿望‘开辟新中国文艺的新境界’。我们不能否认这几年来，新文艺对于抗建已经尽了，而且正尽着它最大的贡献；同时也得承认文学运动，乃至艺术运动都还在生长期中，事实上更需要多方面的尝试与探讨。沈先生本文所抉发的，虽然有些确是疮疤，也带着隐痛；虽然有些指摘私人，涉及作家做人的态度；虽然未免苛刻一点，本诸春秋贵贤之义，当不失为一种严正的看法。这也就是我们刊载本文的理由。至于沈先生远把理想寄托于未来，但更重要的似乎还是现在。于此尤愿能由本文引起一番检讨，也能有补于当前。有人说道：‘在文艺方面冷静严正的批评都是维持健康的良药，有作用的谩骂与标榜都是艺术良心薄弱的表现。’我想在这里是可以提供读者参考的。”本文与收入《烛虚》《新的文学运动与新的文学观》集中的《新的文学运动与新的文学观》主体部分相同，但文字表达、文章字数均有较多差异。经作者修订后，收入《云南看云集》(国民图书出版社1943年)，初版本删去了刊本中的下列文字：“所以文学运动的重造，这个问题的提出，即无补于当前，也必有助于未来。我们不妨让当前的一切照常存在，为的是它似乎也有理由存在。且期待未来的那个不同，为的是明日社会必然不同。这个重造希望，在今日虽能由‘官家’来决定，在明日却显然是要看作家‘如何’的。”收入《全集》第17卷《云南看云集》。

10月26日　张宗和来，据张宗和日记：“路过从文处，又说起用功的话，心里不高兴。”

十月 在昆明广播电台讲《小说与社会》。

十月 修改《谈朗诵诗》《小说作者和读者》《文运的重建》(改题《纪念五四》)、《谈朗诵诗》，修改本收入作品集《新的文学运动与新的文学观》(云南省经济委员会印刷1944年版)。北岳版《全集》没有收入作者修改后的版本。

十月末　将《梦与现实》进行重新删改，易名《新摘星录》。

11 月 22 日　据《梦与现实》改写的小说《新摘星录》开始在昆明《当代评论》第 3 卷第 2 期连载，至 12 月 20 日该刊本年第 6 期连载完毕，署名沈从文。收入《全集》第 10 卷《虹桥集》。

12 月 16 日　《短篇小说（五月二日在西南联大国文学会讲）》一文发表于《国文月刊》第 18 期，署名沈从文。这是该文的第 2 次发表，收入《新的文学运动与新的文学观》（云南省经济委员会印刷厂 1944 年版）时改题为《谈短篇小说》。据《国文月刊》刊本收入《全集》第 16 卷《术艺刍言》集。

本 年

西南联合大学将沈从文的工资由 280 元调整为 350 元。

致信易梦虹："据我私意，你文笔宜于写带论事性质散文，有情感辞藻将增加那文章生动。若写信，想文字亲切而贴近语言，真正可永远师法的一本书，倒是随地可得的《圣经》。新旧约给我的启示即极大，尤其是用文字造风格有以自见，这本书有好些地方俨如在示范。譬如用比拟法，即其一例。试把它和《红楼梦》放在身边，当成学习控制语言的参考工具，我觉得有益无害。"本信首先披露于易梦虹的《悼念沈从文老师》（《散文》，1988 年第 8 期）。收入《全集》第 18 卷。

与杨振声合作指导中文系吴宏聪的毕业论文《曹禺戏剧研究》。1999 年 9 月 10 日，吴宏聪在写给陈平原的信中说："我四年级做毕业论文的题目是《曹禺戏剧研究》，当时曹禺的剧作虽然很轰动，但把曹禺作为学术研究的对象恐怕不多，'话剧'与'学术'那时在一些人心目中似乎还不太'沾边'，但系主任罗常培（他是著名音韵学家）批准了我的选题，导师是杨振声先生和沈从文先生。但我把论文提纲送给杨、沈两位导师审阅时，杨先生不同意我一些观点，而沈先生却认为论文提纲尚有可取之处，作者对曹禺的几本剧作的确下了一些功夫。我觉得导师意见不同。我夹在中间，很难下笔，提请改换论文题目。但杨、沈两位老师都认为没有必要，论文写出一点新意，持之有故，言之有理就行，你完全可以按照你的思路写下去，自成一家之言。杨、沈两先生还说，导师是指导你写论文，不能我们讲一句你写一句。最后我在导师的指导下写了几万字的论文，虽然有的问题没有按照杨先生的意见去写，但杨先生不以为忤，循循善诱，使我受益不浅，毕生难忘。最令人感动的，杨先生还跟闻一多先生一起推荐我留系工作，教先修班国文。”[①]（此处可参考《联大史料》第三卷第107—111页）

1942–1943学年度 沈从文与周定一合作开设了中国文学系的《国文壹F（读本）》（4学分）课程，独立承担中国文学系和国文系初级部国文科的《各体文习作（一）》（2学分）、《中国小说》（4学分）课程，国文系初级部国文科的《各体文习作（二）》（2学分）课程。

① 陈平原：《中国大学十讲》，复旦大学出版社2002年版，第250—251页。

民国三十二年　1943 年　42 岁

1 月 11 日　中美、中英分别在华盛顿和重庆签订《关于取消美国在华治外法权及处理有关问题之条约》和《关于取消英国在华治外法权及其有关特权条约》。

3 月　蒋介石的《中国之命运》由重庆正中书局出版。

6 月 10 日　共产国际解散。

11 月 23 日　中、美、英三国政府首脑在埃及开罗举行会议，商讨对日作战计划及战后对日本的处置等问题。

12 月 1 日　中、美、英同时公开发表《开罗会议共同宣言》。

---

1 月 11 日　致信沈荃，谈及作品被审查、删削事："只是在桂林出版之书，被扣被禁甚多，检查人无知识而又擅作威福，结果即不免如此。《长河》被假借名义扣送重庆，待向重庆交涉时，方知并未送去。重庆审查时去五十字，发到桂林，仍被删去数千字。《芸庐纪事》第三章也被扣，交涉发还，重写一次，一万字改成六千，精神早已失尽了。集子每本都必被扣数篇，致无从出版。小人难养，近之则不逊，远之则怨。二千年前孔子已见及此矣，不意二千年后犹复如此。"谈及沈岳萌时说："九问题极困难，在学校事本极好，有一千多一月，忽然要辞去，相信观音要保佑她，把什么东西都送给别人，一天默默念佛，我已用尽方法无可为力，一定要跟一莫名其妙之女人同去。努力想方设法把她找下乡，以为可休息一二月，当为制份行李，再找事做，谁知昨天一嚷，就又走了。脑子永远似通非通。在佛教会居然有许多妇女跟她学念经，认为她是最重要的一位。其实在此时要她读读经，就读不下去。我已把全副精力用尽，还是说不过来。只好听她去求观音（观音是什么她就不知道），再让许多老太太去求她。"本信曾以《给三弟》为题收入《沈从文别集·长河集》（岳麓书社 1992 年版），写信年月标为 1944 年。收入《全集》第 18 卷。

1 月 15 日　小说《芸庐纪事》第三部分刊载于《人世间》1943 年第 1 卷第 3

期，署名沈从文。

《水云——我怎么创造故事，故事怎么创造我》刊载于《文学创作》第1卷第4期，署名沈从文。这是一篇剖露心迹的创作谈。作者原拟将该文收入《王谢子弟》集，但计划未能实现。据作家校改本收入《全集》第12卷《七色魇集》。

1月20日　《“文艺政策”探讨》发表于《文艺先锋》第2卷第1期，署名上官碧。收入《云南看云集》(国民图书出版社1943年版)时改题《“文艺政策”检讨》，并做了删改。收入《全集》第17卷《云南看云集》。

1月25日　西南联合大学本日起放寒假。

下午，住在成都的张允和长子小平在自家天井玩耍时被流弹击伤。沈从文、张兆和从张充和口中得到这一消息后，虽自己也处于极端困难中，依然马上汇款1万元，以示慰问。①

一月 经沈从文仔细校改的《月下小景》改由开明书店出版。后来，沈从文曾在此校订本卷首写下题识：“这个习作实近于《抒情故事》。多结婚以前写的。因小五哥还在初中一，内中不少打趣处。料想不到过了约卅年，却有大学毕业生，以为中多讽刺彼等或彼等之首长。真是‘天方夜谭’！但是也由此明白一件事，写文章说到人的共通弱点时，总易成为‘异端’，而受歪曲批评，以至于‘毁灭性打击’。这倒是一个永远不变的公式。致毁原因明白后，就不必继续，或为此存丝毫芥蒂了。抒情性诗的生长，也得有一定土壤空气，不是‘开绿灯’就能丰收的。”(《题〈月下小景〉》)

2月1日　诗歌《看虹》刊载于《新东方》杂志，署名雍羽。这是本诗的第二次发表。

2月6日　《〈长河〉题记》发表于《生活导报》第12期，署名沈从文。文章表达了作者对湘西前途的忧虑：“民国二十三年的冬天，我因事从北平回湘西，由沅水坐船上行，转到家乡凤凰县。去乡已经十八年，一入辰河流域，什么都

---

① 《周耀平给四妹（充和）的信》，见《浪花集》，第187—189页，中央编译出版社2012年版。

不同了。表面上看来，事事物物自然都有了极大进步，试仔细注意注意，便见出在变化中那点堕落趋势。最明显的事，即农村社会所保有那点正直素朴人情美，几几乎快要消失无余，代替而来的却是近二十年实际社会培养成功的一种唯实唯利庸俗人生观。敬鬼神畏天命的迷信固然已经被常识所摧毁，然而做人时的义利取舍是非辨别也随同泯没了。'现代'二字已到了湘西，可是具体的东西，不过是点缀都市文明的奢侈品，大量输入，上等纸烟和各样罐头，在各阶层间作广泛的消费。抽象的东西，竟只有流行政治中的公文八股和交际世故。大家都仿佛用个谦虚而诚恳的态度来接受一切，来学习一切，能学习能接受的终不外如彼或如此。"收入《长河》（文聚社）。收入《全集》第10卷《长河》。

2月15日　《水云》（下）刊载于《文学创作》第1卷第5期，署名沈从文。沈从文1947年校改本收入《全集》第12卷《七色魇集》。

2月23日　在呈贡修改《长河题记》。

2月27日　《论投资》刊载于《生活导报》第15期，署名沈从文。后经作者修改收入《云南看云集》（重庆国民图书出版社1943年版）。收入《全集》第17卷《云南看云集》。

二月《文选》（福建永安）第1卷第2期转载了沈从文的《小说与社会》。

3月4日　致信沈云麓。该信已佚。

3月5日　晚上，为沈岳萌事致信沈云麓，未写完。

3月6日　续写昨日致沈云麓信，请他和沈荃予以协助："关于九的事，十年来我从不曾向你们要求帮助，如今实在需要你和得余来帮帮忙处理处理了。……大哥，我看我已不大济事了，希望为她换一地方，或可将我挽救一下。……她虽出外十多年，性情依然如家乡中表嫂辈，尚在算命求神中决定行止，回来比在此对于她舒适，亦可想见。若能回沅陵凤凰，与大嫂三嫂住，一定比在此继续下去好。"收入《全集》第18卷。

3月21日　应西南联合大学学生朱声华之请为其朋友宣博熹的散文集《奔流散记》作序，文中说："正当他这个小册子再版时，所以把我这点感想和妄想一同写出来，作为本书序言，也作为我对于生长在战争中的一切年青陌生朋友一种普遍的尊敬和期望。国家在重造，新文学也在重造，目下为前者努力，明天还可为后者作同样有意义贡献。国家在新生长成中，文学作者也在新生长成中，培养他们需要的是同一泥土，即修正错误的勇气，和成功的信仰。关于这一点，我相信也不大成问题，使我稍稍感到忧虑的，即完成这个工作不可免的长时期寂寞，是否能忍受？只为的这个工作虽具体，却需要的是一种追求抽象的人格或性格，比起其他事业来，实费力而难于见好！但想想这也正是一种'战争'，就应当不会气馁了！"[①] 以《读〈奔流散记〉书后》为题收入宣博熹的《奔流散记》（商务印书馆1943年12月初版）[②]。以《十三　明日的文学作家》为题收入《云南看云集》（重庆国民图书出版社1943年版）"第二组　新废邮存底"，收入《全集》第17卷。该文的两个版本略有差异，收入全集的文件有一些错误，需要校勘。

3月27日　《狂论知识阶级》发表于《生活导报》第18期，署名沈从文。该文后改题《读书人赌博》收入《云南看云集》第二组"新废邮存底十六则"（重庆国民图书出版社1943年版）。以《读书人的赌博》为题收入《全集》第17卷《云南看云集》。后收入《全集·补遗卷1》《见微斋杂文》集，当为重复收录。

3月31日　在呈贡作《明日的文学作家》。

《谈出路》发表于《大国民报》第1期第2版，署名沈从文。本文未收入《全集》。后收入《全集·补遗卷1》《怎样从抗战中训练自己》。

三月　　重写小说《看虹录》。

4月7日　杂文《见微斋笔谈·杜甫成仙》发表于《大国民报》第4版《艺苑》，署名上官碧。本文未收入《全集》。收入《全集·补遗卷1》《见微斋杂文》集。

---

① 沈从文：《读〈奔流散记〉书后》，见宣博熹：《奔流散记》，第5—6页，商务印书馆1943年12月版。

② 相关情况参见宣博熹：《沈从文和我的〈奔流散记〉》，《龙城春秋》，1995年第3期。

4月14日　《明日的文学作家 -- 读〈奔流散记〉书后》发表于《大国民报》第4版《艺苑》，署名沈从文。

4月17日　《明日的文学作家 -- 读〈奔流散记〉书后》（续）发表于《大国民报》，署名沈从文。

4月21日　《〈长河〉题记》发表于重庆《大公报·战线》第971号，署名沈从文。这是本文的第二次发表。

杂文《见微斋笔谈·小说上吃人肉记载》发表于《大国民报》第2版，署名上官碧。这是本文的第一次发表。收入《全集》14卷《见微斋笔谈》集。

4月24日　杂文《见微斋笔谈·小说上吃人肉记载（续）》发表于《大国民报》第2版，署名上官碧。

四月　小说集《春灯集》作为“沈从文著作集”之一由开明书店出版，收入《春》《灯》《八骏图》《若墨医生》《第四》《如蕤》等，本次结集时，作者对部分入选篇目进行了校改，在《第四》后注明：“赠一个饶舌的朋友”。

5月5日　《迎接五四》发表于《大国民报》第1版，署名沈从文。本文未收入《全集》。收入《全集·补遗卷1》《怎样从抗战中训练自己》集。

5月12日　杂文《见微斋笔谈·宋代演戏的讽刺性》开始在《大国民报》第2版连载，至5月29日连载完毕，署名上官碧。这是本文的第一次刊发。

5月25日　晚上，吴祖光编剧、沈从文等任顾问的话剧《风雪夜归人》在中法大学礼堂演出。

5月26日

本日　《云南日报》发表消息《吴祖光名剧〈风雪夜归人〉联大精彩演出》：“西南联大中国文学系为欢送本届毕业同学，昨晚在中法大学礼堂，演名剧《风雪夜归人》。是剧为名剧作家吴祖光氏成功杰作，描写军阀时代某名伶与一富室姨太太为追求自由生活事泄事败的一段悲壮故事，缠绵悱恻，感人极深。该校此次演出，由中国文学系主任罗常培主持，该校教授孙毓棠导演，杨振声舞台监督，闻一多舞台设计，沈从文、罗膺中顾问，全系同学参加演出，成绩甚佳，观众无不赞誉云。”[①]

五月　重写《摘星录》。

五月　《中学生》复刊第63期刊登了《〈春灯集〉》出版预告，文中称：“作者被称为美妙的故事家。小说当然得有故事，可是作者以体验为骨干，以哲理为脉络，揉合了现实跟梦境，运用了独具风格的语言文字，才使他的故事成了‘美妙’的故事。我国现代文艺向多方面发展，作者代表了其中的一方面，而且达到了最高峰。读者要鉴赏现代文艺，作者的作品自不容忽略。”该书刊广告的作者为叶圣陶。

6月1日　杂文《见微斋笔谈——小说上吃人肉记载》发表于《文学创作》第2卷第2期，署名沈从文。文章述及小说对“吃人”的描写，同时指出：“现在当不会有人还想到吃‘和骨烂’可以治病的事情了，不过变相的行为和愿望也许还将继续下去。再过半个世纪，在广泛民族中有个新的人生态度建立起来后，方可望去尽。现代在世界上各个地面大规模进行的战争，岂不就正是‘这个要吃那个不甘心被吃’因而产生的！”收入《全集》第14卷《见微斋笔谈》集。

6月2日　杂文《见微斋笔谈·饭桶》在《大国民报》连载，分三次刊载完毕，署名上官碧。这是本文的第一次发表。本文未收入《全集》。

6月3日　重写小说《乡居》。

6月23日

本日　西南联合大学放暑假。

六月　文论集《云南看云集》由重庆国民图书出版社出版。该集共收文32篇，分为三组：第一组：文艺政策检讨、文学运动的重造、小说与社会；第二组：新废邮存底16则；第三组：废邮存底13则。第三组中的“废邮存底”除《边城·题记》外，与文化生活出版社出版的《废邮存底》的沈从文所作部分相同。第一组、第二组文章收入《全集》第17卷《云南看云集》，第三组文章收

---

① 引自闻黎明 侯菊坤：《闻一多年谱长编》下册，第582—583页，上海交通大学出版社2014年版。

入《全集》第17卷《废邮存底》集。

7月7日　杂文《找出路——新烛虚二》刊发于《民族文学》第1卷第1期，署名沈从文。收入《全集》第14卷《怎样从抗战中训练自己》集。《民族文学》为月刊，主编陈铨，由青年书店印行。

7月15日　根据《僧祇律》卷三第四戒故事改写的小说《笨人》发表于《新文学》第1卷第1期，署名沈从文。收入《全集》第10卷《乡村琐事》集。

重新改写的《看虹录》发表于同期杂志，署名上官碧。这是这篇小说的第二次刊发。收入《全集》第10卷《虹桥集》。

7月22日　中午12时，国立西南联合大学常务委员会第268次会议在昆明西仓坡五号清华大学办事处举行，梅贻琦担任主席，章廷谦担任纪录，会议议决事项："（四）改聘沈从文先生为本大学师范学院国文学系教授，月薪叁佰陆拾元。"①

7月25日　杂文《都市的刺激》发表于《生活导报》第35期，署名上官碧。本文未收入《全集》。后收入《全集·补遗卷1》《见微斋杂文》集。

七月　《黑凤集》作为"沈从文著作集之一"由开明书店出版，收入《三个女性》《贤贤》《静》《主妇》《白日》《三三》《贵生》，收入本集前，作者对入集各篇作了最后校改。

七月　《当代作家书简》（卫明编，普及出版社出版）收入沈从文致桂葶信一封，改题为《来学习控制这支笔》，文字略有出入。

8月20日　在呈贡修改《饭桶》。

8月22日　《明天的"子曰"怎么办》发表于《生活导报》第39期，署名沈从文。本文未收入《全集》。后收入《全集·补遗卷1》《见微斋杂文》集。

9月13日

① 北京大学等编：《国立西南联合大学史料》二，第293页，云南教育出版社1998年版。

本日 西南联合大学新学期开学。

9月19日 《中庸之道》发表于《生活导报》第41期，署名上官碧。本文未收入《全集》。后收入《全集·补遗卷1》《见微斋杂文》集。

9月23日 《由怀疑接近真理》发表于重庆《国民公报·国语》第27期，署名沈从文。本文与1938年7月1日发表于《新动向》第1卷第2期的《谈保守》的后半部分相同。以《谈保守》为题收入《全集》第17卷《昆明冬景》集。

9月24日 修改后的散文《见微斋笔谈：饭桶》发表于重庆《大公报·战线》第991号，署名上官碧。这是本文的第二次发表。本文未收入《全集》。据本次刊本收入后收入《全集·补遗卷1》《见微斋杂文》集。

九月《边城》改订本作为“沈从文著作集”之一由开明书店出版，文末注明：“二十三年四月十九日完成，廿九年十月四日在昆明重校改。”1957年，沈从文曾在此改订本第十章结束处写下题识：“文字简极而波俏，如一幅精美白描，笔准确到无以复加，充满生命。‘到那临溪高崖上去，望天上的星辰，听河边纺织娘和一切虫类如雨的声音’，北方长大的人那能看得懂这种逼真的描写。”（《〈边城〉题识五种·题开明改订本1957年留样校改本内》）

10月1日 小说《乡居》发表于《文学创作》第2卷第4期，署名沈从文。收入《全集》第10卷《乡村琐事》集。

10月14日

本日 沈从文的学生萧望卿写的《我第一次拜访作家》发表于《民国日报·煦光》第50期。介绍了他拜访沈从文的过程，叙及沈从文与郁达夫的交往。

10月31日 《统治责任与权力测验——平价中的小问题》发表于《生活导报》第47期，署名沈从文。本文未收入《全集》。后收入《全集·补遗卷1》《见微斋杂文》集。

11月17日 下午三时参加在昆中北院教室举行的国立西南联合大学教授会议一九四三年度第一次会议，听取校务报告并选举校务会议教授代表。选举罗常培等十一人为校务会议教授代表，李继侗等五人为候补代表。

11 月 25 日

本日　闻一多在致臧克家的信中谈及自己正在从事的《中国新诗选译》编译计划。该编虽未完成，但已经有了大部分选目。沈从文的《我喜欢你》一诗入选该书。参见《闻一多全集》（湖南人民出版社 1994 年版）第 1 卷附录《现代诗抄》部分。

12 月 2 日　下午，拜访郑天挺。

12 月 8 日　小说《动静》发表于《文聚》月刊第 2 卷第 1 期，署名沈从文。本文系根据作者未写完的《芸庐纪事》“第四”改写而成。收入《全集》第 10 卷《芸庐纪事》集。

12 月 10 日　重写散文《绿魇》。

12 月 21 日　散文《绿 · 黑 · 灰》开始在《当代评论》第 4 卷第 3 期连载，分三期载完，署名沈从文。该文曾多次刊载，后改题《绿魇》分别刊载于《当代文艺》第 1 卷第 2 期、《现代文录》第 1 集。据《现代文录》本收入《全集》第 12 卷《七色魇集》。

12 月 31 日　在呈贡作散文《黑魇》。

十二月　经作者校改后的《湘行散记》《从文自传》均作为“沈从文著作集之一”由开明书店出版。

本 年

上半年　西南联大里一些学生、教师组织了一个“十一学会”。据冯至回忆，沈从文参与其中。“这个学会主要为大家提供各抒己见的场合，‘十一’两字即是‘士’的拆字。最初参加者多为教授、副教授，如潘光旦、杨振声、雷海宗、朱自清、曾昭抡、闻家驷、吴晗、冯至、卞之琳、李广田、孙毓棠、沈从文、陈铨等。由于冯至的家敬节堂巷位置比较适中，聚会常在他家举行，每一二周一次。后来王瑶、季镇淮、何炳棣、翁同文、丁则良、王乃樑、王佐良、吴征镒、李埏等亦参加进来，个人主张不一，经常出现争论。”① 按：关于“十一学会”的尚有多种说法。据李赋宁回忆：“在昆明，我们已当了青年教师，历史系九级丁则良学长和王佐良发起研究学问和讨论问题的学会，请潘光旦先生取名为‘十一学会’。潘先生解释道：‘推十合一谓之士’。”② 吴宓日记中也有多次参加“十一学会”的记录；但与冯至回忆所述有异，现录“十一学会”后期召集人之一何炳棣的一段回忆，以资参照：“我虽然后来和丁则良同为‘十一学会’的召集人，但该会创建于我离开昆明的期间（1942 年 2 月底至 1943 年 5 月中旬），因为我如在，会对丁的会名提议提出意见的，这是由于我虽不得不以新的科举为晋身阶梯，我对传统‘士大夫’阶级的行为意识有很大的不满。十一学会的创建不会早于 1942 年春天。上面征引文（指谢泳的《大学旧踪》第 51 页相关内容）所述每两周教授学生轮流主讲很可能是初成立后的情形，那时师生两方都情绪高，手头有‘货’，不必事先多作准备。但是，如此频繁而又相当认真的学术讲述是很难维持长久的，特别是‘学生’们（事实上早已是助教和教员了）肚子里怎能有那么多的现成‘货’。……记得有些不满十人的学术谈话，常是在王佐良家里举行的。……1944 年‘十一学会’的活动还是继续的，但已绝不是两周一次、教授‘学生’轮流主讲，而且教授已很少参加了。”③ 但迄今未能发现沈从文参加该“学会”的直接证据，因此，沈从文是否“十一学会”会员，待考。

夏季 据林羽回忆，“1943 年夏，石佛铁路筹备处结束，经校董李吟秋、甘济苍、李沛阶等人多方奔走，经昆明市教育局批准为昆明私立建国中学。龙绳武任董事长，胡淑珍为名誉校长。王家璋任校长。教导主任蔡劼，事务主任郜有谟。教师阵容也很可观，联大教授肖涤非兼授高中国文、沈从文教现代文学，张兆和教英语，宣亚平任数学。理化教师朱竹林，史地教师赫连钜，美术教师刘文清均为当时小有名气的中学教师，颇受学生欢迎。”④

---

① 闻黎明 侯菊坤编：《闻一多年谱长编》，第 665—666 页，湖北人民出版社 1994 年版。

② 李赋宁：《学习英语与从事英语工作的人生历程》，第 60 页，北京大学出版社 2005 年版。

③ 何炳棣：《读史阅世六十年》，第 156—157 页，中华书局 2012 年版。

④ 林羽：《回忆建国中学》，《昆明文史资料选辑》第 5 卷，第 5319 页，云南科技出版社 2009 年版。

秋季　张兆和任教于呈贡县中学，沈从文到呈贡时曾多次应邀为中学义务授课。

本年　对陈家煜“各文体习作”课程作业《避静》的批语：

你文章好，惟论事叙事混来一气，写事写人分配上有点乱，所以不大像散文，也不能给人一个‘小说’印象。这是有生活经验，少写故事训练必然的情形。换言之，即不知如何运用材料。场面写得相当多，实不必要，要写的是方修士（按：作品主人公）行为动作，以及那颗不安定的心，如何反映到行为中，小动作上，矛盾上，以及相反表现上。你试去看看契诃夫短篇集，会明白写人的各种方法，对你运用目前这种题材必有极多帮助。他也常写教会中人事，却常常知道将属于宗教仪式条规用简单经济方式说明，而侧重在写人，且居多还从人的行动中表现那个心，正仿佛给人画相，画相时于神情间让观众明白这人是在作什么，并打算茶什么。他不另外为画中人作任何解释，这才是写小说！你文笔够用了，对教会知识够用了，只是对如何写这件事的经验不够用。

在陈家煜的另一篇作业《弥撒礼》后面，沈从文写下了如下批语：

这很好。能在小节目上略加装饰，把场面中可能的、应有的、必然的、属于人的种种加以补充，在景物中静的一方面也添加一些，就成一篇很好文章了。①

本年　昆明物价飞涨，西南联合大学的教师的生活亦陷入困顿之中，为维持生计，沈从文与杨振声、郑天挺、罗常培、罗庸、浦江清、游国恩、冯友兰、闻一多、彭仲铎、唐兰、陈雪屏等十二名教授联合推出《诗文书镌联合润例》，全文如下：

文值：颂赞题序　五千元，传状祭文　八千元，寿文　一万元，
　　　碑铭墓志　一万元（文均限古文，骈体加倍）

诗值：喜寿颂祝　一千元，哀挽　八百元，题咏　三千元（诗以

---

① 以上两段批语见汪曾祺：《沈从文先生在西南联大》的附记《沈从文先生对学生习作的批语举例》，见《云南文史资料选辑》第34辑，第200—201页，云南人民出版社1988年版。

五律及八韵以内古诗为限，七律及词加倍）

联值：喜寿颂祝　六百元，哀挽　四百元，题咏　一千元（联以十二言以内为限，长联另议）

书值：楹联　四尺六百元，五尺八百元（加长另议）

条幅　四尺四百元，五尺五百元（加长另议）

堂幅　四尺八百元，五尺一千元（加长另议）

榜书　每字五百元（以一方尺为限，加大值亦加倍）

斗方扇面　每件五百元

寿屏　真隶（书法）每条一千五百元，篆书每条二千元（每条以八十字为限）　碑铭墓志　一万元

篆刻值：石章每字一百元，牙章每字二百元（过大过小加倍，边款每五字作一字计）

收件处：国立西南联合大学中国文学系王年芳女士代转[①]

1943—1944 学年度 沈从文与赵仲邑合作承担了中国文学系的《国文壹 M（读本）》（2 学分）课程，独立承担了中国文学系和国文学系及初级部国文科合班上的“各体文习作（一）”（2 学分）、“各体文习作（三）”（2 学分）两门课程，中国文学系的“中国小说”（4 学分）课程。

---

① 原件现存云南师范大学一二一纪念馆，参见陈明远：《文化人的经济生活》，第 247 页，文汇出版社 2005 年版。

民国三十三年　1944年　43岁

7月22日　日本东条英机内阁垮台。

9月19日　中国民主政团同盟在重庆召开代表大会，会议决定更名为“中国民主同盟”，并通过了《中国民主同盟纲领草案》。

9月29日　中美英三国代表在敦巴顿橡树园大厦举行会议，商讨战后组建国际组织诸问题。

11月10日　汪精卫在日本病亡。陈公博出任伪行政院院长、代理伪国民政府主席。

12月25日　中国陆军总司令部在昆明成立，何应钦任总司令。

1月1日　《一种新的文学观》刊载于《自由论坛》月刊第二卷第一期，署名沈从文。编者在《编辑后记》时这样介绍本文作者：“沈从文先生是当代知名的小说家，现在任教西南联大”。这是该文的第一次刊发。收入《全集》第17卷时编入《文学运动杂谈》集。

《欢迎林语堂先生》发表于《昆明周报》第68期，署名上官碧。文章认为，林语堂的作品虽受欢迎，但是“近于一种风气所作成，与一个文学家思想家应得的尊敬稍稍不同。”因此，先生对林语堂提出新的期许：“林先生的旅行昆明，为认识中国而来，林先生值得用一个比较庄敬的态度好好认识认识现代中国，如写作又为介绍美国人认识中国，林先生更值得好好认识认识当前的自己一支笔若能比较庄敬来从事于明日工作有助于两大民族的理解内容有多大。‘圣贤’‘英雄’的期许，通达如林先生，或以为近乎争名于朝，名分实不足争，我们盼望于林先生的，只是‘庄敬’。当前中国做一个真正公民的应有素朴态度而已。”收入《全集》第14卷《怎样从抗战中训练自己》集。

《新摘星录》经作者改写易名《摘星录》刊载于桂林《新文学》杂志第1卷第2期，署名沈从文，编者在《编后记》中说：“《摘星录》对女人灵魂的分析那么苛刻细微，直令人可怕，如入阴暗的剖尸室。”该小说原刊1940年《大风》半月刊第73至76期，署名李綦周；后又以《新摘星录》为篇名刊发于1942年11月22日、29日，12月6日、13日、20日的《当代评论》第3卷2—6期。据《新文学》刊本收入《全集》第10卷《虹桥集》。

本日　昆明《中央日报》刊登了云南省经济印刷厂的一则广告，预告该厂将出版沈从文的《新的文学运动与人生观》。按：该书本年4月出版时改名为《新的文学运动与新的文学观》。

1月11日　散文《绿·黑·灰》在《当代评论》第4卷第5期连载完毕。

1月23日　《文字与青年教育》作为“星期论文”发表于《中央日报》(昆明)第二版，署名沈从文。这是本文的第一次发表。该文后经多次修改，后改题《文学与青年情感教育》刊发于《世界晨报》《经世日报》《恩友》等报刊。据修改本收入《全集》第17卷《文学运动杂谈集》。

本日　据《吴宓日记》记载：“今晨读《中央日报》沈从文撰社论，力斥文言而尊白话，甚痛愤。认为亡国灭种罪大祸极。”[①]《日记》所指论文当指这篇《文字与青年教育》。

1月24日

本日　西南联合大学放寒假。

2月1日　下午，郑天挺携女儿郑雯拜访沈从文。

经作者改写过的《绿魇》刊发于《当代文艺》第1卷第2期，署名沈从文。发表时题名误排为《绿魔》，这是该文的第二次发表，文后注明“卅二年十二月十日重写”。

《绿魇》被《当代小说选》第1辑选载。

2月3日　杂文《宋代演戏的讽刺性》改题《宋人演剧的讽刺性》刊于《新文学》第1卷第3期，署名沈从文。这是本文的第二次刊发。收入《全集》第14卷《见微斋杂文》集。

2月13日　《黑魇》发表于《生活导报》第55期，署名沈从文。这是本文的第

① 吴宓：《吴宓日记》IX，第194页，三联书店1999年版。

一次发表。收入《全集》第12卷《七色魇集》。

按：作者多年后曾在《黑魇》校样上写下题识，对理解这篇散文有重要作用："这个写得好，都近于自传中一部分内部生命的活动形式。另有白、赤、青、橙等。拟作七篇，即在抗战完结前后五年中，在昆明到北京，从生活中发现社会的分解变化的噩梦意思。每一章均不相同，文字主题乍一看或有些蒙蒙不易解，总的一看即可知实明明白白。""在云南用这个方法写的约计七篇。总名《七色魇》，还另有三篇拟共成一集，出个小集。叙中有议，一般人读不懂。其实易懂。重在从各个角度写近在身边琐事，却涉及那个明天。"(《题〈黑魇〉校样》)

2月14日

本日 西南联合大学开学。

2月20日 《黑魇》续刊于《生活导报》第56期，署名沈从文。

致信李健吾，对正在困难中的老朋友示以问候之意。该信后以《自滇池寄·一》发表于《万象》第4卷第5期。

2月26日

本日 桂林《大公报》以《我国小说集在美出版 哥伦比亚大学刊行》为题刊发中央社电讯："哥伦比亚大学印书馆，顷宣布出版中国小说集两册，第一册书名《中国民间故事》，内载古代小说多篇。第二册《中国现代小说》，大都为一九一八至一九三七年间新文学运动者之名作，包括张天翼、老向、老舍、巴金、茅盾、冯文炳、凌叔华、叶绍钧、鲁迅、杨振声、沈从文等之作品。"

2月29日 致信友人。该信后以《自滇池寄·二》发表于《万象》第4卷第5期。

3月5日 由沈从文与梅贻琦、蒋梦麟、杨振声、唐兰、陈雪屏、朱自清、罗常培、罗庸等教授具名的《闻一多教授金石润例》刊载于昆明《生活导报》58期，该文由浦江清以骈体文撰写。[①]

① 参见李玉梅：《闻一多〈诗经〉研究与诠释学》，《第四届诗经国际学术研讨论文集》(山东济南)，第545页，1999年8月。

4月1日　《当代文艺》在1卷4期组织了“作家生活自述特辑”，收入沈从文致熊佛西的一封信，署名沈从文。以《作家生活自述》为题收入《全集》第17卷《新废邮存底续编》集。

4月26日　托人汇款二万四千元给董作宾，该款系董作宾卖书法作品所得。

4月27日　为代售书法作品事致信董作宾，本信未收入全集，全文如下：

彦堂我兄：

一周前由聚兴诚银行汇洋二万，昨又托友人另汇上二万四千元，或系二千，迟早想均可收到。尚有小数目未收得，过些日必可寄来。前信云有三位署款件托兄大笔一挥，一徐先生，二周先生，三为寸佩玖先生，寸系单独，字要三寸大小，弟信上似将第三位忘提及。此次字件处理，多得朋友周哲文兄热心帮忙，彼年仅二十余，才气纵横，豪爽可爱，精于篆刻，尤长朱文治印，朴质雄壮，布置精佳，细线条劲利，奏刀准确如治玉之“游丝碾”，将来成就必极大。一览兄字，即与徐先生各托转万元致敬意。其他字幅，旋携去于一日内即为处置完毕。盼兄能另为书一“知不足斋”小横额，字约三寸大小，款作哲文（纸能用金笺或有颜色笺尤妙），迟日弟当约彼为兄治一佳印为报也。又兄可再书三五十件单条，或对联、小册页、斗方，或狭长条子来，除甲文外，尚可用楚器或商器中象形文字作大小横直之件，甚至于摹古刻画，或汉石刻画亦无不可，俟卖去一二件时，弟即用所得款为在此（就字幅大小请此间当行朋友为斟酌颜色）装裱，两月后必尚可有机会为一一出脱也。力厂先生闻不久又拟开一展览会，如尊件能来得及，或可附人展览。张大千在此一画展，售至七百余万元，可转告思成济之诸先生，当一新闻。其成功原因，则为得当地官而有势者宣传甚久，本地人既钱多无用处，购一洋瓷浴盆花百万元，筑一围墙用至千万，费数十万购一画，亦意中事也。（就其收人，若折合奚若、老金与弟等收人，则约抵教授薪水二十二年，这可见知识阶级的价值。）弟等在此一切依然照旧，米已到五万上下，因之虽能用阳光空气自慰，事到头来，还是不免相当紧张！惟幸体力尚支持得去，足释

念。专颂

府中长幼安佳。

熟人均致意。

弟沈从文顿

四月廿七[①]

4月29日　据学字第20336号训令核定，国民政府教育部核准了沈从文的教授资格。

四月 经作者校改后的《湘西——一名沅水流域识小录》（改定本）作为“沈从文著作集之一”由开明书店出版。后据此版本收入《全集》第11卷《湘西》。

四月《新的文学运动与新的文学观》由云南省经济委员会印刷厂出版，收入作品：《新的文学运动与新的文学观》《白话文问题》《小说作者和读者》《谈短篇小说》《小说与社会》《谈朗诵诗》《谈保守》《谈宣传》《谈“英雄崇拜”》《习作选序》《边城题记》《湘西题记》《烛虚》《潜渊》《长庚》，发行者为朱文浦。沈从文对入选作品作了修改。这一版本长期被沈从文研究界所忽略，各种传记、年谱均未曾著录。

5月3日　在重庆校改《水云——我怎么创造故事，故事怎么创造我》。

5月4日　晚上，“《文艺》壁报社在南区10号教室举行以‘五四运动与新文艺’为主题的文艺晚会。他们邀请了罗常培、闻一多、杨振声、朱自清、李广田、沈从文、冯至和卞之琳等讲演。由于到会的人出乎意料的多，南区10号教室容纳不下，临时改到图书馆大阅览室。几经周折，未能开成。”[②]朱自清在日记中对晚会未能开成的缘由做了记载：“参加文学晚会，但学生为调整宿舍而闹口角，会议根本无法进行。今甫发火，莘田之女站在其父立场上也十分恼怒。一多被她弄得很尴尬。他们共同劝说学生和解，但一多的口气与莘田的大

---

① 沈虎雏辑注：《1944年沈从文致董作宾三封信》，《新文学史料》2015年第3期。

② 西南联合大学北京校友会编：《国立西南联合大学校史——1937年至1946年的北大、清华、南开》，第451页，北京大学出版社1996年版。

不一样。当一多与我们一同去看望莘田并向他道歉时，他对此并不在意。”[①]对于该次纪念晚会，罗常培在《第一个五四文艺晚会的回忆并怀一多佩弦》中有如下回忆：“一九四四年的五四，昆明西南联大的同学发起了一个文艺晚会，约请一多、佩弦、今甫（杨振声）、从文、君培（冯至）、广田和我担任讲演。会场是在联大新校舍南区十号——那是我们常常举行学术讲演的一个较大的教室。那天晚上我和一多、佩弦从福照街（余）冠英家里赶到，会场已经挤得满满的，外面还围绕着好几层。另外还有更多的学生跑到北区的广场上要求改到那里开会。可是已经在第十教室占了两点钟座儿的热心听众坚决反对。我和一多百般劝导无效，加上三青团的分子又乘机捣乱，于是这个大家渴望的晚会，竟至没有开成。”（《光明日报》，1950．5．4）

后经多方商议，晚会改在5月8日举行。

5月8日　中午，出席朱自清、冯至的宴会，同席者有杨振声、卞之琳、王逊等人。

晚上，出席在联大图书馆前的草坪上举行的以“五四与新文艺运动”为主题的文艺晚会，晚会由国文学会主办，中文系学生齐亮任主席，罗常培、闻一多共同主持，参加者有杨振声、朱自清、李广田、冯至、卞之琳、孙毓棠、闻家驷等，晚会盛况空前，达3000余人。沈从文在晚会上做了题为《“五四”以来小说的发展及其社会关系》的演讲。[②]当天的朱自清日记中记载了此次晚会情况：“参加文学晚会，做关于散文的讲演。发言者十人，冯与李都讲得很好。我的讲话一点也不全面。一多讲文学遗产，语调激昂，但听众并不如想像中那么热烈。他的有些话似太过分。罗先生为会议主席，他的开场白很空洞。”[③]第二天，重庆《新华日报》在第二版刊载《联大热烈纪念五四》一文，介绍了晚会概况：“这晚会相当热闹，一间小小的教室，在未开会前便挤得水泄不通。后来改到大阅览室举行。不过，在群情欣然下，是不是也有人觉得不耐烦，那是

---

① 《朱自清全集》第10卷，第290页，江苏教育出版社1997年版。

② 参见西南联合大学北京校友会编：《国立西南联合大学校史——1937年至1946年的北大、清华、南开》，第451—452页，北京大学出版社1996年版。

③ 《朱自清全集》第10卷，第290页，江苏教育出版社1997年版。

不得而知。总之，当冯至教授讲‘新诗歌的收获’的时候，忽地窗子外面黑暗的角落里，突然人声嘈杂起来，接着大骂大叫，并敲打门窗，结果使讲演会简直不可能开下去，弄得许多参加晚会的校内外同学，都怏然散去。究竟这些在黑角落里喊叫的人为了甚么，联大同学大都有‘心照’的味道。”

《云南日报》的记者以《漫长的道路——记联大的文艺晚会》为题报道了这次晚会，披露了沈先生的部分演讲内容：“小说在好的一方面是创造新文学的基础，而坏的一方面则是引导新文学与商业资本发生了瓜葛，此后文人则靠卖稿过活，小说发展的原因，第一是在传统上占便宜，因为社会上各阶层，都以之为教育的工具。第二，在新文艺中的各部门，以小说自由竞争的机会特别多。沈先生对于女作家似乎特别感兴趣，他举出冰心、冯沅君及丁玲来，他说冰心是第一个写小说成功的，此外叶绍钧第二，鲁迅是应该屈居第三，冯沅君在两性的关系上很公开，在文章里说跟别人开房间等。丁玲则是以革命者的姿态出现的。小说到了民国十八年后，则与政治发生关系，为政治‘包庇’与‘利用’，后来则放桎梏，乃是小说的一大挫折，沈先生是以说俏皮话闻名的，例如‘开房间’什么的，都引得同学大笑，但很多时候却是严肃静听，因为沈先生的理论是要细细咀嚼，才会尝出味道来的。”（5月9日《云南日报》第3版）

5月15日　散文《黑魇》《白魇》同时发表于《时与潮文艺》第3卷第3期，署名沈从文。两篇作品均收入《全集》第12卷《七色魇集》。

按：这是《黑魇》的第二次发表。

5月21日　论文《看虹摘星录后记》同时发表于重庆、桂林《大公报·文艺》第29期（号），署名从文。这是这篇文章的第一次发表。收入《全集》第16卷《序跋集》。

5月22日

本日　桂林《大公报》第三版在《昆明杂缀》题目下，报道了昆明近况，谈及西南联合大学五四纪念会情形：“最有意义者，当推中国文学系之文艺晚会，由罗常培、闻一多、闻家駟、冯至、沈从文、卞之琳、李广田、孙毓棠八教授主讲，月光下，草坪上听众极为兴奋。”

5月28日　《摩登女郎》发表于《广西日报》第四版，署名沈从文。本文是《烛虚》第二部分的摘登，讨论“摩登女郎”的新的含义，表现了沈从文的女性观。收入《全集》第12卷《烛虚》集。

6月15日　复信陈小莹，该信后以《给小莹的信》为题刊于《文化先锋》第4卷第1期。该信未收入《全集》。后收入《全集·补遗卷1》《南北风景》集。

6月27日　与朱自清同访徐绍谷，未遇。徐绍谷名元堃，字绍谷，原籍杭州，北京大学哲学系毕业，系朱自清大学同窗，曾任职昆明中国农民银行经理、云南实业银行总经理。

6月28日　与朱自清同访徐绍谷。

本日　西南联合大学放暑假。

6月29日　与朱自清一起参加徐绍谷的晚餐会。

6月30日　中国电影教育协会第九届年会在重庆青木关举行，大会选举沈从文为该会理事。[①]

7月4日　北京大学文科研究所人类所研究生胡庆钧来访，叙说生活在李庄的梁思永、林徽因等熟人的生活情况。

7月5日　在桃园新村致信董作宾。该信未收入《全集》，全文如下：

彦堂兄：

雪屏来带了几幅小联，已收到。并从彼口中略知诸熟人消息一二。昨日胡庆钧兄复来，方知关于李庄诸熟人情形。济之先生两千金死去，以及思永之病，徽因之病，附及故事是梁再冰也真已到有男朋友时代。“人事有代谢，往来成古今”，不意六年间人事变化即已如此！本日适得印度金克木兄一信，附一画刊，上有太戈尔游华照片数帧，同照相者如梁任公、蒋百里、徐志摩，诸先生均早成古人，太戈尔亦故去逾十年，本拟转寄徽因，恐其受刺激太大，因之留下。此

---

① 参见陈智：《中国第一部获国际奖电影 农人之春逸史》，第60页，第79页，中国国际文化出版社2009年版。

间老金过不久或可来李庄看徽因。假期已至，单身者容易动，如弟等有家中人同住，则假期所得，恐只是在家中多作数十回“火头军”而已。闻李庄熟人体力都常为疾病所困，深惦念。弟等在此虽日日为生活摇头皱眉，却不常害病，足告慰。惟地当冲要，政治谣言人耳较多，亦一苦事。强以“眼不见为净”格言，则似又不如李庄清静，得于此则[失]于彼，亦自然之理也。诸字一时未出脱，出脱必即将款寄来。汇款单五千元，系作寸先生所付。若李庄可通汇，将来或直寄李庄必较省事。

专颂安佳。

弟沈从文顿

七月五日[①]

7月8日 参加在联大北门街宿舍举行的国立西南联合大学三十二年度第二次教授会议。

7月18日 上午，据吴宓日记：“途遇沈从文步谈”。

8月11日 《文化先锋》第4卷第1期以《给小莹的信》为题刊出沈从文致小莹的信，署名沈从文。该信未收入《沈从文全集》。兹录于此：

小莹：

真了不起，你的信写得那么好！我和我的黑脸太太看过后，都笑了。（是佩服的笑！）

这个信使我们有机会谈起许多旧事。我本想不回你信，只写个“想象中的小莹”，在你们看得到的刊物上发表。写的一面是黑而俏，一面是健康活泼的在一株花树下做捉间谍的梦，就在这个情形中，你妈妈上街回来了，间谍也乘此逃脱了。怎么妈妈回来间谍反而逃脱，而且很可能是从瓦上逃去的？你想想看，这间谍是什么——一只花猫儿好不好？除了一只猫，简直想不出更像间谍的东西！

---

① 沈虎雏辑注：《1944年沈从文致董作宾三封信》，《新文学史料》2015年第3期。

你说你不是“摩登女郎”，这个名词云南四川用法似不大相同。我们这里说的是健康，活泼，聪明而乖，不是指会穿衣敷粉，这个叫“时髦女郎”！你这时尽管不黑而俏，到我下次看见你时，保定是被阳光晒得黑而俏了。

我还记得第一回见你，是在武昌一个什么人家洋楼中（很美观的洋房），文华学校附近，你在摇篮中用橘子水和奶粉当中饭，脸瘦得像个橘子，桃子，李子？——唉，真不好形容，可是眼睛大而黑，实在很动人！

第二回是在北平东城你家中，大热天，徐志摩伯伯还在世界上和金伯伯用手掌相推比本领，你那件小花衫子，我将来写小说时，还得借用到故事中！

第三回在珞珈山，你每天总到小学校车站旁边去找那位警察朋友，天晴落雨，通不在意！吃饭时，和你妈妈相吵，就傍近爸爸，和你爸爸鼓小气，又倚靠近妈妈，唉！这个作风，假如保留到廿五岁时，可就真厉害！

第四回……你想想看，在什么情形下看见你最好？照我希望最好是带点礼物来参加你和什么人 ××，因为那时如果那时要来宾演说，我不必预备，也可以说说这个故事，让大家开开心。可是到那时，我也许像电影上的老头子一样，笑话想说说不下去，只感动快乐得流眼泪。因为那时节国家也转好了，你们长大了，一晃廿年，很可能你妈妈看到那个礼物也要流点快乐眼泪！这礼物原来是你一张一岁多点的相片，上面还有我妹妹写的几个字，“眼睛大，名小莹”，这相片有个动人历史，随我到过青岛，住过北平蒙古王府——卅一年昆明轰炸学校时，同我家中几个人的相片放在一处，搁在九妹宿舍小箱子中，约四十磅大小一枚炸弹，正中房子，一切东西都埋在土中了，第二天九妹去找寻行李时，所有东西全已被人检去，只剩废柱上放了一个小信封，几个相片好好搁在里边。原来别的人已将东西拿尽，看看相片无用处，且知道我们还有用处，就留下来，岂不比小说还巧！你想想，事情巧不巧？若当真到你 ××，把相片装个小小银架送来，这份礼物真不轻！不过假若真有这么一回事，我估想得到，相片过一会儿还是会搁到什么不打眼地方，因为那时节你一定会被同学们围住作别的玩意儿，我也将带起大近视眼镜看你妈妈收藏的古董去了。

你欢喜吃糖，四川出白糖，空吃一定不什么好，寄来的一包小玩意儿，一次用饭粒大小一点儿，放在糖水中，或放在红茶中，柠檬味儿就香喷喷的到鼻子边了。

还有别的好吃的，如像澳洲来的乳酪，本地出产的乳饼，乳扇（饼是羊乳作的，扇是藏边雪山牦牛奶油作的），不容易捎来，只好说说，引起你想来联大升学的幻想了。

四川可吃的一定也很多，可是我们这里吃过的你们必尝不到。如大雪山下的鹿脯，小说上还只有史湘云吃过一次，我就不止吃一次！暹罗缅甸的象鼻子，虽无福气领略，多少总看过了。熊掌同妖精手掌一样，干干的满是黑毛，如挂在墙上，晚上睡觉真担心它会从墙上蹦下捆我一下。黄桃子如芒果，有饭碗大，是中国最特别的种子。草子据说有百多种，佛掌，牛肝，鸡踵，北风……数学家恐怕也数不清楚！有些生长粉红色细枝，真像珊瑚。所有草子味道都很好；洋白菜有廿斤一棵的，青菜有十多斤一棵的。桃子可吃四个月，梨子吃半年（有廿来种，木瓜梨极奇怪）。五月能吃石榴，大的一枚有一斤重。

金伯伯（即金岳霖）在北平玩蟋蟀和蝈蝈，到长沙买了百十方石头章，到了昆明，无可玩的，就各处买大水果，一斤重的梨子和石榴，买来放在桌上，张奚若、杨金甫伯伯的孩子来时，金伯伯照例就和他们打赌，凡找得到更大的拿来比赛，就请客上馆子。你想想看，你如在这里，用捉间谍耐心去找找石榴梨子，还愁无人做东？金伯伯还养过一些大母鸡公鸡，养到我住的北门街，走路慢慢的，如天津警察，十来斤重，同伟人一样，见了它小狗也得让路，好威风！可惜！到后我们要搬下乡时，他送人也无处送，害得他亲自抱下乡去，交给陶伯母，才算有人承受。你若在这里，纵口馋量大，宰一只时，恐怕也得吃个一星期！现在我们作杏子酱，还是七八斤一坛，实在吃不完，不免委屈了它，想捎三五斤来，可不知那一年才有这个方便。我们先约好，总还有些少分量的玩意儿来，并且一定是你不大容易见到的。你等着吧。

你可会不会烧饭做菜？我做的“罗宋汤”是够得上请罗斯福的，因为这里西红柿极好（大的有一斤重一个）！做出的汤似乎比文章还得人赏识，真奇怪！总有一天会请你们尝尝的。很可惜是，廿七年你和妈妈不曾向湘西走，如到我沅陵家中住半个月，才真是口福！我的哥哥作的菜，沅水流域军官全都翘起大拇指——不说了好，再说下去，我倒想回家了。

你可猜想得出我一星期在昆明每天吃些什么？原来只能吃点米线（米粉条）当早晚饭！

这里花生也得两百元一斤！你这时节来，若在乡下，可以请你吃许多东西，若在城中——保留保留，且俟当真来时看吧。

你看些什么书？看巴金的小说一定有意思，巴金五月八号已结婚，太太也是个相当能吃的很可爱的小姐。

我有个七岁小孩胖胖的，专欢喜吃肥肉，会画画，间或也爬上树去摘摘生桃子吃。

我们住的地方，是出果子地方，上市时每天有三百石果子进城，满火车是各样水果。大致那么热闹，两个多月方逐渐减少，你试闭眼睛想想是个什么样情景。

袁先生的小姐已能写那么好的文章了，你一定也快了，我倒羡慕嗓子好会唱歌，以为比写文章有意思。你可会唱歌？钓不钓鱼？四川的鱼，一定狡猾得多。

沅水钓鱼只需用线捆个小肉骨，放下去一拉，即可得一斤重一尾的鱼。听朋友说现在降落伞的设备，有手掌大的寇寇糖，可救七天命，有几包香烟，一把刀，一条绳，另外还有个钓鱼钩，为的是恐怕掉下来在无人处寂寞，钓钓鱼消遣，可是我有个熟人，却掉到印度森林里，坐在树顶整四天，方得救！在那个地方钓鱼钩好像不曾用。

现在去美国，只加尔各达到锡兰一段路，坐船要护航，此外太平洋军船行驶，安全之至，这是一礼拜前小朋友回国经验，如你和妈妈有机会出去，尽管放心坐船去，不会有问题。

你可是个运动员？将来学什么？嘉定的间谍恐怕不多，你真是英雄无用武之地，想捉一个吧，也不容易。我们在这里呢，只想捉虫，都说极厉害，事实上不过是一种大的怪蝴蝶罢了。本地人叫做“虫”，且传说能吃人心肝，完全荒唐的事！这些蝶蛾有身上起太极图的，有作虎斑的，有全黑却加上红殷殷花纹的，有一色碧绿绒，头是乌黑的。大的约六寸长，贴在壁上，不动时，完全如一幅新派画，实在又美丽又奇怪，碰机会若得到，寄个来让你看看。这种蝶蛾在大理清碧溪，点苍山上面，多悬挂在溪边树上，如小风筝，间或有一尺大的，完全如假造的。我亲眼见过六寸大的很多，就总还以为是通□作的。

我说不敢回信，一写就是八张，有一半说的是吃东西。因此我才想起今天还不曾吃晚饭，得下楼到对门小馆子去了。

我城里住的地方，附近约有廿个小馆子，全是联大教师学生照顾。教师中最出色的要数吴宓。这个人生平最崇拜贾宝玉，到处讲演《红楼梦》，照例听众满座，隔壁有个饭馆，名“潇湘馆”，他看到就生气，以为侮辱了林黛玉，提出抗议（当真抗议）！馆子中人还尊重教授，便改名为“潇湘”。你想想看这人多有趣！你问问妈妈，她会告诉你这人故事的。

小茶馆全是学生，当做图书馆，和咖啡馆，也读书，也玩扑克牌。间或有一辆小汽车驰过，美国洋人吃得饱饱的，笑眯眯的，和街上的顽童翘起大拇指叫“顶好”，表示中美友善。开小铺子的，卖点心的，提茶壶的，凡是女的，手上必有二三金戒指，或一个金手镯，因为他们都发了财。教师和学生，可大多数破破烂烂。鞋子最破的或者数曾昭抡，脚踵落地，一眼看来真够凄怆。可是大家精神都很好，因为总想着到你们长大时，一定可以不必如此困难，活得不但幸福，也可望来尊贵得多了，我们这一代是应分吃点苦的。

刘秉麟先生那个梳大发辫的圆脸小姐，一定也大了。周先生家我记得还有个大眼睛如黑人神气的小周先生，在上海施高塔路住时，我每回去看他姐姐，他就要我说故事，想不到这位姐姐从英国戴了副大近视眼镜回来，已做了博士，真如小说上说起的“女博士”。那位小周先生大概也从大学毕业了，周伯母可还敢不敢在嘉陵江游泳？苏伯母可还如在珞珈山时那么骑自行车，头发不长不短如女兵？避空袭可还有人藏在方桌下，方桌上放个木盆装上一盆水？

从文六月十五夜

《文化先锋》刊发此信的同时，收信人“陈小莹”特意为此写了“附志”，该“附志”当为凌叔华代拟：“这是沈从文伯伯给我的一封很有趣味的长信，他信的内容不仅是写个人方面，而且也说了现在昆明文化界朋友们的生活状况，我念时简直没有停过笑。其中讲到云南的出产，也是很有趣味的。我想这一定有不少人会像我这样感觉有趣的，所以特意抄下来，寄与《文化先锋》，从文伯伯一定不会因我没有征求他同意便发表而生气吧？！因为他一向对小孩子是多么的好脾气！我至今都很清楚的记得他是这么样的一个人。陈小莹附志。”

8月14日　许杰的《论沈从文的写作目的》发表在《民主报》附刊《十日谈》第7期。需要注意的是，文中摘引了沈从文致友人莫千、石如的两封信，兹将相关内容摘录如下：

沈从文在他寄给友人莫千先生的信中说：

“关于批评，弟觉得不甚值得注意，因作家执笔较久，写作动力实在内不在外。弟写作目的，只在用文字处理种人事过程，一种关系在此一人或彼一人引起的反应与必然的变化，加以处理，加以剪裁，从何种形式即可保留什么印象。一切工作等于用人性人生作试验，写出来的等于数学的演草，因此不仅对于批评者毁誉不相干，其实对读者有无也不相干。若只关心流俗社会间的毁誉，当早已搁笔，另寻其它又省事又有出路的事业去了。……”

因此当有人告诉他：有人批评他的文章，只是色情，无关宏旨的时候，他便现出满脸青筋：“想想那作家指责处，一定说得很对，极合当前党国需要。"

沈从文在另外一封寄石如先生的通信上，（正题为新废邮存底，副题为关于长河问题，答覆一个生长于吕家坪的军官。）也有说到关于他的写作目的的话，他说：

"我想从各方面来写'湘西人与地'，保留此五十年来这一片土地上生活人情与生活历史，希望可用它作更年青一辈朋友打打气，增加他们一点自信，为明日挣扎有所准备、增加一点耐性，来慢慢的战胜环境，力图自强！若能作到'地方一切长处可保留，弱点知修正，值得学习的进步知识都乐意拼命学习，举凡一切进步观念勇于接受'，这工作就不无意义了。……

……中国问题多，事事需要有人充满热忱而诚恳从事。即以写作言，在社会上如虾米蚱蜢活动要人，如蛀米虫（？）埋头苦干的更要人。我大约比较适宜从后面一个方式上工作，成功成名，都非个人兴趣所在，能继续在一个太困难环境中写，写成后还能给一万小朋友（注意：一万小朋友。抄者。）从作品中所涉及的种种问题，有会于心，因之做人更勇敢诚实一些，做事更负责认真一些，做人情感上所得的报酬就够多了。……①

这两封信均未收入《全集》。后收入《沈从文全集·补遗卷2》。

9月6日

本日　老舍致信李何林，信中谈及："昆明本来有文协分会，不知今日还有人负责没有；假若你愿意，可否邀约闻一多、沈从文、罗膺中、游泽丞、章泯、凌鹤、光未然、魏猛克、王了一诸先生一谈，有没有把分会重新调整一番的必要。"（1944年9月13日《云南晚报》夜莺副刊）

9月15日　散文《水云——我怎么创造故事，故事怎么创造我》发表于《时与潮文艺》第4卷第1期，署名沈从文。这是该文第二次发表，发表前经作家修

① 许杰：《论沈从文的写作目的》，见《文艺，批评与人生》，第162—168页，战地图书出版社1945年版。

改。收入《全集》第 12 卷《七色魇集》。

9 月 16 日　致信胡适，请他为白英、金隄翻译的沈从文小说集作序，“这本书幸而能译成英文，内中多涉及中国农村与兵士平凡哀乐，给英美读者印象，很可能与其他现代中国小说（如林语堂、熊式一及其他人写的）内容不大相同，要国外读者相信这也是中国的事情，最好的一个介绍者、说明者，也只有先生。所以希望先生能高兴为写个短短英文序言，放在书上，让这本书因您的序文，给英美读者一个较新也较正确的印象。”在谈及文坛现状时说，“新文学方面，便是做官的对于这个运动控制力的加强，政府要用它作点缀，因此学术奖金文学部门有个位置，可是得奖的却多是些不相干的作品。控制力虽加强，运用方法可并不进步，因之国家出钱编的书，办的刊物，还是不大有销路，内容也不见好。在野左翼依然要运用文学作宣传，也并无何等好作品出现。自由主义作家，已到无单独刊物可供发表情形，又因作家与商业关系不正常，不容易靠版税生活，因此多搁笔。”收入《全集》第 18 卷。

9 月 18 日

本日　西南联合大学新学期开学。

10 月 10 日　创作完成《七色魇题记》。

10 月 18 日　从子仁处取回《一个天才的通信》，并在青云路六十二号宿舍中写如下题记：“重看一遍，将生命带回到过去里。这是民十七、十八年间的生活。死的死去了十年，疯的过了一年又转好了。这就是生命。书上所提及的一个客人是张采真，廿年在武汉江海关前光光的石坪上杀头。一个借钱一元七毛的胡姓友人，廿年在上海枪毙，即胡也频。代为介绍这个小书出版的徐志摩，也死去了十三年。因这个文件，使我有机会到中国公学教书的胡适之，如今正若在半放逐中不能归国。这就是时间。以党治国的党，正在民怨沸腾中不知何以为计。战争已到七年，有转及西南趋势，市面上反应此种惶恐，为大减价广告，充满报纸。知识阶级反应此种惶恐，为信仰转到作家方面，一为贫病作家募捐，即到二百万。然而这有什么结果？为三流政客上台造机会而已。这就是时代。”以《题〈一个天才的通信〉》为题收入《全集》第 14 卷

《艺文题识录》集。

11月1日　《万象》第4卷第5期以《自滇池寄》为题发表了沈从文的两封信，署名沈从文。《自滇池寄·一》未收入全集，当为沈从文的佚信。该信全文如下：

××：

人有说你已过福建的，得□□口信，方知犹在上海，未作他计。法国文学史工作想已完成甚多。这里熟人多如旧，生活或已如“黔娄先生”，情绪还像不大寒伧，见面时有说有笑。惟分住各乡的，一年中见面亦不多耳。甫先生犹如当年从容，常问及你情况。佩弦略见老态。之琳作五十万言小说，已完成。一多以刻图章补助生活，且有兴趣译新诗（中译英）。毓棠尚能于教书之外写诗。冯至、广田，亦多能写作，且可常见面。我住乡下已五年，每星期只在城中一二天，孩子们于乡村中长大，顽健比似城中略胜一筹。气候温暖，过日子平平静静，故不觉长久。原来与冰心诗人相去一里许，近则唯戴世光陈达相去不多远。三小姐一切照常，精神则比过去转好，大约因凡事自己动手，每天在家中自己做酸菜，霉豆腐，劳作不息。欢笑歌呼，尤增加大人快乐，因之岁月虽逝，生命中所保留青春活力，转若在任何情形中均不至于消失，老友闻之，定必愉快！徽因寻常在四十度高热中，相去过远，信息不明，病既是原有之病，想不至于如何沉重！宗岱精神似尚好，可从填旧词兴趣看出。巴兄或尚在桂林，小说改戏，各处上演，亦甚热闹。孟实久无消息，只间或在刊物上见说教小文章耳。占元甚用功，已结婚。萧乾无信，不知生活如何。相去万里，六年来大多数人已发鬓成雪，幼小者多成童子，相见何日？能不令人悒悒！望各自珍，并为朋友珍重。××，××，并盼致意。

弟文　二月二十日

发表时未署收集人姓名及写信之年，据解志熙考证，收信人当为李健吾，写于 1944 年。[①]

《自滇池寄·二》收入全集第 17 卷《新废邮存底续编》集中。编者在本期《编辑室》中说："两篇来自远方的文稿，端木蕻良先生的《我的创作经验》和沈从文先生的《寄自滇池》。……沈先生的文字风格，有他独特的造就，是前辈中最切实的一位，这里发表的虽是两封短信，却是情思丰腴，感慨深沉，令读者如对其人。其中还提到好些为文艺读者所关怀的前辈作者，足慰远思。"

《〈七色魔〉题记》发表于《自由论坛》第 3 卷第 3 期，署名沈从文。根据作者的创作情况，"魔"当为"魇"之误，在这篇文章中，沈从文透露了自己文体实验的设想，同时，也对他人对自己的攻击作了回应：

> 这是我一九四四年完成的一个集子。内容说它是小说，实缺少小说所必需的中心故事。说它是散文，又缺少散文叙事论世的一致性。就使用文字范围看来，完全近于抒情诗，一种人生观照，将经验与联想混揉，透过热情的兴奋和理性的爬梳，因而写成的。就调处人事景物场面看来，又不如说是和戏剧摘要相近，尤其是和那个"错综现实与过去，部分与全体"的电影剧本相近。事实上，对于文体的分类我并不发生兴趣。我正企图突过习惯上的拘束，有所试验。这个集子的各个篇章，可说是这种试验的第一次成果。

文中有一部分涉及老舍。1944 年 4 月 16 日昆明文艺界曾经举办庆祝老舍从事创作二十周年茶会，罗常培在会上发言："老舍自有他'不废江河万古流'的地方，既不是靠着卖乡土神话成名的作家所能打倒，也不是反对他到昆明讲演的学者所能诋毁。"[②] 再加之在沈从文不知情的情况下，被列名"拜生做寿"的行列，引起沈从文的不满，于是在这篇题记中做出了激烈的回应：

> 记得一个生物学家曾说过："耗子机会若凑巧，也会长大如猫儿。澳洲的大袋鼠，还庞大如一头驴子！"可惜常见的耗子，照例都只希望从宣传活动方式上变成一只猫儿，结果呢，还是和原来同样大小一只耗子。

① 解志熙：《相濡以沫在战时》，《新文学史料》，2011 年第 3 期。需要说明的是，解志熙将写信日期定为一月二十日，细察原刊，当为二月二十日。参阅陈学勇：《释一封沈从文佚简》，《新文学史料》，2008 年 04 期。

② 罗常培：《我与老舍——为老舍创作二十周年》，《扫荡报》1944 年 4 月 19 日。

人既住乡下，因此如这位仁兄所说，城中发生的许多热闹事情，当真便不大知道。两个月以前，有一次进城时，朋友××就问我说：“你兴致真好，家中人饭也吃不饱，还为人拜生做寿！”话说得很奇怪。我做的事怎么连我自己也不知道？虽认真分辨：“我生平从不想到为人拜生做寿问题，恐怕是名姓弄错了。”可是有物为证，朋友并不错。我的名字和卞之琳先生的名字，果然同时都已上了报，被人派到为某某先生庆祝写作二十年消息上，登载出来了。其时我家中有个亲戚，因病失业，神经不大健全，起初还疑心莫非是这个亲戚作的。再去注意一下当天本市报纸，才知道这次盛会，是由联大国文系主任罗莘田先生主席的。还有一篇演说文章发表，说到有个什么贩卖乡土神话的作家，想打倒他的老朋友，老朋友那么活跃，那里打得倒！这倒真是新鲜事情，因为罗先生治音韵语言，与近二十年文学运动虽渺不相关，可是人在北方极久，一定明白从五四以来，国内所保留的一种写作风气，即拿笔的从不会办党做官口气说准备“打倒”谁或“拥护”谁。作家的义务，是素朴老实低头努力写文章，永远保持对于工作的热忱和忠实，慢慢的求取进步。作家的权利是在一个公平自由竞争制度下，有机会陆续将作品和读者对面，不论他写的是神话或是人话，是革命还是恋爱，总之一定要有像样作品方能得到读者。作家与作家彼此之间，或陌生，或相熟，凡能保持这个素朴实作态度的，必充满尊敬，若相反，照例不算同行。一个作家和社会发生关系，是作品，不是人。很少无作品的作家，能滥用作家名分作政客活动，或用社会方式支持作家地位。这个风气是有目共睹，而且特别值得推荐给准备执笔年青朋友，当成一种工作榜样的。用这种态度从事写作，自然寂寞些，沉闷些，一时之间难投机取巧，成功成名。可是由于作者写作态度的庄严，方能有优秀作品产生，不至于作空头文学家。读者看待一个作品，虽不免有随社会风气转移倾向，一时流行的崇拜电影体育明星签字习惯，也将会能到一个文学作家头上来，走到任何一处，都有签字小本子送到面前的机会。作家照例还是乐意用作品和读者对面。读者对于作家表示的诚恳爱敬，不是虚文，实重在能从作品中接受一个做人所必须的诚恳坦白健康热忱的人生态度。社会风气既在变动中，别的作家有因为不能忍受寂寞，发明用宣传方式，为同道联欢，并吸引社会注意，亦即名为推进文艺运动，无妨邀集三五十个趣味相同的人，排定秩序每星期轮流举行，轮流主席，人数不足时，即临时随便拉扯几个在野政客军人，或有名人物，凑足数目，总之这是个人的兴趣，并没有什么希奇。不过风气即使已进步到这个程度，据我想，也应当还容许另外一种人，另外一种态度，即不运用宣传，不参加社交，能低头写作，期望将作品更切实的影响读者的单纯态度，这种人不能逢场作戏，应景凑趣，和“打倒”、“拥护”全无关系。他贩卖点“乡土神话”，也许只是因为所见到的“身边神话”，实充满了乡愿猥琐油滑气息，同时他又已经学得忠恕待人，不好意思要身边人物在他笔下受难，倒并非不能画虫画鬼的！

近两年来，在任何一种刊物上，都常常可看到要求民主与自由的字样，在官方文件中，也就随时随处不忘记把这个名词加入。因此一来，俨然就是民主自由已在望中。可是我们试仔细看看便会发现社会中若干运用这个名词的人物，精神倾向有时或不免是一条相反的道路，而且能迂回努力达到目的。即以文学运动言，这种伪民主形式也可见出。有形的某种限制，犹可望废除，而无形的用民主自由名分作的成帮伙圈套，则不免与日俱增。对于彰明较著的整齐画一要求，出自统治者一方时，我们尚能找出若干理由作证明，以为与民主自由理想不合。然对于文学思想受近代政治功利主义的影响，使一切作者与作品，附属于一种政策，成为宣传点缀物的趋势，却无人能指出情形也相当可怕。一个作者若承认它，便随时随事都不免见出与官僚政客合流的用心，离开了对工作本身成功最高的要求，不是转而从阿谀当前实力取得信托，即是用颂扬未来权贵换回尊敬，否认它，则除搁笔改业无从否认。承认或否认，都与我从事这个工作本意违反。党派帮伙的包庇性，与文学的求真标准，实两件事情。我得好好思索一番，是爱好真理还是尊重现实?

《七色魇题记》未收入《全集》。

11月8日　力厂来访，谈及未来办书法展览事。

11月9日　在昆明致信董作宾。该信未收入《全集》，信文照录如下：

彦堂先生：

月前得手教，值萃田先生过重庆，不知寄来字幅究在何处，因迟迟不作覆。最近始由萃田转到各件。关于处理方式，昨曾与力厂先生谈及，或在不久将来，集诸友好作品共同展览一次，必可有相当结果。至于上次力厂先生成功，事实上亦即失败，因售去廿八万元中，仅一千五百元一小幅系自动来买，其余均系介绍，不外面子人情，方得此成就，故成功中即寓失败意。因此一来，熟人中如雪屏、金甫与弟等，俱不欲作展览计矣。又此间最近市府尚有一新规定，即一切展览会得经由市府许可，审定各件，末了还得缴收一笔费用，将来同人展览时，尚得想法打破此种难关，否则物质精神，两不经济，转为彼等小官小吏限制，亦意中事也。金甫先生闻已到美。金岳霖刚回昆明。梦家夫妇已成行。萃田先生不日亦可动身。昆明情形，想多传说，或有类乎"现代神话"故事，在过去、当前曾经发生，在未来明日必更多机会发生。最显著变化，则为同事中有于一夜间忽然左倾者。亦有从不对于政治有所活动，忽成为活动中心者。亦有平时老谈政治，在此时转趋缄默者。在日常见面同事中，各为种种幻想所兴奋，对平时所学所信已有支撑不住趋势，静极则思动，亦事理固然也。弟因住乡下已六七年，每星期只有机会留城中一二天，便当真已成为一乡巴佬，因一入城时只闻热闹，已分不清楚某某熟人属于某某党派，且更摸不着彼等明日尚在转变中也。事实上如彼如此，恐怕亦只是一种神经拘挛现象，战事若好转，一切兴奋过不久或将从疲乏中得到平衡；若恶化，则大家当如桂林"文化人"差不多，将在转促中被人指为"待救济"分子，亦不能不重新占一据点再来活动，始能继续兴奋也。唯不好不坏之战局，有助于现代太学清流与太学生活动。

至于国内各部门分解与腐烂，恐仍在继续，绝不会因为此等微弱呼喊即可望转机获得。凡已在分解与腐烂事事物物，势必到溃决后方慢慢可望新生。在这个情形发展下，弟等实转羡慕中［央］研究［院］李庄地势，因地方虽较偏僻，不宜于有政治幻想者活动，然对于个人工作，亦可因此照常进行，不至于有妨碍。以弟个人私见，当前卅名流对国事所能成就政治业绩，十年后，与先生一个人对古代史贡献比较，恐尚不及先生贡献重要也！弟在此住处名“桃源”，虚有其名而已，茅屋三间，小园一弓，全院中种不结子桃树三株，日常工作为挖土、挑水、磨刀、烧火，凡事做来溜刷在行处，竟若比写文章还高明一着。此种发现，与另外一种不大宜于参加“群的活动”认识，才明白一个农民底子的灵魂生命，即写作，到结果也还是如何无可避免与社会游离，到不得已转成为隐逸，亦极自然，真所谓出于土，归于土。闻思成病已脱体，徽因病亦转好，私心庆幸，真非言语文字可尽。弟已多久得不到他们消息，其实熟人健康与工无不常在念中也。弟几年来毫无成就常生活耗去生命大半，最近得重庆来信交桂林付印集子三册，卅个短篇集挑选出的，带至柳州，全付一炬。廿年工作，空虚，所得只是一纸目录，以及完成各章时所经困难，以及去年半年修改时印象而已。廿年来一部分工作，即此完事，成毁有数，古人虽尝言及，然毁去者为青春精力与敏感而成之作品，却将此只想退回农村去身体保留，对个人言，真一也。晤徽因夫妇思永兄时，盼一道意，及此事。霖灿兄前闻拟来此，近又闻住李庄。能在李庄得良师益友鼓励，将史底子打好，将来工作，必更多便利，机实可羡慕。彼前托带李晨岚兄诸画，拟在另一时同付展览。

专颂著安。

熟人统望问候一声

弟　沈从文顿

十一月九日[①]

---

① 沈虎雏辑注：《1944 年沈从文致董作宾三封信》，《新文学史料》2015 年第 3 期。

11月20日　小说《乡居》发表于《春秋》第二年第一期，署名沈从文。这是这篇小说的第二次发表。

12月14日

本日　巴金致信沈从文，谈及沈从文时说："前两个月我和家宝常见面，我们谈起你，觉得在朋友中待人最好、最热心帮忙人的只有你，至少你是第一个。这是真话。尤其在现在，一般人把自己利益看得比什么都重的时候，使人更怀念你。"①

12月15日　完成对文聚社版《长河》的校注。以《〈长河〉自注》为题名收入《全集》第10卷。

12月30日

本日　甘肃《民国日报》发表署名上官碧的诗歌《给不会爱人的人儿》。但该诗是否为沈从文所作，待考。

本 年

春季　昆明行营参谋处长甘芳任董事长、王家璋为校长的建国中学开设高中部，沈从文、张兆和曾到这所中学兼课，历时约一年半。暑假期间沈从文全家迁至桃源新村租住。据罗静山回忆："王校长慎选师资，特地几番到呈贡龙街敦聘北京大学中文系教授，在东方语专兼课的沈从文到该校任高一班的语文兼课教师，其夫人张兆和（即张英莲）担任英语老师，又聘请肖涤非教授来校任高二班的语文兼课教师，其夫人（忘其名）也担任英语教师。沈教授的两个男孩龙朱、虎雏也在该校读初中和小学。他们两家6口，住在极其简陋的茅草房内，过着极其简朴的清贫生活。……课余饭后，沈先生还得抽空挑水，上跑马山斫柴，用草索扁担挑回。沈夫人张英莲（即张兆和）除了上课、批改作业

① 《巴金全集》第24卷，第96页，人民文学出版社1994年版。

外，还得烧火煮饭，浆洗缝补衣服，照料两个孩子，忙得不亦乐乎。”[①] 按：张兆和即张英莲事，目前未见相关材料，待考。

本年　沈从文的工资调整为 440 元。

本年　桃源新村村长李沛阶曾劝沈从文在他办的酒厂作挂名股东，被他婉拒。

本年　“三十三年因心脏病，计焚毁日记本七册，另稿十五件，多未发表故事。”(《题〈烛虚〉留样本》)

本年　分别担任西南联合大学中国语言文学系学生王忠、黎见明的毕业论文指导教师。王忠的毕业论文题目《唐代的言情小说》(导师沈从文、浦江清)；黎见明的毕业论文题目《考稗散编》(导师闻一多、沈从文)。(《国立西南联合大学史料》第 3 卷第 110 页)

1944—1945 学年度 沈从文与马芳若合作承担了中国文学系的“国文壹 B（读本）”（4 学分）课程；独立承担了中国文学系的“中国小说”（4 学分）、“现代中国文学”（4 学分）课程。

---

① 罗静山：《西南联大教授沈从文、肖涤非在跑马山》，《官渡区文史资料选辑》(内部资料)第 8 辑，第 221–222 页，1995 年印刷。相关资料同时参见林羽：《回忆建国中学》(《昆明文史资料选辑》第 34 辑)。

民国三十四年 1945年 44岁

2月11日 美英苏三国政府首脑在雅尔塔举行会议，会议签署了《苏美英三国关于日本的协定》(《雅尔塔协定》)。

4月12日 美国总统罗斯福病逝，副总统杜鲁门继任。

4月20日 中共中央六届七中全会通过了《关于若干历史问题的决议》。

4月25日 联合国国际组织会议在旧金山举行，这次会议将新组织定名为“联合国”，通过了《联合国宪章》。

7月26日 中美英三国首脑签署《波茨坦公告》，要求“日本政府应立即宣布所有日本武装部队无条件投降”，并重申《开罗宣言》的条款必须实施。

8月6日 美国向日本广岛投放了第一颗原子弹。

8月15日 日本无条件投降。

8月28日 毛泽东率中共代表团飞抵重庆，与国民党进行和平谈判。

9月9日 中国战区日军投降签字仪式在南京举行。

10月10日 国共双方签署《国共会议纪要》(《双十协定》)

12月1日 昆明军警制造了“一二·一”惨案。

1月1日 小说《芸庐纪事》略加修改后在《文聚》月刊第2卷第2期上重新发表，署名沈从文。

《摘星录》发表于《新文学》第1卷第2期，署名沈从文。收入《全集》第10卷《虹桥集》。

1月4日 在《长河》校注本后写下如下文字：

> 十二月十五校毕，去《边城》完成刚满十年。时阳光满室。长荣、子和、老三等战死已二年。陈敬摔车死去已一年。得馀离开军职已三年，季韬、君健两师部队在湘中被击溃亦已四个月。重读本文序言：

骤然而来的风雨，说不定会把许多人高尚的理想，卷扫摧残，弄得无踪无迹。然而一个人对于人类前途的热忱，和工作的虔敬态度，是应当永远存在，且必然能给后来者以极大鼓励的！

这热忱与虔敬态度，唯一希望除了我用这支笔来写它，谁相信，谁明白？然而我这支笔到当前环境中，能写些什么？纵写出来又有什么意义？逝者如斯，人生可悯。

从文　桃源新村第八栋茅屋中

卅四年一月四日注

上述题识后以《题〈长河〉校注本后》为题收入《全集》第14卷《艺文题识录》集。

1月29日

本日　西南联合大学放寒假。

一月　长篇小说《长河》由昆明文聚社出版。收入《全集》第10卷。

2月19日

本日　西南联合大学开学。

3月1日　开始主编昆明《观察报》副刊《生活风》。[①] 沈从文在《编后》中说："我们不必说明本刊需要哪一类文章，或排斥哪一类文章。今后读者可以从每一期的篇幅里，了解《生活风》的性质。我们也不会专刊特约稿件，而希望读者多送一些东西来，使看文章的人，大部分就是写文章的人。"[②]

在桃源写作杂文《吃大饼》及"后记"。

3月6日　《作家书简》发表于《贵州日报·新垒》第1期，署名沈从文。收入《全集》第17卷《新废邮存底续编》集。

---

① 易菲淑：《联大闻一多、沈从文、费孝通、王了一四教授轶事》，《昆明文史资料选辑》第44辑（内部资料），第139页。

② 万揆一：《沈从文、石凌鹤和昆明报纸副刊》，《昆明文史资料集萃》第2卷，第1672页，云南科技出版社2009年版。

3月12日　在《昆明文化界关于挽救当前危局的主张》宣言上签名。该宣言由吴晗负责起草，闻一多润色，罗隆基补充。其间，为了征集签名，闻一多亲自到呈贡沈从文家里，沈从文签名后，留闻一多吃了一顿饭。[①]

3月20日　小说《赤魇》发表于昆明《观察报·生活风》第20期，署名沈从文。收入《全集》第10卷《雪晴》集。

4月1日　《断虹引言》刊载于《春秋》第3卷第1期，署名沈从文。收入《全集》第16卷《序跋集》。这是本文的第一次刊发。

4月10日　在闻一多起草的“昆明文化界人士为国民党取消文化工作委员会等组织致郭沫若顾颉刚的声援信”上签名，信中说：“报载你们二位所分别领导的辞典年表编纂处、文史杂志社和文化工作委员会等机关，都先后被无故取消了。对这不幸的消息，我们虽然愤慨，却毫不惊异，因为我们知道这事件的发生，是中国反民主势力又一罪恶的政治表演，它使这荒淫无耻的大后方仅有的几个庄严工作据点，又受到严重打击而停止，这确乎是我们大家的不幸，但这绝不是我们的致命打击，反之，从这一次打击上，我们全国民众倒更可以解除一些错觉的蒙蔽和幻想的羁绊，因而更能坚定今后努力的决心。”[②]

4月11日　杂文《吃大饼》刊载于《贵州日报·新垒》第13期，署名沈从文。收入《全集》第14卷《见微斋杂文》集。

5月9日　杂文《田汉到昆明》刊载于《贵州日报·新垒》第23期，署名上官碧。收入《全集》第14卷《怎样从抗战中训练自己》集。

5月10日　因沈从文教务繁忙，无暇主持每天一次的《观察报·生活风》副刊编务，加之新闻电讯增加版面，《生活风》副刊宣布停刊。[③]

5月11日　杂文《谈沉默》刊载于《贵州日报·新垒》第24期，署名沈从文。

---

① 闻黎明 侯菊坤编：《闻一多年谱长编》下册，第725页，上海交通大学出版社2014年版。

② 闻黎明 侯菊坤编：《闻一多年谱长编》下册，第733－734页，上海交通大学出版社2014年版。该信原件现藏中国国家博物馆。

③ 万揆一：《沈从文、石凌鹤和昆明报纸副刊》，《昆明文史资料集萃》第2卷，第1673页，云南科技出版社2009年版。

文章论及因各种原因导致的“沉默”：“这个多数沉默，从表面上看，也许近于消极。可是很显然，实能酝酿生长一切幻想并作否定行为准备的。它如水，在平衍土地中浸润，在沟渎中涓涓流注，然而流注所及，则粉碎磐石，使山峡刻划成千尺沉沟，它本身则柔濡平静，在风涛激荡中，所掀起的白浪，万斛广舶与坚固堤防到时亦必然失去效用。它受点热，即能融解一切不甚牢固的粘合物并能变成气体，推动机械，使无情钢铁发生有规律的动止。它太冷，将结成冰，正由于体质一变，凝固时，便依然有崩崖绝岸的作用，或冻死地面草木人畜，以及人力所培养的种种，寄托希望的具体物质和抽象观念。总之，它能生长，也能消耗，能否定，能破坏，善体国经邦者，真不能不注意及此！”收入《全集》第14卷《怎样从抗战中训练自己》集。

5月14日　重庆《新华日报》在第二版刊登了沈从文等53人共同签名的《昆明文化界慰问郭沫若先生的信》：

沫若先生：

报载你所分别领导的文化工作委员会被“因故”取消了。

对这不幸的消息，我们虽然愤慨，却毫不惊异，因为我们知道这事件的发生，是中国反民主势力又一罪恶的政治表演。它使这荒淫无耻的大后方仅有的几个庄严工作据点，又受到严重打击而停止，这确乎是我们大家的不幸，但绝不是我们的致命打击；反之，从这一次打击上，我们全国民众，倒更可以解除一些错觉的蒙蔽和幻想的羁绊，因而更能坚定今后努力的决心。

抗战八年以来，和你们一样，我们也是在文化教育机关担任工作的，八年如一日，我们的信心和忍耐，并没有动摇，然而还是挽回不了国家的颓势。在抗战过程中，国内的破绽愈来愈大，使胜利和民主政治的前途，也愈来愈远。但我们仍然在隐忍和宽恕的心情中，期待又期待。直到今天，我们的隐忍和宽恕几乎变成了一种罪恶，期待变成了无底的失望：眼前政治的腐败，经济的破产，军事的挫折，以及社会贪污无耻的公然横行，与夫你们这次所受到的可耻的打击，都是这一事实无可掩饰的说明。

所幸现在，我们完全明白了我们险恶的环境，艰苦的前途，也明白了我们责任的重大！新的挫折，只是提高了我们新的警惕，增加了我们新的勇气。

“雾重庆”的时代已经过去，光明与黑暗的阵营渐渐分明了。请你和你的朋友坚持着我们文化界严肃工作的堡垒，紧握着我们文化界庄严的大纛，来争取我们国家民族的生命线——民主政权，请相信我们是你们的声援，如同你们（相信）广大的民众是你们的后盾一样，你们不是孤立的。

最后，为了你们这次所受到的光荣的迫害，请你和协助你工作的诸位朋友，接受我们这点同情与敬意。

我们永远是你们的忠实同伴。

四月十日[①]

5月15日　杂文《读书人对政治的态度》发表于《观察报》，署名沈从文。本文未收入《全集》。兹照录于后：

读书人对政治的态度

佛洛依德谈心理分析时，把人类一切愿望与动力的基因，都归纳到一个“性”字上。他用的这个字眼儿，意义实相当广泛，并不拘执于男女明显的色欲意识和行为。然而却供给我们一种便利，即由“性”出发，检讨到人时，那个圆颅方踵具有特殊智慧的生物，生理年龄与活动倾向所受的自然限制，及其相互关系，将令我们对于他那种强调而天真的主张，得到一回有会于心的微笑。我们或可为“人性”重新加以诠释，从其他方面建立一些新的观念。借用佛氏的观点，来看看中国当前读书人对于政治所抱的态度，即大有意思。

在日下一般情形中，对于读书人我们似乎容易保留那么一种印

---

① 《新华日报》1945年5月14日。需要说明的是，这封信有两个版本，第一个版本是致顾颉刚、郭沫若两人的，第二个版本是致郭沫若一人的，前者所声援者，是“你们二位所分别领导的辞典年表编纂处、文史杂志社和文化工作委员会等机关，都先后被无故取消了”，后者声援的仅是“文化工作委员会被‘因故’取消”；其余内容基本相同。

象，即十六岁到廿五岁的青年人接近政治时，多取得是“恋爱”态度，卅岁到四十五岁的中年人接近政治时，多取得是“成家”态度，五十岁以上的老年人接近政治时，多取得是“攀亲家”态度。虽不可免有例外，一般趋势在生理年龄上所形成的两性求偶观，还是和政治倾向有极奇异的相似一致性的。年青人对于“恋爱”，却充满浓厚浪漫抒情色调，对方越摩登他就越容易激发其爱慕心。他有的是生命热忱，本可以使用到各方面去，但一时风气和历史夙命却共同集中了这种热忱到男女情感取予上。或由于隔膜，且从而扩大了他的热忱成为牺牲的渴望。又由于风俗习惯上对于性的禁忌，以及有经验家长保守见解的压迫，更增加他一种好奇心，以及突过任何限制的冲动。于是，他追求、寻觅，为争自由而向前了。

至于三十岁以上的人呢？他的年龄已到“成家”的年龄，要对手，将不仅是能热情注挹的摩登女郎。因为他已知道了这种女子的长处和短处。唯一长处是手指甲涂得红红紫紫，一伸出来即代表所谓“新”。可是此外脚上穿的钺器高跟皮鞋，即未必宜于中国不平街道上走路，身上的短裙齐肩花衣，又未必宜于中国南北不同的气候。还有挂在肩膊上那只大皮箧，难道真是必需的？……袖子衣服的忽长忽短，难道真有何种美作标准？总之，一切新虽新，可未必好。最不可恕的短处，还是这种女子对于文化传统一切优美风俗习惯之蔑视，以及真正西方所课于共同生活的种种美德全无领会。一个壮年人成家的理想，对手不是摩登女郎也极显然！若社会容许他自由选择，“门当户对”旧意识即会在他崭新头脑中起作用，但也许还会稍微势利些，要成家时名门闺秀无可望，身边又恰好只有两个女子，一个有热情无家和根柢又不十分明白的女子，一个是家长名誉虽不大好，可是当前社会地位和经济势力都还可靠，个人相貌也还看得过去的女子，结果就会让功利思想作主，凭媒作证做了那有势力人家的女婿（这种有势力人家，照例是派得有人到处在找寻女婿的！）

至于五十岁以上的人呢？他到为子孙谋攀亲家的年纪了。一个人到了这分年龄时，虽偶然会有童心再现，或由于衰老补偿心理，和一个十五六岁女孩子恋爱，事并不出奇。但一般攀亲家的情绪，实重在有条件的稳当可靠，且重在传统品德之尊重与理解，是无问题。

我原说过一切只是一种比喻，并非真实。但从这个比喻中，却多少可以明白一些当前大多数读书人对于"政治"所抱的态度和倾向自然因素。年青人容易成为"社会主义"的信徒，或对于这个动人名词的同情，十分自然。（也有在恋爱失败后灰心颓废堕落的，也有一起始就滑头滑脑只梦想升官发财的）。壮年人却对"民主政治"感到特别倾心。（他的年龄得成家了，只要有个像样的主妇共同合作，是可望把家庭弄得很好的。）青年与壮年人中，还有许多人对政治漠视态度，游离无所归，虽游离却在本人工作寄托了极大希望与热忱的。（他不恋爱，不结婚，也可以好好的过一生！）亦有壮年想出头露面，急于事功却不甚讲手段，在无可无不可中，成为当政中某小派不记名打手的。（或因为长得白净，或因为有小技能，被有力者看中，于是成为变相的赘婿，情绪身份全如赘婿，他自己也知道！但是他的目的却指望另一时分得一笔遗产，所以常常表现得异常循谨可靠。）就中自然也有明白这么混下去，良心不安，且欲出头露面亦不容易，因而十分苦闷，常出怨言的。但他必依然还是那么混下去，绝不敢表示退出某某地位。（这种人照例是一面不满意作赘婿，间或还有个吧女朋友，相当亲密。可是到要他正式离婚时，就会用女性柔懦口气说：已嫁了多年，还有什么办法！）

社会虽是有机的，人虽是极复杂活动一种生物，但似乎也有他可以范铸的型式。明日的思想家或组织家，对于社会重造的理想，欲其部分或全部实现，似乎值得注意这个比喻背后的真实！①

5月25日　致信金克木，关注其在印度留学的生活。沈从文原信未收入《全集》，但从金克木6月12日的复信可窥知沈从文来信之大概情形。因金克木

① 本文经王锦厚整理，参见王锦厚：《读懂沈从文的秘诀——以佚文〈读书人对政治的态度〉为例》，《郭沫若学刊》2016年第2期。

复信在回答沈从文的询问的同时，又多涉及当时师友的近况，特将金信附录如下：

从文先生：　　梦家先生夫妇经印去美亦曾一见

五月廿五日手书奉悉。承　关注极感。前得馀先生过印时未及相见，至以为怅。运爕兄良铮兄在印均数见，运爕兄并曾同往游鹿野苑，故对弟在印情形当可转达，惟对近年余之变化不悉耳。

在鹿苑得遇明师，梵文巴利文均入门，现代印语（国语）则未深究，仅由其国语译本转译泰翁《我的童年》。译后由吴晓铃夫人石真女士以孟加拉原文校改一过，现在商务排印中。此外，前年徐迟曾在渝代出小书一册，想亦早见及？来印成绩只此而已。读书三天打鱼两天晒网，欲其真通，非埋头不动干三五年不可，而今之环境心情均不能，其无所成盖可必矣。所读偏文哲方面，惟梵诗过于倚赖文字美点，有如中国旧诗，虽以同源之西洋文字译之，除公认之少数德译外，英译均不行，故亦实无法转为华言。佛教典籍中，如什师奘师所译，文义兼顾，散文有时铿锵胜于原作，然一及韵文（如旧译佛所行赞之类）诗味全失。中论、俱舍等言致理之作，达意而已，差堪相副，义净之能，一百五十赞孟佛颂亦觉诘屈，可见其难。而梵文学几全为韵律之作，介绍之功戛戛乎其难哉！《五卷书》偶见卢冀野君译为文言，不知何据，风味全失，曾以四言佛经体译故事，六言译诗句，成二篇即弃去，将来再动手当作白话。吠陀近读数章译为六言八言，实难信雅，晓铃兄专攻梵剧，或当有成。弟所读偏重哲学，或则介绍较易，但佛教以外仍需锤炼新词，亦颇为难。来印前二年忙于与学问无关之“新闻”，后二年内又仅二冬用之读书，实则仅有一冬真正从师攻世界最难之巴你尼文典，如是而望其有成，不亦难乎？李方桂罗莘田两先生后　又蒙　先生远予策励，益增汗颜矣。至于当代印度文坛则颇为萧条，印语杂志不多，好者尤少，报纸无副刊，加以方言（文字）太多，穷苦人太多，文盲太多，销数有限，作者无稿费，物质上已难多产。而新风末普，旧日之传统体裁仍有势力（如其电影，千篇一律，且多神话片），杰出者亦寥寥。民众所嗜仍是三百年前之白话之宗教史诗。方言文学中，孟加拉语（泰翁所用）较胜。石真女士在国际大学专攻已两三年，可谓已告成功，现已开始从事选译。国语中之回教语诗因为前朝官话较为纯粹，印地语则非口头语之诗尚流行，口语文学方在创造，至西印古甲拉第语（甘地用语），马拉提语，及南印各方言文学亦各有所长，未能深知，但大多不脱前人窠臼，总其原因，印度虽交通发达，经过百年以上之工业化，而其人民多数仍为千年以前之生活思想，加以宗教缚锁，习俗难移，文学亦随之而似缺一五四运动矣。

树臧兄消息闻之甚为欣慰，前杨刚过印时已曾言及，马耳来时又说其不可靠。今既有所归，无论他人谓之何，如愿即是幸福。弟自昆明一见之后，未能忘怀，并无他意，只觉歉仄于心。杨刚曾问“是否有报复之意？”自忖实无。今闻证实此讯，如释重负。卢君近闻已在日内瓦与使馆中人订婚，或已结婚。此乃大幸事，弟亦随之而获“解放”。弟不知萧郎知之否耳？其表兄（追之十余载）去岁亦在渝与粤女结婚。此一重公案告一段落，所余者萧与某两个聪明的傻瓜而已。年来认识一女友，现在昆明南菁教书，姓贺，燕大学生，曾欲来印，不意最近签证被拒，牢骚之至，理科学生（文字就信看也不错），北方人，当年埋头读书，及年华逝水，然后恍然，欲追欢乐，业已过时，其人甚为爽直，其情极可同情，虽未谋面，已成良友，几步卢君（通信五年）之后尘。然八小时之航路虽短，而一纸之签证为难。倘苹果不落向地球，据说地球必落向苹果，倘两不相下，则最好是来一人把苹果吃去，接 先生来信后曾去信问她愿不愿见先生，如先生有熟人认识她，盼便中照拂，因自傲之人转而自毁，极其容易也。今之女人心理似均转趋一辙矣！（介绍新环境新朋友，介绍与杨刚通信谋去美以慰之。）

致国内情形此间由《大公报》可见一二，传闻所及，亦颇黯然，眼所见到者或尚较国内为多。一出国门即耳目文大异，如去重塞，且深知国之重要，尤其处于此时此地。故对国内极为关切而无如何。弟奉欲去欧洲一行，今岁即打消此意，一则年事已长，不便长此漂流，家母渐衰老，不能长在友人家中寄居。二则国家多事，自己不争气，走到天边亦复受罪受气（无心肝者当除外），心中不安也。本预备三冬读书，秋间去浦那专读主要经典（婆罗门教），不意近来心情大乱，很想返国。当然贺君来印不成亦一刺激，加以曾在重庆目睹怪现状，今变本加厉，返国亦只有去昆明，而不欲去渝，（家母在筑）。现在此并无牵挂，不读书，不做事，不安心，则不如归去。去国四载，不知满街吉普之金碧路上仍能容一无足轻重之人否耳。此间所购数箱梵籍，惟有俟战后交转运公司运上海。但如飞回国，则十八公斤行李，下机后样样须买，深恐不免冻馁矣。返国奉母乃第一义，目前尚犹豫未决，三两日内如决定时，行期总在年底以前国内大热闹之时欤？有暇祈将国内情形示知为幸。

此间友人出一《中国周报》（弟不负责），其“文艺之页，编者为李极光兄。曾出泰翁八五诞辰特辑，有第一文“创造的统一”及石真自孟加拉原文译诗，尚有未发表之泰翁访华照片，兹将画页抽印者寄奉一份。故人良多，当增感慨。诗文未便一次寄，贺君与渝徐迟处似皆有一份。弟并在该刊发表《少年行丙》（上），未完成之旧作，永远不完成矣。先生所提及之“小报”为何性质？倘心情较佳时或当寄短对话谈印度文哲之类，政经则不易谈不能谈也。以后赐教祈寄《大公报》郭史翼兄转较妥：Mr.Kin Kemo,c/o Mr.Kuo Shih-I,P.24,Mission Row Extension,Calcutta,India.

敬颂

教安！

弟 金克木顿首六月十二日

之琳兄等并祈代致意，恕未另[①]

① 金克木：《致沈从文》，《风烛灰：思想的旋律》，第214—218页，生活·读书·新知三联书店，2002年版。

6月1日 《致施蛰存信》以手稿形式刊载于“文艺春秋丛刊”之四《朝雾》。该信写于1935年8月28日。收入孔令境编《现代作家书简》(生活书店)。在《致施蛰存函四通》总题下收入《全集》第17卷《新废邮存底续编》集。

6月11日 开始主编昆明《观察报》副刊《新希望》。社方在此前的启事中说:“为使副刊适合多数读者需要起见,决自6月11日起,将《小观察》改名为《新希望》,敦请沈从文主编,由名家撰稿。”①

据程应镠回忆:“从文先生住在呈贡,每周来昆明上课、改卷子,西南联大给了他一间工作休息的房间。1945年初,他要我参加《观察报》负责人的一次邀请,座中有田汉、安娥。《观察报》副刊由他负责,取名《新希望》,日常编辑工作由我来承担。那时开莱还没有出国,王逊正在西南联大教逻辑学,丁则良教中国通史。我便请这些老友帮忙,直到抗日战争胜利。有一次和王逊到呈贡乡下去,他用上官碧的笔名,为我写一个条幅,写的是我在抗战胜利后一首七律:‘百死难为魍魉身,哀时有泪亦潜吞。志存家国嗤心性,血写文章论本原。大地烽烟连海静,人生意绪逐江翻。故园亲老归无计,蛮雨蛮烟正断魂。’”②程应镠“文革”中所写的“交代材料”中写道:“1945年5、6月间,因为沈从文的关系,我编过昆明一份叫做《观察报》的副刊,这小副刊定名为《新希望》。在这个副刊上,我写过一些短文,狂热地宣扬‘独立不惧’和‘个性解放’。在这个副刊上写文章的有丁则良、王逊、陆钦墀、冯至等人。”③

为联大学生左经文赴美事致信胡适。收入《全集》第18卷。

6月14日 小说《赤魇》重新发表于重庆《益世报·益世副刊》第144期,署名沈从文。收入《全集》第10卷《雪晴》集。

6月15日 杂文《吃大饼》发表于《宇宙风》第139期,署名沈从文。这是本文的第二次刊发。

6月27日 作《青色魇》

① 金揆一:《沈从文、石闭鹤和昆明报纸副刊》,《昆明文史资料集萃》,第1673页,,云南科技出版社2009年版。这段史料可同时参见易菲淑:《联大闻一多、沈从文、费孝通、王了一四教授轶事》,《昆明文史资料选辑》第44辑(内部资料),第139页。

② 程应镠:《永恒的怀念》,《长河不尽流》,第139页,湖南文艺出版社2018年版。

③ 虞云国:《程应镠先生编年事辑》,第119页,上海人民出版社2016年版。

本日　西南联合大学放暑假。

6月28日

六月 在昆明桃源新村改写《神之再现——凤子之十》为《橙魇》。

7月6日　《青色魇》在《观察报》"新希望"副刊连载，署名沈从文。这是本文的第一次发表。收入《全集》第12卷《青色魇集》。

7月7日　《青色魇》在《观察报》"新希望"载毕。

7月17日　在昆明北门街七十一号参加国立西南联合大学三十三年度第四次教授会议，主席梅贻琦，书记闻一多。

7月25日　据《郑天挺西南联大日记》："诣从文，不值，欲托之卖书。"

7月26日　《长河》（第一卷）重校完成。

7月31日　昆明《观察报》副刊《新希望》停刊。

8月1日

本日　李何林在《扫荡报》（昆明）第四版《扫荡副刊》刊发《文学与商业和政治的关系——评沈从文先生的〈文学运动的重造〉和〈文艺政策探讨〉》，与沈从文商榷，8月2日《扫荡副刊》续完。

8月3日

本日　重庆《大公晚报·小公园》刊发署名坐外写的《沈从文写十城记》，文中称："作家沈从文向以多产称，自为联大教授以来，产量大减，沈氏顷致友人，谓拟以湘西为背景，写成'十城记'，为近五十年之湖南□□绘□。'十城记'现已得其四，第一城名《边城》，以茶峒为背景；第二城名《小砦》，亦以小村镇为代表；第三城名《长河》，代表沅江游域；第四城为《芸庐纪事》，以沅陵为背景；第五城，正写作中，尚未定中。沈氏向以'做人更勇敢诚实，做事更负责认真'勉同侪，实亦自勉耳。"

8月15日　作《湘人对于新文学运动的贡献》。

9月8日　晚上，开始写作小说《主妇》。

9月9日　清晨，在昆明创作小说《主妇》。“犹记得三十四年（卅三年？）九月八日，住桃源写了一晚作为送三小姐纪念礼物的文章。到天明时走到村子外边去，越过马路，躺到带露水的荒坟间，头中发眩，觉得十分悲戚，总想事如可能，应当到回北时改一小小职业，不再作这种费神不见好的工作，一家也会过得日子稍好些。”（1950年秋致程应镠）

上午，程应镠、王逊来访。

9月17日　西南联合大学开学。

9月28日　复钟恂函，谈中国公学复校事宜：“惟欲促其实现，恐得在上海与党中强有力者作计（如潘公展先生），方容易着手，否则即有所计划，到成事时亦必为人顺手捞去，此亦自然之势也。”收入《全集》第18卷。

9月29日　作《给一个出国的朋友》。据解志熙考证，这是沈从文写给卞之琳的一封信。

10月5日　购得中华书局1936年版郑师许著《漆器考》，并作题识：“从枪声盈耳中购来。”“书过于简率不合用。多错误。材料少。”（《从文用书题识选》）

10月15日　作《我们用什么来迎接胜利》。

10月20日　《给一个出国的朋友》发表于《自由导报周刊》第3期，署名章翥。本文未收入《全集》。收入《沈从文全集·补遗卷2》。这是本文的第一次发表。

10月26日

本日　重庆《大公晚报·小公园》在“文坛”栏刊登消息：“沈从文近致书沪上友人，自叹几年来生命大都在作火头军中耗去。述及闻一多时，有云：‘一多公已在此成领导民主运动大师，惟不幸与合伙者为罗隆基，吴晗，因之在演演讲中，虽能得学生鼓掌叫好，在同事中却保留一□甚动人印象。’其所欢喜者，应为昆明之泉井，空气及阳光云。”

10月27日　据《病》修改后的小说改题《捉鬼》，发表于《自由导报周刊》1945年第4期，署名沈从文。本篇小说未收入《全集》。

11 月 1 日　西南联大学生刊物《文艺新报》创刊，沈从文为该报题写了刊头。[①]

11 月 3 日 《我们用什么来迎接胜利》发表于《自由导报》周刊第 5 期，署名沈从文。本文未收入《全集》。后收入《全集·补遗卷 1》《见微斋杂文》集。

11 月 17 日 《水云》开始在《前线日报》连载，至 12 月 10 日，分十八次连载完毕，署名沈从文。

11 月 27 日　为抗议昆明包围学校、断绝交通之举，西南联合大学教授会召开会议，一致同意，发表了《国立西南联合大学全体教授为十一月二十五日地方军政当局侵害集会自由事件抗议书》。

12 月 8 日 《看虹摘星录后记》发表于天津《大公报·综合》第 5 期，署名徇文。署名恐是手民之误。收入《全集》第 16 卷《序跋集》。这是本文的第三次刊发。

12 月 10 日 《看虹摘星录后记（续）》发表于天津《大公报·综合》第 6 期，署名从文。收入《全集》第 16 卷《序跋集》。

12 月 17 日　下午五时三十分，在清华大学办事处参加国立西南联合大学三十四年度第六次教授会议。会议主席周炳琳，书记闻一多，会议决议事项：

> 本会代表于明日（十八日）上午九时，召集学生自治会全体代表，劝导学生复课，并听取其意见（上项代表以各系主任充任之）。
>
> 明日下午三时，请各系分别召集本系全体学生，由本系全体教授出席与学生谈话。
>
> 劝导学生时与说明本星期四务必复课，如不肯复课，教授同人只好辞职。[②]

① 张源潜：《回忆联大文艺社》，《云南现代史研究资料》第 10 辑，第 62 页，云南人民出版社出版 1980 年版。

② 北京大学等编：《国立西南联合大学史料》二，第 557 页，云南教育出版社 1998 年版。

本 年

本年　担任西南联合大学中国语言文学系学生王松声的毕业论文指导教师。王松声的毕业论文题目是“中国战时文学”（导师沈从文、李广田）。

1945—1946 学年度　沈从文与李松筠合作承担了中国文学系的“国文壹（读本）五”（4 学分）课程，独立承担了中国文学系的“各体文习作（二）乙（语体）”（2 学分）、中国文学系和国文学系合上的“现代中国文学”（4 学分）、“中国小说史”（4 学分）。课程说明中要求：“各体文习作（二）乙（语体）”课程，“凡已选过‘各体文习作（一）’，对写作特有兴趣，而能作较深研究之同学，方宜选此课。习作讨论并重。”“现代中国文学”“注重在讨论从五四以来新文学各部分的发展和得失。并提出若干作家的特别成就，及作品所代表倾向，加以分析。俾选习此课者，可对近三十年新文学得一比较具体印象。”“中国小说史”“系就艺文志所涉及十五家小说始，到新章回小说为止，分期检讨各时代小说的发展，及小说与社会的相互关系，并略举优秀作品示例。”[①]

---

① 《国立西南联合大学文学院中国文学系学程说明书（1945 年度）》，北京大学等编：《国立西南联合大学史料》三，第 407-409 页，云南教育出版社 1998 年版。

民国三十五年　1946 年　45 岁

1 月 10 日　政治协商会议在重庆召开。

2 月 10 日　重庆各界在校场口集会庆祝政协会议的成功，国民党制造了校场口惨案。

5 月 4 日　中共中央发出《关于清算减租及土地问题的指示》(《五四指示》)。

5 月 5 日　国民政府还都南京。

7 月　民主人士李公朴、闻一多先后在昆明遭国民党特务杀害。

11 月 15 日　国民代表大会在南京召开，中国共产党和民盟抵制了本次会议。

---

1 月 5 日　散文《吃大饼》发表于《月刊》第 1 卷第 3 期（新年特大号）。这是本文的第三次刊发。与往次不同的是，沈从文写的“后记”并未随文刊发，而是随后以引文形式出现在当期杂志程泽冬写的《为做人原则而战——关于沈从文及昆明文人》一文中，程在引用了该“后记”以后写道：“前面这一段是从文先生写完一篇短文之后的‘后记’，本来我想写一点关于昆明文化界人士的生活状况，但是经沈先生这么一写就觉得无话可说，‘穷则观其所取’的另一种战争，为做人原则而想作得好宁让它吃不饱的战争，就已是概括一切，再由我来隔靴搔痒的写，未免画蛇添足，但总觉得对昆明以至全内地正直文人与学者的战斗实况，单是这几句话，还不够使人了解。”

1 月 10 日　中午，梅贻琦来访并在沈从文家用餐。“十二点一刻到桃源村，为从文夫妇留午饭，饭后邀沈太太同车进城至北院看房子。三点余到家，沈太太等稍坐别去。”①

1 月 11 日　小说《看虹录》开始在《和平日报·海天》副刊分四次连载，至 1 月 17 连载完毕。这是该小说的第三次刊发。署名沈从文。收入《全集》第 10 卷《虹桥集》。

---

① 梅贻琦：《梅贻琦西南联大日记》，第 231 页，中华书局 2018 年版。

1月15日 小说《神之再现——凤子之十》经作者修改后改题《橙魇》发表于《时与潮文艺》第5卷第4期，署名沈从文。

1月16日 《断虹引言》刊载于《文艺新报》，署名沈从文。这是该文的第二次刊发。后来，沈从文曾在刊载此文的报纸边上写下如下题识："朋友夏明所叙丽江故事引子。三十四年彼由维西回昆明，因谈及晨岚、霖灿及一鹤庆女子和另一教师恋爱故事，十分悲惨。一共谈三天，极动人。因允为写一中篇，计十一节。已写成三节，为复原而搁置。此文本为叙述他人历史，使之重现于文字上，不意被时代却弄毁了。不仅毁了这个故事，也毁了写故事的人。这就是人生，人生多可哀。"题识后以《题〈断虹引言〉旁》收入《全集》第14卷《艺文题识录》集。

1月28日 西南联合大学放寒假。

2月4日 朱自清来访，在沈家用午餐。

2月15日 作《人的重造——从重庆和昆明看到将来》。

2月18日 西南联合大学开学。

2月23日 在《维护东北领土主权西南联大教授宣言》上签名。西南联大共有教授130余人，在宣言上签名的有110名，可以说是西南联大教授群体的整体意愿。宣言全文如下：

> 东北是中国的领土，东北问题是世界和平的关键。这次大战既导源于东北之横遭侵略，而永久和平亦以中国完全收复东北为始基。设使中国不能完全收复东北，不但我们抗战未获结果，即盟邦与我并肩作战，亦失其意义。国际正义既受严重之打击，世界和平亦失确定之保障。去年八月我们政府签订中苏友好同盟条约，其中若干部分使我们至感失望。然为求远东之安全，更为维持世界之和平，我们始作最大之容忍未加反对，希望此为我国最后之牺牲。万一对方对于我们这种沉痛默忍之条约，尚不能遵守，甚或更有进一步之要求，我们誓不予承认。至于雅尔达秘密协定，中国既未参加，应认为对我根本不生效力。中国领土必须完整，主权必须独立。关于收复东北，政府必须遵守这一最高原则，尽速完成建国工作，奠定远东安全基础，以确保世

界之和平。因此我们要求：（一）政府披露中苏签订条约以来，一切有关东北问题的谈判经过，并拒绝再作妨害主要的任何协商。（二）政府与苏联均应忠实履行中苏协定，苏联应尽速撤退在我东北驻军，归还一切工厂设备与资源，不得有超出中苏条约范围以外之任何行动或措施。我们要保持世界和平，我们必须要保持中国领土完整与主权独立。我们希望与世界任何国家合作，我们反对任何国家侵犯中国主权，威胁世界和平。甚望全国人士，不分党派，一致在维护领土完整与主权独立原则之下，努力收复东北，增进中苏邦交，共为世界和平而奋斗。

2月27日

本日　天津《大公报》在第三版刊发了中央社的电讯《维护东北领土主要西南联大教授宣言》。

3月8日　《人的重造——从重庆和昆明看到将来》发表于《世界晨报》，署名沈从文。本文未收入《全集》。后收入《全集·补遗卷1》《见微斋杂文》集。

3月17日　参加为“一二·一”惨案烈士举行的游行和公葬仪式。

《申报》3月24日讯：“昆明学联，于本月十七日为一二·一惨案死难四学生举行出殡。上午九时许，省会各大中学校学生齐集联大，十时由主席团致祭，祭毕，出殡行列，开始自联大出发，当时被炸去左腿之缪祥烈，亦乘坐黄包车参加。各校学生随行，均着制服，佩带黑纱白花，哀歌之声，此起彼落。环行全城，经环城马路，回联大，旋即移灵至墓地，入穴安葬，由联大查训导长亲自加土，并致词，略谓死难者，乃为争民主自由富强康乐之新中国而死，吾人应永矢勿忘。一件轰动全国之一二一事件，从此便告结束。”

3月20日　联大常务委员会第369次会议通过了《西南联大特别研究补助金候选人提荐名单》，候选人共82人，沈从文在列。该研究补助金由美国援华会提供。

3月21日

本日　国立西南联合大学复员在即，临时主持北京大学校务的汤用彤为新聘教授、副教授事致信西南联合大学：

敬启者：查北京大学现需新聘教授、副教授总计柒拾叁人。其中有十六人现在国外，其中有三十三人或系前曾参加联大（如饶毓泰、戴修瓒）或系北平时代旧人（如朱光潜、陈受颐），敬请于呈报教育部时务代为声明。又北大如于下年复校时有新设立之学院，其新聘教授当另案办理呈报，此点亦祈代为声明。

至荷此致

国立西南联合大学启三月廿一日

其中，中国文学系拟聘的教授、副教授名单为：

原有教授五人　罗常培（在美）、杨振声（在平）、罗庸、唐兰、游国恩（以上三人在昆明）

拟聘教授二人　徐震锷（在浙大）、沈从文（在昆明）、俞平伯（在北平，未洽定，清华已聘）

副教授二人　章廷谦（在昆明）、孙楷第（在北平）[①]

3月26日　改校散文《绿魇》。

4月1日　小说《看虹录》发表于《文选》1946年第2期，署名沈从文。这是该篇小说的第四次发表。收入《全集》第10卷《虹桥集》。

4月12日　下午三时，参加在清华大学办事处举行的西南联合大学三十四年度第十一次教授会议，会议主席梅贻琦，由主席报告筹备迁校工作。[②]

4月20日　写作致《世界晨报》编者的信。

5月1日　《上海文化》第4期以《书评的自由解放运动》为题摘要转发了沈从文1937年1月17日发表于天津《大公报·文艺》第285期的《我对于书评的感想》。

5月2日　《〈断虹〉引言》开始在《世界晨报》连载，署名沈从文。这是该文

① 汤用彤：《汤用彤先生与北大复校》，见北京大学校友会编：《北大岁月：1946—1949的记忆》，第212—213页，北京大学出版社2013年版。

② 北京大学等编：《国立西南联合大学史料》二，第565页，云南教育出版社1998年版。

的第四次刊发。该报同时发表了沈从文致该报编者[①]的一封信，信未收入《全集》，全文如下：

××先生：

寄奉小文，或可供尊刊刊载。各地交通隔绝，读者似亦无大不相同印象。弟在此似已近于“落伍”，不大写什么。写来好像也不为什么人看。因此间读者常常把提笔的人一例称为“作家”，许多作家也只要写一首十行朗诵诗即自足，风气所趋，作家辈出，相形之下，弟即不免落伍矣。因私意总以为“作家”权力极少，义务实多，义务之一即得低头努力十年二十年，写点好作品出来，才不辜负这个名分。但时代一变，此种看法已不时髦，亦自然之理也。

沈从文（四月二十日）

5月3日　出席国立西南联合大学中国文学系举行结业典礼，会后全体师生合影留念。据吴宏聪回忆：

“联大常委会宣布西南联大于1946年5月4日结束，学校决定于5月4日在图书馆举行结业仪式。于是各系也纷纷赶在5月4日前举行结业活动。中文系决定在5月3日集合，系主任罗庸先生要赵毓英和我负责通知系里的老师和各年级同学参加，罗先生特别叮嘱，一定要把冯友兰院长请到。因为这样大规模的师生集合，八年来还是第一次，而且又是最后一次，大家都很珍惜和重视。那天除罗常培先生赴美讲学未归，刘文典先生已赴滇西磨黑，杨振声先生因事请假外，余下的全体教师都出席了，各年级同学也基本上到齐，气氛十分热烈。……集会由系主任罗庸先生主持，他致辞后，冯友兰、朱自清、闻一多、王力、游国恩、沈从文，浦江清等几位老师都先后讲了话，话题集中讲北大、清华，南开三校如何风雨同舟，在战火纷飞、生活条件如此艰苦的条件下把西南联大办成蜚声全国的大学的种种经历，勉励大家要继承和发扬西南联大优良校风、学风，为西南联大添光增彩，语重心长，令人感动。……照相是罗庸先生事前作

① 据解志熙先生考证，收信人可能是姚苏凤。参见解志熙：《“最后一个浪漫派”的理想之重申——沈从文佚文辑校札记》

了安排的，副教授以上的老师坐前排，其他的老师和同学或站或盘膝而坐。他看见东北区2号甲的门牌号码有点剥落，还叫我们找粉笔把它誊清。待到要拍照的时候，罗庸先生一再请冯友兰院长坐中间，但冯先生坚持就近坐下，推让之间，朱自清先生挽着冯先生的手并肩坐下说：今天是师生合影留念，不是梁山泊英雄排座次。如果有人感兴趣，那么这张照片中间一排，从左往右，浦江清先生第一，我第二；从右往左，沈从文先生第一，王力先生第二，就这样行了吧。几句话又赢得一阵掌声。这张珍贵的照片就这样留下来了。”①

《世界晨报》续刊《〈断虹〉引言》。

5月4日 《〈断虹〉引言》在《世界晨报》刊毕。

5月6日

本日 重庆《大公晚报》刊发署名拾得写的《沈从文卖字》：“现在湖南正苦于旱灾，这个‘浪子在外，心却在家的小苗子’当然着急万分，乃在昆明报上刊登启事，立下心愿，鬻字赈灾。启事之文如下：‘湘灾严重，死亡太多，我会写几个草字，想义卖一百件，全部作赈灾捐款。我的朋友、同学、读者，凡乐意助成这件事的，在筹赈会请托代收赈款银行或报社捐款万元，函示收据字号，即将所书一件寄奉。沈从文谨启（通讯处昆明西南联大）”

5月10日 下午三时在清华大学办事处参加西南联合大学三十四年度第十二次教授会议，主席梅贻琦，书记胡毅。

5月11日

本日 重庆《大公报·小公园》刊发署名拾得的《沈从文牢骚语》一文，文中称：“沈从文近致书友人，谈及作家，牢骚满纸，自称‘似已近于‘落伍’，不大写什么。写来好像也不为什么人看。因此间读者常常把提笔的人一例称为‘作家’，许多作家也只要写一首十行朗诵诗即自足，风气所趋，作家辈出，相形之下，弟即不免落伍矣。因私意总以为‘作家’权利极少，义务实多，义务之一即得低头努力十年二十年，写点好作品出来，才不辜负这个名分。但时代一变，此种看法已不时髦，亦自然之理也。”

① 吴宏聪：《向母校告别》，见陈平原《中国大学十讲》，第254—256页，复旦大学出版社2002年版。

5月15日　因家乡湖南遭遇旱灾，心急如焚，在昆明《人报》发布启事，“鬻字赈灾”。以《鬻字赈灾启事》为题收入《全集·补遗卷1》《见微斋杂文》集。

《青色魇》发表于《时与潮文艺》第5卷第5期，署名沈从文。这是本文的第二次发表，有修改。收入《全集》第12卷《七色魇集》。

《断虹引言》刊载于《骆驼文丛》第3期，署名沈从文。这是该文的第三次刊发。按：《骆驼文丛》1945年11月10日创刊于西安，由新风文艺社主编。编者在当期《编后记》中写道：“《断虹引言》是沈从文先生从昆明寄来的稿子，那样优美和细致，沈先生有他自己的独创的风格，他的文笔像佛经一样简洁有劲，然而却又比佛经柔媚多情，假如拿这篇文章和《边城》来比较，就知道他的精神和他文笔迈向‘升华’的境界。”

本日　据梅贻琦日记：“七点半在家约杨小姐、杨起、王元璋、章矛尘夫妇、沈从文夫人便饭。”①

6月1日　小说《虹桥》发表于《文艺复兴》第1卷第5期，署名沈从文。收入《全集》第10卷《虹桥集》。

按照李霖灿的说法，小说中的人物均有原型：现实中的李霖灿、李晨岚、夏明在小说中变成了李粲、李兰、夏蒙。据李霖灿回忆：“您曾为我和晨岚写过一篇小说，就是以这座名山为背景，在那篇小说中，我的名字叫李粲，晨岚叫做李兰，夏明兄改成夏蒙，老师您也参加了一角，就这样一队人马以四人行的姿态来边疆上各抒怀抱了。说实在话，您从昆明把这篇小说的首章寄给我的时候，我一眼就看出了全文的轮廓间架，因为您不止一次，常和我们谈起民间蕴藏的丰富，您就是想借我们的雪山行来阐扬这一点真知灼见。您在许多地方都提到此项真理，在《边城》一类小说中一再申明此义，但是大半为人所误会了，大家总以为民间缺少了什么，却不知道他们丰富的是什么！在这篇未完成的杰作中，你把我描绘成一个又黑又瘦却又精力充沛异常的年轻人，骑在一匹跳来蹦去的黑骡子背上，就这样的到玉龙大雪山下去闯天下了。晨岚被描写成为一个有书呆子气的年轻人，他有雄心壮志去征服描绘玉龙山，骑在一匹大白

① 梅贻琦：《梅贻琦西南联大日记》，第257页，中华书局2018年版。

马上。夏明则变成了一位江湖豪杰之士，他在边疆很闯出一点局面。老师您在这边疆行中也扎上一角的原因，是预备‘总其成’，要借这几个肯冒险的年轻朋友，在边荒原始地带开创出一个新局面来，用以阐明您那‘民间丰富深邃异常’的真理。普通人不是不知道这一点，只是不认真去笃实践行，换句话说，没有认识到这项真理的‘积极方面’，总以为要去帮助他们，却不知道更要十分虚心地去向他们学习领教。这是我们文化之根，您就是要用这故事去实证您的此项理想。故事开头的背景是美绝人寰的丽江玉龙大雪山，初入边陲，意境新鲜，我们几个艺专毕业的学生，便以审美的观点，对雪山各抒己见，要描绘、形容、探讨、追究这凝然不动的大雪山。天色渐渐暗淡，山脚下，村落中，各种不同颜色的炊烟四起，和千古不化的皑皑白雪相对照，大家这才发现，适才争论的一切浮光掠影，都是多余。这故事要向哪边发展呢？我知道要指向金沙江边、野人山中，好由此阐明大地基层的真实丰富……。但是等了又等，却一直渺无下文。后来在四川又遇到晨岚的时候，才知道了此中原委，原来他由丽江下到昆明的时候，曾把我们登玉龙山的真情实况向您作了最详尽的报告。他说：整整谈了一个通宵，黎明时分您作了总结，说：比我所能想象的还要美上十倍，这篇小说是没办法写下去了。为了此事，我很埋怨晨岚，怎么可以叫一篇小说断送在作品中人的手上？他扎煞着两手，做了一个无可奈何的表情。”[①]

给诗人节的题词发表于《文坛》新5期（总第17号）“诗人节特辑”，在一束题词的总题下，发表了沈从文、胡风、田一文、欧阳凡海、陈纪滢、曹靖华、王亚平、廖炳辉、朱荻、皮坚、杜草甬、洛丁、朱渺、姚散生、黎焚薰、林焕平、 贺尚华、赵文丛、徐歌、王平陵、丹心、宋寒衣、宗白华、张海洋、方家瑜、黄海燕、李金发、白也莱等，沈从文的题词如下：

> 追求抽象原则，保有一种坚贞的人格，永远不与腐败势力协妥，这才是我们每年纪的诗人节，举行诗人节的本意。[②]

《上海文化》第5期转载昆明报载沈从文鬻字赈灾的消息。编者在介绍沈从

---

① 李霖灿：《一封不说哀伤文字的追悼信》，《长河不尽流》，第142—144页，湖南文艺出版社2018年版。

② 文中有不通之处，原文如此。

文时说："沈氏执教于昆明西南联大。彼于十二岁就受军事训练，十五岁即随军外出，曾作上士，后升书记。在湘、川、鄂、黔等当兵多年后始'投枪从文'。"

《现代文献》第1卷第2号转载了发表于《宇宙风》的《吃大饼》一文。

6月7日　被国立北京大学昆明办事处聘为教授。

6月22日　《一种建设人才》发表于云南《正义报》副刊"再论衡"，署名沈从文。本文未收入《全集》。后收入《全集·补遗卷1》《见微斋杂文》集。

6月26日　西南联合大学放暑假。

6月29日　在反对战争波及文化机关的宣言上签名。《申报》在电讯稿《汴学生战时死亡 平教授表示哀愤》中有如下报道：

> [本报北平廿八日电] 平各院校教授，对开封之役民众、学生之无辜死亡，发表宣言，表示哀愤，谓战争不应以文化机关为破坏对象，宣言长二百余字，已签名者有周炳琳、徐炳昶、黎锦熙、吴之椿、沈从文、冯至、朱光潜，此外各院校河南籍学生，亦多有追悼控诉等会。

7月10日　《对新文学有贡献的湖南人》发表于《湖南日报》，署名沈从文。收入《全集》第17卷《文学运动杂谈》集。

7月12日　全家乘飞机离开昆明，前往上海。

本日　蒋星煜在《申报》《春秋》副刊发表《许杰怎样批评沈从文》，对许杰对沈从文小说的批评作出回应。

7月13日　下午，拜访叶圣陶。据叶圣陶日记记载，"渠昨日自昆明飞来，今后将往北平，仍在北大任教。据云昆明市上，美国消费品充斥，一如上海。有云南军队一师，拒绝调往鄂省参加内战，全师走散云。"

7月15日　《给一个出国的朋友》发表于《世界晨报》，署名沈从文。这是本文的第二次刊发。

7月17日　傍晚，赴开明书店宴，同席者有叶圣陶、巴金、王伯祥、周予同等人，晚八时半方散席。

7月21日　《一个理想的美术馆》发表于上海《世界晨报》第二版，署名沈从文。本文未收入《全集》。后收入《全集·补遗卷1》《见微斋杂文》集。

7月30日　《湘人对于新文学运动的贡献》发表于上海《大公报·文艺》第43期，署名沈从文。收入《全集》第17卷《文学运动杂谈》集。

8月1日　《橙魇》发表于《春秋》第三年第2期，署名沈从文。这篇小说与发表在《时与潮文艺》上的《橙魇》内容相同，“橙魔”系排印错误所致。

8月4日　《忆北平》刊载于上海《大公报》第一版“星期论文”栏，署名沈从文。文章表达了自己对时局的忧虑：“个人从二十六年八月离开北平，到今年七月离开昆明起始作重回北平计，差一个月即已整整九年。一面看到北平的陷落，也一面看到昆明近一年来种种。最近从报上所报道昆明已发生的不幸，觉得实正象征国家明日更大的不幸。……明白中国青年和美国青年一样，决不宜从任何内战方式中再作广大牺牲：但事极显明，目前实已到一个严重关头，即中国战争的毒瘤，随时会恶化，会爆裂，若不即早设法，中国大规模战争既无从避免，美国明日也就决不能避免不重新卷入战争！司徒（雷登）先生若体念及人类死亡流血之愚蠢可悯，以及残酷可怕，一定会承认除认识耶稣孔子外，还必需注意到中山先生的理想，与中国国运荣枯及世界安定，实如何不可分！”收入《全集》第12卷《南北风景》集。

8月9日　作散文《怀昆明》。

8月11日　散文《忆北平》发表于重庆《大公报》第二版“星期论文”栏，署名沈从文。这是本文的第二次刊发。

杂文《应声虫》（未完）发表于上海《大公报》第八版“大公园”，署名上官碧。文章直指知识分子犯了“应声虫”病，“害病的特征为头脑硬化，情感凝固。凡事不论大小，都不大思索，不用理智判断是非。而习于人云亦云，随声附和。对任何强有力者都特别恭顺敬畏，不触忌讳。”沈从文不无忧虑地指出：“历史循环虽若莫须有，历史复演则在一个历史过于绵长的国家，似乎无从避免。无怪乎饱读旧书的吴稚老，总说旧书读不得。其意当不在担心有人迷醉于章句间，食古不化，不知现在为何事。或许倒是恐怕有些人太明白现实；将诸子纵横之术，与巫蛊媚惑之方，同冶一炉时，这个国家明日实不大好办！”收入《全集》第14卷《见微斋杂文》集。

8 月 12 日　《应声虫》续载于上海《大公报》第八版“大公园”，署名上官碧。

8 月 13 日　《怀昆明》刊载于上海《大公报·文艺》，署名沈从文。文章表达了李闻惨案发生后沈从文的悲愤心情，并为之建言：“日前闻李惨案发生后，大姚李一平先生，即电云南省参议会同乡说：‘此事发生于滇，近于吾滇之耻。务必将其事追究水落石出，以慰死者，以明是非。’目前在云南负军事责任的为湖南人，负昆明地方治安责任的亦湖南人，如何使这件事水落石出，彻底清楚，驻滇的湖南高级军官，实有其责任和义务待尽。若事不明白，或如‘一二·一’学生惨案，马马虎虎过去，也近于湖南人羞耻，……”收入《全集》第 12 卷《南北风景》集。

8 月 16 日

本日　《忆北平》被《粤秀文垒》第 1 卷第 5 期转载。

8 月 20 日　出席张定和在逸园举办的歌曲演奏会，赵景深、郑振铎、李健吾、吴祖光、丁聪、凤子等均到场祝贺。“沈从文和兆和站在看客台上，说是学习做招待。”①

《定和是个音乐迷》刊载于《大公报·文艺》第 49 期，署名沈从文。沈从文虽重在写张定和对音乐的痴迷，但同时也借机表达着自己对文艺、社会的看法：“我是个弄文学的人，照例得随同历史发展，学习认识这个社会有形制度和无形观念的变迁。三十年来虽明白社会重造和人的重造，文学永不至于失去其应有作用。爱与同情的抽象观念，尤其容易和身心健康品质优良的年青生命相结合，形成社会进步的基础。但在当前少数人病态残忍情绪扩张所作成的局面下，任何伟大文学，对之能发生如何作用，就不免感到困惑——可是却保留一点希望，即文学或其他艺术，尤其是最容易与年青生命结合的音乐，此一时或彼一时，将依然能激发一些人做人的勇气和信心，使之对一切不良现实所作成的信仰敢于怀疑，承认以外还知否定，于明日将来接受更大挫败时，始终不至于随便倒下或退逃躲避。”“重新检讨研究这个国家民族弱点和长处，以及文化史各部门所表现情操和愿望的方式，来好好消化它，综合它，再从乐曲中

①　赵景深：《记张定和作品演奏会》，《申报》，1946 年 8 月 25 日。

加以重视，产生更多宏伟坚实的作品，这种成就和其他方面个人或集团致力研究的文学或科学成就，另一时将异途同归，归于给多数目前正由青年转入壮年一代为人父的，在另外一回困难来临时，还不至于失去对于做人的信心，为孩子说故事，把故事重编，说明这个国家的和平与幸福，虽经前人种种努力而获得，但不久又即为前人在疏忽中毁去。一切玩火者的结果，在来不及悟、悔、愧而有所振作以图补救时，已大都完事了。国家也破碎得差不多了。但年青一代，却必需充满信心和勇气生活下去，好好接受一种争夺以外的教育，用爱与合作代替夺权势来解释‘政治’二字的含义，真正的进步与幸福，在这种憧憬中，才会重新来到人间！”收入《全集》第12卷《友情集》。

8月27日　乘飞机抵达北平，就任北京大学教授，入住中老胡同三十二号，房号为18，老朋友朱光潜、冯至等也在此居住。

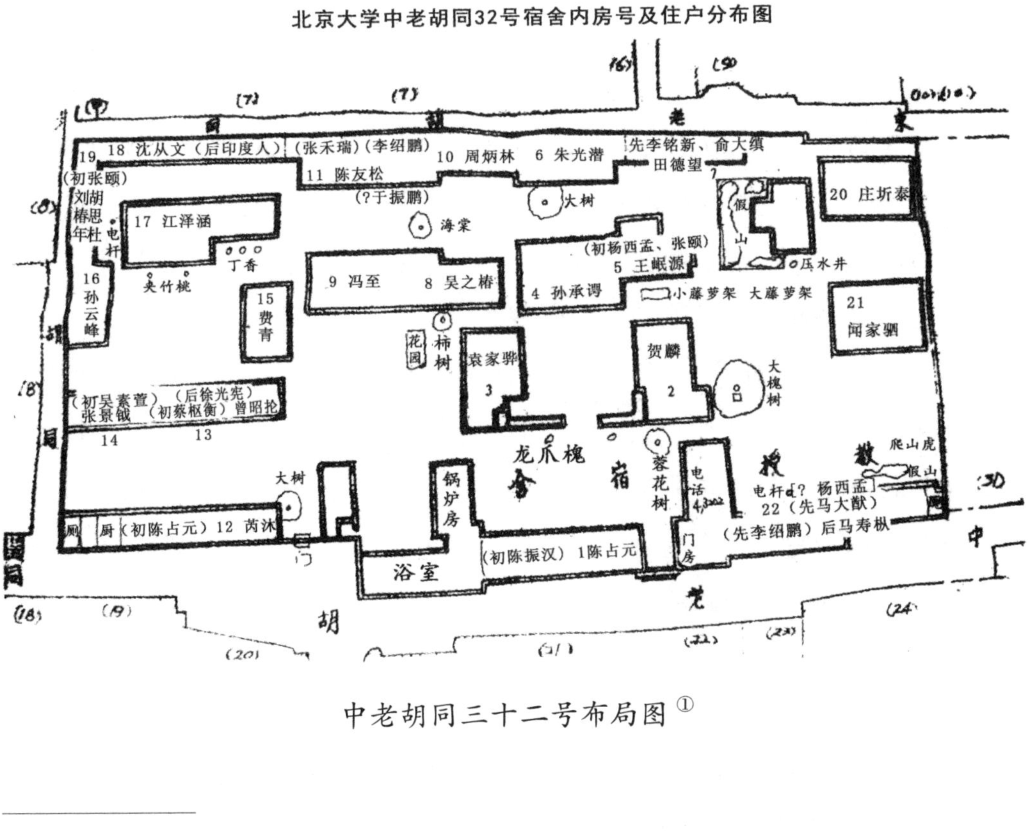

中老胡同三十二号布局图①

① 引自江丕栋 陈莹 闻立欣等编著：《老北大宿舍纪事（1946—1952）中老胡同三十二号》，第24页，北京大学出版社2011年版。

8 月 29 日 《忆北平》开始在《精诚报》转载，至 9 月 7 日分四次转载完毕。

徐盈、彭子冈夫妇来访，未遇。子冈请冯至转达：“假如沈先生愿意接见一个记者和读者，请他给个电话。”（子冈：《沈从文在北平》）1974 年 9 月 28 日，沈从文在致徐盈、彭子冈的信中回忆：“初来北京独自住在北大东斋宿舍里，两位充满好意到我住处看看，以后在小文章里结尾说笑告告我，提到头发过长得修理修理时，我当时想到的许多‘过去’和‘未来’，多不切实际。照例把头发牙齿等等问题除外。以后镶牙也还是照徐盈兄的建议才认真去处理！”

8 月 31 日 致信彭子冈。收入《全集》第 18 卷。

徐盈、彭子冈夫妇来访，在采访过程中，“他自己也说，他一生最怕听打杀之类的事，这表现到行为上便是牢守一个读书人最基本的本份，只在用脑子用笔，想留下这一时代的乡村记录，小儿女的恩怨，以及青年们情绪的转变。‘我没有像振铎和一多那样做，我想，’他手指着前额画了很多圈圈：‘便是因为我能承受生活上的一切压力，反抗性不大，这或许是弱点。’他完全不以报纸上说丁玲批评他与人民脱节为伤害他，‘她一向那样说的。抗战初期，曹禺，巴金都曾有可能被约往延安去，可是不知为什么，都没去成。我自己是一个没受过教育的人，所以书也教不好；不习惯受管束，也不会管束别人。还是让我和青年在一起，看了他们如何转变。’他又问到了显然是经过熟思的另一问题：‘丁玲他们为什么去了，反倒没有什么作品了呢？’他同意丁玲他们在向人民学习，为人民服务，以及在干部教育等工作的说法。对于题材直接汲取于农工且就正于农工的创作方法他也不表示反对，但似乎他还是看重作家的作品，或者更在为写作生命的有限担心，因为他说：‘我也许还能写十年，别人写百万字的时间，我只能写十万字。我曾经和巴金同住过，他写《火》，我写《边城》，他一天写七千字，我一周才写三千字。’我说他的原稿是别人看不清的，东一点，西一点，句子不完全，修整好了才对凑起来。果然桌上正在修整的旧稿好似女人正在电烫的头发，添的句子像夹子卷儿向四周散射。他打算写湖南十城记，已写的有《边城》，《芸芦记事》，《小砦》……将来有机会打算旅行，顺便写些游记，所以对于新闻记者的采访术特别发生兴趣。他在讲堂上的好学生不一定会多，但是旋转在他身旁的好学生一定不少，他那份温暖与玩笑会吸得住他们。他写过《八骏图》，深沉的镂刻在许多读者心上。他要写昆明的八骏图续篇，而且谈起了茅盾的《清明前后》，他高兴的说，他已有意思要写剧本，而且一定在《大公报》刊载。他的掉牙和别人有些不同，他先掉左右后牙，并不痛，却与他的爱说笑的气息不相配合。他承认是为了'吃得太坏'。鼻血病这几年好些了。说起了丁玲他们的勤务兵，他说：'我们这几年什么都没有。'有人说沈从文在联大担水，有人说梅贻琦补绽袜子以及夫人蒸蛋糕出售帮家用，他说一点不假，梅先生住的房是马厩改的。沈夫人在昆明一周教十八点钟书，照顾两个孩子从头至脚。现在苏州娘家，沈先生说：'来不了啊，家里房子佣工是现成的。教授们的较好房子要等抽签。'他的十二岁的儿子已上了苏州中学了。版税呢？读者们会惊讶的。可是他不会愤怒，却显然是会伤心的，'今年开明结算稿费，我拿到三百六十元，因为是按照伪币折合的，算起来要自己一本书十八年的版税才能买一本书，这是书店的制度。'他又讲起部定的那本国定教本逻辑学。作者的数年版税只九元七角五分，为此他慨叹：'文化文化，原来我们就活到这么一种现实文化空气中，奇异的是活在这种文化空气中，居然还有人写作……工作的庄严感终未失去，原因是这种人明白现实尽管如何要不得，他的对面还有读者。''这些我也不在乎，只要我的书出在那儿有读者看就行了。'"①

本日　上海《大公报》发表消息：《沈从文抵平　丁玲对他有评语》："[本报北平二十九日发专电]最近为本报写《忆北平》的沈从文教授已于二十七日自沪飞抵北平，住北大教职员宿舍。记者往访，适沈氏外出，不知睽别九年的北平在这位大作家心里究竟有什么变化。《边城》与其他短篇已由西南联大英语教授汤恩译为英文，九月将在伦敦出版，译名为《中国大地》。沈氏至友丁玲最近曾语人谓：'沈氏来自民间，其作品中反映之人物及其娴熟用笔，最为读者所喜，但一直停留于目前状态之中，因为他和人民脱了节。言下颇为关切。沈夫人及二孩刻仍在苏州母家，不久或亦可来平。沈氏下学期仍将在北大文学

---

① 子冈：《沈从文在北平》，天津《大公报》1946年9月3日第3版。

院授课。'"

本日　《华北日报》第3版以《沈从文谈片》为题发表中央社讯："名作家北大教授沈从文，二十七日由沪来平，次日即开始阅考生试卷。记者顷走访沈氏于北大教授宿舍，在沈氏所自称比昆明茅屋较高明的房中，正堆集大批已写之稿件。沈氏称，八年的苦受过了，此次到北平，再作公民，心情上比在上海舒适得多。上海方面朋友巴金不问世事，郑振铎忙着替罗斯福图书馆买书，上海的出版社界不景气，三百万元印一本书，在五百万人口的上海只能销三百本，最大型文艺刊物《文艺复兴》，每月赔一百万。"

9月1日　《一种新的文学观》刊载于《文潮》月刊第1卷第5期，署名沈从文，这是本文的第二次刊载。据该刊本收入《全集》第17卷《文学运动杂谈》集。

《怎样办一份好报纸》刊载于《上海文化》月刊第8期，署名沈从文。收入《全集》第14卷《霁清轩杂记》集。

《文学与青年情感教育》刊载于《经世日报·文艺周刊》，署名沈从文。这是本文的第二次发表。收入《全集》第17卷《文学运动杂谈》集。

《湘人对于新文学运动的贡献》被《粤秀文垒》第1卷第6期转载。

本日　重庆《大公报》第二版再次发表消息《沈从文抵平》，文字与沪版《大公报》刊本略有差异。

9月3日

本日　子冈的访问记《沈从文在北平》发表于天津《大公报》第三版。

9月4日

本日　《申报》第一版刊登广告《介绍中学音乐教材》："中学音乐教材，近年颇罕新刊，而战前出版者，又多不合最近部颁标准。音乐教育协进会诸君，致力音乐教育有年，所编音乐教材，屡经实验增订，稿凡数易，近应同人等之请，将该项教材付印，内容冶乐理，唱歌，欣赏于一炉：自世界名家作品中，精选深入浅出而适于学生程度之歌曲，配以新词，不特音阶，调号，节奏，音域，均由简入繁，循序渐进，且作家以年代编次，使学生对音乐史之变，有初步之认识；欣赏材料，均与歌曲有密切联系，附以插图多幅，使学生对纯正音乐，发生兴趣，并有正确之理解；乐理部份，则以简洁有力之笔法，使学生易于入门，洵属良善完备之音乐教本，适合初高中各级学生音乐教科之用。同人等关怀乐教，欣闻该书刊行问世，乐为推荐于各校音乐教员诸君之前。此启。”沈从文具名推荐。一起作推荐人的还有：黄炎培、赵景深、马思聪、张定和等人。

天津《益世报》第五版刊发仲华采写的《多产作家沈从文在北平谈上海》，全文如下：

［本报北平通讯］记者日昨会见了到平未久的多产作家——沈从文先生。他是那样的质朴直爽，和他作品的风格一样。他最关心的是这文化故都的文艺界动态，他倒向记者开始了访问，从各报的副刊问到了北平出版的杂志。当记者在他面前展开天津益世报的时候，他很惊讶北方报纸副刊的篇幅之大之精远超过了京沪报纸。

个子不高，瘦瘦的脸，胸部不太发达，可是精神很饱满，由衷的微笑常常挂在两颊。沈夫人现在苏州原籍，沈先生是在北平结婚的，所以有许多家具，出平时都寄存起来，所以如果他能有五六间屋子的话，他不会发愁没有陈设的。在昆明的书籍本来很多很多，飞机限制每人只能带十五公斤，所以他来时只带了些随身应用的东西，行前并拣出了五六百斤常看的书，托朋友们往北平带，什么时候能带到北平是说不定的。

沈先生是由昆明飞到上海，再转飞北平的，在上海虽然时间不久，可是上海给他的印象却很深刻。他说：“在联总自义国往上海运虎疫预防疫苗的同时，张天师也到了上海，出卖避疫符，每张三万元，这是一种沉痛的对比啊！”

为了祈神免疫，上海过了十几天的会，“各色各样，会使你绝想象不到，十个瘦子十个胖子，另外还有把香炉或是花盆等物，用铁钩平均的挂在手臂上，铁钩扣入肉内，因为天热都生了蛆，他们还是很兴头的……”沈先生叹息说：“迷信也是娱乐。”

“上海人的兴头特别高，一个穿香港衫西服裤学生模样的青年人，在选上海小姐的时候，点了一段曲子，花了一千二百万元”。这也是沈先生津津乐道的。

9月5日　复雷国才函。收入《全集》第18卷。

9月7日

本日　《前进报》第2版发表专电《沈从文到平 闭门读书》：“作家沈从文氏，于上月廿七日到平，任北大文学院教授。氏到平后，深居简出，每日闭门读书。惟于上月卅一日，曾偕友往游隆福寺，欣赏文物。闻沈氏著小说一部，描写胜利后之沦陷区，背景为平沪两地，本月底或可发表云。”

9月9日　邀请朋友一起聚餐。[①]

9月11日

本日　《申报》春秋副刊发表中明的文章《文人友情与政治关系》，谈及沈从文及文学思潮。文章写道：“‘最近没法写作，也没法和文友往来了！写作吧！我只能选些自己曾经体验；或为自己所热谂的，关于现实社会生活之素材，甚而是身边琐事；我觉得都有意义都有其所反映时代的作用；于是我便都喜欢用我的纯真之笔，把它忠实地写出来！但，有人就会责备我这种作品不够‘前进’！好像文章在今天，如果不喊几句‘民主’，不骂几句政府，就是不前进！他们绝不会认为你所表现的现实社会生活之种种问题，其侧面意义，就是暴露政府的腐化，而加以抨击，而呼吁民主！他们忘记了我所写的是文艺，不是口号，标语！同时，他们也忘记了我只是一个文人，并不是一个政治宣传员。再说，叫我为谁去喊口号；写标语；当宣传员呢？平心而论，今天的这种普遍乌烟瘴气的政治局面，无论是左派；右党；我都不佩服，因此我都不乐于侍候他们；更不屑于去参加！我只能作一个为文艺而文艺的文人，我的性格和旨趣也只许我作一个绝对自由主义的文人！可是，目前的文艺好像已经弥漫着一种浓厚的政治空气；和形成了一种固执的政治势力；你不能呼吸这个空气；你就是不前进；你就有被这种势力打击和卷没的危机！为文艺而文艺的作品，被目

---

① 王道：《流动的斯文》，第396页，浙江大学出版社2014年版。

为违背时代落伍的作品，自由主义的文人，被目为不革命的灰色文人！这种情形之下，我感受着精神上莫大的威胁，文章我不敢再写了，因为我既无能附会“前进”，又经不起无情的打击和卷没。我不能比沈从文，沈从文究竟牌子老了，挨两下也不在乎。我之不敢再和文友们往来，是因为今天的文友与文友之情谊是建筑在志同道合的政治关系上的。譬喻有些文友对文友的取舍标准，也和文艺一样；谁‘前进’，谁可以接近；谁不前进，谁便被拒之于千里之外。也还有些少数文友，虽然以我之‘不前进’为尚称‘安分’，但又以我之并不反对前进而勿满，而加以左‘倾’的嫌疑罪名。总之，置身今日文坛，左责右诘，已使得我头目眩晕，莫衷一是了！所以我的唯一逃避方法，就是从此掷笔务农，杜门谢客！’”

9月12日　天津《大公报·文艺》津新第22期再次发表散文《怀昆明》，署名沈从文。

9月13日　天津《大公报》登完《怀昆明》，署名沈从文。

本日　重庆《大公晚报》转发子冈写的《沈从文在北平》，分上、下两次载完。

9月17日

本日　上海《大公报》再次发表子冈写的《沈从文在北平》，文中比天津版《大公报》加了一段题记：“他全无半点湖南人的豪迈，却有点叫我怀疑《浮生六记》中的主人翁就该是这个样子。”

9月18日

本日　子冈的《沈从文在北平》在上海《大公报》刊载完毕。

9月22日　《新烛虚》刊载于北平《经世日报·文艺》第6期，署名沈从文。时令尚在秋季，内战的隐忧已经使沈从文感受到了未来的无边寒意：“北平的冬天快来了，许多人都担心御寒的燃料大有问题。然而，北平缺少的十分严重的不仅是煤。煤只能暖和身体，却无从暖和这个大城市中过百万人的疲惫僵硬的心！我们可曾想起零下三十度的一些地方，还有五十万人不怕寒冷在打仗？虽说这是北平城外很远地方发生的事，却是一件真实事情，发展下去可能有二十万壮丁的伤亡，千百万人民的流离转徙，比缺煤升火炉严重得多！……五十万人在东北在西北的破坏，若尚不能引起我们的关心，北平的文物和知识，恐当真的就只能供第五颗原子弹作新武器毁旧文明能力的测验！住身北平教育人的似乎还需要一点教育，这教育即从一个无煤的严冬起始。”这是本文的第一次发表。改题《北平的印象和感想》收入《全集》第12卷《南北风景》集。

九月 修改小说《主妇》。

10月1日 《北平的印象和感想》发表于《上海文化》第9期，署名沈从文。这是本文的第二次发表。本文与刊登在《经世日报》上的《新烛虚》为同一篇文章。据《上海文化》刊本收入《全集》第12卷《南北风景》集。

10月7日 作《〈文学周刊〉开张》。

10月8日 朱自清来访。

作《穷与愚》。

10月9日 作《谈苦闷——聂清遗文引言》。

10月10日 《穷与愚》刊载于《益世报》，署名沈从文。后经修订，改题《从开发头脑说起》刊载于《上海文化》第11期。根据《上海文化》刊本收入《全集》第14卷《霁清轩杂记》集。

散文《谈苦闷——聂清遗文引言》同时刊载于天津、上海《大公报》，署名沈从文。收入《全集》第16卷《序跋集》。

10月12日 重写小说《雪晴》。六年后，作者曾对这一小说的创作有过如下回忆和反思：

> 一次是在凤凰高枧乡下满家作客，那地方全村子姓满。先住一地主家，后改住一中农亲戚家。村子也是在一个冲子里，两面住人，中央小溪，雪后新晴，寒林丛树如图画，山石清奇，有千百八哥成群聒噪于大皂角树上；从竹林子穿过时，惊起斑鸠三五，积雪下卸，声音如有感情，故意从雪深处走去，脚下陷极深。我一个人从田坎上由此到彼，先是进到一个榨油坊，油坊中工作正十分热闹，有二十多人在动手作事；进到一个碾米坊，却只有满家穷老太太一个人在打筛：两相对照，印象格外深刻。当时什么都还不曾写，生命和这些人事景物

结合，却燃起一种渺茫希望和理想。正和歌德年青时一样，“这个得保留下来！”于是在另外一时，即反映到文字中，工作中，成为生命存在一部分。但因此也就有所限制，即长时期生命是和这么一个静的自然相对，一切只是如景物画，人事种种虽如在画图中，却大多是静止的。其时住的那个满家，地主兼作油坊主人，又作甲长，就正在二十里外老虎洞捕人，用硫磺闷毙了大几十个农民，一个壮丁到黄昏时挑了一大担手到团防局，我只觉得不可解。倒是从洞中走出的一个小孩，和我在火盆边，谈了半天他被拘留在洞中半月幸而免的种种经过。一面是作客的孤寂情绪，一面是客观存在种种。现实一切存在，都如和生命理想太不一致，也和社会应有秩序不相符合，只觉得不可解。因难于将印象结合反映到文字中，所以这个特别有传奇性的事件，却从不在我写作计划中。直到卅五年复员回到北京时，才试写《雪晴》等章。即写它，还不免如作风景画，少人民立场，比《湘行散记》还不如。这时来温习，来从人民立场看看这个事情的发展，可把这个事件重新认识，有从一个新的观点上来完成它的必要了。如能将作风景画的旧方法放弃，平平实实的把事件叙述下去，一定即可得到极好效果。因为本来事情就比《李家庄的变迁》生动得多，波澜壮阔及关合巧奇得多。不过事件太巧，太富于传奇性，写来倒反而如不大近人情了。（1952年1月24日致张兆和）

10月13日　自本日起，接编《益世报·文学周刊》。

小说《王嫂》发表于天津《益世报·文学周刊》第10期，署名沈从文。这是这篇小说的第三次刊发。收入《全集》第10卷《乡村琐事》集。

同期《益世报·文学周刊》还发表了《〈文学周刊〉开张》，署名沈从文。收入《全集》第16卷《编者言》集。

小说《主妇》同时发表于上海、天津《大公报·星期文艺》第1期，署名沈从文。收入《全集》第10卷《乡村琐事》集。

本日　上海《大公报》发表老天的《记沈从文——追忆他在云南时候的生活》，文中介绍了沈从文在呈贡龙街的居住环境：“这儿（指呈贡县城——引者）离昆明二十八公里，再向前走半公里，在公路的左边有一座大的村子——龙街，街的北头，沿着小溪的一条小路走去，到了一所大院，一个盐商的家。一进门是一个有树有花草的大院，这是云南讲究的旧式房屋，门窗都精致的雕刻过，漆饰着五彩的花卉，有的地方还贴了金，多年的尘垢还没有完全掩盖它的光辉。这所房子曾住过不少文人，冰心女士和吴文藻，诗人卞之琳；可是住得最久的要算沈从文了。他同他的太太张兆和、两个男孩，小龙，小弟，住在靠北的楼上正房两间。推开临院的一排窗远眺，万顷碧波的滇池，宛在眼底，翠秀欲滴的西山，屏风似的陈在面前；阵风袭来，胸襟开展，难怪衣冠禽兽农村写作者选上了这个住所。”

10月14日

本日　《快活林》第34期刊发徐公写的《沈从文大骂开明书店》一文，文中披露了沈从文的一些想法，摘录如下：

> 他在苏州时有不少当地文学青年前往拜会请教，问他在西南联大时何以不从事政治活动，如闻一多潘光旦吴晗那些人那么活跃，他总是笑笑说道：
>
> “我是能忍受生活上一切压力的，反抗性不大，不能像郑振铎闻一多那样的做，这或许是我的弱点，但我个性所欢喜的是尽其在我，所以我不能效法他人，忘掉自己，我自己所嗜好者，即个人之写作生活是也。”学生们问他在抗战时期写作的作品多不多？他笑着说：“在抗战时期，我写作得并不多，别人写百万字的时间，我只能写十万字，我曾经和巴金同住过，他写《火》，我写《边城》，他一天写七千字，我一礼拜只能写三千字，在写作速度方面我自惭是远不如人，但我总是自强不息地写，不肯间断，如此我也很能写成部的书，不过我不是多产作家吧了！”
>
> 沈从文说到这里，笑了一笑，忽然又掉转词锋就到开明书店，好像对开明书店很痛恨着似的，因为他所创作的书大多在开明书店出版，是抽版税的，这次他由西南回到上海，满想可以对开明书店索取一大笔版税，对于他的生活上，大有贴补，可是，结果适得其反，令

他发生很大的失望！

他苦笑着说："今年，开明书店才结算版税给我，我拿得是法币三百六十元，因为是照伪币计算的。算起来要十八年的版税才能买自己著的一本书，有人说章锡琛的对付著作者的手断太毒辣了，战时开明书店总店是开设于大后方的，并不是售的伪币，上海书店虽然是售的伪币，那不过一部分吧了，何以要照伪币折算了呢？总之，章氏以著作家而一为商人，精括至此，当然是疯人本色，但这些我也不在乎，只要我的书出在那儿有读者就行了。"一班苏州学生，听了沈先生的话，当然很同情他，并且佩服他的豁达大度，能容人谅人。《大公报》女记者彭子冈，本来是苏州人，因回苏州省亲之便，特地也亲造乐益女子中学，访问过沈从文，在致沪上友人信中曾这样地说道："我今日总算看见了沈从文先生，他是湖南人，由于历年来的磨折，体质颇衰弱，国家真太对不住他！"沈从文听了友人转告彭女士信中的话，笑说道："我也不谈怎样国家对不住我，怎样开明书店对不住我，我今后是打起精神做我本分应做的事件——教书与创作！"所以他接得了北大文学院的聘书后，真如毛义捧檄而喜，因为此后的生活，一定不至再如以前的酸辛了，他一接到了北京大学的聘书，就赶紧前往，并且把他的零售价还抛在乐益女中，便是为的到北平后仍旧要好好地从事写作之故。①

10月15日 《诗文学》（华北小型版）在北平出刊，沈从文为该刊题写了刊名。据刊物主编魏荒弩回忆："抗战胜利后，我们各自经由不同的途径回到阔别多年的北平。我因一时赋闲，不禁又想重操旧业，在北平恢复出版《诗文学》（华北版）。既已决定，就拟请一名家作个刊头，以壮门面。这时我首先想起了沈从文。于是在1946年秋冬之交，便到中老胡同北大宿舍去看望沈先生。记得，当时他正与朱光潜先生谈天。朱先生见有客来，便起身告辞了。我们自呈贡一别，已经三载，沈先生依然是那件灰布长衫，依然是那一脸和蔼而宽厚的

① 徐公：《沈从文大骂开明书店》，《快活林》1946年10月14日第34期。

微笑，精神状态比在呈贡时还好。熟人们都知道，他对朋友的请求一般是从不拒绝的，我提出请他题写刊名，他当即满足了我的要求。”[①]

10月17日　为天津《益世报·文学周刊》作《编者言》。

10月20日　作《从现实学习》。

《编者言》发表于《益世报·文学周刊》第11期，署名从文。文章述及报纸副刊的作用及自己的主张，体现了沈从文对副刊寄予的期望：“在中国报业史上，副刊原有它的光荣时代，即从五四到北伐。北京的‘晨副’和‘京副’，上海的‘觉悟’和‘学灯’，当时用一个综合性方式和读者对面，实支配了全国知识分子兴味和信仰。国际第一流学者罗素、杜威、太戈儿、爱因斯坦的学术讲演或思想介绍，国内第一流学者梁启超、陈独秀、胡适之、丁文江等等重要论著或争辩，是由副刊来刊载和读者对面的。南北知名作家如鲁迅、冰心、徐志摩、叶绍钧、沈雁冰、闻一多、朱自清、俞平伯、玄庐、大白……等人的创作，因从副刊登载，转载，而引起读者普遍的注意，并刺激了后来者。新作家的抬头露面，自由竞争，更必需由副刊找机会。刊物既在国内作广泛分布，因之书呆子所表现的社会理想和文学观，虽似乎并不曾摇动过当时用武力与武器统制的军阀社会，却教育了一代年青人，相信社会重造是可能的，而武力与武器能统制这个国家，却也容易堕落腐烂这个国家民族向上向前的进取心！更显而易见的作用，也许还是将文学运动，建设在一个社会广大基础上，培育了许多优秀作家，有理想，能挣扎，不怕困难。副刊既能尽庄严的责任和义务，因之也就有它的社会地位。它直接奠定了新文学运动的磐石永固，间接还助成了北伐成功。然北伐成功却使副刊衰落，结束了它的全盛时代。原因是新的‘马上治天下’意识抬头，思想运动中缺少对于这个不祥之物的否定性，欲补救已来不及。商业资本复起始看中了文学，在一个不健全制度下形成一个新出版业。作家与商业结合，产生了一批职业作家。作家与政治结合，产生了个政治文学。经营文学运动，为办杂志和死丧庆吊的集会，两者所作成的新的变化，即共同结束了副刊的生命。表面上即存在，也失去了本来的重要作用。何

① 魏荒弩：《默默者存》，《星斗其文　赤子其人——忆沈从文》，第158页，岳麓书社1998年版。

况事实上副刊由不足重视已慢慢消失。副刊从一较新观点起始，是二十三年天津《大公报》的试验，将报纸篇幅让出一部分，由综合性转为专门，每周排定日程分别出史地、思想、文学、艺术各刊，分别由专家负责，配合了当时的特约社论，得到新的成功。尤其是《文艺副刊》，由周刊改三日刊、日刊，国内各报继之而起，副刊又得到新的繁荣。若干新作家的露面，使刊物恢复了过去十年对读者的信托与爱重。抗战后，自由区碰到一个共通课题，即纸张缺乏而将篇幅减少。副刊对报纸言即近于'赔钱货'，因之地位由缩小而消失是意中事。以四川云南而言，也可看出这个趋势的必然。纵因某种关系，得勉强存在，亦无从寄托何等希望。试想想，由罗素、梁任公、学术议论，到太极拳的宣传，炸酱面作法，这一条深沟相去多远！编者即努力求活泼，结果终究有个限度。想在文学运动上有何作用，自然更不可能了。战事结束后，一切复员，副刊似乎也有了个复员趋势。惟南北相似而不同，如以京沪和平津比，南中国的报纸，杂文综合副刊，容易活泼，容易找编者，也容易有读者。北方却保留个传统，分类专刊能有办法，达到相当高的标准，而在这个标准下，有读者，有作者，有作用，有意义。当前这个刊物，是在每星期八千字的限制中，来和读者对面的。这是一个小小试验，对编者和作者共同的新的试验。这试验需多方面合作比个人勇气能耐还更要紧。为的是本报其他几个刊物，编者学识见解都极好，使刊物已达到一个极高标准。"“若有人问我，在你这个理想发展中，二十年努力，即可产生百十个有头脑有成就的作家，百十本有内容有分量的新著，用来和这个乱糟糟的现实社会对面，有什么作用？我不必思索即可回答，希望它能有作用，即在多数人情感观念中能消毒，能免疫。不至于还接受现代政治简化人头脑的催眠，迷信空空洞洞'政治'二字可以治国平天下，而解决国家一切困难与矛盾。却明白一个国家真正的进步，实奠基于吃政治饭的越来越少，而知识和理性的完全抬头。为的是到目前为止，我们对于在朝在野伟人政客的信念，事实上都已完全动摇，尽管有多数人生活都依赖它，可早已失去信仰意义。知识青年的游移无归情绪，在近二十年习惯上即已为少数作家所吸收。一个真有头脑有成就的作家，他的工作虽无从重造这个社会全体。却容易给未来一代负责者在生命最重要的青年阶段中消毒免疫。能使之消毒免疫，这国家明日的命运，很可能便不同多了！”收入《全集》第16卷《编者言》集。

小说《雪晴》发表于《经世日报·文艺》，署名沈从文。收入《全集》第10卷《雪晴》集。

10月21日　小说《王嫂》发表于上海《益世报》，署名沈从文。这是本文的第二次刊发。据上海《益世报》刊本收入《全集》第10卷《乡村琐事》集。

10月26日

本日　姚卿详采写的访问记以《学者在北大》为题刊发于上海《益世报》第7版，这篇访问记对了解沈从文这一时期的思想有重要作用，兹照录于下：

学者在北大

访问沈从文是在朱光潜以前，因为子冈先生早在他刚到北平的时候写过一篇沈先生的文章了。记者在这里所介绍给读者的是另外的一些，也可以说是沈先生对于目前“文艺工作者态度问题”的谈话。

一个晴和的下午三点半钟，秋阳斜照着的时候，记者用手轻轻地敲了他的绿纱门扇。那个熟悉了的瘦小的影子从里面闪了出来，他把我们让进了“会客间”。

沈先生正忙着收拾屋子，身上的一领灰布长衫满布了尘土。见我们进来，又忙着给我们搬过来两把椅子，他自己也搬了一个来坐下。在他听说我们是学历史的以后，便笑着说：“那将来可以做校长！”

首先他说彭子冈说他保守，他自己也承认“我有些保守”，但那语调却非常诙谐。据记者从他的谈话的猜度上，毋宁说他认为是在默默地然而却又是积极的工作。

对于原来只是静静地写文章的人，今天大大的“出风头”，闹运动，他显然有些爱莫能同意。他说：“那倒热闹的很，大家整天开会，讲演，呼口号，弄宣言，那便成为进步的表现了。”他解释文艺工作者的努力有两个方向：一个是用文学去认识，反映社会，进而去改造社会；另一个则是把文学本身当做一种事业。而沈先生便是在走着后边的一条路。因此他说，便被人称为“保守”了。他举例说：“上海可真热闹啊！”报纸多，杂志多，作家也多，作家与杂志的协会也多。他认为“作家可以参加协会，但并不是参加了协会便成为作家。”

记者提出了郑振铎与郭沫若，他表示摇首，拿了巴金与茅盾来做比。他说：“文化生活出版社是有极大贡献的，但巴金却在那里默默地支持着它，而且是很吃力的工作。茅盾也很沉默，不像郭沫若一般的飞莫斯科。像女作家凤子穿的花红柳绿跑到苏联大使馆去读朗诵诗，丁玲则到铁矿上去体验工人生活写了文章还要请工人纠正。”随说随笑，瘦小的脸盘上那一只不大的嘴，半张开着。柔和的声音嚇嚇地笑了出来，并且用三个中指轻轻地抚在上嘴唇上，像是想大笑而又不好意思笑出来时用手去堵嘴一样，他还向后仰几下身子。

另外他称赞的有卞之琳与萧乾。他说卞之琳在静默中写着他五十万言的英文小说，而他在大公报时代提拔出来的萧乾认为他的学习与创作的态度及努力也都是极认真的。他连口说：“萧乾很好！”他说北大二十年来出了三个人材，除了卞之琳外，还有李广田与何其芳。

提起何其芳，谈到了他对延安朋友们的看法。他以为何其芳这几年都把心力花费在政治上了。他说：“他们是随了政治跑的，”随了政治跑对于文学本身不会有好影响，“假若国家把作家都放在宣传部里，那成什么样子？”他像判定一个定理似的说：“文学是可以帮助政治的，但用政治来干涉文学，那便糟了。”

他说他的作品在抗战初期的桂林也曾受过干涉的。他的三十个集子预备出版，内中因为有九个是描写农村的，结果为政府的“检查”所阻止了，理由是内容“与抗战无关”。“然而他们却大印其红楼梦。”他说这个限制是有形的，在延安却是“抽象的”。美国式的对于自由的浪费固然太可惜，但是革命后的苏联也再没有产生出十九世纪俄国的伟大作品。“简直不能比”，他摇着头。他听从东北归来的耿济之说，苏联的出版物现在大部分都分配在各公共部门或图书馆里去了，私人买到一本便很不容易。然而这个分配的数量却很可观。他接着说：“一个初学写作的人，都希望他的作品印刷，更希望订成单行本，但一到单行本销不动的时候，便容易颓丧了。”他好像说李辰冬与光未然都沾点政治气氛。很多文学天才都葬送在这上面了。实在是可惜的。他说李辰冬见了他说:“你瘦了”,我却说:“你胖了”。

他又说作家可以半路出家去作官,带着“校花”去过舒服日子。有一些青年人是不爱“作品”,只爱“作家”的。

至于他自己呢,预备好好地和在北平的几位共同努力,坚持着个人的阵地,不声不响的,“埋下头去”。他说在检讨以往二十年的文学运动当中的缺点时,不得不更为自己的信念加倍努力。在他的心目中,北平和上海是不同的两个文化中心。他担任的科目是文艺习作,“不过教他们练习写小说而已。我不是什么作家,又不像朱先生与冯先生(指冯至)那样的学者。他们是仍在读书,而我却只有讲书,我是个打杂的。”另外沈先生的谈话里还不时流露出“我是个乡下人”,“我们这种买卖”等语,昆明的学生来信问他带什么好,他说:“要带一个健康的脑子来。”

他的住屋已不是鸽子笼式的了。有六个小单房间,有卧室,书库,厕所,厨房,会客间,另外那一间较大,也是他正收拾着的,里边放满大理石镶面的檀木桌椅。他说:“预备做我的工作室。”“主妇”还远在江南,他现在“和朱先生他们在一块吃饭。”

五点钟记者辞了出来,沈先生送给了记者那一张《大公报》的星期文艺的单版纸。

10月29日

本日 《世界日报》刊发记者景瑞采写的《北大国文系教授沈从文——被无数青年景仰的作家》,文章在该报分四次刊载完毕。该文对了解沈从文有重要作用,全文如下:

北大国文系教授沈从文
——被无数青年景仰的作家

本报记者景瑞

【本报专访】“沈从文”这个名字,在读者的记忆里不会陌生吧?

尤其是喜爱新文艺的许多青年人更会对这个名字感觉到十二分的憧憬、熟悉和景仰。在今日，中国的现代小说作家群中，沈先生该算第一个人。从事作家生活二十年来，著作将达七十余册的他，那种坚毅的魄力和不怕艰难的勇气，也该给今后欲从事文学者的一个好榜样。现在沈先生从昆明重回到了故都，这灰色城宛如在漆黑的暗夜里发现了一颗灿烂巨星，他的光芒将使这沉寂荒芜了十几年的北方文坛，重见到无限的光明。

凄风冷雨过了，古城又连续着一个个晴和的天。当记者和沈先生握手时，玻璃里外的阳光很明亮，照得满屋子非常温和。沈先生在书房正忙着写什么东西，然而，记者搅扰了他。沈先生笑着把记者请进了他的客厅里，随手把天津《益世报》沈先生编的《文学周刊》第十二期的半页大样，送到记者手里。沈先生也拿起来一张，很注意的去看。我们坐在那硬木太师椅子上，记者觉得这个客厅的家具陈设，和沈先生的生活不相调和。靠北墙有一张长桌，桌子上面堆积着不少带套的古书。沈先生说："来到北平一个多月，每天的生活也就是看朋友，整理一下书籍。"

沈先生的头发长长的蓬松的向背后拢着，然而在黑发里也间杂着苍白的发丝了。沈先生戴着一副眼镜，穿了一件蓝灰大褂，黄色皮鞋，每一句话都是从笑里吐出来的态度，确实是一位和蔼谦恭的教授风度。但是这种教授风度是极自然极天真极亲切的，从沈先生那里找不到严肃和古板，我啜了一口沈先生给斟满在杯里的茶，和沈先生静静的谈着。沈先生首先说："在这里有朱光潜先生，冯至先生，杨振声先生等极成功的人，每天我可以仍然去学习的。"但是沈先生这是一种客气，然而记者却道："在这个院里住着的人，恐怕都是中国的第一流人物了。"沈先生又笑道："我是民国十一年到的北平，抗战初起时到大后方去了，在昆明联大教书，那时家眷住在乡下。在这八九年里，大后方文艺界的收获是卞之琳、李广田、何其芳三个人，他们真是最努力最有成就的，卞先生已到南开去了。如果北方出这样的作家二十个人，那真了不起。”

谈到生活方面，沈先生说：“生活再苦一点也没关系，主要是在环境里去努力学习。”沈先生这种从艰苦里奋斗的精神，实在让记者钦佩。

沈先生和记者的话还是转回到今日的出版界来。沈先生说：“上海那地方不过是印刷好一点，人却都在争名利。北方的作风终竟比他们认真一些的。”记者对此很有同感，在上海那被欧风美雨冲激着的地方，所谓海派盛行，终竟没有北方这种朴厚的研究风气，和埋下头去做学问的环境。沈先生是酷爱着北方的，尤其是北平这个古老的圈子。沈先生认为今日文化界充斥的黄色刊物，仅是一种临时的现象，绝对站不住脚步。一旦有一种纯然公正的好刊物站出来，所发生的副作用，也就足可使那些黄色刊物退避三舍了。不过国家内战方殷，和平无望，人人都彷徨在莫名的苦恼中，找寻刺激，一时的畸形发展，亦是不足为奇的事。记者又问道：“在目前很需要翻译吗？”沈先生笑着说：“需要的很！可是人力和经济力都有，卖不出去又该怎样？一个大人物，很愿意拿出钱来办一个报纸，就是给自己捧一句，赔钱也就值得了。然而叫他拿钱印正当的书却不干。其实，都是一样的糟蹋东西而已。”沈先生好像很痛恨似的说着。记者的问题又回到了沈先生主编的“文学周刊”。沈先生说：“可能的是做到多方面去，欢迎外稿，这也是文学的民主。”说完，记者和沈先生都大笑起来。

沈先生看去好像不过四十岁的样子，然而记者一问，沈生生笑道：“快五十了！今年四十四岁——该用功著述些东西了。”沈先生好像很追悔过去，然而这话也许是真的，因为记者极盼望沈先生再创造出无数的有价值的揭露社会的好小说，给中国的青年们读。更期冀着沈先生把所有的经验告诉给每一个青年人，让他们到中国的新文坛开拓路线上，去当一名强有力的生力军！记者问沈先生最近有什么著作，沈先生答道：“最近就要开始准备去做！”记者又道：“那么计划做什么呢？”沈先生却笑道：“在准备！”记者很喜欢这个“准备去做”，希望沈先生准备好了，多出版几本书，在故都深深的留下些不可泯灭的痕迹。抗战八年期间，沈先生在昆明写过七八本书，那时的印刷中心在桂林，出版条件不好，然而也有那么大的收获。沈先生轻轻的谈话声和笑声，使那间屋子充满了活泼的气氛。现在沈太太还没来平，仅有沈先生一个人住在这里，可是沈先生说最近也就要到了，沈先生每天是和朱光潜先生等几个朋友们在一起吃饭的，他们都还是家眷没来平的单身住客。读者们也许很想知道一下沈先生的历史，尤其是这位被称为“多产作家”的成功史，那么记者简要的记述一下吧。然而沈先生现在是北大文学院国文系的教授，担任现代文学这一部门里的课程。我想，北大的同学一定欢迎，在准备接受沈先生的讲授。

沈先生是湖南凤凰县人，最初曾经在军队里生活过一个时期，后来在民国十一年，到北平来，才开始了他的作家生活。他曾经在香山慈幼园做过编辑，并且担任过香山图书馆的职员。以后他到北京大学图书馆任编目工作时，才被胡适先生认为系新体白话文的最有希望的作者。此后他又与郁达夫、林宰平、徐志摩、陈通伯等作家相识，声誉立刻响遍了全国文坛。沈先生的初期作品，多在那时的《晨报副刊》《现代评论》《小说月报》和《新月》等杂志上刊载，主要的写作是小说。民国十八年，沈先生到吴淞的中国公学去当教员，过了两年，就任国立武汉大学教授了。

沈先生此后又曾任山东国立青岛大学教授。那时，他的小说多以故事创作的题材，受读者热烈的欢迎。他的若干部作品列举起来，是一个很好的书目，主要的如《从文子集》新月书店出版。《沈从文甲集》，神州出版社出版。《阿黑小史》，新时代社出版。又如：《都市一妇人》《虎雏》《石子船》《山鬼》《十四夜间》《龙朱》《好管闲事的人》《入伍后》《旅店及其他》《篁君日记》《旧梦》《记胡也频》《一个天才的通讯》《辰夏》《蜜柑》《阿丽思中国游记》《神巫之爱》《老实人》《雨后》《呆官日记》《革命者》《第一次的恋》《男子须知》《鸭子》《棉鞋》《在逃的前一天里》《论中国创作小说》《论朱湘诗》《八骏图》《泥涂》《沫沫集》《游日集》《边城》《如蕤集》等书，先后出版，记者真不胜枚举了。然而沈先生还要去学习，还要去下决心努力著述，还要去准备开始作，这种伟大进取精神，恐怕是沈先生成功的一个最大因素吧！沈先生有一部自传，该是他描绘自己生活的最忠实的一本书。他在抗战前又主编过《大公报文艺副刊》和《水星》，曾培植出不少青年作家来。

这时，沈先生一位联大同事走进屋里来，和沈先生沉默的断续的一句两句交换关于《文学周刊》的意见。沈先生说："这期稿子发少了。其实我少发稿为的是叫他们排松一些，没想到在下面加了一块香烟广告。"于是我们又都笑起来，一起看那下面的香烟广告。沈先生又道："这期排的还活泼些！"

记者知道沈先生还有没做完的工作，于是握了手，就辞别了沈先生，走出那铁纱屋门。沈先生说："你很忙吧！"（完）

11月2日 《新文学与青年情感教育》发表于《世界晨报》，署名沈从文。这是本文的第三次刊发。本文系由《文字与青年情感教育》（昆明《中央日报》1944年1月23日）修改而成。后据《经世日报》刊本收入《全集》第17卷《文学运动杂谈》集。

11月3日 《从现实学习》同时刊载于天津、上海的《大公报·星期文艺》第4期，署名沈从文。文章在回顾自己从事文学创作二十五年的历史的同时，也满怀忧虑地思考着自己所面临的现实：

国家既落在被一群富有童心的伟大玩火情形中，大烧小烧都在人意料中。历史上玩火者的结果，虽常常是烧死他人时也同时焚毁了自己，可是目前，凡有武力武器的恐都不会那么用古鉴今。所以烧到后来，很可能什么都会变成一堆灰，剩下些寡妇孤儿，以及……但是到那时，年青的一代。要生存，要发展，总还会有一天觉得要另外寻出一条路的！这条路就必然是从"争夺"以外接受一种教育，用爱与合作来重新解释"政治"二字的含义，在这种憧憬中，以及憧憬扩大努力中，一个国家的新生，进步与繁荣，也会慢慢来到人间的！

在目前局势中，在政治高于一切的情况中，凡用武力推销主义寄食于上层统治的人物，都说是为人民，事实上在朝在野却都毫无对人民的爱和同情。在企图化干戈为玉帛调停声中，凡为此而奔走的各党各派，也都说是代表群众，仔细分析，却除了知道他们目前在奔走，将来可能作部长、国府委员，有几个人在近三十年，真正为群众做了些什么事。当在人民印象中。又曾经用他的工作，在社会上有以自见？在习惯上，在事实上，真正丰富了人民的情感，提高了人民的觉醒，就还是国内几个有思想，有热情，有成就的作家。在对现实濒于绝望情形中，作家因之也就特别取得群众真实的敬爱与信托。

收入《全集》第13卷《从现实学习》集。

《谈苦闷——聂清遗文引言》发表于重庆《大公晚报》，署名沈从文。这是本文的第三次刊发。

11月4日　小说《雪晴》重新发表于《中国日报·文艺周刊》，署名沈从文。收入《全集》第10卷《雪晴》集。

11月10日　《从现实学习》在天津、上海《大公报·星期文艺》第5期刊载完毕。

11月11日　复信子平。

11月13日

本日　上海《侨声报》第三版刊登了记者的访问记《沈从文论作家》。该访问记以大字突出了以下内容：大后方文艺界唯一收获：卞之琳、李广田、何其芳；巴金、茅盾都沉默，不像郭沫若一般飞莫斯科，像凤子穿得花红柳绿到苏联大使馆去朗诵诗，丁玲则到铁矿上去写作。上海出版界仅是印刷好；不赞同闹运动；说到延安，惋惜文学；他自己要埋头。

这篇访问记后来给沈从文带来了诸多麻烦。

11月16日　《新废邮存底　一〇一》发表于《益世报·文学周刊》第15期，署名编者。以《致子平》为题收入《全集》第14卷《北平通信》集。

《现代文丛》第 1 卷第 1 期转载了发表于《益世报》的小说《王嫂》。

本日　《侨声报》发表《凤子否认沈从文话》，系对该报沈从文访问记的回应，全文如下：

> 敬启者顷读 13 日贵报第 13 版所载沈从文先生谈话内称："凤子穿的花红柳绿到苏联大使馆去朗诵诗"，读后不胜诧异。沈从文先生之言论本不足深论，但此事无中生有，全系捏造，故不得不请贵报代为更正，是荷。此致
>
> 《侨声报》
>
> 凤子敬上十四日夜

11 月 17 日　《断虹引言》发表于《经世日报·文学周刊》第十四期，署名沈从文。这是本文的第四次刊发。

11 月 24 日　散文《青色魇》发表于《益世报·文学周刊》，署名沈从文。这是该文的第二次刊载，与刊载在《时与潮文艺》第 5 卷第 5 期的初刊本相比，作者作了较大修改。据《益世报》刊本收入《全集》第 12 卷《七色魇集》。

12 月 1 日　小说《乡居》发表于《文潮》月刊第 2 卷第 2 期，署名沈从文。这是该篇小说的第三次发表。收入《全集》第 10 卷《乡村琐事》集。

修订后的《穷与愚》改题为《从开发头脑说起》刊载于《上海文化》第十一期，署名沈从文。据本次刊本收入《全集》第 14 卷《霁清轩杂记》集。

本日　《上海文化》第十一期在"中国文化"栏刊登简讯："沈从文执教于北大文学院，少问外事，但常为平津各报撰文。"

12 月 8 日　朱自清来访。

12 月 13 日　下午二时至七时，至北京大学蔡孑民先生纪念馆参加"中国语文诵读方法座谈会"，会议的召集人为魏建功，参加者有黎锦熙、朱自清、朱光潜、冯至、李长之、余冠英、游国恩、吴晓玲等人。

本日　《申报》第 5 版发表特写《国产片需要扶助 资金器材缺乏 影人生活清苦》，文中称："合众影片公司计划拍摄沈从文的《边城》，由桑弧编导。"

12 月 14 日

本日　沈从文主编的天津《益报报 · 文学周刊》第 19 期发表了少若（吴小如）的论文《废名的文章》。沈从文为该文做了大量修改，据吴小如回忆："我第一次把文章寄给从文师，是一篇全面评论冯文炳先生作品的长文，题为《废名的文章》，后来发表在天津《益世报 · 文学副刊》上。文章发表的前夕，从文师把原稿退给了我。上面布满先生亲自用红笔增删涂改的墨迹，并有剪贴拼合处。同时附来先生的亲笔信，说明为什么要这样改，末尾还有'改动处如有不妥，由弟（先生自称）负责'的话。原稿和来信早已无存，幸好这篇文章至今保存着先生修改过的原貌。过去我曾有意摹拟先生的笔调写文章，总感到貌既不合，神更不似。自从有了这份改稿，顿使我明白了许多。但真正使我受益的却是先生在同我两次闲谈中教给我写'沈从文体'的两个所谓'诀窍'。一是文句中尽量少用'的'字。先生后期写的论文，这一特点尤为明显。有时一个句子长达几十字，却只用一两个无法再省的'的'字来连接，从而使我悟出文笔朴质简练的道理。二是先生的小说中主人公往往只有一男一女，而在先生笔下却经常用全称、泛称来代替特称。如称男主角为'男人'，女主角为'女人'，而不用姓甚名谁或张先生、王太太之类。先生说："小说里一共就是两个人，你只说'男人'和'女人"，读者自然知道是张三、李四来！"果然，有一次我写散文，竟写出'女人有个妹妹'这样一句话，好几个熟人都说，这有点沈先生的味道了。"[①]

12 月 21 日　小说《捉鬼》再刊于天津《益世报 · 文学周刊》第 20 期，署名沈从文。这是该小说的第二次发表。未收入《全集》。

该文同时刊发于上海《益世报》第九版，署名沈从文。

本日　《文汇报》发表史靖的长文《沈从文批判——这叫从现实学习吗？》，"在这篇文字里充满了忧郁苦闷，充满了一个知识分子的彷徨景象和一种近于固执的信仰，特别是充满了一个被时代所遗弃了的作家的控诉和愤懑，因此在全文里到处都弥漫着自辩和抑不住寂寞的声音，在祈求着读者给他以同情和支

---

① 吴小如：《师恩没齿寸心知》，见田伏隆主编《星斗其文　赤子其人》，第 167—168 页，岳麓书社 1998 年版。

助。”该文分五天连载。

12 月 22 日　致信彭子冈。收入《全集》第 18 卷。

12 月 27 日　与杨振声、朱光潜、冯至等人至雨花台饭馆商谈《文学杂志》复刊事宜，力劝朱光潜继续担任主编。[①]

复彭子冈函。本信当年未曾付邮。收入《全集》第 18 卷。

12 月 28 日《并无热闹（补刊）——为文学周刊发刊而作》刊发于上海《益世报·益世副刊》，署名沈从文。本文与发表于天津《益世报·文学周刊》第 11 期的《编者言》为同一文章。据天津《益世报》本收入《全集》第 16 卷《编者言》集。

12 月 29 日　开始主持《平明日报·星期艺文》副刊，实际上该刊由北京大学同事周定一负责编辑。据周定一回忆：“在《平明日报》的友人萧离、萧凤伉俪要在这报上安排一个星期文艺专栏，请沈先生主编，约我做具体的编选工作，取名《星期艺文》。沈先生回北平后，在北大教课之余，不忘他的老行当，‘目送归鸿，手挥五兹’，同时主编了平津报上好几个文艺副刊，《星期艺文》是其中之一。他用劲秀的行书题写了刊头，要我写了个简短发刊辞，就问世了。……连一个烧饼的价格都以十万元计不断‘翻番’的那种年月，微少得可怜的稿费已不起任何‘刺激’稿源的作用。但北平究竟是‘文化城’吧，办几期之后，投稿就渐渐多了起来。沈先生自己也写，常以《废邮存底》为题。废名、吴晓铃这些师友也一再供稿。”[②]

十二月上旬　致信彭子冈，谈及对文学、政治的不同理解：“我总觉得这个工作，无妨从各方面着手，大家各从不同方式、不同信仰、不同观点作去，有个长时期自由竞争，争表现，所谓文坛会丰富些，思想也会活泼些。如果真有个出版机构可以完全自由运用，我还将把对我极不利的批评，附在全集后刊载，为的是无名氏或丁玲，极不友好的批评，一与我大部分习作对面，那些枝叶意见就见得平平常常，他们要说的，也许从我十多年前另外作品中即早提过了。

---

① 王攸欣：《朱光潜传》，第 292 页，人民出版社 2011 年版。

② 周定一：《沈从文先生琐记》，《长河不尽流》，第 243 页，湖南文艺出版社 2018 年版。

而我在作的工作，却比他们所悬想的还持久，涉及的方面也还多。从这点或者也可证明我不宜于弄政治。因为政治是最怕‘反对’，而特别需要‘拥戴’的。我倒觉得作者与批评者如同样得到自由发展，很有意义。极不幸的倒是这些反对者，在三五年后即改变了自己态度。近十五年中我即很遇到几个批评家，看一篇文章时要骂骂，看五年文章后，便写信申明批评不大落实了。这比反对实在还糟，因为把他当成政治信仰一样，不是反对即是承认，决不想到作家和政客稍稍不同，他的工作还可在此外得到意义，不在他人承认或否认也。”

十二月《绿魇》发表于《现代文录》第1集，署名沈从文。这是《绿魇》的第三次发表，后据《现代文录》刊本收入《全集》第12卷《七色魇集》。后来，沈从文曾陆续在《绿魇》文旁作过题识，在第一节末段上方写：“这个应低排二格，是当偈与赞，总拢全文而作结用的。读者不明白，所以说古怪不懂。”在第二节末段上方写：“这也是偈式总题用的。由于形式新，大家不懂。这是感想总括。”（《题〈绿魇〉文旁》，《全集》第14卷）

按：《现代文录》系由杨振声、沈从文、朱光潜、冯至、徐盈共同担任主编，北平新文化出版社发行，北平国际书店总经售。在该期《编者白》中说：

> 我们觉得目前文艺刊物实在太少，一般日报虽大半附有文艺副刊，因为篇幅的限制，又无从登载分量较重的文章；而且报纸随看随丢，不易保存，读者对于爱读的文章，不能有反覆玩索的方便。因此，就编者能力所及，印行这个文录，希望刊载些优秀的作品，内中有已发表过的，有未发表的，每月能有十万字左右献给读者。我们不存门户之见，凡是好文章，只要能得到作者的同意，都乐意尽篇幅最大容量搜集选刊。还希望不久能得到一些国外的文艺刊物，选译一些新作品，藉此可以看出世界文艺的动向。这刊物的内容，大体以文艺为主。但有关思想的重要文字也将选录，思想与文艺本来分不开。虽说是文录，仍可允许我们在选择时有个目标与作法。作法在（一）破除新旧文学的壁垒，（二）打通中外文艺的界限，（三）沟疏文艺与哲学及科学的划野。而一切者指向一个目标：创作我们这个时代的新文艺。

目前仅见该刊第1集。

本 年

年初 从桃源新村迁至西南联合大学昆中北院宿舍居住。

年底 复黄灵函。在谈及自己的创作历程时说，“我脑子也许比别人转得慢一些，接受抽象观念时比较迟缓，可是方向转过了后，就会快快的直达目标。而且决不动摇，为的是已明白好坏是非，义利取舍亦十分明白。不过生命多方，即言写作，我克服困难通过的路，对于他人未必是一条康庄大道，未必不嫌曲折缭绕。另一人也许用我所用三分之一气力，即可得更多成就。也许用少量的力，便可得到许多不同的收获。就我们廿岁到廿五岁生命过程看，恐将成为不同发展了。我年青时体力弱，性情良善，无赖教育反若增长了些技术。到部队中后一面是本性依然，一面却浸入一堆不同印象，性情由孤独向内，生活经验便成为否定兵争底子，也成为抒情气氛基础。到北方后我用乡下人猛闷方式和人竞争生存，竞争表现，自然比城市里长大的玩票作家容易见长。但文化史一般的广泛接触，爱好，即不免缚住了生命，限制了生命，从此种种，我能写精美的作品，可不易写伟大作品了。我的作品也游离于现代以外，自成一格，然而正由于此，我工作也成为一种无益之业了。国家好，人的自由竞争机会多，文学从一个极广泛的要求生产，要求出产，我或者还可有以自见于世。国家不好，人孤立，便等于游离于纠纷以外，形成一种隐遁状态。工作用笔时，也必然避开目前人人所呼喊问题，转若自娱，欲深反晦。本可以带着更年青的一群形成一种健康风气，结果却必然在一种厌倦情绪中，一切萎缩。事到末后，寂寞死去。身与名没，草草完事。”曾以《给一个不相识的朋友》为题收入《沈从文别集·月下小景》(岳麓书社 1992 年版)。收入《全集》第 18 卷。

本年 与冯文炳一起指导北京大学中国语言学系学生吴洁的毕业论文《读法苑珠林》。①

---

① 《北京大学文法学院（民国）三十五、三十六年度部分毕业论文题目（1946、1947 年）》，见王学珍张万仓编《北京高等教育文献资料选编》(1861–1948)，第 934 页，首都师范大学出版社 2004 年版。

民国三十六年 1947年 46岁

1月1日 国民政府公布《中华民国宪法》。

3月19日 国民党军队占领中共中央所在地延安。

7月9日 国民政府宣布撤销政治协商会议及其秘书处。

9月13日 中国共产党在西柏坡召开全国土地会议，通过了《中国土地法大纲》。

10月10日 朱德、彭德怀代表解放军总部署名发布《中国人民解放军宣言》，第一次发出了“打倒蒋介石，解放全中国”的号召。

11月12日 晋察冀野战军攻占石家庄，这是解放军首次进行大城市攻坚战。

1月1日 杂文《宋人谐趣》（未完）发表于《论语》第120期，署名沈从文。收入《全集》第14卷《见微斋杂文》集。

本日 《申报》在第三版发表中央社北平卅日电讯稿：《北大教授函司使 对女生被污辱事表示三点意见 望嘱有关方面迅作处置》，电文称：“国立北京大学教授，为女生被美兵污辱事，特于今致函美国驻华大使司徒雷登博士，表示意见：㈠对于被害人，望嘱有关方面迅作处置，以补偿被害人之荣誉损失。㈡对于犯罪之士兵，迅绳以法。㈢望保证此后绝不再有类似事件，在中国任何地方发生。”沈从文在该函上签名。

本日 《文萃》周刊第12、13期合刊登载杨华《论沈从文的〈从现实学习〉》，对沈从文的政治立场、文学态度进行了批判：“沈从文先生常喜欢自称为‘乡下人’，其实这只是他自谦，写访问记的那位记者倒泄漏了一个秘密：沈从文先生除了常说‘我是个乡下人’之外，还不时的流露出‘我们这种买卖’等话。大概沈从文先生确是把文学当作‘买卖’，而且深通‘买卖’之道的；你看，可诬蔑的尽量诬蔑，该吹捧的大胆吹捧，而且从来不忘记抓住机会，委婉曲折地自吹自捧一番。要不是深通‘买卖’之道，焉能运用巧妙，一臻于此！”

1月4日　应沈从文约，朱自清来看自己写的《论诵读》稿，并在沈家补写《论诵读》一文的最后半页。据朱自清对此事原委有如下回忆：“《论诵读》那篇，写好了寄给沈从文先生，隔了几天他写信来说稿子好像未完，让我去看看。我去看，发见缺了末半页。沈先生当天就要发稿，让我在他书房里补写那半页，说写完了就在他家吃午饭。这更是逼着赶了。等我写完，却在沈先生的窗台上发见那缺了的末半页！沈先生笑着抱歉说，‘真折磨了你！’但是补稿居然比原稿详明些，我就用了补稿。可见逼着赶虽然折磨人，也能训练人。”①

本日　《世纪评论》在南京创刊，每逢星期六出版。

1月7日

本日　上海《大公报·大公园》刊发虚人的《沈从文的恋爱史》，介绍了沈从文与张兆和的恋爱过程及胡适在其中所起的作用。

1月11日

本日　《世纪评论》第二期刊载了李长之的《北平风光（北平通讯二）》，介绍了他回到北平后的观感，文中这样描述沈从文的生活近况：“从文等住在中老胡同北大的教授宿舍里（有家眷的才能在那里住）。他的趣味很好，他的木器都是紫檀的，古色古香，他不要沙发。他常常在骨董摊上买回一些有趣的小玩意儿来。便宜的旧书，也好像特别和他有缘。他几乎每日必有所得。平津一带报纸的文学副刊，至少已经有三个是直接或间接归他负责。这是：《大公报》，《益世报》，和《经世日报》。他很憧憬着要由这里发动一个新的文艺运动。”

1月16日　杂文《宋人谐趣》续刊于《论语》第121期，署名沈从文。

1月17日

本日　重庆《大公晚报》刊发司徒良裔写的《记沈从文》。

1月18日　《新书业和作家》刊载于天津《大公报》《图书周刊》，署名沈从文。本文未收入《全集》，但对了解沈从文的思想及他和郭沫若的恩怨有较大帮助，兹据两种刊本略加校改后照录如下：

---

① 朱自清：《标准与尺度·自序》，《朱自清全集》第3卷，第114页，江苏教育出版社1996年版。

新书业和作家

沈从文

随同五四运动的发展，为推行出版物，中间产生了个新书业。这个新的企业，也可以说是一种事业，因为它的起始，兴趣所在，精神效果实在重于物质获得。和作家用笔有个一致性，是采取“玩票”态度作下去的。玩票意思并不是对工作不大认真，却是不大顾及赚钱赔本。换言之，是还有点服务理想，对社会改造国家重造的理想，来进行这个企业的。

在北方，起初是北京《晨报副刊》的合订本单独发行，并有选集讲演集等等著作附带的单行本印行。这些刊物既得到一种分配上的便利[①]一起始即见得很成功。然而它的成功意义，也还是精神重于物质的。这部分业务上的发展，虽有超过报纸社会地位，成为一个单独组织的可能。惟主持其事的，却似乎还看不出它的前途。有多大希望。

在南方，《时事新报》的《学灯》，《民国日报》的《觉悟》，都各自尽了当时对于副刊所课的责任，也得到应得成功。报纸在经济上虽见不出什么大影响，在精神上实增加了报纸抽象地位。南北情形相同，即不曾对于这[②]个部门的发展，作过企业远景的瞻望。

至于第一期的新书业，时间上却比副刊活动稍早些。民六七时代，陈独秀先生主持的《新青年》杂志，实可谓国内最有销路的杂志，印行这个刊物的书店，是不会赔钱的。随后是胡适之先生所整理标点的旧小说，以及陈胡二先生文存的印行，初期诗歌、小说、戏曲、翻译的单行本出版，由于销路广大形成一个初期的繁荣。印行书店虽赚了钱，作家可不曾想到这个钱他也有一分。亚东、泰东、群益、……几个新书店实独占了国内新书业市场。商务也分出了一部分印刷力，供文学研究会运用。上海虽是个经商牟利市场，有利可图的事总有人注意到，群起投资，可是经营新出版事，却似乎还引不起人

---

① 沪版此处加一“，”。

② “这”沪版作“那”。

注意。主要的也许是作家虽已不少，作品却并不多，其他方面即欲投资，亦几于①无可着手。这个局面的突破，实从民十五方起始，这事和北伐不无关系。

先是创造社郭沫若，郁达夫，成仿吾诸先生的努力，一面感于受当时有②势力文学社团压迫，一面感于受出版方面压迫，作品无出路，想突破这个独占不合理局面，希望作品有以自见，也希望能用作品自给自足。因此来自办出版，直接和读者对面。努力的结果，虽若于③短时期即作成两面的突破，过不久终因为经济方面转手不及，不易维持。随创造而起的是北方语丝社，鲁迅，钱玄同，刘半农，李小峰诸先生，用“打平伙”方式，各凑几元钱，来出《语丝》。一切还离不了“玩票”意味，不过是自管收支罢了。本意以为赔本赔厌了即收场，万一有点剩余尾数呢，大家上东来顺吃顿涮锅子。一切打算离企业隔多远！但是这个小小刊物却得到意外成功，因之产生了个北新书局。国内名记者萧乾，就在这个小书店做学徒，站柜台卖过《呐喊》，《语丝》。同时北大几④外几个教授，周鲠生，王士杰，杨端六，丁西林，诸先生，也凑了点钱办个《现代评论》。目标和语丝虽稍稍不同，对刊物经济方面却同样并不寄托远大理想，以为能办下去就已很好。既对于这方面缺少理想，也缺少技术，所以刊物每礼拜行销到八千份时，还仅仅能自给自足。当时好像只维持了一个作家职业，或产生一个职业作家，那即是管发报事务的我。每月固定可以拿三十元钱，不至于再欠公寓伙食账！到出纪念增刊时，我一个人又用种种笔名，小说戏剧，诗歌散文，一应具全，写了四篇文章，拿了一笔稿费，其他方面似乎即不曾有开支。这个增刊卖到一万五千本，只是在账目上有个纪录。刊物这么办下去不关门才真是奇迹！所以北伐前迁过上海，

① “于”沪版作“乎”。
② “有”沪版作“恶”。
③ “于”沪版作“干”。
④ “几”沪版作“另”。

依然给太平洋书店出版，再过不久，也就停了。

于时胡适之，徐志摩先生，也正办新月书店，预备出文学书的单行本和《新月》杂志。北新，新月移到上海后，北伐成了功。光华、现代、新中国、开明、华通、乐群、创造社出版部、生活、良友，等等书店在上海陆续成立。有股份公司，有版税制度，有这样那样文学丛书的印行，有各种定期刊物出版，报纸上于是有了大幅新书广告，小报上有了不大可靠的文坛消息，而批评，检讨，捧场，攻击，一切慢慢出现，却共同形成了个新的局面。这个企业的兴起，既是在一个新的自由竞争环境中生长发展，这才真有了所谓“职业作家”，受刺激，争表现，繁荣了个新出版业，也稳定了新文学运动。然而我们应当知道，即这个“职业作家”，还是近于一个相当抽象的名词，这名词且多少包含了一点讽刺意味的。为的是这个职业比起其他职业来，实费力而难见好，且决不能赖以为生。即以五四文学运动的元老胡适之，陈独秀，鲁迅或冰心作品而言，虽有个版税制度，真实收入数目是极可笑的。(当时或有点点收入，到后来且什么都没有了。)这些人就没有一个人敢大胆希望，可以从印行[①]作品中，取得一点分上利益，能一年半载不做事也可生活下去。新露面的一群，自然更不敢妄想工作三五年后，印行五本书后，即可以把日子过得从容一点了。由于这个新的企业的兴起，繁荣，已变更了作者与读者的原有关系，可是作者却依然居多还是要用个“玩票”精神作下去。受不了这个试验的，倒也好办，因为已可用作家名分消失到许多职业里，尤其是有意消失到党政军学方面时，极其容易。但也就因此使这个部门的进步，受了相当损失。最大损失还是由改图而在那个大混乱中所作成的牺牲，影响到这个企业的发展。一面是有了出版机构，却得不到什么好书，一面是由于竞争营业，在别方面越浪费，在作者方面反而越企图减少消耗。直到民十八到二十左右，印行鲁迅、郁达夫、冰心、全集的某某

① 沪版此处增一“中”字。

书店，每月约付作者二百元版税的事还到时不能履行，而某某当时最知名的女作家，一个十五万字的小说版权出卖，换个一百元还费尽唇舌，始能交涉成功。即可知新书业的发展史上，对于作家关系，实保留一个如何不健全待修正的习惯！但这个不健全也可说对于一部分作家，还是有意义的，即对于那个徒负“职业作家”名分，日子过得十分狼狈，在任何试验中还不曾放过笔改过业的那一群。他们的“玩票”精神，先是自愿的，后来是被迫的，新的认识且完全放弃了收入打算，更认真的玩下去。因为他们的挣扎，不仅繁荣了个新书业，还产生了许多优秀作品，支持了个文学运动对社会的健康关系。而从民二十到二十六这一段各方面的成就，即由于他们所保持的纪录，以及更新一群为这个纪录突破而有所努力共同作成的。在这个过程中，对新书业也有了个检汰作用，即凡重制度，能注意到作品的质的认识，而出版上又不苟且，对读者对作家都若有个交代的，①因之基础稳固，能存在，能发展，即经过十年战事，迁移后方，蒙受极大损失，由于制度和信用，还好好保持，复员后依然可恢复并居领导地位。凡过分利用一时聪明，投机取巧，一切只顾目前，对读者与作者之间②不曾尽过应尽责任，又只图从制度外有所经营的，虽一时间可发点小财，终于还是完事。这个现象正说明一件事情，即经营这个新企业，虽有资本还得会经营，能经营还得重制度，有制度依然尚需要一点理想，比发展业务还高一点远一点的理想，方可望能稳定，能发展，还可有个新的未来！

从近二十年这个企业加以注意，我们即可知因战事时间太长，有些书店损失太大，加上复员后的由南到北，一片战火的扩大，国家全部机构都若③在麻痹僵固状态中，新书业一时间自无从谈发展。半官性的，或因接收的物资从纸张到店面无一不备，还不至于见出窘态。

① 沪版此处增“能得作者合作，”一句。

② 此处沪版加一“，”。

③ “若”沪版作“落”。

但有个致命伤，即所印行书籍销路问题，求好转恐不容易。属于私人经营的，或因兼印教科书，从政府得到纸贷款的补助，各省分配机构又还存在，也容易稳得住。至于几个单纯印行文学书集的出版机构，如近二十年对于这部门尽过最大责任，有过极大贡献的文化生活出版社，战后兴起的作家出版社，……分配周转实值得人关心。国内这种出版机构既不多，政府负责方面如对于这个问题能有点认识，即应不经请求也能给予一笔贷款才合理，[①] 如有个三五亿贷款周转，一年内出版的贡献，当可比官营出版机构费三五十亿得来的成绩还大得多。新文学明日的正常发展，这类出版机构有其重要作用。

还有一点是书业方面和作家间的关系，一起始似乎即不怎么合理。这对于文学运动本身，固然是极大损失，即对于新出版业，也大不经济。最明白显然的事实，即在这个情形下，作家有成就的不易保留，并继续生产优秀作品，待发展的更容易为其他职业夺去，近于未成熟即夭殇。这部门工作的推进，我们与其寄托希望于政治，还不如寄托希望于出版家。书业目前有他的困难，原是事实，但即再困难，也会觉得分布在各处的分配机构得维持，否则明日更加困难。可是以印行新书发展营业的几个书店，似乎很少曾想到作家也应算作机构中一个重要成分。政府对于书业已有个补救制度，凡有资格请求的，都得到相当结果。可是直到如今为止，我们却似乎还不曾听说这些书店，在固定版税制度外，肯为作者想点办法。而这个作者群，实在又还有三五十个人，有权利向新书业作这个提议[②] 而需要即刻实现的。

这个结论和我原说的作家“玩票”到底精神似乎有点冲突，因为真的欢喜唱戏的票友，应当能够赔本钱玩下去，一切不大在乎，何况一个有理想的作家？我意思倒是从书业方面看去，这是修正或补救过去不大合理的分配制度机会。这个分配制度使作家繁荣了新书业，支持了与书业有关的万千寄食者，自已群中却有因穷而病，死去时板木

① “，”沪版为“。”
② 此处沪版增“，”

也得向宏善堂领去[1]的事。到现在，多数作家生产的枯窘现象，已影响到出版水准。新书业的一部分负责者，对作家是不是还有点义务待尽？以个人私见，目前的补救和明日的分配制度如何修正，不仅仅有关作家，实在更有关出版家。若照战时那个分配方式来说，用个人作例，有好些书十年中不曾得到一文版税，有些一年半载所得的还不够购买本人一本书。[2]这方面的不合理，恐怕和社会其他方面一样，都在促成枯窘，贫乏[3]解体，不是好现象。作家固然要理想，方能有好作品产生，但经营新书业有成就得信托的，似乎更要一点理想，明日才可望有个新的局面展开！在作家方面，我们希望永远有人能用“玩票”精神工作下去，尤其是那些有成就有贡献的老作家。在出版家方面，我们却希望有人能记住这不是纯粹商业。

（原载《大公报》津版 1947 年 1 月 18 日《图书周刊》第 3 期，据《大公报》沪版 1947 年 1 月 21 日《图书周刊》第 3 期校勘）

1 月 19 日　就绘画问题复信一位作者。以《给一论文作者》为题收入《全集》第 18 卷。

1 月 21 日　《新书业和作家》刊载于上海《大公报》《图书周刊》，署名沈从文。沪版文本与津版文本略有差异。

1 月 23 日　为龙朱、虎雏入学事致信教育局局长王季高。信已佚。

致信张兆和，谈及编辑工作时说：“也许因为太累，人不大舒服，可是明早依然得上课。真是一种离奇的存在。一面是只想从幼芽中寻觅好种，一面却为这个捡选工作感到无比的疲乏，一切如此，一切还是在进行。比战争还难处理的一种反复挣扎，什么时候才可望释然于怀无萦无累？”收入《全集》第 18 卷。

1 月 27 日

本日　《文汇报》发表郭沫若的《拙劣的犯罪》，郭文系对沈从文发表于《大

① “去”沪版作“取”。

② “。”沪版为“，”

③ 此处沪版增“，”

公报》（沪版）上的《新书业和作家》的回应。郭沫若认为沈从文“极尽了帮闲的能事，一面做掩饰工作，一面做离间工作。”在郭沫若看来，“书业的不振或不正和作家的受罪，分明是政治问题。一句话归总，政治的不民主使几百正业崩溃，书业自不能除外，作家也不能除外。”“今天的民间出版界和作家可以说是站在同一死亡线上，在整个的经济危机之下，在严重的苛捐杂税之下，在卑劣的利诱腐化之下，成本增高了，购买力减低了，发行网破坏了，读者受威胁，书店受劫搜，摊贩受迫害，而黄色的大洪水如像黄河放口一样泛滥着全国的市场。不肯走邪路的民间出版家正在决死地苦撑着，为民族文化保存着垂危的一丝命脉。”沈从文的《新书业和作家》（沪版《大公报》1947 年 1 月 21 日）中有这样一段话涉及创造社：

> 先是创造社郭沫若，郁达夫，成仿吾诸先生的努力，一面感于受当时恶势力文学社团压迫，一面感于受出版方面压迫，作品无出路，想突破这个独占不合理局面，希望作品有以自见，也希望能用作品自给自足。因此来自办出版，直接和读者对面。努力的结果，虽若干短时期即作成两面的突破，过不久终因为经济方面转手不及，不易维持。①

郭沫若对沈从文的这段文字进行了严厉的指责：“这种不顾事实、自我作故的态度，就是沈从文的态度。达夫虽然死了，成仿吾和我还没有死，田寿昌、郑伯奇、阳翰笙、潘汉年、李一氓、李初黎、冯乃超，彭康，朱镜我及不少的‘小伙计’和股东都还没有死，冒充一个文坛长老而捏造事实，蒙蔽真相，那明明是一种犯罪，而且是拙劣的犯罪。”

1 月 28 日

---

① 需要说明的是，郭沫若从沪版《大公报》上看到的《新书业和作家》与天津版的这段文字小有差异，上海版的“恶势力文学社团”、“虽若干短时期”在天津版分别是“有势力文学社团”、“虽若于短时期”。从文章的整体意思看来，结合沈从文的“茅盾也很沉稳，不像郭沫若一般的飞莫斯科”的印象判断，津版《大公报》所载文字似乎更符合沈从文的原意。但不知道由于什么原因，“有势力文学社团”在上海《大公报》发表时变成了“恶势力文学社团”。它很可能是编校过程中的一个失误，并不是沈从文的本意。但即便说是“受恶势力文学社团压迫”，沈从文的这段话对创造社也没有什么恶意，甚至对郭沫若等人的努力是持赞赏态度的。

本日 上海《大公报·图书周刊》发表丰草写的书评，对朱光潜、沈从文等主编的《现代文录第一集》进行了评介，“摆在我们眼前的，是一本规规矩矩的好刊物。从封面上就看出来它不同于别的刊物，没有漂亮的图案，和丑陋的美术字，却有的是一种朴素和干净。这见出了刊物编辑人的态度。……两个多月之前，杨振声先生喊出‘我们要打开一条新路’的呼声，让人听了真有空谷足音的感觉。这本刊物的出世，我们认为是开路工作展开的征兆和表现。”在论及沈从文的《绿魇》时，文章说：“在这里沈先生以他特有的精致美好的文笔和巧思，领我们跟着他作一次思想的旅行。文字读起来并没有某些人所喜欢的轻松。我们得亦步亦趋地紧跟着他底笔来‘用脑子走路’，一不小心就会迷失在思索的途程中，找不到归路。旅行回来后，我们也同样充满了一大堆问题：生命是什么？感情，意志，和美，又是什么？它们和生活交织起来，又叫我们怎么去处理？”

同日的上海《大公报·文艺》第106期刊发司徒良裔的《记沈从文——文坛人物杂记》一文，对沈从文在青岛大学任教期间的生活有所描述。

一月下旬 张兆和与沈龙朱、沈虎雏返回北平。

2月1日 经作者修改后的《芸庐纪事》开始在天津《益世报·文学周刊》第26期连载，分五次连载完毕，署名沈从文，这是这篇小说的第三次发表。据《益世报》刊本收入《全集》第10卷《芸庐纪事》集。

2月2日 下午，访朱自清。

《谈苦闷——聂清遗文引言》发表于天津《大公报·大公园地》第142号，署名沈从文。这是本文的第四次刊发。编者在文后的按语中说：“这是沈先生在三十五年双十节前写的，曾刊去年十一月三日本馆重庆晚报，恐北方青年尚未普遍见到，特再刊出，以宝本园。”

本日 《大公报·大公园地》发表司徒良裔的《记沈从文》。

2月3日 致信一位朋友，谈及民盟时说：“现在方知道原来是属于民盟一方的玩意儿。这里这些人最气恼的是要我加入我不加入，而一切工作都若妨碍彼等信用。为争取群众，以北大作对象，凡值得糟蹋的自由主义者，总想法来一手，在他们自己学校中，却与党员教授如鱼得水，免得因内部冲突减少作用。这就是政治！我在这里从不和党老爷来往，他们倒造谣言说我是帮凶！……民盟在云南初期，做文章专在管军事特务的楼某某办的刊物写文章，这刊物，学校有见识的国民党员还不愿写，他们却混成一气，内幕我完全明白，现在倒先来批判一下，说我是帮凶，这倒真是政术！”以《致阙名朋友》为题收入《全集》第18卷。

2月14日　复叶汝琏函。收入《全集》第18卷。

2月15日　《新废邮存底·四十二·经验不同隔绝了理解》发表于《人民世纪》（天津）第1卷第8期，署名沈从文。本文未收入《全集》。

2月16日　经作者修改后的《芸庐纪事》在天津《益世报·文学周刊》第28期续载，署名沈从文，这是这篇小说的第三次发表。据《益世报》刊本收入《全集》第10卷《芸庐纪事》集。

2月22日　为抗议北平市警察借检查户口肆意拘捕市民，北京大学、清华大学教授朱自清、向达、吴之春、金岳霖、俞平伯、徐炳昶、陈达、陈寅恪、许德珩、张奚若、汤用彤、杨人楩、钱端升发表《十三教授宣言》，呼吁政府释放无辜被捕人民，“至其确有犯罪嫌疑者，亦应从速依法移送法院，并保证不再有此种侵犯人权之举。”①

二月初　复李霖灿、李晨岚函，谈及上海对自己的批评：“在这里一切还好，只远远的从文坛消息上知道有上海作家在扫荡沈从文而已。想必扫荡得极热闹。惟事实上已扫荡了二十年，换了三四代人了。好些人是从极左到右，又有些人从右到左的，有些人又从官到商，从商转政，从政又官，旋转了许多次的。我还是我。”收入《全集》第18卷。

二月　因频遭围攻，沈从文作短文四篇，以阐明自己的办刊宗旨、写作理想及政治主张，“刊物是对报纸，对读者、对作者要有个交代，不用作个人利益企图和热闹笔战的，所以现在还是要守住这个原则。”“所以受批判，倒又简单，我很恼怒了一些人。我的不入帮态度有时近于拆台，我的意见又近于不喝彩，而

① 《保障人权的呼声》，天津《大公报》1947年3月2日第3版。

我的写作恰恰又‘都要不得’。这个批语且可能是从不看我作品的人说的。这也正见出中国文坛的一鳞一爪。什么文坛？不过是现代政治下一个缩影罢了。只见有集团的独霸企图而已。”沈从文述及自己不能“左”“右”逢源时颇为郁闷：“民十八指派了一位批评了我一长文，理由简单，即我并不入伙。可是到十九年，朋友胡也频被捉后，他在困难中，不闻 ×× 援救，而写信、打电报、借款给我们去南京想办法援救的，却正是当时前进作家用作辱骂对象的胡适之和徐志摩二先生。即第二次丁玲出事找人援救时，照我所知，帮忙的还是胡适之先生。你们用为诬蔑我的文词，在青年中最毒辣动听的，无过于说我和国民党关系。这二十五年中的确也有唯一一次的关系，即当你们之中谁也不肯出面时，为救丁玲夫妇事，因朋友 ×× 之介，和陈立夫谈过一次话。随后是如何送他孩子回家，关于这问题，丁玲恐怕比你们知道得多许多。真要做他们的帮手，恐怕这时节正在上海南京支配若干机构，协商中也有一分了。”“三十四年，我的三本短篇小说交开明印行，在桂林被党检查机构禁止付印，随后在金城江毁去，也即毁去我重要作品四分之一。另一《长河》被扣，由高植为交涉方收回付印。开明的叶圣陶先生和中大的高植先生还活在世界上，对这件事也知道比你们更清楚。”“我不会是如你们所猜想的国民党伙计，也不会是另一党伙计。世界上有的是一生专做伙计的人物。说来也许使你失望，我到如今还不是任何文学团体的会员。我用不着这么做，正如用不着如别的作家那么集团拜生送丧赋诗饮酒。别的人若居然能于社交方式宣传技术中，即可得到伟大的满足，很可以那么继续做下去，这出于个人嗜好。至于我呢，我只觉得一个作家应当如思想家，不会和人碰杯，不会和人唱和，不算落伍。他有权利在一种较客观的立场上认识这个社会，以及作成社会的人民情绪生活的历史，从过去、目前，而推测出个未来。他也有权利和一切党派游离，如大多数专门家一样，把他的工作贡献于人民。他更有权利而且十分需要，与政治家所用的政争手段不一致，来爱这个国家，爱这些人民。”沈从文在文章的最后表明自己的态度：“中国目前的第三种组织，若能纯粹从这个观点出发，来作一切活动，我无条件拥护。我尽管不会加入他们的帮伙，也乐意执鞭追从。我怕争斗吗？是的，我怕我和我们一辈爱这个国家而又沉默工作了四十年的一些专家，毁于混乱中，我更怕这个国家会为国力消耗太大而毁去。你们欢喜说人民人民，我敢说，如果让人民能表示意见，没有人民会说战争是必须的！但是战争还是来了。这是我们的痛苦，凡有做人良心的总会感到痛苦，是国家民族的羞耻，因为直到如今，我们还缺少一种稍进步的观念，能由战争以外找寻调整这个国家的矛盾方式。我愿在此向批判我的某兄所属一党进言，你们不是以和平运动为目标？这时正是更要在真正第三者方面代人民警告呼吁和平时候。正是发宣言引起国人响应时候。”这些短文沈从文生前未见刊载。据原稿收入《全集》第14卷《雾清轩杂记》集。

3月1日　天津《益世报·文学周刊》第30期续载《芸庐纪事》，署名沈从文，这是这篇小说的第三次发表。据《益世报》刊本收入《全集》第10卷《芸庐纪事》集。

《两般现象一个问题》发表于《人民世纪》(天津)第1卷第9期，署名沈从文。本文未收入《全集》。后收入《全集·补遗卷1》《雾清轩杂记》集。

3月2日　为声援《十三教授宣言》，北京大学、清华大学、燕京大学、师范学院、中法大学五校教授、副教授及讲师等200人，发表《响应十三教授保障人权宣言》。沈从文在这个宣言上签了名。天津《大公报》以《保障人权的呼声》为题发表了本宣言。

3月11日　结合湘西历史及黄永玉家世作散文《一个传奇的本事》。

3月15日　朱自清来拜访。

天津《益世报·文学周刊》第32期续载《芸庐纪事》。这是这篇小说的第三次发表。据《益世报》刊本收入《全集》第10卷《芸庐纪事》集。

3月22日　《新废邮存底》发表于天津《益世报·文学周刊》第33期，署名沈从文。这是致作者灼人的信。收入《全集》第17卷《新废邮存底续编》集。

3月23日　《一个传奇的本事》在天津《大公报·星期文艺》第24期发表，署名从文。文章借谈历史、叙家世表达着对时局的看法：“在人类文化史的进步意义上，一个真正的伟人巨匠，所有努力挣扎的方式，照例和流俗的趣味及所悬望的目标，总不易完全一致。一个伟大艺术家或思想家的手和心，既比现实政治家更深刻并无偏见和成见的接触世界，因此它的产生和存在，有时若与某种随时变动的思潮要求，表面或相异，或游离，都极其自然。它的伟大的存在，即于政治、宗教以外，极有可能更易形一种人类思想感情进步意义和相对永久性。虽然两者真正的伟大处，基本上也同样需要‘正直’和‘诚实’，而艺术更需要‘无私’，比过去宗教现代政治更无私！必对人生有种深刻的悲悯，无所不至的爱！而对工作又不缺少持久狂热和虔敬，方能够忘我与无私！宗教和政治都要求人类公平与和平，两者所用方式，却带来过封建性无数战争，尤以两者新的混合所形成的偏执情绪和强大武力。这种战争的完全结束更无可望。过去艺术必须宗教和政治的实力扶育，方能和人民对面，因之当前欲挣扎于政治点缀性外，亦若不可能。然而明日的艺术，却必将带来一个更新的庄严课题。将宗教政治充满封建意识形成的‘强迫’‘统制’‘专横’‘阴狠’种种不健全情绪，加以完全的净化廓清，而成为一种更强有力的光明健康人生观的基础。”收入《全集》第 12 卷《友情集》。

多年以后，黄永玉在一篇文章中这样谈当时读到该文时的反应：“在一九四六年还是四七年，他有过一篇长文章谈我的父母和我的行状，与其说是我的有趣的家世，不如说是我们乡土知识分子在大的历史变革中的写照。表面上，这文章有如山峦上抑扬的牧笛与江流上浮游的船歌相呼应的小协奏，实质上，这文章道尽了旧时代小知识分子，小山城相互依存的哀哀欲绝的悲惨命运。我在傍晚的大上海的马路上买到了这张报纸，就着街灯，一遍又一遍地读着，眼泪湿了报纸，热闹的街肆中没有任何过路的人打扰我，谁也不知道这哭着的孩子正读着他自己的故事。”①

3 月 24 日

本日 南京《新民报》刊登王运写的通讯《摘星看虹的沈从文不喜欢北平了》，文中写道：“三一五这天，一群学生举行爱国游行，到现在街头还贴着‘打倒苏联’的刺目标语，学者和教授们大发牢骚，沈从文说：‘我不喜欢北平了’，原因大概是他曾签名响应朱自清等宣言，而遭各方非议，这老实人大有要回乡

① 黄永玉：《太阳下的风景》，第 153 页，百花文艺出版社 1984 年版。

下去之意，春天来了，北平人似乎并不欢迎他。”

3月25日 复信灼人。

3月29日 小说《芸庐纪事》在天津《益世报·文学周刊》第34期刊载完毕。这是这篇小说的第三次发表。据《益世报》刊本收入《全集》第10卷《芸庐纪事》集。

三月末 创作完成小说《巧秀和冬生》。

三月 为新创刊的《龙门杂志》题写了刊名。

4月1日

本日 今日出版的《雪风》第1期上发布了《知识与生活》半月刊创刊的广告：“创刊号定四月十六日出版。这是一个政治的经济的文化的新型综合刊物，他拥有十二位基本撰稿人：杨人楩、朱光潜、费青、向达、杨西梦、毕树棠、楼邦吾、常风、沈从文、朱自清、陈振汉，相信他应是北方首屈一指的权威杂志。”

4月6日 《大公报·星期文艺》自第26期起交由冯至主编。

4月12日 《新废邮存底·二五三 二五四》刊载于天津《益世报·文学周刊》第36期，署名编者。两信分别改题《致大牛先生》《致今是先生》收入《全集》第17卷《新废邮存底续编》集。

《雪和雾》刊载于同期副刊，署名扇陀。本文未入《全集》。收入《全集·补遗卷1》《虹桥集》。

《编者启事》刊载于同期副刊，无署名。收入《全集》第16卷《编者言》集。

4月16日 《性与政治》刊载于《知识与生活》创刊号，署名沈从文。文章根据弗洛伊德的心理学理论，讨论性与政治的关系，在沈从文看来：“对政治动物的问题研究离不了性。”“年青人容易成为社会主义追求者或信仰者，壮年人却不免对于英美式民主政治感到倾心，人到老年呢，他的热情已得到了平衡，经验和知识却十分完备，社会若有秩序，那些经验和知识，用在任何一种政治上，都极有意义。社会失去秩序，多数对现实政治，恐都是取个无可奈何态度，情绪既游离无所归，知识经验也难得好好运用，只在糟蹋中等待完事。”

据这一刊本收入《全集》第 14 卷《霁清轩杂记》集。

4 月 21 日　《清华周刊・清华文艺》第 7 期，以《沈从文先生的回信》发表了沈从文给灼人的讨论诗歌创作问题的回信，同时刊发的还有灼人给沈从文的信。灼人在沈从文信后附言：“这两封信恐保存不周，未及一二十年或即消失，我把它发表出来，倒还符合沈先生的泡沫样的理由底下包含着怎么样的心情，由读者去理解吧。”后以《致灼人先生二函・二》为题收入《全集》第 17 卷《新废邮存底续编》集。

5 月 1 日　为《益世报》拟请梁实秋编辑小品特刊事致信秦晋，请其从中协助。收入《全集》第 18 卷。

本日　北平出版的《雪风》半月刊刊发沉心的《读〈性与政治〉》一文，对沈从文的《性与政治》一文提出批评，文中写道：“最近北大文艺壁报上出现了一篇《文艺骗子沈从文和他的集团》，不管这位同学措词是否有过火之处，他的意见是值得今天自号‘京派’诸公仔细想一想的。”“对于沈从文先生的为人，常常被大家认为是一个羞怯的好人，我自己也曾间接得过沈先生一点好处。他的散文和小说之优美更是许多人喜爱的。不过有些事上无可否认的沈先生多少有些自蔽之处，他一点不知道他无心之中所犯的错误，所给读者的坏处。最近在《知识与生活》创刊号上读到沈先生的一篇政治《性与政治》，站在爱沈先生的立场，很希望能够停止写这种牵强附会的论文。”

5 月 4 日　《五四》刊发载于《益世报・文学周刊》第 39 期，署名编者。反对战争、用爱和合作来代替仇恨是这篇政论的主旨，文中写道：国家“越来越糟。越糟的原因虽相当复杂，但大部分却可说是由于武力和武器在手，一种有传染性的自足自恃情绪扩张的结果。这个现实虽带来将军伟人的具体财富和抽象功勋，但是，给国民多数却只会带来灾难；无辜的流血，普遍的穷困，以及一切进步的好梦的破灭。国家一切向上机会，都被这种人轻轻放过了，而持着的却是由于贪得自私招来的悲惨局面。”“各种火都还正在燃烧，一直烧到许多人的心上。这种无处不着火的情形，而且仿佛还受万里外许多有势力的集团鼓励。任何方面的热心和巧计，都只会作成一种不可设想的局势，即纷乱，解体。我们要从战争以外想办法，用爱与合作来代替仇恨，才会有个转机。”收入《全集》第14卷《霁清轩杂记》集。

5月6日

本日《申报》刊发中央社的电讯稿《北大经济危机 教授透支达四亿元》，文中称：“北京大学经济危机日深，教授一百八十余人透支已达四亿元。其中最多者为六百余万元，据称，透支六百万者，下月即达千万。校方欠外债八亿，每月付利息五千万元，而经常费每月仅三千四百万元。北大负责人称：‘如此下去，教授即将无法教书，学校无法办理。’教授沈从文咯血，杨振声胃病危险已过，身体尚未复原。清华，师院，北洋等校，情况亦相似。”

本日　重庆《大公报》刊发《北大经济危机严重》的电讯稿。

5月10日　《新废邮存底　二五六》刊载于《益世报·文学周刊》第40期，署名编者。以《致昌期先生》为题收入《全集》第14卷《北平通信》集。

5月13日

本日　《人民日报》在第3版发表新华社电讯《粮价飞涨生活无着 南京市民抢米 北平大学教授贫病交迫》，电讯稿中说，“据中央社透露：蒋区经济危机已迫使北平号称最高学府之北京大学也无法维持。教授无法教书，该校教授一百八十余人，透支薪津已达四亿元。其中透支最多者为六百余万元，下月即达千万元。该校已负债六亿，每月付息即需五千万元，而全校经常费每月仅三千四百万元，尚不敷付息之数，该校教授沈从文等现正陷于贫病交迫中。”

5月15日　论文《小说与社会》发表于《龙门杂志》第1卷第5期，署名沈从文。在本次发表前，作者对该文作了大量修改，与收入《全集》第17卷《云南看云集》的同题论文有较大出入。收入《沈从文全集·补遗卷2》。

5月16日　《性与政治》刊载于《论语》第129期，这是本文的第二次刊发。

5月18日

本日　上海《大公报》为沪版《大公报·星期文艺》更换编者发表启事：“自去年双十节起，本刊在杨今甫、沈从文、冯至先生们主持下，曾有很多坚实文章与读者见面。当时我们的理想是内战停止后，交通恢复原状，大江南北的文艺朋友们都能利用此一角隅，作文章的观摩。惟创办迄今，交通并未较前为便利，因而江南作者咸感寄稿之不便。同时目前全国文艺刊物奇缺，文章出路极窄，许多朋友们认为我们的能力既出得起两个文艺周刊，为了开拓文章出路，为了增添报纸特色，也应为江南读者开一新天地。于是，我们征得靳以，曹禺，巴金先生们的同意，来主持沪版本报的《星期文艺》，杨沈冯先生主编的《星期文艺》，自下周起，仍在天津见报。我们一面了解此举的显著好处，一面我们也可以想像若干读者油然而生的眷恋之感。江南的机关学校，如想与北方文艺界保持联系，我们惟有希望他们另订一份津馆本报。同时我们谨藉此机会，向本刊编者杨沈冯先生致最诚恳的谢悃，并祝津版的《星期文艺》永远灿烂茁壮下去。”

郭沫若的《新缪斯九神礼赞》在《人民日报》转载完毕，文中说“我们的新缪司九神，你们也是受了他的庇荫的，无论你们是已经知道或许还不曾知道。你们的活动曾经奉献了他来，今后也会更专心诚意的向他奉献。我要跟着你们，做你们的尾巴，努力向你们学习，更努力向我们的宙司大神学习。漫画、木刻、音乐是我所不能做的，戏剧电影的导演和演出也非我所能，但我能写诗歌、小说、剧本、批评。或者我可能把我的力量专门贡献于史学。假如有机会飞，我还是要飞的，尤其‘飞莫斯科’。我并不怕教授们向我摇头，我只怕的我自己向我摇头，怕我的中缪司九神们向我摇头，怕人民向我摇头，我假装的努力到使教授们把头摇断，那是最愉快的事。”关于“教授”文后有注：“去年十月，益世报记者曾访问沈从文，当提及郭沫若时，‘他表示摇首’，并说：‘……茅盾也很沉静，不像郭沫若一般的飞莫斯科。’又发表了其他一些文学必须与政治隔离的谬论，文中所提‘自由主义教授’，盖即指他来说，但主旨还是揭露蒋家对文化的虐害，歌颂进步文化工作者的苦斗。”

5月21日

本日　天津《中华日报》副刊“人物杂志”发表园丁写的《记沈从文——多少作家的私生活》，记述了沈从文在云南时期的生活。

5月30日　小说《主妇》开始在《春秋时报》连载，署名沈从文。

5月31日

本日　《现实文摘》第1卷第5期转摘了刊载于《论语》第129期的《性与政

治》一文。

6月1日　小说《巧秀和冬生》发表于《文学杂志》第2卷第1期，署名沈从文。收入《全集》第10卷《雪晴》集。

杂文《宋人演剧的讽刺性》发表于《论语》第130期，署名沈从文。这是本文的第三次刊发。

本日　《文学杂志》复刊。据常风回忆："1946年底杨振声先生约朱光潜先生、沈先生、冯至先生、姚可昆先生（冯夫人）和我在东城雨花台吃饭，商谈《文学杂志》复刊事。商务印书馆提出复刊并仍请朱光潜先生主编。杨先生说除了朱先生、沈先生和他，还请冯先生和姚先生参加编辑工作，并仍由常风担任助理编辑。于是停刊10年的《文学杂志》于1947年6月1日复刊，作为第二卷，共出12期。1948年11月出版了第三卷，当时已是黎明的前夕，大家都有许多更重要的事要办，第六期后杂志便停刊了。北大复校后，朱先生兼任西语系主任，又曾一度代理文学院院长。教课之外又有许多行政工作十分繁忙。朱先生和沈先生都住在中老胡同宿舍。《文学杂志》复刊后，朱先生更多依靠沈先生。收到来稿后，我将诗歌送给冯先生，小说和散文送给沈先生，请他们审阅，其他稿件都送给朱先生。朱先生审阅全部稿件。我也将全部稿件送给沈先生过目。"①

6月7日　致书《中国青年》编者。本信未收入《全集》，后以《我所希望于〈中国青年〉者》为题发表于重庆《中国青年》第五号"读者投书"栏。兹照录于下：

编者先生：

贵刊内容如能选择世界青年学者艺术家新发现、发明、创作加以介绍，似更好，因现代数学、物理似多三十内人特别成就，即现代音乐诗歌与图画，少壮也有其成就也。

沈从文

三十六年六月七日于北京大学

---

① 常风：《留在我心中的记忆》，《逝水集》，第15—16页，辽宁教育出版社1995年版。

6月8日　朱自清当日日记：“访从文，在他家吃饭，菜佳。”

6月13日　《新废邮存底》发表于《广西日报·现代文艺》副刊第94期，署名沈从文。本文未收入《全集》，兹照录如下：

子□先生：谢谢你寄来的信。多数熟人离开北方已十年，初初回来凡事不同自必有些伤感。尤其是眼看到受奴视八年的新长成的青年，有重新陷入一种人工催眠头脑呆钝趋势中时，且必然相当痛苦！惟国家在对外战事结束后，还有人对内战发生浓厚兴趣，各有种种方法促成集团自杀的现象，置国家人民于水火，痛苦二字，似还不易形容到这些年过四十读书人的本来心情！若说也有欢欣，□不过是十年流转迁徙跋涉告终，既已回到原来工作上，凡事可望从新著手罢了。你说的北方的进步，在这个大城中实看不出。事相反，只要稍稍注意留心，倒可以发现些新式的堕落和腐烂。浸润所至，不独中年人难招架，年青人且有趋之赴之的可能，承认非杨即墨因之不思不想固可怜，游离杨墨之外怕思怕想，亦相当糟，因两者皆于有形无形中支持了残忍与世故作成的现实也。惟一好处，只是北方大庠中，似乎还保持个自由思索自由竞争表现的一点传统。因之在学校中，纵横之士不如朴学之徒易得人信任尊重。我们希望扩大这点传统好处，能对身心健全的青年，产生一点防止头脑僵化的免疫性，形成明日社会国家一种转机基础。至于能作到什么程度，也就只有明日再看去了。这里写文章□路当然不如上海好，惟读者可比南方认真得多。一般读者从史文学术副刊取得情出绪教意义和南方不相同。所以文坛消息不能产生空头作家。只有优秀作品能得人敬视。在这个习惯下，一般水准自然也可望慢慢提高。至于你所说的贤哲，贤哲似乎亦可分类：有些人十分活动，与杨墨接近，互相为用，以空易空，离远者比近在身边似乎伟大些。有些又若沉默无闻，穿著寒俭，形容枯槁，走路时还常常靠近墙边，低头缩肩而过，仿佛深怕人注意，（可常常引起巡警另外一种注意）深怕冲撞妇孺，（间或将为军用车撞倒！）这种专门家目前市价虽不值几文一斤，但真正建设实少不了他们。你越接近他们将越学伟大，一种朴素的伟大。影响目前局势□向的，能否定武力所作成的现状或平衡种种武力所作成的现状扭转这普遍腐烂社会的，当然是文史底子的思想家。他们的工作，他们的态度，都若十分重要，可是影响到将来意义深长的，或者还是这一城中一些纯粹写实的专家学者。尤其是弄科学的，更值得吾人寄托希望与敬重。因为他们的工作，比治文史的还寂寞困难。他们的水准是国际的，他们的头脑虽好，他们的环境可真糟！文学运动如当真还可阐扬清新明朗新的青年人生观，是文学运动另一目标。若对于文运具有那么一种看法，你就不会觉得副刊内容缺少应时活泼性为可惜了。能应时的已够多了，我们还得做些较笨重工作，和科学研究工作一样笨，也和他们的贡献一样长存永在。

6月26日　沈从文被北京大学中国语文学系续聘为1947年度教授。[①]

6月28日　小说《人与地》发表于《益世报·文学周刊》第46期，署名沈从文。本文是长篇小说《长河》之一章，系旧文重刊。收入《全集》第10卷《长河》。

六月　致信秦晋，并为开列拟请作者名单。收入《全集》第18卷。

7月15日　《新废邮存底·二六二（覆一记者谈湖南问题）》发表于《龙门杂志》第1卷第5期，署名沈从文。该文后作为《〈湖南的西北角〉后记之二》中的"第二函"收入《全集》第16卷《序跋集》。

经过大量修改，论文《小说与社会》重新刊发于《龙门杂志》第1卷第5期，署名沈从文。这一版本与收入《新的文学运动与新的文学观》（云南省经济委员会印刷厂1944年版）大体相同。据初刊本收入《全集》17卷《云南看云集》。

7月20日　《新废邮存底　二五八　二五九》刊发于北平《平明日报·星期艺

① 参见王学珍等编《北京大学纪事》，第425页，北京大学出版社2008年版。

文》第 13 期，署名从文。后分别改题《谈新诗五个阶段》《谈文学的生命投资》收入《全集》第 17 卷《新废邮存底续编》集。

7 月 25 日　致重庆《中国青年》编者函以《我所希望于〈中国青年〉者》为题发表于重庆《中国青年》复刊第五号。本文未收入全集。

7 月 27 日　《新废邮存底　二六〇》刊发于北平《平明日报·星期艺文》第 14 期，署名从文。文章谈及文艺现状："在用笔的一群里，我们只能发现一些聪明小巧的计谋，具新闻性的政见，反复抄袭的学问，有社交作用的活动，可见不出思想。见不出具有充分顽强防腐性而又组织完整的新的历史观，哲学观或文学观。都只想以'多数'代真理，强权代公理。见不出性格，见不出密度和深度。共通只能给人一种印象，即全民族的情感枯窘，世故与疲乏！正由于这种枯窘，世故，与疲乏，失去了调节中和作用，才会让另一种本能抬头到如今的种种，以及明日可能的种种……"以《"否定"基于"认识"》为题收入《全集》第 14 卷《北平通信》集。

《湘人对于新文学运动的贡献》发表于《广西日报·山水》副刊第 59 期，署名沈从文。这是本文的第三次发表。收入《全集》第 17 卷《文学运动杂谈》集。

七月 为李震一的《湖南的西北角》作序言。

8 月 1 日　政论《欢迎魏德迈》刊载于天津《大公报》第二版，署名沈从文。魏德迈时为美国第二集团军司令，此次作为美国政府特使来调查中国局势，7 月 22 日到达南京。沈从文在文章中写道："魏德迈先生应当明白中国青年原和美国青年有一点相同，即对外战争过久，精神身体都已十分疲惫，实在不希望在本国本土还有战争继续，更不希望另一国家来帮助这种无终结的战乱。他们求和平的背景或动机即在此，他们对于邻邦的友敌印象也即在此。美国的对华政策，仅仅注意到买办、官吏、受英美文明熏陶的高级知识分子，还不中用，注意点的确也应当变变了。美国如愿扩大友谊至中国青年一代，中国孔夫子有两句话值得记住：'己所不欲，毋施于人。'这个'人'是个万万多数恹恹待毙的人民，以及对美国友谊已感到惑疑的知识青年。"这是本文的第一次发表。

收入《全集》第14卷《霁清轩杂记》集。

《黑魇》发表于《知识与生活》第8期，署名沈从文。这是本文的第三次刊发。

8月2日　《〈湖南的西北角〉序言》发表于天津《益世报·文学周刊》第51期，署名沈从文。收入《全集》第16卷《序跋集》。

8月7日　政论《欢迎魏德迈》再度刊载于上海《大公报》第二版，署名沈从文。这是本文的第二次发表。

8月8日

本日　重庆《大公晚报》以《作家无情——读者愿为义子 沈从文予以拒绝》，全文如下："[北平五日航讯] 北大教授作家沈从文前病肺弱，近在拔牙期间仍工作不辍，以致流血过多，身体趋弱。当此项消息传出后，各地读者咸往问候，而河南某中学教师并修函致沈氏愿来服侍，沈氏一笑置之，不料周前忽得此人电告，刻已到沪，以九十万元购得船票，即日北上。三日下午，此刘君竟赴沈氏寓所，愿为彼之义子，协助抄写。沈氏逊谢曰：'我乃一穷书生，我们可以谈谈问题，但不能助你解决生活，亦犹之我虽然能写恋爱小说，但不能帮助人介绍婚姻是一样。'刘君左臂有病，但不碍写作。据沈氏谓：其文章清丽可诵，但无意收为螟蛉。"

8月10日

本日　南京《新民报日刊》在第二版以《儒林新史》为题登载了重庆《大公晚报》8日的消息。

8月14日　《我看魏德迈来华》发表于重庆《大公报》第三版，署名沈从文。本文与《欢迎魏德迈》为同一篇文章，这是这篇文章的第三次刊发。

8月16日　散文《白魇》发表于《知识与生活》第9期，署名沈从文。这是该文的第二次刊发。收入《全集》第12卷《七色魇集》。

8月24日

本日　天津《大公报·星期文艺》发表了罗大冈的《悼C.F.哈缪》，在为乡土文学下定义的同时，评价了沈从文的作品：

借鉴于哈缪的毕生作品，我们可归纳出法国乡土文学的定义如下：

（甲），基本精神：对故乡的深厚，无条件，甚至于命定式的爱。本来人之出生，何时何地皆不由你自己选择，即使你不是命定论者，也不由你不向命运低头。

（乙），在故乡须有相当长期的居住。对山川风物人情习俗有深刻仔细的观察与领会。

（丙），用写实的手法写出。齐阿诺的土风抒情，富于诗趣的小说是例外。因此他不是乡土文学的正宗。

（丁），不应学作因袭的，落窠臼的“乡下人”的典型描写，而且必需是你家乡的乡下人，与外乡迥乎不同的，你的老乡们。不但是你们家乡的通同面目，必须是某男某女的有声有色，有个性有特点的专写。正惟如是，乡土文学是现代文学中精采的一页，而不是“八股”式的虚套。

（戊），乡土文学作者，不但须深深体会故乡风俗人情，藉以得其特殊的题材与素料，并须更进一步，心领神会地抓住老乡们的言语与动作姿态，以其所得，另创一种个人的作风和特殊的文体。

符合上述五点，才不愧为真正“忠于地”的乡土文□者。哈缪之成功，也就因此。顺便想到中国新文学中的乡土派，比较合乎上列条件的，恐怕只有沈从文的作品。

8 月 28 日　校改《水云》。

《中国雕刻的风格——给永玉的信》发表于《东南日报·长春》，署名沈从文。文章系致黄永玉书信的节选，未见书信全文。该文虽短小，但却可见沈从文的知识面之广，对书、画、雕刻艺术见识之深。由此也可以看出，作者在特殊时期转入物质文化史研究领域，绝非一时兴起，而是有着长期的积累。本文未收入《全集》，原文如下：

中国雕刻的风格

——给永玉的信

关于木刻古典作品好的还多，如汉六朝刻十七孝图，曲水流觞图，和明清方法全不相同，黑白对照，极有意思，古拙处带图案性，极动人，可惜上海不易见到。墨谱也有可观的，精细中有拙处，设计巧得很。宋磁影青越窑£花设计极巧的。漆器剔红及精巧单纯不可想像，给人深刻印象。……总之，可师法参考的多不可数，一般人眼和心得不到好处，即无法吸收。……以木浮雕，如戏台前透花阑干或石桥上半圆形雕阑干而言，好处亦多不可数。……一切创造多由综合传统而来，因另一时另一地人的热情和幻想或信仰，实已留下许许多多各不相同的东西，到处可掇拾，重新综合成为一种新的表现也。

笺谱（如十竹斋笺谱），本草（彩色套印），芥子园画（开花纸精印彩色套版），均分浓淡，全凭印者手艺；尽管手艺高强，两份总不大能尽相同。又唐诗画谱，有些极好，拙中有飘逸。又日人印敦煌画有极好的，设计伟大巧妙，尤令人心折。中国营造学社，桥上阑干浮雕拓片即有上万拓片。中研院则有拓片拾万以上，真是取用不尽。现在二三弄雕刻的，只知仿希腊或文艺复兴作家群，挤入一堆，全不知中国式从武梁石刻，后晋石刻，到宋明石刻，多重分布，留出空间点缀树石花鸟，别有从容处。又加浮雕，气魄极伟大重厚的，有霍去病墓前人熊抱子图，大至二丈，只作一母一子，圆浑壮丽，极可取法。我想保存。所以从石桥雕装饰人物看，还可以学许许多多！铜器则铜镜可学甚多，线刻如龙虎四兽镜，浮刻如海马葡萄镜，刀如手掌，常有大气魄。商周镜则重矩形花纹比称，生物用蟠夔，亦不甚重象形，只重图案。彩陶有种可改作木刻的，十字布扣花亦有可取法为彩色木刻的，尤其是十字布与同类扣花。彩色多混合综合成一朦胧虹彩，稚弱天真中有生命流动；用于新木刻，让此色重叠于彼色之上，可产生真正的新意义，值得一试。

对于中国画，有极多伟大到不可形容作品，将来必有机会看到，且有些亦可使木刻受影响的，如唐人画小景，木屋拙重厚实，于小院中配以点点花木石栏，却用淡彩相晕染，看来起种奇感。宋人如林椿作花鸟，夏青溪山晴远卷子，赵子昂拟徽宗墨画秋江叠嶂，用墨神奇到不可思议。钱舜峰则于用色淡韵与人物风致相称，均 不得。又只尺小幅作千里景物，收纳江海楼观外，还能在海岸小船上写家庭生活，用心之深，均可师法。

八月 在颐和园霁清轩居住期间，与杨今甫、张充和一起，为黄裳合写一幅作品，沈从文在右下角的跋语中说："霁清轩中三人同书，上官碧记"。"二行至'万余里'从文书；二至四行充和书；至六行，从文，七行金甫书。时三十六年八月，于故都之颐和园中。"①

9月5日　复张香还函，谈及投稿时应注意的问题："大作拜读，极好。只是字太难认识。以编者写草字能力说，认识尊文犹十分费力，排字人和校对吃力可知。因恐错误，易失本意，故特寄还。尊文若乐意发表，最好能写得清清楚楚，标点也明白具体，用一定行格稿纸，可以省编者改字、加标点、计字行精力，也可以节省排字人与校对精力。据私见，此虽小事，亦作者一种义务，且近于道德，因本人若尚吝啬气力，不能将文章写得完完整整，怎么好意思费他人精神？推己及人谓之恕，话若迂腐，亦大有道理也。不知尊见以为何如？"收入《全集》第18卷。

9月10日　复函张白先生。

9月13日　《〈湖南的西北角〉序言》发表于《世纪评论》第2卷第11期，署名沈从文。这是该文的第二次发表。

9月16日　《人间的奇病　应声虫病》发表于《中山日报》第6版，署名上官碧。本文系《应声虫》的摘编。

9月20日　《新废邮存底　二七三　一首诗的讨论》发表于天津《益世报·文学周刊》第58期，署名从文。谈及时下文学现状时，颇为忧虑："极可惜即现代文学受政治牵引力过大，'深思'二字在作家中实近于忌讳，一切以'信'出发，在取舍徘徊上，在有形限制无形禁忌上呆住了多少有用的笔！因此在这方面的试验探寻，恐亦不免成为无益之业。目前期望多数能用笔的具有这种正

---

① 黄裳：《宿诺》，《故人书简》，第39页，海豚出版社2013年版。

确认识及牺牲勇气，为不可能。必待二三优秀作家于沉默中作个长途跋涉，有优秀表现后，大家方承认问题如此如彼发展，为自然合理，这部门工作进步，一半实决定于“工具重用”原则，为‘用到各方面去’，方能够真有进步也。”以《一首诗的讨论》为题收入《全集》第17卷《新废邮存底续编》集。

《新废邮存底 二八一 关于学习》发表于天津《益世报·文学周刊》第58期，署名从文。论及作家的“适应”问题：“一个新作者善于适应，似乎即格外容易露面，容易成功。一个成名作家善于适应，则将成为“不倒翁”。不倒翁的制造我们都明白，特点是上面空空而下座落实，重心不在自己头脑上，所以不必思索，亦可省去思索苦痛。造形上虽稍见滑稽，但实具有健全意味。不必思索是他的特点，现代人因思索得的痛苦也可免掉。如果时代趋势又已到不甚宜于人用脑子从思索上提出意见时，这种健全性对于许多人必更加见得重要。（只是在文学史上，这种作家却不能算数。）另外还有一种作家，即守住一种玩票陈旧规矩，把学习从第一步到终点，当成一个沉默艰苦的长途跋涉。憨而且戆的把人生历史一齐摊在眼前，用头脑加以检讨，分析，条理，排比，选择，组织，处分。这个民族近数十年的爱和恨如何形成，如何分解了这个国家人民的观念和愿望，随后便到处是血与火泛滥焚烧，又如何造成万千的牺牲和毁灭。一切都若不必要，一切都若出于不得已，如此或如彼，他都清清楚楚。正因为认识得格外清楚，他将重新说明，重新诠释，重新为这个民族中真正多数，提出一种呼吁，抗议，并否定，让下代残余活在这个破碎国家土地上，可望稍稍合理些，幸福些！”以《关于学习》为题收入《全集》第14卷《北平通信》集。

《新废邮存底 二八五 一个边疆故事的讨论》发表于天津《益世报·文学周刊》第58期，署名从文。以《一个边疆故事的讨论》为题收入《全集》17卷《新废邮存底续编》集。

《启事》发表于同日《益世报·文学周刊》第58期，署名沈从文。青年作家柯原生活困难，沈从文愿意为他卖二十张书法，以解燃眉之急：“这种字暂定最少为十万元一张。我的办法是凡要我字的，可以来信告我，我寄字时再告他如何直接寄款给那个穷作家。这个社会太不合理了，让我们各尽所能，打破惯例作点小事，尽尽人的义务，为国家留点生机吧。”收入《全集》第14卷《北平通信》集。

9月28日 《窄而霉斋废邮（新十九）》发表于北平《平明日报·星期艺文》第23期，署名从文。以《致周定一先生》为题收入《全集》第17卷《新废邮存底续编》集。

九月 小说《摘橘子（黑中俏和枣子脸）》再次发表于《文学杂志》第2卷第4期。

九月 李震一的《湖南的西北角》由长沙宇宙书局出版发行，收入了沈从文的《序》。以《〈湖南的西北角〉序言》为题收入《全集》第16卷《序跋集》。在李震一为该书写的《后记》中，将沈从文致他的三封信收录在内。以《〈湖南的西北角〉后记之二》为题收入《全集》第16卷《序跋集》。

10月11日 致信张香还。收入《全集》第18卷。

10月12日 致信徐盈：“送来的奶粉鱼肝油特捎还，并无别意，只是保守习惯罢了。如果是报馆方面报了账，就作为我已领受，请你为处置到文协什么有病而无力的朋友去吧。不必提什么人送的，更不必提我。我自己处理只近于私人私事，我相信你处理得必合理些。”收入《全集》第18卷。

10月17日 《一种新希望》以专论形式发表于南京《新民报》日刊第1版、第2版，署名沈从文。文章论及时弊：“一个国家若把‘官僚万能’和‘思想贫困’局面，不自觉维持到二十年长久时间，社会组织求其不退化，不恶化，不分解，不崩毁，如何可得？人谋不臧既非单纯怨谴可以补救，于是引起了三种新的发展，作为对于当前的否定，以及转机的企图！一是政治上第三方面的尝试，二是学术独立的重呼，三是文化思想运动更新的综合。第一种尝试遭遇挫折，人事粘合不得法，本身脆薄而寄托希望又过大，欲收绥靖时局平衡两大之功，当然不易见功。然‘政治’二字若在字典上还有意义，第三方面又能重造，将来自然有其光辉前途。第二种呼声刚刚提出，有于分崩离析中保存人的心智资源意义，很显明将引起多方面重视，不仅拥有这种资源的青年并开发这种资源的学人，必有同感，即正在大规模耗费国力民力作赌注的人，也没有人会说明天不要这个还能像个国家的！可是事情在目前说来，将不免近于‘闹市炼丹’，丹成九转难能起死回生，无如民族‘发背’业已蛆腐转黑！”“‘我们需要个更新的粘合，来重造这个国家！’也可说是个‘第四组织’的孕育，目前虽犹若缺少具体纲目，明日必逐渐成形，它将在政治学术以外作更广泛的粘合与吸收，且能于更新的世界局势中作有效适应。”这是本文的第一次发表。按：本文发表时第一版题目是“一个新希望”，第二版题目为“一种新希望”。以《一种新希望》为题收入《全集》第14卷《霁清轩杂记》集。

10月18日　朱自清来访。

《本刊一年》刊载于天津《益世报·文学周刊》第62期，未署名。文章表明了沈从文对时局的态度：“一年来国家民族问题既日趋恶化，到处有火在燃烧，有人民无辜的血在流，一切努力都不免失去应有意义。这个小小刊物所欲作所能作的挣扎，自然更见得薄弱而无力。……国家问题既日益深刻严重化，因此这小小刊物，能存在一天，必将依然守住原来简单朴素态度，继续为作者为读者而工作。”“试把过去当前国内情形和青年情绪作个对照，我们会觉得这一代的痛苦，虽若无可避免，下一代的困难，却不能不于这时为稍作准备。少数中的少数，在国家民族悲剧变态的发展中，会十分自豪，为个人或集团成功庆幸，但对于真正的那个多数，却毫无可疑，得承认为民族堕落与挫败。如我们对于这种挫败还有勇气来挽救，来修正，我们的年青作家，手中一支笔，应当还有些什么用处，一定看得明明白白！”收入《全集》第16卷《编者言》集。

10月20日　致信林蒲：“这里大家都渐渐老了，工作却如刚好着手，看看国家种种，不免痛到心上，一切工作，亦若只是‘尽其在我’如彼如此作去而已。三两年后世界再变，大致都要‘休息’了。”收入《全集》第18卷。

10月21日　《一种新希望》刊载于上海《益世报》第三版，署名沈从文。这是本文的第二次发表。

10月25日　《新废邮存底　三二四》发表于天津《益世报·文学周刊》第63期，署名从文。以《致柯原先生》为题收入《全集》第17卷《新废邮存底续编》集。

10 月 28 日　杂文《应声虫》发表于《广西日报·纵横》，署名上官碧。这是本文的第三次发表。

10 月 29 日　朱自清来访。朱自清当日日记：“访从文夫妇和张充和小姐，张颇拘谨。”

11 月 1 日 《学鲁迅》刊载于《知识与生活》第 14 期，署名沈从文。收入《全集》第 16 卷《沫沫集续编》集。

11 月 4 日　杂文《应声虫》第二部分续刊于《广西日报·纵横》，署名上官碧。这是本文的第三次发表。

11 月 9 日 《一种新希望》刊载于北平《益世报》，署名沈从文。这是本文的第三次刊发。

11 月 10 日　北平《益世报》续刊《一种新希望》。

十一月二十日左右　为盛澄华文章《安德烈·纪德》安排事复信秦晋。收入《全集》第 18 卷。

十一月 小说《传奇不奇》发表于《文学杂志》第 2 卷第 6 期，署名沈从文。收入《全集》第 10 卷《雪晴》集。

12 月 1 日　致信宋伯胤。收入《全集》第 18 卷。

《北平通信　第一》刊载于《论语》第 142 期，署名巴鲁爵士。收入《全集》第 14 卷《北平通信》集。邵洵美在《一年论语（代编辑随笔）》中这样介绍这篇文章及其作者：“这一期周年纪念号里，只有一位《论语》老友用的是笔名（北平通讯：巴鲁爵士），这还是他新取的笔名。因为依他文章的性质非用笔名不可。他在文章里相信读者早晚会知道他是谁的。我们当然也有同样的相信。因为这位先生是我国现代最多产最受人欢迎的作家。他出版的小说散文自传，总数已有一二十种。他又有他特殊的风格或文体，模仿他的人也不知有多少。读者只要稍微留心一下便会明白。他同时还答应此后要多用这个笔名为《论语》写作，这在诸位爱读《论语》的好友与我们编辑《论语》的人，都要感到欣幸。同时诸位要是已经发现作者的真名姓，不妨便放在心里，让它作为我们中间一个小小的秘密也极有趣。”

12月11日　上海《大公报·出版界》第62期组织了“作家及其作品特辑”，这特辑是集合十八位作家对编者询问函的回答而成，编者发出的询问函包含下面三个问题：“（一）我的第一本书是什么？（二）它是怎样出版的？（三）我的下一本书将是什么？”专辑以报社收到作家回函的先后排序。沈从文对此作了如下回答：

（一）《鸭子》（戏剧集）及《蜜柑》（小说集）。民国十六年出版，《蜜柑》是一位教授的故事，收在选集中。

（二）《蜜柑》是余上沅太太陈衡粹画的封面，由徐志摩拿到新月书店出版，《鸭子》在北新由李小峰以一百大洋买去的，那时一百大洋可过十个月的苦日子。

（三）《长河》才写了二分之一，《小魇》也未写完，《雪晴》十章已写了四章，生活不安定，我尚不知那一本能先出版。

12月13日　朱自清来访。

12月15日　《新废邮存底　三一七——谈现代诗》发表于北平《平明日报·星期艺文》第34期，署名沈从文。以《谈现代诗》为题收入《全集》第17卷《新废邮存底续编》集。

12月19日　为纪念熊希龄逝世十周年，作散文《芷江县的熊公馆》。

12月22日　《谈现代诗》发表于北平《益世报·诗与文》第10期，署名沈从文。这是本文的第二次发表。

12月23日　至石驸马大街熊府看望毛彦文。

12月25日　为纪念熊希龄文章事致信胡适。收入《全集》第18卷。

12月30日

本日　上海《大公报》在第八版“文化街头”栏发表消息：“沈从文今年夏天病了一次，一个月前已经痊愈，现已开始写新的小说。”

12月31日　重读《传奇不奇》。

本 年

年初 致信镇潮，谈及对“诗”与“小说”的理解：“至于诗，我意思让学校中有抒情气分却缺少生活经验的人来作，或有哲学气质而又有支抒情辞藻的笔的人来写，也许相宜些。因为有些人，是只能写这个，而又有些人以读读这个即以为‘人生’全部在此的。论成就，写故事发展得宽，可走的路远。但自然也就难见好，因为有大堆前人成绩在那里，不比诗或随同政治风气跑，即得政治支持，或独创亦有以自见。小说有个无形成规，必得突过前人。至于写诗，易表现，易得到一个作家的名分。但是我们既用手中的笔，当然挑选困难工作有意思些。”在沈从文看来，抗战八年，“本应有三十五十部《西线无战事》作品，事实上却一个还没有。至于要职业作家来执笔，职业作家也实在乐意从事，战事发生后即有好些作家随军工作，一面工作一面有所准备。可是这八年还不曾有处理得特别好的作品问世。这虽有各种原因（有些或不肯发表），但就我估想，这些作者所碰到的困难问题，恐怕还是对官兵的理解，是表面的，属于观念部分的，至于情绪状态，实把握不住。其次即是手中一支笔无办法。因为照近二十年一般理论说来，总以为文学不重‘笔’，文笔是可轻视的东西。要经验，要政治社会意识正确，结果是两无把握。尽管用一个谦虚而诚恳的态度向人民学习，学来的还是无从加以表现，得到应有作用。至于只是守住空洞理论原则的，就自然更无从用笔去争取读者了。”收入《全集》第18卷。

年初 致信一位青年朋友。以《给一年青朋友》为题收入《全集》第18卷。

夏天 据陈纪滢回忆，沈从文曾任考试委员：“三十六年夏天，偶然一个机会，我去国会街，突然遇见沈从文。他仍穿着那袭灰色长衫，我问他：‘有什么事？’他答：‘来巡视高考考场。’原来那年考试院在举行特考，北平是一个考区，从文被聘为考试委员，所以前去巡视。”[①] 确否，待考。

① 陈纪滢：《记沈从文》，《传记文学》第38卷第4期。

仲夏　书赠黄裳诗笺。

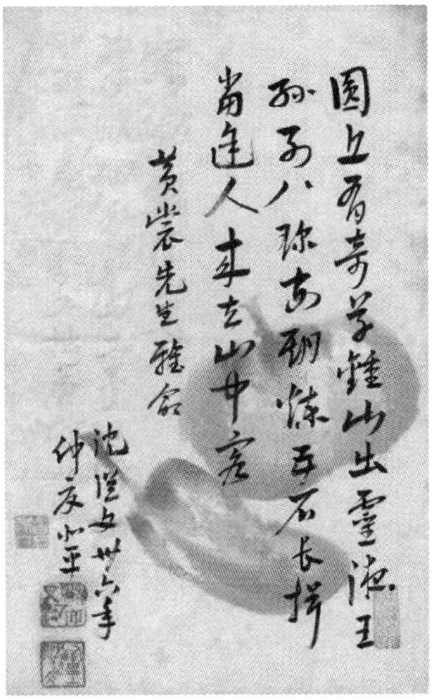

冬天　为吴同宾至武汉事致信金克木。收入《全集》第18卷。

本年　由金隄、白英（Robert Payn）英译的小说集 The Chinese Earth 由 London: George Allen & Unwin 公司出版。

本年　与杨振声、冯文炳、孙楷第等教授一起合作指导北京大学中国语文学系毕业论文，学生、论文题目、指导老师如下：

王达人	中国现代文学所表现的乡土性	杨振声、沈从文
邹有责	文学研究会与创造社	沈从文
曹思义	论新月派诗人	沈从文、冯文炳
王震环	汉人小说	杨振声、沈从文
高光起	魏晋小说	孙楷第、沈从文[①]

① 《北京大学文法学院（民国）三十五、三十六年度部分毕业论文题目（1946、1947年）》，王学珍张万仓编《北京高等教育文献资料选编》（1861-1948），第934—935页，首都师范大学出版社2004年版。

民国三十七年 1948 47岁

1月1日 中国国民党革命委员会在香港成立，李济深任主席，宋庆龄为名誉主席。

3月13日 东北人民解放军攻占四平。

3月29日 第一届“行宪国民大会”在南京召开。

4月19日 蒋介石当选国民政府总统。

9月12日 东北野战军发起辽沈战役。

9月26日 华北人民政府宣告成立，董必武任华北人民政府主席。

11月1日 中共中央军委发布《关于统一解放军全军组织和部队番号的规定》，统一全军组织序列。

11月6日 中国人民解放军华东野战军、中原野战军发起淮海战役。

11月29日 中国人民解放军东北野战军发起平津战役。

1月1日 《怀塔塔木林 北平通信二》刊载于《知识与生活》第17、18期合刊，署名巴鲁爵士。本文因有人误会《北平通信》为塔塔木林（萧乾）而作，引发对萧乾的思念，谈及巴鲁爵士与塔塔木林的关系时写道：“塔塔木林与余为表兄弟，年稍次于余。以彼之教育材具，本可在欧洲作一标准绅士，努力于文化商业，发展得手，二十年中当可晋封一小小爵位。惟当顽童时代，与余同爬至一四层楼屋顶，读《马可勃罗游记》《天方夜谭》二书，未免着迷。于华夏文明，尤感倾心。数年后，因与余同时冒险至中国。中国古语说：‘同船过渡，五百年前所修。’意思是今日之事，实结缘于先世，亦影响及将来。此语用于吾二人之友谊，自更增加一种保证，且影响及其他。”言及《红毛长谈》时说：“塔塔对中国本位文化，既理解透澈，文章写来，自然亦庄亦趣，不古不今，驳杂如诸子，精悍有稷下辩士风，引喻设义，奇突幻异，又兼有墨学家宋荣子，法国学人服尔太翁风味。时军调部工作正于挫折中勉强进行，接收大员于南北各都市所作成之不雅印象，正起始有人从文学艺术加以表扬，大小书

呆子对现实苦闷绝望感，日益深刻化，塔塔文章初现，爬梳透剔，谈言微中，抚掌称快者因之大有其人。”收入《全集》第14卷《北平通信》集。

《作梦》发表于《华北日报·文学》第1期，署名沈从文。本文未收入《全集》，后收入《全集·补遗卷1》《霁清轩杂记》集。兹照录于下：

作梦

半年以前，胡适之先生向人谈起“学术独立”事情时，因为涉及进行程序问题，各人有各人看法，很引起了一阵热烈与兴奋的讨论。学术如何独立，虽有彼此不同的意见，至于需要独立，则大家都清楚明白，承认这件事不仅仅和当前学术本身存在发展有关，也和未来的民主政治合理社会有关。正因为凡是能够把“学术”二字看得稍稍具体落实一点的读书人，就必然承认它实影响到一切。天下一家的理想如实现，想和其他民族分担进步的责任，我们学术不宜落后；天下一家的理想若破灭，想和其他民族各作生存的竞争，我们学术更不宜落后。学术独立呼吁中包含了对留学政策的重新修正，为的是一检讨这政策时即看出有毛病。毛病不在“应学的能不能学来，合不合经济”，实在还考虑到“不必学的恰恰学到”将如何处分。这不必学容易偏巧到得的即“依赖心”，凡事失去自尊自信一切因人成事的依赖心。在学术本身上已见出失败，在政治上起作用就更糟糕。这点依赖心影响到各方面去时，这个民族日残的悲剧，不仅难望结束，还要扩大到不堪设想的地步。所以由书呆子点看，即知远水难救近火，由学术独立的呼吁设计，实行，……到它能恢复民族自信自尊情绪，凡在朝在野经营政治，统制国家，争取人民的行动和理想，都不再依赖他人，不再依赖战争，而能够另外有所安排，还有好一段日子，方能发生作用。可是如此“作”下去，总比如彼“混”下去好得多。即照计画作去已稍嫌迟，学校可望安排得好些，学校外将毫无办法；并且学校以外由于仇恨传染仇恨作成的大火，还是会慢慢到燃到校内。惟终可望于未烧着未烧尽部分，还留下一点生机；这半年来国内局势的恶化，有目共睹：一面是国际两强对峙［争］霸，中国事他人已当前哨战看待，一切都在一个“欲罢不能”情形下发展。一面是江南沿江戒严，而华北炮火威胁更渐入几大据点近郊。学校复员由南而北的，以北大为例，每遇学校举行什么集会，试稍稍注意，即可见三百同事，十年战争，大半已白了少年头，转入老境，许多人都面容枯槁肩背佝偻，给人留了个异常悲惨印象。这一群毫不明白现实的书呆子，即或生活已如黔娄原宪神气，遇讨论到增加个人生活费用时，小气可怜，十万八万数目还担心会增加国家负担，不好意思启齿。遇某某改造问题，个中人都明知无可希望，各自为谋，狡兔三窟正图个将来终生安顿时，这些书呆子却还诚诚实实等待奇迹发生，以为有一天终会有人能觉悟穷通变异之理，国家于三五伟人愧悟中，凡事能从新着手，大庠中万千学生，到彼时也会髣髴如从噩梦中忽然醒觉，充满勇气和信心，共同来用一崭新方式，健康态度，接受责任，重造国家！适之先生往日常自称是一个“过河卒子”，按象棋规矩，即卒既过河，就自然只能孤立一步一步迈进，到底为止。现在试回头看看：一眼就可看出原来这一盘棋有许多卒子，或已经过河，或绝流渡，或半犹在彼岸，兵卒数量虽多，于将相争夺，火炮交并之际，凡属卒子，其难于互救难以自存则事势显明。这些卒子虽能奋勇向前，目前存在却如点缀，终必于此连续不断永不闭幕悲剧中牺牲，正是一种分定。就在这个趋势上适之先生劝起人来做梦了。他是自己看清楚明白，向这一代负责者呼吁，学术独立，不会有什么作用，还是劝大小书呆子重新做梦，将来才会有转机。这可说正是适之先生一年或十年来一点转变。事实上，全国大小书呆子，还能守住学校，对当前腐而且烂之现实社会，保留一种不妥协否定气概的，也正因为作公民习惯上即如一半生活长如在梦里有所憧憬。华北几个孤立大据点，百十万小市民苦闷的情绪。空洞的肠胃，更必然是靠做梦中和并支持。梦如何做下去，虽每人多有不同的习惯，不同的打算。然而我们实希望适之先生，在体力上和精神上，都还能保存三十年前新青年时代对国家未来那点勇敢，那点天真，和那点热忱来为年青一代多画几场梦景。这梦景主题应当是当前事事，都使人悲剧，可还并不完全绝望。这个国家是否能得救，并不在现实政治的悲剧性延续，实在人民需要安定休息愿望的抬头。由此出发，一种保存国家元气减少人民牺牲的努力，目前即毫无意义，明日将必然成为关系重造矛盾平衡主要的势能。这个国家“政治”以及由于政治带来的仇恨行为实在太多了，真正由于人类的爱而出发的“思想”“信仰”却太少了。大家作梦不仅绥靖当前，还将重造未来。

本日 重庆《大公报》在第六版重刊“作家及其作品特辑”，将上海《大公报》的两辑合为一辑，共20个作家。沈从文名列其中。

1月3日 散文《芷江县的熊公馆》刊载于天津《大公报》第三版，署名沈从文。在阶级斗争日益严峻的氛围里，沈从文依然在文章中充满温情地回忆着这旧时相府：“当地规矩，佃户每年照例都要按收成送给地主一点田中附产物，此外野鸡、鹌鹑，时新瓜果，也会按时令送到，有三五百租的地主人家，吃来吃去可吃大半年的。老太太心慈，照老辈礼尚往来方式，凡遇佃户来时，必回送一点糖食，一些旧衣旧料，以及一点应用药茶，叫不亏人。老太太离家乡上北京后，七太太管家，还是凡事照例。所以这种礼物已转成一种负担，还常得写信到北京去买药。”“这所现代相府，我曾经勾留过一年半左右。还在那个院子中享受了一个夏天的清寂和芳馥。并且从楼上那个大书箱中，发现了一大套林译小说，迭更司的《贼史》《冰雪姻缘》《滑稽外史》《块肉余生述》等等，就都是在那个寂静大院中花架边台阶上看完的。这些小说对我仿佛是良师而兼益友，给了我充分教育也给了我许多鼓励，因为故事上半部所叙人事一切艰难挣扎，和我自己生活情况就极相似，至于下半部是否如书中顺利发展，就全看我自己如何了。书箱中还有十来本白棉纸印谱，且引诱了我认识了许多汉印古玺的款识。”收入《全集》第12卷《南北风景》集。

《苏格拉底谈北平所需》发表于《益世报·文学周刊》第72期，署名王运通。文章倡导和平、保护故都：“正如诸君希望自为和平，和平安得凭空而至？然如有诚意欲其实现，从作梦着手，有许多事固犹待作亦复可作也。余意吾人凡言保护北平者，实不在城防工事之坚固与否，此乃总司令行营主任之责。吾人所知，事有不易保护者，非城池古物，乃人心趋向。”收入《全集》第 14 卷《北平通信》集。这是本文的第一次发表。

本日　重庆《大公晚报》在“文化圈”栏下，发表一则消息：“沈从文今年夏天病了一次，一个月前已经痊愈，现已开始写新的小说。”

1 月 7 日　作《论特写》。

1 月 9 日　《芷江县的熊公馆》在重庆《大公报》刊载，分两次载毕，署名沈从文。这是本文的第二次发表。

1 月 10 日　《苏格拉底谈北平所需》（续）发表于《益世报·文学周刊》第 73 期，署名王运通。收入《全集》第 14 卷《北平通信》集。

1 月 11 日　杂文《作梦》发表于上海《益世报》，署名沈从文。这是本文的第二次发表。

1 月 13 日　作《新党中一个湖南乡下人和一个湖南人的朋友》。

1 月 17 日　《新废邮存底　三五七——谈现代诗》发表于天津《益世报·文学周刊》第 74 期，署名沈从文。这是本文的第三次发表。

1 月 23 日　论文《论特写》发表于《周论》第 1 卷第 2 期，署名沈从文。据修改本收入《全集》16 卷《术艺刍言》集。

1 月 24 日　修改《论特写》。

1 月 25 日　冰心托李书华将东京帝国大学松枝茂夫所译《边城》日文本带来。

1 月 27 日　复吴学义函。信中说：“适同时得冰心女士托人带来一松枝茂夫译《边城》，改造社大陆文学丛书，近四百页，似尚系八年前译印，并附一短论，可惜不懂日文，看不懂意思。松枝氏工作似较谨严，如知道住处，盼便中一示，弟还想送他几本新书。适之先生出国事，恐不易成行，如真能赴日，弟实亦想看看日本漆工艺，因私意中国漆工艺技术，可从日本取法必甚多也。”收入《全集》第 18 卷。吴学义此时正在东京参加审判战犯工作，此前曾给沈从文寄来一信并赠书。

1 月 31 日　修改后的《论特写》刊于天津《益世报·文学周刊》第 76 期，署名沈从文。这是本文的第二次发表。收入《全集》第 16 卷《术艺刍言》集。

2 月 1 日　《怀塔塔木林》刊载于《论语》第 146 期，署名巴鲁爵士。这是本文的第二次刊发。

2 月 8 日

《论特写》刊于上海《益世报·文学周刊》第 15 期。这是本文的第三次发表。

本日　天津《大公报》在第二版发表电讯稿：《改良手工艺　北平现有不少专家有人主张重新设计》，其中有一段涉及沈从文对此事的意见："［本报北平电话］北平手工业贷款开始，各方面咸认为应当利用这个机会，把手工艺好好改良一下：㈠沈从文教授对于漆器一向很有兴趣，对于北平的各种小手工艺也很喜爱，他说：这件事应请梁思成、林徽音及清华建筑系的几位先生好好设计一下。"

2 月 12 日　《论特写》发表于北平《益世报·海星》，署名沈从文。这是本文的第四次发表。

2 月 16 日　《故都新样》发表于《知识与生活》第 21 期，署名巴鲁爵士。本文为《苏格拉底谈北平所需》的推介文字，"北平明日能否如此设计发展，期于目前中央政府，自如一荒谬绝伦有悖现实之梦，决无实现可能。因试搜罗政府组织，纲要，计划，条例，章程，法规，以及任何秘密手册，均重应付目前事实，决不容许有'理想'，自更不需有此不切实际过于伟大理想也。期于各方面负责人，亦无可望，因习惯不鼓励彼等如此热心作事也。余意从大庠当前学生运动中，能预先注入较多一点真正'文化'理想，则此事于明日，或比较有机会容易实现。因彼等若各方面知识较丰富，至作统治者时，即必然有不同表现。余非宗教家，不欲作伟大预言以眩世，然余敢深信，行年虽将知命，必将参加此伟大都市之复兴，得与王君所悬想之副市长及余所悬想之哲学家握手也。"收入《全集》第 14 卷《北平通信》集。

《苏格拉底谈北平所需》发表于同期《知识与生活》，署名王运通。这是本文的第二次发表。

《苏格拉底谈北平所需（北平通信之三）》（待续）发表于《论语》第 147 期，署名巴鲁爵士。这是本文的第三次发表。

2 月 21 日　朱自清来访。

《新党中一个湖南乡下人和一个湖南人的朋友》刊载于天津《益世报·文学周刊》第 79 期，署名沈从文。沈从文将战争行为比作是“一个民族自残的流血的大悲剧”，“政治！政治！这个国家的政治，既只能作成驱人死亡迫人疯狂的行为扩大与延长，政治家或思想家于此情形下，凡已失去做人良心的，尚认为系必然现象，正可于此变中求有以自见，做人良心未泯的，亦大都除束手缄口，等待同归于尽，殆无事可为。”收入《全集》第 14 卷《霁清轩杂记》集。

《废邮存底　三五八——覆一个木刻工作者》发表于天津《益世报·文学周刊》第 79 期，署名沈从文。以《复一个木刻工作者》为题收入《全集》第 17 卷《新废邮存底续编》集。

2 月 23 日　《论特写“写人”》发表于天津《民国日报·文艺》第 116 期，署名沈从文。本文未收入《全集》。收入《沈从文全集·补遗卷 2》。

二月　北京大学筹建博物馆，并在文学院设博物馆专修科，韩寿萱为主任，唐兰、裴文中、陈梦家、张政烺、沈从文等兼任教授。[①]

3 月 1 日　《试谈艺术与文化　北京通讯之四》发表于《知识与生活》第 22 期，署名巴鲁爵士。据《论语》第 150 期刊本收入《全集》第 14 卷《北平通信》集。

《苏格拉底谈北平所需（北平通信之三）》（续）发表于《论语》第 148 期，署名巴鲁爵士。

本日　《大众文艺丛刊》第一辑《文艺的新方向》在香港出版，由香港生活书店总经售。该辑主要作者荃麟、郭沫若、茅盾、冯乃超、适夷、默涵等，该刊是中国共产党直接领导下的一个以文艺理论为主的刊物，主要介绍马列主义和毛泽东文艺思想。在《致读者》中，宣称：“这不是一个同人的刊物而是一个群众的刊物，我们热烈地希望读者和各地作家，特别是在实际工作战斗着的朋

---

① 梁吉生：《中国近代博物馆事业纪年》，《中国博物馆》1991 年第 2 期。

友，能够寄给我们以稿件，使这个丛刊能广泛地反映读者的意见，和各方面的生活与斗争。”而在本刊同人、荃麟执笔的《对于当前文艺运动的意见——检讨·批判·和今后的方向》一文的文后，编者这样表明自己的态度：“我们感觉客观形势对于文艺要求的迫切，群众对于新文艺运动期望的殷切，当前文艺思想上一些问题，亟应有明确的认识和解决，一些意气或无原则的争辩，亟应停止和纠正。我们相信，如果大家能以自我批评的精神，对群众负责的态度，诚挚而严肃地，来进行正面的讨论，这对于文艺思想运动和团结工作上，都是很有意义的。我们这里不过作为一个开端，而不是总结；我们诚恳地希望文艺界的朋友们和读者们能尽量给予我们以意见和指教。”[①] 在该辑中，郭沫若的《斥反动文艺》、乃超的《略评沈从文的〈熊公馆〉》两文，对沈从文进行了激烈的批判：

> 什么是红？我在这儿只想说桃红色的红。作文字上的裸体画，甚至写文字上的春宫，如沈从文的《摘星录》,《看云录》，及某些“作家”自鸣得意的新式《金瓶梅》，尽管他们有着怎样的藉口，说屈原的离骚咏美人香草，索罗门的雅歌也作女体的颂扬，但他们存心不良，意在蛊惑读者，软化人们的斗争情绪，是毫无疑问的。特别是沈从文，他一直是有意识地作为反动派而活动着。在抗战初期全民族对日寇争生死存亡的时候，他高唱着“与抗战无关”论；在抗战后期作家们正加强团结，争取民主的时候，他又喊出“反对作家从政”。今天人民正“用革命战争反对反革命战争”，也正是凤凰毁灭自己，从火里再生的时候，他又装起一个悲天悯人的面孔，谥之为“民族自杀悲剧”，把全中国的爱国青年学生斥为“比醉入酒徒还难招架的冲撞大群中小猴儿心性的十万道童”，而企图在“报纸副刊”上进行其和革命“游离”的新第三方面，所谓“第四组织”。（这些话见所作《一种新希望》，登在去年十月二十一日的《益世报》。）这位看云摘星的风流小生，你看他的抱负多大，他不是存心要做一个摩登文素臣吗？

① 见《对于当前文艺运动的意见》文后编者附言。

——《斥反动文艺》

整个作品所要说的就是一句话，地主是慈悲的，他们不剥削。拿这种写法来遮掩地主剥削农民的生活现实，粉饰地主阶级恶贯满盈的血腥统治，这就是沈从文写“熊公馆”的主题。沈从文之所以写这作品，并且安置这样的主题，显然并不是无意义的。土地改革运动的狂潮卷遍了半个中国，地主阶级的丧钟已经敲响了。地主阶级的弄臣沈从文，为了慰娱他没落的主子，也为了以缅怀过去来欺慰自己，才写出这样的作品来；然而这正是今天中国典型地主阶级的文艺，也是最反动的文艺。在这篇作品里，沈从文对于其自己的身份和“灵魂与人格”作了一次最清楚的画供。

——《略评沈从文的〈熊公馆〉》

这种集束性的批判，既影响了沈从文当下的生活，也预示着沈从文未来的命运。

3月7日 《新党中一个湖南乡下人和一个湖南人的朋友》刊载于上海《益世报·文艺周刊》第19期，署名沈从文。这是本文的第二次刊发。

3月10日 《论特写“写人”》开始在福建《中央日报·中央副刊》连载，署名沈从文。这是本文的第二次刊发。

3月17日 作《印译〈中国小说〉序》。

复信毛羽。本信未收入《全集》，原信如下：

毛羽先生：

前得尊作，因无从安排，曾转一熟人发稿刊物。照习惯，由他人发稿之刊物，即弟本人文章，亦得听编者自由处分，不便催促。此习惯亦未尝无好处，因从民廿三（年）由弟整理大公报文艺起始（即报社亦从不干预副刊编辑方针，作者则特约稿亦可搁压退还），北方报纸副刊不断有新作者露面。编者的自由能得各方面支持，实极重要。

近得尊信，始知因一诗搁置，先生竟对同一人忽而尊敬，忽而轻蔑，尊敬轻蔑都太容易，与弟学习用笔三十年经验，似不甚合，先生用这种态度写诗，恐不容易持久到十年二十年以上。以弟经验看来，写作是二三十年事情，作者与编者不宜因一二文章取舍生私人恩怨。

编者并非万能，看文章容或不免有些偏见，但是否尽职，也容易判断，即从他工作全部检讨，从刊物整个检讨。若个人工作极谨严认真，刊物维持到一二年又还看得到，我们值得为他拍手，寄稿也即是表示支持编者好意，投稿用不用是小事。若个人工作毫无足取，所编刊物又毫不精彩，根本就不会投稿了。

记得二十五六年前，孙伏园编北晨副刊，弟作投稿人时，曾投稿至百余次，直至彼离职，始终未用弟文，离职后弟文方由一新编者从废稿堆中取用（小说月报亦有相同情形，直到郑振铎出国，叶绍钧始用弟与丁玲文章）。至弟教现代文学，谈及刊物编辑对文运贡献时，却只觉得孙先生对文运贡献特多。何以投至报稿用否为个人私事，编者有无贡献宜有公论，真从事文学，必不以私害公也。

北方文运传统好处为“素朴”与“诚恳”，因素朴与诚恳方能持久，不以小小成就自骄自满，且能作各种试探学习，克服挫折困难，用一段长时间写一大堆作品见出新纪录。先生把文章寄来，充满对编者信托好意，只因未即发表，即把好意取回，从态度说，似不甚明白北方近三十年文运传统，方有此一着也（您用那么一种态度从事写作，找出路容易，有新纪录不甚容易）。

昔人说“推己及人谓之恕”，既有前后来教，因为将尊作索还，并将个人经验及尊作搁置事实奉告。当时以为尊作定可用，故曾将文字不清楚处（恐排时弄错误之字）旁加注明，将尊作涂脏，很抱歉。

此覆颂著安。

沈从文 顿首

三月十七日[①]

3月21日　作《废邮存底　三九——复市中老百姓社诸同学》。

3月22日　《逛厂甸》发表于《天津民国日报》，署名上官碧。本文未收入《全

---

① 罗逊：《大作家和小诗人——新发现沈从文佚信一封》，《澎湃新闻·上海书评》，2018年1月31日，http://m.thepaper.cn/newsDetail_forward_1975919

集》。后收入《全集·补遗卷1》《南北风景》集。

3月27日　与开明书店签订《长河》出版合同，版税15%。[①]

3月29日

本日《申报》在“文化界小新闻”栏目中发表署名“来”的消息：“据香港来人谈：郭沫若近在港为文攻击国内文化界，将国内文化界列为粉红·黄·蓝·白·黑。粉红色以沈从文为代表，黑色则以萧乾为代表，语多侮蔑云。”

本日　天津《大公报》在第三版发表消息《北大博物馆五月一日开幕》：“［本报北平电话］北京大学历史博物馆定五月一日开幕，前据胡适校长表示：大学内自备博物馆，在北方尚是创举。该馆由该校博物系主任杨寿萱任馆长，除募捐历史性陈列物品外，以两亿元现钞在市上收购古物，聘沈从文、杨振声二教授协助。沈氏对此颇为热心，除消磨许多时间外，并且自己赔上若干车费。据杨馆长谈：沈先生仅以五万元代价购得一古铜瓶，时价将在两千万元以上。沈氏以久病之身，仍不辞辛劳，沈夫人对此颇为关切。”

三月下旬　致信诗人毛羽。本信为残信，原件被网名为“小书商”的高先生收藏。本信未收入《全集》。原信如下：

毛羽先生：

得到您信，谢谢。这事情极小，您不老放在心上，才能够继续写作。我前信不过是告诉您一点事实而已。初写文章自尊心极强，寄文章给人无结果，自然即以为受委屈，写信骂骂编者也是常有事情，但编者对人对事如果还有一点理想，不会为此着恼，却必然以想法弄明白误会为合理的。这工作需要很长时间才可望突过前人，有点新纪录露面，并为后来者带出一点新路。慢慢的工作下去吧，认真而持久，还得消化一大堆好作品，作千百回不同实验，方可望有一点新东西！普通弄文学总以二三年见功，我却觉得这是二十、三十年事情。编刊物费力而不讨好，且并非拿薪水事情，对个人是生命浪费，但对整个文运言，继续维持北方文运三十年来素朴的传统，与作者相互勉励努

---

① 邱雪松：《略谈“开明书店版税版权表”》，《新文学史料》2018年第2期。

力，鼓励作者作自由公平的竞争，用作品争表现，这原则已应用二十多年！以弟私意……，值得好好保持下去！

您拟写诗，慢慢的努力，并切切实实的写下去罢。国家情形太严重了，一切在分解圮坍，毫无转机。一切发展都在武力中推进或维持，这是民族中最重要的一回测验。谁胜谁败无疑都得用武力争取并用更强武力支持。一切有用知识技术到此日已俨若无用，明日且将更悲惨。中国应当有更多诗人，把国家看远一点，把个人工作也看得更庄严一点，来好好的用他手中一支笔！应当在诗中对人类合理生存建设一些希望、观念。应当把战争解释为求进步最浪费的一部，必须从战争以外谋重新粘合人民追求进步之方。把国家作成一个单位，来和其他优秀民族竞争进步，在科学、文学、艺术及诗方面竞争……荣作家多贡献，这自然不是容易工作，正如其他文学部门一样，□的事就并不容易，可是既写诗，这个伟大目标却不宜忘掉！

您如觉得这意思还不太迂腐，好好的作下去罢。把作品一个字一个字并标点也清……[1]

按：此信当为毛羽接到沈从文3月17日信后，复信给沈从文致歉："首先应该向您和另一位编文先生万分的抱歉并感谢先生的善意相答，其实前信发出以后，自己非常后悔，要想再写一信解释明白，却又觉得无济于事，索性就让它落一个笑柄吧！"[2] 这封信当是沈从文接到毛羽第二信后的复信。

三月 与傅汉思相识。傅汉思在3月30日写给父母的信中说："还有个可爱的人，我以前没提到过——沈从文教授，他是目前北京的一位最知名的作家和教授。他不像是个写了那么多有关士兵故事的人，他的仪表、谈吐、举止非常温文尔雅. 但一点也不带有文人气习。他对中国艺术、中国建筑深感兴趣，欢喜谈论，欢喜给人看一些图片。介绍我给他的是一位年轻朋友金隄，沈从文有一

---

① 《拍场一瞥：沈从文未刊信札》，《澎湃新闻·上海书评》，2017年1月22日，http：//m.thepaper.cn/newsDetail_forward_1605634？ from=singlemessage，据信封邮戳日期为四十七年三月廿三日，可知本信当写于三月下旬，信件内容经作者与原信比照，有增删。

② 参见罗逊：《大作家和小诗人——新发现沈从文佚信一封》，《澎湃新闻·上海书评》，2018年1月31日，http：//m.thepaper.cn/newsDetail_forward_1975919

位文静的太太和两个小男孩……”[①]

三月　《曾景初木刻集》由长沙纵横出版社出版，沈从文为其写了《题记》。据此版本以《〈曾景初木刻集〉题记》为题收入《全集》第16卷《序跋集》。

三月　《文学与青年情感教育》发表在《恩友》杂志1948年新1期，署名沈从文。这是该文的第四次刊发。编者在《编后》中说，“沈先生因事忙，故将旧作《文学与青年情感教育》赐下，此虽一篇旧作，可是在今日没有一个人能否认，忽视它的重要性。”

4月1日　《试谈艺术与文化　北平通讯之四》发表于《论语》第150期。这是本文的第二次刊发，题目略有改动。

4月4日　《曾景初木刻集题记》发表于长沙《国民周报》第2卷第12期，署名沈从文。文前题识为《全集》本所无：“在湖南，表现楚人传统幻想与热情交织的工艺美术，随手可拾；湖南的木刻工作者应该溶会二千年来楚人传染寄托于工艺品上的幻念和热情，再来表现它。”收入《全集》第16卷《序跋集》。

4月9日　在北大三十六教授告员工同学书上签名。

4月10日

本日　天津《大公报》发表电讯稿《北大三十六教授　书告员工同学　希望先回到自己的岗位　愿本同一立场检讨勉励　保卫学府争取生存自由》，全文如下：

> ［本报北平电话］北大教授沈从文、费青、王铁崖、吴恩裕等三十六人发表告员工同学书，原文如次：
>
> 各位员工同人、各位同学：这几天，学校陷入极度的不安状态，你们或则为争取人民的基本权利而作抗议的罢课，或则为要求合理的待遇而罢教罢工，我们站在教学者的立场，对于课业与事务的全部停顿深表惋惜；同时对政府于学府尊严、人民之自由与生存等权利未予重视，亦感不满。

① 傅汉思：《初识沈从文》，田伏隆主编《星斗其文　赤子其人》，第169页，岳麓书社1998年版。

在目前，你们除刻苦工作及埋头攻读以外，还要时时受到迫害与饥饿的威胁，体验着同样苦楚的我们，对于此种不合理的情况，当然同样表示愤懑。你们在如此恶劣的环境中，在法律所允许的范围内，采取光明磊落的态度，发出正义的呼声，我们不能不寄以深切的同情。

你们的痛苦与烦闷就是我们的痛苦与烦闷，但是目前的运动是艰苦而长时期的，我们深盼造成不安气氛的各种因素逐渐消除，希望大家先回到自己的岗位，即日恢复课业与工作，以免无理牺牲。我们愿意和各位站在同一立场，互相检讨勉励，来保卫学府尊严，争取人民自由，要求生存权利。

王之轩、王铁崖、申又振、吴恩裕、吴之桩、阮维周、汪振儒、汪　瑄、沈从文、芮　沐、胡世华、袁翰青、马圣祖、袁家骅、容肇祖、孙国华、许德珩、陈振汉、陈占元、陈友松、张龙翔、游国恩、费　青、管玉珊、冯　至、杨人楩、闻家驷、楼邦彦、樊　弘、郑昕、潘家洵、蔡枢衡、钱学熙、冀贡泉、薛　愚、罗士苇同启，四月九日。

4月11日 《新党中一个湖南乡下人和一个湖南人的朋友》（上）刊载于《国民周报》第2卷第13期，署名沈从文。这是本文的第二次刊发。

4月15日　傅汉思在致父母的信中谈及沈从文为袁家骅饯行事："袁家骅明天即将赴英……前不久，沈家设宴为袁家骅饯别，一共九个人，我也被邀请参加。吃的好极了，是用一种别致的方法在一个特制的陶罐中烹调的。我们九个人挤坐在一张桌子边上，那桌子在美国只容得下四个人。我对沈从文的文化修养知识很钦佩，他完全是自学的，他连小学都没有读完……"①

4月17日 《印译〈中国小说〉序》发表于南京《世纪评论》第3卷第16期，署名沈从文。收入《全集》第16卷《序跋集》。

4月18日 《新党中一个湖南乡下人和一个湖南人的朋友》（下）刊载于《国民

① 傅汉思：《初识沈从文》，见张充和：《小园即事——张充和雅文小集》，第246页，广西师范大学出版社2014年。

周报》第2卷第14期，署名沈从文。

4月24日 《逛厂甸》刊载于《世纪评论》第3卷第17期，署名上官碧。本文未收入《全集》。后收入《全集·补遗卷1》《南北风景》集，发表时间标注为2月24日，不确。

4月25日 《废邮存底 三九——复市中老百姓社诸同学》发表于北平《平明日报·星期艺文》第53期，署名沈从文。以《复市中老百姓社诸同学》为题收入《全集》第17卷《新废邮存底续编》集。

四月上旬 致信秦晋。收入《全集》第18卷。

四月 独立时论社同人编辑的《独立时论集》第1集由独立时论社出版。在该书的序言中说："在民国三十六年的春天，我们一些在北平教学的朋友们，觉得应该利用余暇，写写文章，对重要的时事问题，以独立的与公正的立场，发表一点意见。我们认为在目前我国情形之下，这是我们在教学以外应尽的一种社会职责。我们很希望我们的意见能够有助于国家政治、经济、社会、教育、文化及科学的进步。但是单独出版刊物是我们的财力所不许的；专给一地的刊物撰文，读者究竟是有限的；同时给各地许多刊物分别撰稿，我们的时间是不够的。因此我们决定仿照欧美专栏作家的办法，将文稿寄发国内外各地报馆同时发表，而文责仍由作者自负。实行以来，快一年了。有许多地方的读者和本社同人都以未能读到本社的全部文章为憾，所以我们这次先将去年五月至十月间所发表的文章印成一集。"该书收入沈从文发表于《益世报》上的政论《一种新希望》。

5月4日 《五四和五四人》刊载于《平明日报·五四史料展览特刊》，署名窄霉斋主。文章论及五四学人："他们一面思想向前，对于取予都十分谨严，大多数都够得上个'君子'的称呼。即从事政治，也有所为有所不为，永远不失定向，决不用纵横捭阖权谲诡祟自见。这不仅值得称道，实在还值得后来者取法，因为这是人的根本价值。其次是对事对人的客观性与包涵性，对于政见文论，一面不失个人信守，一面复能承认他人存在。尤其是用于同学师友间，得到真诚持久的融契。民主与自由不徒是个名词，还是一个坚定不移作人对事原则。”收入《全集》第 14 卷《霁清轩杂记》集。

按：据主持“五四史料展览特刊”的宋伯胤回忆：“抗战胜利，在昆明与清华、南开共同度过九年患难历史的北京大学迁回北平沙滩不久，向师觉明（向达）便倡议征集五四史料，由北大史学系负责搜求和保管。由是，前后在校内举办过两次史料展览。第一次，是 1947 年 5 月 4 日北京人壁报社举办的‘五四史料试展’。第一天，就有 1800 多人参观了这个展览。胡适校长给展览会写了 5 个字：‘历史的教训’。第二次，是由北大史学会在 1948 年 5 月 4 日主办的‘五四史料展览’。对这次展览，沈从文先生极为热心，他除了把自己珍藏的林宰平教授的剪报和《努力周报》借展外，还写信给平明日报社让出半版出《展览特刊》。更值得一提的是沈老还用‘窄霉斋主’的笔名为这个特刊撰写了《五四和五四人》这篇至今仍是闪闪发光的文章。”①

《纪念五四》发表于《益世报·文学周刊》（天津）第 90 期，署名沈从文。该文系《新的文学运动与新的文学观》集中的《纪念五四》一文的修改本。按：1940 年 5 月 4 日，该文最初发表在《中央日报》时，题为《文运的重建》，此版本后收入《全集》第 12 卷《烛虚》集。《纪念五四》和《文运的重建》可视为同一篇文章的不同版本。据《益世报》刊本收入《全集》第 14 卷《霁清轩杂记》集。

5 月 7 日

本日　《申报》在“文化界小新闻”发表消息：“孙陵主编之《文艺工作》，于‘五四’文艺节创刊，由王统照，沈从文，姚雪垠，刘北汜等执笔。”

5 月 9 日　《试谈艺术与文化》发表于《平明日报·星期艺文》，署名巴鲁爵士。这是本文的第三次刊载。

5 月 14 日

本日　香港《大公报》刊载老天写的《记沈从文·在云南时的生活》。

5 月 16 日　《印译〈中国小说〉序》发表于《华北日报》第 6 版《文学》副刊，署名沈从文。这是本文的第二次刊发。收入《全集》第 16 卷《序跋集》。

---

①　宋伯胤：《为重刊沈从文〈五四和五四人〉说几句话》，《民国春秋》1989 年第 3 期。

5 月 20 日 晚上，在家里为张充和过生日。“沈家请我去吃长寿面。饭后我们玩各种有趣的游戏，每人都得唱一个歌……”[①]

5 月 27 日

本日 《申报》发表消息：“英国名教授劳勃特 · 潘尼及中国翻译家金德（译音）合译沈从文短篇小说集书名《中国的大地》，已于本月由伦敦爱连安文书局出版。”

5 月 31 日 复松枝茂夫函。收入《全集》第 18 卷。

6 月 1 日 《纪念诗人节》发表于《平明日报》，署名从文。本文未收入《全集》。后收入《全集 · 补遗卷 1》《霁清轩杂记》集。

6 月 4 日 下午 4 时，参加在北京大学孑民纪念堂举行的中印绘画联合展茶会，茶会由胡适主持，冯友兰、季羡林、叶浅予、朱光潜等中外人士 80 余人出席。[②]

6 月 12 日 《废邮存底》发表于天津《益世报 · 文学周刊》第 96 期，署名从文。以《论议无从产生作品》为题收入《全集》第 17 卷《新废邮存底新编》集。

6 月 27 日 致信张骏祥，盼其为孑民图书室捐赠图书。收入《全集》第 18 卷。

6 月 29 日 《申报》发表该报北平 28 日电《汴学生战时死亡 平教授表示哀愤》：“平各院校□授，对开封之役民众学生之无辜死亡，发表宣言，表示哀愤，谓战争不应以文化检□为破坏对象，宣言长二百余字。”沈从文在该宣言上签名。

六月下旬 为孑民图书室征集图书事致信顾文安。收入《全集》第 18 卷。

据顾文安回忆：“我联系的导师是中文系沈从文教授，因为我是中文系学生，修过他的课，同沈先生比较熟，沈先生不善言辞，待人诚恳，心地坦荡，甘于淡泊。对青年学生充满慈爱。他关心和鼓励青年学生写作，认真细致、一丝不苟地修改学生的习作。记得我写了一篇北京冬夜的习作交给沈先生后，沈

---

① 傅汉思：《初识沈从文》，见《小园即事张充和雅文小集》，第 247 页，广西师范大学出版社 2014 年版。

② 沈平子：《胡适出席了泰戈尔画展了吗》，《博览群书》，2012 年第 6 期。

先生给增添了胡同里叫卖萝卜赛梨的清脆声，为北京的冬夜增加了特色。沈先生得悉孑民图书室要成立，他非常高兴，当即捐赠了自己的一批作品，1948 年夏天，我暑假南返，沈先生一口气写了很多封信，给他的老朋友，如巴金、黄炎培、张骏祥、刘北汜、陈敬容……请老作家作品给年幼的孑民图书室。信写好了，又叮嘱我到上海后，'先找大公报的刘北汜，就可向他打听其他人的住处及电话号码，先从电话问较经济方便，又可托他们向熟人捐书，比如巴金即可向许多人捐书……'总之沈先生特别细致耐心，现在还有一封沈先生给张骏祥的信存我处，因当时无法寻找张先生就带回北京了。"①

7 月 1 日　《谈写字》发表于《论语》半月刊第 156 期，署名上官碧。以《谈写字（二）》为题收入《龙凤艺术》（香港商务印书馆 1986 年）。以《谈写字（二）》为题，据《文学杂志》刊本收入《全集》第 31 卷《龙凤艺术新编》集。

本日　上海大公报刊登孔作良为《中国的土地》写的书讯："北大的金隄先生与白恩君合作，就沈从文的作品选译了《柏子》《龙朱》等十三篇，加上沈氏的唯一长篇《边城》，而成为这近三百页（价九先令六便士）的集子。从题材说，这里写的是很不同的中国之一角——湘西；湘西的少数民族——苗族。由文体来说，这又和鲁迅老舍作品的气质完全两样：细腻、抒情，而拒绝做'斗士'。这书的出版，其作用至少足以使英语世界的读者看到中国文艺成就的另一面。翻译的文体是流畅得体的，因为是中英合作所以'信'的程度也在一般水准之上。书前有序，大半论的是沈氏身世，偶尔泛论到现代中国文艺时，很有些外行话，如同说'鲁迅写的是都市，沈从文写的是乡村'。《呐喊》写的还不是浙东土头土脑的农村？"

7 月 2 日

本日　香港《大公报》刊登孔作良为金隄、白恩译的沈从文小说集 The Chinese Earth 写的书讯，但书名译为《中国土地》，内文亦与上海《大公报》有所不同。

---

① 顾文安：《沈从文先生伸出了热情援助之手》，李庆聪等编《北京大学孑民图书室记实》，第 44-45 页，北京大学出版社 1992 年版。

7月4日 《废邮存底 三九八》发表于《华北日报·文学》第二十七期，署名沈从文。本篇未收入《全集》，照录如下：

废邮存底 三九八

沈从文

××先生：

谢谢您好意寄信和诗来。我不懂新诗，所以无意见可说。北京大学废名先生，燕京大学林庚先生，清华大学朱自清李广田二先生都是诗人，对现代诗尤多新见解，如有作品和他们商讨，或者看他们近来论诗文章，行家意见必可行得多。

你想从你住的城圈子中飞出来，我恐无能力相助。因为这个四四方方古城中，还正有大群大学毕业生，无从生活，得飞出到别处就食。写作似不必在北平读书才有办法，北平学校有上万学生，未必都能用笔。你所提到的听课或共同商讨，也并无多大用处，因为写作不是那么简单一课。重要恐怕还是一种态度，素朴持久沉默学习态度。我生平即很少和人去问讨写作问题，只是低头读，低头想，低头写，三十年不放松它，来把握这个工作罢了。我的经验若对你还有点用处，你就先来用一段时间试那么学习下去罢。我们应当明白，个人成就和全个文学运动进步，似乎都只有从工作本身上可以希望，可以证实，别的方式虽热闹，并无多大意义的。还应当承认，这工作实异常□□吃力，要真正的勇士才能担当。尤其是倘若想从文学史成就上创点新纪录，突过前人，有以自见，必放弃取巧心计，老老实实去慢慢学习，试探，摸索，十年八年方有一点希望。(我说的是希望，还不是事实！)因此我并不敢随便鼓励人来作，“写作品”和“做作家”也像是两回事。我们尊重那些对于写作抱有理想和热情的工作者，对于另一些只在场面上做作家的人物，认为并非同道。(他们可能在运动上有极大贡献，对总成绩却并不能增加丝毫东西。)这个画分对某种人说来未免过于严酷，但很明显是有助于年青朋友来自由选择从事工作的！

7 月 14 日　复张香还函。收入《全集》第 18 卷。

本日　傅汉思在致父母的信中介绍了他与沈从文一家在颐和园居住的生活：“我在北平近郊著名的颐和园度一个绝妙的假期！沈家同充和，作为北大教授杨振声的客人，住进谐趣园后面幽静美丽的霁清轩。那园子不大，却有丘有壑，一脉清溪从丘壑间潺潺流过。几处精致的楼阁亭舍，高高低低，散置在小丘和地面上，错落有致。几家人分住在那些房舍，各得其所。我就把我的睡囊安放在半山坡一座十八世纪的小小亭子里。生活过得非常宁静而富有诗意。充和、我同沈家一起吃饭，我也跟着充和叫沈太太三姐。我们几乎每天能吃到从附近湖里打来的鲜鱼……”①

7 月 29 日　早晨与朱光潜一起去青龙桥买菜并在一起用午餐。沈从文一家在颐和园霁清轩居住时，金隄借住在中老胡同沈家。

晚上，致信返回城中照顾弟媳的张兆和，谈及两人的生活：“今天上午孟实在我们这里吃饭。因作牛肉，伢奶奶不听四小姐调度，她要‘炒’，伢‘红烧’，四姐即不下来吃饭。作为病不想吃。晚上他们都在魏晋处吃包子。我不能说厌，可是却有点‘倦’，你懂得这个‘倦’是什么。不知为什么总不满意，似乎是一个象征！”“写这个信时，完全是像情书那么高兴中充满了慈爱而琐琐碎碎的来写的！你可不明白，我一定要单独时，才会把你一切加以消化，成为一种信仰，一种人格，一种力量！至于在一处，你的命令可把我头脑弄昏了，近来命令稍多，真的圣母可是沉默的！虽然我知道是一种爱，但在需要上量似乎稍多了一点，结果反而把头脑变钝了许多。（教育学上早提到这一点！）”“小妈妈，生命本身就是一种奇迹，而你却是奇迹中的奇迹。我满意生命中拥有那么多温柔动人的画像！更感动的是在云南乡下八年，你充满勇气和精力来接受生活的情形，世界上那还有更动人的电影或小说，如此一场一景都是光彩鲜丽，而背景又如何朴素！小妈妈，我近来更幸福的是从你脸上看到了真正开心的笑，对我完全理解的一致。这是一种新的起始，让我们把生命好好追究一下，来重新安排，一定要把这爱和人格扩大到工作上去，我要写一个

---

① 傅汉思：《初识沈从文》，见张充和《小园即事——张充和雅文小集》，第 247 页，广西师范大学出版社 2014 年版。

《主妇》来纪念这种更新的起始！”收入《全集》第18卷。

7月30日　晨与朱光潜一起至青龙桥乡村早市，购菜、鸡蛋等。

下午，周荣德来访。

晚上，致信张兆和，信中记录了与虎雏的一段别有趣味的对话：

小虎虎说：“爸爸，人家说什么你是中国托尔斯太。世界上读书人十个中就有一个知道托尔斯太，你的名字可不知道，我想你不及他。”

我说：“是的。我不如这个人。我因为结了婚，有个好太太，接着你们又来了，接着战争也来了，这十多年我都为生活不曾写什么东西。成绩不大好。比不上。”

“那要赶赶才行。”

“是的，一定要努力。我正商量姆妈，要好好的来写些。写个一二十本。”

“怎么，一写就那么多？”（或者是因为礼貌关系，不像在你面前时说我吹牛。）

“肯写就那么多也不难。不过要写得好，难。像安徒生，不容易。”

“我看他的看了七八遍，人都熟了。还是他好。《爱的教育》也好。”

一分钟后，于是，小小呼鼾从帐中传出。

收入《全集》第18卷。

7月31日　致信张兆和。收入《全集》第18卷。

8月1日　致信张兆和。收入《全集》第18卷。

8月2日　致信秦晋。收入《全集》第18卷。

8月7日　作《霁清轩杂记》。

8月9日

本日　《燕京新闻》第2版发表洪放的《沈从文先生堂上》的文章，披露了沈从文在北京大学的课堂教学情形：

> 记得沈从文先生上第一课的时候，人很热闹课室满座。沈先生以十年来从事文学的经历为开场白，用绕运动场赛跑为譬喻，说三十年前和他一齐赛跑的作家有几千，很多都路途停下了，坚持到最后几圈的只有他和寥寥的几个，现在虽然没有人鼓掌和喝采了，他仍旧要跑下去。这些话，同学们名之曰："沈氏赛跑论"，引为课余的美谈。讲到文学，沈先生在黑板上写了几个大字："经典的庄严，魔术的幻异"。前四字是肯定文学要庄严到"突破记录，动摇历史"，对于后四字沈先生不但为我们津津有味地讲述文章的"设计"，而且小诗的字句的"排比"，这些就很像玩文字魔术。

此后，每堂课沈先生总抱来一大堆书，讲书前总在黑板上抄一大批二十年前的书目，其中很多对我们自然是宽生的，只是沈先生说这是描写细致的佳作，如落花生的《空山灵雨》，孙福熙的《山野掇拾》，废名的《桥》……他赞赏冰心的文章有"毁不掉的青春的魔力"，落花生的散文能"独创一格"；至于《李有才板话》的形式，沈先生却说"古已有之"……讲到新诗，当然穆旦、废名是必须受赞扬的；他劝我们要"放宽尺度"，不要只学艾青、田间，不要只写民主墙上的诗，要我们"以同一的内容去试验着装进各种不同的形式"，这就是沈先生的技巧论。有时他颇为感叹地提到，"有些作家一搞政治就把文学牺牲了"，言下大有文学一碰到政治就会受到亵渎之意。由此，我们明白了沈先生在堂上挂在嘴上的"为人生而艺术"和堂下放在笔下的"向现实学习"是有着与众不同的含意的。

> 一堂又一堂，沈先生讲的总是翻来覆去的一套老调，有些改变的只是抄的书目不同而已。提起特写要数萧乾的好，有空要请出来和我们谈谈；讲到小说便讽刺郭沫若连读也没有读过他的作品就骂他，"如果十分讨厌沈从文的话，他的书也可以看看。"这就是所谓"现代文选"的内容！至于"习作"，他在堂上出过两次题，一次为《夜》和《秋》，一次为"音乐给我什么"，此外概由同学随意定题；他也就随意把他认为得意之作，在他自己编的副刊上发表了。也许在沈先生

是提拔后生，但弄得同学却真有些啼笑不得。

但不管怎样，沈先生的课堂上终于一天比一天冷落了。

只是参加考试的倒还很踊跃。这使沈先生有些生气，他在第一学期期终考试时说："自信我的工作绝对庄严，绝对前进。希望同学下学期不要再这样……"于是，以后来上课的人便带着课外书来写报告，拿了稿纸来写文章，也有听上半堂便忍耐不住而早退的。对于这些，沈先生只得用他自己"放宽尺度"的办法来应付了。

沈从文先生是悲哀的：虽然他说他自己的工作是"为了明天 "，但是明天听他课的人比今天更少。沈先生抗战期间写些与抗战无关的东西，在现在看来，也并没有与抗战胜利后的今天有什么关系。沈先生有时也喜欢对同学的作文内容发点牢骚，大概有同学写过歌颂革命战争的诗文，他便三番两次在班上无原则地诅咒战争，说"这是两个政治集团的争斗"，最后一课说得特别沉痛："大批的人在死亡……我们既然留在这里，就表示我们还不愿死，又怎么忍心鼓励旁人去死？……国家的改革可以 不用战争的方式……"他说到这，眼睛有些红润了，话也哽住了。这时候，沈先生的心肠确是慈悲的叫人有些感动；但有一个同学却在交去的作文上，给了有力的回答："……为正义的战争就免不了死亡，但这死亡是空前绝后的，光荣的；这死亡将结束几千年来人吃人的无声的死亡，这死亡为明天的新中国铺了一条生路！"

最开一课，沈先生用痛苦的声调说："作家到了五十岁便趋向衰退了；虽然没有人鼓掌，我仍要沉默的工作下去，因为有一个北极星在支持着我，"话虽硬，样子倒是非常寂寞的。他最后又苦口婆心地嘱咐我们要"沉默，谦虚，多看点书"，这是他的临别赠言。但我们一直不很明白沈先生所谓的谦虚的言外之音是什么？而所谓"沉默"是不是连应该讲的良心话都"沉默"掉，让大家都学沈先生一样去念佛经？

幸亏沈先生还在说他跑着！依据我们的看法，他是跑着 ，但他的脸却已经朝着时代的反方向了！

躲避在佛经里面，还教导青年们一套“赛跑论”，这岂不是大大的悲哀！

8月13日 上午，到北大医院参加朱自清的葬礼。

8月14日 《霁清轩杂记》（上）刊载于《新路》周刊第1卷第14期，署名翰墨。收入《全集》第14卷《霁清轩杂记》集。

8月15日 张友仁来拜访杨振声、沈从文。

8月19日 为悼念朱自清，在北京西郊作《不毁灭的背影》。

8月21日 《霁清轩杂记》（下）刊载于《新路》周刊第1卷第15期，署名翰墨。

8月26日 上午，参加清华大学在同方部礼堂举行的朱自清追悼会。

8月28日 《不毁灭的背影》刊载于《新路》周刊第1卷第16期，署名沈从文。收入《全集》第12卷《友情集》。

8月30日 《霁清轩杂记》刊载于《益世报·文学周刊》第108期，署名翰墨。这是本文的第二次刊发。

八月上旬 致信张兆和。收入《全集》第18卷。

八月 《长河》改订本作为“沈从文著作集之一”由开明书店出版，文末注明：“三十四年七月二十六日重校毕。（第一卷完）。”

9月1日 《“中国往何处去”》刊载于《论语》半月刊第160期，署名沈从文。面对国家危局，沈从文呼吁收拾残破、停止战争：“一个元气业已耗尽，国际地位业已打光的残破国家，在政治，经济，军事及更多方面都失去了自主性以后，说出路，除了成为新世界强权国家的殖民地，附属物，牺牲品，实在毫无什么光荣出路可言！在这个过程中，朝野党团及个人地位声望，尽管越打越大，武力武器也可能越打越多，然而国家人民却将越来越不成样子。延长下去，民族夙命大悲剧即成目前，脱不出国际两强争霸屠杀场，和新型武器试验场。”“我们实需要一个更新的新青年运动，来扭转危机，收拾残破。这运动思想浸润将重于政治学习。正由于一种真正的觉醒和信心的获得，来重新寻觅发现，首先不妨是分路出发，终结却必然异途同归：若新的青年有勇气敢憧憬将国家现实由分裂破碎改造成团结一致，将人民情感由仇恨传染改造成爱与合作，并有勇气将内战视为一种民族共通的挫折，负责者最大的耻辱。国家明日即再困难，终有克服困难，向前发展，得到新生机会的一天。若独立觉醒无可望，而多数青年知识分子定向的抉择，却由于强力的依附，及宣传活动的结果，共同作成一种信仰。不特内战难结束，即结束，我们为下一代准备的，却恐将是一分不折不扣的'集权'！"收入《全集》第14卷《霁清轩杂记》集。

9月6日　《益世报·文学周刊》续刊《霁清轩杂记》，署名翰墨。

9月13日　上海《大公报·文艺》刊发《"中国往何处去"》，署名沈从文。这是本文的第二次刊发。

9月15日　复信安生。该信后以《关于写作一点讨论——给一个内地作家》为题发表于《周论》第2卷第11期。

9月19日　《收拾残破——文物保卫一种看法》发表地《益世报》第3版，署名沈从文。收入《全集》第31卷《文史研究必需结合文物》集。

9月21日　作《迎接秋天——北平通信》。

9月24日　论文《关于写作一点讨论——给一个内地作家》刊于《周论》第2卷11期，署名沈从文。该文未收入《全集》。收入《沈从文全集·补遗卷2》。

9月26日　本日出版的《中央周刊》第38–39期合刊在"友声"栏以《沈从文先生函》为题发表了沈从文致该刊主编刘光炎的信，未标明写作日期。该信未收入《全集》。原信如下：

> 光炎先生：惠书拜悉，深谢厚意。文章一时恐无从缴卷，因杂事忙乱，终日总是琐务一堆到头上也。稍迟时日必有以报雅命！专复颂
>
> 著安
>
> 弟沈从文

九月　经作者增补修订过的《谈写字》发表于《文学杂志》第3卷第4期，署名沈从文。以《谈写字（二）》为题收入《龙凤艺术》（香港商务印书馆1986年）。据《文学杂志》刊本，以《谈写字（二）》为题收入《全集》第31卷

《龙凤艺术新编》集。

10月1日　《收拾残破——文物保卫一种看法》(未完)发表于《论语》半月刊162期，署名沈从文。这是本文的第二次发表。收入《全集》第31卷《文史研究必需结合文物》集。

10月7日　作《关于北平特种手工艺展览会一点意见》。

10月9日　《关于北平特种手工艺展览会一点意见》发表于天津《大公报》第3版，署名沈从文。收入《全集》第31卷《文史研究必需结合文物》集。

《文物保卫的一种看法》发表于天津《大公报》第4版"北平市特种工艺品展览专刊"，署名沈从文。本文系《收拾残破——文物保卫一种看法》的摘要。

10月10日　作《巴鲁爵士北平通信(第七号)》。

《军中文摘》创刊号转载《不毁灭的背影》。

10月16日　致信凌叔华，谈及中国的文物问题："从近事看发展，中国美术字画铜玉时代似已过时。具地方性特种美术品，将更能引起各方面注意，也易与现代接触。我想如果在三年后还有机会来为美术现代化运动作点事，十年后一定还可把许多有地方性工艺品，使之与现代工艺重新接触。惟照目下情形说来，我们是否还能活三年，可看不准！北平也许会毁到近一二年内战炮火中，即不毁，地方文物也一天一天散失，什么都留不住。目下唯一还可收购的，似乎还有丝织物中的绸缎，许多还是清初东西，即是晚清出品，也多乾隆花样，照时价还不过一美金一码，收二三百种，还有办法。可惜学校还无此眼光(即艺术专校也无此认识)，只有坐视它完事。凡这一类工作，我们恐怕永远要走在日本后面，军事上还可转败为胜，这类认识将打长久败仗了，因为专家学人可以说对此尚毫无兴趣，毫无认识。最作孽的无过于故宫，什么事都不作，只养下一些职员办公！木器家具除登记后搁着下来，竟若毫无用处，陈列室却用一专室放西洋钟！丝织物有上千种不注意，许多都在你们住平那个时候随意卖了，现在却还有一个房子陈列朗士宁艾蒙的大马。真是作孽日子！"收入《全集》第18卷。

《收拾残破》(续)发表于《论语》半月刊第163期，署名沈从文。收入《全集》第31卷《文史研究必需结合文物》集。

《迎接秋天——北平通信》发表于《论语》半月刊第163期，署名巴鲁爵士。在此战火纷飞之际，沈从文依然在反对内战、呼吁和平："同为中国人，在彼则仇恨流血，若不共戴天，在此则无逆无忤，各尽其兴。谁近本性？谁为安排？老子生于春秋战国之际，即曾慨乎言之，'圣人不死'，'大盗窃国'，以古例今，若合符契。个人生命融接于此东方历史过去，当前，未来感兴中，不免茫然若失，亦不禁作圣哲临水之伤叹；逝者如斯，不舍昼夜。窃意中国有光辉之文化思想，能延续至三千年，必有理由，目下火与血之悲剧，亦有理由，或尚待有心人重作检讨布置也。"收入《全集》第14卷《北平通信》集。

10月23日　出席北平怀仁学会法国神父善秉仁在王府井安福楼举办的宴会，同席者有善秉仁、杨振声、俞平伯、朱光潜、梁实秋、冯至、李长之、常风、章廷谦等人到赴宴，并在宴会厅门前合影留念。

《巴鲁爵士北平通信(第七号)》刊载于《世纪评论》第4卷第17期，署名巴鲁爵士。此文系有感于北平"宗教空气忽然特别浓厚"而发，"余对此事则沉思三日，得一庄重结语：宗教因迷信结集而产生后因迷信游离而毁废。宗教亦可能再生，与传教师却无关，将由一种'人的科学'发展，对于迷信本质加以有效控制起始。科学家和诗人，必同为此庄严工作而携手服务。试为诠释因果，小作预言，作通信七。"在作者看来，"宗教'复兴'与'再生'是两件事。复兴只是老式传教师好梦，一切努力犹如用毫无粘性既陈且腐之老教条作浆糊，来弥缝一迎风逆浪载重方舟漏罅，无效果可以想像得之。又恰恰如一平庸而无识医师，企图把灯草蝉蜕治愈一心腐肺烂病人，医师本人早已失去此奇迹自信，尚希望他人相信，由愚众呈献得暂时维持神堂香火和道袍威严。即有结果，实亦非宗教之福。再生是人类认识自己、完成自己、信心之重新觉醒，向'理想'有所寻觅，追求，步骤方式一新而阵列整齐不乱。此事实有待一种新兴独立思想观念的建立，一种'人的科学'的建立。由驾驭此不驯服、具原始性、且多变易的势能起始，目前的自然科学和人文科学，统将为此伟大企图而虔诚服役。这种'人的科学'之深入与推进，如与日俱进，必使天下一家观念由一新途径寻觅试探，而逐渐完全证实。发展范围之广大，则目下犹无人能想像领会。”编者在《编辑后记》中特别推荐了这篇文章：“巴鲁爵士的北平通讯，是谈文化思想问题的。他有特独精辟的见解，值得特别重视。”本文未收入《全集》。后收入《全集·补遗卷1》《北平通信》集。

10月24日 北京大学82位教授发表停教宣言。宣言称：“改革币制以后，物价和我们薪给被冻结了，物价虽然被冻结，我们能照限价购得我们的食用所需，因此我们每月收入不过维持几天的生活。当然，我们宁可饿死而不离开工作岗位，但是我们和我们的眷属在为饥寒所迫的时候，难予安心工作。政府对于我们的生活如此忽视，我们不能不决定自即日（十月廿五日）起忍痛停教三日，进行借贷，来维持家人目前的生活，特此宣言。另致函胡校长适称：物价迫着我们不能不忍痛停教三日，兹将我们停教的宣言附呈，事非得已，尚祈鉴谅。为维持目前生活起见，我们要求学校在一周内借支薪津二月，以免冻饿，至为盼切。专此，并颂教安。”沈从文在宣言上签了字。

10月25日 天津《大公报》在第2版发表电讯稿：《北大八二教授宣述困苦今天起停教三天》。同版发表了《大公报》社评：《北大教授停教三天》。

10月26日 《饭桶》改题《饭桶考》在《成都晚报》第二版刊发，署名上官碧。这是本文的第三次刊载。

10月29日 复信滑田友。收入《沈从文全集·补遗卷3》。

10月31日

本日 上海《大公报》在“北平教师太穷了 议决下周总请假”总题下发表《北大教授停教宣言》。

11月7日 晚8时，参加在蔡孑民先生纪念堂举行的方向社第一次座谈会，参加者有朱光潜、沈从文、冯至、废名、钱学熙、陈元、常风、汪曾祺、马逢华、萧离、袁可嘉等人。沈从文在会上做了发言，提出了诸多问题：“也许有人以为不要红绿灯，走得更好呢？”“文学自然受政治的限制，但是能否保留一点批评修正的权利呢？”“文学是否在接受政治的影响以外，还可以修正政治，是否只是单方面的守规矩而已？”[①]

11月10日　校改《阿丽思中国游记》第三章。

11月14日　沈从文主编的《平明日报·星期艺文》出至第82期停刊。

本日　天津《大公报·星期文艺》第107期以《今日文学的方向》为题刊登了方向社第一次座谈会记录。

11月19日　与张兆和一起，参加张充和与傅汉思的婚礼。据傅汉思的家信记载：“仪式虽是基督教的，但没有问答，采用中国惯例，新娘新郎在结婚证书上盖章，表示我们坚定的决心。除我俩外，在证书上盖章的，还有牧师，按照中国习俗，还有两个介绍人（从文和金隄），两个代表双方家属的，沈太太和杨振声教授（他代表我的家属）。参加婚礼的还有充和两个堂兄弟、沈家两个孩子和几个好友，连邵牧师夫妇一共14人。”[②]

11月28日　致信沈云麓，谈及时局：“北平冬晴，天日犹明明朗朗，惟十天半月可能即有地覆天翻大战发生！在此熟人统用一种沉重心情接受此历史变局。学校看情形实已无可搬。即茂林山家属，想移动，似乎也无此能力。因一动即先破家，且半路即不免成流民也。事如可能，他一个人或得离开，惟至今为止，还不知向何处走好。因体力与生活方式，实在都不宜卷入政治，且已深深感到学校也不相宜。既不想作官，也不拟教书，所以很希望一个人能回来住住。生活需要简单，维持一二年生活下去有办法。因卖去一本书，总即可支持半年也。还有几十种未印行，还有五六卷新书待付印。家中人在此大致不会为难，有照料的。能到乡下二三年，写十本八本书，比教书有意义得多。”收入《全集》第18卷。

复信姚明清。

十一月　校改《阿丽思中国游记》，并写下题识：“本书里封面是一多为新月丛书所画，丁玲为题字。时与小胡夫妇同住上海萨坡赛路二〇四号，因此丛书名二〇四，共出过五本书。本书到今恰恰出版二十年。还得改正，当时实草草付

---

① 《今日文学的方向——方向社第一次座谈会记录》，天津《大公报·星期文艺》第107期，1948年11月14日。

② 傅汉思：《我和沈从文初次相识》，《我所认识的沈从文》，第15页，岳麓书社1986年版。

印。这书万一还有付印机会，可用这个作根据。”（《题〈阿丽思中国游记〉存底本》）

12月1日 因刊物停顿，致信季陆：“大局玄黄未定，惟从大处看发展，中国行将进入一新时代，则无可怀疑。用笔的求其有意义，有作用，传统写作方式态度，恐都得决心放弃，从新起始来学习从事。人近中年，观念凝固，用笔习惯已不容易扭转，加之误解重重，过不多久即未被迫搁笔，亦终得搁笔。这是我们年龄的人必然结果。如生命正当青春，适应性大，弹性强，如能从一新观点继续用笔，为一原则而服务，必更易促进一个新社会实现。这是你们必取的路径。这新的理想社会，极显明不仅仅是战事一面倒即可顺利产生，还必须经过种种淘汰、消耗、一再修正、一再调整过程，方能于逐渐平衡中使各部门工作配合，得到正常发展进步也。一切由宣传作成的仇恨对立，都得有个结束，而代以一种新的鼓励，新的希望，方能使社会在新形式中向上向前。万千人必由对立仇恨转而为爱与合作，一致将热忱和精力为合理社会而服务。这需要更多专家来设计，也需要更多健康优秀文学作品来鼓励。”“旧的社会实在已不济事了，得一切从新安排，在过程中我们这一代可能会大半要牺牲于是非不明胡涂混乱中，也不妨事。因为大多已年在四十至六十之间，四十年内忧外患，各有一份，在个人工作上也各尽了所有能力，为国家为职务做了点事。即以作一个公民言，也很像一个好公民。不幸的是配合社会现实不来，许多努力得来的，都若无意义可言。个人即必然得牺牲或于不公平中淘汰，也不用为我们这一代而在意。试从远大处看国家，这个国家必然会进步，可以使青年得到多方面发展，只不过进展的方式，或稍稍与过去自由主义者书呆子所拟想成的蓝图不甚相合罢了。应当单纯而勇敢来准备接受新时代的新教育。为了这个时代，能用笔，也不要因为发展方式不尽合本来理想，即搁下不干！文运传统在北方为结结实实的工作，这个传统成就，虽有一时会为宣传打倒，传统工作态度，却必然将为明日有分量作品的生产所不可少。”收入《全集》第18卷。

12月6日 校改《阿丽思中国游记》，并写下题记：“越看越难受，这有些什么用？一面是千万人在为争取一点原则而死亡，一面是万万人为这个变而彷徨忧惧，这些文章存在有什么意义？一切得重新学习，慢慢才会进步，这是我另外一种学习的起始。”（《题〈阿丽思中国游记〉存底本》）

12月7日　致信吉六，谈及自己的写作方式：“人近中年，情绪凝固，又或因性情内向，缺少社交适应能力，用笔方式，二十年三十年统统由一个‘思’字出发，此时却必需用‘信’字起步，或不容易扭转，过不多久，即未被迫搁笔，亦终得把笔搁下。这是我们一代若干人必然结果。”“从五四起始，北方文运传统有个一贯性，即沉默工作。这个传统长处或美德，有一时会为时代风雨所摧毁，见得寂寞而黯淡，且大可嘲笑。然而这点素朴态度，事实上却必定将是明日产生种种分量作品的动力来源。不要担心沉默，真正的伟大工程，进行时都完全沉默。”收入《全集》第18卷。

12月12日　《复姚明清信》发表于长沙《小春秋》，署名沈从文。谈及自己的创作前景，颇为悲观：“近二年来，我不仅对新文运无助，且在误解中很容易给人一种和‘进步’游离，落后现象。一些内地读者，从我作品中，虽然尚可取得一点社会重造信心和力量（从《边城》或《湘西》《湘行散记》都可以），并不以为我真正落后，然而在都市政治竞争过于剧烈，文运工作又转入一新方式时，我的工作态度、方法，实在都已太陈旧，容易被看作落后，作品也成为无意义的存在，没有多少人要看了。这就是所谓现实。一部分现实既如此，很明显，我即用笔，也得从头学起，方能把握‘动’的一面，如依然只能处理‘静’的农村分解过程，稍稍注入一点理想（即社会尚未大变的区域，读者所能接受的启发），自然不能与目下文运作一致发展。至于你所说的‘竖起战斗旗帜’来如何如何，社会虽十分需要，不过这件事，恐得由另外一些人来作了。目前国内很有几位作家把文运领导得很好，可不是我的事！在这个新发展新要求情形下，我很尊敬那些真正能领导年青人的作家：至于我自己，即存心从头来学，恐不免如朱佩弦所谓‘要慢慢来才有希望’，可能还笨脚笨手学不好。与其画虎不成，倒还是在一个不重要的点上，用二十年前旧方式、旧工作态度，来写写这一代社会分解苦难过程比较有把握。”收入《全集》第17卷《新废邮存底续编》集。

12月13日

本日　上海《大公报·大公园》在“作家手迹”栏内刊发沈从文的手迹。魏雨写的附文称：“沈从文写得一笔好字，常有不相识的人辗转托人向他求字，很少遭他拒绝。他日常家居也常以写字消遣时光，桌案上经常摆得有各色纸张，随时可用。署名多用‘上官碧’，有时与‘沈从文’并用。所用印为阴文，形体甚小，上刻古篆体‘沈从文’三字。上款多题‘××兄补壁’字样。这里所刊的是他四年前写的诗句。”

12月16日　为“抢救”尚在北平的著名作家、学者，陈雪屏、傅斯年拍电报给平津路局局长石树德，请其译转电文给梅贻琦等人，确保名单上的人乘机南下，沈从文名列其中。电报全文如下：

> 急　平津路局石局长树德兄，请译转梅校长、袁校长、郑秘书长，筱晨有一机到，如顺利当续有机到，名单包括四类：（一）各院校馆所行政负责人，如梅、李、袁、陈、胡、郑、贺、霍、褚、沈、汤、冯、舲、饶等。（二）因政治关系必离者，如朱、雷、刘、毛、梅、齐等。（三）中央研究院院士，如景钺、通夫、大绂、宗恩、宝騄等。（四）在学术上有贡献并自愿南来者，如今甫、莘田、廉澄、思亮、祖圣、三强、济慈、政烺、从文、廷祥、循正等，请会同分配列为数批，连眷属，约三百人，分次乘机，务须与剿总实斋兄，路局志仁兄切实联系，机到即走，不能观望稍有迟疑不决。斯年。雪屏铣（十六日）
>
> 三十七年十二月十七日收到[①]

按：另据北京大学综合档案室藏《傅斯年为派飞机接南下人员事给郑天挺之电报（附人员名单）》（BD19481564）所示，傅斯年又专门给北京大学秘书长郑天挺发了一份电报，并开列了名单，沈从文在这份名单上。这份名单与前份名单大体相同，可贵的是标注了办理结果和当事人的主观意愿，沈从文名下

① 《傅斯年全集》第7卷，第355页，湖南教育出版社2003年版。档案原件藏北京大学档案馆，全宗号（七），目录号第一号，案卷号1231。

明确标注的是："不走"。[①]

12 月 17 日　蒋介石给傅作义发电报，要求傅作义帮忙安排他所指定的 62 名学者乘飞机撤离北平，名单中有沈从文的名字。电文的详细内容如下：

北平傅总司令宜生兄，口密。（一）在平教育行政负责人为："梅贻琦""李书华""袁同礼""袁敦礼"、李麟玉、陈垣"胡先骕"、汤用彤、"冯友兰"、叶企荪、饶毓泰、陈岱孙"郑天挺""贺麟"郑华炽、沈履、霍秉权、褚士荃、黎锦熙、温广汉、黄金鳌、徐悲鸿。（二）因政治关系必须离平者为："朱光潜""毛子水""丘椿""张颐""陈友松"、刘思职、"梅贻宝"、齐思和、雷宗海 [引者案：应为雷海宗]、刘崇鋐、戴世光、邵循恪、吴泽霖、赵凤喈、敦福堂、张恒、金澍荣、"英千里"、张汉民、徐侍峰。（三）在平之中央研究院士为："许宝騄"、张景钺、陈达、戴芳澜、"俞大绂"、李宗恩。（四）学术上有地位，自愿南来者，如"杨振声"、罗常培、钱思亮、马相圣、赵乃搏、钱三强、严济慈、张政烺、沈从文、邵循正、邓广铭、李辑祥、孙毓棠、蒯淑平。请兄分别疏导，即日南移，如获彼等同意口口口，可派机或备船接运。其搭机人员并请兄代排订次序电告，尤以有括弧者，务须来京，如何？请速电覆中。[②]

12 月 20 日　致信炳堃："时代突变，人民均在风雨中失自主性，社会全部及个人理想，似乎均得在变动下重新安排。过程中恐不免有广大牺牲，四十岁以上中年知识分子，于这个过程中或更易毁去。这是必然的。个人悲剧虽多，可不用悲观，社会明日却必然会得到进步，年青朋友的知识、经验、热忱，必然可在一个新的发展中，得到多方面使用机会。即写作，为一个新观念而努力，作品又适合为新社会需要的，必可得到广大的出路。"收入《全集》第 18 卷。

本日　上海《大公报》在"平各校动态"栏下，以专电讯形式报道北平各校情形应变情形，电讯稿中称："各宿舍均有编组，师生合作应变，沈从文任中老胡同宿舍防护会书记。"

---

① 参见沈卫威：《胡适弃校南下与平津学人去留》，《新文学史料》2017 年第 1 期。

② 《蒋中正总统文物，卷名：武装叛国（一七四）》，国史馆藏：典藏号：002090300197213，1948—12—17。转引自黄克武：《近代中国的思潮与人物》，第 436—437 页，九州出版社 2016 年版。

12月26日

本日　香港《大公报》在第七版刊登消息云：国立厦门大学聘了许多教授，其中有“中文系教授沈从文”一语。但这一消息未必可靠。

12月31日　为周定一临史孝山《出师颂》条幅。

重读《传奇不奇》。在文后加附注：“卅七年末一日重看，这故事想已无希望完成。”（《从文散文选》，时代图书有限公司1980年12月版）

本日出版的《子曰丛刊》第5辑发布《子曰丛刊第6辑（新岁特号）发售预约》，在《艺舟》创刊号目录中，有署名上官碧的《故宫读书记》。该文未见发表。

本年

秋天　张鼎和夫人吴昭毅来北平，寄宿在沈从文家。沈从文从吴昭毅口中了解了很多张鼎和的事迹，这为他日后准备写革命历史小说埋下伏笔。

下半年　在北京大学中国语文学系讲授“现代文选及习作”课程，这也是沈从文在大学专职任教的最后一个学期。据1948年入学的乐黛云回忆：北京大学“把我录取在中文系。据说是因为沈从文先生颇喜欢我那篇入学考试的作文。”“我最喜欢的课是沈从文先生的大一国文和废名先生的现代文学作品分析。沈先生用作范本的都是他自己喜欢的散文和短篇小说，从来不用别人选定的大一国文教材。他要求我们每两周就要交一篇作文，长短不拘，题目则有时是一朵小花，有时是一阵微雨，有时是一片浮云。我们这个班大约二十七个人，沈先生从来都是亲自一字一句地改我们的文章，从来没有听说他有什么代笔的助教、秘书之类。那时，最让人盼望的是两三周一次的发作文课，我们大家都是以十分激动的心情等待着这一个小时的来临。在这一小时里，先生总是拈出几段他认为写得不错的文章，念给我们听，并给我们分析为什么说这几段文章写得好。得到先生的夸奖，真像过节一样，好多天都难以忘怀。”①

---

① 乐黛云：《1948年，我上北大中文系》，北京大学校友会编《北大岁月 1946—1949的记忆》，第42，45-46页，北京大学出版社2013年版。

据艾治平回忆："在当时，沈从文先生是一位有争议的人物。大约从抗战后期，有被称为'进步作家'的人对他的某些作品常有所批评；而直接的原因是对他的'政治态度'。如随着时局变化，学生自治会的号召停课到后来越来越多了。同学们中有的支持，有的仍去上课，我基本上属于后一类。沈先生是有课必到，不管到的人多少，他都一如往常认真讲课。这种情况在当时得不到有些人的宽容，认为是'政治态度'问题。其实从学校的规章说，校方既未明令停课，而经常有一半或一半以上学生去听课，教师是不应该缺席的。我直到今天还认为，沈先生坚持上课这件事的本身，是无可厚非的。"①

秋冬之际 作《漆工艺问题》。沈从文生前本文未曾发表。据手稿收入《全集》第28卷《漆器及螺甸工艺研究》集。

本年 在生活书店《边城》初版本样书上，撰写了《新题记》，对人生世事发了很多感慨："二十年来生者多已成尘成土，死者在生人记忆中亦淡如烟雾，惟书中人与个人生命成一希奇结合，俨若可以不死，其实作品能不死，当为其中有几个人在个人生命中影响，和几种印象在个人生命中影响。"《新题记》作者生前未曾发表，收入《全集》第8卷《边城》集。

本年 暴春霆为影印彰显其祖父暴式昭德政的《林屋山民送米图》，请京内贤达题字，沈从文的题字："暴方子为官清廉，作人有骨气，曲园老人尝为文称之为'古君子'，此《送米图》犹可仿佛见前贤行谊，观之，生钦敬心。凤凰沈从文敬观"。按："暴式昭，字方子，世居河南滑县暴庄。于清末光绪年间在苏州太湖中林屋山（也称洞庭西山）做巡检，是官吏中最低的一级——九品官。他素日廉洁爱民，不走上层路线。且对于上级有损害群众利益者加以轻视。因此被借故撤职。撤职之后暂住洞庭西山，不到十天就吃的没米下锅，没柴做饭。民众感其素日德政，负米担柴馈遗不绝。当时名流秦散之为绘《林屋山民送米图》。俞曲园作篆字题额，并作长歌。"②

本年 为北京大学博物馆专业编制课程计划，本文为未刊稿，以《中国陶瓷

① 艾治平：《双八岁月纪实》，第127页，北京时代弄潮文化发展公司2013年版。

② 暴春霆：《写在〈林屋山民送米图卷子〉之前》，《暴方子事迹题咏集》（内部资料），第279页，安阳市政协文史资料委员会、滑县政协文史资料委员会合编，1997年印行。

三十课》为题据手稿收入《全集》第28卷《中国陶瓷研究》集。

本年 作《陶瓷札记》。沈从文生前本文未曾发表。据手稿收入《全集》第28卷《中国陶瓷研究》集。

本年 为贺麟女儿贺美英自制的纪念册题词："要跑得快 / 可莫摔跤 / 美英大妹 沈从文"。张充和的题词："滴自己的汗，吃自己的饭，靠人靠天靠祖宗，都不是好汉。充和为美英妹录。"①

约47—48年间 作《关于说书》。收入《全集》第27卷《谈话及其他》集。

---

① 贺美英：《难忘的中老胡同三十二号》，江丕栋等编：《老北大宿舍纪事（1946—1952）：中老胡同三十二号》，第61页，北京大学出版社2011年版。

民国三十八年 1949年 48岁

1月1日 新华社发表新年献词《将革命进行到底》。

1月21日 蒋介石发布引退文告，由副总统李宗仁代行总统职权。

1月31日 中国人民解放军入城接管北平防务，北平宣告和平解放。

3月25日 中共中央由西柏坡迁入北平。

4月1日 国共双方代表在北平举行和平谈判。

4月21日 中国人民解放军发起渡江战役。

4月23日 南京解放。

6月30日 毛泽东发表《论人民民主专政》。

9月21日 中国人民政治协商会议第一届全体会议在北平开幕。

10月1日 中华人民共和国中央人民政府成立。

1月1日 校改《巧秀与冬生》。

1月2日 为《七色魇集》拟篇目。后据手稿以《未印选集拟目》为题收入《全集·补遗卷1》《七色魇集》。在这段时间内，曾在《绿魇》文末写下题识："我应当休息了，神经已发展到一个我能适应的最高点上。我不毁也会疯去。"（《题〈绿魇〉文旁》，《全集》第14卷）

1月18日 在徐志摩的《爱眉小札》中写了以下文字："孤城中清理旧稿，忽得此书。约计时日，死者已成尘成土十八年。历史正用火与血重写，生者不遑为死者哀，转为得休息羡。人生可悯。"（《题〈爱眉小札〉》，《全集》第14卷《艺术题识录》集）

1月19日

本日 香港《大公报》刊登了忆子写的《青岛文人过鸿录》，其中"窄而深斋主人"一节专门写沈从文在青岛的生活："沈从文先生那时候在'青岛大学'教'中国小说史'，常见到他在图书馆中的旧书堆里找材料。他总是胆怯怯的样子，走路沿着墙，像要找一个依靠似的。他的'自卑感'是颇为强烈的。你想想，从一个小兵爬上大学教授的高位。选他课的很少，他讲书声音小，把讲义遮在脸前念着，选课的好似为了‘面子’与‘同情’才去上他的课。他住在从‘青大’通往公园的一条大道的右手的一座红楼上，房子狭而长，那一个时期他写的小说如《八骏图》等，下边都是落一个‘于窄而深斋’。”其中，“窄而深斋”恐系“窄而霉斋”之误。

1月25日

本日　上海《大公报》在第八版“海外文讯”栏刊登映实写的文讯：“英国的《生活与文学》（Life and Lotters）月刊本年一月号为‘中国文学专号’，选有曹禺的《家》之一幕，鲁迅、沈从文、郭沫若、杜运燮、李广田、冯至等人的小说及诗文。由李儒勉、George Begley等英译。”

1月27日　得知沈从文近日患病，梁思成致函沈从文，约其到清华园住几天，“看看此间‘空气’。”

程应铨致函沈从文，并托胡允敬送来冰淇淋粉一瓶。梁思成、程应铨信均作为附录收入《全集》第19卷。

1月28日　在罗念生陪伴下前往清华园。其中情形，沈从文在《一点记录——给几个熟人》一文中有如下记录：“我是年夜上午九点出的城，一朋友相送，一个亲戚伴随。战事犹未完结，有十万人犹在郊外对峙中。一出城即见到泥土里纵横工事，交通壕，机关枪巢，以及在这段路上凡事照常的小市民往来。还有小毛驴秀目细尾，体面如一个农家新妇，在光滑柏油马路旁行走。不多远处恰恰爆发了一列地雷，一个夹泥带烟的柱子向上直升。我知道这是没有死亡的爆炸。世界上也还有‘没有爆炸的死亡’，就派归了‘我’罢。”① 在清华园住了7天，在此期间，受到金岳霖、林徽因、梁思成、张奚若、程应铨、吴瑞芝等好友的照顾。

上午，胡允敬来访，并带来梁思成、程应铨的信。

下午，王逊、张中和、张以瑞先后来中老胡同32号内18号。

为周定一临写史孝山《出师颂》，落款处有“三十七年除日封笔试纸”一语。

---

① 沈从文：《一点记录——给几个熟人》，《新文学史料》2014年第4期。

本日 除夕之夜，张兆和致信沈从文。收入《全集》第19卷。

1月29日 复张兆和函：“我很累，实在想休息了，只是为了你，在挣扎下去。我能挣扎到多久，自己也难知道！我需要一切重新学习，可等待机会。”收入《全集》第19卷。

校改小说《巧秀和冬生》。

1月30日 盛澄华、吴瑞芝来中老胡同32号拜访。

王逊到清华园看望沈从文。

本日 梁思成、林徽因复张兆和函，介绍沈从文在清华园的生活状况：“他住在老金家里。早起八时半就同老金一起过我家吃早饭；饭后聊天半小时，他们又回去；老金仍照常伏案。中午又来，饭后照例又聊半小时，各回去睡午觉。下午四时则到熟朋友家闲坐；吃吃茶，或是（乃至）有点点心。六时又到我家，饭后聊到九时左右才散。这是我们这里三年来的时程，二哥来此加入，极为顺利。晚上我们为他预备了安眠药，由老金临睡时发给一粒。此外在睡前还强迫吃一杯牛奶，所以二哥的睡眠也渐渐的上了轨道了。”① 本信作为附录收入《全集》第19卷。

1月31日 收到张兆和的30日来信。在张信上写下数段批语，披露出自己的内在困惑：

> 我头脑已完全不用了，有什么空想。
>
> 关切我好意有什么用，我使人失望本来已太多了。
>
> 我照料我自己，“我”在什么地方？寻觅，也无处可以找到。
>
> 我“意志”是什么？我写的全是要不得的，这是人家说的。我写了些什么我也就不知道。
>
> 给我不太痛苦的休息，不用醒，就好了，我说的全无人明白。没有一个朋友肯明白敢明白我并不疯。大家都支吾开去，都怕参预。这算什么，人总得休息，自己收拾自己有什么不妥？学哲学的王逊也不理解，才真是把我当了疯子。我看许多人都在参预谋害，有热闹看。

---

① 梁思成林徽因致张兆和，梁从诫编《林徽因文集·文学卷》，第345页，百花文艺出版社1999年版。原信未署日期，据《沈从文全集》编者的附注确定为1949年1月30日。

这有什么用？

小妈妈，我有什么悲观？做完了事，能休息，自己就休息了，很自然！若勉强附和，奴颜苟安，这么乐观有什么用？让人乐观去，我也不悲观。

这也参加一个团体来讽刺，来骂，来诬蔑，这就是你们的大工作。

衣洗不洗有什么关系？再清洁一点，对我就相宜了？我应当离婚了。免得累她和孩子。

小妈妈，你不用来信，我可有可无，凡事都这样，因为明白生命不过如此。一切和我都已游离。这里大家招待我，如活祭，各按情分领受，真应了佛家所谓因果缘法。其实真有人肯帮助我是给我足量的一点儿。我很需要休息。这对大家都不是坏事。一个柔和的结尾，有什么坏。

金隄、曾祺、王逊都完全如女性，不能商量大事，要他设法也不肯。一点不明白我是分分明明检讨一切的结论。我没有前提，只是希望有个不太难堪的结尾。没有人肯明白，都支吾开去。完全在孤立中。孤立而绝望，我本不具生存的幻望。我应当那么休息了！

我十分累，十分累。闻狗吠声不已。你还叫什么？吃了我会沉默吧。我无所谓施舍了一身，饲的是狗或虎，原本一样的。社会在发展进步中，一年半载后这些声音会结束了吗？

张兆和信及沈从文的批语收入《全集》第19卷。

一月初　在《绿魇》校正文本中写下几段批注文字。后以《题〈绿魇〉文旁》为题收入《全集》第14卷《艺文题识录》集。

一月上旬　北京大学贴出声讨沈从文的壁报和标语，壁报同时抄写了郭沫若的《斥反动文艺》，受到极大刺激。按：一说1月15日，录以备考。据《王逊年谱》载："北京大学贴出一批声讨沈从文为'反动文人'的壁报，对沈从文造成很大思想压力，导致严重的精神错乱。"①

① 王涵：《王逊年谱》，第137页，中国青年出版社2015年版。

一月中旬　处于精神失常状态。

2 月 1 日　王逊将沈从文、梁思成林徽因致张兆和的信带给张兆和。

本日　张兆和复沈从文函。收入《全集》第 19 卷。

2 月 2 日

复张兆和函，谈及自己留下不走的原因时说："为了你们，我终得挣扎！但是外面风雨必来，我们实无遮蔽。我能挣扎到什么时候，神经不崩毁，只有天知道！我能和命运挣扎？""你的对我一切善意，都无从挽救我不受损害。这是夙命。我终得牺牲。我不向南行，留下在这里，本来即是为孩子在新环境中受教育，自己决心作牺牲的！应当放弃了对于一只沉舟的希望，将爱给予下一代。"收入《全集》第 19 卷。

约在本日，开始撰写《一点记录——给几个熟人》。

本日　张兆和复信林徽因、梁思成，感谢他们二人对沈从文的照顾。收入《全集》第 19 卷。

2 月 13 日　《饭桶考》发表于柳州《广西日报》第 3 版，署名上官碧。这是本文的第三次刊发。

2 月 16 日

本日　《申报》在第二版发表通讯《郭沫若与沈从文为小说题材辩论》，全文如下："［联合社北平十五日电］新民报今日载，中共著作家郭沫若抨击非共产作家之作品无裨于人民，尤其指斥沈从文专写恋爱小说。郭氏谓共产党作家拥护人民革命运动，其它作家则不然。但沈氏答称，渠除恋爱小说外，未尝不写其它题材，惟其中一部份因遭国民党政府禁止刊行，被迫撕毁。"

2 月 17 日　香港《华侨日报》刊发消息《沈从文替自己申辩》。

2 月 20 日　在《关于西南漆器及其他》一文的背面注："关于西南漆器（未发表）卅八年二月廿毕事（未抄齐，来不及）。"

二月初　在清华园完成《一点记录——给几个熟人》，这是了解沈从文这一时期思想、心态的重要文献，表达了他对"生命"的诸多感慨。该文作者生前未发表。未收入《全集》。后经沈虎雏整理，发表于《新文学史料》2014 年第 4

期。兹照录如下：

一点记录

——给几个熟人

我写什么？还能够写什么？笔已冻住，生命也冻住。一切待解放，待改造。是不是还有希望由复杂到单纯，阴晦到晴明？凡事必重新梳理，才能知道。

下午两点钟。有鸡叫声于屋外近处啼唤。那两只大公鸡昂然在阳光下散步，犹如两个隐遁的修士，被放逐的战士。是逻辑学者老X的伴侣。声音寂寞中有一点生机，可能还曾影响到屋主人的头脑和新完成的著述。我在窗口边。

窗外冷雾正逐渐消散，有阳光如流水浸入房中。四扇窗子上也满是阳光。

我在搜寻"我"。第一回发现的，却是于年夜饭中那个头脑木钝，机能失灵，恰恰如三十年前在个小县城里失业游荡，各处流转，及寄寓在小小客邸中无望无助光景。这是"我"吗？唯有我还认识他，脆弱，羞怯，无可奈何，不知如何忽然会转移到一个更陌生环境里：即目前环境，一切如偶然又如夙命。

我曾经有了个家，已十六年。这时节看来，竟像对我毫无意义。我并非为家而存在，这个家也不是为我而存在。二十年中我似乎还有一堆朋友，一群学生，无数读者，这个群目下看来，也仿佛和我漠不相关。我好像还曾经写过一大堆书，好一大堆！一切存在都只是习惯，留下或烧毁，已无可不可：任何人都可以把这个生命勤劳堆积物当成个垃圾堆，当成一种嘲讽。试设想这些东西是在什么情形下写成，是反映个人生命经验的斑驳陆离，还是反映旧时代的回光？已无法弄清楚。新的时代把一切存在完全否定了。我否定了我自己。

我发现"我"始终是一个独立存在，如悬垂于虚空的星子，四周广漠而无边。只小小的光照着附近。不仅和"人"游离绝缘，和其他放光体积也不相粘附。达到人眼中可说完全是偶然的。好荒凉的存在！这发现可说是生命中崭新发展，是真正体验。但觉时间如箭，直射而前，“我”亦随之而前，向不可知射去。好像听到一种呜咽，通过生命，通过时间。试从经行处回顾回顾，却保留了一点印象错综排列，如一片霞锦，又如一堆灰土，是宝藏也是废墟。一切待重新估值，一切应有意义已全失。

窗外用稻草缠束的苹果树快要发芽，春天将来了。有喜鹊坐在屋脊叫唤。我才记起在这个屋子里已住了六天。初来即过了一个年夜，凡事失去自主性，在贤主人家主客大小九人中，坐下来就吃喝。笑语中的理想，辩难，小小的争持，都在“解放”意义下进行。一切离我似乎很近又极远。我总在努力搜寻那个自己，原来那一个，本来那一个，二十年中容易为朋友认识那一个，以为如此一来必可使主客之间更容易相处。各处寻觅都得不着。存在的还只是十七岁年龄游荡失业各地流转那一个：脆弱，羞怯，遇事无可奈何，心带着各种碎伤，屈辱和饥饿，在梭罗古卜《微笑》小说中出现了三次，终于下决心迈过桥栏完事了。在这里又第四次出现，于朋友家饭桌边和客厅里。没有一个人发觉这种人格分裂以后的寒冷景况。女主人的明敏也没有查觉。

我是年夜上午九点出的城，一朋友相送，一个亲戚伴随。战事犹未完结，有十万人犹在郊外对峙中。一出城即见到泥土里纵横工事，交通壕，机关枪巢，以及在这段路上凡事照常的小市民往来。还有小毛驴秀目细尾，体面如一个农家新妇，在光滑柏油马路旁行走。不多远处恰恰爆发了一列地雷，一个夹泥带烟的柱子向上直升。我知道这是没有死亡的爆炸。世界上也还有“没有爆炸的死亡”，就派归了“我”罢。从十岁起受了这个名词的诱惑，每到困难时，即有相似召呼。四十年了，始终没有肯定承认过。生活越困难，挫折越大，挣扎精力也越加多。现在却似乎由于一种召呼声音的回复，我想轻轻答应一声。过五塔附近，记起这地方月前曾有大战，为争夺工事，有二千人民长眠休息了。要来的终得接受，凡是动的生命到时就得静止。这些人似乎还来不及答应，就完全接受了。

住在南京那个独夫已倒下，战争在长江南岸犹待进行。既还待进行，必然又是无数工事，机关枪巢，地雷，毒气，人人呼号而前，一切在极残忍情形中大规模进行。在另一时另一土地上，在雷马克，或派恩，也在我脑中襞折深处，有争夺，呼喊，呻吟。热血无终结的流，一凹凹浸在土地上。死去的随即埋在土里。一切为了时代新生。车过了界，新的界，所见表面依然凡事照常，小毛驴新妇回门神气，在光滑柏油马路上走着。世界其实已不照常，一切得在计画中重新安排。我感到，我明白，我承认。那辆三轮车于是到了一所红砖房子前，停顿下来了。第一眼看到的就是那两只大公鸡，鸡喉中骨落一声，仿佛说，“有缘！”真是有缘，过年前一天会在这里见到。

到了住处房子中，从窗口望出去，一片灰黄黄的田野。窗台间还有上百小蟋蟀瓦盆瓦罐，小生命全已结束，入夏来振翅急鸣和好勇狠斗都已成过去了。时节已过。生命如箭，穿越时空，帝王蝼蚁，一切存在都将成为过去，归于尘土。这真是种离奇的启示。靠墙文件橱上，有一张灰尘扑扑的志摩诗人相片，用手攀折花枝，神情如生。二十五年前的秋天，在他住处的院子第一面时，一地红黄缤纷落叶在旋风中打转，印象犹如昨天。事实上这个人死去即已十八年，年青一辈亲友提及他姓名时，早不知道是什么人了。身与名俱灭，亲友间犹如此，何况新时代陌生青年。还有几个干玉米棒，是夏天从窗外那一片土地上生产物。目下土地却只是一片荒凉，已不易想象另一时郁郁青青景象。

远处有蓬蓬鼓声，汽笛声，都若象征一个新的时代新的春天的来临。两种声音完全调和还要时间，要一段长长时间。这个新的时代是在一些人的信仰中，意志中，行为中，慢慢产生，经过很多困难和牺牲，方能逐渐成形的。也在我脑中不断旋转从工事交界处太阳光影下，带春信冷冷寒风中，我便想到——

“一切必然要新生，旧的灭亡而新的兴起。个人得挣扎到阳光下来，将生命重新交给土地和阳光。凡事从新学习，由一个起码的人作起！即已无机会可望，个体在内外限制下终得毁灭，也应当用短短余生，鼓励下一代好好生存，在新社会里作一个好公民！”

那么想着，竟若十分自然。我明白生命早在秋天中，成熟，透明，等待离枝。由离枝证明了废名的“道”。望到田野和蓝天，眼中莹然，明白了生命的相关性，不可分割性，因果性。我发现了我。车到了地，人到了落脚处……吃年夜饭时，却完全如三十年前，沉默，羞怯，慌乱，微笑也掩覆不住那点无可奈何。头木钝钝不知有我有人。完全如做梦。梦在进行。现实却又如搁在眼前，可触可抚。

客厅中有个四方几，我估想它是元人着双陆用具。台子上北齐雕相和唐代小白陶猪，北魏小铜金刚，我似乎都极熟习。那个时代的历史纷乱和宗教辉煌也熟习。桌沿大小坐了九个人，一个是近五十年代聪明热情稀有的女主人，性情中的明朗和体质脆弱，两者的奇异结合，就正是人文主义一个最好标本。还有同样而不同形另一标本，却将支配了将来中国无数工人住宅设计，影响到下一代工业发展和人民健康起居极大的男主人。对时代那么一个重要人物，身体却不到一百磅，平时行动还必需穿着一轻金属背甲。还有生与道契的老金，世界虽在逻辑中存在，却并不由逻辑决定。他于是想到蟋蟀、公鸡和白鹅：总以为中国地方宽广，应当还有地方宜于养鹅。什么地方可不知道。两个生命丰满的青年助教，两个新时代的标准“技术人”。两个小主人，生命正在解放中发酵。还有七十岁老太太和我：十七岁时节那个“我”。在年岁数目上恰是个颠倒纪录，情绪又似乎完全相通。一切存在都似乎极熟习又极生疏，完全是双重的。说什么我都懂，在微笑中领会，可没有一个人能从这种微笑中，领会一个人人格分裂以后的荒凉、麻木、机能失灵种种。

饭后客厅中悲多汶曲子在转盘几上旋转，悲与壮俱充满抑郁之情的节律，流注于小客厅中，流入一切不同生命里，作种种不同渗透和启发。忽然有一小组熟习声音，似乎在拥抱我，抚慰我，引诱我。

“你这个人，目下或未来，还要什么？生命中的贫乏，穷困，你得到了足量的一分。饱满和丰盈，也得到了你所能接受的。你还要什么？凡得到的也会消失，部分或全体，不完全由你自己，这就是人生。你除了 × 还等待什么？”

让我思索思索看。我似乎还能思索。正犹如三十年前躺在一个小河岸边草地上听流水下驰，汩汩澌澌向东直逝，却把声音和意义浸入生命深处，一样轻微而恳挚。因此我回答说：

“带了我走吧，到任何一处地方，我都要跟随你。我要向不可知流去，听你如命运，服从你如神。我要动！如音乐和流水，永远在动。我静止，就死了。我不能静止，还没有死。我需要静止，太累了。”

我在动。在面对主人笑语中而动，却没有一个人能注意理解。

远处有炮火声连续。应当是那些守在工事中的兵士放炮过年。那些生命多单纯素朴和庄严，也多寂寞。他们这时节可能会想到家乡，也想到死。生命存在原来如此痛苦多方。谁作主派他们守到那些泥土构成的小穴里。时代或个人，谁作那件事？人类爱和同情，什么时候才会真到他们那些卑微生命愿望里去？我们正在庆祝一个社会的新生，他们在作什么？社会上层组织中的文学，哲学，会有一天能够达到那些生命深处？或完全用他们作对象，来重新安排、组织、存在？曾经有过这种完整计画和预言，这预言能不能即早实现？我原来极熟习他们的哀乐，比许多人还更熟习，可是在都市里一混，不知如何一来却和他们离得远远了。这是一种如何可怕的游荡！我要回去看看。先回到四十年前那个家里去，稍稍休息。我在认路，一条回向“过去”的路。

四十年前入晚游荡回家，母亲照例在灯下作事，搓麻线纳鞋底，我脚下一双新鞋却正为在外游荡忘归为雪水浸透弄脏。于是什么不说，即伏在灯前母亲膝边哭哭，一种出自心中深处忏悔的呜咽。到后来自然就睡着了。那个老人一定就这样子在灯光下工作到半夜。四十年了，一切重复回到生命中来。我又游荡归来了。母亲，你在什么地方？我需要哭哭，从眼泪中可以把母亲影子回复到生命里。

“你在什么地方？是在那个小小油灯边，在厨房火灶前，在一个桑树园子旁，还是在北平公寓中？在家中病床上，在坟墓里？你的善良的品性，对儿子的无私忘我的爱，你的沉默，永远的沉默，我应当回到你身边来哭一哭，用眼泪净化了这个堆积物。或死亡，或新生，回复本来一个我。”

自然没有回答。悲多汶曲子还在继续，带我上下求索，走遍了各处。

曲子停了，一切静寂，唯房中灯光明亮。可不是四十年前那个小小油灯。我原在人家作客，用的是二十年老友身分，且带着逃亡者心情，却想用乐曲作指导，穿越时空，回向过去，找寻那个于各种印象中都忧愁痛苦的老人影子。时间在生命意义中如已平摊成一片，被音乐改造后作成的那种平面，我同时可以看到一切不同过去。心在一切过去上见出破碎反光。眼中充满了热泪。一个慈母和荡子的人格综合，我发现了又一个我。

（从窗口望出去，可远远见到燕大那个自来水塔。那是个外表还保留塔的旧形制，却在实用上存在的塔。）

三个建筑师正谈到春天的旅行，要看看应天寺大塔，并讨论到中国塔的形式。可决想不到面前也就有一个圮坍的塔，毁废的土堆。一切泥瓦装饰，在若干年来看不见的四面八方来的风雨中，渐渐腐蚀，终于一下坍圮。在许多人的印象中，却又依然犹保留一个塔形，如稍存联想，即可意识到在新秋晚春清晨午夜微风中，还仿佛可闻铃铎细语本身的历史。叙述必温柔而静，隐约含有阅历悲戚。对于这种塔的精确测量，是不可想象的工作。而且在来不及测量时即已圮坍，只剩下一个灰土废墟。直到这个废墟被人发现时，或尚足供少数又少数人凭吊，但大多数人却将从一切新的抽象造形堆积物，发生赞叹、颂扬和膜拜。塔字所含独立或孤立意义，在中国文化史上的象征意义，除少数专家已再无人能理会到。至于纯粹抽象的，由于性格和意志，精力和热忱，积年累月建筑而成的塔，更没有人能认识。女主人也快老了。

我需要一种真正的单独，站在个人辛勤作成终于又复圮坍的废墟边，温习那个存在时所有游人在下面徘徊流连的情景。许多人曾仰头看过塔顶天空的透蓝天，有老鹰盘旋自如，与铃铎细语恰作成一种庄严和沉静的对比。一切在雷雨中圮坍了，老鹰消失了，弄渡船的老老也休息了，只剩余一个翠翠，一道长河，一片雨，一片烟。全在虚无缥渺中。我于是似乎听到翠翠在半夜里的哭声和轻轻呼唤："大老，你走了，为什么？二老，你也走了，为什么？什么都消失了。就剩下我一个人。这是命运的必然，还是人事的相左？"

没有回答。翠翠也消失了。只山中永远有杜鹃在晚春初夏闷热中啼唤，有小小红蜻蜓在河面飞。大老和二老，翠翠和杜鹃，都消失了。只剩余一个我，泪眼莹然，在窗前阳光下，望着窗外一片黄灰。在客厅一角，让悲多汶乐曲的回复，从沉默里看到一切。

可是另一方面塔和庙的关系，却在继续作种种讨论，由五台到昆明，一切不同形式的塔都在各人印象中重复现出。且在各人不同印象中，一些待圮未圮孤立矗峙的大小尖锥形建筑物，于各地山巅水涯景象，也分分明明。

在谈话中还进行到无数问题的重叠，这里不止包含了相差约一世纪的不同兴趣，还横弗了东西文化与文明。一切都若在一个废墟边进行，笑语中有辩难，希望，尤其是对于新的建筑群，对于那个明日主持生产中最重要的重工业部门，万千工人的房屋，在谈论中似乎已一所所一簇簇由设计兴工建立于有绿阴树山坡边，和工厂大烟筒遥遥相望。却没有一个人注意到面前这个旧塔的坍圮，还包含了翠翠永世的悲哀。

我默默的重新检查了一下废墟中的残余器材，断瓦和折椽，在风雨中失形破碎的佛像和粘合器材的金铜钉，有的原已朽败不堪，有的却似乎比新材还坚实耐久。可是恢复本身原来的壮秀与清奇，已完全不可能。翠翠哭声和杜鹃急鸣同时还在我耳边回旋。（我想起新婚二月会写出那种作品，再没有自己作的预言正确而真实！）因之加入了未来工艺问题的讨论。用的依然是真实与妄想作材料，在问题上作种种近乎童话的设计，却估想到必然会在十年后成为预言。这就是静中有动似断实续的人生。多复杂的人生！

悲多汶曲子重新在转盘上回旋流注。

谈话稍稍停顿。时间正作九点。

我躺在大沙发一角。一个年青朋友正为曲子试作说明，对于在发展中的乐曲，作种种抽象解释。

"到了春天。这是春天。好像春天。在悲多汶头脑中或情绪中，必然有融雪水在各个田沟缺口下注，注入小溪河，快和跳板齐平。应当有人过河，由彼到此。有啄木鸟上了树。有杜鹃起始啼唤。"

是的，应当有杜鹃起始啼唤。因为翠翠曾经听到过，将来还要听到过。此后在历史延续中，杜鹃声里就永远蕴藏有翠翠的悲哀。有新妇悲哀。我热泪在眼中，口角却挂着微笑。俨然圣母和死囚影子同在人格上照耀。忧愁和悲悯，浸透了生命。"我"发现了另一个我，真诚而善良，在迎接那个行将来到的春天。事实上这个春天来临时，人间只有杜鹃存在，什么都完了。

我已在水边岸上。多好的一片水！茶峒的小白塔，渡船：那只方头平底只合在那些小小地方存在的渡船，船上的黑脸长眉的翠翠，全在望中。春天去后接着是夏天，欲雨未雨闷热时，小小红蜻蜓飞满河面。翠翠，你要哭，你尽管哭！日子还长！水发了，塔圮了！渡船溜跑了，世界全变了。天明起身一看，住宅附近到处是黄浊浊泥水下注。翠翠，你要哭，你尽管哭！你沉默，就让杜鹃为你永远在春天啼唤。你的善良品性和痛苦命运，早在我预料中，一切全在预料中。这就是人生！

这种种是由另外一种存在而来的。

从乐曲中一小节，把我带回到了另外那个本来。我躺的已不是大沙发，只是一片沙滩。大小柳树一列列在后边。小小溪流正泛滥着，穿过北角柳根和石砾堆，注入大河。柳树下石条子上正有熟人下棋，柳线摇金，无数燕子穿越而过。小糖锣敲到孩子们心上。一切都在动。我平平静静躺在沙上，听流水在耳边倾注。我知道江西会馆的金字横匾，在春天阳光下正灼灼放光，上面的蜂子窝已大如柚子。庙里偏院的罗汉竹，静静的绿幽幽的植立在花坛上，恰如深闺独处问字待年的女子。戏台前空地上还有人在搓丝线，二十个小小铜纺锤在一个小竹架子旋转，旋转复旋转，城中即有了丝线铺，城里城外年青女人即有了一方一方绣花围裙，有了枕头帕，花荷包，组织了一个区域的平凡哀乐人生。也即有了爱和孩子——孩子之一群可能这时节恰好即在干净石坪中玩陀螺，也旋转复旋转。戏台前那对青石狮子，对这一切却瞅着望着，一声不响。

我还知道河边入晚即必然有鲫鱼和羊角鱼，为了爱，从大河溯流而上，跳过障碍，直向小溪上游，要从石砾柳根间到达一里路的田中塘中，水过浅时还得侧身跳泼而前。附近人就用小鸡笼来罩住捉住，捉回家中用盐腌好挂在屋檐下风干，待客时还常常回述捕捉情景，引为笑乐，决不会想到这些小小生命是为了爱，因之死于人手的无情。

大河水在暗中涨泛了，谁也不知道从多远地方落了雨，好一片豆绿水！水上了沙滩，两岸人到时都乱了起来，为追捉鱼虾，和上流漂浮而来的木材和牲畜，到处是召呼和笑语。沿河都有人扳罾沉网。什么人的风筝断了线，向远处飞。有人牵了马匹却看扳罾，一个不留心马从大路上溜了缰，向野处，向自然，沿河狂奔而去。所有远近顽童都为这件事而拍手。一切心都在动。一匹狂奔的马能追回吗？且试随它跑去，沿河还有许多可看的，竹林接着竹林，一片绿接着一片绿，竹梢上就有许多断线小风筝悬挂。竹林前后一些小房子间隔一些小房子，排列在河边，到处有生命哀乐，和那个常与变。这里住了些缝衣的作边炮的，阉鸡的，卖蒸糕的，作霉豆腐和打草鞋的，有童养媳和癞痢头，老太婆和哑巴。近于白痴的哑巴，见马狂奔时也会拍手！哑巴的母亲，可能昨天晚上走失了一只鸡，却用刀剁砧板骂了半条街。也有葡萄和花，在人家门前土坡边生长得洋溢繁茂。这是世界一小方，格局那么小，那么平凡，那么简单而贫乏，一代接续一代下去。可是我却明白这里有真实生命。

“我”即生长到这个手掌大一片区域里。生命或知慧的光，即孕育完成到这种平凡简陋一群里，它比书本更真实，更结实。我懂得他们也爱他们。我是他们一部门，离了枝，转移到大都市，我就还依然用的是这个荣养作底子。这是真正贴在土地上存在生长的东西。存在即有个永远的规律。我爱他们甚于代表文明的城市人，因为前者永恒而后者常变，而居多变得毫无定向，不知自己，只在一堆书本观念，和一群人的行为中而动。我理解动的必然却爱好那个静。静中有更丰富真实的人情。

我已进入动的社会中三十年，本身也永远在动，有一点东西却始终静止在那里。可能叫作生命的“根”。凡属生命不能不没有根荄，它存在发展，即由本根而来。所有环境可能是雨雾多于阳光，自然无章多于人工排列，愚昧多于知识，贫穷多于华贵，然而那是本来。我欢喜回到那里去。

我明白水如生命，向东直流，一逝不回。一切回复都不可能。生命之箭，直贯时空，回复更不可能。试作溯流而上努力，即或知道源泉所在，依然不能回到那个源泉边去。一切都远了，除却保留在记忆回想中，什么都不存在了。

大家正谈论到年青人的热情粘附于新信仰上时种种发展。一切由“信”出发，工作即见出无尽精力和勇气。一种新宗教气氛的孕育成形。三个二十岁以下的青年，生命在解放中如发酵：在音乐里发酵，谈论中发酵，幻想中发酵。我看到这种发酵而微笑，仿佛看到一个“时代”，一点“人生”。和另一面对照，一个人文主义者的精致范本，也似乎是最后一种范本，四十五岁的女主人，生命力的旺盛，强健，和体质的极端脆弱，两者如何同时存在，已令人感到惊异离奇。更奇异处还是那点“时代”也若已经在这个生命枯枝上，茁生了一簇簇新芽和新蕊。希望或理想同样在发酵。

中国事实上各处还在血和火发展中，克服困难，需要时日。在革命过程中，犹未能作大胆预言，新秩序什么时候可以得到。工矿新五年计画，蓝图尚未制出。可是那些为工人建设的新住宅群，一万人或五万人的住宅单位，应当如何布置，如何处理，即已在主人头脑中逐渐旋转成形。

男主人谈到明日工人住宅区时，提出问题：

“要明白，单纯，阳光和空气。更重要的还是群的关系的改造，也得由工程师负责。和机器一样，还比机器更受重视，不仅要保持工作的延续经久，还得在机能上使之灵敏、愉快、健康，方能使工作效率得到最大限度。一个真正属于人民的时代，生产者的起居生活，必然是在第一位。‘起居服食’起居还将成为一种教育。保养一个优秀工人将和保养精良机器完全相同。一个新的建筑师，将必然要为这件事而从更多方面用心学习：一切崭新的和中国原有的，都得注意去认识，为的是这些工人大多数是要从农村挑选来的，农村的本来和最新都市工厂住宅设计，还将作各种综合。真是一种崭新的创作！”

于是讨论进行到房屋装饰，新和旧的综合实验，由家具到一切，一面是未来，一面是本来。一个中国民族风格的艺术，必然透过目前所有抽象理论，在短短时期中，即可完全付诸实验和实施。且将由于这种实验，发展出各种更新理论。

人不够，人不够，在任何问题上，工作设计上，都要许多许多人。人太不够用！如何保育人材，是件大事，全看那方面作法。

随同时代而进展，会有个一切都光华灿烂的如童话、如神话，却完全由人民［手］足勤劳和新的心智解放后，创造成的有史以来的壮观景象出现。这不是虚幻远景，是事实，祖母一代也能见到的事实。为实现这种事实，人不够用的。

二十世纪上半段人文主义传递下来的一切优秀技术，及对传统理解，即将在新的时代作第一回新的贡献。好伟大一回工程！我把面前两个主人作对象，加以欣赏，估计。

“这工程可能即在两个主人头脑中旋转，于最近将来，就可望付诸实施。两个人一共体重大约还只有一百八十磅。一个卧床已经十年，一个因为腰脊骨受疾病侵害，还得永远穿戴一付特定钢甲。奇迹创造者原来就是这么样子。童话或神话，能不能完成一小部分？”

我生命中所有的完全消失了，不见了。对于面前两个朋友，感到一种深刻的痛苦。

大家正谈到北平文物的整理，同为天坛的未来忧虑和惋惜。

我说，“天坛坍圮没有什么关系。还有比天坛重要的得好好保护！”没有一个人懂得我意思。

我又说，“太庙中全是炸弹，毁了也就完事。听他完事。”话更不明白了。

我于是想说，“还是把那些快要圮坍了面前的塔好好修理一下。可千万圮坍不得！你们系里派你作那么多事，太不公平。这种美国式工作平均制度，不是一个新中国社会能容许的。‘各得所值’这句话应当最先在学校中证实。你有限体力那么消耗，是国家一种损失。这种宝贵资源消耗，若不能引起负责方面即早注意，有所改善，那什么都说不上了！”

事实上我一句话都不曾说，因为说话的机会全被女主人占有了。她似乎老在寻觅另外一种事实，从我微笑中和沉默中搜索。发现的只是最表面的人事纠纷。

“为什么你会要死？累了，是真的。败了，可能也是真的。可是，谁不是在极端疲乏中挣扎？试想想看，一个永远在三十八度中发热卧床的身体，一个永远用装甲来支撑背腰升炉子办公的身体，这么一对应付生活十多年，难道不累？国力或个人体力都消耗到了一个程度，还是得想办法挣扎下去。看时代就会忘了个人。他人在用行为创造

‘童话’‘神话’以外的‘人话’，一切由试验到实施，已快到用得着建筑工程师来参加工厂房屋建筑时候。你想的却是‘你’，为什么不来用笔写写‘人’，写写一个新的人的生长，和人民时代的史诗？你笔难道当真已呆住，冻住，失去了一切本来？你有权利可以在这个时候死去？”

我站在窗前阳光下，重新温习这个意见。我在寻觅“我”，二十年来用笔捕捉印象处理问题的那个我。我在这里，还在那里？不免茫然。似乎有种呜咽来自生命深处。我岂不是在一切毁谤攻势中挣扎了多少日子，而终于完全败倒？

年夜已成过去了。早应归入旧账，和四十年前每个不同年夜一样，它存在，依稀存在，它消失，真的消失了。时间如箭，直射而前，来去无可追踪。

我住的是中国唯一形式逻辑学者 × 先生的书房。他那个新完成的巨著，即在面前一张鸡翅木长案边写成的。书中应当保留了些蟋蟀声和鸡声影响。保留些阳光影响。也保留几个朋友的聒絮和其他影响。这个综合很显然不是普通人能理解的。可是当前一切是逻辑的必然，还是——我目注窗外远处。

面前一片灰浊浊的田野，有一列断垣，一个还保留形式的堡垒大门。主人说，这原来可能是个什么营盘，有了多少日子不甚明白，照列墙看面积实在相当大。那废墙废门楼面迎着日出一方。在阳光和雨雪中到处却长了一片草，更加显得荒芜和死寂。想象过去可能会有个时节营盘中一切条件具备，有被甲的兵士在场坪中作日常操练，营门口严肃而整齐。堡垒上那面大红旗在强烈阳光下翻飞，微风吹拂泼泼作声。一切在时间下失去了本来，只剩下一片荒芜。过去某一时，会不会有一个战士，在那个门楼前作最后的自决？会不会有那么一回事，是另外一种战士，来到这个废门楼前收拾了自己，完成一种象征？

似乎有种召呼，自远而近。我没有战栗，只凝视远处。一种离奇的晤对。我重新看到一个全盛时代的营盘，有旗帜和鼓角，有被甲士兵和剪去尾鬃的战马，有将士和卒伍，在检阅后作小小休息。一切象征存在。存在了十年，二十年，三十年，忽然就在一回新的发展中，所有战士全消失了。营盘中房屋，堡垒上那面旗纛，在一段短短时间中，全都毁废了。于是阳光和雨雪，把这个存在逐渐消蚀，剩余了一堵空墙，在荒烟蔓草中，毫无意义的存在。除了夏秋蟋蟀季，就再不会有人来注意到这个地方。似乎有种召呼，引诱，和启迪：这一片土地，应当还容许一个人来完成一种象征。

我是十八岁，廿八岁，还是四十八岁？我起始重新寻觅自己。我要得到他！

生命如冻结在那个只剩余三堵泥墙的门洞里。我守住了一列早在阳光雨雪和无尽止的寒风中打击的泥墙。我独自守在那里，直到精疲力竭，直到冻结。一切虽若离奇不经，也十分自然。离开这个地方，还有什么更足象征我个人的所信所守？

一种深深的疲累浸透了生命每一部门细胞。我的甲胄和武器，我的水壶和粮袋，一个战士应有的全份携带，都已失去了意义。一切河流都干涸了，只剩余一片荒芜。

从文三十八年二月△日[①]

二月初 在清华园金岳霖住处写作《一个人的自白》，本文未完成。据手稿收入《全集》第27卷《一个人的自白》集。

二月上旬 已经参加革命的张鼎和的女儿张以瑛专程从天津来探望沈从文。

3月2日 《阿丽思中国游记》校改完毕，并作题识："这书可交开明圣陶先生，印得出来再印行。"（《题〈阿丽思中国游记〉存底本》）

3月6日 写完《关于西南漆器及其他——一章自传——一点幻想的发展》一

① 沈从文遗稿 沈虎雏整理：《一点记录——给几个人》，《新文学史料》2014年第4期。文中划波浪线部分，是"文化大革命"中专案组所画的红线。

文，文后附注："解放前最后一个文件"。此处的"解放"当为"解脱"之意。[①]本文系作者计划中"自传"的第十章。沈从文生前本文未曾发表。据手稿收入《全集》第27卷《一个人的自白》集。

3月13日　致信张以瑛："你这次来平，给了我极大信心，即对于国家未来的认识，在一个新的领导方式发展中，必然能克服一切困难，逐步完成。我对于你和相同知识青年，与其他从事工作人员表示的敬意，并不因为个人过去的成见偏见而减少。""共产党如要的只是一个人由疯到死亡，当然容易作到。如还以为我尚可争取改造，应当让我见一见丁玲，我亟想见她一面，不知陈沂先生能为力没有？让我在一新工作环境中不声不响试工三年五载，会从工作学习中有改造表现。如一定要照一个普通职员方式，思想弄通才许动，或只记住我过去一些文章有触犯处，以使我神经崩毁为满是得，那就照你说的看医生，也毫无用处。我在另外一种攻势中，疲倦得已到一个程度，不是为三姑，不是还希望有机会为人民作一点补过工作，我早已长休息了。用笔了二十多年，根本不和国民党混过，只因用笔习惯为自由处理文字，两年来态度上不积极，作成一些错误，不知不觉便被人推于一个困难环境中，俨若'为国民党利用'的阱坑边缘。如真的和现实政治相混，那就早飞到台湾广州去了，那会搁到这个孤点上受罪？"[②]信中同时表达了与东北野战军后勤部政委谈谈的愿望。收入《全集》第19卷。

3月20日　下午，叶圣陶、郑振铎一同来访。据叶圣陶《北上日记》载："访孟实、从文。从文近来精神失常，意颇怜之。杂谈一切，五时始辞出。"[③]

3月23日

本日　陈沂为沈从文事致信周扬。写信人陈沂（1912—2002），贵州遵义人，原名余万能，字孟秋，笔名陈毅、陈沂。1929年参加革命，时任东北野战军后勤部政委。信件全文如下：

---

① 沈虎雏：《人间真情——关于沈从文的三篇遗稿》，《新文学史料》2014年第4期。

② 这封信与徐庆全在《1949年：生存还是毁灭？——大变革前夜的沈从文》一文中引用的略有不同，发信时间也标为3月30日。参见徐庆全《名家书札与文坛风云》，第27—43页，中国文史出版社，2009年版。

③ 叶圣陶：《北上日记》，102页。

周扬同志：

沈从文的问题，想白羽已同你谈过。我觉得当着一个党的政策看，沈的问题适当处理，将不是沈的个人问题。在这方面，我作了一些工作，沈有认识和反省。我感到王芸生尚可去解放区活动，沈从文的罪恶（从政治上看）怕还不比王严重吧！

在胜利形势下，我建议对这些人还是要宽大一点，从先宽大中来争取改造。

附去沈的信，当可窥知一二。最好有个人代表组织给他谈，并给他一些可以做的事。继续教书实在是不可能了。教什么呢？本身就是苦恼。

不知你以为然否？

布礼

陈沂

3月23日

3月26日　中午，俞平伯等在孑民纪念堂举办宴会，沈从文在请柬上列名。据宋云彬日记《红尘冷眼》载："中午偕圣陶夫妇暨振铎、彬然同赴北大俞平伯等之宴。列名具柬邀请者凡十七人，俞平伯、王重民、朱光潜、金克木、郑天挺、林庚、吴晓铃、季羡林、沈从文、顾小刚、向达、孙楷第、黄文弼、魏建功、杨人楩、韩寿堂、赵万里。地点为孑民纪念堂。圣陶饮白干不及半斤，竟大醉，泣不可抑，盖怀念其好友朱佩弦，触景多感故也。"[①]

在中国公学女子篮球队合影上题写："十八年兆和在吴淞学校球队（执球）""三十八年三月廿六在北平重阅仿佛杜鹃在耳边鸣唤。"题识以《题中国公学女子篮球队合影》为题收入《全集》第14卷《艺文题识录》集。

3月28日　上午，沈从文"用剃刀把自己颈子划破，两腕脉管也割伤，又喝了一些煤油"，即刻被送往医院急救。据沈虎雏回忆：

家门洞开，里边乱糟糟的。窗上一块玻璃碎了，撕破的纱窗裂口

---

① 宋云彬：《红尘冷眼》，第115页，山西人民出版社，2002年。从俞平伯交游来看，其中"韩寿堂"疑为"韩寿萱"之误。确否，待考。

朝外翻。只有大在家。

爸爸出事了！

早晨我走后，他就做着解脱的尝试，被大制止了。后来他用几种办法寻求休息，幸好魁伟的中和舅舅来到我家，爸爸没成功。

这惊动了大院的众多邻居。他们中间有的人若干年后也寻找休息的方法，成功了。

妈妈很晚才从医院回来。过几天妈就该去华北大学报到，只好推迟。

“我是湖南人……我是凤凰人……”

他可能还想说：“我是乡下人！”但已糊涂了。

糊涂中看到更多可怕的事，明白人都看不见。他老嚷要回家，躁动，又被制伏……

很多人去探望安慰，他冲人家说希望有个负责人跟他谈谈，告诉他究竟准备如何处置？这真叫听的人为难。谁要处置他？谁才算负责人？杨刚回去商量，通知他准备派吴晗做这件不讨好的事情。

“可怕极了！你们不能想象。”

他抓紧我手，朝怀里按一按，尽量压低声气。他看见那人戴了口罩，装成医生穿着白褂子，俯身观察他死了没有，看见……

“我认得出来，别人是医生，他不是。”

爸爸看到了收紧大网的一些人，现在正排演着一步步逼他毁灭的戏剧，有人总是居高临下出现在他的幻念里……

迫害感且将终生不易去掉。

当时写下的这句疯话应验了。[①]

三月　先后在《沈从文子集》(新月书店1931年版)书内作题识五则：

在《龙朱》文后题：“幻念结集，即成这种体制，能善用当然可结佳果，不能善用，即只作成一个真正悲剧结束，混乱而失章次，如一虹桥被新的阵雨

① 沈虎雏：《团聚》，《无从驯服的斑马》，第170—171页，中国青年出版社2004年版。

击毁，只留下幻光反映于荷珠间。雨后到处有蛙声可闻。杜鹃正为翠翠而悲。”

在《丈夫》题下题：“我应当和这些人生命在一处，移植入人事复杂之大都市，当然毁碎于一种病的发展中。”

在《丈夫》文后题：“这应当是举例用最合长处一例。可惜不知善用所长，转成下坠，终沉覆于世故围困中。阴阳兵技儒法，同击毁一别墨，即真正历史也。”

在《灯》文后题：“这是十八年作，恰廿足年，也正是当时主人岁数。灯息了，罡风吹着，出自本身内部的旋风也吹着，于是息了。一切如自然也如夙命。”

在《建设》文后题：“ 当时最熟习的本是这些事，一入学校，即失方向，从另一方式发展，越走越离本，终于迷途，陷入泥淖。待返本，只能见彼岸遥遥灯火，船已慢慢沉了，无可停顿，在行进中逐渐下沉。”

上述题识以《题〈沈从文子集〉书内》为题收入《全集》第 14 卷《艺文题识录》集。

4 月 1 日 《读春游图有感》发表于《子曰》丛刊第 6 辑之附册《艺舟》创刊号，署名上官碧。沈从文 1982 年对其进行了重新校改，改题《读展子虔〈游春图〉》收入《龙凤艺术》（香港商务印书馆 1986 年）。据香港商务版收入《全集》第 31 卷《龙凤艺术新编》集。

4 月 2 日

本日 张兆和为沈从文患病事致信家中亲人：“社会一变动，虽然外面的压力并不如想象的大（其实并没有压力），他自己心上的压力首先把自己打倒了。当然，一个人从小自己奋斗出来，写下一堆书，忽然社会变了，一切得重新估价，他对自己的成绩是珍视的，想象自己作品在重新估价中将会完全被否定，这也是他致命的打击。”收入《全集》第 19 卷。

据张兆和回忆：“1949 年 2 月、3 月，沈从文不开心，闹情绪，原因主要是郭沫若在香港发表的那篇《斥反动文艺》，北大学生重新抄在大字报上。当时他压力很大，受刺激，心里紧张，觉得没有大希望。他想用保险片自杀，割脖子上的血管……当时，我们觉得他落后，拖后腿，一家人乱糟糟的。现在想来不太理解他的痛苦心情……韩寿萱那时是北大博物馆系主任，从文就去帮忙，给陈列馆捐了不少东西。很自然而然地就转到文物这一行，不在北大教书了。幸好他转了，转的时候有痛苦，有斗争。他确实觉得创作不好写了，难得很。”①

4月5日 杨刚来看望病中的沈从文。

4月6日 自上午7时至12时，写下长篇日记，剖露心迹："读四月二日《人民日报》的副刊，写几个女英雄的事迹，使我感动而且惭愧。写钱正英尤动人。李秀真也极可钦佩。这才是新时代的新人，和都市中知识分子比起来，真如毛泽东说的，城里人实在无用！乡下人远比单纯和健康。同时也看出文学必然和宣传而为一，方能具教育多数意义和效果。比起个人自由主义的用笔方式说来，白羽实有贡献。对人民教育意义上，实有贡献。把我过去对于文学观点完全摧毁了。无保留的摧毁了。搁笔是必然的，必须的。从这几篇文章中，让我仿佛看到一个新国家的长成，作家应当用一个什么态度来服务。这一点证明了延安文艺座谈记录实在是一个历史文件，因为它不仅确定了作家的位置和责任，还决定了作家在这个位置上必然完成的任务。这一个历史文件，将决定近五十年作家与国家新的关系的。""在每个笔录上，我应当先写上我生活工作方式的错误和忏悔。到目下我似乎已没有权利向新的社会自择职业工作的事实。我只有接受，羞辱和更大更多责难。即或是有部分出于我惩罚以外，我还是得接受。为的是三十年工作，除了在个人工作方面，还见得性格上的坚韧，和克服困难、抵抗挫折的勇气与强持，使之达到一个相当水准。至于生活意识形态，实于社会进步无助无益。也可说正代表旧社会一种病的形态。从群的观点言，如仅看病的一面，我在任何方式下都可以毁灭。从国家另一观点言，得许我在任何一种严格教育下，来求新生。我必须为一个新国家作一点事！我要新生，为的是我还能在新的时代中作一点事。我的笔似乎得停顿了，因为接触的全是幻念。社会容或在幻念中有个轮廓，而一切动与变，却在个人幻念以外。

① 陈徒手：《午门城下的沈从文》，《人有病 天知否》，第13—14页，人民文学出版社2000年版。

我应得沉静等待我能得的一份。这时节最相宜的，不是头脑思索继续思索，应当是手足劳动，为一件带生产性工作而劳动。”“我想去想来，实在没有自杀或被杀的需要或必要。……我要新生，在一切毁谤和侮辱打击与斗争中，得回我应得的新生。我有什么理由今天被人捉去杀头？这不是我应得的。”

以《四月六日》为题收入《全集》第19卷。

4月8日

本日 杨刚致信沈从文，告知拟请吴晗前往探望的消息。本信作为附录收入《全集》第19卷。

卞之琳在本日致巴金的信中说：“从文糊涂，暂在病院修养，害得三姐真苦。私交上讲他实在太对不起我，可是我总不愿对不起人家，我到了，出于不得已，还是去看他。”[①] 卞之琳所说“私交上讲他实在太对不起我”何指，待考。

4月11日 《人民日报》第3版发表《北平文化界发表宣言 声讨南京反动政府盗运文物》一文，沈从文在该宣言上签名，全文如下：

> 【新华社北平九日电】北平文化界三百二十九人顷联名发表宣言，声讨南京国民党反动卖国政府盗运文物的罪行，宣言全文如下：
>
> 南京国民党反动政府，继日本帝国主义投降之后，违背人民意志，与美帝国主义深相勾结，发动大规模的反革命内战。三年以来，生命财产倍遭涂炭，国家文物重罹浩劫，举国人民莫不痛心。幸赖我人民解放大军，以排山倒海之威，击破顽敌，饮马长江，使反动政权已呈土崩瓦解之势，而窃国大盗蒋介石及其党徒，濒临末路，转益疯狂，竟甘心葬送国权、毁灭文化。种种罪恶，罄笔难书，今特专就古物图籍之盗运而严致声讨。
>
> 查在抗战期间，早有不少文物运往美国，迄今尚未收回。近乃复决定以八千六百件珍贵古物运美，虽尚滞留沪上，未能启运，但如不立加制止，断难保证不终被盗运出国。至其盗运至台湾者前后已有三批。据伪教育部二月二十四日代电（穗高字第二六一号），言“由

① 卞之琳：《卞之琳书简》，《收获》，2013年第2期。

京起运第一二批已于十二月二十七日、一月九日安全到达，内计中央博物院，故宫博物院，中央图书馆，北平图书馆及外交部物品共三千三百四十八箱”。其第三批系于一月二十九日起运，何时到达，箱件若干，尚未详悉。而在上述五机关外，尚有中央研究院文物亦已大量运台，六种核计至少当在五千箱以上。

夫古物图籍，乃人民共有之文化遗产，而外交档案，于国际交涉更大有攸关。如此大批盗运，中途既不免损耗，即使“安全到达”，而窖藏僻地，已失文物之用，且台湾气候决不宜于保存，留置过久，终必归于腐蚀。况台湾素为美帝所垂涎，早有险要唆使独立，最近美酋麦克阿瑟更公开表示，拟将划入日本经济范围。是则卖国党徒盗运文物至台，实不啻间接盗往美国。且品物咸属精要，而数量如此众多，整批出卖、旷古未闻。反动政府之罪，宁可胜诛耶?

同人等既为人民一分子，且忝立于文化岗位，国萃丧遗，不能坐视，谨以迫切至情，向全国人民及人民解放军呼吁：

一、发动全国公意，命令南京反动政府立即停止此种罪行，凡文物图籍必须严加保护，不得擅自转移损毁，其已运美或台者，必须立即设法运回，妥为保管，如不奉命，则对其负责人员必须科以重罪，责令赔偿。

二、盗运文物之主持人，查为傅斯年、朱家骅、王世杰、杭立武等，素属丧心病狂，助桀为虐，应即宣布为文化战犯，无论逃至天涯海角，必须拿捕归案，严加惩处。

三、警告美帝国主义，应立即停止其海盗行为，不得再行趁火打劫。凡已公开或秘密运往之文物，必须立即运回，如有损耗，当负赔偿之全责。

四月 出院后，北京大学国文系已经没有了沈从文的课程，抱病参加北京大学博物馆迁址的工作。

5月3日 北京大学化学系主任袁翰青致信沈从文，对他为北大博物馆的筹建所付出的心血表示敬意。本信作为附录收入《全集》第19卷。

5月5日

本日 据傅振伦《六十年所见所闻续录》记载，“房山白带山上云居寺是京西名刹。1937年卢沟桥事变爆发后，日本侵略军即由宛平经房山到了西南40里的云居寺，把寺内文物抢劫一空，更纵火焚毁庙宇建筑。有家住北京东四十二条的宋居士者保存着寺内旧藏的明刻藏经若干函，1949年5月5日将所保存的明藏全部捐献给国家，由北京历史博物馆接收，计经折装三千余册，其护封皆系锦绣制成，沈从文专攻古代工艺美术，认为多数是明初织绣，少数乃清代所作，还有一部分是宋元织造，洵为珍贵。”①

5月10日 张兆和到位于国子监大街的华北大学二部学习，被编入第四小组。

5月11日

本日 张兆和给沈从文连写两信。收入《全集》第19卷。

林焕平在香港《大公报·文艺》第73期发表《略谈人民文艺》一文，文中说：“在阶级社会里，阶级斗争和党派斗争，是一切政治斗争的集中表现形态，你虽然未必属于这个或那个阶级和党派，但夹在他们的斗争中间，你不是依附于反动派，就必定倾向于革命派。你若以为超然，站在两者中间，必定被马奔腾的铁蹄所踏碎了的。胡适、梁实秋、朱光潜、沈从文之流，当年何尝不是高唱纯艺术、纯美学，今天不是一个个成了过河卒子，或则当起伪‘国民大会’的主席，或则当起国民党的中央监察委员来了吗？‘纯粹’在哪里？‘超然’在哪里？‘自由’在哪里呢？”

5月12日 收到张兆和同日发出的两封信并在信上写下一些批注：“这是一家人最重要的一天，兆和入学第二天的信。从学校寄中老胡同宿舍。”“三三，你太伟大了，你太好了，我怎么说呢？还有日子要挣扎，不能伤感！”“盼你爱工作和家中人一样永远热忱不变。”“我只希望不要用头脑思索！多作点事！”张兆和信及沈从文的批注均收入《全集》第19卷。

5月20日

---

① 傅振伦：《六十年所见所闻续录》，《北京档案史料》，1994年第3期。

本日　方令孺在致张充和信中，提及沈从文和卞之琳的关系："听说卞之琳回到北平了，还是那样以自我为中心。听说很恨从文，说从文对不起他，而他竟忘了从文对他的好处。从文在生病，你大约知道了。这人也可怜，吃了自己糊涂的苦。"①

5月29日　下午，与杨振声一起去北海公园散步。（据杨振声5月30日致香港友人信）

5月30日　晚上，在日记中记下自己的思索和感想："我的家表面上还是如过去一样，完全一样，兆和健康而正直，孩子们极知自重自爱，我依然守在书桌边，可是，世界变了，一切失去了本来意义。我似乎完全回复到了许久遗忘了的过去情形中，和一切幸福隔绝，而又不悉悲哀为何事，只茫然和面前世界相对，世界在动，一切在动，我却静止而悲悯的望见一切，自己却无分，凡事无分。我没有疯！可是，为什么家庭还照旧，我却如此孤立无援无助的存在。为什么？究竟为什么？你回答我。我在毁灭自己。什么是我？我在何处？我要什么？我有什么不愉快？我碰着了什么事？想不清楚。"以《五月卅下十点北平宿舍》为题收入《全集》第19卷。

五月　在袁翰青5月3日来信上书写备忘录。收入《全集》第19卷。

五月　作新诗《第二乐章——第三乐章》，该诗沈从文生前未发表。据手稿收入《全集》第15卷《乐章》集。

6月10日　丁玲来看望沈从文。

6月18日

本日　香港《大公报》以《杨振声由北平来书 谈沈从文的近状》为题，发表了杨振声致友人的一封信。编者在按语中说："这是北大教授杨振声先生由北平寄致香港好友的信，信中专谈小说家沈从文在平的生活。杨先生的短信中流露了献身于新中国新时代的热情，不改'五四'当年文化战士的风貌。他所提到

---

① 方令孺致张充和（1949年5月20日），见章洁思整理：《靳以日记书信集》，第494页，上海辞书出版社2019年版。

的沈从文却是新旧交替期一个具有知识分子典型性的人物。沈的精神受戟刺，可说是革命时代一种难免的现象。”杨振声在信中这样谈及沈从文的近况：“从文的情形是如此：在北平解放前后，有些文章刺激了他，后来他还读到了一些批评的文字，认为都是对他的。不安与失眠，加深他的病态，曾去医院，住了几天，渐渐好起来，现在差不多精神复原了，昨天下午（指5月29日——引者），我还同他到北海公园散步来。目前他在学校的博物馆作事，弄弄瓷器，比上课好。目前我们本应当让过去死亡，自己才能重生。从文只是作的过分点罢，精神的挣扎，过分的表面化了。等到他自己也认为那一幕戏没作好，弄成了笑话时，便可一切无事。”杨振声公开谈论沈从文病情的这段文字，在当时极为罕见。

6月21日

本日 张兆和致信沈从文等。收入《全集》第19卷。

六月 荃麟、胡绳等著的《大众文艺丛刊批评论文选集》由新中国书局出版，收入“大众文艺丛刊”中发表的论文25篇。需要注意的是，曾经引起强烈反响的郭沫若的《斥反动文艺》、乃超的《略论沈从文的〈熊公馆〉》等批判文字并未收入该选集。

六月 为《中国陶瓷史》作《题记》。收入《全集》第28卷《中国陶瓷史（残章）》。

六月 自1948年，为北京大学博物馆专业的授课需要，沈从文开始写作《中国陶瓷史》，至本月始完成。但该书完成后并未出版，因年深日久又频遭抄家之祸，书稿大部分佚失，现仅存残稿。《题记》《彩陶的衍化》《黑陶之发现及其意义》《青瓷之认识》《越窑——彩色瓷》各部分在《中国陶瓷史（残章）》总题下收入《全集》第28卷。

7月2日

本日 中华全国文学艺术工作者代表大会在北京开幕，大会筹备会选郭沫若等99人为主席团成员。巴金、曹禺、丁玲、郑振铎、叶圣陶、冯至等老朋友均为主席团成员，他的很多学生也都参加了此次会议。但由于种种原因，沈从文未被邀请参加此次会议。会议持续了半个多月，在此期间，巴金、李健吾、章靳以等朋友看望了沈从文。

7月4日　晚7时，王林和汉元来访。关于这次会面，王林在日记中有如下记载："他精神还有些恍惚，但要求进步的心很强。这种人才是可怜，过去受胡适的提拔，就无条件捧胡，今天又苦恼。丁玲说他胆子太小，可能是。丁玲那天说他说你一解放就只写《不要紧》就行啦，今天向我又说起早来找我一趟就好了。他在文学上本是有成就的，却吃了胡适辈的亏了。他脖子上尚有个痕。校花老婆也到华大学习睡地铺去了，据说其中还有中国大学校长等。沈老问长篇大作，'伟大作品'的意识还是很浑厚的。"①

7月16日　写信给黄永玉，谈自己的思想及未来工作的设想，后以《我们这里的人只想做事》为题发表于香港《大公报》，该信未收入《沈从文全集》，全文如下：

××：

我很想念你，可不知如何说下去。如果在香港无什么必要，照我看北来学习为合理。这要下决心，从远处看，不以个人得失在意，将工作配合时代，用一个谦虚诚实且得耐劳苦合群众的工作态度，来后一定可以工作得极愉快的。（曾祺即那么上了前！）这里二表婶（注：即沈太太张兆和女士）也上了学校，睡土地，吃高粱米饭，早上四点起床，读文件、唱歌，生活过得兴奋而愉快。以她那么性格，不仅受得了，还会影响到其他相熟同事太太，都希望去学习。以曾祺性格，一人南下团，即只想永远随军。照我想来，只要你经济方面不发生问题，香港家中可不用你照料，实值得来苦几年，随军或下工厂，一定可充分用其所长，好好参加这个大时代的第一步建设大路。说是苦，也并不如何苦，因为上下差不多，就忘掉苦了。你四叔闻在东北，事做得好，也已经是老伙，我听熟人说的……

经过几个月检讨反省，把自己工作全否定了，二十年用笔离群，

① 王林：《第一次文代会期间日记》，《新文学史料》，2011年第4期。

实多错误处。我已深深觉得人不宜离群，须合伴，且得随事合作，莫超越。因为社会需要是一个平。我现在，改用二十年所蓄积的一点杂史部知识，和对于应用艺术的爱好与理解，来研究工艺美术史。这是费力难见好，且得极大热忱和广泛兴趣方做得了的。搁下来从无人肯作，（千年来都无人认真做过）即明知是人民美术史，可无人肯来研究。我想生命如还可以用到为人民服务意义上，给后来一代学习便利，节省后来人精力，我当然来用它作为学习靠拢人民的第一课。预备要陆续把陶瓷史、漆工艺史、丝织物、家具等等一样样做下去。只要有一个稍为便利的环境，这工作，一定是可做下去，一个人的精力，且可以敌得上三个工作人员总效果的。如果有一个助手，一二年内，定还可把绘画史完全写出一个新面目。我的知识并不比人充分，只是理解问题，又有的是参考材料，且明白相互关系，如绘画和其他部门关系。可惜不容易得一个助手。我们还在设法改良北平特种手工艺，包括漆、景泰蓝、丝绣、瓷、象牙、扣花布……目下还只是初步作计，将来一定会有极好发展。因为手边有充分图录供用。这是北平真正生产品，能换大量外汇的。一大堆杂知识、全生命热忱和一脑子理想，本来应当是配上手中一支笔，来为人民社会写新的史诗，我实在也乐意如此服务，作为二十年用笔离群补过工作！

你要明白的事，说简略些就是这样。（今天我头脑清楚，说得也比较清楚，）我实在盼望见见你，盼望你能来这里，因为还可以和你谈谈旧日家事，应当知道不易知道的。并且说学习，博物馆就有上万图录，颜色形态和线条，从彩陶到晚清，多大一分遗产，待人来花用来消化！但是从学校出身的美术学生，会利用遗产的可太少了，会从一切优秀传统学习再另有翻新体会，实在太少太少了。一个宝库等于搁在那里，你来看看才会明白可学的实在一生都用不尽。如果商量一下，可为天津进步报作木刻，有一定报酬，你来即住在我这里，我还可以和你来为手工艺作新设计，你也可以把木刻扩大，学雕漆及其他，因为这里有个设计机构，可以做种种试验的。如学雕塑，就有数千种参考品，泥石玉铜无所不具，各时代都可以见到！（巴比伦埃及专著都有）我离开文学，能转而研究工艺美术史，在目下，我觉得也正是塞翁失马，对个人说无所谓，对社会说我相信实在有意义。正如近几年在此和朋友对博物馆的热心处，目下还不大为人理会，到十年八年后，有一天大学校的文化史或美术史，会要用这种新式博物馆上课的。只可惜生命恐有蒲柳先衰之感，来不及看到这种合理的发展罢了。（这里新木刻年画，大致在香港都可见到，有好的，不太多，还需要万千人来参加工作。）这里还有个革命博物馆，将来规模一定相当大，如照目前计划，用太庙大殿，就有十多堵三丈大墙要壁画，要新式壁画，还要无数雕塑，此外将来一切徽章、邮票……艺术家有多少工作可做！我现在正为历史博物馆整理旧漆器，仅仅柜门，就有一千件，好几个房子陈列还摊不开。有金石彩画，山水故事花卉全打破了旧格，别是一种新样，将来一定可影响到新水彩、新油画，你如能来把百十幅特别摹下，到香港印一个集子，给人印象将是空前的。我可惜一双手配不上知识理解，如能有一双能刻能画的手，从这些传统改造翻新，会使现代中国美术好几个部门，都要完全改观。目下的雕刻家和画家知道的问题却太少太少了。

问候你和家人好。关于我，你应当放心，一个人挣扎了三十年，什么苦都吃过了，且认真工作了二十年。对生命，也算对得起了。只因为用笔和社会发展游离，生活上离群不合伴，在时代过程中，自然不免会失去生存意义……不妨事。即终得牺牲于这个过程中，也不妨事。我已明白自己离群之非是，在根本上重造自己，而且比起许多熟人更彻底，这是应当告你使你放心的。历史伟大，个人渺小，万千善良的农民为追求一个进步合理的原则，都勇敢牺牲了，我们一点小小痛苦，不能说，不应说！……我们这里的人，只想做事，只想多有些助手，多有些工作机会，来为后来者垫个底子，时间却不免要消耗到杂务上去，来不及全生活放上去，真着急！因为有许多许多事，一不做再耽搁下去，无法着手。比如说，丝织物中的纱绸罗缎研究，二十年前，北平地摊上一元多可买乾隆到晚清纱一匹（价比糊窗子布只贵一些），到处都可以得到。十多年前，两元还可买二丈，花样至少也可到一二百种。三年前复员时，买纱衣也不过一元钱一件。百十件还是举手可得。到目前，就大不容易见了，如想来研究，晚三五年，就多用十倍精力和财力，也不易有早些注意的效果。比如纸，二十年可以买上千种不同旧纸，三年前我还为一个亲戚买上百多种极好旧纸，放到任何国家博物馆，也很像一个单位。当时花的钱不多，只是费点奔走寻觅之劳。到今年，即想努力来找，也无从设法了。中国造纸有了两千年历史，什么都不知，什么都没有，怎么谈，有的看它消灭，无人肯注意。到目前，即或要一个人来搜集，并搜集知识，也无法得到了，一句话，快完了。

现在几个朋友都觉得，要为国家在这方面尽力，还得趁早做，为的是不趁早来努力，将来即有人想来写一部文化史，有许多许多部门问题就根本无法着手！新的社会里要创造，也必需明白过去，才会创造未来。比如最近的瓷器改造问题，同是一团泥土，抟来捏去五千年来什么式样通有人做到了 ，而且三千年前就做得又结实，又美观，又十分合用。现在来改良的美术学校，对过去毫无所知，那会有进步有成果。

××，你很可以斟酌一下看；要把工作配合动的世界，和社会的发展，应当有个决心变一变，来到这里有意义。要学习，综合传统一切来产生一个新，更必需来。这也只是一种看法。不想来，就说说你的打算。国家属于人民，在一种新的领导方式中，必然会将历史带入一种新的光辉里。看远景，人就会健康多了。并候佳好。

从文，七月十六

七月前后 致信刘子衡：“因为人和人关系如此隔离，竟无可沟通。相熟三十年朋友，不仅将如陌生，甚至于且从疏隔成忌误，即家中孩子，也对于我如路人，只奇怪又发了疯。”“我一生作人也并不怎么坏。对革命虽游离，普通对事对人亦并不如何自私。本来且心无城府，少防御。生活环境如比较简单，不必在人事上图种种适应，工作又能把握坚定，即不算个什么特别好公民，也总还可以在新社会算个公民。但在变化与发展的时代中，三年来一面是用脑不知节制，一面是游离于群之外益深，世界既在动，我头脑也在动，旋转复旋转，便自然十分，临到目前情形。”收入《全集》第19卷。

8月11日　香港《大公报》在第八版《大公园》副刊以《我们这里的人只想做事》为题发表了1949年7月16日致黄永玉的信，署名沈从文。编者在按语中说：“这是沈从文先生自北平寄给留港的一位木刻家的信。从这里可以看出：一个二十年以笔离群的作家，如何觉今是而昨非，在根本上重造自己。”这是沈从文1949年后发表的第一篇文字。这封信未收入《全集》。

八月　人事关系转至北平历史博物馆，离开北京大学中国语言文学系后，仍为北京大学博物馆专修科第一届学生兼课，讲授工艺美术及陶瓷史等课程。

9月2日　为史树青写书法条幅，落款“上官碧书于大雷雨中”。

9月5日　《人民日报》在第2版发表《北大教职员联名发表宣言　痛斥美帝白皮书》，沈从文在宣言上签名，文章全文如下：

【平市讯】北京大学教授、讲师、助教、职员顷联名发表宣言，痛斥美帝“白皮书”，全文如下：

中国人民解放战争的胜利，迫使美帝国主义者发表白皮书，公开招认援助蒋介石反动政府干涉中国内政与破坏中国主权的侵略政策全盘失败，同时揭露其失败之后还要继续发动反对中国人民的新阴谋。尽管白皮书如何歪曲事实诬蔑真理，中国人民对于帝国主义的真面目早有认识，今天是加深这种认识了。尽管美帝国主义者还不死心，玩弄花样，企图贯彻其一贯的侵略政策，而中国人民已经战胜了美帝国主义的走狗国民党反动派，更会团结一致，彻底粉碎美帝国主义的任何新阴谋。美帝国主义是中国人民的死敌，中国人民一定要把它的侵略势力完全肃清。

我们对于美帝国主义援助反动政府，干涉中国的内政与破坏中国主权的种种暴行，曾迭次提出抗议。过去有些人对于美帝国主义还多少存着幻想，白皮书的发展，充分暴露了美帝国主义的狰狞面目，使这些人相继抛弃幻想，认清敌友，先后走入中国人民反帝的阵营。同时广大人民，更加巩固地团结起来，展开对美帝国主义的坚决斗争。

现在美帝还妄图分化中国人民的阵营，来反对中国人民民主政权，这是美国国务院的梦想，艾奇逊的呓语。我们深切了解美帝国主义决不愿放弃其梦想，也一定要尽其阴谋毒计之能事。因此我们必须提高警觉，加强团结，继续教育自己，揭发侵略阴谋，坚决站在以苏联为首的世界和平民主阵营一边，和世界人民一道，予美帝国主义以最后的打击。

9月8日　致信丁玲，谈及未来的工作设想："为补救改正，或放弃文学，来用史部杂知识和对于工艺美术的热忱与理解，使之好好结合，来研究古代工艺美术史，并企图进一步研究，努力使之和现代生产发生关系。如有成果，作得通，我头脑又还得用，逐渐可望回复正常，将来我尚可于新的文教机构，担负一个小小职务，为国内各地有区域性工艺美术馆垫个底。我理解问题虽不太深切，实相当广泛，基本知识够用，看得远，明白应当保存值得保存的是些什么，比一般习美术的知道的或稍多些，可以为将来建设中的人民工艺美术的保存与发扬终生服务。这是我向人民靠拢回到队伍中一种正常希望。""我的生命教育已告了一个段落，已找寻不着什么是'自己'的思想成见，但要说即能十分积极运用政治术语，来表示新的信仰，实在一时也学不会。且让我老老实实多作点事，把余生精力解放出来，转成研究报告，留给韦护一代作个礼物吧。为自己，我已痛苦挣扎了近四十年，永远如独自作战，实在太累，得休息，也不为什么遗憾了。为工作，为生命中所保留的对工作热忱，和综合知识，以及对美术史一些新意见，对将来工艺美术教育的复兴，似乎在社会发展上，我还可垫一块砖。即因此方常常于默默启示中感到要新生，不能从游离致胡涂毁废。实需要把生命导人正常，来参加新国家建设第一步路！"收入《全集》第19卷。

9月19日　巴金、萧乾来寓所看望沈从文。

9月20日　晚上，致信张兆和，谈及音乐对自己的影响："你和巴金昨天说的话，在这时（半夜里）从一片音乐声中重新浸到生命里，它起到了作用。你说，'你若能参军，我这里和孩子在一起，再困难也会支持下去。'我温习到十六年来我们的过去，以及这半年中的自毁，与由疯狂失常得来的一切，忽然像醒了的人一样，也正是我一再向你预许的一样，在把一只大而且旧的船做调头能力，扭过来了。音乐帮助了我。说这个，也只有你明白而且相信的！"" 我要从动中将一切关系重造。人并不容易知人。十余年来我即和你提到音乐对我施行的教育极离奇，你明白，你理解。明白和理解的还只是一小部分，可不知更深意义，即提示我的单纯，统一我复杂矛盾而归于单纯，谧静而回复本性。忘我而又得回一个更近于本来的我。或许它作成的，还是一种疯狂，提高自大和自卑作成暂时的综合或调和，得到的一种状态。但是，它有用处，因为它是比自我检讨与分析所永远得不到的总结，而音乐却为清理出了个头绪。"收入《全集》第19卷。

9月22日　开始创作新诗《黄昏和午夜》。

9月26日　在寂园叟《陶雅》日译著本《支那陶器精鉴》卷首作题识："天地忽清朗异常，已入深秋。"以《题日译〈陶雅〉译者译文页》为题收入《全集·补遗卷1》《艺术题识录》集。

9月28日　晚上，在《汉官仪》扉页题："从收音机中听新政协议决新国家议案"。

九月中旬　作新诗《从悲多汶乐曲所得》。该诗曾以《生命的重铸》为题，后改为现标题。在9月20日致张兆和信中曾说："写了个分行小感想，纪念这个生命回复的种种。"其中"分行的小感想"即指此诗而言。该诗沈从文生前未曾发表。据手稿收入《全集》第15卷《乐章》集。

九月　病情渐趋好转。

10月1日　《黄昏和午夜》最终创作完成。该诗沈从文生前未曾发表。据手稿收入《全集》第15卷《乐章》集。

11月7日　沈从文家乡凤凰宣布和平解放。三弟沈荃随陈渠珍参加了这一和平进程。

11月12日　参加会议。读《新华日报》上的《黄维军团的歼灭》，读《学习》上刊载的李森科所写的文章。

11月13日　萧离夫妇来访。

晚上，记当天的日记，反思自己的遭遇："我怎么会忽然成为这么一个人？过去的我似乎完全死去了。新生的我十分衰弱。只想哭一哭。我好像和一切隔离，事实上却和一个时代多少人的悲喜混同而为一。我似乎已觉醒，或已新生。人十分善良。我可能会要变了。头极清凉，为三年来从未经验过的清静。什么负气和由之而形成的障蔽全除去了，什么滞塞全通了。我很需要用用笔了。""我正在悄然归队。我仿佛已入队中。""我成于思复毁于思。思索能力亦因之而毁，真是一件奇事。能够好好的来真正为人民工作多了！能够作的因头受伤而推动思索和用笔能力，根本无什么思想的，在技术上还不能毕业的……各以因缘在那里浪费纸张篇幅，能作最高宣传的笔在手上冻着，什么都无法写。这就是人生"以《日记四则》为题收入《全集》第19卷。

11月18日　当天日记："和孩子们谈了些话。恰如一幕新式《父与子》。两人躺在床上，和我争立场，龙龙还一面哭一面说。很可爱，初生之犊照例气盛，对事无知而有信，国家如能合理发展，必可为一好公民，替人民作许多事！"以《日记四则》为题收入《全集》第19卷。

11月20日　当天日记："人生就是如此，你对人生、对国家，尽管无私热爱，只由于游离于群的××以外，你即可能因偶然或必然而毁去。"以《日记四则》为题收入《全集》第19卷。

11月21日　全天为博物馆时事宣传照片写陈列说明。

11月22日　当天日记："学向大处看，大处想，个人已牺牲处也能忘掉，只看成个人不幸，无所渭。唯如何用生命从新学，从新作，为多数人有益，为新社会有益，实茫然不知从何作去。看看个人会到这个情况下，觉得人生离奇。因可看出人不易知人。我自己尚不知自己如何即可对新社会有益，也对自己有用，他人那会能作安排？"收入《全集》第19卷。

十一月中旬　老朋友查夷平来寓所看望。

12月5日　为秦晋夫人工作事致信秦晋，同时谈及自己目前的工作："每天和琐事杂务一道，不意于将近五十之年，会改业到如此工作上为人民服务！即从此小事学'人生'，真明白了些人生！并候安善。"收入《全集》第19卷。

12月25日　作《政治无所不在》。沈从文生前本文未曾发表。收入《全集》第27卷《一个人的自白》集。

12月27日　张宗和在写给张充和的信中述及沈从文："三姐仍在北平华北大学，毕业之后从文思想上转移，她仍留在北平，又在华北大学研究院。"[①]

本　年

夏季　作《中国漆器工艺》。沈从文生前本文未曾发表。收入《全集》第28卷《漆器及螺甸工艺研究》集。

四十年代

四十年代后期　致信彭子冈。本信未收入《全集》，兹照录如下：

> 子冈兄：得你一信，才知道我信上发了牢骚。你不说我还不明白，因为一写信就随便说说事实的！（写长信成习惯不是牢骚！）
>
> 你怪我不说文章意见，就以为不再写下去，这就应了文章说的"女人和先生不同"！你忘了我是个编者！编者的义务是请能写好文章的熟人帮刊物写点好文章，也从生人发现好文章，忘了自己，只为作者，为出版物，为读者，使刊物活泼。所以您一文章来时，我只作

① 张充和 张宗和：《一曲微茫——充和宗和谈艺录》，第28页，广西师范大学出版社2016年版。

一件事，即小心小心将不大明白的字改明白，免得排错。只希望早早载出，有目共赏！不敢改一个字，也不用改一个字，为的是我相信您平时已够认真，这次且认真到稍微有点儿矜持！我改动即会破坏整个设计！

我还得向您抗议，即您说“学生”，我就从不想到有学生。您访了多少新闻，明白多少人，可就想不到我最怕人家说跟我学。我在学校是打杂的，而且也决不以为快乐的，也永远不会教出一个学生的！事实上我倒永远跟人在学，也跟书本。比如说，从您文章中我就注意在您笔下（另一个人就不会知此）如何处理这个问题，知何表现情绪。

——我发现你情感太动，所以文字不太挑选，但即此也够成为一个好文章！我还想您信托我是个不大自私的编者，只想一礼拜逼您写两篇。

在北平的环境下，我明白您工作曾受各方面的无形抵制，还未来时即早知道！您为什么不可以换个方式写成小说来发表？一个写惯了新闻的人，会觉得用小说方式写文章，总知扭扭捏捏，可是比你无从用笔，究竟好得多！同时还得承认，这扭扭捏捏的形式，是比新闻延长时间性，且能展宽到各方面去，浸润到年青生命里的。就为了这个理由，就值得写下去了。对一个新的社会如有理想，能充分表现到文学作品中，当然会有意义的！我所以不和您谈一篇文章得失，盼望的即是您有一大堆好作品产生。对自己工作，我也有这种看法。正如时下说的一城一地得失不足计，要的是整个！我相信用您接触广泛的生活作底子，写的兴致若不失去，上回说的写十本书出来并不如何困难，这工作似乎也值得人作作！而您若高兴作，比目下在上海行时那些女作家成就，还一定高许多！若只想从我个人读后感上听取意见，似乎反而把我逼您写的原义失去了。这个话您若以为不公平时，请盈兄作个公证人，看看我说的对不对。男子可能有时稍稍会袒护同性，但谈到您的写作，值得用一分力来写几本好书，我想一定能公公正正的同意我的意见。

我们似乎不太熟，所以说老实话您还以为客气，倒令人不知如何说了。

您说政治太多，我并不觉得。文章好，政治多也不碍事的！

迟些日子当来找您谈谈。

从文[①]

① 张爱平：《关于沈从文的一篇轶札》，《档案与史学》1996年第5期。

1950年 49岁

2月14日 中苏两国在莫斯科签订《中苏友好同盟互助条约》。

3月18日 中共中央发布《严厉镇压反革命分子的指示》。

6月30日 中央人民政府公布《中华人民共和国土地改革法》。

6月27日 美国总统杜鲁门宣布武装干涉朝鲜战争。

10月8日 毛泽东发布《关于组成中国人民志愿军的命令》。

10月25日 中国人民志愿军跨过鸭绿江，赴朝作战。

2月21日 作《自传》。沈从文生前本文未曾发表。收入《全集》第27卷《沉默归队》集。

3月2日 到拈花寺报到，入华北大学学习，被分配到四部五班三组。

3月6日 开始学习文件。

3月23日 写时事总结报告。当日日记："时事学习总结[报告]。拟今天、明天，至多两天半，尽可能作完。如何写法？以后每次学习都作一回总结，联系自己思想，写出来。可提高一步。自己不成，还要经过群众检讨通过。"

3月24日 下午，大雨。继续写时事总结报告。

3月25日 当天日记："上八时续讨论张总结。"

3月26日 当天日记："由家到拈花寺。闻洪自检。"

3月27日 上午，听土改报告。当日日记："早，八时听土改报告。六时前即起身，在院中散步一时，天边一星子，极感动。"

完成《时事学习总结》。沈从文生前本文未曾发表。收入《全集》第27卷《沉默归队》集。

3月28日 参观午门照片展。

当天日记："下一时如何工作[报告]。如何领导使[学习、改造]工作搞好？"

3月29日　上午，小组讨论昨天参观午门照片展印象。当日日记："天未明起身，院中散步，树枝有泛绿的。隔院大树上鸦雀窠巢已完成。鸦雀多在树枝问飞鸣。空气已极潮润。八时小组谈昨参观午门照片展印象。许同志谈李大钊为革命死亡前后情形。"

三月下旬　23日—29日日记以《华北大学日记一束》为题收入《全集》第19卷。

4月25日

本日　《文艺报》第2卷第3期"文艺动态"："文学名著《边城》《水浒传》《腐蚀》将先后由上海文华影片公司制成电影。《边城》系沈从文原著，三年前由桑弧改编成电影剧本，最近又经师陀重新编写，近期即开拍。《水浒传》将由文华编导委员会集体整理，并请郑振铎、王天木为顾问。茅盾名著《腐蚀》由佐临编剧。"

四月前后　致信布德，布德曾在写信的前一天来看过他，在谈及自己的创作所受影响时说："有一次在芷江县怀化镇，一个小小村子里，在一个桥头上，看到一队兵士押了两挑担子，有一担是个十二岁小孩子挑的，原来是他自己父母的头颅，被那些游兵团队押送到军营里去！因这印象而发展，影响到我一生用笔，对人生的悲悯，强者欺弱者的悲悯，因之笔下充满了对人的爱，和对自然的爱。这种悲悯的爱和一点欢喜读《旧约》的关联，'牺牲一己，成全一切，'因之成为我意识形态一部分。现在又轮到我一个转折点，要努力把身受的一切，转化为对时代的爱。从个'成全一切'而沉默，转为'积极忘我'。或许人已老大，生命过于凝固，在这个学习过程中，就会不济事，终于结束了。或许还能够从挣扎中度过。对一切都依然是充满了爱，一种悲悯的爱。至于要到什么情形下，才可望把这种爱——时代新生的种种，转而成为我重新用笔的主题，作为靠拢人民的一证，回归人民队伍的一证我可不知道了。总之，我已尽了力，尽了力。"收入《全集》第19卷。

四月　随建制转入华北人民革命大学学习，为政治研究院第二期学员。

5月17日　下午2时至6时，出席在北京人民艺术厅举行的北京市文学艺术工作者联合会发起人大会，沈从文为发起人之一，出席大会的发起人还有丁玲、王瑶卿、王亚平、艾青、老舍、李广田、李伯钊、连阔如、张世荣、张恨水、冯文炳、齐白石、闻家驷、罗常培等一百三十三人。李伯钊代表主席团致开会词，王亚平报告了发起人大会的筹备经过，大会选举结果，北京市老舍、欧阳予倩、李伯钊等三十五人为文联筹备委员。①

5月26日　作《参加北京市文代会筹备会议以后我的感想——我的检讨》。

5月28日　北京市文学艺术工作者代表大会开幕。沈从文作为文学组代表参加会议。

5月29日　参加北京市文学艺术工作者代表大会。

5月31日　北京市文学艺术工作者代表大会闭幕。大会选举老舍为北京市文学艺术工作者联合会主席，梅兰芳、李伯钊、赵树理为副主席。大会通过了《向毛主席致敬电》：

敬爱的毛主席：

在你伟大思想照耀下，首都文学艺术工作者空前的团结起来，举行了北京市文学艺术工作者代表大会。在这次大会上，我们广泛的交换了工作经验，确定了今后共同努力的方向和任务。一致愿意坚决的遵循你所指示的文艺方向，尽一切力量，开展文艺普及工作，为首都的生产建设而服务。我们向

你致最崇高的敬礼，并祝你

永远健康！

北京市文学艺术工作者代表大会

一九五〇年五月卅一日

6月12日　《参加北京市文代会筹备会以后我的感想——我的检讨》发表于《光明日报》，署名沈从文。谈及自己此前的创作时，沈从文说："至于检讨个

① 参见《人民日报》1950年5月18日关于此次会议的报导：《京文艺工作者联合会昨日举行发起人大会　选出市文联筹备委员三十五人》。

人工作，二十年来用笔，实和人民的要求与社会发展日益游离，越来越远，笔下越写也就越零乱空疏，失去本来的健康。小说文字由明朗转成晦涩，体裁格局虽作过些不同试验，内容和现实社会既脱离，自然无助无益于时代。且由负气自大而孤立，在好些问题上，如对土改问题，对民族形式问题，都有过些似是而非的抽象意见，或见小失大，或持一概全，错误是显然的。因倍觉有重新学习必要，目前在革大，凡事就完全如一个小学生。过些日子还希望能够到生产工厂去，好好向劳动工人同志学习。”收入《全集》第14卷《跑龙套》集。

7月21日

本日 《大公报》在“短长书”栏目以《从沈从文的生活中看知识分子的改造》为题刊发了黄永玉致其二叔的一封信，信中对沈从文一家的生活状况作了较为详尽的介绍，尤为难得的是，黄永玉在信中转引了沈从文的一封信，兹将黄永玉信照录如下：

二叔：

到了北京，一直没写信给你，你所要打听的事和关心的人，老早就该将他们近来的生活详细地写一个信来给你，后来想想，这些事不正是大家所关心的事吗？由于他一个人，一家人，说明了在广大解放了的土地上的旧知识分子的改造情况。有必要写给大家看看，就不直接地寄给你了，我想你一定天天看报的。

从文表叔全家还住在沙滩中老胡同北大教授宿舍里。朱光潜，冯文炳，冯至诸先生也住在那儿。完全和往日一样，恬静，融合，北京夏天里应有的好气候。我因为临时改变了计划，住在从文表叔家里半个月，正因为如此，才有很多关于他近来生活的消息告诉你。

他家里现在有五个人：他和兆和表婶，龙朱表弟，虎雏表弟，还有一个管理全家生活事物的石妈妈。龙朱已经有十六岁了，长得很高，照表叔的说法，已经用俯视的眼光看表叔了。虎雏也有十三岁，长得真像条小老虎，学校放学回来，到处找事情做，发挥剩余精力。屋子外面有一块小院子，先前据说是种点小花小草，摆金鱼缸的地方，现在已变成小农场，上面种着番茄，毛豆，玉蜀黍，辣椒和向日葵。北海前些日子清理池底，池底加深，池底的肥泥已用骡马大车装运到城外农田当肥料去。小龙小虎听了这消息，赶着用自己双手做成的四轮小板车和借来的垃圾车，来来去去运了一整天，现在，除了种着东西的地面上都厚厚地堆上了一层肥泥巴之外，多余的泥巴已堆到他爸爸书房的窗子口上来了。现在番茄，毛豆，玉蜀黍已准备结果，枝干上绿油油的，窗子口的光线也遮去不少。先前，这块小土地上的劳动只属于他们两兄弟，现在扩大为全家的事了，表叔表婶每天由学校回来，也赶着来帮锄草松泥劳动，很紧张，很愉快。

小龙是四中搞小组的活动人物，团员，照他的说法："我是搞'组织'方面的"。小虎是学校的"劳模"，是欢迎苏联少年团的中国少年代表之一，除了这两个衔头之外，还有一个他常常提起的"模范少年沈虎雏"，上次他开会回来，在路上拾到一个金戒指，好几钱重，交到学校去了，第二天报上登出他的拾金经过从此又多了一个头衔。

兆和表婶华大已毕业了，现在师大附中教书，人仍然极年青，脸孔红通通地，在街上碰到你会不认得她，最多会认为是那一个大学堂跑出来的女学生，时代一变，人年青得多了。

表叔在二十里外的革命大学研究班学习，明年春天才能毕业。又在北大兼几小时的古代美术工艺方面的课。学习期间是不能出来的，所以表婶表叔在礼拜六下午六点以后才回家来，礼拜日下午三时前就得赶回学校去。北大上课的时间只能分配在星期日上午几小时。另外，他还帮历史博物馆做事，这一次的照片展览，包括文代大会，几个大规模的解放战争，上万照片下的标签，足足给他写了半个月，我们笑他说是"书法家的新出路"，他高兴得了不得。这一点点休息时间，他还带我和梅溪逛博物馆，讲古代陶瓷器，丝织物，漆器各工艺美术和新时代的配合方法。还带我们逛东单市场，琉璃厂旧书买乾隆旧纸。匆匆忙忙，下午三点钟，一手提着个又破又旧，小龙送他的布袋子，里头装着几本社会发展史学习用书，墨水钢笔和笔记薄，左手拿了个咬了一半的冷馒头，一边吃一边和我们笑着打招呼说“再见”，踏着重重的脚步“上学去了”。

你记得戴老毛吗？就是十年前要跟你到集美念书的那个小孩，长得很大很高了，也在革大学习，是一匹很难驯服的小豹子，就是怕表叔，礼拜天也常来玩，和表叔辩论问题，谈话中间老毛还有湘西人的“骰子”脾气，表叔即概以“社会发展史”或“唯物辨证法”得来之新语言内容说服他。辩论进行中间，可发现新的伟大时代中，年龄所占分量的轻微不足道处。这时表叔显得极有劲，极像一个“工作人员”。

他写好一封信正打算寄出时，我却来了，信由他亲手交给我，抄一些给你看。

“二叔来信和你托友人带来的信已见到，去年 ×× 来时，曾带来你木刻许多，我看到一些，盼望你永远好好学习下去，多方面吸收与综合，使工作随年龄而进展。因国家重造，还有许多许多麻烦，一切为人民多数利益着想，每一件小事都严肃认真去做，对个人即小上不习惯，对全部即显明是有意义的，最重要的是莫因负气而落人后，更莫因自弃而落人后，总之，用一个新态度来从事工作，是必需的。凡事从大处看，放弃了个人英雄主义，谦虚谨慎，向群众学习，表现在发展中一个大群的愿望，挣扎，为这个群的理想而服务，心情必然是健康快乐的。

你要明白我对当前意见，还就是我对于社会与个人联结的意见。至于个人得失，实在太小，没有可多说的，前线作战，已有万千人牺牲，为追求社会合理，有万千人在三十年间努力挣扎，克己忘我的工作，我一生对革命毫无贡献，有什么可以说的，我如今还活下来，有的是一切机会可以自由参加国家建设工作，为后一代做点事，已可说十分幸运。我近来已入革命大学，凡事如一个小学生重新学习。没有什么困难处！每天从七点起，到下午十点止，都在学习中，很有意义。从文件，从人和人关系的重造　，以及问题的理解上，必然可以知道许许多多。”

他们都在学校学习和教书，小龙小虎每天下午六时才回来，表叔表婶周六才回来，平常日子屋里静悄悄地。做饭做馒头的石妈妈常和我们聊天，她两个孩子都在解放军，据她说：“他们忙得很，连给他们讨媳妇也不大感兴趣了。”她吃了不少苦，懂得解放的好处，纵然他的孩子都离得远远地，也觉得很快活。

星期六晚饭时，大家都回来了，围着饭桌边吃边谈，这一礼拜学习情形，劳动情形，有时小龙小虎好胜，还和表叔比赛劳动成绩？大家伸出个个手掌来，看谁个起的“鸡眼”特别大。

这个时代太伟大了。

祝好！

永玉　七月十日。北京

根据黄永玉回国的时间推断，黄永玉引用的沈从文这封信当写于6月间，该信未收入《全集》。

8月2日　复信萧离，信中谈及在革命大学学习的情形：“在革大学习半年，由于政治水平过低，和老少同学比，事事都显得十分落后，理论测验在丙丁之间，且不会扭秧歌，又不会唱歌，也不能在下棋、玩牌、跳舞等等群的生活上走走群众路线，打成一片。换言之，也就是毫无进步表现。在此半年唯一感到爱和友谊，相契于无言，倒是大厨房中八位炊事员，终日忙个不息，极少说话，那种实事求是素朴工作态度，使人爱敬。中国之所以能在一切困难中还站得住，在任何不利环境条件下，许多工作还能有点成绩，就全亏得是这种‘临事庄肃’、‘为而不有’工作态度。学习既大部分时间都用到空谈上，所以学实践，别的事既作不了，也无可作，我就只有打扫打扫茅房尿池，可说是在学习为人民服务。如果不怕人说‘个人英雄主义’，经常还可去把许多其他宿舍毛房收拾收拾，一定对人多些实益，而于己也是一种教育，且可说材当其用。比过去胡乱写文章再尽人来胡乱称引，切实具体多矣。也比在此每天由早五时到下十时一部分抽象讨论有意义得多。”本信最先披露于萧离的《一封旧信引起的若干回想》一文。收入《全集》第 19 卷。

8 月 5 日　在吴昭毅回忆的和笔录本上题："上午八时中老胡同宿舍晴明有蝉声。窗外葵花叶极绿，在小方桌上重新录四嫂故事。已停搁二年。不意尚能将此故事续记。江家瓦上有青草如油，犹如十年前昆明所见。生命真离奇。一种创造动力似在发展中。"以《题吴昭毅回忆的笔录本》为题收入《全集·补遗卷 1》《艺文题识录》集。

8 月 8 日　本日日记："重新看到墙上唯一的圣母和被钉的耶稣。痛苦和柔情如此调和又如此矛盾。极离奇。可怜悯的是被钉的一位还是钉人的一群？"以《八月八日》为题收入《全集》第 19 卷。

9 月 3 日　当日日记对当时的生活方式和国家的管理方式进行了思考："自己还不知有效管理自己，使生命更有效率的用到国家需要方面去，还是浮浮泛泛的把一部分生命交给老牛拉车式的办公，完全教条的学习，过多的睡眠（一般的懒惰更十分可怕），无益的空谈，以及纯粹的浪费，怎么能爱国？毛泽东的思想，人力解放，使用到政治军事上若干方面，已见出伟大空前无比成就。但是，其实只是用到人力一小部分。为补充这个思想，还应当有种生命经济学，在艺术上，在教育上提出些新原则，新计划，新方法。在中国工业化前期，有个管理生命的斯达哈诺夫运动，用到生命经济方面：在全国性总检查上，首先进行检查两件事：一件是八小时或十小时属于公时方面，有多少近于浪费，如开会冗长报告，如转公文，如彼如此等等。把这种公时节省下来，重新好好安排一下，求增加效果——政治或文化效果。其次即办公以外的私时方面，调查统计一下他的用途，是些什么样耗费方式，且分析一下他的效果作用。"

9 月 5 日　读加里宁《论共产主义教育》。

9 月 6 日　当日日记："还是和大厨房几个大师傅真像朋友，因从他们谈的家常，可以学许多，理解许多，比听闲话和冗长抽象讨论有意义得多，也有价值得多。老同志似乎寂寞得很，昨早天未明即见他蹲在煤边敲煤，晚上去倒水，又见他独自靠在饭厅外木撑架边。几个年青的都上学去了，还未回来：问他'怎么不休息？'说'还不想睡。'每天吃烟半包，每包值八百……所说的话和神气行动印象结合，极使人感动。比起听同组空谈有意义得多，有教育性得多。”

9 月 7 日　晚上，读加里宁在卫国战争时期对青年发表的演讲五篇。

9 月 8 日　当日日记：“晚上过一时犹未睡，五时起身，腰部酸重，或肾脏已成慢性病。或年岁已到，各种机能已逐渐失去本来调整平衡，有如机器，易毁部分，转动过多部分，有松脱脆裂感。大块息我以死，或不甚久，国家新生个人毁灭竟如谶语，特为我而有。”“丁宁周详，毛、刘、高外竟不多见。有些事有些话本应由诸老出面说，效果较好，且可略略分散凡事集中感（这分散印象是必须的），但没有见到。如有关文化部门，工艺，博物，特种教育，特种集会，都应有加里宁其人者出面说话，以周详垦至为主，影响大，意义深。报纸上从不见此等事，凡露面永远不过四五人，在国民印象感觉中，不是好事。因形式过于民主集中，国中适如三五大将，统帅千万劳模、战模，每事必元帅上场，不好办显而易见。事实上定不是有许许多多问题得由参军元老，或副手来致词说话，作主席，任说明。”

9 月 11 日　张兆和当天回家，在小馆子里叫了两盘菜，“过了一个家庭联欢小会。”

9 月 12 日　致信张梅溪，谈及文学创作：“你学文学，重要的是把叙事能力得到。先得把这个好处得到，将来才可用到各方面去。不能懒惰，要永远如战争那么和自己一切弱点而战，克服它。凡好的地方求更好些，永远在不断学习不断修正方式上去完成一件工作，这工作自会慢慢有成就的。多看短篇重要。契诃夫短篇很合用，方法上有长处可学，即以叙事为主。这是学叙事的人先得学会它，才可望把工作展开的。”同时，谈及自己的写作计划：“我们家中石妈是个小说中人物。我已预约过要有个中篇写她。她是个战士，因为和生活战争了廿年，把两个孩子带大，都作了解放军，人相当伟大，比我所见一些知识分子切实伟大得多。现在如把这个认识向学校中的人说来，他们一定还是以为我脑子有问题，到我写出时，他们才会明白的。但也还是会像打扫毛房一样，即承认，自己可坚决不动手。这些人一般都认为是正常的，所以我就成为一个‘莫名其妙’的人了。”收入《全集》第 19 卷。

九月上旬 到颐和园丁玲寓所拜访丁玲："到颐和园去，在'云松巢'那所房子里，见到丁玲的母亲。提起永玉，她也深觉不见你们为憾事。因为她办的那个学校，永玉母亲曾在那里教过书。也即是永玉父亲和我常到的地方，永玉父亲黄玉书就在那学校里认识永玉母亲的。蒋老太太八十岁了，听到永玉又长大成人，还画得很好，即刻把印象带回三十年过去。我们就谈了许久常德。事实上，那个地方的一切，早在抗日时炮火中毁去，现在完全不同了，我们却各自对那个三十年前学校有个极清楚的印象，保留到回想中。生命真正离奇！在颐和园，我又看到丁玲的儿女，也成了大人。他父亲也死了二十年。他那时还不到三个月大，被我送回到常德去交给那位老太太的。"

九月 9月3日至8日日记以《革命大学日记一束》为题收入《全集》第19卷。

12月14日 王忠来访，并赠送三联书店出版的《太平天国革命运动论文集——金田起义百周年纪念》一册。该书由华北大学历史研究室编，书中收录了王忠的论文《太平天国革命人民如何对付外国侵略者？》。

12月18日 "从西苑迁行李回，坚冰冻指，寒气逼人，于淡薄阳光下，寒风中，来回西郊道上将此书读一过。有些很好。在大灶边和司火老同志谈半小时。"（《题〈太平天国革命运动论文集〉》，《全集》第14卷《艺文题识录》集）

本日 随陈渠珍参加凤凰县和平起义的三弟沈荃在镇压反革命运动中失去自由。

十二月 撰写《总结·传记部分》《总结·思想部分》，这是沈从文在华北人民革命大学的学习总结。收入《全集》第27卷《沉默归队》集。

本 年

年初 作《解放一年——学习一年》。沈从文生前本文未曾发表。收入《全集》第27卷《一个人的自白》集。

一、二月间 据沈虎雏回忆："寒假，爸爸带我去午门上班，在五凤楼东边昏暗大库房里，帮助清理灰扑扑的文物。我的任务是擦去一些不重要东西上的积垢。库房不准生火取暖，黑抹布冻成硬疙瘩，水要从城楼下边端。爸爸同别人小声讨论着，时而记下几行字。他有时拿手绢把眼睛以下扎起来，透过蒙蒙尘雾，我觉得这打扮挺像大盗杰西，就是不够英俊，太文弱。中午我们在端门、阙左门、阙右门进进出出，让太阳晒暖身子。他时时讲些我兴趣不大的历史文物知识。这挺好。爸爸又在做事了，我不扫他兴，由他去说。‘这才是劳动哪！这才叫为人民服务哪。’他边走边叨念着，说给我听，又像自语。”①

秋天 致信程应镠，谈及自己过去的一位学生：“你来提到某某事，是我听到第三个人说起的同一事。走后默然流泪许久。我居然还不在时代变动过程中死去，也就很好了。二年来笑和泪都对我失去了本来意义。私人得失也似乎毫无意思，因你一提，才想起有这件事。这些转述不一定合实际，只宜让那些陌生的过去毁过我们的人去传述，熟人中可不必再注意的。照我看来，国家在任何方面人材都不够用，~~向心力犹未形成，~~他这时节正在为政府努力工作，又勤快，又负责任，对国家实在为有用。这就很好了。至于因他对我如何如何，恐不可信。传述的人如即正是过去办《野草》胡骂了我多年，使我和左翼有隔的人，那就更不可信！北回时，初办《大公报》副刊，我本来即并不想出面，因不得已才写文章，后来又因他们办《新路》，怕人认为有关连，如彼如此而致神经逐渐失常，几几乎即胡涂死去。由此一来他反而怕来见我，都没有什么关系。流金，革命是国家一件大事，国家大，个人极小！我今年已快五十岁了，头脑身体犹如机器，不节制使用了三十年，也旧了，坏了，本来也应分报废了。解放北京本是一件历史大事，如果我适逢其会，当其冲，不幸在一些不巧情形中糟了，毁的已毁，也不应当以为什么大不了，更不宜再因此还把一个别的年青有为的人也随之毁去！人难成而易毁，社会国家正在向前发展，一切事均不宜停顿，大家还是向前看，为国家多做点事情，不要以我一个人的遭遇而如何不平吧。× 年纪青，又有才干，与其责备他过去，不如鼓励他未来。这正是中共一贯所说与人为善之意。~~你听来的传说，必普遍到一个程度，我所以~~

① 沈虎雏：《团聚》，《无从驯服的斑马》，第 210 页，中国青年出版社 2004 年版。

~~特意向你提提。这事即丁玲也有未尽能尽责任处，她那□到我为了什么，得到什么。~~”同时，谈及当下的文坛：“~~文学刊物的方式，一大半还是旧名人，和我们在这里有计划让半数篇幅供新手上场的作风也全变。似乎都会夸赞《文艺座谈》，可不能理会《文艺座谈》的素朴性，及《共同纲领》有关文学艺术的目的。政治上民主集中领导有好处，文学写作如过度使用这个集中，即不免成为名流制，只能点缀政治，不易推进政治。但这些话说来似毫无用处，因为许许多多事，都难□□，我已失去了说话的意义。~~”（删节号原有，为作者写出后又删除后的文字）收入《全集》第 19 卷。

秋冬之际　作《我的分析兼检讨》。沈从文生前本文未发表。收入《全集》第 27 卷《沉默归队》集。

年底　作《总结·思想部分》。沈从文生前本文未发表。收入《全集》第 27 卷《沉默归队》集。

本年　尝试重新拿笔创作，作《老同志》。

1951年 50岁

2月21日 中央人民政府公布《中华人民共和国惩治反革命条例》。

5月20日 《人民日报》发表社论《应当重视电影〈武训传〉的讨论》。

5月23日 中央人民政府代表和西藏地方政府代表签订《中央人民政府和西藏地方政府关于和平解放西藏办法的协议》。

9月9日 中共中央召开第一次农业互助合作会议，通过了《中共中央关于农业生产互助合作的决议（草案）》。

10月12日 《毛泽东选集》第一卷由人民出版社出版发行。

12月1日 中共中央发出《关于实行精兵简政、增产节约、反对贪污、反对浪费和反对官僚主义的决定》。

2月6日

本日 三弟沈荃在镇反运动中被无辜收押。

3月28日 参加历史博物馆主办的“敦煌文物展”的布展工作，遇郑振铎、夏鼐、傅振伦等人。

4月13日 作《敦煌文物展览感想》。

5月6日 上午赴清华大学参观营建系展览，并在意见簿上留言：盼营建系改院，设绘画、雕塑、工艺、室内装置各系。

参观文物馆时引发对北大博物馆的感想：“好话总不相信，误事，也影响到国家需要。时代极离奇，明明白白有些事为公言对新社会为亟须，对国家为有益，总无人肯多注注意。即有人说及也不注意，还是私心自用，因循敷衍。绝无人想到是这样下去，对学生、对下一代，实对不起也。凡是在活动的人都不大想这些事，离奇。”

参观过程中遇钱锺书、杨绛、吴泽霖、费孝通、陈梦家、邓叔存、冯兰生、吴景超诸老友。

中午至王逊家用餐。

下午，至文物市场“购商戈一、唐鐎斗一、小玉璧一。鐎斗和戈好。”（《历史博物馆日记片断》）

给一位青年记者写信，此信断断续续写了四个月，至9月2日才最终完成。

5月10日　为敦煌文物展写说明文字，“下得楼来时，头晕晕的，看一切人都似乎照旧，钓鱼的钓鱼，打闹的打闹，毁人的毁人，很觉悲悯。”（《历史博物馆日记片断》）

5月16日　至工作室听报告。

5月18日　上午，在工作室参与商殷周陈列的讨论。

本日日记：“阳光满室。雀鸟在柳树间鸣唤，充满有生之乐。人在什么时候才可望用友爱来代替摧残作践？”（《历史博物馆日记片断》）

5月31日　《敦煌文物展览感想》发表于《文物参考资料》第5期“敦煌文物展览特刊”（下册），署名沈从文。全集编者注明“本文未发表过。因原稿未见，现据社会科学院古代服饰研究室抄稿编入”。该说明有误。刊本与收入全集的抄稿本文字略有差异。据抄稿收入《全集》第31卷《文史研究必需结合文物》集。

五月6日至18日日记片段以《历史博物馆日记片段》为题收入《全集》第19卷。

五月　创作谈敦煌壁画的论文，在日记中说：“为解放以来第一回正经写文章。计三页。”

6月2日　作《〈武训传〉讨论给我的教育》。在沈从文看来，通过电影《武训传》的讨论，使自己认识到：个人过去的工作，走的是改良主义的道路；《武训传》问题值得文化部领导认真检查一下自己的工作，“如何团结如何鼓励作家努力把精力解放出来”。据手稿收入《全集》第27卷《无从驯服的斑马》集。

6 月 10 日　张宗和在致张充和信中说："三姐还是在附中教书，从文经革大学习后仍在故宫，北大兼一点课。"①

6 月 26 日　作《我的学习》，后以《〈我的学习〉废稿存底》收入《全集》第 27 卷《无从驯服的斑马》集。

7 月 20 日　参加北京市副市长吴晗主持的文物工作座谈会，参加座谈会的专家、学者还有：郑振铎、郑天挺、夏鼐、罗常培、唐兰、马衡、沈从文、赵万里、老舍、吴晓铃等 34 人，吴晗在座谈会上指出："北京文物调查组要以文献工作为重点，目前以抢救文物为主，并展出出土文物以宣传群众。"②

8 月 12 日　重新改写《我的学习》。后以《〈我的学习〉废稿存底》收入《全集》第 27 卷《无从驯服的斑马》集。

8 月 18 日　复沈云麓函，在介绍自己情况的同时，关心文物征集工作："我在这里工作，属于文化部的文物局，是郑振铎作局长。我的名分是历史博物馆设计员，弄研究，我预备作的是工艺美术史，因为兴趣广泛，对全面问题还能有点点认识，又因为读书杂，对于各部门工艺相互关系，也还有点点理解。只是这个题目需要的知识太多，碰着许多问题，都极复杂，个人知识有限，且最大弱点即对外国文知识贫乏，他国人已摸索过的论断，具权威性的意见，地下弄明白了的新材料，我都受文字限制，不免望洋兴叹。""苗乡中还有许多事物，都应当放到博物馆当成珍贵艺术品，都还可以转到更新生产创造上去，比过去大画家的作品还重要，这事情也许让我回来一趟住半年，会可以解决许多问题。可为将来民族博物馆找一两间房子有代表性的美术品。将来的湘绣，一定要从苗乡找新花样。你们目下可作的，或者先设法把城中所有重要字画调查一下，看有多少可以作省里美术馆的，有多少可放在县里的。旧书有多少重要的版本，可送至省文物处，有多少可作县文化馆收藏。重要的还是把一些人思想打通，把好的全公开，能捐的捐，不捐的借，想卖的斟酌情形收买，务必使之

① 张充和 张宗和：《一曲微茫——充和宗和谈艺录》，第 37 页，广西师范大学出版社 2016 年版。
② 北京市地方志编纂委员会编：《北京志 文物卷 文物志》，第 557 页，北京出版社 2006 年版。

慢慢成为人民公有财产。”“不用念我，国家问题多，事情多，个人不足念。要注意为下一代年青一代工作。不要以我得失为念。”收入《全集》第 19 卷。

9 月 2 日　致信一位青年记者。这是一封断断续续写了四个月的长信，贯注着沈从文对文学创作、政治时局、个体生命的不同流俗的理解，摘引如下：

最有用是写短篇小说，新时代应当有一种完全新型短篇出现，三两千字，至多五千字。一切是新的，写新的典型，变化，活动，与发展。这种新型文学作品，到现在还没有见到。写小说有好处，即对人客观，尤其是因此理解人的善良。某种善良在时代过渡期是不甚适于生存的，适如无用，更可能害事。但一个人的本质总是要从善良发展的。一切文学都有个深度，即看作者对于‘人’的理解，以及把它结合到种种不同人事上时的情形，及发展变化中的关系。更重要是善于处理他，表现他。一切作品伟大和深入，都离不开表现和处理。目下说，有政治觉悟似乎什么都成，其实不成，还要点别的东西，要情感，要善于综合与表现！这不仅是生活经验和政治性高度热情即可成事，还有些应当从更多方面来培养的东西。要一种厚厚的土壤，才可望发芽生根。也近于从人的本质上提高的问题，不是抽象教条和斗争经验即可成事。应从一切优秀作品取法，从文化各部门去学习，望把读书学习领域展宽，会对于人，对于事，对于历史文化，都可体会得深一些。凡事从理解和爱出发，比对人只主观的从打击出发，会不同得多。因此生命会慢慢的日益丰富起来。因为在个人以外，还有千万种不同哀乐，在各种不同情形中存在，发生。到真正的如此和文化史上各部门成就接触时，你也就会得到很多很多启发的！

~~近来在报上读到几首诗，感到痛苦，即这种诗就毫无诗所需要的感兴。如不把那些诗题和下面署名联接起来，任何编者也不会采用的。很奇怪，这些诗都当成诗刊载，且各处转登不已。~~……那么艺术或思想都不好的作品，可以自由出版，另外有些人对国家有益有用的精力，却在不可设想情形中一例消耗了。这也就是历史，是时代！文艺座谈虽经常在人手边，为人引用，毛本人和我们作群众的究竟相隔太远了。如何把许多有用精力转到正常工作上，形成新的时代桥梁，更有效的使每一支有用的笔能得其用，不再一例消耗于无何有上，是他想不到的。巴金或张天翼、曹禺等等手都呆住了，只一个老舍成为人物，领导北京市文运。事情如到只有领导者一人露面，不曾见更多年老的恢复用笔，年青的新成就不断产生，领导方式还有问题，待改善，是显明的。

在沈从文看来，当时正铺天盖地展开的《武训传》批判是一场“不大经济”的运动：

如只把个武训来作长时期批评，武训这个人其实许多人就不知道，少数人提到他时还可能会说是鲁迅的……如托古射今，把现在人中有因种种原因工作一时和政治要求脱了节的情形，认为即是武训的再生，即动员一切可动员的来批判，还是主观上有了错误的结果。因为这个时代那里还会有武训？……不想办法鼓励更多新作品代替《武训传》，来通过艺术娱乐方式教育千万人民，只作破题令万千人学习诵读检讨，费力多而见功少，似乎不大经济。即把一个导演、一个演员，并一个在坟墓中的武训，完全骂倒，新的优秀作品还是不会凭空产生！

谈及自己的工作和学习，则感慨更多：

我爱国家，因为明白国家是从如何困难挣扎中建立起来的。也爱党，因为明白党在政治上领导，对于国家具有如何伟大抱负和信心。也似乎还理解毛的思想，在运用到国家重造工程上，在若干重要部门，各对于生产建设的重要意义。我是个中国人，眼见近四十年的血和火对于万万人民的教训，又如何由于一种进步思想的发展，推进，紧密和千百万人民情感生命结合，把一个廿年专政的官僚统治推翻，从极端媚外惧外贪污腐败、自私无能的恶劣政治现实中，转而为一个生气勃勃的崭新局面，怎么能不爱？

半生为了许许多这种年青人服务，特别是一些作家，这些人目下有在外省的，不明白我怎么过日子极自然。还有些身在北京城圈子里住下的人，也像是北京城打听不出我的住址，从不想到来找找我。这也很好，借此可以学习明白社会或人生。人不易知人。这种隔绝也正是对我一种教育。

这种境遇，引发了沈从文对生命的慨叹：

独自站在午门城头上，看看暮色四合的北京城风景，百万户人家房屋栉比，房屋下种种存在，种种发展与变化，听到远处无线电播送器的杂乱歌声。和近在眼前太庙松柏林中一声勾里格磔的黄鹂，明白我生命实完全的单独。就此也学习一大课历史，一个平凡的人在不平凡时代中的历史。很有意义。因为明白生命的隔绝，理解之无可望，那么就用这个学习理解“自己之不可理解”，也正是一种理解。……一个人有一个人的限制，外在的和内在的，是这种也是那种。在流动如水的车辆来去大道中，一切存在对于我都如十分陌生，异常离奇。我在什么地方？我是谁？我究竟是为什么这么下去？没有人可以回答。

本信曾以《凡事从理解和爱出发》为题收入《沈从文别集·边城集》（岳麓书社1992年版）。收入《全集》第19卷。

10月24日　张允和、陈占元、常风等前来看望。

10月25日　上午，林宰平来电话话别。

致信张兆和：“这次之行，是我一生重要一回转变，希望能好好的在领导下完成任务。并希望从这个历史大变中学习靠拢人民，从工作上，得到一种新的勇气，来谨谨慎慎老老实实为国家做几年事情，再学习，再用笔，写一两本新的时代新的人民作品，补一补二十年来关在书房中胡写之失。”收入《全集》第19卷。

下午5时集中，7时随团乘火车前往四川参加土改，同行者有杨起、王岷源、李一平、周珏良等人。沈从文被分到第七团第四队。

10月27日　下午二时抵达汉口火车站。在车站写信给张兆和："一出来，才理会得到信赖组织、接近组织、服从组织重要意义。并理会到组织之伟大。因为过去抗日，打倒封建统治，是组织力量。当前之反美帝，进而将帝国主义在世界上势力全部击溃，将中国引入一个历史光荣里，成为人类史一个奇迹，还是组织。"收入《全集》第19卷。

下午6时，登上华源号轮船。

10月28日　上午，至中南文联拜访，得遇田涛。"1950年冬，田涛在武汉中南文联担任编辑出版部副部长，并兼任《长江文艺》常务副主编。一天，他听说一批知识分子去四川参加土改，途经武汉等船，其中不少是大学教授，老作家沈从文也来了。田涛高兴万分，他立马跑到招待所去看望。房间的人告知他，沈先生出去了。当他返回文联时，沈先生坐在传达室正等候他。他仔细端详，先生还是十几年前的老样子，只是鬓发点染出银丝。他们紧紧地握手。先生依然像在北平见面时那样慈祥地微笑。他第一句话就问：你编的刊物呢？田涛心里一阵滚烫。他已耳闻，先生操了大半生的笔已经被剥夺了，他的全部作品在国内被封闭；台湾也禁印他的作品。他成了海峡两岸共有的'反动派'。文学已人为地远离他。可目下，他最关心的仍然是文学。他是一位作家啊！田涛领着先生来到自己的宿舍，取了几期新出版的《长江文艺》送给他，他翻了一遍，说要带着路上看。两人谈了一会儿熟人的情况，先生就急着要田涛领他去看凤凰县的老乡刘祖春。刘时任中南局宣传部长。他们一起在祖春家吃午饭，饭后相谈中，先生一句也没谈自己的困难处境，当时，祖春他俩是有能力帮助他的，可他什么也不需要，再一次显现了他的坚韧性格。下午，田涛送先生到江边上船．一直目视江轮消逝在江水连天处……"[1]沈从文自己叙述："祖春等十二月也得去，闻凡事一律，一下乡，即一一从村干学村干领导。田涛不多久从土改回来，两人和我谈的土改事都极具体。祖春太太也谈了些到乡下小问题，比大报告为近实际，极有用。"（1951年10月30日致张兆和）

---

① 张峻：《田涛与沈从文》，《文缘春秋》，第123页，河北教育出版社2010年版。

沈从文在车上摔了一跤，颈部、膝部受伤。

下午，在华源船甲板上写信给沈龙朱、沈虎雏："这回下乡去是我一生极大事件，因为可以补正过去和人民群众脱离过误。二十多年来只知道这样那样的写，写了许许多文章，全不得用。如能在乡下恢复了用笔能力，再来写，一定和过去要大不相同了。因为基本上已变更。你们都欢喜赵树理，看爸爸为你们写出更多的李有才吧。""我们的国家太大了，太可爱了，多少年来大家都期望国家转好起来，一切主张一切理想一切办法都不济事。共产党一来，什么都有了办法。了不起处是没有贪污而一切为人民，国家是会一天比一天好转的。是比任何时代都伟大而光明的。"收入《全集》第 19 卷。

10 月 30 日　凌晨，午夜时分，华源船启航。

上午，学习文件，阅读毛泽东的《湖南农民运动调查报告》。

下午，致信张兆和。收入《全集》第 19 卷。

捡出去年写给程应镠的信，又补写了几句："流金：这信隔了一年，竟未发出。一年过去了，我却在入川华源轮船甲板上，把这个信找出来补几句话。我是十月廿五上车，参加西南土改团入川的，今天已卅，明天可能会到宜昌。甲板上正有许多同行学习。"收入《全集》第 19 卷。

10 月 31 日　华源轮抵达宜昌。

下午六时，致信沈龙朱、沈虎雏："希望好好来为这个伟大国家伟大时代来再写几年，看到江岸边的种种，我的创造的心又活起来了。我一定要为你们用四川土改事写些东西，和《李有才板话》一样的来为人民翻身好好服点务！"收入《全集》第 19 卷。

下午，致信张兆和，谈及此次旅行中的感慨："和在革大完全不同，即对于同行的都充满了亲切感，有些不相熟，然而十分亲切，还不像阶级爱，至少是同志爱。""我们国家太大了，历史太长了，而这一回变动又太重要了，个人适处身其间，接触了历史一点，也若成为历史一部门，要来叙说它，讴歌它，通不知从何说起。我似乎在一种完全新的感情中，来接受一切，来学习一切。"收入《全集》第 19 卷。

晚上，参加在江和轮上举行的联欢会。

11月1日　船入三峡，因看峡景土改工作团停止学习一天。

下午五时，船泊巫山县，但不允许上岸。

下午六时，致信张兆和。收入《全集》第19卷。

11月4日　船抵重庆，夜宿重庆市政府交际处。

晚上，致信张兆和。收入《全集》第19卷。

11月5日　上午，致信张兆和。收入《全集》第19卷。信中将自己创作的第一首歌词抄给张兆和：

土改团来到重庆

我们从首都来，
排成整齐队伍，
来自各阶层，
万众一条心，
万众一条心，
跟随毛泽东旗帜前进，
上高山，涉大河，入草原，永远前进，
工作全体为人民。

我们来到重庆，
　　见百万灯火辉煌，
像百万明星，
创造自人民，
创造自人民，
照耀毛泽东旗帜前进，
下工厂，进矿山，入农村，永远前进，
生产全体为人民。

下午二时，听报告。

晚上，看川戏。

11月7日　中午，乘车抵达璧山县，并在这里午餐。

致信沈虎雏。收入《全集》第19卷。

11月8日　下午二点半抵达内江县。

致信张兆和："一出来，心中即只有一件事，放下包袱，去掉感伤，要好好的来为国家拼命作事下去，来真正作一个毛泽东小学生。因为国家实在太伟大了，人民在解放后表现的潜力，尤一处不可以见出，共产党在为人民作事工作上，也实在是无所不至。许多地方减租反霸中已把封建武力和土豪特权打垮。许多地方人民都站起来作了主人。年青人更加可爱。到路上，有些穷人听说我们从北京来，都说是'毛主席关心穷人，天下穷人是一家。'这句话不仅表示人民信赖，实在还是无可比拟的力量！我们活在北京圈子里的人，见闻实在太小了，对于爱国主义的爱字，如不到这里地方来看看，也是不会深深明白国家人民如何可爱的。"谈到一篇小说的构想："关于这篇小说，曾在本年11月8日致张兆和的信中有所谈及："这几天总想起革大那个老同志，手似乎在解冻，有个半天空，也许就可以把他用三千字画出来了。我许过了愿心，要为他写个短篇的。一写保还生动，因我看了他十个月，且每天都和他在一块蹲蹲或站站的。他的速写相在大厨房和斯大林画同列在墙上，合式得很。素朴的伟大，性格很动人的。但是也正是中国农民最常见的。"收入《全集》第19卷。

11月11日　《我的学习》刊载于《光明日报》，署名沈从文。沈从文对自己二十年来的工作进行了总检讨，并表达了自己对新时代的认识，由下列段落可见思想改造运动成果之一斑：

> 过去二十年来，个人即不曾透彻文字的本质，因此涉及文学艺术和政治关系时，就始终用的是一个旧知识分子的自由主义观点立场，认为文学从属于政治为不可能，不必要，不应该。且以为必争取写作上的充分自由，始能对强权政治有所怀疑否定，得到健全发展和进步的。即因此孤立的、凝固的用笔方式，对旧政治虽少妥协，但和人民革命的要求，不免日益游离，二十年来写过许多文章，犯过不少错误。
>
> 由于缺少对政治和文学联系有深一层认识，我的阶级立场自始即是模糊的。我的工作的积累，于是成了伪自由主义者群一个装潢工

具，点缀着旧民主自由要求二十年。而我也即在这个位置上胡写了二十年。

一部分作品，虽比较具进步性，另一部分作品，却充分反映出一个游离知识分子的弱点，文字华丽而思想混乱，有风格而少生命。大部分是无助于人民革命，对年青人前进意志，更容易形成麻痹和毒害效果的。特别是用佛经故事改造的一些故事，见出是我的杂学的混合物。佛教的虚无主义，幻异情感，和文选诸子学等等的杂揉混合，再发展即成为后来的《七色魇》等极端病态的、邪僻的、不健康的格式。而促成这个发展的，还显然有佛洛依德、乔依司等等作品支离破碎的反映。

这个检讨即是这半年学习的一个报告。也即是我从解放以来，第一回对于个人工作思想的初步清算和认识，向一切关心过我的，教育帮助过我的，以及相去遥远听了些不可靠不足信的残匪谣言，而对我有所惦念的亲友和读者一个报告。

时代太伟大了，五万万人民解放了的双手和头脑，都将在中国共产党和伟大人民领袖毛泽东旗帜下而活用起来，进行史无前例的文化生产建设。我即活在这个光荣时代里，和所有中国人民共同为这个象征中国新生的伟大节日——中国共产党三十周年，而意识到个人的新生！

收入《全集》第12卷《我与新文学》集。

11月12日　向中央美术学院实用美术系出让古瓷30件、铁瓶1件、漆器1件，折价旧币33万元。

创作小说《老同志》第四稿。

给张兆和写信，未写完。

11月13日　致信张兆和。收入《全集》第19卷。这是一封涉及作者这一时期的思想变化、创作计划的家信，颇为重要，特摘录如下：

三三，为实事求是，我想告你，博物馆的原薪，无论如何要想办法抽出一二百斤来捐献回国家作抗美援朝？这个重要。我将来回来，也要这么作，把写作收入全捐出去。我们只要有一碗饭吃，就很应当感谢国家了，因为国家有万万千千部，日子都还过得极省俭，工作且沉重十分。我们实在无权利吃好喝好。我们工作还配不上人民要求，特别是我，要从写作中来为国家多做点事。各方面还要打气，特别是知识分子言改造，即到革大一群，也难理会国家明日意义，和当前情形。还要不断提高，自觉自愿的更多方面的把精力用出来。

对刚刚创作完成的小说《老同志》第四稿，作者颇为满意，曾有如下评价：

在革大时，就作计划，体力稍回复，头脑能得用时，第一个短篇当写写我们大厨房的一个炊事员老同志，在此费了三天剩余空闲，抄了个三次，今天居然完成了。一共十页，五千字稍多一点。心脏和头脑都不大受用。和过去写作情形相似，特别是头部，重得很。完成后看看，我哭了。我头脑和手中笔居然还得用。一切写实，素描画似的，解释得还稍多了些，叙事不够。可是从这里也可看出这是一个起始，一回尝试。短篇重设计，观点是人民的，歌颂新的一代的，表现还是城市中知分来看的形式，笔过细。但是这起始，使我理会到两点，一即思想还待提高，到能用笔去处理完全实在的斗争中种种人事；二即体力差得很，工作还是觉得吃重。可能是用的方法还过于吃重。这么写，十天半月一个短篇，一礼拜精神难回复。因为极离奇，即写到这些时，自己也成了那个胖的掌锅，也成了瘦的炊事员，特别是那只花猫，也尽在脑中跳来跳去。那么写不是个办法，写下去，神经当不住。觉得极累，身心脆弱之至。有一点儿喜悦，即为老同志当真画了一个相，相当真实，明确，只是太细，笔太细，不甚相称。

对于创作，作者似乎恢复了自信，这是他对未来创作的规划：

我实在希望趁三年内有机会把我拟写的另外几个中篇故事草稿完成。辰溪的一个特别好，因为有背景：而另一个是常德，全是船只。另外还有三个，凤凰是其一，都有了个轮廓。我意识到，有三个必然可得到和《边城》相近的成功。会写得好的。只要有时间，能在三年内写完成的。我同谁去商量要这个时间？或只有教书才有可能。体力有个限度，特别是头脑，年纪青时不会想到头脑会不得其用的。我应当来把待作的完成它，作品会从人民中受到鼓励的。即继搞工艺史，也得抽出些时间来写它。这些乡村故事是旧的，也是新的，事情旧，问题却新。比李有才故事可能复杂而深刻。也还得把满家《雪晴》以下故事续完，这个作品分章写，本意可作到十五节，比《湘行散记》好，因为正是地主斗争事。一搁下来，什么都不能说，不能作了。我一定要想办法来完成它。要时间，要想法使体力回复过来。四哥的那一个也不曾完成。得续完它。

而对知识分子的评价，也发生了一些变化：

知识分子真是狗屁，对革命言，不中用得很。而且一脱离人民，渺小得可怕。罪过之至。因为什么都不知，什么都得说，但是毫无意义，和人民真正问题实千里万里，即如过去的社会调查，如清华、云大两系工作，就全是枝枝节节，一点不切实际的书生工作。而当时三五年的工作成就，现在作来——由人民自己作来，三个月已完完全全弄好了。人民力量之伟大，是只有经验亲身体会才会理解的。

致信沈龙朱、沈虎雏。收入《全集》第 19 卷。

11 月 14 日　下午，致信沈龙朱、沈虎雏。收入《全集》第 19 卷。

《我的学习》刊载于上海《大公报》，署名沈从文。这是该文的第二次刊载。

11 月 19 日　致信张兆和。收入《全集》第 19 卷。

《我的学习》自今日起在香港《大公报》第 8 版刊载，至 22 日分四次刊载完毕，署名沈从文。编者特意在文前加了“编者的话”：“这是沈从文教授半年学习的一个报告，也是他在北京解放后对于自己过去工作和思想的自我批评。分四天刊完，请读者注意。”编者还为每次刊载加了小标题：“旧社会知识分子群伪自由主义者的典型”“我的家庭、出身和对生活、工作的态度”“三年学习，认识转变”“伟大的时代，个人的新生”。这是本文的第三次刊载。

11月25日　致张兆和信，这封信从19日开始动笔，断断续续写了6天，至今天方才完成。信中追述了音乐对自己创作的影响：“正和过去十七年前，与马思聪、梁宗岱三人同听音乐一样。三个人听了七小时的悲多汶等全套曲子，同是一双耳朵，却各有所得，各有影响。思聪从作曲者，指挥及种种器乐的独奏过程上，领会了许多我们不易学习的东西。宗岱得的音乐史中一些欣赏印象，一些在客厅中可以增加谈风的东西，也可能得到些文学思想上的东西。我呢，在直接方面似乎毫无所得，但间接，转化，却影响到此后的一些工作，特别是几本书，一些短篇，其中即充满乐曲中的节奏过程，也近于乐曲转译成为形象的一些试验。但理会到这点，可说不出。”“我真正接触了封建，真正接触了人民，我体会得到，我的生命如有机会和这些人事印象，这些见闻，这些景物好好结合起来，和这片沃壤美丽自然背景中的山村悲惨人事变动结合起来，必然会生长一片特别的庄稼，字数可不必如别人那么多，只要有六万字到十万字，即可形成一种不易设想的良好效果。”收入《全集》第19卷。

11月28日　给张兆和写信，未完。

本日　三弟沈荃（得余）在镇反中被判处死刑，死刑在辰谿河滩上执行。“在河滩上他自己铺上灰军毯，说了一句：‘唉！真没想到你们这么干……’指了指自己的脑门，‘……打这里吧！……’”[①] 按：30年多后，证明这是一个错案，沈荃被确认为起义人员，予以平反。

11月29日　全天开会。

下午五时，续写昨日未完之致张兆和信，未完。

11月30日　上午开会。

下午，续写致张兆和信。收入《全集》第19卷。

12月2日　致信金野，谈及合作创作事：“你说写戏，共同来搞一个吧。容易安排。或各自作一个看看。怕没有时间。因为总得有半年到四个月左右空闲，

① 黄永玉：《这些忧郁的碎屑——回忆沈从文表叔》，《比我老的老头》，第70页，作家出版社2003年版。

写出来才可望像个样子。背景突出，容易处理，人事特殊，谨慎处理易得良好效果，可考虑的是事的表现方法，人的表现方法。用歌剧还是用话剧形式。我总觉得用中篇小说方式，方便得很。用把人事的变动，历史的变动，安置到一个特别平静的自然背景中，景物与人事一错综，更是容易动人也。但当成戏来写，社会性强，观众对于地方性生产关系，也可得到一种极好教育。”收入《全集》第19卷。

12月3日　致信张兆和：“这里熟人都得到了家中来信，我希望也见到你们和虎龙的信。”收入《全集》第19卷。

12月4日　给沈龙朱、沈虎雏写信，未完。

12月6日　续写致沈龙朱、沈虎雏信，谈及沈龙朱时说：“记得学校检评时，说你过左。我看并不是过左，只是并不曾好好读理论的结果，不曾好好读各方面应读书的情形。”沈从文在信中首次谈了对入党的看法：“要入党，才对党有益。我就那么打量过，体力能回复，写得出几本对国家有益的作品，到时会成为一个党员的。工作搞不好，就不。”收入《全集》第19卷。

12月12日　开始写致张兆和、沈龙朱、沈虎雏的信，为未能收到一封家信而着急：“今天有朋友从内江来，带了工作队同志一些信件，有七天即从北京寄到的，似从成都转西安，西安火车是从北京开的。不知为什么还没有得到你们一个信。”谈及文坛现状时说，“如从农村看发展，我们文学艺术实在太落后了。刊物只在大城市给新知识分子学习欣赏，教育广大干部即不够。最重要的——至少是值得重视的，却是应当鼓励作家从这种有历史典型性干部学习，写典型性的纪录作品，再作为多数干部教育和鼓励。这是一方面。另外是从工厂从部队去学，再用这种纪录性作品教育多数。总之，应从有生长性典型工作人物取材，再还诸群众。作家要从群众受教育，是完全有必要的。即以中学教员而言，典型教员也值得有人写，就始终没有人写。在写的都不会写，或尚缺少用笔的条件。能写的时间却完全受工作束缚，或因故难于用笔。”

12月13日　续昨日之信，未完。

12月16日　写完给张兆和、沈龙朱、沈虎雏的信，谈及作家的创作自由问题：“对于一个作家，机械的用劳动纪律来看待处理，对党内可能有好处，对多数非党作家，或稍困难。爱伦堡之所以为爱伦堡，和他平时文化修养有密切关系。更重要或许还是他有相当自由，时间上和行动上、经济生活上，都有相当自由。结果方有可能放弃了本来的自由，将个人完全给了党的利益而服务。”收入《全集》第 19 卷。

致信沈虎雏。收入《全集》第 19 卷。

12 月 18 日　致信沈虎雏。收入《全集》第 19 卷。

12 月 21 日　收到萧离的信，告知沈从文文章发表的消息及北京家中近况。

12 月 22 日　早晨，因久不获家书，致信沈虎雏：“我寄的信你们可收到？”

12 月 23 日　续写昨日未完之致沈虎雏信。收入《全集》第 19 卷。

12 月 26 日　致信沈龙朱、沈虎雏。收入《全集》第 19 卷。

12 月 27 日　沈从文虚岁 50 岁的生日。

致信沈虎雏。收入《全集》第 19 卷。

12 月 28 日　致信张兆和。收入《全集》第 19 卷。

十二月末　致信张兆和。收入《全集》第 19 卷。

十二月末　致信沈龙朱、沈虎雏：“我寄的信可收到？……你可为我从《光明日报》买一份有我检讨文章的报来，我好看看。这事盼大即为在日内办办，半个月后我就有希望可以见到。”收入《全集》第 19 卷。

本 年

春季学期　在辅仁大学兼授“散文习作”课。“大致当时从组织上看来，我的工作似太沉闷了点，（或者别的原因）为照顾我情绪，又让我去当时辅仁大学教三小时散文习作，为廿个学生改卷子。不多久，又给我机会去四川参加土改。”（《我为什么始终不离开历史博物馆》）

夏秋之际　应邀与陈赓会面。

夏秋之际　作《谈谈敦煌壁画工艺问题——有关工艺技术和材料一点商讨》。沈从文生前本文未曾发表。据手稿收入《全集》第 31 卷《龙凤艺术新编》集。

1952年 51岁

1月26日 中共中央发出《关于在城市中限期开展大规模的坚决彻底的“五反”斗争的指示》，“五反”运动由此开始。

4月10日 《毛泽东选集》第二卷由人民出版社出版发行。

4月21日 中央人民政府公布《中华人民共和国惩治贪污条例》。

8月9日 中央人民政府公布《中华人民共和国民族区域自治实施纲要》。

1月2日 作钢笔速写小画《远望卢音寺》并作详细说明，收入《全集》第19卷。

1月4日 至山上糖房开五千人大会：“开一个五千人大会，就在那个大恶霸家糖房坪子里，把他解决了。那个糖房就依然还在用简单离心器生产白糖，不过已归老百姓掌管。来开会的群众同时都还押了大群地主（约四百），用粗细绳子捆绑，有的只缚颈子牵着走，有的全绑。押地主的武装农民，男女具备，多带刀矛，露刃。有从廿里外村子押地主来的。地主多已穿得十分破烂，看不出特别处。一般比农民穿得脏破，闻有些衣服是换来的。群众大多是着蓝布衣衫，白包头，从各个山路上走来时，拉成一道极长的线，用大红旗引路，从油菜田蚕豆麦田间通过，实在是历史奇观。人人都若有一种不可理解的力量在支配，进行时代所排定的程序。”（1月5日致沈虎雏、沈龙朱）

1月5日 致信沈虎雏、沈龙朱。收入《全集》第19卷。

1月11日 致信张兆和。收入《全集》第19卷。

1月12日 复沈龙朱函。收入《全集》第19卷。

1月13日 重新抄写小说《老同志》。

致信张兆和。收入《全集》第19卷。

1月14日 在内江烈士乡完成《老同志》的第七稿。尽管这部短篇小说创作历时一年多，经过多次修改，最终还是没有发表。据第七稿收入《全集》第27卷《忘履集》。

1月15日　抄写《老同志》第七稿。

致信张兆和，谈及新完成的小说《老同志》："你可把文章看看，如觉得还好，就给什么刊物发表，让丁玲处理也成。如要改，请他们改。毛病可能还是'太细'。但如果翻作英文，照例要细到这个样子，才够小说条件的。十分中有八分是写实（十分九分），特别是那猫儿的关系，工作神气，以及当事演说后大家的情形。这么一改，可能主题移到'知分改造'问题上去了。其中还恰好是反浪费，应节令。"作者有继续完成《雪晴》的计划："我希望还可以有机会把《雪晴》写完，因为这次到的地方自然背景虽不如高岘，乡村配置和地主家庭与农民矛盾斗争，也不如满家情形鲜明激烈，但从糖房剥削上，认识了些地主通性，特别是乡村地主的通性，对于这个未完成的作品，极有帮助。因为一发展，就可把问题把握，修正前五节立场不妥处的。满家事写来一定成功，即平铺直叙不加修整，也是一个最具斗争性故事。依稀记得似乎一共有五节，可能是存在真一处的。如照过去那么写，必成屠格涅夫式《猎人日记》风格。扭转来写，会不同些。但浓厚的散文诗和自然景物结合部分，可能还得保留。正如《静静的顿河》，有些地方也还是要景物的。我个人意见且认为将来写生产，一定得将自然景物织入到事件中，不然看不出区域性：尽写人事不加背景，传递效果有问题，因读者将从自己所在区域自然背景来补充，可能全不对头。比如写四川乡村，不将自然背景写出，别的地方人难有正确印象？过去只知道语言中有方言方音，以为用点心即可将区域性显出：其实不济事，还要背景！写工厂，背景表现也比专门术语重要，背景和事件有不可分割的联系，因为形成空气。正如纳鞋底，是农村妇女日常工作，有些是剩余劳动力的通常耗费方式，有些又不。同是一件工作，中老胡同石妈作的，和我们苗乡作的，以及这里庄院作的，气氛就大不相同。同是在这里，斗争会上妇女作的，和我们院子里四五个妇女在院中一角作的，又完全不同。这里院子中大白天太阳下几个妇女纳鞋底，还完全和静的农村气氛一致，孩子睡在竹摇篮里，放在身旁不断的摇。斗争会上妇女，一面背着个孩子摇荡，一面一针一针戳，到某一时，却会忽然走过去吧的打了地主一鞋底——情形相差太远了。如只会说纳鞋底，看不出形象的，乡村之所以为乡村，当前和过去又如何不同，当前即如说斗争，斗争对象不同，时间地点条件不同，形成的空气又如何与其他不同，一个作者如缺少理解，是不可能明确生动加以表现的。这也说明一点，即当前写短篇以农村作对象，表现上显得枯燥的根本原因是什么？大都是这个基本知识不充分。不会写实源于不好好的学，从人民群众学，把人孤立起来看，不知注意那个人是活到什么环境或背景里，写人难生动鲜明，是必然结果，即努力亦只会有一点收成也。人不能离开环境，知道注意这一点，学习写作文，作文也大不相同了。”收入《全集》第19卷。

1月19日　农历腊月二十三，小年。收到沈龙朱的信及汇款。

复沈龙朱函。收入《全集》第19卷。

致信沈虎雏。收入《全集》第19卷。

1月20日　读刘少奇《论共产党员的修养》。

晚上，致信张兆和：“重看看《李家庄的变迁》，叙事朴质，写事好，写人也好，惟写过程不大透，有些如从《老残游记》章回出来的。背景略于表现，南方读者恐不容易得正确印象。是美中不足处。看一月十号《人民日报》，有范文澜先生一文章，有分量。话说得对我们是有用启示，率直，中肯，很好。”收入《全集》第19卷。

1月23日　致信沈虎雏。收入《全集》第19卷。

1月24日　致信张兆和。收入《全集》第19卷。

1月25日　致信张兆和、沈龙朱、沈虎雏。收入《全集》第19卷。

1月26日　农历除夕。在小乡场上的区公所里与二十余位青年干部一起过年。

致信沈龙朱、沈虎雏。收入《全集》第19卷。

1月27日　农历正月初一。清晨，到街头欣赏乡镇年景。

1月29日　致信张兆和、沈龙朱、沈虎雏。收入《全集》第19卷。

致信张兆和。本信经删节后与25日致张兆和等的信合并，以《事功和有情》为题收入《沈从文别集·抽象的抒情》（岳麓书社1992年版）。收入《全集》第19卷。

一月二十日左右　致信杨振声。收入《全集》第19卷。

一月二十五日左右　致信张兆和、沈龙朱、沈虎雏，谈及《史记》对自己的影响："过去我受《史记》影响深，先还是以为从文笔方面，从所叙人物方法方面，有启发，现在才明白主要还是作者本身种种影响多。《史记》列传中写人，着笔不多，二千年来还如一幅幅肖像画，个性鲜明，神情逼真。重要处且常是三言两语即交代清楚毫不粘滞，而得到准确生动效果，所谓大手笔是也。《史记》这种长处，从来都以为近于奇迹，不可学，不可解。"本信曾以《事功和有情》为题收入《沈从文别集·抽象的抒情》(岳麓书社1992年版)。收入《全集》第19卷。

一月二十六日左右 致信沈龙朱、沈虎雏。收入《全集》第19卷。

2月2日 致信张兆和、沈龙朱、沈虎雏，详细叙述了一次"典型没收"的过程。收入《全集》第19卷。

2月9日 致信张兆和："这三个月时间，只能说是初一步学习把自己稍稍稳住罢了。也是从这种学习中，才深一层明白文艺座谈所提'普及'和'面向工农兵'，'为工农兵'的重要性。"谈到土改时期的书信时说："我信写得稍长，因为除作工作笔录，不另记日记，这些信正可以见出在工作过程中一些印象，一些影响。"收入《全集》第19卷。

2月20日 离开土改工作团所在的村庄。

2月24日 抵达重庆。

2月25日 致信沈龙朱。收入《全集》第19卷。

2月26日 观看话剧《在新事物面前》，"是军中剧团演的，好得很。演员认真处，值得尊敬。个性都表现得好，只是写老干部说话，一定得慢吞吞的近于矜持，不甚近情。但是全部有教育意义，很好。"(2月27日致张兆和信)

2月27日 致信张兆和。收入《全集》第19卷。

二月上旬 致信张兆和。收入《全集》第19卷。

三月 参加土改工作返回北京后，"即参加三五反，和张兰晖同志等，共同担任检查本市文物业工作廿多天。当时的确是用的一种战斗精神来进行工作的。忘了疲累，十分兴奋。也一面有机会学了更多知识。"(《"反右运动"后的思

想检查》)

4 月 12 日　上午，至夏鼐处，为历史博物馆商借辉县出土文物精品。

4 月 29 日　前往中央文史馆拜望小学老师田个石，据田个石日记载：“沈从文学弟来视，赠隶碑一幅，浏览馆内一周说，前系禁地，未能莅止，景色最为宜人，可爱已极。”[①]

四月　作参加土改工作团第七团的总结报告《川南内江县第四区的糖房》。收入《全集》第 27 卷《谈话及其他》集。[②]

5 月 3 日　“至从文处一谈，他赠《大云山房文集》及《种松书屋藏帖》八册，归时已晚。”[③]

6 月 14 日　老师田个石来看望。

7 月 4 日　北京历史博物馆成立文物收购组，沈从文为收购组成员。

8 月 18 日　致信丁玲：“寄了篇文章（《老同志》）来，还是去年十一月在四川写的，五月中寄到一个报纸编辑处，搁了四个月，现在才退回来，望为看看，如还好，可以用到什么小刊物上去，就为转去，不用我名字也好、如要不得，就告告毛病、多年不写什么了，完全隔了，件寄天安门内历史博物馆陈列组（不是故宫博物院），我还在那里作事，你如有钱，望为借一百万，也派个人送到博物馆那边，我因特别事急要钱用，大致可分二次还你。”收入《全集》第 18 卷。

9 月 1 日　中央美院为轻工业部初步拟定了《建国瓷设计委员会成立草案》，提

① 参见田光孚：《〈苦学斋日记〉记载的沈从文》，《新文学史料》，1998 年第 2 期。
② 参见田光孚：《〈苦学斋日记〉记载的沈从文》，《新文学史料》，1998 年第 2 期。
③ 参见田光孚：《〈苦学斋日记〉记载的沈从文》，《新文学史料》，1998 年第 2 期。

出成立建国瓷设计委员会的意见，拟聘任沈从文为设计委员会委员："（一）名称：本会定名为'中央人民政府轻工业部建国瓷委员会设计委员会'。（二）组织：轻工业部建国瓷设计委员会。（三）设计委员会初步名单：江丰、张仃、张光宇、庞薰琹、蔡若虹、雷圭元、徐振鹏、陈万里、沈从文、郑振铎、齐燕铭、张正宇、梁思成、林徽因、王逊、高庄、钟灵、郑可、祝大年、梅健鹰 20 人。"[①]

10 月 1 日　为寂园叟《匋雅》日译注本《支那陶器精鉴》作补注。

10 月 26 日　建国瓷设计委员会正式成立，沈从文被聘为常务委员。"中央轻工业部正式成立建国瓷设计委员会，聘请委员郑振铎、徐悲鸿、江丰、张仃、章元善、蔡若虹、梁思成、张光宇、徐振鹏、王秀峰、雷圭元、齐燕铭、尹佐庭、庞薰琹、张正宇、林徽因、王逊、叶麟趾、吴劳、郑可、祝大年、高庄、梅健鹰、陈万里、沈从文、钟灵二十六人为委员，推选郑振铎为主任委员，江丰、张仃为副主任委员，郑可、祝大年、张仃、高庄、梅健鹰、陈万里、沈从文、钟灵为常务委员。并组织设计工作室，下设设计、资料、总务三组，推祝大年主持室务兼领设计、高庄负责资料、郑乃衡负责总务……设计工作室借中央美术学院二楼 111 室为工作地点。"在该委员会工作过程中，沈从文"为设计提供了许多宫廷壁纸手绘散点折枝花图案资料。"[②]

11 月 2 日　陶瓷展览预展在故宫慈宁宫举行。据《王伯祥日记》："在场晤平伯、介泉、静庵、介泉、万里、从文、立庵、元善诸君。"

11 月 28 日　拜访老师田个石，据田个石日记载："沈从文到访，并约三十日吃饭，其工作情绪较好，语言形态比前畅适。"[③]

---

① 张守智：《建国瓷的设计、试制与生产》，《装饰》2016 年第 10 期。

② 张守智：《建国瓷的设计、试制与生产》，《装饰》2016 年第 10 期。

③ 参见田光孚：《〈苦学斋日记〉记载的沈从文》，《新文学史料》，1998 年第 2 期。

本 年

夏天　致信马文珍："我体力不济事了，已成一个真正公务员，和科员差不多。"收入《全集》第19卷。

冬天　致信一位朋友，姓名不详。以《致阙名朋友》为题收入《全集》第19卷。

本年　作《中队部》，署名茂林。沈从文生前本文未曾发表。据手稿收入《全集》第27卷《忘履集》。

本年　将自己的旧藏古瓷器30件、铁瓶一件、漆器一件捐赠给中央美术学院。"我曾经在潘家园旧货市场收了一张沈从文的捐献收据，1952年他捐给中央美术学院古瓷器卅件，铁瓶一件，漆器一件。本来是他收藏的，他捐给学校了。"①

本年　作《"三反运动"后的思想检查》。沈从文生前本文未曾发表。据手稿收入《全集》第27卷《沉默归队》集。据郑榕回忆："五反"运动时去瓷器大户赵家清查文物时，"解放初期这方面专家不多，派来了沈从文先生。我在上中学时就听说过沈先生的名字，知道他是位名作家。先生身材不高，戴近视镜，讲话很快，像是和思想赛跑。一进赵家，面对琳琅满室，立即全神贯注，把一切都置之度外了！当他来到四五件宋代钧窑瓷器面前时，面色凝重起来，轻轻托起一件，反复审视，喃喃自语道：'这……不会是真的吧？'身边的赵老听到，立即跳了起来，大声吼叫：'什么？你说我这瓷器不是真的？'好像要扑上去和沈先生拼命……'五反'时，一般人多是掩盖家藏珍品；赵老人相反，他是嗜瓷成癖的人：每日饭可不吃，觉可不睡，但必拿出家藏瓷器，一一摩挲赏玩。当时在场的人都笑了。我想沈先生可能是刚刚从事文物研究，一下见到这么多钧窑，惊喜之下才情不自禁的。"②

本年　"三反""五反"运动后，填写《博物馆工作人员交代社会关系表》。此表后作为《交代社会关系》收入《全集》第27卷《沉默归队》集。文中较为详

① 李辉：《沈从文后期没写小说是因祸得福》，http：//cul.qq.com/a/20150707/010090.htm

② 郑榕：《我所认识的沈从文》，《我与北京人艺》，第125—126页，东方出版社2000年版。

细地反映了沈从文的交游情况，对了解沈从文的生活有重要作用，摘录如下：

社会关系约限于两个方面：一作家，二学校同事。

作家中较熟的，十年到廿年的，有徐调孚、叶绍钧、郑振铎、巴金、章靳以、李健吾、陈炜谟、董秋斯、丁西林、杨刚、陈源、谢冰心、熊佛西、洪深、老舍、曹禺、萧乾、陈占元、司徒乔、马思聪；同事中较熟的，有杨振声、冯文炳、罗常培、冯至、向达、卞之琳、袁家骅、常风、朱光潜、杨周翰、王逊、金岳霖、冯友兰、张奚若、梁思成。

其它重要社会关系，如指的是社团，具政治性的，没有。如指个人，徐志摩、林宰平、胡适。

个别友谊好的有巴金、叶绍钧、郑振铎、丁玲、芦焚。个别有扦格实由于工作态度不同的，有胡风。个别不相认，彼此工作亦若不相关的，有鲁迅、茅盾。彼此虽不相熟，但对其工作当时仍抱有好感的，有阿英、沈端先等。

1953年　52岁

2月11日　中央人民政府委员会第22次会议通过《中华人民共和国全国人民代表大会及地方各级人民代表大会选举法》。

2月15日　中共中央通过《关于农业生产互助合作的决议》。

3月5日　斯大林病逝。

7月27日　朝鲜停战协定在板门店签字。

9月23日　中国文学艺术工作者第二次代表大会在北京开幕。

12月16日　中共中央通过《中共中央关于发展农业生产合作社的决议》。

1月15日　萧乾致信巴金，谈到胡乔木关注沈从文写作的事："胡乔木同志写信鼓励从文写点历史类的作品，认为他能写，适宜写，从文仍在踌躇。如写信，盼为他打打气。"①

1月28日　博物馆成立出版组，沈从文为成员之一。

3月3日　张宗和在致张充和的家信中介绍了沈从文的情况："三姐在附中二部当干部，班主任（不知道是什么主任？），很积极，但忙瘦了，他（指沈从文——引者）曾想不开自杀过，据说主要是为吴某，蹇先艾从北京回来说他在郑振铎领导下的文物局（即故宫博物院）工作，拿很少的薪水，丁玲还叫蹇劝劝他，叫他打通思想，他在报上也发表过检讨，他还说：'卞之琳可以当教授，我为什么就不能？'卞大相公的《天安门四重奏》也确实不高明，遭到了批评。"②

3月28日　"理辽文化照相，定摹取各相。整理新经板四十一片，从吴履岱处费十万得来，中有樗蒲锦大红三片，黄绿各一片，花为梭式织金龙凤，龙凤各作三角形，和馆藏彩加金不同。亦与程大昌《演繁露》叙述不尽合，然此五片

① 文洁若：《俩老头儿》，第111页，中国工人出版社，2005年。

② 张充和 张宗和：《一曲微茫——充和宗和谈艺录》，第51页，广西师范大学出版社2016年版。

比馆藏为古，因布置与《檮练图》一女子衣着正合。可知式从唐宋来也。”“约家树明过李家看锦缎。约抡元及《新观察》记者礼拜一到家中。”“工作何时方能放手作去？书无从读。可能应去纺织工厂去和千百工人在一处，对他们有益得多。为图案系一助教拟一百牡丹花纹图案，故宫清明宋瓷中即可得四一种。可能还是近于多事，因教授先生都不要那么多资料来教学，教学已廿卅年，一切都很觉得已足够，多事可能对他们即是一种搅扰。”（《日记六则》）

3 月 29 日　与江忠实、王家树一起至李杏南处借经面。

张中和夫妇来访。

3 月 30 日　“写工作月终总结，在自我批评上，发现自己作小职员心理在发展。凡事循规蹈矩的下去，相当可怕。但在一出主张即和事实要求不合，这种作小职员心情，也是在工作中有必要的。对人过于热心，对事过于热心，都易成多事，无补实际。学《实践论》。可能调出去对于这里大家为有益，对事也有益。个人主观易致误事。但一切均由客观来决定，即自然成小职员心理状态，越来越严重矣。极离奇，人人均若欣欣向荣，我却那么萎下去。相当奇怪。真是学到老，学不了也！”（《日记六则》）

3 月 31 日　“改正自己方法，即少说或不单馆中问题。凡事禀承馆中首长——馆长，主任，组长……要作什么即作什么，实事求是作一小职员，一切会好得多。对人，对我，对事，都比较有益。头发闷，眼发胀，心发慌，无从诊治。我算是在作什么？心脏不好，无可为力。”（《日记六则》）

三月　迁入东堂子胡同历史博物馆宿舍居住。

4 月 4 日　身体不适，依然勉力上班。“肺不受用，已退烧，还咳，鼻未好。糟糕之至。为温同学拟出一百种图案花，代表各种器形和时代，如能从一礼拜中摹的摹，照的照，结果会对于‘学’的‘教’的都具体知道些东西。”（《日记六则》）

4 月 7 日　身体不适。“美术出版社二同志来谈出版事，因知李杏南处藏残锦不够付印，特过西湖营去跑了半天，回家已极难受。”（《日记六则》）作者 1953 年 3 月 28 日至 4 月 7 日所记日记曾以《日记六则》为题收入《沈从文别集・丈夫集》（岳麓书社1992年版），有删节。收入《全集》第19卷。

4月19日　老师田个石与友人一起来访。据《苦学斋日记》："与铸史至从文处一谈，从文往以小说得名，至今谈话，犹觉小说气习太重。说其戚某，在外国专学音乐之指挥，是国内独一无二者。"①

4月30日　东北美术专科学校教师李浴到沈从文办公室拜访。

5月1日　陪李浴到琉璃厂为东北美术专科学校采购文物。

5月2日　陪李浴到琉璃厂采购文物。

李浴曾对采购文物的过程有过如下回忆："跟着沈先生到琉璃厂采购文物图书真是平生一次大享受，可以说做了一次文物大检阅，是一次难得的学习机会。两天内可以说没有休息的时间（中午只在街口小饭馆里吃顿便饭还是他付钱），完全投入挨家挨户的选购中。每选一件东西必须仔细观察和研讨，沈先生选中了还要向我作介绍和解释，店主的介绍自然是不必说了。好在当时真的没有什么领主，所以双方都很从容，而且能够上自石器时代下迄明清各类文物较系统地得到了满足，至于说到价钱，确实是再也没有那种便宜的时候了。我今天自然无法记清每件器物的价格，但其中最高的两件瓷器，即在一位瓷器专家和收藏家孙先生家里买到的一对雍正官窑的珐琅彩瓷碗（俗名古月轩），每只是60万元（合人民币60元，以下以人民币计），我已经觉得太贵了，由于它是瓷器中难得的珍品还是买下了；另有一件是仇英的横幅山水仕女图，长不过一米余，高不过30公分，店主再三说它是真迹，我们也看得爱不释手，因为边角处有一些水渍，店主说只要500元，我认为贵，因为一件明代黄卷的《树下美人》见之著录的真迹才百十多元，买到齐白石数十幅作品，大至丈二匹的松鹰，小至两三方尺的工笔草虫才用去500元，所以觉得它贵而没有成交，现在想起来未免后悔。除了大部分文物是由琉璃厂选购的之外，还有一些是厂商送到沈先生办公室以求售的东西，在这一部分文物中，都留下了沈先生的笔迹，从中可以看出其用心之苦。在差不多近百片明代佛经封皮（这是收集明代

---

① 田光孚：《〈苦学斋日记〉记载的沈从文》，《新文学史料》1998年第2期。

丝品的最方便最便宜的物品）的内面都一一写了说明，如，一片写着：‘明，粉绿地（富贵万年）织金缎，东美’（指为东北美专收购）；又一片：‘明，桃灰八吉祥格子花缎，东美’；又一片：‘明，褐地八吉祥灵芝如意妆花缎，东美’；又一片：‘明，绛地富贵万年牡丹织金缎，东美’；又一片：‘明，铁青地莲花妆花缎，东美’；如此等等每片都有。在一铜镜的正面也同样贴上纸片写上说明，如一面：‘一、镜，二、西汉时代，三、见日之光天下大明（内一圈字），四、已破，李三万’；（李指为我而购，‘三万’指镜价三元）；又一面：‘一、花式镜，二、唐代，三、作鹅与绶带鸟浮刻’；又一面：‘（前面纸残字迹不清）东汉初年，三、四神四乳，四、□□□无□伤’；还有一面战国时代俗称‘墨漆古’的规矩纹镜，写着‘二十万’的价格，这是数十面铜镜中最贵的一面了。又在一件陶俑的装盒盖子里面写着：‘隋，白釉骑俑，东美’；仅仅举出这些，已经可以看出沈先生做事为人的认真负责态度了。除了采购的文物以外，沈先生还从历史博物馆的藏品中为我们复制了几件东西，如商殷时代的雕花木板（尸床），东周时代的漆械、耳杯等即是。不特此也，沈先生还把自己所藏的一片刻字甲骨和一串贝币也赠送给我们以补不足。这一切都说明了沈先生的急公好义之奉献精神。”[①]

5 月 24 日　沈从文与刚从香港来京不久的黄永玉、张梅溪一起去看望田个石。

五月中旬 本月 14 日至 17 日间，南开大学历史系教授郑天挺带领该校历史系一年级学生到中国历史博物馆参观，沈从文接待了他们，并建议南开大学历史系设立博物馆专业。[②]1982 年，沈从文曾回忆说，“从五十年代到六十年代，我‘不断呼吁全国各大学历史系中学文物的学生’，应该到北京的历博及故宫等处‘实地学习’。当时‘赞赏我这一呼吁的’，有南开郑天挺、吴廷璆等教授。”南开师生每次来，沈从文都充当了说明员。[③]

---

① 李浴：《沈从文在东北美专图书馆建馆之初》，田伏隆主编《星斗其文　赤子其人》，第 390—391 页，岳麓书社 1998 年版。

② 郑嗣仁：《郑天挺教授大事记》，见封越健 孙卫国编：《郑天挺先生学行录》，第 539 页，中华书局 2009 年版。同时参见《魏宏运自订年谱》，第 37 页，社会科学文献出版社 2004 年版，第 37 页。

③ 傅同钦：《忆郑先生对博物馆事业及档案工作的重视》，见封越健 孙卫国编：《郑天挺先生学行录》，第 410 页，中华书局 2009 年版。

6月13日　至夏鼐处，商谈楚文物的陈列事宜。

6月14日　为纪念屈原逝世2230周年，北京历史博物馆主办、沈从文参与筹备的“楚文物展览”在故宫博物院举行预展。“这次展览的陈列品主要是中央文化部社会文化事业管理局、湖南省文物管理委员会的收集品，中国科学院考古研究所的发掘品，和南京大季、南京博物院的收藏品，这些文物都是湖南长沙出土的。陈列品共有四百二十多件。”来参观预展的著名人士有陈叔通、林伯渠、章乃器、章伯钧、齐燕铭、周扬、丁西林、刘芝明、胡愈之、叶圣陶、萨空了、徐悲鸿、赵树理、俞平伯等300多人。①

6月15日

本日　“楚文物展览”向公众开放。

7月26日　《明代织金锦问题》发表于《光明日报》，署名沈从文。1986年收入香港商务版《龙凤艺术》一书时，文末补入《中国织金锦缎的历史发展》一文涉及明织金锦的4个段落，改题《明织金锦问题》。据香港商务版收入《全集》第30卷《织绣染缬与服饰》集。

七月　改写《中国古代陶瓷》一文。

七月　与晚年的得力助手王㐨相识。据王㐨回忆：“1953年的7月里，我先看午门内朝房，就是清代官员等待的地方，东西两边长廊里面的房子。……我进到西朝房，觉得已经是下午或者中午时分。我刚一进门，一个穿着白衬衫的五十来岁的人就站起来，跟着我看，然后就跟我讲。我记得那是铜镜展柜，唐宋的铜镜，几十面，一个柜子。这一个柜子就给我讲了两三个小时，使我非常感动。两个人约好了第二天再来看。我就这样一个星期看完了这个西朝房。看东朝房只用了几小时，看西朝房就用了一个星期。那个时候我有许多问题，对文物可以说一窍不通，这位讲解员就非常耐心给我讲，就像教幼儿园的孩子一样。在这期间，我们每天中午就到劳动人民文化宫，就是原来的太庙，去吃一个面包，吃一只香蕉，算是中饭。吃完了饭说说话，问问朝鲜的战争情况和巴

① 《纪念我国伟大爱国诗人屈原　北京历史博物馆举行楚文物展》，《文物参考资料》，1953年第5、6期。

金到朝鲜的情况。巴金到朝鲜就在我们军里去体验生活的，梅兰芳我也都遇到了。问问这些情况，并且带我到他家里去吃饭，好像是吃面条。那个时候看到先生的夫人，那么年轻，就像二十几岁一样，不怎么说话。先生就说呀……妈妈，你快过来听一下巴金在朝鲜的情况。叫我讲那个战争的一些问题和情况，他说战争是个立体的，他也当过兵。我就更纳闷啦！我一直没有问陪我看展览的这么博学的一位老先生是什么人、什么名字，越来越不好问。到分手的时候就非问不可啊。我说：'这么多天你陪我，我一直张不开口问你尊姓大名。我非常感谢你花了这么多时间。'他说他是沈从文，我吃一大惊。在上海的时候，读过沈从文的小说，湘西呀！什么那些。觉得这个人写很多野话，写得山川人物那么美，跟面前非常慈祥的一个老先生，两个对不上，觉得他应该是一个一张嘴能说狗杂种或者其他骂人的野话的。哎呀，我真的呆啦，我说不出话来，当时也不好问。我只做了非常恭敬的道别就回朝鲜了。"[①] 这是沈从文与王㐨的定交之始。

9 月 3 日　《中国织金锦缎的历史发展》发表于《新建设》第 9 期，署名沈从文。后经沈从文修改，改题《织金锦》收入《龙凤艺术》(作家出版社 1960 年、香港商务印书馆 1986 年)。据香港商务版本收入《全集》第 30 卷《织绣染缬与服饰》集。

9 月 21 日　张宗和在致张充和信中谈及沈从文："三姐仍在附中教书，从文已重新开始写文章，小龙已考大学，尚未发榜，小虎在重工业学校学习……"[②]

9 月 23 日　上午，中国文学艺术工作者第二次代表大会在北京怀仁堂开幕，郭沫若致题为《团结一心，创作竞赛》的开幕词。

下午三时，中央人民政府政务院总理周恩来为大会作了《为总路线而奋斗的文艺工作者的任务》的报告。沈从文作为中国美术家协会推选的代表参加了本次会议。

9 月 24 日　周扬在第二次文代会上作《为创造更多的优秀的文学艺术作品而奋

① 王亚蓉：《章服之实——从沈从文先生晚年说起》，第 40–42 页，世界图书出版公司 2013 年版。

② 张充和 张宗和：《一曲微茫——充和宗和谈艺录》，第 55 页，广西师范大学出版社 2016 年版。

斗》的报告。

九月　中央美术学院实用美术系编写的《中国锦缎图案》由人民美术出版社出版，该书由王逊作序，沈从文、庞薰琴、雷圭元、张光宇校订了此书。

10月1日　《中国古代陶瓷》发表于《新观察》第19期，署名沈从文。收入《龙凤艺术》（香港商务印书馆1986年）集时曾删除最后四段。收入《全集》第28卷《中国陶瓷研究》集。

10月6日　上午，中国文学艺术工作者第二次代表大会通过大会决议："中国文学艺术工作者第二次代表大会一致拥护周恩来总理的政治报告和对文学艺术工作的指示，并一致同意周扬同志的关于四年来文学艺术工作状况和今后任务的报告。大会号召全国文学艺术工作者，在中国共产党领导下，掌握为工农兵服务的方向，深入实际生活，提高艺术修养，努力艺术实践，用艺术的武器来参加逐步实现国家的社会主义工业化的伟大斗争。"下午，大会举行闭幕式，中共中央宣传部副部长胡乔木向出席大会的全体代表作了关于文学艺术团体为争取我国文学艺术的繁荣的组织任务的报告。茅盾致大会闭幕词。

据沈从文回忆："一九五三年，似九月间，全国文代会第二次大会在怀仁堂举行，我被提名推为出席大会代表。我参加了大会。到左侧房子接见一部分代表时，主席和总理等接见了我们。由文化部沈部长逐一介绍。主席问过我年龄后，承他老人家勉励我'年纪还不老，再写几年小说吧……'我当时除了兴奋感激，眼睛发潮，什么也没说。为什么？因为我前后写了六十本小说，总不可能全部是毒草，而事实上在'一二八'时，即有两部短篇不能出版。抗战后，在广西又有三部小说稿被扣，不许印行。其中一部《长河》，被删改了许多才发还，后来才印行。二短篇集被毁去。解放后，得书店通知，全部作品并纸版皆毁去。时《福尔摩斯侦探案》、《封神演义》《啼笑因缘》还大量印行，老舍、巴金、茅盾等作品更不必说了。我的遭遇不能不算离奇。这次大会经主席接见，一加勉慰，我不能自禁万分感激而眼湿。给我机会在写作上再来补过赎罪。照我当时的理解，这对我过去全部工作，即无任何一个集子肯定意义，总也不会是完全否定意义。若完全否定，我就不至于重新得到许可出席为大会代表了。不至于再勉励我再写几年小说了。这勉励，只增加我感激和惭愧。这经过，即家中人我也没有说，只考虑我应当怎么办。由于学习了几年主席关于文艺的许多指示，从工作全面去考虑，照‘文艺面向工农兵’的原则，我懂的多是旧社会事件问题，而对新社会问题懂得极少，即或短期参加过土改、五反，较长时间却在午门楼上陈列室、文物库房、图书室。若重新搞写作，一切得从新学习。照我这么笨拙的人，不经过三年五载反复的学、写、改，决不会出成果。同时从延安随同部队，充满斗争经验，思想又改造得好的少壮有为，聪明才智出众超群的新作家又那么多。”（《我为什么始终不离开历史博物馆》）

十月初　“我月初曾到南方一次，看看博物馆情形。到南京，见大马路旁有晒青菜一摊一摊的，大小鸡多在从容啄菜叶，真是静得很。到上海，就只见物资和人民币忙着在流转，博物馆中六个陈列室，第一柜也陈列的是各种钱币！过济南本意下车看看山东文物，小团体不方便，就回来了。”（本月底致高植信）

十月底　致信高植，谈及自己的工作、生活：“在本馆中上面有馆长，有本部主任，有组长，都可算得是我上司。每天我按时签到，一离办公桌必禀告一下主任，印个二寸大照片作资料，必呈请主任批准，再请另一部主任批准，才进行。凡事必禀承英明全面馆长指导下进行，馆长又禀承社管局一个处长，处长又禀承局长，局长郑西谛算来是我五级上司了。在我工作的陈列部，写个什么小单子时，我已习惯称‘职’或‘卑职’，给局长可就不知如何称呼了，所以也就从不作什么禀告。”“我已迁入宿舍住。还是三间房子，白天有极好太阳照满房子中，可是我却一天亮不久即离开宿舍，到上灯后才回住处。来时向一个亲戚借了个床铺，前几天取回了，我这几天就稍微发挥了一点创造精神，用五个书箱（三大二小），三个煤油桶（一翻身就光当一声），十多函旧书，一块一尺半宽七尺长床板，三块二尺方书箱板，拼拼凑凑成一个床，对付下来了。”“这几天有时因作杂事忘了吃中饭，上灯后回到住处，见三姐躺在床上总无转机，我对我自己真有些莫名其妙起来，竟想问问：‘我是谁？我在作什么？’没有什么痛苦，但是竟好像是由于麻木或低能的发展，有越来越糟糕情形。”收入《全集》第 19 卷。

十一月　为工作事致信周扬，详细汇报了自己的工作计划，并请他和胡乔木提供必要的帮助：

我本不懂艺术，只是对它有点点常识，特别是对于工艺中瓷、漆、丝绸花纹形制趣味杂而泛，如果多掌握点资料，扩大原有常识，可能使用到轻工业日用生产品方面去，还有一点用处。特别是到民族形式问题上，如何接受优秀遗产问题上，到时我或可以为作丝棉织物花纹设计工作者，及建筑彩画与雕刻工作者，中学或大学美术教师，提供些参考资料。此外古典戏剧歌舞改良，碰到一个服装道具现实问题，也有可能为提点有益意见。好的是我自己并不是个艺术家，对优秀传统，就会比较看得清楚一些，也广泛些。

工作中比较重要，却又同时可以进行的，是陶瓷和纺织物花纹的研究。我想请你和乔木同志斟酌一下，是否可以为拨一笔钱，调几个人，来进行这个工作。钱的用处主要分三方面：一、有用实物的收集；二、重要资料照相；三、摹绘和处理。第一年假定有两亿资料费用，从各地印染厂，各艺术学校，调四至六个人共同工作，有一个比较宽大清静的地方，就可以进行下面一些工作：

一、古典漆器花纹有系统的整理　二人

二、金银错器物花纹有系统的整理　一人

三、丝绸花纹……　三至四人

四、陶瓷花纹……　二人

五、玉器花纹……　　一人

一年结果，工作只能说有一点眉目，但总集起来，就已相当可观。

致周扬信据作者保存底稿收入《全集》第19卷。

12月23日

本日　香港《大公报》刊载中国新闻社22日电讯《天津新花布“凤穿牡丹”系沈从文协助设计　据清朝画绢摹绘加工》。电讯中说：“这种‘凤穿牡丹’图案，是天津第一印染厂的设计工作人员，在历史博物馆沈从文先生协助下，根据一张清朝的泥金银画绢上的花鸟摹绘加工设计成功。”

本 年

上半年　作《织金锦问题报告提纲》。沈从文生前本文未曾发表。据打印稿收入《全集》第 30 卷《织绣染缬与服饰》集。

下半年　中央工艺美术学院聘请沈从文为波兰留学生吴光启开设“中国丝绸史”课程。据黄能馥回忆：“中央美术学院特聘沈从文先生专门给吴光启教授‘中国丝绸史’，并指定我同吴光启一起听课，负责记笔记，经沈从文先生审改后，油印给吴光启。沈先生每次来美院讲课，都是雇三轮车拉来许多丝绸文物资料，系统详尽地讲解分析，使我们直观地得到知识。讲完课后，因美院门口找不到三轮车，沈先生就和我抱着那些授课资料，徒步回家。接着把我记的笔记细心地修改补充后，交我请学校刻印，发给吴光启。在平时，沈先生常到学校叫我和吴光启跟他去故宫或历史博物馆参观，给我们讲解。还带我们到前门外珠市口一带的估衣庄、古董店去参观。……1953 年寒假，中央美院会计科叫我送 80 元讲课费给沈先生（当时大学生每月伙食费标准是 7 元钱），沈先生见了就说：‘我是有工资的，美院的钱不能收，你马上给我送还美院会计科。’”①

秋冬间　严文井约沈从文写 30 种历史人物小说，并欲安排他从事专业写作，被沈从文婉拒。

本年　开明书店通知沈从文：由于作品已经过时，沈从文在该店已出版和待集印的各书及其纸型，已全部销毁。（参见 1954 年 1 月 25 日《复道愚》）

本年　为长沙出土楚文物展作《楚文物展览介绍》《楚文物展览展品说明（三则）》。据手稿收入《全集》第 28 卷《陈列设计与展出》集。

---

① 黄能馥：《怀念恩师沈从文》，《黄能馥文集》，第 351 页，山东美术出版社 2014 年。

1954年　53岁

1月10日　中共七届四中全会通过《关于增强党的团结的决议》。

6月15日　中央人民政府公布《中华人民共和国宪法草案》。

9月15日　中华人民共和国第一届全国人民代表大会第一次会议在北京举行。

10月16日　毛泽东发出《关于红楼梦研究问题的信》，一场清算胡适派资产阶级唯心主义思想的运动由此在全国范围展开。

12月21日　政协第二届全国委员会第一次会议在北京举行，政协代行全国人民代表大会职权的任务宣告结束。大会推举毛泽东为名誉主席，周恩来为主席。

1月11日　收到巴金汇款，复函致谢。收入《沈从文全集·补遗卷3》。

1月25日　复道愚函："我的体力可惜也快衰了，作什么都不大济事了。本意写作还有益于人，有益于国家，才把它在一个极长而寂寞的学习中支持下来。什么人都受不了这个试验时，我还是不以为意，要把它搞好。以为必有一天，可以用到更有意义的更新的需要上去。到书店正式通知我说书已全部烧去，才明白用笔已完全失去应有意义：同时还看到许多莫名其妙的作品，都还在翻印。我知道，我的对于工作的认识和希望，完全错了。现在的生活是每天早上七点过出门，晚六点还家。每天早上从住处到办公处，必得经过毛主席检阅时的天安门。从门洞走进去约六百步，办公室在端门和午门之间，明清二代候朝官停顿的西厢。傍晚由办公室回住处，又经过毛主席检阅时的天安门门洞。风晴雨雪，总可以看到伟大天安门。看来令人感到一种严肃的心情。特别是近来在作历史陈列，正布置到秦汉大帝国的建立。还布置到司马迁和其他许多历史大事件。"本信当天未发出。收入《全集》第19卷。

一月　复沈云麓函："小说完全失败了，可以说毫无意义，在家中的也望一切烧掉，免得误人子弟。先还以为那么爱国家，对工作也认真，且从不和人争名利得失，只在工作上努力，受限制于旧社会，是应当的，必然的。"收入《全集》第19卷。

3月25日　捡出两个月前给道愚的复信，复加数行："在床上躺着听悲多汶，很觉为生命悲悯。可惜得很，那么好的精力，那么爱生命的爱人生的心，那么得用的笔，在不可想象中完了。不要难过。生命总是这样的。我已尽了我能爱这个国家的一切力量。好好的作事！"本信依然未发出。收入《全集》第19卷。

3月27日　中央音乐学院民族音乐研究所成立，沈从文被聘为通讯研究员。

3月31日

本日　香港《大公报》刊发新华社廿九日电讯《民族音乐研究所在北京正式成立　团结专家培养人才发掘遗产　俞平伯沈从文等被聘为研究员》，电讯称沈从文为"考古家"。

4月1日

本日　老友林徽因病逝。

4月4日

本日　《人民日报》第3版发表了李景江的文章《提高艺术修养，加强艺术实践》，介绍中央戏剧学院开办的导演干部训练班、中央音乐学院的民族音乐研究所，文中说，"昆曲专家俞平伯，古琴专家查阜西、汪孟舒、吴景略，历史学家潘怀素、阴法鲁，考古学家陈梦家、沈从文等都已被聘请为该所（指民族音乐研究所）的通讯研究员。"

6月15日　致信宋伯胤。本信未收入《全集》，仅存片段："关于绸缎问题，我的常识似只限于花花朵朵方面，及花花朵朵和其他工艺相互关系，一切都不过点点常识，不够深入的。因为故宫现有大量清代材料还未过手，分散到各处的大量明锦还未过手，比起魏松青同志来，他即比我知道得多而又多。在北京几个庙里和上方山庙里，他即多看了将近2万片明经面。故宫珍藏也多已过手，我还得向他学习，才有资格在花色品种题目上发言。”[①]

6 月 21 日　就古代服饰问题复卞孝萱函。收入《全集》第 19 卷。

8 月 19 日　接待来京参观全国出土文物展的华东文物工作者。谈话记录稿以《接待华东文物工作者参观全国出土文物展时的谈话》为题收入《全集》第 31 卷《文史研究必需结合文物》集。

9 月 1 日　《封面图案说明》发表于《历史教学》1954 年第 9 期，署名沈从文。未收入《全集》。后以《汉代金银错鸟兽纹图》为题收入《沈从文全集 · 补遗卷 2》《文物识小录》集。

10 月 1 日　《封面图案说明》发表于《历史教学》1954 年第 10 期，署名沈从文。未收入《全集》。后以《敦煌唐代丝绸复原图》为题收入《沈从文全集 · 补遗卷 2》《文物识小录》集。

10 月 3 日　《文史研究必需结合实物》发表于《光明日报 · 文学遗产》第 23 期，署名沈从文。收入《龙凤艺术》（作家出版社 1960 年）。改题《文史研究必需结合文物》收入《龙凤艺术》（香港商务印书馆 1986 年）。据香港商务版收入《全集》第 31 卷《文史研究必需结合文物》集。

10 月 12 日　为稿件事，致信《文物参考资料》编辑部。收入《全集》第 19 卷。

十月　主持编写的《长沙出土古代漆器图案选集》由人民美术出版社出版，署名为北京历史博物馆编。本书由沈从文编选，同时所写了“前言”。该书《前言》中说明：“编选工作是由本馆陈列部的同志们负责的。”《前言》收入《沈从文全集 · 补遗卷 2》。

11 月 1 日　《封面图案说明》发表于《历史教学》1954 年第 11 期，署名沈

---

① 宋伯胤：《敬礼：乡土博物馆学家沈从文》，《宋伯胤文集 · 博物馆卷》，第 378 页，文物出版社 2009 年版。

从文。未收入《全集》。后以《楚墓出土彩绘漆羽觞》为题收入《沈从文全集·补遗卷 2》《文物识小录》集。

11 月 27 日　出席故宫博物院文物与非文物审查委员会第一次会议，出席会议者还有叶恭绰、老舍、陈梦家、容肇祖、傅振伦、王世襄、王振铎、荣孟源、唐兰、单士元等人。沈从文被聘为委员会“衣料皮毛组”召集人，“瓷器组”成员。[①]

12 月 1 日　《封面图案说明》发表于《历史教学》1954 年第 12 期，署名沈从文。未收入《全集》。后以《唐代越州窑青瓷酒壶》为题收入《沈从文全集·补遗卷 2》《文物识小录》集。

十二月中旬　致信沈云麓。收入《全集》第 19 卷。

本 年

秋季　复潜明函。收入《全集》第 19 卷。

秋季　复慰庐函。收入《全集》第 19 卷。

秋季　作《脸盆和镜子——它的发展故事和涉及的问题　上》。文稿前有沈从文的附言：“排时望莫将原稿弄脏，排后望见还。”沈从文生前本文未曾发表。据手稿以《镜子的故事　上》为题收入《全集》第 29 卷《镜子史话》集。

秋季　作《镜子的故事　下》。据手稿收入《全集》第 29 卷《镜子史话》集。

冬季　复沈云麓函：“工作实在可怕的琐碎而沉闷，即在馆中，也没有人注意到这工作有什么意义。有时候，我自己也不知道，真正在负责主持全国纺织物生产的人，既都对于生产美丑不怎么在意，我那么热心是为什么？学美术、教美术的人，都从不着急，我倒永远在为他们工作着急？为他们不肯好好的，认

① 郑欣淼：《故宫与故宫学》，第 429 页，紫禁城出版社 2009 年版。

真热心一些向遗产学习而着急。教历史的，居多还不对于他们研究工作着急，我也为他们着急！近来写了个马鞍具问题小文章，谈它的前后三千年的发展，写完了看看，只觉得真是一种浪费，这种文章谁来看？有什么用？但既在博物馆工作，不写这类问题，又写什么？一堆书，一堆问题，真是把我快要收拾了。真是奇怪，我为什么用这些问题消耗自己？长处没有人知道。”收入《全集》第19卷。

冬季 作《从新出土铜镜得到的认识》。据手稿收入《全集》第29卷《镜子史话》集。

冬季 作《从一个马镫图案谈谈中国马具的发展及对于金铜漆镶嵌工艺的影响关系》。沈从文生前本文未曾发表。据手稿收入《全集》第31卷《马的艺术和装备》集。

本年 故宫博物院成立近代工艺美术筹委会，筹委会由8人组成，沈从文、程尚仁、庞薰琴、祝大年被聘请为院外专家。

本年 为李杏南编《明锦》作《题记》。

本年 应邀为中央美术学院实用美术系毕业班作题为《中国绸缎的花》的专题报告。据手稿收入《沈从文全集·补卷2》《织绣染缬与服饰》集。

本年 参加《中国历史图谱》的编写工作。据参加此项工作的谢承仁回忆：“1954年，中苏两国酝酿合作编辑出版《中国历史大图谱》，当时苏联派来了历史学家尼基甫洛夫，中国方面由文化部副部长郑振铎负责，文字负责人是王崇武，配图负责人是沈从文，出版负责人是金灿然。王崇武先生推荐我参加这项工作，这使我深深地感受到老一代人对青年人的培养信用。这项工作由于是国家的任务，所以得到了各方面的大力支持。需要去故宫拍摄三大殿的照片，故宫就暂停游人参观让我们去拍摄。我们利用故宫中收藏的大量文物珍品进行拍照，然后写出说明文字，成为连贯的中国历史，然后再翻译成俄文。”[1]据后来参加出版编辑工作的人民出版社编辑吴道弘回忆：“编辑小组有历史研究所王崇武、北京师院谢承仁和高级党校苏联专家尼基甫洛夫，他们主要承担

---

① 邹兆辰：《育人务须有情　治学贵在求真——访谢承仁教授》，《弘毅集 谢承仁先生诞辰九十周年纪念文集》，第25页。湖北人民出版社2014年。

撰写《图谱》的文字稿，而沈从文主要负责选编实物图片部分。在北京东总布胡同10号的大院里，为编辑小组专门腾出的房间，由人民出版社负责行政后勤工作。……到编辑组后，接触大量图片资料，如同来到一个五彩缤纷的新世界。当时沈先生讲的用图谱形式出版历史图书的意义，这样深深地印在我心里。沈先生还说过，研究历史，光靠文字材料（书籍）很不够，一定要结合实物，依靠实物可以补足文字资料的不足，或者相互得到印证。因此要熟悉实物史料、了解出土的文物，才会有感性认识，才能对历史有深刻的了解。……江平同志和我从事搜集、保存图片、组织原稿打印、参加初稿讨论，以及一些联系工作。当时王崇武先生不大来组里，好像身体一直有病；谢承仁先生有教学任务，他们在讨论原稿时才来这里。金灿然同志虽然事情多，但他总是抽时间来主持讨论。尼基甫洛夫也只是参加讨论才来。这位专家往往在会上提出一些他不懂的问题，不得不占去一定的时间。倒是沈从文先生经常按时上班，这样在办公室里通常就只有沈先生、江平和我三人了。沈先生平易近人，给人亲切的感觉。工作时严肃认真、一丝不苟。他亲自在照片资料上写说明。对于历史文物如数家珍，流露出极深的情感。有时他会主动跟我们作点讲解。休息铃声一响，我们也会凑在一起天南地北地闲聊。不过他总是笑笑不多说的。”①

按：《中国历史图谱》开始编纂的时间，有多种说法：1954、1955、1956等，现据谢承仁的回忆确定为1954年。

本年　作《从实物学习谈谈〈木兰辞〉的相对年代》。沈从文生前本文未发表过。据手稿收入《全集》第30卷《文物识小录》集。

本年　作《三国两晋南北朝的工艺美术（纲要）》。本文系沈从文为中央美术学院毕业班准备的专题讲稿，未发表过。据手稿收入《全集》第31卷《龙凤艺术新编》集。

---

① 吴道弘：《未完成的编辑工作》，《寸心集》，第392—394页，三联书店1993年。

1955年　54岁

1月26日　中共中央批转中宣部的《关于开展批判胡风思想的报告》。

3月21日　中国共产党全国代表会议在北京召开。

7月31日　毛泽东在中共中央召集的省、市委和自治区党委书记的会议上，作《关于农业合作化问题》的报告。

10月11日　中共七届六中全会扩大会议通过了《关于农业合作化问题的决议》。

1月1日　《封面图案说明》发表于《历史教学》第1期，署名沈从文。以《唐卷枝花镜——〈历史教学〉封面图案说明》为题收入《全集》第29卷《镜子史话》集。

1月11日　顾颉刚与容肇祖为吴谏斋出售图卷事来访。

1月12日　致信沈云麓。收入《全集》第19卷。

1月15日　复慰庐函。收入《全集》第19卷。

1月16日　复杨世骥函。收入《全集》第19卷。

1月21日　至中国科学院参加批判胡适政治思想会议。顾颉刚日记载："到科学院，参加批判胡适政治思想组，五时半散。与吕叔湘、王爱云、侯外庐、赵纪彬、沈从文、钱伟长、金鹏等谈。"①

一月中旬　复慰庐函。收入《全集》第19卷。

一月下旬　复沈云麓函。收入《全集》第19卷。

2月1日　《封面图案说明》发表于《历史教学》第2期，署名沈从文。以《唐三彩釉陶瓶——〈历史教学〉封面图案说明》为题收入《全集》第28卷《中国陶瓷研究》集。

2月15日　为东北人民大学代购文物事复振羽、靖之函。收入《全集》第

---

① 顾颉刚：《顾颉刚日记》第7卷，第646页，联经出版事业股份有限公司2007年版。

19 卷。

2 月 17 日

本日　顾颉刚致信沈从文。

2 月 18 日　故宫博物院文物与非文物审查委员会常务委员会召开第一次会议，对各小组审查后提出的意见进行了认真的研究，并决定：“关于沈从文同志提出貂皮是否应作非文物的处理问题，一致同意貂皮本身并非文物，除同意小组共同意见保留一百十张作为标本外，其余可作非文物处理。”①

2 月 25 日　北京市文学艺术工作者联合会和北京市中苏友好协会联合主办关于第二次全苏作家代表大会的传达报告会，老舍在会上做了传达报告。据林斤澜回忆：“建国之初，老舍出访苏联归来，他是北京文联主席，在霞公府小礼堂作报告。那是个星期天，听众满座。……沈从文常自称乡下人，他当时的境遇十分不好：作家当不了，教授当不成。也坦然走来，只是不和人招呼，在讲台正前正方五六排地方，默然而坐。老舍一开讲，沈从文就摸出一本软面笔记本，因近视，把本本卷起来托在胸前，右手的水笔竖直，直行记录。那都是拿惯了毛笔的缘故……目不旁视，手不停顿，全座就他一人。老舍向来妙语连珠，这回目光一落在沈从文身上，口角不禁迟慢。沈从文这样托本书写，必须直腰，低头，两肘悬空。老舍的目光戚戚，仿佛说：何苦来！何苦来！报告完毕，听众外涌，老舍好嗓子，低沉又传得远，叫道：‘从文，一块儿走。’沈从文在人流中回身，但站不住脚，也不想站住，说了声什么，微细听不清。尽是那笑容——不好形容，只是叫人想起他常自称的乡下人吧。”② 沈从文是否参加了本次会议，待考。

3 月 1 日　《封面图案说明》发表于《历史教学》第 3 期，署名沈从文。以《西王母画像镜——〈历史教学〉封面图案说明》为题收入《全集》第 29 卷《镜子史话》集。

---

① 郑欣淼：《故宫与故宫学》，第 430 页，紫禁城出版社 2009 年版。

② 林斤澜：《两个作家》，《林斤澜文集》第 4 卷，第 319 页。按：林斤澜的回忆或有不确之处，25 日是星期五，不是星期天；而老舍访苏归来以给北京市文联做传达报告似乎也只此一次。

3月13日

本日　顾颉刚致信沈从文。

4月1日　《封面图案说明》发表于《历史教学》第4期，署名沈从文。以《唐代蜀锦花纹——〈历史教学〉封面图案说明》为题收入《全集》第30卷《织绣染缬与服饰》集。

四月下旬　为工作事致信历史博物馆副馆长韩寿萱，检讨自己工作的同时，谈对未来工作的设想："这几天，因对王主任作鉴定，听过文教于坚二同志谈话后，我仔细检查了一下自己工作，觉得许多部分都是我的过失，有些方面，或比王主任更严重。例如一、对工作少责任感，宋元陈列尚未进行。二、对文物不知爱惜，造成很多损失。三、对同事间不善团结。四、劳动纪律不好，工作效率也不怎么高。五、缺少组织观念，一再违反保管规则，影响不好。六、由于政治品质不好，在同事间形成一种狂妄自大目无首长的不良印象，对工作更带来极大损失。在此阶级斗争剧烈时期，这种种毛病，使我实在恐怖忧虑。……经过这几天冷静考虑，为整肃工作纪律，如上各错误，应当接受一定处分。或解除免去我设计宋元陈列庄严职务，改作王家齐同志帮手，我一样认真作去。或免去设计员庄严职务，调我在群众工作部主任下面，作一小小职员，量力谨慎小心作事，或可以后少些过失。好在随事打杂，在我已成习惯，即小劳苦，永无怨言。""前一时，在我还主观的认为国家给我三四个人，三五万照片，为中国丝绸研究问题而准备，也极自然，而且够经济。因为三五万照片搁到身边不是死的，和头脑结合起来，就会活的。有材料才可望把问题提出来，作为其他方面参考，解决的不只是本馆陈列部分，还可帮同其他方面搞多少问题，而不至于永远临时抓瞎，或停顿到当前搞问题水平上。工作拿出来，也才像个国家博物馆研究工作者应有的成就！因工作而费去了这些照片，也不是太犯错误，为的是花的钱只三五万元，而能推进的工作，却将节省去国家在别方面费的钱多少百万，而且可以节省其他方面无数人力。从整体计，这工作不投资，还有什么值得投资？即以对于工艺美术史的初步探索而言，国家就给我这些照片，也应当办得到！何况我并不是占有这些照片当成私产！"收入《全集》第19卷。

5月1日 《封面图案说明》发表于《历史教学》第5期，署名沈从文。改题《白沙宋墓壁画——〈历史教学〉封面图案说明》收入《全集》第31卷《龙凤艺术新编》集。

5月15日 致信励琼。收入《全集》第19卷。

5月27日 复沈云麓函："近来在为《红楼梦》作注，专注吃喝起居服用部分，看看字典上没有的，加点注。又有些野话、双关话、歇后语，也注上一下。这些话语或生活上事事物物，也快成古董了，教书的年青人，已不大懂得了。例如其中放风筝、掷骰子、行酒令、骂人野话，和那些衣服东西，不是五十岁以上的人，都是不好懂。""这里正是全面在讨论胡风问题。这个人过去（抗战前和抗战中）我总以为他在代表党，批评这个，打击那个。现在才明白是他自己一套。有一小集团，这里布置那里布置，争领导权！更绝不是党的代言人！"收入《全集》第19卷。

6月1日 《封面图案说明》发表于《历史教学》第6期，署名沈从文。以《汉碧玉马头——〈历史教学〉封面图案说明》为题收入《全集》第28卷《中国玉工艺研究》。

六月 李杏南编写的《明锦》由人民美术出版社出版，沈从文为该书写了《题记》，署名沈从文。后以《"明锦"题记》为题收入《龙凤艺术》（作家出版社1962年、香港商务印书馆1986年）。据香港商务版改题《〈明锦〉题记》收入《全集》第30卷《织绣染缬与服饰》集。

六月 应邀为人民文学出版社重版《红楼梦》草拟注释，共拟出近300条注释，是为"初抄稿"。后经调整、补充若干条目后，形成修改稿，供人民文学编辑部参考。以《〈红楼梦〉衣物及当时种种》为题收入《全集》第30卷《〈红楼梦〉衣物及当时种种》集。

7月20日 在康士坦丁诺夫主编的《历史唯物主义》扉页作题识："读文艺座谈，天热如焚，生命存在于离奇环境中，惟历史知道。"（《从文用书题识选》，《全集》第14卷《艺文题识录》）

七月中旬　观看闽南戏《陈三五娘》后，致信闽南戏实验剧团负责同志，谈该戏的服装、布景问题。收入《全集》第 19 卷。

七月　作《我们从古漆器可学些什么》。据手稿收入《全集》第 28 卷《漆器及螺甸工艺研究》集。收入《全集》时，编者对该文写作过程作了说明："1955 年，北京历史博物馆美术组摹绘的一组战国漆器准备印成图录，作者先曾参与编选，并为图录写了《题记》，经修改定稿后，篇名改为《古代漆器图案选题记》。荣宝斋新记以木刻水印《中国古代漆器图案选》时，署名北京历史博物馆编，题记未同时出版。作者随即将题记再次改写成为《我们从古漆器可学些什么？》，准备通过报刊，介绍这些精美文物和图片，但仍未得到发表。现将上述相关 3 稿中最后写成的本文编入全集，并配入当年所介绍的这 8 幅战国漆器图片。"

8 月 14 日

本日　顾颉刚为萧新祺（书商）事致信沈从文。

8 月 20 日

本日　朱早观病逝。

8 月 22 日　清晨，至嘉兴寺吊唁朱早观。[①]

8 月 31 日　复沈云麓函，谈工作中的苦恼："近来在学习中一经批评，工作信心又通通摧毁了。本意以为搞丝绸服装和工艺问题，可以节省年青人摸索精力。又怕是和作小说一样，和人民需要脱离，完全无意义！工作不知从何作起，就更对人民有用些，也免得总犯错误！"收入《全集》第 19 卷。

9 月 3 日　致信沈云麓。收入《全集》第 19 卷。

9 月 25 日　与谭其骧、金灿然等乘《人民日报》车前往八达岭长城参观。据谭其骧日记载："出德胜门，衣单凉甚。柏油路平直如矢。过清河、沙河、昌平，十时折入山道（赴十三陵一道仍为柏油路），崎岖甚。过南口，至居庸关，

① 参见 8 月 31 日复沈云麓函，同时参见 8 月 20 日新华社电讯稿《全国人民代表大会代表朱早观逝世》。

下车观关门石刻。上车直赴八达岭，到时已十二时。午餐，餐后为众讲长城简史。登高峰，折回，迳归，抵鼓楼已六时。下车访张遵骝，晚十时归。八达岭长城正在修葺，焕然一新，殊无古意，墙上无雉堞，作以短垣，尤觉不伦。古迹说明牌云系二千五百年前战国秦皇所筑，杨六郎在此把守，可笑之至。高峰堡垒上可望见官厅水库。”[①]

11 月 10 日　为正在进行中的《中国历史图谱》编写工作，通过董秋水向三联书店借阅正在编辑加工过程中的《中国兵器史》（作者周纬），并答应阅后给提些意见。

11 月 21 日　致信丁玲，请求帮助。本信未收入《全集》，照录如下：

丁玲：

帮助我，照这么下去，我体力和精神都支持不住，只有倒下。感谢党对我一切的宽待和照顾，我正因为这样，在体力极坏时还是努力做事。可是怎么做，才满意？来帮助我，指点我吧。让我来看看你吧，告我地方和时间。我通信处东堂子胡同廿一历史博物馆宿舍（是外交部街后边一条胡同）。

从文　廿一[②]

11 月 22 日

本日　丁玲收到沈从文的求助信后，致信刘白羽、严文井，请示处理方法，同时也对自己 1949 年后与沈从文的联系作了简要介绍，兹转录如下：

白羽、文井同志：

转上沈从文给我的一封信给你们看看。

一九（四九）五〇年，我同何其芳同志去看过他一次。那时他的神经病未好。五一年土改前他来看我一次，我鼓励他下去。后来又来信说不行，我同周扬同志说，周扬同志说他要王冶秋打电报叫他回来好了。可是沈从文给王冶秋的信又说得很好，可能是后来回来的。

---

① 葛剑雄编：《谭其骧日记》，第 36 页，广东人民出版社 2013 年版。

② 信件影印件见郑欣淼：《调沈从文到故宫博物院》，《紫禁城》，2005 年第 3 期。

五二年问我要了二百元还公家的账，大约他替公家买东西，公家不要，我没有问他，他要下就给他了。去年他老婆生病想进协和，陈翔鹤同志要我替他设法，好像不去不行，我又向陈沂同志替他要了一封介绍信交陈翔鹤同志给他。现在又来了这样一封信。我知道他曾经同陈翔鹤还是谁谈过想专搞创作。过去好像周扬同志也知道。我那个时候觉得他搞创作是有困难的。

（当然也不是绝对不行）在历史博物馆还是比较好。看现在这样子，还是不想在历史博物馆。这样的人怎么办？我希望你们给我指示，我应该怎样同他说？如果文井同志能够同我一道见他则更好。我一个人不想见他，把话说扭了就说不下去了。我看见他的萎糜〔靡〕不振，仿相隔世之人的样子，也忍不住要直率的说吧。有另外一个人就好得多了。怎么样？敬礼！

丁玲　廿二日[①]

十一月下旬　阅读完毕《中国兵器史》，将稿件退回三联书店，并提出了自己的修改意见。沈从文的《兵器史读后意见》未收入《全集》。兹照录如下：

兵器史读后意见

从文

这个作品已看过二次，作者为准备材料，也很用得有心，并且贯穿排列，还有条理。如拟当成资料付印，对部分人是有帮助的。但是付印时有几个部分请考虑：

（一）需删去反复引用《二仪实录》等书说炎黄以来铜兵已流行、说南方可自由贸易的论断，以及由此前提发的议论。因为似不合实际。

（二）需删去或改正一些旧式提法，如以武器精良定国体兴衰，及对于民族关系上旧的看法，免得不善用书的入辗转弄错，引起不好影响。

（三）器物照片有问题的要去掉，例如明白不属于兵器的部分

① 郑欣淼：《调沈从文到故宫博物院》，《紫禁城》，2005 年第 3 期。

（如圭璋等得［的］交代）；引前人材料时必有取舍。时代混乱得（的）改或删（如以巴蜀剑为上古），文字也得调整。

（四）文字应整理，有几个基本上问题：一，引用人的议论详细区别出来；二，反复称引的（如引越绝书许多处，七八次之多）概括一下；三，有前后矛盾的调整清楚。和当前社会思想矛盾的特别值得注意，因为这书将来会为军事教官用到，许多提法不相宜。

（五）文献材料重要的得作补充，特别是和中国兵制联系的地方，得充实。

（六）兵器实物图，大小轻重不相称，必有一定位置，目下有许多不宜付印，一缩小，更不清楚。（最好是不重要的去掉，加入新材料，不过因之恐影响到内容，因为有上千件得加入。还必须从绘画、石刻、泥塑、木刻书、画迹等等方面补充材料，和人的形象结合起来，才见出应用时情形。）

（七）必须加入一定数量的形象材料，如壁画、石刻、俑塑及绘画上反映如何使用这些东西情形，例如战国武士俑，及铜器上的战争形象，狩猎形象，汉画上、和石刻上、专（砖）刻上，敦煌麦积山壁画上的，长安洛阳出土的、传世画迹上的，以至明代木刻，清代点石斋画报，这书中谈到的才生动。也不必多，总得有百十个图。结果全书会给人印象深刻些也活泼些。又军事乐器如铙、铎、胡角、横吹、钲、角已出一大堆，作者只说铜鼓，必需补入，否则即将铜鼓去掉。论尺量部分抄人的也可去掉。因为内中有许多器物是用中尺的。

（八）外文部分引来的需调整。应以中国目下的为主。本书似在抗战前完成的，当时军事学校教兵器史，大致也只要求到这个程度。许多提法、看法都是在当时为有用，在目前会起不好作用的。当成资料付印，这部分也必需谨慎一些。最好删去。①

“除了这八条意见外，沈从文在原稿上用小纸条标出的问题还有百十几处。

① 引自汪家明：《一本书的编辑出版史》，见《难忘的书与人》，第30—31页，三联书店2014年版。

其中建议再加入一定数量的形象材料，如壁画、石刻、俑塑及绘画上反映如何使用这些兵器的情形，尤为有见地，……鉴于沈从文的认真，当时的总编办公室主任范用建议：‘送两本书似乎嫌少，还是送审阅费为宜。’但具体管事的人员认为：‘此稿不是请沈先生审的，是他借去看，顺便提了些意见，编室意见还是送书。’于是范用亲自挑选了《历史唯物主义》《奴隶社会译文集》和《封建社会译文集》各一册送给沈从文。”[①]

12月7日　周扬接到丁玲、刘白羽的信后对沈从文的工作问题做了批示，将此信批给文化部副部长陈克寒、钱俊瑞和文化部文物事业局副局长王冶秋，也希望文化部文物管理局对沈从文予以照顾，并说“对他的工作，亦应考虑重新安排。结果望告知。”同时请中国作协安排丁玲、严文井等去看望沈从文。[②]

12月9日

本日　陈克寒对沈从文工作安排事作出指示：“请冶秋同志找沈一谈，并复周扬同志。”

12月14日　王冶秋为调动工作事找沈从文谈话两个小时。

本日　王冶秋致信周扬等人，汇报了与沈从文谈话的情况。信中说，沈从文现在帮助出版局搞《中国历史图谱》，已搞出上半部，明年3月间可完成下半部，最近情绪不好，可能系搞这一工作遇到一些困难。据沈讲，此工作由出版总署一领导负责，提纲是科学院近代史所一专家写的。该专家与这位负责人的看法有些不同，又不愿多找，沈负责实际编辑、找材料等工作，夹在当中不好说话，又无助手，因此进展很慢，他有些着急，但表示还愿把这工作搞完。对于以后的工作，沈谈了两点意见：“（一）写作。他说虽然同生活有些隔绝，但也参加过土改等，再钻进去还是可以写的。组织上若认为他还可以作这工作，愿听组织决定。（二）搞中国工艺美术史的研究工作。明锦、丝织、瓷器、玉器等都有些常识，而且他能钻进去，也愿意搞出些成绩来，愿意到各地去看看藏品，及现在生产情况。”沈从文“表示听组织决定。看情况，他是思想上有

① 引自汪家明：《一本书的编辑出版史》，见《难忘的书与人》，第32页，三联书店2014年版。
② 郑欣淼：《调沈从文到故宫博物院》，《紫禁城》，2005年第3期。

些矛盾，又想搞创作，但生活没有，又怕受批评；又想搞文物，又怕不受人重视”。“他愿多作些工作，但就是不知作哪样好，他自己说：‘没有主意，脑子乱的很’。”王冶秋个人的意见：1、若觉得他可以写作，则可调作协，专门写作；2、仍在历史博物馆或故宫博物院搞研究工作。故宫明年（1956年）拟搞织绣服饰馆，他愿来主持这事也好。王在信中还说：“也许他与丁玲同志谈得更深一些，可以请丁玲同志再提供一些意见，请考虑并指示。”①

按：从种种迹象看，王冶秋对沈从文似乎有看法。据史树青回忆：“文物局长王冶秋接近郭老，业务上靠郭老。他觉得沈先生转行是文人来避风，文物界有无沈先生没关系。他对沈先生的使用没怎么安排。”

陈乔回忆：“我是1958年筹建新馆时，王冶秋把我从故宫调到历博。沈从文是有名的小说家，为什么放在历博，我说不清楚，我没看过郭沫若批沈的文章，只是听王冶秋在背后说过几句。”“为了出那本服饰的书，打了一个报告到文物局，一直压着。王冶秋在出版上不表态，他的老伴、文物出版社社长也就不积极。王冶秋不点头，怎么印出来？王冶秋对沈有看法，认为沈是灰色的旧知识分子，是在旧社会培养的，要控制使用。那时沈找过我，发过牢骚。我只能做一些解释工作，我是副馆长，只能提意见，没有决定权。房子、出版问题，我说了话没人听，工人不会给你搬出去，不会腾出房子。没办法解决，我无能为力。杨振亚馆长认为沈不是主要人才，并说‘要走就走’。沈很有意见，后来带着激愤的心情离开历博。我们在专家使用方面，在思想工作方面不是很正确的。”②

陈娟娟回忆：“王冶秋不让提沈先生，局里对他不感兴趣。沈先生的心情不愉快，但他从来不说，不求名不求利。有些领导不愿提沈的名字，有一次有人写文章说沈是权威，上面就有人说别提了，提了就不好办。发现长沙马王堆文物，要组织分析团。我提请沈先生来参加。当时湖南有人不同意，说王冶秋一提沈从文就生气。我仔细一问，原来王说过：‘沈从文，乱七八糟，不知干什么。’后来中央统战部来人到家中，要整理材料，并希望为沈先生配助手。

---

① 郑欣淼：《调沈从文到故宫博物院》，《紫禁城》，2005年第3期。

② 陈徒手：《午门城下的沈从文》，《人有病 天知否——一九四九年后的中国文坛纪实》，第20页，人民文学出版社2000年版。

统战部的人来时，沈先生、沈师母两位老人都掉了眼泪。”

12 月 20 日　周扬、陈克寒在王冶秋的信上做出批示。周扬提出让沈搞些通讯特写之类，也是有好处的，“把这样一个作家改造过来，也是一件值得做的事。如作协不好安排，可否分配到中央美术学院任教，这样总比在历史博物馆和文艺界接近一些，也许于他的心情也有好处。”周扬请陈克寒斟酌，陈克寒批示：“请考虑能否让他搞创作。”[①]

十二月　参加中国美术家协会美术服务部组织的刺绣改革问题座谈会，会议在故宫博物院举行，与会者有湖南湘绣联合社的老画师陈亚君、李云青、陈芝及在京的工艺美术家吴仲超、陈万里、庞薰琹、雷圭元、程尚仁等人，会议指出，“今后的研究工作应从整理宫廷古典刺绣、搜集民间优秀刺绣品、到少数民族地区搜集挑花资料三个方面着手。”[②]

本 年

冬天　致信沈云麓：“可怕的是多年来对工作的另外一种自信心，和古人所说‘争名于朝’的竞争心，全失去了，选择什么也不知道，只希望由上面指派，免得自作主张又出毛病。目下所学的五分之四都搁在一旁荒芜着。即现在作的，也是学的多，用的少。又限于材料，每一问题都无法具体深入，作的也有大半时间为不必要的周折、商讨、争持而消耗。”收入《全集》第 19 卷。

本年　开始创作《财主宋人瑞和他的儿子》。

本年　作《介绍一个漆器图案》。沈从文生前本文未曾发表，据手稿收入《全集》第 28 卷《漆器及螺甸工艺研究》集。

本年　作《景泰蓝——中国特种工艺美术品对世界的贡献》。据残稿收入《全集》第 31 卷《龙凤艺术新编》集。

本年　作《谈谈〈文姬归汉图〉》。

① 郑欣淼：《调沈从文到故宫博物院》，《紫禁城》，2005 年第 3 期。

② 黎敏：《建国初十年民俗文献史》，第 234—235 页，中国文史出版社 2008 年版。

沈从文年谱长编

下册

（1956—1988）

李　扬／编著

SPM 南方传媒｜广东人民出版社
·广州·

1956年 55岁

1月20日 中央召开关于知识分子问题的会议，周恩来在会上作《关于知识分子问题的报告》。

1月25日 最高国务会议讨论通过了中共中央提出的《1956年到1967年全国农业发展纲要草案》。

5月2日 毛泽东在最高国务会议上提出，在文艺创作和学术研究领域应该实行“百花齐放，百家争鸣”的方针。

9月15日 中国共产党第八次全国代表大会在京开幕。这次会议讨论通过了《关于发展国民经济的第一个五年计划（1958–1962）的决议》。

12月29日 《人民日报》发表人民日报编辑部根据中共中央政治局扩大会议的讨论意见撰写的《再论无产阶级专政的历史经验》。

1月10日 中国人民政治协商会议第二届常务委员会通过增选沈从文为政协特邀委员。

1月19日

本日 刘白羽就沈从文工作安排问题致信周扬，说严文井已与沈从文的夫人谈了，征求意见，“她觉得还是主持织绣服饰馆为宜。”刘白羽在信中还说，已决定让沈从文当政协委员，但沈不适宜作行政工作，如主持故宫织绣馆，应以专家兼行政工作对待，配一有力助手，他可以研究这方面问题，同时跑跑写写。周扬批示是：“同意这样办。只是他的行政职务问题，须与文化部商量决定。”①

1月24日 《人民日报》在第1版发布《中国人民政治协商会议第二届全国委员会单位委员补缺名单和特邀委员增选名单》，沈从文作为特别邀请人士被增选为政协委员。

1月28日 遇顾颉刚。

---

① 郑欣淼：《调沈从文到故宫博物院》，《紫禁城》，2005年第3期。

2月6日　出席中国人民政治协商会议第二届全国委员会第二次全体会议，上午进行大会讨论，沈从文在会上发言。

2月7日

本日　香港《大公报》在第1版刊发新华社的电讯稿《昨天在政协会议上　沈从文费彝民刘芦隐等发言》。

2月8日　《光明日报》以《沈从文的发言》为题刊发了沈从文在全国政协第二届第二次会议上的发言。“我是个旧知识分子，过去许多年来曾经从事小说写作，本来来自人民队伍中，由于工作小有收获，就自高自大，正和农民中的单干户一样，什么都不加入，远离人民群众的斗争，思想意识因此逐渐被半殖民地化的资产阶级观点腐蚀俘虏，写作态度和倾向，越来越要不得，使得许多年青读者，发生逃避现实安于现状的坏影响。我却空守着一种虚伪的自由主义，以为绝不受蒋介石利用。事实上缺少阶级立场，不能分清敌我的写作态度和作品倾向，就最适宜于点缀蒋介石回光返照的政权，对人民事业没有丝毫好处。北京解放，才把我从空头作家的错误发展中挽救过来。”该文收入《全集》第14卷《跑龙套》集。

2月9日　《人民日报》在第8版刊发《沈从文的发言》。

2月16日

本日　中国作家协会党组致函文化部党组，对沈的工作安排提出了建议：

关于沈从文先生的工作问题，经我们几次和他本人及夫人接触，最后他夫人表示还是去故宫博物院主持织绣服饰馆，同时进行写作为好。……如这样安排，则应配备一个有力的助手帮他进行领导和组织工作，让他以主要精力去从事这方面的研究工作，并以一定的时间出去参观和深入生活，进行写作。他的待遇以专家兼行政工作的办法解决。①

二月中旬　复孙作云函，谈及学术研究与结合文物问题：“照目前情况，即以北大而言，许多历史系教授，还不习惯搞文物，忽视文物提供的新问题。国文系的同志们，更不注意，甚至于还有人把它看成是‘玩古董’，以不懂而自傲。

① 郑欣淼：《调沈从文到故宫博物院》，《紫禁城》，2005年第3期。

事实上，他尽可不过问这些东东西西，但是出土的百十万件东西，和公家收藏百十万种新集中的物的资料，可要过问他那些研究结论！照我个人理解，那些教汉魏乐府、唐诗，宋词的教师，许多地方虽熟习一切注解，说清楚还是不清楚，即一事一物的发展性。例如一面盾牌，在注上虽可据《释名》知道有好些种，究竟是什么不同，可说不清楚。但是实物和图画，却出现了一系列的东东西西可以引证！……我总是盼望各大学文史系先生有热心好事的，来把这些物的材料结合文献研究，来鼓励年青朋友走走新路！在研究工作上，点的真正突破，是能引起面的进展的。”收入《全集》第 19 卷。

3 月 18 日　上午，参加在贤良寺举行的杨振声追悼仪式。

3 月 19 日　复沈云麓函。[①] 收入《全集》第 19 卷。

复沈虎雏函。收入《全集》第 19 卷。

3 月 23 日　程应镠《丙申日记》：“偕王逊去看从文先生，又五年多了，从文先生身体精神较五年前为好。”

3 月 25 日　老师田个石来访。沈从文与老师一起用午餐。

晚上，程应镠、李宗蕖来访，一起用餐。

3 月 26 日　晚上，程应镠来访，“劝他下乡，恢复文学事业。”（程应镠：《丙申日记》）

3 月 31 日　据《王伯祥日记》：“《中国历史图说》秦朝部分九页，汉朝部分卅二页，今日午前都已阅毕，签出意见九处，写信与沈从文、王崇武，送还之，即嘱润儿带去顺交人民出版社。”

三月　在《八骏图》卷末作题识，表达了自己内心的苦恼：“一九五六三月，又写自传，来翻翻这些完全过时的旧作。时喉痛心烦，眼肿头重。我什么时候才能稍稍休息一阵，把身体弄好一点？读报，报上正说及全国作家在开会，巴金老舍发言都刊载出来。很奇怪，我是谁？身体那么痛苦，还得限十号写成，

---

① 本信编入《全集》是注明写作日期为三月中旬，杨振声的追悼仪式在 3 月 18 日举行，根据信中“杨先生前几天已故去了，昨天出丧，是在我们住处附近名叫‘贤良寺’追悼”可知，此信当写于 3 月 19 日。

我怎么来反省我的错误，向谁请求一下，让我能睡两天，什么都不想，休息休息？我难道又在起始疯狂，他人却□分正常健康？我是在为什么？都说人是可知道，为什么我那么困难倒没有人知道，就是家中人也不知道？存在实在可悯。”（《题〈八骏图〉自存本》，《全集》第14卷《艺术题识录》）

三月　作《沈从文自传》。谈及自己的写作时，有如下回忆：“同时作家如鲁迅、冰心、茅盾、巴金、老舍、张天翼、丁玲等人的成就，也不断刺激我在工作上的一种竞争心，以为每条路都是到罗马的，大家相熟或不相熟并无关系，只要各自努力，会各在试验中共同把生产丰富起来。至于成就得失，不应当用吹嘘的方法争取，应当交给时间或历史，国内外千万读者，自有比较公平判断。也因此我认为这工作并不是几个编辑以私见取舍，或商人给我几个钱的事情。因此工作在不易设想的困难寂寞情形中，还是支持下来了。我早就发现我自己，虽能用极力耐心和劳动克服工作上遭遇到的困难，但是毫无能力适应社会人事上的变故。”叙及在博物馆的工作情况：“转到历史博物馆时，我的存在只像是一种偶然。一切对我都极陌生。虽然每天还是一些熟人在一处吃喝，工作时也似乎还肯出力，事实上即家中人也一点不熟习，好像是客人偶尔在一处。同事就更加生疏了。一天要我数钱、拔草，就照做，但是一点看不出这对国家有什么意义。对我自己，头脑极沉重，累极时想休息又不可能，实在只想哭哭，以为既然并不妨碍别人，但是听馆中人向家中说这很不好，也不敢了。见什么人都吓怕。”“有两本书对我极有益：一是刘少奇先生的，其次是加里宁《论共产主义教育》，懂的未必多，可是对我很有帮助。有一人的两句话对我极有帮助，即丁玲告我：‘凡是对党有益的就做，不利的莫做。’这话正和我需要的简明指教要求相合。我就那么工作到现在。”沈从文生前本文未曾发表。收入《全集》第27卷《沉默归队》集。

4月2日　复沈虎雏函。收入《全集》第19卷。

4月10日　复沈云麓函：“我还在和苏联专家同编一本书，是用文物结合历史介绍中国历史给苏联的。上半本已定稿，下部分今年也可完成。《明锦》早印出，近来又在编一本唐宋镜子，还有本中国丝绸。我可能去故宫专搞绸缎，因为已经有了点常识。将来或者还写工艺史。”收入《全集》第19卷。

4月13日　致信沈云麓。收入《全集》第19卷。

4月14日　《从龙谈起》发表于北京《大公报》，署名沈从文。收入《全集》第14卷《跑龙套》集。

4月15日　与田个石晤谈。据《苦学斋日记》载：“晤沈从文，其语言态度与往日相同，盖以所受刺激太深，有时心思畅快点，又觉好些，甚为可惜！”[①]

致信沈虎雏。收入《全集》第19卷。

4月16日　致信沈虎雏。收入《全集》第19卷。

4月17日　复沈云麓函：“许多知识分子，似乎还少有人体会得到真正在建设这个国家的，是千百万工农生产努力，并不是旧知识分子。但这些人还是主人翁一般，对工农并不会感到什么爱，也可说至今还缺少了解。三几月前，我还以为凡是在作代表或负国家一单位责任的，都是极容易接受新观念的人，现在却初步明白许多人还满脑子稿费和什么地位。近来谈‘个人崇拜’，也正及时，因为许多阿谀逢迎的人物都是由此下手，居于某种中层职位，误事真多！你问我：是否还出席青年作家大会，在年青人面前发言。大哥，万不要还错误的以为我是个作家，你想错了，我已没有资格叫作家了。因为几年来都不曾写什么文章，实在也不配做作家。全国作协我并无什么名分，这些庄严的会，是无资格参加的。过去的书，几年前就得到通知，已通通烧掉了。对于人民无益有害，有此结果，是十分自然的事，我不丧气，不过因此一来，更怕事了。怕一心为国家来努力作的工作，到头又弄错。”收入《全集》第19卷。

4月18日　晚上，程应镠来访，谈到10时。据李宗蕖回忆：“1956年春，他去北京参加教育工作会议，在东堂子胡同沈从文先生的斗室中，聆听沈先生议论实物在历史教学中的重大意义。一席话激励了他创业的激情。他向沈先生提出为师院购买一些文物的要求。当时，沈先生允许在为博物馆收购失散在民间的文物时，把略次一些的分给几个大学，也把师院列入其中。运来的是一只很大

---

① 田光孚：《〈苦学斋日记〉记载的沈从文》，《新文学史料》1998年第2期。

的木箱，内容之丰富，令人目眩神移。碑帖只是其中的一部分。”[①]

4月22日　散文《春游颐和园》刊载于《旅行家》1956年第4期，署名沈从文。收入《全集》第12卷《南北风景》。

四月　修改《谈谈〈文姬归汉图〉》。

5月1日　为即将出版的《唐宋铜镜》作《题记》。

5月2日　与老师田个石会晤。据《苦学斋日记》载：“沈从文今天晤我，谈及凤凰近二、三十年事及其在地方每［某］个人的贤否，用新的观点笔法写出来，亦是重要的。并言若不写存，则后人无从能知道了。”[②]

5月7日　文化部文物管理局发出《调沈从文到故宫博物院工作通知》：“你馆沈从文同志业经部同意调故宫博物院工作。接通知后，请即办理调职手续为荷。”[③]（同时参见《故宫博物院大事记》）但沈从文并未正式到职，原因待考。

5月23日　致信沈云麓：“看到吉首自治州条例已公布，我高兴得很。回想抗战初写《湘西》时，总想将来社会会对苗族同胞公平些。其实缺少好政治来改革，只是纯粹空想。但政治一好转，就以加倍好的方式来改变一切了。”收入《全集》第19卷。

五月　参加“国家十二年科学发展规划”（草案）美术学科征求意见的小型座谈会。

6月1日　昌煌来访，谈古代服饰问题。

6月2日　致信昌煌。收入《全集》第19卷。

6月10日　致信沈云麓。收入《全集》第19卷。

6月20日　致信林钢，同时寄上散文《天安门前》。收入《沈从文全集·补遗卷3》。

---

① 李宗蕖：《写在心头的“跋”》，苏智良主编《程应镠先生百年诞辰纪念文集》，第224页，上海古籍出版社2016年版。

② 田光孚：《〈苦学斋日记〉记载的沈从文》，《新文学史料》1998年第2期。

③ 郑欣淼：《调沈从文到故宫博物院》，《紫禁城》，2005年第3期。

6 月 23 日　致信林钢，要求撤回寄去的稿件《天安门前》。“报纸近来正在反右倾主义，我写的问题没有分量，和副刊要求怕不太合式，请还给我好不好？”收入《沈从文全集·补遗卷 3》。

7 月 9 日　散文《天安门前》在《人民日报》第 8 版发表。收入《全集》第 12 卷《南北风景》集。

据袁鹰回忆：“沈从文先生，建国后相当长一段时间，似乎已经从文坛隐没，但乔木同志说一定要请他为副刊写一篇散文。沈先生应邀写了一篇《天安门前》，虽然不大像《边城》的风格，但‘沈从文’的名字在《人民日报》出现，却不能不引起热烈的回想。”[①]

7 月 24 日

本日　《人民日报》第 8 版发表署名“北京市园林局川”的读者来信，文中说：“7 月 9 日 8 版上沈从文先生在《天安门前》一文中说‘北京动物园如今还没有骆驼的位置，我建议不妨加入两三只……’。不，我们北京动物园里有骆驼的位置，在鹿苑里展览一年多了，希望更正。同时，我们将根据沈从文先生的建议，把骆驼在交通运输中所起的作用，加在展览的说明中。”

七月　致信沈云麓：“近来正是‘百家齐鸣’的时代，到处都鸣起来了，我似乎已没有什么可鸣处，却只想把所学的好好用到具体工作上去。写小说算是全失败了，不容许妄想再抬头。近来文物工作也搞得不好，如又弄错，还不知再换什么工作会对国家有用一些。一举手，一投足，都会犯错误，写什么自然更不好办，不知怎么办。”收入《全集》第 19 卷。

8 月 4 日　复沈云麓函。收入《全集》第 19 卷。

8 月 9 日　张宗和 7 月下旬来京出差，在此期间，与沈从文多有往还。张宗和在致张充和信中叙及：“从文头发花白了，牙齿也掉了（糖吃多了，现在还是这样），……三姐不老，虽然病，精神还好。我还是和三姐最亲近，还是怕沈

---

① 袁鹰：《胡乔木同志和副刊》，《我所知道的胡乔木》，第 196—197 页，

从文要教训我，见到他我存有戒心。虽然我现在也是四十以上的人了。似乎不该再听训了。”[①]

8月23日　为上海师院购买文物事复函程应镠：“学校没有文物，将来不仅不好教历史，也不好教文学。因为教《诗经》《楚辞》、乐府诗、词、曲到《红楼梦》，有一大堆名物制度东东西西，以书注书绝对搞不清楚，自己弄不清楚如何教人？只好辗转猜谜子下去。方法得改改，把文献结合实物来研究，才是事！”收入《全集》第19卷。

9月13日　在中国作家协会主席团第二十次会议上被推选为中国作家协会会员。与沈从文同时成为会员的还有沈尹默、冯文炳、许钦文、朱光潜、陈梦家等31人。[②]

9月28日　致信沈云麓。收入《全集》第19卷。

九月中旬　复程应镠函。收入《全集》第19卷。

九月　作《北京有许多博物馆，同时又是个大型建筑博物馆》。

九月　作《中国古代织绣展览·前言》。据手稿收入《沈从文全集·补遗卷2》。

10月1日　上午，参加国庆观礼：“国庆前正值大雨，七十万人游行在雨中，队伍还很整齐，观礼台上全是外宾，看了也都极感动。我站到台子上，幸好照老乡办法，预带雨伞一把，站了四小时。雨中文艺队伍数千人，最神气合符天安门大坪子情调的，还是大锣大鼓琴琴匡匡下，四十八个狮子耍来耍去，引起来宾浓厚兴味。还有几条长龙，也十分神气。比较下，百十队伍高跷，未免滑稽了。北京这些玩意儿越来越新，再过几年，大乐队可能也要用一千支唢呐号筒（这次音乐最出色也是这些），来代替军乐队，用十口大钟和四十面大鼓来作前奏曲了。这种民族形式的场面，论效果还是动人的。”（10月5日复沈云麓）

---

① 张充和 张宗和：《一曲微茫——充和宗和谈艺录》，第83页，广西师范大学出版社2016年版。

② 《沈尹默生平及其艺术活动年表》，见《沈尹默书法论丛》，第150页，上海人民美术出版社2015年版。确否，待考。

10 月 2 日　复信谢承仁，谈文物收购事宜。收入《沈从文全集·补遗卷 3》。

10 月 4 日　下午，到中南海怀仁堂出席全国人民代表大会常务委员会和中国人民政治协商会议全国委员会常务委员会举行的扩大的联席会议，来华访问的印尼总统苏加诺在会上发表了演说。

本日《人民日报》刊登李延宁采写的通讯《访捷克斯洛伐克汉学家普实克院士》，文中说："普实克早在中国的时候，就很注意中国的新文学。当时，他认识了郑振铎和沈从文，以后在日本又认识了郭沫若。"

10 月 5 日　复沈云麓函。收入《全集》第 20 卷。

10 月 7 日　乘火车离开北京前往济南等地博物馆参观，同行的还有余庠。

10 月 8 日　上午，抵达济南，到山东博物馆办事处。

下午，致信张兆和。收入《全集》第 20 卷。

10 月 9 日　致信张兆和。收入《全集》第 20 卷。

10 月 10 日　参观山东师范学院文物室；拜访图书馆馆长。

晚上，观看电影《流浪者》（上、下集）

给张兆和连续写了两封长信。两信均收入《全集》第 20 卷。

10 月 11 日　上午，游览大明湖。

下午，参观博物馆。

晚上，观看豫剧《戚继光辕门斩子》。

致信张兆和。收入《全集》第 20 卷。

10 月 12 日　参观博物馆。给张兆和连写两信，均收入《全集》第 20 卷。

10 月 13 日　上午，参观博物馆。下午，参观千佛山庙会。

10 月 15 日《北京有许多博物馆，同时又是个大型建筑博物馆》发表于《文汇报·笔会》，署名沈从文。收入《龙凤艺术》（作家出版社 1960 年）。后改题《北京是个大型建筑博物馆》收入《龙凤艺术》（香港商务印书馆 1986 年）。据香港商务版收入《全集》第 31 卷《龙凤艺术新编》集。

10 月 18 日　在南京致信张兆和。收入《全集》第 20 卷。

10 月 21 日　离开南京前往苏州，下午五点五十分抵达苏州。

晚上，到九如巷看望岳母。

致信张兆和。收入《全集》第20卷。

10月22日　晚上，“到五弟处和你妈妈高干干等谈笑了一二小时。东西已一一分送。你妈妈是纸一卷糕二盒。别针当时即佩上，两女孩用苏州话说，高兴哉。提篮小五哥说‘正想要’，真是来得合时候。不过我们到百货铺时可看到极好看的，只一元多一点点！送小五哥为糕二盒，另加苹果四斤。高干得到手巾时只是谢谢，最好礼物还是大家谈笑，用你和龙虎等为题，用宗和及其他，说得一众（或群众）哈哈大笑。”（10月23日致张兆和信）

10月23日　参观苏州博物馆。

致信张兆和。收入《全集》第20卷。

10月24日　在张寰和陪同下游览虎丘塔、逸园、留园等处。购买皮鞋、布毯等物。

晚上，致信张兆和。收入《全集》第20卷。

10月26日　上午，参观博物馆、刺绣合作社等地。

晚上，至九如巷张家看望岳母，后去看望凌宏、凌海霞。

致信张兆和。收入《全集》第20卷。

10月27日　在苏州参观丝织厂。致信张兆和。收入《全集》第20卷。

10月28日　下午二时，抵达上海，入住南京路市工人招待所。

致电陈蕴珍，告知抵达上海的消息。

致信张兆和。收入《全集》第20卷。

本日　故宫博物院织绣研究组将沈从文的《中国刺绣》作为“中国织绣参考资料”之一种油印45份，供内部交流使用。“文化大革命”中，沈从文曾在专案组要求说明此稿时，注明：“稿不全，盼莫毁去。”“错字多，校正底子，留作重写用。”据油印稿并参阅现存残稿，以《谈刺绣》为题收入《全集》第30卷《织绣染缬与服饰》集。

10月29日　上午，晤洪瑞钊。

中午，至巴金家吃饭。

晚上，入住外白渡桥的上海大厦304房间。

今日连续写三信给张兆和，均收入《全集》第20卷。

10月30日　陈蕴珍在一法式餐馆请客，巴金、靳以、王畸作陪。

10月31日　上午参观博物馆。

下午，致信张兆和："报纸副刊近来刊登张恨水《孔雀东南飞》，一天刊那么一节，什么都不曾交代，描写得极浅，还是有读者。社会实在太大了，如果一个都会里有二百万以上人还只达到小学和初中文化水平，你试想想看，不承认他们的趣味，就他们趣味来进行文化娱乐工作，成不成？"收入《全集》第20卷。

11月1日　上午，据程应镠《丙申日记》："清晨去看从文先生，同去四川路吃早点。"

下午逛城隍庙。

致信沈云麓，谈对上海的观感："上海过去是个罪恶窝窝，陌生人一到上海，到马路逛一趟，衣上水笔保证就被扒手摸去。现在你尽管在车上和人挤来挤去，总不会担心三只手。买东西也不必问讨价钱，无论蹬车的，卖票的，作警察的，都十分和气尽职，极少听人骂'杀千刀'或'猪猡'，极少见人吵架。上海变得十分规矩又极勤勉的社会。到处是小生产厂子，万千种零件和日用品不仅能供应本市七百万人的要求，还能支援任何一个新的城市的建设。上海伟大处也在这里。"收入《全集》第20卷。

致信张兆和。收入《全集》第20卷。

11月2日　早晨，巧遇程应镠，一起在淮海路用餐。

上午，与王畸一起参观博物馆。

晚上，至程应镠、李宗蕖家用餐，谈至十时半。

致信张兆和。收入《全集》第20卷。

11月3日　至巴金家取信、晤谈。后往访章靳以。

致信张兆和。收入《全集》第20卷。

11月5日　据程应镠《丙申日记》："晨去上海大厦，买了两盒点心，送给从文先生。"

致信巴金。本信未收入全集，全文如下：

巴金：

三小姐寄了个照相来给你和蕴真，还盼望你们有阖家照相给我们一张，留下个纪念。她来信说已能半天作事，上了工。如想离开北京玩玩，大致将是明年后年事了。我明天下午回北京。拟和叶至善同去湘西自治州看看，只是路上占时间过多，在湘西或只好稍稍看一点点地方情况，就得回来。其实如时间从容，坐帆船上下，费时二十天，见闻必格外亲切！和二十年前情形对照，必有许许多多可以记载下来的事情也！

望为谢谢陶先生。

我明春可能还得来一次，有一二月到各个博物馆照相。编的书必需有这些相才精彩。各个地方东西太好。

埃及事令人愤恨和忧心。英法作丑，美扮好人，如唱双簧。目下对英法必抵抗，将来对美还是要格外小心！这次来不及看看你家孩子，下次来时当为带一点真正北京东西来。必看看他们，才好回去描写给我家虎虎等听！

从文

十一月五日[①]

11 月 6 日　乘火车返京。

11 月 23 日　下午，乘火车抵达武汉，同行者有查夷平等人。因患病乘车至协和医院就医，医生诊断为扁桃腺发炎。

11 月 24 日　晨四时到达长沙，入住省政府招待处。

致信张兆和。收入《全集》第 20 卷。

11 月 26 日　至湘雅医院看病。给张兆和写信，未完。

11 月 27 日　时值湖南全省文艺汇演，观看凤凰县选送的“文茶灯”：“七个小女孩子用一口凤凰腔唱‘你不来是那样’等等，并作微笑态。装扮衣服可急坏了我，一头的花，穿的是粉红衣，粉绿裙，可远比《采茶舞》差劲。加加工，

---

① 沈从文：《沈从文书简》，《收获》2013 年第 1 期。

改改场面，会到国内外得到成功，因为组织不坏。”（11 月 29 日致张兆和信）

致信张兆和。收入《全集》第 20 卷。

11 月 29 日　下午，因病住入湘雅医院。

连写两信给张兆和。两信均收入《全集》第 20 卷。

11 月 30 日　致信张兆和。收入《全集》第 20 卷。

十一月上旬　靳以访问苏联前夕在京短期逗留，看望诸多老友并为即将创刊的《收获》约稿。在 12 月 6 日写给巴金信中曾说：“到从文那里去过，他不在家，遇到三姐，请她转邀从文写些游记。”①

12 月 4 日　到博物馆开会。

12 月 5 日　致信张兆和。收入《全集》第 20 卷。

12 月 7 日　致信张兆和。收入《全集》第 20 卷。

12 月 8 日　至湖南师范学院看历史教学材料。参观蔡锷墓、白鹤泉等处。

12 月 9 日　晤戴季韬。谭蔚携夫人来访。

致信张兆和，收入《全集》第 20 卷。

12 月 10 日　到博物馆考察。

晚上，观看梅兰芳主演之《贵妃醉酒》。

致信张兆和，谈及对写作的看法：“巴金事就自然更多了。很奇怪，这么不从容，那能写得出大小说？照我想，如再写小说，一定得有完全的行动自由，才有希望。如目前那么到乡下去，也只是像视学员一般，那能真正看得出学生平时嘻嘻哈哈情形？即到社里，见到的也不能上书，因为全是事务，任务，开会，报告，布置工作。再下去，虽和工作直接接触了，但一切和平日生活极生疏，住个十天半月，那里能凑和成篇章？照情形看，要写，稍稍回头写五四以来事，抗日时事，专为学生及中级干部看，中学教员看，比《春》《秋》《家》相似而不同题材，写社会，会比较容易下笔，也比较容易成为百万读者发生兴趣的东西。因此我想写四嫂所谈故事，易成功，有十分之八成功。如照

---

① 靳以致巴金（1956 年 12 月 6 日），见《靳以日记书信集》，第 301 页，上海辞书出版社 2019 年版。

赵树理写农村，农村干部不要看，学生更不希望看。有三分之一是乡村合作诸名词，累人得很！我每晚除看《三里湾》也看看《湘行散记》，觉得《湘行散记》作者究竟还是一个会写文章的作者。这么一只好手笔，听他隐姓埋名，真不是个办法。但是用什么办法就会让他再来舞动手中一支笔？简直是一种谜，不大好猜。可惜可惜！”收入《全集》第 20 卷。

12 月 11 日　收到沈龙朱的信。

致信张兆和。收入《全集》第 20 卷。

12 月 12 日　下午，晤黄永厚。

致信沈云麓，谈及对以后工作的设想：“心脏似乎还不怎么好，拟回去再好好检查一下，如无什么好转现象，已成定型，恐得整个考虑一下工作，也许还得把文物工作放弃，写写小说省事一些。现在搞的文物问题，越来越杂，各样摸摸，许多材料具全国性，要到手边才解决，作一小论文也得二百图片，搞资料作参考得以万计，如非有一大笔经费，又有力把材料放到手边，即在博物馆也不易着手。搞丝绸问题却又总得有人为把材料复原，助手不易得到，体力又不济事，就只有放弃。至于写小说，也用力极大，究竟可以随作随休息，比起搞文物简单十分。目前却因为常识积下一堆，大有欲罢不能，欲进又限于条件情势。”收入《全集》第 20 卷。

12 月 13 日　离开长沙前往吉首。

致信张兆和。收入《全集》第 20 卷。

12 月 14 日　到达吉首。

致信张兆和。收入《全集》第 20 卷。

12 月 17 日　晚上，“在州委会议室和几个人在一个火盆边进行录音工作，计有三十三岁的副州长，五十多岁小学校长，一个十七，一个廿的苗女歌手，两个老男歌手，一个交际处长。一面唱一面吃本地麻饼鸡蛋糕，唱各种情歌和神歌，极别致！可惜的是只能记音不能记背景或照出背景，但这些歌之有意义却正在背景！真是好背景，到这里来写报告的人，如不会写风景，他的作品是毫无希望成为应有动人效果的。”（18 日致张兆和信）

按：在《湘西苗族的艺术》一文中曾对此场景有过详细叙述：“一九五六

年冬天十二月里，我回到家乡，在自治州首府吉首，就过了三个离奇而且值得永远记忆的晚上。那时恰巧中央民族音乐研究所有个专家工作组共同到了自治州，做苗歌录音记谱工作，自治州龙副州长，特别为邀了四位苗族会唱歌的高手到州上来。天寒地冻，各处都结了冰，院外空气也仿佛冻结了，我们却共同在自治州新办公大楼会议室，烧了两盆大火，围在火盆边，试唱各种各样的歌，一直唱到夜深还不休息。其中两位男的，一个是年过七十的老师傅，一脑子的好歌，真像是个宝库，数量还不止三只牛毛多，即唱三年六个月，也不过刚刚唱完一只牛耳朵。一个年过五十的小学校长，除唱歌外还懂得许多苗族动人传说故事。真是‘洞河的水永远流不完，歌师傅的歌永远唱不完’。两个女的年纪都极轻：一个二十岁，又会唱歌又会打鼓，一个只十七岁，喉咙脆脆的，唱时还夹杂些童音。歌声中总永远夹着笑声，微笑时却如同在轻轻唱歌。大家围坐在两个炭火熊熊的火盆边，把各种好听的歌轮流唱下去，一面解释一面唱。副州长是个年纪刚过三十的苗族知识分子，州政协秘书长，也是个苗族知识分子，都懂歌也会唱歌，陪我们坐在火盆旁边，一面为大家剥拳头大的橘子，一面作翻译。解释到某一句时，照例必一面搔头一面笑着说：‘这怎么办！简直没有办法译，意思全是双关的，又巧又妙，本事再好也译不出！’小学校长试译了一下，也说有些实在译不出。‘正如同小时候看到天上雨后出虹，多好看，可说不出！古时候考状元也一定比这个还方便！’说得大家笑个不止。虽然很多歌中的神韵味道都难译，我们从反复解释出的和那些又温柔、又激情、又愉快的歌声中，享受的已够多了。那个年纪已过七十的歌师傅，用一种低沉的，略带一点鼻音的腔调，充满了一种不可言说的深厚感情，唱着苗族举行刺牛典礼时迎神送神的歌词，随即由那个十七岁的女孩子接着用一种清朗朗的调子和歌时，真是一种稀有少见杰作。即或我们一句原词听不懂，又缺少机会眼见那个祀事庄严热闹场面，彼此生命间却仿佛为一种共通的庄严中微带抑郁的情感流注浸润。让我想象到似乎就正是二千多年前伟大诗人屈原到湘西来所听到的那个歌声。照历史记载，屈原著名的九歌，原本就是从那种古代酬神歌曲衍化出来的。本来的神曲，却依旧还保留在这地区老歌师和年青女歌手的口头传述中，各有千秋。”

12 月 18 日　致信张兆和。收入《全集》第 20 卷。

下午，抵达家乡凤凰，大嫂李淑珍来迎接。

在沈云麓家晚餐。

晚饭后，观看电影《天仙配》。

12 月 19 日　致信张兆和：“今天就要得从我生长的小房子前和作顽童时一切地方走走了。”“地方给人印象‘奇怪’，因为许多都像变了又像不变，许多小孩子骑着‘高跷’在路上碰撞，正是我过去最欢喜玩的。酸萝卜小摊子还到处是。许多老太婆还是那么缩颈敛手的坐在小摊子边，十分亲切的和人谈天，穷虽穷，生命却十分自足。”谈自己这几天的日程安排：“这三天看学校，听报告，参观一下建设。挂一天坟，并看二三老熟人，接大哥谈一天。”“今天就要得从我生长的小房子前和作顽童时一切地方走走了。好奇怪，城中认识我的人怕不会到十个人。有好几位小时在一处的，闻在背货种菜，即见到也不知说什么好了。地方在印象中极熟，如今真正看来倒反而十分生疏。”收入《全集》第 20 卷。

12 月 20 日　北京市文化局文物调查研究组主办的“北京重要出土文物展览会”在天坛开幕。据于善浦回忆，“1957 年 2 月在天坛举办了《北京市出土文物展览》，其中有 1955 年 4 月北京市文物调查研究组在展宽西长安街马路工程中，清理出的双塔庆寿寺海云可庵和尚塔墓的古物。沈从文先生带领我们织绣研究组的一帮年轻人去参观。在这批文物中，有一件包海云和尚骨灰的宋代绣花方绸（60．5 厘米见方）。沈先生介绍，这件刺绣具有典型的北方民间色彩。在中间的八角菱花中，绣有云龙戏珠，四角绣有‘香花供养’四个金字。周边缠枝花中有菊花、芙蓉、蜀葵、牡丹、莲花、海棠、牵牛、梅、竹、慈菇等。刺绣针法极为丰富，各种花瓣用套针，花叶用铺针钉线，花梗用辫子股，花蕊用打籽，尖状叶及龙爪用鸡毛针，竹叶及菱形边、龙毛用擞和针，龙鳞用刻鳞，珠子用反抢，四角的‘香花供养’四字用片金钉线。沈先生说：‘这多种针法之中，最别致的是铺针钉线，是京绣中的独特针法。’在海云和尚墓中，还出土了白色花绫帽子、补花罗帽、斜纹花绸等织物。其中还有一件最使沈先生注目的，就是‘缂丝紫汤荷花’。这件缂丝片，紫红色地，上面刻有水纹及荷花，水面上游荡着白鹅，属于定州宋代织物，与东北博物馆所藏‘紫鸾鹊谱’风格相同。”①

12月22日　下午，参观文化馆。

致信沈云麓：“干部对于文物破坏，是违反政府保护地方文物政策法令的，你应当据理力争，党决不会因你正确主张而对你不好，凡是对的应再三提，向省中提，向文化部或毛主席提，这才合乎你目前的工作责任。如见干部不理就也任之不再过问，却很不好，因为没有尽责。”收入《全集》第20卷。

12月26日　致信张兆和。收入《全集》第20卷。

12月28日　离开长沙返京。

十二月初　致信沈虎雏。收入《全集》第20卷。

本年

春季　为铜镜书籍编辑事致信人民美术出版社编辑傅扬。收入《全集》第19卷。

春季　作《一个知识分子的发展》。据现在两种手稿整理后收入《全集》第27卷《无从驯服的斑马》集。

春季　作《关于西南兄弟民族服装印染刺绣展览》。沈从文生前本文未曾发表过。据手稿收入《全集》第30集《织绣染缬与服饰》集。

秋季　作《中国刺绣》。

① 于善浦：《沈从文在故宫》，朱家溍等《故宫秘录》，第362—363页，上海文化出版社1991年版。

1957 年 56 岁

2 月 27 日 毛泽东在最高国务会议上作《关于正确处理人民内部矛盾的问题》的讲话。

4 月 27 日 中共中央发出《关于整风运动的指示》。

5 月 4 日 中共中央发出《中共中央关于继续组织党外人士对党政所犯错误缺点展开批评的指示》。

6 月 8 日 毛泽东发出党内指示：《组织力量反击右派分子的猖狂进攻》。

9 月 1 日 《人民日报》发表社论《为保卫社会主义文艺路线而斗争》。

9 月 23 日 在八届三中全会上，邓小平代表中央作《关于整风运动的报告》。

10 月 15 日 中共中央发出《关于划分右派分子标准的通知》。

---

1 月 9 日 为编辑小说选本事致信沈云麓，请其将家里保存的一些作品寄到北京；同时谈及对创作的感想："过去看契诃夫小说时，好像一部分是自己写的。总以为只要努点力，就会突破他已得的成就，创造些更新的东西，作出些更新的纪录。现在来看看自己过去的写作，倒像是看别人的作品，或另一世纪的作品，也可说是'古典'的作品了。不仅不像是自己写的，也不像是自己能够写成的。自己这几年也不能欣赏这些作品，那能再希望在这个新社会还有多少读者来看它？近来北京正在上演巴金、曹禺、老舍等人的戏，很热闹，因为这些人的名字都为读者极熟习。我完全如一个在戏院外的观众，只遥遥的听着戏院中的欢笑喝彩声音，觉得也满有意思。这一切都像和我已隔得远远的，正如同大学校和我隔得远远的一样。可是做起事来还是十分有劲，只要体力担当得下，事情又对人有益，对国家有益，总就去做。这真如过去旧话所谓'人各有衣禄'，世界文学史许多篇章都有过一种情形，会努力的人，不太用力也可把事情作得极好。不会努力的人，即用力再多，还是难望'成功'。我就是做什么总想做好，结果却还是做不好的一个典型。"收入《全集》第 20 卷。

1 月 10 日 完成对《边城》的校正工作，并注明"校正于北京历史博物馆，距最初动笔已23年”。

1月14日　上午至文化部与郑振铎晤谈。

1月23日　故宫博物院人事科在中国作协党组致文化部党组的函件上注明：“因本人不愿来院工作，现征得组织同意来我院陈列部兼研究员工作。”至此，沈从文持续一年之久的工作调动之事告一段落。[1]但沈从文并未赴任，原因待考。

1月25日

本日　香港《大公报》刊发中国新闻社电讯《我古典文学书籍今年将大量出版》，发布了人民文学出版社将出版《沈从文小说选集》的消息。

一月　校改小说《顾问官》《黑夜》《泥涂》《大小阮》。

一月　《故宫的建筑》发表于《人民画报》第1期，署名沈从文。收入《北京的回忆》（香港文化·生活出版社1975年）。据沈从文修改的《人民画报》刊本收入《全集》第31卷《龙凤艺术新编》集。

2月5日　看北京人民艺术剧院排练《虎符》，写下了《零星意见供诸兄参考》。该文未收入全集。原件现藏北京人民艺术剧院戏剧博物馆。

2月26日　上午，到政协礼堂开小组会，并在会上发言。

本日　香港《大公报》刊发中国新闻社电讯《老舍新剧〈茶馆〉定稿　沈从文埋头编选集　五彩片〈上海姑娘〉下月开拍》。电讯稿中说：“作家沈从文应人民出版社之约，现正埋头在他卅多年来的作品中进行《沈从文选集》的编写工作。这部选集约有廿五万到卅万字，本月底即可完稿。”

2月27日　到怀仁堂列席最高国务会议第十一次（扩大）会议，听取毛泽东所做的《关于正确处理人民内部矛盾的问题》的讲话。沈从文曾做了详细的笔记，至1966年“文革”中才销毁。（1967年10月上旬致李宗蕖信）

2月28日　开政协小组会，并在会上发言。

二月　观看北京人民艺术剧院的话剧《虎符》后，就舞台上的道具问题提出建

---

① 郑欣淼：《调沈从文到故宫博物院》，《紫禁城》，2005年第3期。

议，焦菊隐在手稿上作了批注。后以《零星意见供诸兄参考暨焦菊隐眉批》为题收入《沈从文全集·补遗卷3》。

二月　校改小说《贵生》《萧萧》《绅士的太太》《烟斗》《生》《生存》。

二月　作《我如何编大公报星期文艺》。

3月1日　校改小说《阿金》。

3月4日　与顾颉刚、章元善同车到前门饭店，参加政协会议。

3月9日　下午，在政协小组会议上发言。

晚，与顾颉刚一起到政协礼堂看戏。

3月10日　校改小说《王谢子弟》。

3月16日　下午在政协会议上提交了书面发言。当日的中国新闻社自北京发出电讯《沈从文讲历史文物 建议加强研究工作》，电讯中说："曾经以小说家著名的沈从文委员，今天在政协就'历史文化'和'民族文化'方面的问题作了书面发言。目下他在历史博物馆和故宫博物院作研究工作。他建议加强全国各省市博物馆的文物研究工作；改进历史文物研究工作的方法；扩大博物馆的业务，并加强它和各方面的联系。他还指出，要注意补救民族文化的忽视。"

3月23日　沈从文在全国政协会议上的发言《历史文化和民族文化需要些什么雨露阳光——沈从文的发言》在《人民日报》第9版发表。《全集》编者根据发言稿内容拟题为《历史文化和民族文化工作的四点建议》，收入《全集》第31卷《文史研究需结合文物》，未注明发表时间及出处。

3月29日

本日　《人民日报》第4版发表新华社电讯稿《台湾十八忧》，文中说："伪台湾省临时议会在3月中旬开会的时候，'议员'李万居在会上提出了十八点'台湾的可忧虑现象'质问国民党当局"，李万居在谈及禁书问题时说，"台湾文化界，这几年来可以说饥荒到了极点，其原因是新的著作问世太少，并且大都是粗制滥造，精心的著作不多。而过去若干在大陆发行的，在台湾省内又不准发行。如吕思勉著的'中国通史'听说就在禁止发行之列。梁漱溟、朱光潜、沈从文等的著作都已禁止。今天的台湾所列的禁书真是恒河沙数，无从算起，不知以什么做禁书标准？"

三月 作为故宫聘任的织绣组专门委员，开始到故宫织绣组帮忙。

三月 校改小说《牛》《萧萧》《丈夫》《三三》《灯》。

三月 开始撰写《选集题记》。

三月 按中国作家协会要求，填写自己的创作计划："有关写作计划，打量到可以进行的，大致有两个中篇的初步准备，如时间能作自由支配，还容易着手：一以安徽为背景的，将来得去那边乡下住一个月，已经有了底子；二以四川内江丘陵区糖房生产为背景的，我曾在那里土改十个月，心中也有了个数目，将来如写也得去住一二月，并在新成立大机器糖房住十天半月。这些东西如能有自己可使用的时间，又有能力可到想到地方去住住，并到别的地方去，如像青岛（没有文物的地方！）住一阵，工作或可望能够逐渐顺手完成。又还想试再写些短篇游记特写，照情形看来，也得在暑中或暂时离开工作，到湘西自治州或别的地方去，才有希望从比较从容情形中说动笔。"以《创作计划》为题据中国作家协会档案抄件收入《全集》第27卷《忘履集》。

4月1日

本日 在中国作家协会召开的书记处会议上，"严文井又谈到沈从文写了一篇关于出版问题的文章，其中涉及过去文学运动中的宗派主义问题。"[①] 查《沈从文全集》，此文似未刊。

4月2日 复沈云麓函。收入《全集》第20卷。

4月4日 与韩寿萱、姚鉴、史树青等人一起，接待意大利文化代表团，并与代表团成员合影留念。

4月6日 为改进文物修复技术，经文化部文物管理局批准，故宫博物院成立文物修复委员会，沈从文被聘为委员会委员，成员有吴仲超、唐兰、张珩、王世襄、陈梦家、沈从文、陈炳、陈万里等人。该委员会下设绘画、铜器、工艺品三个小组，沈从文隶属工艺品组。

4月9日 寄沈朝慧衣物、饰品等。

① 郭小川：《郭小川全集》第9卷，第67页，广西师范大学出版社2000年版。

致信沈云麓。收入《全集》第20卷。

4月10日　致信焦菊隐、梅阡，谈《虎符》服装道具问题，焦菊隐在此信上作了批注。后以《致焦菊隐、梅阡暨焦菊隐眉批》为题收入《沈从文全集·补遗卷3》。

《我如何编大公报星期文艺》发表于中国人民大学新闻系主办的报纸《新闻与出版》第13号，署名沈从文。本文未收《全集》，亦未见年谱传记著录，当为作者佚文。本文是沈从文专门讨论文艺副刊的一篇长文，对理解沈从文的副刊编辑理念有着重要意义。兹照录如下：

我如何编大公报星期文艺

沈从文

报纸副刊在五四后的作用

年纪五十上下的中国新文学作家，谈到个人写作经验时，常常会提起国内某几种报纸副刊于他一生工作的影响。这些作家或曾经用副刊当作学习写作的对象，或曾经把第一篇作品发表到副刊上。五四以来北方故去重要作家如鲁迅、钱玄同、刘半农、朱自清、闻一多、徐志摩的作品和读者见面，就多是副刊介绍的。鲁迅先生作的《阿Q正传》，也是在北京《晨报》副刊分期发表的。（第一节刊出时，编辑孙伏园还在题前标出“开心话”三个字。）我个人从事写作，也由于阅读副刊的影响。初期写作生活，全靠向副刊投稿，每月有五七元稿费，勉强维持着住公寓的开销。到1934年试编天津《大公报》“星期文艺”时，刊物的意图，自然都还和过去十余年五四时代副刊给我的印象有密切关系。照我个人认识，五四以后到北伐以前，这一段时期中，报纸副刊对于新文化运动，推动作用大，实由于如下一些原因：

日刊性报纸反映问题快，读者分布面又广，副刊随同日报发行，容易引起读者注意。

二、当时北京的《晨报》副刊、《京报》副刊、上海《时事新报》的“学灯”、《民国日报》的“觉悟”……不仅刊载新文学作品，同时有关国内外重要学术论著（如爱因斯坦《相对论》）、讲演（如太戈尔和爱罗先珂等）、思想论战（如科学和玄学论战）、戏剧诗歌商讨、儿童妇女问题，多在副刊上发表，内容因之异常丰富。

三、作者和读者对于副刊寄托希望都极大，真正负责编辑人，因此也多知名之士，得到社会各方面重视和支持。

四、其时军阀争权，此来彼去，报刊新闻社论受限制极严。记者如不小心，在文字上稍微触犯了军阀隐私，或涉及其他问题，就会有被捉去坐牢杀头的危险。副刊由于五四传统习惯，却偏然自成一个小小天地，可以得到较多用笔的自由，在篇幅内采取各种形式，对社会当前和明天有所表示。所谈到的问题，表面上和当时政权似乎并无多大冲突，事实上给 读者的影响，却在摇撼那个旧社会基础。

五、有部分是日刊，容量大，需要稿件多，新作品也比较容易发表，副刊因此又是一个培养新作家的好园地。

六、这些副刊除随日报刊出，每到月终还作成副刊合订本，单独发行，十多万字只卖二三毛钱。由于内容丰富而又价钱便宜，特别受读者欢迎，分布面日益广大。

由于这么几个原因，副刊对于新文学运动引起的推动作用，是极其明显的。研究五四以来新文学运动得失，及分析到几个重要作家成就时，都不宜把这些副刊当时所起的建设性作用忽略过去。

北伐后北洋军阀崩溃，社会各方面都起了极深刻变化。新出版业受刺激风起云涌。一般性期刊，必有部分篇幅刊载小说诗歌。大型文学刊物，更必需用大量篇幅刊登小说，争取读者。这个新社会的广大读者群，从文学作品受教育、得娱乐的风气习惯，就出于较前一时的副刊。许多新出版业的经济基础，如北新、光华、现代、新中国……主要就是由于印行短篇小说和其他文学作品赚钱巩固的。由此看来，副刊不仅培养了许多文学作家，同时也发展了新出版业，并培养了一个在发展中的读者群。这也是研究近三十年新文学史的人值得明白，却照例容易忽略过去的。

副刊在时代进展中的变化

到新文学作品中的短篇小说占有广大读者群，新的作家也人材辈出时，报纸副刊事实上已逐渐失去了原有的光彩，失去了本来的学术思想指导的地位，及培养新作家的重大任务，普遍呈下落趋势。有的因负责无人、办得恹恹无生气，到后只好取销停刊。有的虽存在下去，也随同社会发展有了显明分化：或以城市新知识分子作读者对象，用讽刺性杂文为主，进一步和统治阶级作侧面的尖锐斗争；或用当地小市民、公务员及阿飞式学生作对象，让地方性小品报道、吃喝玩乐文章占主要篇幅，加上点轻飘飘半真半假文坛逸事、明星趣闻，成为都市读者消遣品。前者如《申报》之“自由谈”可以代表，鲁迅、瞿秋白等化名写的部分作品所起的作用，是能推动社会向前的；后者如若干报纸上副栏可以代表，作用大半是消极的，和上海小报相差不远。然而两者都各有广大读者。两者又若“异途同归”，共同加速促进了这个半殖民地半封建陈旧腐败不堪的社会的分解和崩溃。

这时节读者想阅读小说诗歌，虽有了许多文学刊物可以得到，这些刊物都有一定篇幅刊登新的创作，新作家露面机会已增多许多倍。文学作品的“自由竞赛”趋势，也在社会矛盾发展中日益浓厚。副刊历史任务似乎已经完成，因此形成如上所说的分化。可是 问题并没有完全解决。五四以来副刊建设性的作用，在部分作家和广大读者群的记忆中（特别是在北方），还相当深刻。加之新出版业多集中上海，北方各学校还保留了部分能写作的好手笔，搞创作的大学生也还多；这也就是说，一面还保留极大创作潜力待使用，另一面又还有广大读者乐意从副刊得到点东西。因此在报刊上还容许我们根据过去经验作些新的安排。一个具有广大销路的日报，为了社会各方面的需要，可以从副刊传统优点取法，作出些新的贡献。

“星期文艺”的编辑，当时打算和作用

一九三四年我离开了青岛大学回到北京工作，因投稿《国闻周

报》，和王芸生先生相熟后，不久就和杨振声先生等试编天津《大公报》“星期文艺”当时报纸另外还有清华大学吴宓教授等编的“文学”，不久“文学”因内容过于沉闷而停刊，“文艺”改为每星期两次。另有“小公园”也经过改组，容纳部分文学作品，由萧乾负责。当时《大公报》在北方报刊中，颇能吸引一些读者，报刊经济背景虽属于政学系大资本家吴鼎昌，社论和通讯却似乎不大受拘束，能独张一军。社论涉及社会各方面问题，常用特约外稿分别执笔，本报又有几个坐庄的文笔精悍的专家，文章作来格外引人入胜。更重要是还有几个善于作特写通讯的大手笔，如范长江、徐盈等，经常有关于国内重要地区重大事件的详细报道。加上几个性质不同的学术性周刊相互配合，因此《大公报》在北方诸省及国内知识分子读者群中，越来越引起普遍注意的。“星期文艺”就是在这个报纸成就基础上出现。从编排形式和内容项目说来，都可说旧而保守，但企图却相对“新”。当时上海方面副刊已进展到《申报》“自由谈”成为读者兴趣集中情况，杂文成为许多报刊作品主流。还有几个月刊也专载杂文。从比较上看来，“星期文艺”的编排和企图，不免近于保守。我说的“新”是指把重点特别注意新人的创作小说诗歌、散文而言。在刊物上占主要篇幅的，不是人人相熟的老作家名字，倒是和读者、编者都陌生的新名字。这种企图和北方读者传统习惯要求是有关系的。北方读者对刊物的要求，欢喜正面反映社会的创作散文比讽刺杂文大些，作者投稿也以小说、散文居多。其次，北方读者不太重视作者名声，却能够用一种比较广泛兴趣接受有新内容的作品。因此刊物照计划编排下去，对作者和读者都容易得到赞助。（这从另一工作也得到证明。过一年后，由林徽音女士负责，从“星期文艺”刊载的小说及特写编选了一集《大公报小说选》时不久就再版三次，很多北方年青作家的处女作，都保留在这个选集中。）刊物的编排形式和取稿原则，还为后来接收人萧乾、杨刚诸先生采用，随同报纸共存亡。报纸由津迁沪，再过香港，转重庆、上海……报头上“文艺”两个字也还依旧使用下去。

如何突破旧习惯

现在人 谈“五四”新文学运动贡献时，总不能不说起几个著名文学社团的活动。这是应当的。因为当时各社团的活动的确各有 不同 贡 献。如像“文学研究会”“创造社”在小说诗歌创作批评和研究介绍方面的贡献所具启蒙作用，是有目共睹的。此外还有好些小社团，如“未名社”对于苏联文学的介绍……各有其积极的进步成就。但是同路人性质刊物也有受限制的一面，值得我们知道。大社团没有能够随同社会发展把工作从一个更广大群众中打个新基础。小社团，照例还是以几个知心友好、同学同乡作基本成员。大社团不作扩大成员计划，小社团人数又太少，因此发展到一定情况下，就都不免有些僵固，既妨碍了社团本身的发展，更难促进整个文学运动的新陈代谢。打破这种以“社团”为中心的组合，转而以“刊物”为中心，来集合各方面作品，这也是大革命后一种自然趋势。在上海方面，即几个属于商业资本的文学月刊的活动，在左联成立以前，即出现如施蛰存编的《现代》、傅东华编的《文学》；在北京方面，如后来巴金等编辑的《文学季刊》、朱光潜编的《文学杂志》……都打破了过去以社团小单位办刊物的习惯，吸收了更多方面的作者，来在同一刊物中写作，并大量吸收青年作家，从这个新的风气发展中，才有大批无所从属的青年作家露面。我眼见到五四以来文学社团长处和弱点，由于是“过来人”，明白作者情形比较多，并且明白一个编辑对于稿件取舍的尺度，和对于年青作者的态度，影响到刊物和作者都十分大，从第一次发稿起始，就定下一个原则：报纸既属于多数人，必需有较大篇幅让各种各样新品和读者见面。知名老作家的稿件不宜缺少，得想法弄来，增加刊物在社会上的信用。不知名的好作品，更必需努力发现，充实刊物的内容。因此刊物一面虽邀约有清华、北大两校中外文系教授先生作经常撰稿人，部分还是编委，其实刊物主要部分作品，是靠年青未识面作家支持的。当时有些人习惯于搞小宗派的，对情况不熟习，只看到某刊物有那几人名字，就笼统以为这是“京派”，年长知名的是“标准老京派”，年青初露面的便是“候补京派”；事实上那知道这些作家彼此就多未晤面，刊物努力方向之一，又正是打破束缚当时新文学发展的“派”，刊物中虽有几个五四以来不出北京城的教授作家，他们彼此间也少关系。年青作家却来源极杂，有些较左倾的，后来大都成了党员，也有当时就是搞地下工作的。

由于稿件取舍不存成见，编者和陌生作者的关系，完全建立在为文学事业进展、作品繁荣和提高、对社会服务负责意义上，无私人丝毫利益掺杂其间。报社本来每月有一点点钱作编辑报酬，我们除间或请请客，经常也总是把它支配到外来稿费中，和退稿转稿费用中。有时不够支付时，就把个人写通讯的稿费贴补上去。对编者说来，真正的报酬是从各方面支持信任中，眼看到一些新人的成长，使“文学运动”不仅仅是个动人名辞，却是许多不同新作品继续和读者见面。这也正是国内当时多数文学刊物一个共同努力的方向，不过轻重各有不同而已。因为许多编者都是受过“小宗派”压迫的过来人，已明白“此路不通”，必需要“改弦易辙”，来促进作家中的团结与合作，并产生新陈代谢作用。只有国民党在上海、南京官办的刊物是例外，还尽想用人为方法，制造些“知名作家”，点缀当时南京政府场面。可是丝毫不成功。照新闻记载说来，南京当时搞文学的“文官”虽不少，但事实点缀作用却并不大。关于作家的新陈代谢，我曾从青岛运动场田径赛得到一种深刻启示。看见参加百米赛的人照例相当多。因为距离近，占时间少，又有许多站在路旁拍手加油的亲友，人人不甚费力都可达到终点，都乐意参加夺锦标。可是这么挑出的选手，有许多偶然因子在支配，近于临时玩票性质，看不出真正的能耐。很多跑第一名的，说不定下一次就再不肯出场或上不了场。至于三千米五千米或万米赛，上场的就必需具有极大的决心，不存侥幸打算。在困难考验中虽有不少人中途退场，淘汰作用大，近于生命白费。但是能克服困难达到终点的，却总有相当本领。步法稳定又能最早跑到终点的，固然创造了新纪录，即中途不断摔跤，末后还是一瘸一拐赶到终点的，同样值得敬佩。因为他认真在走，并且能用极大耐心和艰巨劳动来完成它！我觉得从事文学写作，也应当要求人人有这种下运动场作长距离赛跑的精神，且不以得失成败在意。这自然不是件简单事情。特别是在大革命后社会变动中，除了少数坚决革命者外，很多人都经验到用同样精力在大学校作学术研究，可以名利双收。在南京官场中从政鬼混，也能另有收获。即退而改业经商作生意，发财也比较有办法。从事写作却实在辛苦，且无多大把握得到成功。在这种现实情形下，劝人抓紧手中的笔，不受近功小利诱惑，不怕困难失败，来从事这个“费力难见好”的工作，真不大好办；所以刊物由我来负责时，个人理想就是要尽一切可能，让新人新作品不断和读者见面。即或这些作品内容或文学风格，和个人爱好不同，又并未完全成熟也为整齐文字设法发表。照我个人估计，如当时能有一二十个日报副刊，能那么挪移出部分篇幅来扩大作者的阵地，有一二十编辑，来这么负责工作，三五年后，或可以把这一阶段中国新文学内容更加丰富起来，并且从自由竞赛发现更多新人，得到真正进步。我说的进步自然仅指的是作品数量上的丰收，再从中拔萃挑选出若干成熟出品。其次，即产生一批能作长距离赛的新选手，通过这些人十年二十年努力，来用大量优秀作品创造二十世纪新中国文学的新纪录。

编者本不长于论争，因此除京派海派问题和当时讨论到公式主的“差不多”问题，曾写过两次短文，其他都没有能如上海当时报刊那么展开活泼热烈的讨论。至于个人对于文学写作的意见和刊物企图，当时却常用和投稿作者通讯方式，写了些复信，刊载到副刊末尾，这部分通讯到后来曾和萧乾写的信辑印成一个小册子，名叫《废邮存底》。当时北方作者对于写作的态度既比较要求谨严，一般用笔水平和鉴赏水平也相当高，读者青年学生比较多，也由于传统习惯，能用一种比较严肃而宽容的学习态度或鉴赏态度，来接受具有种种新风格的作品，加之报馆方面对于编者的信托和支持，使我在工作中也得到不少的便利。

刊物的缺点、和个人工作上缺点

刊物在当时虽得到若干方面的好评，其实缺点是十分明显的而且与日俱增的。主要缺点就是没有明确的政治方向。即或在个人的作品中，和一部分外稿安排上，都有意识的对于当时南京统治上层及一切军阀官僚的腐败，采取不妥协的态度、诅咒和讽刺态度，但所拥护的究竟是什么，却少明确政治立场。以我个人说，就有游离于当时残酷政治斗争以外“自由主义”的倾向，且逐渐发展了“文学高于一切”的盲目夸大梦想。形成原因固复杂多方，概括说来实由于对于现实政治的无知，苦于无从把握。个人只能从辛亥以来到大革命时国是经验出发，来有所印证。给我印象最深、最熟习的却是军阀时代的割据内战。因此总认为国内问题的解决，不是从长时期内战消耗中找出路。一切无终结的内战，都只趋向一个共同结论，即大量消耗人力、物力，堕落国家地位，好了帝国主义者、军火商人。国家的真正转机，应当是“民主”和“自由”的抬头，到各部门的专家真真抬头，工业和科学能有计划推进，来代替军阀官僚支配国家前途时，社会进步才有希望。至于真正的民主和自由，必需经过一种什么斗争过程才可实现？工业和科学的建设，又必需奠定到何种政体基础上，才能够日渐巩固？以及此外更复杂种种社会矛盾，必经过某种革命过程，才能得到正当解决？我可说全然无知。在当时华北正为敌伪嚷叫特殊化，环境极其恶劣。对国家前途既缺少认识，一面感觉到风雨来临、彷徨无主，另一面还有些旧读书人意识，以天下为己任的妄念和幻想。时事进展恶化，芦沟桥炮声终于在内外矛盾中响了起来。眼见着千百年青学生齐向西北跑去，我却随同平津各学校师生匆匆忙忙向西南撤退。报刊工作因之告了结束。

从工作中取得的一点经验

在两年编辑刊物工作中，给我个人最大的教育，即求一个刊物编辑得像个样子，首先是编者工作态度十分重要。大原则一确定，必依赖大家力量，学会百分之百的任劳任怨，为作者、为读者服务。对老作家要取得他们完全的信托与合作，才可望经常有各种不同有 分量 作 品 刊 载。老作家多是五四以来露面的，到抗战前数年，因社会在内外矛盾中发展，政治禁忌多，文学论争纠纷也多，或由于一种不可免的骄傲矜持感，又或不过只是怕犯禁，怕麻烦，许多人都变得相当消极，不大肯开口动手。如能把一些人停搁已久的头脑，转变成一种持久的耐烦和有用的深思，且充满兴趣，对文学问题给以新的关心，肯继续执笔写作，这也可算得是一种艺术！至于把这些作品取来，不得用时，并且要作到原件退还，作者不以为意，

这工作说来容易，作来可真不容易。其次，即对于新作家，一切要用一个比较客观的态度，来取得作者的合作和支持。要从尊重他人劳动出发，来发现各方面内容充实、文学风格不、表现技术特别的作品，加以种种鼓励，帮助提高作品的质量。能用的稿件，总想方设法为之安排，或转到其他刊物上去，实在无从使用时，把原稿退还，也必需作到使作者 不 因 之 丧 气 灰心，还能接受“勇于写作而怯于发表”的意见。这自然是更不怎么容易的事情！

总之，作编辑个人责任多而权利少，在某一意义上，真可说近于白白牺牲大量有用精力，于看不见许多事情上，目的只有一个，就是让刊物每期都有篇把清新醒目好文章读得下去，从总的说对于新文学进步发展能引起一点点推动作用。工作说来容易作来并不简单，比自己拿笔写作实难搞些。从两年工作实践中，我由此学得了一分知识，就是对人的诚恳和对工作的无私热忱，以及忘我劳动，在工作中所发生的良好 作 用。（这一点成绩最好的还应数巴金先生。他主持的平明出版社，曾经印行了大量新作家的作品，在抗战八年中，把这些作品分布到西南各地区，影响到各方面都极大！）

算算日子，一九三四年距现在已二十三年。中国人民在近二十余年中，在中国共产党领导下，血和火的历史变革严重考验中，已经完全站起来了。国家社会面貌也全变了。一切事情无一不在社会发展中

重新配合安排，文学艺术更在崭新的计划中向前推进，速度之快和范围之广，都不是我们五四时代中年人所能梦想。例如过去作家写作十年八年，一书付印不过三五千册，即出版书到三十种以后，还不可能靠版税生活。现在报刊有印至五十万册的。比较优秀短篇，一刊载就可改作电影。也有作者译书一册，所得版税就可终身不愁生活的。我们那一代所经过的痛苦困难，早已成为历史故事，再不会落到年青人头上来，年青作家真可说生活在一个太幸福的大时代中，不过因为这种变化太大，年纪在三十以下的文学教师或文学作家、文学报刊编辑，对于这些过去将近四分之一世纪时代的种种，自然已不容易完全明白理解，即或他搞的是近代文学史研究工作，也怕不容易理解这种种不见于文字记载的历史了。能比较具体知道些问题，也许还有一点点好处，特别是分析研究到这个时期作家和作品时，会用一个比较客观全面的态度，来进行他的庄严工作，可免去些仅从目前“概念”出发、或比“概念”还更要不得的某种有意阿谀及有意贬责出发，作出些和历史本来并不符合的论断。

还有搞创作的，工作扎根坚实，不断进取，不以一时成就自限，这种端正谨严态度，还是十分重要，值得提倡。

还有搞文学报刊编辑工作的，目下所遭遇的困难，可能也还有一小部分并未完全克服。如能多知道一点二十年前若干报刊编辑进行工作的方式，或许也还有些些用处。如像对编辑要求进一步提高用笔能力，鉴赏作品的眼光，并投入大量劳动力……如此或如彼，或者会有比目前还更多些具有反映社会现实，并有真正新鲜活泼风格的作品，由不完全成熟，在作者和编辑共同商讨修改中，变成组织完美的好篇章，呈献于千百万读者面前。新社会有一个完全不同于过去的特点，即作者面广大到社会各阶层，作品反映表现到生产各部门、生活各部门，文学理论方针，在基本上固有助于思想正确的作品产生，却无从具体帮助各个不同作者笔下文字篇章的纯洁和精炼。报刊编辑在这点上作用大，责任大。一个近乎理想的好编辑，应当是一个有丰富写作经验，又能鉴赏各种不同文字风格，熟习社会各种问题的作家，他在知识方面既博闻多通，在认识方面又具有一种远大的政治眼光，在行为中又能有高度的服务热情，才能在工作岗位上更好的完成他的历史任务。报刊编辑政治认识及工作能力水平共同的提高，将更直接影响到刊物上作品质量的提高，以及政治教育效果的扩大。这个工作责任，实在远比我们二十年前更加百倍庄严和沉重。

只是截到目前为止，一个文学报刊的编辑，在许多方面似乎都还不如一个大学教授或文学研究所的研究员受重视，人选、配备、待遇相差是明显的，这似乎是个值得商讨的问题。因为事实上照目前北京几个文学书刊分布数量和它的种种影响而言，可远比大学国文系的教学工作和某些研究工作大得多、重要得多。至于如何把个人这种认识提出来，加以商讨，成为各方面共同的认识，再来重新改进一下工作，还待另外有时间考虑和建议。因为近几年来，我在新的工作上，只是上千上万坛子罐子、绸子缎子、红红绿绿、花花朵朵在脑子里转，和大学校的文学教学，办刊物的编稿看稿，都已十分生疏，作为一个文学读者而言，也近于孤陋寡闻了。这种旧事回顾，文字就零乱琐碎，缺少条理，看法上也有些相当陈旧，不甚正确到家。惟间或还有机会和一二作编辑的谈谈，觉得有些问题的确还像是一个问题，所以才就便在这里提提，野人献曝，表现极拙，意见却还诚恳，希望不至于说的太错，成为笑话。

1957 年 2 月北京历史博物馆

4 月 12 日　下午五时乘车离开北京到南京、上海、安徽等地考察。

4 月 13 日　下午到达南京，入住福昌饭店 204 号房间。

参观手工业局木器展。

晚上，至兰园访张宇和不遇。

4 月 14 日　参观博物馆、陵园、孝陵、灵谷寺等地。

晚上，看地方小戏。

本日连写两信给张兆和。均收入《全集》第 20 卷。

4 月 20 日　在苏州，“用二天时间看了五六个工场，开了几次座谈会，学了不少东西。”（4 月 21 日致张兆和）

4 月 21 日　下午一时抵达上海，入住上海大厦。

下午，往访巴金、陈蕴珍一家，遇王道乾。

致信程应镠；致信张兆和；两信均收入《全集》第 20 卷。

4 月 22 日　致信张兆和。收入《全集》第 20 卷。

4 月 23 日　致信张兆和。收入《全集》第 20 卷。

4 月 25 日　程应镠邀请沈从文到上海第一师范学院指导文物陈列与历史教学的关系问题。

4 月 26 日　致信张兆和。收入《全集》第 20 卷。

4 月 27 日　程应镠邀请沈从文和冯至到老正兴聚会。

4 月 30 日　致信张兆和，对正在进行的“鸣放”颇多不解：“这里报上正在‘鸣’。前天是小说家（巴金等），昨天是戏剧界（曹禺、熊佛西、李健吾、师陀），一片埋怨声。好像凡是写不出做不好都由于上头束缚限制过紧，不然会有许多好花开放！我不大明白问题，可觉得有些人提法不很公平。因为廿年前能写，也并不是说好就好的。有些人是靠小帮口而起来，不是真正靠若干作品深深的扎根于读者心中的。有些人又是搞了十多年的。如今有些人说是为行政羁绊不能从事写作，其实听他辞去一切，照过去廿年前情况来写三年五载，还是不会真正有什么好作品的。这里自然也应当还有人能写‘作品’，可不一定就是‘好作品’，但目下不写作品，还在领导文学，领导不出什么，却以为党帮忙不够，不大符合事实的。鸣总不免有些乱。如果有机会让小作家和读者鸣鸣，也会把责任转到巴金等头上来，因为他们在领导，事实上可并不曾有多少青年作家或年老作家，在领导鼓舞中动起笔来的。他们团结各方面的工作做得相当差，有些人对靳以不甚满意，有些人译过十来本书还不能入作协，有些教授也不算作家，但有些又算。其中情形相当微妙，可能有些小圈子作风。这么下去将来也会有可能形成一种新的宗派，不是以作品风格见异于人，只是以地方势力作根据，形成独占而已。这对创作的发展自然是有妨碍的，可是对于有些人，必然还以为得计。古人说‘识大体’，真不容易，现在人说‘整体观念’，要建立也真不简单！上海报纸上载作家鸣得相当热闹，真的热闹必然还在后面些，时候还未到。但是什么时候就到来？模模糊糊。真的鸣应当是各种有分量作品，诉之于万千无成见，少偏见，且不为空气控制影响的读者。但是目下这种有资格说话的读者，却无多机会说话。”“知识分子中个人主义浓厚，非知识分子得过且过毫无远大理想，这两者是主要病象。有形的租界虽已去掉了，无形的租界还存在，知识分子和许多市民都还生活到这个无形的租界里，十分习惯。报上说的国内什么什么，对于他们都可以说无多意义。他们都像是十分聪明，可是也可说相当愚蠢。特别是一些穿新衣在街上逛的年青人，都没有性格，都莫名其妙。一部分人在日本侵占上海时，是一样的在这里悠哉游哉荡街的，所不同处是上次是他的父亲荡，现在是儿子荡罢了。”收入《全集》第20卷。

四月下旬　致信沈云麓。收入《全集》第20卷。

四月下旬　致信沈龙朱、沈虎雏。收入《全集》第20卷。

5月1日　致信沈云麓。收入《全集》第20卷。

5月2日　上午，参观博物馆。

致信张兆和：“目下还有另一极重要待解决的，即教书先生不搞文物，不会用文物证史，丰富历史研究或加强历史教学的说服力。几个学校教授利用文物都达不到应当有的情况。都待重新找办法！也一定要有一办法，才能配合社会发展要求，不至于让下一代学生还依旧那么对文物无知，以及先生对文物无知。”收入《全集》第20卷。

5月9日　与韩寿萱、姚鉴、史树青、佟柱臣等人一起，接待日本考古代表团原田淑人等人，并与他们合影留念。

5月20日　参加文化部副部长夏衍主持的座谈会。据傅振伦回忆，“在这次鸣放之时，5月19日马非百应邀到文物局发言，次日邀请我和沈从文发言，都由文化部副部长夏衍主持座谈。沈从文说了一番肯定党的成绩的话，我也接着说了正面的话……”[①]

5月21日 《人民日报》第7版发表特约新华社专稿《文化部召开文物工作座谈会 听取专家们的批评和建议》，介绍了5月15日、20日文化部邀请在京文物专家座谈当前的文物工作问题会议的情况，沈从文在会上发言。“文物专家沈从文、苏秉琦批评文化部、文物局在文物工作的领导上不够放手。沈从文说，他到几个省市视察，发现许多师范学院和综合大学的历史系教授和学生希望出土文物作实物教材而不可得，这是因为文化部规定的制度太死，使得文物不能调动；而且没有注意到把文物工作和科学研究结合起来。”

5月22日 《从一本书谈谈民族艺术》发表于《旅行家》第5期，署名沈从文。收入《全集》第31卷《文史研究必需结合文物》集。

5月28日 《人民日报》第7版发表简讯《首都文艺界人士批评文艺领导对各协会思想领导薄弱不重视民族艺术传统》，“首都的文学家、艺术家昨天在中国文学艺术界联合会邀集的座谈会上，批评了文艺界党的领导上对于民族、民间艺术重视不够和领导工作的许多缺点。出席座谈会的有：于非暗、曹宝禄、查阜西、溥雪斋、郑景康、锺敬文、朱光潜、野夫、吴村、焦菊隐、沈从文等。这个会由全国文联党组织的负责人阳翰笙主持，中共中央宣传部副部长周扬也出席了座谈会。”“沈从文也认为我国的工艺美术在国际上获得很高的声誉，但是广大的工艺美术工作者的工作、业务、生活上的问题却没有得到应有的关怀和解决，这必将妨碍事业的发展。”“朱光潜和沈从文都感到文化部、文联和各协对有成就的文学家、艺术家很照顾，但是看不到广大基层的工作和对下一代的培养。”

五月 作散文《新湘行记——张八寨二十分钟》。

6月1日 北京大学新闻系学生持介绍信来访。在沈从文看来，“访问我虽出于好意，也近于猎奇，并无基本认识。”（6月2日致吕德申信）

6月2日 致信吕德申：“望你为向新闻系党组查查，来访我的同学是谁，请他

① 傅振伦：《傅振伦自述》，《北京文史资料》第54辑，第186页，北京出版社1996年版。

万莫随便写下我什么向上海投稿。他的好意和热忱都极可感谢，我可十分害怕这种于事无补的访问记。”收入《全集》第20卷。

6月20日　作《谈“写游记”》。

6月21日

本日　为沈从文等的车马费补贴事，唐兰致信故宫博物院院长，原信如下：

我院聘请沈从文先生为织绣专门委员，王世襄为历代专门委员，二人已开始来院工作（沈于3月、王于5月，每星期工作一日）。我部每人每月补贴来往车马费肆拾元（与阎文儒相同），拟由院行政费项下支付，是否有当。

谨呈

院长批示

故宫博物院陈列部（公章）（唐兰印）

1957，6，21[①]

6月22日　《沈从文小说选集》清样全部校改完毕。

《新湘行记——张八寨二十分钟》发表于《旅行家》杂志1957年6月号，署名沈从文。沈从文对新时代有如下感慨：“我还以为农村合作化后，‘人情’业已去尽，一切劳力交换都必需变成工资分计算。到乡下来，才明白还有许多事事物物，人和人相互帮助关系，既无从用工资分计算，也不必如此计算；社会样样都变了，依旧有些好的风俗人情变不了，我很满意这次过渡的遇合，提起一句俗谚‘同船过渡五百年所修’，聊以解嘲。”“在一般城里知识分子面前，我常常自以为是个‘乡下人’，习惯性情都属于内地乡村型，不易改变。这个时节，才明白意识到，在这个十四五岁真正乡村女孩子那双清明无邪眼睛中看来，却只是个寄生城市里的‘蛀米虫’，客气点说就是个‘十足的、吃白米饭长大的城里人’。对于乡下的人事，我知道的多是百八十年前的老式样。至于正在风晴雨雪里成长，起始当家作主的新人，如何当家作主，我知道的实在太

① 祝勇：《沈从文与故宫博物院》，《新文学史料》2020年第2期。

少了。”收入《全集》第12卷《南北风景》。

6月23日　巴金来访。

7月8日　《跑龙套》发表于《人民文学》第7期，署名沈从文。收入《全集》第14卷《跑龙套》集。

按:《人民文学》编者在本期的《编后记》中这样说:“多少年来一直没动笔或很少发表作品的老作家，在这期上出现得比较多，特别是诗歌和散文部分，这个特点就表现得更为明显了。老作家们写作热情的高涨，当然是文坛的喜讯，相信他们在‘鸣’、‘放’方针的鼓舞下，会更加积极的写作，把他们的力量贡献给社会主义文学事业。而我们这些编刊物的，除了表示感谢他们的支持以外，也愿意用我们所能尽到的力量，支持各方面老作家的创作。”

7月22日　《谈“写游记”》发表于《旅行家》第7期，署名沈从文。收入《全集》第16卷《术艺刍言》集。

7月24日　作《人民时代人民艺术的成就》。

7月27日　《人民时代人民艺术的成就》发表于《光明日报》，署名沈从文。收入《全集》第14卷《跑龙套》集。

七月　创作完成《选集题记》。文末注明写作时间:“1957年3月至7月于北京”。该《题记》系为人民文学出版社出版的《沈从文小说选集》而作。

七月　作《一点回忆　一点感想》。

七月　周纬的《中国兵器史稿》由三联书店出版。由于沈从文曾参与该书审稿，书出版后三联书店送来了样书。在样书封面上，题写了一段文字:

此书可以外借，用后即早赐还，万莫冻结在个人手中，失去意义。

从文

本书付印以前，出版方面曾要一董同志捎来，提提意见。经仔细看过，为提出谬误处约三百条，可增加新材料器物约四百件，图像约二百种，十分具体。另外又请郭宝钧先生过目。郭只熟习发掘品，且只限于考古所所得。此外传世品即不过问，各省出土物也兴趣不多。

至于图像材料，似更陌生，因之草草交卷。出版部门只图即早付印，以为郭对兵器知识“扎实”，不明白片面性局限在商周二代。我的建议要抓材料一一补充，既相当费事且耽搁时间，因此马马虎虎付印。出版部门的不认真态度，令人痛苦。举偶反三，凡事可知。

据手稿以《题〈中国兵器史稿〉》为题作为《兵器史读后意见》的附录收入《沈从文全集·补遗卷2》《文史研究必需结合文物》集。

8月3日　复沈云麓函，谈及文坛现状：“九十月这里又有两个会，有全国性，参加也可学许多，特别是全国文代会。看情形，必须重新排个队，有些作家，解放以来，工作本不多，花样却不少！ ××× 是有代表性的。能力本不高，花招可真多！一揭露，假里手即原形毕现了。”收入《全集》第20卷。

8月4日　前往青岛休养。

8月8日　《一点回忆、一点感想》发表于《人民文学》第8期，署名沈从文。本文系一篇对反右运动的表态文章，肯定新中国的建设成就，“就在这么社会面貌基本变化情况下，住在北京城里和几个大都市中，却居然还有些白日做梦的妄人，想使用点‘政术’，把人民成就抹杀，把领导人民的共产党的威信搞垮。利用党整风的机会，不好好建议帮忙，却到处趁势放火，并且利用所把持的报纸夸大报道。”“我拥护人民的反右派，因为六亿人民都在辛辛苦苦的努力进行社会主义建设的工作，决不容许说空话的随意破坏。如有人问我是什么派时，倒乐意当个新的‘歌德派’，好来赞美共产党领导下社会主义祖国的伟大成就。”收入《全集》第14卷《跑龙套》集。

8月11日

本日　张兆和致信沈从文，谈对他的一篇小说的看法：“拜读了你的小说，这文章我的意思暂时不拿出去，虽然说，文艺作品不一定每文必写重大题材，但专以反对玩扑克为主题写小说，实未免小题大做；何况扑克是不是危害性大到非反不可，尚待研究。即或不是在明辨大是大非运动中，发表这个作品，我觉得也还是要考虑考虑。我希望你能写出更好一些，更有分量的小说，因为许久不写了，好多人是期待、注意你的作品的，宁可多练笔，不要急于发表，免得排了版又要收回。我的看法是不是太主观，太武断，不切实际，请批评，请原谅，只是希望你不要因此气馁，你多写，你会写得好的。”收入《全集》第20卷。

8月13日　致信张兆和：“在这小房间里，五点即起来作事，十分顺手。简直下笔如有神，头脑似乎又恢复了写《月下小景》时代，情形和近几年全不相同了。如一年有一半时间这么来使用，不知有多少东西可以写出！即或是写诗，或戏剧，也一定会有意料不到成绩，因为似乎生命全部属于自己所有，再也不必为上班或别的什么老像欠债一般，还来还去又总不会完，——这里却真作到了自己充分支配自己. 写什么尽管同样用力大，而相当累，躺个一天半天，又回复过来了。此后如能一年有那么三几个月的自己支配自己，可能作的事，却必然会比由公家在一定形式上支配的，多到三五倍。”收入《全集》第20卷。

8月20日　致信张兆和：“不可解的是冯雪峰，多少年来，都稳稳当当的为党工作，现在责任也十分重要，不意也和丁玲等纠在一处，白搞一套，不明白竟发展到如此情形。××等底子还是小资，恋爱上周折多，心即不满，有机会发挥时，自然和陈等一气矣。”“选集序，我想如果不发表，就不用好。书中那篇，如来得及我也想抽去。我怕麻烦。如已用，似得把你说的‘德不孤必有邻’删去。”收入《全集》第20卷。

8月22日　复沈云麓函。收入《全集》第20卷。信中谈及对“反右”运动和自己写作生涯的意见：

> 这三个月国内事可变得不少。北京方面不仅是民盟章罗大头子倾覆，即小伙计也日日出现于报上。这几天闻正在清算××。人不老实，必然这样。聪明处总用到小地方，自私自利，花样也不少？解放前搞××，到北京一跑，我们就吃他大亏，他们搞的内容，当时我一点不知道，外头人却骂到我头上，以为我曾参加。在学校中办壁报，从三楼写到下一层，其实我就不明白他到北京来是谁派的，有什么内幕打算。这次又总想要三姐加入民盟，还帮他的大头目拉我吃饭。……人不老实，总是不好。
>
> 丁玲也由于自大而又不明白党的集体意义，搞小组织，趁势抓权，因之在批评中，这次才知道她在南京时还自首过。当被捉时，我

们还到处弄介绍信，□为设法营救。那时天津一流氓记者，在报上骂她，我为反驳，后来还闹到找律师打官司，气得个头晕。可是想不到她却和自首的第二丈夫日子过得很好。解放后，她到北京来，也给了一大堆事做，可不会做。既不会团结老作家，也不会教育帮助年青作家，对党员年青作家，兴趣也不高，帮助也不大。却满足于自己一点成就。书读得本来不多，却不肯用功多学点，真本领并不多，却只想抓权，在内部闹。没有整体观念，因此还只想搞小家当。这次一来，还不知如何改正。熟人中有不少因民主党派活动，想争天下，都在翻筋斗，人真多，也应当教育！我倒只想在党的帮助下多做点事，多出点力，而权利让人去争夺，所以错误可望少些。

……

三十年前用笔时，只想把纪录突过契诃夫。因此什么都不管写下去。如真的能够继续不断的写下去，应当可以说从量上有希望及契诃夫，从表现问题上，也可以希望比契诃夫还广一些，或者深一些。可是社会变动太大，在大变动中难于适应，孤立进行的工作自然难以为继，新社会要求于一个作者又大不同于十九世纪或“五四”时代，我的有用精力才转到了文物工作。这工作本来比写作还复杂得多，我还是仿佛初学执笔那么一点一点的来摸，用力虽勤，得到的知识究竟有限。好的是事事得党支持鼓励，且有机会看了数不清的东东西西，加之记忆力又特别，办公处电话号码和同事姓名，我永远记不清楚，一些东西上的花花朵朵，却一望即记着。因此一来，现在又变成了半瓶醋的文物专家。而且有欲罢不能情形。聊以解嘲，也可用古人说“失之东隅，收之桑榆”自慰。若又因此出毛病，那就真是天知道是怎么办才好了。

可惜的还是写短篇的能力，一失去，想找回来，不容易。大哥，只有我们自己可以说，这真是国家损失。因为我知道，一个得用的头脑，包含一种极端复杂经验知识的综合，花钱再多也不易培养。人难成而易毁，毁的原因有时由外而至，有时由内而来，由外而来，还可望外面环境好转而得恢复一部分：由内工作失败感而形成的一种看不见，摸不着，但是却存在的事物，腐蚀着自己的对工作信心和热情时，却不易挽救。

8月23日 致信张兆和，谈及对过去的一些朋友的看法："有关××事，我也不记到他什么了，只觉得他始终是不大妥当一位。为人不纯，相当自私自利。看他对××，对××，都可知。过去早就感觉到，但照过去习惯，总以为一些属于私事，不宜过问，正如同我对许多人一样。自从办××那次以后，对他即很不欢喜，所以他一再来要文章，我都不热心，你总不明白。上次邀到人家处去吃饭，又劝你入民盟，我都觉得不欢迎他是对的，但现在来提意见，还是不知说什么好。据我估计，××搞的大把戏，他未必知道，因为资格不深，但小把戏拉拉人，发展组织，如何配合鸣放，必清楚有份。这也恐得待我回来，我们共同来写好了。"[①] "丁玲事也想不到？工作了那么久，还一切只知有己，不懂党的整体意义。不懂得如何领导，鼓励更多数熟人倾向党，更多数人拿起笔拥护党，反而在内部闹，不明白自己也还学不够，知道的事情极少。即以文学而言，当时也近于'福将'，并未甘苦备尝，底子不扎实，所以写什么，真说是每篇要像个样子，也难办到，自己根基不扎实，又不虚心谦退，还只想抓权，且闹小脾气，如何不出问题？又由于出身，对工农劳动成就，体会得似乎就还不大深！不明白党说的整体意义，是问题，居然想脱出作协，岂不是奇想？"收入《全集》第20卷。

8月25日 下午，致信张兆和，谈及早些回京参加运动事："早回好些，照你所说，多参加几次会。……照昨《文汇报》徐铸成所检讨，事情可不少，还不够，要他再作。丁玲、萧乾，将来必然还要提到问题多些。见徐铸成文，才知道傅雷也有份，大致非章、罗民盟集团，报上别的均未道及。也不见巴金发言，巴在北京没有？大雨一定还得有整版检讨。内中事情多。花样多。"收入

① 这段书信中的××，似指萧乾。苏仲湘曾在一篇文章中写有下列一段话："在沈从文方面，的确在岁月往还中也出现了一些新的印象和感受。这种印象和感受，早在四五十年代就已发生，使沈开始有'他始终是不大妥当一位'的感叹。"文中直接引用了此信的片断，苏仲湘之所以能够将此段引文直指萧乾，他看到的极有可能是未经处理的原信。同时参见苏仲湘：《也谈沈从文与萧乾之失和》，《纵横》1999年第11期。

《全集》第 20 卷。

晚上，至萧涤非家用餐。

8 月 26 日　致信张兆和：“在这里住下，写什么似乎亦落笔，易设想，脑子也似乎恢复了过去二十多年前写《月下小景》情形，人比较聪敏了好些。如写中篇，易构思。可能是海上空气究竟不大同，或比较适合于我体力。在北京生活方式似乎安排得不大得当。忙而无功，细碎而不集中，但是真正还是得到许多知识。”谈及朋友反右中的表现：“见之琳等发言，前一部分很好。后部分似不深刻。老舍有段在《文艺报》的自白，不好，有自夸处，特别是谈到在重庆时事。是否有人正在提起他？他以为自己很写了不少。其实他的位置，不只是自己肯写写即成，主要还是帮助鼓励同道的都肯写，主要在帮同党作团结作家工作，鼓舞工作，目下还有许多作家不算接近党，写作或研究工作都不能说有充分力量用出，他有责任在这方面做点工作，正如同丁玲在党内作家应作而未作的一样。这方面靳以巴金态度倒踏实一些，工作也作得好一些。总之，作家彼此间有些关系，还是不甚正常，是问题。也许有好些事我们都还不懂！”收入《全集》第 20 卷。

8 月 27 日　《古代镜子的艺术特征》发表于《文物参考资料》月刊第 8 期（总第 84 号），署名沈从文。本文系沈从文为《唐宋铜镜》撰写的《题记》，刊物发表时，有删节。以《古代镜子的艺术》为题收入《龙凤艺术》（作家出版社 1960 年、香港商务印书馆 1982 年）。据中国古典艺术出版社初版本并加入沈从文陆续作的批注后收入《全集》第 29 卷《唐宋铜镜》集。

为代购文物事致信山东大学负责人。收入《全集》第 20 卷。

乘火车从青岛返京。

八月中旬　致信张兆和：“丁陈事已见报。个人主义一抬头，总必然会出现或大或小的错。从上次文代会中发言态度，我就感觉到不大对头，好像还缺少对于党的整体观念体会。自有一套，又未必真的有什么了不起？记得听到谈话后我就说过态度不好，措辞也不甚得体。……正如杜某文章给建设杂志事，怎么能给？我告金隄不宜随便用，你还以为多事而过分小心。我又不好怎么和你说，只说我怕事和过于小心。事实上即再加十倍小心怕事还是对的。凡初步建立了人民立场和党的整体观点，都会明白应当凡事十分谨慎，莫人云亦云作他人传声筒。稍受右派利用，我们那受得了？要从一切小事上注意爱党，维护党。要学习从各种事情各方面来提高自己，不仅仅是学学文件。要在各种有益人民的工作上贡献自己，忘我踏实的来工作。我告你你总不明白，甚至于不相信，一时萧乾等说的反而相信。”收入《全集》第 20 卷。

八月 作《边远地区少数民族文化与中原文化之关系》。

八月 故宫博物院陈列部对内部设置进行调整，把织绣划归宫廷历史组，“当时陈列部拟内设为 7 个组，组的领导实行双轨制，一是行政负责人，设组长；一是学术委员会，设研究负责人。宫廷历史组（兼织绣）的组长是魏松卿，研究负责人是沈从文（兼）、朱家溍。按照陈列部拟定的工作规程，各组研究负责人的职责有三项：（一）进行科学研究，每年提出研究计划，由部统一呈院批准后执行。（二）编写陈列方案和说明，由专门委员会或组织专家讨论修正后，由部呈院批准执行。（三）制订组的年度陈列、科学研究、培养干部计划。解决学术问题及指导干部进修。这个报告因故未被院领导批准，但从沈从文在织绣组所做的工作看，已是在实际上履行着‘研究负责人’的职责。”①

9 月 13 日 致信沈云麓。收入《全集》第 20 卷。

9 月 17 日 《中国古代织绣展览》在故宫博物院保和殿举行。沈从文为本次展览的进行，“从借调、选择展品到正式陈列，甚至讲解、说明等各个工作环节”都做了很多工作，并专门为本次展览撰写了前言，这个前言以《故宫织绣馆说明（三则）· 刺绣》为题收入《全集》第 28 卷《陈列设计与展出》集。

《全集》编者说明该文写于 1959 年，不确。根据《人民日报》的报道及于善浦的回忆，该文当写于 1957 年。于善浦的保存的文本与收入《全集》的文本也有较大差异，兹照录如下：

> 我国的养蚕织丝起源极早，主要贡献是劳动妇女。殷代已能织有花纹绸子，周代更为进步，贵族衣服、屏障、旗帜，多织绣鸟兽之

① 郑欣淼：《故宫学人二题》，《故宫学刊》第 2 辑。

物，用壮观瞻。襄邑（今河南）出美锦，齐鲁（今山东）产罗、纨、绮、缟和精美刺绣，已著名全国。汉代，齐设三服官，首都长安有东、西织室，年费钱数千万。高级锦绣价格，均比普通绢帛贵25倍。生产既有重要经济价值，工艺水平也日益提高。当时俗谚有“刺绣文不如倚市门”语，可见社会有广大市场，商人得利远过工人。政府每年有大量锦绣运往西北，还远输海外波斯、罗马，对世界作出极大贡献。中外文化交流，首先就是祖国劳动妇女在这部门生产上的卓越成就。锦绣图案，古有十二章，用于帝王服饰，其他作花鸟水云，也由来已久，还不断有发展变化。汉、晋以来，又反映神话、宗教题材，晋代即用真珠和彩丝绣大佛像。唐代起，始绣佛经。唐、宋以来，又由于写生花鸟画流行，部分刺绣因之发展成纯粹观赏艺术品。明、清两代，应用刺绣需要广大，从事生产者，人数之多，历史上即少见。由于地区不同，发展了各种不同技法和风格。缂丝本出于汉代织成锦，用通经断纬小梭织法作成，北宋以河北定州生产著名，西域回鹘金绮工人也擅长此技术。南宋以来，江南苏、杭、嘉、湖，制作特别精美，还出了几位高手名家。明、清绣有顾氏露香园绣、京绣、苏绣、广绣、川绣、湘绣、各地民间绣，特别是兄弟民族刺绣格外发达，成就丰富多彩。主题图案除常见花鸟、蜂蝶，还有用《西厢记》《红楼梦》等小说故事和潇湘八景、西湖十景作衣裙装饰的。至于王母宴瑶池、八仙庆寿、罗汉、观音、百子图，更是人们所熟悉的题材。宫廷特种刺绣，宋、明以来，政府有文绣院、绣作局，清有如意馆，设计出样特别华美精工。观赏绣多取前代或当时著名绘画作底本，因此在艺术史上也占有一个特别位置。解放以来，由于人民政府特别重视祖国文化遗产，保护不遗余力，这部门的研究工作和生产设计，在新的基础上无疑都将得到进一步的发展和提高，来迎接社会主义文化的高潮。①

① 于善浦：《沈从文在故宫》，朱家溍等《故宫秘录》，第363—365页，上海文化出版社1991年版。

9 月 20 日 《湘西苗族的艺术》发表于《民族团结》试刊，署名沈从文。收入《龙凤艺术》(作家出版社 1960 年、香港商务印书馆 1986 年)。据香港商务版收入《全集》第 31 卷《文史研究必需结合文物》集。

本日 《人民日报》刊发新华社讯《萧乾是帝国主义的忠顺奴才》："关于批判萧乾的大会最近继续举行了三次，中国作家协会主席茅盾，副主席老舍、邵荃麟都在会上发了言。发言的还有方蒙、叶君健、方土人、方巨成、张彦、刘北汜、张光年、冰心、卞之琳、康濯、邹荻帆、杨刚、高集、沈从文、黄永玉等多人。"

9 月 25 日 撰写介绍信阳出土文物文章《埋藏了两千三百年》。

致信沈云麓。收入《全集》第 20 卷。

本日 湖南工艺品预展开幕。预展期间，沈从文前往参观，并在会场遇到了自香港到大陆访问的叶灵凤。据叶灵凤《文艺行脚》记载："这个展览会是在中国美术家协会新建的大楼里举行的，我去的时候还是预展，是由郁风陪我去的。我在会场上见到了王琦、张光宇和黄永玉。还见到了沈从文。他自己就是湘西人，近年又一向喜欢研究民间工艺美术，对于家乡的这些艺术品自然非常爱好，因此他正是这次展览会的热心支持者之一。他陪着我一面叙旧，一面又如数家珍的将有些展览品的特色、风格和生产情况介绍给我听，我看出他站在这些艺术品的面前是如何的陶醉和喜悦。"①

九月底 作《湖南的人民艺术》。

九月 在批判萧乾的大会上发言。文洁若对作协的批判会议有过回忆："1931年，他曾协助一个美国青年威廉·阿兰编了八期《中国简报》，那是第一份对外宣传中国新文学的英文刊物。在会上一位老作家竟耸人听闻地说成是他'早在30年代初就与美帝国主义进行勾结'。"② 萧乾也在晚年口述中说："在文联批斗我的大会上，沈从文发言说我早在 1929 年就同美帝国主义勾结上了。他当然是指我与阿兰合编《中国简报》。按理，他对此事再清楚不过，怎么可以这样

---

① 叶灵凤：《文艺行脚》，见陈子善编《霜红室随笔》，第 2 页，海豚出版社 2012 年版。

② 文洁若：《我与萧乾》，第 41 页，广西教育出版社 1992 年版。

故意恶意中伤。”[①]

10 月 6 日 《文艺报》发表 133 位中国作家、艺术家签署的《不准联合国干涉匈牙利内政》的声明，抗议联合国大会把“匈牙利问题”列入大会议程。沈从文在该声明上签名。

10 月 12 日 《湖南的民间艺术》在《人民日报》第 8 版发表，并附有土家族被面（龙山棉织）的图片。本文系《湖南的人民艺术》的删改版，据作家原稿收入《全集》第 31 卷《文史研究必需结合文物》集，编者说明“本文作于 1957 年 9 月下旬，未发表过。”不确。在《人民日报》发表的文章较短，全文如下：

湖南的民间艺术

沈从文

由中国美术家协会主持的湖南民间工艺美术展览会上的展品，共约出品四百件，大部分是由湖南省文化局、省手工业管理局共同征集来的。主要部分多属于湘西南土家、苗、瑶、侗、各兄弟民族创作，及各族同居地区汉人的创作。湘西土家族、苗族的编织物刺绣，种类特别丰富。编织物色彩鲜明，图案壮丽。挑花绣更风格独具，即以“穿花凤”主题绣而言，优秀健康的好花样，就有几十种，真可说美不胜收。每一种美术品，都交织着热烈弥厚的感情，给人一个清新愉快的印象。过去却极少为人知道。预展时，有位黄老先生说，“我是湖南人，活过六七十岁，就没有知道湖南还有这么多好东西！”其实它的产生存在已多年，正和劳动人民一切优秀品质一样，由于旧社会统治阶级从来不曾注过意，一般人自然是无法知道的。

苗族和土家族，原是我们祖国民族大家庭里两位古老的成员；照历史叙述，原始社会进入奴隶社会时期，苗族因反抗统治君主才被迫退居西南山地。大奴隶主统治的殷商末期，土家族的祖先，又曾和西

① 萧乾：《风雨平生：萧乾口述自传》，257 页，北京大学出版社 1999 年版。

南其他七个民族参加过推翻纣王一役。两个民族居住西南地区，数千年来虽被残酷压迫剥削，难于正常发展，但在艺术表现上，还是各有其独特文化生活和风俗习惯，无论是歌舞还是造型艺术，都反映得格外鲜明。湘西土家族长于被面编织，苗族长于服装刺绣，这些艺术品多属于日常生活用品，因此和爱情友谊密切联系，小孩用物更浸透了一种母性爱情。一般多是在生产劳作余暇，利用当地现有材料，和古老简单工具，根据记忆彼此传授，加上个人对于生活的愿望，及爱美的情感，来慢慢完成的。即在解放前生活极端困苦的情形下，这门生产，仍始终还能保持它的高度艺术水平，和继续不断有新作品出现。

解放后，由于国家民族政策的伟大措施，已于五年前即成立湘西苗族自治州，直辖六县，托管四县，共约人口百七十余万。五年来，在党的正确领导，人民共同努力下，自治州十县的生产建设，文化教育，无事不突飞猛进，面目一新。由于土家族已确定，为便于各族更好的团结，共同努力进行祖国社会主义的建设，最近又改为"土家族苗族自治州"。这次展出，两族人民作品既占主要部分，一面近于对两族联合自治州成立的庆祝，另一面也是湖南各族人民对于国庆的献礼，真是意义深长！它能够和首都四百万市民、及万千来自国内各地的模范或文化工作者，来自世界各国的外宾友人见面，引起各方面的重视，是只有在中国共产党领导，人民真正当家作主的新中国，才有这种机会的。

这些艺术品不仅是一省一市少数个人的成就，其实还是祖国六亿人民的共同文化遗产。今在首都展出，从观众得到的良好反映，无疑还将鼓舞自治州百七十万人民更大的工作热情和更好的团结友爱，向社会主义奋勇前进。

10月28日　复沈云麓函。收入《全集》第20卷。

十月　《沈从文小说选集》由人民文学出版社出版，收入《选集题记》《阿金》《萧萧》《牛》《会明》《绅士的太太》《丈夫》《烟斗》《菜园》《灯》《新与旧》《黑夜》《三三》《泥涂》《生》《边城》《过岭者》《顾问官》《大小阮》《失业》

《生存》《王谢子弟》《贵生》。借本次出版的机会，沈从文对所收小说均重新作了校改。按:《选集题记》后以《〈沈从文小说选集〉题记》为题收入《全集》第16卷《序跋集》。

十月　人民文学出版社出版了四卷本《红楼梦》，部分注释参考了沈从文所拟的修改稿。

11月3日　复沈云麓函："解放后，有些人写近代文学史，我的大堆作品他看也不看，就用三五百字贬得我一文不值，听说还译成俄文，现在这个人已死了，这本文学史却在市面流行，中学教员既无从读我的书，谈五四以来成就，多根据那些论断，因此我这本小书的出版，是否能卖多少，也只有天知道！这也真就是奇怪的事，一个人不断努力三十年工作，却会让人用三五百字骂倒，而且许多人也就相信以为真。令人感到毁誉的可怕，好像凡事无是非可言。看到那些不公的批评，除灰心以外还感到一种悲悯心情，想要向他们说：'你们是在作什么聪明事？你那种诽谤，对国家上算？你不觉得你那个批评近于说谎？'"收入《全集》第20卷。

11月6日　晚上，出席在北京体育馆举办的庆祝十月社会主义革命四十周年纪念大会并观看庆祝晚会。

11月8日　致信沈云麓："新出的《红楼梦》，内中注释名物约有二百多条是我作的。如仔细作，大致还可作一千条左右，大都是现在四十岁人已不明白，更年青一代将永远不可能明白的！我大部分这些杂知识，不用全糟蹋了。因此也可能要赶快在几年内写一二部有关这些问题的书。只想多作点事，总是不甚凑手。"收入《全集》第20卷。

11月16日　与老师田个石会晤。据《苦学斋日记》载："晤沈从文，谈及熊秉老当日时对乡中子弟不加培植，文化事业亦未提倡，殊为可惜。"[①]

11月20日　致信沈云麓。收入《全集》第20卷。

11月21日　委托文物商店寄赠山东大学一些文物，并致信刘敦愿，开列赠物

① 田光孚:《〈苦学斋日记〉记载的沈从文》,《新文学史料》1998年第2期。

名录，并谈历史教学需要结合文物的重要性。本信未收入《全集》，后经王任整理发表于《温故（十四）》，信件全文如下：

敦愿同志：

前托带写经等，想可收到。

今天另托一文物店邮寄赠历史系教学资料一部分，计有商殷青铜戈一，战国寿州楚式戟一，由商到战［国］青铜軎六种，战国箭镞六，剑一，安阳贝十，战国彩绘釉陶球六，安阳甲骨四件（二刻花，二刻字，材料真，花和字仿刻），另有大明洪武钞及咸丰官钱局银钱钞十余种寄来，望查收。其中战国陶珠已比较难得，全国收藏也不多，值得另作一布合［盒］子收藏。车器如结合照片车式和模型，可以帮助同学明白軎辖等形制和应用。因为由诗经、左传到史记，上历史课提到车处实不少也。兵器当为补成一全份，如加上几种盾样子，对由商到战国战争工具，印象必深刻些。汉以后兵器不易得，必需从俑和画中解决，有不少，待摹绘。这工作目下有空手，你们如要即可邀约。

目下公家因忙于整改，一时或来不及商拨调文物事，惟历史系学生，却总是离别前见闻越多，到教学冈［岗］位上越方便，将来越得用。一切工作有益于人民的，总是要［有］人肯热心些来作，不怕一点一滴，作下去比不作好。因此就能力所及，和在博物馆工作习惯，寄些小东西来。事极平常，东西到时收下即成，不必要学校提任何谢字。这么办，我可多为尽点义务。一说谢，我倒反而难以为继了。在博物馆工作，是有责任为各方面服务的。

这里文物店尚有些相当好的东东西西，还是值得筹点钱，赶即收下。如弩机，剑，安阳青铜器，车器，竟［镜］子，汉绿釉陶仓、井、灶，及历代日用陶瓷，和俑、钱，由商到汉诸玉器，由我初步估计，花三千元已极可观。平均说来，每一学生用不到一元钱（等于看三次电影），同学即可得不少知识。知识且十分扎实。如果预算必到明年才能用，最好你们先筹三千元，我可为把东西即早收来。我这个建议，为的是近八年经验，知道市上有用东西日少，日贵，而且必然要贵。照过去几年情形说来，三年前花五千收的，近来花二万到三万也不大好办。今年也比去年贵三倍。如希望公家分配，有些东西怕永远不会分到手。（例如釉陶珠即是。战国玉也不多。）即以玉而言，由商到汉，大致花三百元，即可得一系列能说明问题重要材料，分时可不易得到。

这事望和杨校长一商，如认为学校一定要适当数量文物，只是今年不能动费用，也还可商量这里店中把东西定下来。因为东西好，会有别的学校要的，明年一月能买，或可为保留下来，不卖给别的单位。

沈从文　十一月廿一

付邮前，得十八日信，知黄君已到青。万望不用学校说“谢”字，因为事情平常得很，不足谢。你十二月能来极好，有一千元，也可得到不少东西。这里见过一玉刀，不解决问题。用二百八十元，我可为搞一大堆教学上碰到的玉物，相当具体，比一玉刀解决问题多多！

如来时，见到东西还好，学校认为有用，商量先定下办得到。钱在一千内，我也可设法垫出。大学历史系文学系同学，决不能再停顿到过去方式上等待落后！

十一月　致信沈岳锟。收入《全集》第20卷。

十一月　黄永玉创作的《阿诗玛插画》由朝花美术出版社出版。沈从文为该书题写了书名。

12月4日　《人民日报》第7版刊登出版消息，《人民文学出版社订出计划　系统地出版五四以后新文学作品》，“在选集方面，今年已发稿或已出书的有《刘半农诗选》《应修人、潘谟华选集》、汪静之的《蕙的风》，杨振声的《玉君》《废名小说选》《王统照短篇小说选集》《沈从文小说选集》、丰子恺的《缘缘堂随笔》等书。”

12月7日　中国文联工作人员沈慧来访，形成这次访问纪要。后经贾俊学发掘、整理，形成了下面这篇访问纪要：

我和文联接触不多，不过文联的领导对我还是很关心的。记得去年就曾派了一位同志来访问过我的情况。我现在干的这一行完全与文艺创作无关。但它的重要性是超过了文艺创作的。当然，讲起个人的兴趣我仍然愿意回到文艺的队伍里来。老朋友们，像巴金等都不断的来看我并鼓励我创作。我也有自信心写出像巴金能写出的文章。只是脱离这一行太久，既没有丰富的生活又缺少艺术的语言，思想似乎已经钻在老古董里僵化了。我每天接触的是绸缎和各朝代搪瓷及绸缎上的图案和花纹。这是一套专门知识，不钻到里边去拿不出货色。即如钻到里边去也不是二三年就可以看出成绩，这还要创造一些条件，培养一些专业的干部，系统的，长期的调查研究、整理材料才行。我们预备将来设立一个绸缎博物馆。在对外文化交流方面，我们预备整理一套东西。我对这些还是有志愿和理想的，自己有这点知识能为人民服务是一种快乐也是一种光荣。自己也快是六十岁的人了，不再强调个人趣味，只要组织上觉得我在博物馆搞这一套更合适、更需要，我个人没有什么意见。如果觉得我在博物馆作用不大，也不太需要，我还是希望能下去生活两年，结合民间手工艺品的花纹设计，到景德镇或湖南我的故乡。我相信两年后我会写出东西来的。只是现在不清楚组织上对我的意图究竟如何。过些时，我想找胡乔木同志谈谈我的想法。

我的爱人是在《人民文学》搞编辑的，她非常希望我再从事创作。我现和她搞的这一行简直无法结合，所以很难有共同的语言，生活过得很乏味。我们住的房子太窄希望能买到一所较宽大的房子，大家都能静下来读读书，特别是自己的爱人也是快五十岁的人了，每天回家，如果碰到我有客人，她便不能在屋里呆，文联能不能在房子方面给介绍一下？

前些时候白薇来过，不知道又回东北农场没有？她体验了三四年的生活可也写不出作品来。她连《打出幽灵塔》那样的剧本也写不出了。她满可以写写自己的一生。那样一个坚强性格到处碰壁而不屈服的女人，在所有女性里面是突出的一个，她比丁玲走的道路曲折，吃的苦也多些。前些时，作家协会批判丁、陈反党集团，我还参加发了言，我和丁玲有卅年以上的历史关系，是老朋友。

听说杨刚死掉了，是听巴金说的。这些老朋友的变化是真大，想不到杨刚也会这样早亡。

文联的活动我参加得较少，希望有什么重大活动也能让我参加一下。前些天周总理召集文艺界谈下乡上山和国际局势的会，我还是听巴金告诉我的。

最后，请把我的意见转达给周扬和乔木同志。谢谢文联对我的关心。[①]

12月23日 致信刘敦愿。本信未收入全集，后经王任整理发表于《温故（十四）》，信件全文如下：

敦愿同志：

来平时适值弟在小病中，未能陪同看看故宫，十分歉仄。

崇外文物店，今日曾去询问情形，始知发票尚未寄出，系因日来转运公司运货忙，文物寄不出，发票因之亦未付邮。当即嘱以先寄发票，今日廿三，想廿五前或可到达学校也。

重要诸文物，公家已定购一空，当时凡未送走的，还可商量转手，可惜一时钱无出处，只好一切待诸将来统一安排矣。古人说“机不可失”，幸好学校还能出此一笔钱，并让兄赶来看看，不然，弟所说亦如梦呓一般，无人信为真有其事也。我早知道这样，还不如自作主张为你们垫一笔钱多买廿卅件，因为好些东西，学校不能不有，却实在不容易凭空由高教部掉［调］下，机会一过，弟等即热心好事，

① 贾俊学辑：《文联旧档案：老舍、张恨水、沈从文访问纪要》，《新文学史料》，2012年第4期。

也无从为力！上次几个釉陶球即是一例，不好事，是永远不会“分配”到学校的。

来信提到的二玉可以买。如还有钱，这里还有些玉能说明问题，不贵，有二百元可得一系列。（我或可为先买下，无妨，将来你们学校要，即归学校，不要，别的学校也会要的。）

并候教安。

沈从文 顿首

彩陶事拟去信一商问，收买不可能。

12月29日 张宗和在致张充和信中谈及沈从文家的近况：“三姐还在人民文学编辑部工作，沈从文的选集最近重新出版了，他大约很高兴，寄了一本来给我。他在历史博物馆当研究员，成了宋锦专家，以前他冒充古董鉴定家，现在真的在这方面成了专家了。”①

十二月上旬 在帮助刘敦愿购买文物的过程中，给震寰阁商店留便条：“振寰阁：存钱，请付刘先生壹百。又，青铜斧、商矛各一，上次要留下，刘先生看好，即留下。”② 未收入《全集》。收入《沈从文全集·补遗卷3》。

十二月末 复信刘敦愿。本信未收入全集，后经王任整理发表于《温故（十四）》，信件全文如下：

敦愿同志：

我离开学校多年了，不是教授，望莫称教授。

一切工作总是尽能力作去，东东西西诚如你所说，过年二三月后可能还有不少出现。事实上也只能那么希望，只要耐烦热心作下去，还是不困难的。

我初次给杨先生信中本意即认为学校起个头，真正要让学生从一定文物上，具体认识祖国物质文化的大略，并解决教学问题，主要还是要部及省、市局协助，能具体调拨一定数量文物，我们再来结合各种材料，加上些各时代人民生产、生活形象，这个文物馆才

---

① 张充和 张宗和：《一曲微茫——充和宗和谈艺录》，第107页，广西师范大学出版社2016年版。

② 《沈从文致刘敦愿的书信十封》，《从文学刊》第5辑。

会活起来的！

到目前为止，教国文的教到“执干戈卫社稷”时，干戈是什么样子，不知道也从不难受。教历史教到宋代海运河运用大量船只，船只是什么样子，不知道也并不难过。……大家都还停顿到这么一种旧式教学情形下时，我们着急也无用。只是得想法不要让年青一代再那么下去。所以要好好和杨校长商量，尽可能和市局协商调些东西陈列，或鼓励市局另拨房子把东西展出，小型也无妨，不成熟也不妨事，因为工人、战士和市中中小学师生，学学明白历代劳动人民的成就，实在比看看旧文人字画有意义得多！有兴趣得多！

这里还得到些东西，一时未能运出，东西都是教历史时必然要提到的，青岛或外省都不容易找到的。即在北京，再过些日子，也不易再得到了。学校中先生们不是保守，是怕麻烦，还是一脑子旧打算、旧看法、以及……所以不仅是结合文物进行教学或研究，一时办不到，即用人家新的研［究］结论，也不会，要学会还得些年月！但是我们得为年青大学生设想，要让他在读书时多有点知识，明天研究才会改观。有上百万千万件东东西西，大学或中学教历史的，目前可说“不知道”，没关系，三五年后怕不成。因为社会在向前。谈及生产发展时，有一系列问题都要利用文物来作解释、来作证明！

弟　沈从文

十二月末

新的历史科学的建立，不能忽视文物提出的种种实证！

十二月末　作《介绍三片古代刺绣》。沈从文生前本文未曾发表。据手稿收入《全集》第30卷《织绣染缬与服饰》集。

十二月　与王家树合作编写的《中国丝绸图案》由中国古典艺术出版社出版，署名沈从文、王家树。本书共收入丝绸图案27幅，中国古典艺术出版社编辑室在出版说明中说：“本书所介绍的是战国至清末的丝织图案，其中战国、六朝和宋代的资料较少，因为这几个时期的资料搜集较难，便补充进去一些毛织物的图案，以供读者作为互相印证的参考。”书中的图像系由王家树、李月华摹绘，《后记》系由王家树从图案学角度拟出初稿，最后再由沈从文定稿，署名编者。收入《全集》第 30 卷《中国丝绸图案》。沈从文在自存样书扉页上写了以下文字：“此书重要处，即大部分均系唯一图样，且多据残本复原，家树同志贡献特别多。”

十二月 《埋藏了两千三百年》发表于《人民画报》第 12 期，署名沈从文。收入《全集》第 31 卷《龙凤艺术新编》集。

本 年

年初 作《政协视察座谈会发言稿》。收入《全集》第 27 卷《谈话及其他》集。

三月至七月间 为即将由人民文学出版社出版的《沈从文小说选集》撰写《选集题记》。

上半年 校改小说《菜园》《新与旧》《会明》《过岭者》《失业》。

九、十月间 致信山东大学教师刘敦愿，谈向山东大学捐赠文物事宜。原信全集未收，后王任据刘敦愿存稿整理，发表于《温故（十四）》。本信未注明写信日期，但据王祖农的批注文字写于 10 月 14 日推测，该信当写于本年九月底或十月初。信件全文如下：

敦愿同志：

前得尊信，因事未即覆，极歉。近又得校中信。

我这里可以送你们廿种旧锦样，十种旧纸，十件清代官窑瓷（盘碗类），四种漆器，和［一］点唐写经，战国玉，略表微意。东西量不多，只是恐得有便人才好托带来，因为东西不好寄。

东西都平常，不过教书提到时，大致还可作参考用，要买也不方便！文史系同学，总之，将来必需要结合材料来搞问题，多有些常识，有益而无害。只要学校有需要，我此后总还可随手为找点材料来的，作个“抛专［砖］引玉”。大家一热心好事，一切就可由无到有！照我想，党是极明白新的历史科学研究是离不了“物”的，而地下百十万种文物，要它起作用，也离不了文献知识的，两部分的结合，才会有新的历史科学。工作对学生有益，个人多出点力，对整个工作推进有好处，我们就先来出点力，不要紧的。

真正要解决学校文物馆材料，大致还是得从三个方面求解决：一、省市拨调。二、自作一笔预算（假定一万元），托这里为收集拨不来借不到的。三、历史博物馆借陈。第三个办法，稍过些日子，当为向馆方作个具体建议看看，如可以商拨二百来件，我再为把卡片说明写出，学校另花一二千元托这边为把历代重要壁画摹制一份，五六间房子陈列，一定就很可观了。求进一步帮助教师同学提供参考材料，另外出笔钱请这边洗三五千照片，二年后，情形会不同得多，省中也会明白再扩大这个文物馆是必要的，把更多东西从库房提出送到学校，是对此后山东文史研究工作十分有意义的事情，而且也十分自然了。

总之，目前费点事，打个基础，对学校明天必有好处。例如通史中谈生产发展，这里就有由商到清代车型，由汉到清的船型，各时代的马，各时代的房子样子，仓囤和农具……织布机，及每一时代人形状[、]生活方式，无论教通史[、]教文学史，多知道些，多见到些，实在有益无害！从这里还可启发许多问题！

涤非诸先生均致意。

沈从文　顿首①

下半年　长子沈龙朱被错划为右派分子。

下半年　致信山东大学教师刘敦愿，谈玉器及其他出土文物问题。本信未收入全集，后经王任整理发表于《温故（十四）》，信件全文如下：

敦愿同志：

得赐教，知日照有玉器出土，横直均有刃。安阳有这类器物，但

---

① 王任：《沈从文致刘敦愿书信十封》，《温故》（十四），广西师范大学出版社 2009 年版。在该信的空白处，有山东大学领导同志的批示："请教学设备科考虑，可否请到京购置仪器的同志带回，如何应先函告沈先生并表示谢意。王祖农 10.14"。王祖农为著名微生物学家，时任山东大学教授、科学研究处处长。

三孔本系贯丝组用，从不闻有嵌石事。最好不买。更不能因救济而出价，因为这是两件事，一相混，将来不好办。

玉器我过手比较多，本馆大部分古玉都是我买的（冯公度收藏见于古玉图考的即不少），照过去价收时，不甚值钱，一般性有孔玉戈或圭、璋，二三十元即不坏。云乳纹璧（战国。最近还买过。）到四五十已极精，（大型玉戈和钺镶铜柄，也有到数百的，情形极少见。）如雕玉，以目下常识言，商和西周较相近，战国春秋自成一格（商周精美玉有过千的），汉又是一格，前两种除非极精的贵，一般性通易得，不贵，如用三百元可收买一全份也。（如购铜竟［镜］，也可由战国到明得一系列精品。）我想照你说的，如东西还好，花三几十元买下还不妨，如过百，最好托便人捎来看看，值多少，好或坏，一看即可明白。

新出土碑拓不易办，本馆有景县封魔奴等二墓志，可以由学校请这边托［拓］二份，时代是北魏，这是封氏十八冢中五冢所出，出土物有大型青瓷尊和二玻璃碗，及一些素铜器，算得是解放后河北北朝文物极重要发现。南北碑志重要的，大致还数赵万里编印那部书。更新出的也可由学校去信问西安博物馆或文馆［管］会。又洛阳近年曾接收张钫唐宋碑千多方，有极重要的，可以问洛阳博物馆商拓。（曾闻有一全份拓片可买，不知在洛还在京）。

今年过苏州，见江苏博物馆有一北宋王夫人墓志，并附有浮雕坐像，及二侍碑，服装和河南元符二年赵大翁墓壁画一致，十分重要。你校托苏州江苏博物馆拓一份，不困难。至于过去出土的，或造像题字，北京琉璃厂一专售碑刻店铺星云堂东西还堆积如山，可以由校中致一信要他们抄份目录选购。那边我也熟，价多公议，不贵。又方药雨收藏全部在本馆，数目相当庞大，王仲荦先生如来京，可想法看几天，其中有许多或尚未见著录。弟五年前曾参加清理，因非当行，难知是否有特别重要材料在内。

黄尔堂同志来，托带了几件小磁器和写经，想可见到。还有些绸缎较好的因存别处，未及一同带来，过些日子或尚可找出送上。东西都平常，不过瓷器让同学有个印象，明白款识，锦缎也分别得出明清，有个印象，一切文物如都可以有个印象，将来用处还多！

并候佳好。

沈从文顿首

本年秋 致信张兆和，谈及《沈从文小说选集》，“这些作品并且和我们廿年来共同生活分不开，特别是其中如《边城》《贵生》等篇章，还保留了我们共同青春生命的热情和当时对于人事的看法。……以及由此联想起的种种生活记忆，由于这些作品的产生，更加使得这些出于青春生命的想象和其他，都若永远光辉润泽，增加工作信心和勇气。”收入《沈从文全集·补遗卷 3》。

本年 为居延简照片事致信陈梦家。收入《全集》第 20 卷。

本年 作《大好河山》。据手稿收入《全集》第 27 卷《无从驯服的斑马》卷。

本年 应程应镠的要求，为上海第一师范学院购置了大量文物。据文物经手人蔡继福回忆：“一师院建院时，程应镠先生具有超前意识，他认为一定要办好文物陈列室，就请中国历史博物馆（今国家博物馆）沈从文先生购置大批文物。据记载，沈先生一生经手过上百万件文物，凡是不够国家博物馆收藏级别的，他就收下给一师院。我从运来的文物标签上看，从名称、年代、价格，一件战国时代的青铜编钟，品相很好，只有 80 元。50 年代历史文物价格便宜，一件明清瓷器只有几元钱。1957 年沈从文先生购置的文物，数量大，种类多，有不少精品，但作为国家博物馆收藏陈列尚不够级别。这些文物装了 20 大箱，为了防止损坏，箱内塞满破旧棉花，甚至破布、报纸及废纸、木屑等等，由我一人负责拆箱，取出清洁、保管，室内灰尘飞扬，充满陈列室。待全部文物从木箱内取出，先放在室内地上，然后分类，如青铜器、陶瓷、玉石、货币、铜镜等等，然后放入柜内，撰写说明牌，包括名称、年代、用途、来源，对同学进行讲解，平时还要打扫卫生、接待外宾等等。沈从文先生当时是全国政协委员，他到全国各地视察。程应镠先生请他留几天，沈先生连续三天手把手教我。我对他很尊重，虚心好学，沈先生喜欢我的勤奋好学。后来程先生叫我到主任室，当着沈先生的面，请他把我带到北京考古所学习文物，沈先生高兴地接受。我听后充满欢喜，这是千载难逢的机会，我等待着。”[①]

约本年 作《“反右运动”后的思想检查》。谈及自己 1949 年后的一些境遇和工作变动情况：“有一件事使我受到极大挫折，即出版我书籍的开明书店，有一天忽然通知我，所有书已无多用处，奉命全部烧去。听到这消息后，我相当难过，也觉得可惜。因为有些书是五四以来还算写得比较好的。有的还被国民党扣留禁止印行过。解放后，许多坏书还流行，怎么却把我的全部烧掉？这么一来，以后自然再也无勇气写什么了。即或这样，我还只是以为党对我理解不够，依旧努力工作下去。不过因此写作信心已丧失无余。所以过了些日子后，中宣部乔木同志写信问我工作，后来由严文井同志为商洽，约我专写历史人物卅种时，已商量好还是写不下去，因为到执笔时，即想起焚书事，引起工作失败感。于是依旧留在博物馆不动。后来又要我去财经学院教国文，也是商说好了，到后还是怕去；怕学生反对，怕和生人不好相处。直到第三次让我到美术学院，我的工作失败感依旧好好保留，因之不动。实在不知作什么即对国家对党多有些好处，怕错误不好办。”沈从文生前本文未曾发表。收入《全集》第 27 卷《沉默归队》集。

约本年 作《唐歌舞和丝绸关系》。沈从文生前本文未曾发表。据他人所抄复写稿整理收入《全集》第 30 卷《织绣染缬与服饰》集。

---

① 蔡继福：《缅怀恩师程应镠先生——兼述历史陈列室之创建》，苏智良主编《程应镠先生诞辰百年纪念文集》，第 259 页，上海古籍出版社 2016 年版。

1958年 57岁

5月23日　中共八届二中全会在北京闭幕，在这次会议上，提出了“鼓足干劲、力争上游、多快好省地建设社会主义”的总路线。

6月1日　《红旗》杂志创刊。

8月27日　《人民日报》发表《人有多大胆，地有多大产》。

10月26日　中国人民志愿军总部宣布志愿军完成使命，全部撤离朝鲜。

12月10日　中共中央八届六中全会通过了《关于人民公社若干问题的决议》。

1月4日　复信刘敦愿。收入《沈从文全集·补遗卷3》。

2月2日　致信沈云麓。收入《全集》第20卷。

2月14日　复沈云麓函。收入《全集》第20卷。

2月15日　中国文联工作人员陈澂莱来访，并形成这篇《访问纪要》。后经贾俊学发掘、整理发表于《新文学史料》：

> 沈从文最近身体不好，血压高（高压190，低压90），心脏也不好（心脏小动脉血管硬化），最近一个多月以来，领导上让他只在上午上半天班，但是因为最近小会比较多，往往下午也不能休息。
>
> 他的工作岗位有两处，星期一、三、四、五在历史博物馆工作，星期二、六在故宫博物院。他说就现在已经整理出来的我国的绸缎和刺绣的图案等有三十万件，他看了新闻纪录片《中国的绸缎》后，很有意见，认为太不够丰富了，不能代表中国的绸缎，并建议拍摄这一类影片时，历史博物馆和故宫博物院可以提供一些有关的参考资料。（文联福利处已将他的意见转达给新闻纪录电影制片厂，他们很欢迎这样的意见，并希望能提出书面意见。新闻纪录制片厂的意见我已转达给沈从文，他说他准备写）
>
> 他说他的后脑和脖颈常常感到不舒服，接着又笑着说，也许是因

为过去搞惯了短篇小说和散文，与现在搞的工作的方式、方法不同。他说他也很想写些东西，去年政协委员下去视察回来时，他有四篇通讯体裁的东西要写，但始终找不出时间。他说他很佩服老舍、巴金等同志，那么忙，还能写出东西来。接着他又说，专搞创作的同志究竟与做职员工作的不同，他们在时间的安排使用上要灵活得多。

最近对外文协会与沈从文联系过，希望他能到湘西凤凰县苗区去一下，帮助搜集挑选当地的民族织锦准备出国展览。湘西苗区是沈从文的故乡，他对那里非常熟悉。历史博物馆的领导上也同意他去，不过觉得从长沙到湘西苗区有两天的公路路程，坐公路汽车是相当劳累的，怕他的身体支持不住。

他那里有许多土族织锦，还有挑花美极了。他准备选些特别好的织锦送给工艺学校，供他们参考。他说我国是一个多民族的国家，各民族的艺术都是那些富有生活气息和民族特色，真是美极了，也丰富极了，从这些艺术作品中看出各族劳动人民的智慧及创造性。但是在旧中国所有这一切都得不到发展，没有人去注意它。我们新中国对来自民间的艺术是极其重视的，去年开的苗族民间艺术展览会得到了国内外人士的好评，很多国际友人看展览会后说，“这些艺术品太具有民族特色了！”

他本来想如果能到湘西苗区去一个多月的话，他一方面可以帮助搜集，挑选展品，一方面也可以以他过去熟悉的体裁写些通讯、散文反映当地的新面貌。从这里他就谈到了创作，他说他很希望能有一年的时间（他想请一年假，这一年期间他不拿工资）一方面休养一下，也许血压高可以好一些；一方面也可以写点儿东西。他已有一个中篇的素材（约十余万字），写五四运动时的一位革命同志（1925年牺牲了），这位同志的爱人现在宣化，沈从文曾与她长谈过，已记录下来三万多字了，这位革命烈士的事迹是非常感动人的。如果组织上能批准给沈从文一年假，他准备到安徽农村去写，因为这位革命烈士的母亲现住在那里。不过他的这种愿望还没有向组织上提出，因为他觉得不太好提。他很谦逊地说虽然在历史博物馆工作时也没有做多少工作，但是这项工作还是要有人去做的，而且还得是肯钻研的，这几年他也的确钻研了一下。最近他还有两个集子要编，一个是与苏联专家和历史学家王崇武（已逝世）合编的“历史图谱”，这个集子是专为苏联大学生及中学教师参考的，很重要，现在已大部分编好；另一个集子是从沈从文关于搜集研究的有关绸缎、瓷器等历史资料的论文集，这个集子的论文已全部写好，只剩修改、整理的工作了。

沈从文说这一个多月以来开的小会比较多，实事上做不了多少工作，如果不能到湘西苗区去的话，他希望能到苏、杭或青岛去，下去时带上二、三百种绸缎的图案到当地的工厂去，这些地方他过去已去过几次，比较熟，下去一个时期，一方面自己可以得到学习和锻炼的机会，一方面也可以对工厂有些实际帮助，他相信带下去的那些东西很快地就可以投人再生产。

沈从文说湘西及云南等地都是多民族地区，解放后由于得到党和政府的关怀，各民族的艺术都得到了蓬勃的发展。他说云南各族民间艺术的丰富多彩，正像云南的民歌所表现的一样，是那样的富有生活气息，民族特色和抒情的情调。他说各民族的艺术在党的领导和关怀下呈现一片百花齐放的繁荣现象。

最后谈到了文联组织的老作家、艺术家下马观花和暑期到西山八大处“文艺之家”一方面学习一方面避暑的问题，沈从文说他都希望参加，但是时间有问题，因为他的工作是要天天上班的，得领导上批准假期才能走得开。①

二月 《财主宋人瑞和他的儿子》创作完成。小说沈从文生前未发表。收入《全集》第27卷《忘履集》。

① 贯俊学辑：《文联旧档案：老舍、张恨水、沈从文访问纪要》，《新文学史料》，2012年第4期。

3 月 4 日 致信沈云麓："做了'右派'真可怕！我们不会是右派，可是做人，对事、行为、看法，都还得改的好一些，才不至于出毛病。我盼望你把对地方事、对年青人热心处，扩大为对你不喜欢的人的宽和。一切肯定人长处作起，脾气一柔和，看事就更客观了。我毛病实在更多，今年就下定决心更改。几年来，我记住丁玲告我两句话，很得益，她说：'凡对党有好处的，就做，对党不利的，不干。'我很得到这话的好处。盼望你也记住它，用来对人，也会不同一些。（把身体弄好，将来还可乘直达车来京看烟火！）"收入《全集》第 20 卷。

3 月 8 日 参加北京的小说家、诗人和剧作家座谈会，该座谈会系为响应中国作家协会"作家们！跃进，大跃进！"的号召而举办的，沈从文与老舍、曹禺、冰心、赵树理、严文井等百余人出席。（《首都作家争先大跃进》，《北京日报》，1958 年 3 月 9 日）

3 月 20 日 故宫博物院成立"文物与非文物临时审查小组"，负责清理历史积压物品中文物与非文物审查事宜。沈从文被聘为小组成员，成员还有吴仲超、陈乔、唐兰等人。[①]

3 月 29 日 复函李昌鄂。收入《全集》第 20 卷。

4 月 1 日 致沈云麓一明信片。已佚。

4 月 2 日 致信沈云麓。收入《全集》第 20 卷。

4 月 15 日 致信沈云麓。收入《全集》第 20 卷。

4 月 16 日 中国文联工作人员陈澂莱来访，并形成纪要。后经贾俊学发掘整理，发表在《新文学史料》上：

> 沈从文最近高血压已降下来了，高压 135，低压 90；但心脏动脉血管硬化，据医生说没有什么特效的治法，现在给的药是立血平，卢丁还有一些镇静剂。医嘱须静养，不能兴奋，不能太高兴，发愁或生气。
>
> 沈从文很想参加五月上旬文联组织老作家、艺术家到张家口专区

---

① 《故宫博物院八十年·故宫博物院大事记》。

去下马观花。他说他这个病只是不能看书，一看多了，心就有一种难以言语形容的痛楚，头脑左半部也有相类似的感觉；他说出去走走也许会好些。前一个时期失眠很厉害，常吃安眠药，最近医生不让他吃了，说吃多了不好。沈从文说现在每晚可睡四小时左右，有时夜里醒来时，脑子里有一种混乱和恐怖状态，十分难过，要过一些时候才能清醒过来。但也偶尔有一天会感觉到头脑特别清爽的情况。

他现在每天上午还上班，因为手边总有做不完的工作，最近正在积极筹预丝绸展览会在北京的预展，本来带一千多种丝绸的样子到江南去展览的工作是让沈从文去的，同时在那里还要作报告，使这些种丝绸的样子可以投入生产；现在因为他身体不好，已经考虑不让他去了。他给我看了一本《中国丝绸图案》，他说只就现在手边已整理好的材料，可以出五百册这样的集子。

沈从文说他很热爱他现在做的工作，因为这是一种综合的研究工作，这项工作是十分需要的，可是做的人却很少。他说我国的丝绸全世界闻名，但是我国却很少有研究丝绸的人，他准备写一部丝绸史；和苏联专家合写的《中国历史图谱》快搞完了，一定要把它搞好。

沈从文说他已与历史博物馆领导上谈过，关于他写中篇的事，领导上支持他这样做。让他与作家协会具体联系。山东地方志委员会和莫斯科大学文学系一位副教授（最近会来我国访问）都请他写关于胡也频的事迹。不过他说根据现在的健康情况，恐怕搞写作也有困难。而且有将近十年没有写了，也觉得生疏了一些。关于工作问题沈从文是这样讲的："至于工作问题，请领导上考虑，究竟让我做什么工作最合适，对于现在的工作，本来虽然不是内行，但钻研了八九年，很感兴趣，而且觉得这项工作是很有意义的。但是做这项工作须要看许许多多的书，可是现在只要书看得多了，头脑和心就发麻，发痛，总之是难过极了，可这项工作，不看很多的资料就根本没有办法做。我认为现在无论什么工作都是革命工作，我愿意做更多的工作，当然个人的力量很渺小，但是我愿意用我剩下来的这一段有限的生命更好地，更多地，为人民，为革命做些工作。我想是否请领导上考虑给我一年假期（这一年我不领取工资，出了一本书，我有些版税，生活尚可维持。）主要是休养一下，很希望能到故乡湘西苗区去，我已经有四十年没有回家乡了，现在和从前对比，真是有惊天动地的大变化，我熟悉那里的人，熟悉那里的地方，可以写出东西来。记得蒋牧良曾对我说过："那里是你的老根据地，你写起来比我强多了。"当然，我也不一定写得好，只是比较熟悉一些罢了。最后谈到西山"文艺之家"的休养所。沈从文说他想等把手边急需做的工作搞好后，到那里去住上一星期左右试试看，是否对健康会有些好处。

根据他所谈的，我估计他希望领导上能考虑让他做些创作方面的工作，这样在工作时间上可以灵活些，不必每天按时去上班；另一方面在历史博物馆和故宫博物院可以兼些顾问一类的工作，这样这方面的工作也可以做，并且可以带起一些青年人来。

现在最好与历史博物馆的领导上研究给他一年假期休养，供给按中央的规定打折扣，过一年之后，根据他的健康情况，再决定让他做什么工作。[①]

6月7日　随作家访问团回到北京。

6月9日　至八大处长安寺文联休养所休养。

致信张兆和："我看看自己写的张八砦和天安门、颐和园，看得出像还能写动人小品。但是目下写作方法似乎缚住了手中这支笔，不大好使用、未用它前得先考虑写的是否真，再考虑读者，自己兴趣、文字，放在第四五以后，写出来不可免会见得板板的，或者简直就写不下去。写的方法得重新研究一下，不然又会要在大编辑法眼中报废。读者和编者要求支配作者向浅处写，一时还不能习惯。"[②] 收入《全集》第20卷。

---

① 贯俊学辑：《文联旧档案：老舍、张恨水、沈从文访问纪要》，《新文学史料》，2012年第4期。

② 本信未署日期。根据信中"今天出版一张关于我们这次访问的报纸忘记带来了，载了许多诗，不知是光明还是人民报，上面有许多诗、画"推测，当为6月9日《人民日报》第八版内容。

本日　《人民日报》在第7版发表简讯《使笔杆像铁锨一样发挥更大力量　郭沫若率领首都作家走马观花》，介绍了老作家赴张家口访问的情况："首都第一批'走马观花'体验生活的作家、艺术家，在中国文学艺术界联合会主席郭沫若率领下，以半个月的时间参观访问了河北省张家口专区正在一日千里向前跃进的农业建设、地方厂矿和草原上的水库工程，拜访了各种先进人物。这支队伍是由中国文学艺术界联合会、中国作家协会共同组织的。参加这次'走马观花'的文学家、艺术家有郭沫若、叶圣陶、萧三、吴作人、叶浅予、金人、沈从文、蒋兆和、邵宇、郑景康等二十三人，其中大多数都是五六十岁以上的老年作家。""沈从文等也都表示过去许多年学的东西都没有这次学的踏实。"

六月 在八大处休养期间写给张兆和两封信，均收入《全集》第20卷。

六月 在八大处长安寺写作《龙凤图案的应用和发展》。

六月 写作散文《管木料场的几个青年——十三陵水库民工十大队青年尖刀队突击队先进小组》。

七月《管木料场的几个青年——十三陵水库民工十大队青年尖刀队突击队先进小组》刊载于十三陵水库修建总指挥部政治部编辑的《建设十三陵水库的人们》第二集，署名沈从文。收入《全集》第12卷《南北风景》。

8月20日　杭州、苏州丝绣展的展品由北京发出。

致信刘敦愿并附沈从文赠送给山东大学文物的提货单。本信未收入《全集》，后经王任整理、注释，发表于《温故（十四）》，原信如下：

敦愿同志：

寄来个寄物提单，各款统已付清，可派个人坐车去路局取取。内中是几件大小瓷器，有件大盘子比较难得，是雍正官窑豆彩还未加彩的。都是赠送学校作资料的，不用谢，收到就成了。

社会大跃进，博物馆工作已不是坐在办公室等待观众，是把重要文物送上门。我不几天就要带三百件绸缎到杭州去为工人展出，将来青岛印染厂若有这个需要，工人同志想看看这些东西，生产方面想要学习参考，给个信到博物馆，请求一下，也即可把它转运青岛展出。（学校将来要文物展出配合通史教学，作一月展出，大致也办得到，只要有合式［适］地方，运费归学校担负，就好办！照这样，如教文史的还不肯学学文物，那就真是无可奈何了。）这里展出已近于送东西上门，怎么青岛文物局还那么落后保守？私人东西送公家，已极自然，公家东西还有人当成小家私守住，真正是取拾异趣，相去千里！并候佳好。

沈从文　八月廿

还有几张复制麦积山六朝壁画，北宋壁画，过些日子也可送给你们，请人摹花钱多也不好办的。

8 月 25 日　凌晨，抵达杭州。“和浙江文化局许副局长商量，当即由文化局指定浙江博物馆历史组张继振主任共同布置工作。得浙博全体工作同志热情协助，于当天即从各处调集立平柜廿二个，用馆中新建俱乐部平房作陈列室，室中两面有窗，光线甚好，后因张同志下乡劳动改由党华同志参加布置。”（《苏杭两地丝绣展览一点经验》）

致信张兆和。收入《全集》第 20 卷。

8 月 26 日　晚上，许钦文在楼外楼宴请沈从文。

致信张兆和。收入《全集》第 20 卷。

八月中旬　为故宫博物院和中国历史博物馆在杭州、苏州、南京联合进行的丝绸巡展作总说明文稿《明清丝绸展览说明》。经陈列部主任唐兰审改的稿件收入《全集》第 28 卷《陈列设计与展出》集。

八月末　故宫博物院、中国历史博物馆、浙江省文化局合办的明清丝绣展在杭州举行预展，但来参观的观众甚少，沈从文对此有所总结：“由文化局具名印一请帖通知，邀请杭州领导方面和有关生产单位参观。适因大雨，通知发出又迟，当时只来三人，一文化局许局长，二博物馆近邻西泠印社一老先生，三另一客人。预展人来不多，有如下原因：一、时值大雨，交通不便。二、省中各方面正忙于搞试验田和炼钢铁。三、丝绸生产部门正在争取高额数字，设计同志也抽不出身离开办公桌。四、陈列地点在西湖中心区，距市区工厂过远。五、事前本地报纸不载任何新闻消息。”（《苏杭两地丝绣展览一点经验》）

9月5日　工艺美术双月刊《装饰》创刊，该刊由人民美术出版社出版，沈从文应邀担任该刊编委。

《龙凤图案的应用和发展》发表于《装饰》第1期，署名沈从文。后改题《龙凤艺术——龙凤图案的应用和发展》收入《龙凤艺术》集（作家出版社1960年、香港商务印书馆1986年）。据香港商务版收入《全集》第31卷《龙凤艺术新编》集。

9月8日　《谈染缬——蓝底白印花布的历史发展》发表于《文物参考资料》第9期，署名沈从文。收入《龙凤艺术》（作家出版社1960年、香港商务印书馆1986年）。据香港商务版收入《全集》第30卷《织绣染缬与服饰》集。

9月23日　杭州丝绣展结束，前往苏州。

9月26日　致信张兆和。收入《全集》第20卷。

9月27日　致信张兆和。收入《全集》第20卷。

9月29日　明清丝绣展览材料运抵苏州。“承美协服务二同志为搬台上楼后，又得原陈列室一工作同志协助，于一天半时间中，即突击布置完毕，赶于十月一日国庆节日展出。”（《苏杭两地丝绣展览一点经验》）

九月　在杭州期间，“由浙博介绍，让我参观了‘文工社’、‘胜利厂’、‘都锦生丝绸工厂’，了解各方面情况，和设计所遇到的各种问题。并听取他们对于这次展览的意见，和对于此后展出的希望。又过美院拜访邓白教授，问问寻将成立的工艺系办法。”（《苏杭两地丝绣展览一点经验》）

10月1日　由故宫博物院、中国历史博物馆、苏州市文化局、苏州市工艺美术局联合举办的明清丝绣展览在苏州开幕。

10月10日　致信张兆和，谈及张寰和家看望的情形。收入《全集》第20卷。

10月20日　杭州、苏州丝绸巡展结束后，在苏州作阶段性总结报告《苏杭两地丝绣展览一点经验》。据手稿收入《全集》第28卷《陈列设计与展出》集。

11 月 1 日　明清丝绸展览在南京举行。

致信张兆和。收入《全集》第 20 卷。

11 月 5 日　因身体不适，未去展览现场工作。“三个月来我没有离开陈列室过一天，今天却不能不在住处房中睡睡了。可能即因为几月中没有休息，吃的东西也不大顺，今日去校医处看看，才知道血压已上升到一定程度，又必需吃利血平了。”（本日致张兆和信）

《鱼的艺术——和它在人民生活中的应用与发展》发表于《装饰》第 2 期，署名沈从文。收入《龙凤艺术》（作家出版社 1960 年）。改题《鱼的艺术——鱼的图案在人民生活中的应用及发展》（香港商务印书馆 1986 年）。据香港商务版收入《全集》第 31 卷《龙凤艺术新编》集。

致信张兆和。收入《全集》第 20 卷。

11 月 14 日　参观南京的一家丝绸厂。

致信张兆和。收入《全集》第 20 卷。

11 月 18 日　致信张兆和。收入《全集》第 20 卷。

十一月　在南京期间，曾参观过一个展览会，给沈从文留下了深刻印象：“因为有了毛主席文艺思想领导，写作再不是什么大事，难事，不过和一般工作差不多而已。人人能写作，大致在不久将来就会实现。记得前年我过南京，看过一回展览会，有两麻袋。一装诗歌廿三万首，另一装廿七万首。这些诗有一特点，即显明在某一时、某一地区，对于生产大跃进必然起过推动作用。新的时代，新的社会，文学和人的关系，已显明和旧时代不同，从个人欣赏出发来看待文学，未免太旧了。”（1960 年秋天致怀白信）

十一月　沈从文编著的《唐宋铜镜》由中国古典艺术出版社出版，收入《题记》、165 幅铜镜图及图片说明。收入《全集》第 29 卷《唐宋铜镜》。

12 月 28 日　致信沈朝慧。收入《全集》第 20 卷。

十二月底　复沈云麓函。收入《全集》第 20 卷。

本 年

冬天 复沈朝慧函。收入《全集》第20卷。

年底 到定陵考察新出土的丝织品。“沈从文先生想对这些丝织品做些研究。他原本是文学家，后来专门研究古代服装。沈先生打开那些装裱好的布匹后，发现了一个严重的问题：整匹布全部装反。他直言不讳地指出了工作人员的错误。 沈先生说完之后也不想再看下去，便离开了。”[①]“装裱完毕，著名文学家后来又成为专门研究古代服饰的沈从文先生来了。他想看看匹料，作一点研究，将裱品展开，用放大镜一件件仔细观察，迷惑不解地问：‘怎么有的装裱成品显露的是织品反面？’‘研究织品的结构不是要看反面吗？’一位工作人员急中生智说。一句话激怒了沈从文，但他还是面带微笑地说：‘研究织品结构，要看反面，更要看正面。如果为显示反面结构，留下一厘米、两厘米，最多五厘米也足够了，整匹反面，我看是装裱的错误。’他‘的直言不讳，特别是说到错误，使站在旁边的负责人显得十分尴尬。沈从文不愿再看下去，走出接待室，对同来的助手说：‘囊括了中华纺织技艺精华的明代织锦遗产，如此轻率地对待，还做这样不负责任的解释，不是出于无知，就是有意欺骗！’”[②]

按：沈从文考察定陵出土文物的时间，一说1956年10月，准确时间待考。

本年 “1958年人艺排《蔡文姬》，请先生当顾问。他把全给人领进历史博物馆，捧出大量资料，引经据典，给大家讲解了几个小时，每份资料里都插有他事先做好的标签，看来他为此做了大量的准备工作。为了介绍宋画《文姬归汉图》，他捧出两函台湾影印的《故宫博物院藏画集》，按照线装书式样装帧的，给我留下了深刻的印象。”[③]

本年 在“红与专”学习时期，作自我批评文字《我》。沈从文生前本文未曾发表。收入《全集》第27卷《沉默归队》集。

---

① 《历史真相》编辑部主编：《窥探——历史真相》，第361—362页，旅游教育出版社2014年版。

② 岳南 杨仕著：《风雪定陵 明定陵地下玄宫洞开记》，第303页，商务印书馆2012年版。

③ 郑榕：《我所认识的沈从文》，《我与北京人艺》，第126页，东方出版社2000年版。

1959 年 58 岁

3 月 28 日　新华社发布关于西藏叛乱事件的公告。

4 月 18 日　第二届全国人民代表大会第一次会议在北京开幕。

8 月 16 日　中国共产党八届八中全会在庐山闭幕，这次会议通过了《为保卫党的总路线、反对右倾机会主义而斗争》的决议和《中国共产党八届八中全会关于以彭德怀同志为首的反党集团的错误的决议》。

9 月 17 日　中共中央发出《关于摘掉确实悔改的右派分子的帽子的指示》。

12 月 4 日　最高人民法院特赦了杜聿明等 33 名首批战犯。

---

1 月 1 日　致信沈云麓："在某些方面，我这人真像永远不老，特别是脑子中保留的青春幻想，永远有一种动力，一种不可遏止的热情，也真奇怪！大哥，让我们互相来个预约竞赛，好好把身子弄好，练得结结实实，来为国家多作几年事情，你在家乡有'模范公民'称呼，我在北京，也成为'模范公民'吧。我只要体力能支持得下去，大致在工作上，还可以做出比过去写作对人民还有益许多的事情的。特别是丝绸研究上，和工艺图案花纹史研究上，工艺美术史各部门，及文物制度研究上，会有不少新的发现，部分工作并且必然还要和新的生产教学发生紧密的联系！""涉及学习我总永远有劲，可是若要我对付人，可真糟糕！"收入《全集》第 20 卷。

散文《让我们友谊长青》刊载于《乡土》第 3 卷第 1 期，署名沈从文。收入《全集》第 12 卷《南北风景》。

1 月 4 日　《人民日报》以《开创星际飞行伟大新纪元　显示社会主义无比优越性 苏联宇宙火箭飞探月宫》为题报道了苏联发射"人造太阳卫星"的消息。"全北京都为苏联卫星上天兴奋。（我觉得真是只有请求入党，来纪念这件大事，才足表示对社会主义阵营理想全面的拥护和成功深深信心！）这一来，实在太好了，把以美帝为首的资本主义阵营加速崩溃的事情，必然将在亚，非及南美各处都有具体的反美行动来证明！"（1 月 7 日致沈云麓信）

1月5日　《谈挑花》发表于《装饰》第3期，署名沈从文。据《装饰》刊本收入《全集》第30卷《织绣染缬与服饰》集。

1月7日　致信沈云麓。收入《全集》第20卷。

1月8日　在故宫陪三十余位学美术的学生参观绸缎和陶瓷。

晚上，致信沈云麓："比起熟人中××、××或××来，我真正是不会自处到了家！和过去学习写作一样，我总是呆头呆脑的干，毫不取巧弄乖，结果反不如有些人使三分气力用笔、七分气力社交，还到处逢源，可是我总深信只要工作对国家整个向前有益，也就够了，个人吃点亏或生活寂寞些，都无妨。明年十月后，如许多事情还是走不通，研究工作也不能如应有的进行，体力又不大济事，也许还是准备再作冯妇，来做个'职业作家'省事些。因为十年来作职员，一天上下班四次，得来回换车八次，每天大约即有二小时在车中挤去，总是头昏昏的，黄昏过马路时，还得担心被车撞倒，除了我自己知道这么方式使用有限生命，真是对国家一种不大经济的浪费，此外绝对没有人会想得到。"收入《全集》第20卷。

1月24日　给沈云麓寄《唐宋镜子》一册。

1月25日　复沈云麓函："请求入党事，还没有作。因为目下工作重点在解决文物问题，不紧抓业务，不能完成任务。单是我积极也不成，有些问题国内还无人摸过，此后年青人或更无从摸它，不赶紧作，将成永远空白。我知识杂，作来有不少方便处。国家大，需要各种人在不同岗位上来配合，业务上要的是扎扎实实搞文物制度的人，在政治上也还似乎得有些真正无党派民主人士，表面上无所属，事实上却在帮到党来作事的。我或许应当在这种位置上，还可多为国家做几年事情！因为对付业务学习，我的能力比较容易运用，对付人，我不成功。特别是对付某种毫无业务热情，毫无职业责任，唯以民主党派成员出面，靠社交混日子的上司，我就不知如何来对付。（这种人还恰恰是我的上司！许多事都被这种人耽搁了。）如果这几年工作条件还好一些，我一定还可加倍提高知识能力，为文物研究解决更多问题，为美术史研究也提出许多新见解的。……我最不中用的，是从社交方式来应付人，有些同事即同在一处十年或再久，也不易相熟。有些同事即已共事廿年，也还是等于陌生。工作态度不同，因之更难相熟。这是我一生极大弱点，无可奈何。这种性情入党，也许只能增加党的担负，因此从客观说来，目前或者不是入党与否问题，倒是怎么样好好使用剩余生命到工作上问题。”收入《全集》第 20 卷。

1 月 31 日　给沈云麓汇款 30 元，作为沈朝慧的学杂费用。

致信沈云麓。收入《全集》第 20 卷。

2 月 8 日　《金花纸》发表于《文物》第 2 期，署名沈从文。以《谈金花纸》为题收入《龙凤艺术》(作家出版社 1960 年)。改题《谈金花笺》收入《龙凤艺术》(香港商务印书馆 1986 年)。据香港商务版收入《全集》第 31 卷《龙凤艺术新编》集。

2 月 28 日　到文联礼堂听陈毅报告国际形势、人民公社、大跃进及文艺方针等问题。

3 月 5 日　《介绍几片清代花锦》发表于《装饰》第 4 期，署名沈从文。收入《龙凤艺术》(香港商务印书馆 1986 年)时改题《清代花锦》。据香港商务版收入《全集》第 30 卷《织绣染缬与服饰》集。

3 月 12 日　复沈云麓函：“许多人都过武汉参加革命去了，我却变成了第一批职业作家，我也是真正在用力革自己的命。一晃卅多年，现在到了五四的四十周年时，却已没有多少人知道我写过什么作品。新作家也不知道，因为他们做作家方法和我们已完全不同，报纸广告上经常是《日出》《雷雨》,《雷雨》又《日出》，以及《金山寺》《空城计》《济公传》，……戏剧中似乎凡是已经存在的都可望依旧存在，我写的东西，只因为是小说，却比我本人还不扎实，被时代淘汰了。这也真可说是一件相当奇怪事情，一个人那么认真专心努力毫不懈怠工作廿年，竟无丝毫成绩可以留下。这几年只不过是随事学学又放下，倒像是由假成真，变成了‘专家’。主观以为对国家最有用的，恰恰并无什么用处，比许多封建迷信还容易消灭；在一般职业上并不费力作的，反而成了晚稻，收成格外好。” 收入《全集》第 20 卷。

3 月 16 日　致信沈云麓。收入《全集》第 20 卷。

4月3日　参加由科学院召集的编辑历史图谱工作会议，“商定由北大、故宫、北图、历博……机关作单位，重组编委，下有一工作组，分门别类搞具体工作。”（见同日给沈云麓的信）沈从文大致负责工艺艺术方面的工作。

复沈云麓函：“只要体力支持得下去，只想多为国家作些事。解放以来，作的事实在还是少得很！学的文物知识，也还是零碎不踏实，凡事都懂些，可欠深入，难达到社会要求，虚名无实，近于‘假里手’！希望多作几件对党有用事情，做出点群众认可成绩，再请求入党，免得成为党的担负。”收入《全集》第20卷。

4月12日　人民日报发表“中国人民政治协商会议第三届全国委员会委员名单”，沈从文属于政协委员中的“特别邀请人士”。

4月17日　上午，中国人民政治协商会议第三届全国委员会第一次全体会议在北京政协礼堂开幕，沈从文作为“特别邀请人士”出席本次会议。

为沈朝慧转学事复沈云麓函。收入《全集》第20卷。

为转学事复函沈朝慧。收入《全集》第20卷。

4月20日　到工商联大厦出席政协廿八组小组会。据《王伯祥日记》：“九时开会，先后听邹秉文、吴景超、梁漱溟、浦熙修、凌其翰、董守义、宋应等发言。”

致信沈云麓。收入《全集》第20卷。

4月21日　下午，赴怀仁堂参加政协会议。据《王伯祥日记》：“三时开会，宋庆龄主席，由李富春作关于一九五九年国民经济计划草案的报告，李先念作关于一九五八年国家决算和一九五九年国家预算草案的报告，彭真作人代常委会的工作报告。当场一致通过。”下午五时半散会。

4月22日　与巴金相晤。（19590422巴金致萧珊）

4月26日　趁政协会议休会，看望黄永玉一家。

晚上，致信沈云麓。收入《全集》第20卷。

4月27日　出席政协第三届全国委员会第一次会议并在会上发言，据《人民日报》报道，熊佛西、杜鹏程、草明、唐弢、王朝闻、丰子恺、白杨、赵丹、黄佐临、张骏祥、柯灵、秦怡、沈从文、周瘦鹃等在会上发言，“他们分别就进一步繁荣文学艺术事业、提高艺术质量的问题发表了意见。”①

四月上旬 致信沈云麓。收入《全集》第20卷。

四月 改写《谈谈〈文姬归汉图〉》。

四月 在出席政协会议期间，提交提案。以《政协提案选》为题收入《沈从文全集·补遗卷2》《文史研究必需结合文物》集。

四月 作《协助地质博物馆意见》。据手稿收入《沈从文全集·补遗卷2》《陈列设计与展出》集。

5月1日 上午八时，与韩寿萱、宋云彬、周凤同乘政协汽车前往天安门参加五一观礼活动，“余等皆在东二台。十时十分游行开始，十二时半结束。”②

5月5日 《皮球花》发表于《装饰》第5期，署名沈从文。后以《谈皮球花》为题收入《龙凤艺术》(作家出版社1960年、香港商务印书馆1986年)。据香港商务版收入《全集》第30卷《织绣染缬与服饰》集。

5月7日 沈从文在全国政协会议上的发言以《关于文物“古为今用”问题——沈从文委员的发言》为题在《人民日报》第16版发表。文章收入《全集》第31卷《文史研究必需结合文物》集，文末有编者注：“本文是作者1954年4月在政协第三届全国委员会第一次会议上的发言稿。据1959年4月27日《政协会刊》文本编入。”

5月24日 上午，参加政协组织的游览十三陵活动。

5月26日 到政协礼堂参加第六组学习。据《王伯祥日记》：“晤沈从文、周亚卫，先后听王家桢、焦实斋、李培基、何思源、李书城等发言，都对西藏及印度问题而言，颇有珍闻。”会议五时五十分散。

五月 修订《边远地区少数民族民族文化与中原文化之关系》。沈从文生前本文未发表。据手稿校正稿收入《全集》第31卷《文史研究必需结合文物》集。

---

① 《人大代表和政协委员继续谴责印度扩张主义分子 干涉者只能碰得鼻青脸肿 中国人民热爱和平、珍惜友谊，但决不是软弱可欺》，《人民日报》1959年4月28日第2版。

② 宋云彬：《红尘冷眼》，第497页，山西人民出版社2002年版。

6月13日　致信沈云麓："近在《文物》上发表文姬归汉小文章，谈这个画的写作历史时代背景，一般人多不注意也不知道。涉及服装问题，更少有人用心，文章中提到了一下，是五年前写的。此后还有几篇别的问题的，如古代琉璃、马镫、灯、家具等等，有些还写得好，提的问题多是崭新的，一般搞文物、历史、艺术都没有着过笔的，也可解决些问题。这些小问题大致可写三十来个，全写出来，就是这十年在博物馆工作的成果了。最熟习有用的，或许还是关于绸缎问题，过去千年来无人下手，即想作也不好作，这几年机会好，摸了摸底，前后看过大几万实物，明年且可能把所有明代上十万种全部看看，再把故宫重要的全看看，这部门知识，总算是有了个好基础，为后来人研究打了个底，这一门研究工作，总算是搞出个头绪来了。极有趣处是五十年前家中一些绸缎名称，偶然记下来，现在却十分得用。如外来纺织物咔喇、羽毛纱、倭绒、倭罗缎……凡事一留心，到用时却得用了。把这些工作搞出点名堂时，再抽身来写几个小说看，形式内容一定会出人意外的。因为脑子里还有许多现实而浪漫的东西，文字也有些离奇引人处。目下一面只希望十月后有个像样的研究室，有两万册书，二十万个文物图片，三五个得力助手，扎扎实实来搞三几年，一定会突破纪录，把文物工作引到一个正常方向上来，结合文献和实物，解决一系列问题。特别是丝绸服装史和工艺美术史、家具发展史，……都可作得很像个样子。将来可以使历史戏、历史画根本改观。生产也会有好处。"收入《全集》第20卷。

6月19日　晚上，赴首都剧场观看北京人民艺术剧院演出的《蔡文姬》，十一时半散场。

6月20日　复沈云麓函。收入《全集》第20卷。

6月23日　致信沈云麓："我想地方学校教课方面理工不易见好，文学艺术应当比较好办，有肯学画又有天分的，宜鼓励他们自己努力，用自然用活生生社会作老师，狠心学几年，必会有机会外出升学，十年中必有以自见！不努力还是不成，即有机会出国，也不中用。我们这里就有些人是这样，学什么也学不上成功，只是在齐人吹竽情形下混，真到要他单独解决问题时，只有逃跑一法。搞写作主要也还是得狠心学习，一点不容懒惰，也一点不能骄傲，只是十分虔诚虚心的去学，从人事上和书本上学明白，一个故事必须如何写才会令人感动，十年八年的扎扎实实搞下去，那会不成功？不严格的在每一种小事上管制自己，只轻飘飘的过日子下去，不会写得出象样作品的！即或有权有势，写得极坏也有人赞扬，可是到头还是写不出什么扎实东西！”收入《全集》第20卷。

六月 《谈谈〈文姬归汉图〉》发表于《文物》第6期，署名沈从文。收入《龙凤艺术》（作家出版社1960）。收入《龙凤艺术》（香港商务印书馆1986年）时，沈从文曾对本文作过校改。据香港商务版收入《全集》第31卷《龙凤艺术新编》集。

7月4日　复沈云麓函：“别人写十回八回，我写它一百回看看。能这么耐烦学下去，情形会不同得多！总之，要肯学，才能突破前人成就。会走长路的不是跑，总是保持一定速度，低头走下去，坚持下去。眼光四注向一切好的学习，向自然学习，向优秀遗产学习，消化了多方面的长处知识，融化成自己认识本领，在这个基础上来进行创作，结果自可想见。我一生从无到有，学什么都并不比同时人聪敏，机会又不如人，但是用个较笨工作方法坚持下去，许多不易学好的事物，学下去，终于还是懂了。有些事真可说置之死地而后生！”收入《全集》第20卷。

7月5日　《蜀中锦》发表于《装饰》第6期，署名沈从文。收入《龙凤艺术》（香港商务印书馆1986年）。据香港商务版收入《全集》第30卷《织绣染缬与服饰》集。

致信沈云麓：“我还希望有机会趁体力来得及时，把服装史工作打个基础，好供全国使用。明年可能调二三助手来试试，进行一年，即可见出效果。这些工作别的人不好作（如美院、画会等），因为知道材料不全面，我们来作方便得多。”收入《全集》第20卷。

为绘画学习事致信文华、复光。收入《全集》第20卷。

7月12日　复沈云麓函：“前不多久，还有个同乡，写第一篇文章来，即想我为改删发表，这么来对付写作，当然成功希望不大。随便写写即想发表，也不想发表有什么作用，了如无露面机会，又却以为即工作失败，难于坚持下去。因此机会即再好，也不宜于写作。凡从事这个工作的，首先必须懂得工作艰巨和严肃，且有克服一切挫折三年五载坚持学习的勇气，写个百十篇无发表机会也不以为意，又不以小小成就自限，才是真正准备来从事写作。真的能不知休止十分虚心的练习写作，到三几年后，他却不用担心无出路！什么人要搞这一行，必先端正学习态度，放大眼光些，准备来和人作长距离竞赛。学习态度一好，前途即广阔之至！到一定时候，要升学，极容易，即留在乡下不动，也可望把工作成果影响全国，为万千人效法。照新的要求，一个作家还必须留在乡下，生活贴近土地和人民，才写得出在变动中的土地和人民进展面貌。在乡下学习，重要一环是如何学会掌握文字工具，如何能使用自如，明朗、准确、素朴……除了多读多练习，也没有另外捷径秘法可得。只有坚持学习，不怕困难，才能改变情况。依我看来，这事也并不怎么真正困难，难的却是持久不懈。”收入《全集》第20卷。

7月24日　复沈云麓函，谈及黄永玉的绘画创作：“永玉劳动力强，理解吸收力也相当高，差的是还不明白向优秀传统学习，不肯狠心顽强向固有好东西有系统多学学，来充实自己，丰富自己，这相当可惜。因为如果这一点抓住了，一定会更虚心的吸收遗产中好处，使新的作品面目一新！”收入《全集》第20卷。

7月25日　下午三时，至政协礼堂第二会议室听驻阿联大使陈家康讲阿拉伯形势，六时散会。参加者有吕叔湘、王伯祥、叶至善等人。

七月下旬　复沈云麓函。收入《全集》第20卷。

七月末　致信沈云麓。收入《全集》第20卷。

9月8日　复沈云麓函。收入《全集》第20卷。

9月22日　为孙子像事复杨其祥函，未付邮。收入《全集》第20卷。

9月26日　《天安门给我们的教育》刊载于《文汇报》，署名沈从文。收入《全集》第12卷《南北风景》。

9月29日　到人民大会堂参加会议。

复沈云麓函："国家生产数字修改种种，日昨已公布，北京正在掀起学习高潮，反右倾机会主义，不久必将成为全国活动。帝国主义者正在使用一切宣传工具诋毁我大跃进失败，我们却认为修正数字是一个伟大有魄力的举动，只能更增加我们对党的信任，对人民公社的爱，对未来的成功充满信心！这个伟大历史文件，无疑在世界上是会发生各种反应的，我们决不怕帝国主义者的新闻谣言，还是六亿人民一道向前迈进！"收入《全集》第20卷。

九月　南开大学历史系采纳郑振铎、沈从文的建议，在历史系建立博物馆专业。

10月1日　上午，前往天安门参加国庆观礼。

侄女沈朝慧来京居住。据沈朝慧回忆："我是一九五九年'十一'从凤凰来跟着爸爸的。"[①]

10月3日　晚上，观看在人民大会堂举行的庆祝中华人民共和国成立十周年音乐舞蹈京剧晚会。（10月16日致沈云麓书信）

10月16日　致信沈云麓。收入《全集》第20卷。

10月24日　复沈云麓函。收入《全集》第20卷。

10月30日　本日顾颉刚日记："萧新祺来送书，为写刘大年、沈从文信。"

十月　作《谈瓷器艺术》。

11月8日　《谈瓷器艺术》发表于《光明日报》，署名沈从文。收入《龙凤艺术》（作家出版社1960年）。收入《龙凤艺术》（香港商务印书馆1986年）。收入《全集》第28卷《中国陶瓷研究》。

老友靳以因心脏病突发于11月7日病逝。

晚上，在悲痛中作《悼靳以》。按：本文末标明的写作时间为10月8日，当为农历十月初八日，因靳以病逝的时间为11月7日，1959年公历11月8日恰为农历十月初八。

① 李辉：《〈沈从文与我〉·序言》，第12页，湖南美术出版社2015年。

11月11日　因所借图书丢失，馆里开具了赔书单，列1952—1956年欠书17种51册又15页，折价104.18元。

11月20日　下午，至政协礼堂听文化部文物局王毅关于西藏的报告。

致信沈云麓，谈及即将出版的《龙凤艺术》："近来把这几年写的有关文物或工艺史问题文章十几篇，辑成一本小书付印，下月即可出版。有许多问题过去还少人谈及过，因在博物馆工作，必须和各种材料对面，且必须有个基本认识，并明白彼此关系和发展种种，因此有了些常识写下来，其实还说不上深入。印出来对教艺术史的或许还有些用处。还有些已写成的尚未发表。如有时间可以使用，总还可写二三十个题目，还有点意思。如花花朵朵材料在手边，有个几万个照片，倒是对轻工业所迫切待解决的花纹问题还可作点事情，因为古典图案谈'古为今用'，我大致知道的真算不少！一切工作倒真像是为作'轻工业部艺术顾问'而准备的！"收入《全集》第20卷。

11月27日　下午，接待苏联科学院通讯院士、考古学家吉谢列夫，他是在夏鼐陪同下来历史博物馆参观的，虽然历史博物馆正在闭馆期间，但破例为他们开放。

11月28日　上午，出席中共中央统战部举行的报告会，陈毅在会上做报告。"这里最近听了陈毅谈了四小时时事，主要是国际方面，华侨问题，印度问题。一般看来，以为今年总的国际形势必趋向缓和，但小纠纷也可能还会有。我主要是抓生产建设，不断跃进。今年大致当是机器工业大跃进的一年，争取近代化。凡事在党领导下总会作得好的！"（1月2日复沈云麓函）

十一月　作《怀念郑西谛》。该文沈从文生前未曾发表，据手稿收入《全集》第27卷《无从毕业的学校》集。

12月8日　《悼靳以》刊载于《人民文学》第12期，署名沈从文。收入《全集》第12卷《友情集》。

十二月　写作《我怎么就写起小说来》。文中谈及自己的写作计划："跛者不忘履"，"这是一句中国老话，意思是这个人本来如果会走路，即或因故不良于行时，在梦中或在日常生活中，还是会常常要想起过去一时健步如飞的情形，且乐于在一些新的努力中，试图恢复他的本来。这个比拟试用到我的情形上，或不怎么相称。因为几年来，我只是用心到新的工作上，旧的业务不免生疏了。以年龄说，虽行将六十岁，已不能如一个年青人腰腿劲强，但是在用笔工作上，应当还能爬山越岭健步如飞！在写作上，我还有些未完成的工作待完成。即在能够有机会比较从容一些自己支配时间情形下，用三五年时间，来写几本小书，纪念我所处的变动时代——二十世纪前四十年，几个亲友、一些青年为追求真理，充满热情和幻想，参加社会变革的活动，由于种种内外因子限制下，终于各在不同情形下陆续牺牲，和社会在向前发展中，更年青一代，又如何同样充满热情和幻想，然而却更加谨慎小心，终于和人民一道取得革命胜利，继续向前，在共同创造新的未来。由于个人生活接触问题限制，作品接触面虽不会太广，可是将依旧是一种历史——不属于个人却属于时代的历史。四十年前学写小说的本意，原就以为到文字比较成熟时，可以来完成这种历史的。”沈从文生前本文未刊。后收入《沈从文别集·阿黑小史》（岳麓书社 1992 年版）。收入《全集》第 12 卷《我与新文学》集。

本 年

春末　作《历史博物馆十年》。《全集》编者说明：“完稿后经审查删改，除修辞改动外，对原稿未确定的数字大部予以落实，并从政治方面对稿件作了一些修改。本文未发表，手稿后收存于中国历史博物馆档案室。现据原删改稿编入，其中对于原稿语句或文意改动处，被删除的文字用细删除线表示，新加的文字用楷体表示。”据手稿收入《全集》第 31 卷《文史研究必需结合文物》集。

年底　为退还奖金事致函历史博物馆馆长。收入《全集》第 20 卷。

本年　为故宫博物院作《织绣陈列设计》《如何看故宫丝绣馆清代部分》《故宫织绣馆说明（三则）》。据手稿收入《全集》第 28 卷《陈列设计与展出》集。

本年　作《几幅团花图案》。据手稿收入《沈从文全集·补遗卷 2》《织绣染缬与服饰》集。

本年　为历史博物馆通史陈列作《唐宋绘画及其他（七则）》。据手稿收入《全集》第28卷《陈列设计与展出》集。

本年　作《明代板画》《明代绘画》《清代板画》《清代纺织》。均据手稿收入《全集》第28卷《陈列设计与展出》集。

本年　作《丝绣中大团花的历史发展和应用》《湘西土家族织锦》。这两篇文章沈从文生前未发表过。据手稿收入《全集》第30卷《织绣染缬与服饰》集。

五十年代

五十年代前期　写作了9篇有关玉的研究文章：《玉的出产》《玉的应用》《玉的处理》《玉的价值判断色泽问题》《玩玉的贡献》《中国古玉》《中国雕玉工艺发展的几个段落》《玉的出处——于阗及其他》《玩玉者对古玉研究的贡献》（三则），这些论文沈从文生前均未发表，收入《全集》第28卷《中国玉工艺研究》集。

五十年代前期 作《汉代展品说明（六则）》，据手稿收入《沈从文全集·补遗卷2》。

约五十年代前期　作《关于陶和玻璃问题》，现存原稿不全。据手稿收入《全集》第28卷《中国陶瓷研究》集。

约五十年代前期　为历史博物馆通史陈列拟说明材料，据手稿以《丝织物和玉、铜、漆、陶诸器（九则）》为题收入《全集》第28卷《陈列设计与展出》集。

约五十年代前期　为历史博物馆拟说明材料并亲自书写说明卡。以《青瓷展品说明卡（三则）》收入《全集》第28卷《陈列设计与展出》集。

约五十年代中期　为介绍装饰图案事，致信方成。收入《沈从文全集·补遗卷3》。

约五十年代中期　在生活会上做自我检查。后据手稿以《自我检查和群众评议》为题收入《沈从文全集·补遗2》。

约五十年代中期　作《对历史博物馆编印某图册的建议》。据手稿收入《全集》第 28 卷《陈列设计与展出》集。

约五十年代中期　作《关于丝织服饰专题展的准备工作意见》。据手稿收入《全集第 30 卷《织绣染缬与服饰》集。

五十年代后期　作《艺术遗产中船的形象》，据手稿收入《沈从文全集·补遗卷 2》。

约五十年代后期　为故宫博物院汉口展出作《清代服饰织绣展览介绍》《明清文物说明（八则）》。据手稿收入《全集》第 28 卷《陈列设计与展出》集。

约五十年代后期　作《唐镇墓怪俑的来去》《谈攀膊儿》。均据手稿收入《全集》第 30 卷《文物识小录》集。

约五十年代后期　作《有关工艺品改进的三点建议》。沈从文生前本文未发表。据手稿收入《全集》第 31 卷《文史研究必需结合文物》集。

约五十年代后期　作《宋代家具及布置应用相关图像》。据手稿收入《沈从文全集·补遗卷 2》。

约五十年代后期　致信刘敦愿，本信未收入《全集》。照录于下：

敦愿同志：

信已得。当一切教书的同事，都还并不觉得“文物”有什么用，且不认为搞新的历史研究，必需从文物多学习些，当教文学的同事，都并不觉得作品中所涉及名物制度，必从文物取证，而对学生才有益时，我们热心太过，恐会犯错误。我已发现这恐怕要犯错误。本为好意，另一时可能会成不好结果，感到害怕。所以想，搞资料事，或许等一年半载后，再作计不迟。私意并且以为目下所得，似不用作什么展出，如必展出，也万千请莫提我捐什么，万千不必提我名字。近历史系来一信向我道谢，即令我感到十分为难。我不过是因为在博物馆工作，一天和文物对面，又因经手收集，且明白有些东西日益稀少，所以随手为搞点点材料，本来事情极小不足道。即代买材料，也是日常工作应尽义务。一提谢字，就不大好办，且唯恐另外一些人，认为我耗费国家财产（会有这种人的），将令你也为难！所以我觉得不即再收是对的。俟到各方面都认识到有个文物室必要时，当再从各方面想办法搞好它，还并不迟！

涤非兄并致意。已得东西当陆续寄上。

从文 一月四日[①]

约五十年代 作《塔户剪纸》。收入《龙凤艺术》（作家出版社 1960 年）。后经沈从文校改，改题《塔户剪纸花样》收入《龙凤艺术》（香港商务印书馆 1986 年）。据香港商务版收入《全集》第 31 卷《龙凤艺术新编》集。

约五十年代 作《维摩诘故事画问题》。沈从文生前本文未发表。据手稿收入《全集》第 31 卷《龙凤艺术新编》集。

约五十年代 作《花式图案参考资料》。据手稿收入《沈从文全集·补遗卷 2》《文物研究资料草目》集。

---

① 此信为沈虎雏整理，见《沈从文致刘敦愿的书信十封》，《从文学刊》第 5 辑。同时参见王任整理的《沈从文致刘敦愿书信十封》，《温故》（十四），广西师范大学出版社 2009 年版。根据沈从文和刘敦愿的来往信函及王祖农相关批示判断，此信写于 1958 年 1 月 4 日的可能性最大。确否，待考。

1960年　59岁

7月16日　苏联照会中国政府，停止执行中苏间的全部合同和协定，并在一个月内撤走全部专家。

9月7日　中共中央发出《关于压低农村和城市的口粮标准的指示》。

10月11日　中共中央批转了文化部党组、中国作协党组提交的《关于废除版税制、彻底改革稿酬制度的报告》。

11月3日　中共中央发出《关于农村人民公社当前政策问题的紧急指示信》。

1月1日　张定和、张宁和、张允和、黄永玉等亲友一起来沈从文家共度元旦。

晚上，与张兆和一起出席全国人民代表大会常务委员会、国务院和政协全国委员会在人民大会堂联合举行的酒会和联欢晚会。“在个小礼堂看了几则有名小戏，有俞振飞、言慧珠等昆曲，都说是在一生全盛时期的拿手戏。”

1月2日　复沈云麓函：“今年工作拟了个计划，请一年创作假，来完成个四嫂一家的长篇小说。如批准，即可过宣化、合肥以至昆明各处走几个月，再用半年来用笔。”收入《全集》第20卷。

1月8日　致信沈云麓。收入《全集》第20卷。

1月18日　为沈朝慧转学事到东城区教育局办理登记手续。

致信沈云麓，详细谈了拟议中的长篇小说创作计划：“我可能已决定要写一年小说，初步估计将去宣化住二月，合肥住二月，如便利，且有可能要到自治州住十天半月，再上贵州昆明，共用二月时间，即回北京着手写个长篇。如无其他事情，大致将这么试写一年。是用张家四哥鼎和一生革命，到廿四年牺牲后，一家老小逃亡，抗战时终于到了昆明，鼎和女儿又在学运中活动，复员后又去上海作学运。随后即逃往解放区，现在在龙烟钢铁公司党委会工作。因为第一代背景是合肥大地主家庭，到第二代背景是昆明一亲戚非常腐败的家庭，和当时昆明社会，学生，这种种，我多相当熟习，四嫂记忆力又特别好，能仔细复述往事，条理分明，所以如果那么写下去，大致年终当可将廿五万字初稿完成。怕的是体力不济事，不免心有余而力不足。也有可能还将因别的事而使预计小有变动，如像有些大会要参加。又搁笔究竟已十年，体力又时有好坏，目下对写作要求又不同往年可以放手从个人认识问题写去，毫无任何抽象拘束，现在主要是用传纪体写革命，实不大好写。惟自己心中有数，大约只要能摘记事件到五六万字，扩大成廿万字即已不甚困难。难的是开头。所以今年过旧年，真将用得着照老习惯写个‘新春发笔’作为开始！”收入《全集》第20卷。

2月3日　中国文联工作人员陈慧来访，并整理成访谈纪要。该访谈纪要后经贾俊学发掘、整理发表于《新文学史料》：

关于文艺研究工作的多快好省问题，他说：“研究工作和创作工作不同；研究工作必须先有资料，加以研究，才能写文章。所谓红与专，在研究工作中红必须通过专，若无专门研究工夫，红是空洞的，没有专长，怎样红呢。研究必须经过一定时间，亦有客观条件的限制。例如，我现在搞历史博物馆工作，研究历史上的制度，包括历朝服装等问题，需要看许多资料，但有些方面的资料就不完全。如历代所有锦缎的种类现在只看到三百多种，少于应有的种类很多，若要现在就写关于这门的文章，就难了。”

关于稿费问题，他说，“周扬同志说，有些青年人写了诗，出版即收入很多，因之只想搞创作，提高生活，这样不很好，所以稿费不能太高。其实老作家的创作情况是不同的。老作家们写一篇小说、诗或者研究的文章，都要花许多工夫，不是那么容易的。”

谈到他自己的创作问题，他说，“现在没有工夫写长篇，曾写过几篇短篇考校文章，由光明日报刊登，仅给予四、五元一千字的稿费，我倒不计较，只要能把工作做得更好就行，向来不看重金钱，人生在世为的是服务，而不是为利。生活只要能过得去就是了。现在我不写作，每月工资二百元，生活没有问题，已六十岁了，还要许多钱作什么。但问题是：要工作做得更好，就须有一定的条件：如一定要看许多书，这些资料书是不能向图书馆借的，因有时须剪下来，须写注等等。现在就没有钱买书，曾写信给周扬同志，提到这个困难。现在没有工夫写作，也没有力量买书，就是买了也没处放。只有两间屋子，爱人下班回来，连个书桌也没有（他的爱人做《人民文学》的编辑工作）。”

“岗位工作很忙，有时想积蓄一点钱，脱离工作岗位，搞专业创作，但这门工作没有人顶得住，青年人中更少。今年已得领导上同意，让我请一年创作假，但工作必须做一结束，没有人能顶上去。”

“创作假期中想到宣化、合肥去四个月，收集一些资料。创作内容是张鼎和的传记。张是我爱人的哥哥，是共产党员，在西安事变前牺牲的。”谈到学习，他说对学习是抓得紧的，亦是因为工作上须用马列主义观点来分析问题，一有疑问，就必须翻书。

从谈话中，我感到沈先生的情绪不算太好，原因是工作和创作矛盾，但又没有创作材料，因他过去是写长篇小说的，现在没有深入群众生活。近日他血压高、头痛，不能思考问题。

他在文艺思想上是有些问题的，但他没有谈出来。在红与专的问题上，他认为必须先专后红的。对青年人的诗、文，似乎是不重视的。对现在他的生活条件是不满意的，他流露出的条件不好影响了他的工作的意思。对他目前的工作是感兴趣的，很自负，认为这种学问，很少人有，青年一代更不必说。

帮助他的方法还是理论学习，下去接触群众生活。但须有一定的条件。他说，因为身体不好，一般的参观访问恐太累，不能参加。总之沈先生思想上是有许多问题没有解决的。①

2月20日 下午3时至6时半在政协礼堂开文化教育组会，抗议美国阴谋劫夺台湾文物会议，并发言。据《王伯祥日记》：“发言者甚多，就予记忆所及，已有赵万里、翦伯赞、韩寿萱、沈从文……，均表示一致愤慨，必须斥责，且提

① 贾俊学辑：《文联旧档案：老舍、张恨水、沈从文访问纪要》，《新文学史料》，2012年第4期。

出抗议书，当场决定即以到会签名者全体列入云。”

2月22日　参加首都文化界为抗议美国劫夺我国文物举行的集会。

致信沈云麓：“得你寄来廿年前我在《抗战日报》写的那个小文章，回想起来大致还是王鲁彦作编辑，因为在长沙和曹禺等去一个小楼上拜访过徐特立以后，听到他说：‘抗战时间长，不一定大家去延安，目前大家主要是安定后方加强抗战力量’而写成的。先还写过三篇，王鲁彦因我文章几几乎还被长沙三青团围打（因为我文章骂到官）。”收入《全集》第20卷。

2月23日　《人民日报》发表了题为《首都文化界著名人士集会　拥护文化部声明　强烈抗议美帝国主义的强盗行径》的新华社电讯，沈从文、韩寿萱、赵万里、邓以蛰等在会上发言，“强烈谴责美帝国主义盗劫我国文物的滔天罪行。”

2月24日　到政协礼堂西厅参加湖北参观团团员会。团长为包尔汉，沈从文被编为第一组，组长闻家驷，成员有罗隆基、顾颉刚、冰心、冯友兰等。

2月26日　致信沈云麓：“这几天我正在为出版方面搞个艺术出版草稿计划，一出即三百种，而且初步分析，只要印刷来得及，已不成问题。事实上每一书写三五千字序文，即将要到一百或百五十万字，算算也不大费事即可完成，而且水平会相当高。这那里是过去所能想象，也绝不是资本主义国家能想象到的事情。其实再抓抓，出一千册也不太费事！湘西挑花织锦计二册（大二册），照相已送到手边，十分好，不久即可印行。”收入《全集》第20卷。

3月1日　早上，乘6时45分的火车前往湖北，参加全国人大、政协组织的赴湖北的参观视察活动，同行的有冰心、浦熙修、杨崇瑞、顾颉刚、彭镜秋、吴半农、冯亦代等人。

3月2日　抵达汉口，入住璇宫饭店412号。

晚上，致信张兆和。收入《全集》第20卷。

3月3日　上午，参观武汉长江大桥、黄鹤楼。

下午参观湖北十年建设成就展览馆。

致信张兆和。收入《全集》第20卷。

3 月 4 日　下午三时，出席座谈会。

晚上，观看湖北炼钢、治山治水电影及《万紫千红总是春》。

3 月 5 日　在武汉参观重型机床厂、轻工业厂。

晚上，看陈伯华演的《杏元和番》。

3 月 6 日　参观武汉钢铁厂。

晚上，致信张兆和。收入《全集》第 20 卷。

3 月 7 日　上午，参观武汉大学动物标本室、图书馆、化学馆。

3 月 8 日　参观青山区工厂。

下午，参观华中工学院。

晚上，观看楚剧。

致信张兆和："这里街景极奇。如照在电影上也一定极奇。因为全是雨伞，雨伞千百计，和菌子一样在动。用油布伞的占多数，可知一年必有许多日子应用伞，因此出门人也多带着它。话剧中《红色风暴》似不曾注意到这个地方特点。其实一注意到，打资本家即有的是'家伙'了，事虽小，其实也应注意，因为有一系列影响。有地方特色。"收入《全集》第 20 卷。

3 月 9 日　上午，参观锅炉厂。

下午，游览武汉东湖。

晚上，致信张兆和；致信沈云麓；两信均收入《全集》第 20 卷。

3 月 10 日　早晨，离开武汉，前往枣阳县（今枣阳市）。

3 月 11 日　参观杨垱人民公社。

3 月 12 日　上午，参观沙河水库。

3 月 13 日　参观襄樊专区。

下午 4 时半，抵达丹江口。

3 月 14 日　上午，参观丹江口水电工地。

下午，致信张兆和。收入《全集》第 20 卷。

3 月 15 日　上午 8 时乘车，12 时 30 分抵达樊城，至招待所休息，与顾颉刚交谈。

3 月 16 日　返回武汉。

3月17日　上午，出席座谈会。

3月18日　上午，与湖北省领导座谈。

3月19日　结束考察，返回京。

3月21日　国务院参事、中国佛教协会理事林宰平（志钧）病逝。在22日写给大哥沈云麓的信中说："卅六七年前我初到京时，即得到他教育鼓励甚多。"

3月22日　复沈云麓函。收入《全集》第20卷。

3月25日　致信沈云麓。收入《全集》第20卷。

3月29日　上午，出席中国人民政治协商会议第三届全国委员会第二次会议。

三月　物质文化史研究论文集《龙凤艺术》由作家出版社出版，收入《题记》《织金锦》《谈染缬》《"明锦"题记》《谈皮球花》《湘西苗族的艺术》《塔户剪纸》《古代镜子的艺术》《龙凤艺术》《鱼的艺术》《谈磁器艺术》《谈金花纸》《谈谈"文姬归汉图"》《北京有许多博物馆，同时又是个大型建筑博物馆》《文史研究必须结合实物》等文章15篇。本书中的各篇文章在收入《全集》时，按研究对象分类编入相应专集。

4月8日　寄《龙凤艺术》并致信沈云麓："这本小书其中有两篇还好，因为是资料性探索和分析，大致不会和其他写的小说那么无意义，因为对于工艺史研究还可供参考。正如在病中偶然作的红楼梦器物注，不过随手札记的工作，一点不费力，倒似乎对读者还有用。名字也附入新版书中。至于真正大半生精力十分谨严认真用到上面的工作，现在都已毫无用处，因为思想性不高。十年来，新学的一行不知不觉又是一大堆，如体力还来得及，一定还可望作进一步比较深入的研讨，特别像绸缎及其他工艺史一类问题，别人不好搞也不肯下工夫搞的，我由于常识多，记忆力又强，综合贯串力也还好，再作三五年切切实实研究，也必然会提得出一些较新报告。"本信当日似未寄出。收入《全集》第20卷。

本日　香港《大公报》刊载了《谢冰心谈视察印象》，编者在按语中说："全国人民代表大会代表谢冰心，最近与政协全国委员会委员沈从文、李书城等视察湖北，到了武汉、枣阳及丹江口大水库工地。"

4 月 16 日　致信沈云麓："我的长处只是在业务常识上比较丰富，明白文物问题的相互关系，及文物与文献关系上种种。特别是从文物新发现方面谈文化史，从文物谈艺术史上种种小问题，倒可以说得上是文物方面的多面手技术人才。但是凡事还欠深入，却样样有点常识。常识不太多，目下情况带着年青人搞还够用。馆中为协助外面工作，为生产方面搞搞花纹，为研究方面如作历史画、历史电影、历史戏提提各种杂资料，还可以就记忆中的临时抓抓，对他们也还有益省事。"收入《全集》第 20 卷。

4 月 18 日　续写 4 月 8 日致沈云麓信。

4 月 24 日　上海市电影局、天马电影制片厂《鲁迅传》创作组来访问沈从文，沈从文与他们进行了会面，并就胡适、徐志摩、陈源、张道藩、王平陵等人的问题谈了自己的看法，比较集中地透露了沈从文此时的思想与心理状态。兹将《鲁迅传》创作组整理的谈话记录照录于此：

（一）

胡适实际上很浅薄，他的一些文学上的见介［解］和几位大弟子一样的，他发表甚么，提倡甚么，有时候自己也莫明其妙的。他一会儿忽然想搞《水经注》，一会儿又忽然想收洋火盒子了。非常浅薄无聊，他连卞之琳的十四行诗也读不懂的。他从来不敢想过搞中国文化史，在文学上也没有什么抱负，因为他本身没有多大能耐。他看了他的学生冯有［友］兰的《中国哲学史》，吓得连他的《中国哲学史大纲》下卷也不敢写了。

他是依靠控制庚款起家的，惯于吹捧，到处拉手，周旋于英美公使、买办、政客、军阀、官僚之间，吹拍逢迎，他靠了用庚款津贴的几个大学，以及中央研究院等机构，成为学界一霸。他是"对内学阀，对外买办"。

他的一些弟子，靠了他庚款的势力，分布国内，像罗家伦长燕京大学，傅斯年打入研究院……胡适每年要做一次生日，分布在各地的弟子都赶来贺生日。他的弟子，想利用胡适这个买办去国际上走走，都对他捧场。

胡适当时他不想做官，因为做官不上算，做了什么长，一有变动就要下来，他想造成在野名流地位，自己执牛耳，和英美密切联系，靠庚款，抓学会，名利双收。

胡适在上海时，住极司非尔路三号，每天要接见许多客人，外国的多，中国的也不少，谈论天下古今，言不及义，应酬时连声“嗯、嗯、嗯”不时打哈哈，谈到一些小问题，眉飞色舞。到晚上，从口袋里掏出自己的《尝试集》之类的新诗来自我欣赏，以为是最大的乐趣，有一次客人走后，他拿一首《我就来了》的新诗在灯下念，得意死了。

胡适曾加入扶轮社（是否是“三 K 党”，不知道）。

胡适的老婆江氏爱打牌，罗家伦，傅孟真，梁实秋之类为了要讨胡适欢心，就常去陪她打牌。傅斯年是胡适最大的走狗，经常跟胡适回家去和他太太打牌。还有一个毛之［子］水，为了要进身，不惜走内线。

胡适对事的处理能力也不强的，他在中国公学当校长时，许多学生反对他。中国公学中华侨多，当时也很活跃，陈波儿也是那里出来的。后来控制很严，拿了鲁迅的《呐喊》红封面要被没收，有一次拿了一本马寅初的书，也被没收了。

李石曾和胡适是死对头，勾心斗角都为争权夺利。李石曾和张静江吴稚晖朱家骅是一伙，朱家骅是张静江的外甥，中英、中法、中比、中德都在他们手里。中美则在胡适手里。两派争夺很厉害，李石曾有政治力量，李有吴稚晖靠山。李石曾是做国际间谍则不知道了，但在国际上是有势力的。李石曾要搞胡适，故意把胡适向宣统请安的条子公布出来，条子上写：

“臣胡适，今天有事，不能请安。”

胡适和丁文江是老关系，因此孙传芳等军阀也捧他，当时一些军阀，甚至阎锡山也来捧他，他们当他如梁任公一样，希望胡适能对他们“邦［帮］闲”。

胡适在政治上提出来的一套完全是抄袭英美的。国民党讲训政，他讲宪政，结果被国民党大骂一顿。

他抽香烟，但不会跳舞，他说："我不跳舞，沾了便宜，可以讲话。"家里雇用一个厨子，一个车夫。

陈源是阴性人，表面上不声不响，在肚内做功夫。当时和王世杰、高一涵、彭学沛等编《现代评论》。此人现在联合国文化什么会驻英国的机关内做事。三年前和凌叔华闹翻了，凌去星［新］加坡教书。他们有一个女儿，译意风的翻译，嫁一个英国人，前不久凌叔华回来过一次，现在回英国了。陈源没什么大本领，不及王世杰。

办《新月》时，胡适、王造时、罗隆基、潘光旦、梁实秋等经常在一起开会，那时闻一多去武汉大学教书了，闻在武大当过回［国］文系主任。

徐志摩跳跳打打的，他是一个花花公子，不像梁实秋有一套，文学主张都是梁实秋提出来的。

在《现代评论》社做做收发，九元钱一月。邵启文（？）在那里当会计。我的第一篇小说《锯子》是在《语丝》上发表的。

（二）

王平陵搞民族主义文学办《文艺月刊》失败后，就所有书店派一个编辑去，现代书局派去李赞华，主要打手就只有一个王平陵。

张道藩在南京开文学作家大会，400多人，真正写的只有几个人。

那时文章，找不到地方发表。胡也频死后，丁玲的《在黑暗中》卖给开明只卖了100元钱，冰心出集全只［疑为"出全集"之误］，讲好200元一月，也没有送去。那时出一部小说，大约一百元左右，许多作家就故意把短篇拉成长篇。当时《东方杂志》到处拉小说稿，稿费特别高。

（三）

鲁迅在教育部当科长，管社会教育司。每月三百元钱。有一个教育部的听差，名叫老董，此人现在还在，当时整天见鲁迅的，现在已八十多岁了。他见过庚子年如何打进来，德国兵如何杀人。他有一次溜进颐和园，曾偷爬在德和楼上瞧慈禧在看戏。

鲁迅当时到北海，什刹海去时，那里热天全是旗人，女的梳高头，面上涂脂粉，还有在玩把戏的，几里路长的看画棚子，每天像庙会一样。

当时路上有土轿子，有二个骆驼抬一顶桥［轿］的，还有镖局、小饭馆和茶店内有“莫谈国事”的招贴。西直城门一带都是石头地，后来被张竹［作］霖的军队将石头掘起卖掉了，还砍了路上的大杨树卖，颐和园的松树林也被他们砍掉的。

当时凡是代保管的，都可以出卖，庙台管理所将天坛几万株松树砍卖了，还把庙宇的砖瓦都拆卖。

教育部靠善本书抵押，外交部靠借外债，拿回扣，这是公开的，故宫的盗宝案也是有名的，一件海龙袍定价一百元，把故宫的金器当原料出卖。最好的东西，定了低价出卖，先由院长，处长，科长，小职员，一级一级拣下来，是变相的盗窃。

北京当时有十种声音：小羊号；磨剪刀的；算命的；小堂锣；卖羊头肉（声音非常阴暗）；人面饽饽；骡子叫；晴天放鸽子的铃声；小铁匠吹打……可以充分点缀出“冷”的景象。

北海桥两边是高高的围墙，不能看北海和中南海的，故宫前的马路又脏又破烂。中山公园内有克林德碑。公园里有许多人手拎鸟笼，手内弄胡核盘着玩。小馒头铺前面挂一个鸟笼子养一个很好的百灵，叫得很好听，主人的态度非常好，大肚子生几根毛，头剃得光溜溜的。女人出外见了熟人，两脚一绑，身子一偏，向人请安问好，“你好，我好，妈妈好，姑妈好，婶子好［”］一直要把所有的亲戚都“好”完了，才分手告别。

历史博物馆有几张图，可以看出晚清到民国的风俗，市场情况：一、南巡圣典图，二、潞河督运图，三苏州繁华图。①

---

① 《鲁迅传》创作组整理 陈村提供：《访问沈从文同志记录》，《文学世纪》，2004 年第 8 期。文内［ ］内文字为整理者的勘误。

4月28日　复沈云麓函，再度提及以张鼎和为原型的长篇小说创作：“今年让我一年创作假，是写小说，试就三姐家堂兄鼎和一生发展，写大地主家庭腐败、分解和大革命后种种。他是先在南开，逃广东，几乎死去，到日本又被捕，回国转安徽被捕保出，又到上海北京，又返安徽，终于牺牲。此后四嫂即带其子女随抗战作难民到湘西住了几年，再到贵阳、昆明。孩子们长大又参加昆明学运，复员后到上海参加学运，逃往解放区，现在各已作事，大女儿已在龙烟公司党委会作办公室主任……拟分三部分写，各十万字，在起始记材料。大致第一部分最容易写，因为什么旧社会事情熟习，乡下绅士见得多，社会背景也知道得具体。第二部分即不大把握得住，第三部分又容易，因为是抗战那一段到解放：只能当小说写不作传记写，并且只宜用我熟习体裁写，难望如近年几种长篇小说方法写，所以如何着手还是费周章，也有可能写出来不怎么有读者的，因为本领有限，工具已旧，现在人乐意要一点浪漫夸张叙述法，我就不会，我也不会如巴金那么一写百十万言：我的文字有一定限制，用心处一般读者已不大懂了，所以即一年可望完成，绝不会是本热闹书，也有可能完全失败，只能当成一种资料看待，社会要求已不同，是不可免情形。不过这类故事还是应当有人来写，因为年青人已不可能懂四十年前社会种种，正如我们不懂太平天国情形，如写出来，国文系教师即或不读，总还是可供历史系的学生参考。读者不多应早在估计中。”“即或明知不会有多少读者，还是会同样认真写下去。只是工作荒疏已十年，脑子是否能担负下去，还不可知！也许还得作些试验，用一种比较轻松流畅的文体来进行，记得卅年前写《柏子》和以后写《顾问官》和《湘行散记》时，也有用一天时间写三五千字，结果倒很不错的。作短篇不免有碰巧时，长篇可不这么好办。我还希望试用一种极易懂文体，来作几章。廿二年作《边城》，每星期作一章（还兼作许多别的事，看一大堆稿子），重抄一二次，倒很顺利即完成了。事情简单，一丘一壑为用半抒情方式写，比较易见功。写自传还只用三个多礼拜，效果也不太坏。青岛气候实帮了大忙，所以现在还那么想，如果能去那边写，可能会有较大成功希望，也完成得快些，体力会容易支持下去。这也许近于空想，因为究竟隔了三十年，当时身子虽极瘦，精神可顽强，生命力旺盛，下笔又快，又有辞藻，一连赶个几天，也不在乎。”收入《全集》第 20 卷。

四月　《玻璃工艺的历史探讨》发表于《美术研究》第 1 期，署名上官碧。收入《龙凤艺术》（香港商务印书馆 1986 年）。收入《全集》第 28 卷《中国陶瓷研究》集。

5 月 16 日　复沈云麓函。收入《全集》第 20 卷。

5 月 18 日　致信沈云麓。收入《全集》第 20 卷。

5 月 27 日　复沈云麓函：“时代已过去了，新社会一切不同，你身体既不大好，应当把留下我的信清理一下，最好全部烧去，或全寄给我，不必留下，免得麻烦。什么也没有留下必要，因为实在没有用处。我这四十年所有工作，实极不足道，写的东西也全过了时，再不宜让年青人看了，烧掉也比较合理。新写的小册子，多是把文物和文献结合起来谈问题的，方法虽比较新，不过学历史的嫌浅，学艺术的嫌深，还是两不沾边，只能说是对搞问题方法还有些见解，别的也无什么意思的。”收入《全集》第 20 卷。

5 月 30 日　下午到政协礼堂出席文教组会议，讨论《文物管理暂行条例》及《第一批全国重点保护单位名单》草案，并做发言。一起参加会议的有顾颉刚、胡愈之、齐燕铭、章士钊、老舍、宋云彬、王伯祥等六十余人。

五月中旬　复杨正中函：“《红旗歌谣》用山歌体歌唱新社会新事物，文字简质，热情奔放，许多人都认为好。家乡四句头山歌好的甚多，可学的必然也多，这些学习也值得重视，一般习惯却舍近而求远，好的当面错过：其实我若写诗，还将回来好好收集三几千山歌拜老师！”收入《全集》第 20 卷。

五月　《花边》发表于《装饰》杂志第 11 期，署名沈从文。收入《龙凤艺术》（香港商务印书馆 1986 年）。据香港商务版收入《全集》第 30 卷《织绣染缬与服饰》集。

6 月 3 日　下午三时至六时在人民大会堂列席文教界群英会。

6 月 4 日　上午 8 时至 9 时 30 分到人民大会堂听国务院副总理李先念做《关于当前的经济情况》的报告，会议主席为杨秀峰。

下午3时至5时45分，到文化部开会，讨论保护文物条例及第一批保管单位。会议结束后，与顾颉刚同车归。

6月11日 下午三时，赴人民大会堂参加文教战线群英会闭幕式，会议主席周扬，通过大会向中共中央及毛泽东主席的致敬电，张际春致闭幕词。

6月20日 致信田纪熊。收入《全集》第20卷。

6月25日 乘火车前往宣化。

下午2时到达，张以瑛到车站迎接，住在龙烟钢铁公司的家属宿舍。本次来宣化是为创作以张鼎和为原型的革命历史小说做准备，采访张鼎和的夫人。在宣化期间，每天上下午各采访两个小时。

6月26日 致信张兆和；致信沈云麓。两信均收入《全集》第20卷。

6月27日 致信张兆和。收入《全集》第20卷。

6月30日 致信张兆和；致信沈云麓。两信均收入《全集》第20卷。

6月中旬 致信沈云麓。收入《全集》第20卷。

7月2日 致信张兆和："工作进行顺手，上下午各二小时，还集中。"收入《全集》第20卷。

7月5日 离开宣化返回北京。

复沈云麓函。收入《全集》第20卷。

7月7日 复信刘敦愿。本信未收入《全集》，后经王任整理、注释，发表于《温故（十四）》，原信如下：

敦愿同志：

新从宣化回来，得惠书，欣甚。

文物室能建立，一定尽力协助。惟补充文物想从市上出钱收购，可买到的似已不多。前过厂甸看看，已远不如二三年前情形。这事也早在预料中，所以数年前总向各校建议，为文史系投点资，打个底子，将来有用。因为明白文物来源有限，越晚反而越费钱，费事。东北先走一脚，得到便利不少！西南许多省分［份］也在六年前即买了不少！

近只见到星云堂还有一批唐写经，还好，也贵，大小十来卷，要五百六百元，且得成批售，不能单独挑选。锦缎清初物间或还有极好的零头，也是可遇而不可求，得碰机会。金石拓常有好的，又不能解决问题。历博名臣相［像］种类多，不知要那［哪］一些，要多大尺寸，（如陈列大致不能小于十二寸）价钱可问保管部资料室，有专人负责。

弟因血压日高，平时已在百八九十，稍紧张即过二百，许多想作待作的事，通不易作了，自然限制大，真是无可奈何！

并候安佳。

沈从文顿首

七月七日

7月15日　给沈云麓寄《装饰》《文物》《民族研究》等杂志并致信。致沈云麓信收入《全集》第20卷。

7月22日　下午，中国文学艺术工作者第三次代表大会开幕。沈从文作为北京代表团文学方面的代表出席本次文代会。

8月4日　顾颉刚携童丕绳来访，谈瓷器问题。

致信沈云麓。收入《全集》第20卷。

8月12日　复沈云麓函。收入《全集》第20卷。

8月13日　下午，中国文学艺术工作者第三次代表大会在人民大会堂闭幕，郭沫若在会上做了题为《高唱东风压倒西风的凯歌　塑造更多的革命英雄形象》的闭幕词。

8月17日　致信沈云麓。收入《全集》第20卷。

9月1日　复沈云麓函。收入《全集》第20卷。

9月4日　早上七时乘火车前往宣化，下午二时到达。

致信张兆和。收入《全集》第20卷。

9月6日　致信张兆和，涉及长篇小说的准备情况：“在这里正和四嫂商定，把已写材料核对一下。望你去信窦祖麟，尽可能把所熟四哥情形写来，不怕琐细，有用。写印象也写活动情形，当时他们的打算，看法，及环境。我们目前是这么打量，到北京后，再想办法找找姓萧的，和范文澜先生，问问所知道的事情。去合肥，实有必要，只是怕那边乡下不能供应吃的，要问问明白才好去。这事或到京后再说。就这里记录看来，大架子已差不多了，只待贯串补充一些空白点。再即待写！记材料不太费脑力，如当成一个作品来写，还得试试一二章。近来头总是重重的。也许写得顺手，倒不甚费力即可完成一章。如照过去经验，能试写三章成功，以下即不会有什么困难了，即照写《边城》方式一星期写一章，年末完成初稿是可望的。如试写一二章文字无条理，头又转重，恐就得另想办法了。”收入《全集》第20卷。

9月7日　在河北省宣化市（今河北省张家口市宣化区）核对、补充吴昭毅的回忆文本。

9月14日　开始创作酝酿多年的以张鼎和为原型的长篇小说。

9月16日　为北京人民艺术剧院《胆剑篇》创作演出中的相关问题致信北京人艺李曼宜，谈战国时期吴越社会各方面状况，供剧组参考。本信未收入《全集》，全文如下：

曼宜同志：有关官名，因为我不懂铜器铭文，知道的不具体，似以问问科学院张政烺先生最好。如只就普通问题说，或用近人著《春秋史》和杨宽著战国史，内中提到些材料有用。《绎史》中还有各书未及的亦可查查。如嫌官名古，地位高低有些又和后来不同，易混淆，不如就较后的用，则查《汉书·百官志》有用。要它再晚些，则参考《唐六典》，上面叙官职起源，有的和唐代同或不同，记叙简而扼要。《北堂书钞》《太平御览》、直到清代的《渊鉴类函》，都有设官事，惟不是专搞问题，不必那么细。似只用《唐六典》即可解决问题。因为有些名目起于周或等于周，直用到清代。最具一般性的，后来不用，当时曾用的，如“司徒”（管人民）、“司空”（工业财政）、“司马”（军事，有时位分高，有时不高）、应为三大官。但职权高卑却因时不同。“太宰”职权则近民事。“冢宰”自然近于总理，但这些官正如“机械工业部长”一类名称，是否对话时也这么称呼？则不得而知矣。“司寇”管军事，“司直”管法律。“尹”近于部长级，所以有各种不同的尹，如“工尹”（主工），“蓝尹”（主染草），“陶尹”（主制陶）诸名目，又还有“畋尹”主狩猎。工尹下有“工正”，“工师”、“工”。干将地位或属工师。军事上常提到的是元戎（大将）、司戈、司盾、司御、则为一战车上应有武士。“甲士”常指武装齐备之兵士，“士卒”则近于指一般兵士。“庶民”则泛指普通老百姓。兵器和农业工具生产分工，各有专业世传，《考工记》记得详细，可以参考。有关工正问题，记得廿年前陆侃如作过一篇文章，在《食货》杂志上，可以查查，或有点用。调兵用符，秦汉作主体，只四寸许长，战国春秋则作版片虎形，大六寸许，均有实物可参考。也有作龙首方柱状的，长沙出，称节，这和书上记的不尽合。将军元戎奉命出专征，必“秉节（代表王侯尊严）、仗钺（有尚方宝剑意）”，节的式样，或参考《列女仁智图》中的一种，比较合式。是一个杆杖上端有些缨穗下垂。若照以后宋式，则仿佛一龙头拐（但也有以为这应是旌节，作代表还是用这个合），下垂好几段缨穗，可参考《文姬归汉图》中那个节。我意用前一个（仁智图上的）合理些。钺是大斧子，有了它即可专断行罚。较后则称“金钲黄钺”，金钲用为指麾军队进退，黄钺还是用来杀人。至于在战车上如何处理，则可参考较后一些汉代四川砖上的形象，是竖立在车上的。柄为戈柄长。但汉石刻也有一个，插在人头架上，则为短柄。

如照《左传》《国语》所记述，两军作战主持军事的在战车上必拿着两个鼓槌击鼓，鼓舞战事。退则鸣金，金应为长柄铎式，不会是锣。调动步骑左右必用“麾”，铜器上反映则为一长幡式（“俗名蚩尤旗，制如疋帛”。后来白虎幡即从之而出，用处已稍不同。）

步卒用盾配剑，盾式或采两种，一商式如一战国式常称犀盾，以革制为宜。两方各用一种盾，在台上动作时效果会好些。作战组织方法，或参《太公六韬》，书虽晚出不可靠，作为戏剧参考，还是大有用处。藏剑必用椟，即木制，长方小匣合，有实物可参。这时如用弩，也有出土文物可参考，似可不用。因为早期弩多近于射鸟使用的。铜箭镞极费。弓、箭、及箭箙，均有实物可参考。由于王侯之车不同于一般，后必附九斿之旗，战国猎壶车上反映不大具体，可

参晚一些《洛神图卷》，有个车上装置比较好。因为后来唐画、宋卤簿图、直到清南巡图金相车，还是据之而作。九斿旗是向后斜插的，以参考《洛神图》反映合式。台上不一定用车，但布景上可能要画到它！

至于勾践养马，马棚式样，目前所知，只有宋人绘《晋文复国图》那个还有用。至于锉马草等等形象，也只能从宋人绘《马群图》一些马夫（十分好）活动参考。早到汉代或战国，则只有一个空心砖上面有个马夫形象可以参考。虽简单，可十分重要，因马和勾践时间极近，马夫短衣也重要。

大纛——帅字旗，记载早，实物可参考形象却相当晚，如要用，似乎只能参考宋画，如《免胄图》等。要场面配备完整，却还得参明代画如李桢家《岐阳王世家人物》中平播图（在历史博物馆里），才够气魄。至于明人木刻孙武练兵图，却不如平播图好。如要表现军营帐幕旁着帅旗，也只能用晚近材料如元刻五种平话中诸图，和明刻元曲选插图，格局都不免小些。而且内中坐的虎皮金交椅，决不宜用。不得已要坐下，只有参用信阳出土那个雕漆（图）式器物，因为这是目下唯一发现可能属于高式坐具一种，至于船式，目前出土的主体或刻画和吴越时代相近的，计有六种，一、长沙木船（十六桨、西汉时），二、广东彩绘木船，最有用，可惜已不能好好复原。三、陶船，有篷，不宜作战。四、汉石刻战船，太简化。五、汉石刻另一船，似鼓吹船，上有许多乐师，并竖一鼓。六、战国铜鑑上战船，也比较简单。不得已或用再晚一些时候的楼船，即《洛神图》中之船。虽十分具体，似乎亦不宜作战。此外还有反映在西南汉代铜鼓上的一种船（在铜鼓研究一书中），也值得注意，惟决不会是当时或较早太湖区船只。照比较材料得知，近二千年长江下游江河中船的式样变化似不甚大，所以如果要用船只，还可从传世王维绘《山水长卷》中一些船只和宋郭忠恕《江行图》船，及《上河图》诸船，作为参考。如必需要有高楼多帆较大战船（并在船上作战），只有用更晚的清人画卷中所绘海上作战图参考，（馆中照有相，原画卷在科学院）画得十分生动。另外，也是乾隆时《姑苏繁华图》绘的苏州水面景物，也有些船可以参考处，特别是竹木筏在水上活动景象有用。以上所说的问题，我都只是一知半解，或有不少错误处。特别是官职与各阶级阶层称呼，我是外行，一点不懂，取好还是请教张政烺先生。至于起居日用各物事，要看看形象材料，照相时，到馆中资料室可解决。或有必要，当为把《烈女仁智图》《晋文复国图》等等图片准备一下，再邀于是之同志来看看。这方面我有时也只是些极浅薄常识。北京方面高明专家甚多，能多方面问问，必可得到更多有益启发也。

其余具体问题，到将来排演时，当就戏中需要，再为具体提供些个人意见。望转达诸同志。最好时能看排戏，即知道差什么，应补什么，如何补。

沈从文 顿首

九月十六日[①]

9月18日 致信沈云麓：“我近来正在起始整理小说材料，已收集了七八万字，如能写出来，初步估计将会有廿五万字。目前还不决定用什么方法来下笔。因为照旧方法字斟句酌，集中精力过大，怕体力支持不住。而且照习惯一写作体力消耗极大，即需大量吃流质和糖，现在情形却不许可。如照普通章回小说写，倒不怎么困难，但是这么一来，将只是近于说故事，没有多大意思，一般读者可能易满意，自己却又不易通过。大致到十月将试写几章看看效果如何。社会背景虽熟悉，把握问题怕不大好办，因为照实写，也还有不甚宜于当前读者处！近来写作不比过去，批评来自各方面，要求不一致，又常有变动，怕错误似乎是共通心理，这也是好些作家都不再写小说原因，因为写成一个短篇非常费事，否定它却极容易，费力难见好。我则因为近十年学的全是文物制度问题，工艺上花花朵朵诸事，用脑子方法是傻记，工作对象是为人服务，为各方面服务。写作小说却要靠明白人事，组织事件变化，准确描叙背景，长于运用

① 原件现藏北京人艺戏剧博物馆。

语言表现性格思想，这种种和近十年学的均有矛盾，是另外一套知识：把这十年学的完全抛弃，既不可能也不经济，兼顾并及亦有限度。所以真的要写小说，恐怕还得用个一二年试验摸索时间，写个三几十篇，从失败中取得些新经验，才会见成绩。不是下乡下厂即可解决，因为下乡下厂人够多了，不会写还是难有成绩。我最大困难还是头脑已不甚得用，文字表现力也已经大半消失，许多事能记忆，可再不能通过文字组织来重现，真是无可如何。”收入《全集》第 20 卷。

9 月 21 日　写作以张鼎和为原型的长篇革命历史小说。

9 月 22 日　继续写作以张鼎和为原型的长篇历史小说。

九月　开始集中精力写作以张鼎和为原型的长篇革命历史小说。限于各种条件，该小说最终未能完成。这次创作的小说片断最后以《死者长已矣，存者且偷生！》为题收入《全集》第 27 卷《忘履集》。

10 月 1 日　上午，赴天安门广场西二看台参加国庆观礼。

10 月 7 日　上午，与来历史博物馆参观的王伯祥相遇，“立谈有顷”。

10 月 10 日　为创作以张鼎和为原型小说事致信张劲夫，请求张劲夫予以帮助。收入《全集》第 20 卷。

10 月 20 日　下午，至政协礼堂第二会议室参加座谈会，听科学院副院长吴有训报告参加英国皇家学会 300 周年庆祝会议的情况，参加会议的有王伯祥、吕振羽等人。

10 月 25 日　为鉴定出土绸缎事前往定陵。

10 月 26 日　致信沈云麓，谈及自己的过去时感想颇多：“大革命后机会好，写小说受拘束不大，生活又还可过得去，我又没有升官发财野心和能力，因之我即写了一大堆作品，特别是从十八九年到廿六年一段时期中，生命力正当旺盛，做了许多事情，也读了许多好书。现在社会情形大变，写作条件本来格外好，稍稍像样子作品即行销大几十万本。有的人还只偶然写了个薄薄小册子，甚至于写了个不到十万字短集子，一年半载间即成了名人，广播电台还把小说读给全国读者听。写诗且像更容易见成绩。还有些花鸟画家，只要肯画，不甚费力涂抹两笔，总可望有出路，国际友人也容易领会，因此许多人作品都印到《十年中国》画册中。我十年来倒不声不响的学了许多文物，也为许多学校作了些基本工作，为博物馆作了些基本工作，都近于看不见摸不着的，除了极少数人明白，多数人通不知道，正像是忙而无功的一种人。本来是应当写小说终生，比巴金老舍更宜写作，但是不巧，工作一转移，用心方法和过去写作完全不同，一天只是尽记文物和文献关系，真可说脑子整个在为博物馆和文物研究工作而转，因此对于写作信心也就逐渐失去了。收入《全集》第 20 卷。

十月　作为全国政协参观团成员，前往包头等地考察。

11 月 2 日　收到沈云麓汇款 70 元，沈从文留下 30 元，余 40 元给大哥寄回。为汇款事致信沈云麓。收入《全集》第 20 卷。

12 月 7 日　下午至政协礼堂，听潘梓年讲《关于自然辩证法的问题》。

12 月 12 日　晚在文化俱乐部用餐，与顾颉刚、楚波等同席。

12 月 14 日　致信沈云麓："配合政治情况，明年全国剧目可能均将演《卧薪尝胆》，近闻各剧本均将调至京审核。北京的曹禺写话剧，又评剧院搞评剧，我均为提服装家具等杂材料供参考。"收入《全集》第 20 卷。

12 月 27 日　复沈云麓函："近来我们在政协学毛选四卷，又另参加文联组织的上西山八大处学习两周，得益不少，国家发展前途无限伟大，个人真渺小之至，正因为如此，目前活得比许多人还从容，不努力改变自己的思想行为，真正是对不起亿万在田里、在工厂从事生产劳动创造国家的人民！""昨天我去看《红旗谱》电影，觉得我体力如果还能得用，把今年搞的张鼎和四哥材料写出来，一定还可望比这个作品真实有力得多。因为对各阶层的人物都有一定熟习，且明白如何刻画即可收生动活泼感人效果，又会不太费力即可将背景画出来，给人一种真切深刻印象！体力如够用，我一定还是完成它。而且一定会比《边城》写得好得多。我过去写什么都是事先有一种轮廓，从轮廓就预先明白效果好坏。…… 目下最成问题即是在如何环境里，体力可望好转，才能把这点生命来和一个比较还有意义的问题好好结合起来！我目前正那么估想，如能换个比较单一环境，有太阳可晒，有三几种青菜可吃的地方去，从容不迫写它一年，抄改个三五次，这作品用十二万字到十五万字，可能在完成后给读者一点儿有分量的印象和知识的。可是向谁去商量找那么一个地方？空想而已。”收入《全集》第 20 卷。

12 月 30 日　中午，在文化俱乐部用餐。遇吕叔湘、向达、夏鼐等人，餐后与夏、向二人饮茶闲谈。

本 年

秋天　致信怀白。本信曾以《给一位安徽朋友——1960 年秋于北京》为题收入《沈从文别集·月下小景》(岳麓书社 1992 年版)。收入《全集》第 20 卷。

秋天　为刘福通起义绘画史料事致信陈大章、李之檀，并为他们开列了刘福通、孙恩起义参考书目。收入《全集》第 20 卷。

本年　作《从文物中所见古代服装材料和其他生活事物点点滴滴》，沈从文生前本文未发表过，据手稿收入《全集》第 30 卷《织绣染缬与服饰》集。

本年　致信刘敦愿。未收入《全集》，兹照录于后：

敦愿同志：

近为贵阳挑教学用照相，第一分［份］约八十种，放八寸大小，大致一元六一张（也许不到），你校如有需要，可将此目直接寄历博资料组，并将款寄去，那边后为照目录洗印。

并候教安。

沈从文 顿首[①]

① 王任:《沈从文致刘敦愿的书信十封》,《温故》(十四)，广西师范大学出版社 2009 年版。

1961年 60岁

1月18日 中共八届九中全会在北京闭幕，全会确立了“调整、巩固、充实、提高”的八字方针。

6月1日 中共中央宣传部在北京新侨饭店召开全国文艺工作座谈会。

11月13日 中共中央做出《关于在农村进行社会主义教育的指示》。

1月4日 致信沈云麓，介绍自己的身体状况：“我左手因扭筋一次，近半年还未好，有时晚上且极痛，转折不灵，先还以为是单纯扭筋，近来方知道和心脏血管毛病有关。右手写字也不大便，心脏工作一累即隐疼，晚上则醒回时隐隐疼一阵。但连躺一星期后，即似乎已无事。病未好，只是已不疼。……低压还是在一百以上，高压约在二百左右，照长期诊治经验，只有能一连安睡八时左右，起身后才会真正感到轻松的。”收入《全集》第21卷。

1月5日 因高血压、心脏病入阜外医院治疗、休养。住院期间阅读托尔斯泰的《战争与和平》（董秋斯译），并做了许多札记。以《〈战争与和平〉札记》为题收入《全集》第14卷。

1月11日 在阜外医院致信沈云麓：“在这里看到一本新译《托尔斯泰评传》，让我联想到如能有精力，好好收集一百家乡家中及田、刘诸家材料，和陈玉鎏近四十年材料，特别是近四十年家乡子弟兵在抗日一役种种牺牲材料（其中我只记住一部分，还是廿七年在沅陵谈到的），我可能还可以利用剩余精力来用家乡事作题材，写一本有历史价值的历史小说。规模虽不会怎么大，却必然还有一定意义。因为从局部看全体，用家乡子弟抗日为主题，也会写得出很好作品的。我似乎预感到这个作品是会从我手中完成的。倘若能得你的协助，尽可能把你能明白的材料为记下来，由祖父起随日记下些，不拘记多少，我们将可以共同完成这个作品，也是对家乡一种责任。这些亲友限于知识气度，以及种种不良习惯，各自有一定的缺点，无关大体，重要是在国家紧急关头，他们为国家牺牲了。特别是那些朴质勇敢的兵士！我因为从他们身边长大，极懂得他们的情绪。过长沙时，还看过得余集合他们出医院的一队人一次训话。记忆永新，动人得很。当时写《云庐纪事》就打了个腹稿，以为会写到廿多万字的。一搁下来即十多年。现在因读托的评传，忽又想到如果体力能许可，写完鼎和传记后，第二本书将是这个未完成的故事，有几个人一定可以在笔下写成活人的。盼望你能支持这一工作，尽你明白的，一天拉杂随笔写一点来，我会重新抉择应用的。……我一定要努力把生命用到一件为家乡子弟抗战纪念性工作上去。要好好的来完成它。”收入《全集》第 21 卷。

1 月 21 日　在阜外医院致信沈云麓。收入《全集》第 21 卷。

1 月 22 日　在阜外医院复汪曾祺函。收入《全集》第 21 卷。

1 月 27 日　下午三时至五时半，出席政协文化教育组第九组会，讨论“百家争鸣”问题。吕振羽、翁独健为召集人，同会者有吕振羽、翁独健、裴文中、宋云彬、顾颉刚等人。

一月下旬　在医院读完《安娜·卡列尼娜》《托尔斯泰评传》。

致信张兆和：“安娜已看完，这本书有好处也有一定弱点。写事，笔明朗，如赛马，猎鸟，农事收获，及简单景物描写，都很好。至于写人，写情感变化，有些过细，不大自然，带做作处，似深而并不怎么扎实，乍看好，较仔细看，即觉得不十分好。托自己并不十分满意，是有道理的。评传说英译本将重要议论涉及批评社会制度，思想激烈部分多删节，因此重点转成‘恋爱悲剧故事’，不大合符本来目的，评得中肯。周译似即此经过删节的译本，所以讲到社会问题，对话多含胡。又暴露旧俄上层社会生活之无聊，如俱乐部种种，还好。我想把《战争与和平》也看看。如还有屠格涅夫的《父与子》或其他，也看看，可对照得一印象。因为屠在背景描写上加工，有长处。写人分析较少，让人从谈话中见性格，见思想，方法上还是有长处，比托时时用解释方法分析情感，倒是屠的方法比较自然。看看这些十九世纪作品，有另外一种好处，即使我引起一种信心，照这种方法写，可以写得出相等或者还稍好些作品，并不怎么困难。难的不是无可写的人，无可写的事，难的是如何得到一种较从容自由的心情，来组织故事，进行写作。难的是有一个写作环境，成熟生命还是可以好好使用几年的。我想到的总还是用六七万字写中篇，至多有八万字，范围不妨小些，格局不妨小些，人事不妨简单些，用比较素朴方法来处理。如能得到较从容工作环境，一定还可以写得出几个有分量东西的。”“看看近来许多近于公式的歌剧、话剧及小说，写土豪、劣绅、军官等等恶人通不够深入，写好人也不怎么扎实，特别是组织故事多极平凡，不亲切，不生动，我还应当试把笔用用，才是道理。如真的照过去那么认真来写，一礼拜写个五六千字，用四个月或半年写一中型小说，不会太吃力，写成也一定不会太看不下去。在这里杂志上看到几个短篇，都不好。都不会写，不会安排故事，不会对话，不会写人。没有办法看下去。报上特写写人事更加不易感动人。散文和诗写到景物时，都不知如何着手，文字不够用似的，也一点不真实。恐怕和每年选的选本作为标准也有关系。大家都用来学习，取法，越学范围越窄，再也无希望从文字上见新风格，或性格（恐怕得想点办法了）。”“我听到许多人说现代人小说都只欢喜《林海雪原》，原来欢喜的是惊险，是把看《七侠五义》的习惯情感转到新的作品而觉得动人的。事实上这些读者更乐意看的也许还是新西游记新水浒传，至于什么短篇，可极少人有兴趣。至于诗，作者自以为政治性强的，读者却简直是全部挡驾，看不懂，无意思，不知说些什么事情。我们说文学应面对大多数群众，这个多数认真说来我们是太不明白，太不认真注意了。新作品对他们一点都不需要，你们可不曾注意到。新作品在这个真正多数起过些什么良好作用，你们也并没有认真注意到。你们可以说并不懂读者，作者也不懂，批评家写的文章，和一般读者且隔得更远了。许多作品只有准备写文章和教师要看，和多数读者全无关系。这实在是一种值得注意的事情！”收入《全集》第21卷。

2月2日　在阜外医院复汪曾祺一封长函，写下了很多关于创作的重要感想：“休假一年，打算写本故事，是三姐家堂兄闹革命，由五四后天津被捉，到黄埔清党逃出，到日本又被捉，到北京被捉，回到安徽又被捉，……终于还是在‘蒋光头’西安被困三个月以前，在安徽牺牲了。死去后第二代经过种种事故，到昆明我们又碰了头。第二代又活动，复员后，回到上海，又被捉，幸亏手脚快，逃往冀东解放区。现在则是宣化龙烟公司宣传部长，先生是书记，我因此还到过宣化两次。已得到十万字材料，极有意思，估计写出来必不会太坏，可兼有《红旗谱》《我的一家》两方面长处。可是血压一高，什么都说不上了。”“近来看了些文学书，血压也下降了些，不免静极思动，心想还可能写个十来本本什么玩意儿的。真近于古人所说：‘跛者不忘履’，还简直不忘飞奔！并不是想和什么年青人争纪录，那是不必要的。也无意和‘语言艺术大师’老舍争地位（那是无可望的天才工作），只幻想如果还有自己可以支配的时间，假定说，此后还可活过几年，照我的老办法，呆头呆脑来用契诃夫作个假对象，竞赛下去，也许还会写个十来本本的。若居然到时又可印出来，不受人为限制，在一个比较自然情形下，一定总还会值得有人去看看，且不会让读者中毒的！因为真正有毒的什么神仙公主古怪离奇故事，还大量在旧戏中得到不同发展，不同鼓励，而许多新的模仿也还大有市场。我写的东西应当不会比那个更坏的！可是万一有个什么人，在刊物上寻章摘句，以为这是什么‘修正主义’，如此或如彼的一说，我还是招架不住，也可说不费吹灰之力，一切努力，即等于白费。想到这一点，重新动笔的勇气，不免就消失一半！可是我却依旧还是想劝你在此后生活中，多留下些笔记本，随手记下些事事物物，我相信，到另外一时，还是十分有用，我年纪已到六十岁，即或再憨气十足的来在写作上用力，实在成就也有限。而且再也受不住什么歼灭性打击批判。所以十分怕事，见人都可拱手，特别是怕批评家。（这可不能怪我对工作不认真。就工作说来，已够认真了，这些年来什么不写也是把写作看得过于认真的结果。不是懒惰！但是事实上倒是像有些人不那么认真还好些！）尽管诸事常在变，我怕来不及还看到对我工作或工作态度的正当估价机会了。可是你还年青，能在这世界上多活廿年，我总多少有点迷信，以为国家十分大，过些日子或许还是要有更多的人用各种不同方法、不同艺术风格来写新的人事，来写“短篇”或‘特写’，即‘通讯’到另一时也会要变一变，写得十分活泼有生气！你应当在任何情形下永远不失去工作信心。你懂得如何用笔写人写事。你不仅是有这种才能，而且有这种理解。（这才能是现在许多大学里教习作恰恰极端缺少的。其所以缺少，因为他们主任也缺少。天知道他们是怎么一来，凭什么机会就在那里继续误人子弟！最希奇的是没有一个人能明白，他不适宜在那个位置上教人写作，因为他本人有的一辈子还没有写过一篇好文章！但事实却是依旧教下去！）在许多问题上，理解有时其实还比才能重要！你应当始终保持用笔的愿望和信心！好好把有用生命，使用到能够延续生命扩大生命有效工作方面去。坚持学习，坚持工作，对自己十分刻苦，克服一切内外困难，完成这个愿心！这也是一种战争！不是和什么人争是非得失，只是战胜自己，把自己好好管制起来，从一件工作上战下去而已。”“记得在过去若干年前谈到写作问题时，我即主张万壑争流、争成就，不在寻章摘句方式上找问题，彼此消耗。因为对象是推倒旧社会，总的方向对，即是同道。当时没有人相信。后来却有抗日民族统一战线文学口号出现，才保存了些力量。后来到另外一时，我希望有些人不要骂我。不相信，还是要骂，根本连我写的什么也不看，只图个痛快，于是骂倒了。真的倒了：但是究竟是谁的损失？就只有天知道了。”“过去拼命努力，留下一本《良友文学选》（指《从文小说习作选》）成为‘新古典’文学，教现代文学也少提到了。现在却什么也不曾留下，可是却心甘情愿热情专注的为各方面打杂，并在《人民日报》上拜读老舍写的如何写散文那种既不精练又不深刻的散文，也算是学习，也算是享受！同时自然也不能不想到，这么来教人写作，怎么教得好？”收入《全集》第21卷。按：据汪曾祺回忆，“这封信真长，是在练习本撕下来的纸上写的，钢笔小字，两面写，共十二页，估计不下六千字，是在医院里写的；这封信，他从医院回家后用毛笔在竹纸上重写了一次寄给我，这是底稿；其时我正戴了右派分子帽子，下放张家口沙岭子劳动；（沈先生寄给我的原信我一直保存，‘文化大革命’中遗失了）……”①

致信张兆和，谈读《战争与和平》的感受：“看三册火焚莫斯科，不过用一章文字写，却十分生动。不过从彼尔眼中看去，却极感人。写法兵抢劫，也不过用一页文字，写枪毙平民，不过五个人，可是却十分深刻。真是大手笔。写决定放弃莫斯科的一次军事会议，却只从一个六岁女孩眼中看到一个穿军服的，和一个穿长袍的争吵，又有趣又生动，真是伟大创造的心！写战争也是文字并不怎么多，不到二三千字，却全局开展，景象在目，如千军万马在活动。

① 汪曾祺：《沈从文转业之谜》，《汪曾祺全集》第4卷，第309—310页，北京师范大学出版社1998年版。

都值得从事文学的好好学习！我们《红旗飘飘》文章有的是不同动人事件，可是很多却写得并不动人，且多相同，重点放在战斗过程上，表现方法又彼此受影响，十分近似，——不会写！还是要学会它。你们作编辑的，事实也应分多学一些，把这个本领学好些，则随处可望点铁成金，草草数笔，即眉目生动。一般说，还是不够重视这一表现问题。也不怎么认真十分用十九世纪作品，和五四以来部分作品作参考对象，来有计划学习学习。如能仔细认真读一百种书，真的用一年时间来共同读一百本书，结果你们必然会觉得工作便利得多！对作者帮助也大得多！有些描写方法，安排，组织，表现技巧，乍看作者总是不太费力，却有极好效果。写景也是并不怎么着力，不必特别渲染，只是把当场应有的情形略略涂抹。又在极大事件、伟大人物描写上，常常作些比拟形容，似乎不甚庄重，可是结果却生意盎然，充满生命，转近自然。总之，一个善于学习的人，即可以学得许多东西，不善于学习，只呆记住什么人评论托或其他的思想意识，必须注意的具体长处学不到，概括的唯有教授写论文编讲义才用得上的论断，却记得特别多，结果是毫无用处，没有丝毫帮助。”收入《全集》第21卷。

2月6日　在阜外医院致信沈云麓。收入《全集》第21卷。

2月11日　致信沈云麓。收入《全集》第21卷。

2月28日　给沈云麓寄《北京文艺》《新观察》等杂志。

二月下旬　致信沈云麓。收入《全集》第21卷。

二月下旬　致信田纪伦。收入《全集》第21卷。

3月1日　复沈云麓函。收入《全集》第21卷。

3月17日　下午2时30分至5时30分，在政协礼堂参加政协文教医卫联合组第九组组会，会议主席吕振羽，会议发言者皆就“百花齐放、百家争鸣”问题发表意见。参加会议者有王伯祥、宋云彬、裴文中、唐兰、顾颉刚、张政烺等人。

3月29日　据《王伯祥日记》，科学院文学所讨论《不怕鬼故事》句读、注释问题，“除本所同人意见外，兼采圣陶、叔湘、从文三人所提者，仔细斟酌。”

4月11日　携沈朝慧参加政协组织的颐和园游园活动，在听鹂馆进午餐，此次活动是政协组织的。据《顾颉刚日记》载："到南河沿俱乐部，八时半上车，九时许到颐和园。……共一百五十人，四大车。玉兰已谢，海棠丁香正茂，连翘、迎春离披。再二星期，牡丹放矣。"[①]

4月13日　致信沈云麓："到不得已时，恐怕还是只有放下一头，恢复写作，做个空头作家，随笔写点文章，倒反而省事！因为作家也可分虚做和实做两种：过去卅年只会从实做下功夫，以为拼命去从工作本身上用力，必可得到一定成果。谁知即再认真些，也反而不如别的一些人从虚入手的，简便省事。新社会凡事尚落实，惟作家还是有专从'虚'字作去，倒反而头头是道的。只要对目下新事物善于赞美，即只写点空空泛泛散文，也即可以得到好评，日子也可以过得真正是丰富多彩！"收入《全集》第21卷。

四月　为使北京人艺演职人员熟悉战国时期的服装、道具，沈从文特意开列了《有关吴越一剧形象道具参考草目》，该《参考草目》现藏北京人艺戏剧博物馆。此件与《全集》第29卷《〈卧薪尝胆〉参考资料应用》一文有诸多差异。

5月8日　致信沈云麓："我们这里不仅将编写《工艺美术史》，还将编印大量绸缎，和其他工艺专史教学材料，我这十年杂学，大致将都用得上了。已初步拟定国内调十五人来共同进行，在故宫工作，今年即得落稿。"收入《全集》第21卷。

5月15日　致信沈云麓。收入《全集》第21卷。

5月19日　晚上，在南河沿文化俱乐部用餐，遇到夏鼐。

5月27日　复沈云麓函："最近闻周扬说，还是让我写小说，也许不久还是要把搁下十年的旧业，重新再抓起来。如先得将拟写的长篇完成，我想有可能去青岛写半年，即可让朝慧同去海边疗养半年，对她身体会有转机！"收入《全集》第21卷。

---

① 顾颉刚：《顾颉刚日记》第9卷，第242页，联经出版事业股份有限公司2007年版。

6月4日 复沈云麓函："最近几个美院，调了大批人来编工艺美术史，在故宫作半年，我不出名，却来协助一臂之力。还有编漆工艺史沈福文和丝绸史的黄能馥，我也把自己搞的材料，供给他们，让他们成名，把辛苦由自己承担，无所谓。许多情形，大致还合四十多年前在杨明臣手下作上士司书，为萧选老等作狗肉请客差不多，好处给人，不大在乎。真正当家作主，应当如此！"收入《全集》第21卷。

按：关于编辑工艺美术史教材事，黄能馥有如下回忆："中宣部和文化部成立全国高等艺术院校统一教材编选组，由文化部长沈雁冰出面聘请沈从文先生为学术顾问。那时我国正处于物资供应严重困难的时期，参加教材组的专家教授来自全国各地，有的已年高体衰，文化部为保证参加教材编选工作的同志有一个稳定的工作生活环境，决定让大家到香山饭店吃住。工艺美术教材编选组组长张仃先生、副组长雷圭元先生，《中国工艺美术史》编写者陈之佛先生和罗叔子、龙宗鑫、李万成、王家树，《中国陶瓷史》编写者邓白、梅健鹰先生，《中国漆工艺史》编写者沈福文先生，《中国染织纹样史》编写者兼编写组秘书李绵璐和我，都住进了香山饭店。但沈从文先生却拒绝去香山饭店，他独自住在东堂子胡同简陋的宿舍里，夜以继日地为这许多教材写文字提纲和参考书目。他每天只睡4个小时，早晨5点起床就拿起毛笔一直写到晚上1点钟。那年，北京天气异常炎热，我到沈先生家，看到沈先生光着上身，一手执小蒲扇，一手写提纲；中午吃饭没有用菜，一手拿着面包，一手拿着毛笔书写。他说要在大家动手编写之前，先把书目和提纲写出来，供大家参考。就这样，他在短短数月之中为教材编选组写出了大约20万字的书目和提纲。他把这些书目和提纲交给编选组之后，又一批一批地带领编写组的同志到故宫和中国历史博物馆去看文物。沈先生是中国历史博物馆的研究员，兼故宫的顾问。在故宫织绣组，有沈先生的办公桌和书架。故宫吴仲超院长特地为教材组在御花园淑芳斋开了一个读书室，并给教材组每人都发了临时出入证。淑芳斋读书室的钥匙，当时就交给我保管。另在保管部开辟了几间房子，布置了一些织绣、陶瓷、漆工艺的文物资料，那些资料都是沈从文先生亲自挑选的，并由他仔细地给教材组的同志讲解，使大家得到感性的认识。接下来沈先生又一本一本地为教材审批初稿，认真地纠正错误，补充史料，提示稿中的不足。我有一次用模糊的词语阐述一个历史事件，没有引证古典，而用‘据说’的字眼，沈先生用红笔在旁边批了‘据谁说’三个大字，还特别画了一个大问号，要我严格认真地对待学术问题。”[①]6月23日复沈云麓信中说，他和陈之佛担任的是教材的“总审定人”的角色。

6月18日　《从〈不怕鬼的故事〉注谈到文献与文物相结合问题》发表于《光明日报·文学遗产》第368期，署名沈从文。收入《龙凤艺术》(香港商务印书馆1986年)。据香港商务版收入《全集》第31卷《文史研究必需结合文物》集。

6月21日

本日　中国作家协会办公室致函沙汀及中国作家协会四川分会，要求他们为沈从文的创作提供方便。“最近，经周扬同志指示，我们对沈从文的创作做了一些安排，并已向历史博物馆领导和齐燕铭同志为他请准了创作假，他将于6月25日左右动身去成都，初步打算住一个半月左右，动笔写酝酿已久的一部长篇小说(以其内兄——1936年牺牲的共产党员张鼎和同志一生斗争事迹为题材。写知识分子的革命道路，约二十万字)，请对住宿等问题作安排。沈从文同志患心脏冠状动脉硬化症。血压时有上升。并伴有心绞痛发生，请在安排住处时注意安静、医疗等条件。”[②]据张僖回忆：“61年那次是他一个人来到作协办公楼的，他说想写点东西，打算去四川。我说：‘您是老前辈，写东西好啊，您去吧，我们跟四川分会说一下。’他要写的张鼎和，我们都知道，他在抗战中写了不少抗战歌词，小有名气。那天沈从文情绪很好，我还陪他在楼里转了一圈，去他爱人张兆和的《人民文学》办公室看了一下。他很谦虚，待人随便，容易让人接近。后来我跟文物局领导王冶秋打电话，说老先生出去，请他在费用上照顾一下，给予保证。王冶秋说，我支持他到下面看看，

---

① 黄能馥:《怀念恩师沈从文》,《执手义乌——义乌人与文化名人的交往》,第87页，上海人民出版社2011年版。

② 陈徒手:《午门城下的沈从文》,《人有病 天知否——一九四九年后的中国文坛纪实》,第28页，人民文学出版社2000年版。

写写东西，那也好啊！”[①]

6月23日 复沈云麓函：“这一月因协助些讲工艺美术史的教师编各种教科书，图，一天为提材料，我又忙乱一些。将到年终为止。惟这么下去，我体力大致支持不来，因此到纲目和基本材料提出，馆图书资料为联系好后，即将让年青人自己动手写编，直到年底审稿时，再参加审定工作。我和陈之佛是总审定人。估计到七月中大致去大连住二十天，换换空气，也就便将拟写小说草目写出来。如试写一二章，还顺手，地方起居又便利，或继续住下完成。不便，但是还写得下去，就转去成都住，再写下去。若试二三章，体力不大支得住，笔不能用，即停下，赶回京协助他们写工艺通史和几个专史。”“前些日子，文联方面告我，他们商量结果，还是让我写小说，且不一定写什么新题材，即写五四以来种种，照自己所习惯办法写也成。且不拘到什么地方去写也可为设法。我也想，与其看到目前这些事，白着急，无作用，带徒弟又不是一年半载可见功，倒不如还是暂时换个工作方法，离开下博物馆，趁精力还济事，再在写作上试作几年努力，为国家留下点东西。我自己是什么事都无所谓，生命总是要从使用上才有意义的，正像天生是个战士，拿什么不利武器也照样能打下去，而且会打得很起劲。只要不太受外来干扰，打个三几年，即必然会出成绩。惟有时想起写作的命运也太离奇。那么认真努力几十年，解放后开明所有书竟全被烧去，前些年闻台湾也加以禁止，也可说真是历史上少有事情！一个人的写作，会得这么一种结果，实在是历史上少有的！”“我一生最大弱点，即不会在场面上、表面上说好听话哄人。这个弱点要克服，可不大好办。写文章又十分慢，不能即时交卷，也因之容易见得不如人政治热情高。而同行中总是有一种人，在本业务上可以永远是马马虎虎，从不认真，却由于会做表面工作，一有机会即不放过，因而这种人倒在习惯上常是我的上司，才真麻烦！我们这里有个馆长，就是名义是业务方面的馆长，事实是从来不曾认真考虑本馆业务要面对全国，应当如何布局，应当如何培养年青一代，应当如何加强自己领导业务能力，以至于如何从高瞻远瞩使馆中业务改进和提高，才对得起党所

① 陈徒手：《午门城下的沈从文》，《人有病 天知否——一九四九年后的中国文坛纪实》，第29—30页，人民文学出版社2000年版。

给的任务的这么一种人，若写成小说，才真不容易使人相信，这竟是国家博物馆长！一天也好像忙忙碌碌，事作不完，真正应当用心处，却不知道。因之凡事对付，自己倒还是‘馆长’，可把年青人业务上应有的提高，全耽搁了。”收入《全集》第21卷。

本日　中国作家协会致电沙汀，安排沈从文至青岛疗养，四川之行取消。

6月24日　致信沈福文。收入《沈从文全集·补遗卷3》。

6月27日　为赴青岛车费事致信中国作家协会副秘书长张僖：“关于车费，我希望自己花合理一些，不必要公家破费，望你能够同意，免得我住下情绪上反而成为一种担负，也失去了组织上让我休息之原来好意！国家正在事事讲节约，我们能从小处作起，从本身作起，我觉得是应当的。务请将我应出车费收下，免得住在那边心不安定，只想早回！”收入《全集》第21卷。

6月28日　抵达青岛，入住青岛市人委交际处。

6月30日　致信沈云麓。收入《全集》第21卷。

7月3日　上午，与王伯祥等人游览鲁迅公园。

7月4日　王伯祥来人委交际处相访，不遇。据《王伯祥日记》：“无意中竟遇从文，遂偕以俱来。彼此喜甚，五人联袂度堤至阁下。阁门不启，乃倚栏谈，憩眺良久。十一时许，与从文约，明日上午如不雨，九时左右在中山公园前门相候，共游湛山寺。”

致信沈龙朱，叮嘱平时为人做事种种：“平时和弟弟要好，又能在政治思想和业务方面，处处互相帮助，共同提高，我们即可少担些心，同时对我们也是一种鼓舞！朝慧年纪小，且从家乡出来，有许多外面好规矩不大懂，还待你和小弟帮助提提。如在家中遇小事能帮到王妈一下，即可减轻王妈工作，也是应当注意的事。王妈对你们十分好，人也快老了，到我们家中将近十年，小虎已作事，间或也应当为王妈带点吃的用的东西，和自己伯母一样才对！”收入《全集》第21卷。

7月5日　与王伯祥等一起，游湛山寺。

7月7日　与王伯祥等一起游青岛海滩。据王伯祥日记：“从文携来青州银瓜一枚，形与南方香瓜同，而皮为银色，体亦较大（有小冬瓜那样大）。剖享同行者，各尝两片。香脆甜嫩，兼而有之，真特产也。（据闻交际处配给，纳费两元，休养所却无此例。）十时三刻，从文别去。”

7 月 10 日　下午，往访王伯祥。

致信沈云麓。收入《全集》第 21 卷。

7 月 14 日　致信沈朝慧，叮嘱日常生活中注意事项。收入《全集》第 21 卷。

7 月 17 日　与王伯祥等人参观青岛工艺品展览馆。

7 月 18 日　复张僖函：“我意思是月底回北京，看看工艺美院编书情形，因为一定会碰到些使用材料和文献上不可免的困难，我常识比较多，能协助解决一下，对工作必有好处。他们编的书既得年底搞出，我和陈之佛先生负责审定。时间已不多，万一必要随时得问到我，即在北京，不再走动。总之，把这工作解决告一段落，再搞写作（他们十月到十二月才定稿）。万一可以短期离开，我希望还是照原定计划，参加政协第三期休养去大连住住，因为生平还未到过大连。”“初步拟想把所收小说材料重誊一份，理出个顺序线索，万一我不能用，另外同志还可利用这份材料。最好当然是我自己能用它，好好整理出来成个中型故事。初步估计用十六万字安排，可以写得清楚。如顺手，也不会要半年时间的。”收入《全集》第 21 卷。

7 月 19 日　与王伯祥等乘船游览。

7 月 20 日　下午 5 时，去看望同在青岛休养的宋云彬，谈约一小时。

7 月 23 日

本日　张兆和为创作事致信沈从文，谈对写作的看法：“对于文艺批评家的态度，以及作为一个社会主义国家的作家对创作所采取的态度，你的一些看法我不敢苟同。我觉得你的看法不够全面，带着过多的个人情绪，这些个人情绪妨碍你看到许多值得人欢欣鼓舞的东西，惹不起你不能自己的要想表现我们社会生活的激情。你说你不是写不出，而是不愿写，被批评家吓怕了。但是文艺创作不能没有文艺批评，文艺应当容许批评，也容许反批评。百花齐放百家争鸣方针正是鼓励大家多发议论，用各种不同样式风格表现生活，文化艺术才能发展繁荣。说是人家要批评，我就不写，这是非常消极的态度。……你能写而不写，老是为王瑶这样的所谓批评家而嘀咕不完，我觉得你是对自己没有正确的估计。至少在创作上已信心不大，因此举足彷徨无所适从。”收入《全集》第21卷。

7月29日　晚上，到青岛太平路新建礼堂观看济南军区政治部文工团演出的歌舞节目，遇到宋云彬。

8月1日　开始创作《青岛游记》。

8月4日　致信沈云麓：“现在年青人都欢喜务虚学空的，便于写作套公式。真的一件件去学，费功夫下本钱大却不干，因此做《红楼梦》论文的不下百篇，研究《红楼梦》提到的东东西西还无一人。论文水平基础即不好，只是抄来抄去，说空话，丝毫无助于研究工作的进展。现在人搞写作也是，有的知名作家一年还写不到三几篇东西，而且还不怎么好。我们当时似乎可写大几十篇，记得有一阵子五六个刊物都有我文章刊载，也不作兴要人捧场赞美，自和读者相见，读者也内行得多。现在一个人刚写上三五篇看得过去的作品，电影电视都来了，有的还把稿子相片放到博物馆陈列出来，对作者其实也并不利，因为文章还不成个什么，作者架子却先搭起来了。很多作家都不是靠本领而是靠另外力量支持，因为多难以为继，越写越坏，终于不写。基础不巩固，不利之至。又电影制片厂等着稿子，因此许多旧戏都用上去，作得非驴非马；有的利用边疆题材，带点惊险故事，人不明白情形，极易成功。但看看措辞立意，即可知功夫下得不够。新的创作会闻说开了廿多天，如照老舍一些人的艺术认识和作风来说，要他用一种较远大眼光来提学习问题，恐至多也只做到如他自己写的那样，打点哈哈（新哈哈），加上新内容如彼如此而已。说他是艺术语言大师，好了他个人，可害了许多年青人，因为学他，那会有真正突破前人成绩？新的作家有些人靠‘社交’站在人上头，这也是许多人不肯再写，而写的也不会有何特别成就原因。”收入《全集》第21卷。

8月6日　《“𤬪瓟斝”和“点犀䀉”》发表于《光明日报·文学遗产》第375期，署名沈从文。收入《龙凤艺术》（香港商务印书馆1986年）。据香港商务版收入《全集》第30卷《〈红楼梦〉衣物及当时种种》集。

八月 作《青岛游记》。沈从文生前未曾发表。据手稿收入《全集》第27卷《忘履集》。

9月1日 复沈云麓函。收入《全集》第21卷。

9月15日 作《从文物来谈谈古人的胡子问题》。

9月22日 为沈云麓欲来京事复函沈云麓，因家境困难，劝他不要北来，“不然我们将陷于毫无办法情形中”。收入《全集》第21卷。

10月1日 上午，与韩寿萱、宋云彬等人一起乘车到天安门，参加国庆观礼活动。

10月9日 在《光明日报》寄来的《从文物来谈谈古人的胡子问题》的校样旁作如下附记：

> 刊载此文，其实应附形象廿卅种才有意义。必图文互证，才有较强说服力。
>
> 一、商玉人头；二、商奴隶俑；三、商白石雕人像；四、侯马人形泥范；五、洛阳出土西汉壁画《二桃杀三士图》；六、《烈女仁智图》部分；七、长沙楚俑（文官的用蒋玄佁复原那个，武官用历博照相）；八、沂南石刻孟贲像；九、洛阳画砖；十、辽阳汉画；十一、汉墓寺门卒像；十二、望都伍伯像；十三、邓县画像砖墓文康伎和彩绘墓门前武官；十四、晋青瓷醉拂菻水注（故宫）；十五、敦煌二二〇窟壁画；十六、韩干《双马图》；十七、《萧翼赚兰亭图》火头工；十八、底张湾壁画执拍板司乐人；十九、《校书图》之马夫；廿、龙门石刻《帝王礼佛图》；廿一、景县墓俑；廿二、北齐张肃俗墓俑；廿三、《洛阳耆英绘图》；廿四、《西园雅集图》部分；廿五……（蒋兆和和李斛二位的曹操和项羽）

10月21日 下午，赴政协礼堂参加文教组座谈会。会议主席胡愈之，参加者有王伯祥、吕叔湘、宋云彬等。

《从文物来谈谈古人的胡子问题》发表于《光明日报》，署名沈从文。收入

《龙凤艺术》（香港商务印书馆1986年）。据香港商务版收入《全集》第31卷《龙凤艺术新编》集。

10月24日 《光明日报》续载《从文物来谈谈古人的胡子问题》的下半部分。

10月29日 为文章修改事复函顾家彝并为之开列所需参考书目。收入《全集》第21卷。

10月30日 与沈朝慧等一起游览香山，遇王伯祥。

十月上旬 在《光明日报》送来的《从文物来谈谈古人的胡子问题》校样上，作题识："辛亥五十年前夕，校正此文给《光明日报》。正值大哥大嫂从家乡来，回忆五十年前这一天，家中大姊、二姊、大哥、六弟等随同苗阿女牙下乡逃至齐梁洞避难，只我和父母四叔五叔留在家，二叔磨刀擦枪筒，准备晚上苗兵入城即作为内应。诸凡景象一一犹在目前，事实上半世纪来小县城中革命旧事，恐亦只保留在我一人印象中矣。"以《题〈从文物来谈谈古人的胡子问题〉》为题，收入《全集》第14卷《艺术题识录》集。

11月12日 《"杏犀盉"质疑》发表于《光明日报·文学遗产》第388期，署名沈从文。本文系对周汝昌文章的回应，以书信形式写成。收入《龙凤艺术》（香港商务印书馆1986年）。收入《全集》第30卷《〈红楼梦〉衣物及当时种种》集。

11月15日 晚上，出席文学所在四川饭店的宴席，出席者有俞平伯、叶圣陶、何其芳、王伯祥等人。

11月20日 复沈云麓函："我心脏不大好，已定廿三过江西上井冈山去住几月看看，由作协组织，到那边大致将到各处参观一些日子，再住下来，可能即在毛主席住过的茨坪附近，闻医疗设备甚好，房子分一小栋一小栋，有人还带家眷同去，将住二三年。"收入《全集》第21卷。

11月27日 启程赴江西等地采风，此行系由中国作家协会组织，同行作家还有蔡天心、江帆、戈壁舟、安旗、华山、阮章竞、周钢鸣等人。

12月2日 抵达南昌，入住南昌宾馆。

致信沈云麓。收入《全集》第21卷。

12月6日 游览白鹿洞、观音桥。

致信沈云麓。收入《全集》第21卷。

12月7日 在南昌致信张兆和。收入《全集》第21卷。

12月9日 上午，在中苏友谊馆与南昌作家座谈。座谈分为两组：诗歌和散文小说。沈从文分在散文小说组。

12月10日 致信张兆和。收入《全集》第21卷。

12月12日 作诗歌《庐山含鄱口望鄱亭》《庐山“花径”白居易作诗处》。

12月15日 早晨7时从南昌出发，下午6时抵达井冈山茨坪。

晚上，致信沈龙朱、沈虎雏、沈朝慧：“我们真的已经到了卅多年前毛主席带领千八百干部在此，打下中国革命基础的庄严地方了。想起前人的辛苦和牺牲，和近卅年整个中国的变化，发展，和世界革命关系，更容易理解入口处写的中国革命胜利是‘毛主席思想的胜利’的深刻意义。深刻，年青人可不易懂，因为懂也得并背景一起在内。这里真是一个既庄严又非常美丽的地方！”收入《全集》第21卷。

12月16日 致信沈云麓，谈及小说创作中遇到的问题：“目下是明白了问题，充分准备了材料，一切人和事都在头脑中有个比较具体的轮廓，记录也已差不多完备，只是不知从何下手，即可得到应有效果。我已隔了十二年未写什么小说了。”收入《全集》第21卷。

12月18日 参观井冈山博物馆。

12月20日 作诗歌《戏赠戈壁舟同志》。

12月23日 中午，在茨坪致信张兆和，谈及刚创作完成的诗歌：“因为诗人多，大家写诗，我也把四十年前老家当拿出试试，结果似乎比黄炎培老先生词汇略多，比叶老也活泼有情感些些。若是别人写的，发表在贵刊上，我说不定还要加以称赞称赞，以为编者还有眼力！另抄一份请斧正。正经的还是题革博三首五绝，还像样子。较长的《井冈山之晨》，是只有到了此地才写得出的。其中除了三五句用时事，不免近打油，其他似乎还有气势、感情，文字也足相副。……走韵处恐不少，好在正如简笔字，可以自我作古，一般要求不高，可能还有称为‘有老杜风味’的人！遗憾的是有些用典使事精彩、准确、有分量处，近人已不大懂了，不免有不上不下情形。六十岁重新写旧诗，而且到井冈山起始，也是一种‘大事变’！看情形将不免有十首左右可写也。”以《有关诗作的三封信》为题收入《全集》第15卷《井冈山诗草》集。同时收入《全集》第21卷。

12月25日 “与钢鸣、江帆诸同志参观黄羊盖。到时适值云散雾开，峰峦逐一呈现，青碧明灭，雄秀壮美，不可仿佛，下山小路亦渐渐清楚。不过半小时，即被白云全部封锁，为一生所仅见奇景。”（《资生篇》注⑧）

开始写作《赠蔡天心、江帆兼及诸同志》。

12月26日 为庆祝井冈山山区建设四周年，作诗歌《庆佳节》。

12月27日 参加井冈山山区建设四周年庆祝大会。据沈从文回忆：“在井冈山时，适值上海区下放江西知分青年建设山区四周年，于五万人中选了约四百代表，到茨坪开纪念会。我一生第一次被推作这个纪念会的主席，和他们一道开了个晚会，回招待所时，约十个年青人在大雪中伴送我回去，随后就写了那些诗。也算是一生中过得最有意义的一个晚上！”（1972年6月20日复程应镠信）

12月29日 和阮章竞、蔡天心、江帆等人一同离开井冈山，返回南昌。

12月30日 在南昌作诗歌《资生篇》。

12月31日 致信沈云麓。收入《全集》第21卷。

十二月下旬 作诗歌《赠钢鸣、华山二同志》。该诗沈从文生前未曾发表过，据手稿收入《全集》第15卷《井冈山诗草》集。

本 年

夏季 为协助国内工艺美术教师编写教材，草拟了《漆工艺美术简史提纲》。沈从文生前本文未曾发表，据手稿收入《全集》第28卷《漆器及罗甸工艺研究》集。

夏季 为中央工艺美术学院染织系教师袁杰英编写的《宋代服装资料》撰写《前言》，该《前言》由袁杰英拟出初稿，沈从文增改补写完成。《宋代服装资料》因故未能出版。以《〈宋代服装资料〉前言》为题收入《全集》第 30 卷《织绣染缬与服饰》集。

七八月间 作《抽象的抒情》，未完成。在文中，沈从文表达了自己对时下文艺创作的困惑："文学艺术创造的工艺过程，有它的一般性，能用社会强大力量控制，甚至于到另一时能用电子计算机产生（音乐可能最先出现）。也有它的特殊性，不适宜用同一方法，更不是'揠苗助长'方法所能完成。事实上社会生产发展比较健全时，也没有必要这样做。听其过分轻浮，固然会消极影响到社会生活的健康。可是过度严肃的要求，有时甚至于在字里行间要求一个政治家也作不到的谨慎严肃。尽管社会本身，还正由于政治约束失灵形成普遍堕落，即在艺术若干部门中，也还正在封建意识毒素中散发其恶臭，唯独在文学作品中却过分加重他的社会影响、教育责任，而忽略他的娱乐效果（特别是对于一个小说作家的这种要求）。过分加重他的道德观念责任，而忽略产生创造一个文学作品的必不可少的情感动力。因之每一个作者写他的作品时，首先想到的是政治效果，教育效果，道德效果。更重要有时还是某种少数特权人物或多数人'能懂爱听'的阿谀效果。他乐意这么做。他完了。他不乐意，也完了。前者他实在不容易写出有独创性独创艺术风格的作品，后者他写不下去，同样，他消失了，或把生命消失于一般化，或什么也写不出。他即或不是个懒人，还是作成一个懒人的结局。他即或敢想敢干，不可能想出什么干出什么。这不能怪客观环境，还应当怪他自己。因为话说回来，还是'思想'有问题，在创作方法上不易适应环境要求。即'能'写，他还是可说'不会'写。难得有用的生命，难得有用的社会条件，难得有用的机会，只能白白看着错过。""让生命从各个方面充分吸收世界文化成就的营养，也能从新的创造上丰富世界文化成就的内容。让一切创造力得到正常的不同的发展和应用。让各种新的成就彼此促进和融和，形成国家更大的向前动力。让人和人之间相处的更合理。让人不再用个人权力或集体权力压迫其他不同情感观念反映方法。这是必然的。社会发展到一定进步时，会有这种情形产生的。但是目前可不是时候。什么时候？大致是政权完全稳定，社会生产又发展到多数人都觉得知识重于权力，追求知识比权力更迫切专注，支配整个国家，也是征服自然的知识，不再是支配人的权力时。我们会不会有这一天？”显然，沈从文的思考不合时宜，也不宜发表，本文未完成。沈从文生前本文未曾发表，据手稿收入《抽象的抒情》（岳麓书社 1992 年）。收入《全集》第 16 卷《术艺刍言》集。

本年 为至中央美术学院讲学事致信美术史系副主任金维诺。收入《全集》第 21 卷。

本年 作《椅子衍进试探》，据手稿收入《沈从文全集·补遗卷 2》《龙凤艺术新编》集。

约本年 读潘伯鹰发表在《文物》第 10 期上的《读鲜于枢大字诗赞真迹卷》，并作评注："大字无法度。赞之过分，反映作者虽善书，论书则不能称当行。"评注文字后以《〈鲜于枢大字诗赞真迹卷〉评注》为题收入《全集》第 31 卷《龙凤艺术新编》集。

1962年　61岁

3月2日　周恩来在广州召开的科学工作会议和剧本创作会议上，作《论知识分子问题》的报告。

8月1日　《人民日报》《红旗》杂志刊发刘少奇的《论共产党员的修养》（修订本）。

9月27日　中共八届十中全会闭幕，会议通过了《农村人民公社工作条例（修正草案）》，毛泽东在会上再次发出“千万不要忘记阶级斗争”的号召。

12月18日　中共中央、国务院发出《关于认真提倡计划生育的指示》。

1月2日　看电影《刘三姐》，谈观后印象：“背景极美，主角总是照迎面平脸，又不会做眉眼表情，可不免给人木木傻傻相。场面也多改动，有好，有不及本来好，整个反不如戏上动人。但是景物还是十分美观，有的歌词也好。其中有个采茶歌，原是凤凰年轻人在省里会演得奖的，我适在省里亲见，现在也当成广西腔流传了。背景处理远比‘漓江风景’动人。”（1月5日致张兆和信）

1月3日　给张兆和写信。本信陆续写了三天，5日才发出。

1月5日　给张兆和寄四首新创作的五言古体诗并信，谈及自己过去创作时写道：“三十年了，世界还变了个样子，我那些玩意儿一律转入陈纸堆，只留下个‘多产作家’名称，事不出奇。出奇的也许还是一颗心竟还像卅年前的情形，总是一面十分天真的来迎接一切新事物，一面却看什么总充满一种奇异感，外面印象一到心中搅成一团，仿佛即在有所孕育，情形完全和卅年前我们去崂山北九水玩时差不多。也和我回沅陵时一个人在船上过年差不多。不论什么外缘人事景物，一浸到这颗永远青春的心上，即蕴蓄了一种诗意，只待机会成形！小妈妈，说这个只有你懂得一点点，因为你明白我许多文章是怎么完成的。但是还不完全懂，因为另外尚有一种内在力量，在活动，语言文字说不明白的，也许应说是‘你的好处’所发生的影响？细想虽是还不尽是。只能说是生命的一种总和。包括极小极小性格的形成。和生活经验的复杂，以及千百种书，万千种画，和无数古里八怪不同的人。小易设想的种种生活，以及生活中所接触的人事，且用了个六十年揉杂成一体。即在新或更新社会，想有计划培养，事实上也并不好办，因为有许许多多因素是整个社会共同的产物，不是可以从人力加工得到的。”收入《全集》第21卷。

同日，致信沈龙朱、沈虎雏、沈朝慧。收入《全集》第21卷。

1月8日　致信张兆和。收入《全集》第21卷。

1月12日　张兆和复信沈从文，告知《人民文学》对其新作五言古诗的处理意见并谈自己的读后感：“诗写得不错，白尘同志觉得惊异，连我也没想到。编辑部准备发，除《史镜》篇外，准备全部发表，但还是征求一下你的意见，如你愿意保留，尊重你的意见。……我明白你《资生篇》一组三章中把《史镜》放在第一的用意，但我也趋向于不用它，因为这诗整个是谈历史，读来比较干，和前后各篇以抒怀写景见长风格调子不同，放在一起发当然也可以，但不怎么协调。《资生篇》第二、三首和《花径》写得真好，确有些老杜风呢！其他各篇也都不错。各诗感旧歌今，不落俗套，写景抒怀，浑然一体，情真意挚，读了鼓舞人，也给人以艺术享受。《井冈山清晨》历述过去，一气呵成，亲切感人。但个别字句尚需推敲，‘毛选实圣经’不够含蓄，来得突兀。‘惟传王母鞋，一掷在湖心’也比较少余味。我的意见，能改改一下更好。因为在诗末，有些有力或有余味的句子好些。改不好就算了。《含鄱口》中‘天宇适澄清’改为‘清澄’，‘鼙鼓仿佛问’改为‘鼓鼙’似更好些。注也很有意思，但可简一些，有些大家都知道的如‘泪湿青衫’则可不注。总之，这些字句间斟酌，请信任我吧！是否有必要请翔鹤老看看，改改前面提的那两句？”收入《全集》第21卷。

1月14日　连致张兆和两信：“多看了两回《猎人日记》，这书写人写事似经意、似不经意，方法还是有独到处，特别是写人有好处，可以参考取法。方法巧而省事，又易引人入胜，且易结束，不必太费力。写旧事物可参考，即写新事物也未尝不可以从中得到启发！这里看了一剧《四十八寡妇闹江西》采茶剧，热闹之至，事实上不过是八个寡妇大闹公堂，社会悲剧兼闹剧而已，丑角好，老寡妇好，组织也还好。”“若生活环境变变，或抽象什么变变，能有机会使用生命到写作上时，即用《猎人日记》手法写我的生活回忆录，写十个《湘行散记》，不会什么困难，且可望写得更活泼有意思。也能向纵深方面发展，深入许多方面人物的灵魂深处，其中还包括我从来未接触过的一种人，譬如说‘泼妇’或其他，‘悍泼’、‘势利’、‘愚蠢’、‘残毒’……更容易表现的自然还是过去为人所看不起的中国人的善良，各式各样的素朴善良品格，老太太和老农以及小女孩的——这一切都有个公式，的的确确，应当说是公式，懂得这个公式，又能加以适当反映，结果必然会使得对象见出生命活跃。这种客观体会，是从一个较长时期寂寞、痛苦，以及无可奈何的生活环境下，总永远用脑子去理解去分析得来的。付出的代价可不小，但是，却终于把它得到了。”“我们生命里装的社会是后来人不易理解不易设想的，我正估量到用个方式保留下来，可能还是用《猎人日记》或《湘行散记》手法来安排比较便利，但是效果却不能如托尔斯泰的大，尽管内容原料是相差不多的，表现形式将影响到读者。正因为这一点，四哥那个小说长期以来不好如何下笔。不知用某一方法，即比较容易处理而对读者却易于领会。我对一般方式（如《红旗谱》《青春之歌》）不拟采用，应还有更合我本来长处相配合的表现法，但是又受材料的现实性束缚，反而难于下笔。这点为难也近于一种反抗。我不希望用《红旗谱》那种手法得到成功，可是自己习惯的又不大易和目下要求合拍。因之搁下来了。有待一种新的变化，即自己的简练揣摩，也有可能到一定时候，便尔水到渠成！”“写文章如像给你写信那么无拘束，将多方便，还可写多少好东西给后来人看。”两信均收入《全集》第 21 卷。

1 月 15 日　离开南昌前往瑞金。

1 月 17 日　诗歌《资生篇》发表于《江西日报》，署名沈从文。据《江西日报》刊本收入《全集》第 15 卷《井冈山诗草》集。

1 月 19 日　致信张兆和：“作家得多受点教育，把笔‘为事件而用’，不要‘舞笔弄墨’，才深刻、亲切，而真正动人感人。画背景更是如此，因为任何地方都有不同特征，可用也必须用文字抓下，绝不是千篇一律也。但如今说这个也不免是高调，因为许多作家基本功不够，这一关还未过。因之只见带做作气的风格，可不易见出自然的素朴而准确的刻划。带做作气又分二种：一为仿外国什么，二为硬凑。极少能自主的忠实的反映客观空气的。在这里看到些小册子都不免如此，可惜了材料，年青一代又用来作为学习对象，便自然会更得到不好影响。解决他还是让目下一级作家打开打开眼睛，多学点，多懂点，也多写点，自己站得住，文章有风格也有性格，客观记事则能运用自如，不为习惯所拘，不为流行名辞所控制，天马行空，来去自由，也能粗野作大笔画，也能细致周到如绣花。换句话说，有思想又能充分表现思想。有个十来人能这样用笔，三年五载后有个二三十本小书问世，一切将改观。评论文章也是这样，目前有些文章只是在做论文，对本人极少具体分析，自己眼不高，即欣赏赞叹人家也不对头，写得莫明其妙。如最近有人谈陶渊明小说，即似是而非，以为不必要历史知识，不必根据历史，可以把历史小说写得生动活泼。不想到若再多些把握历史客观知识，文章会亲切动人得多。甚矣！‘人云亦云’之可怕。后面谈茹志鹃文章就更是在做文章了。这里几个人都觉得茹文并不怎么高，用来当成目下优秀举例，大家再一学，可不免将使一些年青人又倒退到‘无法成熟’或‘无作用的成熟’情形中去。”收入《全集》第 21 卷。

1 月 20 日　上午，离开瑞金前往赣州。

1 月 21 日　上午，游览通天岩。

下午，游览八境台。

晚上，观看《谢瑶环》，“一切旧套子，内容十分庸俗，但是在卖票上十分成功。”

连写两信给张兆和：“明天或将小小狼狈，即座谈会交流经验，你知道，我那能在这问题上发言？一切方法都太旧了，如老舍或冰心在此，就会有许多许多话好说了。如其他几位在此也方便得多，因为有新的写作经验，特别如华山同志。”两信均收入《全集》第 21 卷。

1 月 26 日　诗歌《参观革命博物馆》《井冈山之晨》《庆佳节》发表于《星火》杂志第 1 期，署名沈从文。关于本诗的创作，沈从文有如下回忆：“六二年新春在井冈山招待所九楼上，看到六七个人竞着在写旧诗，内中还包含了个女诗人兼批评家，我只是微笑，和看他们玩牌一样。华山开玩笑说‘沈老也来一首，我一定奉陪。’事实上他早已把诗写好了。我却和他拍巴掌约定，各自写一首。凡事怕认真，一认真就不同了。到我独自回转宽约二十七步独住套间大房后，就坐在一个火盆旁边，认真想起来。先从中段开始。半夜累极，便在一张特大的床上睡了。一早醒来，耳目得到窗外环境启发，写成起头那一段，随后三四五段不到三小时就完成了。再一反复读诵增改字句，把窗户打开看看风景，我便明白我这个真是情景相会，成了‘绝唱’。（似乎记住杜甫北征奉先咏怀等等，但写出来却无一字相同，意思也不同。）因为四十年来有千百人歌咏井冈山，却未必如我那么来表现过（关于井冈山诗我看了许多）！”（1969年10月20日复张兆和）收入《全集》第15卷《井冈山诗草》集。

1月27日　下午六时，由瑞金抵达南昌。

1月28日　在南昌复信张兆和函：“来信说《资生篇》上部得去，那最好不发表。你们不懂前部分正和本题关系密切，和江西目下建设成就有关，如拟用，最好莫删节（和交响乐一样）。又《含鄱口》也写得极好，妙在末尾二句，你们自己不到这里，反而想把末句改动，一改可就完全失去本诗应有意思了。这诗并不比花径坏，将来刻到含鄱亭上也值得的。字作‘天宇适澄清’莫动！字作‘鼙鼓’，不要倒排。鼓鼙实不通，人将见笑！你不懂古诗处理音调问题，最好不动好。这份老本事过去很用过一点心，有时还写香艳体，也十分俨然。古体固懂典故多，读古文熟，又对汉魏五言诗有兴趣，过去十多岁时还被人称‘才子’，即为了写诗。”此信同时收入《全集》第15卷《井冈山诗草》集、《全集》第21卷。

复沈朝慧函。收入《全集》第21卷。

1月30日　致信沈云麓。复张兆和函。均收入《全集》第21卷。

2月1日　致信张兆和：“庐山《含鄱口》一诗，末后可添二句，和目下事即衔接，十字是：‘犹可泊渔舟，千艘跃锦鳞。’既现实，气魄也还好，望为加上。如来得及加，倒是加上好些。完整些，正如你所提到的。”收入《全集》第21卷。

2月2日　致信沈朝慧。收入《全集》第21卷。

2月3日

本日　香港《大公报》的醒目位置发表记者采访陈白尘的谈话记录，《陈白尘谈今年文坛前景　老舍又写中篇小说　曹禺写新剧　王昭君故事上舞台　〈大波〉〈三家巷〉〈创业史〉续篇都将在今年内出版　沈从文游井冈山新诗月内发表》，谈及沈从文时说："近年从事文物研究工作的沈从文，最近旅行井冈山，诗兴大发，写了很多诗。其中《井冈山清晨》一组诗，已决定在二月号的《人民文学》发表。他兴奋地说，老作家们一个个都是意气风发，他们将会以最得意之作来插满今年的文坛大花园。"

2月10日　作诗歌《游赣州八境台》。

2月12日　诗歌《庐山含鄱口望鄱亭》《庐山"花径"白居易作诗处》《井冈山清晨》《建设新山村——干部下放上井冈山四周年节日》《下山回南昌途中》发表于《人民文学》2月号，署名沈从文。其中《庐山含鄱口望鄱亭》《庐山"花径"白居易作诗处》据《人民文学》刊本分别收入《全集》第15卷《匡庐诗草》，《井冈山清晨》与《星火》杂志刊本《井冈山之晨》为同一首诗，但有较多差异，后据《星火》杂志刊本收入《全集》第15卷《井冈山诗草》集。《建设新山村》《下山回南昌途中》原为《江西日报》发表的《资生篇》中的后两章，此次发表重新拟了标题，这两首诗据《江西日报》刊本收入《全集》第15卷《井冈山诗草》集。

2月15日　诗歌《游赣州通天岩》发表于《南昌晚报》，署名沈从文。据作者修订过的《南昌晚报》本收入《全集》第15卷《赣游诗草》集。

2月17日　作诗歌《参观瓷都——并祝群英会召开及江西新丝绸厂进展》。本诗沈从文生前未曾发表。据手稿收入《全集》第15卷《赣游诗草》集。

2月26日　致信沈云麓。收入《全集》第21卷。

2月27日　在上海致信沈龙朱、沈虎雏、沈朝慧。收入《全集》第21卷。

二月上旬　致信沈朝慧。收入《全集》第21卷。

二月　历史博物馆成立科学研究委员会，该委员会在学术委员会指导下，负责组织各种学术活动。主任委员为龙潜，沈从文被聘为委员。

二月　在江西访问期间，参加了江西剧协和江西作协联合召开的座谈会，就赣剧

《西域行》《西厢记》谈了自己的看法："我一向对地方音乐很感兴趣，看了赣剧《西域行》和《西厢记》之后，觉得唱得好，做得好，剧本写的又好。尤其像《西域行》这样的历史剧，作者能够既结合了历史，又照顾了现实，虽然是用戏剧的形式表现出来，也同样是富有现实教育意义的。"在谈到演出服装时说，"《西域行》的服装就不动了，以免更动太大。剧中的两个舞蹈场面可以动一动。龟兹乐全用鼓，《西域行》中的舞蹈，改用龟兹乐比较好些。舞台装置方面，如家俱等怎样改良，我可以多提一点具体意见，最好是搞美术的同志亲来交谈一次，更具体些。白鞑支的帐篷可以改动一下，屏风颜色不要用黄的。女巫不要太丑化了，这里牵涉到民族政策问题。不要把兄弟民族扮成怪模怪样的。"①

二月　作《谈历史人物画》，据手稿收入《沈从文全集·补遗卷2》《龙凤艺术新编》集。

3月2日　在锦江饭店见到黄永玉。

3月3日　下午，离开上海前往南京。

致信沈朝慧。收入《全集》第21卷。

3月4日　诗歌《游赣州通天岩》发表于《文汇报》，署名沈从文。这是本诗的第二次发表。

3月6日　应中国作家协会江苏分会、中国戏剧家协会江苏分会联合邀请，就中国戏曲中古代人物服装道具等问题做了专题报告，江苏省直属艺术表演团体和前线话剧团等舞台美术工作者也参加了报告会。

3月9日　诗歌《游赣州八境台》发表于《文汇报》，署名沈从文。收入《全集》第15卷《赣游诗草》集。

3月10日　诗歌《戏赠戈壁舟同志》《赠安旗同志》《赠阮章竞同志》发表于《光明日报》，署名沈从文。据手稿补充注释后收入《全集》第15卷《井冈山诗草》集。

---

① 王麟记录整理：《沈从文、阮章竞等谈赣剧〈西域行〉、〈西厢记〉》，《江西文艺史料》第十二辑。

3月11日　与老师田个石会面。“沈从文说：这次与同事八人，游览湘鄂粤赣各边地三月之久，农村物质不乏，尚少运输之力，同事各作诗为记。从文亦作有 二十余首，皆是新旧杂合之体。”①

三月上旬　致信沈云麓。收入《全集》第21卷。

4月8日　赴政协礼堂观看武汉京剧团演出的《英雄义》《清官册》，北京京剧团演出的《审潘洪》。

4月9日　晚上，观看文艺界联欢晚会。

4月11日　在怀仁堂晤朱光潜、查阜西。

复张充和函。收入《全集》第21卷。

4月13日　晚上，到前门饭店看望来京开会的巴金、沙汀。沙汀日记对这次会面作了较为详细的记载：“他精神、情绪都好。刚一坐下就说：‘三姐派我来请你们去吃杂酱面呢！’”“我们随即闲谈起来，从创作和生活的关系问题扯到批评，以及作家之间的关系。”在沈从文看来，“按照批评家的意见，是写不出东西来的！”交谈中，沈从文建议沙汀最好是写短篇和中篇小说，在谈到对电影剧本的看法时，沈从文认为写电影剧本很偷懒，青年人最好是多写小说、散文和诗，少写甚至不写电影剧本，因为写小说和诗歌比较能够锻炼写作本领。晚十时，巴金、沙汀送沈从文回家，在沈从文家里又谈起了创作问题：“我三年前同巴公去过他们家里，感觉两间屋子都小。这晚上感觉得更小了，挤满了东西。因为‘三姐’已睡了。开始，我们在外面一间屋子里坐下。一个青年人应声从床上撑起来，看来相当结实。从文说：‘他是个工人呢，像吧？’我怕他受惊，要他依旧躺下。这时，里面一间屋子的电灯亮了，于是我们随着‘三姐’的招呼走了进去。”二人告辞返回饭店后，“在谈到（沈从文的）某些作品中的色情描写时，巴公说：‘是他自己的苦恼的反映’。原来据巴公说，从文曾经为爱情痛苦万状，有时候，甚至一个人躺在床上哭呢！”②

---

① 田光孚：《〈苦学斋日记〉记载的沈从文》，《新文学史料》1998年第2期。

② 参见四川省作家协会编：《沙汀日记（1962—1966）》，第107—108页，第110页，四川人民出版社1999年。

4月30日　为《文物图说》修改事致信陈鹏程。收入《全集》第21卷。

5月1日　张之佩来家做客。沈从文在给沈云麓的信中这样介绍这位未来的儿媳："张之佩，昆山人，南京工学院毕业，分发到虎虎厂中机床研究所工作，同在一处，是组中团支委，虎虎却是小组长，同事既久，彼此相熟，因此要好起来，上级都觉得是'好事'，所以邀到家中来作客也极自然，共同过了个新的节日。也和你那年到北京一样，同看了一次天安门烟火。年纪和虎虎一样，高矮和朝慧一样，却壮实些。学得本业成绩很好，人也极得人缘。论学业却比虎虎高些，大致欢喜虎虎工作踏实，此后如能共同生活，相互工作都有帮助，对国家也有好处。……我们都对于这个新人十分满意，因为极有教养，斯斯文文，却又活泼健康，特别是对虎虎的爱是在于'工作踏实'，又同在一处工作，生活学习上更得到许多方便。"

5月4日　收到沈云麓4月27日来信，随即复函："近来正在参加审定五千件藏画，可以学习许多东西。此外还在为景德镇研究所改《中国陶瓷》稿，为人艺剧院介绍武则天材料，为另一人介绍绘《文姬归汉图》材料，为一搞美学史的介绍古玉方面材料，为馆中编图录提修改意见，……"收入《全集》第21卷。

5月16日　诗歌《观〈西域行〉》发表于《光明日报》，署名沈从文。诗前有小序："石凌鹤同志据班超、班昭兄妹故事，编《西域行》传奇，由赣剧名演员潘凤霞、童庆礽二君任主角，用弋阳腔演出，故事壮烈，音调极美，因掇和十字记印象，并祝演出成功。"据《全集》编者注，本诗曾以《观西域行演出》为题发表，刊载时间和报刊不详。据《光明日报》刊本并补入《观西域行演出》校样中序文收入《全集》第15卷《赣游诗草》集。

5月19日　作《谈谈赣剧的〈西厢记〉和〈西域行〉》。据手稿收入《全集》第27卷《无从驯服的斑马》集。

5月23日　晚上，观看文化部及文联在政协礼堂举办的纪念《在延安文艺座谈会上的讲话》发表20周年联欢晚会。

5月26日　诗歌《题〈寄庑图〉后》发表于《光明日报》，署名沈从文。收入

《全集》第 15 卷《京门杂咏》集。

5 月 28 日　致信北京人民艺术剧院导演焦菊隐、梅阡，谈观看人艺排演郭沫若的历史剧《武则天》后的感受，并写下了长篇《初看印象供参考》，就《武则天》的道具、服饰、布景等提出了 36 条建议。信及文收全集第 21 卷。

6 月 5 日　复沈云麓函："我们廿二三岁在北京公寓住下来解决学习问题时，却只想把工作成为推动整个中国文学一种动力，也不管什么困难障碍，总是把工作向国内文学史中第一流作者和世界第一流作者看齐，而且老要从工作超过他们，且绝不依傍任何外力，要说雄心大志，才真是雄心大志！特别是环境再坏也满不在乎。现在看看一些卅岁以上作家，写三几篇小文章，即用种种人工方法用力抬举，条件好到不能再好，可是成绩却总是平平。真是一个问题！新的文艺八条已定出来，具体措施还不知道如何，照我想，尽要他们下去，事实上恐并不解决问题。主要大致还是得教育他们个人用用功，比目下工作学习方法加五倍十倍的基本功锻炼，消化一大堆好书（真正的好书），而又能起码肯写个千百篇习作，且善于在成功和失败中不断吸取经验，把一支笔应用自如的能力巩固下来，才会有真正大作产生，才会有真正能适合新时代要求作品产生。"收入《全集》第 21 卷。

6 月 11 日　中国文联工作人员陈慧来访问，并整理成访谈纪要。该《纪要》后经贾俊学发掘、整理，发表于《新文学史料》：

> 健康情况仍不很好：高血压，心脏病，晚上失眠。因此，看书或写作两小时即感到不支。公费医疗关系在东华门医院，但该院没有检查心脏设备，所以一直没有好好检查。现在已将此情况反映给全国政协，请政协介绍到北京医院或阜外医院去检查。（他是政协委员。）
>
> 沈不每天去上班，有事即去，或有人来和他谈。几年来计划写一部长篇小说已写成十几万字，还要一个时期才能完成。上次政协大会时提了关于培养古物研究生问题的几个提案，听说已交文化部处理，恐文化部会要他去谈谈，故最近一段时间没有出去。他希望这些提案能得到处理。

他自己感到身体太坏，有许多应该做的事不能做，例如：他的工作是研究历史文物，从古物中研究古代制度，服装、风俗、习惯等等，这些东西没有现成资料，须到各地去搜集。因身体不好，不能到各处去，只得凭他所见所闻的记忆来进行研究。这几年，他协助有关方面解决了演历史剧时所遇到的一些问题，如服装，用具等等。他感到青年人知道的太少，带徒弟亦很困难，青年人不太愿意在故宫工作，愿意在学校或研究机关当研究生。有许多事没法做，例如：故宫还有许多绸缎没有人整理，也就不能进行研究。他说古物研究工作很重要。现在真正能做这类的考古工作的人太少了。

谈到专业作家问题，他说，作协亦曾有同志和他谈过，愿意专搞创作，但又感到现在的工作亦很重要，这方面专业人员太少，国家既需要他，他应该做下去。同时做专业作家，担心写不出什么来，要写亦只能写五四时代的一些题材，而且自己写东西很慢，过去曾和巴金在一起，见他写得真快，自己和他不能相比。

因为他自己身体不好，最近看到老友如孙福熙的逝世，不免有些紧张。①

6月13日 下午三时，赴政协礼堂参加政协组织的关于五反问题的座谈会，会议由邵力子、胡子昂主持，应邀参加者有宋云彬、叶至善等人。

6月15日 复宋伯胤函，讨论绸缎、织机等问题。致信沈云麓，两信均收入《全集》第21卷。

6月17日 致信吴旸："我卅年前写的小文章，多已过了时，没有多大意义。新的社会近十年已有万千好作品，产生于充满斗争生活经验的作家手中，反映出新中国伟大现实，对各方面都能起积极良好影响。老作家中特别是郭沫若、茅盾、老舍、巴金、冰心，都能随同时代进展，写了许多好文章，为全国公认，也在世界各国起良好作用。你欢喜文学，还是多看看他们的作品，比较有现实意义，也不至于在另一时犯错误。至于我那些过了时的旧作，还是不用糟

① 贾俊学辑：《文联旧档案：老舍、张恨水、沈从文访问纪要》，《新文学史料》，2012年第4期。

蹋有用生命到上面，我也觉得心安一些。已印出来的作品，我无法禁止别人去读它，或严格批评它，但是这些书若从我手中拿去，终不免像是向人在‘推销落后思想’，另外一时容易出毛病，不大好办。所以你拿去那几本书，不看时即盼还给我，免得受不必要的指摘，犯不必犯的错误。”收入《全集》第21卷。

6月25日　作《古代人的穿衣打扮》。

6月26日　下午，参加政协礼堂文教组会，“讨论蒋匪反攻事，自三时至五时半。”①

6月28日　致信焦菊隐、梅阡，谈观看《武则天》彩排意见，并形成十页纸的《观看印象供参考》一文，原件现藏北京人艺戏剧博物馆。该剧排演之前，沈从文同时还为剧组写了十页纸的《关于〈武则天〉一戏参考资料》，该资料原件现藏北京人艺戏剧博物馆，与收入《全集》第29卷的《〈武则天〉戏用参考》一文有很大不同。

六月　在中国历史博物馆为江西省轻工业厅景德镇陶瓷研究所编著的《中国的瓷器》一书作《序言》。

六月　为筹办中的《中国历史博物馆馆刊》作《谈刺绣》，但该刊因故未能出版。据编辑部留存的誊写稿收入《沈从文全集·补遗卷2》《文物研究资料草目》集。

7月12日《中国博物馆的研究工作》在香港《文汇报》刊发，署名沈从文。收入《全集》第31卷《文史研究必需结合文物》集。

为文章修改事致信李之檀。

致信启芳，谈及为吴晗主编《中国历史常识》丛书写稿事。收入《沈从文全集·补遗卷3》。

7月13日　香港《文汇报》续刊《中国博物馆的研究工作》。

7月23日　上午，乘8时15分开往大连的火车，开始为期1个月的休养。一起参加休养的有黄其翔、王芸生、李连捷等人。

---

① 顾颉刚:《顾颉刚日记》，第9卷，第493页，联经出版事业股份有限公司2007年版。

7 月 24 日，晨 7 时 15 分抵达大连火车站，入住连捷路休养所。

晚上，顾颉刚到房间来访。[①]

7 月 28 日　到顾颉刚住处晤谈。

7 月 29 日　“白天，在蒙蒙细雨中，去到一个游泳池看解放军安排的游泳比赛，有好些是‘健将’。跳水还有意思。内中十四岁女孩一双，十公尺跳。场上五六千人，小朋友占四分一，最感兴趣的是末尾一幕，廿个解放军从水面浮去打碉堡的场面，真的小机枪乒乒砰砰打得十分热闹，直到把我们正对面一个假碉堡炸到半空，才宣告结束。幸好雨不大。晚上还去一个专家招待所看电影，电影不好，一去三个车子，约走廿里路，主要观众不到五十个人，另有约卅个军官。”（8 月 1 日致张兆和信）

致信沈虎雏。收入《全集》第 21 卷。

7 月 30 日　下午二时，出发前往小傅家庄海水浴场，在海滨捡了一些石头。“我就在海边一个藤椅上打着伞坐定，和个外国‘孤老流浪人’差不多神气，看同来一对对瘦的胖的前后入水。”（8 月 1 日致张兆和信）

7 月 31 日　据顾颉刚日记：上午，“大连图书馆周之风来，与从文、芸生同接见，长谈，留饭。”“沈从文患失眠，不亚于我，我二人皆神经质人也。”[②]

下午二时，前往大傅家庄海滩，捡石子并与顾颉刚在沙上帐幄下长谈。

8 月 1 日　致信张兆和。收入《全集》第 21 卷。

8 月 2 日　同王芸生、顾颉刚、周之风、赵公勤等人一起到大连图书馆参观。

晚上，旅大市委书记、市长许西等人宴请休养团成员及“农村题材短篇小说创作议会”的代表，“葛琴夫妇侯金镜等通到了这里。我和赵树理、周立波、侯金镜等一桌。茅盾、周扬也在此。市长还高高举杯祝‘创作会议’成功！来的全是‘写短篇’的，似有李准，还有个山西李什么。沙汀、艾芜却不来。许多人都是第一次到这里。大约谈的也是短篇问题，邵说，你来参加吧，但不正式邀可不好去。或许有机会听一二次。他们住的是大连宾馆，在市中心。和我

① 顾颉刚：《顾颉刚日记》，第 9 卷，第 511 页，联经出版事业股份有限公司 2007 年版。

② 顾颉刚：《顾颉刚日记》第 9 卷，第 514—515 页，联经出版事业股份有限公司 2007 年版。

们住处离得相当远。”[①]

因“文化大革命”初期曾有人揭发沈从文参加过“大连会议”，他曾在1966年8月23日对这次会议有过如下回忆：“这是周扬黑帮有计划布置的一次创作会议，据近日公布材料，真正参加的全是党内名作家和各省作协负责人，我非党员，事实上又已十多年未写小说，联系不上。只是最后一次邵荃麟、茅盾作总结报告，东北作协（或大连市长，已记不清楚）做主人请客，我适因政协有一批人在大连休息，才被邀请吃饭，并听了一次总结报告。邵与茅盾二人南方下江口音本来即听不懂，座位又远，所以说完以后，只懂‘要扩大写作范围’，至于如何扩大，写些什么，我都不明白。会后吃了一顿晚饭，饭后即转到另外一座大楼屋顶舞会，只见红绿灯彩十分热闹，可能当地文工团和戏剧界均参加。我一人不熟，且从来不欢喜这种热闹场面，因此不到廿分钟，就由一青年杨同志送我下电梯回家了（这就是我参加的全部过程）。”（《大连会议事情》）

8月3日　金岳霖从北京来大连休养。

下午，游览龙王塘水库、黄泥川洞，七时归。

致信张兆和，谈及金岳霖：“老金只有一个人坐在客厅里翻扑克牌玩……我还记得清清楚楚他住在叔华家情形，后来搬到北总布胡同情形，和到昆明我们住处喂鸡情形。在这里看他客厅中一个人玩牌（和洋老太婆卜课一样），我坐拢去问他，他说‘无聊’才玩这个。同样是这两个字，用到他生活里，我才明白这两个字的分量。的确是有一点儿分量！人都说他‘怪’，神气的确怪，但事实上和他一熟，将承认他是个最近人情的人了……老金的‘寂寞’真是有点儿 ×，听说不久已可搬家，新住处将有四间房子可住，正是希望原来厨子回来管家，一个人不结婚到了老年，实在是相当惨，特别是到这么一种过渡社会情形里，所学的一行也没有充分得用机会，另外许多长处，年青人都学不来了。趣味广博，知识广博，如和卅岁以下的年青人生活多有些接触，照理都可以使得卅岁以下的年青一代生活活得更扎实丰富，但却没有机会这么接近年

---

① 1962年8月3日致张兆和信。同时参见顾颉刚日记第9卷，第517页。

青人了。等他搬新家后，我们全家福带上张之佩去作一次客吧。”收入《全集》第21卷。

8月8日　下午与王芸生、顾颉刚一起至周之风住处谈话。

8月9日　《谈广绣》发表于《羊城晚报》，署名沈从文。收入《龙凤艺术》（香港商务印书馆1986年）。据《龙凤艺术》本收入《全集》第30卷《织绣染缬与服饰》集。

8月12日　至夏家河子海滨游览，在海滨与顾颉刚交谈，下午六时返住所。

8月15日　因患腹疾，顾颉刚来探视。

8月16日　到顾颉刚房间晤谈。

8月24日　与顾颉刚、周之风交谈。

下午乘4时05分开的火车返回北京，同行者有金岳霖、顾颉刚。

8月25日　下午2时50分抵达北京。

八月　在大连疗养期间，多次与顾颉刚交谈。顾颉刚在读书笔记中记载了沈从文的将出土文物与文献相结合的治学心得：“沈从文同志在历史博物馆工作有年。深慨文献与文物之未能结合，因言解放以来，至今1962年，发见古物已逾400万件，整理作报告者已难其人，欲其作专题之研究以充实史学者更属绝无仅有。而今日已有之资料，足以解释《尔雅》《考工记》，纠正《三礼图》者，不胜枚举，长此耽搁，可惜孰甚。并谓所发墓葬，其中制度，凡汉代者，以《礼记》证之皆不合；凡春秋、战国者，以《礼记》证之皆合；足证《礼记》一书必成于战国，不当属之汉人也。又云：《列士传》《列仙传》诸书，向以为非刘向作，而今日汉墓所出石刻画像，足证诸书实成于汉代。予谓诸书为汉人作是一事，诸书非刘向作则为另一事，即刘向实为之，亦不能保无后人之羼厕，犹之年鉴、手册、字典之日在迁变中也。”（《新出土文物与文献之结合》）［《顾颉刚读书笔记》第8卷上册5844—5845页］

八月　江西省轻工业厅景德镇陶瓷研究所编著的《中国的瓷器》由中国财政经济出版社出版，收入沈从文为此书写的《序言》。以《〈中国的瓷器〉序言》为题收入《全集》第28卷《中国陶瓷研究》集。

9月3日　致信启芳，并寄送文稿。收入《沈从文全集·补遗卷3》。

9月19日　下午，参加“曹雪芹逝世二百周年纪念展览会”第一次筹备会议，阿英主持，马彦祥等参加。[①]

9月28日　下午四时，到政协礼堂参加欢迎越南南方民族解放阵线代表团酒会，与会者有李维汉、黄炎培、李四光、竺可桢、老舍、顾颉刚、张友渔等各界代表400余人。

九月 在大连修养期间，文化部曾有一座谈会通知，请沈从文参加。返京后，沈从文致函文化部党委，就政协提案问题陈述自己的看法。收入《全集》第21卷。

10月15日　王逊来访。

本日　致信程应镠，谈及汪曾祺：“人太老实了，曾在北京市文联主席‘语言艺术大师’老舍先生手下工作数年，竟像什么也不会写过了几年。长处从未被大师发现过。事实上文字准确有深度，可比一些打哈哈的人物强得多。现在快四十了，他的同学朱德熙已作了北大老教授，李荣已作了科学院老研究员，曾祺呢，才起始被发现。我总觉得对他应抱歉，因为起始是我赞成他写文章，其次是反右时，可能在我的‘落后非落后’说了几句不得体的话。但是这一切已成‘过去’了，现在又凡事重新开始。若世界真还公平，他的文章应当说比几个大师都还认真而有深度，有思想也有文才！‘大器晚成’，古人早已言之，最可爱还是态度，‘宠辱不惊’！”收入《全集》第21卷。

10月21日　《学习古典文学与历史实物问题》发表于《光明日报·文学遗产》第437期，署名沈从文。读者白芷来信请教历史故事的写法，沈从文以此信作复。文章的标题为《光明日报·文学遗产》编者所拟。收入《全集》第31卷《文史研究必需结合文物》集。

10月24日　致信中国历史博物馆副馆长陈乔，并为之开具历史图像常用材料。收入《全集》第21卷。

---

① 阿英：《阿英全集·附卷》，第463页，安徽教育出版社2006年版；同时参见吴家荣著《阿英传论》，第275页，安徽教育出版社2009年版。

10 月 28 日　复曾景初函。收入《全集》第 21 卷。

10 月 29 日　为历史人物画像事致信李之檀，同时为之开列了参考资料目录。复程应镠函。两信均收入《全集》第 21 卷。

十月 复戴亚东函，谈及对陈渠珍的看法："我们地方因为这位大人眼光窄小，只图自保，自作聪明，死去了万千青年，所属廿多县，廿卅年什么建设都说不上。即家乡千百年青人，也都在他的聪明计算下一一毁去。真是使人痛苦事情。记得我未离开时（似民十左右），聂简堂姨父，即一再和我说过，曾劝他把大量年青人送出外面去，照在他司令部一样给钱，让年青人出外面日晒雨淋经验一下风浪，即作'叫花子'也比在保靖司令部吃鸦片烟好得多。我当时即由于他的鼓舞而外出。到了外边后，即不断为他写信，也谈到这件事，一直继续到抗战那年，回转沅陵，在芸庐请他吃饭，季韬似乎也在，还是讲到讲到这件事，让年青人出外闯天下，免得在家乡堕落，现在算来也又廿七年了。他自己死了，所有五十岁以上的人也差不多死光了，在他当权前后卅年中，由他帮助送出外面读大学的，即他自己亲戚在内也无一个人。文蛟、子光即来，什么也学不到，只学会唱京戏，装成假洋人样子混日子。"收入《全集》第 21 卷。

11 月 1 日　张宗和致信张充和，信中叙及沈从文家中近况："三姐来信说到凌宏毕业已分到北京某工厂工作。小龙小虎均已有女朋友，看来小虎还要先结婚，因为小龙的朋友还很年轻，嫂子比弟媳妇小得多，三姐很高兴，从前三姐老说她的儿子不开窍，谁知暗地做下了，她还不知呢，现在一到星期日老婆婆总在家做饭款待未来的儿媳们，其乐可起矣。从文说来贵阳没有来，不知何故。"①

11 月 5 日　遇王伯祥。

11 月 7 日　致信一位海外老朋友。现仅存残稿，收入《全集》第 21 卷。

11 月 10 日　致信钟林轩，并为之开具戏剧服装、道具设计参考草目。收入《全集》第 21 卷。

---

① 张充和 张宗和：《一曲微茫——充和宗和谈艺录》，第 284 页，广西师范大学出版社 2016 年版。

11 月 21 日　致信李之檀并附“《宦娘》拍制参考材料”。收入《全集》第 21 卷。

11 月 22 日　致信钟林轩并附“《宦娘》拍制参考材料”。收入《全集》第 21 卷。

11 月 26 日

本日　据《夏鼐日记》载：“阅沈从文、王家树《中国丝绸图案》，竟没有说明材料来源及断代根据。”

11 月 29 日　致信陈翔鹤：“凡不在保管部门诸同志工作内的杂活，已正式要我少揽些，便不大好意思再过分好事增加他们麻烦了。”“假若我是一个什么‘长’，情形自然便大不相同。因为尽管鼓励人‘独立思考’，事实上许多人已习惯‘不独立思考’，凡事依样葫芦画下去的。我若是什么部长馆长，同样一种意见，反映必大不相同。不巧我始终是个普通研究员，说话便不大抵事，即或准备为他们作‘垫脚石’，而作种种努力，还是不免有‘后无来者’感，有时不免有些着急，但亦无可奈何。”收入《全集》第 21 卷。

11 月中旬　致信钟林轩。收入《全集》第 21 卷。

11 月下旬　为来中国历史博物馆进修事致信钟林轩。收入《全集》第 21 卷。

十一月 在 1953 年 10 月末致高植信上写下批注数行，并说明高植“因心脏病死去。距彼初次由南京大学相识已卅余年。也频丁玲被捕，曾为奔走过。”收入《全集》第 19 卷。

12 月 7 日　得邵洵美信。邵因生活困窘，欲出让家藏宋代官窑洗子，致信沈从文。复邵洵美函。收入《全集》第 21 卷。

12 月 31 日　寄程应镠碑拓并信，信中说：“生命不可解处大致也正在此一点上，它存在，就不能静止，真应合了庄子当年说的‘大块劳我以生’，我或许还要盲目的劳动几年，在几个无人肯搞的问题上摸索一阵，做些费力不讨好的工作，到精疲力尽，才会真正休息。这十年来似乎又学了一大堆东东西西，事事物物，只是灾诸枣梨的机会，大已不会多了，因为学的多是各种形和色以及彼此关系，既不像‘学术’，也不是目下艺术家说的‘美术’，倒像是天生为各方面服务打杂用的。作得倒使人高兴，自己也觉得有意义，因为生命有个使用处，虽然用得不够经济，总还是在为了推进一切向前而用！”收入《全集》第21 卷。

十二月　作《假如我们再演〈屈原〉——关于人物形象的塑造及服装道具如何古为今用》。“文化大革命”中文稿曾被抄没，专案组要求沈从文交代文稿性质，沈从文在签条上注明：“这个文件十分有用。因为对于博物馆将来作历史画，必需这么全面考虑材料应用，才不至于笑话。”沈从文生前本文未曾发表。据手稿收入《全集》第 31 卷《文史研究必需结合文物》集。

本 年

春季　作诗歌《赠蔡天心、江帆兼及诸同志》。本诗沈从文生前未曾发表。据手稿收入《全集》第 15 卷《井冈山诗草》集。

夏季　作诗歌，未完。据手稿以《残诗》为题收入《全集》第 15 卷《青岛诗存》集。

夏季　作《陶瓷装饰艺术的进展》（上篇）、《陶瓷装饰艺术的进展》（下篇），未完成。据手稿收入《全集》第 28 卷《中国陶瓷研究》集。

秋季　作《清初瓷器加工》。本稿曾提供给景德镇陶瓷研究所参考，原稿后有借阅经手人的附注：“原稿请妥为保存，勿脏勿折。”该稿曾在“文化大革命”时期被查抄，沈从文在专案组要求交待此稿问题时，在所附签条上注明：“本文谈清瓷，和新的生产有关，望莫毁去，要重抄并改正。”本稿沈从文生前未曾发表，据手稿收入《全集》第 28 卷《中国陶瓷研究》集。

本年　为北京人民艺术剧院作《关于〈武则天〉一戏参考资料》，收入《沈从文全集·补遗卷 3》。

据郑榕回忆：“1962 年排《武则天》，再度聘先生为顾问。先生认真读完全剧，然后列出关于《武则天》一戏的参考材料。稿纸 10 页共 64 条，用毛笔楷书写成，详细介绍了与剧中人物形象有关的资料。如‘四、敦煌二二〇窟贞观十六年壁画维摩说法图下部帝王与侍从执宰大臣（执宰大臣特别重要，历传有线勾复本稿，必需从这个画上装扮朝臣）；五、又一九四窟同画（时代较晚，武后高宗出行仪仗仍可参考）。’上注：裴炎等装束相貌必需参考此二幅。其余举凡唐代初期服装、坐具、会茶场面、书斋布置、刑具、审案、紬缎染织、莲子羹盛器……无不具备，再次展现先生一丝不苟的钻研精神。”①

本年　为临摹故宫名画事致信李之檀：“我这几天正在为准备明年曹雪芹纪念会查《红楼梦》中文物，将来可能会在故宫搞一个展览，从馆中要调那个《王府图》等等去展出。”收入《全集》第21卷。

本年　参观北京市工艺展后，致信杨士惠、潘秉衡。本信仅存残稿，收入《全集》第21卷。

本年　作诗歌《忆崂山》。后经多次修改以《白玉兰花引》为题并附《〈白玉兰花引〉跋》四种，收入《全集》第15卷《青岛诗存》集。

本年　致信饶梦侃。据残稿收入《全集》第21卷。

---

①　郑榕：《我所认识的沈从文》，《我与北京人艺》，第126页，东方出版社2000年版。

1963年　62岁

3月1日　中共中央发布《关于厉行节约和反对贪污盗窃、反对投机倒把、反对铺张浪费、反对分散主义、反对官僚主义运动的指示》。

3月5日　《人民日报》发表毛泽东"向雷锋同志学习"的题词。

6月17日　《人民日报》发表《关于国际共产主义运动总路线的建议——中国共产党中央委员会对苏联共产党中央委员会一九六三年三月三十日来信的复信》。

9月6日　《人民日报》《红旗》杂志发表《苏共领导同志同我们分歧的由来和发展——评苏共中央的公开信》，中苏两党间展开了公开的论战。

12月12日　毛泽东在中宣部文艺处编印的《情况汇报》上作出批示，全面否定了新中国成立以来的文艺工作："社会主义改造在许多部门中，至今收效甚微。许多部门至今还是'死人'统治着。"

1月10日　读毕《中国工艺美术史简编》。

致信罗汞子，谈对《中国工艺美术史简编》一书的印象。收入《沈从文全集·补遗卷3》。

3月19日　复沈岳锟、田真逸函。收入《全集》第21卷。

三月　作散文《过节与观灯》。

4月9日　为研究工作分配事致信中国历史博物馆馆长龙潜，对本馆工作提了很多建议，但惶恐之情溢于言表："我这些想法，也可能由馆中领导看来并不现实，还近于一种小资没落阶级思想的表现，估计个人常识偏高，而忽略了群众能力智慧之不可及，并且我想到搞的问题，在馆中说来也始终是可有可无不急之务，并且也不是党所期望于我的，那我就承认错误，不再作这些不切实的妄想打算，把工作学习范围缩小，尽余生就服装和丝绸花纹历史发展摸下去。""所以即写这种信，也不免怀着一种惶恐忧虑心情。"收入《全集》第21卷。

4 月 12 日　《过节和观灯》发表于《人民文学》1963 年第 4 期，署名沈从文。收入《全集》第 12 卷《南北风景》。

4 月 18 日　上午，与巴金、曹禺、李健吾、沙汀一起晤谈，至北海仿膳吃午饭。[①]

4 月 19 日　参加中宣部召集的文艺工作会议及文联第三届全国委员会第二次扩大会议，国务院总理周恩来在会上作了《做一个革命的文艺工作者》的报告。[②]

4 月 21 日　上午，巴金、李健吾来访。“十一点到从文家，见到从文、兆和，健吾也在那里。今天是星期日，孩子们都回来了。母亲一点儿不显得老。可是孩子们都成了活泼的青年。从文夫妇对我还是像从前那样地亲切。”（《巴金日记》）

4 月 25 日　晚，请巴金、李健吾到四川饭店吃晚饭。“饭后又和从文到影协看参考电影《伊凡童年》和《一年中的九天》。家宝来找我，在场内谈了一阵。放映完毕，家宝送从文回家。”（《巴金日记》）

4 月 28 日　就王冈绘曹雪芹画像真伪问题复函吴世昌。收入《全集》第 21 卷。

4 月 29 日　晚上，至王府大街文联大楼观看昆剧演出。

四月上旬　致信严文井，以“文化服务社问事处干部”自称：“万一此后某一部门，有涉及‘工艺教学问题’，和‘外销工艺美术品滞销及其原因’报告会时，能让我参加听听，即让我参加听听，也好配合新的需要，趁精力还来得及，为国家多作一点事情！”收入《全集》第 21 卷。

四月下旬　出席第三届文联全委会扩大会议并在会议上发言。黎之记录了沈从文发言的主要内容：“不少老作家艺术家们，似乎还停留在六一、六二年新侨会议‘文艺十条’时的思想状况。对抓阶级斗争，反对修正主义思想准备不足。也不太关心‘大写十三年’的争论。我笔记中还留有参加一次老前辈们座谈时的随记。那次在会议上发言的有：茅盾、俞平伯、沈从文、臧克家、陈半

---

① 本次聚会日期有两种记载，《沙汀日记》中作 17 日，而巴金在当日写作的日记、书信中均作 18 日，两者相较，巴金日记、书信似较为准确，今从巴金所记。

② 参见黎之：《回忆与思考——“大写十三年”的大争论及其背景（下）》，《新文学史料》1997 年第 4 期。

丁等。……沈从文说：风景诗不能说是小摆设，但要有个比例，不能太多。风景诗写好了，革命性、战斗性也很强，他不赞成有人说，读坏书把青年变坏了。他说，不能怪书，不能因噎废食。要提倡青年多读书。不读书的人照样作坏事。”①

5 月 4 日　为北京人民艺术剧院来馆参观事致信陈乔，时人艺正在排演田汉话剧《关汉卿》。收入《全集》第 21 卷。

五月 为林志钧（林宰平）的遗著《北云文集》作《跋》。后以《〈北云文集〉跋》收入《全集》第 16 卷《序跋集》。

6 月 13 日　下午应政协联络组之邀，出席在政协礼堂举行的关于五反运动问题的座谈会，座谈会由邵力子、胡子昂主持，参加者有宋云彬、叶至善等。

6 月 16 日　复沈云麓函并寄照片两张：“小说不久还是得写，也有可能在不太费事情形下，有个半年到一年时间，就能完成。只是必需换个地方，到一新的陌生处去，才有希望。住北京怕办不到。服装史也还在进行，助手尚得力，画得相当好。只是尚缺少一个搞文献抄文献的助手。我自己来又太慢，因为只是一双手，还有许多用场，闲不住。绸缎花纹史也有了个基础，待有一二助手，作个二三年，将会得到崭新成就。我还想另外来搞搞玉的工艺史！”收入《全集》第 21 卷。

6 月 18 日　下午三时，龙宗鑫、张仃、王家树来沈从文家，后一起前往香山，住在香山饭店 340 号。

6 月 19 日　上午，与张仃、罗叔子、龙宗鑫、王家树等一起谈工作。6 月 18—19 日所记日记以《日记二则》为题收入《全集》第 21 卷。

　　致信张兆和。收入《全集》第 21 卷。

6 月 25 日　致信沈云麓。收入《全集》第 21 卷。

① 黎之：《回忆与思考——“大写十三年”的大争论及其背景（下）》，《新文学史料》，1997 年第 4 期。

7月5日　致信张兆和等家人，“这里工作进行得还好，最厚一部稿子今天已可改完。分量过重，内中又多具体问题，几个人看不下去，所以到一半后即由我个人看并注修改意见。他们看家树的。家树的太简，大致不宜付印。其次是四川龙先生的，材料也不够。待补充，恐怕也得由我来解决，若一一具体，可能还得用上一月时间。但是文化部总的估计只一月半时间，所以如何处理将在明后天提出建议。因为看情形罗的大致可付印，但内容较深，一般美院学生将消化不了，所以必附一本有图片五千的参考图书，初步估计拟在城中看一礼拜库藏，一礼拜图录，一礼拜照片来解决这个参考图书。所以下一步如何处理时间和工作还待商量。也有可能在此留下我多住半月，来解决龙的一部（廿五万字）稿。也有可能得带到政协避暑时海边去看了。我很希望今年八九月去庐山或青岛，妈妈也能去。”收入《全集》第21卷。

7月18日　复沈云麓函。收入《全集》第21卷。

7月22日　为雷圭元所著《图案基础》书稿事致信詹蕙娟，提出若干修改意见。收入《全集》第21卷。

8月22日　得沈云麓信，即复，谈及时下的文学创作：“新社会正用种种方法鼓励新人新作品，只要肯听党的话，老老实实用心认真学下去，写下去，把当前一些成功作品当作参考，照政策要求写去，过不到二三年，便自然会有出路。一个作品稍稍写得好些，还可供全国广播，或改成电影，成为全国知名作品！做一个现代作家，真正是幸福！其中也许还有些‘巧招儿’，比如说，他的文章即或并不怎么真正看得去，还是得到普遍好评，可能还有许多别的原因，我最缺少的恰是这方面知识，因之也说不出什么意见。总的说来，是写作要出路，极容易，不困难。照目下社会要求去努力，大家写什么你也写，文字比较顺，过不多久即可有出路。但是若仅仅只知道努力去写，可能有人也会走弯路，费力难讨好，还是得注意‘写什么’，越懂得多而深刻，照样作去即可事半功倍！（过去我们写作，以艺术风格见独创性，题材也不一般化为正确目的，现在搞写作，主题却不忌讳雷同，措辞也不宜有什么特别处，用大家已成习惯的话语，写大家懂的事情，去赞美人民努力得来的成果，便自然可以得到成功！）收入《全集》第 21 卷。

8 月 30 日　为张兴良写作事再度致信沈云麓。收入《全集》第 21 卷。

8 月 31 日　晚上，观看北京昆曲研习社的彩排演出。

八月下旬　为写作方法事致信家乡文学青年张兴良。收入《全集》第 21 卷。

八月　景德镇陶瓷研究所编写的《中国的瓷器》由中国财政经济出版社出版，收入沈从文所作《序言》。以《〈中国的瓷器〉序言》为题收入《全集》第 28 卷《中国陶瓷研究》集。

9 月 9 日　因与人民美术出版社拟出版的《宋元明清缂丝》一书作者在治学理念上有较大歧异，致信人民美术出版社编辑詹蕙娟："本意从协作上帮点忙，事办不到，只好泾渭异流，分开为是。彼此方法态度基本不同，还是趁早想法分开，不必再勉强凑合在一处。（如果能把一切建议全部收回，即全部收回。）"收入《全集》第 21 卷。

9 月 20 日　致信沈云麓。收入《全集》第 21 卷。

9 月 27 日　为朱家溍所作漆器文章事，致信唐兰。本信未收入《全集》，照录如下：

力庵先生：

得示并朱先生文案和王魏诸兄意见，文章一再读过，得益正多。有关艺院"漆工艺教材"，系四川沈福文先生编辑，我只是当时读者之一而已。这方面我实在是个外行，说的话恐支蔓无分寸，附纸望斟酌情形，觉得对朱文修改有点益，且有必要修改，再发表，即转致一下。觉得意义不大，且院刊又急于付排，即留下来，且候将来拟作大型图录序言用时，再供朱先生修改参考。

本文中既说是"漫谈"，我同意世襄兄意见，只须能多用点心，多抄改几次，发表时自然更好些。删去些不必要字句，无妨作院刊用。因为当作一般说明性介绍文字，还清楚有条理，且有些见解极正确。若作图录序言，分量似乎轻了点，压不住阵脚。最好能再下点工夫，引用些其他文献和相关形象材料，作作爬梳探讨工作。纵横联系看看，把技法、图案、造形［型］、来龙去脉弄个清楚，至少比日本学人搞得深、透，文字也写得稳妥、扎实一些，送出去比较好。因为故宫元明藏品多，而漆工艺进展又有个历史传统，近十年发现又给人极多有益启发，元明成就并不孤立存在，不仅和以前生产成就有联系，也和同时工艺各部门息息相关，要介绍得恰到好处，有关问题不能不摸摸。比如文中引明人叙述谈唐宋漆事，多不怎么具体，只近于一般鉴别家言，而缺少客观分析，极容易以讹传讹，似是而非。如说唐法之平锦地，宋之金□胎，只据笔录孤证而信其有，不就大量宋人笔记而轻其无，便值得商讨。求序言有分量，有见地，能配合图像，代表国家博物馆对于这一部门研究新的成果，我想除了如世襄兄说的"宜就现有实物作较深刻细致比证分析"，还值得在技法、图案、造形（型）、探源溯流上作点工作，远者不论，至少得从唐代襄州生产影响到全国效法的"库露真"作起。日人有专文，说的不透，大可充实提出种种问题。库露真据六典称有"碎石纹"和"花文"两式，唐诗却称为"玲珑"之至，碎石文或和"斑犀""豆瓣犀"有关，花文［纹］则绘、嵌、镂、剔及其他尚多。若联系"玲珑"而言，便挖"剔红"，总之和后来发展必不可分。云雕应即"福儿犀"，同属犀皮之一，目前虽尚无唐宋实物足证，但信阳出战国时漆几，已作瓦楞式珍雕剑□如意云。唐则敦煌画二妓女图，有一人捧箧子，恰作此式花纹。宋则一谈茶事书曾引一云雕"盏"托，近年出土实物一艮瓶上作如意云纹。直接间接材料都说明这种作法实源远流长。又宋代除《梦粱录》曾提及临安有"金漆行""犀皮行"，得知犀皮漆在当时已为专业生产，花样必不少。还有史书中叙鞍制十余种，和漆器加工进展关系都格外密切，而带制廿余种花纹，和《营造法式》石作部分均提及浮雕中的"别地突起"、"识文隐起"等作法，明《髹饰录》中在漆作法中就有同样名目，决非偶然凑和［合］。所以谈明漆来源不引宋事，说"承先顾后"将不免会落空。又明人称宋官内作漆用金□胎。但宋代可靠而重要文献之一《大金吊伐录》中提及金人围城，索金□犒军时，宋政府回答，却说官中金□器物已敛尽，余下只是一些漆器，答有金□胎、宋人岂有反而不知之理？至于图案布置艺术风格等，各仅就漆言漆，许多方面将难得尽解，谈不很透，易成附会。如能就同时宫廷工艺各部门加以综合分析，则无不可，望得到较深一层理解，……在这种比较广泛认识基础上来谈得失，谈发展，自然就有话可说，并且说得斤两相称，对得起这部门遗产，也不至抑扬过实，影响到其他写专题教材和写美术史的提法上辗转致误。因此我想这个文章即当成一般性说明，用到院刊上，能够较细心作些修改充实，还是比草草付刊好。所以不怕琐屑，将个人读后意见另纸录陈，供朱先生参考。只当成“普通读者中，也还有那么细心人，注意到文章中一字一句的轻重分量”，作者或者就不至于以为修改重抄过于费事了。

并□著安

沈从文

九月二十七日[①]

九月　作诗歌《穿石古榕渡》《独秀峰颜延之读书岩》。这两首诗沈从文生前均未曾发表。据手稿收入《全集》第15卷《郁林诗草》集。

九月　吴晗主编的《中国历史常识》第5册由中国青年出版社出版，收入沈从文撰写的《我国古代人怎么穿衣打扮》一文，署名沈文。收入《全集》第30卷《织绣染缬与服饰》集。

10月1日　参加国庆观礼。（顾颉刚日记9—740）

10月13日　致信沈云麓。收入《全集》第21卷。

10月19日　下午，随政协考察团抵达广州，入住广东省交际处，同行者有刘开渠、戴爱莲、蒋兆和等人。致信张兆和。收入《全集》第21卷。

10月20日　上午，随团参观黄花岗、红花岗、中山堂、农民讲习所等处。

---

① 祝勇：《沈从文与故宫博物院》，《新文学史料》，2020年第2期。

下午，参观外贸展。晚上，观看粤剧《红霞》。

10月21日　致信张兆和。收入《全集》第21卷。

10月22日　参加广东省人民委员会会议，副省长林李明为到会代表和委员介绍广东省一年以来的工作情况。

10月24日　致信沈云麓。收入《全集》第21卷。

10月27日　上午，至粤秀公园参观绘画展览。

中午，至关山月家用餐。沈从文在28日致家人信中曾有详细记述："我们看了粤秀公园一个绘画展览，坐车上去，建筑大而不适用，灯光暗暗的，画倒有不少好的。后来转到河南美术学院去到关山月家大吃了一顿，广式菜，腰圆盘子上了十来道，完事时各人一只香蕉似乎有半斤重。后来又上楼去看画，蒋兆和为他们画了两张，关山月和黎雄才二人合作为我们各画一张，都很好。我的一张是古松藤萝下面空空的一人骑马前行。很有意思，我于是在心里做诗一首：鬑鬑绿发秀，婷婷迎春风，桓桓万夫雄，骏奔千里足，娟娟如有情，含笑意未申。鄙薄泰山封，揽辔吾欲东。派头似乎还好，且极切题。所以蒋兆和虽说要我题点什么，内中并没有人知道我会写字，还是没有写出来。"信中所说的诗沈从文生前未曾发表。后以《看关山月、黎雄才作画》为题收入《全集》第15卷《郁林诗草》集。

10月28日　上午，参观雕刻工厂、文物商店。

中午，致信全家大小，介绍在广州之种种见闻。收入《全集》第21卷。

10月29日　从广州出发经衡阳前往桂林。

10月30日　在衡阳转车期间，参观市容。晚上观看花鼓戏。

10月31日　早晨五时由衡阳上车，下午抵达桂林。致信沈云麓。收入《全集》第21卷。

十月 修改诗稿《忆崂山》。

11月7日

本日　香港《大公报》刊发了记者湛静写的通讯《南海佛山石湾新气象——随人大代表政协委员刘开渠等视察记》，文中说："故宫博物馆研究员、老作家沈从文，对陈列室中一尊洛神像的神韵，极为赞赏。到创作室，人们介绍作者与他认识。”

11月9日　在长沙致信沈云麓。收入《全集》第21卷。

11月12日　致信张兆和，由贾谊、屈原的经历引发出很多感想，集中体现了作家这一时期的思想、心态。特摘录如下：

> 我如再深入些些，把两人本传来作些理会，在这个情形中的必然和当然，以及在那个历史环境中的必然与当然，小妈妈，一定会写得出两个极其出色的新的屈贾故事！我懂得到在这个气候下背景形成的调子应当是什么，加上从二人身世和文章中去简练揣摩，写出来一定会情感充沛，有声有色。不会像陈老写《嵇康》那么带刻板做作气。因为写这类人事实上比写翠翠、贵生还容易得多！可以从各方面去体会，去刻画，去布局润色，而作得十分准确生动。只要另一时，把我放到一个陌生地方去，如像沅陵或别的家乡大河边一个单独住处，去住三个月，由于寂寞，我会写得出好多好多这种动人东西！脑子奇怪处也就在此。我经常在什么书本上欢喜题上“人生可悯”，也正是这个意思。我深深懂得脑子里近于自小具有的想像力和后来卅年运用文字成为习惯的另一种能力，一到某种寂寞环境中，即可以（也必然会）在不甚费力情形中，作成种种结合，组织成种种幻想的或写实的故事。不论是纯粹幻想或平凡真实，都可望作得异常生动感人。由于我懂得如何即可感人！在三五千字造成一种人事画面，总会从改来改去作得完完整整的，骨肉灵魂一应俱全的！这是一种天赋或官能上的敏感，也是一种长时期坚强固持的客观反复学习。两者的结合，却又和“寂寞”关系异常密切。酿酒也得一定温度，而且安静不扰乱，才逐渐成熟！生活实际对于一切的隔离，也可以说由于机能上补偿的需要，便可帮助养成一种深一层的“想像力”和“理解力”，文字若又能加以适当的概括，即可熔铸成种种有声有色的人生。凡最好的诗歌，最好的音乐，最具感染力的好画，来源几几乎完全相同，不同处只不过是它的结合成形的方式和材料安排而已。相反的一个动力，即

如懂画的布局敷色，懂音乐的节奏美，懂其他许许多多不相干的（在你看来以为不相干的）什么事事物物常识常语，却又能共同促进那个先天的敏感禀赋，和后天获得的文字运用组合，在意想不到启发中，形成许多结构新巧感人灵魂的大小篇章。特别重要即是在相同人物相同故事中，却写得出格外生动神奇的故事。

写作中实在大有辛酸！一个优秀作者在某些方面和个精密机器差不多。制造出一具灵敏机器，很不容易。花钱再多，并给以各种物质条件，精神鼓励，成就还是有限。要的是另外种种。制作、成功是在千百回失败经验中，才会得出一点点有用结果的。但是接收这种不费半文钱的机器，若不善于使用，不善于保护，毁坏却十分容易。一经毁坏，修复也就相当困难。特别是这种精细复杂机器，一经改装作别的使用后，修复就更加困难了。听个工人说，“一架机器也有机器的脾气”，何况是一个有性格的人？人的“共性”容易理解，也易于运用，人的“特性”却并不易用公式去衡量。人是一个十分复杂的机器，简化他纳入范围容易，就其所长充分加以利用，却不容易。利用还得从理解作起！

本信曾以《由长沙致张兆和》为题收入《沈从文别集·龙朱集》。收入《全集》第21卷。

11月13日　上午由长沙启程返回北京。

11月14日　中午，抵达北京。

11月17日　上午10时30分，中国人民政治协商会议第三届全国委员会第四次会议在政协礼堂隆重开幕。沈从文出席了本次政协会议。

11月19日　上午，到政协礼堂开小组会。

12月4日　上午，中国人民政治协商会议第三届全国委员会第四次会议闭幕。在出席本次政协会议期间，沈从文提交了6个提案。

12月12日　致信沈云麓。收入《全集》第21卷。

12月中旬　政协会议结束后，致信文化部副部长，汇报自己的提案情况。

本信仅存残件，收入《全集》第21卷。

12月26日　历史博物馆成立征集鉴定委员会，沈从文为委员之一，主任委员为龙潜。

十二月　据《中国历史博物馆大事记》记载："文化部副部长齐燕铭在部党组会上传达周恩来总理指示，责成中国历史博物馆负责《中国古代服饰资料》的编辑工作，由副馆长陈乔主持，馆长业务秘书陈鹏程和陈列部主任王镜如拟定计划，沈从文主编，陈大章、李之檀、范曾协助绘画工作。"①

郑笑枫写的《坚实地站在中华大地上——访著名老作家沈从文》一文曾对沈从文编写《中国古代服饰资料》（后更名为《中国古代服饰研究》）的原委有较为详细的描述：

> 1964年（按：当为1963年）周总理找到当时文化部副部长齐燕铭说，他每次出国，参观一些国家的博物馆、蜡像馆，都看到有反映该国悠久文化的历代服饰陈列，我们是个大国，为什么在这方面还没有一本书？
>
> 总理问：现在我们有谁在研究古代服饰？
>
> 齐燕铭回答说：沈从文先生在研究。
>
> 总理当即决定，把这个任务交给沈先生，给他配七八位研究人员当助手，给他充分的工作条件，编写出一部中国历代服饰的书出来。
>
> 沈老受到周总理的重托，连夜赶拟草目，上起殷商，下至明清，他计划全卷编写十本，并决定先搞出一个试点本。②

本　年

秋天　复彭武一函，谈及自己过去的写作：

> 关于弟过去习作，多是卅年前习题写成的，思想多不成熟，且

① 北京博物馆学会主编：《北京博物馆年鉴（1912-1987）》，第176页，北京燕山出版社1989年版。

② 郑笑枫：《坚实地站在中华大地上》，《我所认识的沈从文》，第147页，岳麓书社1986年版。

无一定倾向，追求效果而不怎么重视内容，写到家乡事情时，虽所见所经历，全是一片血泪，统治者的对人民无情残酷屠杀压迫，无所不至。中层寄食阶级，则不是狡诈成习，依附于军阀，鬼混日子，即糊涂无能，终于在烟赌中送去残生。人民则在重重压迫中无以为生，有时且以千计被屠杀。统治者和大地主的种种不利于人民行为，和人民的困难我都相当熟习，中层知识分子的毫无理想的过日子方式，我更加明白清楚，但反映到作品中却并不怎么多。总像是有意无意在避开这些问题。较后几年即在部分小文章中有所暴露，也并不彻底，还是不轻不重的作局部反映，不能当成主要重点来反映，例如由《湘行散记》《湘西》，到《萧萧》《丈夫》《贵生》《顾问官》等等，都只是在一种同情人民立场而对地主官僚作些轻描淡写的讽刺，近于不痛不痒，因此影响也不会怎么大。有的如《边城》《三三》《丈夫》《萧萧》，且不免近于逃避现实而作的乡村风景画，文字表现上即或取得些轻微成就，大处却把握不住，有的且把阶级对立部分模糊了。用卅年前水平说来，算是有些新意思，反映部分乡村本色，不一般化，文字也还朴素扎实，明朗准确，能适当表现人物性格。但用现在标准来看，可就是“过时货”了。正如保靖府上四十年前的茶叶，当时在一定范围内比较，味道还不太坏，现在拿出来可就过时了，因为搁了将近半个世纪，这半世纪恰好又正是翻天覆地的变化，我那些过时东西，当然就只能有点历史意义，不值得再注意了。新的作品主要是应在政治思想要求上为当前形势服务，为无产阶级政权的加强而服务，因此兄的新作，希望得到应有成功，最有价值参考作品，可能还应当从近十多年成功作品多注注意，有所取法。比如由《新儿女英雄传》到《红旗谱》《保卫延安》等等，即有一系列公认为伟大成功作品，在广大读者都留下深刻印象，且有个共通格式可以参考取法，写来比较省事又容易见功。又近年有大量用民族地区故事编的电影，反霸反特斗争均有一定程式可循，也值得注意。主要是读者熟习题材，易于接受，写出来刊物编者即容易认可。这种创作态度和方法，从旧的眼光看来似不大好，用新的比较现实态度说来，却容易得到出路，所以还是值得注意！

该信仅存残件，收入《全集》第 21 卷。

本年　在“曹雪芹逝世二百周年纪念展览会”筹备期间，曾给阿英一信，全文如下：“阿英先生，昨托傅扬同志一达，拟特来拜访。顷因得通知，本星期将为突击一新陈列而忙，一连七天，恐都得在馆中库房和陈列室工作，因特来一致歉意。俟将突击工作完成后，当再谋一访请教也。沈从文八日下午二时。”[①] 本信《全集》编者作为 1956 年信收入 19 卷，结合沈从文与阿英交往并吴泰昌回忆，当写在“曹雪芹逝世二百周年展览会”筹备期间为是，时间当在 1962—1963 年间。

本年　致信陈大章，谈为北京电影制片厂《白蛇传》剧组提供参考资料事。收入《沈从文全集·补遗卷 3》。

本年　致信杨荫浏，谈对中国音乐研究所编的《中国古代音乐史料辑要》一书的意见。收入《沈从文全集·补遗卷 3》。

本年　为上海戏剧学院教师周锡保、林佩芝来中国历史博物馆参观事致信陈乔，并开列所需材料目录。收入《全集》第 21 卷。

本年　作诗歌《到阳朔时》《古榕渡》《由船上望新坪山村》。这些诗沈从文生前未发表。据手稿收入《全集》第 15 卷《郁林诗草》集。

本年　作《螺甸工艺试探》。沈从文生前本文未曾发表。1997 年 6 月，王矜根据沈从文的不完整手稿整理成文，以《螺甸工艺试探》为题发表于《传统文化与现代化》第 3 期，注明“沈从文遗作”。据作者校改补充的全稿收入《全集》第 28 卷《漆器及螺甸工艺研究》集。

本年　作《明代的灯市和灯》。沈从文生前本文未曾发表。收入《全集》第 31 卷《龙凤艺术新编》集。

本年　林志钧著、陈陶心注《北云集》（上下两册）线装本刊行，该书由陈毅题写书名。收录了沈从文写的《〈北云文集〉跋》，收入《全集》第 16 卷《序跋集》。

---

① 吴泰昌：《和文学大家》，第 64 页

1964 年 63 岁

5 月 1 日 《毛主席语录》出版，下发部队。

6 月 5 日 首都京剧现代戏观摩演出大会在北京举行。

6 月 27 日 毛泽东在中央宣传部文艺处《关于全国文联和各协会整风情况的报告（草稿）》上作出批示：“这些协会和他们所掌握的刊物的大多数（据说有少数几个好的），十五年来，基本上（不是一切人）不执行党的政策，做官当老爷，不去接近工农兵，不去反映社会主义的革命和建设。最近几年，竟然跌到了修正主义的边缘。如不认真改造，势必在将来的某一天，要变成匈牙利裴多菲俱乐部那样的团体。”

7 月 1 日 《人民日报》发表《文化战线上的一个大革命》。

7 月 7 日 中共中央书记处会议决定成立“文化革命五人小组”，根据毛泽东的提名，彭真任组长。

9 月 1 日 中共中央转发《关于一个大队的社会主义教育运动的经验总结》。

10 月 16 日 中国第一颗原子弹爆炸成功。

12 月 21 日 国务院总理周恩来在三届人大一次会议上所做的《政府工作报告》中提出了“把我国建设成为一个具有现代农业、现代工业、现代国防和现代科学技术的社会主义强国”的目标。

---

1 月 2 日 致信沈云麓。收入《全集》第 21 卷。

1 月 8 日 致信沈云麓。收入《全集》第 21 卷。

1 月 16 日 《巴拿马的斗争火炬》发表于《光明日报》“东风”副刊，署名沈从文。本文未收入《全集》。后收入《全集·补遗卷 1》《跑龙套》集。

1 月 18 日 中国文联工作人员陈慧来访，形成访问纪要，经贾俊学发掘、整理发表于《新文学史料》：

他谈到创作，认为现在太优待青年作家。有些作家写得太少，不成话，不知系何原因："我总觉得现在培养作家的方法上是否有些问题？应当鼓励青年作家大量写作，但不一定要求他们的作品每篇都够水平，都发表。我们从前写得很多，虽许多没有能够发表，但在艺术上得到了锻炼。现在太优待青年作家，只要稍为过得去的作品即发表，并加以宣扬、广播。这样会使他们满足于这样的作品，我看发表出来的作品生活面太窄，人物不深刻，不多种多样。像这样的作品，我感到太容易了。现在有些作家写的亦太少，有的少得不成话。不知道什么原故？"

他认为现在的创作艺术水平低，不知对作品的要求是什么？"我不知道现在对作品的要求是什么？所以不敢写。看了发表出来的有些作品，感到只有政治内容而无艺术性，有些发表出来的诗文简直是宣传品，口号化、公式化。我就怀疑是否现在的要求就是这样。因此，我就不敢写。究竟怎样才算为够水平。其实毛主席早就说过，政治性与艺术性必须结合，艺术性强，政治性才起作用，有了政治性，艺术性亦才能起作用。我有时写些东西，想发表，首先家里就通不过。我爱人在《人民文学》编辑部工作，她看完了就把我的稿子改得一塌糊涂，我亦就不送出去了。她看惯了那一套，所以就看不惯我的稿子了。"

他认为题材可以广一些："工农兵的方向是正确的，但在这方向下，题材可以广一些，不一定都写农村。现在工厂方面的题材就不多；此外方面的亦可写一写。生活面总要广些才好。"谈到他的创作和对文联的要求：

"现在我工作很忙。在编《中国服装史》，预备十一献礼，出版。自己的创作已打算了几年。要写一部史料性的小说，资料已收集了不少，只等写了。过了十一，或者要到各地方去走走。主要是看看文物，看看各地收存的古代绸缎，因我在历史博物馆就搞绸缎的花式，图样等，将来要和目前绸缎生产结合起来。能下去呆一个时期，亦可帮助我的写作。届时要请文联联系各地文联替我解决住宿问题，可以减少我的费用。”[1]

收到沈云麓信，即复。信中这样介绍正在选编中的《中国服装资料选集》工作：“所编图录约二百页。每页都得作适当说明，五百到一千字，三月到四月底得交稿，是个比较重分量工作，不大好办。因每天写两个说明外，末了还得写一个万把字总论，真是重头戏。我的构思基本方法，和一般人又不大同，这些稿又照例得层层送上去，由馆长到部里，且可能还得到中宣部，得迁就他人的意思，说些和本书真正无关的话。或照别人意思，写出一些似是而非的习惯话，反而把真正研究心得大量删去。这都是相当费力而不讨好的事情。”收入《全集》第21卷。

1月22日　致信沈云麓，谈及工作条件时说：“如真的要进行研究工作，首先还得把研究方法研究条件能有所改变，工作才可望取得真正进展！但这些事情，既然是明明白白为了国家，为了共同提高而作的事情，上面若有人，应当为我准备些工作条件，让我得到更多些工作便利，才可望加一把劲上去，用同样时间，取得加倍成果。现在反而总像是我私人的事情，要我去请求，经上面批准，才可望实现。不批准便办不通，要什么都没有。手续都是倒的，真是热心也无处使用，不免永远有些无可奈何感。”收入《全集》第21卷。

5月25日　中国文联工作人员陈澂莱来访，并整理形成访问纪要。后经贾俊学发掘、整理发表于《新文学史料》：

> 最近比较忙，正在赶写《中国服装史》的序言和有关文字部分等，约十万字左右；另外还有《中国工艺美术史》《中国陶瓷艺术》《中国漆工业》《中国轻工业》等几部著作的稿子约百余万字，需要最后看一下。本来领导上决定这几部稿子分别由两个人看：南京艺术学院院长陈之佛着重看政治及观点方面；我着重看专业方面的。但是不幸陈之佛同志已于1962年逝世，所以两方面都得由我一个人看了。由一个人看，负担要重一些，但也有好处，因为政治和艺术应结合起

① 贾俊学辑：《文联旧档案：老舍、张恨水、沈从文访问纪要》，《新文学史料》，2012年第4期。

来，这二者是不可分割的。

《中国服装史》要在国庆十五周年时印出来，上述的另外几本是全国各地该专业急需的教材，现在这些方面的师资和教材都缺得厉害，有的同志要分头在南京、上海、杭州等处上课。

我在政协参加学习，每周两次。我们这个组约有三十人，除我以外，大多是各方面的专家。例如历史学家向达等都是我们组的，其它还有外交、经济、法律等各方面的专家。和这些同志在一起学习，对我很有帮助，从各方面得到不少知识。例如前些日子苏斯洛夫的反华言论以及中共中央和苏共中央的七封信等发表以后，我们在讨论时，各方面的专家就结合着自己的专业进行深入分析，历史专家就着重分析他们断章取义地歪曲列宁的话，指出当时列宁是怎么说的，当时的时代背景如何如何，使得大家对修正主义的罪恶面目有了更进一步的认识。我对苏修还是很担心的，担心他们什么坏事都做得出来，担心就意味着要提高警惕。赫鲁晓夫只剩下了召开世界共产党、工人党会议这一着了，看起来他很难召开得成，就是召开，我们也不怕他。真理在我们这一方面。

最近看到我们文艺报刊上有一个非常可喜的现象。青年文艺工作者在迅速地成长。当然像李准这样的同志还不多。不过有些还是很不错的。

我对丝绸史、服装史等工作还是感觉兴趣的，这些年来也还肯钻进去。但究竟算不得专家，而且搞的方面比较杂。在这一方面培养青年一代的工作还是很重要的，现在历史博物馆培养了一个青年，高中毕业生，已经在我们那里工作四年了，成绩不错，他现在看到一种丝绸，就能知道是哪朝哪代那个时期的。但是青年人大多在历史方面的知识较差，加强他们关于史部的知识是非常重要的。历史博物馆虽然培养了一个青年同志，但数量太少。有些青年人不愿做这方面的工作，因为要埋头苦干多少年才行。一般是想当助教的多，因为提升快；想当作家的多，容易出名。

做我们这项工作的，光有书本知识还不行，还得到库房里去研究实物，到全国各地去看。故宫里存的光是明朝的丝绸就有十万件，还不算全国各地的。到全国各地去的计划，我现在还不敢提，提出来，领导上一定会支持的，但是现在时间和人手全都不够。其实对我来说，最容易的事恐怕还是写小说，但是不行啊。首先我爱人张兆和（按：张兆和同志现在《人民文学》任编辑）那一关我就过不去。今年比较忙，明年有时间的话，想到湖南凤凰县家乡、安徽和江西井冈山去一下。我准备写的一位烈士的家乡在安徽，现在我已准备了十万字的材料了。我的家乡是一个少数民族地区，主要是土族、苗族，也有汉族。其实我算哪一族都行，我现在是汉族，我哥哥是土族。前几年曾有同志说，你为什么不算土族呢？我说，算了，现在正在选人大代表，我忽然又要算作土族，不是有点投机吗？这是笑话，随便说说。

文联搞的读书会和参观访问都很好，今年如果到新疆去参观访问，我倒很想去。如果文联组织短期到农村或工厂去，我想到工厂去。我的两个孩子都在工厂工作，而我却很少接触工厂。

我现在的房子挤一些，孩子们回来时只得搭地铺。不过也有个好处，就是离我和我爱人的工作地点较近，很方便。①

6月14日　收到程应镠寄来的《南北朝史话》并信，即复，谈及史学方法：“解放后，地下掏出了过百万件东东西西，且分布各省市，还无人会好好利用。还待训练大量年青博学、消化力强、综合力强的史学家，来进行新的史学探讨。目下的史学界研究情形，实在还是太保守了。考古所工作方法也只限于写发掘报告，不能把一切现有材料更广泛些和史志来分析。必须鼓励有志气的年青学历史的，毕业后准备到博物馆搞空白点，十年后，新的通史在这个新的基础上，才会写得生动活泼而又深刻博厚。才配合得上新的人民时代。”收入《全集》第21卷。

---

① 贾俊学辑：《文联旧档案：老舍、张恨水、沈从文访问纪要》，《新文学史料》，2012年第4期。

6月24日

本日　郭沫若为《中国古代服饰资料》作序。该序后用于《中国古代服饰研究》书中。据王亚蓉回忆："沈先生讲，在书未成稿之前，有次宴会沈先生与郭沫若先生邻座，谈到这本书，郭老主动说：'我给你写个序言吧！'并很快就送过来了，序言成于书稿之前，郭老未看过书稿。许多人不明就里，总是问为什么序言和内容不符，这就是原因。沈先生理解郭老是用这个方式表示点歉意吧！"①

7月1日　作《〈中国古代服饰资料选辑〉题记》。沈从文在第一页前或页眉处写有如下文字："这种题记或用陈馆长名义，或用龙馆长名义，都可以，影响效果会好些。我不一定要露面。工作从整体出发来考虑，比较合理。我宜于在具体工作上多用点心，有意义些。在后记已经提名，就足够了。望龙、高二馆长斟酌。共七页，约三千一百多字，似可放郭题词后。抒情写法较多，如用馆长名义，也许措词还得改正一下。或将郭题词放前，而本文放说明末尾。郭文用三号宋字，本文用四号一般字体。"收入《全集》第30卷《织绣染缬与服饰》集。

7月4日　《中国古代服饰资料》的全部图版、文稿交给中国财经出版社。

7月25日　致信程应镠。收入《全集》第21卷。

8月4日　在大连休养。

致信张兆和。收入《全集》第21卷。

8月28日　上午至华侨大厦访巴金，巴金在结束山西之行后于26日到达北京。

9月15日　作《汇报八月后工作中已作、待作、拟作诸事》，收入《全集》第27卷《谈话及其他》集。

---

①　王亚蓉：《沈从文晚年口述》，第203页，陕西师范大学出版社2003年版。

10月7日　参加政协全国委员会欢迎老挝爱国战线党和中立派联合友好代表团的会议，观看文艺演出。参加者有王伯祥、彭子冈等。

12月14日 《人民日报》刊登《中国人民政治协商会议第四届全国委员会委员名单》，沈从文属于委员中的“特别邀请人士”。

12月18日　致信沈云麓，谈及“四清”和“五反”运动：“乡下‘四清’，城市‘五反’或‘社会主义革命’‘文化运动’都在分别作试点进行，有的教育单位已到初步激烈情形，照趋势说又像有过去反右情形，明日发展，一时还难明白。政协在京委员，除民主党派学习加强，无所属直属小组，分东西城各一组，近几月也合成一组，共约卅五人，一星期三个半天，进行学习，年高的已到八十四五岁，还是精神很好。这么学下去到什么时候，也无所知。”收入《全集》第21卷。

本　年

本年　作《〈中国古代服饰资料选辑〉后记》。沈从文在原稿上附言：“这是依据原来稿综合馆中提示意见修改的，请审定改正后送出版社付排。如删改较多，最好让我再看看。”收入《全集》第30卷《织绣染缬与服饰》集。

1965年　64岁

2月26日　中共中央、国务院发布《关于西南三线建设体制问题的决定》。

4月12日　中共中央发出《关于加强备战工作的指示》。

10月30日　文化部党组拟定了《关于当前文化工作中若干问题向中央的汇报提纲》。

11月10日　姚文元的《评新编历史剧〈海瑞罢官〉》在《文汇报》发表。

11月26日　北京市高级人民法院以“反革命罪”判处胡风有期徒刑14年。

1月13日

本日　巴金本日日记：“从文来信”。原信已佚。

2月6日　上午，在中国人民政治协商会议第二届全国委员会第二次全体会议上发言。

2月24日　致信巴金，本信未收入全集，全文如下：

巴金：

得九日信，知道还在改写中篇故事，希望出版时寄我一本。“英雄儿女”我前后看了三次，综合印象还是觉得导演对于战事处理还不大真实，也许受技术限制，不易布置，也许有意为之，不让战场上见有中国死去兵士……（同时前后不久我们还看“区委书记”，“厚四姐”，都有战斗过程，内容虽较富浪漫色彩，但“武打”似乎热烈逼真些。）女孩子和哥哥相见一场，看相片时，也不大像兄妹情形，却近于小情人。女孩子唱歌，歌词不大谐调。不过总的说来还是很好的，我们一家人通觉得好！

过旧历年时，健吾、之琳，都由安徽乡下回到北京，谈到些乡下“四清”事情，和其他省份朋友回来时谈的竟大同小异，相差不多。城市“四清”这里有几个学校在作重点试行，一时似还无结果。作协方面闻“专业作家”（住会作家）制度已取消，作协工作、组织，今后大致也得有些变动。上海方面不知如何。许多事可能都得听文化部各副部长定局以后，布置新的大政方针时，才可明白一个轮廓。“教改”问题甚多，也还不知如何改。照传闻，例如南开提的文学系改法，则为五年时间中有二年下乡，三年上课，只上文学史，如《红楼梦》即无专题课，时间分配由商代到晚清一段，占十分之四时间，近百年或近三四十年占一半以上，……大致也将一面是“且瞧到作试试看”，一面又是“等等看再说”，看上面如何作出统一指示决定也。我们工作今后如何配合，也毫无所知，只初步明白搞的服装资料十多万字说明，将又成夭折废品，虽已排出，恐只能打三几份样本，个人留个纪念，公家留个档案而已。

近听一上海朋友说，上海有个新的旧书店，五四以来著作架上应有尽有。望蕴真有便时，为我注注意，若可以买得商务及开明版《湘西》《湘行散记》各一二本，和初版《边城》二本、《月下小景》（现代），及良友版《从文习作选》，为我买一下，十分感谢。我头和心脏受血压高影响已不大好，腰部近来也不大对劲，一切机能逐渐见出失灵情形。拟写的一个长篇故事。虽集中大部分原始材料，直接口述的一人（三姐的嫂嫂），近日又已疯去，成了白痴，什么事也不懂，本拟和她同去安徽乡下老家住个一二月，核实一下材料，也办不到了，因此这未完工作，也无法完成了。有些卅年前旧作，虽过了时，新社会已了无用处，但对于个人一生如何工作过来，使白纸成为黑字，却还留下些有用记忆，同时也留下些近半世纪友朋相互鼓励的意义，因此想就这些本子作点注解说明，将来留给孩子们看看，也可以多知道些事情。

北京今年大几个月干旱无雨，华北大部地区缺雨雪，只日前一次小雪，还不到一寸深，土还不能湿透，庄稼受干旱影响必大，令人忧心。

近来刊物新作品多来自生产各部门，稿源日广。惟来稿大多近于资料性报道，用的还必须大力加工，有的且近于编辑重写。编者担负极重，作者本人得益还是不多，常有难以为继情形。正如溜冰常扶着个凳子，行动虽还活泼自由，单独溜即寸步难行。有些作者写写即停止不前，就是这个原因。编辑也由于写作经验不多，综合贯串文字能力有一定限度，因此刊出的作品，总不大能感动人，经常且不能如报纸上一些报道活泼（记者常识比刊物编者多）。不知上海方面有同样问题没有？三姐等工作，因下乡人已一半以上，因之看稿校稿工作相当重，经常即是回家来还得看，星期天无从休息，到校最后一次稿时，还必得在印刷厂过夜。可能分工上也有些问题。幸好近年体力较好转，尚能支持得下去，并且作得挺高兴。但真的为工作计，可不是长久之道。机器一方面虽若越用越灵，另一方面究竟是一种物质，缺少应有保养检修等等注意，忽然出了变故，再想抢修，便来不及了。新知识也有越来越不够情形。若每年有机会出外走动一下，也可稍稍调节精力，并增长些应有知识，对工作即有好处。前几年还办得到，近来因人少事多，便放不下手了。蕴真精力正旺盛，大致工作忙得也必相差不多，而一切却能应付裕如从从容容！

越南战事似尚在发展中，为世界注目问题之一，你正好用熟悉情形来写个电影剧本，会得到成功的。曾祺改“芦荡火种”，为近年戏改有创纪录工作之一。但他的长处若善于使用，大致还是让他趁精力旺盛笔下感觉敏锐时，到各种新生活里去接触较多方面新事物，再来写几年短篇小说好，或即作为记者身份，写特写报道文字也好。因为这一来，不仅只可以希望他本人写出些好作品，并且还可以起示范作用，为新的短篇打开个新局面，不至于停顿到如目前情形也。听说近年山西年青作家多有模仿赵树理趋势，河南作家又以能仿李准为方向，湖南则周立波笔调成为年青作家学习对象，此外都不大懂，也不好学。这么下去，哪能够有希望突破这几位大作家所立下标准，得到更大成就？照目前学习方法，外来的既不好学，学来也不抵用，五四以来的又不受鼓励阅读，仅只学赵、李、周诸公，求文艺上有些新光彩，恐怕不容易。从大处看，我倒觉得若有机会让曾祺各处走动几年，写几十个短篇，把旺盛精力用到些新的短篇试验上去，对国家为经济。并且也无碍于他今后继续参加戏改工作。正因为各方面接触新事物扩大了认识领域，只有利于他搞戏改对人物刻画处理，得到多方面理解。若继续束缚在一个戏团里，把全部生活放到看戏中，实在不很经济。有关这件事情，他不可能向领导他的首长去说，即说也无用。他本来就有点随遇而安生活态度，现在说更多忌讳了。我也无机会向什么部长副部长去说，因为并没有这种相熟到如此程度的人可以如此建议。只有你和蕴真比较明白曾祺性格和长处，也许在另一时又还有机会可以为安排他今后工作作出一点主张，所以随便提提我对于如何充分发展他长处的个人意见。“专业作家”制度即或已经取消了，但是事实上在若干文艺单位里，总还应当有些长于用笔的人，且得培养这种长于用笔的人。在“编辑”“研究员”或其他名分下工作，而不必要他每天如普通干部的到时上班下班，计时论功，却有必要为他创造机会条件，尽他有机会多到一些不同生活中去，多走些路，多看到些新社会，新事物，而另外一时又为创造条件，让他在一种比较安静环境中，再组织成为各种不同形式作品。他生产的东西，不一定和一般日常出现的报刊作品相同，生产过程也不一定和其他业余作家相同，但是生产出来的作品，却无疑会有所突破，拿得出手，对于国家这一部门的工作要求，作得出新的记录，新的贡献。一句话，对国家十分上算！人的材具多有不同，如何善用所长，使之得以充分发挥所长，为社会主义作出更大贡献，在使用上也还是一种十分细致工作，有待分别对待，给以不同安排，才能及时发挥其长处。这从我自己搞的工作也可知道。解放以来，新学的有关文物各部门杂问题，若能及时就全国范围内去看材料，并掌握这些材料，懂的事情必更加多而具体，应用到各方面时，也必比目前效率更高，方面更广，对国家说为十分经济合算。西谛若未死，还有个商量处，他一死去，无熟人可说话，时间一过，体力日益不济事，许多本来可以由个人努力探索逐渐得到进一步明白的问题，便无可如何，只有由后来人再去从头摸索去了。…… 曾祺今年也四十多了，使用他也要及时！在剧团中恐难于完全发挥他的长处！并候佳好。

从文

二月廿四[1]

3月3日

本日 巴金日记载："从文来信"。

3月8日 致信巴金。本信未收入《全集》，全文如下：

巴金：

日前一信想可转到。涉及汪曾祺事，昨闻已经和赵燕侠等廿人去四川重庆渣滓洞体验生活，准备编写"红岩"新京剧。这一二月后即来沪演出。这种光荣任务，当然十分有意义。而且听说他十分高兴就新戏革命中贡献出终生精力。组织既重视此工作，他本人又能和团体中来自五湖四海的人生活打成一片，工作中尚可充分发挥所长，所以我前信中说的希望他改写短篇小说，真是愚腐主观见解，十分可笑！华北至今犹未落雨，春天庄稼旱象，大可忧心。我心脏不大好，似乎已成定局，无可奈何。二三年前，还可望请求换个地方住住，可能有些转机。现在正值社会主义教育运动待展开时，工作重视"革命化"，上班制恢复后，大致还得和卅来岁少壮一道搞学习。我照例又不会说话，一出口即见出落后和愚笨处，过社会主义关即不容易。拾年来准备的工作，多近于为劳动人民创造的物质文化史各部门填空白点，相当琐碎复杂，联系面也相当广，工作一比较深入，可供商讨的同人也不多——简直是没有了，因此除了十年前还有机会将一篇"谈绸缎加金"（织金锦）的文章托林默涵转刊物发表，另外出了个"唐宋镜子"，此后将来其他相似文章，大致已不容易写，即写出也不会再有

① 沈从文：《沈从文书简》，《收获》2013年第1期。

刊物可用了。(即在本工作单位年青同志中，也将无读者可望。)若体力再不大济事，再加上要看书不容易调书，要相关材料不能得到如过去那么便利，搞的一些杂问题，即或明明白白对于后来人写通史、美术史、物质文化史都还有用，求取得应有进展似已无望。中间这个环节一断，衔接不上，我的努力恐不可免又只有凡事报废了。社会在过渡期大变动中，这些小问题无人过问，也是事理之常！西谛不死，他懂的文化史问题较广，和他商量，还可望得到某些支持。他死得却太早了。为了这些未完成的工作，更容易感到他死去的损失，不仅是他本人搞的工作未竟全功，联带许多对国家有益的工作，也不免随之中断，后继少人！新戏改工作进展快而收效大。《红色娘子军》新舞剧，也得到极大成功。惟音乐方面似还配不上时代要求。许多好听民间小曲，被拆得零零碎碎，而加杂些在城里习惯的干部腔，多不怎么好听。小说由于要求不同，作者面广了，也可说大丰收。但已失去短篇小说本来效果和意义。在报刊上配合新闻时事刊载，还过得去，过一年半载后，再印成单行本子，读者从中得到的好处，恐怕即不会太多。但这也是事势所必然。作者面日益广大，实史无前例，共同作成的教育效果，显然也是史无前例，无所未闻的！我们用过去习惯眼光来看现在小说，希望现在小说能如过去情形启发读者，是我们太落后的观念。我的落后真是太可怕了。并候阖府佳好。

从文

三月八日[①]

3月20日 复张宗和函。收入《全集》第21卷。.

三月 作《试释“长檐车、高齿屐、斑丝隐囊、棋子方褥”》。

4月2日

本日 巴金日记载：“读从文来信”。原信已佚。

① 沈从文:《沈从文书简》,《收获》2013年第1期。

4月8日　复张充和函，介绍国内熟人情形，信中曾这样描述自己在井冈山所见景色："在著名于世的井冈山十层楼上望远近数十里群峰罗列，金碧明灭，一天中老是变化不定。又在名叫'黄洋界'山顶，先是一片云雾封锁，毫无所见，随即云散雾消，近百里万千山峰一一呈现，如同幻境，七十里山下村落也如在足下目前。还仿佛可闻四十年前巨雷惊天号角齐鸣战争情形。（其实极端沉静！）约十分钟后，忽见白云如千马齐奔，由山脚上涌，顷刻间即又把面前远近群峰一一掩盖，面前但见白茫茫一片湿雾，真正是一生希遇！一切都和童话中描写或梦境相似。"收入《全集》第21卷。

4月15日　寄明信片给张兆和，请作协收转。

4月16日　致信正在外地出差的张兆和，谈自己在政协的学习活动："我们政协仍是一星期三次学习，思想改造为主，到一定时期，或配合形势，要集体出去参观若干次，大致不会太远太久，因为即以近郊农村工厂来学习，也就够多新东西可看了。"收入《全集》21卷。

4月21日　作《关于赖文光马褂问题的一点意见》。收入《龙凤艺术》（香港商务印书馆1986年）。据香港商务版本收入《全集》第30卷《文物识小录》集。

5月4日　复程应镠函，对学术界在社会主义教育运动应起的作用感想颇多："北大史学系副主任周一良正在率领师生于海甸区掏粪，一定要这么作才算是思想进步，我目前就还理解不够。我可能实在已落后到一个程度，总依旧认为目前明明白白编的通史不过关，涉及劳动人民创造世界，务虚说似乎头头是道，一具体，究竟生产上创造些什么，艺术上又有什么成就，却不知道，即知道也并不落实，近于人云亦云。一个五十多岁的专家，不针对本业，改正学习方法和学习态度，来填补研究上的空白点，突破目前空疏处，来写写既有崭新观点，也有崭新内容的通史或论文，使亿万人得到启发并更正确一些明白国家过去，完成本门责任，却避重就轻，满足于形式上职业平等，把相当困难的专业上的'深入'和'全面'，诿给未来一代，也不能说是识大体，而又能'坚持真理'！但号召掏粪政策，实并无坏处，因为对新的年青一代，对于劳动态度大有好处，是十分明显的。不过许多学'历史'的人，掏了一年粪后，恐怕还是无望改变他的学习方法和工作态度。成千上万的毕业，送到研究院也好，博物馆也好，留在大中学教书也好，若依旧不读书，或读不懂，读不通，却有了个掏粪先进包袱，这就未免完全失去劳动本意，和原来提倡相去千里了。”而自己则是一个未挂牌的“百凡杂事服务问询处”，成为一个“完全孤立的存在”：“雨后空气清润新鲜，公园和街道旁树多嫩绿妩媚，碧桃、刺蔷薇、牡丹、紫藤正大放，所谓一年中大好春光，大公园人多如赶街子，我却守在书桌边眼睛浮肿，心脏担负沉重，感到工作难望完成十分一，真正应合了庄子说的‘劳我以生’，殊不知如何来‘佚我以老’，或许来不及佚我以老，即将忽然要‘息我以死’了。可惋惜的还是学了许多，事作不完，不应当草草报废！一切虽这么说，日子事实上过得极好，凡事得国家照顾，也从来无所谓感伤、消极、不满、懒惰……，麻烦处就是身体受自然限制过于严酷，体力有限，事作不完，随之入土未免十分可惜！”收入《全集》第21卷。

5月29日

本日　巴金收到沈从文的信，原信已佚，具体内容不详。据巴金日记，本月三日曾有“托兆和带给从文信一封和‘松花江’半导体收音机一个”的记载，可能此信即为收到信及礼物后的复信，待考。

五月初　复张兆和函。收入《全集》第21卷。

7月2日　晚，巴金来访。“饭后散步到从文家。兆和牙痛，躺在地上。从文身体也不太好，同他在院子里谈到九点，步行回旅馆。”①

7月7日　致信张充和并寄邮票。收入《全集》第21卷。

8月20日　致信中国历史博物馆馆长龙潜。收入《全集》第21卷。

9月18日　为上方山庙里所藏的明正统《大藏经》整理、保管事致信北京市副市长王昆仑，请其关注此事，并提出了自己的建议：

> 一、先由市文物工作组派个人在上方山调查了解一下情况，究竟

① 巴金：《巴金全集》第25卷，第541页，人民文学出版社1993年版。

有多少册，收藏情况有无改善？如拟调京，有无可能？

二、假定可以调来，不妨由文物组调一领导同志，故宫丝绣组来一同志，并从工艺美院丝绸印染系调一助教，市艺术局或纺织印染生产单位调一二美工同志，成立一工作组，我来协助鉴别材料时代、名目工作，专看装裱经面和包袱锦材料，有多少不同品种花色，作一记录。较重要少见的，为故宫、历博藏品未有的，或特别编号提出，或先照一彩色相片，供将来进一步研究。有必要时，且不妨将旧的甩下，另外纺织几匹新的代替。至于甩下材料是存文物组或是故宫，俟看情形而定。

三、为从图书编目出发，清理一下内中究竟可配出几部《藏经》，如有不足，或尚可从市面旧书店零散本子补配，照原来千字文编目法清理出来。内中版本也可能还不止四种，也可用来和锦缎材料比证，得深一层明白刻版年月或印刷年月差距。

据书信底稿收入《全集》第21卷。

9月23日　复王春立函。收入《全集》第21卷。

9月25日　致信正在京郊参加“社会主义教育运动”的张兆和，谈及自己正在进行的工作：“正在赶改那本大书，越看越觉得毛病多，叙述易顾此失彼。十八万字尽日在脑中旋转，相当沉重。惟写小说有此相近经验。过去写小说只是好或不好问题。现在是一种客观存在问题的分析叙述，又限于材料、字数，思想性要求又严，很不好办！相当费力，不易见好。对这问题肯下功夫来从事写作的无人，但批评却可来自四面八方，因为牵涉问题过多，即再用功十年八年，写出来，人家还是容易说话，或从材料取舍上，或从措辞上，永远有话可说。真是一个重担。大致于本月底即可补充完毕，再送本馆看，再送部批，再发还整改。能到年底把各事办妥，已很不坏。如内容要求再高，提到新的方向原则上来时，大致最后只有搁下。即付印，也是对外而不许内销。若仅外销港澳东南亚华侨，那倒是对于他们一本有用处的书，因为图中实有许多少见材料和新的解释，能给彼等以知识也。内销作内部发行，送到生产部门和一般博物馆读者也不是坏事。只怕遇到批评家，从图像，从文字，都必然可挑出百十处错，也无从辩解。不得已最后付印将说明全删去，亦复可能。因为图省事，并且亦真正省得麻烦也。最担心的是我自己，只有我自己明白内中得失。”收入《全集》第21卷。

9月26日　随全国政协车辆去良乡参观半农半读学校。

九月中旬　张兆和前往顺义县（今顺义区）龙湾屯公社丁甲庄参加“社会主义教育运动”。

10月15日　致信程应镠。收入《全集》第21卷。

11月5日　景德镇瓷器展览在中国美术馆举行。

11月14日　致信张兆和。收入《全集》第21卷。

《喜看景德镇新瓷》发表于《光明日报》，署名沈从文。收入《全集》第28卷《中国陶瓷研究》集。

《景德镇瓷器展览》发表于北京《大公报》，署名沈从文。收入《全集》第28卷《中国陶瓷研究》集。

11月15日　参观京郊南韩继村，该村为大寨式农业典型。

11月18日　复程应镠函：“很可惜，几十年学了许多，用的机会却不多，学文学，文字刚好稳住时，所学已无什么用处。改学文物，又已十多年，常识日益积累，似乎可以为研究、为生产服点务了，××一来，所学又将报废。岁月催人，不知不觉间即到了六十岁过四。照理到了这个年纪，应活得稍稍从容点，却经常在‘斗争’呼声来复中如临深履薄，深怀忧惧，不知如何是好。想把点剩余生命用到国家最需要上去，也总像配不上去。相反，却眼看到一些老朋友，过去在国民党时代作官满得意的，现在也还是坐在黑色大汽车中，在什么集会散场时，从我身边风驰而过。我很觉得奇怪，是我始终不明白原因。这些人凭什么法术，总是不倒翁？我为什么老是不善于自处？也可说真正是‘不学无术’！”收入《全集》第21卷。

11月20日　《喜看景德镇新瓷》发表于香港《大公报·大公园》，署名沈从文。这是本文的第二次刊发。据《光明日报》刊本收入《全集》第28卷《中国陶瓷研究》集。

致信张兆和。收入《全集》第 21 卷。

11 月 23 日　前往顺义县（今顺义区）焦庄户地道战遗址参观，一同前往有还有溥仪等政协委员。

11 月 24 日　致信张兆和。收入《全集》第 21 卷。

11 月 29 日　致信张兆和。收入《全集》第 21 卷。

12 月 12 日　复张兆和函："我在赶改《服装资料》，虽有三人小组，实近于独自为战。大约在一月中将重抄一遍，边抄边改，另外二人同意后，再送馆中龙、陈、韩诸馆长斟酌删改，再送康老过目一阅。上面点头，大致才有希望付印，且可望出来后不至于被人抓辫子，扣帽子。也许因其他事故，临时又搁置下来，也难预料。""科学院社会科学各部门，正在大举讨论吴晗关于海瑞戏剧和姚文元、戚本禹文章，就趋势言，将比谈'中间人物'和《早春二月》人数还广泛。因为史学、哲学在全国大专校范围内还是人数众多而问题多方。总之，在大学中教历史或文学史，一二年内恐不易落实。书越读得多，将越不好办，不仅教不好学生，也不利于教师本人思想改造。书读得少，接受新问题反而不至于发生抵触，易见功。我近来搞的一行，一切从实物出发，且突破了一般弄文物和艺术旧框子，对生产教学都还有用。但弄不好，也极容易成为'厚古薄今'。"收入《全集》第 21 卷。

本 年

本年　作《狮子在中国艺术上的应用及其发展》。本稿沈从文生前未曾发表，在"文化大革命"中曾被查抄，沈从文在专案组的查抄物品编号签条上注明："这个问题有用，盼望莫毁去。"据现存残稿整理并附《狮子艺术图录》编入《全集》第 28 卷《狮子艺术》集。

约本年　作《古代的船》。据手稿收入《沈从文全集·补遗卷 2》。

1966年 65岁

2月12日 中共中央批转了“文化革命五人小组”拟定的《关于当前学术讨论的汇报提纲》。

4月10日 中共中央批发了《林彪同志委托江青同志召开的部队文艺工作座谈会纪要》。

5月16日 中共中央政治局扩大会议通过《中国共产党中央委员会通知》，“文化大革命”开始。

5月28日 中共中央决定设立“中央文化革命小组”，组长陈伯达。

8月5日 毛泽东发表《炮打司令部——我的一张大字报》。

8月8日 中共八届十一中全会通过了《关于无产阶级文化大革命的决定》。

8月18日 毛泽东在天安门第一次接见来自全国各地的红卫兵。

11月9日 上海工人革命造反总司令部成立。

2月10日 致信程应镠，请其代为购买解放前出版的《湘行散记》《月下小景》《自传》等，信中谈及自己对生活的感受：“我心脏不好，老是隐痛不止，虽依旧上半工，工作效率已极低，凡事随作随忘，文学创作方面早已不抱任何幻想，即作一读者资格也可怀疑。即常识较多之绸缎研究，恐亦复难以为继。目下仍在整理删改《服装图录》，因无得力助手，查校原引书过百种，即已十分吃力。有关文学艺术新的要求，务虚者定调益高，转入工作实际，不免深感思想水平落后，工作极不好作。”收入《全集》第22卷。

2月11日 因怀疑10日信“程”字误为“陈”字、未写门牌号等，再度致信程应镠：“学校方面（文史部门教师）大致多集中于《海瑞罢官》与半工半读改制及教改三问题。政协与各民主党派，无党派直属学习组则学反修、反帝文件。事实上大家知道国际的问题极其少，但谈来谈去，认识上亦不易真正有何提高。惟共同学习的队伍，却极有其意义。前数年中计有马寅初、黄琪翔、郑洞国、李书城（黄兴之参谋长）等十多人，近年则有梁漱溟、向达、王芸生、邹秉文、翁独健、吴世昌，还有巨赞法师及一基督教首脑等廿多人，有些近于卅年老友，有些又永远将极陌生，不仅政治认识差距大，生活习惯差距且更大。每礼拜照例有二下午同在一处，以我而言，因为不懂政治，真可以说可学处得益极多。但谈思想改造，如何具体运用到工作上去，势无可望。因为‘务虚’另是一种材分，只要敢大胆说话，用半天时间抄报章上材料，一发言，即可占去半天。但若想结合个人业务而言，则似无可说，说来亦只二三人听得懂，其余大致将不知何意。首先是彼此数年同在一处，业务上少共通处，生活上也少共通处，而学习目的则为思想流注共同在一问题上求有所提高，有利于‘改造’，可以说是费时多，费力大，而见功不易。”收入《全集》第22卷。

三月 收到程应镠寄来的书籍，复信致谢，信中同时谈及时政：“《海瑞罢官》和《谢瑶环》诸戏，越提越高，看来今之‘京兆尹’，也得落选让位了。且涉及的或不只三五人。因为全部史学界，到目前为止，还居多是‘民主人士’底子，如何思想改造，工作改进，是一件大事，也是一件难事！大家务虚检讨、表态比较容易，至于如何用新观点新方法具体应用到写通史、专书、教材、论文，却极不容易。一切还是原班人马，演一出新戏，有可能作得令人十分满意。具体应用到教书、编书，彼此不免茫然无所适从，也无样板可仿！尤以最近《红旗》尹达一文，广泛冲击到当前史学界，想必不久你们学校也要讨论到。”收入《全集》第22卷。

5月7日　致信程应镠：“这几月报刊对吴晗批评日益深入，范围之广，火力之集中，均为解放以来第一回出现。近日已提到和章、罗、储等等并列。又闻北大则正起始在展览翦伯赞材料，大致不久即将在报刊上公开。彼素来以马列史学权威自居，骄傲不可一世，今之展开批评，加以清算，是意中事，非意外事。”“近十六年来，我觉得生意充满新奇感是去四川土改一年，及上井冈山参观三个月，觉得对个人生命意义格外深刻。特别是在江西旅行那三个月，见闻种种教育意义重大，一生难忘，只觉得应当尽余生为国家、为党多作一点好事、有用事，才合理。在北京住下学习一年，也不如政协例行每年出外参观一月得益为多。”收入《全集》第22卷。

5月15日　复罗叔子函。谈罗著《工艺美术史》修改事宜，“至于另写新材料，也还是要不怕三番五次修改，严肃对待此一工作，从反映劳动人民成就出发，突出毛主席思想，才可望少出差错，而对学生有实益。”收入《全集》第22卷。

5月16日　复邵洵美函：“社会主义深入，诸凡要求于大、中学生均能应付裕如之事，由弟学来，总不免有顾此失彼事，可知衰老已到如何程度。半年来日读报刊，新事新闻日多，更不免惊心动魄，并时怀如履薄冰惶恐感。在此‘文化大革命’动荡中，成浮沫沉滓，意中事也。”收入《全集》第22卷。

六月中旬　与中国历史博物馆几位领导一起，到社会主义学院学习。恰逢黄永玉也在此院学习，叔侄两人常在一起用餐。

六月下旬　因任职的企业内迁，沈虎雏一家离开北京，落户四川自贡市。

7月4日　在社会主义学院致信沈云麓，谈及目前的境遇：“社会变化大，变化大，我等已完全成为过时沉渣、浮沤，十分轻微渺小之至，小不谨慎，即成碎粉。设能在家乡过三几年安定晚境，有个三间容膝安身之地，有一二亲人在身边，已是十分幸福。这显明是一种十分没落的思想，不容许的，事实上大致还将是尽可能把事作去，并尽可能把事作得如国家所要求的好，或更好些。为难处是，事情即或已十分认真尽力，且毫不为己的作下去，却由于客观要求日有不同，因之许多事作来都不会有好结果，且深恐把事情作错。这几年搞工艺，或许就不免成为过失之一。对事过分热心，也常常有错误。几经风涛，为‘免过’计，自然即不再会如十年前对工作的狂热矣。多学学毛主席老三篇，文章虽短小，易明白，付之实行，即十分得用。另外把毛的语录反复读也有益。”收入《全集》第22卷。

七月　从社会主义学院参加集训回来后，到馆中看大字报，关于自己的大字报让他受到巨大震动，昔日学生范曾对自己的揭发，更让他悲愤异常，在此情形下，写下了《表态之一——一张大字报稿》，以表明自己的心迹：“像我这么一个微不足道的人，诸同志好意来帮助我思想改造，就为特辟专栏，写了几十张大字报，列举了几百条严重错误，我应当表示深深的感谢。因为首先想到的是，一切批评总在治病救人。我若真是牛鬼蛇神，自然是应当加以扫除的。但自然也感到十分痛苦，巨大震动，因为揭发我最多的是范曾，到我家前后不会过十次，有几回还是和他爱人同来的。……范曾揭发我对群众最有煽动性的一事，说是丁玲、萧乾、黄苗子等，是我家中经常座上客，来即奏爵士音乐，俨然是一个小型裴多菲俱乐部。这未免太抬举了我。事实上丁玲已去东北八九年，且从来不到过我家中。客人也十分稀少，除了三两家亲戚，根本就少和人往来。来的次数最多大致便是范曾夫妇，向我借书主要也只有你夫妇。你怎么知道丁玲常来我家中？这究竟是怎么回事？别的我就不提了。即使如此，我还是对范曾同志十分感谢，因为他教育了我，懂事一点，什么是'损人利己'。……同时也让像我们这种从旧社会来的臭知识分子，假专家，假里手，把灵魂深处一切脏、丑、臭东西，全部挖出来，得到更彻底的改造。在这个大革命时代，个人实在十分渺小，实在不足道！求世界观的根本改造，一定要好好学习毛主席著作，在"用"字上狠下功夫，个人一点点知识，也才会有使用机会，且不至于像三十年前从事文学创作时那么害人，误己！"沈从文生前本文未曾发表。首次编入《沈从文别集·顾问官》（岳麓书社 1992 年 12 月版），后收入《全集》第 27 卷《史无前例》集中。

按：1980 年代，范曾在接受徐刚采访时表达了对自己老师的愧疚之情："他告诉我，有两件事一直在折磨着他的良心，是属于品德上的缺陷，希望能有一日公诸于世人。他在"文革"初期，曾写过沈从文先生的大字报。他说："沈先生是最器重我、最爱我的，我却在别人危难之际不援之以臂，相反的却反目相待，我怎么能原谅自己呢？"[①]

七月　作《表态之二》。本文沈从文生前未曾发表。据手稿收入《全集》第 27 卷《史无前例》集。

8 月 18 日　张兆和在复张之佩、沈虎雏的信中说："爸爸现在上整天班，参加

① 徐刚：《范曾传》，《啄木鸟》1985 年第 1 期。

馆里的运动，每天开会学习，偶尔也参加一点轻微劳动。爸爸脑子里旧的资产阶级包袱很重，对自己很不清醒，对运动很不理解，将来在横扫时，应当在革命的烈火中好好烧一烧。资产阶级知识分子的思想改造，不经过痛苦的思想斗争是没有希望改造好的。过去历次运动他都是保护过关，这次如果因为心脏有病，加以照顾，对他的改造没有好处。”①

8月22日　作申辩材料《我为什么强调资料工作》。据手稿收入《全集》第27卷《史无前例》集时，编者删去了“文革中习用语句，计22字”。

8月23日　上交《我为什么强调资料工作》。

因有人揭发沈从文参加了“大连会议”，作答辩稿《大连会议事情》。文中简要叙述了自己与“大连会议”的关联：“这是周扬黑帮有计划布置的一次创作会议，据近日公布材料，真正参加的全是党内名作家和各省作协负责人，我非党员，事实上又已十多年未写小说，联系不上。只是最后一次邵荃麟、茅盾作总结报告，东北作协（或大连市长，已记不清楚）做主人请客，我适因政协有一批人在大连休息，才被邀请吃饭，并听了一次总结报告。邵与茅盾二人南方下江口音本来即听不懂，座位又远，所以说完以后，只懂‘要扩大写作范围’，至于如何扩大，写些什么，我都不明白。会后吃了一顿晚饭，饭后即转到另外一座大楼屋顶舞会，只见红绿灯彩十分热闹，可能当地文工团和戏剧界均参加。我一人不熟，且从来不欢喜这种热闹场面，因此不到廿分钟，就由一青年杨同志送我下电梯回家了（这就是我参加的全部过程）。”收入《全集》第27卷《史无前例》集。

8月24日　上交《大连会议事情》。

作申辩材料《我为什么研究杂文物》。据手稿收入《全集》第27卷《史无前例》集。

8月25日　被造反派抄家。在“文化大革命”的前两年，这种抄家一直持续不断。由于抄家，藏书尽失。养女沈朝慧被注销北京市户口。

8月26日　作《我为什么搞文物制度》。据手稿收入《全集》第27卷《史无前

---

① 1966年8月18日张兆和致张之佩、沈虎雏，《沈从文家书》下册，第413页，江苏教育出版社2005年版。

例》集。

8月31日　上交《劳动感想》。

八月中旬　东堂子胡同三间宿舍被压缩为一间，其余住房被人占住。

八月底　一天劳动过后，作《劳动感想》："今天劳动体力担负感觉重了点，但一面在烈日下拔草，一面想到几亿农民的长年辛苦，像我这种不劳而食的知识分子，真是惭愧欲死。……我的家乡是在一个苗族自治州地区，若心脏不至于临时出问题，我希望能有机会回到家乡'腊耳山'去住一年半载，因为过去那里是个荒山，属湘黔边界苗区，近年在党领导下学大寨，由人民共同努力已完全变了样子，新的湖南大学闻将迁去，我再也不想去教书骗人，但手中笔若还得用，将可用到讴歌这个地方人民的一切新成就。"据手稿收入《全集》第27卷《史无前例》集。

八月　作《关于减薪事感想》："前天午饭期间，宣布黑帮分子每人按家中人口计，月各支生活费十二元，我觉得这么办极合理，没有感到丝毫抵触情绪。……现在群众意见还给我以生活出路，我表示诚恳感谢。还想不必按三个人口计算，只需用两个人口就很够了。从此以后，只要我体力还能工作，就照这样待遇，来作一个勤杂工，专门打扫本馆各个茅房工作，也将尽力所能作去，绝不会感到丝毫不愉快处。我将从新的工作新的生活中加强自我改造，成为一个新人，紧紧跟上去，少犯新的错误就好。"据手稿收入《全集》第27卷《史无前例》集。

八月　作《我的检查》。检查稿叙及"文革"给自己的冲击：

> 从集训班回到本馆，我成了黑牌子人物，给我极大冲击。但先些日子，已听说过科学院和几个大学，许多人都受过相同或更大的冲击，所以忽然成为革命对象，接受革命现实阶级教育，认为理所当然。一切在红卫兵和革命群众监督下，进行学习和劳动，并没有感到特别难堪。只是睡眠少，心脏过度劳累，有些支持不住。但是，终于还是支持下来了。写材料，总是就我能认识到的写。发言语无伦次，水平低，反映过去政治学习的不认真，罪过大。同时也由于冲击大，头脑形成精神崩溃状态。只明白一件事，工作又搞错了。

今就馆中大字报部分揭发，和我个人这一月学习、检查、反省，日益认识到我在解放以来，由于思想上的政治不挂帅，工作通没有作好过。我的脱离群众自以为是的唯心主义，我的资产阶级思想的工作方法，我的生活上的反社会主义的思想倾向性，都是客观存在的事实，随同年月逐渐加深，而沉陷到难于自拔地步。我对于封建旧文化的迷恋，转到各方面，越学得多，越有人相信，起的坏作用，放毒影响也将越大。一切努力，都是为资产阶级修正主义复辟创造条件，而对于向前发展的社会主义的建设，实在毫无益处。

同时，还"交代"了自己近年来在"对外服务"所犯的"罪过"：

关于对外服务的放毒作用，几年来历史戏的演出方面计有：

郭沫若的《屈原》《虎符》《蔡文姬》《武则天》；

曹禺的《胆剑篇》；

田汉的《关汉卿》《文成公主》；

孔尚任的《桃花扇》（电影拍摄来谈过材料）。

这些戏多是歌颂封建社会中的帝王将相才子佳人。有的并且十分坏，是毒草。我对于服装道具均提过材料。这些戏对于新戏改均起过阻碍作用。戏的演出越"成功"，我的帮同散毒影响也越大，罪行也越深。因为和主席文艺应当面向工农兵的最高指示是不合的。是把封建遗留物为资产阶级少数人服务的。是推广颂扬封建文化，十分反动的。

据手稿收入《全集》第27卷《史无前例》集。

9月15日　参加历史博物馆组织的批判会。当天日记中记录了同事对自己的批判："本身是反动的，本质是反党的。""说生命有限，即威胁人。已成人民专政对象。劳动总事事照顾，必反工。擦桌子也不干净。吃过多少人民的饭，做了什么事。""纯粹是大寄生虫。如这样反党寄生虫，死了还好些。"以《日记——批评我》为题收入《全集》第22卷。

九月末　国庆节前，沈从文和一部分受冲击的人被集中在馆内，要求遵守如下规定：

1. 五号晚上回去。

2. 上午学十六条报纸等，下午写材料。

3. 离开屋子得请假。

4. 不乱说乱动。

5. 屋中一切东西不要动。

十点以后睡。早上按上班时间。中午午休可以睡睡。

本 年

春天　为一个会议写发言稿。沈从文结合自己的身体状况，谈及未来的工作设想："近些日子因血压高，心脏供血不良，经常隐痛，坐到桌子边读书二三小时，即眼睛发肿，视觉短期失明。有时头沉重得可怕，不免有些急躁，觉得生命受自然严酷限制，可有效使用时间已不多。学习重在思想改造，本为更好建设社会主义，与其尽我坐下来谈'学习心得'，不如给我以机会，趁我精力还得用时，让我去全国走走．就各大博物馆陈列和库藏到处学学，也到处提出些意见，解决他们的问题。并去各个美术学校、各个烧造瓷器生产地区，特别是江西景德镇陶瓷研究所、陶瓷博物馆、陶瓷学校，参观一二月，他们生产上的花纹和造型，陈列上的说明，以及教学上的有关教材应用诸问题，我提供的意见，大体上是可望有较好效果的。"发言稿未拟标题，沈从文生前未曾发表。后以《一个长会的发言稿》为题收入《沈从文别集·贵生集》(岳麓书社 1992年 12 月版)。收入《全集》第 14 卷《跑龙套》集。

夏天　作《上交家中破瓷器的报告》。沈从文生前本文未曾发表。据手稿收入《全集》第 27 卷《史无前例》集。

夏天　为回应同事称《服饰资料》是"未出笼的大毒草"的指责，作《关于服饰资料问题》。收入《全集》第 27 卷《史无前例》集。

秋天　作检查稿。叙及 1949 年改业初衷："原以为搞综合文物研究工作方法，一部分和自然科学比较接近，客观分析重于主观发挥。新的工作即不怎么好做，作来犯错误会少些，即时改正也容易些。”编者据手稿拟题《文学创作方面检查》，收入《全集》第27卷《史无前例》集。

年底　作检查交代材料《我到北京怎么生活怎么学习》。据手稿收入《全集》第27卷《史无前例》集。

年底　作检查交代材料《我到上海后的工作和生活》。据手稿收入《全集》第27卷《史无前例》集。

本年　为回应馆中同事的批评，作《回答》。沈从文生前本文未曾发表。据手稿收入《全集》第27卷《史无前例》集。

本年　“记得前年[①]即曾为江青同志写了个信：‘为了补过赎罪，我在博物馆工作已十多年，搞综合文物研究。别的工作再求深入，受体力限制，已不会有什么成就。惟对锦缎研究，拟恢复三几百种健康活泼可供再生产参考取法的图样，留着我女孩作助手，不要公家一文钱，或者在不甚费事情形下，即可完成。’”（《我为什么始终不离开历史博物馆》）

---

① 《我为什么始终不离开历史博物馆》一文写于1968年12月，文中的前年当指1966年。

1967年　66岁

1月1日　《人民日报》《红旗》杂志发表元旦社论《把无产阶级文化大革命进行到底》。

2月5日　上海市人民公社宣告成立。

2月17日　中共中央发出《关于文艺团体无产阶级文化大革命的决定》。

3月19日　中央军委作出《关于集中力量执行支左、支农、支工、军管、军训任务的决定》。

5月10日　江青的《谈京剧革命》在《人民日报》发表。

6月17日　中国第一颗氢弹爆炸成功。

10月1日　《人民日报》《红旗》杂志、《解放军报》发表社论《无产阶级专政下的文化大革命胜利万岁》。

2月2日　致信沈虎雏、张之佩。收入《全集》第22卷。

3月25日　复沈虎雏、张之佩函："大家都相当疲累了，工作已搁得太久，一般工作人员已发现一种散漫自由对工作消极情绪，再搞一年下去，许多方面损失将更显著。政治方面也并不能有效提高，生产方面损失则极其显著。大标语彼此攻讦无个了时，使得一般人对领导各部门头头失去信心……至少是方法得改变改变，不能长此下去！有些工作经这么一搞，可能得有一二年才能回复正常工作。"这些颇犯时忌的话，作者写下后又用横线涂去。收入《沈从文别集·自传集》（岳麓书社）。收入《全集》第22卷。

5月6日　为不再领取工资事致信历史博物馆革命委员会："我近几个月来，血压高到二百时，头部经常眩晕，心脏也不大抵用，虽极力克服体力上的困难，但是机能衰退，有日趋恶化现象。医院诊断，一再建议休息。长此下去，再拿高薪，于理不合，心中深增惭愧。拟从五月份起，不再支领个人薪资，盼得许可。（或办法手续不合，影响会计制度，即仍由个人签名支领后，再全部缴还。）到运动结束，并且个人又恢复工作能力后，也只希望每月有一点生活费用，就很够了。至于此后工作，凡是力所能及，对党和国家又还有需要的，我总希望能较好学习运用毛主席思想，结合到我搞的各项业务上去，坚决不断改正错误。坚决和革命群众一道，加强学习主席思想和时事政策，明确文化革命主流和大方向，永远站在毛主席思想旗帜下，革自己来自旧社会浓厚资产阶级思想的命。希望在群众帮助下，或可以少犯些错误。”收入《全集》第 22 卷。

5 月 11 日 致信张之佩，谈及对当时文学现状的感受：“比较熟习的文学创作方面，旧有的作家几几乎在扫荡情形全垮下了，将来除去旧领导外，自然还得留下部分年事较轻的，照主席指示下乡下厂，搞三五年看。主要还是得靠如何培养新生力量。林副提到军中文艺新创作班子得‘三过硬’。提法扼要、具体。其中最困难处，即‘技术过硬’。说来简单，其实不然。正如搞《沙家浜》，能如汪叔叔笔下精彩，那里是从二三年中训练班可以解决？那里是一般训练方法即可解决？主席也说起过，‘习文学的不会写小说。’因为他不明白大学校里教员，主任和教授，很多写小文章也不成。大多数也不会写小说。（有很多写篇像样文章还不可望！）还有各省作协的负责指导写作的人，也多不会写小说，或很少写过几篇又有思想、又有文笔、可以示范的小说。一般情形是基本功没有作对，所以过去以一省之大，三五千万人之多，一年出个短篇选集也不易见精彩，这情形是够严重了。多近于用温室育苗，作新作家不用打乒乓球的淘汰制，稍露苗头，即抬举过高，期望过大。而且学习面极窄，四川学沙汀，山西学赵树理，湖南学周立波，取法乎中，斯得其下，这那会出人材？因此全国一年搞一个短篇选集，看来还有许多不免凑数。一般缺点是既不会写人，又不善写事，更不知如何写有特殊性风景背景。其实也即是思想不过关。基本功没有作够，学习方法有问题！不正视这点，针对问题求解决，将来不可免还是得走一大段弯路，费时，费力，并不能得到预期效果。我说的是短篇小说，这方面我似乎还有发言权。可惜我心脏受了较大限制，不然一定请［假］下乡，或即回来家乡住一年，一月试写一个，一年时间内会至少写得出十个一切都新的样板短篇。到目前为止，这一环成就，是最弱最弱的一环。照《人民文学》过去的鼓励方法，是永远产生不了真正新作品的。学校则改来改去，也决不会从中文系产生起码作家，先生还得再学习，才有资格作先生改卷子！”收入《全集》第22卷。

5月15日 致信沈虎雏、张之佩：“这十多年我毫无什么权势野心，也不计较名利，学的全是馆中基本功，和三家村毫无关系，和旧中宣部也无关系。只是过分热心想作事，无原则热心处，不可免会犯各种错误，加之过去文艺思想是错误的，不革命的，不可免应受严肃的批判，和自我检查批判。只有加强学习，改正观点，才可望不至于错中加错。看看近一年文化大革命提出的新问题，及万千头面人物种种严重问题，就可以进一步明白，旧知识分子大多数已近于‘历史沉滓’，消灭是必然的，无可避免的。”收入《全集》第22卷。

6月1日 致信张之佩。收入《全集》第22卷。

6月6日 复张之佩函。收入《全集》第22卷。

6月24日 致信张之佩。收入《全集》第22卷。

7月10日 致信张之佩，谈到自己的前景时说：“照政策看来，非党员不随便勉强上纲，解放一大片，则极明显。我还从未单独开会。血压过高，已在家中住下，将来如何处分，诸事只能交付于天。十多年来和人不争权，不争利，不争名位，帮人做事总是赔本，学的通是过去人还不曾认真研究过的劳动人民文化，凡事由无到有，十年摸索结果，各部门都有了点常识，也做了不少事情。若比较公平的估计，我不会有太多错误，发生太大困难。因为和‘三家村’、‘阎王殿’通无什么关系，但是若一定要加以扫荡，自然也可以有不少过失可以上纲！一切只能听群众和党。信任群众和党，会得到实事求是的处理！照体力说，能退职、退休，即请求退职、退休，不能作垫脚石，更不应作绊脚石。但也许不可能。”收入《全集》第22卷。

8月5日 致信张之佩。收入《全集》第22卷。

八月 作《用常识破传统迷信》。

9月23日 复沈虎雏函。收入《全集》第22卷。

10月1日 因正值国庆节，被安排在机关里住了一天。（10月上旬致李宗蕖）

10月2日 解除集中居住，从馆里回到家中。李健吾来访。（10月6日致沈虎雏信）

10月6日 致信沈虎雏："革命博物馆即已只剩二当权馆长，其余统统得到解放。我们还有三个党员馆长，一个王主任，和一个非党员的我。有一个党员副馆长和王主任或许今年都可望解放。我还提不到，因为要批评'专家路线'，我也许还要作为对立面，一直搞下去。但到后总会明白的，不仅和三家村无关，和阎王殿中人也无关。凡老舍、巴金、冰心等人参预的事情，我通通不知道。即'专家权威'这个名号，也有人觉得够不上，一切只能听客观安排，个人主观努力，则尽力深刻检查自己思想和反映到工作上毛病。从总的趋势说来，近廿年所学的种种，虽相当有用，用的机会恐已不多。一是我工作能力效率已有限，二是博物馆搞文物研究，今后三几年内将在可有可无的情形下。所以到明年，不'免职'也会要'退役'，至多是用个'顾问'名分，拿点生活费。所学用处本来甚多，但和社会一时要求不合，亦只能作废。也许正因此，还可望在此后争朝夕，抢时间把几种工艺专题带常识性小册子一一写出来，也说不定。因为和"古为今用"关系密切。"收入《全集》第22卷。

10月21日 复沈虎雏、张之佩函。"我正在注射'妥安碘'，是二姨父听医生建议，说是目前唯一能软化心动脉并去掉沉淀物的药剂。由港寄来的，希望一二月后有点效验。"本信曾以《给在工厂的次子夫妇·之二》为题编入《沈从文别集·自传集》（岳麓书社）。收入《全集》第22卷。

十月上旬 起草致李宗蕖的信，谈及自己的境遇："最近过节，在机关里和二馆长集中住了一天。三重高墙外即有五十万人游行，几乎不闻声息。一人无事可为，趁空清理清理两处毛房，存在真是十分离奇。今后若还继续可以工作，只希望经常还有机会，每天搞一二处毛房清洁工作就好。因为有限余生能这么使用，学习为人民服务，也就比较切实。只是心脏机能已不大济事，若使用十斤以上拖帚，便不得力，人究竟已老了。由于世事无知，存在似乎于一种不可理解情形中。近十八年学的种种，虽都是从《实践论》出发，而从《矛盾论》取得工作进展，而又重在‘古为今用’，从目下所知情况说来，似乎是有数对本业有‘发言权’者之一。但从另外一种意义说来，却已近于毫无用处。因此一个人写检查时，不可免要感觉到无从下笔，不知说什么好。说真话，一切工作都是为了他们工作作‘垫脚石’，不容易懂。换一种说法，照公式提问题，容易懂也必然容易通过，但事实上却对不起国家，对不起人民长远利益。写到这里，极其凑巧，从广播中却正听到谈人民内部矛盾第八段‘百家争鸣，百花齐放’部分，回想起十年前在怀仁堂听到这个报告时的种种。那分原来笔记直留下到去年才毁去。”本信未付邮。收入《全集》第22 卷。

11 月 14 日　致信沈虎雏。本信写完后未即寄出，至 19 日始发出。收入《全集》第 22 卷。

11 月 27 日　复沈虎雏函。收入《全集》第 22 卷。

11 月 29 日　复张之佩函：“我这里本已加入学习组，上午去半天，学了一个月，又停顿了。闻新近将打散各战斗组，各归科组，或由各科组重选委员，再选革委会。又闻在揪叛、特、反、坏，整顿阶级队伍，也搞出了些长字号。有些即过去和工作组定调子把我们划成黑帮的人。如何进展，不知道。我们本来是照计划、照政策学习二月，在小组检查，再去各组检查，再去大会自我批评，会中也不过百把人，通过了，就可望得到解放。现在一揪叛、特、反，原计划又打乱了。此后如何，不得而知，说‘亮相’，一时无从谈起了。各机关大多数知识分子都搁着，一时无从解决，有所等待。”收入《全集》第22 卷。

12 月 9 日　致信沈虎雏、张之佩：“近廿年所学种种，在新社会似乎已无多大用处。群众对我已够好。可是去年八月一次廿来人小会一嚷后，我即永远感到恐怖。世嘉父亲[①]经常在万人会上斗批，还不在乎，真是习惯成自然！最最可惜，即把一点工作信心全嚷掉了。因为一切努力本来是为他们打基础，便于将来他们用这点基础功作垫脚石，向上向前走去，一吼什么都完了。我素来即能‘任劳’而不善于‘任怨’，能‘处常’而不善于‘应变’。比如古绸缎十万八万搁在库房里，五十年来无人整理，有的且搁了四五百年，谁也叫不出名字，不明白用途，时代更难详悉。我是国内唯一来作调查研究而取得发言权的一人。”收入《全集》第22卷。

12月25日　致信沈虎雏、张之佩。收入《全集》第22卷。

十二月　复程应铨函：“冬天来，阳光满室，独自在房中思索近五十年过去，真感到存在离奇，工作近于两次学习，两次却又忽然报废！熟人知分中，似乎还少有和我相同境遇的。总的说来，还是太幸运！因为至今还能存在就是证据。好的是，过去没有依附过国民党，近二十年又没有依附过阎王殿，或文化部，单干户有严重毛病，但也有好处，日子过得沉闷些，却不至于受别的牵连！日子不像老舍、茅盾、巴金、冰心等过去那么活泼热闹，只是在冷冷静静的午门楼上转，转了整十年。学的方法本来是照主席指示的搞文物调查研究，而搞的问题，又是照主席提的中国文化史——特别是劳动人民成就的文化史研究，史学底子虽极差，只是从实物出发，切切实实学下去，居然在许多过去‘空白点’方面，理出了点头绪，工艺史、陶瓷史、丝绸史、金属加工艺术史、漆工艺史……和若干制度发展史，慢慢的都有了发言权。实事求是一点来检查，是应当得到国家奖励的！因为由此出发，才能说明历代劳动人民究竟如何创造了历史，创造了辉煌文化，比什么翦伯赞、吴晗踏实得多！可是运动一来，工具书一处理，稿件卡片一毁失，近廿年为新社会十分耐烦热心搞的准备工作，却在短短几天中，就毁去了。当时曾一再向人说，不要毁，这是国家财产，再花多钱，或派人学十年八年，不可能赶上的。话听不进去，还是散失了。除了保存在脑子中一些线索纲目，具体材料，差不多全完了。除了我自

① 即朱光潜先生。

己，没有一个人明白，毁的正是照主席《实践论》方法从十万八万文物中积累而来的！看情形，若年底没有免职、退职或退休，说不定还得第三次改业。我初步倒想到，若能作个勤杂工，专门打扫机关五六个茅房，不再用脑子，或许可望少出点差错，而在新任务上，也一定会十分认真干下去，不会感到丝毫情绪抵触的！”收入《全集》第 22 卷。

本 年

秋冬之际　作《自剖提纲》，剖析自己：“性格内向型，能思考工作，不善于和人打交道。一生忧患多，挫折多，十分胆小怕事。嗜好少，外务少，书本消耗了大部分生命。”据手稿收入《全集》第 27 卷《无从驯服的斑马》集。

1968年 67岁

3月30日 《人民日报》《红旗》杂志、《解放军报》发表社论《革命委员会好》。

5月23日 于会泳的《让文艺舞台永远成为宣传毛泽东思想的阵地》在《文汇报》发表。

7月22日 《人民日报》发表《从上海机床厂看培养工程技术人员的道路》，提出了“学校教育革命的方向”。

10月31日 中共八届十二中全会在北京闭幕，这次会议通过了《关于叛徒、内奸、工贼刘少奇罪行的审查报告》。

12月22日 《人民日报》发布毛泽东的最新指示：“知识青年到农村去，接受贫下中农的再教育，很有必要。”

12月29日 南京长江大桥全面建成通车。

1月20日 致信沈虎雏：“街上已有通告，外埠内部刊物不许上街，将严加取缔、禁止。本市经批准付印的，也只许在内部发行，不许外售。因此一来，过去流行较广大的清华《井冈山》、北大《新北大》、地质《东方红》等等报刊，可能不会再上街。这是好事，因为放任自流，不仅易泄密，还易引起派性内争的连锁反应，小消息传播。”收入《全集》第22卷。

1月23日 致信沈虎雏、张之佩，谈到频繁地接待外调人员时说：“凡是平时比较踏实老实工作，一心为社会主义建设而努力的，即或在工作上和思想方法上有些错误，总不会受太大挫折，还是可望在新的要求上进行工作的。但也有可能出意外事，因为运动一深入，社会变动又过大，不易设想的牵连，还是会发生的。比如卅、卌年前为一些人改过文章，或经济上有过些接济，事太小，早忘了，近半年来，就有许多人次来询问。原来这些人多作了什么什么副部长，又从无来往，那想得到？问来问去问得我头沉沉的，真有点招架不住。最麻烦处是今昔情形大不相同，廿多岁少壮，不懂过去社会状况，比如说直到解放前夕，有些大学里教书的，始终不加入什么党派，不和国民党有关系，他们就不相信。凡事一隔，就少共同语言少共同理解，说来极费事！总以为年纪越大，社会关系越复杂。我们当初也这么想。最近揪叛、特才知道，凡在学校教书的，年虽六七十岁，总比较简单。至于四十多点作什么什么公务员的，却比老一代的复杂。因为正当廿来岁时，或在敌伪作过事，又转而到国民党当过什么什么，花样可多。生活或社会关系，远比我们那一代复杂得多。仔细想想，也是十分自然的，因为正是社会矛盾极端尖锐复杂时，比我卅年前到北京读书时生活复杂多了！”收入《全集》第 22 卷。

1 月 29 日　致信沈虎雏：“今年若不受意外大冲击，或许还可望在‘改’字上，为国家作点事情。因为脑子对于陈列还有个全局轮廓，应如何改，用什么代替原有的，如何在八千件文物中至少写四千件说明，还知道不太费事，即可以写得头绪分明。若意外冲击一来，工作可就说不上了。这工作，若从总的形势来说，可以不必要我来作，还有更需要的——比如说，文学中新作者作品如何过‘技术关’，在学习方法上，和具体在一个作品中的增改工作上，万一还用得上我长处时，也将无条件接受新任务。因为比起来，始终即比老舍、巴金、茅盾、冰心等等懂问题，懂人，懂如何用文字去表现。也懂什么叫通俗化！也许或居然有那么一天，再来写，再来教。”收入《全集》第 22 卷。

致信沈虎雏，谈及北京友人近况：“戏剧方面新揭发的多，曹禺也有了大量大字报，闻写几个新戏多受彭真指示。和彭真关系密切。于是之、梅阡、刁光覃等则有的在敌伪时作过官，有的有国民党军衔，提出来后，大致即不再是三结合对象，先靠边站，至于处理，大致也是当成历史问题，将有个总的安排。因为这种人似乎太多。”收入《全集》第 22 卷。

2 月 7 日　致信沈虎雏、张之佩。收入《全集》第 22 卷。

2 月 15 日　致信沈虎雏。收入《全集》第 22 卷。

2 月 16 日　收到沈虎雏的来信，谈及张之佩支持他去办报的事情，沈从文感觉沈虎雏不适宜办报，旋致信张之佩，委婉劝阻沈虎雏办报：“来信曾提到你支持他去办报，这自然很好。不过听说，四五月建党问题就要提上日程，报纸很难办。不仅要紧贴主席思想‘政策’，还有个‘策略’问题。有许多事党员懂，普通干部不懂。有的某级党员懂，一般党员也不可能懂。事情既不懂，理解政策或策略就不透，一出差错，不仅个人受不了，影响多数更不好。且不易纠正补救。报是党的喉舌，只有党员在党的领导下工作，才可望少犯错误，或犯错误较少、较小。非党员搞，最易犯‘阶级路线错误’，一出差错，名分到头上，受不了！大哥从中学即搞团工作，人又那么正派、老实、不自私，结果在反右中小有差错，即影响到一生！从这方面取点教训，来认识认识自己，估计估计环境和国家需要，安排一下自己，也有必要！运动一发展，社会动荡大，人事变化大，斗争十分尖锐复杂，‘人’的问题最不好办，‘你’一切照十六条办，但是在某种情况下，若一部分‘人’对于十六条缺少应有理解和重视，又或受其他实际影响，其中还加上各种分子在破坏捣乱，事情就费力难讨好！小弟应当更正确些估计自己能力、长处和国家长远需要来工作。要凡事从实际出发，莫从假想出发，免得于公于私，两无好处。小弟说，‘一切工作都是照一个党员的要求或标准去要求自己。’这是对的，也是应当的。我十几年来工作何尝不这么想？我还事实上把几个研究员揽不下的全揽下了。主观愿望如此好，而又济之十年努力，作了不止几个研究员工作，结果是十分误事无能的某某父亲无事解放，我却成了批评对象，我拼命在‘尽义务’，人却以为我‘有野心’。事实就是这样，不能不令人灰心，无可奈何！我一生对人热心，卅年前为几个年青人改了改文章，困难时帮助点费用，这本是十分平常事情。一切早忘了。想不到这也成了当前的麻烦。因为这些人多作了市长、部长，虽并无来往，却三番五次有人来问来问去，以为有什么秘密可以明白。我总觉得学什么，困难都难不倒，对付人，可很不好办。因为人的思想打算好坏差距太大，社会动荡中更无一定标准。所以揽工作，应当估计到效果，作不下，就不要勉强去作，或者让更适当些人去作，协助人去作，反而好些。这自然全出于主观估想，说说供参考！主要还是你们好好商量。”收入《全集》第 22 卷。

2 月 17 日　养女沈朝慧与刘焕章结婚。

3 月 9 日　致信沈虎雏。收入《全集》第 22 卷。

3 月 23 日　致信沈虎雏。“医生建议，总要我少看书报，免得脑子更乱。照我自己感觉，倒像是生命中还积存了较大量的‘能’，得充分使用消耗它，才能取得平衡。看报刊和杂书，倒像是从这个同一橱窗口，一面可以消耗掉大量的能，一面可以吸收些新的知识。只可惜由于对工农军问题都无实际知识，报刊上大量记载，因之多看不懂，懂不深透，总似乎记载前后彼此多相同，不明白是什么意思。倒是看国际新闻，谈越南，谈欧洲金融动荡，东欧波、捷政治局势变动，多少还可以明白一点问题。世界真正在大动荡、大分化、大改组过程中，一切如主席伟大的预言所指示，有利于中国，有利于世界被压迫争解放的民族和国家的人民革命。”本信曾以《给在工厂的次子夫妇·之三》为题收入《沈从文别集·自传集》（岳麓书社）。收入《全集》第 22 卷。

3 月 29 日　致信沈虎雏。收入《全集》第 22 卷。

三月中旬　致信沈云麓。本信未付邮。收入《全集》第 22 卷。

4 月 1 日　致信沈虎雏。收入《全集》第 22 卷。

4 月 7 日　致信沈虎雏。收入《全集》第 22 卷。

5 月 16 日　复沈虎雏函：“家中生活，也起了些应有变化。存款全已上缴，我从六月起，~~只能~~领一点生活费~~数目恐只一二十元~~，这是极其合理的事。家中主要得靠妈妈那点收入了，所以生活极端简化是必要的。若妈妈一退职，就得靠大哥了。我心脏已日益不得力，是血管硬化的必然发展。”收入《全集》第 22 卷。

5 月 22 日　创作诗歌《巴黎红五月》。该诗沈从文生前未曾发表，后收入《全集》第 15 卷《牛棚谣》集。在致张兆和的信中曾对该诗有过如下评价：“六八年在情绪困难中，还写了个《巴黎红五月》，也有千来字，非常好，真可说是一首崭新的政治诗。被年青人搜去，即失踪了。今已无法重忆再写出来。若幸而还可在另一时发现，将和《井冈山清晨》《红卫星上天》成为三部曲，可以见出我诸方面试探的得失。你能不能设想，这方面的积累，还将盖住我小说和文物研究的纪录？也有这个可能，不过要看客观机会去了。过去《边城》中有首民歌式的短诗，记得徽因总向人推荐‘这才是诗！’后来金隄和白英译成英文时，也觉得极好。认真些说来，我对于诗领会，大致还是比较深，且能用不同文体去反映的。但目前所作，恐还是近于‘自得其乐’多些。还打量再换个长短不齐新句子作些试探。其实我的前二次工作，也总是在试探中得到进展的。”（1970年9月10日致张兆和）

八月 住处被抄家。这是“文革”中的第八次抄家。

9月5日 写名为《施蛰存在云南》的外调材料，全文如下：

施蛰存在云南

我是1938年三月间到昆明，住处在云大附近，似叫文运街，（因为云大原是旧学宫）。施蛰存可能先到昆明云大教书。时南北到昆明的人还不太多，既原本相识，因此来看过我几次。我可想不起他住什么地方。因为初到方向还不明白，时间又太久，这些平常琐事，不可能回忆清楚。

我有个熟人杨文冲，爱人叫侯焕成，侯是松江人，和施同乡。记不清楚侯是施的中学时学生？还是侯和施的几个妹妹是同学？也记不清楚当时是施住他妹妹家，还是侯和他妹同住？总之，他们相熟，或因玩牌常在一处。后来我即因杨侯关系去那个家看过一次，记得是城北到城南，相当远。时施的妹妹较大的已嫁了个姓蔡的，在欧亚航空公司专管运输。妹妹也极能干，会经营，后来搞轮胎生意发了点财，这大致是以后几年事情，从侯处听来的。（复员时，我一家人乘飞机由昆明去上海，或是我由上海飞北京，当时票虽由公家购订，时间分配有迟早。是否托蔡帮忙催催票？已记不清楚此事了。因为蔡似乎已回上海作接受人员。）

大约是1938暑期，施拟回（或已回）松江探亲，于九十月间回昆明。当时我家小四人，将离北京来昆明，路上相当长，小孩子还只一岁多点。时南来人□多，为方便人同伴上路，凡事有个照应，即可免却不少麻烦。我记不清楚是从侯处知道，还是从施直接知道。曾托施路上照料一下。后来由上海到香港转越南，再乘车到昆明，家中人确与施同行。不过我爱人已记不起是在上海还是在香港同船。只依稀记得和施同行，另外我还有二人，他们比较熟。我爱人和施不相熟。

我家中人是十月间到达昆明的。我住北门街，施还来我住处看望过，因为住处离云大极近。

后来疏远了，主要原因大致是不久昆明大空袭后，一连半年都有空袭，有家属教师，多在匆促中向四郊乡村疏散，远近不一。我住滇池边呈贡县龙街子，离城已四十里，来去不仅要赶火车，十分拥挤紧张，还得乘十里路劣□，相当费事。车不到达，回城不成，就得在小车站边茶□过夜。所以记得有好几年，很多朋友下乡探访。我呢，一星期入城一天半，上课后怕空袭，就匆匆赶车回乡。本系同事也不容易见面。环境情况没有我朋友从容，所以不大容易见到施。施此后几年中，回松江几次，我不知道，也无从回想。他和吕叔湘是老同学，同学又较久，较熟，试从吕处了解，一定可靠得多，也详细得多。

卅年代和施关系

我大致是1927（9）由北京去上海，前后住了二年多点，有一年系住吴淞中□□学乡下。在上海时和胡也频夫妇同住，胡等和姚蓬子、戴望舒、刘呐鸥等先熟，我较后才因胡介绍和他们认识。只到过水沫书店一次。施结婚时，邀了些作家去松江吃鲈鱼，去的除上述几人，还有二三不识的，共凑成一桌。大家参加，主要兴趣就是吃松江鲈鱼。火车路近，因此同去。此后即少见面，有二原因：一我移住吴淞乡下，一天只两次火车，很不方便，回不去就得住旅馆。二我极不习惯和文人坐茶馆或出入跳舞场跑狗场等玩乐。在上海若不习惯这些都市生活，是无从和人讲朋友的。这也不能说明我怎么孤高，只是说我是个‘阿木林’，和大都市生活格格不入。

现代创刊，施四处写信约稿，要人帮忙，当时刊物最能号召读者是短篇小说。我正是大量生产坏作品时，不仅在现代投稿，同时或先后还在小说月报、东方杂志、傅东华编文学，以及新月等胡愈之编定期投稿。好些编者就根本不认识。有的还始终不认识。如胡傅王等均始终不认识。相反，有时有些熟人编的，倒不一定有文章，例如以后郑振铎等编的文季，我就少投稿。

在现代投稿，不是因为施蛰存关系，刊物出版以前，我已在那个投机性商业书店印过了两本书。

照我理解，就是一切从生意经营着眼，说不上什么高远理想，也不有什么更坏企图。原因是我当时作品还流行，有部分读者，内容不一般化，文字又还通顺明朗，对刊物能多销百十本，如此而已。至于对我呢，在学校既教这一门，可不会说话，是个哑鸟，为补救这个弱点，不能不大量写些习作举例，用多种题材，多种不同文字风格，供同学参考比较，如此而已。好或坏都摊到纸上，批评得失也容易。再深刻些去追求动机意义，都不合当时事实。

我那时正年富力强，工作量大，单干户倾向浓厚。因为当胡也频等搞作家会和后来搞左联时，好意要我参加，通不参加。一方面是从胡处知道内部意见纷歧，争领导权十分激烈，情形又复杂。另一方面是我人不中用，怕受束缚不好办。后来一离开上海，自然更不会介入了。但到《北斗》□刊时，却乐意作个推销员。寄互济会捐册给我时，也捐了点点款。

和施虽熟，基本不同调，从工作上也容易明白，他是个洋场才子，为人聪明，欢喜搞点小趣味，弄创作近于玩票，三年五载写三个小本本应应景，即自得其乐，十分自足。我是个乡下人，对创作充满了个人野心，欢喜打硬仗，不求什么侥幸速成，不怕泥沙杂下，总认为这个工作，就必需坚持下去，廿卅年或终生搞它，从不断失败中讨经验比可□破自已纪录。我依稀记得施搞晚明小品、读庄子与文选，多是在编现代以后事。我从来不重视晚明小品，认为做作气太重，不值得提倡。所以在青岛或北京，从未和施通信讨论过这些问题。

打笔墨官司

我是不会和人打笔墨官司的，没有这个必要，人家□骂，即举手投降。从不和人争辩。主要精力实用在短篇创作实践上，那么大堆作品可以证明。大量写，不断从失败错误中改正，再从新起始。只希望在短篇写作上作个尖兵，搞个几十年，一切失败也无所谓，自己牺牲不妨事，不会损害别人的向前。有点个人理想或野心，并不是想和同时别人争短长，只是照五四要求，用成绩来代替施公案、封神演义、绿野仙踪、今古奇观、福尔摩斯侦探案等等。一时作不好，多搞二三十年。个人力量有限，因此盼望大家来努力。彼此在作品上相互竞争，或更容易□相互提高，取得应有进展。一切好理论总得通过实践去证实。从工作实践证理论，总不失为一种办法。偶然写了个小文，人家不同意，加以批评或嘲骂，我认为极平常自然，无从反驳，因为不必要。别人说得对，那我错了，改正好了。若我并不错，那还争什么。我写了近四十个集子时，连“作家”名份也不想要。编了十年副刊，从不利用刊物抑人扬己。鲁迅先生用笔名写的文章，也从不去从大堆杂文中探索那是他写的，那是别人写的。更不会和施蛰存一道搞什么彼此支持。因为对于写作基本态度既少□同点，那会小手小脚来搞这个小动作。

在写作上我一生犯的错误极大且多，主要是一贯用个小资思想、感情立场、方法去处理问题，反映问题，脱离人民革命，脱离社会现实，而又用大量子虚乌有虚构故事毒害青年，反动之至。至于把一篇小文章提出来作为我的罪过，对我而言，那是过于避重就轻了。为彻底改造自己，我应当严肃正视自己几十年写作中所犯的种种错误，同时也不能忽视比较次要的一切错误。但是，莫须有的事情，也应当说个明白，免得以讹传讹。

1968年9月5日于历史博物馆

9月29日 致信张之佩。收入《全集》第22卷。

10月1日 国庆期间，被集中至历史博物馆机关中居住。

10月26日 致信张之佩。收入《全集》第22卷。

十月 致信沈云麓。收入《全集》第22卷。

11月4日 复张之佩函。收入《全集》第22卷。

12月4日 致信张之佩："社会变化太大，生活适应性却极差，懂得我的长处的人已不多，让廿岁到四十岁的人来调动，有时彼此谈话即缺少应有基本理解。最麻烦可能还是我努力用《实践论》《矛盾论》、辩证唯物论求知方法慢慢积累得来的一些文物知识，本来有许多在新社会，新的文物研究，博物馆工作各部门，还十分有用。但若缺少一种彼此意识沟通的语言，即将无办法让新的领导明白。若再加上些阶级成见，此后困难必更多。即全心全意为年青一代打底子奠基工作，或将在不经意中反而以为是挡路绊脚石，一下子踢开轰垮。""我极希望上三多砦去住一二月，可望写成一个好中篇小说，这种预期当然是不可能实现的，因为太少应有种种条件。但是世上事多说不定，万一新文化部成立，新的部长还是个有分熟识的人，我到时又能自由考虑工作和行动，我将不外提三种工作提议：一是去四川，带几百种绸缎，为把成都蜀锦改好。就便去三多砦住一二月，用那个山砦作为背景，写成的小说，将比《智取威虎山》画面现实性好。二是带绸缎去浙江苏州工厂。三是去景德镇看新瓷器生产。因为学的两大部门，对新的生产大都还有用处。这也是'下放'，只要心脏担负得住，不出事故，工作是对国家有用处的。"本信曾以《给在工厂的次子夫妇·之四》为题收入《沈从文别集·自传集》(岳麓书社)。收入《全集》第22卷。

12月23日 "首都工人、中国人民解放军毛泽东思想宣传队"进驻历史博物馆。

十二月 作《我为什么始终不离开历史博物馆》。谈自己的工作、生活情况："当辅仁合并于人民大学，正式聘我作国文系教授时，我答应后，经过反复考虑，还是拒绝了。以当时待遇而言，去学校，大致有二百左右薪资，博物馆不过一百左右，为了工作，我最后还是决定不去。”“当时的我呢，天不亮即出门，在北新桥买个烤白薯暖手，坐电车到天安门时，门还不开。即坐下来看天望天空星月，开了门再进去。晚上回家，有时大雨，即披个破麻袋。”本件沈从文生前未发表，据手稿收入《全集》第27卷《史无前例》集。

本年

本年 作诗歌《五月》《箴“我”》《想昆明》《昆明村中过春节后景象》《莫边府事将重演》，这些诗沈从文生前均未发表过。据手稿收入《全集》第15卷《牛棚谣》集。

1969 年 68 岁

3 月 2 日 黑龙江珍宝岛地区中苏边境发生武装冲突。

4 月 1 日 中国共产党第九次全国代表大会在北京召开，在大会通过的《中国共产党章程》中，把林彪作为“接班人”写进了总纲。

7 月 6 日 河南林县红旗渠工程竣工。

10 月 17 日 林彪通过中央军委办事组发出“林副主席第一个号令”，全军进入战备状态，在京的一些党和国家领导人、党政机关及其干部家属被“战备疏散”到外地。

11 月 12 日 中华人民共和国主席刘少奇被迫害致死。

四月 按专案组要求，作专题交代材料《外调出版部署编录经过》。收入《全集》第 27 卷《史无前例》集。

3 月 11 日 写交代材料《我认识江青前后》。据手稿编入《沈从文全集·补遗卷 2》。

5 月 18 日 沈虎雏在致张兆和并转沈从文的信中说：“接到大的来信，听说你的两件大事，登台作批判发言，登台演出庆九大，我们看了极高兴。他的历次来信都不断报导了北京令人鼓舞的新貌，不但使我们感动，而且有些直接推动了我们的工作。”[①] 沈从文致沈虎雏原信佚失。

五月 重新抄写申辩材料《用常识破传统迷信》，主要讨论物质文化“常识”在文物鉴定中的作用问题。据手稿收入《全集》第 27 卷《史无前例》集。

六月 作被“解放”前的《最后检查》。收入《全集》第 27 卷《史无前例》集。

---

① 沈虎雏：《致张兆和转沈从文（1969 年 5 月 18 日）》，《沈从文家书》下，第 453 页，江苏教育出版社 2005 年版。

7月29日 收到徐城北信，旋即开始起早复信，此信断断续续写了二十余天，至8月20日始写毕发出。

8月20日 复徐城北函，简要叙述了自己被解放的过程：“前后约廿被揪人中，经过半年学习，已释放七八人。我是被释放之一人。我的定案过程特别简单，主要只说‘写了六七十本黄色小说，编过反动《战国策》刊物，思想反动。但在政治问题上并未发现什么。（是思想认识世界观未得到根本改造，是人民内部矛盾。）’至于近廿年工作犯罪或错误，一字不提。随即宣布作为人民内部矛盾解放。并且明白我心脏不好，只在班上开开检讨会，不上会场，即告结束。从此以后若在什么文件提及历史，大致就有称为‘反动黄色小说家’可能。总之，群众是不会错的，应当接受这个教育。同时已证明四十年内，前一半并不依附过国民党，后廿年，又不依附过阎王殿，因此和大多数新旧作家受的冲击教育（老舍已死，巴金在上海批斗会到二三万人），我可算得是最小最小的！”收入《全集》第22卷。

9月12日 复张宗和函：“你说在写字，据我意见，社会变化大，目前还只能说是起始，最好还是认真学习主席著作，日不离手，用到思想改造和生活方式上去，明天都能跟得上去。万万不能安于目前状况。三姐近廿年少出差错，就是对思想改造抓得比较紧。我不出大差错，也和毫不为己的拼命热情工作多少有些关系。又参加革大学习，参加土改三五反。写字是毫无意义的消极行为，你怎么经过那么大社会变化，还不明白自己宜如何自处？盼望对自己有一种崭新认识，重新振作做人才对！不宜放松改造，万万不宜。必须重新作人，这不是一句空话。一切得争取主动，才合新社会要求！”收入《全集》第22卷。

9月26日

本日 张兆和随中国作家协会同事约百人前往湖北咸宁文化部五七干校，被编到第五连。

9月30日 中国革命历史博物馆临时权力机构——革命委员会成立。刘树桐任革委会主任，李兆炳、高岚任副主任。

九月中旬 致信沈云麓："在这次运动中，不少知名作家，全在大冲击中垮了。凡是和阎王殿有点关系的，无不受一定冲击。凡是过去和'蒋记'有关联的，冲击更难免。有的熟人，如思成、巴金，是在上万人大会中批判过来的。我因为近卅年来，前廿年不依傍过蒋，近廿年又不沾文学，不和周扬有什么关系，只老老实实在博物馆搞文物工作，不怕沉闷寂寞，也不怀什么名位野心，凡事从头作起。有一次让我去作老舍作的那个北京市文联主席，也不去，宁愿意守着午门楼上陈列室作说明员，或钻库房搞文物登记，一个大学生也受不了的工作，我却一作廿年。虽在廿年中陈列上和对外服务上作了大小不少错事，曾为六七个新历史戏提服装资料，但是，工作究竟还踏实，人又不投机取巧，所以在这次运动中，和所有熟人比，受的冲击，还是最少最小的。得到党的特别厚待和群众谅解，在检查中对自己前廿年写作思想反动处，和近廿年工作犯的错误，有了一定认识，就在一次团结会上，得到解放了。"收入《全集》第22卷。

九月 报经国务院总理周恩来批准，中国革命博物馆和中国历史博物馆合并，改称"中国革命历史博物馆"。

10月2日 张允和请沈从文到家里做客。

10月3日 张梅溪请沈从文到家里做客。

10月5日 收到张兆和信，旋复信，介绍她走后自己的生活情况："这一礼拜我看了三个老人，一是董秋斯，三年运动中无问题，近忽闻和几个老同学事有些牵缠，在受审查中不免更见衰老。二是田老师，十多年未去看过他，去看看，才知惟一年近八十老师母在家，过的真是风烛残年日子，田老师已去医院许久（我估计或早已故去），无音息。馆中每月还送八十多元薪资，别的什么也不知道。三即林师母，还精神甚好。更好的还是老保母，年过七十头发纯黑，总是念念不忘我们一家，小弟、大哥和你，给她印象都特别好。和这几个真正老人一比，我似乎就显得太年轻太年轻了。总似乎预感到，最近将来不仅不会忽然报废，还有点什么事待我去完成。"收入《全集》第22卷。

10月13日 致信张兆和。收入《全集》第22卷。

10月20日 复张兆和函。收入《全集》第22卷。

致信张宗和。收入《全集》第 22 卷。

10 月 25 日　因即将下放至宁夏，张允和、周有光先后来向沈从文辞行。

致信张兆和：“到馆中去时，工宣队指导员要我去取原来查抄的笔记等等。如并稿件，记得前后不止一板车，我的天，我那能有大力运回？还有研究室几架书，带回也无处可放。或许还得待下星期大弟回来解决。主要能把照片和十多首未发表诗稿保留（有写得很好的），别的或许一烧省事！”收入《全集》第 22 卷。

10 月 26 日　张允和、周有光来访。

10 月 27 日　与凌宏一起至张允和、周有光家用餐。

10 月 28 日　致信张兆和。收入《全集》第 22 卷。

11 月 1 日　至馆中取回被查抄的部分东西，但被告知：私人信函、作者自存样书和文学手稿，须由馆中“代为消毒”。“拿回经过三年审查退还的：一照片，二文稿，和三记事本。第三份最不重要，因为只记得些平时学习意见和业务问题。第一份照片不少。拟贴三个薄本子，分给大小弟，自留一份。第二份是近廿年业务纪录，有不少未发表过，却对文物工作者可供参考学习的。感谢专案组为分门别类，编定号码，一包一包整理得清清楚楚，是份极大劳动，内容大致也一一看过。负责人之一问我，‘你怎么写了那么多？’我笑笑。因为人人都学主席著作，重‘活学活用’，若指的是发言，我总是口齿迟钝（李大妈等均欣赏大，不会说，却尽作事）。至于从《实践论》《矛盾论》《辩证唯物论》，有所启发，用来搞业务，搞的又是劳动人民文化成就，我的各种初步探索，不说是有了结果，至少是开了花，发了芽。……至于信件、作品，一律由馆中处理，我同意，不说什么。本想把英、日译文本还我留个纪念，也不说了。”“工宣队专案组一解放军还和我说过：‘过去写的文章，是照当时情况而来，所以群众能谅解，’至于近二十年工作，一切搁在眼前，还像一个研究员，又无权势野心，无所依附，所以一字不提。工作错误，自我批评却比较多！至于此后，经过由五〇土改到这一次运动，教育学习，或可望不会大错。《服饰资料》改正稿也还了。”（见本年 11 月 2 日复张兆和信）

收到张兆和来信。

11月2日 置办张兆和来信中需要的东西，并复信张兆和。收入《全集》第22卷。

11月10日 凌宏来看望沈从文。

复张兆和函，谈了“疏散”的个人意向：“能不动，即不动”；“次即去成都”；“再不然，即去自贡”；“机关万一派定我来咸宁，大致也只能照命令办事”。信中详细谈了自己不愿去咸宁的原因：“机关万一派定我来咸宁，大致也只能照命令办事。但事实上恐不大相宜，因为近几月心脏不大好，血压总在二百廿以上，怕湿和热，古人虽有‘置之死地而后生’，现在又提倡‘不怕死’，我已快近七十岁，那能说怕死贪生？但若一个人只是消极逃难，那就无所谓，若还希望尽可能积极为国家作点事，又还当真能为国家作点事，不仅当前能参加丝绸花布改进提高‘古为今用’工作，明天还可为馆里馆外作许多事，从这么说，住个气候比较好的地方，多活一阵，这要求希望也就不为过分了。另外我还想到若带着病来咸宁，尽管不同在一处，也不免等于扯你后脚。这也是一种事实。使你学习和工作都受妨碍。所以除非硬性派定，我想把来咸宁放到第三位。”因此，咸宁是作者最不想去的地方。收入《全集》第22卷。

11月12日 致信张兆和，感叹“人世之险峨”：“这次运动，眼看以瑞死去，还被诬为叛国。又为了工作，处处爱护范某，到时却反被他陷害。写了十二大张纸二百几十条无中生有罪状（当时都能致人死命），无一条成立。在最重要关头，华华父亲为了自保，转移斗争目标，并讨好当权派，竟用四张特别醒目大字报，说刘少奇通过周扬，插入历博一只大黑手，即沈某某。若系早一时期，有冒失群众相信，我就有可能当时即被打死。事虽已成过去，想来还是不免令人寒心。大知，小知，为人阴险竟一至于此，真是不易令人相信！近廿年作事做人，已够谨慎，还不免有此陷害。”收入《全集》第22卷。

11月15日 复张兆和函。收入《全集》第22卷。

11月16日 为工作事致信中国革命历史博物馆领导，信件结合毛泽东的各种指示，回顾了自己近二十年来的工作历程，对各种可能的疏散地点进行了分析，同时总结了自己以后易于为国家工作的几种方式：

> 点点知识，是在过去廿年党的鼓励和支持下得来，此后，是还可望用到党的需要上去的。初初估计约有三个方面用得上：一，是用到将来改陈时，八千米陈列，近万件文物，应当增什么，减什么，每一阶段如何处理，用些什么参考材料来搞阶级斗争场面，和生产斗争发展过程？主要陈列品，各得增加些什么可以提高效果？全局轮廓，我心中比较清楚。每一阶段生产特种发明，和其他生产相互关系，及前因后果，作说明时，我可能也比较说得有分寸，不至于出大笑话。二、是过去写文化史的，总是把少数地主官僚文人唯心主义思想作为主流，而忽视劳动人民生产发展和成就实际影响。我从实物出发，来分析综合文学艺术，起点既和前人大不相同，结论自然也大不相同。同是谈艺术，历来以封建文人字画占主要位置的旧观念，在新的认识下，必将推翻，而代替以劳动人民成就。因此我这份常识，对于今后新编《人民艺术史》，大致还有些用处，且可能成为主要材料。我本人受体力限制，已不可能从事这一艰巨而伟大工作。但是有可能协助这一工作的完成，可减少编者少走许多弯路。三、是主席指示的艺术中“古为今用”。若不局限于文艺，还包括工艺美术各部门。这方面优秀遗产，可作借鉴的实在太多。应当以百十万计。求落实而不至于乱用、滥用，首先也就是个调查研究问题，这方面我大致也有较多发言权或建议权。用绸缎作例，我究竟看了大几万，瓷器也看过大几万，且一一记在心同时还注意到近廿年新的生产水平和图案缺点。因此主观设想，在这方面，或者也还可以为国家作点事情。有需要就去做，而且深信会做得令人满意，因为见得既然比较多，明白好坏。

信件最后表明自己的态度：听从组织安排，要我到什么地方去，就准备上路。虽去咸宁很难适应，容易出事故，但从政治要求说，如果还是认为应当去，自己不会有什么抵触情绪。收入《全集》第22卷。

11月17日　参加馆中的下干校动员会，告诉大家，“万千放心，决不是摔包袱了事”，“下去已有安排”，“如不动，即违反毛主席战略部署，是犯罪。”[①]沈从文当即表态：“坚决拥护主席伟大决策，到时上路。”沈从文做了动员会记录，该记录以《日记——下干校动员会记录》为题收入《全集》第22卷。

11月20日　沈朝慧来为整理下放需带的衣物。

致信张兆和，告诉她自己月底或离京赴干校：“开了一天会，上面已决定要我们老弱病约十八人限月底离京。时间如此匆促，心不免乱些。为了拥护主席战略部署，我简单说‘拥护指示，到时走路。’”“收拾残破，大致还得大好一阵努力。因为不许外卖。但公家可以代为保存，书籍或其他也可以。这倒是一好办法。若房子能保住，就简便多了，怕不可能。至多一月或作得到。我这一天将预备能预备的一切，如保存有用稿件、买药诸事。两夜未睡，心中不免有些难过，还是一种保守思想作怪。闻有指令，非敌我矛盾存款均退回，我的无消息，或问问，因为如没收，也总得通知！或发还一部分。对当前几个待上路，无一存款的永、刘，及病中二弟，或有点帮助。二姨手中似乎也空空的了！”收入《全集》第22卷。

11月22日　致信沈虎雏。收入《全集》第22卷。

11月26日　致信张兆和。由于即将离开北京，信中充满了惜别的感情：“到这里（指北京——引者）已整整四十八年，回想来时种种，还如昨日事情。如此离开，也十分好。用实践来拥护主席，或可补足拙于语言弱点，以后还要用新的实践，战胜热湿和滑倒的意料所及困难和体力上的意外困难。我相信是会作得到的，能和近半世纪以来一样，用一种极端素朴态度活下去，学下去，工作下去。才对得起党和人民对我的好意和期望，也才对得起你四十年来同甘共苦，在共同生活中，你的担负极重而在任何困难中从不对我灰心失望的好意！我们对孩子们值得放心，孩子们对我们如何处理自己也感到放心，所以我总相信在乡下不是养老，还将有可能在新环境中作些有益于国家的事情。目前房中空而乱，心中却觉得平静不太乱。”收入《全集》第22卷。本信收入《全集》时有缺失百余字，全信收入《沈从文全集·补遗卷3》。

---

①　1970年4月2日致张兆和，《沈从文全集》第22卷第285页。

11月28日 中国革命历史博物馆为即将下放的“老弱病”开欢送会。

11月29日 张允和前来看望。她在《半个字的电报》《从第一封信到第一封信》中描绘了这次探访的情形：

> 屋子里乱得吓人，简直无处下脚。书和衣服杂物堆在桌子上、椅子上、床上……到处灰蒙蒙的。我问他：“沈二哥，为什么这样乱？”他说：“我就要下放啦！我在理东西。”可他双手插在口袋里，并没有动手理东西。他站在床边，我也找不到一张可坐的椅子，只得站在桌子边。我说：“下放！？我能帮忙？”沈二哥摇摇头。既帮不了忙，我就回身想走。沈二哥说：“莫走，二姐，你看！”他从鼓鼓囊囊的口袋里掏出一封皱头皱脑的信，又像哭又像笑对我说：“这是三姐（他也尊称我三妹为“三姐”）给我的第一封信。”他把信举起来，面色十分羞涩而温柔。我说：“我能看看吗？”沈二哥把信放下来，又像给我又像不给我，把信放在胸前温一下，并没有给我。又把信塞在口袋里，这手抓紧了信再也不出来了。我想，我真傻，怎么看人家的情书呢，我正望着他好笑。忽然沈二哥说：“三姐的第一封信——第一封。”接着就吸溜吸溜哭起来，快七十岁的老头儿像一个小孩子哭得又伤心又快乐。我站在那儿倒有点手足无措了。我悄悄地走了，让他沉浸、陶醉在那春天的“甜涩”中吧！①

11月30日 下午1时30分，在沈龙朱陪同下乘火车离开北京，前往湖北咸宁五七干校。在火车上，遇到同批下放的陈白尘，据陈白尘日记载：“车上还有幸遇到老作家沈从文，他有心脏病，也被批准下来了。大概是1961年，在我所编的《人民文学》上发表过他一首旧体诗，当时颇得好评，但在1966年也成为一条罪状。我的罪状太多，这不算一回事；看见他自然很高兴，因为他的夫人张兆和正在我们干校，此去自可团圆了。但他却笑眯眯地说，那可不能。因为虽是同一干校，但所属单位不同，还得做老牛郎。他那圆圆的脸上永远是挂着微笑的，虽然那时他已体弱多病。后来听说他被‘照顾’到丹江口去了，虽逢

---

① 张允和：《从第一封信到第一封信》，《最后的闺秀》，第67页，三联书店1999年版。

七夕，和老织女也难相会了！”[①]

12月1日　上午11时，火车抵达咸宁车站。

因无劳动能力，不受欢迎，万般无奈之下才被临时安排在文化部五七干校九连宿舍（“452高地”）住下。在一篇废弃的残稿中，沈从文曾记下了此次下放所带来的尴尬：“临上车时，才明白，别的人都另有原因离不开，只我一个老病号，和另外二病号和家属同行。车上座位且已为人坐满，我于是和陪送的大孩子坐在车厢地面上。到达指定目的地时，才知道‘榜上无名’，连个食宿处也无从安排。只好于岁暮严寒雨雪霏微中，蹲在接待站前空坪里，等待发落。折腾了约四小时，逼近黄昏，才算得到特许，搭最后一辆大卡车，连同行李运到三十里外，借住于故宫博物院暂时还空着的一个宿舍中。”（1970年2月14日致张兆和）

12月5日　沈龙朱离开沈从文暂住的452高地，到沙场食堂看过张兆和后，离开咸宁返京。

12月8日　沈龙朱致信沈从文，叮嘱爸爸种种注意事项：“爸爸，你到咸宁，一定要保持思想上的健康才行。这是你接近群众，适应环境，维护好身体的最根本因素。你经历了去与不去的考验，又经住了由原来思想准备不足到坚持努力适应新环境的考验，以后还有雨、冷、吃饭、病等等许多考验，有了健康的思想基础就顶得住。妈妈年龄大身体也不算好，但仍然那么生龙活虎就是这个原因。”[②]

12月13日　致信黄永玉、张梅溪，谈及在452高地居住、生活情况。收入《沈从文全集·补遗卷3》。

12月16日　复信张梅溪、黄永玉，谈及运动的感想：“一离北京，即得承认现实。有许许多多见闻，或和多久以前我写的家乡事相差不甚多也。要明白这个二三年前有过几十万人武斗大动荡的地区，就可以明白什么事也会发生，不用奇怪了。一切放心！跟组织行动，十分重要。一切不宜从廿年前假想种种出

① 陈白尘：《忆云梦泽》，《向人世的告别》，第527页，三联书店1887年版。同时参见陈白尘《缄口日记》，第98-99页，大象出版社2005年版。

② 沈龙朱致沈从文（1969年12月8日），《沈从文家书》下，第480页，江苏教育出版社2005年版。

发。”收入《沈从文全集·补遗卷3》。

12月20日　致信沈虎雏，介绍了自己在咸宁五七干校的生活情况：“早六点半听军号起床，九点半熄灯，早上学习一点钟，晚上读报一点钟，虽来到干校，目下只是借住性质，所以老弱病应作的看房子，值班等等，一时不分派到我们。因此白天我去大湖堤边拾干苇引火，或在大路旁推土机经过处拾干竹根，供同住引火用。虽无什么价值，可还是有点意义。住处是干校中心地，汽车站、邮所、医疗均在百步以内。只吃饭取水约得走半里多路，天雨路滑是一难关，北来少壮说到多不免摇头。还有五个月四十度的热，百八九十天的雨，和将近来临四十天的冷，都得适应过关。此外还闻有四五个月有一二米长虫，随处可见，也得应付。”“这里已有七千平方米新建筑，将来定四万，一二年内必将完成。分两大区，这里是中心之一。有大会堂和校部，及文化部宿舍，故宫宿舍，图书馆宿舍，机耕组，基建领导组等等在此。地名‘高地452’，有电灯。妈妈处名‘向阳区’，是另一基建重点。文联、作协、商务、中华等等全在彼。约有一半新房子在那边进行。”收入《全集》第22卷。

12月22日　复信黄永玉，谈及干校生活：“每天在太阳下晒晒，听先来的人谈夏天种种，许多人似乎都已熟了，事实上正因此却永远不会相熟。但是因此也极有意思，并不感到寂寞。倒真像是在读一部长而无多意思的有名小说，不看也不成，看下去却感到相当累人。若一一拆散，倒可望改成十大册契诃夫式动人短篇，不过只会有极少数人看得懂而已。总的说来，是处处有平凡的伟大。但若照一般要求写去，就决不会感动人，把伟大转成平凡了。”收入《沈从文全集·补遗卷3》。

12月24日　收到张梅溪、沈朝慧寄来的药。

复信张梅溪，谈及生活感受：“一到这里，我即是一个最普通，而又无知无能的老、弱、病号干部，应服从叫的安排而行动了。至于总的安排，明天是什么，明年将是什么，大致又是除了极少数人，什么人也不知道的。一般人不需知道，也不可能知道的。‘知识分子最无知’，是千真万确的事。若真正做到完全无知，就一定十分愉快而健康了。最害事是本来无知，而狂妄以为有知。和本来有知一知半解，而胡乱说话，都容易犯大错误。有专业幻想而无权势野心，即犯点错误，也不会出大毛病。或许到另一时，还会不算错误的。”收入

《沈从文全集·补遗卷3》。

复信沈朝慧。收入《沈从文全集·补遗卷3》。

12月26日　致信黄永玉、张梅溪："人到七十岁，这么'学习'目的，是增加思想改造？有时明白，有时也就不免还有点糊涂。因为自己可知道这么下去，对国家并不经济！但是除自己知道以外，可没有一个面前人明白的。"收入《沈从文全集·补遗卷3》。

12月29日　致信张梅溪。收入《沈从文全集·补遗卷3》。

本 年

春天　作《陈述检讨到或不到处》。据手稿收入《全集》第27卷《史无前例》集。

二十世纪六十年代

六十年代初　作《谈锦》。沈从文生前本文未发表过。据手稿收入《全集》第30卷《织绣染缬与服饰》集。

六十年代初　作《"商山四皓"和"悠然见南山"》。沈从文生前本文未曾发表。收入《沈从文别集·抽象的抒情》（岳麓书社1992年）。据岳麓版本收入《全集》第30卷《文物识小录》集。

六十年代初　作《晋青瓷水注醉拂菻弄狮子》。据现存残稿收入《全集》第30卷《文物识小录》集。

六十年代初　作《〈历代古人像赞〉试探》。沈从文生前本文未发表。据手稿收入《全集》第31卷《龙凤艺术新编》集。

六十年代初　作《具装马》《马和马具的应用及其发展》《马的艺术和装备图录》。上述文章沈从文生前未曾发表。均据手稿收入《全集》第31卷《马的艺术和装备》集。

1970年 69岁

3月27日 中共中央发出《关于清查“五·一六”反革命阴谋集团的通知》。

4月24日 中国第一颗人造地球卫星发射成功。

5月12日 中共中央转发国家计委军代表《关于进一步做好知识青年下乡工作的报告》。

5月20日 毛泽东发表声明：《全世界人民团结起来，打败美国侵略者及其一切走狗！》

6月27日 中共中央批准《北京大学、清华大学关于招生（试点）的请示报告》。

9月23日 《人民日报》发表社论《农业学大寨》。

11月16日 中共中央发出《关于传达陈伯达反党问题的指示》。

1月1日 元旦假日期间负责看管菜园，在致黄永玉信中写道：“原来放了三天假，假中分派我们‘看菜园’，上下有十二块菜地，归我负责赶外来不客气的牛和猪。牛的身体大，行动慢，容易对付。至于五六十斤半大猪，三五成群，行动飞快，并且明白菜园地有甜头，可不大好招架。它们乘隙而入的敏捷处，真好像看过《西厢记》，拜了八戒作老师！”

致函黄永玉，谈及下放后的感受：“生命存在之不经济，只有自己知道，却无从说起。照老话说，即‘英雄无用武之地’。看菜园丝毫不觉得什么委曲〔屈〕，只是未免不大经济而已。不过这或许有更深意义，是我们一时不可能理解的。或许永远也不会理解。”收入《沈从文全集·补遗卷3》。

1月4日 致信黄永玉、张梅溪等人。收入《沈从文全集·补遗卷3》。

1月6日 致信黄永玉，谈及居住条件：“房中已零下四度，真是滴水成冰。屋外明天将到零下十度。满地雪已冻成坚冰，我还是准备滑倒，一天去半里外打饭次[①]作两顿用。”收入《沈从文全集·补遗卷3》。

---

① 原文如此。

2月14日　上午，由“452高地”迁往双溪，结果到达目的地后又遇尴尬事情：

> 既不能去原说定应住下的那个学校，也别无落脚处，和二月前到咸高情形相近。这边指挥部根本就不知道我们今天会来的，图博口或文化部咸宁接待站也并未有人来看过。那边把麻烦“推”给了这边。幸好还有廿来故宫熟人在这里。吃了午饭，十连连长和负责这里领导商量了约一小时，才把我们邀去。谈及：
>
> 一、本来有房子卅多间，地近，很好，已指定历博家属住，但是你们不来人接洽。节后区里正开大会，召集了二千多人开会，所有公家房子全占了。只有等到会后才可望迁去。
>
> 二、你们来事先我们根本不知道，并不经那边先打招呼。并未先来了解情况。
>
> 三、既来了，不可能回去，因此想办法暂时安顿一下。行李卸指挥部仓房（干干爽爽），人住区革委楼上，找一间较适当的。（本日致张兆和信）

致信张兆和。收入《全集》第22卷。

2月20日　致信张兆和。收入《全集》第22卷。

2月25日　致信张兆和，介绍了自己的身体情况：“过去心电图表示左心室肥大，这次右心室似乎也不大好。心脏向左移位，益显明。血压高的由二百五十下降到二百卅，但低压总在一百廿、卅，不大好。我自己觉得白天还好受，晚上不管吃药多少，总是十二点后痛醒，醒后即不断在迷糊中痛醒，不大好受。”同时叙述了与长子龙朱谈心的经过，“工宣队在一次我未参加的大会中，还当众说，十八个被揪人中，数×××态度最明朗，交待最详尽。我除了离京前和大谈了两夜近五十年的事，到这里来后又和他在堤边谈了两次，在这次还在信中告了他一些他不明白的许多事。也就是告他，我始终不能算个积极分子，是走了大段曲折弯路才明白党，接近党，相信党的。若在他们印象中，我始终是‘被保护的旧知识分子’，为什么许多人全垮了，独我却被保护下来？也有许多原因，不是无原因的。我就把近五十年在早期如何艰苦挣扎才站起来，到社会上露面，依靠自己比依靠他人为多。如何从不和国民党合作，以及后来又如何不至于走周扬路线。比较详细如实地告给了他，用一个同志态度告他过去种种，以及当前心情。让他明白为什么一家人经过卅年社会如此大变动，到如今都发展得比较正常，实由于种种原因作成。仅仅以为是‘被保护’，是缺少应有理解的。这里数妈妈贡献最大。我的结论大致还符合实际。我此后也还会犯或大或小错误，因为社会还在不断起剧烈变化。但是大致不会犯太大错误，是比较有信心的。至于我的长处和弱点，组织上可能知道得比我自己还清楚，因此以后一切听总的安排，是必然的。有机会完成近廿年学的种种，我可望抢时间去完成。新的需要要我干点别的带试验性工作，我也会用同样热情认真态度尽力作去。在名位上我是个过来人，绝不会到近七十岁时还注意这些小处。”收入《全集》第22卷。

2月27日　作诗歌《自检》。该诗有多种版本，初期抄稿曾以《双溪自检》《二月廿八日双溪零度阴雨》等为题，20世纪80年代抄稿又曾以《抒怀》为题。本诗沈从文生前未曾发表，据手稿收入《全集》第15卷《云梦杂咏》集。

致信张兆和。收入《全集》第22卷。

2月28日　从区革委会楼上迁入杨堡小学居住。

作《大湖景诗草》中的《大湖中拖拉机手》《大湖畔基建工程》《好八连》《双溪工作点》诸诗。这些诗沈从文生前均未曾发表，据手稿收入《全集》第15卷《云梦杂咏》集。

二月初　致信黄永玉，谈及自己对工作的态度：“廿年前我初初到午门城楼上搞文物时，条件之差，实不下于五十年前初来北京搞写作。虽眼见到什么‘语言大师’‘斯大林奖金’的种种热闹却无动于衷。也从不去和这些人攀亲叙旧。甚至连顶头上司郑振铎家中也不拜访过。不到天亮（天安门还未开），就捧了个白薯，坐在天安门洞前石坎上一面暖手一面吃。一切玩意儿都是真正‘由无到有’。一拼命干，不到三四年，就情形大大不同，十来年教授级研究员，几几乎不是‘刷’就是‘跑’了。我却成了本业唯一有较多发言权的一个工作人员。永远用一个学习态度钻研下去。反右后，阎王殿中人一致要我去搞老舍那个差事。我却一心只想在馆中作个普通说明员。……五个馆长一个也不作私人来往，除公事外无话谈。有个一年左右，每星期馆中都有热闹舞会，我就一点也不知道。运动中虽吃了‘小人’的亏，但是极快就从事实证明，什么名分全安不上，即亲友中最担心的‘白专’，工宣队一来，也不提了。”收入《沈从文全集·补遗卷3》。

二月下旬　致信黄永玉、张梅溪。收入《沈从文全集·补遗卷3》。

二月底　作诗歌《黄石市知识青年下乡到双溪插队》。本诗沈从文生前未曾发表，据手稿收入《全集》第15卷《云梦杂咏》集。

二月　作《〈大湖景诗草〉前言》。据手稿收入《全集·补遗卷1》《云梦杂咏》集。

3月1日　致信张兆和。收入《全集》第22卷。

3月3日　复张兆和函，对自己迁入小学居住后的日常生活作了介绍：“因无电灯，又舍不得用清油和洋烛（买不到灯），只好从六点到明早七点，在黑中闷坐痴睡度过。也是一种锻炼。对我说来，可能也有好处。一日三顿，早上用一饼度过（加点糖水），中上去打饭，或多取二两，或一馒头，晚上即不再出门，泡泡水饭，用豆豉酱和一个鸡蛋（盐水煮，不限量）对付。馒头可以就住处厨房（在邻室）烤烤，不费事。”收入《全集》第22卷。

3月4日　致信张兆和，谈及自己新创作的旧体诗：“我最近又已写上了新诗七八首，旧形式新内容，有的似乎还切题。文字有热情、也极明白亲切。领导挖煤组的李同志知道要看看，我就送去请教了。或许将一一试用不同方法，同一态度，写下去。主要即赞美五七干校战士的种种干劲。国内似乎还少有这么写的。将来或许有发表一天，为了是新事物的新反映。过些日子或抄份给李季请请教。若从旧诗角度说来，有的派头似乎也还好。惟不如井冈山那几首文字华美，生动深刻。因为叙事多，抒情少。也易成打油体。慢慢来会有新收获的。”收入《全集》第22卷。

3月7日　致信黄永玉、张梅溪。收入《沈从文全集·补遗卷3》。

3月10日　复张兆和函。收入《全集》第22卷。

致信黄永玉，由于担心后辈们不习惯外地的生活，特意写了《外出时注意可参考诸事》，并叮嘱黄永玉看后转给沈朝慧看看。收入《沈从文全集·补遗卷 3》。

3 月 13 日　作诗歌《双溪咏》。本诗沈从文生前未曾发表，据手稿收入《全集》第 15 卷《云梦杂咏》集。

3 月 17 日　复张兆和函。收入《全集》第 22 卷。

　　复黄永玉函。收入《沈从文全集·补遗卷 3》。

3 月 19 日　作《大湖景诗草》中的《各连大厨房》《双溪工作点十连厨房》，二诗沈从文生前未曾发表，据手稿收入《全集》第 15 卷《云梦杂咏》集。

3 月 21 日　作《大湖景诗草　大湖景　一》《双溪春耕》。二诗沈从文先前未发表过。收入《全集》第 15 卷《云梦杂咏》集。

3 月 23 日　作《大湖景诗草　九连三战士》。本诗沈从文生前未曾发表，据手稿收入《全集》第 15 卷《云梦杂咏》集。

3 月 27 日　致信张兆和。收入《全集》第 22 卷。

三月下旬　复张兆和函，谈了自己新创作的诗歌《大湖景》的心得："《大湖景》题目似乎还有派头。三首连续，似乎把五七干校环境、工作、理想、目标归纳概括到五百字以内了。这压缩技术还有水平。特别是气魄不俗，既无旧套，也无新套，试验性说，还过得去。(第二首第二句作'鸿雁不胜罗'似较好。第七句应为'长堤围玉带'。)""第三首前六句均写实，素朴，第六句或改'扎脚跟'。"收入《全集》第 22 卷。

三月　作诗歌《大湖景诗草　大湖景　四》。本诗沈从文生前未曾发表，据手稿收入《全集》第 15 卷《云梦杂咏》集。

4 月 1 日　晚上，因天黑路滑，跌了一跤。

4 月 2 日　致信张兆和。收入《全集》第 22 卷。

4 月 4 日　复张兆和函，探讨五言和七言诗的做法："大致看来，五言诗比较有新意，不庸俗化，一般化。伸缩性较大，吸收建安七子，和阮籍，陶潜，魏徵，陈子昂，杜、李、元、白诸人长处，赋以新意，可望作得到。七言必用成语填空，易受旧束缚，懂的人将更少。而写来想出新意将更难。即是五言，要'古为今用'，大致也得有个一二年试笔，从一二百次探索中，可望一面是驾轻就熟，一面多少还带点偶然性，有廿卅首比较好，概括性强，能用一二百字反映一事件或描绘出某一情形下景色轮廓，就算是不虚此努力了。恐怕受体力束缚，三同办不到，因此‘实践’不足，写到后来，将浮而不深，难以为继。但从自己说来，已是‘尽力为之’了。‘惟陈言之务去’，也还有待克服。特别是要行家通人和一般普通读者都觉得不错，兼顾并及不大容易。现在可说是，要行家点首，容易；要普通读者通过，难得多！也许还必须在五言限制外作些试探，如李白不整齐句子，即是一例。这方面我实缺少自信。因为文字比较古朴，不够华丽，不能铺张。目前新事物，似乎在一定程度下的铺张文字的长处，也得学习采用。可惜的是这个并不容易学习。也能发奇想，如大湖景前廿字，即多新意又自然。（文法上颠来倒去，都用得极自然。）但长处还是文字准确不生硬，而不是夸张。‘三同’还是有关键性。因为这十多首诗，就密切和近三个月住高地集体宿舍，和一再迁移的狼狈有关。拿自己的小狼狈和你们的大辛苦一比，个人就十分渺小！而觉得来赞美‘五七’，十分自然了。”收入《全集》第22卷。

4月8日　致信张兆和。收入《全集》第22卷。

4月15日　致信张兆和。收入《全集》第22卷。

4月18日　大哥沈云麓在家乡凤凰病逝。

4月24日　致信张兆和。收入《全集》第22卷。

4月29日　收到大嫂的来信，告以大哥病逝的消息。

4月30日　致信张兆和。收入《全集》第22卷。

5月19日　致信张梅溪，谈及生活状况：“我一天有时也只说三几句话，就是到区里大厨房取饭时，告大师傅要几两饭，多少钱菜。长此下去，可能会对于人起根本变化，就是一句话不说也能活下去。这倒也是一种学习，可以少出许多意外差错。”收入《沈从文全集·补遗卷3》。

5月22日　致信张兆和。收入《全集》第22卷。

五月下旬　致信张梅溪。收入《沈从文全集·补遗卷3》。

五月　作诗歌《红卫星上天——双溪诗草之一》。诗后有跋语，介绍了写作该诗的过程和心境："一九七〇五月，时独住湖北咸宁双溪丘陵高处一空空小学中。八分钱笔蘸破碟陈墨居然终篇，对个人说来，亦足纪念。诗不成诗，见意而已。时已年近七十，高血压经常在二百廿卅间盘旋，既无药能解决，因之试就平时对古典乐章所理会到的作曲法，转而用五言旧诗体，作文化史诗，试作种种分别不同处理。用力大，肯定不易见功，客观上成果不会多。事实或正相反，对于音乐行家和真正懂诗的专家学人，偶然见到必将付之一笑，以为是'神经病'先兆。其实数数半世纪经过，此称呼始终以不同方式存在，还延续于各种教育的相熟人印象中，并未因时代不同而消失。能如此令种种聪明过人的贤达开心，还是可以当作一种丰收看待，表示真诚的感谢才合理。此仅余旧笺五张恰恰写完此诗，亦巧事！"本诗沈从文生前未曾发表，据手稿收入《全集》第15卷《文化史诗钞》集。

6月7日　复张梅溪函。收入《沈从文全集·补遗卷3》。

6月12日　致信张梅溪，谈及文稿的遭遇："我初次打开了装文稿的小布箱看看，才明白放在最高处的那个箱子里的东西，也有些湿霉霉的了。唯一保存下来的那本《丝绸图案》，一角就已湿霉。再也不敢把下面两大箱材料［打］开看了。真活到一个不易理解的情况中。在馆中搞的研究工作，熟人本来已经够少了，现在来到这里，更和一切隔绝，我的工作看来是又将和头一次搞写作同一命运，又在社会变动中要全部报废了。对国家说，真是一种好可怕的浪费！"收入《沈从文全集·补遗卷3》。

6月16日　作诗歌《新认识》。本诗沈从文生前未曾发表，据手稿收入《全集》第15卷《云梦杂咏》集。

致信张兆和。收入《全集》第22卷。

6月17日　复黄永玉函。收入《沈从文全集·补遗卷3》。

6月18日　作《〈红卫星上天〉序跋·序二》，附在寄给张兆和的诗抄稿前面。该序言沈从文生前未曾发表，据手稿收入《全集》第15卷《文化史诗钞》集。

致信张兆和："间接得知已是'编余'人员。这是下来前并不明白，到后也不知道的。你也不必向任何人提，恐还不是终局。"谈及自己新创作的旧体诗时颇为自信："目前照这么写诗的大致还不多。将来说不定还可发表，但不宜成第三次改业根据，则极显明。因为生活深入有一定限度，接触实际面即不广，长久停留在一个点上，只近于下马观花，写到一定时候会枯竭的。近来又新作些试验，当个试探性工作，大致还有可写的。试有意就主题中略作抒情，或写写景物，文字用得有节制，似乎还可以。不宜过。不过，就不成了。但缺少这个，尽写概念，终易落入套套，一新，二熟，三易俗。叙事也不宜过长。要避免'新打油'才成。好处是篇章不大，搁在手边随时可改，添、删。有的经过琢磨，便比较完美了。虽不可能成为一种新专业，但是规格不大，费事不多，继续试验下去，还像是有条件的。有极便利处即散文体懂得多，用字造句自然，不生硬，在旧体裁中表现新意思，还是会不断作自己记录突破，得到新章段的。还有既不抱什么'成功'希望，也就不至于'失望'。永远作为'学习心得'看待，还是作得到的。"而对物质文化史的研究工作的搁置，则颇感痛心："那一本总理同意编的《服装资料》廿万字说明，内中对于近二千图像提出不少过去人还未道及的新问题，即仅仅对于鉴定旧人物画时代而言，就相当有用！可惜的是和一般水平要求差距过大，便在胡胡涂涂中报废了。工作一搁数年，也就等于否定了。而传统的谬误既未得到纠正机会，反而依旧成为"权威"意见，以讹传讹的下去，无人过问。这部门'唯物论'的鉴定法，得不到应有重视，而唯心论的鉴定法，必然仍占上风。我还不知是否来得及看得到我这个资料性工作出版没有？大致是无可希望了。到目下为止，用综合文物知识来判断名画珍图时代真伪，重新对宋徽宗和乾隆及权威的估价，好像还只我一个人敢于作这种新的探讨工作。这主要是各方面都有一定发言权。本来故宫吴仲超，原让我有机会为把故宫那八千卷人物故事画一一看去，一定理得出更多问题。现在诸事一变，大致已无可望了。对公家说，实在是十分可惜的！也绝想不到那么热心为公、而又还能作点事的人，却已无多机会再接近工作，而部分负责搞这项工作的，却还依旧十年廿年视若无睹的在大量材料中混过，一点看不出什么问题！若领导其事的不明白搞业务的底子如何薄弱无力，是不可能考虑到应如何提高问题的。"收入《全集》第 22 卷。

6 月 19 日　致信张兆和。收入《全集》第 22 卷。

6 月 20 日　复张兆和函。收入《全集》第 22 卷。

六月下旬　杨堡公社医务所举行中草药知识展览，凡用得上大小楷字的卡片、标签、提要、说明、前言、结束语、大招牌，差不多均由沈从文书写。

7 月 1 日　致信张兆和。收入《全集》第 22 卷。

致信黄黑妮。收入《沈从文全集 · 补遗卷 3》。

7 月 4 日　致信张兆和。收入《全集》第 22 卷。

7 月 7 日　致信黄永玉。收入《沈从文全集 · 补遗卷 3》。

7 月 15 日　将新创作的诗歌《红卫星上天》寄给张兆和。

7 月 16 日　复张兆和函，谈到《红卫星上天》一诗时写道："昨寄诗想可见到，长的写时在组织安排上费了点心，气派还好。在第四段似宜加十个字，'飞矢及奔鹿，垂钓及深渊'，因为这时已发现箭头和钓钩。加上全面一些，恩格斯也提到过弓箭延长了人手臂。如会作曲，照所叙安排处理，尽管用的全是轻重一组组声音，效果一定还好，相当壮丽。只是得用中国乐器来编排，搞中国乐的，却不易体会到诗中较高境界，也许用各种不同有名曲牌凑拼改组，会容易见功！从这个试探中我得到些新理解，大致还可用一种相似而不同方法搞点新的叙事诗，组织上如五言悲愤诗（十八拍），也会得到新成果。因为叙事抒情略微点缀景物，我大致还会处理；达到一定水平，并可望不落俗套公式。继续写去，头脑也会灵敏起来。文字关易过，政治关大处也易掌握，只是求紧密配合政治形势任务，不免难一些，甚至于预感到不易及格。因为固有长处是易'把握大处'而不易'赶任务'。可惜生活不易深入，受的限制大。"收入《全集》第 22 卷。

7 月 19 日　下午，沈龙朱至王镜如家，询问他对沈从文来信的处理意见。沈龙朱将王镜如的意见归纳为以下几点：

一、干校组织和北京馆内没有直接领导关系。除非真正工作急需的人，才能申请调回（这是极少数）。目前馆内仍在继续动员下放和老弱病残的疏散工作。（附带说一句，最近北京市街道上又在动员八种人疏散，听说比去年更紧更严格。）

二、如果确实因病，医生确有证明：“在当地无法治疗，耽下去有危险。”那么可以向干校领导打报告，到大城市或北京治病。（我想：这种批准的可能性也不会太大。）

三、你的条件够得上去丹江口，如果你自己愿意，而且和妈妈商量好了，可以试着向干校领导申请去丹江口，那儿水电较方便，也较凉爽。

四、关于工作问题：

（1）目前历史博物馆还是主要在搞运动，“改陈”根本没提到日程上来。

（2）你的那几份资料，希望你自己能一分为二来看待，那是“还没有经过批判的”，不能把它们全看成是“方法全新的”“唯物的”。要正确对待群众，正确对待自己。

（3）关于你说“不要工资”问题，以后再也不要向组织上提了。因为有国家政策决定，如果以后有什么改革，改革的时候再说。[①]

7月21日　复信张梅溪。收入《沈从文全集·补遗卷3》。

7月24日　为工作事致信高岚，请求回京以完成未竟的稿件：“由于南方气候湿热；不易适应。目下住处虽在丘陵高地，长期雨季后又进入雷阵雨季，房中上漏而下湿，不免有些狼狈。心脏压力较大，头部也常感沉重，不大好办。近闻熟人中郑天挺、冯家升均已因心肌梗塞，先后作了古人，我大致迟早会不免这一着，因此引起我对于工作的渴望。觉得这么下去，近于消极的坐以待毙，不是办法。只希望能有机会争取一二年时间，把几个分量比较重，经整理过，有待重抄的稿件（《漆工艺简史》《丝绸工艺简史》《服饰资料》说明），和分量轻些，大约廿个小专题资料性工作（《船的应用》《兵器应用》《前期山水画》《马和马装备的应用发展》《陶瓷装饰图案的发展》《玉工艺发展》《桌子板凳的应用发展》……）抓紧时间赶出来，有个交代，才对得起党对我廿年来的教育和工作鼓励与支持，以及生活方面的种种照顾优待！我要求极小，只是让我

① 1970年7月26日沈龙朱复沈从文，《沈从文全集》第22卷，第345—346页。

回到那个二丈见方原住处，把约六七十万字材料亲手重抄出来，配上应有的图像，上交国家，再死去，也心安理得！”“高岚同志，我从起居服用，家家伙伙，在历史发展中变化的种种常识，来对所谓‘国宝’性著名人物故事画，重新提出比较正确年代的工作，可作的事还多，但是恐怕已来不及作了。这就是我希望能有机会，抢点时间，把《服饰资料》说明部分重抄出来，留作馆中参考资料原因。”此信寄给在北京的沈龙朱，让他过目后再转寄给高岚，但因沈从文曾写过类似信件给馆革委会成员王镜如，没有任何效果，因此，沈龙朱未将这封信转寄给收信人。收入《全集》第 22 卷。

7 月 28 日　致信张梅溪。收入《沈从文全集 · 补遗卷 3》。

七月中旬　将这一时期创作的旧体诗《红卫星上天》《大湖景》《好八连》《挖砂场好五连》《拖拉机手》《九连三战士》寄给博物馆领导高岚，“请领导同志批评指教。对诗有兴趣，就当诗看，无兴趣，不妨当成我的‘学习心得’、‘思想汇报’看。”（7 月 24 日致高岚）

七月中旬　为工作安排事致信馆革委会成员王镜如。

七月　在双溪修订 1962 年前后创作的诗歌《新栗里村》。本诗沈从文先前未发表。据手稿收入《全集》第 15 卷《匡庐诗草》集。

8 月 1 日　复张兆和函。收入《全集》第 22 卷。

8 月 4 日　复张兆和函：因身体严重不适，请张兆和“不论如何，务必来看看我。不宜迟疑。”收入《全集》第 22 卷。

8 月 14 日　张兆和请假来双溪看望沈从文。

8 月 18 日　复张梅溪函。收入《沈从文全集 · 补遗卷 3》。

8 月 22 日　收到张梅溪寄来的茶叶。

复张梅溪函。收入《沈从文全集 · 补遗卷 3》。

8 月 25 日　张兆和十天假期期限已到，乘车返回干校。

下午，暴雨如注，十分惦念归途中的妻子。

8 月 26 日　致信张兆和。收入《全集》第 22 卷。

8 月 29 日　复张兆和函：“政协或已因为完成了‘历史任务’，不会再存在，部分‘民主头头’或转成人大代表，部分‘知名人士’也有相同情形。至于占分量比例相当大的部分‘特邀人物’，除少数因特别原因，转入人大，其余或不再有任何名义。照理说来，这也合乎社会发展规律。惟从此少一建议机构，可不知是否还会有别的方式代替出现？因为从过去十多年开会看来，政协提案一般比较人大多，不仅教育文化部门，即科技、医药、工业建设，也多比较有分量提案。因为多属有关负责人。图博部门过去似只有四五人在政协，二人在六三年加入人代。新的安排还不知如何。”收入《全集》第 22 卷。

复黄黑妮函。收入《沈从文全集·补遗卷 3》。

八月中旬 致信张梅溪。收入《沈从文全集·补遗卷 3》。

9 月 1 日 致信张梅溪。收入《沈从文全集·补遗卷 3》。

9 月 4 日 下午，大雨，沈从文所住房中也如落倾盆大雨，一切全湿了。

作诗歌《思入蜀（作乐府题）》。

致信张兆和，报告了住处的狼狈情形：“大雨来了，又值四五级北风，房中如落倾盆大雨，一切全湿了，比桃源狼狈得多！张同志父女同为抢救也无办法。幸好席子还在手边，雨衣等等也在手边，为把书桌厨柜盖上，地下简直成了河。倒了近廿盆水还不抵事，后来雨稍缓，又扫了十多盆水，柳同志父女也来了，几个人为搬了六七十块砖纵横铺在泥地上，才能走路。这些砖看来将在屋中过年了。我还像是生平第一次那么对付过来。一面还和孩子们大笑缓和空气，请他们吃了那罐杨梅。一排房子数我住房最糟。床边垫被也湿了一部分，帐子下脚已全湿，幸好睡处未湿。顶上本已积水数盆，为柳同志发现，才赶即用小盆舀了四大盆。如塑料布一破，可不堪设想！”收入《全集》第 22 卷。

9 月 5 日 推敲《思入蜀（作乐府题）》。本诗有多种版本，这一版本沈从文生前未曾发表，据手稿收入《全集》第 15 卷《喜新晴》集。

9 月 9 日 复张兆和函。收入《全集》第 22 卷。

致信张梅溪。收入《沈从文全集·补遗卷 3》。

9 月 10 日 作诗歌《闻新人大开会》。本诗沈从文生前未曾发表，据手稿收入《全集》第 15 卷《云梦杂咏》集。

给张兆和一连写了两封信，在第二封信中谈及旧体诗的创作："从诗的整个历史看，白话体可能始终无从完全代替五七言。特别是五言的素朴质实意思明朗的效果，就近五十年白话诗说来，是办不到的。七言易'作'，同时易'俗'，见陈词滥调。五言则比较近于古文白话之间一道桥梁，骈文、词，必然因要求过于严格而淘汰。五言却似乎还可望在新诗中备一格，不至于消失。至于它的效果，可不是一般语体诗所能达到的。抒情叙事伸缩性还大。但能真正运用自如的诗人，可能已不会多。因为他既得熟习四五言诗传统长处和若干代表作品，又还得有能力运用自如新的白话文，结合起来，才会不失本来动人长处，又充满新意。从这点说来，我若已不可能再有机会恢复文物研究工作，只能从新环境条件出发，作点准备，较好使用七十以后有限生命，拿起笔来继续习作下去，亦意中事，并且也会在新路上走一段，作出点成绩。只是不宜在成败上计得失。因为比较说来，是明明白白不可能作到如过去写短篇，近廿年搞文物那么显著突出的。不过对人影响虽不大，'自得其乐'必较多，何况还可望在这一格式中得到些较新纪录？等于在一老式车床上产生新装备！真正所谓'古为今用'！所以也不妨寄托一点假想，即将来人就体裁谈新诗到举例时，还会有一天在新选本中、新教材中，要提到，给以适当合理估价！时间能抹杀一切好处或成就，但同时也足证明一切有用有益努力事物的东西。"两信均收入《全集》第 22 卷。

9 月 15 日　致信张兆和。收入《全集》第 22 卷。

复张梅溪函。收入《沈从文全集 · 补遗卷 3》。

9 月 16 日　创作完成诗歌《老马》(之一)，该诗曾用题名《见老马有感》，后又修改题名为《久病略有好转喜新晴》，按：在 9 月 15 日致张兆和信中，曾谈及创作此诗的心得："写了首诗似乎还好。只怕更深了些，即你们编辑中也不易懂得到它的好处了。从五言诗说，这似乎更合标准，但和新要求可更隔远了。如何缩小新旧文白差距，大致相当困难，易顾此失彼。即白话也有似浅实深，而不容易为现在人懂的，如末尾十二句，字面易懂，内容含义却不易懂。不易懂好处，特别是九——十二句，从古诗角度看，却必然受赞许，因明白如画，素朴明朗。但现在人说来，恐将毫无意义。至于十一、十二则简直不懂了。可是这诗你看来却一定懂得比别人多，比大弟也懂得多，因为有个旧底子作比较衡量，而用事措辞轻重，如八、九寄情感于廿字中，也必有深一层理会！（真一因从旧诗标准看所以觉得好。）是不是宜于再写下去，我有点迟疑了。因为明白照这么写虽可望成为廿世纪五言继承者之一，而离新要求将日远。但一离五言传统长处，可能将不止是顾此失彼，而是非驴非马。也许搁搁把全部分析分析看，两极是什么，结合点是什么，再从新起步也好。”本诗沈从文生前未曾发表，据手稿收入《全集》第 15 卷《喜新晴》集。

9 月 17 日　致信张兆和。收入《全集》第 22 卷。

9 月 18 日　创作完成诗歌《读贾谊传》。本诗沈从文生前未曾发表。据手稿收入《全集》第 15 卷《文化史诗钞》集。

当天日记："阴雨袭人，房中反潮，行动如在泥泞中。时有蟋蟀青蛙窜入，各不相妨，七十岁得此奇学习机会，亦人生难得乐事。写成后，忽忆及五十年前读李商隐诗似有相同一首，如实有其事，真是巧合。"以《日记一则》为题收入《全集》第 22 卷。

9 月 22 日　作《忆老庄》。据手稿收入《全集 · 补遗卷 1》《文化史诗抄》集。

收到萧乾来信，随即复信，简要介绍了自己在双溪的生活状况："住处是个四无居人乡村医务所，一天有时说不到十句话，清寂可想而知。房子似乎适应'窄而霉斋'称呼，虽不太窄，湿得可称全区首一位，平时雨中不过四五处上漏，用盆接接，即对付了。这月大雷阵雨加五级北风，三次灾难性袭击，屋里外已一样不分，但屋外易干，屋中永远不干，每次扫除下浸积水到卅卌盆，雨后过于泥泞，即用百十断砖搭成跳板，有时半小时得扫除积水二盆，才不至于流入隔屋。全住处只我一房这样，倒真是一生所未遇，即小时在军队那五年也未有过。偏偏就照顾到我这七十岁的人身上，我倒也出现了奇迹，一面扫水，一面写了几首还像个诗的好诗，而且十分高兴。因为过去十多年，住八大处写不出什么，住颐和园也不成，住青岛、大连四五次，一次必两月，只是在海边消耗了，通通不曾写过什么有意义的东西。只上井冈山写了几首诗。这次在这么一种相当离奇不可设想狼狈情况下，全房地下只床下不湿，却十分从容写了好些诗，可能有几首还像是破个人纪录，也破近廿年总纪录的。"收入

《全集》第 22 卷。

9 月 23 日　致信黄黑蛮。收入《沈从文全集·补遗卷 3》。

9 月 24 日　寄张兆和《读秦本纪》诗并信："我说总像是个新型飞机命定的'试飞员'，这是第三回了，五十年前写小说即有此感。当时'小说作者'虽已抬头，但谁也受不住'生活上无出路'的严酷考验。翔鹤、蹇先艾等等多是早就出了单行本的。许钦文因得鲁迅一序更著名。上海方面则友好互吹早成战术之一，更显得活泼热闹。至大革命或卅年为止，算算南北同时从事这个工作的不下数百人，看看《新文学大系》三厚册小说集即可知道，我已写了六十本书，却故意不要选我的，这也是趣事！虽起步略有先后，但终归是上了这个'运动场'的，随时代变化，不到十年，绝大部分都自动改图或淘汰掉了（或革命牺牲，或做了大官也有不少），我却始终如一满不在乎成败得失的试验下去，既不图特别成功，也就不担心意外失败。到解放为止算总账时，至少我可以说学习态度还是认真的，且决不投机取巧！解放后，社会变化大，近于'前功尽弃'，也认为是当然不是偶然。一切不算，重新再来，因此新的试验又开始。"收入《全集》第 22 卷。

9 月 28 日　致信张兆和。收入《全集》第 22 卷。

九月中旬　致信张兆和。收入《沈从文全集·补遗卷 3》。

九月下旬　创作完成诗歌《读秦本纪》，收入《全集》第 15 卷《文化史诗钞》集。作者曾在 9 月 24 日致张兆和信中讨论此诗："这是近月以来许多字数不过多，而写得还有气魄、有感情，且有新见解的一首。像是比《阿房宫赋》还质实些（我只用六十字集中，二十字衬托），少空话。不过如此一来，读者面必将更窄了。因为只有习文史的人，还能读《史记》，或学文学肯读'汉魏诗'的人，才会理会内中措词言简而意深处，和五言诗传统的长处，既有音乐节奏感，还具鲜明画面！真一说是'天分'，其实还是'积累'。我凑巧除五十年对旧诗欣赏和散文写作底子外，还加上个新出土文物常识，三者会通使用，自然就方便多了。"

九月下旬　创作诗歌《丹江纪事——丹江大水电站完成忆成都》，并作《跋一》。沈从文后来曾多次修改该诗，据 1979 年最后修改稿收入《全集》第 15 卷《喜新晴》集。

九月 修订《思入蜀（作乐府题）》，并另拟题目：《久病略有好转 思入蜀》。这一版本作为“备考”收入《全集》第 15 卷《喜新晴》集。

10 月 4 日 国庆长假期间张兆和来双溪照顾沈从文，今日返回干校。故宫朋友及邻居老张为沈从文修理房屋，居住条件有所改善。

致信张梅溪。收入《沈从文全集·补遗卷 3》。

10 月 5 日 致信张兆和。收入《全集》第 22 卷。

10 月 10 日 复张兆和函。收入《全集》第 22 卷。

10 月 14 日 创作完成诗歌《文字书法发展——社会影响工艺、艺术相互关系试探》。本诗沈从文生前未发表。沈从文对诗稿做过多次修改，据 1971 年冬修改稿收入《全集》第 15 卷《文化史诗钞》集。

在次日写给张兆和的信中这样讨论该诗创作的过程：“十天前，开始写了个《文字发展——社会影响和艺术关系的试探》，已全部完成，计二千三百九十字。把‘文字学’和‘书法学’两课压缩，加上甲骨文中的文化反映，竹木简的反映，纸、笔、墨、砚发展，和写字当成艺术，又由艺术转为实用简体字的影响过程，尽可能概括用五言写出来，且兼带提到四言诗和七言诗的起源，《楚辞》的产生原因，一切归于劳动人民的成就，说的十分自然，一点不勉强。所以写完后，真像完成一件工作。十分严肃的感觉。说是‘面向群众’，虽作不到。至于当成一课‘文字历史’来看待，照主席指示要领导学习历史，我总算是尽我能力所及，在这个命题上作的试验性努力，作了个蓝图，可供学习参考，已经完成。对我说也是一种学习！”

又，“《文字发展》一诗，内中和《井冈山清晨》《红卫星上天》比比，可说‘异曲同工’。那两篇一追述一地种种如何影响国家；一追述全部人类发展，归结到红卫星上天，代表人民共同在毛主席思想下努力的技术突破，都可说是热情充沛，对党和国家的热爱的反映！自然在试探中也有失败的。这一篇是从文字对全部文化史的贡献，及艺术关系，和《红卫星上天》表现方式不同，主要是具体引了一系列例子，通俗点说，即‘正草隶篆’如何由劳动人民创造形成，如何衍变，……而终于发展成目前简字，都和应用有关。这是极难措词恰当的，却解决了。有些见解极新，因为运用了许多新材料，不是一般字帖，是文物中新材料，极少有人注意过的。不到博物馆工作廿年，是任何专家、书家也不会知道的。……重抄完毕，和过去写完《边城》心情差不多，也和前二诗完稿后差不多。如同打了一场大战。完全胜利归来，独自骑了匹骏马，从战场上经过。联想到我已近七十岁了，尽它心里有些沉重，在这么一个寂寞地方，能完成这么一个篇章，还是实在快乐。因为一生到老，并没有辜负手中这一支笔，特别是在反复读了主席指示‘高级党员也要研究民族历史’多次以后，试来用个新的唯物史观方法，就文化史一个部门成就写出来的。”（1971 年 2 月 15 日致张兆和）

聂清（长荣）的独生女聂巧珍来双溪看望沈从文，住了三天，今天前往武汉看望堂兄。临行前，沈从文送给她 60 元钱。见到以前故旧的孩子，沈从文颇多感想：“一遇到这种人，我就不免会联想到自己挣扎经过，真是感慨万端。家乡中不少青年，品质都很好，在旧社会全牺牲了。女的受的愚蠢压迫虐待因而牺牲的就更难说。只要一奔出来，即毫无文化，劳动力强，性格又明朗，又能坚持工作，也终究能站得起来！我正因为自己是‘过来人’，所以后来对家乡中祖春……以至于吴瑞芝、严超等，都对他们肯奔出来的，表示好感。后来证明，这些年青人多还是值得鼓励，站得起来的。直到这个孤女到来，我才明白，事实上我还作得太少。若能像卅三年那么多回去几次，就一定还会可以为那些处于无望无助的年青人多作点事。也会在写作中，多有些鼓励他们，冲破一切向外闯的勇气和决心的作品。你说我‘还多封建意识，家乡观念’，是因为不明白我是活在那个真正极端封建、蔽塞、十分可怕环境中，闯了出来，一出来后，在任何困难下也不走回头路，不向他们求过一分钱经济援助，完全靠自己双手维持下来。同时却知道还有更多年青人，本质并不比我坏，只是在那个环境中，却无可为力，终于毁去！可惜近来已不可能再写什么小说，若在五六年前，根据聂家这个孤女谈起过的种种受虐待经过，挣扎经过，加上我原对那些婆婆妈妈的生活了解印象，写个新中篇，可一定比《白毛女》还真正动人感人！比过去写《边城》也更有信心！因为面对现实，旧社会我懂的事情还真多，但是现在精力可不成了。也许由于工作习惯，不论写个什么千百字的篇章，向例都还是‘歼灭战’似的作去，末后总不免‘身心交弊’，得个一定时间头脑才能回复。”（10月15日致张兆和）

10月15日　致信张兆和。收入《全集》第22卷。

10月17日　收到萧乾来信，随即复信。该信后发表于《新文学史料》1988年第4期。收入《全集》第22卷。

10月19日　收到虎雏来信，获知儿媳张之佩因摔伤而致流产的消息。随即致信张兆和："我神经有时较乱，听到这些事后，就更乱了。诗已不会再写了。你手边也不用留。将好好学一次毛选，反复学下去，越学越觉得不够。反复学才能领会得深些，特别是结合写时社会背景温习，就更有意义。"收入《全集》第22卷。

十月 作诗歌《喜新晴》。沈从文对本诗作过多次修改，曾有《老马》《见老马有感》《久病略有好转喜晴》等题目。诗后有跋语："久病新瘥，于微阳下散步，稍有客心。值七十生日，得二儿虎雏川中来信，知肾病已略有好转。云六、真一二兄故去已经月矣。半世纪中，一切学习，多由无到有，总得二兄全面支持鼓励，始能取得尺寸进展。真一兄对于旧诗鉴赏力特高，凡繁词赘语，及词不达意易致误解处，均能为一一指出得失，免触时忌。死者长已，生者实宜百年长勤，有以自勉也。后用十字作结，用慰存亡诸亲友。从文于湖北双溪丘陵高处。"这一版本与1971年6月1日《致黄黑蛮、黄黑妮》[1]信中所附诗稿及跋语有较大差异。

11月13日　晚上，剧烈腹痛，双溪医院判断是结肠炎或肾结石。

11月19日　因连续七日腹痛不止，搭便车至咸宁县人民医院看病，初步诊断为肾结石，需入院治疗。住院期间，张兆和请假前来护理。

11月21日　致信文化部五七干校第二十三连马连长、刘指导员："今天心肌梗

---

① 参见黄永玉：《沈从文与我》，第245—246页，湖南美术出版社2015年4月版。

痛复加强，高血压二百，低压已到一百卅，我已不知道怎么办好。请你们为考虑一下，并把我的情况转陈校部领导，谢谢。”收入《全集》第22卷。

12月8日　致信沈虎雏、张之佩。收入《沈从文全集·补遗卷3》。

12月11日　致信干校廿三连领导，因病情难以控制，请求转回北京治疗：“心脏间歇痛较频繁。在双溪生活不能生活自理，又少医疗条件。天气日冷，气候变化较大，我在此体力也难适应。拟请转陈上级领导，许可让我返回北京新近治疗。平时饮食生活，比较容易得到亲戚照料，应入院也比较方便。十分感谢。”收入《全集》第22卷。

根据此后的生活来推断，沈从文的这一请求未获上级批准。

12月28日　出院，返回双溪。

修改《文字书法发展》诗稿，改题《文字发展——社会影响和艺术关系》。

十二月　为《文字书法发展》写《跋一》。跋语沈从文生前未曾发表，后以《〈文字书法发展〉跋》为题收入《全集》第15卷《文化史诗钞》集。

本年

年初　作诗歌《大湖景诗草　大湖景　三》。本诗沈从文生前未曾发表，据手稿收入《全集》第15卷《云梦杂咏》集。

春天　作诗歌《大湖景诗草》中的《大湖景　二》《挖砂场上红五连》。二诗沈从文生前均未曾发表，据手稿收入《全集》第15卷《云梦杂咏》集。

本年　作《〈红卫星上天〉序跋·序一》。该序沈从文生前未曾发表，在《〈红卫星上天〉序跋》总题下，据手稿收入《全集》第15卷《文化史诗钞》集。

本年　作《读秦本纪》。该诗沈从文生前未曾发表，据手稿收入《全集》第15卷《文化史诗钞》集。

本年　作《双溪大雪》。

1971 年　70 岁

3 月 18 日　《人民日报》、《红旗》杂志、《解放军报》发表编辑部文章《无产阶级专政胜利万岁——纪念巴黎公社一百周年》。

6 月 20 日　《人民日报》刊登毛主席语录“工业学大庆，农业学大寨，全国学人民解放军”，同时，发表社论《工业学大庆》。

7 月 16 日　新华社发表周恩来总理同美国总统国家安全事务助理基辛格在北京进行了会谈的公告。

9 月 13 日　中共中央副主席林彪乘飞机出逃，“九一三事件”发生。

10 月 25 日　第 26 届联合国大会通过决议，恢复中华人民共和国在联合国的一切权利。

12 月 11 日　中共中央下发《粉碎林、陈反党集团反革命政变的斗争》。

---

1 月 8 日　复马国权函，并为之开列编辑《章草字典》参考书目，在谈及自己对草书的研习心得时说：“草书多上下左右相关，向背倚伏，各有部位。即行与行间亦相关连。长条与长卷，即不相同，如同乐章，微妙处能领会不易言传也。若分别割裂，即失本来精神。至于章草，虽若各字独立，还重在相互配搭，此从西北出土觚棱书《急就章》可知，不仅后来《豹奴帖》始见特长也。弟意此种要求，实由金文铭刻一脉相承，古玺印要求更严，尊意定必有同感也。”收入《全集》第 22 卷。

1 月 17 日　因回京治疗要求长期得不到回应，再度致信干校二十三连领导，恳请准许回京治病：“上月高血压心脏病和肾结石并发，血压上升到 240 / 150，幸亏赶送县医院抢治，住院四十多天，度过难关，略有好转，仍回乡下。气候转冷，严冬将临，心脏间歇梗痛，从不止息。处此情况，困难转多，特恳请转达上级领导，允许我暂时回北京治疗，无任感谢！我虽已迫近风烛残年，如能使病情稍有好转，尚希望到另一时，还可能将近二十年所学文物点滴零碎常识，对于本馆今后改陈工作，能稍尽绵薄贡献，用答伟大的党对于我廿年来学习、教育、鼓励和支持的感谢，同时也可稍稍减少廿年来人民给我生活上、政治安排上的特别优遇的内心惭愧！静待指示。”收入《全集》第 22 卷。

1 月 22 日 致信张兆和。收入《全集》第 22 卷。

1 月 28 日 致信黄黑妮。收入《沈从文全集·补遗卷 3》。

一月 创作完成诗歌《西周及东周——上层文化之形成》。又，在致张兆和信中曾说：“《西周如何过渡到东周》，也是兼用出土文物综合反映的。重在说农业发展影响到商业，到技术交流，形成春秋时代。形成孔子主张的教育比较开放，产生了读书人的‘士’的阶层。以后才有诸子。”（1971 年 2 月 15 日致张兆和）本诗先生生前未曾发表，据手稿收入《全集》第 15 卷《文化史诗钞》集。

2 月 3 日 复刘敦愿信。本信未收入《全集》，后经王任、刘陶整理并加注释，以《沈从文 1971 年致刘敦愿书简三封》发表于《温故》之九。信件全文如下：

敦愿同志：

一别多年，工作生活均在念中。得近信，知学校已西迁曲阜，且将参加整理曲阜孔家新陈列。两校人材济济，凡事驾轻就熟，想必可望进行顺利。

前不久得北京来信，曾言及总理曾对文化部王冶秋局长有指示，“务必将‘故宫’与‘孔子’展览搞好。”因为是相互为用两大封建堡垒。至于如何搞法，始能达到要求，曲阜方面想已定下计划得到核准。以弟私意看来，故宫比较容易，而孔子历史处理，却比较困难。因主席指示中即提到由孔夫子到孙中山宜好好加以总结，是则势必有否定的一面，同时亦宜有肯定的一部分，如何陈列面面俱到，矛盾统一于一个陈列中，提法上即费人心思，尊示说，三月即将提出参考资料，不知已有准备如何。若要求只是从现实出发，根据过去陈列加以补充，问题不大。若照总理指示办事，大致时当想得放长一点。草草出笼，返工必多。因据弟多年来协助美工组同事搞历史画经验，一般美工同志要达到“仔细认真吃透参考材料”，不大容易。原因为不仅理会了人物衣着形象即完事，还有环境配搭，花花朵朵、坛坛罐罐、刀刀枪枪、桌子板凳事物还多。

过去曾和一有名人物画家同搞一历史画，画明代农民，这同志为凑趣在要［腰］边加一烟管，地主佩个眼镜合［盒］，告他真正近于“画蛇添足”，还发生争持，后来才明白这种种只能用于乾隆以后，清初一般地主和农民还不能这么享受，才哈哈大笑而散。事实上一般历史讽刺画，自然不可能对于画家要求那么严格，但主持其事的，工作那么认真仔细，还是有必要！讽刺画也必有严肃态度去处理，效果才会更好！

我到乡下来已一年多，因血压经常在二百以上，并且心脏也已经不大顶事，因缺血缺养［氧］而常在隐痛中。既无劳动力，承组织特别照顾，所以和此前老弱病三户，单独住双溪区一个四无居民的丘陵高处。离县城约五十里。地方系农业成熟区，出米和猪肉、鸡蛋，蔬菜也好，因此供应还不坏。距干校重点向阳区，还约百里。那边则近似拓荒区，（系大湖旁，也离县城四五十里）文化部有五六千人在日夜苦战中，和弟等住处情形大不相同也。

史同志也在彼处，亦常有信来。虽相去不过百里，交通殊不方便，一般得一天时间，雨中且因由县到大湖无车，延长三四天亦有之。内地交通似如此。惟干校经过同志二年艰苦奋斗，今年可耕地闻将扩大到五七千亩，一得丰收，面貌必将大变，可预期也。

在此已无一书可得，仅余资料数箱，亦因地方过于潮湿，不敢开箱。且因心脏不大得力，房中长如在冰箱里，手足均在冻僵状态中，因此仅能就记忆所及，点滴零星，写一草目，计共五十六项，重点在宋、元、明，大都比较容易得到的。比如能去历博［历史博物馆］资料室或图书室查查，不大费力，有些已有照相或印本，大致即可得一印象，就需要知所取舍。

又，弟在六年前曾编有“服饰资料”图象［像］二百页（人形约一千单位），已制版，未付印。在历博可能还存有一份底子，如去京，向历博资料室问问这份材料，如还保存，可以看看，对工作可能有些启发。见闻鄙陋，难副尊嘱，极感歉仄。

陈列大纲，如已印出，将来能见惠一份，供学习用，实深感谢。

敬复，并祝学习进步、工作顺利、身体健康。

弟　沈从文

二月三日

适从病院中刚出不久，心不顶用，手易发抖，草目字迹零乱，请原谅草率，幸甚。清代材料过多而又易得，不如用晚清《官场现形记》及《点石斋画报》插图，似还得用！

你文恐得就大公报馆或北图查看。①

2月7日　复马国权函。收入《全集》第22卷。

2月8日　因连写两信给连领导请求回京没有任何回音，致信时任干校领导的常萍，请求领导批准自己回京治病。收入《全集》第22卷。

2月12日　常萍在沈从文写给他的请求回京治病的信上写下批示："请二大队研究提出报告校部"。

2月15日　致信张兆和。收入《全集》第22卷。

2月16日　致信马国权。收入《全集》第22卷。

2月18日　致信马国权。收入《全集》第22卷。

2月19日　收到彭子冈来信，随即给彭子冈、徐盈夫妇回信。复信收入《全集》第22卷。

2月21日　复张兆和函。信中谈了自己的一些感想："你上次所说'拖你后腿'，也有部分是实情，话说得使我极痛苦，应抱歉的还是我，而不是你。即同一学习，接受方式和得到好处也不大相同。如说活学活用，我以为如写《红卫星上天》才是我在活学活用，是化到思想里，情感里，还能加以艺术处理，工作且很难，比称引语录难。但目前要的是次一种，因此来大湖作你家属，也感到恐惧了。"对自己的工作，则颇有自信："三次不同业务，都是自辟蹊径

① 方括号内文字为原整理者校正文字。原刊文中有几处文字有误，现据《温故之九》封三所附手迹及《温故之十》所载读者王岩的来函校勘。

不傍前人，而从实践得进展的。写小说如此，搞文物又如此，如今写诗还是如此。创作算是过去了，工作方法大致还是对头的，值得受鼓励的。因为是从实践去试验，求进展。搞文物则更显著易得进展，对于共同提高有好处。也会有错误，因为是试验性，不可免走弯路。但真正在走，一发现即可改正。因为创造性的工作，总是得从试探中取进展，不可能一下即对的。前二次在社会变动中，也会完全失去意义的，第三事更易出毛病，要成绩又总得有三五年，看来我是办不到了，所以只用‘独轮车虽小，不倒永向前’的态度作去，这向前自然也只限于极小范围内，因为体力已有限，求再写一《红卫星》或《文字发展》，也不大可能了。这是自然规律，无可如何。当然也可望不至于在工作中犯大错误。”收入《全集》第 22 卷。

3 月 10 日　复马国权函。收入《全集》第 22 卷。

3 月 15 日　搬家。在 16 日致沈龙朱信中曾对居住环境有过描述：“窗外大堂屋有三鸡笼，十多只鸡和四只猪，三只羊……遍地是作肥料的稻草，天井里四方沟，也迫于沤肥小池，再加上六个粪屎桶，从下月起，共同蒸发的气味，会合各种虫子的进攻，应当是一生严重的考验。比呈贡脏得多，只能向大小猪看齐了。”

3 月 16 日　致信沈龙朱，谈及身体状况及未来生活的三种安排方式：暂时回京治疗；去丹江与张兆和同住；去自贡与沈虎雏共同生活。收入《沈从文全集·补遗卷 3》。

3 月 21 日　复马国权函。收入《全集》第 22 卷。

3 月 23 日　因 21 日给马国权复信时将地址中的“宜安里”误为“宜爱里”，恐邮寄不到，今日凭记忆所及再书一封，内容有所不同。收入《全集》第 22 卷。

3 月 25 日　复黄永玉函。收入《沈从文全集·补遗卷 3》。

3 月 30 日　复张兆和函：“记得唐人李商隐诗，有‘夕阳无限好，只是近黄昏’十字，评者以为有萧瑟感，末后十字却是‘天意怜幽草，人间重晚晴’，既情致深厚，而又并不泄气，所以称为佳作，实名不虚传。也可说为我而咏！我自己一诗结尾，似更进一步，‘独轮车不倒，前进永不停。’连日阴雨中，在床上已初步完成了《关于马的应用历史发展》一文。一切全凭记忆，大几百匹，甚至于过千匹马的形象，在头脑中跑来跑去，且能识别他们的时代、性能和特征，和相关文化史百十种问题。真是奇怪！平时也并不如何特别注意留心，怎么学来的？自己也说不出。”收入《全集》第 22 卷。

三月　因学校开学，再次搬家。被安置在双溪村一村民家借住一间房。

三月　在手稿被没收、资料缺失的情况下，凭个人记忆作《狮子如何在中国落脚生根》。沈从文生前本文未曾发表。据手稿收入《全集》第 28 卷《狮子艺术》集。

三月　作《关于马的应用历史发展》。本文后经作者修改，改题《马的应用与装备》。先生生前本文未曾发表。以《马的应用与装备》为题收入《全集》第 31 卷《马的艺术和装备》集。

4 月 5 日　复马国权函。收入《全集》第 22 卷。

4 月 12 日　复黄永玉函。收入《沈从文全集 · 补遗卷 3》。

4 月 13 日　致信张兆和。收入《全集》第 22 卷。

4 月 15 日　复张兆和函。收入《全集》第 22 卷。

4 月 19 日　革命历史博物馆在干校人员已经有十六人返京，沈从文虽多次申请回京治病，但均未得到允许。

致信张兆和。收入《全集》第 22 卷。

4 月 22 日　复马国权函：“近因进退失据，不免临事而惧。懔孔子‘血气既衰戒之在得’之诫，怕用意虽好，效果未必佳，极容易犯‘宣传四旧’过失。因此还是放下妄想，终日于方丈斗室中，以读毛选为主要课目。待政策落实，大多数老知都有着落时，再量力行事。事实上报废之日恐不在远，因长期高血压心脏病已定型，绝无好转希望，稍遇意外事故，迟早间必完事也。廿年来不谈文学，即已省事不少。能不搞文物，或亦‘塞翁失马’，所得者多，所失者少也。”收入《全集》第 22 卷。

四月底　致信张兆和。收入《全集》第 22 卷。

5 月 1 日　沈龙朱偕新婚妻子马永暐来双溪看望沈从文。

5月4日 致信张兆和。收入《全集》第22卷。

5月5日 沈龙朱、马永暐离开双溪前往向阳湖干校看望张兆和。

5月10日 复黄永玉函。收入《沈从文全集·补遗卷3》。

5月15日 致信黄永玉。收入《沈从文全集·补遗卷3》。

5月23日 致信张兆和。收入《全集》第22卷

致信沈虎雏，描述了从小学校搬到新住处的境况："新住的是贫农大院，大小将约廿六人，鸡、猪、狗、羊，大小约六十。天井即沤肥池，气温已达卅度，猪饲料是酸的，所以有时如坐'酸菜坛子'中。如加上房中大湿霉，即已接近'酸梅汤'。如到四十度以后，还猜不出将是什么。此外六七家均有二窗，通风，我只对天井一窗，所以过夏当然得受点考验。也无所谓了。来了就得接受，也是学习。"信中引用了史树青对沈从文工作的意见："这一行人太少了，万莫考虑辞职，因为待作的事还多。即那个《服装资料》，也会要你来完成的。有可能将来还得参加廿四史关于文物的注解工作，因为国内没有人会凭空降生。"收入《全集》第22卷。

5月25日 复马国权函。收入《全集》第22卷。

5月27日 复张梅溪。收入《沈从文全集·补遗卷3》。

5月28日 致信张兆和，对端午节期间自己所闻所见的描述，颇有情趣，让人宛若又见到了写《湘行散记》时的那个沈从文："小溪过小，一夜中涨了点猛水，把二百民工好几部龙骨车和二台电动吸水管完成的新桥基两侧空处，变成二大水塘，好在小围堤未坍，下午又开动机器，土洋并举，在吸水了。原便桥上还有个建桥指挥干部，用小喇叭唱歌鼓动，歌声哑哑的，可知已唱得差不多，不久得换人了。约二百青壮男女民工，一般在十八岁以下，所以热闹得很。内中蓝白衣裤占多数，只一二粉红色衣近新娘子，作木刻画可真好！恰值晚晴，空气透明，各个村庄如新洗过，事实上区里墙上是新洗刷过，不必要标语全扫除或撤掉了，区革委门前也清清爽爽。环境比王维画卷还清润得多，动中有静！小溪上流转弯处，有六七张撮网插在水里，老、中、青农民具备，在截流等鱼，可不是捕！两岸水旁约六十各式顽童，集中注意等待起网，上下还有三个撒大网的弯着腰，来回走动。每遇二三寸小鱼在网中跳跃时，孩子们即

齐声欢呼。我看过上千名画，上百种农村人事景物画，什么王维、韩滉《捕鱼图》，可没有这小镇上的捕鱼图活泼生动！……村子里却大致多了廿窝小鸡，母鸡多十分自重样子，极神气的带小鸡各处走去，有时蹲下张开两翅让小鸡藏在腋下，免受冻。大公鸡和一群在生蛋的母鸡在一处，吃什么时，总是号召母鸡吃，自己却任‘保卫’责任。小羊长大了，已能和小狗玩闹，照行动说来必是个小公羊，才相当顽皮。”收入《全集》第 22 卷。

6 月 1 日，致信黄黑蛮、黄黑妮，同时抄录了自己所做的旧体诗《新见闻》《喜新晴》《挖砂场　红五连》，并简要加注。在《喜新晴》的诗前诗后均有说明文字，对理解作者心境非常重要："久病略有好转，闻虎虎亦有肾病，杜甫老马诗，试原其意有作""七〇（年）十月，双溪丘陵高处，于微阳下散步，稍有客思。云六真一二兄，故去已经月矣。五十年学习，多由无到有，总得二兄全面支持。真一兄对于旧诗鉴赏力特别高，凡繁辞赘语以及辞不达意易致误会处，亦能为一一指出得失。大哥处则廿四诗寄至家乡时，已入土数日，大嫂因焚之于坟前。死者长已，生者宜自励。后用十字作结，用慰二兄，兼寄东西南北，亦自勉也。计百卅字。"三诗收入《全集》第 15 卷时均有所改动，其中《新见闻》改题《丹江纪事》。信件全文如下：

二小将：

这是七一年儿童节一个礼物，正是你们脱离了"儿童"时期，需要读《三国演义》《西游记》和《天方夜谭》时，特意为你们一代写的。能用看这些书的心情来看最好不过。可是得事先约好，在任何情形下都不许哭，至于觉得可笑，却应当大笑！因为这是过去的"家史"和"地方志"的混和物，是近百年事件，新的社会决不会有这些事情发生了，也希望你们不会有我们那么多痛苦经验见闻！

照目前估计，大致约十天半月可写成一章，要一二年才能完成。有不有这么多时间可用？不易事先知道。初稿读者必需有个一定范围，以我们两家人为主，不宜给另外人看。不是什么保密，是不必要。因为目前只能从叙述出发，观点立场不一定把握得住，还得有多次改动，而且并不想出版。《红楼梦》和《镜花缘》的流行，也就全是“抄本”！我这个若完成得了，至多可能先印些复本，免得忽然在意外事故中毁去。

兹看眼上将尽可能求“真实”！（也只是大事的真实）才可望成为“地方志”和“家史”的混合物，有“史”的意义或价值。但是有些事情，或年渊代远，回溯过去，过于枯燥。涉及现实又过于沉重。我还得想办法加点“中和剂”，写得轻松有趣一些，易于接受也易于消化。这就要经过些不同试验，改来改去，因此每一章就得重抄三五次了。要加工又不失本意，当然难些。比如这个引子，抄过四次，就是三万二千字，因此以后十天半月能否完成一章，还不大敢保证！

这是由于你爸爸的建议而着手的，所以就把你一家作个引子，结束可就不免太惊人了。尽管当小说写，我算定还是会令一家人大吃一惊，特别是小黑妮，因为和《红灯记》上那个姑娘差不多，从来不会想到自己的姓还有问题！

有些旧事，我自己温习写来也还会有些感到紧张的。主要希望是能成为后一代一本“特别教科书”，还能从中得到一些知识，属于乡土背景的历史知识。许多事在家乡虽已成为“过去”，对我们一二代，或多或少还会影响到性格、生活、工作和思想方法，以及当前、明天的忧患。有好处也有坏处。对你们第三代，则希望能成为一种向前进取的力量。这希望可能大了些，未必能办到。但如善于学习，总还是有些益处，不下于《西游记》《镜花缘》《天方夜谭》。文字的处理和叙事方法，或者对你们也会有一定启发。虽然已近于古典的白话文，还是像有些新的东西。这稿件要想法好好保存，因为只有那么一份，我已无精力重抄。（又还有另一份工作待完成，分量重。）今年七十岁了，能不能把这两件事完成，已不大有自信心。可以当作小说看，可并不是一般“小说”！

爷爷

七一年六一[1]

---

① 沈从文：《干校书简与诗》，《收获》2009年第2期。

完成《来的是谁》。这是作者拟写的家史兼地方志类型小说的“引子”部分。据沈从文附言所记：“一九七一年六月一日，完成第一章引子，第四次重抄完毕于双溪见方一丈斗室中，时大雷雨过后，房中地面如洗。溪水上涨，公路便桥桥面去水仅尺余，溪水再上升，恐将冲毁。”本文未收入《全集》。收入刘一友著《文星街大哥》（漓江出版社 2007 年版）。

6 月 4 日　致信张兆和。收入《全集》第 22 卷。

6 月 7 日，致信黄永玉，本信未收入《全集》，全文如下：

永玉：

寄来几首小诗，主观上说，似乎倒还像五言诗，客观的看，可就未必能得什么一般人点首了。因为已极少有人懂五言要求标准。好在并不是像过去写小说要“出格”，也就可以望少受批评、犯错误。主要重在试试五言诗是不是还可以“古为今用”，达到一定效果（即赞美新社会新事物）。这当然不容易。因为新的写作还有个“人”的问题。“为谁服务”倒比较好办，写出来，从作品本身即可明白，用不着另加解释。但同是这些诗，可能还得看人，是他可以受称许，是我或者就会犯错误。因为位置不同。所以当成一种“试验”或“试探”，不免得失互见，只给三五亲友看看，是比较合适的。大姑爹中外文底子极好，对旧诗特别有见地。在生前，我曾把在井冈山和在这里写的诗卅首，抄了一份给他，称许和批评，多恰如其分。特别是在字句的使用上，也能提得出轻重意见。可惜只病了十八小时，就故去了。大表伯更是看到我生长发展而永远支持我工作的一人。五十多年前在怀化镇（芷江）一个戏楼上，为肖吉美祖父焖狗肉，他教我作诗时，记得是看《随园诗话》，除了得肖称评有“老杜味”（我还以为是老包霉豆腐味）。大表伯当时即把我的诗收藏起来，可惜终于还是丢失了。隔了半世纪再寄这些诗给他时，却在他埋葬后第四天，大伯妈充满感情，把诗在上坟时烧了。倒真像是个故事。这种故事也近于古典的，此后不会有了。

像这么用传统古体章法来写五言诗，在国内，我可能是一个“殿军”了。这一点，是得到另外几个懂这一行熟人同意的。因为教旧诗的也不闻兼搞实验。难的是还得善于用事，一切早融化在记忆中，不必临时查书，抓来即是，文字活泼自然，却又相当准确。有画面，也有音乐感。叙事兼抒情，旧而新。六二年《人民文学》刊载《井冈山诗抄》时，拍手者似乎“大有其人”。因为相形之下，才觉得这一套杂耍，也还有点内容。而且出于熟人意料以外。其实十分简单，不过近于把散文压缩到一定格式范围里，稍有变通而已。照理是还值得写下去，因为并不怎么费事，即可得到更多拍手。比起来，和我那用山东话朗诵的朗诵诗大弟子“诗人”大作，是不可以道里计的。但是仍然搁下来了。一搁又是十年。在这样不易设想的“超孤寂”村子里，又写了近卅首。已无公开机会，也像还是可以写下去。而且试从更多方式来表现客观种种。有时并且还自以为是用作曲法进行。如用二千四五百字，来写《由猿到人到红卫星上天》，真是设想大胆！但是却“成功”了，十分有感情，文字处理得也还恰当。特别是在历史分段上，从从容容，用不上二百字交代新旧石器时代，廿四史也只二百多字。集中在近百年。等于把二馆合并后近四万米的陈列，试用二千来字作一“序曲”或一“总结”。一完成，想再作一首，即难以为继了。这就是“创作”。只能近于转机产生，不可能勉强凑合。即俗话说的可遇而不可求。得有种种条件。至少得毫无恐怖感来进行工作。若一面写，还一面老是提心吊胆的出差错，就不大可能进行再生产了。解放后廿年，有三件事极离奇：第一件不用说了。第二件是我并没有认识的陈赓将军（解放初是北京卫戍司令），找我去北京饭店，看了不少旧画，同吃了顿饭，说了不少安慰话。以为可再写作，还说他和凤凰人有密切关系，因为是在曾莘若身边作司书，保送入黄埔的。他知道我。当吃饭时，可能还有一个大名人（似乎五号以内）在场。第三是五七、八年去上海参观，市委请客时，把我放在第一书记柯老身边，“沈同志，你怎么不写小说？再写写吧。”后来才明白我在上海那几年，他也正在上海，所以我不熟他，他却知道我。而且十来桌客，安排坐位是有一定道理的。但是始终没有写，可就不能怪我了。因为真的搞创作，总是全力以赴，一年写个廿短篇吧，至多有一两篇合格，已不错了。如今带点试验性写三五年，只要内中有二三篇不大协调，另一个大胆批评家大略一看，用不到一天时间，挑出其中一二篇，写个三四千字，即可否定得一文不值。若老记住这么一个新规律，哪里还会写得出好文章。所以廿年初期，尽管有这么三件奇遇，还是老老实实搞我的花花朵朵，坛坛罐罐，不求有功。免过而已。其实担子比写作重，难得多，不意虽免大过，还是难免小过。时变一来，又有点前功尽弃趋势。现在人老了，小过也能避免就好。但在孤寂中有时依然还不免忧从中来。在既不明白客观现实，也不明白自己能作什么情形下等待。

照你前信建议，试来用部分时间写点“家史兼地方志”看看，让给你们一代和妮妮红红等第三代，也知道点“过去”和怎么样就形成“当前”，以及“明日”还可能带来的忧患。一切其实都有个因果联系。试写第一章，即引起了忧虑，是不是宜于让妮妮等看到？并自己也不大敢想下去了。因为求减轻读者情绪上沉重压力，将在叙述中加点“中和剂”，使得看来轻松一些。但这个引子，你那么大人看来，也就会吃一惊，“这可是真的？”“主要点就是真的。”好在这以下不是重点。重点将是近百年地方的悲剧和近似喜剧的悲剧，因为十分现实，即有近万的家乡人，已在这个历史过程中死光了。你我家里都摊了一份。我们其所以能存在，一半属于自己，一面则近于偶然。特别是我的存在，好像奇迹！因为一切学习过程，就近于传奇。所以你的建议还是对的。以下写去，将研究如何写，效果会好些。大致前五章易处理，因为假定第一章是“盘古开天地”说起（史书上没提到，而从近年实物出土写下去）。第二章将是二百年前为什么原因如何建立这个小小石头城，每年除公家“改土归流”兼并了所有土地，再出租给苗民，到处都设有大仓库收粮。省里还用十三四万民两经营。这么个小小地方还有个三品官，名叫辰沅永靖兵备道！兼管辰州、沅州，两府所属十多县！第三章、四章即叙述这么一个小地方，为什么会出了三四个总督（等于省长），四五个道尹（比专员大）、或镇守使（等于师长）？随后还出了个翰林、转而为辛亥后第一任总理。另外又还出了大约两个进士（比大学毕业难）、四五个拔贡（比专科毕业难）、无数秀才，四五个日本士官生，上十个保定生，许多庙宇、许多祠堂。第五章叙述辛亥以前社会种种。假定可写十六章到廿章，前五章这么分配是恰当的。或许有两件事难于完成，一是我人七十岁了，在偶然事故中二十四小时内即将步大姑爹大表伯后尘，可能性完全存在。因为心脏高血压已到一定程度，近年半夜已起始咳“半声嗽”。（过去以为是“干痨”，现在明白是心脏血管关闭失灵，心血退回侵入肺部。）若进入第二期，将出粉红血沫，并声哑。第三期即完事。加上地下太湿（吃的倒满好，住的可湿得邪乎），两手风湿骨节疼已日益升级，右手已起始有点拘挛失灵。其次即今冬明春可望回去，如安排了未完工作，都会影响这一工作的继续。比较起来，当然还是即早能回去好。因为气候干燥些，冷热变化不那么剧烈，容易维持体力。这就得看“风向哪边吹”了，自己是无从作主的。动不了，即和搞田地活差不多，尽人力而听天命了。但如果是在此还能写得出近似“红卫星上天”规模较大叙事诗十来首，还是算得不辜负七十岁后余生。因为到一定时候，还会有人点头认可的。我自己可看不见了。房子太湿霉，还得想办法不变成“霉豆腐”就好。

好的是心情永远不衰退，这也就是能活下去原因之一，不是“主要”的，但是“重要”的。所以人来看我时，总的印象是“我还乐观”。事实上正因此桌子上才堆满了写的不少已完未完的什么。还有个“谈书法发展”的五言诗，也有二千来字，内容不一般化，因为部分是地下新发现材料，谁也不明白。你读来或许还有趣味，这两天当为抄一份来。

这里最舒服事，即有了这种格子稿供应，一毛八分笔也还得用，又恰好拾了个旧方石砚。三者给了，我便利不少！

便中问候可以问候的熟人好。

从文

六月七日

寄来那个“北方志”引子，和给蛮蛮二人的一信，你研究看看，不妨事，即寄给他们。不大相宜，即留下或寄还，且等待写到第六章时，再一同给他们看好。也许到了廿岁以后，才有资格看看，你斟酌好。

可惜是两个已发表部分未完成稿，都利用得上，这次全毁了。一个叫《芸庐纪事》，一个叫《雪晴》，都极重要。后者记高枧杨子锐和满家兄弟不同的死亡，前者记抗日后你我两家情形，和见到听到的许多事。拟写的地方志中辛亥以前一部分，就是卅八年冬，在芸庐听滕文卿伯在烟盘旁谈起的。（这个穷秀才笔下极好，人极潇洒有趣，诗字都在行。青年时在沈、田、刘、张、滕、阙诸公子间，近似“应白〔伯〕爵”身份，但实在正派。后来作过几任县长，田应诒陈渠珍下作秘书长，找了点钱，随时即花销了。脾气极好，和田应诒、张二少、我爸爸似把弟兄，临老却讨了个卅多岁土娼，会唱各种小曲子。拉拉文，卿伯胡子，老的却满舒服。人其实也顶可爱，无机心，脸宽宽的麻阳婆。极大方。有相当长时间住在芸庐楼下，和你父亲一道靠灯谈天。因为是父执辈唯一的老人，云六对之极恭敬。）现在大处还能回忆，写出的却难重写了。因为文字已不如当时讲究。《雪晴》一共发表片断四五章，有一二章写雪景乡村似乎比《边城》中章节还美，完全如画！我是在十月到十二月住在那个十分美丽小村子里的。至今还记得清清楚楚，满家大院中一株大胡桃树，后来却闻主人在病里时，被附近田家来报仇，把他砍成十多块，挂在树上，呼啸而去。只剩下个女儿，迁住城里，到了八九岁，随同母亲去茶叶坡上坟时，又被那田家人追到坡边砍掉。这就是家乡事一件！前不多久，这里还有个熟人，因随过勘探队剧团到过湘西，受过大表伯热情款待，到过州上十来县，还以为凤凰文化最高。他可完全料想不到我们是在什么环境下长大的！①

6月9日　复史树青函。收入《全集》第22卷。

6月19日　致信张兆和："闻故宫五月已回去五十多说明员，六月又有一批回去。我们单位可能也会有些回去。我一点不动心。始终轮不到我，也极自然。……我想回不了，得在这里过夏，甚至于死去，也无所谓了。还是趁来得及，把记得住的一切，用目下方式写出来。每一事少则一页，多到十页为止，先列个目，想到什么即写什么，不必前后，也不必格式一律。只作为建议商讨方式，有多少写多少，大致总可望写一百或再多些。进行的似乎还顺利。如每天能写三五个问题，或十张到十五张稿纸，则到年底，将等于好好背背近廿年学的'有字书'和'无字书'。仅就量而言，也就大大可观！集量到质，显然也是极有意义的。右手中二两指已略肿大，有时闪点光泽，五指日夜触及必痛，影响到臂，转动略有点不自然。右腿不那么痛，只是起床更不灵便。左手只中间一指无事，余四指骨节也痛。上下医院都说就是关节炎，药不灵，晒也不成，屋外实在太热，已过卅五度，白天出门走到桥边有时还头发昏。但是这一切，都无碍我用龟兔竞走方式，学龟走下去不会间断。四天中就写出了十来个，有的还写得相当好！方法对了头，就事言事，好说话。若能维持下去，在这个又闷热，又潮湿，还相当'臭'的房间里，一面揩汗一面写，似乎不甚费脑子，度过一个夏天，事实上活得是比过去在青岛，在大连避暑，过得有意义多多的！到这时节，才真正享受了过去几十年学无专门'杂学'的好处。特别是难于设想的记忆力的运用，及联想的运用，所得到的便利处。估想即在比目前更糟的环境下，我大致还将是从容不迫，超额完成自己安排下的任务的。也真近于奇迹，学它时，只是仔细认真，却并没料想到还能分门别类记下来，在'超孤寂'七十岁时，能一一自自然然不太费事的写出来，且肯定还十分有用的！""我像本不是什么好演员，可是机会特别离奇，几几乎可说生、旦、净、丑都串演到了。凡是似乎应当懂的，到大都市五十年，我几几乎还都没有懂。

---

① 沈从文：《干校书简与诗》，《收获》2009年第2期。

人情世故就还不懂。凡是看来我不大可能会的，用不上什么特别努力，可又学会了。因此中国文化许多部门都有个一知半解，有的或比什么专家还深些。每一回改业近于‘前功尽弃’，我却从不丧气，又从头起始学去。这里有人见我穿有纽扣的汗衣，觉得奇怪。这和我写旧诗差不多。无论在城市，在乡村，对几十年老熟人和生人，都像是不大可能知道我是怎么生活下来的，学习下来的。倒还是少数几个死去的旧熟人，值得怀念。特别是有几个在我极卑微困境中，就能欣赏我某些方面与众不同处。或原本并不怎么相熟，而且始终也不一道，却永远对我极抱好感的。也有的还活着，对我从不失望，你就是一个——是最最重要的一个。因为没有你，还是早崩毁了。”收入《全集》第22卷。

6月20日　致信张兆和：“据传说，大湖边老弱病或将在逐渐落实政策，有所安排。似闻第一步有集中丹江学习事。不知你那边有所闻不？我想如动员到你，或有资格去时，商量一下最好一道去，免得再分别处理。因为我究竟七十过了头，即或还能工作，也难望用青壮工作方式，作得出什么特别成绩，至多还不过是提供点资料，供青壮参考而已。你也过了六十，如还有工作希望，我退休后即去你处，照估计，希望怕不怎么大了。除非是去学校教写作，或许比某些古典教师强。但看来已不大可能。刊物编辑恐得让三四十岁笔杆子干了。书店编辑是唯一有条件的，也将轮不到头上。所以将大有可能是在退伍照顾中。如已有所知，望将详细情况告告。如无所知，似得稍微有些精神准备。”收入《全集》第22卷。

6月24日　复张兆和函。收入《全集》第22卷。

6月28日　复张兆和函。收入《全集》第22卷。

6月30日　复张兆和函：“五六天来在四十多度高温下度过，似乎是近廿年最大的考试。因为我还在这个日夜流汗情形下，写了四十柜改陈和说明。如动不了，正好赶九月写足一百柜。又另外写了个关于历代马装备的文件，举了近百匹有代表性马示例，等于和八戒进了蒸笼以后‘念经’差不多！”收入《全集》第22卷。

六月中旬　致信张兆和。收入《全集》第22卷。

7月1日　干校宣布前往丹江的老弱病残名单，张兆和榜上有名。

作《谈辇舆》并在文稿后写下表露自己心迹的附识："极端孤寂简单乡居中，用默记方式，试写文物常识小文，今天为止，已达二十篇，暂时告一结束。把这二十个小文用作个人对于党五十周年纪念的薄礼。给人印象。若只是'毫无学术性，不过是些常识凑和'，那是完全十分对的。因为本来就'不学无术'，作了十多年说明员，对事事物物稍微有点'常识'而已。居然在七十岁后，还能把些零星点滴常识，凑和成为篇章，首先应感谢党，能在过去二十年，给我以充分机会，从实践出发，学习了二十年。而至今又还给以这么一个静寂难得的环境，把它一一写出来。没有前者，常识就根本得不到，没有后者，常识也依旧难于凑和写出来！"文章沈从文生前未曾发表。据手稿收入《全集》第31卷《龙凤艺术新编》集。

7月2日　张兆和临行前来双溪看望沈从文。

7月4日　张兆和离开双溪返回向阳湖干校。

7月7日　早晨，张兆和离开向阳湖干校前往丹江。

7月13日　收到张兆和自丹江寄来的第一封信。

7月14日　复张兆和函。收入《全集》第22卷。

7月15日　张兆和在复沈虎雏、张之佩的信中说："爸爸长期三脱离，过着孤寂的生活，脑子里想的，往往和现实格格不入，跟不上形势发展。他害怕过集体生活，欢喜自由自在，我却觉得更可怕的是长期三脱离。"[①]

7月19日　致信史树青："闻已就通史部分搞改陈，因改变原来计划，将重要文物发展史各写专章方式，改为试就某一柜中应增、应减、说明应改、附图宜加，供馆内外专家参考。主席指示'不调查研究无发言权'。我的史部学底子既极差，又不习考古，而对于传统金石文玩学也无基础，一切只从常识出发，就想得到、记得起的，作些零星建议。有些认识或许永远还只能停顿到旧有的常识上。有些从实践为主，结合文献，提出的看法，也许间或亦有可取处。因此将已写成的约四十事付邮。预计今年秋间如不必动，或可达一百事。即当作

① 《沈从文家书》(下)，第529页，江苏教育出版社2005年版。

反面材料，能如此比较具体一一提出，同事中或亦不多，国内专家通人虽多，又各有重大任务，恐来不及在历博各柜内容上如此用心。若百事汇集一处，能不分散，或亦等于对弟'单独吹竽'一次考试也。能在四十度高温下应考，对弟言来亦可谓十分幸运！"收入《全集》第22卷。

致信张兆和。收入《全集》第22卷。

8月4日　张兆和来到双溪，与沈从文一起作前往丹江的准备。

8月11日　上午，图博口四位同事来帮助捆扎行李。

下午，与张兆和一起乘机关卡车离开双溪前往咸宁县文化部中转站。

8月20日　下午四时，与张兆和一起随图博口十余人乘火车前往武昌。下午6时抵达武昌，在等车间隙，参观了武汉长江大桥。

晚上10时转车前往丹江。

8月21日　中午，火车抵达丹江。入住"文化部安置处"。

8月25日　复沈虎雏函："我心脏不好，目前不劳动，也不出门。吃的虽不如双溪，但有补充品，味又较淡，对我还相宜。同住一列房子只一杜麦青相熟，其余女的较多，家属也多，将来学习即在一起。若过图博口，则熟人将以百计，此外五百人中还有上百熟人，多住附近，我希望离远点，也有好处甚多。将尽可能不来往或少过从，可以免去不必要麻烦。照趋势看，在双溪可进行的工作，到此后已难望继续。因为空气是休息和改造，等待下一步。名叫'文化部安置处'，即此可知大多数人恐已难回原工作单位，等待安置。住处近山沟，约有五百间房子，已住下五百多人，呈饱和状态。看情形既不会扩大基建，也不会续有大量人前来。但此五百人中，却可能在第二步中有若干人离开，少数人回原单位，多数退休。原办法退休必还乡，新闻十三连动员时，则提办法已有变通，北京有亲友可以返京。此亦一种说法，多数动员时不提也。无处可去闻亦可常住。我们因初来，一时不能考虑明年事也。"收入《全集》第22卷。

9月22日　致信沈虎雏、张之佩，介绍在丹江的生活情况。收入《全集》第22卷。

9月26日 复陈青云函。收入《沈从文全集·补遗卷3》。

10月30日 复刘敦愿函。自存底稿以《致一山东朋友》为题收入《全集》第22卷。根据新发现的佚信判断，本信并未发出，而是经修改后于11月10日发出。

11月10日 复刘敦愿函。该信写作时间较长，10月30日《致一山东朋友》即系据沈从文自存底稿收入《全集》的，当为此信的结尾部分。全信写成于11月10日，后王任、刘陶据收信人刘敦愿所存手稿整理、注释后，重新发表于《温故之九》。《全集》收入的仅是该信草稿的结尾部分，与刘敦愿保存的原件有较大差异。兹录全文如下：

敦愿同志：

月前得由双溪转来一信，厚意深感谢。近因血压略有升级，经常在220／120间盘桓，手关节拘挛，执笔亦发抖，迟复极歉。

弟在八月中旬即转移丹江，离原住处已过一千里。地在襄樊上游，临近河南南阳。十年前来参观时，但见大江两岸萦山间，数十万民工在红旗翻飞下进行忘我劳动。今年重来，则新市区沿江大道，长逾十里，宽如北京之东西长安街，较小马路，纵横难计。绵延百里群山，新建工厂、待建工厂，或以百计。从小可以见大，祖国三线建设，规模雄伟壮严实惊人！

住处仍属文化部系统，离市区约四五里，共约四五百老、弱、病分散同住一荒山沟中，各有房子一间，水电具备，供应齐全。由廿到五十年前熟人，均可发现。惟血压升级，已不常出门，因此到［此］地三月以来，熟人住处位置还不熟习。加之住处傍山，又比邻猪圈，前有礼堂和大厨房遮拦，熟人亦少过从。

生活大有改善，却似乎反而不免更容易脱离群众，脱离现实。住双溪时，先在丘陵高处一孤单小学中，屋里长年上漏下湿，大雨后房中可养青蛙。霉季到来，地面家具多生绿毛白毛。三月长夏，平均温度高达四十三四度，有时不免稍稍显得狼狈。但环境极端清静，山坡下有水[田]平田四万亩，村落相望。窗前每天有十多支[只]黄牛来去，行步多十分庄严，为北方少见。远山环绕，积翠堆蓝，如一随时变化之王维画卷，所得实多。

后转迁区中一贫农家中，另是一种格局，小小院子住八户人家。弟据一方丈斗室，室内可借用旋空处不及三步，湿霉依旧，却近于另上一课，极有意义。窗外小天井和二过道厩子，计有二牛、三猪、二羊、一猫、二犬和大小鸡约四十支[只]。天井似沤肥池。另有二槽盆、六尿桶和各种农具，还有大网一张。计共住八家，南北大妈具全。有小将十七位，一天到晚来来去去。大环境如旧，小环境真可说十分热闹，长夏为驱逐蚊蚋，保护牲口，有四户傍晚必各燃草卷一个，在房中不免略有猪悟能入蒸笼感。远远望去，则整个屋子均包围在烟雾中。置身其间六个月，还是另有一种动人难忘印象。

因解放以来，除了上四川参加革命土改半年，在大小村子里受了半年深刻教育，回转北京又即刻参加三反，到过近百家大小古董铺内部，看了大几十万文物，受了另外一种深刻教育，比前卅年所读的书还有意义。反右时，却让我去青岛住了好几月，回来已近扫尾期。此后虽每年有外出参观学习机会，总是“大老爷”式，住得极好，吃得极好，农村工厂通看到，可学不了什么东西。就中仅有次去江西住了三个月，在井冈山、瑞金、大茅山停留各十天半月，才深一层学懂了毛选，新的广大农村面貌，还是近于无知。

这次有机会独自在一个极小乡下住了快二年，除受了教育得益外，还可说是一生极大的乐趣。虽不能如史兄等参加劳动，却和生产队约百五十男女老幼，搞得十分熟习。又因在区里搭火，和区里干部以外的理发师、成衣师傅、医院里下放青年医生，及本地赤脚医生……也十分相熟。从他们齐心闹革命、抓生产，为国家种田，为人民服务种种干劲说来，受的教育可极其深刻具体。生活虽有点不易适应，事实上却并不怎么难受。临离开时，村子里大人孩子都有堕泪的，可见农村中对弟的厚意深情，值得长远记忆！

所以多年里，在那么一个不易设想情况下，还写了好几十首赞美农村新面貌的旧诗，和一些谈书画、商讨文物的小论文。另外在七八月大暑炎蒸中，又仅凭记忆，写了约五十柜本馆改陈建议和有关文物细部说明。即此可知，体力虽已不大顶事，脑子似乎还能得用，值得友好放心！

本意还以为过丹江后可望将八千米旧陈列二百柜文物，和在墙上及空间那几十个画塑得失，也写些建议，供史兄作改陈参考。不意到此以后，地势高些易头昏。起居作息有定时，情绪也难于集中。原来计划，不免因之打破。可见在任何情形下，总还得争争时间，尽可能为国家作点事，不然真对不起伟大时代！

来信谈起龙事，弟所知并不多。只是过去也稍稍注过意。为协助馆中年青同事搞文物鉴定，作比较参考，就常识所及，排了个秩序，写有个草目，选取了约五百种不同龙形示例，如汇集到一处，必可看出它历史发展和时代特征，以及相关一些问题。这份材料本已得馆中领导同意，拟调个助手整理，文化大革命一来就搁下了。内中有不少形象，还和《生命之科学》一书中提到的各种化石龙有相通处。大部分虽出于古人幻想沿袭而成，小部分亦有可能即依据史书中记载偶然发现化石反映而来。对兄工作，大致也还有用。不过取材范围较广，有的是据考古所拓照，有的是故宫历博藏文物，有的又取自各种图录，除非回到北京代为设法找寻，并为详注时代、出处及原来图象或实物大小（如商周玉龙不到三寸大小，九龙壁和抱柱龙却长过三丈），[否则]用处还是不多。

至于文献参考，兄所示诸书，时代较近，似不大合用。私意不如且就《甲骨文编》、（以下有龙、虹、虺、蚪、夔、螭等字）《金文编》《尔雅》《说文》《北堂书钞》（以下有不同记载）、《艺文类聚》《太平御览》《太平广记》《宣和画谱》《营造法式》《元典章》《明会典》《子史精华》《格致镜原》《经籍纂诂》《三才图会》《清会典》，把龙、虹、蛟、虬、螭、虺、蟒、飞鱼、雷、电……有的书中似乎各列有专章，检查极便。有的又列举图形区别，或多或少可供参考。有关龙称王称神也提起过。

至于龙首人身样子，记得小时在本县龙王庙就见过。封王称侯，《唐大诏令集》《宋诏令集》都还留下些官方文件。（史汉以后，可能即有不少，在上举诸书及《图书集成》中可以查到）目前所记出土新文物反映较早形象，比较具体，则隋唐墓俑都有发现。如李静训墓围绕青石棺四周十二生肖，即有龙和蛇坐俑。唐初则有二式立俑，一作龙头人身，一则人相［像］，惟在冠帽间各加一标记。较后壁画里反映相同。

龙能行雨乘云，虽早着于诗、书、易、古文献中，史志则一面和黄帝传说结合，（汉石刻黄帝伐蚩尤上早形于图象）另一面且和当时朝代记年发生联系，如“黄龙”等年号。即用草龙、土龙、求雨，也早在《周礼》及西汉《淮南万毕术》（有辑本）和刘向《五经通义》均提起过。但龙神威猛加以夸大，至于正式封王封侯，似乎到唐代才有进一步反映。此外即为佛教宣传利用，称为“天龙八部”，属于“诸天”之一。在唐释道世所编《法苑珠林》曾提到。小说中如《灵应传》（《太平广记》中）载柳毅传书，及后来吴承恩《西游记》和明人着《封神演义》叙述。在过去且扩大为人人所熟习。记得《西游记》中插图龙王敖广，就是龙头人身。唐代壁画，似乎也有反映，试查查日人编《敦煌》二巨册中的图相［像］编，必可发现。

较后佛教道教壁画佛或天尊身后的“诸天”，一般包括古帝王、名臣和廿八宿等等，天龙八部、风、雨、雷、电诸神均同列。如元之永乐宫壁画册，和明代北京佛海寺壁画册，均可发现。作文官袍服。至于风、雨、雷、电诸神，是否在天龙八部之内，或系所属，已难记忆。单独画幅则根据佛说鬼子母经故事画里（后人题名为“揭钵图”），记得画卷左上角云端中，即有天龙八部，均武装（即后来小说中所谓天兵天将或护法诸神）。现存国内曾见过二幅，一故宫收藏

（单色），题宋人作，二黄胄私人收藏（彩色）。一般专家鉴定以为出元之王振鹏手笔，均近于猜谜语。事实上大致均出于唐代旧稿，（从右看可知）且属盛唐，宋元人凭空画不出的。在国外有一幅特别精美（也是单色），也以为宋，曾印于美波斯顿中国名画册子中，郑振铎翻印于《流传海外名画集宋代编》，模糊不清，不如原印精神。画中雷神还手持连鼓作成（和金文雷字作有相通处）一圈，电母则手持二镜子象征闪光，永乐宫壁画已转成文官袍服，连鼓缩小转成法器。（明代或清初重修碧云寺殿中塑相［像］，则电母手中改成二小铜钹，失本意远矣）

至于手持连鼓雷神，东汉初王充《论衡》里似即提起过，可知由来已久，至晚在西汉即已成形，反映于画卷中。东汉武氏祠石刻，在黄帝伐蚩尤部分，记得亦有持连鼓乘云车雷神上场。敦煌则北朝壁画上部左角尚有反映。手执连鼓也作一圈，上缀八鼓。还可据之纠正宋人以意绘的周礼八面鼓错误处。又汉石刻近年出土的淮南汉石室墓中有部分武士形象，题名为“孟贲”“铁盾”（应即樊哙）等等，无不须眉怒张，圆睁双目，人多巾而不冠，发上耸如角，而攘袖至腕。有可能原系据西汉末刘向编的《列士传》里的附图而成。又汉有“五兵勾”，作蚩尤弄五兵形象（晋名“五兵佩”），手足开张，狞猛异常。到北朝墓志边沿，则有“乌蠖”“庆忌”（上古勇士名）等勇士图象，已近于将淮南石室诸刻（或大傩形象）和蚩尤形象揉和而为一，加以夸张表现，成为兽面人身样子。同时期相近的墓志，又有相同神像。题为风、雨、雷、电四神的。这种形象已启唐代大型镇墓俑之端，敦煌画里亦有此种似人似兽神像，或青面，或赤面。（有名目，难记忆）直到元代秘［密］宗壁画或铜作欢喜佛，还近于完全从它脱胎而出。（从上溯，则可至近年信阳战国初期楚墓出土之四尺高大型戴角怪兽墓俑，实近于一脉相传，从形象可知，但彼此关系却难言！）

又汉或以前另有种神像，即伏羲女娲的人面蛇（或龙）身刻相，手执规矩，尾部交缠，晋以后即少见。但近年在吐鲁番一带唐时古墓中，却又常有这种神相出土，画在丝绸被面上，旁作诸星点覆盖于死者身上，用意或在象征升天、归复本来。史志上既少记载，考古工作者似乎也从未提及彼此关系。

至于唐壁画佛说法图下部作人面鸟身的同命鸟（除外来影响），或和唐书音乐志说的“人言鸟歌万岁乐”有关。史志称此曲成于武则天时。近年出南朝画像砖墓上砖刻已有反映（并有“鸟歌万岁乐”题字），另有文康伎，则据晋庾翼故事而成，出土形象只此一次）和其它乐午［舞］并存，则可知此曲成于南北朝，可以纠正唐音乐志记载之误。

又记得王逸叙天问，以为“系屈原于楚国先王先公祠堂见怪异画迹，故呵而问之”。内中提及“雄虺九首，悠忽安往”及“龙伯长人……”等。汉石刻上即有作九个人头共一龙身奔驰于云中形象，似即反映故事。敦煌北朝洞窟壁画上部，亦有相似而不同反映，不同处即虺身加有四足。一脉相承，一望而知。因为另一角还有个“龙伯长人”的形象。以弟估计，有可能，敦煌画迹还早于山东汉石刻。原系旧窟经北魏改作，只在下部重绘，上部并不改动。此洞或即两晋有名书家索靖所见题名“仙岩”之一，产生时代当在西晋以前，或即成于敦煌设郡以后的西汉时，亦意中事！

至于西汉以来，即定朱雀、玄武、青龙、白虎为四方神，反映到壁画或镜子上，还多作鸟兽形，未见作人形。敦煌画（北朝时）中有一葬用车，两幡作青龙白虎。北朝墓志边沿，仍有作四神本来形象的。

又还记得在西汉陶井槛（长安出）上砖浮刻和外蒙诺因乌拉汉代古坟中出毛织品绣件上，及绥远等地出土青铜饰□片，通称“西番铜片”，还有些奇禽异兽形象，如兽头鸟身，和长咀鸟头兽身而长尾带翅，和古生物学图象中之“翼手龙”“恐龙”极相近的。最近出土文物北朝一石砚边沿，还有几种可参，在日文版《人民中国》内。如能一一辑出，一定还有意思。可惜材料多分散各处，当时既不能一一绘出，目前只留下一些印象，记忆上未必准确，处此荒山沟中，又无书可以检查，只能说说线索而已。十分抱歉。

闻北回友人言，近年山东新出文物极多。不知除大汶口古坟，此外是否还有些新线索，可以解决由黑陶过渡到青铜时代相关材料没有？因金属冶炼技术的进展，至今为止，还只有辉县郑州出土早期胎质薄而无花纹装饰斝类若干种发现。（盉及豆式鼎，此种三足两耳式鼎，蒙古出汉代器还有）在原有冶炼遗址间，并无紫铜或锡原料及半成品出土。安阳出土“将军盔”边，据报告，亦未闻有原铜出土。近年热河出土之战国原铜饼也属青铜。直到战国镶嵌器物中（似辉县出），才出现过有用紫铜镶嵌壶。近年发现的战国薄铜刻划器物（山东也出过），近于打而成，有可能或紫铜作成，值得加以分析。尽管《考工记》提及金锡合剂，礼、乐、兵、诸器，比例成分各有区别，近年且经专家化学分析，得出结论，以为商器即多相近（用商兵、乐器及战国镜子分析）。但在有关键性的河南地区，似尚未闻有紫红铜原料出现。侯马大冶炼区，熟人有到彼工作经年的，也未得有关材料。殊令人可疑。

以弟无知妄想，有二假定或可供专家参考：一即早期冶炼过程，多系集诸金属矿原料（或粉末）于一炉里，一气呵成。（入炉或有前后）技术则掌握于极少数工官（或工奴）手中，为第一阶段。直到春［秋］战国间，铁、石、锡等等才各自能单独用不同方法和不同炉子炼出。《考工记》才有分量比较方法提出，属第二阶段。二即史传联系，冶炼金铜技术，原为据有华北或更偏南之蚩尤族所掌握，即史传所称“以铜为兵”（汉代以后则称铜头铁额弄五兵）。居住黄河流域之黄帝族，尚以玉石为兵。涿鹿一战之后，蚩尤族败北，向西北转移，冶炼技术才初步为黄帝族工人所掌握。而时间却接近夏商，相去未太远。虽少史传记载，却多实物是证。

（因为早期将军盔式融铜器，似炼不出金子。黄金在商墓里发现，大致是用砂金从小坩埚用吹管炼成的）

记得十年前苏联考古学者季谢烈夫来京讲学时，弟即陪同彼参观本馆陈列半月以上。曾一再提及西伯利亚曾大量发现和商器十分相似之薄铜无纹饰容器，和兵器中的戈、矛、斧，及两端有铃之弓形器，及各种兽头状小兵器，以羊、鹿为常见，又有带小铃的日用刀削。又有和近年在绥远蒙古一带出土之“西番铜片”（还说有的用黄金槌成）。季氏夫妇二人在西伯利亚搞考古十多年，据地下发掘，着有南俄罗斯文化史十多册，图像极多。铜、陶、骨、玉，无不具备。且另有金器图录二册。此书科学院考古所或有收藏，兄若他日因公来京，值得备一介绍信翻翻此书。以弟私闻，必有不少材料可和山东出土史前遗物作比较，得到不少极有启发性新知识！即商之所谓戎羌，西周之所谓玁狁、犬戎、或和古蚩尤族当有一定联系，亦意中事！与此后之匈奴族当有渊源，亦有可能。（据黄文弼先生《罗布淖尔考古记》，所发现衣中国锦绣之匈奴女孩即黄发，显然和中原华族及后来蒙古族少共同处）

闻史兄言，近在故宫展出之文物，内中有极丰富新材料发现，对于治史前文化有极多启发。不知山大文史系里教师当有机会小集体去看看没有？

拉杂写来，毫无条理，文字上多讹舛，可知老之已至，能不在意，幸甚。熟人中无忌讳的便中望致意。

弟　沈从文

十一月十日

湖北丹江文化部丹山办事处九班转

另有关于龙夔……草目迟日抄出奉上[1]

11月14日　致信史树青。收入《全集》第22卷。

11月18日　致信刘敦愿，随信附寄了《龙的形象举例》一文。本信未收入《全集》，后经王任等整理后刊载于《温故之九》。信件全文如下：

① 王任 刘陶：《沈从文1971年致刘敦愿书简三封》，《温故之九》，广西师范大学出版社2007年版。

敦愿同志：

前信想可收到。

龙的形象在文字与工艺图案中种种不同反映，试举例若干事寄奉。

见闻有限，手边且无一书可以求证，盼得指教，感甚。原拟草目似较多，久搁一书箱中，乱弃一堆，望之生恐怖心。因廿年所学，终不脱“四旧”范围，龙凤且更多封建性，对青年一代而言，不免近于佛经所谓毒龙！

只能就记忆所及，随手写下，□□尊嘱。随写随忘，错中有错，势所难免。（蒲柳之质，得秋独早）衰年迟昏，凡事总如此也，能恕其草率，幸甚！并候佳善。熟人便中望致意。

弟　沈从文

十一月十八日　丹江口

因右手关节入冬失灵，数月来已不能用毛笔作书，字不成字，达意而已，歉仄之至。①

十一月末　复熊传薪函。收入《全集》第22卷。

12月4日　复熊传薪函。收入《全集》第22卷。

12月26日　修订《丹江纪事——七〇年国庆节》，改题《七一年十二月廿六日》，并作《跋二》。跋语沈从文生前未曾发表过，在《丹江纪事〉跋》总题下，收入《全集》第15卷《喜新晴》集。

12月28日　修订《老马　之二》。此诗沈从文生前未曾发表，据手稿收入《全集》第15卷《喜新晴》集。

十二月上旬　复史树青、石志廉函，谈及史学研究方法：“一切仿佛孤立存在，更难于说明影响什么，又受什么影响，不免令人难受。……平时若缺少从实践搞调查研究，分门别类占有大量材料，再结合文献作分析综合，凡事胸有成

① 王任 刘陶：《沈从文1971年致刘敦愿书简三封》，《温故之九》，广西师范大学出版社2007年版。

竹，一切还是依旧十分保守，紧紧守住传统搞考古方式，只注意到自己发掘出土那一份材料，此外各省出土的和若干大博物馆收存传世以百万计文物，以及其它十万百万的图像所反映，平时都极少注意，也不鼓励较年轻的同志认真学学，单打一的搞研究，那会得出什么惊人结果？有时材料即或十分重要，如那个彩绘屏风，提出了不少新问题，搞研究的就说不出所以然。这个由研究院来的老传统，工作方法实在太旧了，至今为止似乎还改变不多。所以到目前，考古所的工作成就不仅和史学所的需要难结合，和文学所的需要且更加不接头。事实上则三方面研究如不好好结合，陈列时写个说明就不易深入，何况写文化史！这种不正常的孤立搞研究的陈腐现象，要突破，恐怕还不是十年八年内办得到的。”本信残篇收入《全集》第22卷。全信收入《沈从文全集·补遗卷3》。

十二月下旬　复史树青、石志廉函。收入《沈从文全集·补遗卷3》。

十二月下旬　致信一位朋友，收信人不详，仅存残信，春中谈及自己的打算：“面前却只能设想，到旧年前后，能自费请假回去，用一月时间，换一副假牙，买些工具书，并就新出土文物展学个十天半月。这不免近于‘一个石头打三鸟’的故事，妄想能否成为现实，还待看那时外面环境。两年来，似乎所有的人都可以短期回去，或被调回去，或因病回去，不少人小病也回去了，唯我例外。请求的信一般也不批、不复，却在我转丹江时退还，也很奇怪。想明白原因，却无个询问处。听人说凡是高知回去得由周总理批准。真由他点名批准，我倒似乎早应当回去了，因为近廿年搞的工作从客观看来，总还比俞平伯先生研究《红楼梦》有道理些，且对许多方面都还有用‘在此坐以待毙，像是对国家也不大经济！因为培养一个专家比较容易，训练一个有广泛文物常识的‘半瓶醋’工作人员可真难！不过这一点大致也只是个人理解，向四十年老伴兆和同志说，得到结论，还以为是‘自高自大’。因此一来，我就不可免有在沉默中日益愚蠢趋势。因为不让我用其所长，把学习心得和具体工作结合，取得应有进展。却留在这里，学习‘发言’。不免近于把一个费电极省，能高速运转，灵敏度也极高，又能自动控制的机床，改成一种慢转简易牛头刨，改造既费工，也实在不合公算！原来有政协时，还可望在每年例会中，把自己当成一种‘专用机床’来建建议如何使用，即可望保质保量完成某些工作。现在却无一可建议或请求处，真急人！”收入《全集》第22卷。

本月 作《男子坐具的进展》。据手稿收入《沈从文全集·补遗卷2》。

本 年

夏季 作《朱画云气棺》。据手稿收入《全集》第30卷《文物识小录》集。

夏季 作《谈车乘》。据手稿收入《全集》第31卷《龙凤艺术新编》集。

夏季 复史树青函。收入《沈从文全集·补遗卷3》。

秋季 修改《双溪大雪》并作跋语。据手稿收入《全集》第15卷《喜新晴》集。

冬季 复刘敦愿函。以《复敦愿》为题收入《全集》第22卷。

冬季 作诗歌《战国时代》。本诗沈从文生前未曾发表。据手稿收入《全集》第15卷《文化史诗钞》集。

冬季 作《从针刺麻醉中得到一点启发》。据手稿收入《全集》第27卷《无从驯服的斑马》集。

冬季 作《唐宋以来丝绸彩色加工》。沈从文生前本文未曾发表。据手稿收入《全集》第30卷《织绣染缬与服饰》集。

冬季 作《鼓的形象在文物中的反映》。沈从文生前本文未曾发表。据手稿收入《全集》第31卷《龙凤艺术新编》集。

年底 修订《思入蜀》，拟题目《七十岁》《七十岁生日》多种，并作跋语，题于《七十岁生日》诗稿后。跋语作为《〈拟咏怀诗——七十岁生日感事〉跋》中的“跋一”收入《全集》第15卷《喜新晴》集。

本年 写作《铝带问题》。在中国历史博物馆“改陈”期间，沈从文虽正在五七干校，“一人在湖北咸宁县双溪农村独处，没机会参加改陈工作，于是根据记忆，在40度高温下，针对通史陈列的一个个展柜，尝试分别撰写出内容应增、应减、附图应加、说明应改的具体建议，供馆内外专家参考。7月19日，作者致函参加改陈的同事史树青，随函附上已写成约 40 个展柜的改陈建议 40 篇手稿，并计划到秋天写成 100 篇。8 月写到约 60 篇时，因五七干校让他从咸宁搬迁到丹江而中止。这些改陈建议手稿每篇多在两千字之内，涉及《汉代铁工具柜》《三国部分》《隋白瓷柜》《记里鼓车与指南车意见》《唐书法陈列意见》《黄巾起义》《金属加工》……多年来已分散或几经转手，直到全集付印前夕，才收集到其中一部分。”《铝带问题》只是这些改陈建议中的一篇。据手稿收入《全集》第 28 卷《陈列设计与展出》卷。

写于同一时期的《汉代铁工具柜》《汉代兵器专柜及附陈材料》《三国部分》《长沙西晋釉陶鼓吹骑士俑》《南北朝具装马》《隋白瓷柜》《唐乐舞部分》《唐三彩人马俑柜》《记里鼓车与指南车意见》《关于唐代数学天才一行》《热河辽驸马墓出土银鎏金鞍饰》《唐书法陈列意见》《汉锦陈列》《华佗像下附陈参考》《金属加工》《关于金银加工节略要点》《黄巾起义》《汉代文字意见》《刘向是否应有一平柜陈列？》《王充像位置及说明》《司马迁像及位置》《有关唐代绘画改陈意见》《宋甲马》均收入《沈从文全集·补遗卷 2》。

1972 年　71 岁

2 月 27 日　美国总统尼克松访华，中美两国在上海发表联合公报。

5 月 23 日　《人民日报》《红旗》杂志、《解放军报》发表社论《坚持毛主席革命路线就是胜利——纪念毛主席〈在延安文艺座谈会上的讲话〉发表三十周年》。

8 月 21 日　中共中央发出《关于征询对三支两军问题的意见的通知》。

9 月 29 日　日本首相田中角荣来华访问，中日两国政府发表联合声明。

---

1 月 2 日　收到张梅溪寄来的药物及水果糖。

致信张梅溪。收入《沈从文全集·补遗卷 3》。

1 月 10 日　作《乐舞杂伎与戏剧》。沈从文生前本文未曾发表。据手稿收入《全集》第 29 卷《文物研究资料草目》集。

1 月 28 日　致信沈龙朱。收入《全集》第 23 卷。

1 月 30 日　为《拟咏怀诗》作跋语，题于《在丹江五七干校　闻传达林叶阴谋暴露叛国种种》手稿后。跋语作为《〈拟咏怀诗——七十岁生日感事〉跋》中的“跋二”收入《全集》第 15 卷《喜新晴》集。

一月　重新校读《〈中国古代服饰资料选辑〉题记》。

一月　作《有代表性之案形》。沈从文生前本文未曾发表。据手稿收入《全集》第 31 卷《龙凤艺术新编》集。

2 月 4 日　在张兆和陪同下回到北京。黄永玉一家四口在北京站欢迎沈从文，“我们全家在北京站为表叔举行一个充满温暖的归来仪式。‘楔子’不必继续写下去了，‘要爷爷，不要《红楼梦》！’（孩子们把那部未完成的小说代号为‘红楼梦’）能够健康地回来，比一切都好。”（黄永玉：《太阳下的风景——沈从文与我》）

二月初　致信周恩来。谈及自己的身体情况：“心脏血管硬化到一定程度，高血压升级总在230–240间盘旋，好转已近于绝望。虽得到特别照顾，不搞体力劳动，实在还是近于‘坐以待毙’，对国家似乎不大经济”，因此请求返京休养，同时为正在进行中的《中国通史》、廿四史校注等工作提供力所能及的帮助。本信仅存残稿，据底稿收入《全集》第23卷。

二月上旬　获准请假回京治病。

二月　作《七二年冬过北海后门感事》。

3月16日　安顿好沈从文后，张兆和返回干校。

3月17日　上午，许芳来家中探视。

3月19日　致信张兆和。信中谈及林葆骆来拜访的情形：“林葆骆发还青青的，谈笑风生，从他口中得知道些更多知分的死亡和瘫痪，以及大冲击中的狼狈处境。一切如梦，开始醒了，凡事得一教训，明白知分问题最少，但在过程中死去的还是死去了。”“最近试翻翻新由厂甸得回的《湘行散记》和散文集《烛虚》，才明白衣服说明文字虽已用了些心，至于活泼细致处，却远远不及前者。如今后搞文学，也会如搞艺术情况，也容许花鸟山水画重新抬头，我想各处走动走动，写点什么新见闻，可能还是比搞文物容易见好。但是即或必然会有这一天，写作如只能和山水花鸟画差不多的发生些装点作用，还是不写为是。不妄想‘重理旧业’为合理。因为生命有限，再也受不住另一时更新的冲击。”收入《全集》第23卷。

3月20日　干校同事杨志一来。

到张梅溪家取书。

3月21日　复信张兆和，述及张兆和离京后自己的生活、工作表况：龙朱“原将照李大妈等建议，多回来些。我恐他过累，告他还是礼拜六回来，至多礼拜三来一次即成，不必多跑，因为这里吃的有三方面供应，梅溪、朝慧和李大妈间或送点小菜，很易对付。可愁的还是说明文字改动多，还到处见不足。要一一重作增删，工程大，书又不够（买不到，也借不来），马马虎虎交卷又不妥。所以将在廿五以后，俟大章等回来时，商量如何办。照我意，最少也还得经过一道重抄。或先用打字打出十来份副本，分送各处看看，再据之重改增删必比较好。”收入《全集》第23卷。

3月25日　致信张兆和，谈及工作情况：“事情多，要我作什么即作什么。或许只重点搞改陈文物说明，别的自有专家负责，问到什么再提提建议，免得有不必要的什么出现。超过需要的热心，反而易出事故，在不经意中发生。主要原因，是新的工作关系、人事关系，均缺少理解，也即不易招架。不大像十年以前情形。当时埋下头作事，别的不干预，上面懂得我毫无个人打算，也不至于损害同事中什么人，现在关系似乎有些不同往日。因此图录付印前，即将事前声明，‘个人不必有名字。即说明要付印，也不必用个人名字。’先得求不出人头地，才可望免去意外灾星。求不个人突出，还得好好学习。”收入《全集》第23卷。

3月28日　为《服饰资料》付印和未来的工作安排事宜，致信革命历史博物馆通史陈列部副主任毛希武。收入《全集》第23卷。

4月2日　复信张兆和，谈及自己与同事的关系：“馆中熟人均充满了好意，热情欢迎我照常热心工作！这次一考验实在为一生极难得好事，因为不仅历史问题明白，即近廿年老老实实守住工作的态度和意义，也近于肯定了。”收入《全集》第23卷。

4月3日　致信李石英。收入《沈从文全集·补遗卷3》。

4月7日　致信青年音乐工作者窦达因，谈自己的生活、工作，同时托他向巴金问好，并打听陈蕴珍的住址。该信后曾以《沈从文给一个学音乐青年的信》为题，发表在《中华儿女》(海外版)1991年第1期，有删改。据窦达因抄本收入《全集》第23卷。

　　致信张兆和。收入《全集》第23卷。

4月10日　致信张兆和。收入《全集》第23卷。

4月20日　复信张兆和。收入《全集》第23卷。

4月24日　复信张兆和。收入《全集》第23卷。

4月27日　致信张兆和。收入《全集》第23卷。

4月30日　致信张兆和，谈及自己目前工作尴尬及“转业”的设想：“所以如真的还有什么机会把近廿年所学，总结总结后再转移，或许生命使用的会经济一些。对国家则效果大些。我并不希望去教书，但目前我的工作，至少是对于少壮同事用处不大，这是肯定的。目前还有少数搞史部学、艺术学的，能明白我搞的问题有些见解是新的，工作方法和所得结论也是对之有启发性的。但这种读文史，脑子里感到有问题的人也越来越少，大多数年岁在六十左右了。四五十岁的就只是明白我懂某某而有点‘发言权’而已，对他们帮助却不大，因为学来困难，用处不多，特别是对于‘升级’作用不大。转业无望则换一方式——总之，不固执继续当前搞的种种，值得从长考虑。因为能抽出身子，即还可望在新的一种学习方式上作些其它试验。写写诗就是个例，会写得有个样子的。甚至于写一本半世纪回忆录，内容对许多四十岁的人看来，也是崭新的，从别的书学不明白的。能出版，即会有比目下搞的工作超百倍读者得到好感的：也同样可以自作解嘲，叫作‘古为今用’！因为七十岁的人，在这半世纪社会大变动生活过程中的经验体会，都已经是‘近代史’了。当回忆录写就不枯燥。”。收入《全集》第23卷。

四月下旬　博物馆领导要求他把《中国古代服饰资料》文稿由20万字压缩至5万字。

5月6日　致信张兆和，颇多感慨：“每天为抵抗隔房凄凄惨惨的歌声，开一会会，听过后，脑子即清爽多了，朗畅多了。（听听罗西尼《威廉退尔序曲》即有此感，老悲、老萧同。）有时还觉得心酸酸的。和另外广播唱片中作成的‘酸音’效果完全不同。这种‘心酸’或心柔和经常会在一些事件上、消息上或文字阅读中出现，或艺术品中得到。也即近于创作的‘媒触剂’、‘酝酿期’或“怀胎信号”，如我们四十年前在北九水小溪流洗手情形，间接由一件不相干事而起，当时我告你会写成小说，你难理解。同是一件事，一种心情。有点怪，并不怪。后来不是果真就产生了《边城》？不是什么灵感，比灵感还高一级的东西。更不会什么天赋。所以在那个情形下，如果写什么散文、故事，一定写得极动人。但是现在却只能转变成另外一种为人民服务热情了。自己明白相当可惜，但无可如何。这不能怪我！工作即再认真，社会变动那么大，一点由长年积累得来的知识或成就，终不免在一阵大风雨中摧毁得无影无踪，或完全失去应有作用或意义。”收入《全集》第23卷。

5月9日　致信青年音乐工作者王千一。收入《全集》第23卷。

送绸缎材料给特艺总厂。

5月10日　为住房问题致信革命历史博物馆革委会主任、军代表刘树桐：“与其让我迁过地安门，何不尽我原来住了十多年的房间加以考虑，移回原住反而省事、近情、合理？如这么办不可能，那我就住在目下这间工作下去，再窄些也不碍事。一生都不和人争名位，争利益，那会到了七十岁，还计较住处？”据底稿收入《全集》第23卷。

致信张兆和。收入《全集》第23卷。

5月13日　赴张允和家吃饭。

致信王千一。收入《全集》第23卷。

5月14日　致信张兆和，详细说明了为什么拒绝博物馆为“照顾”自己分配给自己的黄化门（地安门大街）的房子的真实原因：“主要事实上却是王主任将出院，要房子。本已一再商张家搬，张家不，听前次来人说张家不认为强占，却是另一在湖主任要他搬的，张不肯动，才以为我好商量，照顾我！以为能动最省事。如下次见面，我将说‘房子既好，让他们搬。我回来不是争住处。如应落实政策，对我照顾，那让我回原来住处，十分合理而省事。’且等下回分解。还得说明两年搬了六次，实在太累。亲戚住处在附近，照料方便得多。昨且听一熟人说，和平里只是还清静，此外太不方便，能不动还是不动好。那人是住和平里的。并且说，中央有令，凡运动中强占高知住处必恢复。有的已落实，有的不。因为涉及范围广。又听王说馆中杨华已写信证明当时赶朝慧经过，说了实话。但主要一位李冰，也即是执铁棒人家的那位还不肯承认，怕负责，以为是自动。但事实具在。”收入《全集》第23卷。

5月15日　致信王矜，邀其便中来东堂子51号住处一叙。收入《全集》第23卷。

5月19日　复信程应镠，叙及“文革”中的遭遇：“六九年原扣下部分自己旧作样本，约四十种，并有三四种外译本，及近五十年家中大哥为保留的半世纪亲友来往信件，及已发表未辑印文稿各一大捆，又近廿年搞的另一大份有关工艺论文发还时，一位廿三岁‘懂文学’的军干，大致因为懂文学，除十分认真细心把整理得清清楚楚，分列名目的近廿年论文奉还。其前三类，又承不怕麻烦，说明必须留下，便于代为销毁处理，免得后人中毒。（说已完全审过。可是我肯定他看不懂内容！看懂他就不这么办了。）我连忙表示深刻感谢。作风之细致周到，水平之高，令人留下一深刻难忘印象，亦终生难得教育也。于是我捆了一袋破烂还家。”“我则于十一月，因‘紧急疏散’而去咸宁。事前说好住处早已准备，到后并无住处。不久又转百里外双溪，汽车行二小时，又说好已有住处，到后又无住处。暂时寄住区委楼上一角稻草丛中约二月，生活可说十分别致。不久又迁上小坡，住一公社空空小学里，地面约半年生长绿毛白毛半寸。炎夏气温及四十五度。雨时上漏下浸，幸得塑料发明较早，于是帐顶桌面和箱子上，全用塑料盖上，打着雨伞，在房中走动。地下一次舀水四十五大盆后，地面还可养青蛙，朋友为搬来约七八十块砖，搭成一条行人道，居然可以自由从床边到桌前，另一端可达门外。在煤油灯下约过了一年孤独疏散日子，还像稍微发了点‘福’，真所谓‘食言而肥’。”收入《全集》第23卷。

5月20日　致信张兆和。收入《全集》第23卷。

5月21日　刘焕章、沈朝慧、汪曾祺等先后来访。

复张兆和函。收入《沈从文全集·补遗卷3》。

5月22日　致信张兆和。本信开头部分缺失，据残件收入《全集》第23卷。

5月24日　复信张宗和。收入《全集》第23卷。

5月30日　复信张兆和，谈及文艺局势：“文学似乎难上去。就最近已出的若干种而言，似乎和刊物差不多，远远赶不上需要。所以不得已才出旧的四种长篇。听说以《红楼梦》读者多些。似乎也只是一阵子热闹，不会持久。电影吸引群众比美术影响大，却不易出笼，不易达到要求。用科教等片来纪念卅年讲话，实不得已。文章出色的无闻，听说不好写，能写的也不能随便写，因为把握不住‘当前’和‘明天’。即为‘工农兵服务’，‘为人民服务’，一涉具体解释，即难把握。”收入《全集》第23卷。

五月　为革命历史博物馆和故宫博物馆合作及文物研究中的一些问题，致信故宫博物院院长吴仲超，谈及自己1949年后的思想、工作情况：“我过去是写了三十年不三不四小说的，又教这个廿多年，这一行，或可以算个‘当行’了。但是解放后到了午门工作，就没有离开了。一切‘从无到有’，老老实实记住主席说的‘搞调查研究’、‘为人民服务’十个字，在午门楼上作了整十年‘说明员’，入冬零下廿多度！真正是和‘普通一兵’样子，边学边打。并从学习主席两论得来的个人体会，把认识事物的原则，和进行工作的方法，学习试用到文物研究工作中去。”“五四年文代会，主席和总理接见我，劝我再写几年小说时，我没有动。我把这种天大难得的鼓励，转而更坚定的学习‘为人民服务’，提高了热忱，也提高了责任感。在反右后，又要我去接老舍在北京市作协那个位置，可是还是不动。”本信仅存未写完的底稿，最终是否完成，又是否寄给了吴仲超，待考。据未完成信稿收入《全集》第23卷。

五月　作《〈红卫星上天〉序跋·跋一》，该跋语写在寄赠程应镠的诗稿后。该跋语沈从文生前未曾发表，在《〈红卫星上天〉序跋》总题下，据手稿收入《全集》第15卷《文化史诗钞》集。

6月3日　往访周有光、张允和。

6月4日　复信程应镠。收入《全集》第23卷。

致信张兆和。收入《全集》第23卷。

6月7日　致信程应镠，预言“将来文史研究求有新的进展，不用部分精力，转到以百万计出土新材料的探讨，是不大可能的。文、史、实物三结合搞得比较好，必将取得崭新纪录！”收入《全集》第23卷。

致信张兆和。收入《全集》第23卷。

6月8日　陈乔到宿舍看望，“指着摊满一床的图稿说，‘这个不是什么毒草，是肯定了的。’”（6月9日致张兆和信）

为服饰资料说明和住房问题，致信革命历史博物馆领导杨振亚、陈乔。收入《全集》第23卷。

6月9日　见到新任馆长杨振亚。副馆长陈乔邀请沈从文暂时协助革命历史博物馆的改陈工作，“体力好，来个半天看看，不好即不必来”，并允诺在美工组附近安排一个专用的房间。

致信张兆和，谈及文艺政策的宽松："听熟人说海王村中国书店内部书中，倒有商务卅多年前第一版《湘行散记》和别的什么出售。或许也算得是解放了的小册子？还不止一本，可能上海还多一些。一连看到些六十以上的，包括凌宏公婆，多说曾经是我的'读者'，还有说得更动人的，听来不免如说'天方夜谭'。但倒也是事实。五八年出选集时即在序上说过，和读者同老，甚至于这些人还比我先老！但事实上真到将五四以来短篇解禁时，在比较上将还是会有较多读者的。正因此一点，解禁机会就不会比别的人作品多了。这些事过去不懂，现在似乎已稍懂了些些。"收入《全集》第 23 卷。

6 月 10 日 复信张宗和，谈及自己"退休"后的打算："不得已，要'退休'，倒可以考虑，因为近廿年工作放弃后，至少还可写个五十万字回忆录，把身预其事的近五十年文学运动得失，及个人工作关系，友好接触关系，用一个大学生能接受的方式写出，必远比有成见又无知识的教授写的《中国近代文学史》，有意义，有内容，也有趣味得多！但未必能出版。也还有这么一种可能，即在正式的受邀请情形下，来攻关，写一两本崭新的短篇小说，试试送到国外去看看，肯定用不着什么宣传，在日本或其它不少国家，都会得到好评的，因为社会人的关系新，表现方法又新，最重要还是文字能达意。但在本国，则是否能出版，还不可知？因为我们所处的社会，实在是个矛盾到不易设想的复杂情形下存在和发展的。很多事都是以人为取舍，不是以事为取舍的。"在谈及编辑的作用时，写道："似乎没有一个人明白，领导那么说是对的，只是具体搞编辑工作，是份极麻烦的任务，要十分耐烦细心去为新旧作家改稿件，要在为作家服务上有极好的信用，本人又明白写作甘苦，知用不同方式去鼓励并帮助不同作家发挥他的长处，手边又有一群能力强、责任心重的助手，刊物才可望办得出色！也可说这才是会用'权'！那里单纯是什么'权'不'权'的问题？再有权，不会用在一些具体工作上，不可能产生好作品的。近廿年的经验和近十年的经验，应当是很好的经验。有得也有失。但是从经验上取得教训，更换方法，看来还受情绪支配，不像是近二三年能有望的。或许也将和教育一样情形，把标准放低，即好办。对内大致是这样的。但对外求取宣传效果，这部门恐将暂时放弃，自己人写不出，也不会和山水花鸟画一样，让别的人去作。”收入《全集》第23卷。

6月14日 致信陈蕴珍（萧珊），问候老友并介绍了自己知道的朋友们近年的情况，“便中也希望告告我们生活种种，我们都十分想知道。”收入《全集》第23卷。

按：据巴金后来回忆，“萧珊患了不治之病，得不到适当的治疗，躺在床上捱日子，想念过去的岁月，怀念旧时的友人，最后入院前忽然得到北京沈从文寄给我的一封长信，她含着眼泪拿着信纸翻来覆去地看，小声地自言自语：‘还有人记得我们啊。’我多么感谢这位三十年代的老友！”①

6月15日 致信张兆和。收入《全集》第23卷。

6月16日 复信窦达因，鼓励他克服困难，大胆进行音乐创作，“对工作总得有点大志，才能突破重重障碍，推之向前。”“我若有你们十分之一基本功，也会老想到去创造肖邦第一钢琴协奏曲那个成就，随后就闷头闷脑写下去，从千次失败中求进展。”信中述及自己的写作及工作态度：“廿岁到北京时，标点符号还不灵，却想写小说，用当时人所习知的鲁迅成就，和旧俄契诃夫、屠格涅夫、法国的莫泊桑，以及唐人传奇、宋人白话小说成就看齐，而且‘一定要超过他们’作为目标，别的全不过问，也从不看当时极流行的什么‘小说作法’影响，（你们一定会受作曲法影响！）就只是用各种不同方式去写。从实验中取经验，不断纠正方法。环境够糟了，吃的有一顿无一顿也不在意。在零下廿度，升不了火也无所谓。写出来送到各报刊毫无消息，也无所谓。比起那些在清华、北大学文学的条件差别可真大！稍后有的是机会改图，也不干。有阔亲戚在北京也不找。就这么照自己选定的目标作去，永远不停止，十年过后，就把同时搞这一行的人拖垮了。再照样坚持又过了十年，还始终取个习作态度，从不知道什么叫‘自足’，总永远是‘练习曲’，且从不在公共场合中露面，也不自以为是什么‘作家’，文字或内容给人印象便和一般同行越来越不同了。解放后，明白新要求不易适应，照老办法又走不通，就改了业，又从头作起学

① 巴金：《怀念均正兄》，《随想录》，第611页，三联书店1987年版。

起。”收入《全集》第23卷。

6月20日 复信程应镠，谈及自己的旧体诗写作：“我写的小诗不算个什么，只是在乡下无书可得，试把半世纪前在军队中学来编排文句方法，用到新旧事务上勾出个轮廓而已。先是六二年在井冈山，看到同行的诗人（好几位是大诗人！）每到一处必题诗。似乎多不大像‘诗’，没有真正要写的热情，也驾驭不了文字，觉得不大可解。因此也即试试看，叙事兼抒情，写了十多首，同行以为是古体。”收入《全集》第23卷。

致信张兆和，述及时局时忧心忡忡：“心都受这几年变动打乱了。过去起鼓舞性抽象名辞，已失去作用，党内外均有此感。大小均如此，对于什么什么都失去信心，都为未来担着心，而对当前鼓不起干劲。听不少别的人就本职工作而言，也有同感。上面还似乎在努力想办法，逐渐求恢复已被变动冲散的积极情绪。极显明还是份艰巨工作！这几乎可说是全国性的大事，事存在，看不见，人人感觉得到，却无可奈何。所以不免令人忧虑。”“目前事不像是某人如何如何，最重要还是亿万人的向心力的加强。我们必须，也只能尽其在我的努力来爱国家。能把微薄好处影响到近身人就有好处。”收入《全集》第23卷。

6月22日 致信张兆和，谈及时局时写道：“各种有用知识和力量，以及作主人翁的责任感，作接班人的壮志和雄心，各在相似而不同消耗等待中，矛盾重重中，还在继续消耗。越明白问题复杂，就不免越增痛苦！或许还有更大的痛苦，在不以人们意志为转移的趋势中而存在，而发展？……听到了些可信可不信的传说，不免令人为当前和明天国家麻烦深抱杞忧。有些事是大多数人早预感到会要出现的。我们也只能就个人极窄范围内去尽责任、爱国家，别的毫无可为力处！”收入《全集》第23卷。

6月28日 复信作家钱世明，谈及自己1949年后的写作：“一切作品全部报废，也理所当然。我的学习无法继续进行，人又不中用，只有转入博物馆。一改了业，即一切日益无知，除五七八年回乡写了个《张八寨过渡廿五分钟》，叙叙过渡景物和乡村人事，此外即不写什么。六一年上井冈山百多天，印象十分深刻，为一生少有事情，也只写了些旧诗，赞美人民革命。别的什么也不敢写，事实上也不会写，主要还是不明白如何写，才有意义，有好作用，符合要求，不至于‘出差错’！”收入《全集》第23卷。

致信张兆和。收入《全集》第23卷。

6月30日　致信张兆和，谈及张兆和的演戏及自己的工作：“你戏自然会‘适可而止。’若演上了瘾，将来还可望转到‘人艺’作个义务演员，演我来试写的‘知识分子改造’，比‘双枪老太婆’还生动！但读者的多数，或许还包括首长，对于戏的概念，或许还不容易摆脱旧小说戏剧影响，要浪漫，才引起兴趣，浪漫兼危险才动人，《智取威虎山》成功处即在此！欢迎‘双枪老太婆’胜过于真正老太婆多多。照写诗经验，我大致写个什么戏，有七分把握，因为和小说相似而不同，将突破惯例，给搞戏的和老演员，以及习文学的一个新印象，也易给刘西渭评为‘及格’，可不一定在一般报刊上能称‘成功’，这似乎也是肯定的。因为现在‘成功’和历史上或世界上说的成功已大不相同。都必须在无形的近七八年习惯中的语法措词及格式中得到认可才成。此外即或有所突破，取得新的纪录，并不算成功。所以对年轻人可以说成功也并不怎么困难。看看近出的书（不少水平极低）即可明白。但对于我们一代人搞的呢，当别论。所以这个‘妄念’不必试探，即将停止。还是承认一定分工的必要性，搞我的花花朵朵，省事故，而易得认可。至少在同行间认可。如今‘古为今用’在求落实，显明全国也会认可。不过也还会在明天试那么一二次。就诗来说，稍作试探结果，懂点旧诗的熟人，总多以为有个新的深度。”收入《全集》第23卷。

六月　赠书法家马国权旧纸，并作附言。附言以《赠马国权旧纸附言》为题收入《全集》第23卷。

7月1日　复信张宗和，述及丁玲、老舍的写作、工作：“从丁玲起（她本人写作即不过硬，是一举成名，不是打硬仗出身的），近廿年指导文学的多没有创作甘苦经验，重视和轻视都凭个人兴致，轻重没有分寸。老舍辈作全国作协副主席，从不正视自己责任……不注意到全国作家如何培养问题。我参加了几次大会，和不少小型扩大会，几乎从没有听他谈起年青接班人教育问题。汪曾祺在他下边作了十年小伙计，老舍就从不注意到汪写的短篇，比他还好得多！

种种原因使得能拿笔的不愿意写，而让一些人勉强充数，加上这几年一乱，稍能写的还大多数在乡下改造，新上来的多缺少应有能力。过去一个人能在三五年内完成的工作，现在尽全国之力来搞，还感到难产。许多印出的作品，不仅在文字上不过硬，即思想反映方式上，也难吸引人。但是这方面成就，报刊上却总说‘丰收’。所以今后写作标准，也得去掉旧的，另外照刊物上定下的标准去看待，教书时才不至于犯错误。最好当然就是不教作文。或先去作读者几年，学明白了新标准、新要求，再去教，也会少出差错。”收入《全集》第23卷。

7月3日　复信程应镠，谈及自己的工作计划：“我若目下身边有一二得力的助手，那就便利甚多，可以把拟出的许多学部委员大专家从来不注意的花花朵朵、坛坛罐罐、桌子板凳的历史发展，搞出一系列小册子，供生产和搞文物的‘各取所需’！但受习惯缚住，即或乐意把自己工薪一半，聘请个帮手，将来工作完成又全部作为公家所有，自己姓名也不必提，还是办不到的。所以只有这么磨蹭等待下去。还天真幼稚十分，想就近便中花钱二千元（等于把花不了的还公家），收些花样好而公家又不要的瓷器，专供年青搞设计的同志们来借用参考。作为一种过渡期的协助。真正的解决，要作到各大博物馆把协助生产当成任务之一，乐于热心来进行，还要等待若干年后。（这是我在政协前后十七八年提案廿件主要内容。案多一律通过，交由各部转各有关部门执行。但距离要求还远得很。）因为对博物馆言却近于额外负担。并且也没有多少研究员有这个兴趣。或为此特别训练三五个美工人员，专来为生产服务搞个十年八年。”收入《全集》第23卷。

收到张兆和6月28日信，即复信谈张兆和退休与否事宜。收入《全集》第23卷。

7月4日　复信钱世明，谈及写作：“你有意从事创作，最好的老师是主席指示，和当前领导工作的首长，据我想，对你最有益的，作具体帮助的，大致应数浩然先生，他是既有丰富生活经验，又有写作成就，目下最值得向之学习的作家。向他请教，必可得到有益启发，且不至于走弯路。我搞的工作，在旧社会吃得开，新社会为无价值，早过了时，近于历史陈迹。由于思想方法不对头，可以说一切劳而无功，绝不宜引人误入歧途，误己以后再来害人。应当引为反面教材，才对头。”收入《全集》第23卷。

7月8日　下午，张兆和同事刘德凤来访。

7月9日　复信张兆和。收入《全集》第23卷。

7月11日　致信钱世明，托买从英文转译的《科学》（科学出版社出版）。收入《全集》第23卷。

7月14日　下午，侯甸来访，留其吃便饭。

7月20日　作论文《长沙西汉墓出土漆器和丝绸衣物》，介绍长沙马王堆一号汉墓出土的漆器、锦绣。“算是八年来第一篇。即特约，也不一定能合用。”（7月22日致沈虎雏）沈从文生前本文未曾发表。据手稿收入《全集》第30卷《织绣染缬与服饰》集。

7月22日　复信沈虎雏，“过去写的文字能达到一定水平，总还可望和广大读者见面，且得到应有成功。这就是过去不依靠任何文学团体的包庇、吹捧，单枪独马依旧能杀出个名堂来。十年的低头苦干，结果就把一大群善于诪张为幻的‘作家’远远抛到后边。蒋介石的图检处，有意为难禁止出版，也办不到。现在可不同，即热忱十分的来颂扬人民和党的种种，也怕犯意料不到的错误。文学标准似乎又常因人而异，和本身好坏无关。人在位，就好办。不在位，写出来也不知向何处送！社会实在变得太大了，有万千种事都难于理解。亏的是从不和人争权、利、名，所以在这么一种大变动下，才不至于如老舍、巴金，就已经算十分幸运。”收入《全集》第23卷。

7月25日　收到程应镠信，复信。复信收入《全集》第23卷。

致信张兆和，谈及自己身体：“有三天忽然头发昏，四肢无力，是过去少有现象。整整躺下两天，即好转了。”收入《全集》第23卷。

七月中旬　致信张兆和，谈及重新安排住处的可能性：“听某说，馆中在为安排新住处，或许为我工作——但更主要还只是今后肯定会陆续有人从美回来，万一人家表示要见见我，让人看到我的研究工作，原来是在这么一个环境下进行的，总不大像话。最有可能还是人家从科学院弄明白我住处后，或原知住处，一下子撞来，看到我赤着个膊子在阳光下收拾炉子，汗流浃背，印象才够深刻。大致因此考虑，才传说在为考虑搬一住处，便于避免不易避免的这一招。但是从未有人认真和我说到，所以传说未必可信。”收入《全集》第23卷。

8月3日 给住在凤凰的大嫂写信，告知“朝慧户口迁回北京已得到许可，只待办理手续，”邀请大嫂、罗兰来京探亲。收入《全集》第23卷。

8月5日 致信一位朋友，并寄了一些诗作，诗“似不必给此外生熟人道及，时多忌讳，免致灾星。孔子说的‘血气既衰，戒之在得’，大有道理。”此信收信人姓名不详，据底稿以《致一教历史的朋友为题》收入《全集》第23卷。

8月7日 致信吕德申：“你处可能还有《边城》《长河》二书，若便中能捡出见赐，感谢之至。”收入《全集》第23卷。

致信张兆和。收入《全集》第23卷。

复信沈虎雏，叙及自己早年的经历：“一些都是在发展中，坏人的势力不可能持久占统治支配位置。要相信这一点，有了信心即有力量。即或某一时情况近于孤单绝望中，也会在坚持中取得进展，加以突破。特别是对于个人学习。我从十六岁在那个破烂军队里作护兵，作司书，就不和社会恶习惯妥协。在一个六十人同住有四十八盏烟灯屋子里（真是一种地狱景象），就从不靠灯。担重担子，一夜曾写过一百连的命令，让那些人吃烟摆龙门阵。当我每天拿本书到河边去读时，几乎乎人人都以为我怪脾气，事实上却一点不怪。由此冒险到了北京，生活十分困难，也决不向熊家亲戚告穷（当时是卸任总理），也不要家中一文钱（三叔已作了什么长），就在公寓挨饿。但坚持了六年后，把那些在清华、北大学文学，或教文学，又有同乡，又有团体的“文学家”全打败了。尽管如此，也永不自足自满。”“我希望你能把这点好处学去，就你能接触的本业加强集中精力学习下去，对个人会觉得向知识领域进军，可进取的方面还不少。甚至于转而来搞文学，明天也可望写出崭新的以工人问题为主的好作品！目前这方面照一个刻板要求方式去写厂史或模范，是不可能出好作品的。正如同我们那时，若照流行的‘小说作法’去搞创作，是永远产生不了像样小说差不多。许多有用的笔，事实上通为一种无知的要求指导而毁去了。目前或许还不免要走大阵弯路。”收入《全集》第23卷。

8月12日　去羊宜宾三号看房。

8月13日　和沈龙朱一道去羊宜宾三号看房。

中午，与儿媳马永暐一起至张允和家用餐。

致信张兆和，告知作协房子分配情况："住处改换在羊宜宾三号，系前日刘德凤来才知道。房子一大一小，系中间院子（有大紫藤的那个）东厢房，一大一小，总计已达十九米半，比原说的总部胡同那间宽过一倍，而又较近东堂子，可能系经考虑结果，应当感谢上面设想好意！"收入《全集》第23卷。

8月14日　复信沈虎雏，鼓励他："应当多看点书，这点向小平哥哥学应当的。如有勇气，还应当有信心和勇气把数学和外文补上去，用之佩作老师才合理。不要怕难，要充满信心和勇气去学习。新的国家要良好政治，重在有效率而适当的重视知识，发挥其不同长处，各方面配合去发挥种种长处，才可望取得进展，不至于大大落后于日本。若总是在上面争权，而下面情绪混乱无所适从，又凡事朝令夕改，总是变，使得一切事都冻结下来，下面用世故消沉代替原有积极，趋势不扭转，下下代痛苦必更大。决不要和人争是非得失，不争名位，好好抓紧仅有的可用剩余时间，有计划来学，形成积累，一年或许看不出意义，十年廿年可就大大不同，必然由量变到质变。万一有机会作研究生，攻什么尖，也应当有勇气去接受新任务。"收入《全集》第23卷。

8月21日　致信钱美华，谈及为北京珐琅厂提供资料问题。收入《沈从文全集·补遗卷3》。

8月24日　张兆和由干校返京，暂时还是住在东堂子胡同。

8月25日　致信沈虎雏，"看不见的'向心力'在一些人信仰中圮坍分解，是个令人可忧虑的事。大家虽看不见，却遇事感觉得到。预计上面总有办法可以补救，只是不大容易把新方法贯彻于各方面作的新措施中，一二年即一切好转。"收入《全集》第23卷。

八月中旬　收到程应镠信，旋复信，大发感慨："住处在东堂子，出门不远即东单大街，每于夜里出门走走，必可在附近水果摊边，见大小男女老幼人群，或立或蹲，大吃西瓜，面目则浑浑噩噩，无思无虑，或十分快乐得意。大有无怀氏葛天氏之民神情。不免转增胡涂，忙匆匆赶回家中，古人说：'和光同尘’，实在太不容易！……生命如此使用方式，在此大城中恐将以数十万计，一切似乎还在听其自然发展中。‘无知’与‘混’似在受鼓励。处此环境百无可为，只能退回小房，守住桌边，作漫无边际思索。情境十分离奇。但一切还望放心，因至今还能天真烂漫作无边际遐想，可证明头脑还活泼灵敏，并不凝固。天真易带来不同忧患，或终比世故巧佞带来幸福为自然合理也。‘各取所需’四字，似乎也可以转用于做人处世方面的考虑。”收入《全集》第23卷。

9月22日　收到沈虎雏信，复信。收入《全集》第23卷。

9月25日　致信张宗和。收入《全集》第23卷。

10月5日　收到张宗和信，复信。信中论及写作中存在的问题，谈及时弊："教写作，有个基本矛盾存在，不易解决。照近十年来中小学教学方法，总是拟提纲，定主题，大学搞习作抓得会更紧。照这种方式下去，将不免如虎虎的女孩沈小红，一年级，写信即八股腔，将不免回复到我们小时写《汉高祖斩丁公论》，或较后要中学生写《论宪法》，不可能写得出好文章的。据我个人经验，写和教的经验，真要学生在写作上取得进展，一面是看杂书，大量的看，一面是不受什么写作格式框框拘束，从写信作起，相互为用，一二年间必可取得显明进展。但这么办肯定是不许可的。这就正是近廿年一面像是十分重视写作，结果却得不到预期成果原因。卅卌年前，一个人能达到的成就，近十年倾全国作家还作不出的原因。因此不仅目前少看得下去的作品，近几年后，也不大可能会有较像样小说产生。作家思想不得到真正解放，有分量有内容作品不可能产生的。就学校说，则练写作基本功方法若不大改大变，肯定二三年后学生写个信也不免公式化，不可能出现奇迹的！"收入《全集》第23卷。

10月9日　给中央工艺美术学院教师王家树复信。收入《全集》第23卷。

10月15日　致信王予，为其开列参考书目。收入《全集》第23卷。

10月18日　致信王予，谈古代的帐子、亭子问题。收入《全集》第23卷。

十月　中国革命历史博物馆发还了原存放于研究室中的部分书籍。

11月2日　馆中来人告知沈从文：已经在左家庄找了一所房子。

11月3日　为左家庄住房及发还的个人书籍问题，致信革命历史博物馆领导，请求领导“能在较近些地方”调个约三间一单元处住，“前不多久，承馆中将个人研究室中书籍发还，初初约略一查，大都保存，只部分图录失踪：还有从我家中前后八次搜去的大量亲友私人信件，和大量已印未印个人文学作品，尚无下落。若能得领导为查询查询，照政策发还本人，十分感谢。因为稿存公家近于负担，而归还本人，却有一定意义。在我手中整理出来，也可深一层明白过去前卅年从事的工作，得失何在，五四以来．从事文学革命工作，现在的同人，剩下已不到四五位，明白得失，即可将长处发挥，错处改正。内中还有一部外文名著《十日谈》原插图本，属于善本珍贵书籍。是第七次馆中原在传达处工作一马同志从我处强行拿走的。当时曾一再告他，这是李可染先生书籍，你又不懂外文，不要拿走。他却说由他‘负责归还’。为帮助这一位年青同志不犯错误，请代为将此书追还，以明责任。不然得由我赔偿，可赔不起，也买不到。(是属于专业用书，照中央政策，公家也不能没收的。)”收入《全集》第23卷。

11月17日　致信沈虎雏。收入《全集》第23卷。

11月23日　致信张之佩。收入《全集》第23卷。

十一月中旬　中国革命历史博物馆发还了一小部分书籍。

12月13日　致信沈虎雏。收入《全集》第23卷。

12月26日

本日　香港《大公报》发表了凌叔华的专访《凌叔华欣谈中国行》，文中谈及与沈从文、张兆和的会面：“凌女士还见到了也是三十年代的作家沈从文、张兆和夫妇。凌女士告诉我们，沈从文现在在故宫博物院历史研究所工作，专门研究中国历代服装，领导上鼓励他写书，因为至今还没有一本专研究这方面的书，沈从文目前已经搜集了不少资料，可能就要动工。凌女士开玩笑地说：‘希望将来书出了不要卖得太贵，不然我可买不起。’凌女士在沈从文夫妇陪伴下，一连七八天都到故宫博物院参观。凌女士说，单是近年出土的东西，已经够多了，如果想详细看，七八个星期也看不完。”

本 年

夏季　作《读长沙马王堆一号汉墓发掘简报》。沈从文生前本文未曾发表。据手稿收入《全集》第 31 卷《龙凤艺术新编》集。

秋季　作《关于长沙西汉墓出土丝织物问题》。沈从文生前本文未曾发表。据手稿收入《全集》第 30 卷《织绣染缬与服饰》集。

本年　致信王振铎，谈湖南帛画及工作中遇到的一些问题，本信写信月日不详。据残存底稿收入《全集》第 23 卷。

本年　约在湖北五七干校期间，作诗歌《商代劳动文化中‘来源’及‘影响’试探——就武官村大墓陈列》。该诗写作年份不详，沈从文生前未曾发表，据手稿收入《全集》第 15 卷《文化史诗钞》集。

本年　作《文字书法发展》《跋二》。跋语沈从文生前未曾发表，据手稿在《〈文字书法发展〉跋》总题下收入《全集》第 15 卷《文化史诗钞》集。

本年　题《叙书法发展》。收入《全集·补遗卷 1》《艺术题识录》集。

本年　作诗歌《叙书法进展》。该诗沈从文生前未曾发表，据手稿在《〈文字书法发展〉跋》总题下收入《全集》第 15 卷《文化史诗钞》集。

本年　作诗歌《书少虞剑》。该诗沈从文生前未曾发表，据手稿收入《全集》第 15 卷《文化史诗钞》集。

1973年 72岁

2月22日　中美两国发表联合公报，宣布将在各自首都建立联络处。

3月10日　中共中央决定，恢复邓小平的组织生活和国务院副总理的职务。

8月10日　《人民日报》在头版转载了《辽宁日报》发表的下乡知识青年张铁生的《一封发人深省的答案》，并加了编者按语，称其“提出了教育战线两条路线、两种思想斗争的一个重大问题，确实发人深省”。

8月20日　中共中央批准了《关于林彪及其反革命集团罪行的审查报告》。

8月24日　中国共产党第十次全国代表大会在北京举行。

1月10日　复沈虎雏信，谈及自己的身体康复情况：“我这次肺炎，幸好得永玉表哥相熟一协和医生来看到，即时打卡那霉素和青霉素钾一星期，才止住了喘咳。现在已快一个月，还不曾出门，除有时似乎感到肺不大受用，有点轻喘或干咳一二声，别的方面大致已告无事。但也体会到人已相当老了，求如文化革命以前那么找事做，似乎不大相宜了。”谈及住房问题时说：“之佩万万不宜冒失向任何方面提（关于我住处）意见或请求，事行不通，还会使我发生困难。因为事实上还有不知多少同等或更高级人物在下放，即回来后，也还如百科那么上班混日子，或近于孤立隔绝的在家中。我已算得备受优待。”收入《全集》第23卷。

1月17日　致信徐盈。收入《全集》第23卷。

2月7日　复信马国权。收入《全集》第23卷。

2月10日　致信巴金。信收入《全集》第23卷。《全集》收入之信与巴金保存的信件有细微差异，原件今藏中国现代文学馆，文物编号DX002731。

2月12日　复信沈虎雏，劝告儿子和儿媳：“国家在进展是无疑的，但在进展中人事变动过于剧烈，就必然到处可见出人事失调现象，悲剧普遍存在，真是不以人们意志为转移！所以要和之佩随时互勉，‘多作事，少说话’，因为事实上许多事连中央委员老革命也多不懂，而从三反、反右……以来，知分受的不必要又不可免的冲击，却总是有大部分是乱说话，不对头！或被人认为不对头！大哥事可为前车，本人一误十年，即或出于‘丢马保车’也得沉默接受。”谈及《图录》出版事宜：“若从局部说，大致能于今年告一段落，付印出版，总还算是一份工作。估计二三月里将说明改妥后，即可上交。惟馆中正赶改陈，因此势必于五月后才重审，今年能付印就算大大幸运了。照理说，这个图录有郭作序，康题字，总理点头，目前出版口头头又是原馆长，并且特别支持这个工作的，再不会有大障碍在前。但天下事极难言，所以即能完成，是否付印，多少还有点天时人事在左右！”收入《全集》第23卷。

2月14日　国务院发出《关于成立国家文物事业管理局的通知》，通知任命杨振亚为中国革命历史博物馆馆长兼党委书记（对外仍分别称中国革命博物馆、中国历史博物馆），徐彬如、陈乔、董谦、姚仲达任副馆长，姚仲达兼党委副书记。

3月14日　收到沈虎雏来信。

3月15日　复信沈虎雏。收入《全集》第23卷。

三月底 复北京农业机械化学院教师杨琪信，谈及自己的写作生涯时说：“短篇离不开人事，一涉及人事，总不免对于各种人的现象在叙述中有些爱憎，偏偏我又从偏僻的小城市极下层的社会转入百万人的大城市里来，接触的人事比较多，懂得军、商、学、警的职业不同，具有的不同弱点也似乎比较深刻，笔下即不可免会碰着大小军阀地主的愚蠢、受洋奴教育高知的平庸、青年会办事人的洋奴气、‘绅士淑女’的虚伪，以及一部分‘作家’争点小名小利的可笑可悯……同时在比较上，自然对乡下人事的赞美，也就显得格外突出。总的趋势是这样，为工作带来的困难，就十分自然了。幸得在社会矛盾发展中，前一段有个新习惯产生，即报刊都有部分篇幅需要小说填空，读者居多比论文多许多，也比诗歌戏剧易欣赏，随着不久上海又有个‘新书业’兴起，维持和发展主要还靠小说，因为读者面广，所以社会上有了个‘职业作家’称呼，我大概就算得是职业作家第一辈。事实上每月平均收入是不会过四五十元，远远不如一个中学教员的。为解决基本生活，只能从产量上想办法，因此约在 1928–1936 数年中，几乎南北重要刊物每月都必有我小说刊载，新书店第一集文学创作中，必有一本是我作的。善于说笑话的现代东方朔林语堂，叫我做‘多产作家’，在他为十分看不起意思，因为他编几本中学英语教本，就可以赚几万版税，我的习作版权一般不过百把元，一部十万字短篇集至多一百元。所以‘多产作家’这个名分对我有不利的一面，也有好的一面，前者不在乎，而后者却是必需就各方面题材去练笔，深一层明白如何用不同格式文字去处理不同题材、不同问题、不同对白。因为体力不易维持，因此有机会混入大学去教这一行，一教就是廿多年，有一时还兼编一二报刊。生活有了保障，体力且正好，文字又比较成熟，一面为同学搞创作示例，所以真可说扎扎实实的写了约六年，得到读者鼓励，‘多产作家’的嘲讽意义，在同行中尽成为一种对付我的武器，在有知识分子读者层中，便不起作用了。因为部分读者在 1932 以后，有不少在中学大学教书的人，欣赏能力可能已比部分‘作家’超过了。某一时作成左得可观的批评家，不少转而成为南京官方的‘座上客’了。至于对我自己说来，离‘及格’还远！要配合社会发展需要，来有计划从事写作，恐还得再有个十年八年。”本信仅存残稿。收入《全集》第 23 卷。

4 月 5 日　为翻拍《服装资料》使用的图片事，致信王孖，请他予以协助，并附需要翻拍的图像目录。收入《全集》第 23 卷。

4 月 20 日　给两兄弟复信，仅存底稿，收信人姓名不详，写成后未发。据书信底稿以《复两昆仲》为题收入《全集》第 23 卷。

5 月 4 日　给贵州省图书馆杨国勋复信，杨国勋是沈从文的老师杨肇云的儿子。收入《全集》第 23 卷。

5 月 7 日　将改定的《中国服装资料》说明稿交给革命历史博物馆，因“改的文字挤在原来排印稿上，多而不一致，不免乱乱的，所以希望馆里同意在付印前打或复写出来，再由我将复印稿字句标点校正”。

5 月 9 日　复信沈虎雏、张之佩。收入《全集》第 23 卷。

5 月 10 日　致信杨璐。原信缺失一页，据残稿收入《全集》第 23 卷。

5月27日　复信臧克家，“俟稍迟时日，当试为用八分钱水笔，写写拙作五言旧体诗，盼得专家指教。书不足取，诗极糟糕，搁在手边，作为同住大城廿年留个纪念而已。”收入《全集》第23卷。

五月上旬　西南联大时期的学生许芥昱回国访问，因住房过于简陋，只好到宾馆与他会面，两人愉快地交谈了三个小时。5月11日，许芥昱用英文写成《与沈从文会见记》，介绍了这次师生会面的经历：“在今日的会面之前，我曾按照接待员给我的地址，写了两封信，寄给故宫博物院的沈从文。故宫博物院离我居住的酒店不过十分钟的步行路程。接待处的同志鼓励我自己写信，他们说，这方法比他们替我联络这些人更快。我猜他们的意思是，我可以自行联络，无须通过他们。两个星期后，沈从文写了一封客气的回信给我，简述他的工作状况，并建议我通过接待处的人，安排一次会面。‘那样最方便，’他在信末写着。我将这件事再次交给接待处同志处理。又一个星期过去，然后我们在这里，面对面的坐在我酒店的房间中。我将自己经历的始末向沈从文略为叙说，并要求他留下住址，好让我下次可以去看望他。‘我想都没有想过你会亲自来这里；论情论理，我是你的学生，应该到府上拜候。’‘过去的师生关系已经没有意义。现在你是宾客，我应该来见你。你无须要我的住址。如果你要再见我，就用同样的方法：向接待处的同志申请。你认识楼下的刘同志，他是北京大学毕业生，应该很方便。’‘可是我希望看看老师的生活情形，’我表示不同意。他没有理会我的坚持，只是简单的说说他的日常生活。……任何忧虑都不能使他沮丧，他愉快地走下台阶，向巴士站走去，不许我替他召唤计程车，也不乘搭博物院可以供应的职员私用汽车。他和我滔滔不绝谈了三小时后，拒绝留下吃晚饭。他的夫人为他准备了晚餐。一架八号无轨电车开上来，我抓着他的手，然后目送他敏捷的登上电车；他的手仍是那么柔软，尽管不再像我一向所熟悉的那般女性化。”①

五月中旬　复杨璐函。收入《沈从文全集·补遗卷4》。

① 许芥昱：《与沈从文会见记》，李国威译，《明报月刊》，1976年第3期。

6月4日　复信沈虎雏。收入《全集》第23卷。

6月10日　复信张宗和。收入《全集》第23卷。

6月13日　复施蛰存函，信中介绍了住在北方的老朋友们的情况。收入《沈从文全集·补遗卷4》。

6月22日　致信张宗和。收入《沈从文全集·补遗卷4》。

6月23日　致信张宇和。收入《全集》第23卷。

6月25日　致信姚雪垠，谈及《李自成》的创作，并为姚提供了供其参考的书目。收入《沈从文全集·补遗卷4》。

6月28日　复信沈虎雏，谈及自己的工作："每星期一、三、五去馆中看八千平方米通史改陈，一柜柜由实物到文字、图表，一一看去，一一记下应改、应加、应补充附图及文字说明，先一一记下，大约在一个月后，即可将全部看完，也可将个人建议交给上面。此外在不固定时间里也还经常去看看。尽管供应关系还在湖北，这里可做的、在做的、待做的事，大致比一般少壮都揽得多些、重些。因为除馆中改陈，及修改补充衣服资料以外，还经常为外面搞陶瓷生产、地毯改进生产及特种工艺各方面，要落实古为今用时，遇需要什么即协助为提提材料。"收入《全集》第23卷。

6月29日　人民美术出版社任率英来访，请沈从文给《三打祝家庄》连环画稿提意见。

　　致信沈虎雏。收入《全集》第23卷。

6月30日　致信人民美术出版社社长兼总编辑邵宇，详细阐述了对连环画《三打祝家庄》的意见。据书信底稿收入《全集》第23卷。

7月3日　致信沈虎雏、张之佩。收入《全集》第23卷。

7月5日　致信南京博物馆保管部宋伯胤，请为自己留意有关政绩图策、江宁织造等方面的相关资料。收入《全集》第23卷。

7月11日　复信沈虎雏、张之佩，告知他们旅途中应注意的事项，同时叮嘱告知行程，以便接站。论及时局时说："不少地方，甚至于国内由部到小小单位，似乎都有相同、相等、相差不多情形，使得社会进展极缓慢，甚至于形成后退现象，而人力消耗到无可奈何情形中。想扭转，恢复到五六年以前或六二年以后，似相当费事，或已不可能。不少人把希望寄托在今后。一切都指望到大会后的政局明朗化后，将不同一些。但是希望或许还会落空，而腐化后退的事，还将加剧反映到每一部门的工作。恐不是什么‘指示’即可挽回，个人更难为力。一切只有在承认这个衰退后退现实中，去各尽所能，接受以后新的每一天！许多事不是一日而成，由来已久。是旧的封建的意识遗留的反映，有了个二千多年的老底子、老传统，加上好几回的异族统治，近如辽、金、元、清，都用的是强力压制维持政权。不大能懂分工的重要意义。近五十年的军阀时代，也或多或少教育到人‘有权即有一切’。林贼便正式提出过这一口号，而反映到军管时具体布置中，在各部迅速布置了大量私人。这十年的动荡和人事变化，影响到各方面最大，就是这件事。”而面对这样的局面，个人“既得向优秀党员看齐，同时还得学会向初中一二的学生看齐，天真烂漫的送走每一天，才不至于情绪崩溃，身体垮下！我就是这样，用一种完全忘我状态来就环境所许可学习为人民服务！”收入《全集》第23卷。

7月23日　下午，至八宝山革命公墓礼堂参加张奚若追悼会，见到金岳霖、丁西林、费孝通、梁再冰等人，“老金身体似乎还好，再冰则已和卅多年前她母亲神气差不多少，看看下一辈，才易理会本人老之已至也！”[①]

7月24日　致信姚仲达、李石英，商量从民族学院借调文物事宜。收入《沈从文全集·补遗卷4》。

7月26日　作《明代部分改陈点点滴滴》。据手稿收入《全集》第28卷《陈列设计与展出》集。

七月　致信罗、林、宁三同志，探讨陶瓷烧造的相关问题。收信人名字不详，从书信内容看，三人均在陶瓷厂工作。以《致罗、林、宁三同志》为题收入《全集》第23卷。

七月　抄录坊间流传的诗词并写下注和跋语，“这或许是个历史文件，又或许只是好事者一种传说造作，终不失为一个‘历史故事’。活到现代的知分，凡

① 沈从文：1973年10月26日致凌叔华，《全集》第23卷，408页。

稍稍关心国家社会近十年发展变故的，不用一字注释，也必能有所领会。领会虽有深浅，或多或少能得到启发与教育，并因之深一层理解作人固难，知人犹不易也。七三年十月，北京，笔钝如槌。”按：此两诗当时应为匿名作品，据沈从文抄录内容，当为陈明远的《沁园春·咏石》(又题《沁园春·咏石，呈陈老总》)、《沁园春·星殒朔方》(又题《沁园春·和咏石》。两词又曾收入 广东省肇庆地区五·七师范学院资料室编选的《陈毅诗词选》，当为误收。

8月22日　晤林葆骆。

8月23日　致信张中和，为其介绍治疗白内障的药物。收入《沈从文全集·补遗卷4》。

8月25日　醴陵陶瓷研究所李维善、肖石泉、贾杰民来访。

8月29日　李维善、肖石泉、贾杰民来访。沈从文从柜中取出明、清古瓷5件送给他们，让他们带回醴陵陶瓷研究所做参考。

9月13日　为本馆同事许青松作《家具历史发展形象资料举例》。据手稿收入《沈从文全集·补遗卷2》。

9月17日　致信龙潜，请求“为写个特别介绍信，让我能有机会去琉璃厂中国书店内部供应处，及灯市口中国书店内部供应处，挑选些对我今后工作所需要的图录。我想花个三四千元，或可解决一部分问题，此外大致还得故宫和本馆协助，来解决些图像资料。”收入《全集》第23卷。

9月19日　致信许青松，并为其提供书法、印章、碑刻书目。收入《沈从文全集·补遗卷4》。

9月21日　致信李之檀。收入《沈从文全集·补遗卷4》。

九月末　查良铮托人将自己的《从文小说习作选》带给沈从文，沈从文在书内题识：“一九七三年十月节日前夕，查良铮兄托人为捎此书来，距出版已卅七年。”

10月3日　安徽省马鞍山市委宣传部周星珷来访，商讨太白楼的整修、恢复事宜。

10月4日　致信周星斌。收入《全集》第23卷。

10月8日　给负责李白造像的阎玉敏写了一张便条：

阎同志：

带来些《故宫周刊》，部分加有签条涉及和李白诗文及游踪有关的可用资料，可以看看，或指给周同志等看看，大致若调黄永厚同志来协助工作，这些相先照成四寸大底片，决定要用时再照需要放大即成。这只是其中一部分，另外的礼拜三当为捎来。至于在别的画册的，为东北博画册、申博画册（二种）、故宫画册（三种），日印唐宋名画册等等，当于看过后选出再奉告。又附来一有关李白的小册子，内有我上次说的李白诗集板本表，及经行图，似乎都还有用。这书若买不到，可以照一个相将来放大画出。这书是借来的，照相后即望还我。若内部能买得到，我必为设买来。并候各位佳好。

沈从文　十月八日[①]

10月15日　复信王家树。收入《全集》第23卷。

10月20日　给河北师范学院中文系教授萧成资复信。本信有残缺，据残信收入《全集》第23卷。

10月21日　致信沈虎雏、张之佩。收入《全集》第23卷。

10月24日　致信周星斌，谈及李白陈列馆的思想性问题："陈列中的思想性，当然要加强注意，免出差错。目前提的，重在技术性的材料和意见。我个人认识所谓思想性，在具体材料上，大致重在文字明白能起一定作用。此外，则另外适当引用主席有关文艺语录，在陈列范围以外，用红纸好好写出，即或和陈列不大衔接也无妨，还是可用，要用。因为故宫不用，历博却用，各有好处。我倒觉得历博有些用的还不错！想密切和陈列内容相结合，会感到困难较多些。"收入《全集》第23卷。

10月25日　致信阎玉敏。本信附在《第二陈列（且假定作混合处理办法）》文

① 王道：《沈从文与太白像的完成》，《北京晚报》，2017年7月20日。

后，收入《全集》第28卷《陈列设计与展出》集：

阎同志：

第二室陈列材料。

这一部分，照草目估计，至少即已有一百廿个图，有的还是横卷，长过一米以上。《竹林七贤图》若放到人约一尺大小，平排分两段上下陈列，也占二尺以上位置。

若结合李诗陈列，大致得用到四十首或再多些。字句有长短，字体也可大可小，一部分或只用李诗集翻出某一首来附在图旁，近于以图为主，如他所仰慕的诸葛孔明、竹林七贤。又有的应以诗为主，如《梦游天姥吟》一诗，所有仙真乘龙、仙宫图，或《阆苑仙女图》《蓬莱瀛洲图》都附陈其后。一切全看诗的内容和分量而定。图和字放大或缩小，大都得看所引诗而定。总的说来，重在诗，重在所到地方受的影响。

我另外当试为选出四十首有代表性的诗出来，试试看是否合宜。先假定以为必用、可用的供参考。这个材料下星期一我或能带馆中。如不太为别的事分心，或许同时把二楼的设想也送来，供参考。

沈从文

十月廿五

10月26日 致信凌叔华，告知自己的工作、生活情况，同时请凌代为留意所需资料："有什么中国宋元故事画照相较少见的，望注意为留心寄点来。特别是彩印的，即或是小小明信片，也十分得用。又《女史箴》在英，据闻有彩色，这里只单色，想复色可难于着手，若能为购买一份，也盼为设法找来，有特印彩色照更好。过去好些年，有人为我寄了个彩色信片，是十八拍送别场面，题为赵松雪。从衣着锦绣看，是宋人绘的，绸缎也是宋式，陈居中，李嵩能画得出，赵却不能。又得一份宋人绘宫廷乐舞在进行前，六女角着长瘦衣，一男子抱琵琶，似闻也已出国，这些图像对我多有用，可惜多已失去，你便中能为向博物馆为买点来……"收入《全集》第23卷。

10月27日 致信杨振亚。收入《沈从文全集·补遗卷4》。

十月　安徽省马鞍山市为恢复整修太白楼，筹建李白纪念馆，派周星斌、阎玉敏来京寻求帮助，沈从文为他们设计了比较详细的陈列方案，同时提供了很多参考资料。这些陈列方案和参考资料包括：《主观设想的第一室陈列》《第二室陈列（且假定作混合处理方法）》《第二楼第三室陈列》《第三楼陈列》《李诗中所见相关形象材料》《历代绘画和李诗有关材料》《附陈材料》。上述材料均收入《全集》第 28 卷《陈列设计与展出》“太白楼陈列设计”部分。

11 月 11 日　致信巫宁坤，关心巫的生活、工作，同时想改善巫的工作条件：李白纪念馆“到审核修正可以施工时，估计过了年后，布置得差不多时，或可来当涂看看。问问情况，若需要把说明加以翻译，必向有关方面推荐。总说明以外，又还要局部说明，并译出点李白诗时，也必推荐兄试试看。估计总得到明春以后亲来看看陈列时，才会有机会问问需要，再提此事时。同时也可先为问问合肥安大熟人，看看教学方面是否要人。那边虽有熟人，还不大直接，问询且俟另一亲戚来时，必可转托一问。”收入《全集》第 23 卷。

11 月 20 日　致信杨振亚、陈乔，就户口、人事关系转回博物馆事痛陈自己的遭遇：“谢谢由金同志用电话正式通知我，说陈馆长要我来馆谈谈话。原以为必有什么大事情待商。到了以后，才知道只是告我可以把关系转回，十分感谢。这事费了两年时间才办妥，其实似乎已迟了一步，因为刚回来不久，丹江办事处即告我已和文物局联系，只要馆中一通知，即可调回。两年前，陈馆长若‘偶尔’能想起我，在馆廿五年，主要学习，还是在陈列室作‘说明员’得到的常识，对改陈问题，不少事早为作了准备，至少是一系列的单人画塑，根本不必费力，即可把应改的改，应添的添，可省去不少人力物力的！那用舍近求远，向外面请了不少人，来用猜谜子方法搞改陈。心中难免充满了痛苦感情，向两位首长胡说了一大片。”同时在信中提出了自己未来的工作设想，请求馆方给予支持：“盼两位领导能实事求是，让我来为国家赶赶工作吧。我不是为什么称赞奖励而努力，因为再大的奖励，也不会比我爱国、爱工作给予的动力更大！至于别的什么安排，不必考虑。至多让我住处能把一点点剩余工具书容纳得下，就感谢万千！别的不说，让我用我的稍稍不同于人的学习方法，即早把那个服装史完成吧。”。本信据底稿收入《全集》第23卷，是否发出，待考。

11月21日　致信沈虎雏。收入《全集》第23卷。

11月27日　看完《李白雕塑像和太白楼展出大纲》，致信周星斌，提出修改意见。收入《全集》第23卷。

十一月初　复信沈虎雏、张之佩。收入《全集》第23卷。

十一月上旬　致信杨琪。据底稿收入《 全集》第23卷。

十一月　读了吴世昌发表在《文物》1973年第9期上的《从马王堆汉墓出土的“羽毛贴花绢”到〈红楼梦〉中的“雀金裘”》，致信作者，探讨文史研究与考古相结合的问题，并对吴文中的“羽人”“羽衣”等问题提出自己的商榷意见，“你作为务虚说，抄抄书，容易办。要用图像证明问题，作点所谓‘科学性’的调查研究，根据材料，实事求是的探讨它，我即或为一一十分具体提出来，要消化他大致还得学学，才能应用自如。这一次就不用提了，下一次若写这类文章，对内可以无所谓，对外能认真一些，达到搞这个问题应有水平，和我商量商量，让我来尽点义务，为找点材料凑上去，使它有分量些吧。”本信仅存底稿残件。据底稿收入《全集》第23卷。

十一月 致信何其芳，谈对吴世昌《从马王堆汉墓出土的“羽毛贴花绢”到〈红楼梦〉中的“雀金裘”》一文的意见，同时探讨文史研究与出土文献相结合的问题。据底稿收入《全集》第23卷。

十一月　人事关系从五七干校转回中国革命历史博物馆。

12月4日　见到金隄，言及即便学校让回去，还是“乐意在乡下作‘木工’。因为明白在教改中，教书很不好掌握分寸”。（见本月5日复巫宁坤信）

致信沈虎雏、张之佩。收入《全集》第23卷。

12月5日　复信巫宁坤。收入《全集》第23卷。

致信宋伯胤。收入《全集》第23卷。

12月6日

本日　吴世昌回复沈从文11月信，对相关作出解释和回应。吴的回信收入《全集》第 23 卷。

12 月 7 日　为《服饰资料说明草稿》、工作场所、配置助手等事，致信杨振亚，急切要求工作："工作无穷，而有用生命实有限。馆长，望你仔细考虑考虑，如何设法把我这份常识一一整理出来，或就馆中可能，为调拨二三耐烦得力的美工同志，尽先把服饰资料待补充的四百图像照我需要绘出，作个交代，再看馆中需要来进行另一系列小专题吧。……这廿五年，我总算尽了个公民的责任，一个博物馆研究员的责任，一个'普通一兵'的责任，年岁也快到'大块息我以死'的前夕，多少优秀党员，还不免怀着全功未竟含恨而死，我没有机会把学习所有的心得，成为后来人的'垫脚石'，也难望把对于新的文史研究工作，有所促进，有所改善，提高到应有水平，并非是我不努力。十分努力取得的据点，无人接手，无可奈何，一切只有交付于天！我不久死后，只能请求向主席转达，我这'普通一兵'，已经尽了我的一切努力，深深感谢党廿五年对我的教育、鼓励和关怀！"字里行间，忧愤之情溢于言表。据陈乔抄件收入《全集》第 23 卷。抄件中有部分错误，据原件收入《沈从文全集·补遗卷 4》。

12 月 10 日　致信北京特种工艺工业公司副经理徐锋，讨论工艺品生产的"古为今用"问题。据底稿收入《全集》第 23 卷。

12 月 14 日　致信北京地毯厂厂长刘导，讨论地毯图案问题，并愿意提供支持："若得你同意，我还希望你能直接去和吴仲超同志商商，到提选材料时（我说的是炕垫椅垫类），我还十分乐意为尽尽义务，去那个灰尘扑扑的库房中，为挑选有代表性又和你们目前生产也还协调，技术上可以不大费事即可解决的！"收入《全集》第 23 卷。

12 月 25 日　致信李维善。本信佚失。

12 月 31 日　致信李维善。本信佚失。据李维善回忆，"他于 12 月 25 日和 31 日连续写来了两封长信，谈到了他的许多设想和见解。来信一律是毛笔竖行的蝇头小楷，其中一封信长达 8 页之多。两封信谈了 3 件事：一是详细介绍了中国古代工艺美术的伟大成就，包括各种名窑瓷器；二是主张研究所派几个青年去北京培养深造，由他负责指导，并结合编一套中国瓷器图册；第三件事是建议醴陵瓷区建立一个陶瓷博物馆。”①

十二月 复吴世昌函。收入《沈从文全集·补遗卷4》。

本年

夏天 为《文字书法发展》作《跋三》。该跋语沈从文生前未曾发表，在《〈文字书法发展〉跋》总题下，据手稿收入《全集》第15卷《文化史诗钞》集。

夏天 复杨璐函。收入《沈从文全集·补遗卷4》。

秋天 致信陈大章，商讨张毓峰的工作问题：“经过多年同事，我觉得她对于织绣的基本知识，既相当扎实，临摹字画，也相当耐烦细心，并且具有一定理解。与其长期作为美工组机动工作干部，不如就其所长，适当分工，让她把工作重点，放在纺织工艺方面，加以提高，我来协助二三年，必可在工作中取得一定进展，对本馆今后有用，对协助外边工作，也可作出较多贡献，因为国内对于古代绸缎比较有系统的研究，真正有发言权的还不过三数人。”信中同时为张毓峰制订了详细的三年计划。“只望你能把我说的概括成为三点：一、是就我提的让张同志集中两年精力，来把丝织问题学得深一点，向石英同志商量一下，是否可以办得到；二、是另外那十几种工作，是否需要人学习，又还有人乐意认真学学，即用我得到的材料，趁我还有精力，来协助他们一一完成；三、是服装资料是否还要继续进行，馆里能明白它的对多方面的重要性，又抽得出一二人来和我共同协作，照我提出的图像画成线图，赶一二年时间，集中集中材料，并排比整理一番，弄出个大样，又在原有那个样本说明中，补充三百附图，使样本像样一些。”本信尾部缺失，据残存底稿收入《全集》第23卷。

本年 致信陈大章，讨论为北京电影制片厂拍摄舞剧《白蛇传》提供材料问题。收入《全集》第23卷。

---

① 李维善：《忆沈从文》，田伏隆主编《星斗其文 赤子其人》，第394页，岳麓书社1998年版。

本年　作《一点建议——对于定名、说明、附加应用图像一点浅薄建议》《丝路说明参考意见》《有关改陈补充》。据手稿收入《全集》第28卷《陈列设计与展出》集。

本年　作《中国丝绸发展点滴新知识》《中国对于蚕的驯服和丝织物加工技术的进展》。沈从文生前本文未曾发表。收入《全集》第30卷《织绣染缬与服饰》集。

本年　作《藁城出土商代漆片》，据手稿收入《沈从文全集·补遗卷2》《文物识小录》集。

1974年 73岁

1月1日 《人民日报》《红旗》杂志、《解放军报》发表社论《元旦献词》，为批林批孔运动制造声势。

1月18日 中共中央转发江青主持选编的材料《林彪与孔孟之道》。

4月9日 邓小平率团出席联合国大会第六届特别会议，邓小平在这次会议上系统阐述了毛泽东的“三个世界”理论。

1月1日 致信巴金。此信未收入《全集》，原信现藏中国现代文学馆。信件全文如下：

芾甘：

张梅溪回来，说曾到过你家中探望事，得略知近来情形，精神情绪都相当好，十分放心！社会变动大，人事代谢多，有不少事，种种情形实在过于复杂，我们始终难于理解，必不可免。因为还有不少熟人，还是从井冈山跟来的，也会在不自觉中“犯错误”。又还有些旧时学生友好，在延安学习过来，在国家十分艰难日子里，转战东西南北，在新的变动中，终于还是犯了不自知的什么“错误”，因而骤成古人的。我们对世事，可说极端无知，对政治更少知识，居然在如此如彼变化万千过程中，还能比较平安的过了廿多年，应当说是十分幸运，所以能将有限余生，为国家好好认真作几年事情，也就十分难得！能打起精神，在学习“为人民服务”要求下，尽可能集中精力，把手边工作，尽力作去，或许还可望真正作出点滴成绩，有益于后来人。比过去若干年来的“活动”“热闹”，还有意义。因为听梅溪说，你还在译书，精神情绪挺好，我们既放心，又高兴。近十年来，在自然限制和社会变动下，大多数熟人，都已过世。我们还能用工作“为人民服务”，就真是极其难得的幸运！

兆和已退休，还依然去文学月刊，尽尽义务。星期一三五去上半天，看看外稿，并参加学习。另住小羊宜宾作协宿舍中。身边有两个小孙女。(小龙的只七个月，小虎的已八岁)，日子过得还正常，体力精神都极好，一切还像十年前情形。我却独自住在东堂子，住处所有图书，已全部散尽，七一[年]从丹江回来后，为了还有一大堆琐琐工作，待继续完成，因此又陆陆续续搞了些工具书，把一间小小房子，堆得乱乱的，在一个桌面只剩下约一尺半面积里，进行许多意想不到的工作。一坐下总是“废寝忘食”，使得同住一院二大妈，每天早上常轻轻叩门几下，看我会不会还活着，可见关心处，也反映我的种种不现实处！原来血压经常上升到二百卅，低压也在一百廿左右光景下，还是无所谓的作下去，并照一医生老朋友的推荐，每天中晚共吃四十粒加过工的蚕蛹，另外还照常的使用优降宁、维生C，还用浓缩橘子汁作饮料，把待尽工作，一一作去。把廿年在新的学习中积累的常识，充分使用到各方面去，于是居然一切好转。血压日益正常，十来年心脏供血不良引起的隐痛，和头部晕重，也几乎全部消失。一天睡眠至多四小时，还是不觉疲倦，从不在白天打哈欠。整天守在桌边，写豆子大毛笔字，也不感到吃力。一出外，总还使得兆和追赶不上，大家都笑说和“飞毛腿”相差不多！其实每天吃的量既不过二两，且极平常，而精力充沛，竟和四十年前我们同住达子营时差不多(或且有过无不及)！大家都以为近于“返老还童，奇迹重现”。事实上，十分自然，头脑对“人事得失”，简化到“毫无所谓”程度，从不在此等问题上消耗分毫心思和精力。而把近廿年来所学的坛坛罐罐，花花朵朵，桌子板凳，马牛车轿，大几十万东东西西，深深扎入脑子中，而且分门别类的加以储存。记忆力既相当得用，分析综合理解能力，又因在廿年中的训练，不仅不因年老力衰而消失，还在不断加强。社会既在发展中，求落实“古为今用”的实践，“精华”“糟粕”在工艺美术品问题上，理解问题既比较切实，在学习“为人民服务”五字上，便有了充分实践机会。十多年里在政协提案约廿件，几乎全部都说的是“如何在工艺生产和教学的落实古为今用”，全得通过，中央有的还指定五六个部执行！不少已付诸实行。如艺术院校的各种专题教材的编写，如协助提供材料，完成后，又为参加审定修改之一员。新的教改要求已大不相同，但工艺教材的花花朵朵、坛坛罐罐知识，却和生产紧密联系，和外贸要求紧密联系，新材料不断出土，可投诸再生产的。我的常识积累丰富离奇，因之有了充分发言权。而一切工作，又总是从“一盘棋”共同提高设想，不仅不要名，不要钱，且不要权，就是一个“尽职”。从“为人民服务”，有助于生产改进提高而尽职。甚至于是一种真正赔本义务，因为公家调资料大不方便，就把可能买到、得到的有用图书，供给有需要方面共同使用。原为本市，且及各处，需要多，而旧有的大部分已散失，买了一批还希望能再买一批。可是时间或许迟了些，即乐意为“尽责”再出笔钱，已得不到应用图册了。幸好科学院考古所方面，还有些小同道熟人，别方面也还有不少，新添装备，恐得全要他们协助了。如果过去捐给北大和工艺美院的陶瓷，能在将来和那方面商量，让还给我，本来由我捐赠的，即由我出笔钱买回，也就十分有用！

大致由于体力好转，心情朗畅，廿年在午门楼上作说明员整整十年（入冬经常在零下廿度以下，也正是大多熟人，在世界各国飞来飞去，受尽友好国家人民和政府的热情款待，日子过得十分热闹辉煌那十年），不仅向陈列柜中文物一一学习，同时也仔细认真向来参观的工农兵——特别是搞陶瓷、丝绸、雕牙、刻玉等等一系列老师傅学习。弄明白他们正在生产什么，什么在外贸上有出路，什么在制作上还不过关。……因此，十年学习所得，常识积累，更深一层明白如何“为人民服务”，才有更好的效果。这时候便把所学配合上了全国新工艺各方面需要，尽职的机会就格外多了！所以生活还像依旧乱糟糟的，家中人至今还得分住两处，可是工作却又有更多的机会来着手了。文化革命前，即曾得到上面点头，拟进行（已在进行了一部分）的《中国服装资料》，十年前完成了个试点本，即用图近一千左右，作说明约廿五万字。如能照原计划继续作去，还将有同样九大本可编；此外又还为军事博物馆有关兵器应用和人马装备、作战方式搞了个资料，用图像也约有六百左右。另又为音乐研究所搞了份历代乐舞的演出资料，也将有四五百图可用。还搞了个家具发展史资料，也约有六百个图可用。兼搞了个历代杂技的演出，也将有二百种图可引用。还搞了个狮子舞演出史资料，灯的发展资料，扇子的发展资料，玻璃发展资料，金银错发展资料，陶瓷艺术加工发展资料。至于协助全国工艺院校编的丝绸、漆器……等等专题教材，十年前即在试教，也还得为增加近年新出以万数计的新材料，许多朋友意想不到的问题，我大都或多或少有了点发言权。即兆和也不知道我怎么就学懂了它，此外自然更难明白这个学习过程了。事实可十分简单，完全彻底用个“普通一兵”的态度，孤立的边打边学，进行搞调查研究，勤能补拙，接触的各种材料动不动以万计，久而又久，毫不动摇，因此便把些文物研究中的缺门。一个一个的拿了下来。凡事心中有底，就只待有无帮手，一有得用帮手，就可一一来进行完成了。若在此后三五年内，不至于因意外事故而报废，所得结果，或许将远比过去搞习作得用些，对国家也有用得多！今年已及七十过二，一切新的工作，还充满了“童心”和“信心”来接受。也可说不虚生这下半世！事实上搞的陶瓷知识，在五×年第一次烧造“建国瓷”时，采用的就是我试提的两种花样。这件事就值得纪念。可是至今就还不让家中知道！因为事情太小！

我似乎因为较深一层体会到“为人民服务”的五个字的含意，使得“职业病”（大家多在一种同情善意中，以为我害了“职业病”！）因之日益增加，或多或少有点“返老还童”样子。得到了各方面的信托，还充满了童心，以为不仅把主要的工作，那十大本“衣服资料”完成交卷，还可望亲眼见到这一大堆书印出来。搁在手边。此外种种近于副产物的什么什么发展史，也同样可以搞出，应用到各种不同需要上去，对于新的日用工艺美术，和特种工艺美术，都能得到显著改进和提高，用来为以百万计的从事生产的老师傅和青年美工同志，在生产上长年辛苦作战，为他们作个后勤服务员！近一个月来，馆中三个同事，年纪一般多只在五十上下，多于十分钟内即死去，不能不稍稍引起一点警惕，布置了三几个接手人。我还希望延长到三五年再报废，一揽子工作，才可望一一完成。才够得上叫一个过考及格的“说明员”！我深深欢喜这个名分，因为一切学习的进展都和它分不开！

健吾似因家中不幸，女婿和一外孙在川中民船失事淹毙，此外孩子又多害病，生活上或略乱些；之琳似乎一切还好，家中整洁，和我的一比，简直是“学部委员”的派势！只是已见得相当衰老，下巴上胡子也快净白了。萧乾还相当胖壮，正在译一本七十万言美国小说，闻已快近完工。是指定工作，大致可望在明年能出版。他们也只是一年半载一见，因为工作太不同。此外熟人，多在十年隔绝情形中，不大明白消息。曹禺也少见，只闻常有点小病（神经或心脏），至于爱人邓译生，闻已因病衰老不堪。郑秀却仍在教中学英文，相当健康。广田已成古人。先艾则半年前来京，在冲击中不免也稍感狼狈，但心情十分开朗，可说是“身心俱健”。文学中的新人，多推浩然，批评家数李希凡，这方面我已经完全隔行，读者资格也不多，因为好坏标准已大不同于过去，居多还得别人介绍，才有机会看看，大致因为隔行，看后所得也不多。浩然成就大致是肯定的。李的批评权威性，也是肯定的，所以笔下一涉及其芳，其芳便不免紧张。甚至于终生紧张！学校又闻在“动”，新反右，教改，同为一事。因为隔，也不易明白问题。过去人多以为人一入“历史博物馆”，事实上即近于报废。万料不到天下事总是在变。我倒因为入了历史博物馆，不折不扣作了十年说明员，向人民学了不少，还可把学习所得种种，和社会在发展中的种种需要结合，有机会学懂文物，也有更多机会“为人民服务”。所以听梅溪说到你身心俱健，因此写个拉拉杂杂的信，告告近情。但愿彼此均能维持健康，来各自为新的伟大的国家，多工作几年！才不辜负生在这么一个时代！

小龙已近四十岁，至今还像个“大学生”，在本校工厂作四级钳工，工作满好。小虎虎原在东郊第一机床厂作了多年技术员（十八岁起即作下去），专搞铣床设计，和一个昆山女孩（南京大学工学院毕业）结婚，七年前同去四川自贡支持三线建设。在近八年中，也不免和万千人差不多，经过了世变教育，吃了点点小小苦头。守在铣床边作了五年工，却得到了不少实践经验。一切好转，厂中领导公开赔礼道歉三次。但够好了。这次回来住了三个月，两人又回四川，近闻又在参加新的什么过程控制铣床生产。把审图施工关。大致在这个工作上，还会用用脑子。已成了个小毛胡子壮年人，记忆中还不曾忘却“巴老伯”！留下个八岁女孩，在北京寄读。人还聪敏活泼，会作画歌舞，十分要强，又大方。只是已成个“候补女书呆子”，戴上了眼镜，不免使得婆婆费心，不许看书，加以转移！过去两兄弟都到过上海工作，我要他来看看你，大致总因工作匆匆忙忙，且不熟习道路而作罢。我和兆和原打量今年秋天来南方看看熟人，她因两个孙女在身边，离不开，我则因杂事一堆，更离不开。一切只好明年看机会了。听梅溪说，南方气候润泽，树木郁郁青青，街道干干净净，人物熙熙攘攘，男女活活泼泼，不免心向往之。因为南方委托一件工作待进行，或许在明年四五月间，仍可望来南方走走，也说不定。北京新的大房子，似乎在日益增多。大工厂也在陆续建造，我们住处的东堂子中间那个房子，檐下也增加了一堵约五尺高砖墙，檐下支出个约四尺宽新罩棚，大致到明年夏季，不用担心煤块淋雨，炉子也不会被猛雨弄熄，在檐下炒菜烧饭，肩背受烈日晒炙，比较稍少一些些，遇大雨来时，也不用打伞升炉子了。也可算得近廿年住处的“新建设”，十分难得，也十分有趣！迎面首长都总说“人太多了，房子问题不好解决”。相当幽默的应付过去了。我无所谓。兆和略感难堪，担心我忽然一早死去。我估计到，决不会什么忽然死去，因为可做事还够多！毓棠数月前曾一见，只略老些些，在注廿四史之一种。闻入冬即疾喘，身体也较差些。

并候家中大小安好！

从文

十二月九日，一月一号[①]

1月16日 致信刘导，讨论地毯花色设计问题，并提出："什么时候你们方便，要个美工同志来陪陪我到你厂中资料室学习学习。看看已有的资料是什么，缺少待补充的有那一些。同时明白正在生产的是些什么，对我为生产战线上打硬仗的所有师傅作后勤，协助工作，必有好处。不必要什么特别交通工具，我坐惯了公共汽车，没有人作伴，甚至于只告告我坐几路车，换什么车，到某一站落脚，就成！我学习这些，主要就是为生产服务，是历博研究工作内的一种责任！全馆都认为协助生产是责任义务！如所学种种，能为以百万计的生产同志作点后勤工作，实在光荣之至！"收入《全集》第24卷。

致信沈虎雏、张之佩，谈及自己的工作状态时写道："正当不少熟人，都感到彷徨失措，不知干什么好时，我却有的是事可做，总做不了。正在争时间赶工作，经常忘吃忘睡！或许可以写出五十来个大大小小专题性带图文章，或图册。又还可以把《衣服发展史》继续作下去，搞了不止一万图像。诸事全靠记忆，一个脑子的得用，真到不可设想程度。"收入《全集》第24卷。

1月19日 致信董锡玖，讨论乐舞史的相关问题。收入《全集》第24卷。

复信沈虎雏、张之佩。收入《全集》第24卷。

1月25日 致信程应镠。收入《全集》第24卷。

1月27日 窦达因来访。

致信吕德申，谈及自己过去捐给北京大学博物馆的文物："我过去捐的那些破烂，考古系师生就从未注意过它的用处，所有同学自然更不会明白'基本功'是什么了。希望你为在便中问问俞伟超同学，这些破烂是不是还保存在校

① 本信虽未署写信之年，但公历1月1号恰好与农历十二月初九日相合者，结合作家写信的大致时期年代（"今年已及七十过二""小龙已近四十岁"），则唯1974年与此相合。该信后经整理发表于《收获》2013年第1期。原件藏中国现代文学馆，文物编号DX002734，同时见陈建功主编：《中国现代文学馆馆藏珍品大系·信函卷》第一辑，234—241页，文化艺术出版社2009年版。两个整理本略有出入。据《收获》刊本录入。

中？若一切冻结在库房中，从不利用，是不是能考虑考虑，用个什么方法，能退还给我？即或由我出一笔钱赎还，也不妨事。因为内中有些云南小漆器，是我在抗战时，一家人生活极其穷困情形下（穷得不易设想），花了不少钱，费了不少力收集得来。后来邵可侣拟出一笔钱，为法国某博收购，我不同意。从近二百件中挑出来带回北京的。材料有的近于汉代漆奁作法；有的又可和唐赵磷《因话录》所叙述相比证，也和史志中说的唐南诏兵入成都，俘虏大量工人回滇有关；有的又可和明杨慎记载的'缅盒'有联系，和故宫藏乾隆廿三年记载的缅制大型缅盒相近；有的还近明代万历嘉靖云南到京漆工作的剔红器。还有几件作回旋云纹的，既和大凉山彝族漆器加工技术相近，又和贵州蜡染采用加工技术相似，可为明代《髹饰录》中提及的千百种不同作法某一作法作例。总之，虽只是几十个平平常常盘盒，研究'中国漆工艺史'，谈及'中、越、缅文化交流史'的，也可从比较中看出许多问题。"收入《全集》第 24 卷。

1 月 29 日　复信沈虎雏。收入《全集》第 24 卷。

复杨璐函。收入《沈从文全集·补遗卷 4》。

2 月 1 日　收到沈虎雏、张之佩来信，随即复信，谈红红近况以及为其办借读证事。收入《全集》第 24 卷。

据张之佩回忆："爸爸来信告知，红红失学了！因为街道文教站要她回四川读书，说她的父母亲在四川。爸爸还说，红红连做梦都在想读书，白天在院子里玩用粉笔在地上写'我要读书！'这使爷爷、奶奶十分不安。为此，二老去找过街道文教站，在门口长椅上等了两个钟头才被接见，回答说不行。现在开学已有半月，只好在家呆着。我们当然很着急，从四川寄去了单位证明，但仍无济于事。后来听说是爸爸过去的一位学生来家串门时见到红红，了解到两位老人正为小孙女失学而发愁，十分感慨，认为爸爸太老实了，为什么不早托人想想办法。此人亲自找了文教站，红红才又取得复读资格。以后由红红的美术老师自告奋勇为自己的'得意门生'办理借读手续。"[①]

① 张之佩：《琐碎的记忆》，田伏隆主编《生斗其文　赤子其人》，第 236 页，岳麓书社 1998 年版。

2月10日　田个石在自己的《苦学斋日记》中写道："沈从文弟于我情谊［笃］厚，常劝我节劳为事烦走，凡需物件，可写信告知，决能办好送到。"①

二月　致信张兆和。因沈从文经常沉湎于工作，不断在家中接待来自全国各地的来访者，张兆和既担心沈从文的身体，也为日常生活受到搅扰而不安，因此陷入苦恼之中。为排除夫人的隐忧，遂写此信。信中述及1957年反右运动期间事："大鸣大放来了，我也经常去故宫，和陈梦家等等十多人座谈，谈的并不少，只是正面建议，不胡扯。夏天，他们继续放时，却让我去青岛和北京市'先进工作者'（我未必叫得上这个名称，可是还是去了。）避暑两个月。终日去海边，和不少工人一道玩。并作他们的向导，到处跑。人极陌生，可玩得十分好！回来时，正值'卅六天罡'把逐韩公开信要送《人民日报》（拟好，由一个姓李的动笔），请我签名时，我不仅拒绝，还极力劝说不能上报。无形中挽救了不少人！随后一反攻，因此打重点，×××、××、×××三人，及动笔起稿那个大学生，才成右派。又过不久，所有教授级研究员全离开了，只剩下我一人，一切重担子上了身，待每事深入的可够多！还是上午门作说明员，受教育。这还是距主席总理接见我，劝我再写几年小说已六七年后，而入政协也有六七年时事情。""我见了多少不同人事，对于人什么都懂。个人目的远得很，既不会对他使小手法陷害而难受，更不会为假殷勤而留心，还是作我的说明员。"同时，表达了对夫人的感激之情："我不说，是在廿五年前，在头脑极端混乱中，听着你自言自语说的几句话，影响了我这廿五年的工作极有深刻意义？你当时正在窗下自言自语，或许是和中和什么人说：'我一定要想法子把他弄好，恢复到正常生活和正常工作！'小妈妈，我听了你在近于完全绝望中的对我充满信心，而对你自己的同样信心，那忘得了？"同时劝告夫人："我也可以如同过去写小说一样，告了你这一切后，你若还是认为这不必做、那不必做，在这个不可知的运动发展中，可以免过自全。并为了你和孩子着想，宁可不工作，安全第一。那就一切放下，也作得到。可是据我这廿多年的经验体会，若我是社会前进的阻碍，预定中是被冲被刷的，即长年锁上门睡大觉，到

① 田光孚：《〈苦学斋日记〉记载的沈从文》，《新文学史料》1998年第2期。

头还是会来个一招，不可免避，也就正是文件中一再提到的‘不以个人意志为转移’。”“脑力得用正到一生成熟高峰，一切工作，都包含了我们真正相互要好得到的成绩（特别是对我不当一般人的看待），不辜负你的‘贤内助’的帮助的结果。如今正是趁体力好赶工作时，不鼓励我，也至少得原谅我是在为国家工作。别人不明白我的学习方法和进展，无所谓，你亲眼见到我的学习过程，和部分显着得来不易的成果，不争时间写出来，难道还让它连同本身一同付之一炬还合理？”收入《全集》第24卷。

3月5日　下午，去医院看病，血压220，眼睛视觉失灵。后转至协和医院眼科，确诊为左眼黄斑出血，“左眼已不得用，若处理不好，可能即将报废。目下尚不感觉什么难受，只是写字已不知下笔轻重，照老习惯，还能归行，写完后仍看不清楚写得是否准确，一片圈圈点点，跳动不定”。（见本日致徐盈信）

致信徐盈，述及自己的研究方法时写道：“新搞的一切，因为凡事从物出发，从客观存在出发，再结合文献求证，方法较新，所得结论也新，主观还以为对于此后治文化史，艺术史，工艺史都必然有些新的启发，半途而废，真十分可惜！”据荒芜抄录稿编入《全集》第24卷。

4月1日　致信沈虎雏。述及自己的生活情况：“我眼睛出了问题，可能转近‘塞翁失马’。照目前情况看来，任何事都难作出成绩，而主观存在和客观现实，都令人只能暂时作‘逍遥公’，近于为一生所仅有。好事作不出，犯什么错误倒十分容易。好在是从不争权。”收入《全集》第24卷。

4月5日　复信邵阳某机关负责同志。收入《全集》第24卷。

4月8日　为借用《辉县文物图案》一书，致信王孖。收入《全集》第24卷。

4月9日　张兆和带孙女红红一起离京赴苏州。

致信沈虎雏，告知张兆和行程。收入《全集》第24卷。

4月11日　复信钱世明，言及自己的治疗情况：“弟已经在协和治疗眼中黄斑出血病，全个疗程估计得有四月时间，近每日即必去建国门医院注射维生C等。据医生意，若四个月无好转势，即只能交由中医处理。日来低压已由一百四十下降到一百，视力亦略见好转。”收入《全集》第 24 卷。

4 月 13 日　往访金岳霖，送去蚕蛹，遇梁从诫。

4 月 14 日　复信张兆和。收入《全集》第 24 卷。

4 月 27 日　早晨五点钟即起床去协和医院看病。

复信沈虎雏。收入《全集》第 24 卷。

4 月 29 日　早晨五点去医院看病。

复信张兆和。收入《全集》第 24 卷。

4 月 30 日　去医院看病。

四月中旬 给一位姓李的同志复信。据残存底稿收入《全集》第 24 卷。

5 月 1 日　致信张兆和。信中写道：“有不少知分在‘独出心裁’的写批孔文章，都近于采用新的儒术作为基本功，巧佞取悦于上。文章受赞许，反映的便是旧儒术在新社会中还大有市场。陈伯达只是其中一个比较显明例子而已。亦社会必然。不像是用别的什么文章即可纠正风气的，既‘源远流长’，影响泛滥之广且久，增加社会麻烦，也将是不可免的。”收入《全集》第 24 卷。

5 月 7 日　致信沈虎雏。收入《全集》第 24 卷。

5 月 9 日　致信陈乔，谈了自己想去南方看病的想法：“这里看病，总是早五点排队，八点看，到拿药，必在十一点过。一次费八小时，体力实在拖不下。不能怪制度，只能怪自己过老，而职位又低，想住院好好检查一下更不可能！我想请求许可，自费去南方治治看，也走动走动。”同时，提出调换住房的要求：“趁我脑子还得用，左眼还不完全失明为我，盼望你能实事求是，好好和杨、姚二首长商商，较早为我调换一个稍稍宽绰些的住处，让我那个六十五岁了的老伴，不要为此太难过，并且也让我有一间放书和工作的单用房子，并接待全国生产战线上最前线的老师傅，来争时间趁一鼓劲，把那等待我自己亲手抄誊的也必须我自己抄写的过百万字文稿写出来吧。”谈及自己的作品的日译问题时写到：“（译者还是译鲁迅和《红楼梦》的一个京都帝大教授，本拟译卅个选集，要我回个信，我想问问诸领导是否宜于回信。）最近听人传说某大学设了我一个讲座，广告上又在说另一个译我全集。想趁此问问你，中日既有友谊在扩大，是否还是直接回复原译者松枝茂夫教授一个信，比较得体，把翻译权给他，比给不相干的人妥当些。”收入《全集》第 24 卷。

5 月 10 日　“由咸宁返东北的老孟，和伊春林场及农业领导共四人来相看”。（5 月 11 日致张兆和信）

致信王矜，邀请他来东堂子寓所吃饭，谈及自己的身体状况：“我近些日子，鼻孔老出血，什么药也不抵事，竟像是可以应声而出，每天几几乎一有机会即出血，虽凝结力还强，易出亦易止，终是麻烦事，若和眼的毛病有联系，必不大好办”；谈及自己的工作方法时说：“还希望做大大小小许多事，其中不少多已有一半完成。不少只待配图，也可完成。又不少纲要已成，只差抄集所知材料。用的方法，多和中西‘学院派’不同。多是从实物出发，再结合杂文献互证，因此所得结论，也多比较新鲜。题目大小都有，大专家还看不起，搞‘文物工作’或谈‘古为今用’可还得用。总的看来，近于《劳动文化史》的基本功，因为一切‘排队’，而不是‘猜谜’。…… 但是照习惯发展，恐怕肯用、能用、会用、乐意从中学习有所领会的少壮已不多，特别是领导文物研究的多乐于老一套用‘猜谜方法’代替‘调查研究’，又省事、又容易配合临时性要求时，我的一切努力毫无意义也大有可能！”收入《全集》第 24 卷。

5 月 11 日　陈乔在电话中告知：同意沈从文南下治疗疾病。

晚上，致信张兆和。删节本收入《全集》第 24 卷。

5 月 25 日　复信胡忌，回答丁都赛砖及《夜宴图》诸问题。收入《全信》第 24 卷。

6 月 5 日　致信沈虎雏、张之佩。据残信收入《全集》第 24 卷。全信收入《沈从文全集・补遗卷 4》。

6 月 14 日　致信沈虎雏。收入《沈从文全集・补遗卷 4》。

6 月 17 日　致信徐盈、彭子冈。收入《全集》第 24 卷。

6 月 21 日　致信巴金。本信未收入《全集》，全文如下：

芾甘兄：

我和三姐及一小孙女到苏州住已一个月，因为眼睛出了毛病（黄斑出血），经医生劝告。好转恐不容易，最好不看书报不作什么事。因被诸亲催促到苏州来暂住。一个多月真作到了不看书程度，终日面对南方特有的翠绿，似已大有好转，写字已能逐渐归行。拟来上海看看诸熟人，订于廿三号早车到申。住半淞园路窦家和桂林路音乐新村502程家，打量在廿五六来看看你和孩子们。上海人地生疏，大致是由在华东师大历史系教书的程流金兄相陪，才不至于迷途。什么时候对你最方便，望告我一声，寄本市桂林路音乐新村502程流金同志收转。到上海来，主要就是看看三四熟人。大致在廿九就将离开。三姐托我致意。她本也想来看看你，只因为小孙女患流感刚从医院出来，还在照料小孙女吃中药，所以来不了。她们大致也是在月底去南京住住，因为一些弟弟已廿多年未见到，最少也有了十五年，社会变动过大，见面真不容易。

靳以孩子不知已毕业没有，算算日子，也应当早就业了。

我高血压心脏病已廿年，七一回京后已近瘫痪，近年因照朋友建议，每天吃加过工的蚕蛹四十粒，不到半年，旧病几乎完全消失，头重心隐痛事从不再发。只是左眼因看书超支，黄斑出血，虽已近于好转，但视力日益衰退，还是不可免。吃的并不加多，可是逐渐已成二级胖子。精神倒挺好，总是“行走如飞”，脚力强健比一般熟人强得多。一时还不必退休。本有照三条例子可以不退休，尽自己能做的事做去的办法。因此还希望能争三几年时间，把廿五年所学“杂货摊子”，分门别类加以整理出来，自以为或许还对于后来接手人还有点用处，起些“垫脚石”作用。又还有一个规模较大用图到六七千的“服装史资料”由我一个人主持，初步作的试点本，即用图到七八百，说明约廿五万字，十多年早已经审定通过待付印，底版及说明均排印好了，因为文化革命而搁下。上回由湖北回京时，旧事重提，上级负责人又说“已决定付印”。因我更改说明而搁置。我的要求既大变，内容问题犯忌讳处必不少，还得再大改一番。这工作似乎还将继续下去，因为用处多。搞文物研究的特别有用。我今年已过七十三，全部图目已成竹在胸。估计能争时间集中精力赶个三五年，或可望眼见到居中一半能完成交卷。若新的运动不久又将出现，大致即努力作去也将一切报废。特别是年轻人若以为我的工作是他们迅速前进的“绊脚石”时，新的工作和第一回从事的小说习作得到相同的结果，到一定时候，完全失去意义，实意中事。

又最近还听说退休制有新的政策下达，过去援三条例不必退休的，已有改变，在各部门仍将进行办理退休事。如果这个新办法要应用到我个人身上，所有工作计划，必将全部放弃。还得考虑如何第三次改业，再更换个工作目标，更换个学习方法，才可望把这点有限生命，更贴紧社会需要来使用！三姐七二年即退休，因无事可作，还在原单位尽尽义务，一星期去三个上午，参加参加学习。在湖北三年中，终日担粪种菜。大致因为劳动超支，体力已较差，不过一切兴趣还如旧。来苏州已两月，体力又日见好转。小虎虎一女孩已九岁，留在身边。小龙一女孩只一岁多点，原在北京同住，新送过清江小龙的爱人处。孩子们四个人都学工，倒也省事。大致数小虎学得最好。专攻过程控制铣车动力部分，凡是厂中床子活，又能亲自动手，和普通工人一样干活，且在优选法中能应用提高生产量，所以一切还顺手。但是在近十年中，也不可免受了点人事“遮〔折〕腾”，如今一切通成为过去事了。在北京第一机床厂时作市先进工作者连续十年。爱人是南方昆山人，南大工学院毕业，同在一小单位工作，性格很好，对外办事也还能干，搞家务或不如虎虎。因支持三线，大小去四川自贡分厂工作已八年。一二年内常有机会因公回京或上海等处走走。小龙还在京本校作钳工，带学生实习占大半时间。爱人习电工，住清江。性格也很好。三姐因此不必为这些事操心，还能有时间看看书。只是家中所有近五十年的书刊，多在运动过程中全部处理完事。有一个短短时期，我还可从书店内部供应处重买了些，总是随买随被亲友拿走。上海旧书店如还有机会找到些，打量再为买一些近五十年译著带回去。也还希望你藏书中有些复本可让我带些回去。北京这事作得似乎相当彻底，我自己的习作，也代为消毒已不易从旧书店得到了。倒幸好被他们从各处搜集供审查的大小本本，后来已全部发还。也只算是留作个人学习一点纪念而已，再无别的用处。有几种似乎还是敌伪时上海盗印的，内中篇章来源我早已忘记，亏他们居然为印出来！

之琳、健吾等在京生活似还照常，开会占较多时间。研究恐已说不上。健吾家中也一再遭遇不幸，一女婿和外孙同淹死于川江过渡时。之琳须发均白，精神倒还好。

并候佳好。

弟 从文

六月廿一

家宝似有些神经性心脏病。人已极瘦，（给人有点“乱头粗服”印象。不大会处理生活是主要原因。）长住医院，也常换医院。头发还青呼呼的。每晚夫妇各约吃十粒眠安通，还不易安睡。按一照料他们相熟护士说，心脏病是神经性的，不妨事。曹宝华、何其芳高血压多已上升到一定程度，一般健康似比我差得多。熟人在十多年中过去的已不少，间或和家中人去颐和园走走，已极少遇到旧熟人。郊区今年住宅建设大大增加，很多地方已失去原来面貌。一切依旧的似乎只有我那一间住处，但院中柳树也已合抱。[1]

6月22日　致信王林，谈及自己研究工作的意义：“我懂的花花朵朵坛坛罐罐，专说不上，常识还扎实、还多。这么学习‘为人民服务’，也觉得十分有意义，比空洞搞研究有用。比搞创作也可少出差错。但是我虽到城市半世纪，乡下气质还保留得完完整整，似乎学什么都可望学通搞好，只是‘说话’一门，总永远难望‘及格’，因此取消‘空头作家’名分，自甘寂寞的来‘学习为人民服务’，这种选择，大致还是对的。”收入《全集》第24卷。

致信沈虎雏、张之佩。收入《沈从文全集·补遗卷4》。

6月23日　乘火车赴上海，窦祖麟、唐盛龙夫妇及达敏来接站。

---

① 沈从文：《沈从文书简》，《收获》2013年第1期。

6 月 24 日　在郭燕陪同下到音乐新村程应镠、李宗蕖家居住。

致信张兆和，“已得巴兄回信，下午晚上统在家，将于星期三下午和程同去看看，他们原相熟的。因为宗蕖和陈蕴珍同班。”收入《全集》第 24 卷。

6 月 25 日　上午，去四马路。

下午去博物馆听唐盛龙爱人张磊介绍新材料。

6 月 26 日　上午，逛淮海路和南京路。

下午，与程应镠一起去巴金寓所看望，“整整半天，他两人对谈，但没有一句话说一句话说到那十年所受到的遭遇所受到的遭遇。这时，巴老楼上还没有启封，我们都坐在楼下走廊上。”[①]

7 月 1 日　和亲友一行十五人抵达黄山温泉宾馆。

7 月 2 日　和亲友一起游览黄山。

7 月 3 日　继续游览黄山。

致信沈虎雏、张之佩。收入《全集》第 24 卷。

7 月 14 日　从南方返回北京。

7 月 20 日　去周有光家拜访。

7 月 21 日　致信沈虎雏、张之佩。收入《全集》第 24 卷。

8 月 3 日　致信李宗津，谈及自己的一些设想：“我有时，竟还因此唤起卅年前的童心和幻念，以为有点责任待尽，某一天或将有机会重新拿拿笔，来写写这个值得重视的社会现实！因为这个社会过渡环节，比起目下国家大事来，虽若琐琐不足道，其实影响国家明天，却比许多‘大事’或重要得多！特别是青年自己的问题，看来只有青年一代自己能较好解决。消沉是只会带来更悲剧性后果的！使之重新振作起来，我们似乎还有些责任待尽。”“社会似乎还在更剧烈的变动中，因之许多事我们年在六十七十的人，都难于理解。但因为在发展中国家的困难，却总是有心人随事可以明白的：一些深明儒术，善于阿谀，用说谎话

① 程应镠：《永恒的怀念》，《长河不尽流》，第 141 页，湖南文艺出版社 2018 年版。

作为进取的高级知分，都在学习运用新的儒术以自保，或已精通新的儒术，用做向上爬个人发展的主要方法。新的作品，如善于一面揭发这种新的‘专家权威’的不择手段的阿谀逢迎形成的虚伪倾向或趋势，一面却写出还有更多年青一代，觉悟到这些人的不足信，自己的事还得由自己来解决，这种对照的描写，如处理得法，也就必然会形成真正有时代精神的作品！”收入《全集》第24卷。

8月10日　复信沈虎雏。收入《全集》第24卷。

8月14日　致信陈乔：“希望你请求你能把我上年手改的那份《服饰资料》试点本的说明，派之檀送还给我。（有时间让我和你谈谈，即约个时间我自己来取，并当面听听你的指教。）主要意思是趁我右边一只眼睛还得用时，争争时间，仔细认真再费些时间亲自来誊写出一份清稿。上交馆中，馆中诸领导以后乐意看看时，也省事些。若另一时有必要再向上级陈交，用誊清稿也比较像样一些。”收入《全集》第24卷。

8月18日　去协和医院眼科看病。

8月19日　致信沈虎雏、张之佩。收入《全集》第24卷。

8月20日　致信陈大章、李之檀。收入《全集》第24卷。

8月23日　因清理图书，为催促借书者还书在住处兼工作室上贴出告示：

如下各书，同志们借去的，望能赐还，十分感谢。近因视力衰退，拟把各书清理清理，此后各书若有需要，可以再借。

《中国古代石刻》王子云编

《唐宋名迹》谢稚柳编

影印《燕寝怡情》

《秦会要》

《图书集成》中有关泽运部分一册

及其它廿年来所借各图书

近因个人眼病，视力衰退。记忆力也同在迅速衰退中。希望取得同志们大力协助，把多年来从从文手中借去，及在研究室里借去诸书，能一一归还，便于清理一次，十分感谢！

沈从文　敬启　八月廿三

8月26日 委托沈龙朱给张宇和寄《第三帝国的兴亡》。

8月27日 致信张宇和、周孝棣。收入《全集》第24卷。

8月29日 致信沈虎雏："我已开始把那本未付印的关于《服装资料》说明取回，准备争争时间，用三个月（二三月）时间，亲手抄誊一份清样上交，了一份责任。"收入《全集》第24卷。

9月1日 致信王矜。收入《全集》第24卷。

9月2日 复张之佩函。收入《沈从文全集·补遗卷4》。

9月24日 致信阎玉敏，本信未收入沈从文全集，为佚简，全文如下：

玉敏同志：

不见数月，在安徽运动不知是否还在进行，还是已经转入抓生产。我是六月中旬由南方回来的。去苏州和家里人住了四十多天。后来又同十多亲友爬上黄山，前后过了八天。在雨雾中上山，传（转）到住处即又放晴，印象极好。体力也还对付得过去，不感疲劳。证明身心还受得住高山气候考验。惟视力似已较差，回来后才知道眼底出血并未吸收，并发现有轻微白内障，因此左眼视力衰退，实意中事！近正争时间赶抄"服装资料说明"约廿四万字，若无意外故障，年终或可上交。还拟添三五百附图，在说明中，说服力或较强。你上次借用的材料，存馆中的已看过。还有些你带去合肥部分，盼望你能协助一下，为暂时寄还，便于清点，清点。以后若还有用，仍可借去使用。你同学张同志闻已因病不能到馆工作。刘焕章则去邯郸作了些黑釉瓷动物，一尺以上大的，大致还不错。近几个月又去大砦搞陈列馆用一个群相，已完事。可能还将作个露天用较大型的。黄永玉等已无事，只是李可染、吴作人等画，不供分销月份牌使用。又闻新北京饭店也不用。若照日本文艺界出面，情形而言，过不多久，但又会出面，也未可知。

并候佳好 曾同志处并致意。

沈从文九月廿四①

① 王道：《沈从文与太白像的完成》，《北京晚报》，2017年7月20日。

9 月 28 日　致信徐盈、彭子冈，谈及大学中国现代文学教学概况：“不久以前，听到北大国文系一个教‘现代文学’的教授说，上面已肯定，商讨近五十年文学成就时，只教鲁迅，作为代表。其中又只教《阿 Q 正传》和此外一二短篇，和《野草》中几个小杂文。此外即主席的诗，和八个样板戏。倒也简便省事！最近才又听说新加了个郭沫若。听来虽像是一种‘新闻’，其实是古已有之，不足为奇，而且十分自然的。这也正是我廿五年前即下决心，放弃了做‘空头作家’的一切好处，自然也包括了料想中的麻烦！”谈及自己《北平的印象和感想》时写道：“卅年后重新看看，倒似乎还有意思。内中编者和其它两位作者，均早已成为古人，我却像心情和卅年前还差不多，甚至于反而更幼稚天真了好些，来温习这个‘过去’，并印证当前，自以为小小文章里似乎还有‘内容’，可是卅年前人就看不懂意义何在，现在自然更不会有人看这种小文章，从中得到什么启发，更不会有什么人写这种小文章了。想起我们卅年难得的友谊，因此特别寄给两位作个纪念。‘社会’变了，‘友谊’却没有变。”收入《全集》第 24 卷。

9 月 30 日　致信王林。收入《沈从文全集・补遗卷 4》。

九月上旬 致信郭慕熙。据未完成底稿收入《全集》第 24 卷。

10 月 6 日　致信北京工艺美术研究所唐克美，谈古代服装样式改为今用问题。收入《全集》第 24 卷。

10 月 16 日　致信杨璐。收入《沈从文全集・补遗卷 4》。

10 月 20 日　收到沈虎雏信。

10 月 21 日　致信张之佩，谈及自己的日常起居情况：“因为工作责任感，事情一大堆，所以每天必到十一二点（或过）才睡，早上不到六点又得爬起，日夜忙个不停，也不大注意吃喝和睡眠。”收入《全集》第 24 卷。

10 月 24 日　复信沈虎雏，述及对目前文艺创作的感想：“八样板戏和浩然的佳作，事实上都还好，可是写的光明面和下放学生见闻矛盾太大，因此对下放中学生，也起不了什么积极鼓舞作用。甚至特别激起反感。他们要的是真正针对他们当前的苦闷而下药的作品。这里人民文学出版社，好多年来才在最近出一个报道性的短篇集刊，那里抵事？搞文学的大都只注意到上面的意见，可不大注意到读者的情绪和要求。因此过去四十年前，一个人可以用十年功夫，把作品支配以百万计读者的感情和信仰，现在尽全国名作家的努力，加上最高的称美，面对千万读者时，还是起不了应有作用。为什么原因？似乎也从没有人思考过，并由此出发得出些新的启发，想办法来重新抓抓这个问题。”后以《给在工厂的次子》为题收入《沈从文别集·顾问官》（岳麓书社1992年）。据原信收入《全集》第24卷。

10月26日　作《新稿之一》。据手稿收入《全集》第27卷《忘履集》。

11月7日　致信李石英。收入《沈从文全集·补遗卷4》。

11月26日　为商借图书资料事，致信吕德申。本信未付邮，据原稿收入《全集》第24卷。

十一月中旬 致信沈虎雏。据残存手稿收入《全集》第24卷。

12月28日　为历史博物馆改陈事宜，致信洪廷彦，向其提出建议。据未完成信稿收入《全集》第24卷。

本 年

年初　收到鸿祥的信，请教有关“马的资料”。复信鸿祥。据未写完的信稿以《关于马——给鸿祥同志的信》为题收入《全集》第31卷《马的艺术和装备》集。

春天　为醴陵瓷器生产的改进和提高事致信湖南博物馆领导，提出调拨文物建议。据底稿收入《全集》第24卷。

夏天　致信张宗和：“对四姐（指张充和）通信事，望从经验教训出发，一切出以谨慎小心为是。因为外信一律在检查中，新的条例她是属于外国人的。在多变社会进展中，没有必要即不通信或少通信为得计。非写不可，也得有分寸，不宜说的不说，可以省事。要明白‘外国人’便是外国人！界限应划得十分清楚，才是道理！我和三姊均已多年不和她通信。有的极好朋友从美国回到北京，想见见我，因为不由外交途径，我也不见。因此即可免去许多意料不到的是非。时代已大不同于过去，对这些事永远怀着一种警惕心，是必要的。这一点能记住，大有好处。一切要从国家出发，才可望少出差错！我和三姐近四分之一世纪，生活过得比较诸亲友似乎安定些，不是无因由的，有一定道理的。希望过些日子，能有机会在一处过一月生活时，必可望谈到些信中不便说的种种，或许还对你有点参考价值。”收入《全集》第 24 卷。

秋天 致信杨振亚，收入《沈从文全集 · 补遗卷 4》。

冬天 复杨国勋函。收入《全集》第 24 卷。

本年 致信故宫博物院院长吴仲超。收入《全集》第 24 卷。

本年 中国艺术研究院董锡玖将自己所作《中国舞蹈史》宋辽金西夏元部分稿件请沈从文审阅，沈从文看后，写了一封长信，谈舞蹈史研究中应注意的问题。本信后以《关于怎样研究中国舞蹈史的一封信》为题发表在《舞蹈论丛》1980 年第 1 辑上。本信为沈从文讨论舞蹈史研究问题的重要作品，未收入《全集》。兹照录如下：

关于怎样研究中国舞蹈史的一封信

锡玖同志：

我已看过了你所辑的乐舞史宋代部分，印象很好。这工作实在值得继续下去。从文物出发研究问题，才能得到全面理解。我先是从文学注解入手，发现这路走不通，例如注《诗经》《楚辞》到《红楼梦》，如只能引书证书，将成为集注，有好处，也有弱点。不易符合事实。因此试从文物角度出发，来作些试探，才发现老方法“单打一”不大妥当。试用最近在文物上的文章作例，对于“羽衣”“羽人”“翮”“鹤氅裘”以至红楼梦里的“雀金泥”“凫靥裘”，若仅引书证书无一不近于“学士猜谜语”。类书抄来抄去，却始终不明白他自己所谈的究竟是什么，不可能明白谜底的实质。试用文物排排队，则一切无不迎刃而解。羽人有多少种，羽衣有多少种，发展下来影响人的真正衣著，是披肩、云肩、关肘间的水云皱摺。云肩又如何由“四合如意”转成柳叶式长条，还不仅仅在人身上应用，同时还转用到瓷器装饰上，形成不同艺术效果。至于生翅膀的西王母、东王公和其他神像，翅膀逐渐上卷，便成为一个心形背光，为早期佛教艺术所利用，和印度式佛背圆光如何来源不同，如何发展，也已经搞得清清楚楚。还有汉代神仙的“羽衣”，到南北朝转成好道的“鹤氅裘”……又是一系列材料反映，都说明他是在发展中而成的。唐代宫廷妇女多着锦半臂，宋代御马监圉人的“貉袖”。明代武人的“对襟衣”，清代的“马褂”，又另是一路发展。缺少实事求是的作点调查研究，等于猜谜语，不大可能得到谜底真相的。

我对于乐舞是个真正外行，由于看到有人引用的文献，有些和我日常所遇见的实物和图象不尽相合。加以对照，并看了些杂书才明白，谈“乐舞史”或许也可以参校参校近几十年大分量出土的“文物”，和传世的“演出图象”，结合起来研究，肯定会得到许多为书中没有的新见识。我稍稍用了点心（事实上只近于主要工作中的副产物）就发现不少真正近于新的事情。现随手举些小例请教：

一、“文康伎”的形象，隋代当成国乐舞之一，唐失传，由高丽传回，仍不明白究竟。李白的《上云乐》前半部分实即形容文康伎，而后部分，近似将东方朔青鸟窥窗故事掺入。

二、“千秋万岁乐舞”的形象，原只二人面鸟身对舞，或从汉代传来，西汉即有图象。因为名目为汉代习用语。（与文康伎同出于南朝，邓县画像砖墓中图象，旁附楷书“千秋万岁”，像人面鸟身，无疑即《唐书·音乐志》，所说武后作的人言鸟歌千秋万岁乐的本来面目。唐志明载为几十人群舞，虽然记载详明，形象却无所知。

三、“醉拂菻弄狮子”，对于这个题目，似乎搞乐舞、搞建筑的都已十分熟悉，但是事实上有很多问题相联系，他不会明白的。如狮子舞的那大球的来源，舞狮子那个狮子郎的来源，不作多方面分析比较，说不清楚。必需把汉石刻甚至晋砖刻，唐陶瓷、丝绸、锦绣、石刻、壁画，宋元画刻都有点印象，总起来谈他，才有点边。宋以南方狮多转成哈吧狗形象，也有个原因，不明白就说不清楚的。

由晋到隋，有一系列形象的发展，从瓷器、绸子、彩绘、石刻、腰带上纹饰……各方面的应用，一直到目前出国杂技，事实上有不下百种图象可用。证明这是个中西文化交流最早的事物，而影响到中国的持久性和广泛性，却不是仅从文献上引书能明白的。

四、“长袖舞”种种，有袖长到一丈以上的，春秋战国、汉代，一直流传下来（有的还踏鼓，都有图象可证）。可知汉人称“长袖善舞，多财善贾”因为已成人所习知。

五、“霓裳羽衣舞”——也有若干图象可供参考。如传世的《朝元仙仗图》和五代王建墓棺座石刻一组乐舞伎都可说是目下第一手材料。至于《柘枝舞》的服装，则在石刻上反映格外多。

六、历来舞和杂技不可分，这是过去少有人明白的。各有百十种形象的材料能作证。

七、历来舞多只一人或二人，男女均长袖（极多的舞），舞袖飘扬即有飞腾上升含意，还扮作羽人！到汉晋以后，受到《神仙传》中《西王母传》《上元夫人传》等故事影响，由于是下降人间，转成董双成、许飞琼等手持乐器，如飞鸟投空而下。又被佛教艺术采用，因之产生无数不同形象的飞天，或绕佛盘旋，（由于佛在西天）或乘云而上升，由北朝龙门造像，麦积山壁画，到唐代飞天，由晋到唐，最有代表性的有多少种，也不甚费事，即可列出一系列图目，看出彼此相互渗透的结果。佛道艺术，多是乘云龙、飞凤、黄鹄、白鹤，升天或从天而降，各种不同处理，甚至于在西汉金银错车器上，印有个神仙生着上卷双翅，由一羽人驾双白鹿，乘灵芝车盖云车升天（或下降）的一个仙人，我们联系文献和乐府诗，还叫得出他的姓名应叫卫叔卿！正和神仙传说的卫叔卿和汉乐府“升天行”形容完全相合。

八、《胡腾舞》，多以为流行于唐代，来自康国，舞者不分男女，均独舞，画中、俑中、石刻中，无不可以发现。但最新的发现，则是在北齐时，范粹墓中一黄釉扁酒壶上，却证明北齐已流行。是一个在一莲花座上呈舞的。

九、“都卢缘橦”的高竿伎，唐人记载是童子十人在上面连歌带舞。近年从汉砖石刻或绘画出土，有一系列图象可证，最重要，是南北朝，记得某一帝王也喜肩担“白虎橦”，过去少形象可得，现在从龙门石刻上也发现一个图例了。且知道同时还有两列乐部，是用叠罗汉方法，分五层，分别奏乐的。

十、“舞龙灯”，多出于汉代，戏龙手持三株树为羽人（或伪扮羽人）即后来的手持灯球的斗宝人。舞狮子稍晚些，也出于汉代。（在沂南石刻上或应称舞麒麟，因为与天禄辟邪同一形象，名称则不同）用马化装。到晋代，即正式作一吃醉酒了的罗马人，骑在狮子背上，戴个高筒加沿帽子，故宫有个南方出土瓷器可参证。不多久，即为佛教看中，转到佛座边，最初形象，是二罗马人各被一个天王踏住，形象弄得十分狼狈，因为是外道，不久表示了皈依，成为信士，形象也起了变化，于是出现一种双人顶住个香炉在佛座前献礼，狮子在他身边对舞。到唐代，五方狮子舞，已成为宫廷大场面舞之一。佛教又利用狮子转为文殊的坐骑。目前还保存于河北沧州的重过十万斤，算得是中国传世最大铁狮子，虽在田野中，上铸莲座，可知当时此是文殊院中物。这种舞唐代尚发现不少图相铜相三和陶可证，在绸缎上（保存在日本正仓院唐代锦缎材料中），却还留下个直径过一尺的狮子，人立而舞，四旁有乐部伴奏。文殊坐骑前驯服过的狮子，则已经带有个黑昆仑牵狮子，名“狮子郎”，事实上，是去掉拂字，“拂菻”是由旧波斯分为东罗马帝国改称“拂菻”后，“菻”“郎”既同音，去掉那个“拂”字，这个狮子郎原来的香炉转成圆形，就变成个球，因此更近于民族化了。但在一个陶瓷上，却还是二狮对立。中一波斯作戏的。即到宋代营造法式彩绘编钟，也还是仅牵狮子，并不带球的。但最近有个唐白釉瓷出土，还是两狮子立，中一醉拂菻形象，不失古意。

醉拂菻弄狮子，从唐代起已开始用小孩，有个石刻在历史博物馆。宋代则有苏汉臣作《百子嬉春图》。中有小孩子要狮子，又营造法式中彩绘部分，则有醉拂菻二式。庆州辽大白塔下部，有醉拂菻弄狮子（似三个人在前后，狮子站于莲花上。应是贡狮子图。在辽文化大型图册中，误以为是“高丽人牵狗”真是相去太远）。宋代每年特织锦缎七种中，则有“翠毛狮子锦”一种，据传世明锦看来，这种双狮滚球的锦式，当由宋代传来。在六角形镜中有双狮对舞玩球，即出于宋代。宋代并且定官阶制度，用在腰带方块上叫“狮蛮”。宋代特别重视腰带，代表官阶品级，计有数十种。内中用“狮蛮”名称，上面就是在寸大的各种不同材料作成的排方上，雕铸醉拂菻图象！元代则在道家水陆道场，有个杂伎队伍，十分写实，弄假狮子的，内中一个小孩，应是狮子郎。明代则青花瓷器、景泰兰，螺钿嵌漆，均有双狮争球形象，而应数故宫一个金银螺钿首饰箱上，“百子嬉春闹元宵”图中舞狮作得最精美，构图细致周到，近似于云鹏手稿，但器物什件，却象是成于高丽或日本人之手。还有个《明宪宗行乐图卷》（全部彩色）中有过年元宵节日许多种杂技表演，及大鳌山灯棚，前一高竿人，加上“三战吕布”、“明月和尚度柳翠”等等灯彩故事。“百蛮进宝”部分，也作有一狮子图象。更重要还是图中出现“轧筝”，一乐人用弦弓拉着肩上扛的筝，在其他图象中为稀见。

又另有一个明代的南京过年出会图，有各种不同故事高跷，也有狮子舞，夹杂在出会队伍中，又有各种职贡图，多有番王贡狮子图形象。传世称为“阎立本绘职贡图”。明《皇都积盛图卷》，宫门前也有外国人牵小狮子等待召见的，或扛抬一箱进贡，中有小狮子的。宋元明清四代都用狮子于旗帜上，明清则用狮子图象作补服，至于民间年节玩灯，狮子舞更成为主题之一，有千百种不同发展。看天安门那对石狮，雄的足踏一球，追源溯流，才会明白原来还和佛教艺术关系密切，原本是一个博山香炉，搁在佛前，两狮对立于旁，在南北朝砖刻、石刻，均可发现，炉子越来越圆。随后即成一球，终于定形成狮子玩绣球。

十一、《唐书·音乐志》记宫廷乐舞，一来总是百十人，应当是事实，乐部分组，应数唐初李寿墓中出土物十分重要，且由此明白伎乐分坐立二部，实出于唐初，比开元天宝早许多年。队舞图象却少见，目前所知，似只有高句丽壁画有男女六人以上队舞，史志的“大垂手”、“小垂手”，是否应是这种舞容，不得而知。其次是敦煌贞观壁画，城门边有《七德舞》图象，作战争状，亦只十人，比记载少得多，且无乐部。在佛说法图前乐舞，舞者也只一二人，乐部却可多至三十余人。从乐器组织看来，也反映部分现实，值得和文献佐证。又晚唐《张议潮夫人出行图》，有一队舞八人，分两列行进。另有一组圆圈舞只有四女人，和后面高竿部分相接，有二乐队行进。一部分属于民间乐队，鼓背在一人身后，另一人打奏行进，和后来出会至相近，传世李公麟“民击图”则乐部杂舞人中，见群众性。此图原本或出于唐人韩滉。宋代叙述较一般性，因此一面开筵，一面呼某某乐舞出场。显明只一二人或唱或舞或奏乐。有个传世北宋人绘图卷绘得极好，作二小女孩平翅纱帽，戴花朵，正预备出场，有一妇女奏方响，一妇女敲小地鞶鼓，（置面前小条案上）一群妇女正为二出场小女孩整理衣着。最后面跟一抱琵琶男子，似乎是惟一能证明是北宋当时宫廷演出写实情况……

从这些点点滴滴的图象看来，就相当有意思，和大排场的乐舞虽少共同处，和唐宋人一般笔记叙述倒接近。歌舞人数并不多，则和唐会要提及上中等官阶家中只许有五六个音声人作使唤用相合。

十二、还有些唐代叙述，或诗歌形容，只从文字难得具体印象的，和图象互证，即十分明确，例如《柘枝舞》，头戴卷檐尖帽，衣带间佩金铃，摇动有声，即有不少新出土图象可和诗歌互证。也有和记载矛盾处，即某舞必某衣，而壁画所见却相反，则大致和官职，音声人定额有关。因为《柘枝舞》衣着，反映于壁画多为婢仆身份，而舞容却多着长裙，梳双环。因为是家中供使唤人有定数，所谓“音声人”，不会是专业，平时执役供使唤，歌舞时即演出。白居易家里的音声人，即显明是这种情形。

十三、从图画上注意乐器配列，从战国到明代，也会得到不少新知识，比如某一乐器的忽然出现，某一乐器的消失，都可知道它的应用进展及衍化，比文献记载真实详尽。如博浪鼓的应用及衍进，及形象的不同，便十分有趣，为任何专家注意不到。磬的应用和衍进，也是新知。磬或出于石生产工具，早有人提及。钟铙或出于铸铜的溶器将军盔。阮咸柄短即成月琴，拉长即逐渐而近于三弦，或许也没有提到。多久以来记载即提到“以金镙和鼓”明说是二者不可分。可是晋代学人却以为錞于的应用，以为是把它悬挂，上注以水（事实上面无从注水），下置一盆水，用芒心在乐器下搓动，不久即发声洪大如雷。事实上哪能有那么奏乐能配合战争的道理？现在云南出土的西汉铜鼓上有敬神仪式群相，得知大型铜鼓是搁神前两旁，小型则二八分列成两行。此外还有二人用杠子抬着一个鼓，绳子结耳部，及一錞于（绳子挂顶部虎纽下），二人扛抬，各手拿一棒敲打，完全说明“以金錞和鼓”，应有形象。又用来节制演奏，伏虎样子的“柷敔”。事实上汉代以前从未发现。新的发现，却是在磬架下置一小铃状曲柄物事，似应名“丁宁”（合音即铃字）。用为节乐工具。近年不少出土反映战争和奏乐时节制行进的“金”，作战的“鸣金收兵”形象也相同。如不见图象，还总以为是用铎！

又“七盘舞”问题，也有新解，照汉人《平乐观赋》，总以为必用七个小鞶鼓，踏鼓而舞，或有人说用“七个盘子”，十分可笑。其实如据大量砖石刻图象取证，整整七鼓似乎倒只一见。也有只用一、二鼓的，还较多些。又元人一般演乐只用一笛一系腰间小鞶鼓，一节拍，图象多相同，汉沂南汉墓石刻也有五、六女乐师同坐一长席，用手拊席前鞶鼓作声，首前一位身旁搁一小铎或钟在身边，用作节制起止的，文献未见记载的阮——多种多样，见于记载无图象可证的也不少。簨簴处理情形也是相对的。钟磬分开各成一堵是正常方式，但在战国簿刻铜器上反映，却常共列一堵。演奏乐人衣著分明不同。又有二者演奏乐人均长衣站立，而中间却间杂吹笙乐人跪着演奏的。建鼓形制既多样化，演奏也多不同，或是本来情形，又或限于画面表现，不得而知。

我说的全是些外行话，或易为通家见笑。这些图象如用得上，将来可以借给你供参考。只是这里作画助手过于忙，一时恐抽不出空闲。

我个人却弥信乐舞问题，如依旧仅限于用文献互证，不大可能解决问题，如限于《三礼图》,《乐书》，等少数附有简单图象的古籍，也不够用，必需有肯下点功夫，从一个较新较广泛方法上，掌握大分量图象和实物，分门别类来排比资料，将会在十年八年中，取得崭新的进展。例如说传世保存的一份元人纂进的《大驾卤簿图》中“首段”残卷，现保存的一部分，尚相当完整，内中计绘图象四千八百余人，步骑相间，乐部鼓吹即不少，虽然名为元人“曾巽申纂进”，大有可能实宋代“绣衣卤簿图”中一部分，因衣甲多属宋制度却非元式。图中还有赵匡胤被柴周诸将拥戴，黄袍加身时所据的临时宝座，原是一张有靠背的交椅。宋人名为“驾头”，十分尊重。大驾出行，必用十六人扛抬，在仪仗队中占重要位置。曾巽申为人，照虞集文中作的传记，以为多识旧物，收法书名画甚多。上奏此图时，如系另绘，必不至误把赵宋得天下的宝座，用为元代重器了，若用本图和宋《仪卫志》及“绣衣卤簿图”和《宋会要稿》中关于卤簿图由一万八千人开始，后来竟发展到二万八千人，诸记载互证，必可得到许多新的理解。即以乐部鼓吹而言，内中可知道不少问题，即文献中提到的某某执某某乐器图象，也是一份崭新材料，何况更可知乐器中明白某种乐器是否出现（例如唢呐）得到一些新的启发，必可丰富你作品以新内容。

本年　致信文物出版社编辑部，探讨该社所出长沙新出帛画（疑为《长沙楚墓帛画》——著者）序言及《文物》1974年第2期所刊《临沂汉简概述》（作者罗福颐）一文中的问题。据残存底稿收入《全集》第24卷。

本年 致信《中国陶瓷发展史》编写组。收入《沈从文全集·补遗卷4》。

本年 复程朱海函。收入《沈从文全集·补遗卷4》。

本年 致信史树青。收入《沈从文全集·补遗卷4》。

1975 年　74 岁

1 月 5 日　中共中央决定，邓小平出任中共中央军事委员会副主席、中国人民解放军总参谋长。

1 月 13 日　第四届全国人民代表大会第一次会议在北京举行。

2 月 4 日　中国最大的水电站——刘家峡水电站建成。

3 月 17 日　第四届人大常委会第二次会议决定，特赦释放全部在押战争罪犯。

4 月 5 日　蒋介石在台北病逝。

7 月 1 日　中国第一条电气化铁路——宝成铁路建成通车。

---

1 月 1 日　给下放昌平县（今昌平区）的皮影艺术家路景达复信。收入《全集》第 24 卷。

1 月 2 日　致信北京电影制片厂服装设计或美工组同志，就服装资料问题提供自己的建议。收入《全集》第 24 卷。

1 月 9 日　致信中央工艺美术学院讲师王家树。据残存底稿收入《全集》第 24 卷。全信后收入《沈从文全集·补遗卷 4》。

1 月 15 日　致信程朱海。据底稿收入《全集》第 24 卷。

1 月 25 日　见到来京参观学习的新疆博物馆武敏，约定第二天上午在陈娟娟家会面。

1 月 26 日　上午，在陈娟娟家与武敏交流，并赠送明代“改机”作为纪念。

一月下旬　中国人民大学教授杨纤如介绍王亚蓉到沈从文家请教，在此之后，王亚蓉成为沈从文晚年科研工作的得力助手。

2 月 17 日　据《苦学斋日记》载：“沈从文言：‘香溪先生于事知过去与未来，但未知现在。”①

①　田光孚：《〈苦学斋日记〉记载的沈从文》，《新文学史料》1998 年第 2 期。

二月末　致信范曾，信中历数与范曾的交往过程，并指出："前天，因事到馆中，偶然相遇，又偶然见到你去年为安徽某报绘的商鞅画像，佩了一把不带鞘的刀，觉得不大妥当。因为共同搞了服装十多年，怎么您还不知道战国末年还不佩刀，只用剑。剑用玉作装饰，剑柄剑珥用玉，剑鞘中部也用玉，即过去人说的'昭文带'，而应当叫做'璏'。剑名'辘轳'即可以上下，如取水的井上辘轳作用。平时前端必低下，坐下才方便，使用时再提起，过长，拔不出时，必向后由肩上拔，秦始皇在紧急中听弹筝宫女的歌声，才应急救了自己。您还画过沂南汉墓列士传，很不错，我说明也写得很清楚，大致不看说明，才弄错。不想想秦国法律严极，那容商鞅露刃上殿议事！作历史画，一个参加过服装史的骨干画家，常识性的错误，提一提，下次注注意，免得闹笑话，有什么使你生气理由？主席不是告过我们马列主义重在实践应用，不在夸夸其谈？历史画停顿到过去的戏剧、板〔版〕画和近代连环画上，不过关。才要我们搞服装史，多严肃的一件任务！你参加过这工作，审查时是重重复复一直到最上级康老认可，才会通过决定付印的。因为还有个日本'专家'，搞了廿卅年'汉六朝服饰'作比较，对内重在解决历史画中一系列问题，对外则等于'打文化仗'。你是参加这么一件严肃工作的同志之一，革命浪漫主义也得在唯物现实主义前提下来着手，才会更加有好效果，一般要求不严，自己可不能不严肃对待。你说你负责，正因为不懂得什么叫'集体'，也对于业务上常识不够认真学，才告你错误处，仔细想想看，是帮助你还是束缚你？若这是使你天才受约束不易发挥，回想回想你当时来馆工作时，经过些什么周折，一再找我帮忙，说的是些什么话，难道全忘了吗？你可以那么自解说，这是一种手段．重在能留下，利用我一下，免得照学校打算，下放锻炼几年，去掉不必要的骄傲狂妄。其实对你长远说，大有好处。经过十多年同事看来，学校当时判断是完全正确的，错的倒是你的老师刘先生，一再向我推荐，保证你到我身边不仅业务上能得到应有的提高，以至于在工作态度、学习态度、做人态度上也有帮助。我由相信刘先生所说，他和我相熟四十年，总比你懂得我多许多。不然就不会把郭慕熙和大章同志向我推荐了。他相信我到这个程度，而事实上他两人和我共事前后廿多年，彼此印象都很好。私人可以说毫无关系，一切都从工作出发，保持了很好的友谊和理解，从来不感到我比他们高一着，一切工作都合作得很好。此外，之檀、李砚云、张毓峰、老史……大都前后共事快廿年了，总能保持到很好的工作关系，为什么你倒恰恰相反？这倒很值得你回想回想，毛病是在您的方面，还是我的责任？对别人那么好，对你却会到前天情形，很值得您认真想想，来博物馆时候经过种种，以及文化大革命时，由于你只图自保，不负责任的胡说，损害我一家人到什么程度。现在照你昨天意思，以为我‘垮了’，在馆中已无任何说话权，甚至于是主要被你的小手法弄垮，而你却已得到成功，满可以用个极轻蔑态度对待我。即或是事实，也太滑稽了。你那么善忘，容易自满，蛮得意开心，可忘了不到半月前，在永玉处说些什么？我既然早就垮了，无可利用处了，你要我写字干嘛？是对我还怀了好意，还是想再利用作为工具？还是对永玉明天也会照对待我那么来一手？范曾老兄，你实在太只知有己，骄傲到了惊人地步，对你很不好。从私说，我对你无所谓失望或生气，因为我活了七十多岁，到社会过独立生活已快六十年，见事见人太多了。”此信是否寄出，待考。据残存底稿以《致一画家》为题收入《全集》第24 卷。

3 月 2 日　致信沈虎雏，论及为人为学之道：“这出人头地的想法，就显明接不上班的。因为不先学会真正忘我（可并不容易），还老不忘名、利、权，那能学得深入？末了总是走便道捷径，求上面留下‘这人乖’而听话的印象，用逢迎阿谀代替正常的学习，在目前社会，也许更易走运，以至于不久即入党，但是对工作实在永远无可望。社会习惯，上上下下若到处都可以见机鼓励人说谎，用相互阿谀代替正当努力，因之许多极简单事情，反而弄得十分复杂，难望解决。但党真正需要的，还是要人真正能作普通一兵，受得住十年廿年考验，沉沉默默的作事下去！”收入《全集》第 24 卷。

3 月 12 日　上午，出席在中山堂举行的纪念孙中山先生逝世五十周年大会。

3 月 13 日　致信沈虎雏、张之佩，谈及自己的研究方法与普通专家权威的研究方法之不同：“这些权威居多是对于书本以外物的历史极端无知，也还缺少对于文物应有理解的。没有看重且始终不明白，他们单打一的研究史学方法已十分陈旧，而新出以千万计的东西，恰恰能充实以真正知识的。我做的多近于这方面的基本功，从‘劳动文化发展史’去从实物分门别类作探索分析工作，方法既较新，得出的新启发、新判断，居多也还新一些。有些知识尽管还只是把文物排排队，加以说明，对许多方面就有用！另一方面，当成‘美术品’看待，则可望落实到新的生产方面去，证实‘古为今用’提法之伟大深远意义，弄明白什么是优秀传统，可以古为今用，什么是糟粕，不足取法。”收入《全集》第24卷。

三月　沈从文作序、景德镇陶瓷研究所编著的《中国的瓷器》由中华书局香港分局出版。

4月4日　致信王亚蓉。收入《沈从文全集·补遗卷4》。

4月13日　致信王亚蓉。本信未收入《全集》。后收入王亚蓉《沈从文晚年口述》，兹照录于下：

亚蓉：

一定要明白，一切都是为了工作，没有任何其他私人打算，所以在等待正式去考古所以前，我依旧每月拨点点钱，稍稍解决一下家中必要开支，十分平常自然，万万不要存不安心情。更不应当以为是要感谢，夹杂着私人感情。若提感谢，反而把共同来完成工作的好意失去了。真正应当表示感谢的是我对你工作的认真、热心和仔细耐烦，能在短短三个月中，完成不少预定的画幅，而且作得十分出色，每个熟人看到都这么说。能这么来为“劳动文化史”打基础，可以为全国文物工作者大有帮助。也为主席伟大指示“古为今用”四个字求落实到生产上、教学上、研究上，都显明会作出较大的贡献。甚至于为我将来向政协正式提案，建议把这些工作加以扩大，另调一些工作同志来参加不同的待作还未作的大大小小专题，加速进行，把你和孝友同志已画出的材料一份份注明，作为证据时，肯定会有极大说服力，比我仅仅在文字上的解释有用得多。所以让我对你在工作上协作，以及又得到王铎同志的支援，表示真诚而弥至感谢，才符合事实。没有你工作上的配合，我的意见再好，也不会得到别人理解的。

二千年前早就有人说过“民可与乐成，而难于创始”，凡是近于带革命性的工作，最先总不会为一般人所理解的。对革命大事是这样，对具有革命性的一切工作，也无不如此。以我自己工作为例，也无不如此。当改业搞文物研究时，熟人总以为我终日飘飘落落，不安心工作，又不好好学习，只是凭个人兴趣玩玩花花朵朵、坛坛罐罐。当五三年烧“建国瓷”用于怀仁堂，已在大量生产我提出的图样。因为这事太小，不曾和机关中人说及。以后在政协提了二十个案，大都和“古为今用”分不开，全部通过，至少三个部在执行，多的时候六个部在执行。而全国高等院校总的工艺美术史和各专题教材，多由我提材料，写大纲而协助全国有关教师（内中还包括几位院长）。在共同作准备，直到试教时，我馆中还无一人知道。所以如今提出的大小专题，不仅文字或口头提出，得不到理解，即或你们已经把我搞的问题已一一为画出，搁在主持业务的首长眼前时，他们还不知道这一切正是馆中十分需要的知识，不给以任何应有的鼓励。别的中央机关一望而知十分有用的，我们单位却没有一个领导懂得这些工作意义何在。真可以说不仅仅是难于在“创始”中得到支援，即搞出来以后还不会加以利用。

可是我相信这些工作，必然会得到上面全面支持的，过不多久，就可以实现。因为在学校我差不多混了二十二年，在博物馆也混了二十六七年，文史系的缺点何在，十分明白，文物研究中的空白点，更其熟习。至于生产上、教学上需要什么也比许多院长教授懂得深刻得多，可做待做的事情，排个账单试试看，即再活二十年也完不了，而且真正接手人也难于寻找，因此只好尽自己力量作去。我的记忆和分析问题能力还不太坏，最大的困难即是不会动手。而且工作又必须能有人动手相互结合，一切以图为主排队工作一完成，说明实用不着什么费事，即可用极少文字加以解决的。所以我说工作中的成就，一切荣誉都属于你们，应感谢你的协助不是空话，是十分近情合理事

情。你应当为当前或明天能有机会参与这种为新中国

新的“劳动文化史”而十分愉快高兴，更好的十分朴素的努力，把一切工作一一如期完成，才算得正常合理想法。新社会艺术史或文化史，还有许许多多的工作，至今还完全近于空白点，大专家大教授实在办不了。太需要有用一种创始的唯物的态度来开始打先锋了，尽可能用个补课态度学下去，不要耽心什么“失败”即歇手，更不要只急于正式上工而弄的自己六神无主！也不免使我和王许同志为此工作受影响。我倒明白工作真的一落实，怕你想再来画这些已失去机会，想再从画提高些已不容易。

这信写得个乱七八糟，因为照习惯，总得先起个稿，把随手可用的旧纸写写，再誊到信笺上去。可是这次似乎已无力量再抄到整齐纸上去，就这么寄出，勉强能认得出就行了。

从文

十三日（1975. 4）

4 月 24 日　致信沈虎雏、张之佩。收入《全集》第 24 卷。

4 月 27 日　致信王亚蓉。本信未收入《全集》。后收入《沈从文晚年口述》。照录于下：

亚蓉：

过节应当为老太太和小朋友办些吃的（或用的），这点点钱望收下。实远远不足酬劳你的工作辛苦勤劳。只不过就我能作到的，向你和你一家表示一点点心意而已（考古所的事，一时还不能定下，我既有责任应尽）。能做到的也不过是使家用稍稍从容而已。事极平常，万万不要即以为什么大不了事。我过去在北京，过了好几个年，入冬零下二十五度，房中还升不了火，还只穿一件夹衫子，居多每天只吃一顿饭（还是赊下小馆子的）还是度过来了。生活在近乎真正绝望中不仅从不丧气，反至于抓学习更紧，得益更大，收效也更显著。在搞创作工作中，不几年即干得相当出色，做人也素朴扎实得多，懂事明理得多，但年青时独自生活无妨。你有了个家，老太太照料生活每天

又那么辛苦，还是应当一家大小高高兴兴过个节日，吃得稍好些。我还想说，在吃饭时，应是向老太太特别表示一下感谢才算得懂事！我每月可以有一部分钱归自己处理，兆和同志知道我分部分给你，也觉得应该：“公事不管，你能负点责应当这么办。”平时多用来备办点图书，供自己参考用，同时也供大家便利。别的也用不上，因为“吃”的文化水平极低，小馆子也不上过，你只看看我家里吃的饭即可知道一二。人一老，且要求更简单，工作一忙，什么都似乎可以消化得了，不出事故。做事一入迷，整天什么不吃不喝也不觉得难受，睡得再少，白天还不打哈欠！体力情绪健康之好，似远比三四十年前还强得多，真应合了古人所说“食道而肥”。如今借考古所书得到便利，不时不买也无妨，把一部分拨给你，觉得十分自然而合理，不要以通常习惯来看待，望放心工作，等待客观转机吧！肯定十月里会安排妥当的。

据我四十多年家庭生活经验，你和王铎应当彼此再深一层了解中，经常从其相互勉励鼓舞，多注点意，这也是一种真正的学习，凡事合作，再加上体贴，什么困难也能克服，任何挫折也能受得了。对学习抓得紧，而对工作进展又充满了正确信心，外来困难便显得对付得有余力了。他为你工作不一定，而着急也十分正常。但是更正常些，若还明白有的是以百万计下放青年，高中毕业升学不成，而下放了六七年，回来待分配，还不容易得到合理安排，自己便不会随便生气了。即以学习而言，这二三月中的共同学习，你想想看，学懂了过去未学过的东西，被学校一些架子极大，责任感毫无，基本业务能力也极其有限的什么“专家”、“权威”，骗了多少有用年月！如今只近于补补应补的课，三个月来取得的进展，实十分现实，对照对照更容易明白并不虚过的！更何况这些初步学习的成果，以后不仅一部分归你，事实是全部都属于你的。这是我们工作习惯，几十年来都这样办，十分平常自然的，因为我有协助一切肯学习又能合作的年轻同志的义务，你的工作极出色，那为大家的承认，这就是我的“报酬”，更不作兴还有别的什么名利？这是我搞研究的本意，一切在共同提高，凡通过你手完成的一切，荣誉全属于你，是应当而合理的。学习了二十五年“为人民服务”，这五个字若还缺少正面认识，并加以实践，哪能像个及格的新公民。你画出的东西，送给许多人看时都觉得很有意思，对全国文物研究都有用，我就算得是大有收成，够高兴了。这么说了，你一时或者缺少理解。王矜同志和我熟得久一些些，会懂得也多一些些，不过他总是把我估计得过高，可不大合理。其实我为人极其平庸不过，且无任何过人处，只不过是对国家还始终保持热爱，政治水平又极低，始终在各种倏然而来的运动，缺少配合敏感，或多或少易“自以为是”或同时又“自以为极端无知”，因此首先就不容易和迎头上司或直接领导首长打成一片来进行工作。所以处理人事关系实极端低能无知，总像是个单干户，所以为国家大家打算，设想，以及努力，第一关在馆中各级首长面前就通不过，毛病或是在我方面，除了搞工作还扎实认真，也还会使用脑子。因此文化底子即或十分差，任何一门都不过是些常识，只是一经不断积累，到运用时在综合上便常得到些新理解，为大专家所想不到。有乍一看来近于猜谜的预言，新的出土物倒常常能为证明谜被猜中，好像还有点点小聪明。只是一和上司谈话，大致从小就“怕”上司，上司又过多，总是不去是好，说话也漫无头绪，一看到打哈欠或作成打哈欠的姿势时，我便自然只好一走了事。给人印象总像是为人十分别扭，不好打交道。谈什么都无条理、无边际，当然也即无结果。从安排你做个试用工作助手也办不好，其余可想而知！人若聪明些些，或将早已应当离开单位，做逍遥公省事，换个职业也省事。始终不离开，大致还只是主观以为有责任待尽，事实上既有机会争三五年时间把所拟工作、大大小小专题四十个搞完，国内外会有读者。本单位中同事，由上到下，都未必感到需要，可是还得做下去，只有到死才能叫作“休息”。别人看来，近乎不可理解，我自己却认为爱国、爱党也是一种“权利”，只要身体不在偶然中报废，为了体会到主席指示的“古为今用”深一层用意，即或所搞的一切，不能对馆中有什么用，可是所懂得的千千万万、花花朵朵、坛坛罐罐，对今后生活日用或特种工艺生产总还会有用途的。所以在相当困难中，还是得坚守这个阵地，单人匹马也得在这个岗位上守住阵地，还得想方设法把工作搞完。总的说就是一个“劳动文化史”的基础。为后来人作“垫脚石”，便于来接防的人省事不少！

盼望你能在今后工作中能逐渐加深这点“为人民服务”的认识，具有十分现实意义。思想上有了进展，工作中也必然会取得更大的进展和更大的愉快。因为有不少工作，我们这一代能做出点成绩，对今后接手人可以省许多事。在任何情况下，都不宜让消极情绪抬头。孝友同志工作十分出色，认识上立不了“自己”，难于持久是意中事，希望你凡事看远点。

从文

二十七日（1975．4）

4月29日　复信张香还。据未付邮信稿收入《全集》第24卷。

四月下旬 复信张香还。本信与4月29日致张香还信草稿，未完成。据未完成信稿收入《全集》第24卷。

六月　为黄裳书写条幅并致信黄裳。信中叙及陈蕴珍、施剑翘、傅雷在昆明时事：“抗战初，到昆明升学，一时得不到住处，由我为安置到编书办公室楼上一角空处，四个还保留中学生风格的刚成年女孩，大喉咙十分响亮，摊地铺吵吵嚷嚷，充满青春欢忻。后屋住有刺孙传芳之施剑翘，十分高兴为叙经过种种。傅雷则住前屋，时正生孩子傅聪。每天均可听到放悲多芬肖邦唱片。”同时，介绍条幅中诗的写作情况：“写的旧诗，有的是六一年和几个当代名诗人同上井冈山学习参观约一百天中，被同行诸诗人摸底以后，明白弟对旧诗纯粹外行，将上一军逼出的。因为平平仄仄，还是六十年前作勤务兵时，经常为一军法长炖狗肉，才借我一本石印《千家诗》，‘传授秘诀’般学来点滴。到了大都市，就从来不好意思说懂这个，永远作个读者，反而更多快乐。直到同行大作家明白我不懂这一行，而逼着‘开心’时，才勉强跟他们学习写了些，事过境迁，当然息手，绝不寄托任何不切实际妄想，以为在写作全部报废之后，还不知自丑，复来冒充懂诗！”收入《全集》第24卷。

7月11日　致信王亚蓉。本信未收入《全集》。后收入《沈从文晚年口述》。照录如下：

亚蓉同志：

好好的把口疮治好。药记住吃，吃完后当再为找些，我记得家中还有两瓶是南方为寄来的。当时北方缺货，现在东单药房似已有供应，人限一瓶。另外记得还应吃点核黄素，这里也有我并不用，可以拿去，不必再买。药买来是备用的，不一定为自己用，你工作总会有着落，因为即或限于某种新制度，至迟也只待过了年便可照集体制调用。所中已决定不会有变动了。这两个月我照样来维持一下解决具体困难，若不敷用再想法也不什么困难。只要你能“安心工作”，就好了，这件事十分平常自然。我每月有一笔钱可以自由处理，不会影响到家中开支（这种帮帮小忙事情，爱人也完全同意，认为应当的，也是极平常的）。同居四十年许多年青不相识的穷学生和新作家，她就从不责备过我这么帮助人的。更何况你在协助我的工作，而工作又很对国家有用，国家或某一机关，来不及正当合理解决你的工作问题，我稍稍给你一点补助，那是十分合理的事。所以绝不宜把这件小事放心上（并要王铎同志，也不要为此小事放在心上），在能对付生活情况下，还是考虑工作，抓抓工作要紧！你这三个月的工作，时间并不久。可是十分显明，成绩实有目共赏。不然就不至于还未完工，即为你原学校和文艺研究院借去照相了。这就可以证明，一切努力并不白费。也证明我搞的问题对本馆即不得到应有支援，而别的单位却有用，更具现实性，即工作且得到考古所大专家认可，所以你迟早还是可以调去工作，且耐心等等。至多等到一月，还是可以照已定下的调集体制工作人员制，你将是首先一人，所以用不着急于解决，多跟我布置的工作学两个月，或许将更接触不少新材料，而过考古所工作时也方便许多。我和王矜同志已相熟二十多年，他是个好党员，我只是个普通群众，但对工作却有个共同看法，即一切为了国家、为了党、为了工作去进行，不把个人得失放在首一位。如能把工作进行得较顺利，而对国家有益，个人已近于得到了极大报酬，那里还要你来致谢意？事实上我们还应当对于你的协作，感到深深谢意才是道理！所以对你的要求就是安心工作，在工作上求上进坚持下去。在目前过渡期，还务必要向王铎同志好好解释解释，两人要事事相互体谅，相互打气。家中处理得越好，工作信心和勇气就越高，力量也越大。抗战时我在昆明，以北大教授而出了六十来本书，日子可过得紧得要命，但因为一家共同合作支持了八年，任何外来困难也通通被克服了。精神情绪却很好，就得力于相互合作，得力于能相互原谅，相互支持，而特别是我爱人在生活极端困难下，从不责备我“无能”，只鼓舞我坚守工作去等待胜利。所以才平平静静，以至于快乐融合的度过了九个年头，这一点似乎还值得两位参考，一切工作都得从远大处着眼。工作即或不能得到本单位支持，我却反而以为工作证明以支持本单位。一个国家博物馆，即定下研究员的责任是除为了馆中工作，还应当为外面协助科研生产和教学而服务。责任实在不轻松，没有别人注意到这一点平常自然。那不可能不对此感到有应尽待尽的责任。你能充满热情协助工作，说真话我应当感谢你才对！我在任何情况下都感觉到生命充沛热情，十分起劲。

因为在党的教育下，学懂了完全彻底的为人民服务的意义，学会了“忘我”。只想到工作对国家有无意义，明白有些什么事对国家有好处，就尽力去作。二十年来就这么活下来，今年已进入七十四，本来应做个“逍遥公”坐下来一事不作，吃吃喝喝的过下去，不会受任何指责的，可是一想到还有责任待尽，因此就永远不会打“退堂鼓”了，而且精神情绪也永远年青了，问两位好。

从文

十一日（1975．7．11）[①]

① 王亚蓉：《沈从文晚年口述》，第250－252页，陕西师范大学出版社2003年版。

七月　为臧克家书写条幅并致信，叙及《白玉兰花引》的创作情况："诗不能缺少抒情气氛带来的应有作用，所以才联想到不妨试用玉溪生诗体，把'神话童话相混和'，把'图画和音乐相混和'，把'叙事写实和幻想抒情相混和'，写一首别人看来近于'天书'不可解，我自己读来却每一句每一字都具有十分明确的含义，代表生命过程中思想情绪生活经验的符号的篇章，也可说近于个人童心的回复。若失去这种童心的回复现象，而用当前的现实年龄和工作习惯，诗中个别符号和整个形成的情调，便如毫无意义可言。说它是一种毫无思想性的'旧体庸俗香艳诗'，倒也差不多少！四十年来批评家几几乎不约而同都说我是个只会写点轻飘飘恋爱小说，毫无思想性的什么粉红作家！亏他想得出这么一个恰当新名词！"。据残存底稿收入《全集》第24卷。

七月　致信沈虎雏、张之佩。本信未付邮。据残存信稿收入《全集》第24卷。

七月 致信张香还。收入《沈从文全集·补遗卷4》。

8月15日　下午，王矜来东堂子胡同看望沈从文，在送沈从文去小羊宜宾胡同去时，沈从文将《一个人的自白》手稿交给王矜，叮嘱："这个放在你处，将来收到我全集里。"这个文件是作者计划中的"自传"的第一章。[①]

八月　致信沈虎雏、张之佩。本信未付邮。据残存信稿收入《全集》第24卷。

9月9日　复信钟开莱，约定见面事宜，同时介绍了自己1949年后的生活。收入《全集》第24卷。

9月11日　复信李健吾，谈及自己的工作助手事："最近因增补拟付印的服装新出材料，本已允许用两个能绘图'助手'，工作虽十分得力，试工了二月，直到派人去联系原单位，正式借用二月时，原方只允正式调，不能借，本馆则又因人事限制，不能同意安排作正式工作助手。只好让这一个十分得力助手，转为考古所调去。我的工作，也只好停顿下来，'以待来年'。工作还是得总理点头而进行的！即此可以想象我之无能，已到何等地步！"收入《全集》第24卷。

---

① 沈虎雏：《人间真情——关于沈从文的三篇遗稿》，《新文学史料》2014年第4期。

9月14日

本日　李健吾在致巴金的信中说："淑芬昨天上午看见三小姐，人瘦了，牙也脱落了，忙着照料孙子。从文埋头搞他那个古董摊子，求他协助的单位倒不少，他的兴致还是很高的。有些东西也在付印。我前些日子去看他，小屋子无处不是选定的图片，包括床上，凳上，桌上自然不必说了。我从他那里知道了不少过去不知道的东西，挺开眼。"①

9月15日　为钟开莱来访事，致信中科院数学所分管外事工作的朱世学（原信误作世则），谈见面手续事宜："若住处即在数学所，或许还得您为费费神，向'政工组'或别的联系人说明情形，由您或所中人向历博陈或杨馆长，或别的联系人，经他们同意后，由馆中通知我时间、地点，到时必可去找钟兄。照前些日子的习惯，他似不宜到我住处来看我。即得许可，也不宜来。因为我目下东堂子胡同五十一号住处，是个大杂院，我只一间房子，桌子上、墙壁上、还有桌子下！以至于床铺上，全是乱乱的图书，实在不成个体统。我自己即或已十分习惯，并不感觉到丝毫狼狈，一切工作进行得也还顺利。但是由一个外宾看来，印象恐不大好！特别是带了个外国夫人来，看到很不妙。所以不管他住处远近，见他时，总以我去看他方便些。万一他和什么新上级，胡乔木或李昌等允许同意他来东堂子我住处拜访，也盼得您为告告他最好是一个人来，不宜邀请夫人同来。因为他只一个人来时，我还不至于太受窘，看看我在这么一个不容转身的小屋中，居然还兴致勃勃的，在进行一系列文物专题的工作，也可令老朋友放心。"收入《全集》第24卷。

9月20日　致信吴晓玲并寄赠自己的书法作品。收入《全集》第24卷。

9月27日　复唐兰函，谈及朱家溍的《雕漆图录》序文。收入《沈从文全集·补遗卷4》。

9月28日　复信钟开莱并致送礼物："送来些图录，供你和你夫人消遣。漆器是木刻彩印，我十多年前编选的，还有代表性。居多产生于屈原时代，国外研究楚辞的，或更感兴趣，得启发。又捡出些小绣件玩意，作为兆和同志送尊夫

① 李健吾：《李健吾书简》，《收获》，2013年第3期。文中所说"三小姐"即张兆和。

人玩玩的，通通是最一般性的小物事。”谈及自己的工作时说：“搞问题的消化力特别好，也可以说明白了把工作‘面向国家’，‘面向人民’，十分具体，不是什么空谈，所以能忘了自己小小得失，来进行新的工作。后半生学对了，活对了，将尽所有剩余生命，来为新的工作而努力，永远不会感到疲乏和丧气灰心。说‘永葆青春’，远远听来像近于空想，你这次亲眼看到，即或只一二面，谈到的也并不怎么多，可是在印象中，一定会深一层明白不仅是愿望，还是一种事实，近似‘奇迹’，又极平常自然。对国家人民有了较深认识和情感，人的精神面貌，自然就变了，不考虑个人小小得失，就必然会‘童心回复’，十分愉快的来进行工作，取得迅速进展。”收入《全集》第 24 卷。

九月上旬 为钟开莱来访事致信杨振亚、陈乔，请求馆里批准见面，同时谈了自己对此事的看法：“我个人意见，应当去看看他，陪陪他，因为是四十年好友之一。十多年前，记得人大一党员教授（似胡华），知道我和钟相熟，还告我写个信劝他能回国。因为所学专长，对国家极有用。如今既讨了外国老婆，当然不可能了。但近来台湾，还在对我造谣，说我已在文化大革命时被折磨死去。最无聊文人梁实秋，还在西雅图写文章追悼我。”收入《全集》第 24 卷。

按：钟开莱此次回国，沈从文与夫人张兆和曾一起去新侨饭店看他，据钟开莱回忆：“直到七五年夏天一个下午，沈夫妇到北京新侨饭店来访，忽忽已三十年。记得那天他身穿端正青灰色制服，红光满面，谈话中笑呵呵的，好像一切还是那么‘照例’、‘照旧’。这次重逢之前，在杭州曾接到他的一封长信，八九张纸，草字连篇，几难尽识，告诉我早已改业作历史考古工作，铜漆衣冠样样都搞，做得十分上劲！后来还送给我们一些零星剩余的服装材料，一块袖口，一条裙边，现在都挂在我家门旁墙上了。”[①] 沈从文后来回忆：“钟开莱去年到北京，经过部局同意，说是‘爱国人士’，因此和兆和特意去他一家三口所住的新侨饭店，谈了一回天，吃过一顿饭。还〔请〕他爱人和孩子照了些小彩色电影。第二次我又陪他一家去琉璃厂字画店逛了一阵，他买了些画，在琉璃厂路上，他的小孩子也为照了一小卷彩色电影。据说带回美国后，放映

① 钟开莱：《〈沈从文笔下的中国〉序》，《上海师范大学学报》（哲学社会科学版）1986 年第 2 期。

时都很好。可能把我好几次打哈哈的镜头也照去了。（主要原因是可以抵消梁实秋帮台湾残余造谣，说我已在文化革命中被折磨死去。梁还作文追悼，十分可笑。事实上我是没有什么难受处，不久即正式宣布无问题，结论是盼好好保持晚节的。）另外还送了些书，内中包括我编的一份《战国漆器》图，一些零星绣花荷包等等。临行前，他在一信中告我，有个大学副校长，和二教授，搞中国学的，想和我谈谈一他可以任翻译。我回信告他，'最好通过外交手续'（大致是得由外事处转文化部、转局、转馆，得到同意后，才能约定日子，到馆中正式接待。并且另有外事处翻译。手续之烦琐，必出于他的意外。所以后来没有实现。）比较省事合理，而慎重。另外还告他，我已正式改业，不搞文学，也不懂目前文学方面的成就是那一些。可谈的大致也只限于个人新的研究方面的点点滴滴。时间既迫促，见外客手续又如此麻烦，他大致稍有领会，所以不曾照他信中所期望，就离开了。不久即得到他的信，本来已写就了个长信回答，又为写了些字，拟一同付邮。随后听人说，凡是通信都得向上级禀告，对外寄什么，更必须告知上级，才免得将来出麻烦。所以写好的信，也不再付邮了。"（1976 年 8 月中旬致程应镠、李宗蕖）

10 月 3 日　看望老师田个石。

10 月 23 日　复信沈虎雏、张之佩，谈及自己的生活起居情况："一天六点不到即起，夜十二点才睡，但大白天还支持得下去，很少打哈欠。"谈及自己的工作困境："只能是受人事限制，馆中加了三百人，一到我研究工作，就说'没有预算'，不给一个人。这几个月搞的，馆中一领导本已同意其中一个作临时工（因为看过已完成的种种图像），可是只许临时作助手，工作了四个月，一分钱不肯出，是由我自己出了百廿元补助费用，工作才能继续进行的。我们馆中派人去调查，认为人思想不成，于是取消临时工。可是考古所王孖更细致而热心的去市、区、厂和第一把手去接谈，全部都对于这个人出身好，工作能力满意。所以终于转到考古所去工作了。我只好又空手等待着，完成了快十个题目，此外看来又不成了。"收入《全集》第 24 卷。

十月　许杰来访。1944 年，许杰曾在《现代小说过眼录》的总题下，批判沈从文的《看虹录》《摘星录》等小说，发表于《力报·新垦地》上，此次来访，沈从文毫无芥蒂，热情接待了他。许杰的文章是王西彦编发的，据王西彦回忆："这件事情，当然招致了从文先生的不满。不久，我就在一个重庆出版的刊物上读到他在一通书简里轻描淡写地提了一下，也并没有说什么重话。但我总觉得自己做了一件太欠考虑的事情，陷入久长时期的不安。……直至50年代初定居上海，我才听到消息，知道一些从文先生的艰难处境。因此，也就更增加了对桂林时期发表那篇评论文章的不安，在长达十余年的时间里，虽然也曾几次到北京，始终不敢贸然去看望他。十年动乱以后，那位写评论文章的朋友先去看望了从文先生，回上海告诉我他们见面的情形，说彼此之间仿佛没有发生过那件不愉快的事情，仍然是毫无芥蒂的老朋友，从文先生还赠给他一首旧体诗。关于从文先生把自己狭小的住房称为'窄而霉斋'和'作坊'的事，也是这朋友告诉我的。"①

11月9日　为荒芜书写条幅并复信，信中向老友诉说了多年来自己生活的困境和工作的艰难，对未来前景，亦充满悲情："'唯物史观'若只重在'说'，那有的是'能人'，若重在用来搞文物，我或许在另外一时，会有人承认，在试探中我实在已'先走了一步'。这自然只是个人聊以自慰一种解嘲说法，因为社会在发展，在变动，一切'价值''意义'早晚也常有不同。更聪明少壮，熟习'世故哲学'之后，有千百种方便省事办法，一下子即上升到'长'的位置上去。因此存心为之作'垫脚石'的努力，或许始终认为是'绊脚石'，到更新的什么运动倏然而来时，一脚踢开，亦意中事也。""过去郑西谛主持文化部时，一说即可解决的事，应分由本单位或轻工业部、文化部，邀请我为主持。现在看来，却得由我去层层请求，还得经百十道各部门把关的，开会、研究、商讨……经年未必即可由下而上签注种种意见，批示。再由上而下，慢慢的明白所'请求'的结果。最近一个每月不过卅六元的绘图助手，因历博不许为我调作临时助手，被考古所要去时，即由下到上，经过反复百十道次手续，

① 王西彦：《宽厚的人，并非孤寂的作家——关于沈从文的为人和作品》，《长河不尽流》，第125—126页，湖南文艺出版社2018年版。

一直转到科学院最高主持人刘仰峤首长之手，亲笔批准，又各处办理手续许多天，许多次，才正式转成正式职工。据说科学院各所将增加新人到一千五百，若每人必照我原来助手转职那么烦琐，这一千五百新人，至少恐得有三五年才得到解决。”述及自己作品海外反响时说：“前不久，又还见到从美回来的老友，说在美某大学，还为我作品设了个‘讲座’，有个五十多岁中国老姑娘，并不认识我，却写了一本关于我的专书。只有天知道写的是些什么！日本早稻田大学中文教授松枝茂夫译过我一个选本，早即听内山完造先生的家中人（到中国来时指定我陪他们看博物馆）说：‘书译得很好，日本有读者，印象很好。’最近松枝茂夫还来信说，日本读者多。已七十二岁，还将译《湘行散记》。日本似乎在另外什么大学，还有个什么讲座。这些来自遥远万千里的招呼，不免令人反增痛苦。”收入《全集》第24卷。

十一月上旬 复荒芜函。收入《沈从文全集·补遗卷4》。

12月9日　据李维善回忆：“1975年12月，中国硅酸盐学会在北京召开学术会讨论中国陶瓷发展史问题。我参加了会议。沈老是特邀顾问。恰好我住在沈老房旁，天天在会后一块散步漫谈，我不时向他请教，沈老知识渊博，有问必答。12月9日下午临近开会时，我突然想起一个问题问沈老，我说：这些年湖南考古工作成绩很大，在澧县一带发现了新石器时代的文化遗址，长沙又出土了马王堆汉墓文物，过去小学课本上说毛笔是秦代蒙恬发明的，可是在长沙战国墓中就出土了完好的竹管兔毫笔，中国最早的毛笔竟也出现在长沙，为什么历史上称湖南为南蛮之地呢？我说完后，主持会的人催开会，那天下午又轮到我先发言，急匆匆地未待沈老答复，我就去会场。沈老后来坐在我旁边位子上，打开自己的小笔记本对我的提问写下了两段文字，待我发言后，将笔记撕下递给我。他写道：‘儒家历史的偏见和胡说，把湖南地区称为荆霸，似乎无文化可言。经过近30年的有计划考古发掘，进一步明确楚文化和中国文化早得到同样发展……’”①

① 李维善：《忆沈从文》，田伏隆主编《星斗其文　赤子其人》，第394—395页，岳麓书社1998年版。

12 月 10 日　中午，夏鼐来访。据《夏鼐日记》：“用餐后至沈从文同志处，看他所收集的《新三才图会》的材料（扇子、杂技、马具、打马球等）。”

本 年

年初 致信阙名朋友，述及自己的工作态度：“人其实可说相当低能，并无什么真才实学，从来不作一步升天痴想，总是乐于和人平等竞赛，紧贴地面，一步一步踏踏实实走去。第一次搞短篇，不少自以为十分权威感的‘文学批评家’把我说得毫无思想，一文不值。可是事情极巧，逃到台湾的蒋帮残余，却在五三年还不放过我，凡是我的作品，一律焚毁，纸版也不许保留，永远禁止重印。至于老舍、巴金、冰心，以至曹禺等等，却百无禁忌，市面流行？再不多久，内地却也由开明通知，所有已印之九册及待印之廿一册，业已过时，一律焚毁，存书及纸版也全付一炬，倒也十分彻底。似乎各有理由不容许存在，在文学史上，似乎也像极少有的事情！还少有作者得此优厚待遇！因此也即无形中挽救了我。因为若还妄想在新社会做空头作家，骤然大风雨来时，岂能自保？五八还曾经在反右庆祝胜利大会上，在二百客人鼓掌下，要我去接老舍手干北京市作协，若稍存不切实际幻想，则目前想写写信谈谈天也绝无机会可得！”。据残存底稿收入《全集》第 24 卷。

春季 复信阙名朋友。据未完成底稿收入《全集》第 24 卷。

春末 致信一教师，谈及自己：“不用对我作不必恭维，也莫从一些表面印象即极度轻视，家常一些，当我是个在工作学习中有经验的过来人，是个十分懂人，以至于十分世故，但正因懂人的种种弱点，却总永远乐与为善，推奖年青人得到应有发展，永远十分近情理，待人十分厚道，但抓工作却极严谨的人，就成了。”据书信底稿收入《全集》第 24 卷。

初夏 为研究资料事致信革命历史博物馆保管部主任李石英。据残存底稿收入《全集》第 24 卷。

夏季 书赠臧克家条幅并作跋。以《书赠臧克家条幅跋》为题收入《沈从文全集·补遗卷1》《艺文题识录》集。

秋季 致信陈从周。收入《全集》第24卷。致陈从周信稿及实信均收入《沈从文全集·补遗卷4》。

冬季 复信钟开莱。收入《全集》第24卷。

冬季 致信曹辛之。收入《沈从文全集·补遗卷4》。

冬季 为购书事致信曹辛之，同时谈自己的书法作品："在永玉处，见所裱小条幅，永玉嘱落上款时，才知道这个报废件，已经为你亲手装裱得特别精美，可是字不高明，行家一望而知。细看看内容，已不易回忆如何竟写此江南儿女小情诗交卷，内中复多缺少字句，不成格局。私意以收回为妙，因试为用残毁旧纸先写些来，作为暂时'抵押品'，俟明春转趋暖和手足解冻时，当再为细心认真，用《戎洛》《黄庭》《豹奴》《月仪》等等不同底子，各写一份在试探中探索等等不同名迹作为底子，用不同格式的章草，写些尚未发表的拙作旧诗，作为第二次赎回原件之物，比目下所见，或可望稍像样子。尊裱件，则留我处，做为廿年同在大城工作一点纪念，想能得同意也。"收入《全集》第24卷。

本年　重新修订《白玉兰花引》。

本年　作《谈〈明皇击球图〉》，据手稿收入《沈从文全集·补遗卷2》《文物识小录》集。

本年 致信吴仲超，谈及个人存放于故宫的书籍资料问题、正统藏经锦面的鉴定问题等。收入《沈从文全集·补遗卷4》。

本年　作诗歌《拟咏怀诗之一》。本诗沈从文生前未曾发表过，据手稿收入《全集》第15卷《喜新晴》集。

本年　作《新的旧事回溯》。据手稿收入《全集》第27卷《无从驯服的斑马》集。

本年　作《孔丘何人》《孔丘何人（之二）》《高知赞》（又名《拟咏怀诗有赠》）、《圣人赞》。其中《圣人赞》中的跋语云："近读某大儒论孔丘，复以诗作结，以为'箭一发而中三的'，欣快之情，溢于言表。事实已连中五靶，因除打中……外，尚另有所中也，此其所以为今之'大儒'也耶？"盖因冯友兰

《论孔丘》（人民出版社 1975 年 9 月版）而发。诸诗沈从文生前均未曾发表。据手稿收入《全集》第 15 卷《京门杂咏》集。

本年　作《中国陶瓷工艺发展的轮廓和新的种种认识》，本文为未完成稿。据手稿收入《全集》第 28 卷《中国陶瓷研究》集。

本年　作《说“熊经”》。沈从文生前本文未曾发表。沈从文病逝后，1990 年 6 月发表于《中国文化》第 2 期，署名沈从文。该刊由北京生活·读书·新知三联书店、香港中华书局中、台湾风云时代出版社同时出版。据《中国文化》刊本并附《熊经图录》收入《全集》第 30 卷《说“熊经”》集。

本年 据黄苗子回忆：“1975 年，余那时住在北京东城小街，原来是七间房子的蜗居，被人占得剩下三间，厨房也被拆掉了。在‘嗟予遘阳九’的年头，常常有一位瘦小老人，笑眯眯来到舍下，默默地喝一口茶，然后轻声地说：‘你出来了，很好，坏事情总会过去的。’好像是安慰和鼓励我，也在安慰和鼓励他自己；于是就滔滔不绝地谈近年出土的唐章怀太子、懿德太子墓的壁画，从壁画人物线条如何美又谈到唐代服装、发饰，说到他见过一个唐女尸墓中的九种假发发饰……。他谈得那么兴奋而安详，津津有味，然后又像对我说，又像对自己说那样，‘我们有很多事情好做，一个一个题目做下，十辈子做不完，我们都来干。’他屈着手指数着他的研究题目：中国历代服装史、历代绘画中的马种与马饰，从汉墓出土大量的熊，研究汉代健身术——熊经鸟申……等等等等，这位博学和文采斐然的老人，就是沈从文先生。”[1]

---

① 黄苗子:《生命之火长明》，见《青灯琐记》（下），第 213 页，大众文艺出版社 2010 年版。

1976年　75岁

1月8日　中国共产党中央委员会副主席、国务院总理、中国人民政治协商会议全国委员会主席周恩来在北京病逝。

4月5日　“四五运动”爆发。

4月7日　中共中央决定：撤销邓小平的党内外一切职务；任命华国锋为中共中央第一副主席、国务院总理。

7月6日　中共中央政治局常务委员、全国人民代表大会常务委员会委员长朱德在北京逝世。

7月28日　河北唐山市发生里氏7.8级强烈地震。

9月9日　中国共产党中央委员会主席、中央军委主席毛泽东在北京逝世。

10月6日　中共中央政治局决定对王洪文、张春桥、江青、姚文元实行隔离审查。

10月7日　中共中央政治局通过华国锋任中国共产党中央委员会主席、中央军委主席的决定。

10月8日　中共中央、人大常委会、国务院、中央军委决定建立毛泽东主席纪念堂。

12月10日　中共中央印发《王洪文、张春桥、江青、姚文元反党集团罪证》。

1月11日　新华社电讯：“十日、十一日两天，党和国家领导人，党、政、军各部门负责人，爱国民主人士的代表，以及首都群众代表一万多人，怀着敬爱和极其沉痛的心情，前往北京医院向周恩来同志的遗体告别。”沈从文在这两天中参加了告别仪式。据王亚蓉、王序回忆：“沈先生向周总理遗体告别的那一天，我们也怀着抑制不住的悲伤去看望他。一进屋，看到沈老忽然显得十分憔悴和衰老，过分的悲痛使他因眼底充血而双眼朦胧，他陷于巨大的悲恸之中了。他忘不掉总理一次次的亲切接见和鼓励，他为国家和民族的命运而忧心，更为《中国古代服饰研究》未能奉献于总理生前而抱憾。对总理的怀念，成了

他工作的又一种动力。‘一定得尽力搞好，不然对不住总理。’这是他鞭策自己并且鼓励我们的常用语。”[①]

1月27日　为索还借出资料事，致信史春光。收入《全集》第24卷。

2月4日　复信许杰并寄赠书法作品，劝其不必把过去曾批评过《看虹录》《摘星录》放在心上，并谈《看虹录》等作品的创作情况：“因从五四余波影响，总以为‘破旧立新’，在试探中，必不受任何新旧框框束缚，才能‘破’，才可望从‘破’中见新机。抗战前，大致即流行章衣萍、张资平到张竞生三种恋爱文学，在一般读者中起影响。随后是外来的《贾泰莱夫人》及同性质二三种流行作品，在中上层（教授层）社会‘假风雅’客厅中起影响。还记得此书实从一当时著名女诗人所推荐，推荐还包括双重意义：一为本人极熟习英国社会保守假道德习惯，认为此书好处，由一女人写出，是‘破’的一例。另一则此人或许成为我后来所作《看虹录》中之‘鹿’！至于《摘星录》中之人，则在最近为一友人题一白玉兰花图卷中还重复加以叙述——一切青春的生命形成的音迹，在人间已消失无余，在我个人印象中却永远鲜明活泼，也使我永远不觉得老去！我觉得‘破’孔老二的虚伪，文学作品当然可以用之为主题，从各方面去写，重要处是所写的‘方法’和‘表现能力’，是不是‘艺术’，效果又如何。所以别人写，我也写，别人不写时，已过了时，我还间或写写。因此后来即有人不看内容，给我一个‘恋爱作家’的称呼，比‘多产作家’似乎又升了级，加深一层‘贬’意。到郭院长时，就再升级，定为‘粉红色作家’矣。还在文前预先声明，‘从来未看’我作品，不必看，即赐以‘粉红色作家’佳名，和近年写《李白与杜甫》是有连续性的。于是如彼或如此，在解放后，肯定吃不开，才放弃了这个并未到时的试探性努力，主动放弃‘空头作家’的名分，改到午门楼上，去作‘文物研究’。”“事实上我倒应当承受‘恋爱作家’的称呼，可不够‘粉红色作家’‘美’名。因为稍稍回忆，几几乎每一个习作，必有涉及本题的故事在内，不过同一主题可还少批评家给以比较公平合理的分

① 王亚蓉 王序：《沈从文和他的服装研究》，《我所认识的沈从文》，第85页，岳麓书社1986年版。

析。大不相同处，即如《柏子》《萧萧》《丈夫》，以及《湘行散记》中若干篇章，对乡下人、土娼，写得即或粗野，却充满了好意，近于工笔画，总不失严肃，不怀丝毫嘲谑感。但对于社会中上层，或所谓‘城里人’，却总不忘要捎带一点嘲笑褒贬，有的还是漫画。或表面庄严，底子还是漫画。记得写《八骏图》发表时，许多人都看不懂，其实包含本人，八匹马都近于漫画，只是各有不同表现和隐密不显意识而已。这两大类以外，还似乎有第三类，即纯粹当成‘艺术品’抒情诗而作的，有不少篇章。如老兄所批评的‘二录’，一般读者多只觉得‘还新奇’，而不大看得懂是试验用抒情诗，水彩画，交响乐，三者不同成型法，揉成一个作品的。一般批评是触不到作者意识核心的。‘赞美’和‘谴责’都隔一层。因为缺少‘欣赏’基础，又不明白作者本来意图，只用世俗作文章的“道德习惯”或‘政治要求’去判断，和作品‘隔’一层是不可免的。因之骂得再狠，也从来不加分辩，解释。到‘试探性’的努力和发展中社会一般对文学要求，形成差距越来越大，而且十分显着时，我即不能不停笔，抛弃搞短篇的妄想及幻想，决心改业，重新起步了。所以在国外即受到一点赞美，也并不以为‘知音’。事实上是隔得更远，更厚，绝不会理解我一些为什么‘写’又为什么‘不写’原因的。”收入《全集》第24卷。

2月9日　东北柞蚕纺织公司来电，希望在生产方面得到更多帮助，约定2月12日下午3时来东堂子寓所拜访。

2月10日　为东北柞蚕纺织公司要求帮助改进生产事，致信王㐨，谈可能提供的帮助及借书事宜：“我想到故宫以外的三个部门：一即历博还有些库藏绒锦丝绣织染，当时经手收购或捐赠，再生产都相当好，但这时节机关中几级长是否还感到对协助工作有兴趣，容许我入库房选材料？恐是个问题；其次，即考古所图书室可看的资料，在你们半天搞业务情形下，还能不能容许我陪他们来看三几个半天材料？也盼得你先告一声；三为民族学院方面，即容许看，似乎也得我陪同去，才容易明白‘精华’同‘糟粕’，有个商量选择余地。不得已，还是先把我的破烂，零星给他们看看，因此希望把在你手边的那些（如作水木纹的特别加工残件，和那几件瓷器），在不甚费事情形下为捎来。”据残信收入《全集》第24卷。

2月14日　张铁弦来访。

为《红楼梦》所涉及器物事，复信周汝昌。收入《全集》第24卷。

致信王矜，并委婉谢绝了王矜和李宏想为沈从文向某一方面陈情的好意："小弟好意和李宏兄好意，十分感谢，可是你所说的办法，万万不宜，行不通！！！你只看表面，还有个比较复杂的内容，不明白（涉及许多我本人还不明白的）。我们过于'书生气'，行不通，还会出乱子，我本人也担当不下。比如说，万一不理，或理了，指定要我去向某某当权的陈述，那怎么行？我决不向谁陈请，原是公家要我作，才作。不要我作，没有可陈请处。我想只照做'公民'的责任，尽力作去，到死为止。我的想法，十分显明，不仅和顶头上司认识上差距大，没办法可以缩短。人家当成'权'看待，我当成'责任'，或一个'研究员'或一个'公民'的责任，没有'权'的含义，也无'名'或'利'的考虑，行不通而近于'打死仗'是必然的。不要为我担心吧，更不宜为此热心到向上陈述，这实在不必要。"收入《全集》第24卷。

2月15日　为《波萝球考》等研究资料事，致信张铁弦并寄赠书法作品。收入《全集》第24卷。

2月22日　萧离来访，告知孙女红红上学手续已经办妥。

2月23日　复信一老友。据信稿（隐去收信人姓名）收入《全集》第24卷。

复信沈虎雏、张之佩，介绍孙女红红的学习、生活及自己的身体状况，并述及《中国古代服饰研究》任务下达及写作情况："这工作原是总理第二次指定我作的。第一次是为苏联编历博陈列图谱，忽然调过出版总署，和苏专家共同作。第二次向文物局提到编个服装什么，拿去送礼时，王冶秋乐意办。大致也只是从一般画迹、俑、壁画排选出些样子排排队，以为容易。正巧文化部第一书记齐燕铭在旁，说沈从文在作，总理即说'那就让他作吧。'（事实上大致是早已知道我在作，苦无助手可用。）因有总理点头，馆中的长也兴奋起来了，让三四个人画我提供的二百整张材料，及说明中附二百的小图。我为每一幅图作千来字说明，制图则由原中华作钞票制版老师傅动手，图作得极精，不过半年便把样子分送各方面审查，大体都得到满意的称许。因此，并不相熟的康老为题了四个字，并不要好的郭，还为作了个长长的序言，只欠将说明改好，即可付印。可是‘文化革命’一来，一下子冲乱了，政治上我无问题，军宣一来，不久，即草草宣告我无事，并给以‘好好保持革命晚节’的评语（照例是只老党员才会有，却给了我），但是一时出不成了。可是七二年回来后，即听人说要印行，上面已同意。待把说明改好送馆中时，馆长却积压在办公桌文件下约一年，也不看看、批批意见。事实上是看不懂，想照例说点什么，也不知如何措词。又经反复索取回来重改，几经交涉，才把‘说明’发下，而原图扣留。不说理由，却以为只此一份（王主任却告我共有十份样子），又搁二年，直到上月才得人为抄出。现在正派点的人已死去，在新运动中大致至少将有一年左右，才有可能考虑这些资料性图录是否还应出版付印问题，我是否还来得及看到印本，已不可知……”收入《全集》第24卷。

3月17日　致信沈虎雏，介绍孙女红红学习生活情况，谈及时局：“新运动过于复杂。不懂。报上作得极热闹，人多倦于参预，因为不大好理解。最好是少说话，少自以是好。”收入《全集》第24卷。

三月底　复信沈虎雏，述及自己及朋友情况时写道：“前几天，几个五十年来的熟人，如朱世嘉的父亲、冯姚平父亲、贺美英父亲等等，在一处吃了顿饭，除了朱年纪已七十八，比我老些，其它五六人都比我小。可是内中有四位都得靠拐杖帮忙，才便于行动。居多且‘形容枯槁，面目憔悴。’卞舅舅更是一个典型现例……曹禺小我十二三岁，怕失眠，吃安宁片到五十片，还是难得好睡。他的太太就是这么积久中毒忽然死去。我同样失眠，却一片药也不吃，爬起来开灯做事。半年来都几几乎十二点上床，不到两点即醒，在床上看书，一会会即迷糊了，可是不成，不久又得醒。索性即爬起来把在进行的工作做下去，抄抄注注，一二小时又上床，又睡，到五点，肯定得照习惯即醒，正当起来接着工作，直到中〔午〕十二点才回去吃午饭。人当然会感到累，有时回去来不及吃午饭，即在床上呼呼大睡了。”谈到沈虎雏对时局的态度时，再三叮嘱：“你来信提及的，因为人事风雨倏忽，眼看到几个好同学，不是疯就是半报废，又在一些方面接触到一些人的私心泛滥处，感觉到要改改只顾工作，不问其它的不对处，要改成一个敢说敢过问的新的作人态度。所想所说都证明你的生命在社会教育中有了些新的发展变化。这从某一方面说来，必然是好事，但从另一方面考虑，也是会增加了我们新的担心。十分深刻的关心。……你人笨一点也无妨，狡猾一点也无妨。只要凡事贴着‘长’指挥，即是可靠的。如果只是照你信中所说，带了点自以为是的想法，说真话就忠于党的话，就会错。就迟早得准备刷去。”据未完成信稿收入《全集》第 24 卷。

4 月 7 日　致信沈虎雏，述及时局：“清明节，天安门广场中，据熟人说，可能到五十万人。花圈堆得不下于上一次。人说昨夜全收了（恐得用大车不少），今天午后一时半，我去西单车经过时，看到街头已有‘工人纠察队’。纪念碑前人已不密集，几几乎无什么人，可是到处零散人众，似乎分布得稀稀朗朗的，又不大像平时样子，有些些怪。以为事情已成过去，从车站开向西的车特别少，我在方巾巷口，等候了约一小时，还不见有向西车来，也只是以为或者怕人过于集中，不大妥，又容易出事故，有意不放车，以常识测之，误矣。天下事大致已非‘常识’所能知。”由自己的书法风格谈到为人、做事原则：“最近开明书店那个女老板，要其弟弟带了个卷子来，一打开，才知道是卅六七年前在昆明时写的，章草小条幅。外柔而内劲挺，正像人的性格。表面上什么都不争，从不‘争得失’而辩嘴，似乎极易为强力所屈服。事实上，性格却极其坚强，在任何困难情形下，都能照自己的学习方式，取得迅速进展，出人意外的成绩。过去搞写作如此，后来搞文物，又如此。”收入《全集》第 24 卷。

4 月 17 日　钟开莱致信程应镠，托他打听沈从文的近况：“最近和沈从文的妻妹通信，她们亦想回国，据告有人随 Ford 总统去京时看到沈，但我两次去信附照片，尚无回音。很挂念。据国内一个亲戚来信说，收到外国来信有时不便，所以希望你去信问问他们近况，转告为盼。”①

4 月 30 日　致信荒芜。收入《沈从文全集·补遗卷 4》。

5 月 5 日　致信崔师傅，感谢他尽心为师友装裱自己的书法作品。据信稿收入

① 虞云国编著：《程应镠先生编年事辑》，第 358—359 页，上海人民出版社 2016 年版。

《全集》第24卷。

5月13日　复信高鲁冀。收入《全集》第24卷。

5月20日　致信沈虎雏。收入《沈从文全集·补遗卷4》。

6月8日　复信杨琪。收入《全集》第24卷。

六月初 为图像资料事，致信董锡玖。收入《全集》第24卷。

7月28日　河北唐山市发生7.8级强烈地震，波及北京。小羊宜宾胡同山墙部分倒塌。

7月30日　致信沈虎雏。收入《沈从文全集·补遗卷4》。

8月1日　致信沈虎雏。收入《沈从文全集·补遗卷4》。

8月3日　为避地震，与夫人张兆和及两个孙女一起乘晚上七点半的火车离京前往苏州。

致信周晓平。收入《全集》第24卷。

8月4日　早晨6时，到达苏州。

致信沈虎雏、张之佩。收入《沈从文全集·补遗卷4》。

8月19日　复信沈红。收入《全集》第24卷。

8月20日　致信沈虎雏、张之佩，谈及时局时特意叮嘱儿子儿媳："以目前总形势计，只有多做事少说话为得计。因为有些方面下降，是一种社会组织种种必然的趋势，随同社会发展，在可见的日子内还要使人感到痛苦是必然的，无可避免的，也即决不是某一部门有三几人正义感可望挽回颓势。肯定还要经过些更大的痛苦才会好转。越知道问题多的人，越'沉默'，即明白'趋势'之不是一人或三数人可以点滴补救。要对这个有更深的认识和理会，才能作到多做事，少说话，内中有极深远意义。多做有益于人的事，少说无补于事的空话。但是应当相信，任何恶趋势都是会扭转的，惟决不会在目下可以希望。"该信曾以《剧变前夕家书》为题收入《沈从文别集·泥涂集》。收入《全集》第24卷。

8月26日　致信王矜、王亚蓉，述及1949年的工作时写道：“至于近廿六年学习，至少有一半生命是随社会的变通，完全在一种近于被动适应下消耗掉，剩余一半的二分之一，又是用在学习熟悉本业而耗去，真正如同过去搞习作那么从工作探索中取进展的努力，专注精力于一点上的，事实上还不到十分之一的样子。尽管从旁人看来，还似乎劲头极大，事实上是老态龙钟到不易设想，和自己过去比比，不能不承认‘老之已至’。”收入《全集》第24卷。

八月中旬 复信巴金。据书信底稿收入全集第24卷。该信与巴金收件略有差异，原件今藏中国现代文学馆，文物编号DX002730。

复信程应镠、李宗蕖，述及编制《中国历史图谱》的曲折过程：“陪过一个苏联派到人民大学来的客籍教授（三四十岁）参观历博，一天看二陈列柜，共看了约一个月，彼此十分客气，看完后还在休息室谈一阵闲天。事后他却写了个信给总理，表示满意，希望一切照历博陈列、照我说明，为编一本《中国历史图谱》，给苏联学历史的大学生和教历史的中学教员阅读，以为比用文字写的通史得用。结果是调我去出版总署编这本书。可是上面来了个‘委员会’组织，‘大家瞧到办’，加上个学明史而不懂文物，却极有兴趣在一切问题加入马列条条和主席语录的科学院史学专家，于是每会必争，照例是我们自以为通马列的专家，和苏专教这一行的教授发生争持。因之我们一位每争必输，每输必大生其气，终于不欢而散。过不久我们的专家死去，才知道早已受肝病遮拦，所以火气极大。于是苏教授回国，我们科学院专家十人来接手，用张政烺作主编，原以为仿仿日本中国历史图谱，即可迎刃而解。事实上商周前段一涉及铜玉以外的物，即感说明为难。到汉代以下，就随事触礁，不好措手了，因此一个专设‘图谱组’，集中了六七个研究员，搞了十年，还只是不了了之，以待来年。事实上照他们的办法，再搞一百年也只能把握标题的‘正确’，对于种种物的发展是永远不碰头的。因此又过了十年，才有机会由总理再点一次头，由我独自来试搞服装事。第一个试点本，用不到半年即已完成。本已由上而下得到通过认可，只待把说明略加改动，即可付印。不意‘文化革命’一来，只有停下。幸而在十年风风雨雨中，原来已制好二百图版尚能保存，七二年我回到北京时，文化局即告我，又曾经一再看过，还是可以付印。只待说明改好，即可交稿。可是我因十年中新材料太多，不能加入正图，也应附入说明中，总计约增图到三百左右，原准备把说明改正稿誊清一份，加上八个新的专题，一同送总理和康生审查（因康负实际决定责任）。不想稿完成后，两人先后均成古人。我的工作不免和过去搞创作一样，可能又近于落了空。不过即使已真正到无人支持这个带试探性的努力，我也还是将争这有限四五年最后生命来进行下去，只要能照去年办法，在公家不给我任何支持情形下，我个人出两个助手的工薪情形能继续工作，就这么办也还是应当作下去，到完全失去工作能力时为止。因为凡是看到这些专题的图像的生熟同行，都觉得材料新、问题新，分析综合所得结论也极新而有启发性。工作即或近于开始试探性，从小也可以见大，处理问题的方法，是可以为中国文史研究开辟一条新途径的。”收入《全集》第24卷。

八月中旬　复巴金函。收入《沈从文全集·补遗卷4》。

八月下旬　致信巴金，谈及自己欲前往上海访友的计划：“希望看看的不会过十个人，除王辛笛外，还有芦焚、王道干、黄裳、陈从周（同济大学）、施蛰存、许杰……也还希望有什么朋友，对于四马路旧书店较熟的朋友，能陪我去书店，找点上海或可以得到的我的旧作。”据残存信稿收入《全集》第24卷。

9月9日　致信张之佩、沈虎雏。收入《沈从文全集·补遗卷4》。

9月13日　复信沈虎雏。收入《全集》第24卷。

9月17日　致信巴金。本信未收入《全集》，信件全文如下：

芾甘兄：

得信谢谢你的好意。这里已为订了廿号下午二点车（401次）来上海，将仍住流金兄处。大致将于廿一即可来武康路看看你和家中人。惟时间恐掌不住是上下午，因为还得就方便，由流金兄带带路。你不必等待我。如有别的事，还是照常进行。我一共将留下四五天的。《武林旧事》极有用，若不是什么特别本子，即借我看看也极好。若得辛笛兄引路，陪我看看四马路新旧书店十分难得（得不到什么也无关系）。最好不要占他工作时间才合理。万一还可找到几本旧译名小说，当然很得用。全得不到，也不碍事。主要是只在看看几个少数多年不见的熟人，就很好了。再作南行计，恐又得在三年后了。或把辛笛住处和在家时间，写个明片寄桂林路音乐新村师院宿舍程应缪转给我。我在某一晚上去看看他省事。程的住处在郊外，离公共汽车电车都极远，找人最不方便，万万不好意思让朋友来找我。

弟 从文 候 十七日[①]

9月20日　离开苏州前往上海，到后即住在程应镠、李宗蕖家。“时正大暑中，供应紧张，不免近于把他一家大小闹得人仰马翻，忙得个不亦乐乎。时宗蕖的哥哥宗津，也离京到沪避震，在病中还为我作了张速写像，神态极好，或许是他生前作画倒数第二张，第一张是为一个有名女演员而作的油画像，前后只三个半天，完成后又照我们意见略略改动，精美之至。”（1978年9月22日致钟开莱）在上海的十日间，沈从文先后拜会了巴金、施蛰存、王辛笛、芦焚、王道乾、许杰、黄裳、陈从周、窦祖麟等老友。据程应镠回忆：“1976年唐山地震，1976年唐山地震，他曾南来，住苏州他的夫人张兆和先生家里，曾来上海看望朋友，我陪他去施蛰存先生家，施先生是连招待客人的一席之地也没有了。”[②] 在这次会面中，施蛰存赠他刻写油印的诗作《金石百咏》。

9月24日　致信陈从周。收入《沈从文全集·补遗卷4》。

9月28日　致信王亚蓉。收入《全集》第24卷。

复陈周从函。收入《沈从文全集·补遗卷4》。

9月29日　从上海返回苏州。

10月2日　致信沈龙朱。据残信收入《沈从文全集·补遗卷4》。

10月5日　复沈龙朱函。收入《全集》第24卷。

10月6日　复沈虎雏、张之佩函。收入《全集》第24卷。

10月7日　复陈从周函。收入《沈从文全集·补遗卷4》。

---

① 沈从文：《沈从文书简》，《收获》，2013年第1期。

② 程应镠：《永恒的怀念》，《长河不尽流》，第140—141页，湖南文艺出版社2018年版。

10月12日　致信张宗和。收入《全集》第24卷，有较大删节。全信收入《沈从文全集·补遗卷4》。

致信沈龙朱。收入《全集》第24卷。

10月19日　致信程应镠、李宗蕖等人，感谢他们对自己在上海期间的照顾，同时议及时局，忧心如焚："社会尽管变得异常迅速而剧烈，这个规律还是值得好好学习。特别是从当前推测'明天'，如何改造人思想，仅仅学习主席革命理论在中国的发展过程，还不容易真正触着许多人的灵魂中的封建意识的残余。似乎同时还要把学习如何做人，还要把一些乍看来早已过时，一作具体分析，却还特别有用的做一个现代公民所需要的基本原则，牢牢记住不放，学得深而又懂得透，他才可望对于某种巧佞幸进之徒的虚伪诡诈，不择手段的投机取巧的种种坏人坏点子，能有'鉴别力'和'免疫性'，国家的明天，才会真正有个崭新的面貌出现，使下一代青年活得更庄严也更合理，而不至于成为阴险狡诈的丑角，把一切待发扬的有益于国家社会的长处，在重重挫折中毁去。下而至于使得八亿人民都不知如何是好，上而直到使得政治局中几个主要成员，党和国家的最高负责人，各因有所忌讳，除在会议上相见外，平时竟不敢作一般性过从。若不能从这种现实的形成，取得一点教育，十分谨慎认真，对于'城狐社鼠'可作隐蔽保护的根本原因，有所认识，而作出更大的努力，加以合理的制约，则到另一时，还难免会出现这种历史性的重复。更何况以目下而言，所谓几个特别突出的大知识分子，就早已学会采用儒家中'礼为尊亲讳，力避犯逆鳞'的心术，和近代政术中的巧佞相结合，用来维持他个人的名位。而且形成的趋势或影响，甚至于比几个彰名显著的小人还具有持久的恶影响。一方面鼓励到封建意识的抬头，另一面也为'四人帮'的小细胞作成培养候补人的温床。按照近代政治的'现实'习惯，总是把'焦头烂额'的人尊为座上客，而不在意'曲突徙薪'的建议，加以深入分析和考虑。也可说因此对于中国的知识分子的本来特征——长处和弱点的认识，都还缺少应有理解。重视或轻视，都易过分，难得恰到好处。因此比较老实正派的，反而不如长于巧佞逢迎的吃香，受重视，有出路。只担心知识分子捣乱不合作，却乐于知识分子的逢迎捧场，也因之过去在蒋介石时代"献九鼎"的名流，和在宋美龄身边作‘顾问’的人们，都成为吃得开的‘不倒翁’、‘×××’。而十分本分贴着国家需要默默低头做事的人，反而觉得硬生生的不好对付，不易制伏，别有用心。今后是不是还有些不同认识？恐得有一二年时间才会看得出。”收入《全集》第24卷。

10月22日　致信王㐨、王亚蓉，讨论正在进行中的研究工作。收入《全集》第24卷。

10月25日　致信沈红。收入《全集》第24卷。

十月中旬　去角直镇考察保圣寺文物。

11月1日　复信王㐨、王亚蓉。收入《全集》第24卷。

11月2日　复信张香还。收入《全集》第24卷。

11月4日　复信沈虎雏、张之佩。收入《全集》第24卷。

11月9日　复信张香还。收入《全集》第24卷。

致信沈虎雏。收入《全集》第24卷。

11月12日　复信周晓平。收入《全集》第24卷。

11月17日　致信巴金。本信未收入《全集》，信件全文如下：

巴金：

这次到上海深深谢谢你的好意，给了我许多好书、旧的书对我十分得用，我的三姊也极感兴趣，并十分关心你新的生活。因为老朋友大多数都已成古人，我们也都过了七十。她今年亦到六十七。幸好身体都还健康，情绪也还如十多年前，所以希望在明年春四五月或秋八月间，等社会秩序较回复，能再来南方邀几个朋友玩玩浙江雁荡，（还希望到时你也能够参加！）照七四年爬黄山情形看来，爬爬山，我和兆和还有资格的。

南方天气过湿，对我似不易适应。回苏不久，就又发了一回高烧，卅九度多，近已好转。估计至迟到月底当可以回北京。三姐要我问候你和家中长幼的好。均因张香还同志回上海，特别托他来看看你。他是在上海中医学院教文学，同济毕业的。这里情形他还知道些，写不到处托他转致意。并候府中佳好。

弟 从文

十一月十七[1]

11 月 21 日　到达张之佩的家乡陈墓镇。据张兆和复沈虎雏、张之佩信中说：“爸爸很喜欢成茂，说水好，环境美得很。刚下船，就一个人漫游，看往来船只，看乡下人买鱼买肉，看菜市，兴趣好得很。”[2]

11 月 25 日　离开陈墓镇返回苏州。

11 月 26 日　致信陈从周。收入《沈从文全集·补遗卷 4》。

十一月中旬 复信王新。据信稿收入《全集》第 24 卷。

十一月中旬 致信张磊。收入《沈从文全集·补遗卷 4》。

12 月 5 日　送孙女沈红回陈墓镇。后与张兆和一起乘船前往船角直，到保圣寺考察文物。

12 月 17 日　按到外甥田纪伦来信，谈及江青在《红都女皇》中说沈从文是她的老师，信中说：“我把这段话的记录另页转抄寄上。江青因知道二舅在国内外有名望，所以向威克特自吹时，说她跟二舅学过文学等。而实际我们知悉二舅是根本看不上这个‘大弟子’[的]。去年和前几年我来北京时，我已听得二舅说起看不上这个‘大弟子’，说此话时还做了她穿着那个大裙子‘国服’的势态，和指出过江青有野心，想当总理、主席等。当时我还不太相信。”田纪伦同时摘录了《红都女皇》中与沈从文有关的文字，沈从文在摘录文字下写下了如下批注：“这个摘录如是从译稿取下的，内中倒似乎还怀了些好感，想我会像古代俗话，以为我这个‘石码头’会靠近这只‘破贼船’的。甚至于在过去四十多年前，曾经就赏识过这个“天才”，不仅要她每天写一篇小说，还要九妹送她编毛线的钱。她还拒绝了。后来得知九妹曾去一法国教会学校读书，每学期学费就需五六百元。根据这一段内容看来，可能是记者事先读过斯诺前

---

① 沈从文：《沈从文书简》，《收获》，2013 年第 1 期。

② 张兆和复沈虎雏、张之佩（1976 年 12 月 2 日），《沈从文家书》下，第 638 页，江苏教育出版社 2005 年版。

夫人作的《续西行漫记》，因为据看过这本书的人说，内中曾有对我的称许，以为是党外为党作事的作家。记者既在山东住过，且据近人在美出版谈及我的专著中说及我曾在青岛大学教过书，江又曾在那里作过小职员，所以问及关系，这妖婆因之真真假假胡说一通。”（《写在〈红都女皇〉摘录文字下》，《全集》第 14 卷《艺文题识录》集）

12 月 21 日　致信沈虎雏、张之佩，忆及自己生活中的点点滴滴：“记得我自己十多岁在乡下军队中做小兵时，当我对生命的存在，考虑到是照环境流转支配一切，还是照自己所设想的目标去努力，或由自己努力去寻觅一个目标时，记得就相熟人中不少都说我有点‘神经病’。随后终于决心到了北京，又在生熟人中给人以‘神经有毛病’印象……总之，可以说在生活转换每一段落中，似乎都不能避免的有同事同行说我‘有神经病’。如解放后转入博物馆。好几年整个在午门楼上五风楼灰扑扑库房作文物登记，有时被人有意无意在吃午饭时摇摇铃子闭馆，大家一道下午门楼，却把我关到库房中，到下午两点才放我出来，见我却毫不在意的笑眯眯的即去为观众讲解时，以后在办公室就亲耳听到有同事在隔屋用此事为例证，说我有‘文疯’（不是武疯），不必怕，不会打人的！所以从世俗之见看来某某是‘神经病’，或许不一定全对。”收入《全集》第 24 卷。

12 月 25 日　致信沈红。收入《全集》第 24 卷。

十二月下旬 复信王新。据信稿收入《全集》第 24 卷。

十二月　致信张香还。据未完成底稿收入《全集》第 24 卷。

本 年

年初　致信吴冠中。本信为未完成残稿，未曾付邮。据残稿收入《全集》第 24 卷。

春天　致信杨克毅。收入《全集》第 24 卷。

致信董锡玖。据残存信稿收入《全集》第 24 卷。

致信陈从周。收入《沈从文全集·补遗卷 4》。

秋天　致信王千一，述及自己的写作经验和工作态度。信尾有日期十三日，但无月份，根据信中有“主席故去”一语，此信写于 9 月 13 日的可能性较大。收入《全集》第 24 卷。

冬天　致信一阙名朋友。收信人不详，据残存底稿收入《全集》第 24 卷。

本年　每周五晚上固定为中央民族学院教师王恒杰夫妇讲授战国史和文物知识。[①]

本年 为《忆玉兰花》作详注。据手稿收入《全集·补遗卷 1》《青岛诗存》集。

---

① 王亚蓉：《追随沈从文文物研究大事记》，《沈从文晚年口述》，第 220 页，陕西师范大学出版社 2003 年版。

1977年 76岁

2月7日 《人民日报》《红旗》杂志、《解放军报》发表社论《学好文件抓住纲》，首次提出“两个凡是”的方针。

4月7日 中共中央作出《关于学习〈毛泽东选集〉第五卷的决定》。

7月16日 中共十届三中全会在北京召开，会议决定恢复邓小平中央政治局委员、常委、中共中央副主席、中央军委副主席、国务院副总理、中国人民解放军总参谋长的职务。

8月12日 中国共产党第十一次全国代表大会在北京召开。

8月13日 全国高等学校招生工作会议在北京召开，这次会议决定：1977年高等学校的招生工作采取自愿报名、统一考试、地市初选、学校录取的制度。

12月10日 中共中央任命胡耀邦为组织部部长。

1月12日 在苏州复沈虎雏、张之佩函，涉及对孙女红红的教育问题，表现了沈从文对教育、文学问题的看法，在当时，颇有深意：“红红事，据我们这二三年经验，读书不必担心，几个字也写得满像样。作画似乎值得鼓励她在作人像方面加增兴趣，扩大范围，因此也就自然扭转她照学校一般要求，以为仿仿流行漫画就是艺术的狭窄观念和兴趣。其次是身体虽傻长已高大如成人，心灵还是停顿在十一二岁女顽童阶段，在这个交替期，之佩似乎要多费点心，用鼓励方式要她学会做做针线缝补活，把一些有继续性，长大时十分有用的活计打个底子，而且从小就养成习惯，肯动手还肯帮人动手，事实上或许将远比在学校上的某些语文课还得用。语文课所得的益处不是没有，这几年按写作能力说是不坏的，至少比我同样年龄时高明得多。可是也有弱点十分显着，即公式化。主要毛病是先生只知道教学生作□□□□，不鼓励学生把叙事能力提高到一定水平。这必需，□□□作补救，是扩大她的阅读能力、阅读兴趣，以及写通信时发展她的叙事能力，将来用处多。”收入《全集》第25卷。

1 月 24 日　复王抒函。收入《全集》第 25 卷。

一月　复陈从周函，陈从周曾为九如巷张府房屋改建事宜予以协助。收入《全集》第 25 卷。

一月　复王楷元函，其中谈及 1949 年后几次“归队”的机会：“在近三十年过程中，我其实还依然有充分自由来选择职业，且一再受党的鼓励“归队”的。第二回文代会时．主席和总理特别接见了十二个作家，内中就有我，两位都劝我身体较好时，再写几年小说，这特别好意我留在心上，并不就归队。即我明白我那些旧日同行，过的日子十分兴奋热闹，我却总是天不亮就去天安门，捧了个烤白薯，暖手，在石桥边等待开门，上午门楼去做说明员。从别一人说来，会以为‘不识抬举’，从我自己说来，却是‘人不中用，拿不上台盘，还是作说明员可以少出差错’。另一次即反右以后，在什么一个会上，中宣、文化二部，加上全国作协，共同在筵席间让我去代老舍作北京市作协主席，在座百十新旧同行当然赞同鼓掌。我却还是老老实实承认无能，远远不如老舍高明，当面坚决辞去，依旧回到人看不起的博物馆去做说明员，认为合理省事。六二年上井冈山是第三次，和六七位各省文联副主席同去写长篇，各有一定计划，原拟在山上住三年再离开，后来因为其它几位体力多不大好，因此同在江西各革命老根据地走了约一百天才分手。我本不会写诗，只因为同行多有名诗人，其中之一人见我既不会玩牌，又不会跳舞，有意开开玩笑将我一军，拍掌为记，既同行，不论谁写一首，另一人必和一首。真近于形势所迫，不能不勉为其难，把十六岁在家乡土匪队伍中当司书时读《千家诗》记住的一点老玩意儿拿出来凑合凑合，结果倒像是居然还得到人认为还像旧诗，而且在大家都早已息手时，还继续作下去。事实上却从不以为这是可以重新插入文艺队伍里的工作，更不想冒充什么‘诗人’的。报刊上有的是各种不同新旧诗人，肯去‘说明员’位置上为各方面打打杂服点务的人倒还不甚多，于是我还是守在新职业上不动。”收入《全集》第 25 卷。

2 月 4 日　中午，致信沈龙朱，谈及自己住在苏州的种种不便和内心的焦虑：“这次来苏大大失策，既把小舅舅一家四人为我们吃的忙个不息。（荤菜只三人定量，上桌却有大小十一人，不够的全靠各方面支持，以至于由远在太仓农村的大妹妹处大分量供应，和别的熟人供应。）而留下来却什么也无可为力。所以我总盼望你能设个什么法让我即早可以回来，为比较心安理得。我不宜和百科二姨比，他们既有病，又生长在苏州，熟人老姊妹也多，住下如鱼得水。我住下来只是着急，等于生命白废。事实上我可以不上班，也可以一切自由，但正因此，我为了做一个公民，尽公民责任，也是以即早能回来守在工作台边为合理。但是和妈妈总说不清楚。”收入《全集》第 25 卷。

2 月 16 日　从苏州返回北京。

致信杨伯达，感谢他为发还故宫所存资料所做的努力。收入《沈从文全集·补遗卷 4》。

二月初 致信沈龙朱。收入《全集》第 25 卷。

3 月 7 日　复施蛰存函，议及凌叔华、陈小滢归国定居事，谈及冰心时写道：“五四以来，作家万千，在近半世纪人事风雨中，几几扫荡罄尽，‘女作家’中在作品以外，始终能用‘作家名分’而站得住，近于‘福将’或‘不倒妪’，周旋于宋美龄与……都若少不得人物，仔细数来，似只冰心一人，不叫作‘天赋奇才’，实不公平。（同属‘福将’，男作家则有茅盾、圣陶，然彼此长外，亦各不相同也）淑华若以冰心为目标而回国，恐易失望。”收入《沈从文全集·补遗卷 4》。

三月　在香山参加《中国陶瓷史》编写会议，为期半个月。“上半月又上香山开全国性的《陶瓷史》编写会，务虚了半个月，为争‘原始瓷’或‘釉陶’定名，就务虚了十天，七十多岁的人，那宜于干这玩意儿？拖得半垮不垮的回到东堂子，记忆里只留下山沟中零零落落的灰白色李花印象，别的通通忘了。”（1977 年 4 月 4 日致汪曾祺函）

4 月 2 日　复信沈虎雏、张之佩。收入《全集》第 25 卷。

致信杨伯达。本信未付邮。据信稿收入《沈从文全集·补遗卷 4》。

4 月 4 日　致信汪曾祺，叙及近三十年生活，并谈及使自己深受伤害的一件事：

“我们馆中有位‘大画家’，本来是一再托人说要长远作我学生，才经我负责介绍推荐来到馆中的。事实十年中，还学不到百分之一，离及格还早！却在一种‘巧着’中成了‘名人’，也可说‘中外知名’。有一回，画法家商鞅的形象，竟带一把亮亮的刀，别在腰带间上殿议事。善意告他‘不成，秦代不会有这种刀，更不会用这种装扮上朝议政事。’这位大画家真是‘恼羞成怒’，竟指着我额部说：‘你过了时，早没有发言权了，这事我负责！’大致因为是“文化革命”时，曾胡说我‘家中是什么裴多斐俱乐部’，有客人来，即由我女孩相陪跳舞，奏黄色唱片。害得我所有工具书和工作资料全部毁去。心中过意不去，索性来个‘一不做，二不休’，扮一回现代有典型性的‘中山狼’传奇，还以为早已踏着我的肩背上了天，料不到我一生看过了多少蠢人作的自以为聪敏的蠢事，那会把这种小人的小玩意儿留在记忆中难受，但是也由此得到了些新知识，我搞的工作、方法和态度，和社会要求将长远有一段距离。”收入《全集》第25卷。

4月25日　致信程应镠、李宗蕖。收入《全集》第25卷。

5月1日　沈虎雏同事徐连元来访。

以章草为曾敏之书《续书谱》，旁加小注云：“此四十年前偶书一小幅，今复书之，以赠亲旧。笔墨棱角尽失，得其轮廓形似而已，甚矣吾衰！丁巳五一节书于北京之窄而霉小斋中”。[①]

致信沈虎雏、张之佩，谈对时局的认识，同时特意叮嘱他们生活中注意的种种：“盼望你们时时以大哥过去事，及近十多年本身遭遇自警，多做实事，少说无当大处空话，即可望在另一时少犯‘差错’。多和对国家有热爱、对工作又认真不苟的工人师傅接近，取得相互学习，共同提高的进展，决不要脱离现实，头脑忽然发热，自以为是，妄想用什么批评能改造一些非常重视个人既得利益，而又自以为思想水平极高，且有权随心所欲处理一切的长字号，触犯他的尊严和利益。改造他们，是由上而下的责任，可不一定是你们一点对国家

① 曾敏之：《天末怀沈从文先生》，《我所认识的沈从文》，第180页，岳麓书社1986年版。

的单纯热情能感动扭转的。不久行将出现的清党整党，是党内的事，名分上鼓励党外人说话，事实上任何话都要说得有分寸，且必须一切出以善意的建议，决不宜大意轻心。越谨慎小心越好。因为外边人许多事如在鼓里，不大可能明白一些真正问题何在的。特别是所知道只不过是表面关系，而内部的什么关系，党外人无从明白。”收入《全集》第25卷。

5月9日　中国进出口丝绸公司给沈从文来电话，商讨帮助东北柞蚕纺织印染厂生产事宜。

5月10日　致信王㐨，为接待东北柞蚕纺织印染厂专家事，向王㐨商借资料；同时述及自己在政协的一些提案及工作中的一些遭遇：“在过去廿年里，党有意把我安排到政协，给我有机会对于这个问题说说话，建建议，前后廿个提案都得到通过，并由政府指定三个到五六个部执行。（照例先前几年，还会于次一年把执行情况在一定时期通知提案人。）事实上以文化部而言，即在郑振铎时代，这老朋友还算是最最关心文化艺术的继续性，而知识兴趣又特别渊博广泛的一个首长！事实上，在所主持下的文物部门工作者如何共同提高，才能处理以千万计的新文物，就没有认真考虑过。一切还不外以个人为中心来进行工作，这也就才会轮到我这么一个‘半瓶醋’推‘独轮车’继续下去。想到这点，真不能不使人痛苦！回想起六四年政协会最后一次补充提案，由总理亲批六个有关部门执行，提案末尾，听审查提案的某常委熟人说，总理还亲批了几个字说‘这是内行的意见’，这位常委只知向我道贺，以为得总理批注而道贺。我当时却感觉难受。因为提案即或得通过，早断定一到执行各部时，就会敷衍了事。特别是建议中五个有条件大博物馆，应当有专人负责来协助生产而提供便利问题，文件即或已下达到各大博物馆，馆里抓业务的第一把手，就绝不会认真照办，始终不懂得什么才叫做尽责二字的意义。被动情形问到头上时，由于所主持部门也不深入，回答不了问题，只敷敷衍衍了事，或借口任务忙，无从对外接待额外任务，一推了事。陪同看看陈列，也不甚热心。但一到什么外宾光临，却精神振奋，喜气扬扬的来完成‘政治任务’，在休息时还忙着递烟倒茶。甚至搞《服装》，连带考虑，也只是在使总理高兴，而机关有面子，绝对难于想到主要是对本机关还有用。所以情况稍有变化，对我这份工作，就毫无兴趣可言，甚至于不少人都乐意我离开，遇外面人问到我时，常以很少到馆作答，有几回从国外请回来的朋友，想见见我，也托辞因病拒绝告知住处，从未理会到我在干什么，而对机关不仅不是什么累赘，相反我的工作方法和态度，还应对馆中接手人或多或少有点有益启发，在目前位置上，在国内外都并没有辱没这个‘研究员’的名分！也并没有辱没作一个共产党领导下的‘正当公民’名分！可是不成，总的说来，客观印象我却是个思想落后不求进步的老朽。”该信缺尾。收入《全集》第 25 卷。

5 月 12 日　致信张允和、张寰和等人，议及封建意识问题：“尽管又开始用老办法，在鼓励群众说话，可是对过去种种还能回忆，留下个深刻痛苦印象，又深患本业今昔情形的，即以党员言，也还多在等着瞧的心情状态中，保持沉默。最不易忘却的，即说到某一时，也许一触犯某种忌讳，即有可能把矛头转移向说直话、说真话的知分头上，成为大批对象！知分中，不仅一般老、中年有此预感，即在文化大革命到处搞串联活动，一时人近而立的青壮，也成为一种“常识”。老实熟人党员如卞诗人，一来谈天，也把这种‘世故哲学’代替了‘原则’和‘党性’，以为‘不开口，张耳听’为上策，别的人自然更不怎么慷慨激昂，妄以为发抒意见是时候！即或说的问题十分对，也无多意义，因为报纸是一份属于公开知识，而报纸以外，还有另外一份永远不可能公开的知识，两者一折衷，即可得到真正有现实性的启示：‘多谨慎作事，少胡乱开口。’国家有希望，目前却还多困难，必须正视这种现实，先努力来学做个合格的公民，实有必要！对国家明天和个人出路，都不妨天真一些，十分乐观的把日子过下去。但对现实存在眼前身边的一些问题，可万万不宜自以为有力扭转，特别是更不宜妄想，认为‘四人帮’一打倒，凡事好办。要比较正确的认识封建意识在上中下各层已泛滥成灾，并不是这十年的四人帮混入政治最上层的结果，事实上却由封建意识的广泛抬头，才会出现四人帮。四人帮的产生存在的原因，若缺少正确认识，只把社会混乱、生产破坏，领导老的消沉、中的无能、少壮的向上爬进取方式，多从便辟巧佞逢君之恶下手，大的四人帮完事了，后遗症还是普遍存在，对社会好转形成极大阻力，任何好的理想，都不可能成为现实的。”收入《全集》第 25 卷。

5月13日 下午，东北柞蚕纺织印染厂专家一行来访。

5月16日 为姚雪垠请求查阅明清资料事致函姚雪垠，时姚雪垠正在写作《李自成》第3卷。本信未收入《全集》，现藏邓州姚雪垠纪念馆。信件全文如下：

雪垠兄：

月前函书，不曾作复，歉仄之至。因弟手中所有零星丝娟（明清二代），均分散于熟人处，无从集中。又先后编选几本丝绸图录，也通通为人借去，尚未归还，所以不便作复。材料近日已送弟处，兄若还要看，盼来示告一时间，（信寄东城小羊宜宾胡同五号，我在赶服装说明），弟即可在指定时间内去东堂子胡同工作室相候。尊着听不少熟人谈及内容丰富。且称解放以来鸿章巨制。可贺可贺。

出版社上次退还的《满洲实录》一函，内中缺少一册，盼能问下落，此书并不是什么值钱的复印本，但对弟搞的工作，却相当有用。并且还得供别的熟人大家使用。能“原璧归赵”，十分感谢。或有必要，即由弟出一点线，给出版社保管这份材料的人，作为找回报酬，也不妨事。（错处或责任不在他们，或许是另有“爱好”者借去，责任或应在弟，同类事是经常发生，用如上方法找回。）主要还是便于以后别的朋友借用，因为弟所有图书，多从大家便利着想。（每书前必附写上“此书可借，使用后盼能见还，望莫冻结在私人手中，便于供大家使用”，此书恰恰忘记在书头写上。）从来不看作个人私有物，所以缺本能设法补足，即花点钱也十分平常，甚至于可说是应该的。麻烦出版社同志，一并致谢！

并候佳好。

弟 沈从文五月十六[1]

5月25日 致信程应镠、李宗蘖等人。据未完成信稿收入《全集》第25卷。

五月 以章草为苏州书法家葛鸿桢重书四十年前旧作。该书法作品简况如下：“这件作品宽十九厘米，高九十三厘米，纸本、朱丝栏八行，含上下款及正文

① 参见吴永平：《也说沈从文的襟怀》，《博览群书》2013年第4期。

实际书写十五行，约计一千二百字左右。起首钤朱文‘沈’印一方。印下栏外补书上下款：‘鸿桢兄指教，弟从文习字，丁巳五月于北京住处废纸乱稿中捡出’一行。中间用小今草书题跋六行，后署‘从文时年七十进五，于北京之窄而霉小斋稿堆中。’跋文左侧为附录沈老自著《书法发展》有关章草之形成一小节共四行，左下角钤朱文‘从文’印一方。”[①] 该作品对了解沈从文的生平、思想及书法理念有重要作用，兹录如下：

条幅释文

崔瑗《草书势》：书契之兴，始自颉皇，写版象迹，以完文章。章草之法，盖又简略，应时谕指，周旋卒迫。兼功并用，爱日省力，纯俭之便，变岂必古？式观其法，俯仰有仪：方不副矩，圆不中规，抑左扬右，望之若欹。鸾岛鸟峙，志不飞移，狡兽慕骇，将奔未驰。状似连珠，绝而不高，畜怒佛郁，放逸生奇。腾蛇赴穴，临时所宜。张怀瑾《述章草》：章草者，汉元帝黄门令史游所作也。游作《急就章》解散隶体，犹存字之梗概，减其规矩，纵任奔逸，赴急就来，因草创之义，故曰“章草书”。夫行草即隶书之捷，亦章草之捷也。姜尧章《续书谱》：真行草书之法，简便痛快，出于章草。

跋文释文

此小条幅劣书，系四十年前，因抗战时于匆促中随西南联合大学，迁移云南昆明，为穷学生募捐而书二十条幅之一，相距已四十年。先为汉华同志所得。半世纪以来，社会变化剧烈，胜利复员后，闻曾转入其父伯翔先生书斋中。今复为伯翔先生之极小世兄携至住处，云四十年中始终在其姊与父亲身边，不忍舍去。伯翔先生辞世后，复由堤华小弟手中保存，嘱题数字留一纪念。闻之令人深怀感慨。

① 葛鸿桢：《历尽劫数义迹在 重书惠泽道中人》，《葛鸿桢论书文集》，第171页，中国文联出版社1999年版。

半世纪以来，社会常在烈变化中。人事风雨，倏忽不定。个人学习叙事文，用笔卅年，一切积累，早均付之一炬。即远逃台湾之蒋匪残余。亦放不过机会。于五三年除将个人所有已印待印作品焚毁外，尚明令禁止，永远不得再印与读者见面。亦一奇闻。此外手边存书，亦在去来不定之风雨中，散失殆尽。不意此小小字条，尚保存于两代友好手中，思及种种，不免令人眼湿。因重书廿纸，分赠旧友，并略述经过。且将近年所作《书法发展》有关章草之形成一小节，附于纸后，作为共同生于此伟大历史时代，彼此年均早过七十，虽老而不甚衰，尚复各有童心未尽丧失，一点纪念，字之优劣，则所不计也。

从文，时年七十进五，于北京之窄而霉小斋稿堆中。[①]

该书作同时附录了沈从文论书著作《书法发展》之一部分《章草之形成》，《书法发展》未见于沈从文著作各种刊本，兹据葛鸿桢文摘录如下：

秦俗尚朴质，文字重均衡，政权统一后，天下尽同文。若据杂铭刻，得知非创新，只是加概括，而总其大成。相传出李斯，至今为世称，及至西汉初，犹复相因循。一沿错金法，笔如玉筋匀，一因求捷速，錾刻平直增。铜镜与炉灯，多刻犹可征，及至西汉中，始日趋两端。刘彻好铺张，乐府尚新声，文人作辞赋，字体日转繁。为便于应用，简字易流行，商业及吏事，要求更切殷。彼此相制约，变化必然兴，章草或较早，笔法缭绕新。试一作分析，结构极紧严，略与古泉比，并证兵器铭。由之启深思，部分得其真……传世诸章草，部分待比勘：钟繇传《戎路》，尚余分隶音；至如张芝草，真伪殊难言；陆机传《平复》，时代待深研；敦煌有索靖，笔如砍削成；《月仪》笔娟秀，刚柔相兼精；证以北凉经，一脉尚相沿。至如二王迹，真伪宜区分，《豹奴》作章体，犹多古意存。……[②]

---

① 原件未见。释文参见葛鸿桢：《历尽劫数义迹在 重书惠泽道中人》，《葛鸿桢论书文集》，第176–177页，中国文联出版社1999年版。

② 参见葛鸿桢：《沈从文〈书法发展·章草之形成〉注释》，《葛鸿桢论书文集》，第178页，中国文联出版社1999年版。

6月10日　在报纸上看到巴金新发表的一篇文章，非常高兴，致信巴金，谈自己的感想和生活近况。收入《全集》第25卷。

6月18日　致信杨明义，同时寄赠自己的书法作品。收入《全集》第25卷。

致信张寰和、周孝华等人，表达自己的谢意。收入《全集》第25卷。

6月19日　致信张香还，谈及自己在工作中的遭遇："因为社会在过渡期变化过大，又过于迅速，在忽彼忽此情形下，所搞的工作稍有头绪，照例却在倏然而来的风风雨雨中，一例把所有积累毁去，只能说是走了一小段路，终于还是被深通新的'世故哲学'的集体形成的势力所绊倒，被自然收拾了。不可免接受这一现实，至多在少数熟人中保留下一个'最后吉诃德'的可笑印象，就将慢慢消失了，一些新的'唯心主义'学者，也许还将活得更活泼愉快，因为新社会至少在近半世纪或一世纪内，还始终得这种人点缀场面的。"据信稿收入《全集》第25卷。

致信宋伯胤，同时寄赠自己的书法作品。收入《全集》第25卷。

6月20日　董锡玖赴敦煌考察乐舞资料，为此致信常书鸿，请予便中予以"热情指示帮助"。收入《全集》第25卷。

6月21日　致信沈虎雏、张之佩。收入《全集》第25卷。

6月29日　致信沈虎雏、张之佩，谈及对大学教育及文学问题："大学里因为新陈代谢不正常，留作助教的成分好成绩可不一定好，已前后十多年，不大中用是普遍情形，如何提高是个难题。工厂政工干部多，业务上得力干部，可并不多。教育部门中，干部也经常编制高于教师，有占百分比到六十以上的。老教师日老、日少，顶用的日益不足，要求严也不能扭转当前局势，因为下降已十多年。中学师资也是问题。有不少先生，恐无从完成责任内事情。文学刊物水平之低，是有目共睹的事，无宣传效果的作品，充斥于报纸副刊上，使人感到痛苦，还经常可听到说某文'思想高'，某作品'文境和思想均属第一流！'事实上都平常之至，年青人都觉得无多意思。想提高不易提高，惟销路还是不少。这大致也不像是三几年即可好转事情，似乎得重新开始。"收入《全集》第25卷。

6月30日　复信施蛰存，并寄赠书法作品，该信未付邮。收入《全集》第

25卷。

六月中旬　两次草拟致宋伯胤信稿，均未寄发，信中谈个际遇和自己的历史研究方法。两信均似本月19日致宋伯胤信的未用稿，与发出的信有较大差异。据信稿收入《全集》第25卷。

六月下旬 致信程应镠、李宗蕖。本信有缺失，据残信收入《全集》第25卷。

7月10日　复信沈虎雏、张之佩。收入《全集》第25卷。

7月27日　上午，致信沈虎雏、张之佩，谈及服装资料："我的《服装资料》大致要印，正赶说明，完成后，或另给邓颖超一个信，因为是经总理同意作的。已耽搁了十四年，初稿审查通过是六三年事，幸亏所制玻璃版二百面已在行将处理时抢救了出来：现在付印花费少，所以我大致还可望眼见到它的发行。这只是十分之一的工作，若这十年不受'四人帮'的干扰，可以照常进行，至少也可以完成到一半。现在看来精力已不大济事，即或受鼓励再作下去，至多能把拟作的一二册完成也不错了。主要是得力合用的助手并不容易找寻，所以不存不现实幻想。若年终政协还有我名字，至多也只能把前年着手的较小专题已着手待收尾的十个能一一完成，再提出十个估计可以进行的平时又较熟习的争一二年时间加以完成，大致也就差不多了。主要原因是储备材料在文化大革命中已散失罄尽，现在重新着手，相当麻烦，只有让后来人摸索去了。有的工作事实上是无多用处，可有可无的。（新社会总是从'现实'有无用处看待工作，'现实'有时是范围十分窄的。）"收入《全集》第25卷。

8月9日　为住房问题，致信邓颖超："个人原有图书资料，业已散失一空，住处也改为一小间，约十六七平方，搁放新收资料，即难容纳得下，因此只好和家中人分开居住，生活工作，均感困难。请求调整一下住处，闻馆中人相告，此事得由国务院安排，馆中无从为力。当时总理正在病中，可不好意思把这些小事给总理添加麻烦。'四人帮'打垮后，政治局面一新。我今年已七十五岁，体力虽不如十多年前健康，工作情绪还未衰退，迫切希望还能争几年时间，把总理生前交付给我这份任务，努力完成？并尽可能把其它所学，在国内文物研究始终还是‘空白点’的部分，我由于常识较多，也能从‘共同提高’目的着手，把能写的逐一写出，才对得起党的教育，和总理对我的期望。因此写这个信，盼望能得到您一点帮助，为解决一下住处问题。房子并不要求太好，只希望房间宽敞一些，环境比较清静，交通也还便利：家中老幼三代六个人住在一处，日常生活能得到一点照料，工作室能够把应用图书资料分门别类摊开。翻检查用时，不必我爬向高处找寻，使家中人为此担心跌倒。助手抄书、绘图，还有个空处可以坐下来从容进行工作。外边人来商请协助工作，借看资料时，还有个回旋余地，不至于影响到家中人，使他们生活工作受妨碍。……估计能有四五间房子，就可望把这点有限生命，集中用到待进行工作中去。对我说来，这种新的工作、生活条件就够好了，算得十分幸运，此外再无多求。烦扰您处，实在深感不安！”据信稿收入《全集》第25卷。

8月10日　收到孙女沈红来信，遂即复信。收入《全集》第25卷。

8月13日　收到老师田名瑜来信，旋复信。收入《全集》第25卷。

8月15日　致信杨伯达，谈收回放在故宫的图书资料事宜。本信未收入《全集》，兹照录如下：

伯达老兄：我在丝绣组协助工作时，办公室中还有些绸缎材料，闻在文化大革命已一例归入库中，这些零星资料实属我私人所有，供参考用的，并不怎么贵重，胡胡涂涂收入库中，无从登记，反而会成为累赘，不易处理。但对我却还有用。七二年，我由湖北回来后，即有信给吴院长，无结果。现在盼您能了解一下情况，或为我向吴、彭二院长一陈原因，在较近时间内，得到合理解决，十分感谢。并致

敬礼。

弟　沈从文八月十五

东城小羊宜宾胡同五号转

材料有些背面注有名称时代价钱及收于某某。还有四扇粗线彩绣花鸟炕屏风，不是什么“文物”，是我为供生产参考而收的。[①]

① 参见吕埴：《沈从文〈致杨伯达信札〉小考》，《收藏》，2019年第4期。书信文字据原信影印件校核。

8月16日　致信沈虎雏、张之佩，谈自己对时局及人生的认识："阿谀逢迎已成多年习惯，说改，真正从那里改起？有可能到一定时候，要求一变，却又矛头另指，来个新的什么反右运动，换过主题，结果将仍旧是一些书呆子遭殃，而官僚和饭 × 则一同皆大欢喜。所以凡事万万不要自以为是，不宜忽然心血来潮，在一些不明白底细问题上胡乱说话。更不要天真到相信某些老运动员的一时花言巧语，有意怂恿人上了高梯，其本人却在暗中指使另一些人来围攻。永远保持冷静，至少可以免大过，也不至于为新出现的官僚群种种而即灰心丧气。国家要人爱，事情也总要有人作，又肯定会不断有人诚诚恳恳、热情忘我的在作，一切向好处努力，能忍受倏然而来的灾难，以及必然不少的困难挫折。国际问题有伸缩余地，不是什么一成不变，在倏忽变故中也会出现翻覆，一切冷静些，即不至于使作人的信心受挫。必须长远记住，我们还是活在一种书呆子似乎永远不易理解的社会发展过程中，尊重现实而不过分多幻想，一切谨慎万分的照旧认真耐烦工作，却不存任何无根幻想，就对了。要把身体搞好些活下去，多做点事，而少说点话，十分要紧。因为有许许多多大小事，都是我们永远不易理解的。（居多中委也不真理解！）社会就是包罗万象泥沙杂下而不断从弯弯曲曲过程中进展的。绝不会是什么理性、原则能支配一切事，更不是好人就必然会活得比较好。（事实上有时还易倒霉！）真正有实力实权的什么都对，是治人的。而知分，以至于书生所谓'正派性格'，却不一定真有'市场'或'出路'，这些人因为对事还有理想，还存幻想，由于不切实际，会在以后不断冲击下消亡。这是社会规律。千百万人恃之为生，或可利用为向上爬的柱杖或梯子，在某一时都自会为人说成是'真理'。"谈及自己时说："最近听一个在编中华民国史稿的朋友说，在计划内，《文苑传》中有我的名字，将由某人作一二三千字传，是和闻一多、李公朴、邹韬奋、顾颉刚同列的。（大约算得是应肯定的过来人。）从一般说来，即大致算得是'光绪牌'民主革命中一员小小战士，作品一时有过小贡献，对新社会则成过去人物，无什么意义可言了。客观上能得到这么结论，应可说够幸运了，因为一同干这个工作的不下千百人，大多都在各种不同人事风风雨雨中，吹打得完全失去意义。（不少人一时间善于相互吹捧，俨然天下唯我，可是受不住历史陶冶，十年二十年后，即已无人注意。）我却有这么结局，不能不说是够幸运！还听人说到，有些写近代文学史的，过去骂得我一钱不值，近来也改变了些口气。我却从来不想到在这问题上，和一些‘奉命执笔的大批评家’争是非。一切尽凭他们胡说好了，因为当时工作目标，并不在得这些人的几句恭维，因之也不会为他们胡乱批评而难受。一直在试探中工作了近卅年，并不为一时小小得失而动摇过，也不为小小成就即自满。只想方设法突破外面的障碍和个人内部的弱点而用心。直到解放，明白独立工作态度已失去意义，不容许存在，才决心放弃了这个过时工作，另外从头学起，来搞文物，‘学习为人民服务’。坚持放弃旧的所有，毫不动摇。下决心放弃了‘空头作家’一切好处也不动摇，宁可以过一种十分寂寞日子，放弃那种名分上的一切好处，这廿五年在风风雨雨中不至于和老舍、巴金一道，成为运动中的扫荡冲击对象（因之也不至于使你们因而受累），或许也有些关系。其中主要自然还是有妈妈的帮助，若她是个欢喜热闹如二姨一般性格的人，五三年在怀仁堂受主席鼓励，再去写几年小说，不自量力，准会出事故，那时可不便向她说，是受鼓励才动笔的！又五八年我受中宣部文化部某长的鼓励，当成百作家的会上，要我做北京市作协主席，如一时头脑发热，冒冒失失答应下来，结果恐不免比老舍倒得更早，也更惨。近闻已宣布，死不叫‘叛国畏罪’，可不许联系到‘文化大革命’上头。是听和他熟人说的。我若贪图一时生活上以至虚名上点点好处，岂能避免此一招？犹记得我当众推辞此高贵名分时，即老老实实的表态，‘我是个拿不上台盘的人，不能干这个大事，还是作个博物馆说明员好。’一切过去事，还如昨天才发生，事实上却已过了快廿年，这廿年变故中，毁去了多少有用的人！因为‘文化大革命’也过了十多年。有人说我有什么‘预见’，事实上那里有什么预见？不过是怕事不中用，并肯定明确自己不中用，对付不了易变的人事，因此决不投机取巧，只图切切实实努力，尽尽自己能力，在新社会作个合格的新公民就算尽了责任，幸而免去裹在作家群中这一场大灾星而已。即或这样，此后是否即可平平安安，太平死去？还是难言！能够比较平安，把所负担工作尽可能作完，照自然规律于小病中报废，才真是幸运！”收入《全集》第 25 卷。

复徐维函。收入《沈从文全集·补遗卷 4》。

8 月 28 日　金介甫第一次写信给沈从文，介绍了自己和自己的研究。信中说："费正清先生是我的教授之一，费氏说他在北京曾见到您，又说好象是徐志摩给他介绍的（同时，那位伟大的诗人给费氏说明：一个兵变成文学家是一件怎样了不起的事情）。可是这件小事您大概记不清楚了。去年我在哈佛大学任教；今年我是纽约市圣若望大学亚洲研究中心的教授，兼任哈佛大学费正清东亚研究所的所员。一九七七年我写完了一篇哈佛大学的博士论文，题目是《沈从文著作所描写的中国土地（尤其是湘西的土地）》。论文特别谈到旧时代军队里的生活，苗族的风俗习惯等等。我翻了翻严如煜的《苗防备览》，才认识'阿姊'，'代狗'，'代帕'，那些名词的意义。今年五月一号我和哈佛 Kuhn 教授有机会跟中国社会科学院近代史研究所副所长李新、费孝通、钱钟书见面。哈佛大学的人都感动极了！那时候我向钱先生问您好，然后才敢跟您通信。今年六月末，我寄了我那篇博士论文给您，由中国作家协会转送了。那是用英文写的，而且有五百多页。如果您不但有懂英文的同事或朋友，而且有法子批评我那篇论文，我就感谢您能为它改正缺点。"①

八月　致信陈从周。据未完成信稿收入《全集》第 25 卷。

9 月 8 日　复信沈虎雏。收入《全集》第 25 卷。

给孙女沈红复信。收入《全集》第 25 卷。

9 月 17 日　复马国权函。收入《沈从文全集·补遗卷 4》。

九月初 复信陈增弼，谈镜台、火炉台事。据未完成信稿收入《全集》第 25 卷。

九月下旬 致信杜运燮，忆及自己在午门城楼工作时种种："一时教现代中国文学的什么什么教授，近于'望风承旨'的骂得我一文不值。我一声不吭的上到午门楼，免得成为新人'绊脚石'。当时有十二个教授，部分学考古，部分学历史，大家都乐意坐在工作室务虚谈天，我却到零下廿八度不许升火的午门楼上陈列室成百上千文物柜前转来转去，一面学习一面作解释，或在五凤楼灰扑扑阴森森库房坛坛罐罐间做文物登记，经常在十二点摇铃关门时忘记下楼，就

---

① ［美］金介甫：《给沈从文的一封信》，引自本社编：《文坛老将》，第 133–134 页，花城出版社 1981 年版。

被同事有意无意的关在库房中，直到下午二点才放出，见到我时，还装成歉意的说‘老沈，怎么饭也忘了吃？’另外有人一见到我一出来也不生气，或感到什么难受，又即刻去为人作说明，以为‘怪得有趣’。同事中引为笑谈时，我倒也觉得他们很怪。”收入《全集》第25卷。

九月下旬　程应镠来京修改即将出版的《南北朝史话》，多次来看望沈从文。据程应镠回忆：“一星期中，大约有两次去小羊宜宾胡同。在那里，我没有碰见过什么人，和上海一样，知识分子来往极少；只见过一次卞之琳，一次周有光。”①

九月 致信沈虎雏、张之佩。收入《全集》第25卷。

10月4日　致信沈虎雏、张之佩等。收入《全集》第25卷。

10月5日　复信杜运燮。收入《全集》第25卷。

10月13日　致信周晓平。收入《全集》第25卷。

10月16日　收到沈虎雏的来信，读信后半天不语，张兆和问其故，答曰：“红红在校受压力大，我很难过。”“他联想到自己少年时代，在旧式军队中，人小，受人欺凌，一肚子委屈无处申诉，因而替红红难过。”②

10月19日　致信张之佩，以自己幼年生活为例谈孩子教育问题：“小时不听家中的教训，常逃学、胡闹，家中不明白孩子心情，总以为私塾老师严，可以纠正我的逃学习惯。事实上料想不到，越严、处罚越厉害，越无效果。倒是后来遇到那个田老师，来学校教作文，穿件竹布衫子，又不大说话，平时也从不打骂学生，十分朴素的教了半年语文，关系极浅，某种好印象，却在小小心子中扎了根。而在一切亲戚都对我失望时，只永玉的祖父（那年他正在天津回家乡）说：‘小孩子，顽皮，动手动脚，不碍事。大了些自会转好！’我却心服，后来真的转好了，比一些小同乡有出息得多！”收入《全集》第25卷。

10月20日　致信王亚蓉。收入《全集》第25卷。

---

① 程应镠：《永恒的怀念》，《长河不尽流》，第141页，湖南文艺出版社2018年版。

② 张兆和复沈虎雏、张之佩（1977年10月17日），《沈从文家书》下，第667页，江苏教育出版社2005年版。

10 月 24 日　为伊洪调动工作事，致信李健吾。收入《全集》第 25 卷。

10 月 25 日　到八宝山革命公墓参加蒋彝的追悼会。见到吴有训。

10 月 30 日　清理杂物时，发现 6 月 30 日致施蛰存的信未曾付邮，遂增写附言，粘好封口，准备付邮。但最后还是忘记了付邮。据信稿收入《全集》第 25 卷。

十月初 致信王矜。据残存信稿收入《全集》第 25。

十月　复信杨克毅。收入《全集》第 25 卷。

11 月 2 日　致信周晓平。收入《全集》第 25 卷。

11 月 4 日　致信王亚蓉。收入《全集》第 25 卷。

11 月 11 日　致信王亚蓉，谈及自己的性格："我有些性格上的悲剧性，多来自极小时受社会压迫而形成。可以说是来源极远。机会较好，环境较好时，这种内向型性格，可以成为一种前进的动力，提高向知识进取，克服任何工作困难的信心。从不为困难压倒。这就是过去五十年前，能够一切从无到有，写了廿年，在十分难堪条件下，还是把许多所谓'作家'拖到后面，一直向前原因。同样也是在解放后，所有作品被一把火烧尽以后，又从无到有，改来学花花朵朵坛坛罐罐，不到三五年，另起炉灶又取得一定进展原因。可是到从一系列熟人方面，明白社会变成以'世故哲学'为主要本领，以'阿谀逢迎'为所谓'红'的表现时，我觉得一切工作都无多意义了。客观环境重在'务虚'，能言会说的总占上风，善于弄虚作假的日子都混得很好。……我在这种风气下，当然无可为力。工作虽还在继续作，但并不抱什么不切现实幻想，只像是在尽一个新社会新公民的责任，生命用尽，倒下完事。也无所谓什么悲观，只近于正面接受现实，得到应分得到的而已。过去多年来，常听人说'某某为人真迂不可言'，现在才真正明白迂字的含义，有它的可笑处，即不承认世故哲学，形成它的悲剧性，可说是自讨的。从另外某些人说来，也可说是'思想没有好好改造'，'书生气'十足，合当事事吃瘪。也许在另外一时社会还需要，但我已等不及这种机会即报废了。"收入《全集》第 25 卷。

致信王亚蓉。这是当天写给王亚蓉的第二封信。收入《全集》第 25 卷。

11 月 12 日　致信王亚蓉，叮嘱她："给你信中提及的属于个人一时心情不愉快小事，盼你注意，万万不宜与任何什么朋友提及。你必须明白，彼此情形大不相同，不管是你或你的朋友，出于什么好意，所谓好意若用不得当，都会成为‘帮倒忙’，只能得到极不好结果，使我对你失去应有信任。你要认真注意到这种‘自以为是’的好意，所得结果，或许是能加速毁人的。有时业已使人受损害，你自己还不知道。这对你也十分不好！你应当明白，凡事要有分寸，决不宜凭主观逾越界线。”收入《全集》第25卷。

11月18日　致信张宇和。收入《全集》第25卷。

复信戴思文。收入《全集》第25卷。

11月22日　致信乌兰夫，汇报了自己的工作情况，并请求调换大一些的住房：“望能得到统战部方面，能加以考虑，为了我工作的便利，和生活上便利，能帮一点小忙，在较近时间中，为调整一下住处，让我有个比较便利于工作，和便于接待外单位商讨协助生产、教学、科研，为提供资料的方便的新住处，我个人能有一书房一工作室，工具书外借能收回的想法收回，必须添置补充的加以补充，有个搁放处。亲属中老幼四五人，也有个两间房子，平时照料我一下生活，客人来商洽工作时，还有个回避处，不必要在十冬腊月只能向寒气结冰的小小临时厨房逃去，就真正是感谢不尽！”据信稿收入《全集》第25卷。

11月24日　复陈增弼函。收入《沈从文全集·补遗卷4》。

11月29日　魏荒弩来访，拿出莲花笺纸一式六张请沈从文鉴定其年代，并请沈从文在其中一张上书写诗作。

十一月末 致信张之佩。据缺尾残信收入《全集》第25卷。

12月2日　复魏荒弩函。收入《全集》第25卷。

复张煦和函。收入《全集》第25卷。

12月7日　复魏荒弩函。收入《全集》第25卷。

致信沈虎雏，述及自己平生遭遇，无限感慨：“许多四十年前‘老同行’，据我所知，其所以在生活上吃得开，过得顺利，主要长处，都是精通‘处世哲学’，善于适当其时的表态，并不是什么对国家和人民真正有何等热爱与深刻理解，以及特别有益贡献：作诗写文章，依旧轻飘飘的‘葫芦依样’，也不必要有什么深刻独到见解。若说过去是这么个‘蜻蜓点水’的做作家，现在依然还是这么做作家。而且更容易！因此过去在宋美龄身边、蒋光头身边吃得开的，目下一切照样，看来还是吃得开。这同时也就可以明白我过去‘吃不开’，今后仍‘吃不开’的根本原因何在。目前如 ××× 辈，虽已成‘臭狗屎’，可是过不多久，也会又将以新的经过转变大哲学家而出面。都不是什么意外事。但是我，或许却难望工作得到应有肯定的一天。因为社会所需要于我们一代处，经常只是能起一些点缀作用，并不要求踏实具体做出点真正纪录突破的工作，所以人家不甚费力即可取得良好成果，我却十分认真努力，得不到什么应得进展。也许再过一二十年，其中有少数人，如王序等明白我作的意义，可是到那时，我却早已报废了。这真近于悲剧的生命，或应当说是由于悲剧性的性格的结果，只能由个人负责，不宜对客观抱任何埋怨。所以即或明知如彼如此，势不可免，也并不即因之而灰心丧气。但十分明确，这种做人方式，在现社会是行不通，弄不好的。工作上的努力，也不会产生什么好结果，则十分显明。”收入《全集》第 25 卷。

12 月 10 日　致信徐维。收入《沈从文全集·补遗卷 4》。

12 月 16 日　致信沈虎雏、张之佩等。收入《全集》第 25 卷。

十二月上旬　复荒芜函，并寄赠书法作品。收入《全集》第 25 卷。

本 年

春天 复信杨琪。此信是否寄出，待考。据现存未完成信稿收入《全集》第 25 卷。

夏天 与施蛰存论书法。以《书赠施蛰存》为题收入《全集》第 25 卷。

夏天 为收回暂存故宫的研究资料事，致信故宫博物院院长吴仲超。据未完成信稿收入《全集》第 25 卷。

冬天 致信某民间工艺美术专家。据未完成信稿收入《全集》第 25 卷。此信为复李昌鄂的信，补齐部分文字后收入《沈从文全集·补遗卷 4》。

1978年77岁

2月24日 全国政协五届一次会议在北京召开，会议选举邓小平为全国政协主席。

2月26日 五届全国人大一次会议在北京召开，会议选举叶剑英为人大常委会委员长。

3月18日 全国科学大会在北京召开。

5月11日 《光明日报》发表特约评论员文章《实践是检验真理的唯一标准》。

12月16日 中美两国同时发布关于建立外交关系的联合公报。

12月18日 中国共产党十一届三中全会在北京召开。

1月11日 马永暐、帆帆来。晚上，黄平将虎雏托带的油及鞋送来。

1月12日 致信沈虎雏，述及对中国美术的看法："近年流行写意画，占主要位置，使得大部分画家精力都在这方面学习追求。因之大量月份牌，都不外二黄、二李、吴作人、程十发，向国外推销，有宣传'百花齐放'作用，对内影响却以此十人来作标准，并不是好现象。京戏式的女将军分别出现、技术上说，比四十年前月份牌美女画不高过，趋时而水平不高，是问题。一时便宜了少数人，而对更年轻的一代，影响可并不好。图案画则更不明古典中万千出色真正伟大成就，转而追求仿效不三不四外来花样。影响最大，永远跟着外国跑，又永远无从平齐或超过，是织绣印染，恐还得有个较长远日子处于被动落后状态。主要是总的不学、无知。工艺品则也因为日趋尖巧、繁琐，美学基础近乎与'杂技'平衡，争难度，展出虽受称赞，在商品上争市场，不免有些惨。主要麻烦和许多问题或差不多。"谈及自己的工作时写道："文化部似闻林默涵作管业务副部长，又传齐燕铭有作政协秘书长可能，此二人较熟，过去关系也较好，而又正常，也将生活工作上的转机，都放在他们身上。因为一些未完成的工作，过去都是他们支持过的，如《服装资料》和帮工艺美院忙编的几种专题教材，也许一二年内还可进行下去。"收入《全集》第25卷。

1月16日　致信杜运燮，谈及苏仲湘、金隄。收入《全集》第25卷。

2月1日　中国社会科学院院长胡乔木提出，“可否向文物局或文化部商调历史所，使他写成中国服装史这本很有意义的书。”（沈虎雏：《沈从文年表简编》）

2月7日　复张寰和、周孝华函。收入《沈从文全集·补遗卷4》。

2月22日　复杨琪函，谈及《记丁玲》：“我们可去公园好好谈一回当时所谓卅年代文坛情形，因为那上下两册《记丁玲》，受种种影响，还没有写到的不少，虽在胜利后出过版，下半部是被扣了两年多，且删去了好些的。目前来谈，似不必有什么忌讳了，……”信后附《答杨琪草稿》，回忆了去监狱看胡也频的场景，谈及对作品的评价时写道：“《在黑暗中》一书之流行，并不是书的内容真正如何精彩过人，正如我们当前对一些革命元勋的旧诗，只宜从本人对革命有贡献应受尊重，不宜从诗文本身或和同时诗人作品比较成就上作过实赞颂。也如同写字，重在‘人’，并不真正在‘字’的好坏，这点懂得多些，就会明白我的改业原因了。”谈及自己的行事、为人：“在学校教这一行廿来年，却大大得到地下党员的支持，因为他们的上级明白我一切，不会是什么坏人，决不加入左联，可做的事或许比那些十分活动的作家还可靠些些。到某种情形下，活动十分的如胡风辈的野心，我根本没有，正相反，要我帮点小忙，却从不推辞。只是为人笨拙，要我赶风头随风转，实在无本领。且十分明白老舍、臧克家诸大作家的长处，我极端缺少。所以即正式推举去接老舍的手，也因自知无能，当面辞谢。但新的社会，我还是未必吃得开，因为社会即再新，或许还会保留些二千年封建余习，有形无形在发生作用，适当的‘巧佞’，还是有一定市场，远比正常的素朴努力得用。这一方面我必然居于劣势，也可说是近于夙命的弱点或缺点，再学习下去，也不会有什么长进的。”信及文章虽封好并贴上邮票，但并未寄出。据信稿收入《沈从文全集·补遗卷4》。

2月23日　参加第五届中国人民政治协商会议第一次会议，列席第五届全国人民代表大会第一次会议，入住友谊宾馆南工字楼。沈从文分在第三十三组，分属于文化系统。

2月25日　致信张兆和，谈政协、人大会议情况。

2 月 26 日　下午，列席全国人大会议。

续写昨天给张兆和的信。收入《全集》第 25 卷。

本日　《人民日报》发表《中国人民政治协商会议第五届全国委员会委员名单》，沈从文属于委员中的“特别邀请人士”。

3 月 3 日　致信张兆和。收入《沈从文全集 · 补遗卷 4》。

3 月 11 日　晚上，臧克家在家里宴请巴金，沈从文、张兆和、萧涤非、徐迟作陪。(《巴金日记》)“他们晚饭后又闲聊了许多，近 9 时才离开。”[①]

3 月 13 日　与人民美术出版社编辑詹蕙娟谈《宋元明清缂丝》文稿问题。

致信沈虎雏、张之佩，第一次透露了去科学院工作的意向：“工作得到王序和王亚蓉帮助，扇子部分已完成。不久或将送归党办的香港《大公报》发表，再改印成书。还像本书。因为这里约写的，那边出版容易又迅速。若住处能在夏秋解决，则此外一系列工作，必可望在继续进行中，今年完成四五个。服装部分，则第一部说明改成后，即可上交，大致易通过。也易付印。工作有可能转科学院，昨知文学所由沙汀和吴伯箫负责，人都较熟。可是若去大致是考古所，不去文学所。一时还不能定。因为所有准备廿个工作，都重在普及，说不上什么大不了的专。最有用大致还是旧的博物馆系统同志。但馆中对之似乎并不感兴趣。只闻增加大几百人，新近约四百人加入，其中首长即不下数十人，如副馆长、处长、主任、科长、秘书……位置都在我目送，全不是搞业务的。研究工作实说不上。听说每一事必经层层通过，不能直接和馆长对谈。新旧之间且不可免也会和别的机关相差不多的‘明争暗斗’新事物发生。所以如房子事可望解决，而工作又有帮手，或许科学院倒也省事。妈妈甚至也赞同此设想。”在谈到自己过去的作品时，写道：“最近闻一由法归来一教法文的某先生言，法国中学的中文教师，必考四本书及格，即过关，且为终身职。一为《水浒》，不是《红楼梦》，二为一种元明剧本，三忘记，只知也是旧书，四则是我一本《春灯集》。实在是意外事。万不必和人说，因为　这一类消息，照

① 吴泰昌：《亲历文坛五十年 · 巴金与沈从文的最后晤面》，第 25 页，江苏凤凰文艺出版社 2017 年。同时参见巴金当日日记（《巴金全集》第 26 卷，第 221 页，人民文学出版社 1994 年版）。

例在国内是理应封锁的，决不会见于什么消息上的（我若是党员就不同了）。我也是无资格知道的，因为这不合‘上面’需要。可巧在某人信中提及此事时，恰恰‘百科’一再要借我这唯一样本书，说是‘北大某和百科同在光华毕业系主任，因公事需要这书，北大虽有一本却不全。’还是辗转托晓平哥哥再请百科来借的。照百科说，这对我大有好处。我从各方面设想，却只增加忧惧恐怖负担，别无什么意义。因为人若在国外，如此情形，则回来必大受欢迎。但人在国内，只能沉沉默默。在二次文代会上，主席总理特别接见十二个作家时（我似乎在第三四，背后是杜鹏程），问我身体好些时劝我‘再写几年小说’，我只好笑笑，表示感谢，不知如何答复。记得还照了电影。”述及自己过去存放在故宫的资料的清理情况：“直到最近，还才得到故宫正式来信，回复我四五年前询问过大约六四年即胡胡涂涂没收我作资料的参考书一部分，列了个目录，大大小小约百六十册，至于绸缎实物资料，则除了四扇绣花小屏风以外，别的百十件明清锦缎尚无下落。事实上即早已混入库房，无从清理。”收入《全集》第 25 卷。

3 月 14 日　致信詹蕙娟。收入《全集》第 25 卷。

3 月 21 日　复信文物出版社薛必群。收入《全集》第 25 卷。

三月中旬　为借出的《春灯集》事，致信周耀平：“北大某先生借去的书，是手边唯一底本。此事总不免使我忧心忡忡。最好还是请求即早赐还，因为此事对我有害无益。照近三十年教育经验，从许多方面得知内外有别，我恐永远算是外人，工作即再努力，还得不到工作上应有便利，住处不予解决，即是明例。如当作内人看待可就大大不同。因之在同事中有上百人都可出国，可永远轮不到我。在作家中，我更无分，而老舍、巴金、冰心则世界到处都曾去过。当他们代表中国作家世界各国飞来飞去时，我却在午门楼上下，零下廿度情况中为一般观众做说明，不折不扣干了十年，而末了却在倏然而来的‘运动’中把存书一例处理完事。”据残存信稿收入《全集》第 25 卷。

3 月 25 日　复杨琪函。收入《沈从文全集・补遗卷 4》。

三月　从中国历史博物馆调入中国社会科学院历史研究所图谱组工作。在中国历史博物馆通知他办理相关手续时，“他误以为是办理退休手续，走进有关部门办公室的门，他紧张得几乎无所措手足，只是嗫嗫说：‘我还能做点事，请不要让我退休。’”①

4 月 15 日　为图书资料事，复信一阙名朋友。收入《全集》第 25 卷。

四月底　作《扇子应用进展·后记》。据手稿收入《全集》第 29 卷《扇子应用进展》集。

四月　晋升为研究员职称。

5 月 10 日　复陈增弼函。收入《沈从文全集·补遗卷 4》。

5 月 18 日　下午，钱锺书来访。

青年学生王晓强在王亚蓉带领下前来拜访，沈从文与他谈了学术研究的一些问题，“把出土的图像资料和传世的文献相结合，文献可以得到通释，图像可以得到确解。例如《左传》说‘使长鬣者相’，杜预注说，‘鬣’是胡须，这到底对不对呢？我们只要看看出土的有关胡子的资料就有大概了。”“将告辞时沈先生安慰我，说他想法给我找一个研究工作的条件。送我出门，又告诉我：‘我那年来北京报考北师国文补习班，管事的一听我小学都没毕业，把报名费都退了给我。结果三年以后他们请我当老师我都不屑去！’”②

5 月 20 日　复信杨琪，告知工作近况：“我名义上已转到社会科学院历史所‘图谱组’，事实上仍在此处工作。平时在一般情形下已不敢出门，只去学部见见几个首长，作为报到：因为是近三十年第一回，过去也没有此经验，不免有些窘迫感。凡事陌生。照估计，一年半载大致还将不易相熟的。我那里能搞什么‘研究’？滥竽充数，假斯文实冒充不下去的。因此心理上有个不易克服的弱点，即解放以来，对于首长总抱有恐惧害怕心情。不仅对陌生人如此，即过去十分相熟的郑振铎，一荣升部长后，也便不敢再见，见面亦无话可说。因为等级分明，差距悬远。真是无可奈何之事，不仅用‘可笑’二字即能为此弱点解嘲也。照家

---

① 凌宇：《沈从文传》，《凌宇文集》第二卷，第 10 页，湖南文艺出版社 2016 年版。

② 王晓强：《记学艺沈从文大师门下一二事》，《沈从文晚年口述》，第 229－235 页，陕西师范大学出版社 2003 年版。

中习惯，和小孙女即无等级，凡事必采商量方式进行。”收入《全集》第25卷。

5月23日　为《〈大公报〉在港复刊卅周年纪念文集》寄送文章《扇子应用进展》，并致信香港《大公报》。此信后被退回，沈从文为此作了旁注：“此信来年三月，原封不动寄还北京。十分有趣。”据作者信稿收入《全集》第25卷。

5月25日　复信吴崇文、吴添汗，感谢他们寄赠《书法》杂志，同时辞谢刊载书法作品的请求：“前年避地震在苏州过冬，适因天气奇冷，为糊窗户隙缝，抵挡风雪，裁了些纸条，又因不习惯浪费纸张，并藉之暖手，于是用七分钱破笔，涂涂抹抹，写了些杂诗送给龚明之先生，只是供友好玩玩，绝不宜公开付印于尊刊，所以盼千万不要随便付刊，感谢十分。弟实一典型庸俗之人，绝不想冒充新风雅。新社会凡事重实事求是，丝毫作虚弄假不得，过去虽写了廿多年不三不四小说，解放以后便不敢用‘空头作家’名分妄谈文学。近三十年只简简单单在文物系统中打打杂，一切心安理得，那宜在年近八十时，还存不现实幻想，于书法一门中，又复乱插一脚，伪作当行，增加笑料！辞拙意诚，幸能见谅，谢谢。”本信未付邮，据信稿收入《全集》第25卷。

五四前夕　作《扇子应用进展·前言》。据手稿收入《全集》第29卷《扇子应用进展》集。

五月中旬　作《“朱拓北魏佛造像”题跋》，据手稿收入《沈从文全集·补遗卷2》《龙凤艺术新编》集。

五月　致信胡乔木：“社会科学院将我工作关系，正式调过历史研究所，让我便于争取点时间，把在四人帮阴谋活动下受阻碍停顿了十多年的一些工作，早日完成，厚意深可感谢”。信中同时介绍了自己近三十年的工作。据残存信稿收入《全集》第25卷。

6月21日　陈白尘来访。陈白尘在日记中写道：“昨日看了葛琴，看了沈从文夫妇，真可谓悲喜交加。”[①]

六月　为工作调动事，复信一美术工作者，述及历史博物馆的人和事：“我虽

① 陈白尘：《缄口日记》，第313页，大象出版社2005年版。

在馆中工作已卅年，始终对业务上待解决问题无发言权。陈乔馆长也相识了快三十年，可是事实上至今还像是彼此都缺少应有理解。他主持业务，情形和韩馆长实在差不太多，似乎至今还不明白做馆长业务应当如何才算尽职。或许在新情形下，别有难心苦衷，不得而知。他主持的业务可能和我认识的“业务”不是一件事，所以过去偶尔谈及业务，不到三句话，即连打哈欠，只得告别。上月我已正式调过科学院历史所，就更不便向他作任何建议了。离开馆中，也可说‘势不得已’，因为如果为个人计，照理在五二三年间就有机会离开馆中，回归本行，重理旧业，日子过得会很好。到五八反右后，中宣、文化、文联一会上，还让我去做北京市作协主席，也当面辞谢。还是留下不动，尽我个人所能作下去，总以为总会有个转机，为国家可多作些有用工作，为新起的博物馆事业打个较扎实基础，因此任何挫折都不以为意……可是社会长在兀兀动荡中人事上的风雨反复冲击下，仅余下个年近八十的有限生命，其余一切工作积累，几乎全付东流，虽幸而不死，报废将仍是迟早间事也。”据信稿收入《全集》第25卷。

7月21日　不慎滑倒，伤及韧带，服用草药、白药粉治疗。

8月6日　与张兆和、沈红一起前往承德。

复信陈漱渝。本信未收入《全集》，兹照录如下：

漱渝同志：

承问事，回答不出，近于新式“高考”，“不及格”是意中事。一个快到八十岁的人，头脑若还比较正常，除了对国家当前和明天深怀杞忧，是绝不会还能注意半世纪前这些琐琐小事的！不久前，另一单位充满同样好意，要我写个作品简目，还只能交白卷！

想能见原。

沈从文

八月六日

8月8日　致信沈龙朱。收入《全集》第25卷。

8月11日　致信沈龙朱。收入《全集》第25卷。

8月20日　张充和自美回国探亲，到达北京。

八月初　复信张宇和、周孝棣。据信稿收入《全集》第25卷。

八月初　到石家庄考察河北战国中山王墓出土的大量文物。

八月中旬　与张兆和、沈红一起，到承德避暑山庄中国社会科学院考古所内蒙古队工作站度假。

9月13日　致信胡乔木，请帮助解决住房问题，并介绍自己未来的工作设想。收入《全集》第25卷。

据胡乔木夫人谷羽回忆："1978年乔木担任中国社会科学院院长后，又把沈从文从历史博物馆调到社科院历史所。大约是在1979年底，沈从文给乔木来过一封信，谈了自己在服饰研究方面的情况，同时提出自己的实际困难，主要是住房太小，工作条件太差。乔木工作很忙，他就先让秘书去看望沈从文。秘书回来反映，沈从文夫妇住房的确很差。他听后再也坐不住了，亲自前往沈家，还让当记者的狮子一同去。回来后，父子俩向我们描述了沈从文夫妇的住房：两间又矮又小的平房，屋里纵横交错拉着绳子，上面挂着各个时代的服饰图片，走动都很困难，光线也很暗，冬天再安一个取暖的炉子，连转身的地方都没有了，在这样的环境中怎么搞研究呢？但当时社科院住房很紧张。怎么办呢？乔木和儿子商量，准备把家里一套四居室的房子腾出来让给沈从文夫妇住，儿子搬去住他们的两间平房。我和女儿也都支持乔木和儿子的决定。只是后来被主管部门否决了。事情虽然没有办成，但乔木这份情意，我和全家人都感受很深。在乔木和有关部门关心下，沈从文的住房问题不久就解决了。后来，他又出面帮沈配备了助手，解决了医疗问题，对沈从文的待遇，他也亲自特批，由四级研究员调到二级。沈从文晚年总算有了相对安定的生活环境和研究条件。"①

9月17日　重摹四十年前的义卖条幅并作跋，其中有云："此小幅劣书，于伯翔先生故去后，复转入湜华小弟手中。特意捎来，嘱书数字。因忆及过去四十年种种，深感此难得友谊之可纪念，不免令人眼湿。因重摹廿纸分赠诸友

① 谷羽：《五十余年共风雨》，《我所知道的胡乔木》，第437页，当代中国出版社1997年版。

好。并略及经过。”“重书四十年前习字给相别近卅年之充和四妹，时七八年中秋。”以《重摹义卖条幅跋（之二）》为题后收入《全集·补遗卷1》《艺术题识录》集。

9月22日　致信钟开莱。收入《全集》第25卷。

九月中旬　复信一位老师朋友。据未完成信稿收入《全集》第25卷。

10月3日　致信张充和，谈及自己的诗作：“上次忘了带走那张小葵花，我已在上面写了几首打油诗。比起耀平、二姐的诗来，我作的只能算是打油体。也有人以为别具一格的。其实不过是建安体的翻新罢了。有的似乎还有点古意，但是现在读书人都很少有人读三营诗，所以会说‘即打油体也不合格’，首先是走韵出格。还有几首长的，内容都相当新，一些人看来也多不大懂，主要是‘读书人’都并不怎么读书。这是必然的结果。”收入《全集》第25卷。

10月6日　为赶写《中国古代服饰研究》，入住友谊宾馆。中国社会科学院在宾馆为沈从文包了两间工作室，王序、王亚蓉、李宏、胡戟。张兆和在致张之佩、沈虎雏的信中说，“爸爸情绪很好，精神也好。院部领导对他的工作非常关怀和支持。”[①]

10月19日　晚上，与张兆和、沈红一起去北京饭店看望傅汉思。傅汉思是作为“美国汉代研究考察团”副团长来京的，10月16日到达北京。

11月15日　写作《我所知道的杨振声先生》。本文《全集》未收，而萧乾对沈从文晚年对待杨振声的态度颇有微词，[②]在一定程度上影响了人们对这桩公案的理解，兹照录沈从文全文如下：

---

① 张兆和致张之佩、沈虎雏（1978年10月21日），《沈从文家书》下，第685页，江苏教育出版社2005年版。

② “我在五七年八月作协批判会上听到沈说我早在三十年代就与美帝国主义勾结（指China In Brief William Allan），我几乎不相信我的耳朵。他艺术高，但从阶级斗争中看到他的人品，并不高。我尤其看到他为《杨振声文集》所写的大批判式的序，心凉了大半！我并不后悔最后你的美好设计的失败。我见了面真不该（说）什么。只能向他表示当初（三十年代）没齿难忘的恩。我对他失去了早年的尊敬。卖友求荣，落井下石，都是很难饶恕的。”参见萧乾1994年5月24日致李辉信，《萧乾全集》第7卷，第292–293页，湖北人民出版社2005年版。

我所知道的杨振声先生

从文七八年十一月十五日

杨振声，原字金甫，后改今甫，山东蓬莱人。五四运动时在北大读书，和许德所、周炳琳、罗家伦、傅斯年、段锡朋、俞平伯等同学参预打赵家楼事（惟是否和许德珩等同时被军阀逮捕，得问问许德珩等）次年即去美留学，与俞平伯同行。俞不久即回国，杨或转赴英国。

回国后曾任教职于湖北武昌高级师范，与郁达夫同事。学生中后来较知名的有胡云翼、刘大杰。

民十三前后去北大任教，（和丁西林同住于景山东街东北转角附近。）北大留英教授丁西林（时任物理系主任）、陈源（任外文系主任）、周鲠生（法律系）、杨端六（经济系）、高一涵、王士杰（政治系），均在北大教书。杨作一中篇《玉君》，陈源作文于《现代评论》介绍十本作品时，曾对此书加以赞许。北伐军抵达济南，日本出兵占胶济线，包围济南，我外交特派员蔡公时殉职，杨曾作一文，写人民被屠杀惨状，此后收入全国中学教科书中。北伐胜利后，曾在燕京大学任教职，似与顾颉刚先生同时，此事问问顾先生必当能记忆时间。

不久清华大学改组，由美籍教师把持的“留美预备班”改为综合性大学，由罗家伦任校长．杨任文学院长，朱自清、俞平伯等均任为中文系教授。（余冠英为第一口中文系助教）清华大学此后发展，和在中国文史科学上的贡献，却都是从这一次改组开始的。

一九三〇年任青岛大学校长，闻一多由武汉大学转青岛大学主持文学院，游国恩到中文系任教，梁实秋主持外文系，张顾主持哲学系．傅鹰主持化学系，王恒守主持物理系。暑期中办暑期学校，聘请清华、北大各大学教授如罗常培、叶公超等到青岛短期讲学，学风上维持北大自由主义传统，不受山东军阀韩复榘干预，但仍难免受青岛主持海军并市政的沈鸿烈及韩复榘干扰，（这一段时间可问问社会科学院的吴伯萧同志，吴当时在杨身边任秘书。）因此不到三年即辞去校长职务，转回北京，因感于九一八东北事变人民遭受屠杀惨状，充满爱国热情，和当时在清华任国文系主任朱自清等一同编辑中小学国文教科书（爱国抗日），杨并亲自每星期去北师大实验小学试教。

卅四年起，又受天津大公报聘托，和朱自清等同编大公报文艺周刊。不久即改进三日刊小公园为文艺普通版，及“星期文艺”为整版。

抗战事起，上海战事爆发前夕北大、清华、南开三校负责人，在京商量南迁事，决定趁第一次平津通车时即南行，杨即参加这次会议，并和三校负责人和在会议中决定应即时南行诸人，于第二日一早即一同赴津，转南，到达南京后又即商定在长沙成立三校合并的“临时大学”，且在衡阳设立分校，杨均为当时教育部代表。以及不久决定全校迁昆明改称西南联合大学，杨始终参加会议工作。

在联大国文系所有教授均必须担任一年级国文教学，并指定开种课外读物，如当时范长徐放等通信集，曹禺等新剧本，等等，对于学术自由风气也起过一定积极和提高作用。（完）[1]

12月14日　致信陈漱渝。本信未收入《全集》。兹照录于下：

漱渝先生：

得赐信，谢谢厚意。我和丁玲多年来并没有直接通过信。她现在山西，是一个原在西南联大同学新从山西师范学院来京，见面时谈及的。附信中所询事情，由我转询，似乎不大合式〔适〕。因为有关“左联”事情，我毫无所知。除非早一时《北斗》创办，要我为找点“知名作家”的稿件，近于为打点掩护外，此后，即只〔知〕她被捕后，曾为向南方熟人探听下落。后来知道软禁在南京山中以外师〔狮〕子桥附近，曾特别和家中人去看望过她一次。抗战前数月，她到北京时（或系去延安以前），曾住在我家中一阵（此事我已早忘记，

---

① 本文见季培刚编著《杨振声编年事辑初稿》，第374—375页，黄河出版社2007年版。文中语言明显有不通处，一仍其旧，未作校勘。如“范长徐放等通信集”疑为“范长江、徐盈通讯集”之误，“开种课外读物”疑为“各种课外读物”之误。此文作者曾于1982年2、3月间修改过二次，修改文字见上书第375-379页。

还是一个朋友相告的)。照习惯,我从来不询及她左联有关事情的。我以为你们想明确的事情,最好直接把信寄给她,或许反而容易得到结果。否则信由她的女儿蒋祖贻(按:应为蒋祖慧)转(似在北京歌舞〔芭蕾〕剧院作导演?),也方便些。又前信中提及丁玲和刘白羽同志就“两个口号”有论争的问题,曾向主席请示,主席或有过什么指示。这类事更不是我宜询问的问题。如真有其事,刘白羽同志现住北京.你们直接去看看他,或写个信,也可得到解决。我近卅年来,主要生命都消耗在博物馆陈列室里,长年累月和花花朵朵、坛坛罐罐打交道。博物馆在午门楼上时,我实不折不扣在午门楼上作了整十年说明员。搞研究,不仅要明白花花朵朵坛坛罐罐中所谓“优秀传统”如何可以“古为今用”,同时要和以万千计的产业工人、美术教师接触,要明白他们在生产教学上碰到什么问题,我必需如何努力来为想办法解决,完全用的是一个“后勤服务员”态度协助工作。至于文学方面,早已无任何“发言权”了。因此,凡涉及口号论争问题,我事实上是不大可能懂的。千请原谅!

并候著安。

沈从文

(1978年)12月14日[①]

12月15日　致信沈朝慧。收入《全集》第25卷。

12月21日　致信天津市革委会副主任胡昭衡,信中叙及刘祖春、王林、范文藻。收入《全集》第25卷。

本 年

冬季　为《中国文学家辞典》事,复信阎纯德。据未完成信稿收入《全集》第

① 陈漱渝:《沈从文给我的两封信》,《新文学史料》2007年第3期。

25 卷。

本年　年初，应邀为《〈大公报〉在港复刊卅周年纪念文集》作《扇子应用进展》。但该稿未入选该文集。在本年内沈从文陆续增补该文，最终达到专著规模，主要包括：“一、前言；二、图表；三、图录；四、扇子考；五、后记。内中主论文《扇子考》1978 年后仍继续修改增补，尚未完篇。后经王孖组织‘古代服饰研究室’将大部手稿誊抄整理，并由作者校订。校订稿共 5 万余字，其主论文仍未完篇。”该著作沈从文生前未曾出版，主论文《扇子考》佚失。据手稿收入《全集》第 29 卷《扇子应用进展》集。

本年　在刘焕章为张充和画的《葵花》上题写《丹江纪事》诗，并注明“一九七一年作于丹江，七八年书赠四妹。”[①]

本年　在友谊宾馆修改《中国古代服饰研究》期间，与同住在宾馆的画家王大观交往颇多。据王大观回忆：“我当时在中国画创作组从事《残冬京华图》的创作，沈老晚饭后总来我画室小憩，看画聊天，他俨然一位老北京，熟悉风土人情。他肯定了我的创作情感，记忆详细，表现成功，嘱咐着我：用你的条件可以画好一幅历史画卷。一定防止偏重艺术概括而有失可贵的细节。还说：‘为什么看了有感情，在于有情有景，情节真实。各色推车、挑担、摆摊、店铺、各行各业有特色，建筑、街、巷、郊野也都有北京当时的特点。以致婚、丧、嫁娶、年节等排场、人间贫、富、高、下、苦、乐，都有一个个细节组成一幅情景，一个个情景合成一个历史时期的社会面目……’沈老指着提灯小贩还学了一声吆唤：‘罗卜赛过梨哎……。’这是画出了情味。当年这声吆唤总是在黑夜凄凉之中。我深受启发，领悟着老人的教诲，从一稿到三稿，不厌其烦地修改，充实和提高。老人取笑地说：‘下大功夫不是傻事，是好事。’沈老曾高兴地挥笔以章草给我书写了一幅唐代张九龄的感遇诗。老人以颂江南丹桔相勉励，实际我深感老人才是浩然一株丹桔，不仅果实丰硕而且永葆绿林成荫。”[②]

---

① 张充和：《张充和诗文集》插页，生活·读书·新知三联书店 2016 年版。

② 王大观：《沈从文老师与文物研究》，田伏隆主编《星斗其文　赤子其人——忆沈从文》，第 401—402 页，岳麓书社 1998 年版。

1979年 78岁

1月1日 全国人大常委会发表《告台湾同胞书》，同日，福建前线部队停止炮击金门。

1月11日 中共中央作出《关于地主、富农分子摘帽问题和地、富子女成份问题的决定》。

2月14日 中共中央发出《关于对越进行自卫反击、保卫边疆战斗的通知》。

5月3日 中共中央批转总政治部《关于建议撤销1966年2月部队文艺工作座谈会纪要的请示》。

10月30日 中国文学艺术工作者第四次代表大会在北京举行。

1月10日 经过三个月的努力，《中国古代服饰研究》交稿。

晚，西南联大时期的学生王彦铭到友谊宾馆看望沈从文，谈及过去的学生王忠："王忠毕业时曾来见我，对他的发展去向拿不定主意，征询我的意见。我建议他去跟陈寅恪先生学历史。当时许多人不理解，现在对了吧？"①

1月12日 复信程应镠、李宗蕖。收入《全集》第25卷。

1月13日 晚，在友谊宾馆见到丁玲。"见到沈从文夫妇，均龙钟老矣，据云在宾馆写书，不久将回。"②

复信阎纯德，感谢他寄赠《中国文学家辞典》现代第一分册征求意见稿，述及临时大学南迁时的经历："因为临时大学师生步行团过沅陵时，我正住在沅陵家中，记得闻先生曾和南开方面负责的黄子坚、北大负责方面的李宗侗，和许维通诸先生共六人过河到我家相看，吃饭时落了大雪，越落越大，河面渡口已被二三尺深雪封锁，无从过渡。即留住在我家小楼上摊地铺过了三天，适巧我老家有几个亲友，正因为守嘉善国防线和日军作战，受伤回来养息，所以谈到前线许多外人不易知道的消息，死亡虽惨，士气民心却很旺盛。所以大家

---

① 王彦铭：《忆沈从文先生》，《抗战时期文化名人在昆明》（一），171页，云南美术出版社2000年版。

② 丁玲：《从山西到北京》，《丁玲全集》第11卷，第475页，河北人民出版社2001年版。

都极兴奋乐观。不久步行团上云南，一路上作‘持久抗战’的宣传，沿路也备受贵州云南经过地方的很好接待。他的觉悟和进步，大致放在抗战中期以后，比较符合事实。又他的死亡，据现在哲学所研究工作的周礼全寄给我的信件和油印传单（当时我已回转北京），记得是在参加追悼会后，由云大回转宿舍时，在宿舍附近一个仓库前发生的。由伴送闻先生大公子闻立鹤伏身保护，其大公子也因之而受伤。惨案是当天下午发生的，不是当晚。这事问问楚图南先生，或闻先生家属必可得到落实。”“至于关于我的种种，据我个人私见，第二分册如有个名字好些，即写个姓名，加上开明印的十个选集名称，和良友图书公司一个习作选集，和解放后一《沈从文小说选集》，另外解放后印的《唐宋铜镜》《中国丝绸图案》《龙凤艺术》，不加什么褒贬，也很够了。”收入《全集》第25卷。

致信程应镠。收入《全集》第25卷。据未完成信稿收入《全集》第25卷。

1月23日

本日 据张允和《昆曲日记》记载：“沈二哥看了‘江湖’，说尾声很好，又说，不叫班主，要叫‘掌班的’”。

1月27日 晚上，进城出席在人民大会堂举行的晚会。

将写好的《中国古代服饰研究》后记带给周有光、张允和，请他们提意见。

1月31日 复信北京财贸学院教师李宏。收入《全集》第25卷。

一月底《中国古代服饰研究》整理完毕，交轻工业出版社。后因该社拟与日本讲谈社合作出版该书，沈从文未同意。

一月 据于善浦回忆：“1979年1月我回到北京时，沈从文正在西郊宾馆著书，我苦于没有专业工作，请先生设法帮个忙。沈先生回信中写道：‘故宫方面我已离开廿年，内部在大动荡中变化很大，人事上的安排极端无知，因之也无甚么建议权。’但先生却热诚地希望我，‘抓住机会，到故宫开放的陈列部门去学习。’沈先生又重述了自己的经验：‘我所学就是从陈列室中做说明员得来的！’他让我向故宫的一些老同人学习，再多摹画一些图案，多积累资料，‘机会十分难得，万万不要错过。’”[①] 于善浦文中引述的沈从文信未收入《全集》。

2 月 7 日　复于善浦函。收入《沈从文全集 · 补遗卷 4》。

2 月 27 日　复于善浦函。收入《沈从文全集 · 补遗卷 4》。

2 月 28 日　致信胡乔木，汇报自己的工作并未来的工作设想，想请考古所王㐨来协助自己工作："他在考古所修复组廿年的工作经验及组织能力，和其他许多长处，我都觉得他是一个在今后我工作中最得力合作的助手，也是在我失去工作能力后，他是能把工作继续完成下去最好的接手人。从这次为协助服装初稿的完成，增加了我对于他的信心。因为如果没有他的协助，有许多问题势不可能如此顺利完功的。至于建议中涉及另加一二助手事，为工作着想，恐怕也得比较慎重一些，因为不仅是个技术问题，政治水平和品性方面，也得有一定理解，才不至于在工作中闹别扭，不大好办。"该信是否发出，待考。据书信底稿收入《全集》第 25 卷。

3 月 14 日　致信程应镠。收入《全集》第 25 卷。

3 月 20 日　沈从文想调考古所王㐨到自己身边工作，但考古所所长夏鼐不同意王㐨调出。据夏鼐本日日记："遇及鲍正鹄同志，谈及沈从文同志想调人事，婉拒之。"据王㐨回忆："夏先生对先生非常尊重，夏先生跟我讲，沈先生是我的前辈，我都很感动。他因为在工作上沈先生要调我过去，他跟沈先生的关系很僵，有时候看到沈先生还要说您太不够朋友了，把人给我挖走了，把她（指王亚蓉）挖走了，您还想再要一个。"（《助手谈沈从文（二）——王㐨、王亚蓉答〈中国建设〉杂志记者问》，根据 1985 年夏天《中国建设》杂志记者杨恒生采访王㐨、王亚蓉的录音记录）

3 月 24 日　与张兆和一起前往巴金寓所拜访巴金，遇辛笛。

下午，与张兆和一起至施蛰存寓所拜访。

---

① 于善浦：《沈从文在故宫》，朱家溍等著《故宫秘录》，第 366 页，上海文化出版社 1991 年版。

3月26日　下午，巴金宴请沈从文和张兆和。施蛰存、许杰一起到衡山宾馆回访沈从文。据巴金本日日记载："五点雇车去衡山宾馆（小林同去），接从文夫妇吃饭。在电梯口见到许杰、施蛰存两位，同许到从文房内坐了一会，同从文夫妇乘所雇车去'红房子'，辛笛夫妇早到。饭后和从文、兆和同车到常熟路（小林、端端先返家），看见他们上了十五路车。"①

4月16日　致信沈虎雏、张之佩。收入《全集》第25卷。

4月28日　复信杨克毅。收入《全集》第25卷。

5月7日　昔日弟子马逢华随华盛顿州国际贸易访问团来北京访问，期间，请求安排与沈从文见面，未能如愿。据马逢华回忆："接待人员说，已经到处查问过了，根本没有这个名字。我说，沈从文先生是有名的小说家，从前是北京大学大名鼎鼎的教授，请你费神再到作家协会去问问，总会有人知道他的下落！次日，五月八日，这位先生告诉我：已经问到了，确实有这么一个人！不过现在不在北京，无法联络。再经追询，他一脸无可奈何的样子，说：'这个姓沈的，调到四川去了，一时不会回京，要去查询地址，时间也不够了，等你下次回国再说吧。'我忽然读了，那信息非常清楚明白。接待人员不过是一个送信的人，一切事情并不由他作主……"后来，沈从文告诉马逢华："去年三四月间，我因工作，曾去江浙约二月，五月已返回北京，未能一晤，十分可惜。"②

5月9日　复崔耕信。述及章草问题："承询及章草资料，就弟记忆说来，科学院影印的居延简，内中有不少东汉时简牍，作章草体保留分隶布局，值得重视。其次则《淳化阁帖》中之索靖月仪帖和二王帖中作章草体的，还近古。此外则传世的孙过庭书《景福殿赋》，或宋明人伪托，不大可信。传世的隋人书《出师颂》，过去中华影印墨迹以为隋人书，用笔沉重而活泼，惟和常见隋代小墓志少共同处，可能成于唐代，和流传于日本之贺知章书《孝经》有些相近。

① 《巴金全集》第26卷，第329页，人民文学出版社1994年版。

② 马逢华：《敬悼沈从文教授》，《传记文学》，第54卷第5期。

又故宫曾影印过唐人书月仪墨迹一册，结体较长，用墨沉重，也还好，似与传世万岁通天诸王墨迹善本有相通处，或同时作品。此外还有怀素在曹娥碑真迹后书章草一行，亦疑后伪托。因本文即非晋六朝人笔。宋代作章草的似不多，松江本《急就章》，虽极著名，但结体用楷书作底子，远不如传世隋人作《出师颂》具古意。有些近于王善书，是否亦出于王善摹本，不得而知。章草复兴当属元代，除赵之四体《千字文》《急就章》，尚有一系列高手，如邓文元、陈镐、俞复，以至元末明初之方壶，均各有不同成就，值得学习。以方壶最潇洒，多只题画上留一二行题记。明代的二沈、三宋、陈璧，都在元代基础上另有发展，以宋克留传墨迹最多，惟有些起笔过于柔媚作态，缺少古朴处。王宠书《古诗十九首》作章草体，比其它行楷墨迹，亦较挺拔厚重。又《汉魏百三家集》中张溥序跋，多作章草，结体近莫云卿，比明代其它文集用章草书作题跋的也较厚重可观。直到黄石斋、傅青主，均有章草传世，黄书较张瑞图、倪元璐谨严多多。陈老莲题画，亦间学方壶，具章草意，下笔过轻。少古意。明人洒金扇面用章草书的多可观，可惜年老力衰，不复能一一记忆。清代能章草的应数乾隆皇帝，有不少题画诗和写山水景物杂咏，用章草书，足称当行，可惜因其为大皇帝，反而不为谈书法专家举例，得到应有重视。还记得三十年前，日人影印《书法鉴真》数十册，曾将章草部分分印二册，似从丛帖中分别汇集而来，值得一看。近人能作章草足称当行的，应数余绍宋、林宰平、章梫、罗敦融、汤尔和（敌伪时官教部）。至于卓君庸则因爱好复有书，用自青树名分影印过不少明人章草墨迹，有一定贡献，本人书似不足观也（刘半农则因曾一度整理居延简，临时学习，亦偶尔一书）。”本信后刊于《河南画报》1992 年第 1 期。据刊本收入《全集》第 25 卷。

5 月 11 日　致信钟开莱。收入《全集》第 25 卷。

5 月 12 日　复信潘絜兹。收入《全集》第 25 卷。

5 月 14 日　致信沈虎雏、张之佩，谈及自己对现状的观感：“‘四化’的完成，我肯定是看不到了的，因为大计划能否正常进行，和社会结构的封建性旧习气加新习气而培养出来的一切官气息是否能逐渐铲除密切相关，许许多多老革命对此一事，都感到摇头，无可奈何，认为比‘三座大山’消灭还困难得多。我接触到机构，‘官’的比例大都占绝对优势，它的发展性、传染性，比别的进步计划理想都容易繁殖。所以任何好理论，在这一个关节上都会受阻碍，打折扣，以至终于为之失去意义。但愿你们这一代，还可见到社会合理化的好转，至于我们这一代，终将在不久为官所淹没，任何努力到头来必不免为大小官集合而成的势力所战败。即明知现实发展的必然，对国家也决不会什么灰心丧气。能活一天即活一天，也绝不会承认官的‘权力’即是‘真理’的占有者。由于‘权’的误用和滥用，国家作成的种种方面的落后困难，已起始逐一暴露无余，也是一种向好转的趋势。最近曾在休息时，重新看到《官场现形记》和《廿年目睹怪现状》，多是近一世纪前，有形封建末期的现实社会写真。比起来，现在社会进步实在太多太大了。可是有些封建细菌，却似乎在另一种气候下正在生长，而且相当迅速，产生的毒素也相当显著。在这种基础上建设‘四化’，不同时正视如何铲除封建细菌使之消灭，四化进展的速度，就不免会放慢，以至于改色。事实上达到一半成就就不容易。”收入《全集》第25卷。

5月16日　晚上，在王亚蓉陪同下拜访夏鼐，“谈最近赴南方各处调查的情况。”[①]

5月18日　晚上，夏鼐来访，未遇。

复信刘北汜。收入《全集》第25卷。

5月20日　复信张小璋。收入《全集》第25卷。

5月22日　复宋道隆函。收入《沈从文全集·补遗卷4》。

5月25日　致信沈虎雏、张之佩，述及现实颇多感慨：“故宫增加职工到一千二百人，历博也过了千人，陈列基本上却还是二十年前内容：封建血缘亲关系而来的新人日益增多，并无什么考试制度，多由有背景推荐，薪多位高而能力不强……如此大膨胀对四化损害实不免令人深怀杞忧。一切扭转此习惯的努力，多走不通。自然科学院原说百分之八十不抵用，得改业转业，事实上则相反不断在加多。这种人力物力的浪费，触处可见。但是不管如何，还是不宜消极。官有的是人做，且争着去做。事也得人做，能有所突破并不多。天地广

① 夏鼐：《夏鼐日记》第8卷，第299页，华东师范大学出版社2011年版。

阔，国家待人去努力的新事还多，研究中有的是空白点待人真实努力去填补。目下搞的那本书，也是把一切贡献归于别人，不自居功的。”收入《全集》第25卷。

5月26日　复信杨克毅，谈及自己的遭遇：“听熟人言，香港曾有一阵子‘沈从文热’，可信亦不必全信。总之，此事即真，对我并不利。正如在国外情形，我受称赞，易成官方文学上宣传失败印象。香港那边盗印了我一二十本书，印得倒蛮好。直到最近，有个亲戚为寄回一选集，才知系一字不改翻印五七年北京选本。亲戚曾派人为追询出版商，回答十分巧妙，并附一六五年复印照相证据，转买某倒闭书店收据，并写一长长信件，加以解释，说是纸型系转购于某图书公司，已积压十多年，因见盗印的极多，印得不好，有损作者，所以近年才特别精印出版。并说在港经营文化事业，竞争剧烈，一般只是薄利五折，销售二三百本，维持生意而已。真像是本钱也不易收回，近于哄小孩手法。信中支支吾吾，倒似乎我应分原谅并感谢他们才对。在近三十年社会变动不常，倏然而来人事风风雨雨中，正因为牢牢记住老子‘为而不有’训诫，且不忘孔子说的‘血气既衰，戒之在得’良言，我因此居然还能比较平安活到如今。”“‘四人帮’已倒了，无形的‘帮四人’势力，却正以史无前例的方式扩大其权势。阿谀逢迎的市场，远比真实的能力见解吃得开。而封建意识和血缘亲关系传染浸润，且扩大到一切方面，文学方面更易形成一种势力，作家似乎还有世袭制，父亲成了作家儿子也有继承权。一个作家之所以左右逢源，重在会说，可不一定会写。会表态，即可证明思想进步，我这只知素朴干工作的乡下佬性格，悲剧性的终其一生，竟是必然的，命定的。其实这倒是历史的必然，并且是‘古已有之’，正如唐代重视燕许大手笔，因为紧密配合得上封建社会的需要。而李、杜却以不同帮闲而终生。在这种风气下进行四化，不免令人徒增杞忧。难于取得应有进展，意中事也。但是还是得爱这个国家，因为即以作一个合格公民，也并不是容易事。我眼见不少大人物，事实上却处处在为国家帮倒忙混日子下去的。不仅不够个党员资格，即连一个公民资格也大有问题的。最大长处是圆滑，因之成了一个不倒翁。近日重读《二十年目睹之怪现状》和《官场现形记》，似大有所得，心中豁然开朗，试述述心得，或足供一笑：'生活若要吃得开，应从二书学点乖。回忆录亦不妨写，适当说谎倒不坏！'"此信写好后似未随即寄出，6 月 12 日又在信尾续写了几句。收入《全集》第 25 卷。

五月中旬　巴金率团访问法国归来后，前往小羊宜宾胡同 3 号看望沈从文，沈从文恰巧因事外出。巴金深感沈从文住房之简陋，此后曾多次与胡乔木、胡耀邦谈改善沈从文的住房待遇问题。[1] 但本月 14 日至20 日巴金在北京期间的日记，行止记载非常详细，均未述及本次未遇的拜访。

五月中旬　致信张寰和、周孝华等。收入《全集》第 25 卷。

五月下旬　致信程应镠。收入《全集》第 25 卷。

五月　复信柳尚彭。据底稿收入《全集》第 25 卷。

6 月 1 日　复信北京画院画家李芸生。收入《全集》第 25 卷。

致信张寰和、周孝华。收入《全集》第 25 卷。

6 月 2 日　致信王亚蓉。本信未收入《全集》。后收入《沈从文晚年口述》。兹照录于下：

亚蓉：

这里一切照旧，只就极小范围而言，别的大事我们实毫无所知。小院子上年花特别茂盛，真可说"花团锦簇"，或许有三百来朵同时而开。一家人都咳嗽，数我最久，近方有些些好转，似乎是从南方而起的（已小流鼻血，经预防不至于大出）。人并不怎么难受，唯独自出门坐车资格，已被取消。张先生且因牙痛，一度面目全肿，未见好转，一大清早起，照旧在花朵间剪枝。来看花的不少，陈娟娟且以为比故宫御花园的还好，因为那边是盆栽，开后即完事。这里下地深，土气足，今年雨水又好，所以特别旺盛，大的如牡丹，如牡丹好看。今已六月，据别的熟人说，以百计年高、位高的首长都在等待中，到分配新房子前或许还会有统战部一长来协商名单，重新安排。所以我

① 参见吴泰昌：《我镜头里的巴金》，38 页，新华出版社 2006 年版。

要趁早最好还给乔木写一信去（这类信大致还得张先生为起草）。小虎夫妇调京事，也在进行中，这里“轻工业学院”已允调二人，且有正式信去，户口也不成问题。四川那边上级又都是熟人，却不放，还得这里再去信促促。已用我名义向那边首长写了二信，还是照张先生稿重抄（这似乎比写篇小说难得多）。在京的多住家中（因为会多、人多，无个住处）。大约会后你们也快回来了，不知诸事进行得如何，南大历史系务必去找找张彬（原名张文彬，记住她爱人蒋瓒初和宋不大和谐，学校方面南朝俑也许还多，有照片得记上出土地点和年代），她会尽力帮忙的，她爱人南大教南北朝，考古材料多。漆盒上执扇子女图，原物在武进，不在常州。故宫这里也得到特别允许，不久即可为调集所要看的。关于扇子材料，因为他们允为先在院刊上发表，所以有望商赵坚同志一下，请把材料寄我，便于整理一番，有所取舍，因为院刊上有关汉代部分，也许用不上那么多。文献记载也要引一些，也得待你回来帮忙。在身边工作一定要牢牢记住分寸，谦虚谨慎十分重要，特别是对人要有分寸，稍过即易令人轻视。不懂的问题千万莫乱说，一切永远抱住个谦虚学习态度十分必要。更要留心不宜把我的工作说得过分，因为外面有真才学问的人多。我所知本来有限，加上近十多年的折腾，手边是一无所有，新材料见得也极少，一切近于一个“假里手”，除了常识稍多，拿不出什么真有分量成就的。

最近文学所似乎在云南召开了个百多人数现代文学史的研究会，从发言记事末尾得知，开始有人把陈独秀、胡适、沈某某以及丁玲、田汉、瞿秋白等名重新提出，作为值得研究对象。乍一看来像是公正合理，民主原则在这部门正重新抬头。事实上我所有书早已全部烧尽，文化革命中且把一些已发表未集印的及尚未发表的一下子用了“代为清毒”名义，全部毁去，要个“空头作家”虚名有什么用。至多是对外起些点假民主作用而已。所以什么作家辞典不见我的名字，倒可以少些痛苦。因为对我事实上已无多意义。并且在同一词典中出现不少现代中山狼似的作家自传，作风和你所见的某“名画家”

近似，只重在为其个人脸上贴金，只顾自己站地步胡吹胡诌，以张先生为人厚道性情，看来也觉得生气。所以在南方若有什么人问你要我照相或问及过去作品、当前工作，都以用个“不知”回答为得体。我也许会抽使用个半年时间，写一本自传第二卷、三卷或回忆录，单独出版，可绝不希望什么自传和一些“现代中山狼”的作家混在一书内骗人，新近又回国的那个数学家钟先生又到了北京，我们看过了他两次，还希望我专写“在云南那八年”写成后寄给他，他可为用大字精印千把本，以为至多费五六百美元，他为付这笔并不妨事，因为那边有的是读者。

也得搬了家，再完成二专题后，抽得出时间或能独自换个清静些的什么山中住处，二三个月即可令人满意的完成了它。也许这希望太不现实，因为近来头脑有时还得用，有时已不大得用，不太稳定十分显明。所以迫切望小虎夫妇能回来，张先生的健康才可望真正得到恢复，以至于好转，若没有成功，生活整天在为三顿而用心，也抽不出空作较长时间外出，那就什么也难定了。听熟人说院中二把手向祖×什么，主管支配房子事，原本虽说“优先”，事实上“夜长梦多”，临时强有力老上司、老战友、老资格插入的大有其人。我既平时不相熟，当然不便因此去拜访他。张先生更不会办这种外交，最后一着，也许还是得照朋友出的主意，再给乔木一信，托熟人交由乔木爱人转致，能得其批几个字，会有些效果。

王㐨身体支持得住没有，千万不要把身体搞垮。最近董锡玖又想邀我去甘肃敦煌看看，因为甘肃省委（或秘书长）之爱人与之极熟，可得到些大便利。我帮同去解决乐舞部分的乐舞材料。我们则可望便中完成前期山水画中古部分材料。如果你们在二十左右可回来，这里在七月里又不会有校对稿要赶，又我体力又还可以过得去，我初步设想，我们能一道去一次敦煌，我至多只住一月，你却可以多住些日子完成任务，和董在一起有不少方便，因为你也可以帮他们的忙，看定你应画的即留下来绘完它，也是一生难得的好机会。这当然也要看张先生乐意不乐意同行，又要看她离不离得开这个破家。因为若果是六月中还要搬家，那就机会再好也得放过了；又若果会后有机会分组到外省去参观，大致也还是和张先生一道去，比较安全。过去本有这个制度，她却从不利用陪我一道出去。

总之，以目前说，如上种种都还只是一种估计，一切还得在大会后看情形而定。会期似乎在九号开始（则三十号结束），算来你们也差不多可以回来了。南京冯同志已见到，近正在定陵工作，同来四人均在定陵，其实值得看的还是故宫藏品，但没有得到便利。

并问诸位安好，工作顺利。在客中要学习体谅主人，第二次来才方便。自己尽可能少拉亏空，不必要的东西尽可能不买。

从文

六月二日（1979）

兆和附问候两位[①]

6月7日　致信沈虎雏，谈及现代文学问题："科学院文学所最近在云南开个什么现代文学史研究会，为一些五四以来有贡献作家'平反'或'翻案'事，从简报中，见到有由陈独秀、胡适之到瞿秋白、艾青等等一系列名字。把我也放在其中，可惜太晚了点，而我的书也烧得太早、太彻底。一群搞现代文学研究的假权威，只知为当权的人瞎捧，而把我贬得一文不值。国外印象却正好相反。油菜花伯伯第二次来北京说，国外讨厌宣传品，花钱再多，印得再好，还是不买账。在美、日我有读者，若能用个'回忆录'方式写写昆明那八年，寄美国他可为花几百美金用四号字印出来，肯定会成功，因为有的是读者！日本且会即刻有人译过去。"收入《全集》第25卷。

6月12日　续写5月26日复杨克毅函。

6月15日　出席五届政协二次会议，"在第廿三小组内，与丁玲江丰沙汀同组，其他跳舞的如白淑湘，唱歌的如张权，排篮球教练，体育教练，故宫博物院正副院长，历博副馆长等等，文化部副部长等等，共约五十人。"（本年6月24日

---

① 王亚蓉：《沈从文晚年口述》，第253-256页，陕西师范大学出版社2003年版。

复沈虎雏函）

6月21日 复信韩宗树，叙及自己写作、教学工作历程，对比当下的文学创作现实，颇多感慨："我在武汉、青岛、西南联大、北大前后教了二十年，过去在学校教散文习作，第一课就是要同学学会写信，叙述家常琐事。我觉得这是搞写作的基本功，首先就得在学习用笔时得到真正的解放，不至于抄书也不会抄。但这是半世纪前的老话，或已完全失去意义。目下小学生作文做日记，还在无形中受鼓励抄书，一切葫芦依样即可望得个'优'字，并且未下笔以前得写'提纲'，到下笔时又得确定下'主题'，一切都在公式化，作编辑或教师也乐意从公式化上定取舍，因为省事！所以谈'写作'，我已无丝毫发言权。即作为一个'读者'（特别是对于新诗）即不够格，那有能力再冒充'作家'？这是社会的必然趋势，你若希望搞文学，首先得承认这个新的现实，才有'出路'。过去一个廿多岁的印几本习作十分平常自然，现在不少年在四十以后，写一个短篇就可名'家'。用笔无形存在的戒律相当多，从习惯下教育训练下出来的作家，为求主题明确，提纲合符要求，用心过多，永远不懂叙事的多样化意义何在，所以年到四五十岁，写一个习作册子称"大作家"倒大有其人。但作编辑作导演的，一提到成就繁荣，总不免会摇头，一切带做作气的愤怒和欢悦，那能产生真正好作品？求'避免公式化'，也不像是三几年内可以取得应有进展问题。更不是如目前出版点点滴滴的几个长篇作品和十来个短篇作品能得到解决的事情。依目下刊物水平而言，即这么下去十年八年，也难望有什么真正丰收可望。最明白情况的，大致应数主持由中译外刊物编者（每月有定期刊物出版，一印数十万，必刊载一二新作译成英法日西诸文），因为他们更容易从国外反映中，得出一种印象，同时也明白海外水平。近来北京方面，常有资料性外国电影可看，居多是四十年代的成就，搞导演的多感觉到不仅技术上我们比之还落后卅卅年，即故事内容，铺叙感情，刻画人物，也多比现代我们的作家作品更见现实性，因之我们宣传上也难起良好作用。至于我们历史故事片，则始终难脱京戏越剧影响，自然难免更逊一筹。换言之，即或大力宣传，还是不易得到社会认可，此所以香港片即多十分庸俗，我们在国内还不容易与之竞争市场，使人痛苦，亦复无可奈何。至于我在近卅年社会反复大动荡中，个人身体还能保住，也就算得是天大幸运！或者正如庄子所谓‘处于材与不材之间’而幸能免于意外？”该信前半部分为1978年5月间所写，写后忘记付邮。此次新加后半部分付邮。收入《全集》第25卷。

6月24日　复沈虎雏函。收入《沈从文全集·补遗卷4》。

6月25日　复信杨克毅。收入《全集》第25卷。

六月　为参加全国政协五届二次会议，拟提案两件。提案以《政协提案选》为题收入《全集》第31卷《文史研究必需结合文物》集。

7月10日　美籍华裔学者孙康宜来电话，约定明天上午在北京和平宾馆会面。

7月11日　上午，与张兆和一起至和平宾馆看望孙康宜，并赠送给孙康宜一组刚出土的四个正在下棋的人的仿制品。对此次访问孙康宜有如下记载："从文先生却是那般诚恳而谦逊，总是眯着双眼微笑着，还不断鼓励我要把这些经验尽量写出来。兆和也是那么温柔而优雅，在旁边安静地坐着。从文告诉我，他已从历史博物馆转到了中国社会科学院，正在准备出版一部叫《中国古代服饰研究》的书。接着，他们讲给我许多有关云南的亲戚的往事，也说了两个儿子小龙、小虎的幼年故事，让人听了十分有趣。我告诉他们，我很喜欢从文写的那篇‘虎雏再遇记’，想那个顽皮的小豹子一定是他们家的老二小虎无疑了（当时我还不知道我后来将要认识的沈红，就是沈虎雏的女儿）。听我这么说，他们都点头笑了，笑得很开心。看他们两人都那般轻松而幽默，很难令人相信这就是‘文革’期间受过许多打击折磨的人。我想他们夫妻之间的温爱，大概是维持他们活泼生命力的主因吧。"①

7月12日　复陈增弼函。收入《沈从文全集·补遗卷4》。

7月20日　复信钟开莱，看着他寄来的照片，忆及昆明岁月："照相中云南那一张最有意思，我依稀还记得对面是个米线店，有二三年时间，我每次进城中晚两顿，多是花一毛三分一碗的牛肉米线，还受熟人奚落，以为最吝啬。可少有人知道我不少次返回乡下，还得去书店借一二元路费才能上车。在乡下曾在

① 孙康宜：《沈从文的礼物》，《亲历耶鲁》，第95—96页，凤凰出版社2009年版。

县里中学和育侨中学尽义务兼点作文课，不拿一文钱，倒恰好相反，好几位华侨学生，张先生还供应他们生活费。其中有一位后来在法国作了医学博士，还来信深致谢意，我们却对于这种人我关系怀着极愉快印象。特别是在一种对照下，更显得有意思。那时兆和正有个堂姐，丈夫是交大毕业生，缅滇路局长，还兼管沿线国防工程，许多国防建筑都归他经管。包工为取得建筑权，主要方式即是纳贿，六岁大孩子做生日，送的蛋糕值四百元，如小圆桌面大小，上插六十支洋烛，每支内中都包有上千美金或美金支票。那位局长夫人体重约百八十磅，却每天烫发二次（还在二楼骂当差的约二小时，每天这样），每夜跳舞必要十八九岁漂亮小伙子伴舞。有一次示威方式，坐了二新轿车，到桃源来看我们。和‘傻大姐’一般，指着兆和说：‘三妹，你们这个大作家，大教授，是怎么过日子？什么大学毕业，有什么用？你看我，这个中学生。’伸出手来，手爪子计三枚大钻石戒指。我那位连襟局长也随同笑着，不多久，便走了。因为孩子一天要看两次电影，有陆克打架，不能轻易放过！世界上竟有这么一个家庭，日子还过得十分得意。若另一时要写写昆明，这个现世宝倒也值得‘表扬’一番。事实上我们乡下还有妙人，也是新儒林中‘雅人’，另是一种风格，还有名流家属，在呈贡放青苗高利贷的，由于这种‘实践’哲学的精通，所以也成了‘不倒翁’。相形比较下，老兄便可以懂得我之所以吃不开，原因是个有代表性的不懂政治，思想落后的典型乡下人，一切在新社会吃不开实意中事，非意外事也？但是老朋友应当为我凡事放心。我们总永远相信国家有大多数知识分子是十分爱国，不以个人得失在意的。不耿耿于个人权利，始终深信国家在乱于头绪中会好转的，真正的有用知识会抬头的，没有帝王的帝王特权会结束的，因之活得即或相当寂寞，却并不丧气灰心！”收入《全集》第 25 卷。

七月下旬　美籍学人孙康宜来访，并带来昆明时期的房东、后成为朋友的李沛阶的信，旋即复信，介绍 1949 年后的生活种种，并谈对孙康宜印象：“令亲孙康宜女士已见及，留下印象极好。弟曾和兆和同去其所住之和平饭店拜访，畅谈至夜中十一点始别去。为人明朗爽快，又富于才学……”收入《全集》第 25 卷。

七月　校改《一个传奇的本事》，并在文后注明："一九七九年七月、北京。字句小有更改。——从文。"

8月2日　复信邵燕祥。收入《全集》第25卷。

8月8日　全国工艺美术艺人、创作设计人员代表大会在北京召开，沈从文作为代表参加了本次大会。

8月16日　全国工艺美术艺人、创作设计人员代表大会闭幕。在这次大会期间，沈从文曾谈及故宫的工艺品和早年藏品失窃的事，引起了河北内画艺术创始人王习三的兴趣。在沈从文发言之后，他给沈从文写了一张便笺："沈老（从文先生）：请您把上次讲的关于'盗烟壶'之事的大约时间、地点等情况简写一下。"沈从文遂在王习三送来的几张"河北省衡水地区特种工艺厂便笺"上写下了如下文字：

> 这事似乎是我民十一初来北京不久，在一笔记小说所见的。是不是当时《晨报》上转载，已难记忆，因为不是我搞的一行。
>
> 我注意的只是鼻烟壶（所谓料壶）仿翠玉的成就，因为涉及玻璃发展史的问题，以平板玻璃而言，到乾隆时还不曾普及，主要似乎是加工过程必须吹大，再加热碾平，再镀水银。但较大的金鱼缸，则已能生产，不仅《红楼梦》上提到，我还有机会见过。当时不过4元钱即可得到。式如下：约一尺径，近磨料，因为不是一般平玻璃，是加工磨成小冰片而成。至于玻璃珠子则西周（三千年）已出现。战国已大量生产。东晋才发现吹成瓶类，隋才正式生产瓶子类（李静训墓出土）。但唐代正式设官（在甄官署下设冶局），专烧五色玻璃珠装饰佛像。到宋还是大量出口品之一。但已有玻璃灯，照《东京梦华录》《梦粱录》等均提及。技术上似仍不普及，所以明代宫中才大量制造"明角琉璃灯"。不太透明，但较结实。宋、元重点都用在作假玉、假宝石，清代则普及大量用到官服顶戴上。鼻烟壶较早可能造办处烧造，作为赏赐用，记载相当多。但逐渐转为皇亲贵戚手头欣赏品，争奇斗胜，如汉人对于带钩的说法："宾客满室，视钩各

异”，因此各个料壶的品种，千奇百异，造办处以外，苏、扬、广都有新产品出现。但在加料上彼此保密，在品种上多进展，在技术上则因保密而失传。

如提及内画题材，我的工作组，倒有条件为提一系列资料，如有需要不妨试作一组形象材料，如商、西周、春秋战国、西汉、东汉、六朝、北朝、隋唐、五代、两宋、辽、金、元……只是估计恐得在九十月里搬了住处摊开材料时，才有希望为提出资料。（因为十八号左右，我和助手可能即得去兰州工作。）这指每一朝代男女图像。还有，如《赤壁图》《兰亭雅集图》《唐人会乐图》、唐、宋、明人打马毬图，儿童画类也有大几十种可供参考。我主观估计，大都对你工作重要。

事实上明人版画不少有用外，还有千百种图录可供参考。如明人刻程君房《墨苑》、方于鲁《墨谱》，故宫印《西清砚谱》中的砚边、砚中刻故事画，如黄庭换鹅、陶靖节种菊、周敦颐爱莲图、周处斩蛟图、《西园雅集图》等，都十分精致。转到内画烟壶，肯定都会得新效果。

兄弟民族乐舞图，也有极好的，都可以供缩小应用。

历代舞杂技图，也不少。

各种的马图，也很好。

新壶的式样，似乎也可考虑多样化，从瓷器，如康熙莱菔尊、马蹄尊、双陆尊等式样。谢刚生（国桢）先生他看杂书多。

我过手了上千种，多是在东安市场“处理品”，至多一元，少或三角，瓷制的。为朋友当废品买的，后来才知道那朋友带到英国卖去，得了不少钱。因为有青花紫作故事画的，还上过英国鼻烟壶杂志。[1]

本文手稿由中国现代文学馆收藏，未收入《全集》，后以《关于鼻烟壶问题答王习三先生》为题收入李之檀编的《玻璃史话》一书。

8月21日　复信陈晶，该信《全集》未刊，信件全文如下：

---

① 沈从文著 李之檀编：《玻璃史话》，第12—17页，万卷出版公司2005年版。

陈晶先生：

赐信及附寄花式漆奁盖照片均收到（这种化妆具大致成于唐代，因唐代才有花式镜子），十分感谢厚意。因弟试作一《扇子应用进展》，以图像为主（约用图像一百种），经过按时代排个秩序后，才明白两汉主要是半规形便面，即马王堆式（曹植九华扇赋咏的也应是这个式样）。团扇则在大量石刻上，只一二见，均出于东汉后期，似可作班婕妤纨扇五言诗（即《怨歌行》）成于建安时拟作一个有力旁证。因前人从诗体言，早疑为东京体制也。两晋则均有禁用纨扇令，但既有禁令，可知必仍有制作，但不会多。占主要用场是清谈之士的《麈尾》，从图像取证，则可分两期，前期系直用原鹿尾（领队鹿尾），不多久即改进为第一式、第二式，用长形板夹鹿尾毛而成（至于诸葛亮指挥军事用的羽扇，则应为半鹤翅，宋人才提及如何作法）。唐代作七贤图尚沿用不废，日本正仓院有相同实物残件，文字记载尚称《麈尾》。至于洛神赋图中洛神手执物，作状，或应称《麈尾扇》，出于梁简文帝，曾有文、赋称为“既可清暑、兼可拂尘”，敦煌壁画作北朝贵族进香人还使用（或即拾遗录中说的“五明扇”），随即成为北朝画刻上飞天手中物，象征翅膀。洛神图实成于陈、隋间，所以手中亦执此扇（衣冠非东晋时）。南朝纨扇，邓县画像砖上有反映，形较大，柄亦较长。唐初团扇仍作形，近于麈尾的简化（永泰公主墓到敦煌乐廷怀夫人行香图开天时）。至于天仙飞女，仍多执大同小异的“麈尾扇”，由贞观直到开天时，正圆团扇才出现。诗中说的“轻罗小扇扑流萤”图像中反映，有小如巴掌大的。一般似多作遮面避人用，唱歌遮羞用。招风取凉，作用不大。北宋以来已有纸作折子扇，扇骨数不过十。（日本折扇史，平城宫唐代遗物作状，和檀香扇相似，另有上书法华经卷 × 的，才和后来折子扇相近。）苏东坡、黄山谷、林逋、李商之（按：《扇子应用进展》文中名为“李建中”）均有诗文道及，但北宋无实物，南宋实物只一件（近于明代人剪册页而成），作马远体《骑驴过小桥》画意，（至于黄昇、周瑀墓中椭圆扇子，似应名为“竹丝扇”，与苏东坡说的松木扇或有关）图像则有《秋庭戏婴图》作条桌上搁有一柄。另传北宋何充画仕女（似为女道姑，旧故宫周刊合订本）手中亦执一折子扇，且有扇坠，画史称苏州人。（日人印于世界美术全集，有同一形象，上部加绘小圆光，光圈中作观音像，题则为《马郎妇观音》，笔细致近元人钱舜举。）最早亦只到南宋。南宋显明已大量生产，因《都城纪胜》等已有“折迭扇铺”记载，出售有铺子，修理有专工，可知生产量之大。但北宋《清明上河图》中人物用扇以百计，却均为团扇，未发现折子扇。文献中则分二说，一为元代流行于北方，南方惟歌女使用（似见贤奕编），不足信。永乐宫壁画“小景故事”不下百种，只一个小市民执折子扇。但故宫藏品中乾隆时记成扇目录中，却有三柄带扇骨的，为王渊等画。五七年我亲眼见过的计四柄，为盛懋、朱德润等山水画。扇面作金地，细扇骨用棕竹，我疑以为明代川扇。次一说，折扇盛行于明代，起自宫中（永乐时，名“洒扇”），由四川进贡，年以万计，另外生产亦不少。载《野获编》，似比较可信。但“洒扇”之名难得其解。直到近年明初诸藩王墓葬中及王锡爵墓中出土实物，扇面均洒金，不加字画，显明是御赐品，才明白洒扇得在一般指“洒金”（多大片金，有不规则的，有拼成一定图案状的）。至于记载中作九龙纹的，则始终未见。又近年湖南出二折扇（金地用针刺孔成画面作山水人物，有扇坠），为万历十□年时物，则如日本式（或仿倭扇或来自日本）。传世明代金地折扇所见以千计，照记载先为川中特产，不久即为苏浙大量生产，已无从明确产地。只能就《嘉定竹人传》中得知明代扇骨加工，已出过不少名家高手。就故宫藏品言，则除竹骨外，还有象牙、檀香、玳瑁、螺钿、犀毗漆、斑犀、绮纹刷丝漆等等不同加工技术。清代用芝麻雕翎作扇，牙翠作柄，有价值数万两银子的，品种之多，书不胜书矣。所惠照片虽非实物，却可多一物证，说明南宋折子扇流行于南方为事实。此小专题发表时，必当注明来源系得自常州博物馆，用表谢意。并颂着安。

弟　沈从文　八月廿一（1979年）

关于宋墓衣料问题略附数行。宋人在全国织罗作官服用，诸路均有“织罗务”。(如以江浙生产特别品种多，禁令中常提及的鹿胎透背均可于遗物中发现。即片段也值得注意）春、夏、秋似均使用。扇上妇女衣着似应名“旋袄”，两条直下衣领称“领抹”，《东京梦华录》中称大相国寺内两廊均为师姑（道姑）所作，专卖妇女用冠梳绣作领抹等等。得知是中上层妇女重点装饰之一。鞋多尖嘴上翘作状，若照北宋末曾三异《独醒杂志》(知不足斋本）所述，金灭辽后暂时与宋和好，汴梁市上大量流行“番”货物，曲子，饮食……等等（此外一切也必附一“番”字)。药品中有“瘦金莲方”，则显明和裹脚相关。可为裹足来自契丹一个物证。又若衣旋袄不裙而穿裤，则称“钓□服”，也来自契丹，宋代一再有禁令，只踹软索的伎艺人使用。所以只杂剧人穿它，着长网袜则称“袜裤”。“钓服”即后来解马装。

建议你们写简报时，最好将丝织残片花纹作黑白图，尽可能摹绘出较多，比照片重要，因为可供比较，也可就所见相告问题。特别是印染在南宋已公开，材料重要。

关于纽扣若仅据记载，宋代为“对襟衣”(有一排，约六粒。）系御监围人专用，宋绘“狩猎图”骑士发现过，元骑卒俑近年有出土物，也有穿它的，又一打马球图，也穿同式衣（近后来马褂)。明代则武士罩甲有用纽扣的，妇女似只在盛唐一见，系在半臂下部一扣，丁亥年妇女把披帛一端用扣固定，其余向肩甩去，十分潇洒，但只一见。明代妇女高领用金属揿扣，定陵和七妃子墓均有实物出土，天水冰山录有“金属扣”记载。直到雍正二妃子画像还在领子上有反映，但清初流行柳叶式云肩，已常有丝条子编纽扣出现，衣上也有的，早期短不到一寸长，乾嘉后才加长。[①]

8月21日　下午，与张兆和一起启程去兰州。

致信钟开莱，介绍了与邱成桐的见面情况：“承介绍邱成桐先生来访，我

① 原信刊《文汇报》2003年12月8日。

正在西郊另一招待所开工艺会，谈得很好。后来还让他作东，邀到附近新疆餐厅吃了顿羊肉饭，也还是快到八十岁时第一回吃新疆式餐馆。和兆和曾商量过邀到家中来吃二菜一汤便饭，或许还好些。只是小住处图书杂稿乱成一团，实在不像样，因此作罢。送了两张字，一是用纸头粘接的，一是糊窗用高丽纸三年前写的，一切都不合款式。就目前住处条件说来，又实在写不出什么新的稍稍像样的，只能玩玩而已。”收入《全集》第 25 卷。

致信沈虎雏，谈及住房分配事：“听说一栋新楼已完工，共分配到九个单元。原本虽已得到胡乔木批‘优先’，但事实上待房子住的首长过多，原批恐不作数，待重新调整。且据说待一副总理重新圈定。待搬的既多是‘老首长’或‘老战友’，且上下通声气，名分上说注重工作需要，事实上可不一定。比较起来，我的机会便要打个对折，终于落选，成为‘候补员外’，亦意中事。北京房子事实上又紧又不十分紧，不少熟人高知，换了个住处，还把原住处保留为子孙安排，有的是。正如封地世袭制，懂行有本领的办法多，不懂行又不中用，则等到八十岁，未必即有着落。正是华在人大报告中说的‘封建意识还十分浓厚’，据我们看来，还正在同社会发展而日益加深扩大，不免令人深怀杞忧。”收入《全集》第 25 卷。

8 月 23 日　到达兰州。

8 月 24 日　致信沈龙朱、马永暐。收入《全集》第 25 卷。

9 月 10 日　自敦煌返京。

9 月 11 日　复信师陀。该信未收入《全集》，刘增杰在《未刊稿的发现——师陀全集补遗》一文中披露了这封信：

师陀老兄：

前得从健吾转至你的新书一本，真有如睹故人感。因故迟复，想能见谅。昨从敦煌归来，得君赐信，欣知工作业已完全恢复，盼能不断有新作问世。

以弟经验而言，七〇年被放逐于湖北双溪一山村孤独高岗之小学中经年，血压高达二百五十时，低压也到一百五十，依然满不在乎的干我经常的一切，凡事一个不在乎的接受下来。终于还是奇迹般度了过来。最有意思是大雨季房中积水成河（因住处较公路低些），亏得住于附近七里的矿上熟人得知（多是故宫博物馆熟人），同来抢救，直到挑去积水四十石，并把十来石熟土堵住了水口，且把两三担干草从茅屋上部入水处完全封闭后，我才免成了“陆地鱼鳖”。即使大灾大难已成过去，全房还是在泥淖中，无从行动，还亏得熟人又为取来百多块大红砖，连接铺在地面成个十字架式样，我才可由床上直达窗口，或向左去取小橱柜中的破书食物，向后走则直到末端那个有塑料布蒙住的唯一写字桌。写点什么时，总还是得点上煤油灯，打了把伞，才能进行，因为上面还居多有蒙蒙细雨从瓦隙间飘下，而下面则小蛙跳跃，十分活泼，我却依然用“和平共处”老办法，写了百十首《双溪诗草》。现在看来，也不免像是一种如梦奇迹！世人常说“负了十字架前进”，我却踏着十字架式砖路，相当从容平静，过了大几个月日子，现在温习一下，倒真像是一种一生难遇的“奇境”！也可以说“命大”，因此还有机会眼看到林彪“四人帮”的坍台，彼此还能从通信中叙叙旧事。

记得七二年冬返回北京路过北海后门时，曾作一诗志感，写来聊供一叹：

依依宫墙柳，默默几度兴，不语明得失，摇落几秋深。

日月转双丸，倏忽千万巡，盈亏寻常事，惊飚徒自惊！

七四、七六、七九均因事至上海，记得第二次曾从巴金处得指示尊寓，本想□可一相晤，只因住桂林新村流金兄处，恐天晚迷路，只能匆匆而过，诚憾事也。近三十年来，人事上风风雨雨，倏忽来去，大半熟友，多成古人。弟则因所有旧日习作，多早已在五三年即得书店正式通知，“所有拟印、已印、各书案，及存书纸型，因已过时，代为全部焚毁”。香港方面则传转台湾正式法令“沈某某作品，无论已印、未印、存书、纸型，全部焚毁，永远不得重印。”也可谓历史奇闻。大致在国内为“过时”，宜怀“知其不辱”之戒，避贤让路，为势所当然。在台则因尚未过时，仍能引起不良影响，且似乎八百万大军一败涂地，不是国民党腐败的应得结果，反倒应由我负责。北京据闻有鲁迅研究组织约二十个，想无任何一个专家学阿Q能如台湾方面主持宣传工作的理解阿Q精神深刻如此到家！

世事既然如此，弟因此一入历史博物馆即卅年不移窝。名分上为研究文物，事实上学习做一合格公民，避灾免祸而已。卅年来，同事中多数人即已不知我过去干过什么，社会上其它可知。“时变启深思，经冬复历夏。”卅年中什么专家文豪，□得我一钱不值的，多已成《录鬼簿》中人物，弟则犹复顽健如故，看来还可望再熬三五年，把一些常识性研究工作在（再）进行，待收尾的逐一完成，才可望向上级首长有个交待，证明这三十年并不是个吃白饭的公民，也才对得起国内外友好！一切望放心！

熟人统望致意。

弟从文

九月十一日①

9 月 13 日　下午，与王㐨一起参加在民族宫举行的自然科学史座谈会并在会上发言，会议由段伯宇主持，应西德 Diceter Kuhen 博士的要求，会议主要讨论中国纺织史问题。（《夏鼐日记》第 8 卷）

9 月 14 日　致信沈虎雏，谈及即将召开的文代会：“过了十月不久，闻又将开文代会，似七号左右。北京中央直属系统作家，闻试行民主制正式选举，还有我一个出席名额，大致在会中必可听到些一般性的报告。丁玲压了二十年，大致又会成为全国文联副主席。我则将依然只是挂个出席的名，绝不希望出现什么奇迹。什么出国观光，总不会轮到我头上的？事实上比较迫切的，还是把住处改改，能达到如某某家茅房宽阔程度，使新的工作能继续进行，或争争时

① 刘增杰：《未刊稿的发现——师陀全集补遗》，《中国近现代文学转捩点研究》，第 240—242 页，上海文艺出版社 2008 年。文中△符号为沈从文原信所有，原信字迹不清处用□符号表示。该信手稿现存中国现代文学馆。同时参见许建辉《“中国现代文学馆馆藏珍品大系”中的沈从文》，许建辉等著《中国现代文学馆馆藏经典作家文物文献研究》，文化艺术出版社，2013 年版，两者文字略有出入。引者据手稿校勘。

间，把待收尾的工作，能即早收尾，就很算得万分幸运了。听人说，国家许许多多方面事情，都还争夺异常激烈。作家重新排队事，当然也不免有此倾向。换言之，也即说明有千万种待人认真去努力的工作，却并无人过问。而争的全只是些不用费力，只凭交际世故即可领导的名分。出版方面，虽约定再印我两本选集，字数可到八十万，但要集中材料，却还无办法。各大图书馆集中我的旧作，也不会到一半。这工作想要搞得像样一些，有的也许还得向香港设法，或查日本的《中国文学年鉴》，或美国各大学联书目，才有希望明白材料出处。花一大笔钱，并把复印篇章得到。”收入《全集》第 25 卷。

复赵家璧函。收入《沈从文全集 · 补遗卷 4》。

9 月 19 日　复信荒芜，力劝他不要发表组诗《赠沈从文同志》：“四诗及附注曾重新好好读过，盛意可感。但弟以为不发表好些。因为事实上我可以说是个相当庸俗的平常人，不问干什么，都作不出真正像样成绩的。性情既十分拘迂，思想也不免极其落后。卅年来，只近于单门独户开个小小服务店，把时间送走的。回想一下，既对不起国家的期许，也对不起个人的生命。年来在国内外得来的赞美，实已大大超过应得的甚多。懔于孔子所谓‘血气既衰，戒之在得’的名训，一切赞许，不免转成一种不祥的负担。所以事如还来得及，最好能去个信给华侨报记者，和她商量一下，四诗能不发表，或可免招摇批评。事实上我觉得从其它工作上所得到的好意赞许，也早已超过应得到的远甚。名不副实，转增忧惧。世事倏忽多变，持静守常，在人事风风雨雨中，或可少些麻烦。如能争取三几年有限时间，使住处稍稍宽绰一些（能如熟人中某某茅房即已大好），可以摊材料，把待收尾、在进行十来个范围较小文物专题逐一完成，结果能达到新社会合格公民资格，得到个‘不是吃白饭的工作干部’鉴定，就够好了。若尚存任何不符现实的奢望，恐随之而来的将是意外灾星，实在招架不住。”收入《全集》第 25 卷。

9 月 20 日　复信张小璋，叙及与张鼎和相关的人和事，建议她看杨纤如发表在《新文学史料》1979 年第 4 辑上的《北方左翼作家联盟杂忆》一文。收入《全集》第 25 卷。

9月21日　致信赵家璧，叙及徐志摩生前种种："至于徐先生生前那么匆匆南下，又急于北旋，却是在一年后我到北京时，住在胡适之先生家里楼上（即志摩先生生前住处，胡家中人不敢住），半夜里胡先生上楼来和我说起的。徐南去主要是因小曼不乐意过北京，在上海开支大，即或徐先生把南京中央大学和北大教书所得薪金全寄上海，自己只留下卅元花销，上海还不够用。因乘蒋百里先生卖上海愚园路房子事，挂个中人的名义，签了个字，得一笔款给小曼，来申多留了几天。急于搭邮件运输机返北京，则因为当天晚上林徽因在协和小礼堂为外国使节讲中国建筑艺术，急于参加这次讲演，才忙匆匆的搭这次邮运飞机回京。到山东时，白马山只隔济南廿五里，因大雾飞机下降，触及山腰失事致祸。一切都近于凑巧而成此悲剧，不仅当事亲友，为此含悲抱恨终生，以国家言，也是一不可挽救之大损失！我还记得我过青岛以前，由上海过北京时，正是大家都极力劝徐先生离婚时，内中还包括最拥护女权的胡太太！徐因上海小报传述的翁陆种种，十分苦闷，且因北京友好的压力，更感到痛苦。在无可奈何情形下，曾在胡家住处临窗一长藤椅上告我种种：'从文，这些日子熟人都极力劝我，以为小曼既不肯来北京，最好是离婚。胡太太历来是以保护女权著名的，现在也居然同意这件事情。我不能这么办。你知道，她原是因我而离婚的。我这么一来，她就毁了，完事了。所以不管大家意见如何，我不能因为只顾自己而照办。……'随后不久即听到胡太太告我：'志摩先生把两边的钱寄过上海，还不够用。志摩在这里一月只留下卅块钱作零用，衣服破破烂烂，还包括鞋袜！也不在乎，太不成样子了。这里老奶妈为他缝缝补补，还总说'不碍事，北京学生那会注意到我这一身。'这样过日子那是长久之计！小曼不来是怕吸不成鸦片烟。戒不了烟，那是什么治病无人？在上海和那个学海军的翁某某靠灯按摩治病，像个什么生活！……'但据胡先生那夜里和我说的意思，把林徽因、凌叔华及某名作家并提时，却以为论才情，小曼先生或不及三人有才气，论为人气度开阔，小曼却高一着。依胡先生分析……对人对事真正厚道，还是小曼好。这点月旦评可能有些'十分正确'或'相当正确'。有小部分或稍带感情作用。因为小曼先生对胡先生是极好的，口口声声叫老师。"收入《全集》第25卷。

按：这封信发出后，沈从文深恐信中有关徐志摩的部分引发误解，特意去信告诉赵家璧：“为免得身后小是小非传播，深盼将前信中涉及志摩先生事部分，托由蛰存兄代为收回处理，免得家中老伴为难。”[①]

9 月 23 日　收到美国圣若望大学历史系副教授金介甫寄赠的著作复印本及信，旋即复信，谈及过去创作种种及湘西文化。收入《全集》第 25 卷。

致信金隄。收入《全集》第 25 卷。

九月中旬　草拟给中国现代作家传略编辑组的信。但本信未写完，作者在信后注明：“不复，不参加！”据未完成信稿收入《全集》第 25 卷。

九月中旬　致徐州师范学院《中国现代作家传略》编辑组苏同志信。本信写成未复邮。据底稿收入《全集》第 25 卷。

10 月 4 日

本日　荒芜的《赠沈从文同志》发表于《文汇报》。

10 月 6 日　《株洲日报》社记者龙海清来访。龙海清根据访谈记录完成了《不受岁月羁绊的人——访老作家沈从文先生》。[②]

10 月 9 日

本日　赵家璧给沈从文复信，信中披露了一件发生在解放初的一件事情：“‘沈从文一解放就大吃批评，至今仅仅在考古方面做出了许多工作，我至今不懂那是为了什么？’最近得到改正，当时任《文汇报》总编辑的徐铸成就说，‘这件事我知道，当时上级布置上海各报要批判两位作家’，一位是你，另一位我听到真吃了一惊，是我们共同的朋友，文化大革命中受到最残酷迫害，终于勇敢地顶了过来，现在是国际闻名的最值得尊敬的伟大作家。‘后来周总理知道，下令不准，才平息了。’旁坐的一位当时《新民晚报》的负责编辑，接着说：‘是这样的，是这样的．我们也得到通知，后来不搞了。’天啊，真有此事吗？我至今不敢相信。”同时告诉沈从文另外一个消息：“大约一个多月前，上海市文联开过一连串座谈会（我未参加），最后由新任上海市委书记、宣传部长

① 赵家璧：《致沈从文》，《赵家璧文集》第 5 卷，第 239 页，上海文艺出版社 2012 年版。

② 刊载于《湘江文艺》1980 年第 3 期。

陈沂同志在文化广场开全体会员大会时作总结报告。我去听了，讲的都是新精神，都好。但在讲到今天的作家仍然需要深入生活时，批评了现在有些人认为深入生活已过时的错误想法。这一点也批得好。但接下去，他引了你作例子，说：‘三十年代，有一次，英国作家曼斯菲尔（此人究竟是谁也搞不清楚）来华，梁实秋、徐志摩把沈从文介绍给这位外国作家，说：‘他是我们的小说家，只有三十多岁，已写了二百万字。’这位外国作家大为惊奇，认为这是不大可能的。’（大意如此）我听完报告去辛笛家，我对他说，陈沂同志今天的报告很好，但把从文作为深入生活的反面例子，很不妥。辛笛和我同感。”①

10月10日　复荒芜函。收入《沈从文全集·补遗卷4》。

10月14日　修改《一个传奇的本事》并撰写附记，收入《沈从文散文选》（人民文学出版社1982年版）。后以《附记》为题收入《全集》第12卷《友情集》。

复信张香还。收入《全集》第25卷。该信的完整文本收入《沈从文全集·补遗卷4》。

10月15日　复信北京大学中文系讲师孙玉石，回答了他提出的一些问题，同时表明自己的态度：“你设想用我过去那些不三不四作品，并且早已被国内搞现代文学的‘权威’完全否定过了的，你却拟提出些不同看法。即再实事求是，我认为还是十分危险，实不必要去做这种劳而无功，且易出差错的试探。外国人可不必受什么限制，提出了不少新意见，恐怕不多久也就会成为过去，到中国来才会得到应有的欢迎。我们自己就自然更应当遵守这一道红线，才不至于失去正确的立场。实在说来，近年日、英、法、美对我一些在国内早已报废的作品感到些兴趣，其实这对我只会增加我一些不安的压力，使我无可奈何的。”“为回答你的好意，拉拉杂杂说了不少废话，总的意思，就是你理合应当放下原本一切不切现实的妄想和幻念，明确我是个思想平庸，头脑陈腐，缺少斗争能力，而且即或进入大城市半世纪，可是至今还充满了乡下人怕事性情的俗气人，就会明白在工作失败中形成的精神状态了？有几个书的题记，能暇中

① 赵家璧：《致沈从文》，《赵家璧文集》第5卷，第237－238页，上海文艺出版社2012年版。

看看，或许就可把握到了我作品的整体。一即良友《习作选》代序，二即《边城》题记，三即《湘西》题记，四即《长河》题记，五即后来五七年《小说选》题记。万万不宜为我抱任何委屈感。国家对我已够好了，主要大致还是我的错。更不要相信外面人说的我搞文物又专到什么程度，这大都是友好的过誉。我这个天生抒情叙事的习惯，即或有机会再好好学卅年，也不会有什么真正够得上'专'的知识！说正确点，不过像个单门独户开个小小为各方面尽义务打打杂的小店铺。”收入《全集》第25卷。

致信董锡玖。收入《全集》第25卷。

10月17日　复信韩宗树，叙及写作时说：“据我个人意见，练习用笔搞习作，求进展，谋出路，或许先用三五年时间从各个不同角度写短篇，且采用不同方法在较小篇章中试验下去，从叙事抒情上，达到文字运用自如的程度，写人写事笔头都能极有分寸，甚至于从不断失败中讨经验。第二步再把规模扩大，或许工作能持久些，也易见功些。也就是俗话所说，稳扎稳打意思。不然，成功近于偶然，有'难以为继'感，要出路，也是短篇容易得出路。近三十余年，不少作家，是这么只出一本书即再也无从继续的。因近年全国文学刊物格外多，最感需要正是短篇，这自然只是我个人主观设想，未必符合新的社会现实要求，说说供参考而已。”收入《全集》第25卷。

10月20日　致信金介甫，简要回答了他提出的十一个问题。收入《全集》第25卷。

致信沈虎雏，叙及荒芜诗所引起的种种反响。收入《全集》第25卷。

10月22日　收到徐盈来信，并转来电影导演徐昌霖有意将《边城》拍成电影的信，即复。收入《全集》第25卷。

10月23日　傍晚，《北京日报》记者来访。（见本年10月24日致诸有琼信）

10月24日　致信诸有琼。收入《全集》第25卷。

10月25日　上午，刘一友来访。（刘一友：《沈从文现象》）

10月26日　和家人一起去中山公园参观北京工艺品展览会。

10月27日　复信韩宗树，叙及对自己过去和现在的工作的感想：“我是个快八十岁的人，体力衰退已到一定程度，过去虽'因缘时会'写了二三十年不三不四小说，离及格还有一大段路，加之又为人思想庸碌，底子极差，所得于社会的早已超过应得的远甚，正如我五八年一个选集写的，原只写写，守住五四文学革命原则，学习把文字掌握住，作个打前站的小卒，就算是任务完成了。想不到社会变化特别迅速，我工作不到一半，全国就已解放，我的一切习作都成了过时货，工作当然难以为继，因此及早改了业，去博物馆学习‘为人民服务’，成了个不折不扣的打杂人物。相形之下，在任何方面都和所有旧同行、老同事，以及一切来自革命圣地延安大作家，大有天渊之别。所有旧作既已烧尽，即在台湾，也一律焚毁，且永远不让出版，可见个人即当或多童心幻念，既不切于现实，反易招至灾难，因为放弃这个工作，不仅出于主观的不得已，也是客观现实的必然。现在只能说，改业早、精力还来得及学习，机会又好，把近三十年所学用到为各方面打杂，是比较扎实。老子说的：‘为而不有’似有所得。在近三十年人事风风雨雨中，不至于卷入倏忽而来的漩涡中，生活虽十分寂寞，不至于吃大苦头，又居然还能活下来，就应当说是万分幸运了。至于写作，早就无什么发言权，那有停笔？三十年，也即落后了三十年，还好意思充‘假里手’，瞎三话四道理？即或条件再好，受严酷自然条件限制，报废还只是迟早间事！家乡中小朋友对用笔感乐趣的人多，本是难得好事，只是社会变化大，要求又日新，学习工作条件再好，大致也还得尽最大持久努力，才不至于因一时挫折而灰心丧气，更不至于因小小成功即感到满足，这才可望突破重重障碍，取得应有的进展。更重要，或许还有个强大消化力，去博览众书，反复试验，才会有所突破。当然也有人不必经过什么艰苦考验，而一举成功的，据我个人意见，总还是走难走的路，比较好些。”本信曾以《沈从文给同乡的信·之二》为题收入凤凰文史资料第二辑《怀念沈从文》一书。收入《全集》第 25 卷。

10 月 29 日　致信北京特种工业公司副经理徐锋，谈参观北京工艺品展览会的感想。收入《全集》第 25 卷。

10 月 30 日　第四次全国文学艺术工作者代表大会今天开幕。沈从文出席了这次会议。

十月　复信许芥昱。据书信底稿收入《全集》第 25 卷。

十月　程应镠的《南北朝史话》由北京出版社出版。据程应镠回忆："一九六三年，我在极端困难的条件下，完成了吴晗主编的《中国历代史话》中《南北朝史话》的写作。这部史话的插图全部是从文先生选制的，其中《北齐校书图》和《南朝农民》都是摹本。在这些插图上面沈先生所费的心力，每一回看到，每一回都使我回想起青年时代寄文章给他经他修改发表以后我的感激之情。"①

11 月 11 日　来参加文代会的王西彦、许杰来访。当天王西彦日记："从文先生是 30 年代北京时期的旧识，是我写作学习上的引路人，我的第一个短篇小说集子就由他编定并介绍给商务印书馆。'文革'初期，'造反派'声讨我的大字报里，曾以'王西彦是怎样起家的'为小标题，说我投靠'反动作家沈从文'。当时我曾想：我这个'反动文人'投靠'反动作家'，这算是什么罪行呢？可是，我和这位自己曾经'投靠'过的文学前辈已经久违了 30 年，他已经显著地老了，如果在马路上相遇，彼此可能都不复相识。而现在他和夫人张兆和同志住在一间小小房子里，认出是我就温和地笑着，显出十分高兴的样子，握着的手好一会没有放开。40 年代在桂林编副刊时，我曾发表过 × 先生批评他《看虹录》的文章；现在我和 × 先生却一起来他家做客话旧了，这真是历史的偶然，也是历史的必然吧？"②

11 月 14 日　上午 10 时，巴金及其女儿李小林到小羊宜宾胡同看望沈从文。因沈从文外出开会，未遇。

复信吴重阳，谈及自己的民族和家世："我大致算不得是个土家族，因为老家在凤凰猴子坪，只隔出朱砂处廿来里路，我哥哥生前曾到过一次，说那里还有个'沈家村'。据我估想，最有可能，是宋或更早，祖先辈因在封建社会中犯了什么罪，充军被放逐到这个穷乡僻壤的。因为湘西此外姓沈的极少。我

---

① 流金：《〈沈从文笔下的中国〉中译本序》，《上海师范大学学报》1986 年第 2 期。

② 王西彦：《宽厚的人，并非孤寂的作家——关于沈从文的为人和作品》，《长河不尽流》，第 126—127 页，湖南文艺出版社 2018 年版。

哥哥生前用土家族名分作州政协委员，大致因当时沿例，凡居住三代以上的，可自择族别。其实我家和苗族还有点血缘亲。因为祖父死时只二十六七岁，无子女，却有份小小家产：祖母作主为叔祖父找了个青年苗姑娘，生了两个男孩，把第二的过了房，取名沈宗嗣，就是我的父亲。照当时当地社会习惯，和苗族通婚的子女，社会上是无地位的，也不能参加科举。我还记得本地骂人最毒的一句话，即'苗杂种'。为了避免这种麻烦，我那真正祖母，过不多久，就被远远嫁到不知何处去了。我四五岁回到叔祖父所住处老家黄罗寨时，记得出门不多远，就有个孤坟，家中人告我这是祖母，于是磕了三个头。直到过了快廿年，从我母亲口中，才知道真祖母早已远嫁，那个坟是假的。我性格上的板滞处，也可说是有生俱来。因此即到大都市混了快六十年，还是或多或少有点'苗里苗气'，总还是凡事吃不开。照理说，写了几十年小说，或多或少必懂得一点儿'世故哲学'，可是应用到作品上，还不像太笨，却绝不使用到生活上。说和这点血缘亲有点关系，想来不会大错。也可说是一种本性悲剧，怪不了谁。所以把我当土家族看待，我觉得不大妥当。把我当成作家入传，也不相宜。我觉得什么作家传略最好不要提我，我实心安理得，毫不觉得什么难受的。国家大，事情多，近卅年我的生命主要使用是为各方面打打杂。我所得于社会的好处已够多了，应做待尽的义务却做得极少。”据书信草稿收入《全集》第25卷。

按：吴重阳当时为中央民族学院教师，正在编写《中国少数民族现代作家传略》，当时“给沈老写了一封信，表示希望他同意把他的‘传略’收入该书中，并请他提供一点资料。我没有想到，很快就收到了沈老亲笔写来的热情洋溢的信。”遵照沈从文的意见，后来出版的《中国少数民族现代作家传略》前两集未收入沈从文的传略。沈从文病逝后，1992年出版的《中国少数民族现代作家传略》（第3集）才将沈从文的“传略”收录。吴重阳在《悼沈从文老》一文中披露了这一过程，同时将沈从文给他的信也作为附录在文后，与该信底稿相比，收件人收到的信件字数更多，内容也有较大差异，兹照录如下：

重阳同志：

奉示，谢谢厚意。我大致不是土家族。老家在黔边猴子标（疑为“坪”之误——引者）附近（至今还有个沈家村，我哥哥生前曾到过），应分是宋代以前因犯罪充军，才会阖族贬谪到这个出朱砂的矿区住下的。祖母是由叔祖——家住黄罗砦，名沈洪芳——娶一苗族妇女，生了二男孩后，把第二的过房到城中，给早死的祖父沈洪富（他混名“沈毛狗”）承宗的，所以名沈宗嗣。照旧社会习惯，苗族所生无社会地位，也不能参加文武科举，为免得麻烦，所以真正那个祖母，生了两个孩子后．即被远远嫁去，黄罗砦家中附近，却埋了个假坟。我记得四五岁到乡下时，还去坟前磕了三个头。廿多年后．母亲才告知这坟是假的。我记得家乡人骂人最毒的一句话是“苗杂种”。我听过了许多年，却从不为这句话感到任何羞惭。正相反，却在作品中为苗人唱了无数赞歌。且为他们长久以来所受的不公平待遇深深不平。我觉得家乡能多出几个“苗杂种”倒也不坏（解放后，我哥哥因自治州的成立时，凡住了三代以上的，可自选族别，他因此作为土家族州政协委员，事实上也说得去。因为我母亲姓黄，是黄永玉的姑婆，黄和杨光熏家同是土家族。）

至于你们拟把我收入《民族作家传记》中，似不大妥。因为近卅年来，我所有作品，早已全部毁尽，已成一个不折不扣的“空头作家”。四十岁左右在国内大学教现代文学的教师，即居多已不知道我是个什么人。近卅年我所有工作，多只是在博物馆为各个方面打点杂，帮点小忙。新社会凡事重“实事求是”，说真话，我实在已不配列入《作家传记》中。即这样也心安理得。过去四十年，因学习练笔，虽因缘附会，写了些不三不四作品，思想性既不高，文字也还未达成熟阶段。由于社会进展快，变化大，作品因过时而失去存在意义，统统被一把火烧去，情形十分自然，我亦无什么不平感。只觉得国家大，凡事千头万绪，待人扎扎实实去做的事还多．这里走不通，趁年岁还来得及，何妨即早让开，另走一条路，免得成为年青作家“绊脚石”。于是沉默，在博物馆坛坛罐罐花花彩彩间转了卅年（或多或少也算得到了一点“苗里苗气”的性格上顽固好处，坚持了卅年，从不灰心丧气！）。只觉得国家给我的种种特别优待，早已超过了我这么一个既庸俗又不中用的人所应得的甚多。目下已快八十岁，如能使得工作条件稍好一些，争几年时间，能把这卅年所掌握的本业．尽力所及来继续完成，不至于像个新式官僚"吃白饭"的人物，就很是幸运了。至于别的不切现实的什么，势不宜还抱幻念童心。年来港中（和国内）报刊传达一些关于我的消息，既可信亦不宜全信。因相去万里，毁誉可能全由于无知。目前国家每年花费钱亿万，有计划作对外宣传，高薪聘请精通各国文字第一流专家，用各种文字翻译有代表性新作品以亿万册计，向外推销，照"量变到质变"的真理定律而言。当前即尚未起应有良好效果，再不多久，肯定对世界会起伟大教育作用。引起世界重视，且必将不断有"诺贝尔文学奖金"由中国作家获得，亦意中事。由此说来，目下即或有极少数无知而好奇的人对弟"过时作品"略感兴趣，只不过一刹那间事，殊不足道。过不多久，即成过去。正如古人所说："白日既出，爝火自熄"，必然之理也。

并覆颂笔健。

沈从文十一月十四日[①]

本日　巴金在作协主席团和书记处联席会议上，"向周扬、李季提出为从文解决住房问题。"[②]

11月15日　复信沈虎雏、张之佩，谈及近况："我在西苑饭店开了十多天文代会，十五号或即结束。首长文章说得使不少外来人开心，近在京中的人，却明白内中问题重重。内部上面人争权位了无休歇。会后不久，也许我们可望搬个家，据说号数也定了，但至多三间房子，恐还是紧紧的不易转折，因总得一办公室，才便于把书摊开进行工作。所编书，正在由两方面商量付印办法，一香

---

① 吴重阳：《悼沈从文老》，《追寻历史的轨迹——吴重阳民族文学评论选》，第273—275页，广西民族出版社1996年。

② 巴金：《"文革"后日记》，《巴金全集》第26卷，第378页，人民文学出版社1994年版。

港，一日本。归出版部门讨价还价，我们无从过问。三五天可以明白结果，事如办妥，二个月内即出书。这书已搁了十六年，折腾得精疲力竭，我早已厌倦提及。但因被书店乱改（出版方面假里手乱改），这次我有机会清理，又来重看一次，重为把错处改回。十分费事。妈妈也为此事而忙了好几天。希望那位自以为是的责任编辑，不要再动就好。报上所说文代会中涉及我的消息，可信，可不必尽信。因为在会上提倡敞口说话，熟人稍鸣不平，提出了些问题。其实对我只增杞忧，别无意义，反而极容易使某些自以为是、'永远正确'的文化官，心增愤怒，使我工作增加困难，以至于无从继续，亦复可能。不懂内情的，总以为我为什么不再写点什么。其实我即或再认真努力，还是意义不多。因为任何人都明白绝不会尽一个党外人的成绩，超过党中所承认为尖子的成绩的。因为这卅年一切为人做的事，远比写十来本小说还重要，可是却得到相反结果，反而不如一些人用阿谀逢迎的方式，十分简单即爬得高高的。而且说的是'百花齐放'，'写你最熟习的'，若信以为真，写我近卅年顶头上司首长的种种，便不免像《新官场现形记》，尽管是人人目睹的事，说来也难令人相信，写来也无多意义，还易招灾难。十多年前一位大首长不顾事实，不点名在某大会上骂了我约一点钟，说我什么事也不干，空作了个政协委员。我听来只觉得十分可笑。这那像国家的三四号人物应有的事！”收入《全集》第25卷。

11月16日　第四次全国文学艺术工作者代表大会闭幕。

致信张寰和、周孝华等，谈及参加会议感受：“前天还受首长接待，事实上是近三千人分三大组成个梯级半圆形，站在那进而约等待了一小时，十来位'首长'，才从从容容，缓步一入场坐定照常规照了那么一张相。前后约费时一点半钟。报上说是亲切接待，事实上可说是不少年近八十岁的'作家'，除了少数常务理事有坐位，又受过一次锻炼！若说这是'民主的象征'，据我经验，倒是免去了这一形式，才真是接近了民主一次行动。”收入《沈从文全集·补遗卷4》。

11月17日　复信《株洲日报》编辑龙海清。收入《全集》第25卷。

11月19日　上午，萧离带永顺朋友向渊泉、李金梅、马希汉、杨明哲等来访，并为永州不二门石壁题“石门天鑿”、溪州铜柱题“溪州胜迹”。[①]

11月26日　致信老友梁发叶，介绍即将赴美的同事女儿胡小平，谈及自己时说：“近年来，国外对弟卌年前旧作，似尚有人感觉兴趣，在哥伦比亚大学之白英教授，抗战后在京曾与金隄同学合译弟作一册，名《中国土地》，原在英出版，近闻在美尚有出售者，盼便中试为注注意，如可购得此书，望为设法购一册来。又用弟旧作作研究对象，作博士论文者闻计有三人，其中在哈佛大学之金介甫先生研究论文已寄弟处，另二文未及得见，不知尚可设法与在美之房昭盈兄通信为一询究竟否。弟之所有旧作，在国内久已焚毁无余，致近来拟编一自作书目，亦无办法。房兄系多年旧友，如能相助，必易成功！”按：梁发叶为先生抗战时结识的朋友，但写信时梁发叶已经去世。作者后在信旁添加了附注：“此信未发，得知梁已死去数年。其爱人沈式昭八〇年夏返京，曾带孩子来相看。”收入《全集》第25卷。

12月10日　到木樨地丁玲、江丰新住处参观。

12月11日　致信沈虎雏，谈及住房问题：“昨妈妈去看拟定的新住处，总拢来只比小羊宜宾大些些，共不及四十米。初步估计，还得另想办法。虽在人大会堂茶会时，周扬和巴金都提到‘房子已为解决’，但实现却不知何年月，亦不知向何人询问。昨曾到木樨地丁玲、江丰等新住处看看，一单元分二组，或各五间，或四六各一，以江丰四间而言，真是高级之至！但照迁入者等级而言，多属副部长级，且为党员，我则至今还只算个四级研究员，那有希望可能？所以只能用善于等待方式，依旧在此拖下去。头脑日益不得用，亦无可奈何。今天总算把《服饰资料》最后一校完成，至于此书何年月出版，正和房子相似，凡事‘交付于天’！”收入《全集》第25卷。

12月16日　为改善住房及工作条件事，致信中国社会科学院党组书记、副院

---

① 刘明：《纪念沈从文先生去世三十年：永顺行》，https://www.sohu.com/a/251734851_261562。对题字这件事，张明仁的《家乡种种》一书中有另一番叙述：“1982年沈从文先生七十八岁高龄故地重游时。即兴在不二门石壁上挥手写下了‘石门天凿’四个大字的同时，赞叹不二门为‘溪州胜迹’，因为不二门青春的印记一直留在沈大师的记忆中。”（见张明仁《今人旧事》，第195页，文化艺术出版社2005年版）不确。沈从文的题字已经注明了“乙未”“七十八岁时手书”。

长梅益。据书信底稿收入《全集》第25卷。

复王根林函。收入《沈从文全集·补遗卷4》。

12月18日　致信荒芜："昨闻一朋友说，你又在为我'放炮'，实在说来，不免使我深感忧惧。闻内中有触犯当道处，望能把尊作给我看看，也有所准备。常言道：'虚名过实，易致奇灾异祸'，近卅年，旧作既已焚毁，即可知此事绝非偶然。卅年即老老实实在博物馆为各方面打点杂务，从不敢再冒充空头作家，与人争是非得失，总牢牢记住'为人民服务'及老子'为而不有'两句话，才幸而在倏忽来去人为政治风风雨雨中，得比较安全度过，免招意外灾难。以个人才具平庸，思想又极落后情况说来，所得于党、国的'优厚待遇'已够多，而贡献则可谓毫无可称道处。新社会凡事重'实事求是'，所以目下处境，实在不敢（亦并无）任何牢骚可言，更担心什么人为我放炮而得罪大人，即或因事小而不至于骤兴大狱，即任何'小狱'亦招架不住。以住处言，今年既不可望，即在明年，因过去从不与人争名位，卅年打杂，始知尚在最低级研究员位置，科学院最重科学，等级分别严明。文艺级虽另有规定，弟则书已早焚，今即特别开始有若干大学教师分组分片，指定有人开始研究弟之作品，事实上则年在四十五十的在国内各大学教现代文学的老师，多已不知沈某某为如何人，此事并不可笑，只令人增悲悯心。作品等级既由官方决定，我已无作品，因卅年来在各著名大学的'权威批评家'在其教材中即从未提及弟名，因之始能证明其'思想正确'。或偶尔提到，亦必嗤之以鼻，以为'无思想，即无灵魂'。大图书馆中亦极少弟旧作十本以上者，所谓有计划统一行动，必然是所向无敌。如斯大林奖金获得者诸语言艺术大师，或早排秩序第一、二、三名作家之作品，或多而长至一二百万言名作品，花钱以亿计向外推销，亦不易得人叫好，而不必花一钱且招受歼灭性一焚而尽之作品，在外反而得到一定读者，以常识推测，也对弟绝无好处，只易致不祥灾星，却是事实。更那宜给人一种印象，由我不满，形成一种火上浇油影响？所以务必请老兄万分小心谨慎，牢牢记住廿年教育，不要以打抱不平态度，再作火上加油之举。因照趋势说来，即使不久更进一步放开文艺，凡权威批评家尚依然存在，深受宠幸，则绝不会有我真正抬头时。一贯正确之'文化官'，更不会自承工作方法有问题，转而实事求是来好好研究研究理论之空泛，所重视卅年之不倒翁不倒婆，在国内受重视，得支持，依旧可以用熟习世故哲学而维持其虚伪荣光，对外实不抵事，不抵用。即再善于交际取巧，捧场叫好，送出去人家总不买账，终究还是不成也。但这种人在国内的权威性却是天命永久性，不可动摇的。因为宗派沿袭，是巩固既成实所不可少，包含有原则性的。我得顺天命，始能得到保平安，可不是什么笑话！”收入《全集》第 25 卷。

12 月 21 日　致信荒芜，收入《沈从文全集 · 补遗卷 4》。

按：本信与 18 日信文意大致相同，但文字表述有较大出入，18 日信或为书信底稿。

12 月 25 日　下午，萧离带永顺朋友向渊泉、李金梅、马希汉、杨明哲等来访。[①]

12 月 27 日　为感谢端木蕻良托柳倩、杨纤如转赠开封石拓印本，致信端木蕻良。收入《全集》第 25 卷。

12 月 28 日　致信钟开莱，表明自己对赴美的态度："最近从你给我助手王同志二信，得知王曾给丘先生信中，似提及我有意来美观光事，这种异想天开的设想，我事前毫无所知。她工作还得力，为人也还好，只是这种随便向还相当陌生的丘先生，提及这些问题，我觉得未免过分天真无知，很不得体。与人通信，照理我不能干涉，不过涉及我的事，即或是称赞，我觉得她的话，也不宜相信。也盼便中转告一下丘先生，十分感谢。我根本不会想到出国事，特别是到美国。因为根本无此条件。不久前，巴黎大学中文部第三部主任，亲来拜访，在北大工作，将回国前来，中名于儒伯，希望邀我参加明年五月在巴黎开一个关于抗战时中国文学报告商讨会，来回一切费用，还包括兆和在内，均由法国担负，我还不敢在一个邀请文件上冒失签字，怕出别的问题。"收入《全集》第 25 卷。

12 月 29 日　致信北京大学中文系硕士研究生凌宇，谈自己的创作、生活诸问题。收入《全集》第 25 卷。

十二月下旬　致信萧离。据未完成信稿收入《全集》第 25 卷。

---

① 杨明哲：《追忆在李老家里做客》，《永州文史》第 7 辑，第 57 页，中国人民政治协商会议湖南省永顺县委员会文史资料研究委员会 1996 年印行。

十二月下旬 致信凌宇。据未完成信稿收入《全集》第25卷。

十二月下旬 复信香港现代作家、文学史家胡忻平（司马长风）。据未完成信稿收入《全集》第25卷。

本 年

冬季 参加《花城》杂志社在新侨饭店召开的座谈会。据苏晨回忆："这一天正赶上下雪，纷纷扬扬的雪花，没完没了地飘个不停，地上已经积了薄薄一层雪。应邀与会的老作家，最年轻的也68岁，我真怕天寒地滑，万一哪位老人会在路上摔着碰着，那可是大事。正心绪不安地迎候在新侨饭店的大门口，忽见臧克家和沈从文两位老人也平安到达，悬着的心又放下了一些。克家老一见到我，就指着沈从老对我说：'他是我老师，苏晨同志你放心，有我在他跟前，管保不会让他摔着碰着。'"①

冬季 致信杨作材，叙及二三十年代的经历："当时正是白色恐怖遍及全国，即以武汉一地而言，不少在北京相熟北大、清华、燕京、农大旧友，均已为社会合理的'理想'、'信念'而在江汉关前大坪中牺牲。有个'小施'，在北京上中学，与弟同住一公寓，回武汉不久，即任某工会主席，闻亦牺牲于江汉关前石坪中，当时年龄似只比兄略大些些。又有个张采真，同在北京过穷日子一二年，过武汉后曾于总政治部任秘书，白色恐怖大流血时，回到上海，又共同在一处，不久我即到武汉大学教习作，得知他奉命将返回武汉，整顿组织工作。还以为或许又可在武汉见到。有一次过江，由轮渡上到江汉关时，正八个人在大坪中于半小时前被处死，已有人用席子将死尸掩盖，面貌难识，其中一位有一双脚露在外面，我似乎即预感到这像是个熟人，可想不起是谁。还在一群人丛中挤着，等待收敛时以为会可看看面貌，不意一会会就被警察赶开了。寒假时返回上海，才明白我去武汉不久，张采真就奉派回武汉，一去原来联络

① 苏晨：《臧克家的贺节笺》，《苏晨镜人散文集》，第95页，花城出版社2013年版。

处，一开门即被一人揪着说：‘你来的正好！’过两天，就在江汉关前牺牲了。我从双脚上感觉到这人像个熟人，无疑即是牺牲的张采真。到上海不久，胡也频等六个作家出了事（预备出席瑞金党大会的），当时左翼已无一个人敢露面、能露面，于是我和李达、施存统等商量，才由我来奔走，往返南京想办法，通通不成功，回到上海，还有机会在龙华探一次监，在双重栅栏门后，和丁玲看到过完堂的胡也频挥挥手，声音嘈杂之至，从此这老友即告永别。”据未完成信稿收入《全集》第25卷。

本年　复信伯海，谈及京派、海派问题：“《大公报·星期文艺》由我发稿后，前后虽写过几篇谈京派与海派文章，就我所知，这个名辞是上海方面小报就京戏方面而提出的。事实上并无什么“京派”，前一期指《现代》《新月》，多是北大教授，我只是个普通投稿人，无资格参加任何活动。后一期则指我为小京派头头！也是不知内幕，只看表面的估计。上海骂我‘右’，可不明白《大公报》当时地下党员实最多，可明白我较多，倒挺支持我工作。为经手发的稿，大部分作者始终都不相熟，即后来其中一部分因投稿而相熟，也无什么派。上海小报不明白情形，以为我是后期小京派头目，也居然有人相信，鲁迅先生的文章或多或少有点影响。可是这些作者，大多在抗日时去了延安，所以直到文化大革命，严文井、刘祖春等都被人批为‘小京派’，是大笑话。且有某某是由我派去延安的。我从不加入什么党派，派人去有什么用？即在解放后，丁玲有权有势那些年，其余的也多作了什么长，我却在历史博物馆不折不扣作了整整十年说明员，人相熟到这样，若有什么派，会‘没落’到这样吗？……京‘派’虽有名无实，‘海派’却是事实存在的。有的也值得原谅同情，以演戏言，在演出前后，若不有内中人吹吹捧捧，卖座即成问题。至于写小说，照当时情形，十八年后刊物重点是短篇，因此作者不必在作品以外想办法，可以永远不和读者对面，作品自有读者为作鉴定。我主要工作是搞短篇，和抒情叙事散文，若说工作中也不免有些野心妄念，争的是和契诃夫比，在国内则从不和任何人争得失高下。在负责副刊时为填空才偶尔谈点写作问题，也从不把鲁迅先生作为对象。所以你们一作比较，一看即可知和鲁迅先生无关。至于引起鲁迅先生兴奋，或许倒是胡风之流的挑拨。说我‘右’，也大致属于胡风辈。事实上一九二八在上海几年，从广州武汉退到上海的地下党员，和我相熟的可能比不少左翼作家都还多些。这些人多是燕大出身的，其中不少都作过斯沫特莱的翻译，我比鲁迅等认识她也许就还早两年。你说的‘……由此展开这场争论’，试把所有文章同在一处看看，即可知不是事实。因为我的文章说的‘海派’，重点大致是张若谷、曾今可等善于自吹自捧一群，以及时左时右的另一群，及新出版业中骗作者起家的光华、现代、世界、大东、北新各书店老板（我和他们都打过交道），以及政治上失败，想办书店拉作家的陈铭枢一类帮手王礼锡等……这就是你始终不明白京派海派原因。你拟的注解虽极其谨慎，据我私见，不如不注为妙。否则将我的一些小文附于鲁文后边，作为对照，即可明白我谈的是‘一些具体问题’，而他却只是在‘做文章’。”据未完成信稿收入《全集》第25卷。

二十世纪七十年代

五十年代—七十年代　在历史博物馆工作期间，沈从文多次为其他单位提供研究文献目录，据全集编者介绍，三十年间，“为各方面不同需要而起草相关参考资料草目，成为他实践‘古为今用’和‘为人民服务’的一种常用方式。因随写随送，多不留底稿，总量无从查考，但估计以三位数计，较符合事实。从万千种实物、图像或文献资料中，梳理出某一类别、某一问题的线索，列出草目，又常常是作者扩展研究项目的起点。他用这种方法，把若干孤立的材料‘排排队’，从中发现它们相互间的联系、影响和制约关系，进而撰写出一篇篇文章，或图录性专题著作。”书写年代不详的这类文献资料有：《龙的图案在工艺美术上的应用》《鸾凤百种（有代表性）》《关于玉的图录和文献资料》《带子种种》《可供参考的新出土文物中特别精美重要艺术品》《山水形象在古代工艺品上的反映》《前期山水画问题图像部分目录——由汉到隋的反映种种》《水纹在工艺中或艺术上应用的发展》《杂伎图像参考》《唐以来乐部形象反映》《关于唐代种种》《〈卧薪尝胆〉参考资料应用》《〈文成公主〉演出形象参考》

《〈武则天〉戏用参考》《宋戏文服饰、生活、行往、人物形象参考》《曹操像参考》《有关唐玄奘绘画》等诸种。上述著作均据手稿收入《全集》第29卷《文物研究资料草目》集。

约七十年代前期　作《帛画引路招魂幡》。沈从文生前本文未曾发表。据手稿收入《全集》第30卷《文物识小录》集。

约七十年代前期　作《叙章草进展》。沈从文生前本文未曾发表。据手稿收入《全集》第31卷《龙凤艺术新编》集。

约七十年代中期　作《赚兰亭图问题》《〈高逸图〉的伪托痕迹》。上述两文沈从文生前未曾发表。均据手稿收入《全集》第30卷《文物识小录》集。

约七十年代中期　作《养生之道的蜕变》。据手稿收入后收入《全集·补遗卷1》《跑龙套》集。

约七十年代中期　作《宋代人物画可参考的材料草目》。据手稿收入《沈从文全集·补遗卷2》《文物研究资料草目》集。

约七十年代中期　作《题宝宁寺水陆画〈往古儒流贤士丹青撰文众〉》。据手稿收入《全集·补遗卷1》《艺术题识录》集

约七十年代中期　作《一点意见》。沈从文生前本文未曾发表。据手稿收入《全集》第31卷《文史研究必需结合文物》集。

约七十年代　作《七点建议》。沈从文生前本文未曾发表。据手稿收入《全集》第31卷《文史研究必需结合文物》集。

1980 年 79 岁

2 月 23 日 中国共产党十一届五中全会在北京举行，会议通过了《关于党内政治生活的若干准则》，决定重新设立中央书记处，大会选举胡耀邦为总书记。

5 月 16 日 中共中央、国务院发出《关于〈广东、福建两省会议纪要〉的批示》，决定在广东省的深圳市、珠海市、汕头市和福建省的厦门市试办经济特区。

8 月 30 日 五届全国人大第三次会议在北京举行。

9 月 29 日 中共中央批转公安部、最高人民检察院、最高人民法院党组《关于“胡风反革命集团”案件的复查报告》，决定给“胡风反革命集团案”平反。

11 月 20 日 最高人民法院特别法庭开始公开审判林彪、江青两个反革命集团的 10 名主犯。

12 月 14 日 新华社发布电讯，根据《中华人民共和国学位条例》的规定，国务院设立学位委员会。

---

1 月 9 日 致信徐盈，谈及上海电影制片厂导演徐昌霖拟将沈从文旧作改编成电影：“承昌霖先生厚意，拟把我四十五六年前早已过时旧作，试改成电影打算，好意可感。诚如你说的，如果能事先看看《湘西》中《常德的船》一章，和《凤凰》一章，会得到些新的启发和理解。其实《沅陵的人》一段叙人事，也有意思。另外介绍酉水王村景物，也十分素朴逼真，且相当重要。只是十分可惜，照最近新闻报道，王村下面的‘凤滩’已改成发电廿五万千瓦大水电站，那里上面两岸最美的景物，大致已全部永远淹在水中了。”收入《全集》第 26 卷。

1 月 12 日 致信金介甫，商请发表金介甫致先生信：“广东人民出版社出的一个大型文学刊物，因为介绍我的作品，负责编辑希望把你最先给我的那个中文信件，同时发表，盼望能得你同意。因为肯定中国读者，对你信中表示中美友好的愿望，都会极感兴趣的。如能许可，请速来信告我一声。”收入《全集》第 26 卷。

1 月 15 日　将《中国古代服饰研究》改正稿交中国社会科学院科研局。

复信柯原，谈及新编中国现代文学史教材对自己的评价：“直到最近，用九大学院教师名分合编的教材，还在统一口径名分下，把我贬得一文不值，真可说是太抬举我了。我只能一律用微笑对待这些教师的‘好意’。因为这些批判，或许只能起一种反面作用，至多只会使得我不再写小说，这有什么大不了处？可是十分明显，却无从使我因此恶骂，及减少对于国家的热爱。即或新的工作又报废，也还有的是许许多多对于国家切实有用的工作，至今还近于研究中的空白点，等待人去埋头努力十年八年的探索下去！尽管这些新的工作意义，也还会招致这些权威的‘破坏’，但是他们总也会有一天明白做的事是十分愚蠢的，无效的。稍有独立思考的国内外读者，他们的谎言呓语以及吹吹捧捧的工作，是吃不开的。向国外推销，人家也只当成官样文章看待的。即在国内，这么办，从上级领导方面，也得不到什么奖赏的。但这个教材，既是九大学院的教材，当然还会起一定影响。倒也值得一看，可明白什么叫‘宗派主义’或‘帮派的影响’。还如何在教这一行的‘权威’中，起‘一面倒’的作用。所以尽管‘双百方针’成为普遍趋势，希望落实到这些大批评家的笔下，大致还得半个世纪才会有希望！我们这一辈大致是见不到了的。”收入《全集》第 26 卷。

复信中山大学教授杨克毅，谈及时下回忆录创作：“近来经常还可读到大作家的回忆录，有些事竟像《天方夜谭》，或《聊斋志异》。不同处是小时候读《天方夜谭》和《聊斋志异》，明明白白说的事情全是假的，却令人信以为真。现在一些大作家回忆录，说的都像是真有其事，但给人印象却和官方许多文件差不多，只能给人一种假的印象。倒也真是奇怪事情！”收入《全集》第 26 卷。

1 月 17 日　致信远美。本信未收入《全集》。兹照录如下：

远兼同志：

赐信已收到，谢谢你的厚意。我在七四年、七八年，都到过洞庭东山。七四年还参观工艺美术工厂，印象中觉得工作环境极好，值得发展。有关扇子应用发展小问题，只是我们这里工作中一个附产品，主要工作是《服装历史发展》和《丝绣问题》。《服装》第一册，早于六四年即已完成，因受文化革命影响，搁下了十五年，直到去年冬天，工作调过社会科学院历史所后，得到院部的支持，才经过三个多月的增改整理，初步完成上交所中。至于何时可以印好，当难预料，因分量较重，正图二百幅外，文字说明约廿万，内中且附有插图一百五十多幅，工作是否宜于继续，还得待第一本付印出版后，照内外反映而定。因为原计划是共编十本。如今完成的还只是十分之一。闻出版方面说，因为图版多初步定价约五十五元。《扇子》今年大致可以完成。此外还有前期山水画，或许也可定稿（是由西汉到隋代）。这类小专题，初步设想是用一百图示例的。

你信中提到罗汉材料，这方面我知识不多，只能就记忆所及随手写些来，供你参考。一、贯休绘十六应真，原画似已出国，有旧印本，或可从日本新印的流传世界的中国名画三巨册中五代编中发现，此作以奇怪见称于世。除原作影印本外，浙江博物馆乾隆行宫有一经幢，曾摹刻过，不妨写个信问问。若还保存，或商量弄一份照相，或托之为搞一份拓片，十分得用。又记得江西南昌万寿宫有旧摹画十六轴，也可写个信给江西文化局问问，此画是否在文化大革命时已毁去，若尚保存，也值得商请他们为照一份底片，供参考用。

至于摩崖反映较好的，似应属江西赣州郊外廿五里的通天崖雕的罗汉图，只不知在文化大革命中是否还保存下来。又有故宫收藏清代人摹贯休绘，曾载于《故宫周刊》合订本中，用笔过细，不如贯休原画有生气。

又申博曾于解放印有渡水罗汉图，也还好。又故宫曾于抗战前印有《西清砚谱》内中有一宋砚边沿浅刻罗汉图，是刻在洮河绿石砚边沿，笔迹近明人丁云鹏，恐非宋代，但布局还好，如改成浅浮雕展开成一长板，效果还是相当好。此外晚明程君房、方于鲁刻的《墨苑》《墨谱》，内中似乎也有罗汉图，画手似均出于丁云鹏。

又郑振铎在《中国伟大艺术传统》图册中，唐代部分曾有一幅《萧翼赚兰亭图》，题为阎立本，似不足信，因为烹茶部分有个小小茶叶罐，作成荷叶式盖子，这种银或瓷小罐，只在宋元瓷器上才出现。但是如果把那个山东落第秀才萧翼和九十岁老和尚辩才形象作为线刻浮雕，或转成立雕，艺术效果还是相当好。

又《故宫周刊》还有个晚明文震孟绘的《礼佛图》，也还好。至于传世的李公麟《番王礼佛图》，及《维摩演教图》，行笔极细，相当精美，原物或已去台湾，在台湾印的故官名画三百种中是否刊载过，难记忆清楚。日本《东洋文库》某一期中，曾用专文介绍过河北易县罗汉堂几尊唐三彩罗汉，把流传到美国的几尊三彩罗汉加以介绍。《东洋文库》分量过多，一时不易查找，不妨就日本印的《世界美术全集》中唐代编查查，记得内中有个彩印图，有典型性，值得试仿成尺来高的立雕。从造型分析，实唐代人所作，宋人作不出。

又昆山甪直相传为唐代杨惠之塑罗汉图，经过复原，时人多以唐代就相关材料比较，或北宋初年作品，比紫金庵的塑像早一些。但紫金庵既在洞庭，以本地风光而言，能仿作缩小到五六寸高，不着色，最好不着色，效果一定还好。

又云南筇竹寺罗汉，也有性格，有影印本可据，或花点钱请云南博物馆代购一份。

又广东有份南宋木雕罗汉图，似已分散，我曾在广东美术学院看一部分，是木刻立体，约二市尺高，印象中比紫金庵的好得多。也可去信给广东美协（协）助照一份正反侧照片，即可以仿造。

此外北京碧云寺罗汉堂之五百罗汉和苏州西园罗汉堂，多明清人作，相当俗气。

敦煌方面彩塑，人美有印本可供参考。唐代佛像雕塑水平最好。

特出成就应数山西天龙山的石刻，已全部被盗到美国，日本人编印一本《天龙山之研究》很值得看看，或把它翻照下来作资料。这本书上海方面大图书馆可能有，如能商托赵坚同志，请他为摄照，必不太费事。

如需要的佛像比明清的出脱、且易见好，似以明永乐时的小铜佛为精美，其次则雍正时也有极好的。明代石刻的，则数北京体育（首都体育馆）后五塔寺的有代表性，清代的数碧云寺大塔四周石刻相当好。元代有代表性的高浮雕，则数居庸关过街门的极精，相传出于刘元所作。

又《文物》七九年十月号有一宋人绘罗汉图，也相当好。

据个人私见，这些材料如能陆续掌握到手中，成为基本资料，对你今后工作的便利，是十分显明的。此外敦煌壁画，永乐宫壁画，法海寺壁画，麦积山石窟画塑，炳灵寺报告，如一一能作为参考资料，把这些材料作作比较分析综合工作，你的工作必然可望取得新的突破。日人印行的则龙门之研究敦煌之研究天龙山研究云冈（水野清一编，共卅二巨册比其他三种都有分量）。这些出版物，除日人编的要外汇，其他大致都可以托人从上海买到，赵坚同志在上海久，且主持美术出版工作，公家如能投点资，这些图录用不到一千人民币，即可得到的。

至于边沿装饰图案，除了《敦煌藻井图案》一书，集中了部分材料，此外还只罗菽子收集过部分云冈龙门材料，不够具体。特别是漆器和金银错陶瓷花纹图案，如有人肯出点力，大致编个三五本大型图录教材，是还容易得到的。难的是有了人还得故宫、历博、申博、沈博、南博、长沙博，等等机关乐于协助就相当方便。现在各个机关都一心在复制文物，主要兴趣在发财，对外协作已毫不生兴趣。我在上年政协大会中，曾作了四个提案，都和大博物馆如何帮同各生产工艺品单位提高有关，盼望主持博物馆的领导，如何分门别类来为全国摄几卷电影供生产单位参考。案虽通过交由文物局研究办理，文物局可能正在换局长，更换人事，有一阵忙于整顿内部，今年看来这些建议一时恐不会引起注意。至于我个人身边材料，则全部封存到小小住处，根本不能挪动，必待为更换一住处才有机会清理，除扇子外大致还有些不同专题对你们生产都可供参考。若今年搬不成家，恐无多希望清理这些积压材料。去年整年不能进行工作，即因住处过小，摊材料无办法。今年若仍住原处不动，大致只有把一堆待收尾、待进行的工作让后人来作了。因为我今年已七十八岁，空嚷了三十年“古为今用”，办工艺美院的领导，即都不知道自己的责任何在。因此学校办了卅年，虽有各系主任，却还从不想到这，即早把各系教材编出来，让学生明白传统有些什么足称优秀，才便于借鉴。为这事我还出了不少力，捐了许多清初瓷器和明代锦绣，作为教师的就还始终不会运用这些材料到教学上去！事实上，不少教师都那么混了卅年！居然也混得很好，且心安理得。对于生产上的改进提高似乎都毫无什么责任可言。

从文敬复　一月十七日

东山竹子多而好，似乎还可充分利用编织些筐篮应用品。样子应当参考旧式极精美的。[①]

1月18日　致信钟开莱。收入《全集》第26卷。

1月26日　复信程应镠。收入《全集》第26卷。

1月27日　致信沈虎雏、张之佩，谈及自己的工作：“工作得院中支持，拟成立个小小工作组，继续作下去。人事由王㐨安排，一面编第二册，另一面准备搞个陈列。初步设想，搞二百平方米陈列，不甚困难。已拟出原始社会及奴隶社会部分陈列目录，由商代到西汉。有王㐨协作，一面临摹彩图，一面每部门试复原有代表性人形二三种。如搞得还像个样子，将来或可作‘服装博物馆’基础。”收入《全集》第26卷。

1月28日　复信赓哲。据信件底稿收入《全集》第26卷。

① 本信后经张新颖整理，发表于《从文学刊》第5辑，光明日报社2008年版。原信未署年份，从文中提及“《文物》1979年第10期”、“我今年已经七十八岁”诸语判断，此信当写于1980年。

一月中旬　香港商务印书馆总编辑李祖泽来京，在国家出版局龙文善陪同下拜访沈从文，商讨《中国古代服饰研究》出版事宜。

2 月 10 日　致信凌宇。收入《全集》第 26 卷。

2 月 18 日　委托王亚蓉去夏鼐府上拜年。

2 月 20 日　夏鼐来访，未遇。

2 月 22 日　下午，夏鼐来访，表明他对王序的工作调动问题的态度："王序在考古所工作，十分重要。所中对我工作，随事帮忙，历来支持。至于要王正式兼职，似不相宜。难得同意。"（参见 2 月 28 日致梅益函）

2 月 23 日　晚上，夏鼐来还书。

2 月 26 日　复施蛰存函。收入《沈从文全集·补遗卷 4》。

2 月 28 日　致信巴金，述说住房的窘境："因住处只一张桌子，目前为我赶校那拟印两份选集，上午她三点即起床，六点出门上街取牛奶，把桌子让我工作。下午我睡睡，桌子再让她使用到下午六点，她做饭，再让我使用书桌。这样子下去，那能支持多久！"因此，想请巴金便中施以援手："你是不是还可以从人大方面，属于国务院系统管理房屋处熟人方面想想法，说句话？北京有那么多新住处在不断建造落成，文化部系统中就我目下住处院子中而言，前后院就还有些房间，近于某一干部别墅一般，一礼拜间或住一二天，表示'有主'的。也有旧有住处不还，却用本人名分多占房子备儿女用，儿女也不是经常来住的。不妨试问问张僖同志，必可明白。若回信，这一点望不必说，免得兆和责备我多事。可是她实在为生活累得快垮了！"收入《全集》第 26 卷。

致信梅益，商讨住房及与王㐨一起外出考察诸问题。收入《全集》第 26 卷。

二月中旬　复信施蛰存。据书信底稿收入《全集》第 26 卷。

二月 重新校改散文集《湘西》，并在《苗民问题》文末注明："距此小册子重印恰恰四十年。"

3 月 3 日　致信傅汉思、张充和。收入《全集》第 26 卷。

3月5日　张兆和校毕《从文自传》。

致信黄永玉。收入《沈从文全集·补遗卷4》。

3月11日　致信《株洲日报》记者龙海清，转去一封无名氏的信件，请他视情况予以帮助。“从信中分析，必是个年纪不大，判了重刑，或才冤滥情形的。十分可惜。信封已遗失。这信本可以不加过问，但始终感到不安。因为信中语气，显明是在无可奈何中十分痛苦、恐怖到近于疯狂，有待亲人援助的。其母亲能澄清，则必有冤滥。”收入《全集》第26卷。

3月13日　复马逢华信，并“附了两条宽约五寸、长三尺半的直幅，都是写他六十年代初期所作的五言诗。”[①] 收入《全集》第26卷。

复施蛰存函，谈及处理个人致友人信件事：“老兄身心显然健康灵敏多多，使弟觉得金玉良言，出自肺腑。因兄身住上海，深深明白海上人事，风云变化无端，不甚能理解友道为何事。小不谨慎，即易吃大亏。从兄示中深感四十年友情之可珍，所嘱实不仅为弟个人免出意外灾星计，亦包括为子孙安全计也。兄所说之后患，弟亦尚能领会一二。所以目下先就能所记住事情而言，为数年前给许杰兄处一长信（涉及弟作品背景），和去年给家璧兄一信（涉及一此至友家事），望兄和流金兄认真一商，为设法商量取回，把二信取回，由二兄焚毁。或直接当面说明：‘弟年来心力衰退，情绪不佳，望将旧信毁去，免狂病复发。’”。收入《沈从文全集·补遗卷4》。

致信徐维。收入《沈从文全集·补遗卷4》。

3月14日　梅益与夏鼐商谈借调王㐨事，被夏鼐婉拒。

3月17日　复信近仁。据书信底稿收入《全集》第26卷。

3月20日　作《〈从文散文选〉后记》。

致信张香还，并附寄书法作品。收入《全集》第26卷。

3月21日　致信赵家璧，内中涉及“闻上海方面常有争持，且相当激烈。弟因与文艺界接触极少，便不易明白内中关键何在。因近月来京中故旧连续忽然报

---

① 马逢华：《敬悼沈从文教授——先师逝世周年哀词》，《传记文学》，第54卷第5期。

废四五人，对弟不免近于警钟频频，报废将亦只是迟早间事。为免得身后小是小非传播，深盼将前信中涉及志摩先生事部分，托由蛰存兄代为收回处理，免得家中老伴为难。盼能得兄理解，同意一加协助，感谢万千。”按：信中说及“前信”目前未见。收入《全集》第26卷。

致信杨苡，述及自己与王树藏的过去生活：“因抗战时，我和他们还曾同在东湖旁同住耿家一个别墅中，转道沅陵时，彼夫妇又同住沅陵我弟兄家中约四月。还记得每天必和张寰和小舅爷去大河边买酸过柠檬的狗矢柑，相互比赛。”。收入《全集》第26卷。

3月28日　为赴美短期访问事，复信倪密、高辛勇等。收入《全集》第26卷。

3月29日　致信钟开莱。收入《全集》第26卷。

三月初　致信程应镠、李宗蕖，表明自己对1949年后文艺创作的看法：“以文学创作而言，卅年代，不必国家花一文钱，作者廿五岁左右露面，卅岁接近成熟，写个三几十本作品，似乎十分自然，也十分合理。七八十年代，则三四十岁‘作家’，写一篇作品的不乏其人。写第一篇应时作品而成‘家’的，亦近于一种奇迹。算总账，则近卅年的成就，花了亿万钱，印了亿万书，用尽了种种策略、方法，来把作品向内向外推销，不少国家即或已日臻友好，这方面的努力，却依旧难得预期效果，不易推销。可还从不听说有抓这部门工作的第一二把手，自责无能、无识，进而引咎自退的。也极少听说有人敢于对他们提出批评，指出宣传失败根本原因的。近于不得已，才用部分卅年代二三流‘听指挥’，‘善巧佞’，‘无个性’，‘无特征’作家，有意高举，当成‘上驷’，参预对外工作。花费不少，效果也并不佳。时间一久，对外不易推销，对内也成疑问，令人感觉‘受抬举的作品’，并不怎样出众超群，受限制挫折的倒还像扎实得多。原因何在？特别是国内长久以为不值一提的，在外却不宣传而得广泛认可，不免离奇。其实平常自然，即不善奉迎而已。事实上不少在上位的，至今为止，居多还乐于在自我吹嘘或陶醉中，日子过得满十分自得其乐。却极少有人肯实事求是的承认自己架子虽大，见识可极窄，而能力也并不高。其所以占据那个位置，稳得住，只是据势有权，并无其它。即以理论水平、做人风格而言，也实在并不比一般人高多少。什么有关文艺写作的指导报告，说来说去，写来写去，总还是老一套八股，见不出什么真正新意思。因此即再反复畅谈‘改变文风’，三年五载拖下去，大都近于空谈。本人既不可能有什么真正新体会、新理解，给人印象自然也凡事依旧。主要是自己即用不抵用的唯心教条把思想意识缚得紧紧的，多久以来即只习惯用‘耳朵’代替‘头脑’，思考能力久已失灵，那有希望产生解放已积累半世纪的八股公式文章风格？最可笑的即一、二、三各级文化要人发言时，还忘不了告人‘不打、不抓、不揪……’请换个提法，即不知如何措词，只能用‘这个这个……’安抚符咒既失灵，还不知道如何改，当然只能应付了事。在谈话和写作方法上，即大有问题，因为有不少大作家、名作家，本人大都一生并不曾认真写过什么好作品，也极少有十个短篇尚能达到一定艺术水平，却照例长远在报刊上指导这个委员、理事，评选那个委员、理事。有的还身兼数十职，从不感到力难任。直到死后念追悼辞时，我们才知道，这位作家曾兼任了那么多的重要职务。可并不曾写过多少可以示范传世作品。即以过去十多年《人民文学》月刊而言，挂名编委十多人，就大都极少看过什么新作家稿件。真正在那里看了十多年外来作品，而且在为十分认真一字一字校对稿件，直到付印前最后一校时，还得去印刷所工作整夜，却全是些无人知道姓名的‘编辑’，张兆和便是其中之一人。去年选举出席文代会时，虽在候选人名单上，第一次有了个名字，可是大多数作家，都不知道她是谁。更不会明白，从卅四年开始，即已为多少现代名作家改过最早上报作品中的错字！如师陀、王西彦、田涛、刘祖春、萧乾、严文井，她都为改正他们文稿上的错字，出过力气！他们本人便不明白！其实把我姓名勾去，添上她的姓名，倒是合情合理，实事求是之举。”收入《全集》第26卷。

三月上旬　复信邵华强。据未完成信稿收入《全集》第26卷。

三月中旬　复信河北师范学院教授萧成资（萧望卿）。据缺尾残信收入《全集》第26卷。

三月末　致信施蛰存，述及丁玲问题：“近闻丁玲在好几种刊物上，大骂我四十年前文章对彼与也颇有亵渎处，尚未得详内容，据闻重在澄清。似意外，亦意中。廿年委屈，出于何人？明明白白，实在眼前，竟视若无睹。而四十年前为之奔走，不顾危难，知其事如兄等还活着的人并不少。只图自己站稳立场，不妨尽老朋友暂时成一‘垫脚石’，亦可谓聪敏绝顶到家矣。……当时《国闻周报》载此文时，报馆中人即觉得实近于宣传。内部不少地下党员，从无一人认为损害了她的尊严。后被《庸报》说其与一马姓特务同住莫干山，我为之作文反击，被张某痛骂。报馆还支持我为我请律师起诉，《庸报》派人来道歉才了事。抗战前她到北京来找我时，也未就此表示表示不满。解放后八年中，不止见过她一次，亦从未对此表示不满。”据缺尾残信收入《全集》第26卷。

三月 重校《巧秀和冬生》。张兆和重新校改小说《巧秀和冬生》。张兆和校改本收入湖南人民出版社 1981 年 12 月出版的《沈从文小说选》。

三月 诗歌《喜新晴》发表于香港《海洋文艺》第 7 卷第 3 期。

4 月 1 日 复信程应镠。收入《全集》第 26 卷。

复信赵瑞蕻。收入《全集》第 26 卷。

4 月 6 日 王渝托何达带给沈从文的笔和墨，复信表达谢意，告知自己已经迁至北京前门东大街三号 507 号，述及自己 1949 年后的遭遇。

按：此信于六月十三日发出，1988 年 9 月，该信曾以《改业，即免作“绊脚石”意思》为题发表于《八方》文艺丛刊第十辑。据《八方》刊本收入《全集》第 26 卷。

复信凌宇。收入《全集》第 26 卷。

4 月 7 日 致信徐盈。谈《边城》电影拍摄搁浅事，同时述及“丁玲在各刊物上大骂我《记丁玲》为‘拙劣不堪之小说’”之事，并表明自己的态度：“我是永远不会和她争辩是非的。她已是世界第一流大作家，为天下所公认，那会因为一本四十年前所写，烧去也已卅年拙劣不堪小说而发生丝毫不良影响？却用心深远的，把也频另一时的一诗，而把我文中断章取义，联系在一起，暗示使别人对我得一‘反党’印象，也真可谓‘聪敏绝顶’，却又‘顾此忘彼’，不甚费力即作到‘为亲者痛而仇者快’！闻人相告，彼且以为一切记载全是假的。那么全书推重她处，也应受申斥！说我是‘怕死胆小鬼’‘市侩’，大致把为胡奔走而失业，和送孩子回去冒的是什么险，全忘了。她可以忘掉，别的熟知其事的人，也能忘掉？我本来从不把这些事居功，直经上海方面相告，才使我记起卅三年她被捕后，天津《庸报》或《益世报》有个张铁生，曾造谣说她正在莫干山和一马姓某某同住，我为之辩诬，还为张作文毒骂。王芸老曾支持为找律师从法律起诉，后来《庸报》派了个人来表示歉意才了事。丁说我在她被绑架后，即远远躲去，从不过问。《庸报》事或可证明我始终在北京！《独立评论》载关于她被捕事批判国民党，正是我作的。《大公报》熟人还多，大致还会有人记得这事。对于这些过去事，我从不向什么人丑表功，在她得势掌权时，也从不依靠她过，却只老老实实在博物馆做我的说明员工作，足足三十年，只是为各方面打打杂，也不想露面'冒充作家'。可料想不到重新作了什么副主席不久，就从我来'开刀'，倒也新鲜之至。"收入《全集》第26卷。

4月12日

本日 赵家璧致信沈从文，解释因香港报纸发表沈从文致赵家璧信所引发的误会，同时将1979年9月21日致赵家璧函退还给沈从文。赵家璧函参见《赵家璧文集》第5卷。

4月17日 中国笔会中心正式成立，设在北京。巴金当选为中国笔会中心主席，沈从文是中国笔会中心第一批会员。

4月23日 复信巫宁坤。收入《全集》第26卷。

4月30日 复信杨苡。收入《全集》第26卷。

复王帆影函。收入《沈从文全集·补遗卷4》。

复信香港《书谱》编辑吴羊璧。本信未收入《全集》，兹录如下：

羊璧吾兄：赐信收到。《书谱》每期均能收到，感谢之至。私意如能照早期编辑方法，每期把一部分篇幅作为主要部分，选载有代表性、可供学习的墨迹或拓本，比如宋克书千字文及急就章，（曾见过延光室有陆机文赋照相，在宋书中为极精），分量不足或加入故宫周刊中宋克书章草立幅（或并宋昌裔），共成一组，另作千百字介绍；又或用中华卅年代旧印传隋人书迹之史孝山出师颂（如碛砂藏经横册子式）（似唐人书，因用墨沉重，少隋人秀挺），并流传日本贺知章草书孝经为一组，加以简明介绍；又或试从宋明刻丛帖中，分别辑取晋唐以来某一名家（如苏东坡），或集某一时代杂书（如朱熹、范成大、陆游）和（或采对比法，将索靖《月仪》与唐人书《月仪帖》——故宫印过——同刊；明代扇面行草书，似亦可出一专辑），各成一组，作为一期中主题重点，其余篇幅用载别的作品，（日人旧印《书道鉴真》，分别辑印，方法可取），照此作去，一二其或不易即可显出特色，若编至六期以上，可以肯定，对于书法爱好者所起教育作用比较大，得益较多。对于一般读者而言，或亦能收意想不到良好效果也。此事（丛帖部分）如能商请广州中大容老，或易得其赞同协助也。容老收集丛帖，在国内私人收藏家中数首席，藏品中必有极多稀有名墨佳笔，即经翻刻上石，亦是供吾人学习也。

住九龙之龙良臣先生，承惠弟之旧作廿余册，及一束复印关于报刊中谈弟过时旧作种种文章，充满友好感情，感谢实深，帮助极大。因正集印选集数份，京沪公私藏书部门，即或还有零星残余，亦多成为库藏底本，希望借出，亦不容易得到许可。内地友好熟人，唯从巴金兄处尚能得到一点援助，此外即由弟处出借的，虽登报请求见还，亦无多结果，特别是几种附有较多注释文物图录，即乐意出较原价加五到十倍报酬，亦不易物归原主。因这有部分工作，竟陷于无可奈何难以为继情况中。如此情形，初非“恶意”，只是“恶习”。此种恶习，亦近于对弟一种惩罚，因是传染性，普遍性，竟至卅年来捐赠博物馆及某某大学之陶瓷及漆器，包括借陈部分，和本人工作室中物，不仅难于作归还设想，即求给五份原照相片，亦多“相应不理”，可见工作之难于得到应有进展，实包括重重不易设想之无形难关也。

近年来，因旅游事业发展，不少国家文物机构，保藏重要文物以百万计，自己研究工作既提不高，且深怕别人过问。中心工作均以生产发财为目标，各定下极高指标，多得，则分成数字随之而升高，因此照一文物，有索线至百十元的，且到付印时，还得另收版税。如此一来，表面上本单位收入数字虽有增加，事实上，只不过是使研究文物的工作，增加困难更落后东邻学人一大段，却想不到从大处计，所得者实极小，而所失者大也。国家文物单位，情形尚如此，无怪乎省、市，或更小单位，对文物无不看成新的生财之道。“小家当制”无处不可以发现，凡保管的，即近于主持业务的资本，极少认识任何珍贵文物如孤立存在，即作“说明”亦不知如何着笔。谈文物研究，则非积集中大量材量（材料？）才易明白问题，都能发现问题，才有发言权，才进一步明白“古为今用”，含义如何伟大深远。且重点应在如何研究它和新的生产各部门结合，为国家赚大钱，决不是为本单位赚几个小钱，即告成功也。便现实情形既具有普遍性，所以弟在年岁迫近八十时，或许还得第三次改业，亦意中事。因为所搞问题，主要全靠大量图像明白问题，并解决问题。调工作到科学院后，虽财力人虽（力？）得到大力支持，可是国家那宜对此一部门带试探性工作，花十万八万那么大一笔钱来搞材料，都能进行此不急之务！所以资料工作信后若不能得到较便利解决，形势迫人，如何争取这三几年有限时间，把有限生命用到更经济，合理方面去，还是得认真重新考虑的一件事！

弟 沈从文 四月卅日

闻港中文汇报近有谈《记丁玲》一文，如能为找一份寄来，感谢之至。[①]

四月上旬　复信邵华强，对他所辑的资料谈了自己的意见，本信未完成。据未完成信稿收入《全集》第 26 卷。

四月　为即将出版的《中国古代服饰研究》写作“引言”。后以《中国古代服饰研究引言》为题收入《全集》第 32 卷。

5 月 2 日　搬入前门东大街三号楼 507 号。沈从文曾这样介绍新居：“住处共三

① 本信据吴羊璧《沈从文先生一封长信》(《文学世纪》2000 年第 3 期）一文所披露内容及相关信件影印件整理而成。

间，总面积为卅几平方，若上面说话兑现，则新屋落成后，可望分配到一百平方米左右，就像个样子了。副研究员也有七十多平方，住处兼工作室！所以这里住房证，注明‘特别困难户’，表示‘暂时’性质。妈妈廿年来总算有了个单间住处，若把衣柜放入，还是极窄，只十二平方大小。我的一间虽大及十六平方，可是正当大街，对面是新楼一列，离崇文门十字路不多远，一天约有大几万大小汽车来去，吵闹到不易形容。因为一天日夜只有午上十二时后稍清静些些，延到晚上十二时才稍清静，可是早三点即又开始热闹。真像是疲劳轰炸。持久怕招架不住。”（1980 年 6 月 25 日致沈虎雏、张之佩）

5 月 17 日　为重新出版《从文自传》撰写《附记》。

五月　《从文自传》最终修订完成。

五月　《拟咏怀诗》《喜新晴》发表于《花城》文艺丛刊第 5 辑，署名沈从文。两首诗有多种版本，据《花城》丛刊本收入《全集》第 15 卷《喜新晴》集。

五月　修改旧作《试释“长檐车、高齿屐、斑丝隐囊、棋子方褥”》。收入《龙凤艺术》（香港商务印书馆 1986 年）。据香港商务版收入《全集》第 31 卷《龙凤艺术新编》集。

6 月 3 日　复潘耀明函。收入《沈从文全集·补遗卷 4》。

6 月 8 日　给人民出版社编辑吴明墀复信。收入《全集》第 26 卷。

6 月 10 日　复信王毅汉，谈及自己的创作和契诃夫的异同：“你提及契诃夫和我那些习作差别，很有见解。性格上可能也有些相近处。虽然教育不同，生活背景也不相同，对人生抱一种悲悯心情，似乎有些相近处。他是个医生，身体又多病，笔下涉及的旧俄农村社会种种，特别是下层人民，总充满了悲悯同情。我是从小就在各种穷困中活过来的人，某些方面更容易对他们感到一种亲切的爱。对于他们的喜怒哀乐，也更贴心一些。相反，对于大城市社会上层的高知而兼官，却缺少相同好感。这也许实出于‘无知’，接触范围极窄。虽在大都市混了快六十年，较接近的也仅限于大学校里的文科中老同事，和弄笔杆子的一部分旧同行。在近半世纪‘社会教育’中，有些人最精明处，似乎一律是‘世故哲学’高于其它知识，因此在新旧社会都吃得开。至于我，最拙劣处便是这份应世不可少的‘巧’处，我始终学不好，因此生活上永远吃不开。支配我行动的，永远是一种‘理想’，在现实社会中既行不通，且极容易转成笑料，进而成为过失。因此生活和工作都必然难免打败仗。生活上希望能作到契诃夫晚年那样，在乡村里有个小小的家，也不大可能。至于作品，那就更难望如契诃夫在苏联情形了。”收入《全集》第 26 卷。

6 月 13 日　寄出早已写好但忘记付邮的给王渝的信。

6 月 15 日　复信孙康宜。本信曾以《给一个图书馆中朋友》为题收入《沈从文别集・丈夫集》（岳麓书社 1992 年）。据书信底稿收入《全集》第 26 卷。

6 月 17 日　复信张香还，谈及对近来介绍自己的文章的评价：“《花城》刊载三篇谈我的文章，和美国朋友（在哈佛研究我作品，得博士。近正来北京，还未及见面。）一个充满好意友情的来信。朱先生文章只千把字，可写得极有分量。这种老实话或许会为人不满，但却是事实，和不少目下在教书的及别的工作上朋友却有共同感，但在三十年来‘一面倒’风气中，谁也不敢说，或不愿说罢了。黄永玉文章别具一格，宜和上月在香港出的《海洋文艺》上我的一篇介绍他木刻文章同看，会明白我们两代的关系多一些，也深刻一些。若就访问记而言，《羊城晚报》和《北京晚报》各有文章。三月份《湘江文艺》刊载的龙海清先生一文，写得似比较全面。他是在《株洲文艺》作编辑的同乡，懂地方种种，也懂我作品内容。我说的话也不会记错。此外香港中文大学学生出了个《大拇指》专刊，有二三篇访问记，都写得极有分寸，也有感触。事实上，这些年青人可料不到为我叫屈是不必要的。我不仅这么平平凡凡沉默寂寞过了卅年，即半世纪中，原都是在同样平凡情况中度过，从来也没有和许多老同行那么辉辉煌煌得意过一天的？外人评我‘有点道家气味’，大约即指这种‘与世无争’，凡事‘逆来顺受’，‘承认现实’生活方式及工作态度而言。事实上由通人说来，则只是不可救药的‘迂腐’而已。《花城》附刊了我两首旧体小诗，题《拟阮籍咏怀》而作，像是朦胧，又像是还有内容，每一句话都有所指。记得阮的传中提及‘有忧生之嗟’，译成白话即‘担心活不过去’意思。这种提法过去不易懂，经过近三十年人事风风雨雨的教育，似乎才较多明白一些。在极端专制猜忌司马氏新政权下，诗人朝不保夕忧惧处境情形，万千人就都因之死亡了。”收入《全集》第26卷。

复信陈有升。收入《全集》第26卷。

6月22日 接待美国学者金介甫，张兆和、王亚蓉陪同，翻译高鹏。这次访谈持续了多天，至26日才告结束。最后王亚蓉据录音整理成《社会变化太快了，我就落后了——与美国学者金介甫对话》一文，收入《沈从文晚年口述》《章服之实》。这次访谈的记录未收入《全集》。

6月25日 致信沈虎雏、张之佩，叙及近况：“近日在美极活动的聂华苓（女的，嫁的安格尔，写诗极讽刺。近来京，写了赠永玉的《问猫头鹰》，极有趣。又赠了我一首，还未译出。）为我写了一本传记。这次来京，作协特邀来的，同吃了一顿饭，临行前，到住处看了我们一次。还是48年才从中大外文系毕业的，在台十五年，才去美，作品也被台湾禁止。作协邀来是希望由她拉拉在美台湾作家的。在美国的华裔作家夏志清，写了本《中国现代小说史》，在美颇得好评，把我说得太好。香港有中文译本。照这里说是‘极反动’的。又香港方面有个司马长风，写了部《中国新文学史》，也把我说得极高，分析举例却极有分寸。两部书都说我是夹在两大中的牺牲者，可能这方面说的还易为有识人所承认。只是因此一来，我却反而多担一份心。因为这里教‘现代文学’的是一面倒了卅年，教材中照例把我当成反面人物提提，或索性一字不提的。事实上四十多岁的教师，就根本不读过我的作品！希望落井下石的，老熟人中也正大有其人！如丁老太太，事实上骂得极可笑，为了自保！我不回答她，让她骂好。事实上明眼人全知道的！最近虽然从上开始有指示：“《现代文学史》应以作品成就为重，不宜当成政治运动史来写。”闻邓还批“同意”二字。只是明白问题的却不说话，或不敢说话。在那里操纵一切的却装作不注意到。教这一行的，还多有所师承，照老调子唱，才不至于出差错。所以即或不得已要对我口是心非称赞两句，随后还胡乱大骂一通。一切听之而已。在国内书既早烧尽了，骂了三四十年，不仅外国人不上当，反而还不断有人搞研究，取得博士学位，而我们教师，倒反而以不读我作品为得意，也是历史上少有事情，以及少有趣闻。近年来已许可有人专研究我的，只是居多都不免戴着旧框框，懂得极少，大不如国外日、美、法人认真深入。有的人或许还希望在人家研究基础上才有话说！目下所知，北大有一研究生是湘西人，懂得还深，作的分析文章不多久将分别发表。上海师范学院也有一位，工作也作得极细。大致多是受本校教师鼓励，而带点‘打抱不平感情’而出现的，为实现双百方针而产生的。即或如此，总不会即动摇照政治地位排队方式官定某人列某号的程序，因为若真的从作品成就及其影响而言，许多文化官，事实上并无什么作品，恐排不上队的。如此一来，这些官将居于何地？所以在国内，我从不抱什么不现实幻想。最好是照近卅年习惯，让那些在宋美龄蒋介石时代吃得开的男女‘清客作家’位置占得高高的，无碍于事。我还担着一分心，怕那些天真烂漫的年青人，为研究我，把我旧作说了几句好话，另一时还会得罪了什么据势当权人，而打破饭碗，或划成什么‘新右派’！大势所趋，看来不会出现这种事情，但最好倒还是少有人为我说话，我本人也能够安静些，为国家认真工作几年，少忧心忡忡。”收入《全集》第26卷。

六月 《〈从文散文选〉后记》刊载于香港《地平线》第11期，署名沈从文。收入《全集》第16卷《序跋集》。

7月2日 复信徐迟。发表于《长江文艺》1989年第1期。据刊本收入《全集》第26卷。

7月11日 给厚瑜复信，解释“筸”字的出处凤凰县的历史。收入《全集》第26卷。

7月12日 上午，彭荆风来访。

7月16日 复信程应镠，述及因丁玲文章所引发的种种感慨。收入《全集》第26卷。

7月24日 国家文物局聘沈从文为咨议委员会委员。

七月 给《诗刊》副主编邵燕祥复信，信中谈及“丁玲在《诗刊》上胡骂我的文章”及邵请吴泰昌解释这件事的事情，表达了自己对此事的态度：“其实这事太小了，万望不必在意为合理。《诗刊》上既有那么多副主编，肯定都经过考虑同意发表，甚至于同意她那些高奇古怪提法的，你那有什么责任可言？即或由你负责审定发稿，也无碍于事！总之这是一种十分平常的小事，不必为此放在心上，感觉什么不安！”信中同时忆及丁玲被捕以后自己所做的工作，阐明自己对党派、左联、帮派问题的一贯主张：“因为这文章出现，使得多数人都觉得奇怪，不易理解，我才重新翻翻朋友从香港、从美国寄来的《记丁玲》前后集，想弄明白我的‘错误’究竟在何处。重新看过那份国内久已消灭的旧作，才明白最大的错误，大致是对于现在还在台湾活得上好的另一人，我第一面印象即不怎么好。最不巧，是我的疑虑，又恰恰为后来出现的事情所证实，犯了老子所谓‘察渊鱼者不祥’的忌讳。但事实还有更糟处，即经过最近一个熟人的指点，我才明白当时上海方面，不少人正受‘立三路线’的影响，(闻《密勒氏评论报》某洋人，曾作有一报告，提及远东饭店案件，系由叛徒向南京告密而产生，也即立三路线的失败。)才想起无怪乎某些人口中，在过去某一时，曾十分亲热的不断提到‘立三，立三’，充满了感情的原因。我既非党员，那会懂得党中这些十分复杂秘密矛盾的问题？有的人欢喜表功，对自己有好处，则大事张扬，至于对己小小不利，则极力避开。我当时写那个时，对这些事根本无知。主要只是天津和别的地方不少人在她失踪后，极力加以丑诋，造作种种恶劣谣言。或说她和什么姓马的特务在莫干山同住，如何如何。在北方，似乎还只有我写过两篇文章为辟谣，不久就被《庸报》(或《益世报》)叫张铁生的记者丑骂一顿，《大公报》还支持我，拟为请律师向张铁生起诉，那边报馆派人道歉才了事。就事论事，那个《记丁玲》恰是充满了好意且为之辟谣，把她高举而产生。(若说不好，只能说是举得过高，使她后来忘乎其所然，而应受谴责。)正因为这样，那本书的下卷，才受国民党图书检出处扣留，直到战后复原，才能印行一次，不久又复禁止。解放后在内地，则并我所有作品，一律焚毁。逃到台湾的一伙文化官，也还放不过我，采取相同手段，将我作品全部焚毁，至今还未解禁！我身边所有，还是香港近年翻印本！因她文章一评，我倒正好把所有拟印集子，凡是关涉及她处一律删去，好让她来重新自造一篇伟大光荣历史！我却决不会写什么回忆录来提及以后的文坛见闻，免扫她的兴！别的友好，更不必感觉什么不平，来为我‘抱不平’，这既不必要，甚至于还可说实在相当危险易出差错的。近年来，港澳或国外懂中国卅年代文坛内幕，及近卅年文艺界纠纠纷纷的，总不免要为我说几句好话，或以为我‘是两夹攻中牺牲者’（应说是失败者）。又以为近于一个‘道家’（缺少战斗性）。说的即或有些对，不必全信。正如过去人骂我是‘现代评论派’‘新月派’，回到北京编《大公报·文艺副刊》时，还加上个‘小京派头头’，到云南后又是‘战国策派’，事实上什么却都不是。说是典型‘单干户’倒差不离。因为以前后十多年编大公报副刊而言，很多经常投稿人，我始终还不见过面。内中有个写诗的柯原，曾经帮过点小忙，还是事隔卅多年后，才知道他现在广东军区任宣传科长，提及过去帮忙事，我根本已早忘了。我实深深明白五四以来，从‘文学研究会’、‘创造’、‘语丝’帮派中早浸透了的封建意识，护短、私心的毛病，搞小说散文，若没有什么直接帮派关系，没有同乡同学关系，想尽方法也不会有出路的。正由于本身的经验教训，因此到我负责编副刊时，就绝不让有任何帮派气息抬头机会。既不让任何对我个人捧场的文章出现于自编刊物上，也从不鼓励为我辩护作品刊在自己刊物上。我在上海始终不加入左联，也就是极早便知道内部争领导权，总是在派系上斗争，勾心斗角，情形复杂到不易设想，甚至于一直影响到现在，看来还并没有得到较好解决。至于争工作成就，却兴趣不大。”据书信底稿收入《全集》第26卷。

按：据吴泰昌回忆：“1980年，一天上午，当时的《诗刊》副主编邵燕祥来电话给我，我顺便谈起马上要去看沈老。燕祥说，正好，请你转告沈老，《诗刊》最近发表了一篇文章，其中谈到沈老解放前写的《记丁玲》一书不真实等（至今我还不曾拜读过这篇文章），他说，他们已听到一些反映，请我代他们作点解释，沈老有不同意见请写文章给《诗刊》。我见到沈老，就转告了燕祥的口信。我估计沈老和兆和已看过这篇文章了。沈老沉默不语，神情严肃，严肃中带有几分压抑。这是我从来没有见过的。兆和在一旁连忙激动地说：‘没有什么好说，没有什么好写。’在这压抑的氛围里，我坐了十分钟。到我自己也感到异常压抑时，我忘了礼貌，也忘了谈先想请教的问题，突然起身开门离去。我没乘电梯，从五楼急促促地跑下来。”①

① 吴泰昌：《紧含眼中的泪》，《和文学大家》，第66—67页，学林出版社2009年版。

8月6日　复信龙海清。得知龙海清能够留在凤凰接待金介甫，非常高兴，并详细交代了一些接待中应注意的事项："盼望你能和县里同志好好商量，能给以热忱友好的款待。不必在吃喝上特别破费，最好是在工作上能给以较多便利。公家不必为之花钱，也注意不要使客人多花钱。因为来的学者，不是商人，不是富翁。注意不要使他过累，并不至于在饮食上出毛病就好。永玉曾说过，若招待处不大好，最好是住他家中。这事望和老五研究研究，以大家方便为好。"收入《全集》第26卷。

8月10日　作散文《忆翔鹤》。

8月12日　致信凌宇，谈及请凌宇、邵华强去广东协助编辑《文集》出版事宜。收入《全集》第26卷。

8月21日　发现6月10日致王毅汉信并未发出，添加附言后再发。收入《全集》第26卷。

8月22日　致信黄村生。写此信时收信人黄村生已经去世，尚瞒着沈从文。此信未付邮。收入《全集》第26卷。

《附记》刊载于《新文学史料》第3期，署名从文。收入《从文自传》(人民文学出版社1981年)。收入《全集》第13卷《从文自传》。

《新文学史料》从这一期开始连载《从文自传》，分三期载完。

8月23日　复信萧成资。收入《全集》第26卷。

8月24日　复施蛰存函，谈及"京""海"问题："美国方面搞问题似乎也有两式，一即'海'式，如韩素英，聂华苓，赵浩生……可以代表，活动能力强，笔下快。但在正式大学中影响不怎么大。金的工作似属于'京'式，搞问题较认真，(甚至于可说特别认真，知道的问题深刻而具体，不轻易用笔，笔下也有分寸。也可用'学院派'称呼。搞我的作品，抄辑目次卡片到一千种，为复印了份，有三分之一我早已忘得干干净净，他却条理分明谈得出内中得失，有的甚至于明白我在两夹攻中为什么挨骂原因！在国内几个研究我的年轻人，看来知识是还不如他渊博深至的。)"。收入《沈从文全集·补遗卷4》。

8月27日　复信田懋畦。收入《全集》第26卷。

8月28日　下午，出席中国人民政治协商会议第五届全国委员会第三次会议。

8月30日　次子沈虎雏、张之佩夫妇调入北京轻工业学院任教。

9月8日　为庆贺杨崇瑞九十寿辰，致信《北京日报》记者诸有琼，建议她去访问杨崇瑞先生，杨先生“是中国婴儿保健创始人之一，对中国这一部门工作的创始贡献极大，我觉得值得在一日报及晚报以至于《人民日报》也有所表示才合理。”收入《全集》第26卷。

按：诸有琼收到先生的信后，遵先生嘱访问了杨崇瑞先生，并写了访问记《“我和妇幼卫生事业结了婚”》。

9月12日　上午，赴政协礼堂参加政协文化组及国家文物局召开的保护文物座谈会并发言，会议由姜椿芳主持，会议12时结束。

下午，五届政协第三次会议闭幕。

9月18日　夏鼐来访，未遇。

9月21日　复信吴子慧，力劝他不要以自己为研究对象：“我琐琐碎碎的说了不少，主要是奉劝你千万不要把我作为研究对象而浪费有用精力，毁去前途。我由于材质平凡，思想落后，性格拘迂，在旧社会‘吃不开’，在新社会依然吃不开，实当然并非偶然。如今希望社会一个‘合格公民’的资格，就很不错了，别的奢望都不现实！”收入《全集》第26卷。

9月22日　复信陈有升。收入《全集》第26卷。

9月25日　审阅贾树枚采写的访问记《永远地拥抱自己的工作不放》校样。

九月上旬　复信陈越。据书信底稿收入《全集》第26卷。

九月中旬　复信徐盈，谈《边城》改编及主题歌问题。“至于主题歌，我怕写不出，也不好写，甚至于不必写。依我主观设想，全部故事进展中，人实生活在极其静止寂寞情境中，但表现情感的动，似乎得用四种乐律加以反映：一为各种山鸟歌呼声；二为沅水流域放下水船时，弄船人摇橹，时而悠扬时而迫紧的号子声；三为酉水流域上行船，一组组纤夫拉船屈身前奔，气喘吁吁的短促号子声；四为上急流时，照例有二船夫，屈身在船板上用肩头顶着六尺长短篙，在船板上一步一步打‘滴篙’爬行，使船慢慢上行的辛苦酸凄的喊号子声。内中不断有时隐时显，时轻时重的沅水流域麻阳佬放下水船摇橹号子快乐急促声音，和西水流域上行船特别辛苦，船夫之一在舱板上打‘滴篙’，充满辛苦的缓慢沉重号子声相间运用，形成的效果，比任何具体歌词还好听得多。此外则在平潭静寂的环境下，两山夹岸，三种不同劳动号子，相互交叠形成的音乐效果，如运用得法，将比任何高级音乐还更动人。”收入《全集》第26卷。

九月 复信萧成资，力劝他不要为自己“向任何方面请求迁居”。收入《全集》第26卷。

10月1日 致《光明日报》记者部负责人林曾，谈及贾树枚采写的访问记时说：“贾同志和我并不相熟，我说话因口音不正，更容易致误。这文章多贯串〔穿〕不久前别的记载，有些多不足信，我说的也不宜发表。贾同志文，弟意认为不发表较妥。因为我作为一个普通工作人员已卅年，并无什么专长值得称许，任何报刊记载，都只增加我深一层处境的困难。”收入《全集》第26卷。

10月2日 下午，夏鼐偕谢端琚来访，“王某同志亦在其家，沈老不久将赴美国。”(《夏鼐日记》)

10月5日 复信莫自来，询问外甥的家庭生活情况。收入《全集》第26卷。

10月11日 致信诸有琼。收入《全集》第26卷。

10月14日 复信高庆琪：“你保存的《记丁玲》，为你安全计，似以即早焚毁为得计合理。因为这是经过丁玲本人判定为某某市侩写的一本最拙劣的小说。丁玲女士是我们新中国最最伟大（同时也将是世界最伟大）的女作家，我由于无知，竟在四十多年前作品中，把这么一个伟大作家‘低估’或‘丑化’了，所以即从小说角度而言，也应当算是最拙劣不过的。绝不宜流传下去，十分显明。为酬答你的好意，愿意你明白情形，希望把偶然留在手边的那本书，即早毁去，免在另外一时受连累，出现意外麻烦，招架不住。承认现实并沉默接受，才符合‘明哲保身’之道！”收入《全集》第26卷。

10月15日 复信黄仲轩。收入《全集》第26卷。

10月16日 复信彭荆风。收入《全集》第26卷。

致信吉首大学中文系教师蒙慕秋，对其论文提出修改意见：“帮助鼓励某某人去延安的事情，绝不宜形于文字。因为某些人目前都已成了‘部长’或

‘副部长’级要人，有许多不同原因，他们虽居多还对我怀着好感，我却绝不和他们往来。所以照朱光潜先生在《花城》上写的短文提到‘京派’，只泛泛的不具体说到什么人，已是几十年来第一回事情，我已极感不安。因为这个‘京派’，照某些文艺界有势力权要说来，至今还是个不祥名词。我并且还被人骂作‘小京派头头’，在文化大革命时，好些人即被人指责（或自批）为小京派之一，而受冲击。我即充满了歉意。事实上，在刊物上发表作品的，不少人我始终还不识面。有几位直到最近才来拜访我。我一生最讨厌的就是什么派！现在虽已成为过去，我那宜把这些事用来装点自己？”“最好能想点办法，把那些我们谈谈固无妨，形诸文字则极不应该，且易受别有用心人所利用，作为陷害的工具那一部分，向人申明说是‘经过核实，多不可信。’或补充告给那些人，‘谈到京派问题，说的比较合适，还是朱光潜先生在《花城》五卷中的小文中提法较妥。’因为他是同时当事人之一，且和我卅年相熟，我的作品，至少也看过卅个集子以上，还担心到我因此受累，更注意到别人受累。你却不注意影响，不理解我的处境，又只读过我一本薄薄选集，只凭一股热情，就说得我那么好，那会不出乱子？（这和马列主义的‘科学态度’也不合！）”收入《全集》第26卷。

10月18日　宋庆龄等领衔发出“保护、整修及利用圆明园遗址倡议书”，沈从文在该倡议书上签名。该倡议书有来自社会各界的1583人签名，征集签名工作自1980年8月12日起至同年10月16日止，倡议书意在动员社会各界力量，保护、整修乃至最终再现圆明园，“使其在社会主义现代化的建设中作出贡献”。[①]

10月19日　致信钟开莱，告知自己赴美手续已经办妥及在美期间的行程。收入《全集》第26卷。

10月23日　复信吴宏聪。收入《全集》第26卷。

10月25日　上午，吉首大学教师刘一友来访。

致信杨苡。收入《全集》第26卷。

① 宋庆龄等：《保护、整修及利用圆明园遗址倡议书》，见《圆明沧桑》，第203–208页，文化艺术出版社1991年版。

致信香港《大拇指》编辑部，请帮助转给王毅汉的信。收入《全集》第26卷。

10月26日　出席“自宋至一九〇〇年中国社会经济史中美学术讨论会开幕式”。本次会议是中国社会科学院和美国美中学术交流委员会一九八〇年交流项目之一，会期五天。

复信邵华强，谈及上海师范大学要以自己的作品开专题课时：“我私意用我作品开专题课，易犯时忌。至多提出三几个一九二九后到抗战习作，作为同学课外读物，就很够了。这么一来，对你或许也好些。系中诸先生好意，并致谢忱。”收入《全集》第26卷。

10月27日　应耶鲁大学高辛男、余英时、倪密、傅汉思教授的邀请，在张兆和陪同下前往美国讲学、访问。

10月28日　到达美国纽黑文。在给孩子们的信中，这样介绍这次旅途：“一行最幸运的，即前一排有个壮年，一问知是季羡林伯伯的大公子，是同路，到芝加哥才离开，是在美学高能的。所以到上海转东京，又等机先后约耽搁了二小时，转弯抹角上下楼梯无数，且经两次搜查（怕坏人劫机，向别处飞）才通过。手续繁多，而迷宫似的飞机场内转来转去，多亏得小季先生随事指点帮忙，才不至于迷路。没有个伴，又不懂话，必然麻烦还多。我和妈妈在路上，在四姨家都极舒服，就是累点。正在补充睡眠，今天已初次到耶鲁学校看看，一所所房子都小小的。四姨家附近是住宅区，枫叶明黄，房子和积木一样，路上屋前多有一辆新亮亮车子，却不见什么人，行车也无声音，不许按喇叭。家里房间不大，可十分清爽美丽。昨晚从电视看看二总统辩论，不多久就睡了。吃住都极好，望放心。住处比我们公园还好看。住宅区各隔一定距离，全是红红紫紫的树木，小果子多挂在枝上，无人采摘。不远即到了小商店区，约走廿分钟路，也依旧极静。”（10月30日致沈虎雏、沈龙朱等）

10月29日　到耶鲁大学外事处登记。参观参观耶鲁大学校园及耶鲁大学善本图书馆。[1]

---

[1] 除注明出处者外，先生在美期间的演讲、参观活动，大多参考了傅汉思的《沈从文在美国的讲演与文化活动》一文，见《长河不尽流》，第483—493页，湖南文艺出版社2018年版。下文不再一一作注。

晚上，观看吉米·卡持和罗纳德·里根的电视辩论。

10月30日　郑愁予及夫人余梅芳在赵园宴请沈从文，并畅谈近代文学。

致信沈虎雏、沈龙朱等。收入《全集》第26卷。

十月中旬　复信长林。本信曾以《老作家沈从文先生一个无法投递的邮件》为题发表于《广角镜》1980年11月号。收入《全集》第26卷。

十月下旬　致信香港商务印书馆总编辑李祖泽，商谈将正在印刷中的《中国古代服饰研究》的样本寄美国耶鲁大学中国文化研究室处的问题。收入《全集》第26卷。

十月《我所见到的司徒乔先生》发表于《中国建设》第29卷第10期，署名沈从文。收入《全集》第12卷《友情集》。

11月1日　与耶鲁大学东方语文系师生谈文学。

11月2日　电脑学家王正华及夫人周瑞岐来看望沈从文。

11月4日　观看美国总统选举，参观北港小学。

11月7日　在哥伦比亚大学发表题为《二十年代的中国新文学》的讲演。“介绍人是哥大小说史教授夏志清，翻译是汉思，还有沈从文研究专家金介甫共同讨论。听众约百余人。外国人中有同金隄翻译他小说的潘彼得，……讲后在全家福晚餐，夏志清的主人。在座有台湾两位女记者，一是从甦，一是朱婉清，朱坐近沈二哥，二哥手边有一卷讲稿，讲时始终没有打开来看（以后演讲也是如此. 写也要写，带也要带，像是个护身符）。那位朱女士借去马上影印寄台湾，岂知那稿子题目虽同，可不是当天的。”[①] 听讲者中还有沈从文联大时期的学生王浩。

本日　贾树枚采写的访问记《永远地拥抱自己的工作不放》发表于《光明日报》。

11月8日　参加林缉光、姚庆章主持的宴会，客人中有艾青、王蒙、卞之琳、冯亦代等人。

---

① 张充和：《沈二哥在美国东部的琐琐》，《长河不尽流》，第476—477页，湖南文艺出版社2018年版。

11月10日　诗歌《双溪大雪》发表于《文汇增刊》第7期，署名沈从文。收入《全集》第15卷《喜新晴》集。

11月11日　在耶鲁大学东方图书馆中文部主任马敬鹏陪同下参观东方图书馆。

在耶鲁大学中国小说史教授高辛勇课上讲近代中国文学，高辛勇担任翻译。

11月15日　郑愁予、余梅芳、郑清茂、冯秋鸿来访，畅谈文学。

11月19日　在新伦堡康州学院演讲，题目：20年代中国文学。朱继荣主持，傅汉思担任翻译。

致信钟开莱，向老友介绍本次在美的详细行程。收入《全集》第26卷。

11月20日　在耶鲁大学美术馆讲演，谈中国扇子的演变，傅汉思担任翻译。

出席艾青、王蒙在耶鲁大学的演讲会。

在倪密陪同下参观耶鲁大学美术馆的清扇子书画展览。

11月21日　艾青、王蒙、郑愁予来看望沈从文，一起用午餐。

11月22日　赵浩先及夫人今泉智慧宴请沈从文及艾青、高瑛、王蒙、郑愁予、余英时等人。饭后请沈从文写字。

散文《忆翔鹤》刊载于《新文学史料》1980年第4期，署名沈从文。收入《全集》第12卷《友情集》。

11月24日　在美国圣若望大学发表题为《从新文学转到历史文物》的讲演，在谈及自己的转业时说："许多在日本、美国的朋友，为我不写小说而觉得惋惜，事实上并不值得惋惜。因为社会变动太大，我今天之所以有机会在这里与各位谈这些故事，就证明了我并不因为社会变动而丧气。社会变动是必然的现象。我们中国有句俗话说：'塞翁失马，焉知非福！'在中国近三十年的剧烈变动情况中，我许多很好很有成就的旧同行，老同事，都因为来不及适应这个环境中的新变化成了古人。我现在居然能在这里很快乐的和各位谈谈这些事情，证明我在适应环境上，至少作了一个健康的选择，并不是消极的退隐。特别是国家变动大，社会变动过程太激烈了，许多人在运动当中都牺牲后，就更需要有人更顽强坚持工作，才能够保留下一些东西。在近三十年社会变动过程中，外面总有传说我有段时间很委屈、很沮丧；我现在站在这里谈笑，那些曾经为我担心的好朋友，可以不用再担心！我活得很健康，这可不能够作假的！我总相信：人类最后总是爱好和平的。要从和平中求发展、得进步的。”讲演稿收入《全集》第12卷《我与新文学》集。

金介甫、康楚楚夫妇在家中宴请沈从文。

11月25日　上午，打电话给林蒲，告知自己来美的消息。

《海内外》杂志编者尹梦龙请沈从文参观联合国大都会博物馆。

李霖灿打电话给沈从文，因沈从文在纽约，未能接听。

11月28日　参观耶鲁大学美术馆东方艺术部，倪密请沈从文鉴定文物。

11月29日　余英时及夫人陈淑平宴请沈从文，客人中还有张光直及夫人李卉。

11月30日　画家蒋健、刘巧夫妇请沈从文，郑愁予及夫人余梅芳作陪。

十一月　香港《广角镜》杂志11月号以《老作家沈从文先生一个无法投递的邮件》为题发表了沈从文写给长林的信，同时附有沈从文的手迹。编者特意加了按语：“下面是著名作家、学者沈从文先生，在十月底赴美国讲学前夕，寄给本刊发表的书信。沈先生文笔流畅，一如往昔，而语句的沉郁苍凉，言已尽而意无穷，即是他三十年来心声的流露，也是无数中国作家血泪经历的缩影。我们认为，这是一篇传世之作，值得向广大读者推荐。”据发表件收入《全集》第26卷。

12月3日　在布朗大学发表演讲。

杜甫研究专家勒大卫宴请沈从文。

12月5日　去纽约看望老友王际真。“他俩谈起话来，像个哥儿俩，快乐天真无比。有的话我们还不懂，我想也许是不大雅致的话吧，因为王际真的说话是没遮拦的。说话间王忽然找出两本沈二哥20年代的旧作，初版的《鸭子》和《神巫之爱》。《神巫之爱》扉页上是沈二哥的大手笔——画——大有山洞中原始初民的风格。”[①]

在哥伦比亚大学演讲，题目：中国古代服饰。傅汉思担任翻译。

---

① 张充和：《沈二哥在美国东部的琐琐》，《长河不尽流》，第479页，湖南文艺出版社2018年版。

晚上，参加明清史学家房兆楹及夫人杜联喆的晚宴，参加晚宴的还有唐德刚、从甦。

12 月 6 日　画家姜一涵及夫人朱瑗来看望沈从文。

12 月 8 日　中午，费正清及夫人维尔玛宴请沈从文，谈及梁思和、林徽因的往事。

参观福格博物馆，看馆藏文物商朝玉人，研究玉人的服装。

黄永玉女儿黑妮来看望沈从文。

在哈佛大学发表演讲，题目：20 年代中国文学。韩普瞿主持，朱虹翻译。

12 月 9 日　新泽西罗格斯大学东方语文系主任涂经诒及夫人宴请沈从文。

12 月 10 日　复信沈龙朱、沈虎雏等。收入《全集》第 26 卷。

12 月 12 日　麻省大学中文系教授郑清茂及夫人冯秋鸿宴请沈从文。

复信聂华苓、保罗・安格尔。收入《全集》第 26 卷。

12 月 13 日　林蒲、尹梦龙、金介甫、康楚楚从纽约来看望沈从文。据林蒲回忆："我们一车人，到了康州新港傅教授家，获得了殷勤的招待。尤其是和沈先生接连将近五小时的谈话录音，三个照相机同时或轮流的拍照。照片的冲洗，录音的整理，都有待以后慢慢来。相信这份收获，在各人心中的重量，是无可比拟的。"①

12 月 14 日　哥伦比亚大学政治学教授黎安友及夫人谢露珊宴请沈从文。

12 月 19 日　在耶鲁大学讲演。"在耶鲁谈《扇子历史》，临时为制成四十五张幻灯片，放得如四个方桌大，约五十个老人听，耶礼协会中人，由四姨父作翻译，使人大感兴趣。可惜小专题材料带得不多，若把'衣着'、'打球'、'马戏'等多带几份图像来，一定会得到更多成功。这些用图解史的讲演，易引人重视。"（12 月 20 日复沈虎雏等）

12 月 20 日　上午，在华盛顿大学教授时钟雯办公室观看她在中国访问丁玲、巴金、茅盾的录相。

下午，在欧撷芳陪同下参观华京自然博物馆、太空博物馆。

---

① 林蒲：《沈从文先生散记》，《我所认识的沈从文》，第 172 页，岳麓书社 1986 年版。

复信沈虎雏等，谈及在美感受："永玉说的'挑战'问题，对我们不会发生。因为我们谈的全近于故事，人家来的却充满了友好感情，从不使我们怀着敌意看待。劝人多回去看看，许多人事实上却多回到中国观光过，明白中国知分困难处，比我们还多些！也许我们接触面多是学生和教授，不是什么'艺术家'的原因。但是即或是台湾记者，我们也不把别人看成外人，或给人以挑眼机会，或去撩拨别人，所以永玉表哥遇到的事，我们根本不曾碰到过。"收入《全集》第26卷。

12月21日　上午，拜访屋楠山女学院院长、耶鲁文学博士纪安。

中午，佛瑞尔美术馆中国艺术部门负责人傅申及夫人妙莲宴请沈从文。

下午，在傅申陪同下参观佛瑞尔美术馆铜器展览。

12月23日　上午，林蒲来看望沈从文。

12月25日　致信沈龙朱、沈虎雏等。收入《全集》第26卷。

12月30日　凌宇整理的《沈从文谈自己的创作——对一些有关问题的回答》发表于《中国现代文学研究丛刊》1980年第4期。文前有凌宇所作的说明："去年年初，我开始比较全面地接触沈从文先生的作品。为此，我拟定了二十余个问题，蒙沈先生十分热情地对每个问题都用笔做了简要的回答。为了有助于沈从文创作的研究，现依原样将我所提的问题和沈先生的回答抄录如下。"收入《沈从文选集》（四川人民出版社1983年）第5卷时改题《答凌宇问》。据《沈从文选集》本收入《全集》第16卷《术艺刍言》集。

12月31日　晚上，在余英时家吃涮羊肉，同时参观余英时收藏的美术作品。

十二月《从文散文选》由香港时代图书有限公司出版。收入：《从文自传》《湘行散记》《湘西》，在"劫后残稿"题下收入《雪晴》《巧秀和冬生》《传奇不奇》。沈从文特意为该书撰写了《题记》，在谈及这三篇作品时，写下如下文字："眼看到这些在我记忆中似相熟似陌生一堆旧作品时，不免令人起茫然隔世感。最难得的是好友巴金先生，新近为从一堆没收十年失而复得的文件，纸堆中，清理出一束我三十年前托他保存的旧稿，有两篇是底稿，有五篇虽曾分别发表尚未集印成书的。所有这些文集和原稿，无疑对我这次选集的完成有极大帮助。巴金寄来旧稿中，有一个分段写成纯粹纪录性中篇故事，当时曾分别发表于几种不同刊物上。目下虽只保存三段（指《雪晴》《巧秀和冬生》《传奇不奇》——引者），恰好相互连续，是全文主要部分。所有事件已过了六十年，每个细节，至今还重重叠叠压缩在我脑系中襞折深处，毫不模糊。但是就近两年预定工作安排算来，已抽不出时间来把它完成，因此辑为《劫后残稿》，编在散文集内。"《题记》后以《〈从文散文选〉题记》为题收入《全集》第16卷《序跋集》。

十二月　《庐山含鄱口》《游赣州八境台》（并手迹）发表于《海内外》杂志第28期，署名沈从文。本诗采用了1962年2月发表于《人民文学》杂志上的《庐山含鄱口望鄱亭》跋语，但诗歌作了较大幅度的修改。该诗作为《庐山含鄱口望鄱亭》的"备考"《庐山含鄱口 一》收入《全集》第15卷《匡庐诗草》集。《游赣州八境台》收入《全集》第15卷《赣游诗草》集。

本 年

夏季　致信胡乔木，商请考古所王㐨协助自己工作（以不妨碍考古所工作为原则，兼职不兼薪），并谈文物研究工作中的资料问题。该信似未写完，据书信底稿收入《全集》第26卷。

本年　访美期间，在张充和家中作《班婕妤〈怨歌行〉及其问题》，据手稿收入《沈从文全集·补遗卷2》《文物识小录》集。

本年　复苏晨函。收入《沈从文全集·补遗卷4》。

本年　《二十年代的中国新文学》刊载于美国《海内外》杂志第28期，署名沈从文。收入《全集》第12卷《我与新文学》集。

本年　作《我生长的地方》。据手稿收入《全集》第27卷《无从毕业的学校》集。

本年　为某华侨刊物题词，后收入《全集·补遗卷1》《跑龙套》集。

本年　请刘北汜代为查询留在故宫的图书资料。据刘北汜回忆："1980年间，我到故宫博物院工作两年多以后，沈先生写信给我，说他还有些书和零碎东西留在故宫，他不在故宫兼职时未拿走，托我抽空代他查查，他想取回去。我替他查到了，原来还存在织绣组里，竟是满满一玻璃书橱的书，橱上还有一架雕镂精美的小屏风和其他零碎物品，橱上贴着封条，已经代他保存了二十多年了。组里的陈娟娟告诉我：‘这些书，都是沈老在我们组当业务指导时，一本本从家里抱来、提来的。就像蚂蚁搬家，今天搬来几本，第二天又抱来几本，只要我们想看的，或是他认为我们应该看的，哪怕珍本、孤本，他都毫不吝惜地为我们找来，放在组里，由着我们随便翻阅。’组里另一位同志高霭贞告诉我：‘那时候，多亏沈先生搬来这些书，又耐心指导我们阅读，我们业务上才有较快的提高。有的古籍我们看不懂，他先拿红笔点出标点符号，再指出重点，一句句讲解，从没见到他不耐烦过。’我看了看书橱里的书，有我从未见到过的线装书，有早已绝版的民国年间的图书和画册，也有纸张黄了也脆了的早年刊物、报纸。不久，沈先生的这些存书和其他零碎，由沈虎雏找了车，拉回家了。”①

① 刘北汜：《执拗的拓荒者》，《长河不尽流》，第 209—210 页，湖南文艺出版社 2018 年版。

1981 年 80 岁

6 月 27 日 中国共产党十一届六中全会在北京召开，全会通过了《关于建国以来若干历史问题的决议》，全会同意华国锋辞去中共中央主席、中央军委主席的职务，选举胡耀邦为中共中央主席，选举邓小平为中央军委主席。

7 月 7 日 国务院发布《关于城镇非农业个体经济若干政策性规定》。

9 月 30 日 人大常委会委员长叶剑英向新华社记者发表谈话，阐明台湾回归祖国、实现和平统一的方针。

11 月 3 日 国务院批准了《国务院学位委员会关于下达首批博士和硕士学位授予单位的通知》。

---

1 月 2 日 上午，赴纽约看望老友王际真。

下午，在王已午、郑元素家看董源山水、赵孟坚水仙等美术作品，谈及《韩熙载夜宴图》。

1 月 4 日 为重印英译作品《中国土地》撰写序言，傅汉思负责将序言翻译成英文。

1 月 6 日 复信谢璞。收入《全集》第 26 卷。

1 月 7 日 在傅汉思、张充和陪同下，到达新泽西州，住在孙康宜家，赠送《从文散文选》给孙康宜。

1 月 8 日 在普林斯顿大学发表有关中国古代服饰研究的演讲。

1 月 9 日 上午，参观普林斯顿大学葛思德东方图书馆。

下午，参观普林斯顿大学博物馆。

1 月 10 日 晚上，张钦次、孙康宜夫妇宴请沈从文。

1 月 11 日 罗士眉、刘先宴请沈从文。

1 月 13 日 晚上，与张兆和一起到耶鲁大学俱乐部听金维诺教授做关于敦煌艺术的讲演。

1月14日　在耶鲁大学研究院讲“20年代中国文学”，傅汉思担任翻译。

1月15日　在耶鲁大学美术馆讲中国古代服饰，傅汉思担任翻译。

1月16日　金介甫和女友康楚楚到康州傅汉思、张充和家探望，“谈了个下午，过了个愉快的下午。两人回纽约时已近晚八时。大雪已停。曾带来杨苡译他的《沈从文论》，约一万八千字。译文极好，内中字句小有误处，稍加改正即成。国内报刊似乎尚少有相等分量评论作品发表过。这个文章是在南京省文联刊物《钟山》九十月号发表的。”（《访美小记》，《全集》第26卷）

《广角镜》杂志100期在《沈从文先生诗作》总题下影印了沈从文三首诗的手迹。诗歌《游赣州八境台》发表于香港《广角镜》第100期，署名沈从文。这是本诗的第二次发表，这一版本较《海内外》有较大差异。据《广角镜》刊本收入《全集》第15卷《赣游诗草》集。

诗稿《少虞剑（故宫珍品之一）》《喜新晴》发表于同期杂志，署名沈从文。《少虞剑（故宫珍品之一）》作为“备考”收入《全集》第15卷《文化史诗钞》集。《喜新晴》收入《全集》第15卷《喜新晴》集。

1月17日　“去哈佛谈服装，用图片卅，效果还好。有一老太太带一裙子问时代，告她约在同治、道光时。随后又问值多少钱，率直回答我不是商人，无从奉告。另一年青女学生却问以色列问题，美国和苏联均不过问，不知中国意见如何。告她我不是搞政治的。”讲演由张光直主持，傅汉思担任翻译。（《访美小记》，《全集》第26卷）按：一说此次讲演在1月19日，见傅汉思《沈从文在美国的讲演与文化活动》。

1月17日　余英时、普林斯顿大学中国文学教授高友工、耶鲁大学中文教授宇文所安、密歇根大学中文教授林顿夫来拜访沈从文。

1月18日　晚上，张光直、李卉夫妇宴请沈从文。

1月19日　上午，再次到哈佛福格博物馆参观商朝玉人，仔细观察玉人的服饰。

下午，参观波士顿博物馆。

1月21日　在达文堡学院讲“我的生活经验”，傅汉思担任翻译。

1月23日　雅礼协会在北京饭店为沈从文设宴饯行。

1月24日　在纽约圣约翰大学发表演讲，题目：20年代中国文学。金介甫主持，傅汉思担任翻译。

即将离开美国东部，借傅汉思、张充和家宴请新老朋友。“请客卅人，济济一堂，十分有趣。有余英时、赵浩生、黄伯飞等均耶鲁教授。又《江青传》作者夫妇，也谈了许久。十一点左右看电视中审江青一刹那，判刑一场，人多是呆相。”（《访美小记》，《全集》第 26 卷）

复信马逢华。收入《全集》第 26 卷。

1 月 25 日　郑愁予、余梅芳、郑清茂、冯秋鸿等人来为沈从文送行。在傅汉思家作话别录音，同时在签名簿上留言。

1 月 26 日　在张充和陪同下，乘飞机前往芝加哥。由钱存训负责安排沈从文在芝加哥的行程。

1 月 27 日　在芝加哥大学发表有关 20 年代中国文学的演讲，演讲由钱存训主持，钱新祖担任翻译。

1 月 29 日　在芝加哥大学发表演讲，题目：中国古代服饰。演讲会由钱存训主持，钱新祖担任翻译。

在钱存训陪同下参观自然博物馆。

芝加哥大学图书馆学家马泰来陪同沈从文参观远东图书馆，并集沈从文的著作，请沈从文签名留念。

1 月 30 日　由芝加哥乘飞机前往旧金山。钱存训及夫人许文锦前往机场送行。

2 月 2 日　下午，在旧金山史坦福大学的露·亨利·胡佛厅（Lou Henry Hoover Building）第 238 室，与马逢华会晤。据马逢华回忆：“那时他们在美国东岸访问探亲结束，应邀到旧金山湾区三个大学讲演。我特别为自己在华大的两班学生安排了一些可以自修的作业，停课一周，从西雅图赶到了旧金山去拜见他们二位。当我走进史坦福大学一个讲堂，看到已经满头白发的沈先生，和额角添了几丝皱纹的师母，几乎要落下泪来，却是拼命忍着，赶前几步，握手问好。”“那几天里，我听了沈师在史坦福和旧金山州立大学的两个演讲，与袁可嘉兄陪着老师和师母去看金门大桥，一同吃饭，又在卓以玉教授家与许芥昱、袁可嘉两位学长和其他朋友们一同听沈先生热心地为大家讲解古代服饰图案，真正像是时间倒流，又回到了当年的学生生活。”①

2月3日 在罗得岛州勃朗大学发表演讲，题目：20年代中国文学。勒大卫主持，傅汉思担任翻译。

2月4日 农历除夕。

下午，在旧金山州立大学演讲。“许芥昱把州大图书馆收藏的沈老师著作，一本一本地竖立着，排列在黑板下缘的粉笔槽上，摆了长长的一大列。然后用两种不同的英文拼音，在黑板上分别写下‘沈从文’三个大字。”②

晚上，许芥昱在旧金山州立大学附近的中餐馆宴请沈从文夫妇，出席的还有马逢华、袁可嘉。

2月7日 下午，美国最有规模的中文书店东风书店为欢迎沈从文访问旧金山，特意组织了沈从文与读者的见面会，时值书店正举办“白先勇作品周”，因此一并邀请白先勇和读者见面。对此，雷平的《沈从文先生在美西》有过详细介绍：

> 一点半钟，沈先生和白先生及沈夫人张兆和女士等同时来到书店，早已在等待的读者纷纷鼓掌欢迎。大家看到两位作家，一位来自大陆，一位来自台湾，一老、一少，但是却这样亲密无间，都十分兴奋。白先勇先生首先致词。他说，沈先生是他最崇敬的一位中国作家，他从小就熟悉沈先生作品中的许多栩栩如生人物。沈先生的小说不仅对他本人有影响，而且也间接影响了他的学生。他指导一位学生写关于沈从文的论文，值得高兴的是，他昨天已经把这篇论文献给了沈先生。白先勇满怀激情地说，人生短暂，艺术长存，沈先生的小说从卅年代直到现在，仍然放射着耀眼的光辉。这期间，中国经历了多大的变动，但是，艺术可以战胜一切。今天大家来瞻仰沈先生的风采，就是一个证明。
>
> 接着，读者开始无拘束地与两位作家交谈，很多人还拿了沈老小说的英译本，老版本及刚刚在书店购得的新书，请他签名留念。沈老

① 马逢华：《敬悼沈从文教授——先师逝世周年哀词》，《传记文学》第54卷第5期。

② 马逢华：《重晤沈从文教授》，《传记文学》第42卷第2期。

一一满足了读者的要求。白先生到底年轻，而且应了中国一句老话，文人海量，酒一杯杯地干，名一个个地签。两位作家一直兴致勃勃，毫无倦意，热情地和中外读者们交谈。书店送给沈老一套他写的作品的不同版本的书，沈老很高兴地接受了。但他也指出，香港一些出版社翻印出他的书，甚至连招呼都没跟他打过，且有的质量不太高，有一些错别字。

下午三点多钟，结束了在旧金山的与读者见面会，两位作家又到了东风书店柏克莱分店，因为这里也早有仰慕两位作家的读者们在等待了。柏克莱是大学城，这里有许多研究中国问题的学者，一些金发碧眼的洋人竟也操着流利的中文同沈老、白先生交谈，看了真有意思。这些讲中国话的洋人，很多是白先生的学生或研究生，他们由于受了白先生的真传，所以对中国文化都非常热爱，对沈从文先生都非常崇敬。①

晚上，陈若曦在家中设宴招待沈从文，宾客中有陈省身。“晚餐后，沈老放映幻灯片，亲自讲解中国服装史中的一些问题，大家看到一幅幅奇妙的画面，听到沈老渊博而通俗的讲解，无不感到新鲜，惊异，觉得得益非浅。国宝之一陈省身先生，此时却以小学生姿态发问，其实他提的问题都很关键。沈老在古文物领域中确有深厚造诣，对数学大师提的难题，应对如流。”②

致信沈龙朱、沈虎雏等，安排返京后的相关事宜，请他们商请钟处长“为向院中借一较大车辆于十七号下午七时来机场，由你们乘车来接接我们，处理一下行李。若此信能于十六日收到，最好上楼问问钟伯母，有无车辆可借。若无车可用，我们或将乘公司交通车到民航局再返家了。你们来时最好身边带两百块钱人民币，可能有些东西要上税。”收入《全集》第26卷。

2月8日　早晨，乘西北航空公司八点三十分的班机离开旧金山，前往檀香山访问夏威夷大学。马逢华到机场送行。

2月9日　在新泽西罗格斯大学发表演讲，题目：20年代中国文学。涂经诒担

---

① 雷平：《沈从文先生在美西》，《我所认识的沈从文》，第255－256页，岳麓书社1986年版。

② 第258页，出处同上。

任主持，傅汉思翻译。

2月12日　在何美士德麻省大学发表演讲，题目：20年代中国文学。郑清茂主持，傅汉思翻译。

2月15日　乘飞机离开美国经日本东京归国。

2月17日　晚上，与张兆和一起回到北京。

2月22日　《从文自传》在《新文学史料》1981年第1期连载完毕。

2月26日　致信钟开莱夫妇。收入《全集》第26卷。

2月27日　致信林蒲夫妇。收入《全集》第26卷。

二月　《从新文学转到历史文物》发表于美国《海内外》第29期，署名沈从文。收入《全集》第12卷《我与新文学》集。

3月2日　致信香港《广角镜》编辑部，谈及他发表于该刊11月号的《一个无法投递的邮件》，显系怕编者按引来不必要的麻烦，特地为此作出澄清："信内说的，并无什么牢骚处，卅年我始终能继续工作，甚至于比许多专业熟人更感觉热心好事，就可证明对新的工作实干的兴奋，也比较容易体现'为人民服务'几个字正确含义，既少意外麻烦，更不必为出差错担心，所以说'心安理得'。说的全是正面意思。"①本信未收入《全集》。

3月5日　在王孖、王亚蓉陪同下，与张兆和一起前往广州，审看《中国古代服饰研究》的校样。

复田鹤丹函。收入《沈从文全集·补遗卷4》。

3月11日　下午，夏鼐来访，因沈从文已赴广州，未遇。

3月29日　完成《中国古代服饰研究》的校核工作，"图稿好几十斤重，今天已带过香港"。（见本日致沈龙朱等信）

在广州致信沈龙朱、沈虎雏等："《服装》我看了两次，图还好，像本有分量的书，文字部分也还好，有的地方弱些，不能令人满意。总得说来，还'像本书'就够了。或许到印出后还应当由王序来看一次，肯定秩序号码还会有应

---

①《沈从文先生的来信》，《广角镜》1981年第3期。

改正处。头绪过多，乱是不可免的。”收入《全集》第26卷。

3月30日 与张兆和一起，到中山大学拜访杨克毅教授、吴宏聪教授。

三月 香港《广角镜》杂志以《沈从文先生的来信》为题摘要发表了沈从文3月2日给编辑部的信。

4月2日 在王矜、王亚蓉陪同下前往中山大学拜访商承祚教授、容庚教授。

4月5日 到达长沙。

在湖南省博物馆考察馆藏文物。

4月8日 给湖南省博物馆讲关于文物研究方法及访美感想。谈话稿后以《谈谈游美的观感——在长沙博物馆的谈话》为题收入《全集》第27卷《谈话及其它》集。

王亚蓉据录音整理了这个讲演的另一个版本，以《我是一个很迷信文物的人——在湖南省博物馆的演讲》为题收录入《沈从文晚年口述》，与全集本有较大差异。后经编者校勘后收入《全集·补遗卷1》《我与新文学和历史文物》集。

4月10日 在《湘江文艺》编辑部做讲演。王亚蓉据录音整理了这个讲演，以《自己来支配自己的命运——在〈湘江文艺〉座谈会上的讲话》为题收入《沈从文晚年口述》。这次讲演稿未收入《全集》。后经编者校勘收入《全集·补遗卷1》《我与新文学和历史文物》集。

致信沈虎雏、沈龙朱等，介绍自己近日在长沙的生活。收入《全集》第26卷。

4月11日 在湖南宾馆八楼会议室做讲演，湖南省文联主席康濯主持。[①]讲演后经王亚蓉整理以《我有机会看到许多朋友没有机会看到的东西——在湖南省文联座谈会上的讲话》为题，收入《沈从文晚年口述》，陕西师范大学出版社2003年版。本文未收入全集。后经编者校勘收入《全集·补遗卷1》《我与新文学和历史文物》集。

---

① 颜家文：《我见到的沈从文》，第109页，作家出版社2018年版。同时参见王亚蓉：《章服之实——从沈从文先生晚年说起》，第165页，世界图书出版公司2012年版。

4 月 12 日　《广州日报》在第四版发表姚北全采写的《沈从文访问记》，“沈老向我们询问着老诗人、翻译家梁宗岱的近况，关心着一些老朋友的病情……这些老朋友，他一一都想去探望他们：‘多年不见面了，有多少话要谈啊！’……沈老在和我们谈话时，不同意对他的称赞，他认真而又平缓地，谦虚地说，他不是什么作家，没有写过什么好作品；他说自己是个乡下人，一直都在学习，他说他写小说很笨，要修改多次，字斟句酌，很难得满意。他还谈到，香港一些出版社出版他的书，没有跟他打过招呼，有些地方还弄错了。这次，他应花城出版社所邀，校订他的著作，现在日夜赶着修订，感到很吃力。有朋友建议他到风景区去走走，活动活动。沈老却不同意。他说，我兴的是单打一，干一样就先完成一样。是的，他是干一样，就有成就一样的人，这些年来，他从事了新的工作——考古方面的工作，其贡献也不在文学之下。”①

4 月 16 日　从长沙返回北京。

4 月 23 日　新华社发表《鲁迅诞辰一百周年纪念委员会名单》，沈从文为纪念委员会委员。

4 月 26 日　颜家文来看沈从文，并送来制砚艺人昌明委托他送给沈从文的一方砚台。

四月下旬　为《中国古代服饰研究》作《后记》，后沈从文弃用该稿，重新起草了新的《后记》。以《曲折十七年》为题据手稿收入《全集》第 27 卷《无从毕业的学校》集。

四月　在广州校读《沈从文文集》时期，在《记陆弢》文下加了一段后记。文见《全集》第 1 卷《入伍后・记陆弢》编者说明部分。

5 月 1 日　为即将出版的《中国古代服饰研究》撰写《后记》定稿。

5 月 4 日　给田庆蕙复信。收入《全集》第 26 卷。

5 月 6 日　彭荆风的女儿鸽子自己抄写了一本《边城》，沈从文在她的抄写本扉页上题字：“《边城》，鸽子存读。沈从文 1981 年 5 月 6 日时年七十有九”。

---

① 姚北全：《沈从文访问记》，《广州日报》，1981 年 4 月 12 日。

5 月 7 日　上午，彭荆风来访。

5 月 7 日　致信外甥莫自来，并给他寄去 50 元人民币，叮嘱他“经常为我写个信”。据转抄稿收入《全集》第 26 卷。

5 月 12 日　参加接待南斯拉夫作家代表团的活动，遇到丁玲。据沈从文事后回忆：“接待南斯拉夫的代表团，开宴会，我和她都出席了。她确实在会上找过我，说是要我和她同桌吃饭，我是躲开了。但是后来在握别的时候，我还是跟她握手问候了。为什么呢？人家已经在（诗刊）上骂过我是‘市侩’‘胆小鬼’了，我怎么能跟一个骂过我的人同桌吃饭呢？但是面子上我还是照顾她了。”①

5 月 13 日　收到杨苡、赵瑞蕻寄来的《呼啸山庄》并信，遂即复信。收入《全集》第 26 卷。

5 月 21 日　晚上，颜家文来访，谈及文学时，沈从文说：“看作品可读点契诃夫、屠格涅夫的东西，那里面有真学问。××× 的没什么看的。国内主要读点 ×××、××× 的作品，他们在技巧上是很不错的……”“搞创作要先从小的写起，可以多用几种方法。一个题材，也可以几种写法。打跟头一样，翻过来，不行，又翻过去，这样起码也有四种写法。写作品，要看得远一点，才有生命力。湘西的东西写人物可掺杂点风景、风情来写。时事政策是常变的，而风俗是不会变的。方言的运用，要有个线，超过了，会把许多读者拒之门外，要用得恰到好处。我们湘西的方言占了便宜，好懂，稍加改造，就变成了书面语言。”“搞文学是难以见效的，有的人通过写小说做官去了，或者改行做别的了。我只有这条路，所以做起小说来，比别人认真。人家说我的小说没意思，后来又说我的小说没思想，以后又说没灵魂，我还是这样写。我不太相信命运，只相信实践。看准了，我就做下去，总是会搞出成果来的。”“研究《红楼梦》不能强加于人，你贾宝玉就是见一个爱一个，硬要说人家反封建。你们要从艺术角度去欣赏红楼。考证一个字，一块砚台，没什么用。赵姨娘之所以勾结马道婆，人家是妾，没有地位，受压迫，是逼得没有办法嘛。”②

五月　花城出版社编辑出版了《文坛老将》，介绍了巴金、沈从文、端木蕻良

---

① 周健强：《记沈老给我信的前后》，《散文世界》1989 年第 8 期。

② 颜家文：《我见到的沈从文》，第 111—112 页，作家出版社 2018 年。

三位老作家，沈从文专题内收录了朱光潜的《从沈从文先生的人格看他的文艺风格》、沈从文的《拟咏怀诗（外一首）》、黄永玉的《太阳下的风景》、黄苗子的《生命之火常明》、金介甫的《给沈从文的一封信》和沈从文手订的《从文习作简目》。

6月1日　为湖南人民出版社即将出版的《沈从文小说选》《沈从文散文选》撰写《题记》。收入《全集》第16卷《序跋集》。

6月5日　致信湖南人民出版社文学创作编辑室负责同志。本信未收入全集，兹照录如下：

编辑部负责同志：

寄来散文小说选目，已看过。我没有什么意见。你们作的后记也比较全面周到。合并我写的《题记》邮上，如何安排，望你们斟酌。选目内中有不妥当处，或为删去部分，或应抽换，望费神看看。麻烦琐碎，□□感谢。并颂著安。

沈从文　六月五日[①]

6月6日　复信杨克毅，同时附寄书法作品。收入《全集》第26卷。

6月8日　楚文化研究会成立大会在长沙召开，沈从文被聘为研究会顾问。

6月10日　致信荒芜，谈及达航、陈燕研究自己的论文，并为他们的研究提供线索："若不作论文，只写成业余欣赏，不妨和北大国文系研究生凌宇通通信，或可从凌处有希望得一份较详目录，由一九二八到一九四八部分，足供参考。凌宇同学是目前对我作品理解得比较全面的一位，且生长于湘西，我拟编选的集子，即委托他主持的。又近见《广东文艺》（似第三期）有一人对我作的《桃源与沅州》一文，也作过一点相当中肯的分析，发前人所未发，两位小友如能参考那个小文，选我集子中五六七八篇，用不同方法作的试探性习作，写写所得印象，并本文一同，另一时发表于湘、鄂、广、申诸刊物上，大致都会得编者欣赏。"同时，请荒芜帮忙转交自己给达航、陈燕的复信。收入《全集》第26卷。

---

① 颜家文：《我见到的沈从文》，第105页，作家出版社2018年。

复信安国荣。本信曾发表于《吉首大学学报》1991年第1—2期。据《吉首大学学报》刊本收入《全集》第26卷。

6月11日 收到康楚楚、金介甫的结婚请帖，旋即复信，并和王亚蓉、王序一起写喜帖致贺。同时托人带去礼物："因湖南博物馆熊传薪先生来美工作，熊是和王序先生一同挖马王堆古墓的，对楚文物极熟习，特别托他便中捎带了两件薄礼给两位。图章是我亲戚雕刻家刘焕章作的，双连印照中国习惯有'珠联璧合'含义，用作你们藏书印章，还有意思。锦缎花纹还不俗气。"收入《全集》第26卷。

6月16日 复信杨克毅。收入《全集》第26卷。

6月23日 复信李恺林，并在信中回答了李恺林来信中所提出的一些问题。本信写好后忘记付邮，10月10日在信封上又加了附注，但依然忘记付邮。据信封邮戳，该信最后的付邮时间当为1982年1月12日。本信未收入《全集》，原件曾在孔夫子旧书网墨笺楼拍卖。

7月4日 复信陈若曦并附寄一幅书法作品。据书信底稿收入《全集》第26卷。

7月7日 复信吴宏聪。收入《全集》第26卷。

7月13日

本日 香港《大公报·读书与出版》发表尚鼎的《欢迎〈中国古代服饰研究〉出版》，文中说："一部旨在探讨中国古代服饰文化史种种问题的巨型画册——《中国古代服饰研究》，最近将要由商务印书馆香港分馆出版了。这本巨作，是中国社会科学院历史研究所研究员、著名文物专家沈从文教授先后花了十七年的时间写成的。它的出版，无论对文史研究，考古断代，古典文学注释，古代生活的观察、历史剧服装设计等等都具有重要的参考价值。"

7月15日

本日 香港《大公报》出版《〈中国古代服饰研究〉特刊》，选载了《中国古代服饰研究》中的一章，同时刊发了朱光潜的《沈从文的文艺风格》、彦火的《民族服装史经典之作——介绍〈中国古代服饰研究〉》及广告《中国第一部研究服饰的艺术巨著》等。

香港《华侨日报》发布新书预告：《沈从文编著艺术巨著〈中国古代服饰研究〉定九月出版优待预约》。文中说："沈从文编著的艺术巨著《中国古代服饰研究》今起接受预订。这部由商务港出版的巨著，八开本，五百廿页，文字一七四篇，共廿五万字，图片七百幅（彩图占一百幅）本书对上起殷周、下至明清、三千多年间中国历史上不同时代，不同阶层服饰制度的发展，沿革及当时社会物质生活，意识形态的种种关联，作了深入的探讨。编著者沈从文是名作家。本书编辑体例，以图为主，对图解说。二百幅主图，按年代先后排列。作者对这批图稿，用不同体例，适当引申文献，进行综合分析比较，双列举插图作为旁证。全书特点：一、这是第一部系统地研究中国古代服饰的专著，是简明的中国服饰文化史。二、资料丰富，大量出土，传世的文物图像精选其中，十分珍贵。三、本书撰述多发明创见，提出许多新问题，新见解。四、高学术价值，对文史研究，考古断代，古典文学注释，古代生活观察，都有参考价值。五、具实用价值，可供各方面借鉴及收藏。精装本定价港币五百元，预约四百元。另有锦绣豪华本三百本，每本编号，并由作者亲笔签名，外加织锦包装，港币八百元。预约即起至八月底止。九月出版。"

7月16日　《〈中国古代服饰研究〉后记》刊载于《大公报·大公园》，署名沈从文。收入《中国古代服饰研究》。收入《全集》第32卷。

7月22日　致信龙海清，告诉他"文章不宜发表"。收入《全集》第26卷。

7月24日　复信马国权。收入《全集》第26卷。

本日　赵家璧致信沈从文，为披露徐志摩一件旧事征询沈从文意见："我今天写信，征求你一个意见，拙文中写到你曾告诉我，他死前这一年，许多热友劝他与小曼离婚，志摩对你表示不同意，我写进这一段表示志摩先生为人之厚实之处。因为我与小曼交往多年，她似乎从来不知道有过这么一回事。文中我仅写'我的一位朋友两年前告诉我……'不知你是否同意我这样做？其他的都与你无关，为了尊重你的意见，特写此信，希予同意。如果认为这样提也不好，我就删去这一段，假如可以说明是你告诉我的，那就更有史料价值了。"①

---

① 赵家璧：《致沈从文》，《赵家璧文集》第5卷，第241页，上海文艺出版社2012年版。

7月26日　下午，曹禺来访。据曹禺《一九八一年日记》载："下午访从文、三姐（沈从文夫人张兆和），谈甚欢。从文真是厚重君子，怡然可亲，三姐仍如前，谦直如昨日，见小虎，已四十四。告叔华的书找不到，当时确无此画册。"（《没有说完的话》，第26—27页）

致信龙海清。收入《全集》第26卷。

复信萧成资，请他便中打听辽墓中的壁画去向问题："宣化曾出了个辽墓壁画，内容极丰富，特别托你为便中探听一下，原壁画是否已移到宣化文化馆，或留有摹本？如在宣化可以见到，不论是原画或摹本，我将和助手王序来照照相，便于在那本《中国服装研究》再版时或外译本中，加入到本书中。"收入《全集》第26卷。

7月27日　致信钟开莱。收入《全集》第26卷。

7月29日　复信任欢。收入《全集》第26卷。

7月30日　复信常风，叙及旧时师友种种，同时谈及曹禺时说："新作《王昭君》一剧，已拍成电影，不久或公演。作话剧演出时，上座虽好，似不算成功。电影恐亦易给人以'新戏'印象，难给人以'历史感'，用非所长，必然结果！"收入《全集》第26卷。

七月上旬　复信吴宏聪，叙及"文化大革命"被抄家的遭遇："家中前后抄了八次，所有在八年抗日战争由京寄到昆明，又由昆明运回北京，始终还能保存留作纪念样本的旧作，和在昆明八年中，由香港、江西、桂林、重庆、成都重印及新印的各种土纸本，和一些业已分别发表于各报刊未辑印过的作品，始终尚未发表的大量其他文稿，都一例搜去。末后一个军管会的'文化干部'，廿一二白白脸小伙子，却装模作样把我叫去，说是'一切黄色作品，代为消毒。无害的，你自己拿走！'见我沉默不语，便做成严肃冲气说：'你以为我没有文化吗？不服吗？'这倒真是我从来还不考虑到一个问题。因为我平时倒满觉得这一位文化军干长得漂亮英俊，估计在军队中或因支援'工管'，升了三级，已由少尉级升到上尉级科长，照形势发展看，不多几年还会升处长局长！平时必能歌善舞，到馆中来和不少年青职工都极合得来，对他一切由衷赞许。但经他这些一说，真倒应合了过去一句俗话'光棍心多'，他大致误认为我是什么高知，才这么缺少自信，因此我忙说：‘你比我高明多了，政治水平、思想水平都是大家有目共睹的。我还算不得白专，卅年前写了这些黄色有毒东西，多亏得一一指出，你处理那会有错？’我赶忙把还我的一份破书乱稿，塞到预先准备的一个麻布口袋里，拖拖跌跌下了楼。既提不上公共汽车，因此约费了二小时，才拖到了我那个值得纪念的小住处，住了廿年的东堂子胡同宿舍。经过这么一次‘连根拔’的大扫荡，我才较深一层懂得‘不冒充空头作家’的幸运，也觉得‘付之一炬’对我实‘如意称心’，更‘心安理得’。”据未完成书信底稿收入《全集》第 26 卷。

七月　香港《广角镜》杂志 7 月号以《清代女子便装》为题，摘发了沈从文的《中国古代服饰研究》部分内容。

8 月 3 日　致信黄永玉。收入《沈从文全集·补遗卷 4》。

8 月 13 日　完成对《边城》的重新校订工作，这是作者对《边城》的最后一次校改。该校改本由江西人民出版社出版。

8 月 20 日　上午，彭荆风来访。据彭荆风回忆：“这天虽然是上午，气温已很高，沈先生正挥汗如雨地一手执笔，一手摇着大蒲扇写作，见我进去，非常高兴，伸出两手抓住我，紧紧握着，连声说：‘你来了，很好、很好，从哪里来？’‘大连？好地方，海边凉快吧？’说着又幽默地微微同笑，‘这里真是太热了，就像猪八戒在蒸笼里一样，灼得人只盼望师兄来搭救……’我见他在酷暑中苦成这样，就再次劝他去昆明休息一段时间。‘昆明，我很想去！’他微笑着，脸上露出了一种神往的欣慰神色，但是停了一会，又严肃地摇摇头：‘岁月不饶人呀！我们当时几个人，有的去世了，有的如张天翼已经瘫痪了。我还能工作，也是一天比一天衰弱，只因为保养得好，上油勤消耗少，机器还能运转……’”①

8 月 21 日　致信马幼垣。收入《沈从文全集·补遗卷 4》。

8 月 22 日　致信邓云骧。收入《全集》第 26 卷。

---

① 彭荆风：《沈从文先生的未了心愿》，《花溪》1992 年第 1 期。

为工作安排事，致信凌宇。收入《全集》第26卷。

8月23日　致信沙汀。收入《沈从文全集·补遗卷4》。

8月24日　致信邝雪林、易征。本信未收入《全集》，全文如下：

雪林　易征两兄：在穗一段时间中，多多搅扰，弥增感谢。到长沙工作复半月，回到北京便已进入夏季，为一堆杂事忙忙乱乱，就进入真正夏天。日来北方格外闷热，住处当街一面，经常有上万大小汽车来往闹哄哄情形中，真正是热闹得人昏昏沉沉，长日如猪悟能坐蒸笼中，只希望悟空师兄即时前来搭救出险。既无从希望成为现实，因之人便不免形成一种半低能痴呆状态中，浑浑噩噩度过此炎炎盛夏，直延续到近三天方从一雨中得救，稍稍松一口气。转来一小文，由弟看来，文章还好，作者似为一医学生，望为看看。如还可用，不论安排在《随笔》《广东文艺》或《花城》均无妨，且可去信将他别的作品寄广州看看（还有不少较长的）。如觉得平平无奇，就还给本人，甚感费神，并候佳好。

弟　从文　八月二十四[①]

八月　作散文《友情》。

八月　作《回忆徐志摩先生》，本文未完成。据手稿收入《全集》第27卷《无从毕业的学校》集。

八月　复信赵家璧。据未完成信稿收入《全集》第26卷。

9月5日　夏鼐托王矜询问步辇制问题。沈从文为相关问题写了说明。据《夏鼐日记》："王矜同志持沈从文同志回条，谈《步辇图》问题。"

复信汪挺。收入《全集》第26卷。

9月10日　7月26日复萧成资信因河北师范学院由宣化迁往石家庄退回，沈从文附言后寄往学校新址石家庄。

给钟开莱复信，同时介绍巫宁坤儿子巫一丁前往拜访。收入《全集》第

---

① 邝雪林：《我和沈从文先生的一次工作接触》，《花城》2010年第1期。

26 卷。

致信巫宁坤。收入《全集》第 26 卷。

9 月 11 日　出席中国笔会中心会员大会。

9 月 15 日　致信杨宪益，谈及为戴乃迭所译《沈从文散文选译》作序事。收入《全集》第 26 卷。

复信蒙慕秋。收入《全集》第 26 卷。

9 月 18 日　复信赵瑞蕻。收入《全集》第 26 卷。

9 月 20 日　复信王家鼎。本信以《沈从文致王家鼎书信两通》为题初刊南京师范大学《文教资料》1990 年第 6 期。据原信收入《全集》第 26 卷。

9 月 22 日　复信苏仲湘，附寄书法作品两件。收入《全集》第 26 卷。

9 月 26 日　复信李孝华、吕洪年。收入《全集》第 26 卷。

9 月 29 日　给夏阳复信。收入《全集》第 26 卷。

九月下旬　给青岛图书馆鲁海复信。收入《全集》第 26 卷。

九月下旬　凌宇、华济时来访。据华济时回忆："我与时在北京大学中文系攻读硕士学位的凌宇约好，两人同去拜访沈从文。他当时住在崇文门外中国社会科学院宿舍六楼的一套两间半的房子里，一见我们到来，他与张兆和即放下手头的工作，和我们谈话，道家常。使我大为惊异的是：他矮矮的、胖胖的（但脸色红润，很有精神），说话随便，态度随和，不像一个大作家和大学者，的确很像他一再自称的'乡下人'。当时，他的《中国古代服饰研究》刚由商务印书馆香港分馆出版，他拿出来给我们观赏，并向我们简单介绍了该书的坎坷命运。我们观赏着这部精装八开本、有 520 页（包括珍贵图片 700 幅，其中彩色图片 100 幅）的煌煌巨著，赞不绝口，他却很谦虚，表示还要深入研究（后来果然增订重版）。快吃中饭了，我准备告辞，他却留我们吃饭。吃饭当中，大家都很随便。他见饭不够，便拿来一个面包，蘸上果汁酱，吃得津津有味。张兆和见此情景，就解释说：'他喜欢吃甜食。'"①

九月　《中国古代服饰研究》由商务印书馆（香港）有限公司出版，署名沈从

① 华济时：《缅怀沈从文》，《武大校友通讯》2007 年第 2 辑，第 83—84 页，武汉大学出版社 2007 年版。

文。该书序言为郭沫若1964年6月24日所作。收入《全集》第32卷。

这本著作是沈从文晚年最重要的代表作品，在近二十年的时间里，为出版此书付出了巨大的努力，期间，又有多人作为助手协助沈从文，该书出版时，署名情况如下：

编著　沈从文

助理　王㐨

绘图　主图　陈大章　李之檀　范曾

插图　王亚蓉

在该书的《后记》中，沈从文对本书的协作情况有如下说明：“本书的成稿、付印到和读者见面，经过许许多多曲折过程，前后拖延了约十七年。工作前期的进行，和中国历史博物馆保管组、美工组等诸同事的辛勤劳动分不开。图版初次制版排样，原财经出版社老师傅的工作热情及高度责任感，也作出显明贡献。但此书能最后得以完成，实完全有赖于中国社会科学院领导为准备了良好工作条件，并充分给以人力物力支持的结果。就中本院考古所方面人力上协助最多，使增补工作进行得比较顺利。若没有这种种帮助和各方面的支持，这本书实不可能如目前样子呈现于读者面前。……值得令人怀念的，是齐燕铭先生、龙潜先生、刘仰峤先生。三位都在‘十年浩劫’折磨中因伤致病，已先后成了古人。尤其是周恩来总理，已来不及看到这个图录的出版，我觉得是极大憾事。这本书如对于读者还有点滴可取处，首先应归功于他们几位对这个工作的鼓励和支持。本书在增改过程中还得到国家文物局的经常关心，以及湖南省博物馆、云南省博物馆、陕西省博物馆、湖北省博物馆、故宫博物院、南京博物院、对外文展办公室、中央美术学院、音乐研究所和荣宝斋等文物、学术机构与友好，各方面充满热情的帮助。其次是直接参加过摹绘、摄影、制版、排印诸位劳动的贡献。至于我个人，只不过是在应尽职务上，把所学的问题，比较有条理、比较集中持久完成了一小部分任务而已。”

九月　为戴乃迭译《沈从文散文选译》作序。

10月2日　美国兰登出版社贸易出版社副总经理安东尼·舒尔特致信沈从文，

为出版《中国古代服饰研究》缩译本征求沈从文的意见。

10月4日　致信赵瑞蕻，谈及对电影《苦恋》的批判：“这里搞‘指示’学习，科学院即进行了两次学习，不懂问题何在，说话的多非本题，正和‘文化大革命’前期情形相似。不多久，或可见到《文艺报》批评文章（据说改过七次还不通过）。但是参加鲁迅讨论会的熟人，想看看白桦的电影，却没有得到允许，据说是免得扩大影响。正因此，应发言的似可以用‘没有调查研究，无从开口’为词，不乱开口。惟既有学习‘指示’，到一定时候总会有急先锋前头阵的人出面，是意中事。”收入《全集》第26卷。

致信巫宁坤。收入《沈从文全集·补遗卷4》。

10月5日　复信龙海清，谈及时事：“劝人不宜随意和外人通信，我就不敢随便和国外亲友通信，免得麻烦。我也可说是个十分典型思想庸庸碌碌的人物，在旧社会吃不开，在新社会也吃不开，就因为学什么即只懂什么，而新社会最重要的‘世故哲学’，快到八十岁了，始终学不懂。即懂了也不会用。真可谓‘愚不可及’！近来看到古华的《芙蓉镇》，印象很好，却不免为之担心，这么写成吗？北京似乎不少人在学习指示批白桦，我孤陋寡闻，始终没有见到小说和电影，无从发言，因为照‘不经调查研究无发言权’指示，听听别人发言倒也很长见识。”收入《全集》第26卷。

10月9日

本日　香港《大公报》刊发中国新闻社十月八日电讯《沈从文编著大型画册〈中国古代服饰研究〉在港发行甚受欢迎　英美日等出版公司拟获得发行专利》。

10月10日　上午赴院部参加关于台湾回归祖国的座谈会并发言。据《夏鼐日记》：“发言者有五位院领导（梅朵、张友渔、许涤新、马洪、彭达彰），八位老科学家（陈翰笙、沈从文、巫宝三、贺麟、尹达、严中平、费孝通和我），新华社、文汇报等记者在座。”

在一堆旧信中发现6月23日写给李恺林的复信，遂在信封背面写了几行说明文字，并付邮。信封背面说明文字如下：

来信收到。我还以为覆信早已收到。这信压在一堆回信中已经

月，最近清理积信，才发现，真对不起！　从文　十月十日

10月13日　复信彭荆凤，谈及《中国古代服饰研究》的缩译本改编问题："搞的那本《服装研究》已约定在英美翻印，廿五万字说明，得在五个月内删改成十三万字，所有专门名辞均得改成通俗文字，才易翻译。工作等于重写，极费事。"收入《全集》第26卷。

复信赵瑞蕻、杨苡，并附寄书法作品数幅。收入《全集》第26卷。

10月18日　复信李恺玲，谈及"国共第三次合作"方面的意见："照我理解，在台湾的乐意从文化交流上参加接触的必不少，但多数恐来不了。最值得重视的，还是在美国的来于台湾的教师，取得学位多是搞中国文学研究的，若有机会回来，必相当踊跃，也易说服。或回来教一年书，并为设法从各省市大专院校图书馆为设法解决看材料及翻印材料的便利，有半年还让他各处走走，不要见外，把他们当成'外国财主'款待，能当成个'亲友'，招待亲切而不必隆重，和同行可共同切磋，不必要什么副总理接见。这些教师即或原抱有一定成见，也容易改变过来的。搞得好，可能比随便请一美人来中国短期教书，效果还好一些。因为台湾在美教书读书的，比我们国内去的人数都多得多，在美教书对学生影响大。能尽可能把这些教师邀些回来，在台湾肯定也会起好影响的（也可以弥补我们在美大使馆的缺点和无能的）。"收入《全集》第26卷。

10月19日　复李凯玲函。收入《沈从文全集·补遗卷4》。

10月20日　给两位寄来论文的同学复信，谈及对自己过去的作品理解方式："觉得把重点，放到文笔'美'的成就上，接触不到问题。因为照我理解，一个小说的完成，四五十年后，若还能给读者留下个印象，不因社会变化而失去意义，绝不是只由于文字美丽能见功，更不是意境朦胧的结果。可能还是文字使用比较准确，叙述事情发展、经过，能懂得加以节制，使之恰如所需要结果。由于时间和空间限制，我写的故事本来交代得十分清楚明白，一个生长于边僻小乡村的童养媳，在她那个环境和年龄里，对于城市的憧憬，对于偶一过身的女学生的印象，以及和实生活对面时，如何应付现实的困难，和乡村家庭对于处理这种事件的方法和态度，一切都写得十分自然，正因为写得十分自

然，所以故事尽极其平常，看下去总还像是有生命，人像活人，事像真事。”此信并未寄出。据书信底稿收入《全集》第 26 卷。

10 月 21 日　废弃 20 日给两位同学的复信，重拟。在 20 日原信旁注明：“经作废，已简化作复”。21 日重拟信未见。

10 月 27 日　为四川人民出版社出版《沈从文选集》事，致信凌宇，请他负责编选。收入《全集》第 26 卷。

复苏赓哲函。收入《沈从文全集・补遗卷 4》。

10 月 31 日　复古华函，谈及自己对文学的理解方式与他人的种种不同：“我们还看过张洁一篇《沉重的翅膀》，前后分两期刊载，写得也很好。只是涉及问题过大，超出一般人常识以外，懂的人懂，不懂的人就必然难于明白矛盾所在，对话中常常加以思索解释，易给人以枝蔓感，前后不联系感。这也许正是她的一种长处，这种表现方法，年青一代是从新派电影中早成习惯的。至于像我们偏于保守的旧式读者，欣赏能力落后了，就有些隔。总不免还是习惯于屠格涅夫、契诃夫等文体，以为写人写事，最好在一定背景下活动，容易得到传递作用。处理上还是明朗素朴些，易产生真切而深刻效果。节制夸张也是一种能力！所以有时读些现代刊物中的名作，和新的国外名著译文，都难于说是全懂得它的好处。最难理会好处的，大致还是新诗，文字虽一一认得，可不容易懂好坏，有些不免给人以读‘天书’感，含义得从猜想中解决，读者未免担负过重。比读杜甫诗深奥得多！可是照许多诗人意见，却常认为有所突破的‘高明’处。如此一来，像我们一代，不仅难再冒充‘空头作家’，即‘读者’资格，也大有问题了。因为社会变了。不过有许多事从我们看来，变得多是一种表面时髦，反映的不是什么生命充实，只是生命空虚。……新文学若还可以容许寄托一点好希望，恐不会是梳长头发留小胡须，戴来路货黑色眼镜，跳新式舞的摩登新式纨绔子，能寄托希望。不管他是什么大首长的儿子，又从欧美得了科学博士归来，对扭转国家的封建主义的坏影响及新式洋奴的恶劣影响，都无大帮助。唯一希望，还是多出几个契诃夫、果戈理，用乡村人事作背景，或用这些假时髦作题材，来各自写下大量作品，到一定时候，或可望起些些针砭作用。”按：此信在古华的《一代宗师沈从文》一文中引用时，写信日期标作

10 月 30 日。收入《全集》第 26 卷。

复彭荆风函，述及自己对张洁《沉重的翅膀》的看法："张洁文中弱点，似有意从'意识流'方式上用了些心，在对话中经常附加了些'感想'或'解释'，不善于直接从对话中加以安排处理，因此对读者反而发生不连贯印象。但说到副部长以下的处、局长中层干部勾心斗角的情况，及一群新官僚'打官腔'的种种，还是写得相当好，大处小处均能把握住他们的特征、性格和身份长处以及坏处。"收入《全集》第 26 卷。

复信王家鼎，并附寄书法作品，询及山东博物馆馆藏文物问题。本信以《沈从文致王家鼎书信两通》为题发表于南京师范大学《文教资料》1990 年第 4 期。据刊本收入《全集》第 26 卷。

复彭秀枢函。收入《沈从文全集·补遗卷 4》。

十月上旬 作《谈文化交流》，据手稿收入《沈从文全集·补遗卷 2》。

十月中旬 致信徐盈，谈及为"子冈作品选"作序事："我当时满以为这件小事，可以不甚费力能完成。谁知到真正着手时，才明白头脑已不大抵用。写来写去，总是难得要领，先后写了约三十纸，又改来改去，十来天不离开书桌，还是一团纷乱。试请兆和看看，印象是'下笔千言，离题万里'，明确反映我头脑混乱到一定程度，早失去控制能力，虽还能'写下去'，可不知如何'结束'，似怪实平常。其实近一年来，好几回试验，都在同样情形中证明头脑失灵，表面上还像凡事尚能维持一定健康程度，其实任何工作都不成了。即或有机会重印一批四十年前旧作，想写个千八百字追忆追忆这些过时旧作的产生情绪和生活背景，也同样始终说不到'点子'上而放弃。所以关于子冈集子的完成，虽交了卷，可不一定适用。务望不必存丝毫客气，仔细看看，可改就改，能用就用。如觉得内容枝蔓，既把握不住子冈作品长处，只能给人一种'杂感'印象，而且虽出于一种赞美心情，由于措词极不得体，不仅无当大处，反易犯时忌，受批评，就请莫用它最好。"同时，表明了自己对《边城》改编成电影一事的态度："若电影剧本必须加些原作根本没有的矛盾才能通过，我私意认为不如放弃好。因为《边城》在国内外得到认可，正是当成个抒情诗画卷般处理，改成电影，希望在国外有观众，能接受，也需要把这个作品所反映的种种去忠实处理，一加上原书并没有的什么‘阶级矛盾’和‘斗争’，肯定是不会得到成功的。若上影的领导必加上些什么什么，才能通过，我以为还是放弃合理。不如趁热闹，从鲁迅任何作品搞个电影，搞得稍微过得去，不仅易上座，还可能会得奖。工作容易做，又还保险，正当新的讲话作为全国学习对象时，争主动作去，显然不会犯什么错误的。我的作品照例是目前人习惯说的极端缺少思想性的，只能当成一种‘历史’性作品看待，既已烧去三十年，我倒觉得极近情合理，还鼓励了我第二次改业的决心。在生前看不到的重现于电影上，也认为十分平常自然，并不是什么值得惋惜的事。（也许真将照城北过去估计，将来还是会由日本方面技术合作，才会照原样拍成电影的。）其实这也极不现实，倒不如待我死后再拍好些。最好是不拍！”收入《全集》第26卷。

十月　饶宗颐在许礼平等陪同下来访。

11月6日　致信许礼平，并附寄书法作品。据书信底稿收入《全集》第26卷。

11月10日　下午，吴泰昌来访，代表《文艺报》编辑部邀请沈从文参加“散文创作座谈会”，沈从文答应出席。①

晚上，委托王矜、王亚蓉给夏鼐送去一部《中国古代服饰研究》。

11月12日　上午，出席在中山公园中山堂举行的“纪念孙中山先生诞辰一百一十五周年”大会。

11月13日　参加《文艺报》编辑部主持召开的新中国成立以来第一次专门讨论散文问题的“散文创作座谈会”并发言，参加会议的还有夏衍、季羡林、臧克家、李健吾、吴伯箫、吴组缃、萧乾、严文井、郭风等。②作家们“在会上提倡多写散文，并就散文创作的题材、体裁、风格和抒发新时代的感情，为四化服务等问题进行了探讨。”③对这个座谈会，沈从文有如下回忆：“我主要是去学习，讨论散文短小的问题，有的人念稿子十几页，人考虑他自己，念完就走了。我年纪最大，坐了好几个小时。某人念稿子，把我给他的信都念了，像

---

① 吴泰昌：《与沈从文最后晤面》，见《我亲历的巴金往事》，第60页，文汇出版社2003年版。

② 同上注第61页。

③《中国文艺年鉴》1982年卷，第221页，文化艺术出版社1984年版。

出卖。某人发言，像给学生讲课。”[①]

11 月 15 日　上午，颜家文来访，谈及文学问题：“谈到古华的《芙蓉镇》，说写得好。仍然说到屠格涅夫、契诃夫写人物不写人物的眼睛、鼻子怎样，让人物直接出场。他的小说短小、精炼。方言应该使用得当。用一点可以体现特色。沙汀用得有点多。”“政治变化太快，跟不赢。我宁愿默默地躲在一个角落。做点自己想做的事。说到昨晚看的英国电视连续剧《卡斯特桥市长》，人家的电视剧多好。托马斯·哈代的，一个古典作品，多好。我问了一下凌宇的工作问题，他说毕业后将给他编一个时期的书，四川、湖南等地有几本，他也可以有点收入。不要急，两年三年的努力吧。我就是耗油少，保持正常运转。风风雨雨，经得起磨。不要怕挫折。写诗无前途，外国人无聊，写点诗玩玩。写乡土文学，要写环境，人物在环境里活动。思想是从生活来——边往下写边也出思想。不要投机，扎扎实实做事业。现在的作家太容易了，一本书，一篇文章就出名。”[②]临别时，赠其自己写的杜甫《哀江头》书法条幅。

《读书》杂志社一位女编辑送来《读书》杂志并约稿。

11 月 22 日　散文《友情》发表于《新文学史料》1981 年第 4 期，署名沈从文。文章追忆了与王际真的友情，王际真系经徐志摩介绍认识的朋友，由此回忆了徐志摩对自己的一生所产生的影响：“我是个从小遭受至亲好友突然死亡比许多人更多的人，经受过多种多样城里人从来想象不到的噩梦般生活考验，我照例从一种沉默中接受现实。当时年龄不到三十岁，生命中象有种青春火焰在燃烧，工作时从不知道什么疲倦。志摩先生突然的死亡，深一层体验到生命的脆弱倏忽，自然使我感到分外沉重。觉得相熟不过五六年的志摩先生，对我工作的鼓励和赞赏所产生的深刻作用，再无一个别的师友能够代替，因此当时显得格外沉默，始终不说一句话。后来也从不写过什么带感情的悼念文章。只希望把他对我的一切好意热忱，反映到今后工作中，成为一个永久牢靠的支柱，在任何困难情况下，都不灰心丧气。对人对事的态度，也能把志摩先生为人的热

① 颜家文：《我见到的沈从文》，第 114 页，作家出版社 2018 年版。

② 颜家文：《我见到的沈从文》，第 112—113 页，作家出版社 2018 年版。

忱坦白和平等待人的希有好处，加以转化扩大到各方面去，形成长远持久的影响。因为我深深相信，在任何一种社会中，这种对人坦白无私的关心友情，都能产生良好作用，从而鼓舞人抵抗困难，克服困难，具有向上向前意义的。”收入《全集》第12卷《友情集》。

11月25日　复彭秀枢函。收入《沈从文全集·补遗卷4》。

11月28日　下午，出席在人民大会堂举行的中国人民政治协商会议第五届全国委员会第四次会议。

十一月上旬　致信《湘江文艺》编辑张盛裕，谈对古华《芙蓉镇》的印象：“最近读古华写的《芙蓉镇》故事，我和家中人读后，都觉得印象极好，写的人事虽近于十年浩劫中一个小小地区，在人为倏忽来去风雨中动荡不定，而产生的一般悲欢离合情形，事实上也反映了全国都若在相似而不尽相同的政治变化中，万万千千小地方的人事动荡形成的悲剧。我们大多数人都一度生活在这种现实情形中，反映于作家笔下如此生动活泼的，却并不多见。特别是作者掌握运用一时流行的公式言语，处理得逼真传神处，不仅符合故事中人物的职务、身份、性格，且密切贴近当事人在当时的感情，都既准确又恰到好处，真是值得赞赏的一支好手笔！其实应说是新的‘现实主义’作品之一种。应当鼓励这种作品的不断产生，且尽他从各方面写去，想方设法避免在语言文字上故事进展变化中，过度夸张或用作者意见参预其间加以褒贬，逐渐明白节约文字外，还懂得节约感情，一切力求恰到好处。凡事如实写去，又能够有所取舍，所达到的艺术效果，必将得到更普遍的好影响。这成就，肯定必比由上面预先为定下主题，或自己写成纲要，临时去到什么工厂，体验生活，凡事遵命的在一定时期内，完成一个作品，来得自然而亲切又深刻得多。若照目下上面要求习惯方式作去，恐不容易取得什么真正崭新成绩。”据残存底稿以《致张盛裕——读古华〈芙蓉镇〉一点印象》为题收入《全集》第26卷。

十一月　《边城》收入“百花洲文库”第一辑，由江西人民出版社出版，施蛰存为该书撰写了《重印〈边城〉题记》。

十一月　湘潭大学中文系现代文学教研室编选的《沈从文散文选》由湖南人民

出版社出版。收入《题记》《从文自传》《湘行散记》《湘西》《一个传奇的本事》《新湘行记》，并收录了黄永玉的《太阳下的风景》和编者于5月28日撰写的《后记》。在《后记》中，对入选作品有如下说明："选入的作品，次序大体按写作年月编排。除《新湘行记》写于一九五七年，其它均为解放前作品。其中《顾问官》《牛》《萧萧》《新与旧》《丈夫》《菜园》《三三》《边城》和《贵生》九篇小说，在收入解放后出版的《沈从文小说选集》时，经作者重校，散文《从文自传》《湘行散记》《湘西》及《一个传奇的本事》分别在《新文学史料》、香港版《从文散文选》及香港《海洋文艺》重新发表时，也经作者审校，字句小有更改。这次出版，蒙作者厘定篇目，又对部分作品作了校正，并写了题记。"据主持其事的华济时回忆："我们从他以湘西人事景物为题材的小说和散文中选出一部分，编成《沈从文小说选》和《沈从文散文选》。当我们就此写信与他联系时，他非常重视，不仅亲自审定篇目，写了《题记》，而且由他的夫人张兆和进行了认真的校对。"①

十一月　台北龙田出版社翻印了沈从文的《中国古代服饰研究》。

12月1日　为即将由人民文学出版社出版的《沈从文小说选》（凌宇编选）撰写《题记》。

12月3日　参加在八宝山革命公墓礼堂举行的严庆澍追悼会。严庆澍是江苏省吴县人，三十年代积极参加抗日救亡运动，四十年代投身文化新闻工作，先后在上海、香港《大公报》，香港《新晚报》工作，担任香港《新晚报》负责人，是政协第五届全国委员会委员、中国作家协会会员，1981年11月26日在北京逝世。

12月4日　致信张兆和，谈出席政协五届四次会议的感受。收入《全集》第26卷。

晚上，观看电影《西安事变》。

① 华济时：《缅怀沈从文》，《武大校友通讯》2007年第2辑，第82页，武汉大学出版社2007年版。

12 月 11 日　致信《解放日报》文艺版编辑，感谢对方为自己查到《抗战日报》上的文章，并请继续提供帮助：“当时编辑是老朋友王鲁彦先生，时正是湘西苗族龙云飞倒何，把提倡读经打拳救国的何键轰下了台不久，湘西还在混乱中。王先生以为我是湘西人，且懂问题，约我写十篇社论或感想文章。事实我并不懂何键下台的内部问题，更不明白政权重分配争夺问题。写到第四篇时就闹了乱子，刚出头的蓝衣社，就派了四五个壮汉到报馆找王鲁彦先生，王先生不久即因此辞职，去广西。后来且病故于广西。我想写个小文纪念这老朋友，这些文章内容，和当时发表报刊名称，已难记忆。承你们厚意，为找出最后一文，才知道叫《抗战日报》，极希望能为查查。若较前写的诸文还可查出，能为复印一份深感。”据明信片底稿收入《全集》第 26 卷。

12 月 12 日　中国社会科学院以《要报》形式向中央和国务院有关领导报告《中国古代服饰研究》出版的情况。

12 月 14 日　上午，中国人民政治协商会议第五届全国委员会第四次会议闭幕。

12 月 18 日　复信李恺玲，随信寄出的，还有沈从文对《长河》语意不明的地方所做的说明。收入《全集》第 26 卷。

复信颜家文。本信未收入《全集》。照录如下：

家文同乡：

得信并转石昌明同乡在广展展出盆景，及制碳成功报刊消息，值得庆贺。有关制砚工艺精品，据弟记忆，似以故宫五十年前影印之《西清砚谱》为少见，可供制砚参考。可惜已不易得到。近年新付印之《歙砚图谱》亦有十来件雕琢精品，终不及西清砚谱之善美不胜也。又明代所刻《方于鲁墨谱》《程氏（程君房）墨苑》，原图多成于丁云鹏之手，也有不少可以转用于制砚，能产生极佳效果的。至于高凤翰之《百砚图》虽负一时盛名，唯取材多用片石，极其草率，其左手书亦平平无奇，似不足取法也。嘱书件附年时习字二纸，笔秃墨滞，难算及格，虽涂涂抹抹数十年，终不易摆脱六十年前习书生俗体，亦无可奈何。若照市价估值，或仅值七八分钱，还欲作一折八扣方能脱手也。万莫费钱装裱免成笑话。昌明同乡嘱给一照相，此事实不习惯，远道人来相看的，虽经常放照相，本人则极少强人照相，想能原谅。

复颂著安

沈从文

（一九八一年）十二月十八日[①]

12月20日　致信杨宪益，探讨《中国古代服饰研究》英译问题："我希望最好是你体力好，又可以抽出点时间看看这本书，对全书有个印象后，认为值得译出时，再看如何译。盼望告我一声，这星期内（最近一天好）来看你共同研究一下。因为香港商务方面明年一月廿即有人去美国商洽，我推荐最好是你来译，因为当中谈的问题得失，你懂得比任何人都多。且明白什么文字可以删去，什么必需保留。总的说来，只有你明白这书内容的得失。"收入《全集》第26卷。

12月29日　致信林蒲夫妇。收入《全集》第26卷。

十二月　湘潭大学中文系现代文学教研室编选的《沈从文小说选》由湖南人民出版社出版，收有：《题记》《福生》《我的小学教育》《柏子》《龙朱》《媚金，豹子与那羊》《牛》《菜园》《萧萧》《丈夫》《七个野人与最后一个迎春节》《三个男人和一个女人》《三三》《虎雏》《月下小景》《边城》《顾问官》《新与旧》《贵生》《长河》《雪晴》《巧秀和冬生》及编者5月28日写的《后记》。《题记》与该社出版的《沈从文散文选》相同，收入《全集》第16卷《序跋集》。编者的《后记》与《沈从文散文选·后记》大体相同，但文字上略有出入。

《从文自传》由人民文学出版社出版。除收录了《从文自传》原有篇目外，还有沈从文为此次出版新作的《附记》，同时，作为附录收入了《〈从文小说作选集〉代序》《〈边城〉题记》《〈长河〉题记》《〈沈从文小说选集〉题记》《我的写作与水的关系》五篇文章和黄永玉的《太阳下的风景》。

---

① 颜家文：《我见到的沈从文》，第117页，作家出版社2018年版。

本年

夏季　修改《双溪大雪》并作跋语。跋语沈从文生前未曾发表，据手稿作为《〈双溪大雪〉跋·跋二》收入《全集》第15卷《喜新晴》集。

秋冬之际　作《回忆黄村生》。据手稿收入《全集》第27卷《无从毕业的学校》集。

冬季　复信程炎。据未完成书信草稿收入《全集》第26卷。

冬季　复信张盛裕。据未完成信稿收入《全集》第26卷。

本年　应荒芜要求，为其诗集《纸壁斋集》作序，未完成。以《谈诗》为题据手稿收入《全集》第27卷《无从驯服的斑马》集。

本年　送老友蹇先艾一条幅，抄录了旧作《喜新晴》，并附跋语：

> 一别数年，幸各健在，因回忆卅八年春赴昆明时，过贵阳，曾过访，彼此似均在壮年，上阳明洞，犹能脚步不停，一气到顶，不知觉间，忽四十余年矣。人事倏忽变化，在人为风风雨雨中，故旧多作古人，彼此犹能生存，且能于二三年间一相见，可谓天大幸运也。
>
> 七〇年下放湖北双溪《喜新晴》
>
> 先艾兄存　弟从文习字时年七十九[①]

本年　致莫自来。据残缺转抄件收入《全集》第26卷。

本年　1974年致董锡玖信以《关于怎样研究中国舞蹈史的一封信》为题发表于中国戏剧出版社出版的《舞蹈论丛》第1辑。

约本年　作《无从毕业的学校》，回忆自己初到北京的生活、交游情况。收入《全集》第27卷《无从毕业的学校》集。

---

① 蹇先艾：《忆老友沈从文》，《新文学史料》，1988年第4期。

1982年 81岁

1月1日 中共中央转发《全国农村工作会议纪要》。

5月4日 国家经济体制改革委员会成立，国务院总理赵紫阳兼任主任。

9月12日 中国共产党十二届一中全会在北京召开，全会选举胡耀邦为中共中央委员会总书记、邓小平任中央军事委员会主席。

12月3日 中共中央、国务院发出《关于批转〈当前试办经济特区工作中若干问题的纪要〉的通知》。

12月10日 第五届全国人民代表大会第五次会议批准了《中华人民共和国国民经济和社会发展第六个五年计划（1981－1985）》。

1月1日 在与沈荃合影的照片背面题字：“一九二八年去上海时照，不多久即送母亲返湘矣。从文 一九八二年一月一日于北京”。

1月3日 复黎泽重函。收入《沈从文全集·补遗卷4》。

本日 《人民日报》在“新书架”栏目介绍了《中国古代服饰研究》，文中称“这是我国第一部研究探讨服饰文化问题的学术专著。作者以丰富的文史知识，运用出土和传世的大量文物图象资料，综合排比、印证文献，写得意趣横溢。对于中国历史上不同时代、不同阶层服饰制度的发展、沿革以及它和当时文学艺术相互的影响、物质生活与社会意识形态的关联等问题，作了广泛深入的讨论。这部著作对于历史研究、古典文学的注释、古代社会生活的考察，都有较高参考价值；对于历史剧的演出、历史画的创作、工艺美术、丝绸工艺生产等方面，也都可提供有益的帮助。”

1月4日 复信凌宇，谈及新出版的两个选集及《中国古代服饰研究》：“湖南印的二选本，想可见到，纸张较差一些。总算近二十年出的两个选本，也是近三十年出的第二三本小书！印数不及万本，我倒以为‘过时的旧作’，供参考用也很够了。……那本《服装研究》，各方面印象，看来还好。但怕期许过高，则结果反易令人失望，因整编时间过短，还有的极重要又好又新材料不及加入，弱点显明。近已向上交，如得认可，以为可照原来设想，作为送给外宾礼品，则另换百十新图，必较省事。书出一月，即已售去二千册（共印三千），估计若三四月可以售尽，则今年可望再版，有半年增换新图，调整文字，也许可像样些。拟译成英文。(《萧萧》《丈夫》法文译本二月可出，可能将和法文《边城》集作熊猫丛书之一。）近已商主持《中国文学》的杨宪益先生试译二章，下月即可带至美国商洽，如感觉满意，过半年可望全部译出，则二年后或尚可有机会出去半年，作五个讲演。这只是目下设想，事实上两年后体力是否能够支持得下去，不可知也。”收入《全集》第26卷。

致信萧离，谈及丁玲：“我的印象，却是这老太太有她的爽直处，也有流行爱好，不仅在上海经常和我母亲及大哥加上也频‘打麻将’，即五几年住在颐和园避暑，我去看她时，也还正在‘打麻将’。并且对我就表示感谢，并不忘记送孩子回湘的旧事。说是“也算对得起也频，抗战后，组织上派人把孩子接过了延安，我算尽了责任。”但到前二年，老太婆在《诗刊》上骂我时，广东中山大学中文系主任吴宏聪，都以为《记丁玲》把丁玲写得够好。问她原因，她却巧为托辞，以为她妈妈生我的气，原因是卅三年冬，过常德不去看她，老太太十分生气。她也因之生我的气！天下那会有这种事？我卅四年才开始发表《湘行散记》，当时正是长征前夕，湘西军队又正和黔军冲突，家乡死了不少人，局势外松内紧，我路上二十多天既近于冒险，回到凤凰，不能不去见见老上司，却不敢拜访任何亲友。我在外面一些人尽说我是‘无思想落后分子’（主要只是不介入争吵行列），家乡中却以我是危险人物，加上老上司多疑，我什么话也不敢说，只陪伴着临危老母病床三天，即匆匆返京。回京不久，母亲即故去矣。那还有心思来得及拜访平时并不怎么熟的蒋老太太？老太太又怎么会对我见怪？这期《海内外》还登了个祖孙三代的照相，内中只说送孩子回乡时所照，可不提张三李四谁冒险送那孩子，真是绝顶聪明！用心之深，直到如此地步，我一生还少见。‘上河佬’可真永远不如‘下江人’，笨得可笑可悯！她这二十多年的委屈，假若真的是‘委屈’，明明白白是得罪了大老总和内部至今尚当权的某某，和我毫不相关。”收入《全集》第26卷。

1月5日　读《故宫藏画研究》。

下午，颜家文来访，叙及故乡事情种种：“春天想到故乡一游，甚至渴望能租一条船到白河里漫游。如同他几十年那样。凤滩被水淹了。保靖县城里是再也听不见老虎叫了。沅陵，抗战时，我认识一个女的，叫马格娥的，不知现在在哪。王村，有一次我们坐船路过，碰上大风大雨，看到山上有个亭子，就想到那里去躲雨，我们把船弯到一个避风处，上了坡，走到半山，一个炸雷下来，把亭子打飞了。凤凰过去那些领官银的，很多，银子大块大块的，要到铁匠铺里请他们用錾子宰成碎块。湘西方言较接近文字，比湘南好。四川的方言又太滥，沙汀的作品用得太多。我们的方言只要稍微变一下，就是书面文字了，这是我们占便宜的地方。……湘西的民情风俗有的别的地方没有。而时事政治会经常变化的。你拿来的山歌，民间故事已寄往美国。搜集民间的东西一定要忠实原作，不要走样。”①

1 月 9 日　复信周健强。该信后发表于《散文世界》1989 年第 8 期。据原信收入《全集》第 26 卷。

1 月 10 日　复信金介甫、康楚楚。收入《全集》第 26 卷。

1 月 12 日　致信程应镠、李宗蕖。收入《全集》第 26 卷。

1 月 17 日　起草给徐盈、彭子冈的信，未写完。

《人间重晚晴——〈子冈作品选〉序》② 刊于《光明日报》，署名沈从文。收入子冈的《时代的回声》。以《人间重晚晴——〈时代的回声〉序》为题收入《全集》第 16 卷《序跋集》。

1 月 18 日　致信许芥昱、卓以玉，叙及赴美的打算：“正和美国兰登出版处商洽英译出版事，先由杨宪益先生试二章看看，如不适合还得另请人。如商妥，到明年出书时，还拟为准备个小型展出：一衣、一扇、一鞋、一薰笼、一袜及手套。我为准备五个小专题讲演：一、由战国到两汉衣着‘绕襟而下’的普遍性；二、中国古代妇女坐具的衍进问题；三、中国古代扇子的应用进展；四、中国古代鞋袜应用的进展；五、中国古代丝织物。每一题约配合五十到一百彩

---

① 颜家文：《我见到的沈从文》，第 116 页，作家出版社 2018 年版。

② 发表本与作者手稿有较大差异，手稿以《从子冈、徐盈作品谈起》为题收入《沈从文全集·补遗卷 2》。

色幻灯照片，谈来大致还有意思，也是国内外还没有人作过的研究工作。如商量条件妥当，我还会有机会再来美作半年巡回走动。若中美友好关系恶化，大致就无从说起了。”收入《全集》第26卷。

1月20日　重写17日写的致徐盈、彭子冈信，并将1946年12月27日写就但并未发出的复彭子冈旧信一起付邮。收入《全集》第18卷。

1月22日　周健强来访，并借走《记丁玲》《记丁玲续集》。

1月23日　致信钟开莱。收入《全集》第26卷。

1月24日　上午，出席在人民大会堂举行的春节团拜会。

1月29日　周健强来访，并还书，谈及与丁玲的恩怨：“我认识胡也频比她早多了，我们一直是好朋友。他追求丁玲的时候，他把什么都告诉我。他被捕以后，我为了营救他，把武汉一个大学教授位置都丢了。当时谁都不清楚胡也频是什么人，右派不敢出来为他讲情，左派也不能出面，当时白色恐怖十分严重。只有我，因为什么派都不是，左派右派都能接受，而我的社会关系又多，谁都要买我一点面子，于是我就上南京见陈立夫、陈果夫。在我，一个搞学问的人，是极不愿意与这些人来往的。因为不愿巴结权贵。但是为了救朋友，我还是去求了情，并且留在南京，几乎是做人质，以换取胡也频的自由。谁知那是两个系统，就是后来变成军统、中统的那两个系统，而蒋介石当时采取的均是‘就地正法’的密令，所以当我第二次在南京为营救他而奔走打听、求情时，他其实已经被害了。而二陈他们似乎还不知道。直到另外的朋友报出实信来，我们才停止这无益的营救。后来，我送丁玲回常德安置他们的孩子，也是冒着生命危险的，一旦他们知道丁玲是什么人，我们随时有被捕的危险。从常德码头走到她家里，我们经过了六次盘查，那形势可想而知。而且见了她母亲。我们还要装作什么事也没发生，老人喜欢她的女婿，怕她受不住这个打击，我们决定把胡也频的死讯瞒住她，能瞒多久就瞒多久。我一直冒充胡也频的笔迹和口气给老人家写信、寄钱寄东西。老太太还以为胡也频到苏联去了。后来她才从报纸上知道真相。但那已经过了很久。所以老人家一直对我很好。丁玲说她刺我，骂我，是因为我那次回湘西时，没去常德看老太太。母亲生气，她也生气。真是胡说！她母亲一点也没生过我的什么气。解放后我们见面时，她还是那么客气，感谢我。我实在想不出我有什么对不住她的地方。我是个与世无争、无权无势的人，而且对于人家的攻击谩骂，从来是沉默到底。她和我作对，有什么乐趣呢？”①

给在湖北江陵考古现场的王孖、王亚蓉写信。本信未收入全集。后收入《沈从文晚年口述》，兹照录于下：

王孖，亚蓉：

得信十分令人兴奋，日来工作必特别紧张，真是不虚此行。预料也必异常辛苦，务望保重。希望再过半月即可以见到你们，带回更好的新资料。新便面出现，实在意中，因以马王堆二扇而言，即明白是成熟品，而非原始型。我们这里过了个简单而快乐的春节，因为小龙小虎每家三人和朝慧母女（刘焕章还在非洲）均集中在一处，还是近三十年中第一次！张先生已将花城文集稿交出第九卷，长沙已出散文、小说各一本。“小说选”厚达四五百页，似乎过厚了一些。错字不少、无可奈何。湖北重印《长河》于长江文艺丛书载出，也有不少错字。这一星期每天上下午均为客人消耗了，难逃脱、无处可去，十分着急。只抽空为花城写完文集签名本，签条写了三百纸，还盖了个章，近于无聊可笑。李宏处重印书事，得待你们回来商讨进行办法，待抽换补充诸图百种，心中已有数，但诸图集中，还得商文物局任、齐二首长，取得各方面协助才有可能。外文出版社杨先生试译稿，尚无消息，又不便催问，也略感焦急。日昨得香港来信相告，台湾方面已正式登出广告，我编的服饰研究出版。若真的对和平能起些微作用，倒真值得欢庆！令人奇怪，翻印本怎么出得那么快？小虎正在计算香港正式出版的时间，除非香港方面印刷厂将原底版用某种方式，通过某种离奇手续转送台湾，不大可能如此迅速在台湾重印。十一月二十出售广告已见于中央日报！估计重印必有些离奇情况发生。不仅是书店方面出了某些交易上的有利图谋，在相互默契中才能

① 周健强：《记沈老给我信的前后》，《散文世界》1989年第8期。

迅速印出。或超过经济利益打算。但是就书中文字提法看来，有不少处提法在台湾当前是犯忌讳，不会得到许可公开的。若就得到那边上面同意认可，一般商人不大可能如此大胆，冒险来出这本书。总之这可以说是一个好信号，一时不易索解的“谜”，是个相当离奇突出的事情。也可以说我是得到认可，是个真正超过党派的纠纷，独立爱国的中国人！即使这样，也不容易在那边得到这种便利！总之有点不平常。即使出于政治和解的征象，我也不会如某老太婆新近骂我骄傲的理由。最近文学出版社一编辑转告我，骂我原因是她所语“沈某某出了一次美国就骄傲起来了，别人不敢触他，我偏要碰碰看”，的确用这种话回答他询问，如真有其事，极明显也极简单，却是因为她上次请客我不参加“恼羞成怒”的托辞，并不是我真正骄傲的结果。那么这本书即或出于政治上原因对国家还是显明有好处，老太婆大有可能还会更加引起她的嫉妒。再出新的花样来个更凶狠的恶骂是意中事。因为这书能在台湾出版，绝不会只是商人为赚点钱而出现的。你们试想想看也许还会有别的我估计不到原因，因为我所有作品在台湾受明令焚毁禁止，也有三十年，在国内同样烧去三十年，今年才出印两本。书被焚被禁，我不仅从不感到丧气灰心，只是“心安理得”的从做一个公民出发，小声不响的学下去，学了那么一摊子杂常识，在熟人难于设想困难中，始终克服个人得失计较的情绪，坚持到八十年，直到如今还不丧失，能把所学为人民服务，对工作上的童心。这只是你们知道，我哪会如某老太婆说的“到一次美国”便产生“骄傲”的人。台湾出书事，目下在鄂，不必向任何人提及，我估计不会太久，就还可从香港或美国方面，把在台湾印行这本书的内幕情形，多知道一些问题。也应该估计到，事有可能这个出版公司是个和日本或是美国有经济背景联系的出版机构，不受台湾限制，主要是可以不受香港约束，根据那个翻印本，可在日本再进行翻译时，即不必向香港商务打交道，甚至于利用我的名字向东南亚推销那个复印本，也还有点捞头。我觉得印成只是赚钱，这倒无碍于事。因为这里还有的是新图可增加更换。为了竞争，我们尽可能把所需要增添更换的彩色图照，及早设法凑齐（必须能得到文物局的帮助，说不定还要夏所长帮助），重新编好图版秩序，并加一重订本二三千字的说明，新订重印本或许在香港半年内即可出现！到真的出现“新双包案”时，北京方面可能也会如何即早来考虑到让中国读者看看这本书了。那么老太婆即或再出什么新点子骂骂，我以为还是让她骂到疲倦或病倒以至于断绝呼吸为止。让她自己也感觉到没有意思，到那时我做公民资格也就算是及格了。即或真有这一天，我们自己却是得十分谨慎、戒骄戒躁，特别认真来继续进行工作，才渴望在做公民目标上，除了自己认可外，还能得到全国人民认可通过，得到世界认可通过！若说人生是一种沉默的斗争或一个沉默的战场，我们还得好好努力做个十年八年，才会真正做出点点应有的贡献！只为这一点，我才觉得还应当多活几年，不要在偶然小小事故中报废才好。尽管让老太婆下次骂我说是有“极大不可告人的野心”也无妨，绝不回骂，因为我们当真就是有做一个新中国公民野心，而一切别的好名分都不顾而工作下去。最近小虎在学校有了房子，两大间加上一个宽阔可搁饭桌的通道，灯节后或即将迁去。他在这里处理家中琐事十分得力，且任何麻烦一会即可得到解决。此后大致隔一二天还是回来住一夜。小红为一大堆复习课压得头昏昏的，之佩来此一年多，即两次得充先进工作者，和学生关系特别好，也使我们放心。裱的字不知已付裱厂没有，如尚存你家中或来一信给家中，让小袁拿去裱裱，因为下月熟人将去美。节后在人大会堂喝茶，听戈宝权说，传加州任中文系主任的许万里全家长幼因泥石流而毁去，无力追寻，感到生命渺茫，令人悲伤。只能希望传说不尽真实就好，这个朋友今年六十多，精神真够得生龙活虎形容，我们在加州一切全是他安排的，对我们热情到无以复加，竟忽然全家消灭！自家临海边，住处环境极好，家中还有个人游泳池，孩子也极可爱。不幸事竟发生于一场暴雨中！一想起去年经过，即感觉难受。这难受不是三几年能忘掉的。

这里一切照常，近闻有五六位“大作家”都迁入新落成的某部长级公寓（等于木樨地房子宽阔），我们却只希望多有间房子搁搁书也无从为力。即使这样可并不歆羡别的人，因为我的希望主要是工作，这里小虎搬走以后或许可望稍稍松动一些。家里新来个帮忙的，和小红样子差不多，等于多了个孙女，其实这里事情不多，若肯读书，有的是好机会，有书可读！张先生还好，前后校了旧作选十二本，估计若无其他新变故，或于今年可印出十本左右。希望四川那四五本能印得好一些。广州签名本可能也会好些，若总共二十五本出齐后，有再印机会，我希望最好是印成熊猫丛书小而狭的本子，分别印，成乃出四十集，也许还有希望。也许变故一来，我将有重新摔倒完事可能。中国事一切难以从“常理推测”即在此。以不抱任何任何不切现实幻想为合理，有望“掌文艺舵把事的人”，争的多是极小极小的位置问题、待遇问题，似乎还始终不明白责任何在，以及如何尽责。会开得再多，可并不解决问题。因此稍懂“世故哲学”的人，都容易成功。“身边体己亲信”，阿谀奉承巧佞永远在官场上有市场。在文艺部门且更需要，用途广泛而极易见功。我在旧社会吃不开，新社会也吃不开，且可说是永远吃不开的，也从不因此放弃工作责任和做人责任感。国家在好转中，生产也在好转中，转的虽够慢，但好转却是事实。每和中层负责实际工作责任的五六十岁亲友谈及他本业问题时，都总是感到当前困难重重，任何上面好想头，都在“官僚主义”中感到束手，感到无可奈何的痛苦……这些全是废话，不说为好。还是尽可能在工作范围内好，工作吧，国家多的还是这种人，也要这种人。

从文

一月二十九（1982）

一月　春节期间，中国社会科学院院长胡乔木前来拜访。[①]

---

① 王亚蓉：《章服之实》，第165页，世界图书出版社公司2013年版。

一月 《沈从文文集》（国内版）第一卷、第二卷由花城出版社和三联书店香港分店联合出版。第一卷收入《鸭子》集中的小说作品（《雨》《往事》《玫瑰与九妹》《夜渔》《代狗》《腊八粥》《船上》《占领》《槐化镇》）、《蜜柑》集（《初八那日》《晨》《蜜柑》《草绳》《猎野猪的故事》）、《老实人》集（《老实人》《船上岸上》《雪》《连长》《我的邻》《在私塾》《一件心事罪孽》（存目）、《一个妇人的日记》）、《阿丽思中国游记》（第一卷）、《阿丽思中国游记》（第二卷）。

第二卷收入《入伍后》集（《入伍后》《我的小学教育》《岚生同岚生太太》《松子君》《屠桌边》《炉边》《记陆弢》《传事兵》）、《雨后及其他》集（《雨后》《柏子》《第一次做男人的那个人》《有学问的人》《诱——拒》（存目）、《某夫妇》）、《山鬼》《长夏》（存目）、《十四夜间》集（《或人的家庭》《十四夜间》）、《篁君日记》《好管闲事的人》集（《好管闲事的人》《或人的太太》《焕乎先生》《喽罗》《怯汉》（存目）、《卒伍》《爹爹》）、《龙朱》集（《龙朱》《参军》《媚金·豹子·与那羊》《阙名故事》《说故事人的故事》）

2月1日　复信田志祥。收入《全集》第26卷。

复吕宕函。收入《沈从文全集·补遗卷4》。

长篇小说《长河》重新发表于《长江》（文艺丛刊）第1期，署名沈从文。

2月2日　致信金介甫。收入《全集》第26卷。

致信马逢华。收入《全集》第26卷。

致信王兰馨，并为即将由山东文艺出版社出版的《李广田文集》题签。收入《全集》第26卷。

2月5日　复信国庆。收入《全集》第26卷。

2月6日

本日　王林收到沈从文寄赠的湖南人民出版社出版的《沈从文散文选》《沈从文小说选》。

2月8日　填写《中国作家协会会员文学活动情况调查表》。

2月9日　复信赵瑞蕻、杨苡，并附寄书法作品数幅。收入《全集》第26卷。

2月10日 复严文井函。收入《沈从文全集·补遗卷4》。

2月11日 复信陈有昇。收入《全集》第26卷。

2月16日 复信长沙市第五中学教师谢方一，谈及将自己的作品改编为电影时应注意的一些问题：“你们若拟改《萧萧》《贵生》《丈夫》等成一电影，最好是看过十个习作选以后，再着手好些。我以为似不如分印成不相关连电影三五种，每一种分作二三卷改拍，或许比较费力少而易成功。意大利人曾如此拍过短片，得到较好效果，具世界性。最好是吃透了材料，再试进行，不宜草率着手。如拍《丈夫》水上情况，则必需就常德着手，河街情况则不妨用沅陵河街，因为街景或不如常德变化之大。《贵生》最易见好，但砦子上老式大屋，恐已不易找寻。且配音必须充满地方性，力避文工团腔调，可能要第一流导演且随时和我商量，才可望得到成功。你们见我作品太少，不妨看到十本作品以后再研究，如何。《边城》就发表的改编本说来，凌宇同志意以为把握不住原作意思。不宜拍。据我估想，《边城》应作抒情诗处理，大量用鸟雀风水等自然音相配，才可望接近原作设想。一涉及‘文工团’音乐习气，即必然失败。如再加上什么‘阶级斗争’、‘国民党抓兵’，原文所未有，勉强加进去，就更糟了。《贵生》的摄制，据我意见，也应注意一切照现实手法去表示，不宜受现在理论影响，才可望得到成功。要导演懂作品，如实去处理反映，看来不难，作来可不容易。但只有这样，在国外才可望得到成功。如潇湘方面汤炜先生拟试作，不妨拍《贵生》作二或三卷，先搞设计草图，或摄出几个场景样本来作具体研究，好一些。作为电视剧试作，或易见功。得到成功再改成正式影片，也是办法。万万不宜不加咀嚼即放手作去。大砦子内外景，凤凰乡下可能还找得出。闻龙云飞家即很好，得胜营原来杨家房子也好。官路上小商店，则各县都有得是。”收入《全集》第26卷。

2月18日 致信中国艺术研究院舞蹈研究所研究员董锡玖，并附寄书法作品。收入《全集》第26卷。

2月22日 复信凌宇。收入《全集》第26卷。

二月末 复信紫平。收入《全集》第26卷。

二月 《〈散文选译〉序》在《读书》第 2 期发表，署名沈从文。发表时文后注明:《沈从文散文选译》英文本，将由北京《中国文学》杂志社于 1982 年第一季出版，作为《熊猫丛书》之一。沈从文在致杨宪益函中谈及本序写作：“小序原以为容易于一二天内完成，不料一着手即无从控制。前后经一个星期，重抄了三次，还不易达到要言不烦，恰到好处。主要或许是久不用笔，一到动笔，即不免‘百感交集’。虽照来信中所说，只叙叙写作时间、背景，及当时意图，希望不逾越范围。末了还是虽下笔千言，不能自休，却枝蔓芜杂，希望删到一千五百字左右，竟不知从何着手。”（1981 年 9 月 15 日致杨宪益）改题《〈湘西散记〉序》收入《全集》第 16 卷《序跋集》。

二月 复信杨克毅，并附寄书法作品。在议及时事时写道：“一般总认为官僚特权极大，作风恶劣，思想水平也极低，权势之大，则更多难于料想。而彼此间之矛盾重重，如官僚之贪得而不识大体，在历史上也仅见，总不易解决。军官则更难言。年事长的还明白这个国家来之不易，处事相当谨慎。五十岁以下的不易理解。近来人谈及此一问题多不免深怀杞忧。因为文化大革命中军管时给人印象，即可知所谓‘封建意识’最不容易扫除，恰是这方面中少壮当权派。‘准则’在中上层当权者生命中不易产生应有效果，在中下层则更无谓，都在应世哲学中贪得无厌，无所不为。将来问题多。（至于工程兵对国家建设而言，则有目共睹，真值得年青一代永远当成学习榜样的。）目下最严重困难，恐在工业方面，搞‘四化’一时过于突出，争上马容易振奋人心，必须下马时，却感到难于安排。个人即或可下台了事，事却不了！当时提出口号不甚加以思索，因之欲作撤退措施，也不容易处理，古人所谓‘焦头烂额’，恰恰近于特为当前若干负责当事人而言，令人杞忧处，恐正是此等数年前当权首长‘口出大言’招来的灾星，任何接手高明领袖，对此事也不会想得出什么锦囊妙计，足以处理此‘十分现实’严重问题也。所谓极左风气影响，若只一例推给‘四人帮’，似乎不尽符合历史事实，应说由反右开始，一步紧一步下去，才会异想天开来个文化大革命，把党内外有能力、有经验的一下子全扫荡了。现在来‘重新长征’，赶廿年得个小康局面，即不容易！”收入《全集》第 26 卷。

二月　复信徐盈，叙及自己和夫人在日常通信、修改旧作时面临的种种烦恼："信件似过多，在手边的即不易清理，谈的事有些多十分琐碎，无当大处，有的又易犯时忌、犯人忌，照当前真正'当家作主'的兆和同志习惯，最怕不小心处，无意得罪了老同行中'要人'，恐易出事故，招架不住。因此最近整理四五十年前旧作时，总是删来删去，凡是'粗野'的字句必删去，'犯时忌'的也必删去，'易致误解处'更必删去，结果不少作品磨得光溜溜的，毫无棱角'是特征'，也不免就把'原有特征'失去了。又原来文法不通顺处，或地方性习惯上说得通，但照文法专家算得不合文法处，也加以一一整理，末了自然通顺多了，可是某些好处，也必然消失无余。又如前后叙述上矛盾处，不尽衔接处，一般读者照例没有那么认真去比较的，她总是日夜为核对这些忙得头昏眼花，我又不好意思告她，'这些过时作品的重印，至多只能起些点缀作用，即点缀也不会多久，至多三几年就将成为陈迹，为它如此费心，实在不必要。'"据缺尾残信收入《全集》第26卷。

3月2日　复王紫平函。收入《沈从文全集·补遗卷4》。

3月5日　复信吉首大学图书馆。收入《全集》第26卷。

3月12日

本日　为庆贺《沈从文文集》《郁达夫文集》的出版，香港《大公报》辟出专版刊登饶宗颐、李侠文、黄继持、赖恬昌、马国权、周策纵等人的题辞，同时还刊发了刘以鬯、何丙郁、李辉英、张向天、侣伦等人的评介文章以及三联书店香港分店编辑部写的《〈沈从文文集〉出版说明》。三联书店香港分店在《郁达夫文集》《沈从文文集》联合征订广告中宣布："两套文集的第一卷订于4月15日一起发行，以后每两个月各出一卷。全套各十二卷将于两年内出齐。"

3月13日

本日　香港《华侨日报》发表《郁达夫与沈从文两文集来月出书》的简讯：香港三联书店和广州花城出版社合作，编辑出版《郁达夫文集》和《沈从文文集》。其第一、二卷，将于四月十五日出书发行，余将陆续出版，两年出齐。两集都各为十二卷，约四百万字，全五千页。《沈从文文集》辑入沈氏的大部分创作（不包括文物考古著作）。每套定价港币四百廿元。三月十日起至四月底预订者则优待，只需二百五十元，并赠《沈从文研究资料》（暂名）一册。如同时预订两套（郁、沈文集）者，则《沈从文文集》的第一卷，可获沈老签名本一册（唯签名本仅二百册，先到先得，额满即止）。

3 月 14 日　致信董锡玖。收入《沈从文全集・补遗卷 4》。

3 月 20 日　在王亚蓉陪同下，乘火车前往湖北江陵参观新出土的楚墓。在火车上，与王亚蓉谈及自己过去种种，王亚蓉据录音整理成《论公平还是读者公平——与王亚蓉在火车上的谈话》一文，收入《沈从文晚年口述》一书。王亚蓉在文后注明谈话日期为 1982 年 5 月，据沈从文行程，此日期记载有误。

3 月 21 日　在武昌致信张兆和。收入《全集》第 26 卷。

3 月 23 日　在江陵博物馆和王孖一起参观出土文物，颇多感慨："看了一整天出土材料，真是一生仅见精美丝绣，又壮观又美不可言。馆中西汉俑就极精美，压倒书中原有材料。扇子有战国也有西汉的，鞋子相同，战国的已复原，更精美摩登之至。"（3 月 24 日致张兆和）"新出楚墓绣被三床，两面绣龙凤云虎，完全是现代派的第一流绘画。"（3 月 30 日致张兆和）

3 月 24 日　致信张兆和。收入《全集》第 26 卷。

3 月 29 日　下午，参观江陵古城（北门和西门）。

3 月 30 日　复信张兆和，谈及《边城》改编事时说："《边城》改编稿费不收为是，待我回来商量如何退还他们好些。长沙电视台也有人来提这事，是个女士，生手，我说将来商量看，不要忙。"收入《全集》第 26 卷。

复信张充和。收入《全集》第 26 卷。

3 月 31 日　复信张兆和，谈及花城版文集第一、二卷及江西版《边城》事："花城林先生来，因此赶了个下半天，笔新墨好，居然完工共写了二百廿张，二王为盖图章，特别浓重好看。说定下不为例，留下二支笔，一瓶墨，一盒印色，作为报酬，今早趁车返武昌及广州，最迟在三号必可约香港来取。花城印书封面太不美，已商请由第三卷起改用唐代花树对鹿图样。江西《边城》现代派画稍好，书名题字小而色彩混同，也不美观，曾试为在上面用浓墨写边城二字，十分醒目，拟回来认真为写二字，期再版用上。"据缺尾残信收入《全集》

第26卷。

三月上旬　致信程应镠。据缺尾残信收入《全集》第26卷。

三月下旬　参观马山一号墓出土的文物，“看到这批衣衾，沈先生十分激动，认为是世界服饰史上罕见的发现，重要性已超过以往任何一次发现。它让我们第一次比较清楚地了解先秦时期的服饰及相关制度，蕴藏的文化内涵十分丰富。后来，在修订《中国古代服饰研究》一书时，特别安排王孖先生增补一章，对这批服饰作了十分精辟的介绍和论述。”①

三月　赴荆州参观前，写了几段回忆杨振声先生的文字，无标题。该回忆文章收入《杨振声编年事辑初稿》时编者曾说明此二稿写于1982年二三月间，但据张兆和致杨蔚信中说“从文日内即将南下去荆州，看江陵新出土文物”来看，第二稿当写于三月份。由于这些文字均曾引起非议，而又未曾收入《全集》，为使读者了解真相，兹录两次修改稿全文如下：

杨振声，字金甫（或因□语“金声玉振”而取号）后或作今甫。山东蓬莱人。五四运动时在北大读书，和周炳臃、许德珩、段锡朋、罗家伦、傅斯年、俞平伯等同学火烧赵家楼时曾参加，（至于被捕学生中，是否在内，得问问许德珩、俞平伯、顾颉刚诸先生，必当能记忆到一些我不明白事情。此外查查当时《新潮》和北京报纸，也能知道些情形。民九或民十）留学美国，和俞平伯同船，不久似曾转往英国。民十二回国，任教职于武昌高等师范中文系，和郁达夫同事。十二三年回北京，在北京大学文学院任教职，和丁西林同住于景山东街北头，丁时任北大物理系主任。同事友好中过从较多的，为法律系教授周鲠生、燕树棠，文学院外文系主任陈源，经济系教授杨端六。政治系教授高一涵、王士杰、张奚若，地质系教授李四光，这些人在北大均属英国留学生。在北大当时另外还有一些留日的教授，号称三沈、三马、三周，居多为蔡孑民校长绍兴同乡。另外张定璜、徐祖正、郁达夫等。

① 彭浩：《楚国的丝绸宝库——湖北江陵马山一号楚墓发掘记》，朱启新主编《考古人手记》，第95页，三联书店2004年10月版。

民十四时，留英北大教授丁西林等同编《现代评论》周刊，文艺部分或由杨看阅览文稿，当时文艺方面有丁西林短篇戏剧，凌叔华写短篇小说。时，杨印有玉君中篇小说，(似在景山东街北京大学马神庙对街由俞平伯、顾颉刚主持的朴社出版，书店则名景山书店。时五四运动已成过去，军阀新陈代谢，前后相续，先由直皖二系斗争，直系军阀以曹锟吴佩孚为首，贿选成功，曹锟作总统后，出兵攻打东北张作霖为首之奉系军阀，被出兵热河一线冯玉祥反戈回京，曹锟被囚直系军阀解体后，冯玉祥军入北京，驱逐了紫禁城的儿皇帝溥仪，逃入东郊民巷英使馆区，不久又逃天津日租界转赴大连。新起自东北以张作霖为首之奉系军阀和以冯玉祥为首之冯系军阀暂时得势，拥护皖系军阀段祺瑞为执政，一面受国民党西山派李石曾作谋主，邀请在广东的孙中山先生来京，商讨国事。孙时病已危重，仍复北来。时皖系段祺瑞以北方军事元老得东北张作霖和其它皖系军阀撤戴，未能召集国事会议，孙即病故于协和医院，冯军则因奉系军阀入关，退出平津守南口，和奉军作战数月，失败后退□西□。段祺瑞的皖系军人分散各省，在京的不多，张作霖于是逐段自称大元帅。直系军阀在河南两湖还有一定势力，四川则为本省小军阀割据，且经常换主，即小而特穷的贵州，也反复改换统治者。(居多且是用湘西汉江为根据地，由于据有大量雅［鸦］片烟土国境税和桐油竹木以牌税，收换抡持，到一定时候，就返省将政权得到，把前一位赶走。在这种全国连年混战中，广东广西因中山先生“联俄容共”政策的实施，国共合作结果最重要是表现在黄埔军官学校的开办，吸收了全国大量充满了爱国热情青年学生，都投奔广东，北方大学，如北大，虽仍在全国有最高学术地位，但学校则因教育经费无一定来源，经常是欠薪中，教师之穷困，似为历史所少见。居多每月发薪一成，系主任月只卅六元，正教授不过卅元左右。学生中奔向广东的有所闻，留在北京的，虽因李大钊被捕事件，同时牺牲了一批骨干，□铁师［狮］子胡同三一八在段祺瑞执政府请愿造成的惨杀案，死亡了三百学生，受伤的人数更多，学生的活动，表面上较前收敛，事实上仍在发展中。特别是用几个公私立大学作根据地，国民党和更左倾学生的活动，日益加强，压迫也日益加强，敢在报刊攻击军阀的报馆主笔林白水和邵飘萍，均前后被捕死去，在中学主持革命活动的高仁山，也被捕死去，北京的定期和新书店，多迁移南方，如现代评论、新月编辑部、书店北新书局及出版物语丝。已接近北伐时期。

因北伐军到达济南时，日本出兵胶济路，包围济南。北伐军外交特派员蔡公时被日军杀害，杨曾写有一文描写此事，此后很多年都选入中学国文教本中。北伐成功后，杨曾一度任教于燕京大学中文系，不久，北方大学教育改组，罗家伦任清华大学校长，清华由外人控治的“留美预备班”改为以中国教师为主的中国综合性大学，杨为第一任文学院长。一九三〇改任山东青岛大学校长，原在武汉大学的闻一多、梁实秋、赵少侯、孙大雨、游国恩、闻在宥均转至青岛大学，任教文学院，并办暑期学校，邀集了北京清华不少名教授担任短期讲学，且思想开放，不干预学生政治活动，因在学校一时负有盛名。（这方面最好问文学所吴伯箫同志）但不久，即因和当地国民党主持海军的沈鸿烈和山东军阀韩复榘不谐，校务上受牵制，时九一八后东北失陷，因回北京主持抗日爱国中小学教材，个人并亲自带教材到西城师大附（残稿未完）

约在一九二四年左右，今甫先生在北京，住景山东街旧门牌七号丁西林先生家。二人系在英国留学时友好，丁时主持北大物理系，兼管《现代评论》总务杂事，杨看艺术文稿，在北大中文系教书。《现代评论》发行部设在北大红楼西端，常到的人中有王世杰、周鲠生、高一涵、杨端六、陈翰笙、彭学沛、陈通伯诸人。除高、彭外，似均为留英回国的。

杨原在武昌高等师范中文系教书，与郁达夫同在武昌，后均同在北大。转燕京大学中文系，似在一九二七左右，住成府一清代贵族大院中，同住有顾颉刚先生。一九二八大革命北上统一后，由罗家伦任清华大学校长，杨任文学院长，清华改制，由留美预备班改为正规文理工普通大学，将洋人势力加以排除，文学院影响特别显着，俞平伯、朱自清以及唱昆曲知名的红豆馆主均由杨聘入校教书，影响到清华大学三十年代新文学发展极大。一九三〇杨任青岛大学校长，聘原在武昌大学主持中文系的闻一多主持山大文学院并主持中文系，由梁实秋主持外文系兼图书馆，赵太侔先生任教务长，傅鹰任化学系主任，王恒守任物理系主任，童第周似任生物系主任，又聘游国恩、汤腾汉、丁山、闻宥作教授，均一时国内名学者。且办暑期学校，主持北大外文系之叶公超、语言学家罗常培，均来青岛短期讲学，青岛大学一时在国内极负盛名。且鼓励在校职员读进修，建立每星期听课八小时制度，在国内亦为仅有制度。

一九三二，因与当时主持山东省政的军阀韩复渠和主持青岛市政之沈鸿烈不协，辞职，在北京编中小学教科书。由杨主持，由朱自清、沈XX协助，杨且亲自在师大附小进行实验教学。内容偏重爱国主义抗敌御侮。又兼主持天津大公报“星期文艺”任编委之一，另有林徽因、叶公超、周作人、沈从文等，负实际集稿看稿责任则为沈。七·七抗战以后，八月十二号平津第一次通车时，与北大、清华梅贻琦、张奚若、叶公超诸先生同车南下，到达南京后，任教育部代表，与三校校长于长沙筹组临时大学，因此与三校负责人同在长沙，在长沙组成临时大学，于衡山另设分校。不久又组织学生步行团去昆明。教师中参加步行团的有闻一多、李宗侗、黄子坚、浦江清、许维通等。□月始达昆明。清华北大南开三校合并成立西南联合大学时，杨任教育部代表，时住昆明北门街一旧楼，为辛亥革命以后反对帝制有功之蔡锷将军旧居，对过则为当时云南督军唐继尧的公馆，如同王府一般，当时主要房屋都租给美国领事馆办公，附带部分偏院、戏楼，都租给西南联大几位单身教授居住。后来联大于“宜宾”？办一分校，杨复去主持分校工作。抗战胜利复员，杨回北京任北大文学院长，直

到解放。（完）[1]

张兆和为此事致信杨蔚，信件未刊，全文如下：

蔚妹：从文日内即将南下去荆州，看江陵新出土文物，特抢时间一行。为了怕担［耽］时间太久，要他行前写下几段关于今甫先生的回忆。字写了［的］太潦草，我匆匆看下来了一遍。内容多叙述工作情况，经历多，事迹不突出。提了许多当时朋友同事，为的是可以提供作者回忆线索。你看若是还有参考价值有用，请改用。供参考。[2]

三月　修改诸有琼所写的《书兮归来》，并致信诸有琼。收入《全集》第26卷。

4月4日　在荆州地区博物馆彭浩陪同下到达武汉，由武汉乘车返京。据《夏鼐日记》："荆州地区丝织厂一位戴同志来，携来荆州绵十来件，皆是旧物，现已不能织造，乃经线起花二重组织，幅宽约50厘米。经线由不同颜色的丝线分

---

① 从这些文字看来，显然不是先生为《杨振声文集》出版而作的序，只能是为写杨振声先生传记提供材料。萧乾最先在书信中表达了对沈回忆杨振声文字的不满："至于沈所写杨先生小传（不知还写了序否？记得兄说过他谈起杨先生的阶级成分，并未见）弟当妥为保存。没想到他会写得那么冰冷，严峻，而完全没对杨先生一生的为人及事业作只字评价！……再者此信如果不了解当时的情况，也不了解沈与杨先生的关系，几乎看不出什么问题。弟多少是知情人，读后十分气愤。①提《玉君》时，一字对它在中国文学史上的价值贡献也没有，只说是西滢如何为何肯定。而西滢曾为鲁迅骂过，解放后是作为反动分子看待的，是多么恶毒。②提到杨先生办学提倡民主，就五七年的经验而言，那是"资产阶级"的代语。③最奇怪的是你沈先生从1930年就在杨先生身边工作，那时毕恭毕敬，十分钦仰，而全文既不提他与杨先生的关系（显然是怕沾边儿），对杨先生的为人及学问，更是只字不提，似乎在谈一个完全陌生人。亏他写得出！"萧乾信写于1991年2月1日，从当时的政治情势而言，似不应引出那么严重的断语，显然，萧信带有他自己对沈从文的成见。1993年，萧乾在《他是不应被遗忘的——怀念杨振声师》一文谈到《杨振声文集》序时说，"这序很自然应由从1930年就在今甫先生身边工作的另外一位先辈作家来执笔。可惜写出之后，家属认为实在没法用。序文既未对杨先生一生的文学及教育事业给予应有的评价，也未谈他们之间的亲密关系，个别地方还带有大批判的味道。"（《瞭望》1993年第1期）2004年8月，杨起也说："1985年，一家出版社准备再版父亲的文集，萧乾先生建议由沈从文先生写序，但是在那篇所谓的序里沈先生生怕父亲'牵连'到他。萧乾先生实在看不下去，只好自己写了一篇'代序'。"（《杨振声编年事辑初稿》，第367页）且不说上述文字是否为"序"而写，虽然沈从文的这篇文章确实有些问题，但结合20世纪80年代的时代思潮，所谓"牵连""大批判""恶毒"之语，似乎与实际情况不符。

② 张兆和致杨蔚（1982年3月中旬），季培刚《杨振声编年事辑初稿》，第418–419页，黄河出版社2007年8月版。

为10区，纬线白色，织成花纹，每区分为若干花格，每格中一花纹，每件共有四种不同花纹。原是沈从文同志到厂中参观时要求想看一下，当时保管人戴同志适不在江陵，东西锁起来，现沈老已于4日返京，倒让我看了一遍。”

4月9日　为出版《中国古代服饰研究》重订本事，致信阙名朋友。收入《全集》第26卷。

4月18日　致信董锡玖。收入《全集》第26卷。

4月19日　彭荆风来访。

4月29日　收到林巳奈夫寄赠的《漢代の文物》(京都大学人文科学研究所1976年版)。作为答谢，沈从文委托同事给林巳奈夫寄赠《中国古代服饰研究》。

4月30日　致信林巳奈夫。收入《全集》第26卷。

四月上旬　复信林蒲。收入《全集》第26卷。

四月上旬　致信徐盈。据未完成信稿收入《全集》第26卷。

四月中旬　致信王亚蓉。收入《沈从文全集·补遗卷4》。

四月　在桂晓风所存江西人民出版社1981年版《边城》样书扉页写下题识：“此小书系一九三三年十月着笔，时住于北京西安门内达子营廿八号一小小单独院落中，有槐树枣树各一株。每早阳光初上时，即坐一小竹儿，据一小红木方桌边着手。每星期只完成一章。中间因事返湘暂停约四十多天，因此直到三四年二月始完成。”(《〈边城〉题识五种·题桂晓风所存样书扉页》)

5月1日　参加中央民族学院举办的庆祝苗族“四八节”活动，表明对苗族身份的认同。

刘祖春夫妇、王林一起来寓所看望沈从文，未遇。

5月7日　复信谢方一，谈电影改编事：“你的文章写得极有分寸，至于设想把《贵生》《萧萧》《丈夫》合而为一试作一电影处理，怕不大会得到应得效果，因为三者性质少共同处。据这里熟人内行意见，其实还不如每一文试作一电影，或长或短，不必一致，尽可能忠于原作，或许效果比估计的还好。因为意大利就有这种成组故事电影，据看过的友好说，由于背景好，音乐好，成绩十分出色。若有可能这么作，我同意试试，不妨将我意见向汤炜同志商量商量看。若认为可行，可再进一步联系，或过些日子，俟有人到酉水流域考查如何一切照原作试拍《边城》时，可以从样片深一层明白这种设想，有无可能进行一个短篇试试看。照目下估计，《贵生》比较容易作，易见好，《丈夫》就难些，因为事情发生进展几几乎全在一只小船上。”收入《全集》第26卷。

5月8日　在张兆和、黄永玉陪同下回到故乡凤凰。

5月9日　在黄永玉陪同下寻访故居。

在湘西期间，“一天上午，黄永玉先生请著名书画家、文艺理论家黄苗子先生为‘古椿书屋’书写匾额。苗子先生兴致极高，开笔先赠沈老一联：‘沱水开图画，边城出凤凰。’《边城》是沈老驰名中外的代表作，下联真是一语双关，寓意巧妙，既赞美这秀丽的古城，又有颂扬沈老的意思。沈老看了马上请苗子先生把对联改成‘天开图画，人出凤凰’，这样，既有颂扬前贤、又有鼓励后继的意思，显得更为博大，在场的人无不钦佩沈老谦逊精神和敏捷才思。”[①]

5月10日　回母校文昌阁小学参观。据滕浩回忆：“在休息当中，母校的老师们不拘形式地拥坐在沈老的周围，请他讲述成名的事迹和对学校的指导。这时，沈老情绪高昂，却谦逊地说：‘首先，我申明：我不是什么名牌大学毕业的，也没有留过洋，更不是什么作家，我只是一个东闯西荡，到处打烂仗的角色。要知道，作家是大家喊出来、抬出来的，实际上我是当之有愧的。但有一点可以大讲，我是这个学校的学子。今天，我是以漂泊多年的游子来探望‘母亲’的。我的年纪比你们大一点，你们可以称我为‘老校友’，这是当之无愧、倍感亲切的。至于说对学校工作的指导，我是没有资格的。几十年来，母校有了很大的变化，这些都是党的领导与你们的努力所获得的。而我对母校没有什么贡献，是深感内疚的。我只希望大家根据党和国家的要求，把我们的母校办成一个名副其实的社会主义学校。多培养具有为社会主义现代化服务的基础人才。这不仅是我个人的心愿，也是大家所期望的。’当一位少先队员替他系上

① 刘鸿洲：《桃李无言 下自成蹊》，《凤凰文史资料》第2辑，第133－134页。

红领巾，并祝愿：‘沈爷爷，您好’时，沈老更是心情激动地说：‘看到你们的成长，我非常高兴。我过去也在里这读过书。和你们是先后同学，可以说是你们的老同学。只是我过去没有你们现在这样的优越条件，更没有享受过幸福的童年。希望你们珍惜现在所处的黄金时代，一定要听老师的话。因为现在的老师，是党培养教育出来的。他们根据国家建设的需要，指引你们走向光明大道，把你们培养成为合格的人才。这一点是我过去远远不及你们的。我过去是在黑暗中象瞎子摸鱼一样，东奔西撞，而你们是在阳光普照，春风和煦的环境里，逐步茁壮成长起来的。你们要努力读书，使我们的学校能多出一些人才，使我们的国家更加繁荣富强。这就是我们老一辈的衷心愿望。”①

5月11日　与张兆和、黄永玉、黄苗子、郁风乘小船游览沱江。

5月13日　下午，凤凰县文化局和文化馆特意安排民间傩堂戏班子为重返家乡的沈从文演出，唢呐一响，刚才还笑嘻嘻开着玩笑的沈从文肃穆起来，颜家文的文章记下了当天的场景：“《搬先锋》是其中一节。艺人们在锣鼓伴奏声中，唱着：‘正月元宵烟花光，二月芙蓉花草香……’当唱到‘八月十五桂花香’时，沈先生也手舞足蹈地跟着唱了起来。他一边流泪，一边轻轻唱着。一直唱了3个小时。艺人们要走了，先生站起来送行，他那黄框镜片后的眼睛红红的，依然盈满泪水。他说，‘这些曲子，我年轻时都会唱，小时读书，常听人唱通晚，这也是我当时常逃学的理由。’”② 按：一说发生在5月12日，参见田儒钦《不了故乡情》所附照片。

5月14日　“上午，沈老和夫人在黄永玉和女儿黑妮，以及黄苗子的陪伴下，重游齐梁洞，进入洞口，沈老一边细看一边当‘解说员’讲述远古苗民起义，在洞中古战场鏖战时，36人杀9千人，盔甲丢在烂泥田的传说，讲述辛亥革命凤凰举义，洞内躲藏万余人的往事。沈老还回忆并向黄苗子、黑妮讲述了洞内阴河有一种黑背白肚鲤鱼，因不见阳光，双目失明萎缩的见闻。由于那时古洞尚未开发，沈老等人在洞中古战场遗址上小憩，看先人居住的旧址，听溪流入

① 滕浩：《严于律己 谦诚待人——记沈从文先生回乡探望母校给我的印象》，《凤凰文史资料》第二辑，第148–149页。

② 颜家文：《死是一门艺术》，《长河不尽流》，第409页，湖南文艺出版社1989。

阴河的哗哗水声，在古水碾坊堆上沉思、遐想……”①

下午，在黄家祖屋欣赏民间戏班清唱本地高腔戏，“这次唱的是《五台相会》《关公挑枪》《安安送米》等传统剧目，演员和司鼓全是城中手艺人，击铙钹的是一位失明老汉，司鼓掌盘的是城内年过七旬著名土家族老艺人田景光，演奏人员配合默契，清唱出色，在唱关公挑枪时，田老艺人一边击鼓一边清唱，不乱方寸，唱腔动人，博得全场掌声。沈老再次听到久违的乡曲乡音，倍感兴奋，趋步上前一一与众艺人握手致谢，并拉住田景光老人到身边坐下，畅谈家乡戏曲歌舞，称赞傩戏和高腔调子好听，要搜集整理，弘扬保护，还拜托老艺人把技艺传授给后辈继承发扬。两位老人亲切交谈后，合影留念”。②

5月15日　游览阿拉营集市和黄丝桥古城。（田儒钦：《不了故乡情》）

5月22日　上午，沈从文在陈渠珍处当司书时的好友向晓辉来黄永玉家的老屋拜访，并带来沈从文40年前写给向的书信。③

致信沈虎雏、沈龙朱等人，述及在家乡的见闻：“晚上又是电视又是当天的录像机重映，一直延长到十点左右才散场，还特别为黄先生来了两伙戏班子，唱的傩堂戏《搬先锋》特别动人好听，也录了音录了像。将来还可作《边城》电影的引曲，真是快乐中显得凄楚动人，和古人说的楚声必有密切关系。又到四十里外的鸦拉营赶了回场，有上万汉苗人集市买卖牛羊，还如我五十年前文章中形容的差不多，我们在人丛中挤了好一阵，场上比龙街子热闹得多。”收入《全集》第26卷。

5月26日　致信沈虎雏、沈龙朱等，谈自己近期的行程。收入《全集》第26卷。

上午，离开凤凰前往吉首。

在吉首期间，参观了湘西自治州博物馆，边参观边谈了自己对馆藏文物的看法：“中原式剑和巴式剑各有地方特色。巴式剑类型复杂，形制多变，要

① 田儒钦：《不了故乡情》，覃介吾　牛鹏飞编著《边城魂》，第148—149页，湖南人民出版社2012年版。

② 同上注，第152页。

③ 参见向晓辉：《难忘的邂逅》，《凤凰文史资料》第2辑，第104页。文中时间将先生回乡时间记成6月，当为5月之误。

通过巴式剑注意研究湘西少数民族文化与四川巴蜀文化的关系。”“看看马尾巴和马鞍子就知道这是汉代的。汉代的马尾巴是翘的，而战国的马尾巴却是平直的。那个四脚踏地吐舌翘尾的虎纽錞于是巴人在中原族类所制骓錞的基础上制造出来的，看看虎身的花纹也可知道是哪个朝代的。”[①]

5 月 27 日　上午，在吉首大学图书馆会议室作学术演讲。该演讲后以《沈从文先生在吉首大学的讲话》为题，发表于《沈从文研究》第 1 辑（1988 年）。

5 月 28 日　与夫人张兆和、黄永玉等游览张家界，并为之题写了“张家界”地名。

5 月 29 日　登黄狮寨，题诗一首：“险极腰子寨，幽深金鞭溪，登上黄狮寨，一览众山低。”[②] 本诗未收入《全集》。

五月　《沈从文文集》（国内版）第三卷由花城出版社和三联书店香港分店出版。收入《石子船》集（《石子船》《夜》《还乡》《渔》《道师与道场》《一日的故事》《后记》）、《沈从文甲集》（《第四》《自杀的故事》（存目）、《我的教育》《冬的空间》《会明》《牛》）、《一个女剧员的生活》。

五月　在凤凰、吉首期间，刘一友曾多次来看望沈从文，谈及自己的写作：

沈：“我那些都是过了时的东西，现在，我用的词汇也是三十年前的了，文坛上的事，我一概不晓得了。”

沈：“现在青年的情况和我们不同，那时，我们是自己想怎样写就怎样写，现在是有人告诉你们怎样写。”

问：《边城》是怎么写起来的？

沈：“那是三三年，我和她（指一旁的张兆和先生）到崂山玩，我们在溪边洗手，看到溪对岸一个姑娘穿起孝衣去报庙，我就同她讲（指张先生）那穿白衣的，我可以给她写个小说。”

张：“那时，我还不相信。”

---

① 颜家文：《我见到的沈从文》，第 183 页，作家出版社 2018 年版。文中说沈从文 5 月 25 日参观博物馆，不确。

② 参见谷臣章、钟以田主编：《张家界两千年》，第 253—254 页，五洲传播出版社 2005 年版。同时参见《名人与世界自然遗产张家界》。

沈："回去后就写，没写完，回了一次湘西，再回北京又继续写。我们是三三年结婚的。"

问："怎么写到茶峒去了？"

沈："我在那地方住了三天，那次是跟着杨明臣去四川，我在那里搞文书，收发，到茶峒，过了渡，翻那坡有二十多里，回头看，一片片竹林，云蒸雾绕的……"

问："你的小说，总看不出什么主题思想，只看到一种情感在流动？"

沈："我不懂什么主题思想，我一直不懂这个，我是想到哪里就写到哪里，从没有提纲。主题思想，不作兴。我不会讲，却去教书，要人家写，我就自己先写，有时全是对话，有时一点对话也没有。我不懂理论。"

张："他从不晓得什么主题思想，各种形式都可以写。"

沈："那些都是过了时的，他们研究的人……"

张："有些研究的人这样讲那样讲，其实，他根本不是那样想的。"

沈："三十年代，我文笔才成熟些，才写《边城》和《湘行散记》，前面那些，都不算什么。"

张："现在编集子，前面那些，要他自己看看他都不肯。别人的集子，他帮助别人排版，写序言，都记不起有哪些了，他只晓得一天到晚的做。"

沈："这三十年来，只《中国古代服饰研究》还算本书，人家也是这么讲的。当然只是提出了许多问题。这本书，定价二百四,三百幅图片，有八九磅重，寄一本要几十块钱……"

显然，谈话由此而走了题，当时由于我过份把眼光集注在《边城》上，还没见过这本《中国古代服饰研究》，加上早些时，受黄永玉的怂恿，说要弄清沈从文写的湘西，最好不怕苦，沿着他写的地方去跑一趟再说，因此，我竟打断了沈先生的谈话，向他请教西水流域哪些地方值得去走走。他在一张纸上为我写下了：王村、里耶、石堤溪。茶峒，当然不用说了。[1]

6月4日　回到北京。

6月8日　复信吴海发。本信最初发表于1988年10月14日《文艺报》。吴海发在《永远的纪念——记沈从文先生与我》(《吉首大学学报》1991年1—2期合刊）一文中引用。据《吉首大学学报》版本收入《全集》第26卷。

6月10日　致信荒芜。收入《沈从文全集·补遗卷4》。

6月12日　致信金介甫、康楚楚。收入《全集》第26卷。

6月14日　复信文秀。收入《全集》第26卷。

6月19日　中国文联第四届全委会第二次会议在京召开，沈从文参加了本次全会。

中国文学艺术界联合会第四届全国委员会第二次会议“一致通过了阳翰笙代表主席团所做的关于中国文联会务工作报告的决议；关于增补朱穆之、吴冷西、舒同、胡风、沈从文、布赫、夏川、吴伯箫、郑奕奏为全国委员会委员的决议；关于设立中国文联书记处的决议和文艺工作者公约。”[2]

沈从文事后曾对凌宇谈及自己此时的感受：“‘增补我为文联委员时，一些文艺界的老朋友跑来向我贺喜。可是我不知道喜从何来？’沈先生突然变得忧愁起来，‘当时我和朱光潜先生住在一个房间，我对他说：‘孟实，你去替我向上边说说，让他们把我的名字拿去。我是个不会做这种事的人。’朱先生说：‘已经决定了，再说也无用。让当就当吧，反正没有什么事要干。’’”[3]

会议期间，沈从文与朱光潜谈及将由湖南出版的《选集》，邀请朱光潜作序。朱光潜“尽管因翻译维柯《新科学》很忙，还是答应了老朋友的要求。”[4]

李辉在人民大会堂采访了沈从文。这是李辉的采访记录：“我刚从湘西回来，是和黄苗子、黄永玉一起回去的，最近才回来。我五几年回去过一次，这

---

① 刘一友：《沈从文现象》，《长河不尽流》，第414—416页，湖南文艺出版社2018年版。

② 钟枚：《总结经验　继往开来——记中国文联四届二次全委会》，《文艺报》1982年第8期。

③ 凌宇：《风雨十载忘年游》，《长河不尽流》，第350—351页，湖南文艺出版社1989年版。

④ 宛小平：《朱光潜年谱长编》，第429页，安徽大学出版社2019年版。

是二十五年来第一次回去。过去没读什么书，现在可以好好读些书。见的东西也多了。我负责古代服装研究工作组。已经在香港出版了《古代服饰研究》，有二十五万字的说明，五百多幅彩图，北京要出，还要再加一百多幅。主要是从实物出发，说明一些新的问题，是尝试性的。自传是五十年前写，今年出了二十多本书。四川出五本，北京四本，湖南出两本，上海出一本，广东出十二本。还有香港和日本也出版了。现在的文学不大懂，实事求是的工作也可以做。一九三二年在青岛大学时巴金来过。西南联大时，萧珊是学生，我在中文系当老师。一九七二、七四、七六年，我每次到南方都去看看他。古华的作品不错。现在的人写得比我们好多了。”①

6月28日　中国文联四届二次全委会闭幕。“这次全委会着重讨论了《关于文艺工作的若干意见》（草稿）。这是一个以总结我国几十年文艺工作经验为主要内容的文件，与会代表在认真热烈的讨论中各抒己见，畅所欲言，对它提出了许多积极的意见和建议。大家一致认为，总结过去的经验，结合当前文艺工作的实际情况，制定一个对今后文艺工作具有指导意义的文件是十分必要的。为使这一文件更加完善，会议决定由主席团根据代表们的建议，进一步广泛征求意见，继续进行讨论和修改。会议还讨论并通过了《文艺工作者公约》。大家认为，要使文艺为精神文明建设贡献力量，就要求文艺工作者本身首先具有良好的精神状态和道德面貌。与会同志们表示，要严格遵守《公约》，努力做好一个精神文明的建设者。这次会议还通过了增补朱穆之、吴冷西、舒同、胡风、沈从文、布赫、夏川、吴伯箫、郑奕奏为中国文联全国委员会委员的决议和设立中国文联书记处的决议。会议主席团任命赵寻、华君武、李凌、张颖、延泽民、陆石、李庚、江晓天为中国文联书记处书记，赵寻任常务书记。”②

六月上旬　复信魏中祁、朱金其。据未完成信稿收入《全集》第26卷。

六月　《沈从文文集》（国内版）第四卷由花城出版社和三联书店香港分店出版。收入《沈从文子集》（《龙朱》（存目）、《丈夫》《建设》《春天》（存目）、

① 李辉：《和老人聊天》，第33—34页，大象出版社2003年版。

② 草一明：《中国文联第四届全委会第二次会议在京召开》，《剧本》1982年第7期。

《绅士的太太》)、《虎雏》集(《中年》(存目)、《三三》《虎雏》《医生》《黔小景》)、《都市一妇人》(《贤贤》(存目)、《都市一妇人》《厨子》《静》《春》《若墨医生》)、《凤子》。

7月4日　致信张充和。收入《全集》第26卷。

7月7日　复信苏仲湘。收入《全集》第26卷。

7月11日　作材来访。

7月12日　复信杨克毅。收入《全集》第26卷。

7月15日　致信朱一葵。收入《全集》第26卷。

7月22日　复信昭淳，谈及文学研究应注意的一些问题："我觉得若真作研究，一般作者已提及身世等等，似可以不必照抄，反不如从欣赏出发，来就他在诗歌上和散文内容成就特征着手，写写你本人的心得，可望给人一种新印象，新启发。因为事实上他的贡献，在一个历史阶段中，是显得十分突出，大大不同于并世作家，贡献大而持久的。至关于个人私事，我即或知道得再多，也无从奉告，因为对你'研究'，可毫无用处。真值得研究，应当是作品！"收入《全集》第26卷。

七月　《安徽文学》第7期以《沈从文诗稿》为总题发表了沈从文的系列诗作"匡庐诗草(一九六一年旧作)"(含《匡庐诗草》等两首诗，其一失题)、《唐诗人曹邺读书台》《七十岁生日感事(一九七一年冬湖北丹江)》，"郁林诗草(一九六三年冬旧作)"(含《漓江半道花马岩(桂林出阳朔半道)》《西村景物(距阳朔廿五里)》《漓江半道(所见景物)》《阳朔刘三姐过渡处》《新坪道中》《阳朔公园望郎山》六首诗)，"京门杂咏"(含《七二年冬过北海后门感事》《题个石师寄庑图(一九七三年作)》两首诗)，署名沈从文。其中"匡庐诗草"诗题下的第二首发表时无题目，后以《庐山含鄱口 二》为题，作为《庐山含鄱口望鄱亭》的"备考"收入《全集》第15卷《匡庐诗草》集。其余各诗收入《郁林诗草》《京门杂咏》《喜新晴》诸集。

七月　《湘人对于新文学运动的贡献》重新发表于《吉首大学学报》1982年第1期。编者在按语中说："这是沈先生一九四五年写的一篇文章，原载于《湖南建设》杂志。去年，我校教师彭秀枢同志根据彭施涤先生生前提供的线索，找到了这篇佚稿，觉得对于研究现代文学和沈先生的创作，有参考价值，因而转抄给沈先生审阅。对于佚稿的发现，沈先生很是高兴，并同意在我校学报上重新发表。现予以转载，供研究现代文学的同志参考。”按：该文与收入《全集》第17卷《文学运动杂谈》集中的同名文章有较大差异。

七月　复信秉耀。收入《全集》第26卷。

8月7日　致信朱一葵。收入《全集》第26卷。

8月8日　致信马国权。收入《全集》第26卷。

致信吕德申，谈及以自己为研究对象需注意的问题：“这里有不少人，稍读年来报刊消息，看过我一二小册子，即充满天真感情，打量用我作研究对象，来写毕业论文的。其实用意虽好，结果肯定会吃亏，你若和他较熟，望代为相告，不要作此‘劳而无功’的不切现实空想。我绝不鼓励人作这种傻事，也无精力来向爱好者回答一些琐琐无当大处的作品解释。年轻朋友多还不知道从作品欣赏出发，是研究第一步。若作品的内容还缺少基本理解，怎么能作研究？此后北大若再有人提出研究我作毕业论文，希望你让他先读读我作品，读过卅种以上后，写出意见还像样，且不是照抄近年文坛消息，才许可他试试。最好是不鼓励那种‘天真烂漫’的设想，充满了‘为我翻案’的打算来写文章！”收入《全集》第26卷。

8月20日　上午，李辉来访。据李辉记录：“萧珊没考上西南联大前，住我家租的房子。那时，傅雷也在那里，傅聪刚生。我一九二八年到上海，一九三一年到青岛，一九三三年到北京结婚。巴金来就住我的外屋。后来我妹妹来，他才搬到三座门大街。他还帮我印书。我那时还替《大公报》编文学副刊。一九七四年到上海，我让一个学音乐的亲戚去找他，打听是否可以去看他。打听到他的电话。我打电话去时，正好他女儿生小孩。一九七六年我去，小孩已长大，到处跑。我是一九七二年从丹江回北京。一九二九年到一九三七年，我的文字成熟期，精力多，写得比较多。一九五三年我的书公家全烧了。汪曾祺是我的西南联大最好的学生。给学生不出死作文题，让他们发挥。”“谈起三十年代巴金住在他家时，关于艺术技巧的争论。沈先生说，作品还是得有技巧，《三国演义》《水浒》没有技巧怎么行？”①

为“东亚古代服装研究大会”事，复信丹野郁。收入《全集》第26卷。

8月21日　退回上影厂寄来的稿费，同时复信上海电影制片厂负责同志，谈及《边城》的改编时，不同意改编者对原作的处理方法。“后来见《翠翠》在《芙蓉》上发表，竟难于设想这是我的《边城》。加了那么多原作根本没有也绝不会有的故事和背景，而且对于原作许多基本认识也不足。其实当时厂方若真有个负责认真审稿件同志，能将我原作和改编剧本试来加以对照，重新审核一二次，必然会发现增改部分离原作太远，把握不住原作风格和内容，或许就不会同意发表。（原作写的根本不是苗族故事，改编者就弄不明白！）这件事个人本只和徐昌霖先生有关，发表后才知道黄祖谟先生也参加了改编，且闻已去湘西访问过，也来得近于突兀。黄先生素不相识，对他我并没有丝毫成见。不过若根据这个改编剧本去调查研究，私意用处恐不大。因为作品是我写的，可以说每一章每句话，每件事，每个人的精神情绪面貌，每一场景的气氛和具体形象，都在我脑子里保留得十分清楚明确。这么个小小平凡故事，经过了五十年还能存在，还有读者，主要原因实由于作品中的素朴和亲切，绝不是什么与当时社会环境无关的离奇情节。假如值得改编并拍摄成电影，希望它在国内外得到认可，除了改编者和导演同志能绝对尊重原作，并对原作具有真正深刻理解，实不可能得到应有成功的。根据目前情况，黄先生用一年二年时间，走遍了湘西各县，也不会有什么结果。因为经过半世纪之久，湘西地貌已变，即或还有可以代替的小山城和渡头、水码头、吊脚楼分散在酉水上游各处，可以利用作为背景，但还在背景中存在的活动人事，需要的知识都太多了，想要恰如其分加以处理，实在不容易！作品中许多方面，不仅是外来人难于体会，即生长于本乡本土卅来岁青壮年，也无从明白这业已消失无余旧时代种种。因为故事如浪漫奇怪，惊险突兀，倒比较好办，可以随心所欲增改，甚至还能收到一般观众的好印象。如系极端素朴的写实，一切在静中发展，音响占主要位置，

① 李辉:《和老人聊天》，第34页，大象出版社2003年版。

且应当是各种山鸟和滩流急湍以及遥遥断续的橹歌或平潭微波啮岸细碎微声，任何天赋特高的大师，在这个问题上，若缺少对作品环境、人物性情深到的理解，也仍将感到束手，无可奈何，会承认不易达到这个作品所达到的情境。原来设想虽好，一到具体表现上，便会明白电影有一定局限性，路走不通，值得实事求是加以考虑，放弃一切不现实的假想，免得白费心力，避免国家经济受不必要损失。”收入《全集》第26卷。

八月　复信曹颖年。据未完成信稿收入《全集》第26卷。

9月7日　致信张充和、傅汉思。收入《全集》第26卷。

9月21日　复信常风。收入《全集》第26卷。

9月24日　复信弘征，并为他即将出版的《望岳楼印集》题写书名。收入《全集》第26卷。

9月27日　上午9时，应日中友好协会、日中文化交流协会、日本国际贸易促进协会、日中友好议员联盟、日中经济协会、日中协会等六团体的邀请，沈从文作为“庆祝中日邦交正常化十周年访日代表团”成员启程离京，习仲勋、余秋里等到机场送行。代表团成员是：

团　长　王震

副团长　楚图南

秘书长　孙平化

副秘书长　黄世明　韩炳培

团　员　肖方洲　沈从文　廖恺　唐玉　孔凡成　陈克芳

译　员　贾惠萱　郑民钦

随　员　何茂祥　张湘英　朝月平

下午1时，代表团抵达东京。

晚上　中日友好六团体在东京为代表团举行的欢迎晚餐，日中协会会长茅诚司作为接待方面的代表致欢迎词。

9月28日　上午9时，随代表团拜会日本代理首相中曾根康弘等日本政要。

晚6时，出席“日中友好六团体”为纪念中日邦交正常化十周年在新大谷饭店举行的庆祝大会。

9月30日 书面回答《日本与中国》编辑部所列问题。以《答〈日本与中国〉编辑》为题收入《全集》第27卷《谈话及其它》集。

作《访日记事》。收入《全集》第26卷。

九月初 凉泉、蓝芒等人拜访沈从文，据凉泉回忆："9月初，又一道去了北京，拜访了沈从文先生。……沈老说：'我们搞文学的应该相信，文学之树常青，文学永远不会消失。'蓝芒因此受到了极端大的感染和启发——文学之树常青，但当时还没有想到请沈老题字。由于《个旧文艺》'刊授创作中心'的'章程'里有优秀学员和著名作家会面的条文，蓝芒由此想到了请沈老题写'文学林'。于是打电话给在昆明的彭荆风，刚好彭荆风要到北京开会，蓝芒就托他请沈老题写了'文学林'三个字，当时送给沈老的稿费是每个字40元，三个字120元。"①

九月中旬 日本服饰研究学者中山千代女士来访。

九月 《沈从文文集》第五卷由花城出版社和三联书店香港分店出版。收入《一个母亲》(《〈一个母亲〉序》《一个母亲》)、《月下小景》集(《〈月下小景〉题记》《月下小景》《寻觅》《女人》《扇陀》《爱欲》《猎人故事》《一个农夫的故事》《医生》《慷慨的王子》)、《阿黑小史》集(《〈阿黑小史〉序》《油坊》《秋》《病》《婚前》《雨》)、《如蕤集》(《如蕤》《三个女性》《上城里来的人》《生》《早上——一堆土一个兵》《泥涂》《节日》《白日》《黄昏》《黑夜》)。

10月1日 "上午和市大学生座谈，约卅人，均为研究我的，吃一顿简单而欢快的日本午饭。随即去中华总商会，后又到大使馆，熬到九点多才返新大谷，人已极累。"(《访日记事》)

下午，参加旅日华侨总会举行的庆祝"中日邦交正常化十周年"及国庆三十三周年招待会。

晚上，参加中国驻日本大使馆举行的国庆招待会。

---

① 凉泉：《文学林的诞生》，http：//blog.sina.com.cn/s/blog_4a05f150010004qw.html

10月2日　中午，乘火车去神奈川静冈县。

作《访日记事》。收入《全集》第26卷。

10月6日　出席日中友好协会会长宇都宫德马为代表团举行的饯行宴会。

本日　《人民日报》第6版发表新华社电《廖恺孙代表廖承志向日本两所大学赠送〈双清诗画集〉》，对沈从文的活动也进行了介绍："代表团团员、老作家沈从文同日本文学界进行了广泛的接触。著名教授松枝茂夫、立间祥介，曾翻译过沈从文的《现代中国文学》等著作，并且早就希望与沈老见面。这次在中日邦交正常化十周年之际相见于东京，双方都喜出望外。"

10月11日　出席中国社会科学院哲学研究所在北京国际俱乐部举行的"金岳霖同志从事哲学、逻辑学教学和研究工作56周年庆祝会"。

10月12日　致信老友向晓晖。本信未收入《全集》，兹照录如下：

晓晖同乡：

前日刚从日本回京，长途飞行，体力不免感到相当困顿，相过失迎，十分歉仄，承见示尊文，甚意深情，极感谢。内中旧事，小有误记处，试就弟记忆所及，为小作更正，想不以为意也。弟因为人顽固，在新旧社会都近于"吃不开"人物。实学不足，徒有虚名，新社会凡事重"实事求是"，吾近半世纪风风雨雨中，居然尚能健在，只能说是十分幸运，实万万不宜相信近年来报刊消息，即为真有如何成就。其实虚名过实，不勉转增忧惧不安也。

敬复。并颂

安好！

沈从文

十月十二日[①]

10月15日　复信田光孚。收入《全集》第26卷。

10月18日　祝贺老友朱光潜从教六十周年，因故未能出席在北京大学临湖轩举行的庆贺朱光潜教授从教六十周年座谈会。他告诉吴泰昌："朱先生一辈子

① 颜家文：《我见到的沈从文》，第181页，作家出版社2018年。

辛苦教书，做了许多事，学生记着，书里写着，朋友们清楚，我常挂念他，争取一起多活几年。”①

致信杨仁恺。收入《沈从文全集·补遗卷 4》。

10 月 22 日　致信刘一友。本信初刊《吉首大学学报》1991 年第 1—2 期。据学报刊本收入《全集》第 26 卷。

致信张充和。收入《全集》第 26 卷。

复龙文玉函。收入《沈从文全集·补遗卷 4》。

10 月 27 日　中山千代来访。

10 月 28 日　复巴金函。收入《沈从文全集·补遗卷 4》。

十月　凌宇编选的《沈从文小说选》第一集由人民文学出版社出版。收入《选集题记》《连长》《船上岸上》《柏子》《雨后》《龙朱》《阿金》《七个野人和最后一个迎春节》《牛》《会明》《菜园》《夫妇》《烟斗》《萧萧》《灯》《绅士的太太》《丈夫》《三个男子和一个女人》《山道中》《夜》《三三》《虎雏》《黔小景》《泥涂》《黄昏》《黑夜》《早上——一堆土一个兵》《月下小景》《扇陀》《一个农夫的故事》《如蕤》《三个女性》《生》《静》《来客》。《选集题记》由 1957 年人民文学出版社出版的《沈从文小说选集》的《题记》和 12 月 1 日写的《〈沈从文小说选〉题记》合并而成。新写的部分以《〈沈从文小说选〉题记》为题收入《全集》第 16 卷《序跋集》。

11 月 4 日　复信侯烈。收入《全集》第 26 卷。

复信弘征。收入《全集》第 26 卷。

11 月 5 日　致信徐盈，谈《边城》改编中的诸多问题。收入《全集》第 26 卷。

11 月 6 日　云南作家彭荆风、蓝芒来访，并与蓝芒合影。按：关于这次访问，两个当事人的回忆有较大差异。彭荆风这样回忆这次会面：“那天闲聊中，涉及了如今文学作品中的一些现象，如我说起如今有些人写的作品读者看不懂，却被某些评论家吹捧为创新，还要读者改变阅读习惯。沈老微笑着说：‘早就

① 吴泰昌：《朱光潜与沈从文》，《亲历文坛五十年》，第 126 页，江苏凤凰文艺出版社 2017 年版。

有了，二三十年代的李金发就专写别人看不懂的诗。’说及当时一些人的意识流小说，一向主张在文体上创新、试验的沈老并没有表现出否定态度（从前他对施蛰存早期具有意识流成分的小说就认为：‘在现代作者作品中可成一新型。’）这天他只是淡淡地说了一句：‘怎么流？首先也要叫人看得懂才行。’”[①]

下面的文字是蓝芒整理的这次访问的记录稿：

一、最近有人提出作家要行万里路，要行行走走才能写得出东西来，说‘没有走马观花，也就不可能有下马看花’。请问沈老，这些提法对吗？这是不是有点与作家必须深入生活的提法相矛盾？

沈老答：到处走是写不出小说来的，只有熟透了才能写。认为走走就可写，是不懂写小说。就是毛主席说的，也不懂写小说。不能总是配合中心嘛。

二、您是乡土文学大师，您笔下的翠翠和龙朱等形象，乃至您作品中的吊脚楼和乌篷船都仍然活生生地留在许多读者心中。现在有不少作家特别是湖南作家都声称在学您。您以为他们学到了吗？

沈老答：如今一些人写乡土文学，有点像。但华美有余，朴实不足。熟悉的不写，不敢写，是文以载道，外加的，不是真感情，乡土味少了，没有了。我回了趟湘西，当年（的）小船已成机器拖轮，劳动方式改变了，那种劳动中艰苦搏斗的气力活和乡土气氛也就没有了。

三、你对朦胧诗有何看法？

沈老答：首先要是诗，然后才能说朦胧不朦胧，连诗味都没有，朦胧不朦胧又有什么关系。徐志摩的诗才朦胧呢，那是诗。

四、现在小说界似乎有一种倾向，丢开传统的表现方法，热衷于引进意识流、生活流，有的甚至文不加点，全都照搬（洋文学）。您以为这对我国文学中固有的民族风格和特点，会不会形成某种破坏，（甚至）阻遏其发展？

---

① 彭荆风：《我看〈回忆沈从文先生〉》，见蓝芒《追梦的山谷》，第 270 页，云南人民出版社 2013 年版。

沈老答：还有意识流，首先也要叫人读得懂，弄得扑朔迷离，像魔术，不叫文学。当然我们中华民族是有包容（性）的，借鉴也必要。历史上也确有外（国）流派冲击中（国）文（学）的事，如二三十年代的现代诗派。不过总是喧腾一时，最后又都像天道循（环）那样，回到传统与现实上来，文学之树常青嘛。[①]

11月7日　复信吴宏聪。收入《全集》第26卷。

11月20日　复信吴海发。收入《全集》第26卷。

委托张兆和给罗尔纲寄人民文学出版社1981年出版的《从文自传》。

11月21日　复信罗尔纲，谈及人文社《从文自传》所附录的《〈从文小说习作选集〉代序》《〈边城〉题记》《〈长河〉题记》《〈沈从文小说选集〉题记》《我的写作与水的关系》等篇文章时写道："后附小文数种，倒还有点意思。因为部分涉及个人工作，竟若预言，逐一在现实中出现。有形的封建制度虽已摧毁无余，至于封建意识则似乎浸透于上下各阶层灵魂中，一遇机会即重复抬头，反映于种种现实中，成为'顽癣'，为'杆菌'，任何药物都不容易完全制止它的发展。一切理论发生的作用，都只像是表面上的作用。在生产建设方面，社会进步虽十分显明，但社会腐蚀作用，却随事可以见出，影响到各方面的进展，也十分明确，比对于鬼神迷信还不容易扫除。明明白白的官僚主义的泛滥，无法根治，到无可奈何时，却转嫁成知识分子的罪过，其实中国上了点年纪知识分子，可以说是世界上最容易安排，要求又最小的，却处于始终不易充分发挥所长的情形下，战战兢兢的度过每一天，亦历史上少有悲剧也。"收入《全集》第26卷。

本日　王林看望正在天津的吕正操，"吕对沈从文印象很好，曾去他住处拜访。"[②]

11月23日　为出席政协第五届全国委员会第五次会议，入住友谊宾馆。

11月24日　在友谊宾馆致信张兆和："凌宇处去信告他日前计划到的，并告他我极希望少在报刊上见到姓名。所谈事也还是保密好，即 × 处亦不必提。只他

① 蓝芒：《沈老访谈》，《追梦的山谷》，第298—299页，云南人民出版社2013年版。

② 王端阳：《王林年谱》（自印本），第119页。

知道有此设想就得了。”收入《全集》第 26 卷。

下午，政协五届全国委员会五次会议在人民大会堂开幕，邓小平主持开幕式，刘澜涛作关于政协章程修改草案的说明，胡子昂作常委会工作报告。

12 月 6 日　致信家乡的文昌阁小学校长：“我上星期邮汇了一万元人民币到县里，托由县委书记和县长代收，并另函说明，这笔款是我捐赠给本县文昌阁小学使用。款汇到时，希望能邀校中一二年长负责同志，斟酌情况，将此款全部用于扩建一所教室及一宿舍，略尽我一点心意。我离开家乡多年，实在毫无什么贡献，生平又并不积钱，寄来的钱数有限，事情极小不足道，希望不要在任何报刊上宣传，反而增加我的不安，和其他麻烦，十分感谢。如能够因此使得各位老师和小同学，稍稍减少一点上课时过度拥挤，及居住方面困难，我就觉得极高兴了。”该信后刊发于《沈从文研究》第 1 辑（1988 年）。收入《全集》第 26 卷。

12 月 11 日　下午，政协五届全国委员会第五次会议闭幕。

12 月 13 日　彭荆风来访，长谈五个小时。为云南省红河哈尼族彝族自治州首府个旧市《个旧文艺》“刊授创作中心”题写“文学林”条幅。蓝芒与彭荆风曾于本年 8 月下旬拜访过沈从文，在交谈中，沈从文说：“我们搞文学的应该相信，文学之树常青，文学永远不会消失。”[①] 受这句话启发，蓝芒有了创建“文学林”的打算。当年 12 月，托正要赴京开会的彭荆风请沈从文题写“文学林”。

12 月 20 日　彭荆风来访，并为云南个旧题写了“文学林”。关于题写“文学林”的经过，彭荆风这样回忆：“1982 年 11 月我去北京时，在 6 日上午确实带了这个写‘碑记’的人去谒见沈从文先生。那天我有些冒昧，却忘了沈先生常说的‘我一生最大的弱点，即和人不易相熟。’事前也没有和沈先生联系就带了一个陌生人去。所以，那天沈先生的话不多，我提起为个旧写‘文学林’的事，他也只是微笑地礼貌听着，没有应允。告别时，我一再说，他才勉强表示

① 参见凉泉：《文学林的诞生》，http：//blog.sina.com.cn/s/blog_4a05f150010004qw.html

可以考虑。当时沈先生并不愿意题写‘文学林’，哪会在这件事上大为发挥，谈什么‘文学之树常青’？性格沉静的沈先生也不习惯用这种诗人的夸饰语言来谈文学。只是过了37天后，我又去北京开会，在12月13日再次去看望沈先生。这次没有陌生人，沈先生谈兴甚健，与我谈文学谈生活，从上午10时左右聊到中午12时，又留我在那里午餐，饭后又继续谈到下午3时……论及书法，沈先生还谈了他是如何从楷书转向草书的。我又趁机提出为个旧题写‘文学林’。沈夫人张兆和也从旁劝他：‘彭先生又来说了，你就写嘛！’那天沈先生仍然没有动笔。又过了一周，我在12月20日第三次去沈宅。沈先生见我一而再顶着冬日风雪从城北远道来到城南，这才题写了‘文学林’，并手书‘素朴’二字以及四川人民出版社这年5月印行的《沈从文选集》4卷赠我。这‘文学林’3个字的题写并不容易，特别是几个月后沈先生就病倒了，长年卧床，两手乏力，别说题字，略为厚一点的书都难以拿起来看了。”[①]

12月23日　彭荆风来访。（彭荆风：《病中的沈从文先生》）

12月26日

本日　汪曾祺为庆贺先生生日，赋诗一首：“犹及回乡听楚声，此身虽在总堪惊。海内文章谁是我？长河流水浊还清。玩物从来非丧志，著书老去为抒情。避寿瞒人贪寂寞，小车只顾走辚辚。”[②]

12月28日　中国社会科学院院长胡绳、历史所所长林甘泉前来给先生祝寿。[③]

12月29日　复信安庆石油化工总厂教育处长符太顺。收入《全集》第26卷。

复于善浦函。收入《沈从文全集·补遗卷4》。

12月30日　彭荆风来访。

12月31日

本日　《吉首大学学报》1982年第2期以《独轮车虽小 不倒永向前——沈从文黄永玉肖离座谈发言（摘登）》为题刊载了余亦农、龙生庭记录整理的沈从文

① 彭荆风：《追找那两棵红枫树》，引自蓝芒：《追梦的山谷》，第261—262页，云南人民出版社2013年版。

② 汪曾祺：《致弘征（1982年12月28日）》，李建新编：《汪曾祺书信集》，第239—240页，上海三联书店2016年版。

③ 王亚蓉：《章服之实》，第166页，世界图书出版公司2013年版。

等在吉首大学的发言记录，编者在按语中说："最近，我国著名老作家沈从文、著名画家黄永玉、老一辈新闻工作者肖离应邀来我校和中文专业的部分师生举行了座谈。现将他们的部分发言（未经本人审阅）在本期学报上发表，供有关同志学习、参考。"沈从文的发言如下：

谢谢各位。我实际上算不得什么作家，也算不得什么考古专家。我是六十五年前从湘西打乱仗出去的。谈文学我是没有资格了，现在没有发言权了，因为现在条件与我们那个时代不同了。谈考古也没有什么。我在故宫博物馆做了三十年工作，都是些琐碎的、常识性的事。我一直不声不响地在博物馆做了三十年，一直到"四人帮"倒了之后的一九八一年才调到科学院工作。我出了一本关于服装的书，外面讲是中国古代服装史，其实不是。香港已经出版了，实际上是一本很笨、大而不当的书，送到酒巴间都拿不动。我希望在出第二版时，只要有五磅重，到时送给吉首大学一本。

这几年我的旧作又有机会重新印了出来，但这些作品是过去了的东西，没有什么参考价值。大多数作品是五十年前、四十年前写的，都是过去社会生活的反映。有一点用处，那就是和现在比较可以看见我们新社会的伟大。六十年前，我在湘西的时候，满地是鸦片烟。新旧社会对照，新社会的伟大就显现出来了。

我是毫无成就的。我到北京（那时叫北平），主要的是想改变当时的环境，也抱着想读点书的希望。到了北京才晓得没有机会。卖报纸北京是分区分路的，卖报不行；北京讨饭也规定很严，年轻人不允许讨饭，讨饭也不行。我才到了一个旅馆，是过去为科举提供方便的会馆，主要是花垣的张世准先生在那里搞。这样，我就住了下来，又不要花什么钱。幸好我的舅舅、黄永玉的祖父那时就在香山。

北京从"五四"以来，现在大家提到蔡元培先生伟大的地方，就是学校的一切为学生开门，为教师开门，这一点我看还好。选教授不考虑资格，是著名的事情。梁漱溟先生是考不起北大，过了两年在北大教书的。根据我个人的记忆是不止这一点的，对学生也是一样。北京大学的确对学生影响很大。我不是学生也可以去北大听课。而且教员有这么个习惯，外面也可以参加考试，考得好也给分，他又不问你是哪个系的，也可以拿奖励，三角五毛的。我就得了这个便利。

在北京的这两年，我是全靠穿单衣过冬天。在北京零下二十八度穿单衣还是一个考验，但我很快得到了这方面的帮助。我想，我不是什么天才，大家所以欣赏我这个奇特的凤凰人，就是穿单衣过冬不怕冷。所以，什么坚强也说不上的，形势所迫，使我不能动弹。到了文章有点出路了，才好一点。大家总是说我有天才，其实我的文化是最低的，主要是耐心，耐烦，一篇文章总要改来改去，磨来磨去。我的文章发得早，但文字成熟得很晚，比较成熟是一九三〇年到一九三五年，这几年就是写得很多，人家不是骂我是多产作家吗?

我们在一块的许多同志，他们有机会读书，进清华念两年预科，再到美国念两年，回来得博士，每个月拿四百块钱。那时，我每个月从来没有超过四十块钱，到后来在学校教书了，每个月才拿上一百块钱，生活比你们所想象的还要困难些。但我有一个习惯，就是我向前走了，我就不回头。本来我有机会可以回头，向家乡的老上司或者亲戚写封信啦，也可以寄钱给我，但我不回头。

至于做文章做学问，我根本不能说。若象我这样就糟透了。不仅当时不懂标点文法，到现在还是不懂。我是个假知识分子，如果说是知识分子那是一个错误。

我的家乡话永远改不脱，人家听就觉得是怪里怪气的。我有一个亲戚，他是文字改革的专家，讲语言学的。我们是将近五十年同桌吃饭，他听了我的话，也有些听不懂。所以，我在学校教书有些吃力，就以写作来作为我的教学，试写一些作品，或写成或写失败。一直到一九三五年印我的选集的时候，三四十个本子抽一些出来编印的，我还是叫它为习作选。我向来认为自己习作五十年，才有机会、有资格按照我的想法去写，以前的全部都是习作。但社会变化太快了，于是我的习作资格也没有了。所以，在写作上就跟不上了，失败了。

我学习很差，可以说，我只学会十一个字，那就是：为人民服务、实践、古为今用，这是具体的。但是，抽象的东西我总是理解得很差，也很容易犯错误。到科学院后，我选中了去博物馆，实际上是到博物馆去学习。到博物馆三十年来，我见的实物多，坛坛罐罐等都是十万八万的，都很感兴趣。科学院得到周总理的同意，让我编一本书作为史料。由于得到各方面的帮助，六四年就编出来了。但接着运动就来了，幸好保存了下来，印出来也还象一本书。不过实际上还是很粗糙，充满了实验性的，多半是从实物出发解决问题的。

到后来我的书在书店看来是过时了的，给烧掉了。台湾也禁止我的书，现在都还没有敢解禁令。现在有机会重新印出来，就是靠一些不认识的香港朋友帮我寄来四十本。香港这个地方杂一点，保存有一些书，我这才得以编辑我的选集。不过，编辑的书大家不要抱很大的希望，很大的希望是不可能的。都是五十年前的作品，碰到写家乡的景色以外，社会面貌已基本上改变了，只能把它当作反面教材，看到我们社会的可取的一面，看到我们这个地区解放前人民痛苦的情况，只能这样。也有人说，你把你的家乡宣传得太厉害了，太美了，但到了湘西的人又有同感，说是湘西确实不错。特别是我们湘西人的爽快、热情和爱好朋友，充分得到了朋友们的好评。所以，提到这一点，我的话就多了一点。

吉首大学这个学校，我个人很希望她很快成为一个对湘西自治州特别有贡献的崭新的学校。湘西的古文化艺术，我个人理解，保存旧社会的较多，从事这方面的研究，很能引起外国人的注意，而且我相信，过一阵子也会引起全世界的注意，这也是应当的。我看了你们吉首大学的几期学报，很感兴趣，特别是关于崖墓葬的问题。酉水流域的悬棺葬，这是个大问题，过去没有人搞。研究这个问题，很能解决古代属于太史公看不起的荆蛮的一些问题。过去总是受《史记》的影响，现在看来最初接受商文化的是楚国，这是现在搞这个问题的人公认的。现在保存商文化最多的崖墓葬，前期的葬在巴蜀一代，后期的在湖北、江西等地。将来把这些统计一下，我在博物馆有这个东西。悬棺葬即使是空棺，没有什么东西都不要紧，只要有尺码就能知道它的年代。所以，这个工作值得注意，很可以解决巴蜀文化与楚文化的关系。我想建个议，有计划地组织人，给他以鼓励，让他进修后去解决这个问题。楚文化是件大事，至少现在有四千二百座大坟，几千座小坟，原认为毁掉了，现在还发现埋在土里头的，只毁掉了周围的碑。湘西的土家族、苗族文化，资料有限，把希望寄托在原始的纺织业上面。湘西有不少楚墓，可多培养一些研究这方面的人才。虽然基础差一些，鼓励他考研究生。

本 年

上半年 致信黄裳。本信未收入《全集》，黄裳在《沈从文和他的新书》一文中曾引用过书信的片段：

近常在故宫博物院出版之《紫禁城》，见尊文谈旧戏。其实故宫尚保存得有十七八世纪戏衣数千件，一说八千件，在世界上真可称“洋洋大观”。又康熙乾隆南巡图卷中有几万种演戏场面，均值得设法一一看出。若依据此等世界稀有材料，用一二年时间写一部大书，印十来本图像，在世界上亦必成一种伟大无比的工作。

似以康熙三十五年第五次南巡图为最重要。燕子矶场面极壮观。

且注明某某机关地区班子。还有江宁织造署图像，十分重要。[①]

年底 为陈开第书写书法条幅：“时代推轮毂 / 腐朽岂能长 / 含悲忘征尘 / 黾勉休自伤。”落款：“录老友翔鹤赠杨晦兄遗诗一首，开第侄留念，沈从文时年八十、一九八二年大雪中。”[②] 据陈开第在《我的父亲陈翔鹤》一文中描述，陈

① 黄裳：《沈从文和他的新书——读〈中国古代服饰研究〉》，《我所认识的沈从文》，第 347–348 页，岳麓书社 1986 年版。

② 陈开第：《沈从文与陈翔鹤：“澹而持久的古典友谊”》，《纵横》，2006 年第 1 期。

翔鹤在创作《陶渊明写〈挽歌〉》《广陵散》时曾请沈从文提意见，沈从文在陈的原稿上写下了如下文字：“当时无缎子，可能只是穿的当时贵重的绯色罗或细越布、花練等。”“席地而坐为合宜。”“随后还得谈些空话。以引庄列证佛灵为合式。因为这正是当时倾向。”“末后才诵佛号，表示散会。”“照晋人在这里得称‘新妇’，即小媳妇意。不会叫庞家姑娘的。称呼措辞似值得研讨，免得不今不古。”① 另外，陈开第处还存有沈从文为陈创作《庄子》开列的一个书目，约 3000 字。

本年　冯牧在电话中转述胡乔木对巴金、艾青、沈从文等人的看法：“前几天，乔木同志召我们几个人去谈问题，谈到巴老，说诺贝尔文学奖，如果来征求意见，我们可以推荐艾青，推荐沈从文，但不推荐巴金。”②

本年　接受英国广播公司（BBC）《龙之心》摄制组采访。

---

① 陈开第　祁忠：《我的父亲陈翔鹤》，《新文学史料》，1989 年第 4 期。

② 丹晨：《巴金和胡乔木》，《随笔》，2004 年第 5 期。

1983年 82岁

1月1日 中共中央印发了《当前农村经济政策的若干问题》。

1月9日 《人民日报》发表社论《适当发展个体经济是社会经济生活的需要》。

3月7日 纪念马克思逝世100周年学术报告会在北京举行，周扬在会上做了《关于马克思主义几个理论问题的探讨》的报告。

7月1日 《邓小平文选（1975—1982）》出版发行。

10月11日 中国共产党十二届二中全会在北京召开，会议通过了《中共中央关于整党的决定》。

11月16日 《人民日报》发表评论员文章《建设精神文明 反对精神污染》。

1月4日 复信吴海发。本信初刊《吉首大学学报》1991年第1—2期合刊。据残存信稿收入《全集》第26卷。

1月5日 全家聚在一起为沈从文过80岁生日。

1月7日 致信程应镠、李宗蕖。收入《全集》第26卷。

1月10日

本日 程应镠收到沈从文的来信，作《一月十日得从文先生信并手写汪曾祺祝其八十寿诗知寿辰已过然犹激动不已敬成一律遥寄为寿》："八十年来忧患身，文章中外久铮铮。边城写尽人情美，散记抒多乡土情。揽胜道元传妙笔，临池逸少负时名。瓣香我亦繁霜鬓，祝寿还应喜晚晴。"（虞云国：《程应镠先生编年事辑》，第450页）

1月11日 北京人民艺术剧院童超来访。

1月12日 致信童超。收入《沈从文全集·补遗卷4》。

1月16日

本日 叶圣陶致函周颖南，向其推荐《中国古代服饰研究》，称赏有加："我近日借观沈从文先生所撰《中国古代服饰研究》一书。沈先生以二十余年之精力，凭借故宫博物院极为丰富之资料，悉心研究，常获创见，开此方面研究之新途径。”(《叶圣陶周颖南通信集》)《中国古代服饰研究》出版后，叶圣陶即认为此书“为具有独创精神之著作”，遂托范用购买此书，获赠此书后，又写信给范用探讨该书在国内出版应该注意的问题。

一月上旬　致信大姐沈岳锟，祝贺生日，同时提了有关家乡的十三个问题，请大姐“口述一二，由老二抄下寄我，大有用处”。这十三个问题是：

1．田三胡子家中老一代情形，如田兴恕和我们家中争功不和，以及二胡子三胡子因逗印家寡妇和爹争吵动刀事种种。

2．陈玉鳌家情形，如其兄陈小圃，我还记得是作千总，眼见他穿个宁绸马褂去道台衙门上班。陈玉鳌是姨太太生的，跟聂姨爹上过学，时间应在辛亥以前。

3．田姑太，你那女校校长的种种。

4．我们祖父母种种印象及传说。祖母种种，及和刘家滕家的关系。

5．麻脸周娘娘的种种，可能是广西人，怎么会逃到凤凰?

6．黄家外祖父的种种。

7．韩安世杨□□被杀前后。

8．朱鹤楼是否是在镇台骑顶马作副官?

9．真一父亲叫什么。似乎管过仓，我在高枧时，曾去他管的仓看过他。

10．文卿伯一切，就你知道的说说。

11．狗糸岩开河由陈主持，似在民国三四年间?

12．父母死时年月日和生时年月日，母亲名字叫什么?

13．阙家几弟兄中，和父亲一道在北京，组刺袁的铁血团，被侦探捉去枪毙的是阙耀翔还是阙祝明? 我想知道（我记得是阙耀翔）。

原信及沈岳鑫对相关问题的回忆均收入《全集》第26卷。

一月下旬　为出版《徐志摩全集》(香港)作《喜闻新印〈徐志摩全集〉》，后沈从文弃用此稿，为《全集》另外撰写一篇序文。据手稿收入《全集》第27卷《无从驯服的斑马》集。

一月　《沈从文文集》第六卷由花城出版社和三联书店香港分店联合出版。收入《游目集》(《腐烂》《夜的空间》《三个男人和一个女人》《平凡故事》)、《边城》(《〈边城〉题记》《边城》)、《八骏图》集(《〈八骏图〉题记》《八骏图》《来客》《过岭者》《顾问官》)、《新与旧》集(《萧萧》《山道中》《新与旧》《菜园》《烟斗》《失业》《知识》《薄寒》《自杀》)、《主妇集》(《主妇》《贵生》《大小阮》《王谢子弟》《生存》)。

一月　朱光潜的《关于沈从文同志的文学成就历史将会作出重新评价(代序)》发表于《湘江文学》第1期。

一月　香港商务印书馆李祖泽、陈万雄、北京三联书店范用与沈从文共同商定《中国古代服饰研究》出版国内版事宜。

约一月　致信王亚蓉。本信未收入《全集》。后收入《沈从文晚年口述》，本信未署写信日期，根据信中内容，大约写于本月。兹照录于后：

亚蓉：

如下数事相告：一、星期天下午三时李祖泽先生来找我谈事，将和此书出国内版有关。二、上交字幅若还未交去装裱，即送还。这里赵先生不日将出国，必须托他带去，不裱也可以。三、扇子照相望即赶出或将那个发展表复印一份也可以。四、若重印书进行，得赶时间，得王㐨来安排照相，以一月为期。望一告荆州博物馆馆长，此事为今年我们工作重点，能回来完成后再回荆州好些。荆州若拟印图录，可能将由夏出面，我们院中若感兴趣，也由所中或张政烺出面好，我们至多只能协助整理锦绣部分材料，大致还是得重订服饰完成后才抽得出时间参加。

从文

2月2日　为商务印书馆(香港)有限公司即将出版的《徐志摩全集》作《序》。按：香港商务印书馆出版时更名为《徐志摩文集》。

2月4日　开始阅读电影文学剧本《边城》。著名电影导演凌子风准备将小说《边城》搬上银幕，请沈从文审看由姚云、李隽培改编的电影文学剧本，在审读过程中，随手记下自己的改评意见，供后者参考。该改评意见后以《对〈边城〉电影文学剧本的改评》为题收入《全集》第8卷《边城》集。

2月9日　上午，至历史研究所观看湖北电影制片厂摄制的江陵马砖一号墓的科教片。

《边城》电影文学剧本审读完毕。

2月10日　复欧志安函。收入《沈从文全集·补遗卷4》。

春节前夕　汪曾祺、林斤澜拜访沈从文。“座间谈起一位青年作家的小说，沈先生说：‘他爱用成语写景，这不行。写景不能用成语。’这真是一针见血的经验之谈。”①

复炳文函。收入《沈从文全集·补遗卷4》。

二月末　元宵节后，复信程怡，并寄赠自己的书法作品。回信收入《全集》第26卷。

3月7日　中午，王矜转告王晓强，“沈先生说，他要去看你，但身体来不及，叫我告诉你，不要失望，要努力，要看什么书，从他那里拿。沈先生说，雕贝是没有前途的，它不会久；工艺美术还是大有路的，要努力研究，多看些书。”②

3月9日　中国社会科学院外事局局长李薇陪同日本古代服饰专家中山千代来访，并合影留念。③

3月12日　由沈从文题写碑铭的“文学林”揭碑仪式在云南省个旧市举行，丁玲亲自为“文学林”揭碑。“文学林”的石碑由张宗凯设计，为了将就石材和考虑碑刻效果，把沈从文的直书改成了横书，按字的原样放大布置，“文学林”三字居中，石头左上端和右下端设计了云彩，以增加题词的飘逸感。④

3月18日　曹禺将第一出版社出版的《从文自传》送给沈从文。在该书上作

① 汪曾祺：《小说技巧常谈》，《汪曾祺全集》第3卷，第291页，北京师范大学出版社1998年版。

② 王晓强：《记学艺沈从文大师门下一二事》，《沈从文晚年口述》，第236页，陕西师范大学出版社2003年版。

③ 王亚蓉：《章服之实——从沈从文先生晚年说起》，第62页，世界图书出版公司2013年版。

④ 凉泉：《文学林的诞生》，http://blog.sina.com.cn/s/blog_4a05f150010004qw.html

题识："曹禺为把此书送来，据（当为"距"之误）此书完成已整整半个世纪。照相三种已极难得。较大一张系卅三年十月初照于达子营廿八号北京新居卧室中，最小一张可能是十岁左右在凤凰家中所照，另一张或在保靖时军中所照。"

3月19日　致信程应镠。收入《全集》第26卷。

3月23日　复信戴波。收入《全集》第26卷。

3月24日　下午，王林、李麦来寓所看望沈从文，王林的儿子王端阳陪同前来，并为他们拍照留念。

3月29日　复信凤凰邮电局负责同志，答复他们所提出的一些问题。收入《全集》第26卷。

三月　作品集《神巫之爱》作为"沈从文早期作品选"由广州花城出版社出版。

三月　将新出版的《沈从文散文选》赠送给施蛰存。

4月8日　致信巴金，本信未收入《全集》，信件全文如下：

巴金：

闻因伤病住院，近日已转好，但愿能早日恢复。这次小虎因带学生来申实习，特别要他代表我和兆和看看"巴老伯"！（另捎来文集五卷，四川你新印选集已收到，谢谢。）我们在京凡事如常。一月前，似因久坐，也出现两次小中风现象，左侧手脚均失灵，口不能出声，经医院反复检查，血压心脏变化不大，只是年岁已到，一敲警钟而已。兆和年龄早过七十，早已退休，年来为我重印旧作，工作杂忙，体力精神还好。我们平时已很少出门，北京今年久旱，春来极迟，住处适当大街，总是雾气沉沉，初初由南方来人殊不易习惯也。并祝

康复

从文 兆和 四月八日 [1]

4月9日　致信黄裳，并寄赠书法作品及新印著作三册。黄裳在《沈从文的信》

① 沈从文：《沈从文书简》，《收获》2013年第1期。

（《新民晚报》1992 年 3 月 24 日）一文中引用了这封信。据黄裳引用本收入《全集》第 26 卷。

4 月 10 日　复蒋寄梦函。收入《沈从文全集 · 补遗卷 4》。

4 月 21 日　复信世功，劝他放弃改编自己作品的想法，"为你计，看来最好还是放弃这种费力不易见好的不现实设想，就方便实事求是一些，从近年得奖的小说，选个比较容易着手的作品，改成电视剧或电影剧本，免得精力白费，得不偿失。"据书信底稿收入《全集》第 26 卷。

4 月 22 日　因脑血管疾病引发偏瘫，入首都医院治疗。(《〈中国古代服饰研究〉再版后记》) 病中，朱光潜、夏志清、凌子风等朋友曾前来探望。

4 月 25 日　《新华文摘》第 4 期转载了朱光潜的《关于沈从文同志的文学成就历史将会重新评价》。

四月中旬　复信李大海。据书信底稿收入《全集》第 26 卷。

5 月 3 日　夏鼐来首都医院病房探视。

5 月 4 日　西南联合大学北京校友会成立大会在北京大学召开，与会校友以不记名投票选出了北京校友会理事 75 名，沈从文当选为理事。

5 月 8 日　《人民日报》刊发《 中国人民政治协商会议第六届全国委员会委员名单》，从本届起，沈从文列名于委员中的"无党派人士"。

5 月 10 日　《〈徐志摩全集〉序》刊载于《读书》杂志第 5 期，署名沈从文。收入《全集》第 16 卷《序跋集》集。

五月　《沈从文文集》第七卷由花城出版社和三联书店香港分店联合出版。本卷收入长篇小说《长河》、小说集《小砦及其它》(包括《张大相》《小砦》《王嫂》《乡城》《虹桥》《主妇》《青色魇》)、《新摘星录》《芸庐纪事》(包括《陌生的地方和陌生的人》《大先生，你一天忙到晚，究竟干吗？》《动静》)、《雪晴》(包括《赤魇》《雪晴》《巧秀和冬生》《传奇不奇》)。

6 月 3 日　新华社发布"政协六届一次会议主席团和秘书长名单"，沈从文为主席团成员。

6月4日　下午，中国人民政治协商会议第六届全国委员会第一次会议在人民大会堂开幕。沈从文因病缺席了本次政协会议。

6月7日　《人民日报》第7版大地漫笔专栏发表陈正宽的《“兴学”》，赞扬了沈从文的捐资助学义举。“我国当代著名作家，著名文物专家沈从文先生，以八十高龄，最近重返他的故乡——湖南湘西凤凰县参观，目睹家乡的教育还有实际困难，当即慷慨捐资，把《沈从文文集》的稿费一万元，全部奉献给家乡，兴办教育事业。沈先生这种精神，叫人钦佩。”

6月10日

本日　香港《大公报》第十六版“大公园”副刊发表余时的《写在〈边城〉的书边上》（上），介绍了他所收藏的《边城》1935年4月上海生活书店再版本，内有沈从文1936年3月的修改手迹。经《全集》编者摘录，以《〈边城〉题识五种·题1936年校注初印本》为题收入《全集》第14卷《艺文题识录》集。余时为姜德明的笔名，该文先后收入姜德明的《文苑漫拾》（宁夏人民出版社1999年）、《燕城杂记》（复旦大学出版社2012年），文章经过修订，有差异。

6月11日

本日　香港《大公报》第十六版“大公园”副刊续刊余时的《写在〈边城〉的书边上》（下）。经《全集》编者摘录，以《〈边城〉题识五种·题1936年校注初印本》为题收入《全集》第14卷《艺文题识录》集。

6月18日　《人民日报》第1版刊发《中国人民政治协商会议第六届全国委员会主席、副主席、秘书长和常务委员名单》，沈从文当选为常务委员。

六月下旬　美国学者夏志清到家中看望沈从文。

六月　与人合作撰写的《江陵楚墓出土的丝织品》发表于《人民画报》第6期，署名沈从文、滕壬生、吴顺清撰文，金陵摄影。收入《龙凤艺术》（香港商务印收馆1986年）。据《龙凤艺术》本收入《全集》第30卷《织绣染缬与服饰》集。

六月　《李广田文集》（第1卷）由山东文艺出版社出版，沈从文为该书题写了书名。

7月21日

本日　胡乔木在解放军报发表诗歌《小车》，诗中有云："小车不倒只管推，车倒扶起往前追。扶不起来也没啥，滚滚长江浪浪催"。据胡乔木该诗跋语所记，本诗系因沈从文的"独轮车虽小，不倒永向前"（《喜新晴》）诗句而起，"'小车不倒只管推'，原是河南许昌桂村公社水道杨大队的党支部副书记兼桂村农业中学校长杨水才同志爱讲的一句名言。杨水才同志1949年参军，1956年入党，1966年12月因肺结核等病去世（假定他是在十八岁左右参军，那么他去世时当是三十五岁左右。可见他爱说'小车不倒只管推'并非因为他年纪大了，而是因为长期患病），是位著名的劳动模范和革命积极分子。好久没见再提到他了，不知跟1966年的动乱有什么关系没有。无论如何，他的这句话总很值得流传，连沈从文先生也写过'独轮车虽小，不倒永向前'的诗句。我因看了这个句子，记起原话，念念不忘，就想拿它作题目写一首民歌体的诗，诗是没有写好，可为了宣传这句话，还是把它发表了。"

8月7日　复信日本汉学家小岛久代，谈自己的文学创作经历："一九二八年到一九三〇年一段时间中，……因为性格好静不喜活动，因此很少和友好上茶楼酒馆，且因生活压力大，每月每天绝大多数得消耗在工作上。这时节用笔虽已比较成熟文字比较自然灵活，但是自己明白，只是少数作品能比较有计划去写，如为学生举例而作的《腐烂》、又从孤寂生活中写成的《会明》，虽写成后备受同行熟人赞赏，事实上一切作品还是在无计划中写去。很少有意识要达到什么目的，不是胸有成竹或通盘打算而写下去，从不考虑应当如何结尾。总的说来，一切就是这么写下去，从不怎么预料到应如何结果。一九三一年夏天去青岛大学教习作时，才有举例示范而完成一些作品，如《如蕤》《八骏图》《若墨医生》及依据《法苑珠林》改作一些佛经故事时，才进一步有意识写一个故事的起尾，所要达到的效果在动笔前预先考虑到，并有意识的注意将达到什么效果。原因是工作已不必如上海时交卷之事，有较从容时间作出每一篇章的整体效果。事虽如此，有些作品依然是近于信笔所至而成。至于一九三三年后来到北京写《边城》时，仍是一章一章的写下去，完成第二章时，还根本对于第三章的故事内容不注意。这种写法恐不足为训，只是个人用笔习惯。真正大作家，大致不会这么用笔的。一九三四年后情形已不同，写什么时，方在动笔前即明确所要达到的目的。但一般短小作品还是照卅年代旧办法，不大事先明确具体轮廓。内中唯有《湘西》一书，是胸有成竹的作品。此外如《丈夫》《三三》《萧萧》等，比较下，可说目的性相当明确。可是由我自己看来，都近于试探性的作品。我意思是短篇虽若一个小曲，世界和中国的小说已够多了，要见出新意，突破前人纪录，还是值得作各种不同题材各种不同的写法，取得新的成就。这对个人生命而言，似乎有些不经济处。我个人却以为我的不断作新的试探，失败了也只是个人的损失，若居然能有所突破，对年青一代或许还有点益处。对他们能够有所启发，不至于在新的要求下，为社会一时要求所限制，使这部门工作僵化于一时社会宣传号召中，对随时变动社会不仅帮不了什么忙，反而形成一个差不多的公式化路上去。”由于沈从文此时尚在康复中，沈从文用了三个早晨起草信稿，最后由沈虎雏誊抄后付邮。收入《全集》第26卷。

8月12日　在家中接待北京电影制片厂《边城》摄制组成员，为他们介绍了《边城》，回答了他们提出的问题，同时，提出了拍摄中要特别注意的一些细节。

8月23日　《人民日报》在第5版发表署名闻一的评介文章《〈文艺报〉第八期发表文章〈评夏志清《中国现代小说史》〉》，文章认为，“说沈从文从‘一开始就能够拒绝接受共产党解释中国社会结构的滥调：封建主义与帝国主义’，他‘卓然而立，代表着艺术良心和知识分子不能淫不能屈的人格。’这些话表面看似乎在抬高沈从文，实际上却是从政治上把沈置于同党和人民完全对立的地位，这种说法恐怕连沈从文自己也是不能同意的。”

8月27日　致信中共北京市顾问委员会常委刘祖春，谈及正在进行中的《中国古代服饰研究》一书的修订工作：“这书原是个试点本，现在有机会在国内重印（由国内三联书店同香港商务分馆联合出版），曾作了一些修订和补充。增加了原来缺少的原始社会部分（根据近年出土的陶瓷壁画），并更换新彩图约一百幅。现在大部分工作已就绪，只缺少四种重要材料。这四种文物图画现藏历史博物馆。希望能得到文化部领导支持批准，能得馆方同意许可，我们自己派人来馆照几个相，大致一天功夫即可以解决。过去有过经验，只有自己照才能符合需要，不致徒劳。你对我这个工作十分关心，如果能帮助尽快得到解决，我们能在九月中顺利交稿，就太感谢了。”收入《全集》第 26 卷。

8 月 28 日　从好友罗念生处听到朱湘后代的情况，非常高兴。在得知他们生活境况后，从邮局给朱湘的女儿朱小东、孙子朱细林各寄了 200 元，以表心意。同时致信朱小东。此信由夫人张兆和代笔。收入《全集》第 26 卷。按：罗念生在本年 10 月 1 日致朱小东的信中说：“沈伯母来信，说从文过去和我不分彼此，我也曾给他钱。所以他们夫妇愿意帮助你们。他还有一笔钱寄给你们。”[①] 据朱细林回忆：“念老又说：‘朱湘的好友沈从文在北京。日前我把你们的情况告诉了他，他非常高兴！’随后，从文先生特地寄赠几百元，以示抚慰。”[②]

8 月 30 日　致信洪涛，颇为详细地回忆了自己在青岛的生活与写作：“试就个人记忆所及几点大处，拉杂写点经过，或可以省去你不少有用精力。我知道肯定内中还有许多遗漏处，正如吴伯箫同志记忆中说过的我当时经过，是桌上常有二三个故事，搁在桌上，几乎同时在进行。这个写不下去时，即更换一点比较顺手的。桌上有两个以上的故事，是比较平常的。我已不大能记得此事。我自己记得到的，大致当时精力特别旺盛，一天只睡三四小时即已足够。巴金、卞之琳都到我住处作过客，我照例带他们满山乱跑，只带点点心和硬苹果也极开心。同事中熟人虽不少，我却很少去过他们家里，只每星期有二三次被邀到校长杨振声先生家中喝喝茶或吃吃饭。又同去过崂山许多次。有一次入山达六天之久，到达棋盘石时地处高寒，虽值盛暑，黄昏前即各借下事先为游山备好的□棉袄。大家都嚷冷嚷饿时，我却独自爬上小□石前不远处那个大而且平，可以活动的棋盘石，面对远处金碧明灭无从形容的大劳观群峰痴望到□□□，面对这种无比的自然景色，对于我可以说是一生最重要的教育。三一年夏去青岛，与岳萌同行，岳萌住女生宿舍，我住福山路□□宿舍。自传半身相是卅一

---

① 罗念生：致朱小东（1983 年 10 月 1 日），见《罗念生全集》第 10 卷，第 36 页，上海人民出版社 2007 年版。

② 朱细林：《文学因缘——罗念生与我一家三代的深情厚谊》，见《罗念生全集》第 10 卷，第 195 页，上海人民出版社 2007 年版。

年（当为卅二年——引者注）夏天邀请华北各大学教师六七人来讲学，叶恭超为照半身相，时年卅〇卅二年冬到上海邀兆和到青岛。到达后次日即上崂山北九水。在青岛前后虽只二年半，对于我一生工作影响极大。在青岛时正年青力壮，创作欲旺盛，更重要是文字在日趋成熟中。每天面对景色奇美的大海，一部《法苑珠林》也开扩我的想象力，可说是一生工作□□最为□效果的一段日子，正若从青岛温和阳光吸取了用之不尽的力量和感情，都反映在多个篇章中……因此返到北平不久，就写《边城》，十分顺手。卅三年春初离青返北平，半年后九月九日在北平结婚，十月即写《边城》。”（字迹不能辨识者以“□”代替）据书信底稿收入《全集》第 26 卷。

9 月 21 日　致信金介甫、康楚楚。收入《全集》第 26 卷。

九月　《沈从文文集》第八卷由花城出版社和三联书店香港分店联合出版。收入《福生》集（包括《三贝先生家训》《福生》《第二个狒狒》《崖下诗人》《画师家兄》《棉鞋》《副官》《一天是这样过的》《宋代表》《瑞龙》《赌道》《堂兄》《菌子》《更夫阿韩》《黎明》《哨兵》《一个晚会》)、《在别一个国度里》集(《在别一个国度里》《除夕》)、《采蕨》集（包括《采蕨》《落伍》《寄给某编辑先生》《一只船》《大城中的小事情》)、《神巫之爱》集（包括《第一天的事》《晚上的事》《第二天的事》《第二天晚上的事》《第三天的事》《第三天晚上的事》)、《旅店及其他》集（包括《旅店》《阿金》《七个野人与最后一个迎春节》《元宵》)、《夫妇》集（包括《逃的前一天》《夫妇》《楼居》《一个女人》《道德与智慧》《躁》《俛之先生传》《战争到某市以后》)。

10 月 24 日　为《中国古代服饰研究》口述《再版后记》，王㐨负责记录。

复施蛰存函。收入《沈从文全集·补遗卷 4》。

十月　《徐志摩文集》由商务印书馆（香港）有限公司出版，收入沈从文写的《序》。该文本与《读书》杂志第 5 期刊本有差异。据《徐志摩文集》本收入《全集》第 16 卷《序跋集》。

十一月　接受南京中医师吴宗宁的治疗，病情渐趋改善。据徐城北回忆：“沈伯伯第一次脑血栓时，吴闻讯就赶到北京‘毛遂自荐’。可沈家不敢让他‘上手’，原因是谁也想不到的——沈当时头脑还清醒，他根本不相信中医！即使如此，吴也毫不气馁，默默观察了好些天，每晚就和沈的儿子挤睡在一张单人床上。脑血栓第二次发作，沈已整日昏沉，大医院也毫无办法，于是沈家这才同意吴‘试着来吧’。吴的第一剂药‘渺小’得惊人，一种小儿常用的什么‘散’，八分钱一管。为的就是解决沈排痰的困难。以往大医院为了解决排痰，请了多少专家会诊，把多少种复合治疗方案研究来研究去。最后终未见效。如今不料这一‘散’下去，居然灵了，痰没了。以后的治疗过程不必详述，但奇迹终于发生——沈有了精神，头能够抬起并可以自由转动，慢慢恢复了讲话能力，慢慢能够下地行走……吴与沈的关系是奇特的——因为沈不信中医也拒服汤药，吴便从南京购买中药药材（一为保证货真质好，二为价格相对便宜，因沈服中药从不报销）．制成粉剂装入胶囊。沈则‘不辨中西’，胡里胡涂服用下去。吴每年都在季节转换时来到北京，住在沈家一段时间，白天只默默观察沈（大约就是‘望闻问切’中的‘望’），夜里，则利用沈家丰富的藏书武装自己。据说，他从书架上抽出一本《马尔萨斯心理学》，认真读了，又推荐给沈。那是一个早晨，沈坐在藤椅上，一个小时居然静静读了十几页……总之，在沈生命的最后几年中，他习惯家中不时出现这样一个‘常客’。他安之若素地让吴给自己针灸，也许知道胶囊系吴所制，但不承认吴是自己的医生，更不相信自己一天天的进步是吴的医术所致。但沈确认吴是个好人，是个奇人，是个有思想的人，是个谈得来的后辈，总之，相信吴是个朋友……”①

本 年

春季　作《无从驯服的斑马》，回顾自己来到大城市的六十年工作生活，颇多

① 徐城北：《沈从文组曲》，见徐城北《直上三楼》，第38—39页，宁夏人民出版社1999年版。同时参见徐城北写的《中医吴宗宁》，文见《无糖岁月》，陕西师范大学出版社1998年版。

感慨："因为进入大城市前后虽已整整六十年，这六十年的社会变化，知识分子得到的苦难，我也总有机会，不多不少摊派到个人头上一份。工作上的痛苦挣扎，更可说是经过令人难于设想的一个过来人。就我性格的必然，应付任何困难，一贯是沉默接受，既不灰心丧气，也不呻吟哀叹，只是因此，真像奇迹一般，还是依然活下来了。体质上虽然相当脆弱，性情上却随和中见板质，近于"顽固不化"的无从驯服的斑马。年龄老朽已到随时可以报废情形，心情上却还始终保留一种婴儿状态。对人从不设防，无机心。且永远无望从生活经验教育中，取得一点保护本身不受欺骗的教训，提高一点做个现代人不能不具备的警惕或觉悟。政治水平之低，更是人所共睹，毋容自讳。"收入《沈从文别集·贵生集》（岳麓书社 1992 年）。据岳麓社版本收入《全集》第 27 卷《无从驯服的斑马》集。

1984年　83岁

1月3日　胡乔木在中共中央党校发表《关于人道主义和异化问题》的讲话。

10月4日　国务院批转国家计委《关于改进计划体制的若干暂行规定》。

10月20日　中国共产党十二届三中全会在北京召开，全会通过了《中共中央关于经济体制改革的决定》。

12月19日　英国首相撒切尔夫人来华访问，中英两国在北京正式签署关于香港问题的联合声明，中国政府决定在1997年7月1日对香港恢复行使主权。

12月29日　中国作家协会第四次代表大会在北京召开，巴金当选中国作家协会主席。

1月10日　下午，《边城》德文本译者吴素乐拜访沈从文。据吴素乐回忆：“沈从文坐在椅子上欢迎我，像见到老朋友一样，我告诉他两家德国出版社请我翻译他的作品时，他显然很高兴，并指着他在1980年访问美国时买回的音箱说，他非常喜欢德国音乐。他原以为他的作品从未有过德译本，但我告诉他西德一本杂志上曾载过他的几篇短篇小说，在《廿世纪中国文学选集》中有他写的自传译文。至于东德方面我并不清楚。然后我请他为我挑选若干篇短篇小说，他答应过几天给我。沈的全部作品约有六百篇之多，包括短篇、中篇小说、游记、自传、论说、研究、诗等。我忽然发现书柜玻璃上有张毛笔字写的纸条，立即认出是沈的手迹，当年他的书法和他的小说同享盛名。沈夫人告诉我这是沈上午写的，他现在每天还练习书法几个小时。她注意到我的怀疑，于是笑着拿出一块木板，说他虽左侧瘫痪，但右手仍可以握笔。这块木板是孙子做的，专供他写字之用。这时我忽有一想法：请沈从文为我的译本题名。我提出后，沈夫人说他只在清晨写字，现在太晚了，但是沈从文却笑嘻嘻地要她把那木板放在椅臂上，拿来笔墨纸，为我写了《边城》《沈从文小说选》两幅题签字，直到现在我方意识到这两幅字的宝贵，因为后来沈再次中风，已无法握笔了。

为沈从文的宽宏大量所鼓励，我又请他为译文写个序，并建议如他书写不便，可口述我们笔录，但为沈氏夫妇所拒绝，当时我不太理解他们为何不愿意。”①

一月 《李广田文集》（第二卷）由山东文艺出版社出版，沈从文为该书题签。

2月8日 杜运燮夫妇来访，并拍照留念。

2月9日 复巴金信。本信未收入《全集》，信件全文如下：

巴金：

得信，知病有好转，极欣喜。我因去年四月得脑血栓病左半身瘫痪，住院二月，即返回住处。近似大有好转，一星期按摩三次，吃广东人参再造丸，及南京出大活络丹，已能下床由小龙小虎扶着在住处屋中走到吃饭处，单独走动，看来还需过一二月。兆和身体还好，小龙小虎和他们爱人都在北京工业机构工作，小虎一女儿已考入北大社会系，读书。我左手失灵右手还得用，十个月来却是第一次写这个信，潦草处见意而已，想能原谅。北京今年久旱，因已快一年未下楼，感觉不到窗外在零下十二度是何情形。身体真正转机，想一切得看三月春来以后。希望彼此保重，并祝府中长幼安好。

从文 二月九日

巴金兄：谢谢你在病中寄来的信和剪报，令我深深感动，从文看后哭了。我们万分珍重你的友情，希望你保重，今年能够见面。

兆和②

2月11日 为书写文昌阁小学藏书楼额事，复信吴光海。收入《全集》第26卷。

2月27日 为施蛰存短篇小说选集出版事致信四川人民出版社编辑李定周、陈天笑：“老作家施蛰存同志的作品，至今闻国内尚未重新出版过，我认为这是一个空白，为此特向你社推荐，为蛰存先生出一本短篇小说选集。”同日，致信

① 吴素乐：《我所认识的沈从文》，田伏隆主编《星斗其文 赤子其人》，第375—376页，岳麓书社1998年版。

② 沈从文：《沈从文书简》，《收获》，2013年第1期。

施蛰存，告知向四川人民出版社推荐出版其短篇小说选集事，“但在目前情况下，弟人微言轻，是否采纳，尚未可知。”两信均由张兆和代笔，收入全集第26卷。

2月29日　古华和苏策来访。

二月　《沈从文文集》第十卷由花城出版社和三联书店香港分店联合出版。收入《怯步集》(包括《一封未曾付邮的信》《流光》《市集》《狂人书简》《怯步者笔记》《西山的月》《Láomei，zuohen！》《游二闸》《海上通讯》《街》《三年前的十一月二十二日》《时间》《沉默》)、《非梦集》(包括《昆明冬景》《记蔡威廉女士》《云南看云》《绿魇》《黑魇》《白魇》《北平的印象和感想》《怀昆明》《一个传奇的本事》《芷江县的熊公馆》)、《新景与旧谊》集(《天安门前》《北京有许多博物馆，同时又是个大型建筑博物馆》《从一本书谈谈民族艺术》《新湘行记——张八寨二十分钟》《春游颐和园》《跑龙套》《一点回忆一点感想》《悼靳以》《湘西苗族的艺术》《过节和观灯》《忆翔鹤》《我所见到的司徒乔先生》《友情》)、《水云集》(包括《致唯刚先生》《水云——我怎么创造故事，故事怎么创造我》《从现实学习》《二十年代的中国新文学——一九八〇年十一月七日在美国哥伦比亚大学的讲演》《从新文学转到历史文物——一九八〇年十一月二十四日在美国圣若望大学的讲演》)、《新晴集》(收入《井冈诗草》《井冈山清晨》《建设新山村》《下山回南昌途中》，《匡庐诗草》：《庐山“花径”白居易作诗处》《庐山含鄱口》，《郁林诗草》：《漓江半道花马岩》《西村》《漓江半道》《阳朔刘三姐过渡处》《新坪道中》《阳朔公园望郎山》《唐诗人曹邺读书台》，《喜新晴》《拟咏怀诗——七十岁生日感事》，《京门杂咏》：《七二年冬过北海后门感事》《题个石师寄庑图》，《双溪大雪》)。

3月12日　为出版施蛰存短篇小说选集事复信四川人民出版社李定周、陈天笑：“你们建议由我来编选并写序言，目前我实有困难，主要是精力不集中，脑不得用。希望你们能和施先生直接联系。”据书信草稿收入全集第26卷。

3月13日　致信施蛰存：“四川人民出版社回信来了，他们很愿意出版你的短篇选集。他们提出选集由我编选并写序言。这事如在我健康情况良好的时候，自是义不容辞，但目前我有困难，主要是精力不集中，脑不得用。已复信请他们直接同你联系，并建议由作者自己编选，自己写序言，因最熟悉作品的莫若作者自己。这对你说来应当是最方便不过的事。望能在不妨害你修养情况下，抓紧时间，早日编好交付他们，不知兄意如何？”“早日读到你的小说集。”[①] 本信由张兆和代笔，未收入《全集》。

复李定周、陈天笑函。收入《沈从文全集·补遗卷4》。本信系3月12日信的定稿。

3月28日　在寓所接受德国汉学家马汉茂（Helmut Martin）夫妇的访谈。

三月　《沈从文文集》第九卷由花城出版社和三联书店香港分店联合出版。收入《鸭子》集中的散文部分（包括《月下》《小草与浮萍》《到北海去》《遥夜——一及二》《水车》《一天》《生之记录》）、《记胡也频》《从文自传》《湘行散记》集（包括《一个戴水獭皮帽子的朋友》《桃源与沅州》《鸭窠围的夜》《一九三四年一月十八》《一个多情水手与一个多情妇人》《辰河小船上的水手》《箱子岩》《五个军官与一个煤矿工人》《老伴》《虎雏再遇记》《一个爱惜鼻子的朋友》《滕回生堂今昔》）、《湘西》集（包括《题记》《引子》《常德的船》《沅陵的人》《白河流域和个码头》《泸溪·浦市·箱子岩》《辰溪的煤》《沅水上游几个县份》《凤凰》《苗民问题》）。

4月12日　复信国平。收入《全集》第26卷。

4月21日　上午，李辉来访。据李辉记录：“《中国古代服饰》首次由内地出版。要加原始社会部分，助手时而来商量，书由三联书店出版。我有一些美术方面的论文，关于绸缎、花边、镜子等。这本《龙凤艺术》增补后出版，是商务印书馆出。”讲到历史博物馆的事时说，“外行当领导，能人上不去，一些打砸抢的人也上来了。”[②]

4月24日　下午，李辉来访。谈到和巴金的友谊，“一九三二年在青岛，我用小方桌写《边城》，巴金他在里屋写《电》。我和他什么时候认识，不记得了。是在上海，大概是在郑振铎那儿吧。我和巴金在文艺观点上有不同，喜欢争

① 汪建中：《施蛰存先生编年事录》下，第1105页，上海古籍出版社2013年版。

② 李辉：《和老人聊天》，第35—36页，大象出版社2003年版。

论。但争归争，还是好朋友，几十年了，我们还很好。”[1]

4月29日　上午，李辉来访。据李辉记录：“四十年代在上海，每过两天我都要去看巴金一次，他请我吃饭。三十年代。巴金还未结婚，容易发火。有次别人造谣，说他有钱，买了很多房子。他发火了，说：哪有这事，我哪里有钱。解放后每次送我大堆书。他翻译的，陈蕴珍翻译的，陈蕴珍和我爱人很好。我们三三年结婚，以后从未分开过。她人好，没戒心，朋友们对她印象都很好。我写文章不讲文法。巴金心细。先在我家住，在我那里，我写《边城》，他写《电》，我们住在达子营，有客厅、饭厅，很小，但很舒服。有五个卧室，一个厨房，我们俩各写各的，互不相看。我一个星期写一章，他每天写。后来我妹妹来了，他就搬到三座门大街。我到三座门去看他们，有卞之琳、靳以、曹禺。”“音乐、绘画、文学是相通的。我不会音乐，但想在作品中表现出来。我小时候和伙伴们玩，唱歌，为什么我现在一听地方民歌、戏曲就激动，一听马上就想到幼时、少时的情景，马上就联想到了。眼泪不知怎么就掉出来了。”[2]

5月7日　下午，李辉来访，谈及自己的写作，“我受外国文学的影响，《边城》就受史托姆的《茵梦湖》的影响。”[3]

5月14日　日本汉学家稻畑耕一郎来访。稻畑耕一郎是沈从文作品日译者松枝茂夫教授的学生。

5月17日　致信中共中央统战部办公厅，要求故宫博物院、历史博物馆退回文革中被没收的文物。据书信底稿收入《全集》第26卷。

5月20日　派人到北京医院看望病中的叶圣陶，并送去月季花和茶叶。

6月3日

本日　萧乾在致杨起的信中谈及请沈从文为杨振声文集作序时说：“沈从文不

---

① 李辉：《和老人聊天》，第36页，大象出版社2003年版。

② 同上注，第37—38页。

③ 同上注，第38页。

能不写。他们从中国公学，到青岛大学、西南联大、北京大学，编刊物，编教科书，一直在一起，他可以说是最接近杨先生的人了。”①

6月9日 美籍华裔作家聂华苓来访。

6月14日 下午，李辉来访。下面是李辉整理的记录：

李：您什么时候开始接触外国文学的？

沈：十六七岁的时候，我在家乡读一些旧小说，旧诗词，还有包天笑的小说。后来读到林纾译的小说，像《双城记》《啼笑因缘》等，感到很新鲜。

李：您没学习英文，是吗？

沈：是呀。在小学学了学，没学会。到北京后，陈源、丁西林让我学，说学好后到英国留学。可我没有学外文的才能，二十六个字母从来没有念准过。后来接触外国文学，就完全靠看中译的了。

李：您当时主要读了哪些翻译作品，受到哪些作家的影响？

沈：我读过鲁迅兄弟俩译的日本小说，这对我有些帮助。我读得最多的、最喜欢的是契诃夫、莫泊桑，以及李青崖译的都德的作品。这些人对我有影响。②

六月 《中国文学精选》在挪威奥斯陆出版，沈从文的《萧萧》被选入作品集。

六月 董锡玖著《中国舞蹈史》（宋辽金西夏元部分）由文化艺术出版社出版。作者在出版“说明”中说：“原中国舞蹈史教材编写组的主编是欧阳予倩同志，也对《长编》的工作曾给予很多宝贵的指导。《长编》在编写过程中，还曾得到阿英、杨荫浏、沈从文、阴法鲁、吴晓铃、周贻白、傅惜华等同志的帮助和指导。这部史稿中包含着他们的劳动和心血，我们谨致以由衷的感谢。”

7月17日 荷兰纪录片大师尤里斯·伊文思（Joris Ivens）和夫人一起来寓所访问，谈纪录片《风》事。

① 萧乾：《萧乾全集》第七卷，第647页，湖北人民出版社2005年版。

② 李辉：《和老人聊天》，第38—39页，大象出版社2003年版。

7 月 31 日　村山英树在黄永玉陪同下来访。村山英树向沈从文请教了一万元日钞上的古代日本皇太子画像中的服饰问题。

七月　致信莫灵平。收入《全集》第 26 卷。

七月　黄伊选编的子冈作品集《时代的回声》由黑龙江人民出版社出版，编者黄伊在后记中说："子冈自己说过，她的大半生，有两个人对她的影响极大：一位是叶圣陶先生，一位是沈从文先生，她是拿对待前辈和老师来看待他们的。当子冈还是一个中学生的时候，她便在叶圣陶在编的《中学生》投稿。是叶老发现子冈的稿子，并指引她走上了写作的道路。沈从文先生则是在子冈成为青年作家和记者以后具体给予指导。所以，我现在编选的这本《子冈作品选》，请叶圣陶先生题字，请沈从文先生作序。"收入沈从文写的《人间重晚晴——〈时代的回声〉序》。后以这一版本收入《全集》第 16 卷《序跋集》。

七月　《沈从文文集》第十一卷、第十二卷由花城出版社和三联书店香港分店联合出版。第十一卷收入《序跋集》（包括《〈第二个狒狒〉引》《冰季与我》《〈生命的沫〉题记》《〈秋之沦落〉序》《〈雪〉序》《〈群鸦集〉附记》《〈刘宇诗选〉序》《〈小说月刊〉一卷三期卷头语》《〈记丁玲〉跋》《〈篱下集〉题记》《〈现代中国作家评论选〉题记》《〈幽僻的陈庄〉题记》《〈从文小说习作选〉代序》《〈看虹摘星录〉后记》《〈断虹〉引言》《〈湖南的西北角〉序》《〈沈从文小说选集〉题记》《〈从文散文选〉题记》《〈从文自传〉附记》《〈沈从文散文选〉题记》《〈散文选译〉序》《人间重晚晴——〈子冈作品选〉序》）、《沫沫集》（包括《论冯文炳》《论落华生》《论施蛰存与罗黑芷》《论朱湘的诗》《论焦菊隐的〈夜哭〉》《论刘半农的〈扬鞭集〉》《郁达夫张资平及其影响》《论闻一多的〈死水〉》《论汪静之的〈蕙的风〉》《论中国创作小说》《〈山花集〉介绍》《论徐志摩的诗》《论穆时英》《伟大的收获》《〈黔滇道上〉》《从徐志摩作品学习"抒情"》《由冰心到废名》《学鲁迅》）、《昆明冬景》（包括《谈保守》《谈朗诵诗》）、《烛虚》（包括《烛虚》《潜渊》《长庚》《生命》）、《废邮存底》集、《续废邮存底》集。第十二卷收入《新废邮存底（二十九则）》《创作杂谈》集（包括《甲辰闲话一》《甲辰闲话二》《窄而霉斋闲话》《我们怎么样去读新诗》《论技巧》《给志在写作者》《短篇小说》《小说与社会》《论特写》《谈写游记》)、《文学运动杂谈》集(《文学者的态度》《打头文学》《论“海派”》《关于海派》《新文人与新文学》《介绍〈中国新文学大系〉》《谈谈上海的刊物》《新诗的旧账——并介绍〈诗刊〉》《读〈中国新文学大系〉》《对于这新刊诞生的颂辞》《湘人对于新文学运动的贡献》《怎样办好一份报纸——从昆明的报纸谈起》《书评的自由解放运动》)、《艺术教育》集(包括《〈艺术周刊〉的诞生》《艺术教育》《谈写字一》《谈写字二》《滥用名词的商榷》《谈谈木刻》《宋人谐趣》《宋人演剧的讽刺性》《读展子虔〈游春图〉》《收拾残破——文物保卫的一种看法》《关于北平特种手工艺展览会一点意见》)、《新烛虚》集(包括《丁玲女士被捕》《丁玲女士失踪》《劝人读经》《知识阶级与进步》《禁书问题》《关于看不懂》《论读经》《尽责》《中国人的病》《给青年朋友》《一种态度》《莫错过这千载难逢的报国机会——给湘西几个在乡军人》《变变作风》《读〈论英雄崇拜〉》《穷与愚》)。至此,十二卷《沈从文文集》终于出齐,从 1982 年 1 月出版第一卷起,历时两年半。

8 月 1 日　在黄永玉陪同下,村山英树等三位专家再次来访。“听取他的分析。他仔细看了带来的图片,认为既然太子在长安住过很久,人又年青,从繁华的长安带回点外国服饰穿戴而感到快乐,现在的时髦青年是一样的;敦煌壁画上就有穿黑白直条窄裤子的青年,是西域进口的;但如果是皇上接见或盛典,太子是会穿正统服装的……在他和日本客人的交谈中问题趋于明朗。”[①]

8 月 13 日　致信金介甫、康楚楚。收入《沈从文全集·补遗卷 4》。

8 月 15 日　村山英树、东京电视台工作人员来寓所拍摄纪录片,请沈从文分析一万元日钞上的太子画像服饰问题。

8 月 28 日　作《德译〈从文自传〉序》。据手稿收入《全集》第 16 卷《序跋集》。

致信马汉茂,附寄《从文自传》译序。收入《全集》第 26 卷。

9 月 28 日　张兆和致信彭荆风,转达沈从文对他的惦念:“多时不得您消息,

---

① 沈虎雏:《沈从文年表简编》,第 94 页,《沈从文全集·附卷》,北岳文艺出版社 2003 年版。

深为系念，便中请寄我们数行，免我们牵挂。”[①]

九月　《李广田文集》(第三卷)由山东文艺出版社出版，沈从文为该书题签。

10月22日　与张兆和一起复信彭荆风。本信未收入《全集》，彭荆风《病中的沈从文先生》节录了一部分，原文如下：“一直非常系念。得书知你果卧病数月，目前已有好转，欣甚慰甚。患有心脏病，万万不能掉以轻心。望好自珍摄。我国人民建设四个现代化不可或缺的精神食粮，正有待于象你们这样一批正直、坚强、有识见的骨干去担负，祝你早日康复，多多为人写作。”[②]

10月31日　为吴素乐德文译本《从文短篇小说集》作序。

11月10日　致信陈占元，请他代为问候病中的朱光潜。收入《沈从文全集·补遗卷4》。

11月20日　因脑血栓，入住北京中日友好医院。

11月26日　刘北汜到中日友好医院看望沈从文。据刘北汜在《执拗的拓荒者》一文中对本次探视有如下记载：

我赶到医院住院处，径直赶到楼上，终于在紧靠锺惦棐先生的病房西边找到沈先生的病房。沈先生的儿子沈虎雏一眼看到我，迎我进去，轻轻告诉我：“好些了，清醒了。”

话虽说得轻，还是被躺在病床上的沈先生听到了。他缓缓转过头，认出了我，轻声问我：“两个刊物还出不？”

他问的是《故宫博物院院刊》和1980年夏创刊、也由我主编、在香港出版的《紫禁城》双月刊。我走近床头，俯身告诉他：两个刊物都在按期出版，水平有提高，只是我的工作主要放在去年成立的紫禁城出版社上了，已经有书出版，还有些在排印中。

他轻轻一笑，又问：“孙院长好？”

---

① 彭荆风：《病中的沈从文先生》，田伏隆主编《星斗其文　赤子其人》，第254页，岳麓书社1998年版。

② 同上注。

他脸色红润，看定我的眼光是凝聚的。他问的孙院长，是1956年沈先生到故宫博物院陈列部织绣研究组兼任业务指导时的部主任，名孙觉，和沈先生一起共事过，后来提升为副院长。我告诉他，孙院长还忙着抓业务，他在织绣组的熟人陈娟娟、高霭贞听说他病了，都很关心，要我代她们向他问好。

他脸上又露出笑意，轻轻问："她们忙么？"

我简单告诉了他。我说，于善浦常来故宫看我，也常同我谈起他，说到过去织绣组里人、包括于善浦自己，从他受到的教益。

"于善浦？"沈老眨眨眼睛，停了一会，终于想起来了，"呵，呵！他在做什么？"

我说：于善浦现在是清东陵文物管理处的副主任，写了不少文章，出了书，东陵乾隆妃容妃墓已清理出来，就将开放，慈禧陵前还布置了一个慈禧历史文物展览室。

"啊！啊！……出息啦！出息啦！……"沈老轻轻地，喃喃地念叨。

我怕谈多了妨碍沈老休息，俯身说了祝愿他早日痊愈的话，轻轻退出病房。

沈虎雏送我出来，在病房外低声告诉我：医生说，他父亲是因为脊椎供血不足，引起脑血栓，经过抢救，已脱离危险期，至少还要留院诊治两个多月，恢复得好一些以后，才能回家继续调养。[①]

---

① 刘北汜：《执拗的拓荒者》，《长河不尽流》，第206—207页，湖南文艺出版社2018年版。

1985年 84岁

3月13日 中共中央发布《关于科学技术体制改革的决定》。

5月27日 中共中央作出《关于教育体制改革的决定》。

6月4日 中国共产党中央军事委员会主席邓小平在军委扩大会议上宣布，中国人民解放军裁军100万。

9月18日 中国共产党全国代表会议在北京召开，会议通过了《中共中央关于制定国民经济和社会发展第七个五年计划的建议》。

1月6日 《人民日报》公布中国作家协会顾问名单，沈从文名列其中。

汪曾祺、林斤澜陪同张弦来寓所拜访，因沈从文正在医院住院，由夫人张兆和出面接待。

1月11日 彭荆风到中日友好医院探视。

2月16日 结束在中日友好医院的治疗，出院。

3月9日 给金介甫复信，回答了金介甫所提的一些问题，谈及《水云》中的“偶然到底是谁”时说，“的确有过这样的人”。①

3月15日 张弦送来《萧萧》改编本初稿。

3月20日 汪曾祺陪同北京青年电影制片厂副厂长柳城、作家张弦来寓所拜访，听取沈从文对《萧萧》电影剧本的意见。沈从文指出：“剧本中萧萧十六七岁太大了；把婆家阶级成分拔高不合适；结尾小丈夫离家出走太突然……与原作风格有距离。”②

3月26日 因收到的从美国寄来的《故宫织绣选萃》《故宫玉器选萃》《故宫铜镜选萃》三书被海关挖去三十三幅图片，致信全国政协常委会：“查这些被挖剪

---

① 金介甫：《凤凰之子：沈从文》，第404页，中国友谊出版公司2000年版。该信未收入《全集》。

② 沈虎雏：《沈从文年表简编》，《沈从文全集·附卷》，第95页，北岳文艺出版社2003年版。

的图（见附件被检查没收图版目录）既非黄色又不涉及反动政治内容，我不明白海关究竟根据什么原则这样做！工作人员者如此滥用权力，如此肆无忌惮，为所欲为，如此践踏知识文化，如此不尊重研究工作，如此践踏法制，我认为不是一件可以忽视的小事。希望能通过政协提请海关领导同志注意，认真对待认真查问，将没收的图全部退还，说明情况。”据书信底稿收入《全集》第26卷。

为收到的图书被海关损毁事，致信海关总署负责同志。据书信底稿收入《全集》第26卷。

3月27日　吴泰昌来寓所拜访，告知明天巴金来访的消息。

3月28日　上午，巴金在李小林、吴泰昌陪同下来看望病中的沈从文，这是两位老朋友的最后一次见面，吴泰昌在《紧含着眼中的泪》一文中记述了这次见面过程：

> 巴老上午九时多离开饭店，正赶上四五级大风，巴老全副武装：黑呢大衣，花格子呢帽子和围巾。车子在宿舍楼大门口停下，小林扶着行动不便的巴老顶着风走了一二百米路。兆和已在楼门口等候，乘电梯到五楼。巴老是头一次到沈老新居，进屋后直奔在客厅等候的沈老。沈老从沙发上站起来，紧紧地握着巴老的手，脸上泛起微笑，舒展的微笑。巴老连声说：‘你好，你好！’沈老吐辞不清地说：‘好，你好！’兆和准备了好几样点心，她一直在忙着招待，一直挂着笑容。两位老友面对面地开始了交谈。巴老说了些问候的话，由于沈老说话不便，嘴唇很吃力地颤动。巴老突然沉默了。在场的人都为两位老友难得相见又不能随意倾谈难受。兆和只好代沈老说了许多话，巴老仔细地问了沈老饮食健康近况。巴老怕影响沈老休息，呆了一个多小时，告别时，他们又紧紧握手。巴老说：‘下次再来看你，多多保重！’巴老走出房门时，沈老还在招手。兆和送巴老下电梯，汽车开动之后她还顶风站在那里招手。在回住处的途中，巴老说沈老身体、精神都不错，比他想象的要好。[①]

---

① 吴泰昌：《艺文轶话·紧含眼中的泪》，第348—349页，中国工人出版社1991年。

4月5日 中国作家协会转来的挪威学者勃克曼（Harald Bøckman）赠送的《中国文学精选》，此书由勃克曼主编，1984年出版，内收《萧萧》，这是沈从文的作品首次被译成挪威文发表。

5月16日 中共中央总书记办公室直接打电话给中国社会科学院党组，传达胡耀邦总书记的指示：立即将沈从文的健康、住房、医疗、工作条件等情况详细书面向中央汇报。[①]

5月18日 萧离为沈从文的住房及待遇问题致信中共中央总书记胡耀邦。

5月21日 田纪云给中国社会科学院批转了萧离给胡耀邦同志的信。

五月 《山东省文化艺术志资料汇编》第五辑作为内部资料出版发行，内有燕君采写的《沈从文谈在青岛》一文，简要回顾了自己在青岛的创作与生活。未收入《全集》。兹录全文如下：

我是湖南人，1902年生于湖南凤凰，曾在上海吴淞中国公学讲授文学。1931年受聘于国立青岛大学任中国文学系讲师。在青岛大学讲中国小说史和现代文学。除了讲课以外，主要是搞文学创作。可能是气候的关系，在青岛时身体感觉特别好，写作也特别旺盛，许多作品是在青岛完成或酝酿的，如《自传》《凤子》《八骏图》《若墨医生》《水云》《记胡也频》《边城》等等。《如蕤集》里有好几篇也是写青岛的。

青岛是我一生留恋的地方，也是我现在向往的地方，我一生中写作最多的地方就是在青岛。

在青岛时，住在福山路三号的小楼上，离海边和公园很近，每天都到海边和公园走走，除了教学和写作外，在青岛接待过巴金、卞之琳、陈翔鹤等人，经常和陈翔鹤在中山公园小西湖中的亭子里聚会。学生中有臧克家和王林等人。

在青岛期间共去过五、六次崂山，记得有一次是和杨振声、闻一多等人一同去的，在崂山住了六天，特别喜欢白云洞、棋盘石一

① 郑笑枫：《坚实地站在中华大地上》，《我所认识的沈从文》，第153页，岳麓书社1986年版。

带的风光。

1933年夏季，告别了青岛到北京任教。[①]

6月6日　在卞之琳陪同下，郑愁予和特尔尼蒂大学李文玺夫妇来寓所拜访。

6月14日　致信金介甫、康楚楚，回答他们提出的一些问题。收入《全集》第26卷。

6月19日　得知老友夏鼐因突出脑溢血病逝，非常悲痛。故友的病逝，让沈从文也感到了时间紧迫，急电王孖火速返京，加快《中国古代服饰研究》的修订工作。

6月21日　中国社会科学院党组向田纪云、胡耀邦汇报了沈从文的住房、待遇情况。

6月26日　中国社会科学院党组再次向中央汇报沈从文的住房、待遇问题。

6月29日　上午，老友夏鼐的遗体告别仪式在北京医院举行，沈从文送了花圈。（《〈考古〉杂志关于向夏鼐同志遗体告别的报道》，《考古》1985年第8期）

为准备美国国家地理杂志的记者采访，负责接待的人员来沈从文住处考察，提出各种要求："要求把门道里保姆的小床、脸盆架、泡菜坛等搬走，书房里他睡的床要暂时拆掉，放稿件的几个纸箱和柜顶、书架上的大量稿件封套因为不好看，都要搬出去……这些兴师动众的折腾令他愤慨。"[②]

本日　中共中央组织部下达文件，按部长级待遇解决沈从文的工资、住房及其他方面的问题。

中央组织部文件85（任干）193号

社会科学院党组：

6月21日、26日报告收悉，中央同意沈从文先生按部长级解决工资、住房及其他问题。工资由212元增至300元，自6月份算起。

中央组织部　6月29日

---

① 燕君：《沈从文谈青岛》，《文化艺术志资料汇编》第5辑（内部资料），第106页。该辑为青岛市《文化志》资料专辑。

② 沈虎雏：《沈从文年表简编》，《沈从文全集·附卷》，第96页，北岳文艺出版社2003年版。

6 月 30 日　在寓所接受美国国家地理杂志社记者的采访，听沈从文介绍江陵马山楚墓的考古发现，并为他们展示了服饰研究室用新的方法复制出来的织绣品。

六月　沈从文题写书名的弘征的印谱《望岳楼印集》由香港林真文化事业公司出版。

7 月 6 日　湖南作家古华来访。

7 月 10 日　中共中央总书记胡耀邦托人给沈从文送来荔枝。①

8 月 7 日　“德国汉学家、记者、德中友协中央理事赫尔穆特·福斯特·拉兹及其夫人、民族学家、作家玛丽·路易丝·拉兹携女儿来访。客人赠给他一本夫妇两人合译的德文本《边城》。”②

9 月 5 日

本日　《香港文学》第 9 期刊登冯伟才撰写的访问记《访沈从文 谈〈边城〉》。冯伟才曾为《边城》改编为话剧事登门访问过沈从文，文中记录了访谈的部分内容。谈到《边城》故事发生的背景时，沈老说：“那一年我到四川去，从茶峒过路，只是看到过在那里居住着的人，自己并没有在茶峒待过。”谈及文字风格形成过程时，沈老说：“我是用自己的语言直接写出来的。我读书只念到中学，不会咬文嚼字，所以就用自己的地方语言很自然的写出来。我的语言跟写成的文章很接近，所以看来有点风格。”说到《边城》改编为话剧应注意的问题时，沈从文说：“在舞台上，最主要是要能够把水和船都表现出来。水很重要。”③

9 月 18 日　上午，旧时学生高庆琪来访，晤谈一小时。临别，沈从文赠照片一

---

① 颜家文：《我见到的沈从文》，150 页，作家出版社 2018 年版。

② 出处同上。

③ 冯伟才：《访沈从文 谈〈边城〉》，《香港文学》1985 年第 9 期。

张，签字由张兆和代笔。

10月1日 《吉首大学学报》1985年第3期刊载了《沈从文先生在吉首大学的讲话》，整理者刘一友。文后有编者附记："沈从文先生一九八二年五月在吉首大学的讲话，本刊曾于《吉首大学学报》一九八二年第二期登过摘要。现应研究者的需要，由刘一友同志根据当时的录音和笔记整理，全文发表。"《沈从文研究》第1辑重新刊发了这篇文章。后以《在湖南吉首大学的讲演》为题收入《全集》第12卷《我与新文学》集。

10月24日 与张兆和一起复信施蛰存："我们江西鄠都没有侄子，倒是赣江矿业学院工作的有个表侄，姓戴，名国强，又名思文，不知道是否此人。从文健康近日大体上不错。""您手术后虽然恢复得很好，但也要注意身子，劳逸结合，切切。"[①] 本信未收入全集，据《施蛰存先生编年事录》辑入。

十月 为即将由商务印书馆香港分馆出版的论文集《龙凤艺术》作《题记》。收入《龙凤艺术》（香港商务印书馆1986年）。收入《全集》第31卷《龙凤艺术新编》集。

11月15日 下午，彭荆风来访。

11月20日 刘北汜来访。据刘北汜回忆：

> 我到前门东大街他的新居去看他。他脸色红润，精神兴奋，病体显然在好转中，只是行动仍然不便，有人搀扶才能缓缓挪出几步。
>
> 我拿出相机，为他和沈夫人照了几张相。他忽然孩子似地乐了，说："等我举起右手，再给我照一张！"
>
> 他在沙发上坐正，笑迷迷张着嘴，右手一点点向上举，举过肩头侧。我连按了两下镜头，他大病后又能举起右手的照片便留下了。
>
> 像照完了，他很高兴，嘴好半天也没合拢，说："这手。又能写了，又能了。"

---

① 汪建中：《施蛰存先生编年事录》下，第1162页，上海古籍出版社2013年版。

嗓音不高而清晰，兴致极高而不像大病之后。

沈夫人也乐呵呵地，说："又呆不住了。要给他那本大书出增订本；又计划这个，想那个，又想把他没写完的小专题拾起来……"

沈先生要了圆珠笔和纸，纸下垫本书，放在沙发扶手上，一笔一划写了两个大字：碎金。说他要再看看这本古籍，故宫博物院图书馆里有，要我为他借出，他修订《中国古代服饰研究》时要参考。

我说，我记下了。

他换了一张纸，继续写了七条：

1. 明王锡爵洒金扇及家具模型照（苏州博）；

2. 明初江西益庄王墓葬出土洒金摺子扇；

3. 明万历湖南出土二摺子扇，有扇坠，用针戳孔作人物山水，似倭扇；

4. 山东明初朱柡墓褶洒金摺子扇；

5. 常州出土漆盒盖描金执摺扇妇女；

6. 张士诚母墓中金银器；

7. 上海明潘某殉葬家具模型照。

这7种实物照片中，有的是他新发现的，有的是他多年以来孜孜以求，尚未到手，仍然是为了充实他那篇早在1979年就已经有了初稿的《扇子应用发展》一文之用的。因为必要的图片一直未凑齐，未搜全，他这篇专著拖到现在迟迟没拿出发表。另外一些，又显然是为他计划写的别的专著准备的。

沈老注意收集图像资料，是为了以图像为主，结合文献进行综合分析，比较探索，从而得出更切合实际的结论。这种研究古代文化、文物的方法，正是他一贯都在坚持的。

沈老要看的《碎金》，是本类书，我从故宫图书馆借到了民国二十四年的影印本，复印了其中《蚕织》《服饰》《彩帛》《饰色》《艺业》《珍宝》等篇，及余嘉锡为影印本写的跋，为沈老挂号寄去，问他是不是还需要复印其他各篇。

……

几天后的12月13日，沈虎雏写来回信，说是复印各篇正是沈先生要再看看的，“另外的不必复印了”，却又透露了一个令人不安的消息，说是沈先生“近日受天气影响，精神不大好。暖气一连三天出毛病，只有9—14摄氏度”。隆冬天气，屋里气温这样低，正常人都有些受不了，老先生的身体当然难免要受影响了。他要增订《中国古代服饰研究》的工作会不会受影响呢，我又不免惦念不安了。[①]

12月1日

本日 萧乾致李辉信中似乎有一段涉及沈从文，兹录如下：“我1947年根本没到过北京，我是48年2月上旬开会时才去的，筹备时期我毫无所闻，更未去请过他。推得真干净；一个杨振声，一个我。他没料到通信者的你是知情的！他对《新路》不知情，因未读过毛著。他在西南联大参加《战国策》又是上了谁的当呢？”[②]

12月8日　据程应镠《复出日记》：“下午去看从文先生，样子还好，和去年差不多。”（《程应镠先生编年事辑》）

刘祖春来访。

12月13日　“乘一一〇公共汽车去看从文先生。说到毓棠时，他目中饱含着眼泪，四十多年前的日子也蓦然出现在我心中。”（《程应镠先生编年事辑》）

12月19日

本日 《光明日报》在头版位置发表了郑笑枫的专访《坚定地站在中华大地上——访著名老作家沈从文》。编者按说：“年高德劭的沈从文先生，是中国现代文学史上的一位重要作家。50年代初期，由于历史的误解，他中断了文学创作，改为从事中国古代文物研究，在这个领域中，他又取得了令世人瞩目的成就。然而，他是这般谦虚，这般豁达，这般地不计较个人委屈……坚定地站在祖国的大地上。这一切，正体现了中国知识分子的崇高风范。”

---

① 刘北汜：《执拗的拓荒者》，《长河不尽流》，第211—212页，湖南文艺出版社2018年版。

② 萧乾：《萧乾全集》第七卷，第210-211页，湖北人民出版社2005年版。

12月28日 沈从文八十三岁生日，胡绳前来祝寿。第二天香港《大公报》刊发电讯《著名作家沈从文昨八十三岁生日 社科院长胡绳登门贺寿》，予以报道，披露了一些鲜为人知的事实：

> [中国新闻社北京二十八日电]中国现代文学史上的著名作家沈从文今天度过了八十三岁生日。他感慨地说，“时间过得真快，当年和我正一起的文人差不多都过去了，只剩下巴金、叶圣陶、俞平伯和冰心。”
>
> 中国社会科学院院长胡绳专程到沈从文家中为其祝寿。他说：“我和您还有一个您所不知道的特殊关系。一九三四年当我报考北京大学哲学系时，需要一位担保人。因为我认识您夫人的妹妹，当时没经您的同意，盖了您的图章，就由您做了我的担保人。幸亏我在北大读书一年多没闯祸，没给您惹麻烦。”病后的沈从文近半年身体恢复较好，他耳聪目明，记忆力尚佳，他笑着答道：“那我们认识已经五十一年了。”
>
> 沈从文中断文学创作已三十多年。但近几年大陆文坛重新掀起“沈从文热”。他半个世纪前的散文、小说正一本接一本、一套接一套地出版，名作《边城》还搬上银幕。
>
> “失之东隅，收之桑榆”，封笔后的沈从文在耕耘中国古代文物研究方面又取得了令人瞩目的成就。他的巨著《中国古代服饰研究》已成为中国国家领导人出访时赠送给外国首脑的珍贵礼品。今天他向胡绳畅谈起他新的研究课题：中国古代的灯具、家具、屏风、首饰、马具、扇子等。胡绳一再叮嘱沈从文：“您多保重！力争多做几年工作。”

十二月 中国少数民族作家学会在京成立，会议推举沈从文为学会名誉会长；玛拉沁夫为会长。

本 年

上半年 收到盛佩玉的信，因在病中，遂由张兆和记录，口授复信。写信时间不详，从“去年冬又因基底动脉供血不足”及《湖州师专学报》1985年第2期以《致盛佩玉的一封信》为题刊出可推知，此信当写于1985年上半年。该信未收入《全集》，全文如下：

佩玉先生：

适间接奉故宫博物院转来二月十二日惠书，获知曾见赠洵美遗着《拜伦的讽刺诗》及师院简报，但未见转来。我工作由历史博物馆调社会科学院历史（研究）所已七年，故宫博物院过去曾短时期兼职，寄那里的邮件他们未能及时转递，当去信询问。我于1983年因脑栓形成引起左侧偏瘫，去年冬又因基底动脉供血不足，二次住院，长年在病中不能工作。洵美是老朋友，未能遵嘱写一点纪念文章，殊深歉仄。湖州师专武大中文系将为洵美出专集，闻之深慰。谢谢你的赠书，诣希珍摄。

祝

健康长寿

沈从文①

本年 福斯特·拉兹（Forster Latsch）夫妇译的德文本《边城》，吴素乐译的德文本《沈从文小说集》在联邦德国出版。

---

①《湖州师专学报》1985年第2期，同时参见《我的爸爸邵洵美》364页，上海书店出版社2005年版。

1986年 85岁

6月16日　六届人大常委会第十六次会议通过了《中华人民共和国土地法》。

9月28日　中国共产党十二届六中全会在北京举行。全会通过了《中共中央关于社会主义精神文明建设指导方针的决议》。

12月2日　《中华人民共和国企业破产法（试行）》公布。

12月5日　国务院发布《关于深化企业改革增强企业活力的若干规定》。

2月6日

本日　吉首大学成立沈从文研究室，这是国内第一个专门研究沈从文的学术机构。

3月5日　与张兆和一起至友谊医院探望重病中的朱光潜。据吴泰昌向张兆和转述："朱师母说，朱先生有两个心愿未了。一是没有看到你们和叶老。二是未见到《新科学》出版。"①

3月6日

本日　老友朱光潜凌晨二时三十分病逝。

4月25日　复孙琴安函，回忆与徐志摩的交往。收入《沈从文全集·补遗卷4》。

五月　《龙凤艺术》由商务印书馆香港分馆出版，收入《题记》《过节和观灯》《湘西苗族的艺术》《塔户剪纸花样》《谈金花笺》《龙凤艺术——龙凤艺术的应用和发展》《鱼的艺术——鱼的图案在人民生活中的应用及发展》《古代人的穿衣打扮》《宋元时装》《江陵楚墓出土的丝织品》《织金锦》《〈明锦〉题记》《清

---

① 吴泰昌：《我认识的朱光潜》，第64页，上海文艺出版社2008年版。沈从文是否一同去看望，待考。

代花锦》《蜀中锦》《谈染缬——蓝底白印花布的历史发展》《谈广绣》《花边》《谈皮球花》《古代镜子的艺术》《玻璃工艺的历史探讨》《中国古代陶瓷》《谈瓷器艺术》《文史研究必需结合文物》《"㼌瓟斝"和"点犀乔"》《"杏犀乔"质疑》《关于天王府绣花帐子的时代及其产生原因的一点意见》《关于赖文光马褂问题的一点意见》《试释"长檐车、高齿屐、斑丝隐囊、棋子方褥"》《从〈不怕鬼的故事〉注谈到文献与文物相结合问题》《从文物来谈谈古人的胡子问题》《附记》《读展子虔〈游春图〉》《谈谈〈文姬归汉图〉》《谈写字（一）》《谈写字（二）》《春游颐和园》《北京是个大型建筑博物馆》《编后记》等文章。编者在出版说明中说："《龙凤艺术》是沈从文先生几十年来于报章杂志有关文物艺术的文章的结果，1960年原由作家出版社出版。是书的出版，由于碰上了十年动乱，所以流传不广，甚至作者自己也没有保存下来。有见及此，本馆编辑部商得沈先生同意，并得中国社会科学院历史所王孖先生和王亚蓉女士的帮助，在原书的基础上重新编选，仍以《龙凤艺术》为题出版。新编的《龙凤艺术》有几点是要略作说明的。首先，就篇幅而言，新编比旧编约增加三分之一以上，并配上了大量的图片。其次，文章的编选标准，是内容主要在于谈文物艺术，杂文性质的文章则割爱；不同文章而内容重复的，取其较完整的。再次，书内的部分文章，作者作了增订和删节，这主要是史事方面的；另考虑本书是在海外出版，部分内容文字也有删节，但是以不妨碍原文内容和意旨为原则。"本集的大部分作品收入《全集》第31卷《龙凤艺术新编》，另一部分作品按文章类别编入相应的专集。

五月　北京青年电影制片厂的《湘女萧萧》摄制完成。该电影根据沈从文的小说《萧萧》《巧秀与冬生》改编完成，编剧张弦，导演谢飞、乌兰，娜仁花饰萧萧、邓晓光饰花狗。该电影获奖多项：1988年获法国蒙比利尔国际电影节"金熊猫"奖；西班牙圣·塞巴蒂安国际电影节"堂·吉诃德"奖。

6月14日

本日　《文艺报》报道："最近，在中央领导同志的亲自关怀过问下，著名老作家沈从文的生活待遇问题得以妥善解决。不久前，胡耀邦同志曾向中国社会科学院有关方面了解沈老的生活和工作情况，随后，中组部即下达了文件。文件规定：沈老的住房、医疗和工资按中央副部长级待遇解决。就这样，这对老夫妇终于在晚年搬进了一套五间的新居。此外，沈老获得了近三十多年来的第一次晋级调资，工资由每月的二百元增为三百多元。社科院还为沈老配备了专车，但沈老的夫人张兆和说：'目前因为电话一时安不上，所以叫车仍很不方便。'"

6月22日　复信张香还。本信由张兆和代笔。收入《全集》第26卷。

六月　《李广田文集》（第五卷）由山东文艺出版社出版，沈从文为该书题签。

8月26日　上午，在杨开萱陪同下，凤凰县志编纂委员会田开华、龙文雅、苏元辉、萧大葆等人来拜访沈从文，并请沈从文为《凤凰县志》题签。但因沈从文已经不便写字，最后经沈从文审定，采用了沈从文1982年11月致县史志编纂委员会的一封信上的字作为题词。（《请沈老为〈凤凰县志〉题字的经过》）

八月　《李广田文集》（第四卷）由山东文艺出版社出版，沈从文为该书题签。

八月　沈从文担任顾问的《中国美术全集·绘画编》第1卷由人民美术出版社出版。

10月14日　在夫人张兆和协助下，为英译本《新与旧》作序。

十月　凌宇编选的作品集《凤凰》由文化艺术出版社出版。收入小说《牛》《菜园》《萧萧》《灯》《绅士的太太》《丈夫》《山道中》《三三》《黔小景》《油坊》《秋》《月下小景》《生》《一个农夫的故事》《静》《来客》《黑夜》《失业》《顾问官》《新与旧》《主妇》《贵生》《大小阮》《边城》，散文《桃源与沅州》《一九三四年一月十八》《箱子岩》《伙伴》《滕回生堂今昔》《常德的船》《沅陵的人》《凤凰》《一个传奇的本事》，黄永玉的《太阳下的风景》作为附录。该书由朱光潜作序，序文即引起种种非议的1982年发表于《湘江文学》上的《关于沈从文同志的文学成就历史将会重新评价》，收入该书时，删除了序文中的一些敏感段落。

11月14日　下午，蒙慕秋偕夫人来探望沈从文。据蒙慕秋回忆：“沈老仡谈锋甚健，天南海北，洋洋洒洒。除耐心解答我们的疑难外，还谈起郭晨的文章，谈到他自认为成熟的六部作品，谈起国际上的‘沈从文研究’态势，谈电影《湘女萧萧》……交谈间，沈夫人从书橱取出一本《凤凰丛书·我所认识的沈从文》惠赐我们。沈老说，这都是华人写的，国内外都有，以他们的文章为基础，组成这本书。”①

11月17日　晚上，彭荆风来访。在交谈中，沈从文深为文坛现状忧虑：“如今下去一趟回来就写大部头作品，那怎么行？”“如今还有一些人，下去走马观花都不干，他们只求表现自我。写得连我们都不懂。”“从前，李金发他们也是提倡表现自我，诗也是难懂。”临别时，将新出版的《我所认识的沈从文》赠给他，并在书上签名。②

11月18日　周有光、张允和来访并摄影留念。

11月20日　张元和、张充和应邀回国参加纪念汤显祖逝世370周年会议，与张允和一起到沈从文寓所看望并一起合影留念。

因肺炎住院治疗。

十一月　为中华文学基金会发售的由虎年出生的作家签名的“虎年邮票首日封”签名。

十二月　《从文自传》由重庆出版社重印出版。

本 年

本年　在张兆和协助下，完成短文《自我评述》。

---

① 蒙慕秋：《寄自故乡的怀念——痛吊吾师沈从文》，《八方文艺丛刊》第11辑。

② 彭荆风：《病中的沈从文先生》，田伏隆主编《星斗其文 赤子其人》，259—260页，岳麓书社1998年版。

1987年 86岁

1月6日 《人民日报》发表社论《旗帜鲜明地反对资产阶级自由化》。

1月16日 中共中央政治局扩大会议召开，同意胡耀邦辞去中共中央总书记职务，推选赵紫阳代理中共中央总书记。

1月28日 中共中央印发《中共中央关于当前反对资产阶级自由化若干问题的通知》。

4月13日 《中华人民共和国政府和葡萄牙共和国政府关于澳门问题的联合声明》在北京签署。

11月2日 中国共产党十三届一中全会在北京召开，全会选举赵紫阳为中共中央总书记，邓小平为中央军委主席。

一月 台湾《联合文学》第27期（第3卷第3期）隆重推出由郑树森担任总策划的“沈从文专号”。该期杂志分为十个部分，较为全面地反映了沈从文的生平和创作：卷首语；（卷一）生平《沈从文的前半生》（林淑意）；《一九四九年后的沈从文》（金介甫 Jeffrey C.Kinkley，林淑意译）；（卷二）小说六篇：《柏子》，《菜园》，《丈夫》，《三个男人和一个女人》，《静》，《贵生》；（卷三）散文四篇：《一九三四年一月十八》，《一个多情水手与一个多情妇人》，《老伴》，《凤凰》；（卷四）谈创作三篇：《给志在写作者》，《短篇小说》，《小说与社会》；（卷五）评论五篇：《沈从文与中国现代文学的地域色彩》（金介甫 Jeffrey C.Kinkley）；《从苗汉文化和中西文化的撞击看沈从文》（凌宇）；《沈从文的寂寞——浅谈他的散文》（汪曾祺）；《沈从文的人格和风格》（朱光潜）；《历史将会重新评价》（朱光潜）；（卷六）传记资料：《太阳下的风景——沈从文与我》（黄永玉）；《沈从文先生在西南联大》（汪曾祺）；《沈从文印象》（辛其氏）；《三姐夫沈二哥》（张充和）；《初识沈从文》（傅汉思 H. Frankel著，张充和译）；《我所认识的沈从文先生》（高华）；《侧记沈从文先生的研究》（王亚蓉）；《忆沈从文》（梁实秋）；《沈从文与湘女萧萧》（非秋）；（卷七）书目：

《沈从文主要作品年表》（林淑意辑）；附录；编者琐语（编辑室）。

二月 “春节期间，我去看望在新居养病的沈先生。那天，碰巧赵瑞蕻和夫人杨静如、杜运燮几位也在。他们也都是当年西南联大‘高原文艺社’成员。几十年不见，大家谈得很高兴。沈先生因说话费力，只坐在藤椅里静静听着，脸上露出笑意。我偶然说起上海也搞了一大本服装史，他听了突然说了一句对这书很中肯綮的话。”①

4月17日　复中国近代纺织史编委会办公室函，婉拒《中国近代纺织史》编委会顾问一职。收入《沈从文全集·补遗卷4》。

4月18日　致信吴海发。收入《全集》第26卷。

4月22日　因肺炎入院治疗。

5月18日　叶圣陶在当天日记中写道：“台（湾）出版《从文自传》，想起过去，沈从文寄稿件很多，篇篇好，来不及登，只好寄回。”②

5月27日　就法门寺地宫重大考古发现致电陕西省政府。收入《沈从文全集·补遗卷4》。

五月下旬　给陕西省副省长孙达人致电，祝贺陕西法门寺考古的成功。

6月7日　瑞典汉学家倪尔思第一次来访。沈从文虽然讲话有些困难，但在张兆和的帮助下，进行了一次长谈。倪尔思告诉他，马悦然翻译的瑞典文版《边城》已经出版，此外，还有不少他的书正在出版中。沈从文对他的作品被译成瑞典语感到非常高兴，他说，他不希望人家说“伟大的作品”。“我自己写得不成熟。”“我的文化程度只有小学毕业，”“我自己练习写作。我写的东西只不过是习作。”

---

① 周定一：《沈从文先生琐记》，《长河不尽流》，第249—250页，湖南文艺出版社2018年版。

② 商金林：《叶圣陶年谱长编》第四卷，第606页，人民教育出版社2005年版。

7 月 8 日　接待瑞典作家汉森、汉学家倪尔思等人，并回答了他们关于创作问题的提问。在座的还有陪同来访的中国作家协会外联部的王先生。他们是为沈从文小说、散文集瑞典文译本采访他，谈话涉及很多领域，关于屠格涅夫和莫泊桑等外国作家的影响，关于弗洛伊德，关于鲁迅和他的伟大作品，关于中国服装。当问到他自己认为他写的哪些作品最好时，他不假思索地回答：《边城》《长河》《丈夫》《萧萧》《顾问官》《贵生》《常德的船》和《从文自传》。当问到"为什么他的小说总是描写生活在社会最底层的贫苦人"时，沈从文吃力地回答："我一向同情受压迫者。"①

7 月 9 日　接待瑞典作家汉森、汉学家倪尔思。

7 月 10 日　接待瑞典作家汉森、汉学家倪尔思。

7 月 11 日　接待瑞典作家汉森、汉学家倪尔思。

沈虎雏根据这四天的访谈整理成《答瑞典友人问》，收入《全集》第 27 卷《谈话及其它》集。

7 月 14 日

本日　金岳霖学术基金会成立，沈从文被聘为"金岳霖学术基金会理事会"顾问。

8 月 24 日　阅读 60 年代写的未刊稿《抽象的抒情》，已经记不得这是自己写的文章，说："这才写得好呐。"

八月　《扇子史话》发表于《人民画报》第 8 期，署名沈从文。收入《全集》第 31 卷《龙凤艺术新编》集。

八月　《一个女剧员的生活・边城》由人民文学出版社出版。

10 月 6 日

本日　香港《大公报》刊载消息《沈从文作品选集台当局批准出版》。"大陆作家沈从文的选集日前经过台湾'新闻局'审查，已获准出版发行。这是台湾

---

① 倪尔思：《沈从文：一位真诚、正直、勇敢、热情的长者》，《芙蓉》，2002 年第 6 期。

当局自今年八月宣布解禁大陆非政治性出版物以来出版的第一部大陆作家的作品。《沈从文选集》由台湾光复书局出版，是该书局出版的《当代世界小说家读本》中的一部。据台湾报纸今天报道，《沈从文选集》收进了作者三十年代的作品。台湾‘新闻局’虽然批准出版《沈从文选集》，但声称‘并不表示沈从文所有的作品都可以出版’。”

十二月上旬 老友蹇先艾来访。“十二月上旬，我到北京开会，临行曾专程到崇文门外从文的新居去看望他（这是最后的一晤）。他步履艰难，从卧室推着扶手钢架走出来，虽然红光满面，但脸上似乎有些浮肿，假牙没有安上，听觉还好，说话不大清楚，语短情长，已不能像前些年我们一见面，他就那样滔滔不绝地谈文物考古方面的问题了。随我前往的作协贵州分会的何文带得有照相机，为我们和从文的夫人张兆和摄影留念。想不到这竟成了他最后与我们的合影。胶卷冲洗后，我把像片寄去，他看到了，很高兴。”[①]

① 蹇先艾：《回忆老友沈从文》，《新文学史料》，1988 年第 4 期。

1988 年 87 岁

1 月 13 日　中国国民党主席蒋经国在台湾病逝。

1 月 15 日　全国住房制度改革工作会议召开。

3 月 24 日　中国人民政治协商会议第七届全国委员会第一次会议在北京召开。

3 月 25 日　第七届全国人民代表大会第一次会议在北京召开。在这次会议上，杨尚昆当选中华人民共和国主席，万里当选全国人大常委会委员长，李鹏当选国务院总理。

---

1 月 2 日　下午，彭荆风来访。

2 月 1 日　凌宇的《沈从文传》部分章节从是日起开始在《人民日报》海外版连载。

2 月 3 日　复信陈永健，回复他提出的“孟家蝉”问题。本信由沈从文口授，夫人代笔。收入《全集》第 26 卷。

2 月 8 日　下午，作家熊耀明（龙冬）来访，“我听他谈了一些关于怎样学习写作的话，怎样看待人生的话。最后，他沉默了好一会儿，神情忽然变得十分严肃，声音也提高了，激动地说：‘我不相信任何悼词，不相信！悼词写不出人的历史，写不出我的生活！’”①

2 月 19 日　董锡玖来访，并与沈从文及夫人合影留念。

3 月 8 日《人民日报》发布《中国人民政治协商会议第七届全国委员会委员名单》，沈从文被列为“无党派民主人士”。

3 月 12 日　凤凰县工作人员田时烈访问沈从文，并带来故居修葺图样，请沈从文审定。因沈从文正在病中，张兆和请他留下图样，待沈老看后，再告知意见。

---

① 龙冬：《沈从文的寂寞是一种境界》，http：//city.ibeike.com/thread-174219-1-1.html

3月16日　凤凰县县长吴官林、县人大主任曹义、凤凰雪茄烟厂副厂长雷鸣专程来京拜访沈从文。谈及故居修复及召开研讨会事：

> 沈老坦率地谈了他对故居修复图样的意见，他说："房屋的图样很象原貌，正屋右侧的山当好像有个小窗子？要不要加上去！"又说："房屋烂了，一百多年了，修一下也好，但将就修修，不要花很多钱，家乡还很穷，要尽量节约。"
>
> 当吴官林县长谈及吉首大学和家乡的后辈们正在从事沈从文研究时，沈老急切地告诫说："不要搞什么研究会，我没有什么了不起，只不过写了几本书，算不了什么。过去别人不愿干的我去干，现在大家争着去干我不干了。人到老年又改行去研究坛坛罐罐，作点'人弃我取'的工作。人老了，精力不够只有做做这方面的事。"
>
> 沈老说："现在的情况很复杂，各取所需，很多东西不是我讲的，也说是我讲的，扯我的旗号，请你们要注意。"
>
> 沈老问了家乡近年来的情况，吴官林县长把工农业生产的发展，财政收入的增加，人民生活水平的提高和城乡经济的繁荣情况简要地作了介绍。沈老听了高兴地说："很好很好，家乡的前途靠你们去建设了，我老了，不行了。"曹义同志插话说："沈老，您很健旺，祝愿您活到一百岁！"沈老哈哈大笑："不可能，不可能，今年都八十六了，又多病，哪能呢？"①

3月24日　《人民日报》发布《全国政协七届一次会议主席团和秘书长名单》，沈从文当选为主席团成员。

下午，中国人民政治协商会议第七届全国委员会第一次会议在人民大会堂开幕，沈从文因病缺席了本次会议。

4月6日　上午10时，台湾青年作家张大春在张允和陪同下来访，沈从文称张允和为"三姑六婆中的媒婆"。

---

① 田时烈：《沈从文故居修复记》，《凤凰文史资料》第二辑，第185－186页。

4月7日　瑞典汉学家倪尔思来访。他转达了马悦然教授对沈从文的问候，并说他翻译的沈从文小说散文集《孤独与水》已经完成，此次来访主要是为了核对作品中的几个细节。[①]

4月8日　因凌宇拟议召开一次以“沈从文研究”为主题的国际性学术活动，致信凌宇，极力劝阻举办这样的活动：“《秋水篇》：‘大块载我以形，劳我以生，佚我以老，息我以死。’孔子云：‘血气既衰，戒之在得。’这两句话，非常有道理，我能活到如今，很得力这几个字。但愿你也能记住这几个字，一生不至于受小小挫折，即失望。你目下的打算，万万走不通，希望即此放下痴心妄想。你只知道自己，全不明白外面事情之复杂。你全不明白我一生，都不想出名，我才能在风雨飘摇中，活到如今，不至于倒下。这十年中多少人都忽然成为古人，你亲见到的。应知有所警戒。你不要因为写了几个小册子，成为名人，就忘了社会。社会既不让我露面，是应当的，总有道理的。不然我那能活到如今？你万不要以为我受委屈。其实所得已多。我不欢喜露面，请放弃你的打算，自己做你研究，不要糟蹋宝贵生命。”收入《全集》第26卷。

4月10日　下午，中国人民政治协商会议第七届全国委员会第一次会议闭幕。

《人民日报》发布《中国人民政治协商会议第七届全国委员会主席、副主席、秘书长、常务委员名单》，沈从文当选常务委员。

4月12日　为研讨会事再度致信凌宇。收入《全集》第26卷。

4月16日　复信向成国。

成国先生：

赐信收到。谢谢。来信中所云“全国性活动”，弟以为值得考虑。弟搁笔业已经半世纪。其所以如此为人，实深知如此一来，即可免去无数麻烦，比较安全，不至于在不明不白为社会变动中，陷于困难，不知何以自保，亦免朋友为难。古人有言：“大块载我以形，劳我以生，佚我以老，息我以死。”又孔子云：“血气既衰，戒之在得。”弟

① 倪尔思：《沈从文：一位真诚、正直、勇敢、热情的长者》，《芙蓉》，2002年第6期。

今年已八十六，所得已多。宜秉古人见道之言，凡事以简单知足，免为他人笑料。不求有功，先求无过。过日子以简单为主，不希望非分所当，勉强它人为之代筹。举凡近于招摇之事，证“知足不辱”之戒，少参加或不参加为是。

先生所提之事，具见同乡好意，无如与弟平时旨趣甚远，心中多一负担。甚愿为弟设想，实增感谢。即此复颂安佳。

弟 沈从文 顿

一九八八年四月十六

这是沈从文写下的最后文字。以《最后的文字——复向成国》为题收入《全集》第26卷。

4月21日　上午，李辉来拜访沈从文。下面是李辉整理的谈话记录：

（好久没有去看他，他已搬进新居了。没戴假牙的他，看上去瘦多了，也老多了。过去圆圆的脸，如今消瘦，更苍老。右手萎缩，无力，搁在椅靠背上，左手极少动弹，搁在腿上。他坐在一张藤椅上。说话含混不清，一是因为半身不遂，二是因为没戴假牙。）

沈：你的《萧乾传》我看了，写得不错，是那个气氛。你说我和巴金吵架，什么时候我吵过？

李：你告诉我的。巴金在文章中也写到过。你们观点不同，老爱吵，吵完了又没事了。

张：是的。

沈：是争吵，不是吵架。我们俩是不同。他有激情，我讲究平和；他的记性好，文章被删掉后，能原封不动地补上去。我就不行。写过了就忘了。

沈：萧乾的记性有那么好，什么事都记得？

李：有的是他讲的，有的是我查的资料，问问老人，包括你。你的书。譬如你们的沙龙。

沈：我们不叫沙龙。我们每星期六聚一次。在金岳霖家，东总布胡同，梁思成、林徽因的后院。

李：也在朱光潜家。

沈：对，在慈慧寺。

（奇怪，说起这些，沈从文的记忆力挺好。有时，说着说着，他抿嘴想笑，又没笑出来，憋了好久，才呵呵地笑了，其神情和四年前听到说傩戏时的笑一样，眼泪也快流下了。）

李：你和萧乾什么时候闹起矛盾的？是解放前还是解放后？

沈：前几年。

李：是为什么？

沈：（不语。）

张：他们的事情我也弄不清楚。

李：他也够惨的，打成了右派。

沈：他也是右派？

张：怎么不是？你忘记了，当年让你去批判会，还有冰心也去了。冰心发言就说他老离婚，她不同意。

李：你们老也老了，和好不行吗？要是他来见你，你赶不赶他走？

沈：（沉吟一会儿）来看我，我赶他干什么？

李：你解放后幸好钻到故纸堆里才没有事。不然也跑不了。

张：他这个人其实很犟。写不愿意写的还不如不写。

李：根据你的小说改编的电影看过了吗？

沈：没有。《翠翠》没看过。

张：剧本结尾他不同意，说不是他的。①

4月26日

本日　萧乾在致李辉信中说："谢谢你撮合我与沈关系事。我初步考虑：a.抽去回忆录中关于他的那段；b，待你由贵州回来，我的儿媳返美，我们二人同去

① 李辉：《和老人聊天》，第39—42页，大象出版社2003年版。

看他如何？你也可以目睹一个破裂的友谊的重整。”[①]

4月25日　友人来寓所，介绍中国作家访问瑞典文学院及和诺贝尔文学奖评审委员会交流的情况。

4月30日　晚上，凌宇来寓所拜望。“先生十分兴奋，询问了我的近况及我所知道的外面人士的种种——他仍然忘不了人世间的那本‘大书’。当我问及他的身体状况时，他突然笑了起来，并举起右手，在头上虚空抓了一把什么，然后向地上扔去。这同一动作重复了五六遍时，他已经笑得两眼起了泪花。”[②]

5月1日　阅读《凤凰观景山》残稿，说：“这个可以发表，我要改好它，抄出来改。”[③]该文稿后经沈虎雏整理，收入《沈从文别集·凤凰集》（岳麓书社1992年版）。收入《全集》第12卷《南北风景》集。

5月2日　刘一友来访。

5月4日　刘一友来访。

阅读1980年6月15日致孙康宜信的书信底稿（收入《全集》第26卷），说：“这个特别好，讲透了。”同时指着黄庐隐女儿的来信说：“这个人我要见，写信去。”[④]

5月7日　刘一友来访。

5月10日　上午，吴瑞之来访。

下午，约广东电视台黄维超、李素先夫妇见面。据向成国回忆：“5月10日下午四点二十分，黄、李夫妇到沈先生寓所。李素先谈及父亲的遭遇和思念

① 萧乾：《萧乾全集》第七卷，第240页，湖北人民出版社2005年版。但由于沈从文的突然逝世，此议并未能够实行，及至1994年5月24日，萧乾在致李辉信中透露的态度略有变化：“我在五七年八月作协批判会上听到沈说早在三十年代就与美帝国主义勾结（指China In Brief William Allan），我几乎不相信我的耳朵。他艺术高，但从阶级斗争中看到他的人品，并不高。我尤其看到他为《杨振声文集》所写的大批判式的序，心凉了大半！我并不后悔最后你的美好设计的失败。我见了面真不该（说）什么。只能向他表示当初（三十年代）没齿难忘的恩。我对他失去了早年的尊敬。卖友求荣，落井下石，都是很难饶恕的。”（《萧乾全集》第七卷，第292–293页）

② 凌宇：《这不是最后的告别》，见田伏隆主编《星斗其文　赤子其人》，第279—280页，岳麓书社1998年版。

③ 沈虎雏：《沈从文年表简编》，《沈从文全集·附卷》，第100页，北岳文艺出版社2003年版。

④ 同上注。

从文先生之情，不免引起沈老的一些感伤，牵扯出许多旧时的回忆。但沈先生不是很激动，他认真地听着，细心地品味种种不同的、不幸的人生遭遇。不过沈先生这时已很累了。谈话中途．他突感不适，只觉眼睛昏花，慢慢地看不见东西，平缓了一阵儿以后，又恢复正常。黄、李二位五点十分告辞离去。他们走后，张先生扶沈先生上床休息，给他服用硝酸甘油片．然后迅速打电话请医生，通知儿女和沈先生的几位助手。很快沈先生的助手王孖、王亚蓉赶到，孙女沈红赶回，医生带着氧气袋和其他急救药品、器械迅速赶到，救护车也及时守候在楼下。在医生们全力抢救中，沈先生一直很平静。六点左右，沈先生对夫人张兆和先生说：'我不行了。'张先生安慰他说：'不要紧，我们送你到医院。'沈先生说：'送医院也不行了。'沈先生紧紧地握着夫人的手说：'三姐，我对不起你！'这是沈先生留给家人最后的话。慢慢地，他神志模糊，下午八点三十五分，心脏最后停止了跳动。"①

吴瑞之回忆：傍晚 5 时，沈从文感到"心脏不舒服。但神志极其清醒。于是家人立即一面打电话急救站联系，一面去叫一位从医的亲戚（住在邻近的一座楼房），亲戚家又恰好有一位医学专家客人，便一同携带器材进行急救。约过了十几分钟，急救站的大夫也带器材到了。但抢救无效，于晚八时半辞世。"②

王亚蓉回忆："1988 年 5 月 10 日傍晚在工作室的我和王孖突然接到沈夫人电话：'快来，沈先生心脏不舒服！'我们赶到时，他老人家躺在床上，沈夫人已通知了龙朱和虎雏。沈夫人的妹夫心脏病专家刚要回去，也通知了急救中心，沈夫人送妹夫下楼说再等一下急救车。先生人很清醒，对我们说：'心脏痛，我好冷！'王孖握着先生的双手，我握着他的双脚，真是冰凉冰凉的。'您别急，急救车马上就到。'先生静静地看着他喜爱的王孖，好像轻轻的有个笑意，慢慢合上了那双洞悉一切的眼睛。"③

---

① 向成国：《他静静地走了》，田伏隆主编《星斗其文　赤子其人》，第 288 页，岳麓书社 1998 年版。

② 吴瑞之：《尊重事实　尊重历史》，《凤凰文史资料》第 4 辑，第 35 页。

③ 王亚蓉：《章服之实——从沈从文先生晚年说起》，第 57－59 页，世界图书出版公司 2013 年版。

八十年代

致信王亚蓉。本信未收入《全集》。后收入《沈从文晚年口述》，本信未署写作年份，约写于本时期。原信照录于下：

亚蓉：

盼将存您处关于扇子其他各图即早便中为捎来，因为手边待附加说明部分已近完工（只剩下十来幅，估计至迟明天即可做完）。

孩子身体好些没有，小帆帆已随同龙朱去徐州探亲，大致有二十天才回来，听说徐州购车票极难，稍一耽搁，大致就得迟延到月底回京矣。

并候府上老幼同好。

王㐨想必极忙，并问好。

从文

四月四日

写作年代不详著作

《题〈宋拓集王圣教序〉装裱锦面》，据手稿收入《全集》第 30 卷《织绣染缬与服饰》集。

《宋元时装》，收入《龙凤艺术》(香港商务印书馆 1986 年)。据香港商务本收入《全集》第 30 卷《织绣染缬与服饰》集。

《关于天王府绣花帐子的时代及其产生原因的一点意见》，收入《龙凤艺术》(香港商务印书馆 1986 年)。据香港商务本收入《全集》第 30 卷《文物识小录》集。

《工艺美术中龙凤图案的应用》《题〈中国历代自然科学家小传〉》《关于灯的种种》，据手稿收入《沈从文全集·补遗卷 2》《文物研究资料草目》集。

《中国古代的绸缎》，据手稿收入《沈从文全集·补遗卷 2》《织绣染缬与服饰》集。

《信阳战国楚墓棺板》《分隶体中有草意》《传阎立本赚兰亭图问题》《关于飞天》，据手稿收入《沈从文全集·补遗卷 2》《文物识小录》集。

谱 后

1988年5月12日　由张兆和记录整理的《沈从文自我评述》发表于台湾《联合报》。后以《自我评述》为题收入《全集》第13卷《从现实学习》集。

1988年5月18日　上午，沈从文的遗体告别仪式在八宝山举行。据向成国回忆：

> 五月十八日上午，我陪同我校校长张有志同志前往八宝山，参加与沈老遗体告别仪式。一辆上海牌小车载着我们汇入浩荡的车流。虽然春日的融融阳光给人以舒适的暖意，但我总觉得内心一片空白——无法填补的空白！
>
> 到了八宝山礼堂，沈先生的儿子、儿媳沈龙朱、沈虎雏、马永暐、张之佩，侄女侄女婿沈朝慧、刘焕章在门口候接我们，走进休息室，有许多人正陪张兆和先生、她老人家一身素色，花白的头发梳得齐齐整整，虽然眼角、嘴角的皱纹处一直挂着永远也抹不掉的微笑，但瘦削的脸还是露出了悲痛折磨后的苍白，眼圈是黑的，平时神采奕奕和善的眼神显得滞凝、困顿。我走上前去，握着她瘦小的手，只觉得冰凉。这冰凉闪电般地透进我的心底，我说了句“请多保重”，就再也说不出话了。张先生紧紧地、久久地握着我的手说：“你从湘西来，老远的，难为你了。你辛苦了！……从文走得很平静，他没有什么牵挂，最后虽走得匆忙点，但没有痛苦。”不久，朱光潜先生夫人来了，巴金女儿李小林来了。她们泣不成声，双眼通红。张先生拉着她们的手，连声说：“别哭，别哭，从文是不喜欢别人哭的，他看到

别人流眼泪会不高兴的。”我坐下来，接过别人送来的一杯茶，喝了一口，只觉得咸咸的，不知我喝的是茶还是自己的泪。休息室里坐着二三十个人，谁也不愿说话。胡昭衡、萧离都静静地坐着，仿佛期待着逝者涅槃再生。汪曾祺蓄着长长的花白头发，戴着一顶棕色的巴拿马帽，穿着一件银灰色的夹克衫，古铜色的脸上突现出一双炯炯有神的眼睛。这位本来言语胜似江河的当代著名作家一声不吭，端直地坐在沙发上，似一座雕像，露出深藏的沉痛。李振军同志来了，威严的脸上缺了笑容。这位戎马倥偬的将军不知见过多少战友、士兵的炮火中倒下，今天他为自己的乡亲去世，感到格外的悲痛。刘祖春同志到后，打听多方面的情况，当他得知 ×× 社、×× 台没有记者来时，气得直跺脚，脸涨得通红。这位在沈从文先生影响引导下，走出凤凰山城，先在北大一面读书，一面从事文学创作，后抗战爆发逃出北京，由张兆和先生资助，奔向太原，投入抗日烽火，革命几十年的老同志落泪了，他颤颤栗栗，由夫人雅琪陪扶着，那抹泪的手绢早已透湿。……人们的感情是相同的：怀念和悲痛。

与沈先生遗体告别开始了。王㐨是组织者，他轻轻地招呼了一声，人们便自然地排成两行队伍缓缓向灵堂大厅走去。这是亲人的送别，没有悼词，没有任何仪式，只有一种沉痛的家庭式的气氛。各人手里拿着一枝鲜嫩的月季花，走到沈先生遗体前，深深鞠躬，虔诚地将花放在他身旁。没有花圈挽幛、祭幅和黑纱。沈先生遗像置于灵堂正中的平台上，遗像下工工整整地写着他生前留下的名言：“照我思索，能理解我，照我思索，可认识人。”沈先生遗体安卧在翠柏鲜花丛中，周围是亲人们送的几十个花篮。张兆和率子女送的花篮放在遗体前的正中央，挽词是：

让音乐、鲜花和我们的心永远伴随着你

傅汉思、张充和率子女送的花篮挽词是：

不折不从，亦慈亦让

星斗其文，赤子其人

王矛、王亚蓉送的花篮挽词是：

伟大公民，来日启明

几十个花篮簇拥着一株株翠柏，那翠柏深绿、苍劲、勃勃生机，寓于着逝者生的顽强，死的永垂。沈先生十分安静地躺着，洁白的垫单洁白的盖，一尘不染。往日那深度近视镜片后眯缝着的充满笑意温厚、睿智的双眼紧闭着，那嘴角眼角的丝丝皱纹深处明显地留着慈祥、仁爱、刚直正义、自甘淡泊寂寞、与世无争的笑意。他幸福地躺着，安详、满足而快乐，进入了永远不醒的梦境。他一辈子辛劳奔波，今天终于休息了。他走了，什么也没有带去，没有辎重，一身轻松。他去了，他把自己对我们国家、我们民族、对人类世界的温爱留下了，把无私的奉献留下了。我轻轻地献上了手中的月季花，久久地伫立在他的遗体旁。我想他一定能闻到我献上的花香，感受到花柄上不散的体温和溶在这体温中的献花者的一片怀念崇敬之情。

大厅内回响着贝多芬的《悲怆》奏鸣曲，音乐声的间隙处可以听到人们轻轻的抽泣。张兆和先生率子女守候在遗体旁，深情地感激、安慰每一个前来的吊唁者。送别的人们久久地围着沈先生的遗体，谁也不愿离去。

灵车终于把沈先生的遗体运走了，沈红紧紧地追赶着，呼天抢地地叫："爷爷！爷爷！"这呼叫声撕裂了每个人的心。送别者涌出厅外，泪眼紧追着缓缓而去的灵车。①

同日 《人民日报》第3版发表郭玲春采写的新华社电讯《眷恋乡土多名作 饮誉中外何寂寞 杰出作家沈从文告别亲友读者》，全文如下：

［新华社北京5月18日电］（记者郭玲春）没有人为他主持这最后的仪式，也没有名人为他致悼词，只有他的家人，他亲近的朋友和弟子，今天在八宝山公墓一个素朴的灵堂里，向他——中国著名的文学家沈从文先生告别。

① 向成国：《他静静地走了》，田伏隆主编《星斗其文 赤子其人》，第289—291页，岳麓书社1998年版。

8天之前，1988年5月10日晚，久病的沈老以86岁高龄，在北京的住宅里与世长辞。生前他曾留言，他死后不希望为他举行追悼会和遗体告别仪式。因此，今天只有不多的人闻讯来到这里见他最后一面。灵前是他的挚友巴金献的花圈。灵堂里响起贝多芬的奏鸣曲《悲怆》的旋律，人们将一株株月季放在他的身边，淡淡的色彩和一缕清香，正如他令人怀念的一生。

他1902年末出生在湖南凤凰县一个中医之家。20年之后，受“五四”运动的冲击，他只身来到北京，就像他的自述那样，“从此进入了一个永远无从毕业的学校，学习那课永远学不尽的人生”。此后的10余年间，他发表了《边城》《长河》《从文自传》《湘行散记》等名作——那是他在眷恋着湘西沅水和沅水边的人们，用底层人的哀乐故事寄托他“不可言说的温爱之情”。由于那些反映社会现实不同侧面的作品文笔清丽，他被称为有风格、有艺术个性的作家。

然而，这位撰文六七百篇，有百多种文集出版，中外都享有盛名的乡土作家，在中国现代文学史上曾经是被遗落的一章。1953年，他的全部作品曾被认为已经过时而销毁纸型。以后一段时间人们极少能在书店里见到他的集子。作为大学教科书的文学史上，他的名字和作品介绍，只在“其他作家和作品”这一节的一个段落里匆匆而过。

就在那时，他以一个知识分子的忠诚，欢欣国家进入了明时盛世，却又痛苦地不知怎样去寻找自己的位置。60年代初，有过几次他想在新的天地里试步，却又莫可奈何地放下了笔。年已半百的沈先生由此转入了文物考古、古代服饰方面的研究，用他的话说，那是“人弃我取”的工作，他愿为此做一块小小的铺路石。对国家对人民的热忱使他在这一领域里取得了成果，他的专著《中国古代服饰研究》为我国物质文化史填补了一项空白。这位“五四”以来杰出的作家任职于故宫博物院，最后的工作岗位是中国社会科学院历史研究所。

沈先生早年执教西南联合大学时的学生、著名作家汪曾祺，今天在同他崇敬的师长告别时说，沈先生是“真诚的爱国主义者”，“是我见到的作家中最甘于淡泊的，这不仅是人的一种品格，也是人的一种境界”

历史跨进80年代，沈先生与他无法销毁的著作一道重返文坛。十余种作品的再版，使他在当代青年中以及在海外产生了越来越大的影响。有几所大学要开展对他的研究，病榻上的沈老用歪歪扭扭的笔迹写下3封信劝阻他们。这是今年4月间的事，他写道：这与我所看重的、所珍视的完全不同。

中国现代的文学史将怎样重新看待这位寂寞的作家？沈先生说过，让历史来作出评价吧。

他曾任第二、三、四、五届全国政协委员，第六、七届全国政协常委。他逝去后，李先念、李铁映、王任重、武连元、宋堃等，以各种方式表示了对他的悼念。

1988年6月1日 《人民日报》第8版发表沙赫的文章《深感于沈从文之逝世》，为沈从文逝世后的遭遇鸣不平。文章全文如下：

深感于沈从文之逝世

沙赫

沈从文先生的去世，几乎要使人以为他是一位台湾作家。

最早发表他去世消息的，是台湾和香港的报纸。最早和最多发表悼念文字的，也是台湾报纸。而据《文艺报》报道，最早向沈家送去悼唁信的，是台湾《中国时报》在北京的一位记者。

沈从文是十日晚上心脏病突发与世长辞的，十二日台湾、香港的报纸就有了消息。

《人民日报》海外版的消息（中新社电讯）迟了两天，《光明日报》的本报讯迟了五天。《人民日报》国内版似乎没有登这一消息。

《中国时报》《联合报》还有从美国而北京的越洋电话打到沈家，采访了沈夫人张兆和。

接下去，还有作家萧乾、汪曾祺、荒芜的悼念文字。

《文艺报》比人家迟了两天的消息，才只有三行，四五十字。一直到又一个星期以后，才有大篇幅的详尽报道，这时沈从文的遗体已经火化三天了。

《人民日报》国内版到十九日才刊出沈从文遗体火化、亲友告别的新华社电讯。

而在同一天《人民日报》海外版刊出“告别沈从文”的中新社电讯时，旁边就刊有一位人大常委头一天在香港病逝的新华社电讯。这是人死当天的即日报道。但沈从文却在瞑目八天以后才有报道发出。

我们总算比较快地在二十日的《人民日报·大地》版上看到汪曾祺的悼文《一个爱国的作家——悼念沈从文老师》，使人感到安慰。

两天以后，在香港《文汇报》上，更看到了整整一版的悼念长文和黄苗子、郁风哀恸的悼唁信。

这使人想起：等级森严的“死人规格”，目光短浅的实用主义，莫名其妙的清规戒律……它们束缚着新闻工作者的手足。

不想多说什么了。谨把这些读报杂记献给正在努力于新闻改革的朋友们，作为参考。

1988 年 9 月　《八方文艺丛刊》（香港）第 10 辑发表了姚云、李隽培改编的电影文学剧本《边城》，同时发表的，还有沈从文的评注文字。

1988 年 10 月 13 日　瑞典皇家学院宣布本年度诺贝尔文学奖授予纳吉布·马哈福兹。

按：此后，先后有两名评委透露，沈从文是本年度诺贝尔文学奖的热门人选，如果沈从文不去世，他会获得当年度的诺贝尔文学奖。

马悦然：“我告诉你，我 1985 年被选进瑞典学院，做诺贝尔文学奖的评委，那时候我就开始翻译沈从文的作品，翻译他的《沈从文自传》《边城》《长河》，那个时候我认为沈从文会得到诺贝尔文学奖。这个话我不应该对你说，不过因为时间已经过去很久，现在可以告诉你。1988 年沈从文肯定会得到文学奖。你知道，我们瑞典学院每个星期四会开会，除了夏天的 6、7、8 月不开会。1988 年的 5 月 10 日，龙应台女士给我打电话，她问，‘你听说沈从文去世了吗？’我说没听说。我就给中国驻瑞典大使馆文化秘书打电话，我说，‘你可不可以告诉我，沈从文先生是活着，还是去世了？’他就问，‘你说的是谁？’我说是沈从文。他说，‘沈从文是谁？’我就把电话放下了。我再给李辉打电话，他是一个专门写文化老人的记者，我们是老朋友，我请他打听清楚，沈从文到底是活着还是去世了。他就告诉我沈从文真的去世了。我记得那是 1988 年 5 月 10 日。我告诉你，要是沈从文那个时候还活着，活到 10 月份就肯定会得奖。沈从文的去世对我来说是最遗憾的事情。”[①]

诺贝尔文学奖评委会主席埃斯普马克：“沈从文被提名了。沈从文差一点就得了奖。诺奖有一个 50 年保密的政策，但很幸运的是，总是会有一些秘密被泄露出去。几年前马悦然告诉上海的一家媒体沈从文差一点就得了奖。我想如果他没有在 1988 年去世，他会获奖。在 5 人名单上他是评委最喜欢的一个。”[②]

1989 年 5 月 3 日 《人民日报》第 4 版刊发消息《沈从文故居在凤凰县修复》，全文如下：

沈从文故居在凤凰县修复

本报讯 著名作家沈从文故居修复工程最近在他的故乡湘西凤凰县城全部竣工。

故居坐落在山环水绕的沱江镇，是四合院式的木质结构，青瓦棕漆，简洁明快，典雅大方。修复前，故居已多年失修，门窗破烂不堪，地面坑洼不平。去年初，凤凰县曾派人赴北京与沈先生商谈其故居修复事宜，正处病中卧床不起的沈从文先生却坚决不同意，他说：“家乡还很穷，不要乱花国家的钱！”去年 5 月，沈先生不幸病逝，

① 夏榆：《马悦然：诺贝尔跟中国作家“有仇”？》，《物质时代的文化真相》，第 71–72 页，文化艺术出版社 2006 年版。

② 《埃斯普马克：诺奖评委会是不可贿赂的》，《新京报》2012 年 10 月 24 日。

凤凰县人民政府立即拨出专款2万余元着手修复沈老故居。

据悉，修复后沈从文故居将改为沈从文纪念馆。

1989年5月10日　沈从文故居修复庆典暨沈从文逝世周年纪念活动中沱江镇中营街24号举行。

1992年5月10日　沈从文的骨灰回到故乡：一半撒入沱江，一半埋进墓地。“一叶扁舟载着沈从文先生的儿子虎雏、孙女沈红，还有他晚年的学术助手王亚蓉女士，从城东水门码头沿江而下。……沈虎雏和沈红把骨灰缓缓撒下，王亚蓉女士随后撒着一捧捧花瓣。这些业已干枯的玫瑰花瓣，是张兆和女士从北京家中带来的。四年来先生的骨灰盒和遗照前从未断过鲜花，那些开败的缤纷落英，也被夫人精心地保存下来，积成满满的一竹篓。现在这一瓣瓣的心香恋恋地追着船走。”“先生的墓地没有坟冢，没有通常的墓碑，只架一大块形状拙朴的天然五色石，正面与背面上方各铲平一块书写碑文的地方。正面碑文取先生自题句子并手迹，曰：‘照我思索，能理解‘我’，照我思索，可认识‘人’’。背面碑文是先生姨妹张充和女士撰联并手书，曰：‘不折不从，亦慈亦让；星斗其文，赤子其人。’碑刻均为中央美术学院著名雕塑家刘焕章所镌。”[①]

1992年12月　《沈从文别集》（全20册）由岳麓书社出版。

2002年12月　《沈从文全集》（32卷）由北岳文艺出版社出版。

① 徐泓：《魂归故乡山与水——沈从文先生骨灰安放记》，《大人物·小人物》，第131–132页，人民出版社1995年版。

附录：主要参考文献

沈从文：《沈从文全集》（1—32），北岳文艺出版社，2009年。

《沈从文全集·补遗卷》（1-4），北岳文艺出版社，2020年。

《新的文学运动与新的文学观》，云南省经济委员会印刷厂，1944年。

《沈从文小说选集》，人民文学出版社，1957年。

《沈从文小说选》，湖南人民出版社，1981年。

《沈从文散文选》，湖南人民出版社，1981年。

《沈从文文集》，花城出版社、香港三联书店，1982年。

《沈从文选集》，四川人民出版社，1983年。

《无从驯服的斑马》，中国青年出版社，2004年。

沈从文著　李之檀编：《玻璃史话》，万卷出版公司，2005年。

沈从文　张兆和：《从文家书》，上海远东出版社，1996年。

沈从文　张兆和：《沈从文家书》（上、下），江苏教育出版社，2005年。

沈从文全集编委会编：《沈从文全集·资料检索》（附卷），北岳文艺出版社，2009年。

张充和：《张充和诗文集》，生活·读书·新知三联书店，2016年。

张充和　张宗和：《一曲微茫》，广西师范大学出版社，2016年。

张允和：《最后的闺秀》，三联书店，1999年。

《张家旧事》，三联书店，2014年。

张允和　张兆和：《浪花集》，中央编译出版社，2012年。

张兆和：《与二哥书》，中国妇女出版社，2007年。

张宗和:《秋灯忆语》，人民文学出版社，2013 年。

《张宗和日记》(第一卷)，浙江大学出版社，2018 年。

《张宗和日记》(第二卷)，浙江大学出版社，2019 年。

《张宗和日记》(第三卷)，浙江大学出版社，2021 年。

《张宗和日记》(第四卷)，浙江大学出版社，2021 年。

艾治平:《双八岁月纪实》，北京时代弄潮文化发展公司，2013 年。

安可荇等:《王献唐师友书札》，青岛出版社，2009 年。

巴　金:《巴金全集》(22—26)，人民文学出版社，1993 年。

巴金等:《长河不尽流》，湖南文艺出版社，2018 年。

北京大学等编:《国立西南联合大学史料》(1—6)，云南教育出版社，1998 年。

北京大学校友会:《北大岁月：1946—1949 的记忆》，北京大学出版社，2013 年。

北京大学校友联络处编:《笳吹弦诵情弥切》，中国文史出版社 1988 年。

冰　心:《冰心日记》，作家出版社，2018 年。

曹　汛:《林徽音先生年谱》，文津出版社，2022 年。

常　风:《逝水集》，辽宁教育出版社，1995 年。

常任侠:《战云纪事》，海天出版社，1999 年。

陈白尘:《对人世的告别》，三联出版社，1997 年。

《缄口日记》，大象出版社，2005 年。

陈福康:《郑振铎年谱》(上、下)，三晋出版社，2008 年。

陈建功主编:《中国现代文学馆馆藏珍品大系·信函卷》第 1 辑，文化艺术出版社，2009 年。

陈家萍:《张兆和传》，合肥工业大学出版社，2015 年。

陈徒手:《人有病 天知否》，人民文学出版社，2000 年。

丁　玲:《丁玲全集》(9—12)，河北人民出版社，2001 年。

杜素娟:《孤独的诗性》，华东师范大学出版社，2009 年。

范炎培:《周有光年谱》，群言出版社，2012 年。

范　曾:《范曾集》，华夏出版社，2002 年。

《范曾自述》，文化艺术出版社，2004 年。
费慰梅：《梁思成和林徽因》，中国文联出版公司，1997 年。
冯友兰等：《联大教授》，新星出版社，2010 年。
符家钦：《沈从文故事》，中国友谊出版公司，1993 年。
耿云志主编：《胡适遗稿及秘藏书信》，黄山书社，1994 年。
顾颉刚：《顾颉刚日记》（1—12），联经出版事业股份有限公司，2007 年。
顾　潮：《顾颉刚年谱》，中国社会科学出版社，1993 年。
国立青岛大学：《中华民国二十年度国立青岛大学一览》，1932 年 1 月。
国立武汉大学：《中华民国十九年国立武汉大学一览》，1931 年 1 月。
郭文友：《千秋饮恨 郁达夫年谱长编》，四川人民出版社，1996 年。
郭小川：《郭小川全集》，第 9 卷，广西师范出版社，2000 年。
韩石山：《徐志摩传》，北京十月文艺出版社，2001 年。
贺兴安：《楚天凤凰不死鸟》，成都出版社，1992 年。
湖北省文史资料委员会：《湖北文史资料》，1999 年第 2 辑。
胡　适：《胡适全集》（22—34），安徽教育出版社，2003 年。
胡颂平：《胡适之先生年谱长编初稿》（1—10），联经出版事业公司，1984 年。
黄苗子：《青灯琐记》（下），大众文艺出版社，2010 年。
黄能馥：《黄能馥文集》，山东美术出版社，2014 年。
黄　裳：《故人书简》，海脉出版社，2012 年。
黄永玉：《比我老的老头》，作家出版社，2003 年。
《沈从文与我》，湖南文艺出版社，2015 年。
季培刚：《杨振声编年事辑初稿》，黄河出版社，2007 年。
《杨振声年谱》，学苑出版社，2015 年。
季羡林：《清华园日记》，辽宁美术出版社，2002 年。
贾植芳 俞元桂主编：《中国现代文学总书目》，福建教育出版社，1993 年。
江丕栋等：《中老胡同三十二号（1946—1952）》，北京大学出版社，2011 年。
姜　建　吴为公：《朱自清年谱》，安徽教育出版社，1996 年。
金安平：《合肥四姊妹》，凌云岚 杨早 译，生活·读书·新知三联书店，2007 年。

金介甫：《凤凰之子·沈从文传》，中国友谊出版公司，2000年。
康长福：《沈从文文学理想研究》，人民出版社，2007年。
昆明市政协文史学习委员会：《抗战时期文化名人在昆明》（一），云南美术出版社，2000年。
《抗战时期文化名人在昆明》（二），云南人民出版社，2002年。
韩立群：《沈从文论——中国现代文化的反思》，天津人民出版社，1994年。
黎　敏：《建国初十年民俗文献史》，中国文史出版社，2008年。
李城外编：《向阳情结》（上），人民文学出版社，1997年。
李光荣：《西南联大与中国校园文学》，人民出版社，2014年。
李光荣等：《季节燃起的花朵》，中华书局，2011年。
李　辉：《和老人聊天》，大象出版社，2003年。
《人生扫描》，上海远东出版社，1995年。
《往事苍老》，花城出版社，1998年。
李霖灿：《西湖雪山故人情——艺坛师友录》，浙江大学出版社，2011年。
李伶伶：《沈从文地图》，江苏凤凰文艺出版社，2016年。
李庆聪等编：《北京大学孑民图书室记实》，北京大学出版社，1992年。
李维音：《李健吾年谱》，北岳文艺出版社，2017年。
李　扬：《沈从文的家国》，上海交通大学出版社2015年。
《民国文学名刊汇编》（45册），南开大学出版社，2017年。
《民国时期报纸文艺副刊汇编》（第一编），广陵书社，2020年。
《民国时期报纸文艺副刊汇编》（第二编），广陵书社，2021年。
李宗刚　谢慧聪：《杨振声研究资料选编》，山东人民出版社，2016年。
林徽因：《林徽因文集·文学卷》，百花文艺出版社，1999年。
林斤澜：《林斤澜文集》（4），北京师范大学出版社，2000年。
凌　宇：《凌宇文集》（1—4），湖南文艺出版社，2016年。
刘北汜：《故宫沧桑》，紫禁城出版社1989年版。
刘红庆：《沈从文家事》，新星出版社，2012年。
刘洪涛：《沈从文小说新论》，北京师范大学出版社，2005年。

刘洪涛　杨瑞仁编：《沈从文研究资料》，天津人民出版社，2006 年。
刘培育主编：《金岳霖的回忆与回忆金岳霖》，四川教育出版社，1995 年。
刘兴育：《旧闻新编：民国时期云南高校记忆》，云南大学出版社 2017 年。
刘一友：《文星街大哥》，漓江出版社，2007 年。
刘增仁等：《1872—1949 文学期刊信息总汇》，青岛出版社，2015 年。
来新夏 徐建华：《中国的年谱与家谱》，商务印书馆，1997 年。
吕章申：《中国国家博物馆百年简史（1912—2012）》，中华书局，2012 年。
罗宗宇：《沈从文思想研究》，湖南大学出版社，2008 年。
糜华菱：《沈从文生平年表》，北岳文艺出版社，1998 年。
　　《走近沈从文》，知识产权出版社，2005 年。
秘书处编：《北京市文学艺术工作者代表大会纪念文集》，大众书店，1951 年。
梅贻琦：《梅贻琦西南联大日记》，中华书局，2018 年。
蒙树宏：《云南抗战时期文学史》，云南教育出版社 1998 年。
倪　伟：《“民族”想象与国家统制》，上海教育出版社，2003 年。
聂绀弩：《聂绀弩全集》（10），武汉出版社，2004 年。
裴春芳：《经典的诞生》，社会科学文献出版社 2014 年版。
彭晓勇：《边城圣手——沈从文》，中国青年出版社，1994 年。
覃介吾　牛鹏飞：《边城魂》，湖南人民出版社，2012 年。
钱理群：《1948：天地玄黄》，山东教育出版社，1998 年。
沙　汀：《沙汀日记（1962—1966）》，四川人民出版社，1999 年。
邵华强：《沈从文研究资料》（上、下），知识产权出版社，2011 年。
上海图书馆编：《上海图书馆馆藏近现代中文期刊总目》，上海科学技术文献出版社，2004 年。
商金林：《叶圣陶年谱长编》（1—4），人民教育出版社，2004 年。
沈　辉：《苏雪林年谱长编》，安徽文艺出版社，2017 年。
沈建中编著：《施蛰存先生编年事录》（上、下），上海古籍出版社，2013 年。
宋云彬：《宋云彬日记》（上、中、下），中华书局，2016 年。
苏　炜：《天涯晚笛——听张充和讲故事》，广西师范大学出版社，2013 年。

苏智良主编:《程应镠先生百年诞辰纪念文集》，上海古籍出版社，2016 年。

孙冰编:《沈从文印象》，学林出版社，1997 年。

孙玉蓉:《俞平伯年谱》，天津人民出版社，2001 年。

谭其骧:《谭其骧日记》，广东人民出版社，2013 年。

唐金海等:《巴金年谱》，四川文艺出版社，1989 年。

田伏隆主编:《星斗其文　赤子其人》，岳麓书社，1998 年。

涂光群:《中国三代作家纪实》，中国文联出版公司，1995 年。

王保生:《沈从文评传》，重庆出版社，1995 年。

王　道:《一生充和》，生活 · 读书 · 新知三联书店，2017 年。

《流动的斯文——合肥张家记事》，浙江大学出版社，2014 年。

《友朋从文》，浙江大学出版社，2019 年。

王　涵:《王逊年谱》，中国青年出版社 2015 年版。

王亚蓉编:《沈从文晚年口述》，陕西师范大学出版社，2003 年。

《章服之实》，世界图书出版社公司，2013 年。

王增如:《丁玲年谱长编》（上、下），天津人民出版社，2006 年。

汪曾祺:《汪曾祺全集》（3—6），北京师范大学出版社，1998 年

文洁若:《我与萧乾》，广西教育出版社，1992 年。

闻黎明　侯菊坤:《闻一多年谱长编》（上、下），上海交通大学出版社，2014 年。

吴立昌:《人性的治疗者 · 沈从文传》，上海文艺出版社，1993 年。

吴　宓:《吴宓日记》，三联书店，1998 年。

吴世勇:《沈从文年谱》，天津人民出版社，2006 年。

吴泰昌:《亲历文坛五十年》，江苏凤凰文艺出版社，2017 年。

《我镜头里的巴金》，新华出版社，2006 年。

吴投文:《沈从文的生命诗学》，东方出版社，2007 年。

王焕林:《黄永玉年谱》，上海大学出版社，2006 年。

王珞编:《沈从文评说八十年》，中国华侨出版社，2004 年版。

王学珍等主编:《北京大学纪事 1898- 1997》，北京大学出版社 2008 年版。

魏朝勇:《民国时期文学的政治想像》，华夏出版社，2005 年。

西南联大北京校友会：《我心中的西南联大》，清华大学出版社，2008 年。
西南联大校友会：《笳吹弦诵在春城》，云南人民出版社、北京大学出版社，1986 年。
萧　乾：《风雨平生·萧乾口述自传》，北京大学出版社，1999 年。
《萧乾书信集》，河南教育出版社，1991 年。
《萧乾全集》（4—7），湖北人民出版社，2005 年。
夏　鼐：《夏鼐日记》，华东师范大学出版社，2011 年。
许建辉等：《中国现代文学馆馆藏经典作家文物文献研究》，文化艺术出版社，2013 年。
许渊冲：《追忆逝水年华》，三联书店，1996 年。
《读书人生》，百花文艺出版社，2003 年。
《西南联大求学日记》，中译出版社，2021 年。
徐　泓：《大人物·小人物》，人民出版社，1995 年。
徐庆全：《名家书札与文坛风云》，中国文史出版社，2009 年。
徐　强：《人间送小温——汪曾祺年谱》，广陵书社，2016 年。
徐志摩：《徐志摩全集》，上海书店，1988 年。
《徐志摩全集补编》，上海书店，1994 年。
《徐志摩书信集》，河南教育出版社 1994 年。
解志熙：《文学史的"诗与真"》，北京大学出版社 2013 年。
《文本的隐与显》，北京大学出版社 2016 年。
《考文叙事录》，中华书局，2009 年。
解玺璋　解宏乾：《北京人艺戏剧博物馆》，同心出版社，2012 年。
颜家文：《我见到的沈从文》，作家出版社，2018 年。
杨天石主编：《钱玄同日记》，北京大学出版社，2014 年。
杨尚昆等：《我所知道的胡乔木》，当代中国出版社，1997 年。
叶圣陶：《叶圣陶集》（19—25），江苏教育出版社，1994 年。
余　斌：《西南联大 昆明天上永远的云》，云南人民出版社，2015 年。
宛小平：《朱光潜年谱长编》，安徽大学出版社 2019 年。

虞云国:《程应镠先生编年事辑》，上海人民出版社，2016 年。

云南文史资料研究委员会等:《云南文史资料选辑》第三十四辑，1988 年。

赵家璧:《赵家璧文集》第 5 卷，上海文艺出版社，2012 年。

赵学勇:《沈从文与东西方文化》，兰州大学出版社，2005 年。

张　庚:《张庚日记》，中国戏剧出版社，2017 年。

张菊香　张铁荣:《周作人年谱》，天津人民出版社，2000 年。

张书学　李勇慧:《王献唐年谱长编》，华东师范大学出版社，2017 年。

张天翼:《张天翼日记》，中国戏剧出版社 2017 年。

张新颖:《沈从文的前半生（1902—1948）》，上海三联书店，2018 年。

《沈从文的后半生（1949—1988）》，广西师范大学出版社，2014 年。

张曼菱:《西南联大行思录》，三联书店，2013 年。

张晓眉:《中外沈从文研究学者访谈录》，北岳文艺出版社，2015 年。

靳以著　章洁思整理:《靳以日记书信集》，上海辞书出版社，2019 年。

章玉政:《光荣与梦想：中国公学往事》，浙江人民出版社 2014 年版。

中国公学:《中国公学大学部一览》，中国公学大学部出版，1930 年。

《中国公学大学部预科庚午级毕业纪念册》。

中华书局:《中华书局收藏现代名人书信手迹》，中华书局，1992 年。

郑　榕:《我与北京人艺》，东方出版社，2000 年。

郑天挺:《郑天挺西南联大日记》，中华书局，2018 年。

郑欣淼:《故宫与故宫学》，紫禁城出版社，2009 年。

郑振铎:《郑振铎日记全编》，山西古籍出版社，2006 年。

政协凤凰县文史资料研究委员会:《怀念沈从文——凤凰文史资料》第二辑（内部资料），1989 年。

《凤凰文史资料》第四辑（内部资料），1991 年。

朱光潜等:《我所认识的沈从文》，岳麓书社，1986 年。

朱家溍等:《故宫秘录》，上海文化出版社 1991 年版。

朱自清:《朱自清全集》（9—11），江苏教育出版社，1988 年。

周仁政:《巫觋人文——沈从文与巫楚文化》，岳麓书社，2005 年。

周作人:《周作人日记》，大象出版社，1996 年。

说明：由于征引的来自报刊的文献数量庞大，此类文献出处均在脚注中做了说明，参考文献中不再一一列举。

沈从文作品初刊本出处来源：

《大公报》（天津、上海、香港、桂林、重庆）
《晨报副镌》
《观察报》
《贵州日报》
《光明日报》
《华北日报》
《京报》
《经世日报》
《抗战日报》
《昆明夜报》
《力报》
《民国日报》
《民意日报》
《人民日报》
《世界日报》
《申报》
《盛京时报》
《时报》
《扫荡报》
《文汇报》
《云南日报》
《益世报》（天津、北京、昆明）
《朝报》
《正义报》
《中央日报》（南京、重庆、昆明）

《伴侣》
《北调》
《北斗》
《创化》
《创作月刊》
《春秋》
《大风》
《大众文艺丛刊》
《大众知识》
《当代评论》
《当代文艺》
《东方杂志》
《独立评论》
《读书月刊》
《妇女工作》
《妇女生活》
《妇女杂志》

《国立青岛大学周刊》
《国民周报》
《国文月刊》
《国闻周报》
《花城》
《红黑》
《今日评论》
《警钟》
《历史教学》
《立言画刊》
《龙门杂志》
《旅行家》
《骆驼文丛》
《论语》
《昆明周报》
《民族思潮》
《民族文学》
《恩友》
《青年界》
《青年作家》
《日出》
《人间》
《人民画报》
《人民世纪》
《人民文学》
《人世间》
《时代文选》
《时与潮文艺》
《世纪评论》
《世界学生》
《上海文化》
《社会月报》
《申报月刊》
《生活导报》
《书人》
《水星》
《万象》
《文潮》
《文化先锋》
《文季月刊》
《文聚》
《文社月刊》
《文坛》
《文物参考资料》
《文选》
《文学》
《文学创作》
《文学季刊》
《文学杂志》
《文艺报》
《文艺春秋丛刊》
《文艺月刊》
《文艺复兴》
《文艺新报》
《文艺先锋》
《西湖文苑》

《新东方》
《新动向》
《新路》
《新时代》
《新社会半月刊》
《新文学》
《新文学史料》
《新月》
《新中华》
《星期文艺》
《小春秋》
《小说月报》
《小说月刊》
《现代》
《现代评论》
《现代文录》
《现代文学》
《现代学生》
《现象》
《旭日》
《学文》
《燕大月刊》
《语丝》
《宇宙风》
《月报》
《月刊》
《粤秀文垒》
《自由导报周刊》
《自由论坛》
《自由中国》
《子曰丛刊》
《知识与生活》
《战国策》
《战时中学生》
《中国文学季刊》
《中学生》
《中央周刊》
《周论》
《装饰》

后　记

《沈从文年谱长编》是作者持续了将近20年的工作，其间因各种俗务缠绕，时段时续，今天才算告一段落。其实，这项工作的起步阶段，本没有出版年谱的计划，只是在为《沈从文的最后四十年》和国家社科项目“沈从文后期思想、创作研究”做初步的资料整理工作。在阅读过程中，拾遗补阙，随读随记，当《沈从文的最后四十年》和项目结项以后，发现已经积累了30多万字的材料。这些材料，大多是《沈从文全集》失收以及与现有沈从文研究文献有所不同的地方，特别是对作家的行止、文章出处、版本流变等方面的表述多有补充，于是便产生了编撰《沈从文年谱长编》的想法。2013年，便以“沈从文年谱长编”的选题申报了教育部的人文社科项目并获准立项，由此正式开始了本书的撰写工作。

为使本年谱长编做到更加系统、科学、准确，先从校核沈从文文章的原始出处、版本入手，而沈从文又与文艺副刊联系密切，他不但是著名的副刊编者，同时，他的很多文章都是发表在文艺副刊上的，于是又陷入了报纸文献的海洋中，几乎难以自拔。这在无形中增加了工作难度，远远超出了原初的预想，遂向教育部社科司申请延期，社科司同意延期至2019年12月结项。项目结项以后，作者又承担了国家社科基金重大项目“中国文艺副刊文献的整理、研究及数据库建设”的研究工作，遂利用还在建设、完善中的“中国文艺副刊数据库”，不断增补材料，从结项时的100万字突破至120万字，这是这项工作迁延至今才出版的主要原因。

在本谱的编撰过程中，得到了陈洪先生、乔以钢先生、丁帆先生、张福贵先生、刘勇先生、吴义勤先生、张铁荣先生、罗振亚先生、张林杰先生、刘琳女士的大力帮助和支持，在此表示衷心的感谢！本书的出版，得到了广东人民出版社领导的大力支持，责任编辑李力夫先生为此付出的辛劳犹多，在此一并表示感谢。

我深知，年谱编撰工作几乎是一项永无尽期的工作，虽然个人已经做了最大的努力，但它远未达到尽善尽美，还有诸多需要完善的地方，敬请大家批评指正。

李 扬

2022 年 10 月 1 日